《安徽通史》编纂委员会

主　　任：臧世凯

副 主 任：黄传新

委　　员：（以姓名笔画为序）

王世华　　王光照　　王鑫义　　田海明

朱玉龙　　汤奇学　　杨俊龙　　李修松

李琳琦　　沈　葵　　宋　霖　　张子侠

陆勤毅　　周怀宇　　房列曙　　施立业

唐先田　　黄传新　　臧世凯

学术顾问：（以姓名笔画为序）

卜宪群　　王彦民　　王　健　　李昌宪

夏维中　　徐光寿　　童志强　　瞿林东

《安徽通史》编纂委员会 编

安徽通史

清代卷（上）

6

主　编◎汤奇学

副主编◎施立业　周晓光

全国百佳图书出版单位

ARTTIME
时代出版

时代出版传媒股份有限公司

安徽人民出版社

图书在版编目（ＣＩＰ）数据

安徽通史·清代卷:全2册/汤奇学,施立业主编. —合肥:安徽人民出版社,2011.9

ISBN 978－7－212－04295－0

Ⅰ.①安… Ⅱ.①汤…②施… Ⅲ.①安徽省—地方史—清代 Ⅳ.①K295.4

中国版本图书馆 CIP 数据核字(2011)第 186339 号

安徽通史·清代卷（上、下）

汤奇学　施立业　主编

出 版 人:胡正义
总 责 编:杨咸海
责任编辑:李稚戎　朱　虹　刘　超　　　　　装帧设计:宋文岚
责任校对:陈　蕾

出版发行:时代出版传媒股份有限公司 http://www.press－mart.com
　　　　　安徽人民出版社 http://www.ahpeople.com
　　　　　合肥市政务文化新区翡翠路 1118 号出版传媒广场八楼
　　　　　邮编:230071
　　　　　营销部电话:0551－3533258　0551－3533292(传真)
制　　版:合肥市中旭制版有限责任公司
印　　制:安徽新华印刷股份有限公司
　　　　　(如发现印装质量问题,影响阅读,请与印刷厂商联系调换)

开本:710×1010　1/16　　印张:62.25　　　字数:900 千　　插页:4
版次:2011 年 9 月第 1 版　2011 年 9 月第 1 次印刷

标准书号:ISBN 978－7－212－04295－0　　　定价:210.00 元(全 2 册)

安徽全圖

凡安慶府四府去彦州四十二縣直隸五州九縣

總督江蘇之西為安徽省 安徽省 總治安慶府布政司 同治以後 統隸人直隸州五安慶府之東地

安慶府領縣六 懷寧 桐城 潛山 太湖 宿松 望江

○徽州府 領縣六 歙縣 休寧 婺源 祁門 黟縣 績溪

○寧國府 領縣六 宣城 寧國 涇縣 太平 旌德 南陵

○池州府 領縣六 貴池 青陽 銅陵 石埭 建德 東流

○太平府 領縣三 當塗 蕪湖 繁昌

○廬州府 領州一縣四 無為 合肥 廬江 舒城 巢縣

○鳳陽府 領州二縣六 壽州 宿州 鳳陽 懷遠 定遠 虹縣 鳳臺 靈璧

○潁州府 領州一縣五 亳州 阜陽 潁上 霍邱 太和 蒙城

直隸六安州 領縣二 英山 霍山

○泗州 領縣三 盱眙 天長 五河

○和州 領縣一 含山

○滁州 領縣二 全椒 來安

○廣德州 領縣一 建平

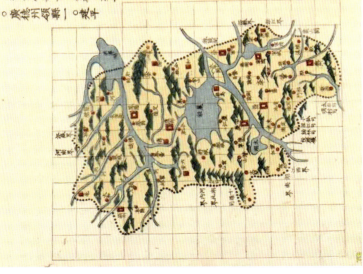

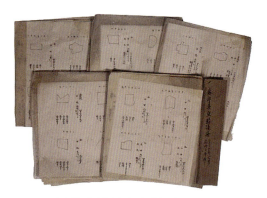

清代安徽休宁鱼鳞图册

新安画派奠基人渐江作品

程瑶田作品

清　谛听

九华山化城寺传世

【清代卷】

清　龙纹玉水盂
1973年灵璧县高楼公社窖藏出土

清　翡翠扳指
1986年蚌埠市张公山公园清代木棺墓出土

清　吉祥玉如意
1974年庐江县荣树出土

清　"紫玉光"白岳十景墨
1959年安庆古籍书店收购

清 "国宝"墨
1959年在屯溪收购

清 "大富贵亦寿考"彩墨
1959年在屯溪收购

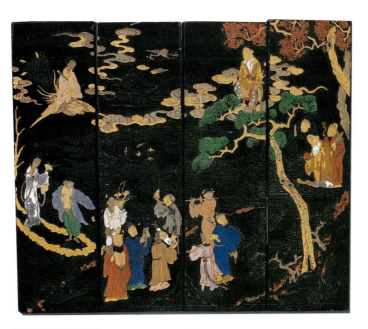

清 "群仙上寿" 墨

1959年在屯溪收购

【清代卷】

清 "筊游道人"铁砚

1965年在南京市征集

总　　序

　　盛世修史,是中华民族的优良传统。2004 年 8 月,时任安徽省委副书记张平同志主持召开了《安徽通史》编纂委员会第一次会议,《安徽通史》作为省哲学社会科学规划重大项目立项并启动。在中共安徽省委、省政府领导的关心下,经过我省数十位专家历时近 8 年的辛勤笔耕,现即面世以飨读者。

　　《安徽通史》8 卷 10 册,600 万字,对上自洪荒,下迄 1952 年的安徽历史作了全面系统的表述。

　　编撰《安徽通史》我们坚持三个基本原则:

　　一是坚持以马克思主义的辩证唯物主义和历史唯物主义为指导思想,实事求是,从纷繁复杂的历史表象入手,去伪存真,去粗取精,真实地、本质地反映安徽历史。尊重历史事实,是则是,非则非,秉笔直陈,不用春秋笔法,把编写者的主观判断排除在《安徽通史》之外,把历史事实展现给读者,把评说的空间留给读者。

　　二是略远而详近。古代是我们的前天,近现代是我们的昨天。近现代是传统向现代转变时期,直接影响当代。自夏代算起,安徽历史

有 4000 年,其中鸦片战争至新中国成立之初不过百年,叙述这百余年历史的卷数为《安徽通史》全书的 25%,字数约为全书的 30%;《新中国卷》虽只写四年亦立为一卷。历史著作的社会价值主要在于有助于人们深刻了解当代社会和当代人,为解决现实问题提供经验教训。因此而言,略远而详近是必然选择。

三是史料务求翔实。史料是史著的基本元素,史料丰富与否往往决定了史著价值高低。几年来,参加编写《安徽通史》的专家用于爬梳资料的时间远多于撰写时间,经多方罗掘,发现了很多新的资料。先秦部分用近年发现的大量考古资料以补充文献资料,近现代部分则大量利用了报刊资料及档案。新资料的发现和使用是本书一系列亮点的基础。

中国是一个整体,但各省(区、市)的历史各有特色,造成差别的原因很多,地理位置和自然条件的差异是最基本的原因之一。安徽连贯东西、融会南北,左江浙,右湖北,上接中原,下邻江西。长江淮河穿省而过将安徽切成比较均匀的三大块。淮北平原属典型的北方,皖南山区是标准的南方,江淮之间是南北过渡地带。全省气候温和,水资源丰富,适宜农耕。

安徽历史的特点约略有五:

一、安徽历史发展受惠外部较多。自给自足的自然经济一般有很强的封闭性,但封闭不是绝对的,安徽与周边地区交往较多,对安徽历史发展起了明显的促进作用。安徽本为东夷活动区域,大禹为治水来到安徽,并在涂山(今属安徽怀远)大会诸侯,安徽的东夷积极响应,自此开始融入中国主流。东晋至南宋是中国经济重心南移、中原文化南播时期,安徽作为主要通道,社会经济发展水平显著提高。明清时期安徽和江浙关系密切,其时江浙正是中国经济最富庶、文化最发达地区,安徽经济、文化与之同时发展,且不遑多让。鸦片战争后,上海成为中国经济发展的龙头,八百里皖江成了近代意义上的黄金水道;

新中国成立前,号称"小上海"的城镇遍布我省各地,在安徽人心目中,上海是先进和繁华的代名词。

二、安徽的历史发展特别艰难曲折。安徽历史上灾难之多之惨烈绝非其他省可以相比。江淮之水患频仍世人皆知,但对安徽历史损害最大的是兵祸。自古以来,淮北和江淮就是各方争夺之地,楚汉,魏吴、东晋、南朝、南宋、南明和北方政权,都曾在安徽进行过恶战;历史上大规模农民战争除两汉外,如秦末、隋末、唐末、元末、明末、晚清农民战争,无不以安徽为主战场。每当战乱,除交战双方相互砍杀之外,就是对人民烧杀抢掠,一时白骨遍野,数百里不见人烟,惨不忍睹。在历史上淮北和江淮之间因兵燹损失半数以上人口有十余次。面对深重苦难,安徽人民顽强坚毅,一次次在废墟上重建家园。显示了超强的生聚能力。

三、安徽南北社会、经济、文化和国家的南北社会、经济、文化同步变化。三国以降,国家分裂时,表现为南北政权对峙,安徽则分属南北两个对立的政权。自东晋至南宋,中国经济重心南移,中原文化南播,改变了中国经济、文化态势,与此同时,安徽沿江江南在经济文化方面一跃超过原先先进的淮北。在上述两方面没有一省像安徽那样酷似国家的变化。

四、人才之盛,世所公认。安徽独特的环境为中华民族造就一大批精英人物,其中一些人分别在不同领域为华夏文明创立了标志性历史功业。改革家首推生于涂山的夏启(对先秦时代的人常以出生地为其籍贯),启废禅让为世袭,中国遂由原始社会进入阶级社会、文明时代。李鸿章兴办洋务新政是中国向近代迈出的第一步。思想领域老子把朴素的辩证法教给了中国人,陈独秀高举科学、民主旗帜,从根本上否定传统的价值观。在文化领域,庄子、曹操、方苞、程长庚,各领风骚,为五彩缤纷的中华文化作出巨大贡献。胡适倡导白话文学,促成白话文代替文言文成为"正宗"载体,其功至伟。

五、独特的历史遗憾。明以前,今安徽总是分属于几个不同行政区域或不同政权管辖,并且这些行政区域或政权治所或不在安徽或在安徽却旋设旋撤,以致秦以后安徽没有出现规模较大的都市。工商辐辏的都市对一个地区社会、经济、文化有显著的拉动作用,即使在农业社会也是如此。此外,未形成可基本覆盖全省的皖文化。这两点在内地各省中绝无仅有。

每一代人都在创造历史,我们这一代人的使命是创造安徽崛起、中华复兴的历史。人们是在历史的基础上创造历史,先辈的经验教训对于后人是一笔宝贵的财富,前贤的精神是激励后代的动力。本书对全面深入了解安徽有较大帮助,希望能引起读者兴趣。

历史已成过去,完全复原绝不可能。作者有其局限,洵为常理,众人之作难以避免风格上不统一,《安徽通史》中可商榷处所在多有。盼望读者批评,如切如磋,如琢如磨,以期繁荣学术,俾安徽历史的研究水平更上层楼。

《安徽通史》编纂委员会

2011 年 9 月

目　　　录

第一章
清代初期的安徽

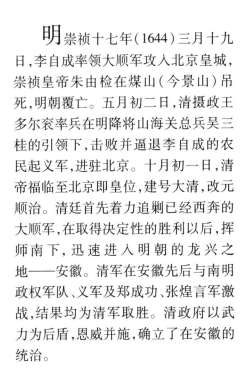

明崇祯十七年（1644）三月十九日，李自成率领大顺军攻入北京皇城，崇祯皇帝朱由检在煤山（今景山）吊死，明朝覆亡。五月初二日，清摄政王多尔衮率兵在明降将山海关总兵吴三桂的引领下，击败并逼退李自成的农民起义军，进驻北京。十月初一日，清帝福临至北京即皇位，建号大清，改元顺治。清廷首先着力追剿已经西奔的大顺军，在取得决定性的胜利以后，挥师南下，迅速进入明朝的龙兴之地——安徽。清军在安徽先后与南明政权军队、义军及郑成功、张煌言军激战，结果均为清军取胜。清政府以武力为后盾，恩威并施，确立了在安徽的统治。

第一节 清军攻略安徽

一、清军进军江南前的态势

清政府在定鼎北京之初,仅辖有辽宁、吉林、黑龙江与河北一些州县,其他六分之五以上的国土分属大顺、大西和南明诸王等几个政权。李自成退据山西,控制陕、甘、晋诸省与河北一些州县;张献忠率军正在前往四川的途中;南明福王朱由崧建都江宁(今江苏南京),拥兵数十万;清军拥有的兵力,包括汉军八旗、满族八旗、蒙古八旗总计不过12万。浙、闽、粤、桂、鲁、赣、皖等省仍奉明朝正朔,各地反清斗争风起云涌。鉴于这一态势,清政府采取了一系列措施巩固统治,并为进军江南、一扫六合做好了准备。

顺治元年(1644)五月,多尔衮决策分兵两路征服全国,一路由英亲王阿济格、平西王吴三桂、智顺王尚可喜等率领,取道山西北部和内蒙古进攻陕北,进而向南推进,摧毁以西安为中心的大顺政权;另一路由豫亲王多铎、恭顺王孔有德、怀顺王耿仲明等引军南下,消灭南明政权。恰在此时,大顺军向河南怀庆府(今河南沁阳)发动了反攻。清廷遂改变了进军计划,令多铎、阿济格两军合击怀庆的大顺军。多铎遂率军进至陕州(今河南陕县),先后击败刘宗敏、刘芳亮、李自成等率领的大顺军,大顺军败走西安,顺治二年(1645)正月,清军占领西安。

在大破大顺军的同时,清军开始筹划摧毁南明政权。顺治二年二月,多尔衮分别向多铎和阿济格发出谕令:"趋往南京"。多铎在西安休整兵马近一个月后,率军南下,致力于摧毁南明弘光政权的军事进攻。

二、弘光政权概述

(一) 皇位之争

明崇祯十七年四月，崇祯帝死讯传到南京，"诸大臣闻变，仓卒(促)议立新君"。由于崇祯的太子及另外两子都未能逃出北京，皇位继承人只有从藩王中挑选。是时，藩王中神宗的直系子孙有福王、惠王、瑞王、桂王4人，但后面3人分别在广西、四川，地处偏远。亲藩中只有福王、潞王因为躲避农民军暂时寄寓淮上。福王朱由崧，神宗孙、福恭王常洵之子，初封德昌王，崇祯十六年(1643)，嗣封福王。潞王朱常淓，号敬一主人，神宗侄，万历十六年(1588)袭潞王，封国卫辉(今河南汲县)。关于帝位的继承，若论血缘关系，当属福王。淮安巡抚路振飞致书史可法说："伦序当在福王，宜早定社稷王。"① 可是，废籍礼部侍郎钱谦益、兵部侍郎吕大器、左都御史张慎言、詹事姜曰广等人出于"福王立，或追怨'妖书'、'梃击'、'移宫'等案，潞王立，则无后患，且可邀功"② 的考虑，力挺潞王继承皇位。遂生"立贤"、"立亲"之争。时任南京参赞机务、兵部尚书的史可法对此则左右游移，举棋不定。史可法，河南祥符(今河南开封)人，崇祯元年(1628)进士，累官至南京兵部尚书。面对诸臣的纷争不已，史可法暗自前往浦口，同凤阳总督马士英商量新君人选。马士英，贵州贵阳人，万历十七年(1589)进士，累官至凤阳总督。史可法、马士英密商的结果是"以亲以贤，惟桂(即桂王朱由榔)乃可"③。但是，马士英回到凤阳以后，得知太监卢九德已联合悍将高杰、黄得功、刘良佐拥立福王，遂改而拥立福王。而被蒙在鼓里的史可法致书马士英，说福王"七不可立"，即"不孝、虐下、干预有司、不读书、贪、淫、酗酒"④。无端授人以柄。不久，马士英、福王等领兵5万直抵浦口，马士英且宣称："闻南中有臣尚持异议，臣谨勒兵五万，驻扎江干，以备非常，志危险也"。史可法等人只好迎福王

---

① 归庄:《归庄集》卷八，中华书局1962年版。
② 张延玉:《明史·列传一百九十六》卷三八〇，中华书局1994年版，第7939页。
③ 姜曰广:《过江七事》，《四库家藏·子部》，山东画报出版社2004年版，第5页。
④ 徐鼒:《小腆纪年》卷五，中华书局1957年版，第155页。

监国于南京。五月十五日,福王在南京称帝,定次年为弘光元年,南明弘光政权正式建立。可见,南明政权建立之始就充满了权力的争斗,且最终是靠军队的拥护才得以实现的。史可法由于坐失"定策"之功,失势已成定局。

(二)首辅之争

弘光政权草创之初,史可法任内阁首辅,姜曰广、吕大器、张慎言、刘宗周、高弘图等东林党人都身居要津;而马士英仍任凤阳总督,朝廷上一度出现所谓"正人盈朝"的局面。

但是,这种局面很快就被打破。马士英由于"定策"首功而备受朱由崧青睐,不久就被召入内阁辅政。史可法由于"勤王无功",被排挤出权力中枢,只好"自请督师淮扬"。福王朱由崧批准史可法出任督师的请求,宣谕:"大学士史可法自请督师江北,诏以便宜行事,各镇并听节制"①。十六日,马士英入阁主持政务,兼任兵部尚书。史可法出京后,吕大器、姜曰广、刘宗周、张慎言等人因马士英欲起用"逆案"中人——阮大铖,与之展开争斗。马士英、阮大铖等以"从逆"的东林党人为突破口,大肆反击,吕大器、姜曰广、刘宗周、高弘图、张慎言等人先后罢归。据时人记载:"目前大势,无论恢复未能,即偏安尚未稳,孜孜讨究,止应有兵饷战争四字,今改为异同恩怨四字。"②而福王朱由崧更是昏聩无能,"深居禁中,惟渔幼女、饮火酒、伶官演戏为乐",把一切政务全交由马士英处置。马士英当国,与刘孔昭等浊乱国是。马士英、刘孔昭等人以"助工"、"助饷"为名,大肆搜刮民财,无所不用其极,"利之所在,搜刮殆尽"③。因其大肆卖官鬻爵,时谚云:"中书随地有,都督满街走;监纪多如羊,职方贱似狗;荫起千年尘,拔贡一呈首;扫尽江南钱,填塞马家口"④。

南明朝廷皇帝昏庸,朝臣贪鄙,以门户为壑,朋党纷争,致使政局日艰。正如时人所言:"两月以来,闻大吏锡鞶矣,不闻献俘;武臣私斗

① 李清:《南渡录》卷一,江苏古籍出版社 1999 年版。
② 李清:《南渡录》卷五。
③ 计六奇:《明季南略》卷五,(台湾)大通书局 1984 年版,第 148 页。
④ 张岱:《石匮书后集》卷四八,中华书局 1960 年版,第 276 页。

矣,不闻公战;老成引遁也,不闻敌忾;诸生卷堂矣,不闻请缨。"此外,江北四镇的擅权跋扈,更使乱局雪上加霜。

（三）江北四镇间矛盾

弘光政权草创伊始,史可法即于五月十二日疏请设四镇于江北:"从来守江南者,必于江北当酌地利,急设四藩。以淮、扬、泗、庐自守,而以徐、滁、凤、六为进取之基;凡各属兵马、钱粮,皆听自行征取,而四藩即用黄得功、高杰、刘泽清、刘良佐,优以礼数为我藩屏,固守江北;则江南之人情自安。"十七日,史可法再次上疏:"江北与贼接壤,遂为冲边,议设四镇,分辖其地。有四镇,不可无督师,督师应屯驻扬州,居中调遣。"①弘光帝采纳了史可法的提议,并且分封了各镇的主将。

江北四镇主将的基本情况如下:

黄得功,开原卫人。其先人徙自合肥,早孤,出身行伍。崇祯年间,长期在南直隶、江北、河南一带同农民军作战,累官至庐州总兵。封靖南伯。福王立,进封侯。驻庐州,辖滁、和两州。初,史可法觉得高杰难以控制,使其移驻仪真（今江苏仪征）,希望他们之间可以相互牵制。高杰死后,黄得功回驻庐州。

高杰,陕西米脂人,与李自成同乡,共同起义,后投降明朝。北京被攻陷后,高杰逃往江南。福王封高杰为兴平伯,列于四镇,领扬州,驻城外,辖徐、河两州。"杰为人淫毒",深为扬州人民所憎恨。

刘泽清,山东曹县人,出身行伍。崇祯末年,官至山东总兵。大顺军迫近北京时,其谎称坠马受伤,拒不奉诏入卫京师。"京师陷,泽清走南都,福王以为诸镇之一。"封东平伯,江北四镇设立后,驻淮北,辖淮海。刘泽清"日以土木声色自娱,又好妄议朝政,忌刻贤臣,故四镇以泽清最为奸狡焉"。

刘良佐,大同左卫人。初与高杰同居李自成麾下,在高杰后降明。历官至总兵,素乘花马,故世号"花马刘"。封广昌伯,驻临淮,辖凤、寿两州。值得注意的是,其弟刘良臣早在崇祯四年（1631）大凌河之役时就已随总兵祖大寿投降清军。

---

① 张纯修著,罗振常校补:《史可法集》卷一,上海古籍出版社1984年版,第11页。

江北四镇每镇额兵3万,岁供本色米20万、折色银40万,悉听各属自行征取;所得中原城池,即归统辖;爵为上公,与开国元勋同,可世袭。荒芜田地,听其开垦;山泽之利,听其开采;允许各于境内招商收税。

江北四镇由于"定策"有功,因而备受弘光帝和马士英的宠信,志骄气盈,一心追求的是江北的繁华之地。因为这样,他们既可以过安乐日子,又可以就近要挟朝廷。孔尚任在《桃花扇》中生动地描绘了四镇将领对扬州虎视眈眈的情景:"你占住繁华廿四桥,竹西明月夜吹箫;他也想隋堤柳下安营巢,不教你蕃观独夸琼花少。谁不羡扬州鹤背飘,妒杀你腰缠十万好,怕明日杀声咽断广陵涛!"高杰因贪图扬州富庶,准备将家口安置于城内,扬州百姓见高杰部士卒在附近村庄到处烧杀抢掠,"烟火蔽日"、"僵尸遍野",因而拒绝高杰军入城,高杰竟下令攻城,后经史可法反复规劝,并许以瓜洲作为高杰军驻地,高杰方罢手。江北四镇的将领大多是贪鄙之辈,"兵多半盗贼",一心追求豪华奢侈的生活,根本不顾及南明政权的危亡与百姓的生死。刘泽清初入淮安城"盛作邸舍于城北,取所掠美人,钟鼓食之,日呼田仰饮其中,不及军事。固问,曰:'吾立福王,以此休息。脱有事,自择江南一郡去耳'"①。各镇均以"筹饷"为名,分队于村落打粮,即抢劫。"广昌伯刘良佐驻寿春,遣其子刘泽偏师驻六,暴戾恣睢,视他镇尤剧。时疮痍未起,加以兵焰燎原,六民生理日蹙。二年乙酉,刘泽兵夺负郭田,各自标界,即令本民佃之。小民仓皇奔窜,数十里鸡犬无声,城内士民不堪需索,零落遗黎,正坐水火。"扬州、临淮、六合一带官兵向来纪律松弛,民风则剽悍,一城之隔,民以兵为贼,兵以民为叛,兵、民相视如仇,相互攻击,百姓深以有兵为苦。

四镇之间矛盾重重,勇于私斗。据《明史》记载:"初,督辅史可法虑杰跋扈难制,故置得功仪真,阴相牵制。适登莱总兵黄蜚将之任,蜚与得功同姓,称兄弟,移书请兵备非常。得功率骑三百由扬州往高邮迎之,杰副将胡茂桢驰报杰。杰素忌得功,又疑图己,乃伏精卒道中,

---

① 倪在田:《续明纪事本末·四镇之乱》,(台湾)大通书局1984年版,第73页。

邀击之。得功行至土桥，方作食，伏起……方斗时，杰潜师搗仪真，得功兵颇伤，而所俱行三百骑皆殁。遂诉于朝，愿与杰决一死战。可法命监军万元吉和解之，不可。会得功有母丧，可法来吊，语之曰：'土桥之役，无智愚皆知杰不义。今将军以国故捐盛怒，而归曲于高，是将军收大名于天下也。'……可法令杰偿其马，复出千金为母赠。得功不得已，听之。"①高杰死后，黄得功回驻仪真，高杰妻、子及部下还留在扬州，黄得功意图袭击高杰的军队，朝廷遂紧急派遣卢九德前往劝解，事端才得以平息。

四镇因"定策"之功而封爵，自然"人人有天子门生心"，桀骜难制。譬如，史可法在讲话时喜欢引用"圣旨"，高杰就大不以为然，甚至当面顶撞说："旨、旨，何旨也！尔曾见皇极殿中有人走马耶！"黄得功有一次跪着听使者宣读圣旨，觉得不合自己心意，不等读完，就爬起来，攘袂掀案，大骂："去！速去！吾不知是何旨也！"②这种情况在君臣尊卑界限泾渭分明的封建社会里是极为罕见的，四镇的跋扈可见一斑。又如，刘泽清曾在觐见弘光帝时肆无忌惮地说："祖宗天下，为白面书生坏尽，此曹宜束之高阁。俟臣杀贼后，取而拂拭用之，以听其受享可也！"③四镇的气焰嚣张至此，不要说史可法这个"督师"只能奔走、调停于四镇之间，如奉骄子，即使是弘光帝也是无可奈何，只能听之任之。

江北四镇的兵将大多是贪生怕死之辈，既缺乏守卫江南的能力与决心，且怯于公战、勇于私斗、勇于虐民。江北四镇的设立并没有达到御敌于门庭之外，以贻堂奥之安，进而"北复神京，西清关陕"的目的，反而使朝政、民生更趋恶化。

（四）联虏平寇

弘光政权拥兵将近50万，控制着淮河以南的广大区域，且受战乱影响较小。就人力、物力而言，南明对清廷、农民军有着很大优势。此外，在史可法督师江北之际，河南、山东、河北一带的大部分地区纷纷

---

① 张延玉：《明史·列传第一百五十六》卷二六八，第6901—6902页。

② 应廷吉：《青燐屑》卷上，（台湾）宗青图书出版有限公司1997年版。

③ 黄宗羲：《弘光实录钞》卷一，上海古籍出版社1996年版。

光复,重新举起明朝旗号,史可法本可趁机收复这一广大地区,并以此作为北进之基。但是,史可法却以"待饷不进"、"我争之非易"、"天心不顺,人事未周"等为由,裹足不前,株守江南。当然,这也与四镇将士日懦且骄、怯于公战、跋扈自雄有一定的关系。更重要的是,史可法、马士英等南明大臣天天只知道"喊讨贼"、"讲中兴",认识不到清政权是弘光政权的最大敌人,一直错误地把农民军视为主要敌人。如史可法上疏说:"目前最急者,莫逾于办寇矣。"①马士英说:"若可羁縻,专力办贼亦是一策。"②弘光朝廷君臣对清军入关进占北京这一形势认识严重不足,反而妄图与清军"合师进讨,问罪秦中:共枭逆贼之头,以泄敷天之愤"③。基于"专主讨贼"的需要,南明朝廷一心想与清廷议和,并为此做出了积极的努力。

清顺治元年五月,弘光朝廷决定封吴三桂为蓟国公,发银 5 万两、漕米 2 万石。七月,弘光朝廷以兵部侍郎左懋第、太仆寺卿马绍愉、左都督陈洪范为首的使团由南京出发,携带"大明皇帝致书北国可汗"的御书、赐蓟国公吴三桂等人的诰敕,白银 10 万两、黄金 1000 两、绸缎 1 万匹,前往北京谒陵,祭告先帝:通谢清王,并酬剿寇文武劳勋。④十月十二日,使团进入北京,但清方拒绝接受弘光帝的"国书",且不许使团祭告诸陵及改葬帝后。十月二十七日,清方派员押送使团南返,由于陈洪范于途中暗降清朝,清方遂将左懋第、马绍愉两人押解回京,并令陈洪范独自回南策反南明诸将。至此,北使议和遂宣告失败。

史可法虽然认识到,"虏""公然以逆之一字加南,辱我使臣,蹂我近境,是和议固断断难成也"。但他仍然提议:"今宜速发讨贼之诏,严责臣等与四镇,使悉简精锐,直指秦关。"⑤显然,北使议和不成之后,作为江北诸军的统帅,史可法仍然把报"君父之仇"作为第一要务,仍然把农民军视为不共戴天的仇敌。这无疑给清军南下提供了更为有

---

① 张纯修著,罗振常校补:《史可法集》卷一,第 393 页。
② 李天根:《爝火录》卷四,(台湾)宗青图书出版有限公司 1997 年版,第 273 页。
③ 张纯修著,罗振常校补:《史可法集》卷三。
④ 计六奇:《明季南略》卷八,第 212 页。
⑤ 张纯修著,罗振常校补:《史可法集》卷二。

利的时机,减少了清军南下的阻力,加速了南明王朝的败亡。

　　陈洪范回到南明后,宣称情况万分紧急,大清兵旦夕必下江南。但是,马士英竟大言不惭地说:"有四镇在,何虑焉!"①"北兵纵至,贼势尚强,岂无后虑?且赤壁三万,淝水八千,足定江左;况今兵力百倍于昔,痛饮黄龙,在诸臣之刻励耳。"②作为内阁首辅,马士英将守卫江左半壁江山的责任寄望于四镇兵将、长江天险及农民军对清军的牵制,而对积极布防却嗤之以鼻,结局可想而知。

三、左兵东犯与清军平定安徽

(一)清军南下

　　清顺治元年十月,史可法赴清江浦(今江苏淮阴)遣官屯田,为经略中原做准备。诸镇分派汛地:长江而上为左良玉汛地;天灵州而下至仪真三汊河为黄得功汛地;三汊河而北至高邮州界为高杰汛地;淮安而北至清江浦为刘泽清汛地;自黄家营而北至宿迁为冲要地,史可法自任,筑垒缘河南岸;自宿迁至骆马湖为王永吉汛地。十一月初,史可法获报清兵入宿迁,派兵阻击,"相持半月而解"③。十二月初,清兵进入河南,南明总兵李际遇降清。初十日,清军入海州。次日,清军围邳州。十四日,多铎率师至孟津,遣护军统领图赖先率精兵渡过黄河。二十日,史可法调兵援救邳州。二十四日,在沿运河自山东南下苏北的清军的配合下,多铎军的主力由孟津渡过黄河,进逼归德(今河南商丘)、徐州。史可法连章告急:"我与北军仅一河之隔。今已渡河,长趋而来,旦夕不保,请多给军饷。移得功、良佐兵驻颍、亳;以杰守归、徐,戮力同心。"④二十八日,马士英疏言:"清兵虽屯河北,然贼势尚张,不无后虑,岂遂投鞭问渡乎?"并说当今国家全盛,兵力万倍于前,清兵不可惧。⑤弘光帝随即命王永吉防河北、张缙彦防河南。

---

　　① 计六奇:《明季南略》卷八,第220页。
　　② 倪在田:《续明纪事本末·南都兵事》。
　　③ 张延玉:《明史·列传第一百六十二》卷二七四,第7020页。
　　④ 张纯修著,罗振常校补:《史可法集》卷二。
　　⑤ 计六奇:《明季南略》卷八,第220页。

　　顺治二年正月，弘光帝"诏良佐、得功北师扼颍、寿，杰进兵归、徐"。刘良佐、黄得功都受命不行。高杰率军至归德，冒雪部署黄河防线，并且亲至睢州（今河南睢县）面见睢州总兵许定国。许定国，河南归德府睢州人。高杰在李自成军中效力时，曾经掠劫许定国所住的村庄，杀许定国全家老小，只有许定国得以逃免。此时，许定国已经暗中约降于清豫亲王多铎，"而举朝莫知之也"。是月初九日，许定国约高杰会合于睢州。初十日，高杰抵睢州，十三日，许定国于酒宴上持短刀杀死高杰，且剖其腹祭先灵。随后，许定国率师渡河降清，因"计杀高杰，归顺有功"而受封为平南侯。既而，许定国引领清军进入仪封（今河南兰考）。高杰被杀，其部下义愤填膺，遂杀入睢州，大肆屠戮。十八日，史可法听闻高杰被杀，顿足痛哭，大呼："中原不可复为矣"①。史可法随即前往徐州，以高杰外甥、总兵李本琛为提督统领杰兵，以胡茂顺为督师中军，李成栋为徐州总兵，诸将分各地；又立高杰子高元爵为世子，请恤于朝，高杰军乃稍定。三月，南明朝廷撤高杰兵回，命刘良佐防卫归德，派太监高起潜安抚高杰军将士。

　　高杰军驻扎于扬州。高杰死后，黄得功、刘良佐等人想乘机瓜分高杰的兵马和地盘，双方剑拔弩张，后因朝廷抚慰及史可法排解方得以平息。顺治二年正月十八日，清军攻占西安。二月初八日，多铎奉旨平定江南。二月十四日，清军进入河南。三月初六日，清军攻克郾城、西平。多铎随即兵分三路直趋归德：一路由自己率军出虎牢关口；另一路由固山额真拜君图等率领出龙门关口；第三路由兵部尚书朝岱、梅勒章京伊尔德、侍郎尼堪等率领外藩蒙古兵由南阳一路南下。初八日，清军攻克上蔡，开封一带望风而降。二十一日，清军前哨抵达归德，南明总兵王之纲退走宿州，李成栋退走徐州。翌日，清军攻取归德。二十七日，清军进攻徐州。李成栋乘舟逃往扬州。二十九日，清军攻入颍州（今安徽阜阳），连取蒙城、太和。四月初一日，弘光帝诏令史可法前往徐州、泗州。史可法遂整军由扬州平山堂誓师，将行之际，突然接到弘光帝的手诏，命其停止北进，率诸军渡江入援，以抵抗

---

　　① 谢国桢：《南明史略》，上海人民出版社 1957 年版，第 70 页。

左良玉率军东下。南明朝廷发生"抗左"、"御清"之争。

（二）左兵东犯与清军攻占安徽

左良玉，山东临清人，出身行伍，骁勇善射。"目不知书，多智谋。"明崇祯十七年，封为宁南伯，世守武昌；福王立，晋为侯。以上流之事专委左良玉，寻加太子太傅。左良玉兵号百万，实20万左右，前五营为亲军，后五营为降军。"诸镇兵惟高杰最强，不及良玉远甚。"但是，左良玉自朱仙镇之败，精锐几尽，其后归者多为乌合之众，军队的战斗力较差。弘光之立，左良玉没有参与，算不上"定策"功臣。据时人陈子龙记载："上之立也，不与推戴，心常快快。既专制荆楚，益桀骜。"①例如，"左良玉接监国诏书，不肯拜，袁继咸强之，乃开读如礼"②。顺治二年三月，李自成部在清阿济格军的追击下，经陕西商洛、河南西部邓州一带进入湖北襄阳地区，声势浩大，左良玉不敢与大顺军作战。其时，南朝马士英、阮大铖当权，朝政混乱；此外，南都"北来太子案"③、"童妃案"④事起，举朝哗然。左良玉以奉"皇太子"手书血诏为由，以"清君侧"、"诛马阮"为号召，焚烧武昌城后东下，引兵向南京进发。四月初一日，左兵至九江。初四日，左兵攻入九江城，大肆烧杀抢掠。是日，左良玉呕血死，"诸将秘不发丧，推其子梦庚为留后"，掳江督袁继咸，继续向东推进。初五日，左梦庚率军攻陷建德。初六日，攻陷彭泽。初七日，攻陷东流。南京戒严，以公侯分守长安等门及都城13门，调靖南、文昌、东平镇兵南下，保护南京，命史可法赴江北调度。初八日，史可法疏言："上游不过欲除君侧之奸，原不敢与君父

---

① 陈子龙自撰"年谱"，上海古籍出版社1983年版，第700页。

② 《明史·列传第一百九十六》卷三八〇，第7942页。

③ 北来太子案：顺治元年十二月，鸿胪寺少卿高梦箕、舍人穆虎，于山东结识一位自称是崇祯皇帝太子的少年，并将其带回南京。次年三月，少年至南京。弘光帝令群臣辨认。众人或曰不识，或曰是假，而杨维垣则称：此少年是驸马王昺的侄子王之明。少年遂被投入狱中。此事一经传出，谣言纷起，莫衷一是，引起巨大风波。连史可法等人也都认为，此人是真太子。弘光朝廷迫于各方压力，因而并未杀害此人。南明覆亡后，此少年被清廷处死。

④ 童妃案：童妃，一说是福王因躲避大顺军在河南所遇到的民女，曾同居；一说是福王的妃子失散，流落民间。顺治二年三月，明河南巡抚越其杰等人将其护送到南京。弘光帝不认，斥为妖妇，下令严刑拷打。四月，童氏饿死狱中。

为难：若北兵至,则宗社可虞。"①初九日,史可法率军渡江入援,抵燕子矶,旋奉命速回。是日,史可法已达南京城下,请入朝面陈大计。马士英扬言史可法为左兵内应,遂有旨："北兵南下,卿速回料理,不必入朝。"史可法只能"南面八拜,恸哭而返"。初十日,江北总兵黄斌卿于铜陵击败左兵。十三日,左兵攻陷安庆。十四日,刘泽清、刘良佐以保卫南京为借口,领兵南下;黄得功兵至江山,暂驻荻港三山。十八日,左兵至池州。十九日,弘光帝召集群臣商讨对策。刑部侍郎姚恩孝,御史成友谦、齐可聘称："左良玉稍缓,北尤急,乞无撤江北之兵,固守淮扬,控扼颍、寿。"弘光帝也认为江北兵马不应该调离汛地太多,说："刘良佐还宜留江北防守。""左良玉虽不该兴兵以逼南京,然察其本意不似反叛,如今应加意淮扬,江防之兵不可撤也。"马士英大怒说："尔辈东林,犹借口防江,欲纵左逆入犯耶? 北兵至,犹可议款,若左逆至,则若辈高官,我君臣独死耳? 臣已调良佐兵过江南矣。宁死北,无死逆。"②弘光、诸臣皆瞠目结舌。五月初二日,黄得功大战左兵于板子矶(今安徽繁昌西北),左梦庚兵败,退回九江。左军东进受阻,而内部不稳。适时,清军阿济格部在击溃大顺军之后进至九江、东流一带。五月三十日,左梦庚执拒降的袁继咸,偕御史黄澍,率 12 总兵、10 万兵马及大小船只 4 万艘投降清军。先于左梦庚降清的南明安庆副将、都督同知马逢知,奉阿济格之命招抚了安庆、庐州、池州、太平等府文武官员及其所统万余官兵,安徽沿江各地易帜。

乘南明诸军内乱回撤、拱卫南京的有利时机,清军迅速南下。清军都统准塔率军于沛县李家楼击败明军后,于四月初九日占据徐州,接着与自山东沿运河而来的清军会合,进占云台、通州、如皋、泰兴等地。多铎部清军在攻取太和以后,于四月初九日攻占亳州,明总兵王之纲降清。四月十三日,多铎率军围攻泗州(今江苏盱眙西北),泗州守将李遇春焚毁淮河桥,不战而逃。翌日,清军狂追 50 里,仍不见其踪影。于是清军渡过淮河直奔盱眙。刘泽清、刘良佐早已以保卫南京

---

① 张纯修著,罗振常校补:《史可法集》卷二。
② 李清:《三垣笔记》下,中华书局 1982 年版。

为借口率军南下了。

起初得知清军南下，史可法本准备渡洪泽湖移军泗州，护卫明朝祖陵，且辎重已集。及至应诏入卫南京，抵燕子矶，又奉诏速返，遂召诸将兼程北上。至六合，令总兵侯方岩救泗州；随后至天长，部署诸将援救盱眙。不久，得悉盱眙、泗州均已沦陷。于是，史可法疾行一昼夜驰回扬州据守，致使大批援助泗州的甲仗、火药、粮饷尽弃。侯方岩遭遇多铎军，力战而死，全军覆没。多铎率军经天长、六合向东推进，诸溃兵及张天禄、胡尚友等先后投降。四月十七日，多铎率军在距扬州20里处扎营。四月十八日，扬州告急，但各镇无一前往救援，仅刘肇基率2万人自白洋河入扬州应援。四月二十一日，刘泽清大掠淮安后向西逃逸，清固山额真准塔分兵趋淮安。刘泽清率总兵马化豹等迎降，淮安失守。四月二十五日，清军攻破扬州，史可法被俘。史可法拒降，3日后被杀。清兵在扬州城中杀掠10日，繁华的扬州被焚毁殆尽。

高杰被杀、许定国叛逃之际，清军主力正集中于陕西与大顺军作战，在山东、河南、河北一带兵力有限，这些地区无论是心向南明的士绅阶层，还是挺身抗清的农民军都十分活跃，况且高杰虽死，其部下尚在，且同仇敌忾。史可法完全可以利用这一有利形势有所作为，但劝他"渡河复山东，不听；劝之西征复河南，又不听；劝之稍留徐州为河北望，又不听"，"一以退保扬州为上策"。[①] 坐失良机。顺治二年五月初二日，高杰兵南奔，至京口，被郑鸿逵截杀，不得渡江。李成栋等奉高杰妻、子北降。同月，凤阳等府也望风纳款，归附清廷。皖北各地纷纷易帜。

顺治二年五月初八日，清军主力多铎驻军瓜洲，列营于长江北岸，准备渡江；南明方面只有总兵郑鸿逵、郑彩率水师防御。而黄斌卿、杨文骢屯兵南岸，仅隔江发炮，如同儿戏。是夜，多铎命令每个士兵准备2个案几、10个火把。于是，清兵抢掠民间的台几及扫帚，将扫帚系在台足上，浇上油、点燃，投入江中，借北风顺流而下，一时江上火光冲天。南明兵将见状，以为是清兵正在渡江，于是发炮击之。等到南兵

---

① 阎尔梅：《阎古古全集》卷二。

炮火几尽时,多铎率师由七里港渡过长江。九日晨,郑鸿逵、郑彩等见清军过江,皆乘船向东逃奔。江南军队一时皆溃。巡抚霍达易服混于杂役之中,乘小船潜入苏州。初十日,弘光帝仍在观戏酣饮,闻清军已渡江,遂于二更后与内监四五十人"跨马自通济门出",逃往时驻芜湖的黄得功营。途经太平(今安徽当涂)时,由于"路人不识,多有訾议者,王闻甚恚,抵芜湖,遂命得功屠城"①。十一日,马士英挟太后,领兵400余人奔往浙江,"经广德,明广德知州赵景和闭城据守,马破城,杀知州,大掠而去"②。十五日,多铎军到达南京东郊。忻城伯赵之龙、大学士王铎、礼部尚书钱谦益等31人开城门迎降。广昌伯刘良佐等二十余人率马步兵23万人先后归降。

弘光帝逃出南京迤逦而至黄得功营。黄得功见到弘光帝,哭着说:"陛下死守京城,臣等犹可尽力。奈何听奸人之言,仓皇至此?"弘光说:"非卿无可仗者。"黄得功道:"愿效死。"③黄得功、弘光帝等人随即决定逃往杭州,命朱大典、方国安率所部先行,都督杜弘域率部扈从,黄得功断后,并打算于二十二日起程。适时,明军刚刚在青弋江上架浮桥完毕,正欲起程之际,时已降清的刘良佐"立功"心切,引领图赖率领的清军到达芜湖。刘良佐招降黄得功,遭拒。黄得功坐在小舟之中督战。刘良佐箭中黄得功的左喉。黄得功觉得大势已去,遂拔箭自杀。黄得功部下将士仓促渡江致使浮桥断裂。南明总兵周雄与马得功等人劫持弘光帝降于刘良佐。二十四日,弘光帝被押解至南京,后由多铎押送至北京。次年五月,弘光帝在北京被处死。

清军占领南京之后,剿抚并用、软硬兼施,很快就控制了包括安徽在内的南明所辖各地。例如,是年六月,清兵进入徽州地区,迅速将其平定。多铎遵旨改南京为江南省,并采取"以城降者即使为守"的办法,奏请清廷授江宁、安庆巡抚及以下各官373人守各地。五月二十九日,清廷宣布江南平定!

江南的迅速底定使清朝统治者有些忘乎所以。六月二十五日,多

---

① 林铖:《太平府志》,《稀见中国地方志汇刊》第二二册,中国书店1992年版。
② 李国相修:光绪《广德州志·杂志》,《稀见中国地方志汇刊》第二三册。
③ 张延玉:《明史·列传第一百五十六》卷二六八。

尔衮宣谕礼部："京城内外，限旬日；直隶各省地方，自部文到日，尽令薙发，遵依者为我国之民，迟疑者同逆命之寇，必置重罪。……若有复为此事，渎进章奏，欲将朕已定地方人民仍存明制，不随本朝制度者，杀毋赦！"①令礼部传谕各地，一体遵行。清廷这不旷"留头不留发，留发不留头"的做法激起广大汉人的极大愤慨。安徽各地遂掀起了抗清运动的高潮，一时一方举旗，"四方闻之，争为响应"②。

第二节　安徽境内的抗清活动

一、安徽抗清斗争的缘起

顺治二年四月，清军攻入安徽。五月，攻陷南京，南明弘光政权覆灭；同时，农民军领袖李自成也在湖北战死。至此，清统治者可谓是踌躇满志，以为南方各地唾手可得，统一全国的目标即将实现。于是，清廷抛弃了刚入关时提出的"代报君父之仇"的虚伪口号，以正统自居，直斥南明政权"僭号阻兵"，"明朝诸将各自拥众，扰害良民，自生反侧，以起兵端"，宣布"爰整六师，问罪致讨"③。但不服新朝廷的大有人在，长江中下游人民反抗情绪特别突出。"诸郡之起……其中一、二志士，痛故国之亡，从而激发之，乃揭竿裂裳，聚众十万，以抗清师。此所谓上下江士民之义兵"④。

清统治者在实行军事征服的同时，以强横的暴力推行民族同化政策，在精神上征服其他民族。早在清军入关时，清廷就曾强制推行薙发易服政策。强令各地人民都要一致服从满族的风俗习惯，引起了各族（主要是汉族）人民的普遍反对。清廷鉴于统治尚不巩固，不敢过

---

① 《清世祖实录》卷一七，中华书局 1985 年影印本。
② 温睿临：《南疆逸史》卷三六，中华书局 1959 年版。
③ 谢国桢：《南明史略》，第 77 页。
④ 萧一山：《清代通史》，中华书局 1986 年版，第 316 页。

分违背民心,只好收回该命令:"予前因归顺之民,无所分别,故令其薙发,以别顺逆。今闻甚拂民意,反非予以文教定民之本心矣。自兹以后,天下臣民,悉照旧束发,悉从其便"①。但这只是清廷的权宜之计。及至攻陷南京、他们认为明朝政权已被打垮,"南北大定",时机成熟,于是再次强行推行这一政策。顺治二年五月,豫亲王多铎在南京城中命令薙发,但尚有一定限制,"剃武不剃文、剃兵不剃民"②。六月,清廷异常专横地通令各地:"自今布告之后,京城内外,限旬日;直隶各省地方,自部文到日,亦限旬日,尽令薙发。遵依者为我国之民,迟疑者同逆命之寇,必置重罪。若巧词争辩,决不轻贷!……仍存明制不随本朝制度者,杀无赦! 其衣帽装束,许从容更易,悉从本朝制度,不得违异。"③所谓薙发,就是在脑后留一小片头发,剃为圆形,梳成辫子。而汉族男子历来是不剃发而将头发束在头顶,认为这是父母所生、上天所赐,从不轻易剃去。易服则是指放弃汉族的宽衣博袖服装样式,根据高领窄袖下摆开襟的满族式样改换或重制服装。易服时日可以放宽,薙发则不容稍缓。"留头不留发,留发不留头。"清廷薙发易服就是要摧毁汉族及各族人民的反抗意志,较之武力服征更具残暴性和屈辱性,也必然遭到广大人民的强烈反抗。"激变之由,大抵缓于辫发胡服之新制也。其无力反抗者,或逃隐山林,或愤而自杀,或建发冢而痛哭致祭。有力者则兴师动众,流血百万,前赴后继……"清军在进军过程中,还放纵士兵烧杀掳掠。每攻陷一地,必大肆劫掠,屠杀人民,乃至实行残忍的屠城政策。南京被清军攻占后一片荒凉,江南其他各城大都遭到了同样厄运,子女玉帛悉被抢掠到北方供清贵族享乐和驱使。不仅八旗骠骑如此,降将武夫也乘机肆虐洗劫,"苏州巡抚土国宝、松江提督吴兆胜、吴淞总兵李成栋,皆以降将乘势骚虐","所至以屠杀立威"。④ 同时,在清廷刚占领的地区内,许多胥吏也乘社会混乱之机鱼肉人民,更激化了社会矛盾。如顺治二年无为民众攻入州城就

---

① 《清世祖实录》卷五,第 55 页。
② 计六奇:《明季南略》卷四,中华书局 1984 年版,第 225 页。
③ 《清世祖实录》卷一七,第 198 页。
④ 萧一山:《清代通史》,第 317 页。

是因剃发官勒索激逼所致；顺治三年，潜山人民起兵抗清是因县官妄加田亩所致。

安徽各地绅民既不满于民族压迫和清军胥吏的暴虐，又痛感故国之亡，纷举义旗，聚众抵抗，大江南北义军四起。

二、金声等领导的皖南抗清斗争

就在清军攻下南京之时，皖南的抗清斗争迅速兴起、如火如荼。先是金声、江天一在绩溪首举抗清义旗，继而温璜呼应于徽州，邱祖德响应于宁国，吴应箕等举义旗于池州，尹民兴等起兵于泾县，吴源长等抗清于广德……此呼彼应，一唱百和。抗清斗争的烽火燃遍了皖南各地。在金声等的领导下，义军先后攻克和收复了已经归顺清廷的青阳、石埭、建德、东流、宁国、旌德等县，清政府在皖南地区仅只据有太平府属 3 县（当涂、繁昌、芜湖）和南陵、宣城、贵池等县。

正如清方一份奏疏所言："盖徽、宁、池之祸，始于徽州……"①此次皖南抗清斗争发源于徽州地区，其领导人是南明在籍御史金声、徽州府推官温璜等。金声，字正希，安徽休宁人，明崇祯元年进士，授翰林院编修，累官至御史。后见内政败坏，内忧外患日深，多次上疏条陈均失败，于是告病归乡。因见当时"流寇"蔓延，乡郡多盗，便与门生江天一召集乡民，团练义勇以备寇，"为乡里行友助法"②。顺治二年六月，清兵攻破池州、危及徽州，"声乃悬太祖高皇帝像，集士民痛哭起兵"。金声等认为，徽州地处万山丛中，"据江南极高之地"，"有六岭之险"，地势险要。唯独绩溪地势平坦，应严守之。于是在绩溪城外修筑丛山关，亲率重兵扼守。并分兵守六岭，各山置 13 营，守以 13 副将。黟县诸生项远、洪士魁，副将罗腾蛟、闵士英，都司汪以玉等亦起兵相助。金声所部军容整齐，士气高昂，作战勇敢，"时上下江义师数十万、陆师整者惟声及江阴阎应元"。他们以"杀清者昌，降清者亡"

① 中国人民大学历史系、中国第一历史档案馆合编：《清代农民战争史料资料选编·安徽部分》第 1 册，中国人民大学出版社 1984 年版，第 262 页。

② 道光《休宁县志·金声传》；《甲申朝事小纪·金正希先生言行小纪》，书目文献出版社 1987 年版，第 188 页。

为口号,率军相继攻克宁国、旌德等地,一时间声威大震。在金声起兵抗清的影响下,宁国、池州、广德等地士民群起响应。随着形势的发展,金声通表于闽中的唐王政权,隆武帝非常高兴,册封金声为右都御史、兵部右侍郎,总督南直军务,江天一赞划军事。金声遂刊布诏书,号召各地义军共同抗清。

　　是时,明降将洪承畴以"招抚南方总督军务大学士"头衔坐镇南京,惊悉皖南之变后,急派八旗都统叶臣、提督张天禄等率兵来攻。金声等据丛山关以御敌,"大小凡十三战、杀伤相当"①。但金声领导的义军很快就处于不利境地了。一方面,与之相呼应的其他义师如邱祖德、尹民兴等很快就失败了,清军得以集中兵力进攻绩溪,金声所部日益孤立,且军事压力增大;另一方面,源源而来的清军对绩溪进行了长期的围攻,致使金声所部粮食缺乏,战斗力削弱。尽管如此,金声所部仍坚守丛山关达两个多月,清军不能前进半步。张天禄等久攻不下,不得不采用奸诈手段,先是买通当地人引路,绕道由山间小道攻入,连陷十余寨,金声等被迫退守绩溪城;后又使降将黄澍前来做内应。黄澍,原明御史,徽州人,与金声"为文字知己",于九月随左梦庚降清。九月二十日,尚未薙发的黄澍仍着明冠袍来到绩溪城下,诈称来援。金声见故友冠发如故,遂信以为真,将其迎入城内。有黄澍做内应,清军遂攻陷绩溪城,金声被俘。被俘后,金声仍挂念绩溪人民,他对清军说:"徽民之守,吾使之也,第执吾去,勿残民"②。他还考虑到江天一家有老母,曾劝江天一逃去,不可同死。但江天一认为"天一同公起兵,可不同公殉义乎!"遂拜其家庙,自投敌营。③ 同年十月,金声、江天一等被押解南京,沿途百姓相送。有人说:"先生回来时,我们一定再来路旁恭候。"金声笑答:"再回来,我就一文不值了。"④他已决志致死。当时南京薙发易服已久,而"声等戋冠大带而入",引起"道路聚

　　① 倪在田:《续明纪事本末》卷一五,《诸方义旅》,第381页。
　　② 温睿临:《南疆逸史》卷一四,《金声传》,第97页。
　　③ 张延玉:《明史》卷二七七《金声传》,第7092页;萧一山:《清代通史》第二篇,第319页;温睿临:《南疆逸史》卷一四,第97页;倪在田:《续明纪事本末》卷一五,第382页。
　　④ 道光《休宁县志·金声传》。

观"，影响甚大。清督师洪承畴与金声有年谊，"馆之有加礼"，欲劝降，招致金声、江天一的拒绝和斥骂。金声斥曰："岂有受恩如尔而忍降者？"江天一则朗诵崇祯帝祭洪承畴文以辱之①。洪承畴见劝降不成，又劝金声出家为僧，仍遭金声的拒绝，"何以为忠臣"？至此乃杀之。临刑，又使人与耳语，希望金声能在最后时刻回心转意。江天一见状乃大呼曰："流芳百世、遗臭万年，此一息耳！"清兵怒而割其舌，但江天一仍骂不绝口，遂为清兵所杀。南明唐王朱聿键赠金声礼部尚书，谥文毅。清朝廷亦赐忠节。与金声同时遇难的有其弟金经、金维及江孟卿、吴国桢、陈际遇、余元英等。项远、洪士魁、罗腾蛟等亦先后被执不屈而死。

金声领导的绩溪抗清斗争，得到了徽州府推官温璜的大力支持。温璜，浙江乌程人，明崇祯十六年进士，时任徽州府推官，职掌刑狱。当清兵攻入安徽后，南明徽州知府秦祖襄及其僚属望风而逃作鸟兽散，徽州府一片混乱。温璜叹曰："城无主，民且自相屠。"②乃挺身而出，尽取官印，主动承担了安抚士民、保护城池的责任。"远近从而保者数万家。"③金声起兵后，温璜积极响应，互相配合，与金声互为掎角，并且转运粮饷支援金声。徽州府有武解元黄赓，有膂力，能挥舞数十斤重的铁鞭，英勇善战，且每战都身先士卒，杀伤甚众。"率乡民十九战，皆捷"④后被清军包围，鞭折且马跪，于是怒而杀马，与清兵步战。在杀死多名清兵将后方才突围而去。后因兵败乃削发为僧。在温璜等的率领下，徽州坚守达4个月之久。及金声兵败，徽州犹"严兵自守"。黄澍复又潜入徽州府诱其众叛，并乘机打开城门引清兵进城，徽州遂破。温璜见大势已去，乃趋归家中，杀其妻茅氏及长女宝德，而后自刎。唯独其幼子为茅氏藏匿而幸免。然而温璜并未死，人虽倒地，但目犹怒视。张天禄闻之惊异万分，言道："渡江以来，所遇州县，不少

---

① 洪承畴于崇祯十五年在辽东松山战败后降清，崇祯以为其已死，乃撰文祭之。

② 抱阳生：《甲申朝事小纪·温璜纪略》，书目文献出版社，第870页；倪在田：《续明纪事本末》卷一五《诸方义旅》，第381页；萧一山：《清代通史》第二篇《绩徽之诈陷》，第319页。

③ 温睿临：《南疆逸史》卷三三《司理府君传》。

④ 倪在田：《续明纪事本末》卷一五《诸方义旅》，第382页。

名进士皆苟活无耻,未有如温公者"①。命募良医治之,然温璜殉国之志已坚,忽猛跃起,以指抠破刀痕,深入咽喉,气绝身亡。

在徽州人民进行英勇的抗清斗争时,宁国府的人民也奋起响应,义军蜂起。清方惊呼:"是时宁国府城外,遍地逆民。"宁国的抗清斗争主要是在邱祖德、尹民兴、麻三衡、吴汉超等的领导下进行的。

邱祖德,四川成都人,明崇祯十年(1637)进士,曾任宁国府推官、保定巡抚和山东巡抚。时流寓宁国。清顺治二年七月,他在宁国举兵响应金声。同时起兵抗清的还有十余部,主要有钱文龙、沈寿莪、颜苗、王一衡、万日吉、金经、"七家军"②等。当时宁国城府已为清兵所占,邱祖德乃驻师华阳山,积极联络各支义军,谋恢复宁国府。③ 七月十六日,在邱祖德的邀约下,尹民兴自泾县,万日吉、金声自宁国县,与刘鼎甲、胡天球等部义军围攻宁国府治宣城县,射伤清知府朱锡元左目。张天禄急忙派总兵丘越前来镇守,又差副将杨守壮、赵大捷等各领兵星驰援剿。二十日,当义军四面攻城时,大批清军援军赶至,围城义军遂被击败。沈寿莪、万日吉牺牲,邱祖德父子当阵被俘。槛送南京后英勇不屈,遂被洪承畴磔死。④ 隆武帝追赠邱祖德太子太师、吏部尚书。

同时起兵诸部中,以麻三衡一支力量最强。麻三衡,宣城贡生,生有异相,好习武事,博学多才,"以诗酒自豪"。宣城义师起,被推为主帅。麻三衡作战极其勇武,"每战摧锋,匹马舞刀,当者辟易",清兵多望而生畏。七月二十四日,因寡不敌众而被俘。豫亲王多铎奇其才貌欲降之,麻三衡断然拒绝。临刑赋绝命诗:"吴越连沙漠,天心不可留。怒存千丈发,笑斫百年头。若水心犹烈,平原志未酬。清风吹宛句,朝暮五湖秋。"⑤吴太平等亦败亡。

---

① 萧一山:《清代通史》第二篇《绩徽之诈陷》,第320页。
② 诸生麻三衡、吴太平、阮恒、阮善长、刘鼎甲、胡天球、冯百家等领导的七支义军。
③ 中国人民大学历史系、中国第一历史档案馆合编:《清代农民战争史资料选编·安徽部分》第1册,第260页。
④ 关于邱祖德之死,《南疆逸史》、《明史》、《续明纪事本末》、《甲申朝事小纪》皆认为邱祖德在攻打宣城失败后退入乘顶山,清军攻破山寨,邱祖德父子方才被擒。
⑤ 张岱:《石匮书后集》卷五七《麻三衡传》,中华书局1959年版,第324页。

　　尹民兴、吴汉超等领导的泾县抗清斗争最为激烈，以至清兵将其与江阴、舟山并称。"王师南下，所不易拔者，江阴、泾县，合舟山而三"。尹民兴，湖北嘉鱼人，明崇祯初进士，曾任宁国县、泾县知县，"除奸厘蠹，有神明之称"，累官至职方郎中。弘光政权建立后，他坚决反对朝廷召用阮大铖，失败后即称病辞职，流寓泾县。南京失守后，他与诸生赵初浣、赵崇雅、赵纯仁等据城起兵抗清。吴汉超，宣城诸生。当北都亡，即与其友人汤廷铉起兵赴难。及南都被清军攻取，又谋守宁国，但响应者不多。于是转赴泾县追随尹民兴抗清。尹民兴泾县起兵后，曾与其他义师相互配合，主动出击，以期收复失地。七月初，尹民兴率泾县与南陵义民数千攻打南陵。清南陵知县朱鼐铣率乡勇顽强抵抗，又有张天禄派兵前来支援，攻打南陵失败。七月中旬，尹民兴又率兵会同邱祖德、金声军围攻宁国府城。清军多路驰援，义师被击败。在剿灭了邱祖德、麻三衡等义军后，清军又大举进攻泾县。清将张天禄、卜从善、杨守壮、雷守才等率军将泾县团团围住，四面环攻。然"泾县为尹民兴旧游之地，故盘踞于此，沿路险要，各设多兵防守"。加之尹民兴善谋、吴汉超善战，清军屡遭挫衄，死伤累累。

　　由于泾县的英勇抵抗，以至在相当长的时间里，清兵闻两县（江阴、泾县）之名就胆战心惊。但泾县城终因孤立无援而被攻破。赵初浣、赵崇雅、赵纯仁等皆战死，守城义军也基本被清军残忍杀害。"其抗拒守城，约三千余，则皆尹逆所集之兵，尽将贼兵枭斩，小民宥剃发。"

　　泾县抗清失败后，尹民兴逃往福建，被隆武帝授为御史，加太仆少卿，福建被清军攻陷后，"归卒于家"[1]。吴汉超则逃匿华阳山中。当时，邱祖德、麻三衡的余部在当涂人徐淮的率领下，活动于华阳山中，继续坚持抗清斗争。徐淮闻吴汉超至，将其迎至营中，共谋抗清。在徐淮、吴汉超的率领下，这支队伍连克句容、溧水、高淳、溧阳、泾县、太平等县。但是吴汉超认为"我兵少，聚而城守，其何以战？宜四出以误

---

　　① 温睿临：《南疆逸史》卷一八《尹民兴传》，第 119 页；张延玉：《明史》卷二七七《尹民兴传》，中华书局 1974 年版，第 7094 页。

之,此伍员所以疲楚也"①。因此,攻克州县皆弃而不守,也就一直没有建立一个巩固的根据地。清顺治三年(1646)正月四日,吴汉超率部攻入宁国城,然所部多为本地人,"各顾其家,莫有斗志",遂被击溃。吴汉超本已逃出城,但恐连累母亲和族人,遂回城自首:"首事者,我也"。清军残忍地"剖其腹,将其杀害"②。其妻妾皆痛不欲生,跳楼而死。

池州地区的抗清义军在朱盛浓、吴应箕等的领导下,先后攻克青阳、石埭、建德、东流等县。朱盛浓,明宗室,原池州府推官。当清兵攻破池州时未顺逃走。后见人民痛恨薙发政策,民心可用,乃于顺治二年七月在石埭县号召人民抗清。"统兵诈称十万,攻破青阳,掳青阳知县吴璠,杀典史林绍台;破石埭,掳典史赵运太,径逼府城。"③同时起兵者有庞昌允(又作昌胤)、吴应箕等。庞昌允,四川西充人,故青阳知县。崇祯十年进士,弃官隐九华山。与邑人孙象壮谋起兵抗清。事泄被俘,押解途中被杀害于五溪桥旅店。吴应箕,贵池举人,"善今古文,意气横厉一世"。积极参与崇祯末年的复社活动,坚决与阉党势力作斗争,时人称"小东林"(意指复社的言论和风格继承东林党)。还曾参与以《留都防乱公揭》驱逐阮大铖之事。弘光政权覆灭后,愤而书其壁:"韩亡子房奋,秦帝鲁连耻。"④投笔从戎,率众起义。随后与朱盛浓军合攻池州府,池州府推官袁清典率众竭力防御,得保府城。朱盛浓、吴应箕旋又转攻建德、东流,破两城,掳建德知县吴伯伦、俘东流典史鲍鲸鳌。金声承命"总督南直军务",任命吴应箕为池州监军推官,监纪军务。八月初,清池州知府马弘长、总兵于永绶等率军征剿,先后攻克白洋、七都等数寨,恢复石埭、青阳两县,朱盛浓兵败后削发为僧逃去,后又潜入广德继续从事反清复明活动。吴应箕败退乘顶山,招兵买马准备东山再起。于永绶又统兵进剿,吴应箕兵败被俘,清

---

① 倪在田:《续明纪事本末》卷一五《诸方义旅》,第380页。
② 张延玉:《明史》卷二七七《吴汉超传》,第7094页;《续明纪事本末》卷一五《诸方义旅》,第380页。
③ 《清代农民战争史资料选编》之《毛九华揭帖》,第259页。
④ 张延玉:《明史》卷二七七《吴应箕传》。

军又收复建德、东流两县。吴应箕被俘后英勇不屈，慷慨就义。据称其"被刑处，血渍不衰；首入郭门，三日如生"①。吴应箕号楼山，民国初年池州城南街被命名为楼山街。

在广德州，有吴源长、方明等领导的抗清斗争。吴源长，广德诸生。闻金声起兵，即在棱子山起兵响应。乡民裘君量等倾家资助。吴源长等不久即攻克广德州城，遂又进兵湖州，但不幸兵败遇难。

方明，故屯田都尉。当义军蜂起时，乃据广德州起兵抗清。后朱盛浓潜至，受到方明拥戴。义军先后攻破孝丰、临安、宁国等府县，声威大振。隆武帝闻讯后，十分高兴，乃授朱盛浓王爵，并晋升方明等。清廷急派张天禄等率兵进剿。方明败走浙江，后至长兴为郭虎所杀。乡民潘文焕将朱盛浓藏于茅山。后为另一乡民曲喜正告密，朱盛浓遂被清军俘杀。潘文焕亦被俘，怒斥曲喜正："我死何足惜！然王一日在，人心犹未散。鼠子败吾事！"又对其子说："我死忠，汝死孝，传之后世，有颂述焉；不然，一老氓耳。"遂拒绝洪承畴的招降，从容就死。②

随着金声等领导的抗清斗争的失败，皖南抗清斗争逐渐转入低潮。但是皖南人民并没有屈服，由于清统治者推行残暴的民族压迫和经济搜刮政策，皖南人民的抗清斗争仍不断发生，连绵不绝。

顺治二年十二月，南明隆武政权的礼部尚书、大学士黄道周募兵北征。但由于郑芝龙作梗，所募军队缺乏武器粮饷，且多未经过军事训练，作战能力极低，被称为"扁担兵"。黄道周虽然知道这种状况，但仍抱定了尽己之力、努力而为的决心，率兵北征。兵至浙江广信时，清婺源知县（黄道周门人）派人送降书伪降，黄道周乃引兵深入徽州，遭到张天禄率领的大批清军围攻。十二月十九日，黄道周兵败婺源，被擒送南京。洪承畴与其是同乡，"馆而礼之"，并使人前来劝降，"先生毋自苦，我可以保先生不死"。黄道周愤然地说："承畴死已久矣，松山之败，先帝曾痛其死而亲自哭祭。今所云承畴者，乃无耻小人冒名耳。"羁押期间，每日吟咏如故，挥墨不断，有"纲常万古，性命千秋；

---

① 倪在田：《续明纪事本末》卷一五《诸方义旅》，第379页。
② 倪在田：《续明纪事本末》卷一五《诸方义旅》，第380页。

天地知我,家人何忧"之句,表达了自己忠于故国、誓不降清的信念。临刑,路见有竖福建门牌的坐地不起,说:"福建,吾君在焉,死于是可也"。从容殉难。隆武帝闻之痛哭,追封文明伯,谥忠烈。①　同时殉难的有中书赖继谨、蔡春溶,职方赵士超,通判毛玉洁,游击朱家弟等。

顺治三年秋,在池州地区有了悟和尚、赤脚黑先锋领导的以农民为主的抗清义军。该支义军奉永丰明王府后裔四王子为首,聚众数万,并分官设职、备置粮饷器械等,形成一支有组织的强大的抗清武装。义军以建德山区为根据地,活动于池州、鄱阳地区,并先后攻克建德、东流等地,一度声势极为浩大。九月,进攻永丰失利,四王子中炮牺牲。十月,义军在彭泽又遭清军数路围攻,将领大部被俘牺牲。了悟和尚、赤脚黑先锋中箭负伤,撤退至饶州被俘,英勇就义,起义失败。②

同年十二月,明高安王朱常淇率兵进攻婺源,在小坑地区受挫,遂退入严杭山,准备以此为根据地伺机反攻。不久,卜从善等率兵入山进剿,朱常淇兵败被俘,其监军道江于东、职方司许文玠等亦同时被俘,随后,俱被洪承畴杀害。③

顺治五年(1648)正月,江西总兵金声桓在南昌起兵叛清。金声桓,明左良玉部将,后随左梦庚降清。降清后,为清廷征服江西,战功显赫。但不久即因清廷待遇不公和对薙发胡服不满而决定反正。举事后,金声桓兵分两路准备直取南京。一路由水路进攻,攻占了九江等地;一路由陆路进入徽州府境。金声桓反正及进兵安徽,得到了安徽人民的大力支持和配合。徽州人民或为向导,带队引路;或为内应,配合攻城;或拿起武器,协同作战。正因如此,金军才能迅速地攻下祁门、黟县、休宁等地。正如清方一份奏疏所言:"潘、许二贼(金声桓部将)又结连土寇,众至数万,三县之失守,非守土之所能守而不守

---

① 计六奇:《明季南略》卷八《黄道周不屈》、《黄道周传》,第 65 页。
② 安徽省地方志编纂委员会编:《安徽省志·军事卷·清初战事》,安徽人民出版社 1995 年版,第 页;《明清史料丙编》第 6 本《安徽巡抚刘应宾揭帖》。
③ 《重修安徽通志》卷一二《武备志·兵事四》;《续明纪事本末》卷一五《诸方义旅》。

也。"①然而,金声桓临阵变计,由直取南京易为转攻赣州,巩固江西,遂将军队撤回。清军乘机反扑,收复了祁门、黟县、休宁等3县。义军首领孙凯、侯九、汪满、洪日昇等被俘杀。在金声桓反正的影响下,池州义士王贰甫起兵抗清,但不久即被清安庆巡抚刘弘遇剿灭。

三、以明宗室为号召的皖北抗清斗争

顺治二年,随着清军攻入安徽,皖北人民也和皖南人民一样,奋起抗清。皖北乃明朝龙兴之地,这里的抗清活动多以明宗室为号召。皖北人民先后拥戴抗清的明宗室有杜阳王、荆王、瑞昌王、石城王等。皖北的抗清活动还多以大别山区为活动中心或根据地,这里丛山环绕,地势险要,易守难攻,且多建有坚固的堡寨。这些堡寨最初是用以对付农民起义军的,但随着明朝的覆灭便转而抗清。清方资料称:"及我朝兵定南方,诸寨则易其方针,群为明守,檄谕不能下,因阨而不渝……此蹶彼兴,以卫土境,盖六七年而后平矣。"②

是年六月,随着南明弘光政权的灭亡,明杜阳王在和州、庐江的义士拥戴下起兵抗清。洪承畴急派总兵吴兆胜等前来围剿,杜阳王兵败被杀。于杜阳王起兵同时,明蕲水王次子以族兄樊山王旧称荆王的名义,与英山义士王六姐起兵于蕲水斗方寨。不久,太湖县义士石应琏、石应璧等将其迎入太湖司空寨。十二月,义军攻打太湖县城,乘雪夜从北门攻入,清太湖知县从南门逃走,义师遂攻占县城。一时,江北之英山、霍山、舒城、潜山、太湖诸山寨,皆起兵响应,"义师堡寨不胜数",声势浩大。顺治三年春,洪承畴派总兵马得功、卜从善等率兵进剿。由于得到义军内叛徒余坦做内应,清军攻破司空寨,义军首领石应琏等战死。余坦则率所部士兵300余人擒俘荆王,搜其金印献送给洪承畴,荆王旋被杀害。荆王起义失败后,余部在李时嘉等的率领下藏匿于将军山中,继续坚持斗争。九月,李时嘉率众再攻太湖县城,"知县朱时熙因残城难守,保聚四山寨",于是再破太湖县城,但不久

---

① 中国人民大学历史系、中国第一历史档案馆合编:《清代农民战争史资料选编·安徽部分》第1册《吴达海题本》,第268页。

② 《蕲黄四十八寨纪事》卷一《统系篇》。

即为总兵黄鼎讨灭。黄鼎原为潜山、霍山间义军首领,荆王失败后降清,被清廷委为总兵,专门用来对付抗清山寨。黄鼎降清后,具有民族大义的黄夫人以此为奇耻大辱,与其夫分道扬镳,继续率领潜霍义军坚持抗清斗争。当黄鼎前来招降时,她怒斥其夫,誓不屈服。其事迹至今还在大别山区广泛传颂。①

顺治三年六月,明宗室潞安王朱谊石、瑞昌王朱谊泐在义民杨三贵、王民生等的拥护下在句容起兵抗清。皖北人民迅速响应,众至数万人。在攻打南京时,由于内应事泄而失败。九月,再攻再败,朱谊泐被俘遇害。其弟朱谊贵继位,率领余部退守宿松,与当地义军会合,并封其首领赵正为军师。赵正,扬州人,"往来湖泊猎禽为生"。曾率邑民击退沿江扰掠之左良玉游兵,夺其舟楫辎重。清军来犯,遂据赤壁湖抗清。与朱谊贵合兵后,实力更强,先是击败了叛将黄鼎的进攻,随后又拒绝清廷的招抚。次年二月,清安庆巡抚李栖凤率总兵卜从善、黄鼎等大举进攻,朱谊贵战败被俘,军师赵正及其弟赵秀升、子赵捷应等皆被俘遇害,瑞昌王起义失败。②

在清军的大举进攻下,皖北的抗清斗争暂时处于低潮。顺治五年,皖北抗清斗争就再次走向高潮。这主要是由于金声桓反正后吸引了大批清军,有力地支持、推动了皖北人民的抗清斗争。正月,安庆义士冯宏图诳言史可法未死,假托史阁部名义集众数千,相继攻克无为、巢县,进围庐江城。清按察使土国保、侍郎鄂屯等急忙领兵来剿,冯宏图兵败遇害。余部在侯应龙、张洪图、杨国士等的率领下继续斗争。侯应龙铸"义胜将军"印,表达了义军必胜的信心,队伍一度发展至万余人。四月,太湖义士陈麟起兵响应冯宏图,但不幸中计,受挫于清太湖知县李世洽所治民团,陈麟被俘遇害。十月,潜山人余公亮因知县胡绳祖妄加田亩,遂聚众千人据英寘寨抗清。民众多响应,昆仑、金紫、横山等山寨亦起兵呼应。顺治六年(1649)六月,清廷派总兵卜从

---

① 《蕲黄四十八寨纪事》卷二《附皖寨篇》。
② 《重修安徽通志》卷一〇二《武备志·兵事四》;《中国地方志集成·民国宿松县志·武备志·战事》。

善率兵进剿。是役战斗十分激烈,最终英霍寨还是为清兵所下。①

在金声桓反正的影响下,一直活动于大别山区且一度处境不利的王爐、周损、傅梦鼎、张福寰等乘机招兵买马,重整义师。王爐,明洧川知县,顺治二年,与曹胤昌等起兵于六安州,随即攻破庐州,弃而不守,转战于蕲、黄之间。后又与侯应龙、张洪图、杨国士等合军,谋攻霍山,不克。旋又转攻舒城、潜山,皆下。"其锋甚锐,隆武、永历皆嘉之,自知县晋至兵部尚书,总督凤阳义旅,攻于潜山,战于太湖,杀伤必相当。"前后坚持斗争达 5 年之久,后战败被俘,送南京,不屈而死。侯应龙等俱先后殉难。②张福寰,原是明末大别山农民起义军首领。明亡后,又联络英山、霍山各路义军,倚险结寨抗清。顺治六年,张福寰与监生胡经文等迎明宁藩后裔朱统锜入潜山飞旗寨,称石城王。于是,吴光宇响应于无为,叶章士响应于巢县。麻城周损,故兵部尚书,及其子周羽化,率兵数百、马数十匹来归;傅梦鼎,故安庆知府,在潜山以皖涧寨来归;潜山典史傅濂之亦至;鄱阳诸生桂蟾自淮安至,"相与戴王图恢复"。一时间,飞旗寨内"抚有二十四寨"、外"联络蕲黄四十八寨",声势极盛。此外,"山贼"陈伯超还袭破霍邱,击毙知县吴国用。大别山又复沸腾起来。清廷为之震动,操江巡抚李日芃率安庆兵备道石镇国、副总兵梁大用、池州总兵卜从善等共同进剿。四月,平梅家寨;六月,下英霍寨;八月,克皖涧寨;十月,攻打飞旗寨。清兵一面猛攻,一面以火箭焚寨,寨内大乱。清兵乘机攻入寨内,俘胡经文,石城王逃出。李日芃认为"伪王不获,祸本未除",乃招降胡经文,并授以密计。顺治七年(1650)正月,胡经文诱执朱统锜,旋被杀害。其余诸山寨或败或降,相继瓦解。起义诸人大多壮烈牺牲。唯张福寰仍独守山寨十余年,后因粮尽伪降,事泄被杀。

四、郑成功、张煌言经略安徽

在清廷的血腥镇压下,顺治初年安徽人民的抗清斗争高潮被镇压

---

① 《中国地方志集成·民国潜山县志·武备志·战事》,《清代农民战争史资料选编》安徽部分刘弘遇揭帖,江苏古籍出版社 1998 年版,第 267 页。

② 《续明纪事本末》卷一五《诸方义旅》,第 377 页;《小腆纪传》卷四六《王爐传》,第 590 页。

了下去。此后,安徽人民虽仍在继续坚持抗清斗争,但基本上都是零星的、小规模的。直至顺治十六年(1659),在郑成功、张煌言联合北征、进军长江流域的推动下,安徽人民再次掀起抗清斗争高潮,且规模和影响更大,使清廷在安徽特别是在皖南的统治顷刻间土崩瓦解,再一次反映了安徽人民坚决反抗民族压迫的决心和对故国的眷恋之情。

　　郑成功,福建南安人。"素有大志,读书颖敏",其家族乃福建豪门,"岁入以千万计,富拟于国"。顺治二年,其父郑芝龙和其叔郑鸿逵迎立隆武帝后,郑氏家族更是声威显赫,其父被封为平国公,叔为定国公,其家族另有封侯伯者十余人,皆列于朝内,而郑成功尤为隆武帝所喜爱。当郑成功被引见隆武帝时,隆武帝"奇其状貌",抚其背曰:"惜朕无女配卿,卿可尽忠吾家,勿忘故国!"遂赐其朱姓,封总统使招讨大将军,"仪同驸马,时年二十二","国姓爷"称号即由此而来。[①] 次年,又晋封郑成功为忠孝伯。但是,郑成功父亲郑芝龙是个只关心个人名利的势利小人,他见明朝大势已去,便暗中与清廷勾结,不仅撤去仙霞关守兵,使清军能一举入闽,消灭了隆武政权;而且欲携郑成功一起降清。郑成功坚决拒绝,"从来父教子以忠,未闻教子以贰,今吾父不听儿言,后倘有不测,儿只有缟素而已"[②]。郑芝龙不听劝谏,执意降清,只落得个身陷囹圄、客死他乡的下场,且其家亦未幸免,清兵到达南安后,"大肆淫掠,成功母自缢死"[③]。身负国仇家恨,同时为报隆武帝的知遇之恩,郑成功毅然举起抗清大旗,投身于反清复明事业中。他以厦门、金门为根据地,活动于东南沿海一带。顺治三年,南明隆武帝被清军俘获,次年桂王称帝,年号永历,郑成功改奉永历帝,被封为威远侯,次年晋为延平公。南明永历七年(1653),又晋封郑成功为延平郡王、招讨大将军,总督东南各军。郑成功举起抗清旗帜后,不仅率军击退了清军的多次大举进攻,而且还不断挥师北征,进军闽浙及长江流域,以期收复失地,恢复故明。其中规模最大、影响最深的当属永历十三年(1659)郑成功与张煌言联合发动的北征长江之役。当时,清

---

①　温睿临:《南疆逸史》卷五四《杂传》。

②　《台湾外纪》卷五。

③　萧一山:《清代通史》第2篇《郑成功之光复事业》,第364页。

廷三路大军进攻西南永历政权，李定国大败，永历帝逃奔缅甸。为了挽回永历王朝的颓势，同时也由于清朝东南地区相对空虚、时机有利，郑成功决定再次大举北征，进军长江。他以招讨大元帅的名义，以兵部侍郎张煌言为监军，亲率17万水陆大军，挥师北征。

与郑成功联师北征的张煌言是鲁王监国系统最出色的人物。张煌言，别号苍水，浙江鄞县人，崇祯十五年（1642）举人。"仆于将略原非所长，只以读书知大义。"然而明末国事的颓唐促使他投笔从戎，参加了绍兴钱肃乐领导的抗清义师，并与钱肃乐等合谋推举鲁王朱以海，由他到天台去迎接鲁王，到绍兴后称鲁王监国。鲁王则以张煌言为翰林院编修兼行人，办理军政要务，"入典制诰，出领军旅"①。后升为兵部侍郎。顺治八年，清军攻陷浙东后，张煌言又保护鲁王至金门，依附郑成功。表明了东南沿海地区隆武帝、鲁王监国两个系统会合到一起，形成一支强大的抗清力量。他们并肩作战，联合抗清，多次在舟山、长江口一带与清军作战。永历十三年，郑成功与张煌言联合发动了长江之役。对于此次北征，郑成功和张煌言都倾其全力，志在必得。出征伊始，郑成功即赋诗一首表达出师必胜的信念："缟素临江誓灭胡，雄狮十万气吞吴。试看天堑投鞭渡，不信中原不姓朱。"因张煌言所部熟悉长江情形，张煌言遂被郑成功委为水军先锋。张煌言随即率部溯江而上，一举摧毁了清军江防设施"滚江龙"和"木浮营"，仪真、江浦皆不战而下。同时，郑成功部下大将甘辉、周全斌等亦率军相继攻克瓜洲、镇江。七月初五，郑成功大军与张煌言所部会师于南京城下七里洲，将南京城团团围住。郑、张联军大举北征及初期所取得的重大胜利，令大江南北人民欢欣鼓舞，他们纷纷起而响应，许多心系明朝的士绅们则纷纷要求纳降归附。在这种情况下，郑成功则派遣张煌言率部西上，招抚南京上游各地，"芜湖，上游门户，倘留都不能旦夕下，则江楚之援师日至，控扼要塞，非公不可"②。

于是张煌言乃急挥舟师，昼夜兼程，七月初七日抵芜湖。随即相

① 《清史稿》卷二二四《张煌言传》，中华书局1976年版，第9153页。
② 萧一山：《清代通史》第2篇《郑成功之光复事业》，第368—369页。

度形势,兵分四路:一军出兵溧阳进攻广德;一军镇守池州阻截上流;一军攻拔和州固守采石;一军进入宁国以图徽州。与此同时,还以延平郡王郑成功的名义传檄诸郡县:

> 昔五胡乱夏,仅一再传而灭。今东虏应谶,适二八秋之期。诚哉天道好坏,况也人心思汉。慨自李贼倡叛,神京陆沉。建酋本我属夷,屡生反恻,遂乘多艰,窃踞中原。衣冠变为犬羊,江山沦于戎狄。凡有血气,未有不痛心切齿于奴酋者也。本藩奉天倡义,伐罪吊民,卧薪尝胆,法古用兵。生聚教训,已逾十年。正朔难偏,仅存一线。兹者亲统大师,首取金陵,出生民于水火,复汉官之威仪。尔伪署文武将吏,皆系大明赤子,谁非中国绅衿。时穷势屈,委质虏廷,察其本怀,宁无隐忍? 天经地义,华夷之辨甚明;木本水源,忠孝之良自在。至如辽人,受我朝三百年之蓁养,遭逆虏三十年之摧残。祖父即受其刑毒,母妻甚被其宣淫。尔二三孤儿,尚为旗下之奴;百千弱女,竟作胡中之妇。报仇雪耻,岂待异时;归正反邪,端在今日。则张良报韩,先挥博浪之椎;朱序归晋,遂成淮淝之捷。或先机革面,或临敌改图。以全省全部来归者,不吝分茅裂土;以一邑一镇来归者,定与度地纪勋。或率兵而至,则论其众寡而照数授职;或洁身而来,则就其职掌而量材超擢。若蒙古、女真,世受国家抚赏之恩,原非一类,共在天地覆载之内,亦有同仇,无怀二心,视之一体。不但休屠归汉,名高日;且如回纥扶唐,烈光叶护矣。本藩仁义素著,赏罚久明。先机者有不次之赏,后至者有不测之诛。一身祸福,介在毫芒;千古勋名,争之顷刻。师不再举,时不再来,布告遐迩,咸使闻知。敬此特谕。①

在张煌言的苦心经营下,"江之南北相率来归,郡则太平、宁国、池

---

① 张煌言:《张苍水全集》第1编。

州、徽州；县则当涂、芜湖、繁昌、宣城、宁国、南陵、太平、旌德、贵池、铜陵、东流、建德、青阳、石埭、泾县、巢县、含山、舒城、庐江、高淳、溧水、溧阳、建平；州则广德、无为以及和州，或招降，或克复，凡得府四、州三，县则二十四焉"。庐州府、凤阳府相继送款。"即江楚鲁卫豪雄，多诣军门受约束，请归祃旗相应。"并且在进军过程中，张煌言所部也迅速发展壮大。张煌言初至芜湖时，兵不满万、船不盈百，[①]旬余内就发展至22万多人。张煌言以微弱兵力孤军深入何以会取得如此巨大成果呢？首先是清廷在长江下游的防守相对空虚、兵力薄弱。如前所述，当时清军主力深入西南，急切间很难调回。即便是沿江少许兵力也已调入南京。其次是各地士绅百姓难忘故国，反清复明尚有相当大的社会基础。因此，张部所至，"父老争出，持牛酒犒师，扶杖执香，望衣冠涕泗交下，以为十五年所未见"[②]。而张煌言"经郡县，入谒孔子庙，坐明伦堂，进长吏，考察黜陟，略如巡按行部故事"[③]。这就使广大士子文人们得以重睹汉官威仪而深感欣慰。再次是张煌言所部军纪严明，深受人民欢迎和支持。"所过地方，秋毫无犯，偶有游兵阑入摽掠者，即擒治如法。"[④]史载张煌言曾在芜湖处斩了一名违纪侵商的士卒。

然而就在张煌言在南京上游取得了巨大进展、形势一片大好时，却突然传来郑成功在南京惨败的消息。本来郑、张联军在北征之初即取得了一系列胜利，一举摧毁了清军防江设施，攻克了军事重镇瓜洲、镇江，大军长驱直入，将南京城团团围住，士气高昂，大有一举攻克南京之势。清廷惶恐不安，顺治帝始则要逃往关外，继则发愤亲征，江南诸吏更是惶惶不可终日，"皆待时而为降计"[⑤]。这一系列胜利，造成了极为有利的抗清形势，但郑成功却未能抓住这一有利时机，反而为胜利冲昏了头脑，骄傲轻敌，刚愎自用，不能冷静和正确地指挥战争，

① 张煌言：《张苍水全集》卷一二《北征录》。
② 全祖望：《鲒埼亭集》卷九，齐鲁书社1982年版，第24页。
③ 《清史稿》卷二二四《张煌言传》，第9155页。
④ 张煌言：《张苍水全集》卷一二《北征录》。
⑤ 萧一山：《清代通史》第二篇《郑成功之光复事业》，第369页。

以致一误再误。先是兵抵崇明时,张煌言认为崇明乃江海门户,应先攻占,则"进退可依"。但不为郑成功所采纳。攻克镇江后,张煌言、甘辉认为兵贵神速,主张由陆路直趋南京。可惜郑成功不听,仍由水路进军,逆流而上,耽延时日,贻误了战机。抵达南京后,潘庚钟、甘辉、张煌言等皆劝谏郑成功不要被清兵缓兵之计所骗,应抓住有机时机,迅速进兵攻克南京。可是郑成功却认为清军已为我军气势所慑,是真心纳降,故允其宽限 30 日的请求。郑成功的错误决策导致了十多万大军驻在南京城下近二十日无所事事,"士卒释戈而嬉,纵酒奏乐"①,士气军纪皆日益松懈。七月二十二日、二十三日,清军见时机成熟,乃发起大举反攻,郑成功大败溃退。当张煌言得知南京战败的消息后,立即致信劝慰:"胜败乃兵家常事,不异也。今日所恃者民心尔,况上游诸郡县俱为我守,若能益百艘来助,天下事尚可图也。"②就当时形势而言,郑成功虽然陆战惨败,但其水军仍占有很大的优势,且张煌言已控制了南京上游诸郡县,因此战事尚有转机。即使不能转败为胜,但也不必急于退兵;即使要退,也应通知并等待张煌言军返回后一起撤退。然而,郑成功又犯了一个更大的错误,即陡遭挫折后就惊慌失措,仓皇撤逃。瓜洲、镇江皆未敢守,全军撤出长江。

郑成功的撤退使张煌言所部顿成孤军,陷入绝境。清两江总督郎廷佐等人决定乘此机会消灭张煌言所部。于是郎廷佐一面调集军队切断张部出海退路;一面致书张煌言劝其投降。与此同时,另一支清军也由荆州乘船东下,夹攻张煌言军。在极为不利的情形下,张煌言断然拒绝了清廷的招降,并率师西上,决定先击败荆州清军,然后进兵鄱阳湖,另建抗清根据地。但由于这时部队军心不稳、士气低落,遂被清军击败。同时,所收复诸郡县也尽皆丧失。于是张煌言又决定进军巢湖,在那儿坚持抗清斗争。适有内地反清复明义士向张煌言建议,巢湖入冬容易干涸,不利于长期坚持水战;不如率军进入英霍山区,联络当地抗清志士坚持抗清斗争。于是张煌言乃焚舟登岸,径趋英霍山

---

① 温睿临:《南疆逸史》卷三二《张煌言》,第 226 页。
② 顾诚:《南明史》,中国青年出版社 1997 年版,第 965 页。

区。部队在东溪岭被清军追至，张煌言竭力拼杀方才突围，然士卒尽散，身边仅剩下携印童子杨冠玉。在走投无路的情况下，幸而有一老者敬其忠义，乃引导他由安庆走偏僻山道躲开清军侦查，经由建德、祁门山中至休宁，又乘船到严州，复由严州走山路，经过浦江、义乌、东阳、天台到达宁海。历经艰辛，长途跋涉 2000 余里，终于安全返回。遂收集旧部，继续在东南沿海坚持抗清斗争。

清初安徽境内的抗清斗争具有极大的分散性，没有形成统一的军事、政治实体，缺乏有效的配合和统一的领导，各自为战，各自为政。况且抗清斗争的领导权掌握在明朝的遗臣皇族手中，他们利用人民的民族情感和反抗精神，力图把斗争引向"复明"的道路上去，这就很难把这场具有广泛群众基础的抗清斗争引向胜利，最后只能是被清政府各个击破而失败。安徽的抗清斗争是当时全国各地各族抗清斗争的一个重要组成部分，它们在客观上是相互配合、相互支持的，给清朝的野蛮屠杀、民族高压政策以有力的打击，迫使清政府适当调整统治措施，尽量采用适合广大先进地区的统治方式。

第三节　清朝统治在安徽的确立

一、驻扎军队维护统治

清军攻略南直隶（包括今安徽、江苏）后，即开始考虑如何建立有效统治。鉴于南直隶在军事、政治、经济、文化等方面都十分重要，顺治二年，改南直隶为江南省，派内院大学士、太子太保、兵部尚书兼都察院右副都御史洪承畴出任首任总督，并辖河南、江西 2 省，共 3 省，顺治六年（1649），改辖江西、江南两省。

江南省下设安庐池太、凤阳、江苏、操江 4 个巡抚，分别负责各地军政。其中和安徽直接相关的有安庐池太巡抚（后改称安徽巡抚），负责安庆府和皖南各地，凤阳巡抚除负责今江苏苏北外还负责今皖中、淮北各地,操江巡抚主要负责今皖江江防,后撤并归安徽巡抚。清政府分别在各府、州、县设官治理,并在寿春(今寿县)、六安、凤阳、庐州(今合肥)、宿州、亳州、颖州(今阜阳)、安庆、池州、徽州、广德、宁国、芜湖等地驻军,相对而言,皖北驻军较少,地方官有"地广兵微"之叹;皖北驻军以寿州为中心,最高指挥官为副将。安庆及皖南驻军有8400余名,其中马兵3000余名与骡马3000多匹头。军事长官有总兵(位在副将之上)3人,专司兵备的兵备道3员。[①] 这显然与其时皖南、安庆的反清起义此起彼伏、声势浩大有密切关系。

清军在镇压反清起义过程中,采取多种措施防止"野火"再生,如对于大别山的山寨,清政府始则将居民迁出山外安插他乡,继则又整治关道,"关道隘者广之,险者平之,由是兵马可驰,奸尻不生"[②]。防范之周密,由此可见一斑。

清政府的驻军和政权建设对于在安徽建立有效统治起了重要作用。

二、多方争取汉族官绅士庶归顺清政权

清朝统治者颇有政治头脑,入关后,在用兵的同时,采取多种方法力争汉族官绅士庶归顺新政权。他们知道没有汉族官僚、士僚支持,其统治绝对不可能巩固;他们也清楚水能载舟也能覆舟的道理,没有广大汉族人民认同,清政权也不可能稳固。"久乱之民思治,秦民日在汤火之中,沛公入关,首行宽大之政,父老约法三章,民心既归,王业根本已定于此。"[③]仅用高压政策、暴力镇压,不可能使百姓心服。因此,清初统治者在一定程度上顺应人心,在统治政策上作了调整,以达到稳固统治的目的。

首先,在政治上争取汉族官僚士绅。清军从大顺农民军手里夺取

---

① 《洪承畴章奏文册汇辑·议设徽宁池太安庆府广德一州经制兵马践粮文册(顺治四年七月)》,《台湾文献丛刊》第261种,第32—38页。
② 《中国地方志集成·民国太湖县志·民国潜山县志》《武备志·战事》;《续明纪事本末》卷一五《诸方义旅》;安徽省地方志编纂委员会编:《安徽省志·军事卷》,方志出版社1998年版。
③ 中国第一历史档案馆藏:《宫中杂件·南书房记注》。

北京后,即发布文告宣称农民军是明朝臣民"不共戴天的仇人",清军入关是为明朝报"君父之仇",把原本与明为死敌的形象改造成为明朝的合法继承者,而与农民军才是不共戴天的敌人。

以帝王之礼隆重殡葬崇祯皇帝和皇后,追谥崇祯皇帝为"怀宗端皇帝",墓号"思陵";令"官民人等为崇祯帝服丧三月,以展舆情。差礼部、太常寺备帝礼具葬"。并广为招纳明朝官员,宣布"官来归复者复其官"。多尔衮入京之初就"大张榜示,与诸朝绅荡涤前秽"。令在京内阁、六部、都察院等衙门明朝官员,俱以原官同满官一体办事。旋即宣布:"凡文武官员军民人等,不论原属流贼,或为流贼逼勒投降者,若能归服我朝,仍准录用。"

其次,在经济上尊重汉族地主利益,在一定程度上减轻百姓经济负担。宣布"民来归者复其业",恢复汉族地主田户。宣布凡被起义农民夺去的田户一律"归还本主",甚至连"前朝勋戚赐田、已业,俱各照旧"革除"三饷"。自顺治元年始,凡正额以外,一切加派,如辽饷、剿饷、练饷、召买等项,尽行蠲免。同时规定,各地征收田赋一律按万历年间册籍征收。

此外,在习俗上也作了些让步,"礼俗衣冠,暂从明制"。多尔衮入京之初曾令兵民薙发易服,遭到汉人的反对,遂调整政策,宣谕"自兹以后,天下臣民照旧束发,悉从其便",以缓和汉族军民的反抗情绪。[①] 洪承畴及其后任马国柱都注意施行德政延揽人心。

"士"这个群体,在中国具有特别重要的地位,一方面是官僚的后备军,一方面居士、农、工、商四民之首,往往是广大民庶的领头羊。争取到士这个群体的支持,也就争取到了天下。清朝统治者当然懂得这一点,而最能笼络士的手段便是科举,做官是绝大多数中国知识分子终生弋取的目标。深谙此道的清廷,一入关就宣布承认明朝的举人、生员身份,可以继续参加科举。清朝在顺治初正式开始举办科举考试,"承明制用八股文"。"顺治元年,定以子、午、卯、酉年乡试,辰、戌、丑、未年会试。""二年,颁《科场条例》。"仍以《四书》、《五经》为主

---

① 蔡美彪等编:《中国通史》第9册,人民出版社1986年版,第147—148页。

要考试内容。清朝统治者非常重视科举考试公正性,订立严格的规章条例来惩戒科举中的不正之风,乡试,先期提学考试精通三场生员录送,禁冒滥。"初,各省提调以布政使,监试以按察使,各副以道员。……会试监试以御史",十分严格认真。顺治十四年(1657),顺天同考官李振邺、张我朴受科臣陆贻吉、博士蔡元禧、进士项绍芳贿,中田耜、邬作霖举人。被给事中任克溥奏劾,查实。诏李振邺等7人戮于市,家产籍没,戍其父母兄弟妻子于边。考官中庶子鲁本荣、中允宋之绳失察降官。并且,每次科考在各省选拔的名额都有具体的规定。据《清史稿·选举志》记载,乡试解额,顺治初定额从宽,顺天、江南皆160余名。顺治十四年,监生分南、北卷,江南归为南卷,视人数多寡定中额。顺治三年、九年俱400名,历科大率300多名,少或百数十名。以安庆一府为例,从顺治初到康熙末年,安庆共中进士、举人80多名、贡生高达300多名。清廷通过科举制度吸引了众多求功名心切的知识分子归顺。每次科举选拔,都能在安徽选出一批人员进入官绅阶层,为新政权服务,借此达到笼络知识分子、缓和矛盾的目的。

为进一步争取汉族士绅支持,清政府还实行了捐纳制度和特科。捐纳制度规定,通过捐钱、捐米,现任官可以提级;降职、革职官可以复职;候补官可以优先选用;没有官职的可以取得官职。这是科举的一种补充。据《清史稿·选举志》记载,顺治四年,以平定吴三桂叛乱为名实行捐纳,在3年内捐纳的知县达500多人。特科是正常科举以外特别举行的考试,有博学鸿词科、经济特科和孝廉方正科等名目。这是用来专门吸收有声望的文人的。如康熙十七年(1678)在北京开设博学鸿词科,命令在京以上官员、在外各省督抚等,各就所知,推荐所谓学行兼优、文词卓越的文人赴京参加考试。第二年,全国各地名士143人参加考试,取中50名,分授翰林院侍读、侍讲、编修检讨等职。安徽的许多学者都到北京应选。

尊孔崇儒,发展和学习汉族的文化,也是清政府拉拢汉族地主的一个手段。清朝统治者在入关前后通过政治经验的积累,渐渐懂得发展汉族的封建文化,不仅是愚弄、麻痹汉族劳动人民所必须,而且是拉拢汉族地主阶级的重要方法:可以使汉族地主清楚地看到满族贵族与

他们在阶级利益上是一致的，冲淡两者间因民族差异而造成的隔阂，从而达到相互利用和勾结的目的。因此，满族统治者进入北京的同时，认真、勤奋地学习汉文化，大力尊孔崇儒，以满汉平等为号召，从思想上瓦解汉族士人的反抗意识。诚如鲁迅所指出的，中国士人，只要统治者尊孔而崇儒，"便不妨向任何新朝俯首"。安徽的士绅自然不会例外。

如顺治三年，在安徽安庆府"公同安庆府推官李崇稷、潜山县知县胡绳祖、太湖县署印教官董文鼎，逐处亲加查勘。其荒残之惨苦，即李抚院原疏犹未尽其情形；倘不概从蠲恤、料理开垦，恐数十年后，亦难复其故业。查潜山县原额地3200顷82亩，内见在成熟地816顷81亩，抛荒地2204顷1亩，见存人丁计1640丁；余皆死亡，无从稽查。太湖县原额地4196顷84亩内，见在成熟地1100顷，抛荒地3096顷84亩，见存人丁计3562丁；其余死亡，无从稽查等因。又据安庆府推官李崇稷呈，据潜山县申称：潜邑素称瘠土，屡议筑城不起，先年遭逆献残破，屋焚民戮，嗣是兵贼，岁无虚日，所留孑遗，殍亡遍野。自卑职到任，招抚流移，哀鸿稍集，毕竟民穷，元气难复。或数家朋买一牛，或人力耕锄数亩；民力不堪已极。如照别县一概征比，恐来归者又转而逃散，成熟者又转而抛荒。仰恳转达疏请，再蠲数年，使土著之民，渐有生聚等情。又据太湖县申称：太邑界连英六蕲黄，罹害独久。十余年来，兵寇频加，旱疫迭至。田荒丁逃，加以献贼屠城，闯逆盘踞，城郭仅存废店，乡间满目荆榛。卑职受事未久，招集流亡，渐固开垦，牛种不敷，艰苦万状。幸逢皇恩特遣满汉官员，踏勘灾伤，伏乞转报吁请，得邀蠲免数年，起死肉骨等情。并安庆道府各具呈到职。该职看得安庆府所属六县，无处不遭残破，而潜山、太湖为尤甚。蒙皇上天恩，准差满洲官员亲诣查勘，仰见圣明身居九重，心周民瘼。职仰体圣意，又选差汉官，公同实勘，给以往来银米"①。

顺治四年秋后，马国柱继任，继续推行安抚政策，如顺治六年七月

---

① 《洪承畴章奏文册汇辑·残县人少地荒钱粮骤无所出泣吁破格重免以俟生聚事揭帖（顺治三年八月初四日到）》《台湾文献丛刊》第261种，第3—4页。

奏报:"江南凤阳、滁州、淮安……各属州县卫所及河南磁州罗山县冰雹伤稼"①。此类社会灾情奏报,既是职责要求,也是争取朝廷减免辖属赋税,保证基层社会生活得以继续维持的方法。但是,就清王朝在安徽的统治而言,统治的稳固是最重要的目标。

此外,清政府还采取措施,招徕流亡、奖励垦殖、兴修水利,发展农业生产。

清政府恩威并施,有力地控制了安徽的局面,而安抚政策大大降低了安徽民众对清政权的不满情绪,同时大大增加了安徽民众对新政权的认同度。自此再没有发生大规模的抗清武装斗争,表明清政府对安徽的统治已经确立。

---

① 《清世祖实录》卷四五,第360页。

第二章

安 徽 建 省

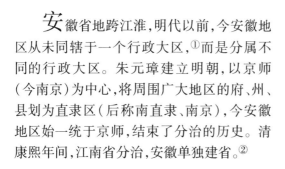

安徽省地跨江淮,明代以前,今安徽地区从未同辖于一个行政大区,[1]而是分属不同的行政大区。朱元璋建立明朝,以京师(今南京)为中心,将周围广大地区的府、州、县划为直隶区(后称南直隶、南京),今安徽地区始一统于京师,结束了分治的历史。清康熙年间,江南省分治,安徽单独建省。[2]

---

[1] 例如,唐代,安徽地区分属河南、淮南、江南3道;宋代,安徽地区分属江南东路、淮南东路、淮南西路和京西北路;元代,安徽地区分属中书省、河南行省和江浙行省。

[2] 关于安徽建省,20世纪80年代以来学界有不少探讨,因学者对建省标准理解不同,对安徽建省的时间也就观点不一,主要有清顺治十八年(1661)说、康熙六年(1667)说、乾隆二十五年(1760)说。本章参考了以下专著和论文:赵泉澄《清代地理沿革表》(中华书局1955年版)、牛平汉《清代政区沿革综表》(中国地图出版社1992年版)、刘子扬《清代地方官制考》、真水康树《明清地方行政制度研究——明两京十三布政使司与清十八省行政系统的整顿》(北京燕山出版社1997年版)、傅林祥《江南、湖广、陕西分省过程与清初省制的变化》(《中国历史地理论丛》2008年第2期)及《清代江苏建省问题新探》(《清史研究》2009年第2期)、姜涛《清代江南省分治问题——立足于〈清实录〉的考察》(《清史研究》2009年第2期)、段伟《俗称与重构:清代省区类型研究之———以江南、湖广分省为例》(复旦大学博士后出站报告,2008年)及《泛称与特指:明清时期的江南与江南省》(《历史地理》第23辑)、季士家《安徽建省考》(《安徽史学》1989年第3期)及《江南分省考实》(《中国历史地理论丛》1990年第2期)、王社教《安徽称省时间与建省标志》(《中国历史地理论丛》1991年第1期)及《再论安徽建省时间与建省标志》(《安徽史学》1993年第2期)、王亮功《安徽建省考析》(《安徽史学》1992年第1期)、公一兵《江南分省考议》(《中国历史地理论丛》2002年第1期)、华林甫和成崇德《中国历代分省模式探讨》(《中国人民大学学报》2006年第4期)、侯扬方《安庆省考——兼论清代的省制》(《历史地理》第23辑)、林娟《清代行政区划变迁研究》(复旦大学地理所博士论文,2004年)。

第一节　从江南建省到安徽建省

一、改南直隶为江南省

(一)江南省的建立

顺治二年五月,清军攻占南京,南明弘光政权覆灭。闰六月乙巳,"九卿科道会议江南设官因革裁并事宜"。由于南京地位重要,九卿科道对行政如何设置意见并不一致,有的主张"留六部、都察院、操江、巡江、府尹、国子监、六科";有的主张"立都督府,以亲王领之……尽去南京名色,并改应天府名色";有的建议"六部堂官俱应分设如行在例";有的建议"当以南京为陪京"。清廷在讨论的基础上决定:"南京著改为江南省,设官事宜照各省例行。"①同月戊申"改应天府为江宁府,府尹为知府。"②七月壬子,摄政王多尔衮告知多铎:"南京著改为江南省,应天府著改为江宁府,设知府,不设府尹,掌印指挥管屯指挥暂留,余指挥俱裁去,其卫所改为州县。"③

(二)江南省的职官设置

顺治时期,江南省的主要官员有总督 1 员、巡抚 3 员、布政使 2 员、按察使 1 员,总督主管全省军事和行政,3 员巡抚分管所辖各府州的行政(兼理军务),布政使和按察使分别管理全省的财政和司法。江南省的行政管理是合中有分、分中有合,财政和司法则是全省统一。

1. 总督

总督是江南省的最高军政长官,驻扎江宁,顺治二年江南省初建时由大学士洪承畴兼任,称"总督大学士"。顺治四年,专设江南江西河南总督,管理 3 省事务。顺治六年,河南改隶直隶总督,该职只辖江

---

① 《清世祖实录》卷一八,"顺治二年闰六月乙巳"条,中华书局 1985 年影印本,第 164 页。
② 《清世祖实录》卷一八,"顺治二年闰六月戊申"条,第 165 页。
③ 《清世祖实录》卷一九,"顺治二年七月壬子"条,第 166—167 页。

南、江西两省,称江南江西总督。此后,因管辖范围的变动,江南省的最高长官有时称江南江西总督,有时称江南总督(此时另设有江西总督)。康熙二十一年(1682)后,确定为江南江西总督,统辖江苏、安徽、江西 3 省事务。雍正之后,一般称为两江总督。

2.巡抚

江南省因地域广阔,地位重要,顺治年间设有 3 员巡抚。

江宁巡抚,顺治二年设,驻苏州,辖江宁、苏州、松江、常州、镇江 5 府。

凤阳巡抚,顺治二年设,驻泰州,辖庐州、凤阳、扬州、淮安 4 府及滁州、和州、徐州 3 州。顺治六年裁撤,十七年(1660)恢复。

安徽巡抚,顺治二年初设,时称安庐巡抚,辖安庆、庐州、池州、太平 4 府。同年年底,庐州府改隶凤阳巡抚,安庐巡抚辖池州、太平、徽州、宁国、安庆 5 府和广德州,顺治三年四月改称安徽巡抚,驻安庆。这是“安徽”作为区域名首次出现。

顺治六年,安徽巡抚裁撤,所辖地方由操江巡抚兼管。操江巡抚亦设于顺治二年,主管江防,驻池州,顺治七年兼管安徽巡抚事务后移驻安庆。康熙元年(1662),操江巡抚改为安徽巡抚,只管 5 府 1 州事务,不再管理江防。①

3.布政使和按察使

与其他各省相同,顺治时期江南省设有左布政使、右布政使各 1 员,按察使 1 员,均驻江宁。

二、安徽建省

(一)安徽建省原因

江南省地域广阔,“府一十四,州一十七,县九十六,盐运司一”,“东抵海,东南抵大海,南抵浙江界,西南抵江西界,西抵湖广界,西北抵河南界,北抵山东界,东北抵山东界”②。江南省又是财赋重地,顺治

---

① 参见姜涛《清代江南省分治问题——立足于〈清实录〉的考察》,《清史研究》2009 年第 2 期。
② 《大清会典·康熙朝》卷一八《户部二》。

十八年(1661),各省布政司田土总计549万多顷,江南布政司田土计95万多顷。① 田赋银460多万两,米274万多石,麦19000多石,豆23900多石。②

"江南雄长诸省",耕田之多、经济之富绝非他省可比;江南省又是文教昌盛之区,南京是六朝古都,如有人依托江南省和中央政府抗衡,后果不堪设想。何况入关以来,江南官民抗清之烈非他省可比。小心翼翼是清朝统治集团一个重要特点,从政治上、经济上考虑,江南省分治、安徽单独建省势所必然。

江南分治、安徽建省还有一个重要原因,江南省东部(今江苏)和西部(今安徽)在军事上的战略位置和战略任务不同,东部接海,长江之尾正是江海上游,其在军事上以防海寇、靖海氛为重点;而西部在国内战争中历来为南北必争之地。江南分治、安徽建省有利于抵御外来侵略,维护国家统一。

(二)安徽建省过程

安徽建省是一个过程,经历了布政使、按察使、巡抚3个主要官员设置及其辖区的调整过程,③于康熙六年(1667)基本完成。

1. 布政使分辖

江南省原设左、右布政使各一员,均驻江宁,同管江南全省的财政。顺治十八年,考虑到苏州、松江、常州、镇江等府财政事务繁重,将右布政使移驻苏州,专管江宁、苏州、松江、常州、镇江5府;左布政使仍驻江宁,管辖安庆、徽州、宁国、池州、太平、庐州、凤阳、淮安、扬州9府及徐州、滁州、和州、广德4州。④

左、右布政使的分辖,使江南省的财政管理区域一分为二,此后,江南省报至户部的钱粮汇总数,也逐渐分开上报。康熙初年,左布政使司与安徽巡抚、凤阳巡抚所属各府州相关的钱粮数据,由安徽巡抚

---

① 《大清会典·康熙朝》卷二〇《户部四》。
② 《大清会典·康熙朝》卷二〇《户部四》。
③ 参见傅林祥《江南、湖广、陕西分省过程与清初省制的变化》(《中国历史地理论丛》2008年第2期)及《清代江苏建省问题新探》(《清史研究》2009年第2期)。
④ 乾隆《江南通志》卷四《舆地志·建置沿革总表·序》。

汇总上报户部；右布政使司与江宁巡抚所属各府相关的钱粮数据，由江宁巡抚汇总上报户部。这样，安徽巡抚与江南左布政使成为上下级关系。

江南左、右布政使的分设，拉开了安徽建省的序幕。康熙四年（1665），凤阳巡抚裁撤，其所辖扬州、淮安两府和徐州划归江宁巡抚。次年，左、右布政使的辖区随之调整，左布政使辖下的扬州、淮安两府和徐州划归右布政使管辖。①

2. 从增设江北按察使到改称安徽按察使：安徽司法管理独立

江南省初建时，设按察使一员，管理全省司法事务。考虑到江南省司法事务繁重，康熙三年（1664），江南省增设江北按察使一员，"命江宁、苏、松、常、镇、徽、宁、池、太九府，广德一州，分隶江南按察使司，仍驻江宁府；安庆、庐、凤、淮、扬五府，徐、滁、和三州，分隶江北按察使司，驻凤阳府之泗州"②。江南省的司法管理一分为二。

江南省两员按察使的辖区系以长江为界划分，江南各府州由江南按察使管辖，江北各府州由江北按察使管辖。康熙四年，凤阳巡抚裁撤，安徽巡抚和江宁巡抚的辖区调整。康熙五年，两员按察使的辖区也随之进行了调整，江北按察使改称安徽按察使，移驻安庆，与安徽巡抚同城，辖安庆、徽州、宁国、太平、池州、庐州、凤阳 7 府及滁州、和州、广德 3 州，与安徽巡抚相同；③江南按察使改称江苏按察使，辖区与江宁（江苏）巡抚相同，仍驻江宁，雍正八年迁往苏州。

3. 安徽巡抚辖区的调整：安徽省辖区划定，巡抚、布政使、按察使辖区一致

直至康熙三年，江南省尚有 3 员巡抚。康熙四年五月，吏部题请裁并督抚，经议政王贝勒大臣、九卿科道会议，清廷决定裁去贵州、广西、江西、山西等几员总督，"其凤阳巡抚、宁夏巡抚、南赣巡抚俱裁

① 乾隆《江南通志》卷一〇六《职官志》。

② 《清圣祖实录（一）》卷一二，"康熙三年五月丁卯"条，第 181 页。

③ 康熙《江南通志》卷二六《职官》；乾隆《江南通志》卷一〇六《职官志》；康熙《安庆府志》卷二《职官》。

去"①。十一月,清廷批准江南江西总督郎廷佐和吏部的建议,将原凤阳巡抚辖下的庐州、凤阳两府和滁州、和州划归安徽巡抚管辖,淮安、扬州两府和徐州划归江宁巡抚管辖。②

经过这次调整,安徽巡抚管辖的区域包括安庆、徽州、宁国、太平、池州、庐州、凤阳 7 府和滁州、和州、广德 3 州,安徽省的辖区基本划定。

康熙五年(1666),清廷对江南左、右布政使,安徽、江苏两按察使的辖区也进行了调整,使安徽巡抚、江南左布政使、安徽按察使的辖区完全一致,安徽事实上完成了建省过程。

4.江南左布政使改名安徽布政使:安徽正式建省

康熙六年七月,清廷对布政使制度进行改革,将原先每省两员布政使的设置,改为每省设一员布政使:

> 吏部题,议政王贝勒大臣、九卿科道等会议裁官一疏,应将河南等 11 省,俱留布政使各一员,停其左、右布政使之名。至江南、陕西、湖广 3 省,俱有布政使各二员,驻扎各处分理,亦应停其左、右布政使之名,照驻扎地名称布政使。……得旨:允行。③

这项改革的结果,是明确将江南、陕西、湖广 3 省分为江苏、安徽、陕西、甘肃、湖北、湖南 6 省,"照驻扎地名称布政使"实际上就是清廷为新设的 6 个省命名。"由于原先存在的各省省名均是以布政使司名称命名,这次……虽然只是给布政使司取名,没有'分省'字样,但实际上是为新设各省命名。"④自此,江南左布政使改名安徽布政使,安徽建省过程基本完成。

安徽省虽然在康熙六年正式建立,但安徽巡抚、安徽按察使驻安

---

① 《清圣祖实录(一)》卷一五,"康熙四年五月丁未"条,第229页。
② 《清圣祖实录(一)》卷一七,"康熙四年十一月戊申"条,第253页。
③ 《清圣祖实录(一)》卷二三,"康熙六年七月甲寅"条,第315页。
④ 傅林祥:《清代江苏建省问题新探》,《清史研究》2009 年第 2 期。

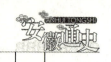

庆,安徽布政使却长期寄驻江宁。乾隆二十五年（1760）六月,乾隆皇帝谕军机大臣曰:"因思现在安徽布政使,随督臣驻扎江宁,所办仍属上江事件,文移往返,不免需时,而亲临地方各员,又非其专辖,于封疆体制,尚未允协。"提议将安徽布政使迁驻安庆,要求两江总督尹继善、安徽巡抚高晋等就此妥议具奏。① 同年八月,乾隆皇帝据尹继善等奏,谕令"安徽布政使移驻安庆,专办上江事务"②。安徽省的3位主要官员——巡抚、布政使、按察使自此都驻安庆,同城办公,安徽省不仅在实际上,而且在形式上也独立成省。

不过,终清一代,安徽、江苏两省的乡试却始终没有分开。

三、安徽省府州建置沿革

安徽建省之初,下辖安庆、徽州、宁国、太平、池州、庐州、凤阳7府及滁州、和州、广德3个直隶州,领有50个县、7个散州（属州）（见表2–1）。

表2–1 清初安徽府州县简表③

府州	所辖州县及四至	备 注
安庆府	领县6:怀宁、桐城、潜山、太湖、宿松、望江。东至庐州府无为州界490里,西至湖广黄梅县界520里,南至池州府东流县界50里,北至庐州府舒城县界390里,由府治北3700里至于京师,东西广580里,南北袤215里	治怀宁县。康熙元年,为安徽巡抚治所。五年,为安徽按察使治所。十四年,设提督,辖上江营汛。十七年,省提督,并入江南。乾隆二十五年,移安徽布政使司自江宁来治。嘉庆八年,以巡抚兼提督,辖二镇各标
徽州府	领县六:歙、休宁、婺源、祁门、黟、绩溪。东至浙江杭州府昌化县界110里,西至江西南昌府新建县界120里,南至浙江严州府淳安县界100里,北至宁国府太平县界60里,由府治北4000里至于京师,东西广390里,南北袤250里	治歙县

① 《清高宗实录（八）》卷六一五,"乾隆二十五年六月己丑"条,第918页。
② 《清高宗实录（八）》卷六一九,"乾隆二十五年八月己亥"条,第965页。
③ 本表主要依据近卫本康熙《江南通志》编制。

府州	所辖州县及四至	备 注
宁国府	领县6:宣城、南陵、泾县、宁国、旌德、太平。东至广德州建平县界60里,西至池州府青阳县界160里,南至徽州府绩溪县界230里,北至太平府当涂县界110里,由府治北3745里至于京师,东西广220里,南北袤355里	治宣城县
池州府	领县6:贵池、青阳、铜陵、石埭、建德、东流。东至宁国府南陵县界250里,西至江西九江府彭泽县界150里,南至徽州府祁门县界220里,北至安庆府桐城县界15里,由府治北3800里至于京师,东西广390里,南北袤400里	治贵池县
太平府	领县3:当涂、芜湖、繁昌。东至江宁府溧水县界80里,西大江至和州界10里,南至宁国府南陵县界155里,北至江宁府界50里,由府治北3494里至于京师,东西广90里,南北袤240里	治当涂县。为长江水师提督驻地
庐州府	领县6、州2:合肥、舒城、庐江、巢县、英山、霍山、无为州、六安州。东至和州含山县界190里,西至河南汝宁府固始县界360里,南至安庆府桐城县界240里,北至凤阳府定远县界180里,由府治北3677里至于京师,东西广1000里,南北袤300里	治合肥县。雍正二年,升六安为直隶州,以英山、霍山两县隶之
凤阳府	领县13、州5:凤阳、临淮、怀远、定远、五河、虹县、霍邱、蒙城、盱眙、天长、灵璧、颍上、太和、寿州、泗州、宿州、颍州、亳州。东至扬州府宝应县界400里,西至河南开封府项城县界590里,南至庐州府巢县界250里,北至徐州萧县界323里,由府治北2003里至于京师,东西广1200里,南北袤1000里	治凤阳县。雍正二年,升颍、亳、泗3州为直隶州,分颍上、霍邱属颍,太和、蒙城属亳,盱眙、天长、五河属泗。九年,析寿州置凤台县。十三年,颍州升府,以亳州及所隶两县属之。乾隆二十年,省临淮入凤阳县。四十二年,省虹县入泗州。领州2、县5
滁州	领县2:全椒、来安。东至江宁府六合县120里,西至凤阳府定远县150里,南至和州180里,北至凤阳府盱眙县190里,由州治北2205里至于京师,东西广120里,南北袤200里	

续表

府州	所辖州县及四至	备 注
和州	领县1：含山。东至江宁府江浦县60里，西至庐州府巢县界220里，南至庐州府无为州界90里，北至滁州全椒县界110里。由州治北3280里至于京师，东西广160里，南北袤200里	
广德州	领县1：建平。东至浙江湖州府长兴县界30里，西至宁国府宣城县界100里，南至湖州府孝丰县界60里，北至江宁府溧阳县界70里，由州治北3750里至于京师，东西广130里，南北袤130里	

至雍乾年间，安徽的府、州、县设置有了一些变化。雍正二年（1724），凤阳府属之颍州、亳州、泗州，庐州府属之六安州，均升为直隶州。雍正九年（1731），析凤阳府属之寿州置凤台县。雍正十三年（1735），将颍州直隶州改为颍州府，增设阜阳县，将亳州直隶州改为散州。乾隆二十年（1755），裁凤阳府之临淮县入凤阳县。乾隆四十二年（1777），裁凤阳府之虹县入泗州，为州治。迄同治三年（1864），割宿州、蒙城、亳州、阜阳四属相连之地，增设涡阳县。[①]

经过上述变动，安徽省共有8府5直隶州51县4散州，迄清末未变，领属情况如下：

安庆府，领县6：怀宁县、桐城县、潜山县、太湖县、宿松县、望江县。

徽州府，领县6：歙县、休宁县、婺源县、祁门县、黟县、绩溪县。

宁国府，领县6：宣城县、泾县、南陵县、宁国县、旌德县、太平县。

池州府，领县6：贵池县、青阳县、铜陵县、石埭县、建德县、东流县。

太平府，领县3：当涂县、芜湖县、繁昌县。

庐州府，领县4、州1：合肥县、庐江县、舒城县、巢县、无为州。

凤阳府，领县5、州2：凤阳县、怀远县、定远县、凤台县、灵璧县、寿

① 光绪《重修安徽通志》卷二〇《舆地志·建置沿革四》；民国《涡阳县志》卷二《疆域沿革》。

州、宿州。

颍州府,领县 6、州 1:阜阳县、颍上县、霍邱县、涡阳县、太和县、蒙城县、亳州。

滁州,领县 2:全椒县、来安县。

和州,领县 1:含山县。

广德州,领县 1:建平县。

六安州,领县 2:英山县、霍山县。

泗州,领县 3:盱眙县、天长县、五河县。

第二节　吏治整顿

一、表彰循吏

康雍年间,清朝统治者十分重视吏治。康熙帝即位 4 年后即向全国发布上谕,要求地方督抚大臣秉公清正,为下官表率,并明令禁止官场中索取、收受贿赂,私派钱粮等不正之风。地方督抚行此恶习的,"著科道官采访,指名纠参,定行从重治罪,决不饶恕"。司道府厅州县各官若行此恶习,"著督抚不时严察参奏。若徇情不行参奏,经科道纠参,或旁人出首,将不纠参之督抚一并从重治罪"①。康熙七年(1668)六月,康熙帝晓谕户部:"向因地方官员滥征私派,苦累小民,屡经严饬,而积习未改";州县如有私派滥征、贪赃枉法等弊,督抚断无不知之理,但近年督抚等官"纠疏甚少","即间有纠参,非已经革职,即物故之员","甚至已经发觉之事,又为蒙混完结","此等情弊,深可痛恨"。嗣后如有前弊,督抚等仍行隐庇者,将督抚一并严惩。②

康熙帝一生 6 次南巡,每到一地都要探查吏治。如康熙二十三年

---

① 光绪《重修安徽通志》卷二《圣祖仁皇帝诏谕》。
② 《清圣祖实录(一)》卷二六,"康熙七年六月戊子"条,第363—364页。

（1684）十一月，康熙帝南巡自江宁北返登船后，对送行的督抚等大小文武官员说："朕向闻江南财赋之地，今观市镇通衢似觉充盈，其乡村之饶、人情之朴不及北方"，叮嘱这些官员："尔等大小有司，当洁己爱民，奉公守法，激浊扬清，体恤民隐，以副朕老安少怀之至意！"①对清官廉吏，则予以表彰重用。时任安徽按察使于成龙，乃因正直洁清，于康熙二十三年由江宁知府擢升而来。康熙帝为表彰于成龙为官清廉，特赐其父于得水貂裘披领，奖其教子有方。又因于成龙为汉军旗人，诏汉军八旗各官，令他们以于成龙为榜样，"洗心涤虑，痛除旧习"。

雍正帝恐官吏疏懈，政纲不举，承康熙帝遗风，治吏极严。他深刻认识到基层吏治的重要性，在雍正元年（1723）的一份上谕中说道："朕惟国家首重吏治，尔州牧县令乃亲民之官，吏治之始基也"，"固邦本者在吏治，而吏治之本在州县"②。为使地方吏治清明，减少贪渎，雍正帝曾采取耗羡归公，并从中提取养廉银分给各官以增加官员收入等政策。时任安徽巡抚魏廷珍在给雍正皇帝的奏报中说道："全省地丁银自雍正七年（1729）始，提加一耗羡，可得银十九万八千二百余两，除各官养廉及公用十七万八千八百两，尚余一万九千四百余两。养廉银计总督六千两，巡抚八千两，布政使八千两，按察使六千两，提学一千五百两，粮道、驿道各三千两。"增加官员收入的措施对整治吏治起到了一定作用。

在清朝统治者的倡导下，康雍年间安徽涌现出一些"名宦"、"循吏"，他们为官清明、颇能任事，受到百姓好评。靳辅，出身布衣，青年时期留心经世之学，于康熙十年（1671）任安徽巡抚，政绩卓著。他关注水利，对水利有专门研究，康熙十六年（1677）被擢升为河道总督，参与治理黄河、淮河。石参，奉天人，康熙二十八年（1689）知和州，初至和州即立誓"不破民一家、失礼一士"。在任期间赈恤灾民，革除科派，省差扰，严保甲，造福一方，积劳卒于任上。和州士民感其恩德，立祠纪念。陕西长安人郭考思，康熙年间任芜湖县令，洁己爱民，兴立义学，在任三载。离任时，"百姓卧辙攀辕，建生祠于北门外，兼立去思

---

① 《清圣祖实录（二）》卷一一七，"康熙二十三年十一月乙丑"条，第228页。
② 光绪《直隶和州志·卷首·皇言纪》。

碑"①。黄贞麟,山东即墨人,顺治十年(1653)进士,选为凤阳府推官。初上任即惩治讼棍李守义,阖郡憬然。天长有盗,劫银鞘,捕盗者多引陷良民,黄贞麟讯知其实,全部释放。寿春协营弁李某对黄贞麟说:"此案某受累有年,逋盗尚少一人,君坐一人罪,则某可免。"黄贞麟严肃地回答道:"吾不敢为君功名妄杀人也!"②

二、惩治贪渎

表彰循吏的同时,一些贪官污吏受到惩处。康熙在位期间,奖掖清正之官,说"民生不遂,由于吏治不清。长吏贤,则百姓安"。康熙十八年,召集满汉九卿、詹事、科道官等讲求科道衙门情弊,要求他们公而忘私,和衷协力,切实担负起监察百官的责任。对贪官污吏的严惩,注重清查大案,对于贪官横征科派,激变百姓者,严惩不贷。这其中最为著名的是江南科场案。康熙五十年(1711)九月二十四日,江南科场案起。先是歙县贡生吴泌出银8000两贿买副主考赵晋等人,被取为举人。发榜之后,众考生议论纷纷,生员数百人集苏州玄妙观,抬拥财神,直入学宫,宣称科场不公。十月初九日报闻,清廷命严查具奏。康熙五十二年(1713)正月,江南科场案结,考官及受贿者分别处以斩、绞、流放之刑。正考官副御史左必藩因失察被革职。此案影响极大,处置极为严厉,在当时实属罕见。一些地方官员也因受贿、失职等受到惩处。康熙十九年(1680)七月,御史李见龙题报朝廷,芜湖钞关户部郎中邓秉恒在规定应收之税额外私立名目,额外苛政,引起商民义愤,罢市3日,被弹劾。康熙四十八年(1709)九月,安徽巡抚刘光美因隐匿安庆府、太平府属灾情不报,康熙帝将其降五级调用,调四川巡抚叶九思为安徽巡抚。在十一月的上谕中,康熙帝指出水旱灾害与民生关系甚大,刘光美"匿以不闻,殊为非理"③。

纵观康雍时期,时当清朝初立,百废待兴,康熙、雍正两帝励精图治,汲取历代王朝覆灭的教训,讲求吏治,严惩贪官,奖掖清官,推行了

---

①　民国《芜湖县志·名宦志》。
②　转引张南等《简明安徽通史》,安徽人民出版社1994年版,第264页。
③　《清圣祖实录(三)》卷二四〇,"康熙四十八年十一月甲申"条,第392页。

一些有利于吏治清明的举措,涌现出一批循吏、廉吏,奠定了相对开明的政治环境,起到了稳定社会的作用,有力地推动了社会经济的发展。

第三节　清初安徽的自然环境与人口

一、清初安徽的自然环境

《大清一统志》记安徽地形的特征和重要性,认为"上控全楚,下蔽金陵,扼中州之咽喉,依两浙为唇齿。洪流沃野,甲于东南。故六代以来,皆为重镇。其名山则有皖山、龙眠、大鄩、黄山、齐云、敬亭、九华、青山、梁山、采石、霍山。其大川则有大江、皖水、泾水、丹阳湖、巢湖、肥水、滁水、淮水、颖水、涡水。其重险则有集贤关……清流关、昭关……作藩南服,据吴上游,诚江界之要冲,淮南之雄镇也"。由地理上说,安徽山河壮丽,地貌丰富,北部是淮北辽阔平坦的平原;中部的江淮地区是随大别山脉逶迤东向的丘陵、岗地;沿长江两岸的河湖圩田,与沿岸山冈镶嵌;南部的皖南丘陵山地、谷地和盆地之间,有黄山、九华山、白岳等耸峙。长江、淮河穿越安徽地域,也是清初人们认知安徽气候和地形特征的主要标尺之一。如淮河以北为温暖带半湿润季风气候,南部则为亚热带湿润季风气候。

山川形胜是清初人们认识安徽的又一个重要标尺。"江北之山,潜岳为大脉,自桐柏东来至霍山县西之金钩山入境,冈峦连属,逶迤而东,循安庐界经多智、雷公诸山,庐征、北峡诸隘,又东入庐州府境,尽放濡须水之西,是为干脉,而省城钲山,实惟大龙由潜山干脊分支南迤,东至怀、桐界,迭起崇峦,兀峙放省城之北,余支尽放枞阳河之西,而省北之南山集贤关,亦其南出余支也。其余江淮之间及与鄂豫交界诸山,皆干脉南北分支,而以霍山北出一支为最远,入六安境,转东为龙穴山,东入庐州府境,为大潜山,迤北三十余里,起将军、鸡鸣、大蜀诸山(肥水所出)。鸡鸣而东,土冈歧出,北抵淮南及江东,接江苏境。

凤台之八公、峡石，定之喜羊，怀之荆涂，滁之清流关，滁、泗界之嘉山，和之昭关、小岘、大岘、夹山皆其冈脉分迤者也。"

江南的大山脉"则为黄山，介徽、宁二府之间，脉自江西彭蠡之东连山东迤，至建德县入境，循徽、池界，经大洪、羊栈诸岭，东起黄山，又东入绩溪境，为丛山关。又东入宁国与浙江界，东连浙江之西天目山，是为干脉。宁广与江浙交界诸山，则另由天目分支北出，其余徽、池、宁、广诸山，皆由干脊分支，而最大者为二：一由大洪岭东循石埭、太平界北，少东迤入青阳境，为九华山，迤逦东北入太平府境，尽于大江之南；一由正干钓鱼岭，循祁、黟界南迤，西至婺、休，与江西交界，起率山，折而东南至婺源南界之大鳙岭，入浙江境，南连浙、闽界山，此南北山脉之大略也"①。

安徽拥抱长江、淮河等大川河渎，长江自江西九江府东北流入皖境，经安庆、池州、庐州、太平、和州，入江苏江宁府境。"江水自四川来，过湖北黄梅县，东流入安徽界，径宿松县境，其对岸为江西湖口彭泽，小孤山在焉。又东北径望江县与池州东流县对，又东北绕安庆府城，径桐城东南，潜水、枞阳水注之，名曰三江口，其对岸为贵池。铜陵县有石横截中流，名曰拦江矶。又北径无为州，巢湖水自东北注之，古之所谓濡须口也。又南径繁昌、芜湖，至当涂，古名曰牛渚，采石矶在焉。又南径和州境，东西梁山对峙两岸，古之所谓天门山也。径旧乌江县，东与江苏上元县中流为界，自此径浦口，过瓜步入江苏界。"②

淮河水系的重要一段在安徽境内。淮水自河南光州东流入境，经颍州、凤阳、泗州，潴为洪泽湖，与江苏淮安府分界。这是一条清初影响黄淮海平原人们生活的大河。"淮水自河南来，东北径固始县北，又东北径颍州府南，入安徽境合汝水，东径霍邱、颍上两县，过正阳关，至寿州西北合肥水，又东过怀远县合涡水，又受濠水、涣水、潼水，其势始盛，遂出于荆山之左、涂山之右，过故临淮县，径五河县南、盱眙县北，古之所谓洪泽镇者，今潴为大湖……而其势极矣。自此出安徽，入江

---

① 清《安徽舆图表说》卷一。
② 道光《安徽通志》卷五《舆地志·江水》。

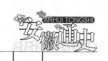
苏清河县境,与黄河合流而入海。"①

安徽有发达的水系南部的新安江水系,"本省之水,由黄山干脊北出者,皆由南岸入江,以张溪、贵池、青弋、水阳四水为大,南出者皆入徽州府境,歙、休、绩、黟四县水皆合新安江,东入浙江。婺、祁二县之水,皆西南流,入江西境"。大别山山脉之南,"由潜山干脊南出者,皆北岸入江,以潜、皖、枞阳、泥汊四水为大。北出者为淠河,经六安、凤阳,北入于淮"。入淮之水,唯汝、颍、涡、睢、浍五水,皆来自河南,余皆出自凤阳府、颍州府各属。"冈陂沟浍之间,无大来源,易盈易涸"。其余的肥、洛、濠、池诸水,"则出自鸡鸣、喜羊诸山之阴,皆由南岸入淮者也"②。介江淮之间的巢湖,汇合、舒、庐、巢四县之水而成巨浸,由和州之濡须口(即裕溪口)入江。山水形胜,使安徽省成为"负江淮之胜,面潜霍之势,合岳渎之雄邦"③。

二、清初安徽的人口

清朝初期,安徽由于与江苏早期同隶江南省,分省之后独立编纂《安徽通志》较迟,所以顺治时期和康熙治政前期的安徽省人口,一直是一个难以厘清的问题。

(一)《江南简明赋役全书》中的"户口人丁"数

顺治初始就着手《赋役全书》的编制,一方面是延续明朝《赋役全书》制度,另一方面也是清初解决财政困难和军国治政大端的需要。如顺治三年,"谕户部稽核钱粮原额,汇为赋役全书"④。到顺治十四年(1657),以户部主持编制的《赋役全书》颁行天下,"庶使小民遵兹令式,便于输将;官吏奉此章程,罔敢苛敛,为一代之良法,垂万世之成规"⑤。下文使用的非刻本《江南简明赋役全书》,均为安徽范围的安庆、徽州、池州等府县《赋役全书》资料,时间为顺治八年(1651)。

① 道光《安徽通志》卷五《舆地志·淮水》。
② 清《安徽舆图表说》卷一。
③ 光绪《重修安徽通志》《安徽布政使司布政使绍诚序(光绪三年)》。
④ 《清史稿》卷一二〇《食货》一。此方面专门论述可见王悦红《清朝〈赋役全书〉研究探微》2004 年复旦大学硕士论文;姚俊刚《清代〈河南赋役全书〉研究》,2007 年河南大学硕士论文。
⑤ 《清世祖实录》卷一一二,"顺治十四年十月丙子"条。

表 2-2　《江南简明赋役全书》中安徽部分府县的人丁数

府县	户口人丁	时间	备注
安庆府所属6县	27060 丁 7 分 6 厘	顺治八年七月	
徽州府所属6县	205873 丁	顺治八年七月	包括寄庄人丁 87 丁
池州府所属6县	289062 丁	顺治八年七月	
宁国府所属6县	59513 丁 5 分	顺治八年七月	
太平府所属3县	50599 丁	顺治八年七月	芜湖县丁数模糊不清
广德州	42638 丁	顺治八年七月	
合计	414646 丁 2 分 6 厘	顺治八年七月	

表 2-2 中的资料是一个不完全统计资料,资料依据的是当时各县《赋役全书》,一个明显的现象是各府户口丁的不平衡,即徽州府户口丁与安庆、池州、宁国、太平等府户口丁数目的巨大差距。进一步细阅府属统计的各县名称,发现造成这种差距的一个原因是,资料中各府下的县与实际统属并不完全一致:

安庆府 6 县:怀宁县、桐城县、潜山县、太湖县、宿松县、望江县。

徽州府本有 6 县,但资料中为 8 县,且多个县不属徽州府:歙县、休宁县、宣城县、南陵县、泾县、宁国县、旌德县、太平县。

池州府本有 6 县,资料中为 4 县,且均非池州府属县:婺源县、祁门县、黟县、绩溪县。

宁国府 6 县,但均非宁国府属县:贵池县、青阳县、铜陵县、石埭县、建德县、东流县。

太平府 3 县:当涂县、芜湖县、繁昌县。

广德州 1 县:建平县。

以上府、县辖属统计,与实际统属不尽一致,可能因资料是手稿抑或手民归类有误,但是以县编"某某全书"为名的县户口丁数基本不会错。

(二)《江南通志》和《安徽通志》中的"丁数"

康熙、乾隆朝两次编修《江南通志》,近卫本康熙《江南通志》(康熙二十三年修)载:

安徽布政使司,辖安庆徽州宁国池州太平庐州凤阳七府滁和广德叁州,原额人丁一百四十八万六千八百五十二丁。[①]

这个数据与乾隆《江南通志》数据一致,只是具体表达方式有些许区别。[②]

康熙《江南通志》中记载的安徽各府清初丁数如表2-3:

表2-3　康熙《江南通志》中的安徽人丁数[③]

时间	审增实在人丁	备注
原额人丁	1486852丁	内除编审开除故绝逃亡人丁
顺治十四年	1149721丁7分6厘	顺治十六年凤阳府属归并颍川、颍上二卫所,原额人丁1362丁
康熙元年	1188910丁5分1厘	
康熙六年	1220535丁2分6厘	
康熙十一年	1243151丁1厘	
康熙十六年	1270224丁1厘	
康熙二十二年	1289957丁3分1厘	内除优免人丁21431丁,实在当差人丁1268526丁3分1厘,又徽州府婺源县有江西乐平、德兴两县寄庄人丁87丁,又滁州全椒县盐钞6678口,共该丁徭银198792两1钱8分7厘8毫4丝4忽2微4织5沙3埃4渺4漠,盐钞该银49两8钱8分5厘5丝3忽2微1织7沙2尘,额外归并省外卫,原额黄快军并上中下三则官舍闲丁共92926丁,又新增人丁194丁,内除驾运屯丁领佃纳粮不纳丁银并故绝逃亡各丁共53978丁5分,实在屯丁39141丁5分,共该银12473两3钱9分2厘5毫,以上实在当差人丁、寄庄人丁及归并省外卫屯丁共1307754丁8分1厘,盐钞6678口

①　康熙《江南通志》卷一六《户口》。

②　乾隆《江南通志》卷七四、七五《户口》。

③　梁方仲编著的《中国历代户口、田地、田赋统计》(上海人民出版社1980年版),据《清朝文献通考》卷一九《户口一》《清顺治、康熙、雍正、乾隆(初、中期)四朝各省人丁数》表,最早的顺治十八年人丁数安徽与江苏合在一起,即江南省人丁数3453524,康熙二十四年安徽人丁数1314431,雍正二年安徽人丁数1357573,乾隆十四年安徽人丁数21567929,乾隆十八年的数据是2435361,梁先生认为是原书脱漏所致。同书给出根据《乾隆会典》户部户口统计,安徽乾隆十八年户数4136125,丁口数12435361,每户平均丁口数3.0;且认为此时清所报民数册统计中"丁""口"两字通用。

道光《安徽通志》是安徽独立修纂的第一部省志,体例多仿照《江南通志》,设 10 志,内容也大多沿袭《江南通志》中的安徽记载,但地域内容明显有适当增损,如对安徽的田赋、水利、学校、山川、铺递等内容就有增补。该书载:

> 顺治初年,原额人丁一百四十八万六千八百五十二丁,内除编审开除逃故无征人丁三十八万三千六百七十六丁七分四厘。十四年,审增四万六千五百四十五丁五分。康熙元年,审增三万九千一百八十八丁七分五厘,六年审增三万一千六百二十五丁七分五厘。十一年审增二万二千六百三十五丁七分五厘。十六年审增二万七千五十三丁。二十一年审增一万九千七百三十三丁三分。二十五年审增二万七千五百六十十三分。三十年审增二万五千四百七十一丁九分。又凤阳府属灵璧县审除二千三百八十四丁。①

其后有安徽巡抚吴坤修等修、学者何绍基等纂的光绪《重修安徽通志》,同治八年(1869)开始编修,所载清初户口人丁基本同于道光《安徽通志》。兹将光绪《重修安徽通志》、《清朝文献通考》及民国《安徽通志稿》记录的清初安徽人丁数整理为表 2-4。

表 2-4　光绪《重修安徽通志》、《清朝文献通考》及民国《安徽通志稿》记录的清初安徽人丁数

时间	丁数	资料出处	备注
顺治初年	1486852	《重修安徽通志》卷七四	原额人丁
顺治十四年	1149721	《重修安徽通志》卷七四	
康熙元年	1188909	《清朝文献通考》卷一九	
康熙五年	1314431	民国《安徽通志稿·民政考稿》	编审人丁
康熙六年	1220534	《重修安徽通志》卷七四	
康熙十一年	1243169	《重修安徽通志》卷七四	

---

① 道光《安徽通志》卷五四《食货志·户口屯丁附》。

续表

时间	丁数	资料出处	备注
康熙十六年	1270222	《重修安徽通志》卷七四	
康熙二十一年	1289955	《重修安徽通志》卷七四	
康熙二十四年	1314431	《清朝文献通考》卷一九	

　　从以上表格中的数据可以看出,年代不同和两个版别的《江南通志》、《安徽通志》大的数据基本一致,具有继承性。本来在江宁设局编纂《江南通志》,对安徽的记载文字比江苏就少,后来的道光《安徽通志》又沿袭《江南通志》中的安徽资料,创新不多,对历史资料的重建更不易。

　　清初"丁"与人口数量的关系,一直有多种说法,没有定论。何炳棣认为清代前期的"丁"与人口无关,而是"纳税单位"。曹树基在《中国人口史》第五卷列有专篇讨论"丁"的实质,他进一步论证了何炳棣的观点,认为其论断不误。① 我们认为,对"丁"的认识,要与解读的地域资料相联系。如载录在《江南简明赋役全书》中的安徽"户口人丁"数,是与《赋役全书》之名名实相符的"赋税单位"的一种表达;载录在《江南通志》、《安徽通志》上的一些"人丁"数,是编纂者表达"丁"与人口数量增长相联系的一种方式,可以作为推算清初安徽人口数量的参考。②

---

　　① 葛剑雄主编、曹树基著:《中国人口史》第 5 卷(上)第 2 章第 4 节,复旦大学出版社 2005 年版。
　　② 如王社教推算顺治十年安徽人口约有 752.7 万,见王社教《清代安徽的人口增减和垦田的盈缩》(《安徽史学》1994 年第 1 期)。再如王鹤鸣据康熙六年的人丁数,以 1:5 相乘得出安徽当时有 600 万人口。而张理华依据建立的 1667—1748 年人口增长模型,得出康熙六年安徽人口数为 1250 万,见张理华《安徽建省初期的人口规模研究》[《安庆师范学院学报》(社科版)2009 年第 2 期]。

第三章
清代前期的安徽

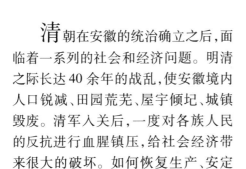

清朝在安徽的统治确立之后,面临着一系列的社会和经济问题。明清之际长达40余年的战乱,使安徽境内人口锐减、田园荒芜、屋宇倾圮、城镇毁废。清军入关后,一度对各族人民的反抗进行血腥镇压,给社会经济带来很大的破坏。如何恢复生产、安定社会是清廷急需解决的问题。

第一节　水利与荒赈

一、黄淮治理

安徽是水资源比较丰富的省份之一，"巨浸难以枚举，然则皖固泽国地也。泽国之所聚，实为利薮，而害亦因之。故当夏秋汛涨之时，江溢则安池太庐和之府州县灾；河淮溢则凤颍泗之府州县灾。往往此息彼兴，若迭为胜负"①。

淮河本是一条独流入海的河流，南宋建炎二年（1128），宋统治者为了阻挡金兵南下，人为掘开黄河，黄水由泗入淮。自此，黄水长期南泛，夺淮入海，独流入海的淮河水系变成黄河下游的支流水系。700余年间，②黄河在淮北平原肆意滚动，淮河北岸的支流几乎全被黄河的洪水灌注过，造成淮河水系紊乱不堪。由于泥沙淤积，淮河北岸的支流河床普遍抬高，流水不畅。更为严重的是，淮阴以下的淮河河段被黄河泥沙淤积抬高，逐渐成为"地上河"，导致淮河入海受阻。③每当汛期来临，淮北平原便积涝成灾。明朝统治者为了确保漕运和皇陵、祖陵的安全，注重对黄河下游河道的治理，而对黄河夺淮并不十分在意，使得淮河河道的淤积有增无减。明末清初的战乱，使黄河下游水利失修，淮北平原洪涝灾害加剧。

据统计，顺治年间黄河决口危及淮河流域达 13 次。康熙年间，黄河也经常决口。康熙元年至十七年（1678），黄河下游几乎连年决溢。④雍正年间亦复如此。黄河决口加上淮河自身的洪水，淮北必定

---

① 光绪《重修安徽通志》卷六一《河渠志·江》。

② 黄河于清咸丰五年（1855）北徙。

③ 关于黄河夺淮和淮河水系的变迁，参阅水利部治淮委员会《淮河水利简史》编写组《淮河水利简史》（水利电力出版社 1990 年版）、邹逸麟主编《黄淮海平原历史地理》（安徽教育出版社 1993 年版）。

④ 水利部治淮委员会《淮河水利简史》编写组：《淮河水利简史》，水利电力出版社 1990 年版，第 263 页。

大受灾害。据《淮河水利简史》统计，顺治年间，颍州、霍邱、亳州、蒙城、萧县、颍上、五河、宿州等地多次发生大水灾。康熙年间，霍邱、泗州、盱眙、萧县、五河、砀山、凤阳、宿州、寿州、太和、亳州、颍上、颍州、灵璧等地多次发生大水灾。乾隆年间，沿淮州县也是水灾频发。[①] 康熙十九年，淮河大水，下游排泄不畅，致使洪泽湖水位猛涨冲破堤坝，将泗州城淹没。

由于黄河水患严重影响运河，为保证漕运安全，清朝统治者非常重视黄河治理。多尔衮入京不久即派人整治黄河。顺治帝刚即位就任命杨方兴为河道总督，开始治理河堤。康熙帝亲政后，更是注重黄河的治理，他把河务看成是必须解决的一件大事，曾经说自己听政以来，以三藩及河务、漕运为三大事，夙夜廑念，曾书而悬于宫中柱上，至今尚存，倘河务不得其人，一时漕运有误，关系非轻。[②] 表示"河患不除，朕不能暂释于怀也"。

康熙朝对黄河的治理特别注重增修堤坝。康熙十六年（1677），任命安徽巡抚靳辅为河道总督治理黄河。靳辅在皖抚任上就很注重农田水利，并卓有成效。任河道总督后，博采众论，提出将河道、运道视为一体进行整体治理的治河方略，以疏浚河道、筑堤坝、塞决口为首要方法。担任河道总督期间，靳辅在淮河下游修建了不少大型水利工程，取得了一定成效。安徽境内，康熙二十三年，修筑灵璧境内漫决堤工 40 余丈，修筑徐州黄河南岸自萧县至灵璧堤工 1.6 万余丈。康熙二十四年（1685），修筑灵璧县黄河南岸堤工 2600 余丈。康熙三十八年（1699），修筑凤阳府虹县堤工 500 余丈。

雍正朝也非常注重黄河的治理，修筑大堤数处。雍正五年（1727），创筑灵璧县黄河南岸墨家庄裹堤，长 2100 余丈。雍正九年（1731），"建筑灵璧县黄河南岸张家瓦房坝台，并楼崖埽工长 150 丈"。[③]

康熙时，靳辅等人沿用明潘季驯的"束水攻沙"法，利用洪泽湖之

---

① 《清代淮河流域主要水灾统计表》，见水利部治淮委员会《淮河水利简史》编写组《淮河水利简史》附表 4。

② 《清圣祖实录（二）》卷一五四，"康熙三十一年二月辛巳"条，第 701 页。

③ 以上均见光绪《重修安徽通志》卷六三《河渠志·黄河》。

清水冲刷黄河河淤取得一时效果,但时间一长,淮河灾害问题仍不能根本解决。乾隆即位后,从治淤济运出发,对黄河、淮河又一次进行综合治理。乾隆元年(1736),河南永城县黄河决口,下游安徽、江苏因此被淹。乾隆八年(1743)正月,钦差大臣陈世倌、高斌、周学健会同德沛、完颜伟、陈大受、张楷等奏上下江连年被淹之故及兴修江苏淮、扬、海,安徽凤、颍、泗各属河道水利事宜。陈世倌等认为,分泄下游水势与解决上游漫溢为目前救患之急务。其主要措施有三:第一,将毛城铺坝门水底量为填高;第二,将洪泽湖天然南北二坝处添建滚水石坝;第三,高邮三坝之下添建石闸 4 座,昭关坝之上添建石闸 3 座。总计淮、徐、扬、海、颍、凤、泗 7 府州约计开挑水沟、疏浚河渠共 140 余处。陈世倌等的建议上奏后,乾隆帝命"依议速行"。

乾隆二十年前后,黄河又屡次在河南、山东、安徽等地决口,虽然堵塞了决口,但仍留下大面积积水。乾隆二十一年(1756),黄河决口山东、河南、安徽 3 省。五月,命侍郎裴曰修驰往山东、河南、安徽积水各州县,与各该巡抚通盘筹划,根治水患。裴曰修接受任务后,先至安徽,与巡抚高晋合力经营,治理取得了一定的成效。

明、清两代朝廷都仰给东南粮食,清代治河的目的与明代一样,也是为了确保漕运安全,重大的工程措施都集中在黄淮下游,方法主要是加固黄河河堤、加高加固洪泽湖大堤、浚挖出海河道。至于淮河本身的灾害,并非朝廷关注的首要问题,因此,对淮河中游干支流没有采取有效工程措施。另一方面,对与漕运关系不大的地方河渠治理工程,朝廷则将其交由民办。虽然上述黄淮下游的治理方法和工程措施减轻了黄河夺淮之患,却使淮河下泄不畅,反而加剧了淮河中游的洪涝灾害,安徽沿淮州县深受其害。

沿淮州县官府和群众为了减轻淮河洪涝灾害,对淮河干支流也进行了积极治理。颍州府针对流域不同的地形、地势特点,分别采取不同的治理方法。湾地最低,为保住麦收,厚筑圩围以保;湖地稍低,在其下游开沟疏泄,涸出栽种;岗地最高,易患干旱,则多挖池塘,以利灌溉。[1]

① 张宁等:《阜阳通史》,黄山书社 1998 年版,第 209 页。

霍邱县、凤台县则沿淮修筑堤防。康熙三十五年（1696），五河知县郑鼐修南湖坝。雍正五年（（1727），安徽布政使噶尔泰遵旨动用库银两万两，亲赴灵璧县勘察水利，督促凤阳府知府派人疏浚宿州、灵璧县沟渠。雍正十三年（1735），亳州知州卢见曾督率百姓疏浚境内沟渠。

乾隆十二年（1747），蒙城县开大小沟洫数百条。乾隆十八年（1753），灵璧县挑濉河，乾隆十九年（1754）又挑拖尾河、黄泥沟、斗沟、凤河。乾隆三十二年（1767），砀山县开浚县南汤家河沟入利民河。乾隆三十九年（1774），阜阳、颍上、霍邱、太和、蒙城等处挑浚沟渠70余道。乾隆四十年（1775），宿州、灵璧疏浚境内濉河南北股河。乾隆四十四年（1779）、四十七年（1782），泗州先后疏浚境内河渠。乾隆五十四年（1789），宿州挑挖濉河。这些措施，稍稍缓解了沿淮地方的涝灾。①

当地方水灾频发的时候，朝廷也允许官方出资协助地方疏浚沟渠。乾隆三年（1738）十一月，安徽巡抚孙国玺奏："凤、庐两府及邻近之颍、六、滁、泗各府州地方，水旱频闻，收成歉薄，虽由地方硗瘠，亦缘河塘湮淤，无从宣泄、灌溉所致。请动支关税秋季盈余银两，给发浚修，俾沟洫疏通，渐成沃壤，即少壮饥民，亦可就食于工。"乾隆帝御批："所见甚是，知道了。"②乾隆七年（1742）八月辛卯，乾隆帝允准酌量拨款开浚蒙城县潘家湖等9处湖沟，并加筑土埂。③ 原因也是遇灾歉后民力不济，无法自行修筑。乾隆四十七年正月，署两江总督兼署安徽巡抚萨载奏："泗州境内谢家沟及汴河尾两处，近因黄水盛涨，积淤较甚，亟应挑浚，以资宣泄。查该处河工，向归民办，第泗州连年被水，民力拮据，势难督催。藩库现存社谷变价银两，原系留为民间办公之用，请即于此项内动支给办。"这次，乾隆帝颇有几分责备地批道："亟应如议速为者，所奏何迟乎。"④

---

① 《清代淮河流域农田水利工程一览表》，见水利部治淮委员会《淮河水利简史》编写组《淮河水利简史》表7-4，水利电力出版社1990年版，第268—271页；光绪《重修安徽通志》卷六八《河渠志·水利治绩》。

② 《清高宗实录（二）》卷八一，"乾隆三年十一月"条，第283页。

③ 《清高宗实录（三）》卷一七二，"乾隆七年八月辛卯"条，第194—195页。

④ 《清高宗实录（一五）》卷一一四九，"乾隆四十七年正月"条，第407页。

二、沿江沿湖圩区治理

安徽地区的圩田主要分布在沿江沿湖平原,有"筑土作围以绕田"而形成的围田,有围垦湖滩而形成的湖田,①集中在安庆府、庐州府、池州府、宁国府、太平府、和州、滁州,数量多,分布广。据学者统计,"明清两代安徽沿江各地筑圩约有 3000 个左右。其中千亩以上的大圩约有八九十个。其数量之多,为前世所不及"②。这些圩田是安徽的主要产粮区,一般都地势低洼,每当大雨不止,江河湖水暴涨,圩田便很容易遭受水灾。因此,修筑和维护堤坝,保护圩田免遭水毁,是沿江沿湖圩区官民的重要任务。

清初,朝廷就很重视东南地区的水利建设,顺治十一年(1654)六月庚辰曾颁诏天下:"东南财赋之地,素称沃壤,连年水旱为灾,民生重困,皆因失修水利,致误农工。该督抚责成地方官悉心讲求,疏通水道,修筑堤防,以时蓄泄,俾水旱无虞,民安乐利"③。雍正五年正月乙卯,雍正帝谕内阁:"地方水利,关系民生,最为紧要。如江南户口繁庶,宜更加修浚,时其蓄泄,以防旱涝。"④皇帝的重视,也使地方官员对于兴修水利一事不敢懈怠。

圩田地势低洼,圩外之水高于圩内之田,因此,依赖圩堤保护。圩田一般都外建圩堤,堤上筑有涵闸,平时闭闸御水,旱时开闸引水入田。清政府对待圩区堤坝的兴筑与维修,在不同的情况下采取不同的政策。乾隆五年五月,安徽巡抚陈大受奏:"如河圩湖泽及大沟长渠,工程浩繁,民力不能独举,必须官为经理者,自应斟酌举行。其余零星塘垱,俱现有管业之人,岁资灌溉,原可自行疏浚……凡民力可办之工,不妨交地方官督劝田主,令其自为修理;惟民力不能为者,方许动

---

① 巴兆祥:《江淮地区圩田的兴筑与维护》,《中国农史》1997 年第 3 期。

② 庄华峰、王建明:《安徽古代沿江圩田开发及其对生态环境的影响》,《安徽大学学报》(哲学社会科学版)2004 年第 2 期。关于清代江淮圩田的数量和分布,可参看张崇旺《明清时期江淮地区的自然灾害与社会经济》(福建人民出版社 2006 年版)及赵崔莉《清代皖江圩区社会经济透视》(安徽人民出版社 2006 年版)的相关部分。

③ 《清世祖实录(一)》卷八四,"顺治十一年六月庚辰"条,第 663 页。

④ 《清世宗实录(一)》卷五二,"雍正五年正月乙卯"条,第 791 页。

帑,官为修理。"乾隆帝批:"所见极是,详酌办理可也。"①也就是,大型水利工程由官方动用公款办理,小型工程则采取官督民办的方式,由民间出资出力自行兴筑、维护。如南陵县东青弋江镇地区,在康熙四十七年(1708)、雍正十二年(1734)大水冲决圩坝后,部分地区就由圩民修筑,当工程浩大、需资浩繁时,则采取"铺户"助资,并立石以志之的方式来维护圩坝。②

清代前期,安徽圩区既兴建了新的堤坝,又对过去的堤坝进行了重修。在新坝方面,康熙二年(1663),和州知州杨继芳招佃开垦江边草地,筑永盛、土旺、大荣3圩,积岁,圩地尽为沃壤。③无为州沿江圩田地势低下,"自明以来,州守筑堤曰一坝、二坝、三坝、四坝。屡筑屡圮,州境民田,渐次陆沈于江者四十余里"。康熙八年(1669),无为州知州颜尧揆筑新坝880丈,挡住了江流,境内圩田得以保全,人名为颜公坝。④康熙四十四年(1705),无为知州孙成筑徐家龙潭至周思沟坝,计7里,亦曰孙公坝。同时,地方官府和民间都非常重视对圩堤的维护,圩堤遭水毁后总是及时进行重修加固,望江县西圩的多次维护最为典型。西圩周长30余里,圩中田3.7万余亩。顺治四年,西圩溃决,知县王世允等修筑之。顺治七年(1650),西圩再遭水患,次年王世允等"为先事之防,遍加拦约,而蚁穴尽窒"。康熙十年,刘天维出任望江知县,十分关心西圩堤坝的安全,对堤坝进行了加固。康熙十六年,望江大水,知县陈柿祚为圩堤培基植柳。康熙二十一年,官府又加固圩堤,并"益柳三行"。康熙五十三年(1714),望江县对西圩进行了大规模的维护。乾隆二十九年(1764)至三十二年,望江县连续遭遇水灾,西圩圩堤被冲决,县令郑交泰捐银260余两,带领民众修复圩堤,并于堤上植柳数万株。持续不断的维护,使得西圩成为望江县的粮食

---

① 《清高宗实录(二)》卷一一七。"乾隆五年五月"条,第715页。

② 参见赵崔莉《从清代安徽方志漫谈皖江圩田》,《中国地方志》2007年第4期。

③ 张崇旺:《明清时期江淮地区的自然灾害与社会经济》,福建人民出版社2006年版,第342—343页。

④ 光绪《重修安徽通志》卷六一《河渠志·江》。

主产区。①

　　省级官员也很重视圩田水利建设。乾隆十八年,巡抚卫哲治要求各官于冬季农闲之时督率农佃,将各处圩堤加高帮厚。次年三月,他又要求各处地方官晓谕圩民,倘遇水涨,仍要勤加保护。② 乾隆二十九年十二月,安徽巡抚讬庸奏:"安省沿江各属,圩田居多,全赖堤坝捍卫,向系民修。本年夏间,江湖盛涨,堤坝漫缺甚多,当即通饬各属,督民及时修竣。惟无为州一属,地处极低,本年被水独重。该处堤坝绵长二百余里,民力实有不能。请于凤庐道库水利余剩银内,动借三万两修筑,分作三年征完归款。"乾隆帝准其"如所议行"③。

　　除了官方的重视,清代圩区还建有管理机构和维护体制。每个圩区一般都设圩长(或圩董、圩首、圩修),负责对圩区水利兴修等事务进行管理,如圩堤岁修、征税、管理经费等。每圩又分若干甲,各设甲长,职责是催夫、集费等。④ 冬春季节,各圩区都组织人力修整沟渠、堤坝;夏秋季节,则组织人力分段把守堤坝,堵塞漏洞。⑤ 规范的组织和管理系统保证了圩区水利工程兴修和维护能够做到制度化运行。

　　黄淮平原和沿江圩区涉及的耕地和人口甚巨,通过治理,促进了农业的发展。安徽还有一些著名的水利工程在清初也得到了维护和整治。

　　寿州的安丰塘(芍陂)修建于春秋时期,灌溉大片农田。为保证安丰塘的灌溉效益,顺治、康熙、雍正、乾隆四朝寿州地方官不断对安丰塘进行整治维护。顺治十二年(1655),寿州知州李大升重修安丰塘,疏浚壅塞河道140余丈,修筑门闸、补筑塘岸若干处。康熙三十七年(1698)春,州同颜伯珣带领民众筑新堤两处,又补增旧堤,修复水门27处。康熙三十八年至四十二年(1703),每年均进行堤坝、口门修筑。雍正九年,知州饶荷禧于塘南建滚水石坝,于塘北修凤凰闸。乾

---

　　① 张崇旺:《明清时期江淮地区的自然灾害与社会经济》,第346—347 页;赵崔莉:《清代皖江圩区社会经济透视》,第57—59 页。
　　② 赵崔莉:《清代皖江圩区社会经济透视》,第56 页。
　　③ 《清高宗实录(九)》卷七二五,"乾隆二十九年十二月"条,第1090 页。
　　④ 赵崔莉:《清代皖江圩区社会经济透视》,第42 页。
　　⑤ 巴兆祥:《江淮地区圩田的兴筑与维护》,《中国农史》1997 年第3 期。

隆二年（1737），知州段文元详请帑银 3000 余两，环塘士民捐银 4000 余两，改修滚水石坝。乾隆十年（1745）正月，署两江总督尹继善在议复御史王兴吾条奏水利农田事宜时说，安丰塘"现存蓄水之处，周一百二十余里，州境实资利济，自应及时修治。需工料银二万余两，拟一半酌动帑项，一半劝输民力"①。乾隆十四年（1749），知州陈韶详请帑银 1.3 万余两，挑浚塘身，修筑塘埂。乾隆三十七年（1772），知州郑基又详请重修。②

舒城县的七门堰、乌羊堰也是著名的水利工程，修建于西汉时期。七门堰原可灌溉 8 万余亩。清初，知县王朝瑞见七门堰故道淤塞，极力开浚。康熙年间，知县朱振见七门、乌羊等堰故道久塞，于是重开沟洫，使山水源源不断流入，溉田数千顷。康熙六十一年（1722），舒城知县主持修治县河，自龙王荡至县河口，全长 70 里，开掘河道深 1 丈上下，宽二三十丈不等，计挖 4.9 万余土方，历时 3 个月竣工，使县城周围农田得到灌溉。

潜山县的吴塘堰建于东汉。顺治十八年，知县常大忠自捐俸银，在离旧堰址 5 里处建新堰、新闸。不两年，堰闸被山洪冲垮。知县周克友"单骑诣堰所，相度地势，得坚土处，另为石闸，屹然金堤"。自后"屡有修筑，规模未改"③。

雍乾年间，怀远县对淤塞的郭陂塘进行了整治。④ 这些水利工程在修治之后，起到了防洪和灌溉作用，促进了当地农业生产。

三、灾荒救济

清代前期，安徽各种灾害连年不断。据《清实录》记载，灾害种类有水灾、旱灾、蝗灾、雹灾、霜灾、风灾、潮灾、地震、鼠灾等。其中又以

① 《清高宗实录（四）》卷二三三，"乾隆十年正月"条，第 15 页。
② 光绪《寿州志》卷六《水利》。
③ 民国《潜山县志》卷一《舆地志·水利》。
④ 张崇旺：《明清时期江淮地区的自然灾害与社会经济》，第 334—341 页。

水灾、旱灾最为常见,[①]伴随灾害而来的是饥疫盛行。由于淮河水系遭到破坏,安徽淮河流域的灾害最为严重,水灾、旱灾、蝗灾不断,有波及范围广、持续时间长、多灾并发且连续性强、破坏性大等特点。[②]水灾尤其严重,沿淮州县大雨大灾、小雨小灾。沿江圩堤也时常被大水冲毁,破圩成灾。

无论康熙还是雍正,都非常注重救荒,通常是救济与蠲免相结合。救荒的程序是先由地方造册上报灾情,包括受灾田亩面积、谷物减收量、受灾人口数等,再由官府派员实地查核,最后将应赈人口和田亩汇总报告朝廷,请求赈济。康熙十年,泗州发生蝗灾,自三月至八月,"飞蝗蔽天,麦禾尽,种谷绝。民多流亡,存者啄树皮、掘土粉食之,夫妇子女不相保"。入冬,又降大雨雪。安徽巡抚和两江总督奏请朝廷给予赈济,朝廷即拨"江南正赋银六千四百五十两分赈"。安徽巡抚又"发怀宁积谷银三百两"救济,终使灾民度过了灾荒。[③]康熙十年至十一年(1672),凤阳连发旱、蝗、水灾,"禾麦皆无,人食树皮"。朝廷除停征康熙九年(1670)以前未完钱粮外,又拨银、粮赈济。[④]康熙四十七年秋,潜山、宿松、望江等地遭受水灾,望江西圩冲破,此后又发生大旱。经过巡抚刘光美题请,蠲免望江县银 1913 两,大小饥民共 24149 口,发赈谷 12823 石 5 斗用于救济。[⑤]乾隆三年冬,清廷对江苏、安徽灾民极贫之户赈粮 4 个月,次贫 3 个月,又次贫 2 个月,到来年二月份结束赈济。后考虑到"三、四月间正青黄不接之际,在官仓虽有平粜之米,而无力之穷民仍苦买无资,难以糊口",乾隆帝下令安徽极贫之民再加赈 1 个月,以苏民困、培民气。乾隆七年,江苏、安徽夏秋大水,江苏给被灾军民等米共 156 万余石、银 500 余万两奇,安徽给被灾军民等米

---

① 据《清实录》记载,顺治朝,安徽水灾 6 次、旱灾 5 次、雹灾 2 次、地震 1 次;康熙朝,安徽水灾 29 次、旱灾 10 次、蝗虫等灾害 5 次;雍正朝,安徽水灾 8 次、旱灾 3 次、雹灾 1 次;乾隆朝,安徽水灾 48 次、旱灾 18 次、蝗虫等灾害 2 次、风灾 1 次、雹灾 7 次、疫疠 1 次。见陈振汉等《历朝全国各省(区)自然灾害发生次数统计表》,《清实录经济史资料(顺治一嘉庆朝)农业编》第二分册,北京大学出版社 1989 年版,第 694 页、698 页、700 页、704 页。

② 卞利:《论清初淮河流域的自然灾害及其治理对策》,《安徽史学》2001 年第 1 期。

③ 康熙《泗州志》卷三《星野·祥异附》。

④ 光绪《凤阳府志》卷四下《纪事表下》。

⑤ 赵崔莉:《清代皖江圩区社会经济透视》,第 85 页。

共 83 万余石、银 233 万余两。

顺治初，清廷鉴于易代之际民间受战火之苦，实施了蠲免政策。灾荒之年粮食歉收或无收，百姓衣食无着，蠲免成为朝廷重要的救荒措施。顺治十年（1653）十一月丙辰，"户部奏言，江南各府属旱灾，除有漕粮州县已经改折，其无漕粮州县卫所，被灾八分以上者，免十分之三；七分以下者，免十分之二；四分，免十分之一。从之"①。由于勘灾、报灾有一个过程，如何及时救荒也是很重要的问题，康熙四年三月，应户部的请求，朝廷同意"以后被灾州县，将本年钱粮先暂行停征十分之三，候题明分数，照例蠲免"②。康熙六年，为防止地方官在实施蠲免时贪污舞弊，朝廷制定了处罚措施。康熙十七年议定，歉收地方，"除五分以下不成灾外，六分者免十分之一，七分者免十分之二，九十分者免十分之三。"雍正六年（1728）三月癸丑，雍正帝颁谕加增蠲免分数，"其被灾十分者，著免七分；九分者，著免六分；八分者，著免四分；七分者，著免二分；六分者，著免一分"③。乾隆皇帝在雍正帝的基础上又加大蠲免力度，称"朕思田禾被灾五分，则收成仅得其半，输将国赋，未免艰难"，决定"嗣后著将被灾五分之处，亦准报灾，地方官查勘明确，蠲免钱粮十分之一。永著为例"④。

安徽受灾地方，大都能得到及时蠲免。例如，顺治六年泗州发生水灾，出现东南堤溃，水灌州城，深丈许，溺死数百人的悲惨景象，"巡按上官会同漕抚吴具题，奉旨蠲免本年丁粮，以苏民困"⑤。康雍时期也非常注重对灾区的蠲免，常常"一年蠲及数省，一省连蠲数年"。仅泗州一地，自康熙元年至二十六年（1687）的 27 年里，因水、旱、蝗等灾而被蠲免的次数就多达 10 次。康熙三十七年至五十二年（1713），凤阳县先后有 9 次地丁钱粮被蠲免的记录。⑥ 康熙四十五年（1706）十一月，将本年受灾的安徽所属 7 州县、3 卫应征康熙四十七年钱粮，一应

① 《清世祖实录》卷七九，"顺治十年十一月丙辰"条，第 624 页。
② 《清圣祖实录（一）》卷一四，"康熙四年三月丙申"条，第 218 页。
③ 《清世宗实录（一）》卷六七，"雍正六年三月癸丑"条，第 1020 页。
④ 《清高宗实录（二）》卷六八，"乾隆三年五月丙寅"条，第 102 页。
⑤ 康熙《泗州志》卷三《星野·祥异附》。
⑥ 卞利：《论清初淮河流域的自然灾害及其治理对策》，《安徽史学》2001 年第 1 期。

免征。

乾隆四年（1739），豁免上年被灾的直隶、江苏、安徽 3 省 4 年地丁钱粮，安徽被免共计 60 万两。不久又将 3 省正赋之耗羡一体免征。乾隆七年，豁免江苏、安徽、福建 3 省雍正十三年未完钱粮银近 18 万两。乾隆十二年，蠲免安徽、浙江、河南、广东、广西等省银 862 万余两。

清廷的蠲免政策有普免、恩蠲、灾蠲、欠免等形式，不同时期都在安徽执行过。普免，指一次对一省或几省免征全年钱粮，有的是全国普遍蠲免。康熙三十年（1691），康熙帝提出"特赐蠲征"，经与臣下反复商讨后，决定"除河南省，明年岁漕粮已颁谕免征外，湖广、江西、浙江、江苏、安徽、山东应输漕米，自康熙三十一年（1692）始，以次各蠲免一年。①康熙四十九年（1710）十月，康熙帝下诏："朕临御天下垂五十年，诚念民为邦本，政在养民。迭次蠲租数万万，以节俭之所余，为涣散之弘泽。惟体察民生，未尽康阜，良由生齿日繁，地不加益。宜沛鸿施，借培民力。自康熙五十年始，普免天下钱粮，三年而遍。"②这次也是施行"轮蠲"制，把全国分成三批次，每年普免一批省份。康熙五十一年（1712），蠲免江苏、安徽、山东、江西 4 省康熙五十二年应征地丁银及历年旧欠共 1234 万余两。乾隆三十一年（1766）开始，按年分省通行蠲免一次，乾隆三十五年（1770）免安徽省。乾隆四十三年（1778），朝廷宣布将于四十五年（1780）再次普免天下漕粮一次。这种蠲免对灾害频发的安徽而言，无疑有助于灾民度荒。

灾害之年或免上年田粮，或免本年田粮，或免下年田粮。如康熙九年三月，"谕户部，江南寿州卫，自顺治六年（1649）大水，卫军死徙，田地荒芜，减存月粮银两，无从征收，著豁免，仍令漕臣设法招垦"③。康熙七年，泗州、天长等州县水灾，蠲免本年额赋十分之一。④康熙四

① 《清通典》卷一六《食货》。
② 《清史稿》卷八《圣祖本纪三》，中华书局 1986 年影印本。
③ 《清圣祖实录（一）》卷三二，"康熙九年三月甲戌"条，第 438 页。
④ 光绪《重修安徽通志》卷八一《食货志·蠲赈》。

十五年十月,朝廷将安徽等省康熙四十三年（1704）以前未完地丁银粮,按数通行蠲免。雍正三年（1725）十二月,"以太平、泗州、盱眙三州县,本年秋灾,蠲免地丁银三千一百余两,米麦豆一百二十余石";八月,又蠲免泗州田亩银 440 余两。① 毫无疑问,这有利于灾民渡过难关,维护社会稳定。

对于往年积欠的赋税,朝廷也常蠲免。康熙三十八年三月,免江苏、安徽康熙三十四年（1695）至三十六年（1697）民欠一应地丁银粮、米豆麦杂税。② 雍正十三年九月二十三日,"上谕,各省民欠钱粮,十年以上者,已于恩诏内概予蠲免,其余未完民欠尚系应征者……兹特再行降旨,于恩诏外,将雍正十二年以前各省钱粮,实欠在民者,一并宽免。从前江南积欠钱粮内曾有官侵吏事二项,乃从民欠中分出者,比时差往大臣官员办理,原不妥协,亦著照民欠例宽免"③。对积欠赋税的蠲免,同样有利于减轻灾民的负担,有利于休养生息。

朝廷遇大礼时,也有蠲免之举。顺治十三年十二月,以恭上皇太后尊号礼成,蠲免顺治八年、九年（1652）未完地亩人丁本折钱粮。④乾隆三十五年,皇帝六十大寿,宣布普免全国钱粮;五十五年（1790）,乾隆八十大寿,又普免全国钱粮。乾隆在南巡过程中,也往往减免所经州县钱粮。乾隆十五年（1750）,以巡幸所经民力未免拮据之故,蠲免江苏、安徽、山东 3 省未完耗羡十分之六。乾隆十六年（1751）,乾隆帝初次南巡,蠲免乾隆元年至十三年（1748）江苏积欠地丁银 228 万余两、安徽积欠地丁银 30 余万两。乾隆二十二年（1757）正月,以南巡在即,江淮地区刚刚发生大水灾,降旨将江苏、安徽、浙江乾隆二十一年前积欠未完地丁银予以免除。乾隆二十七年（1762）,又以南巡在即,蠲免江苏、安徽、浙江 3 省自乾隆二十二年至二十六年（1761）历年灾田缓征及未征完地丁各欠项。乾隆三十年（1765）,以四度南巡在即,蠲免江苏、安徽历年因灾未完丁漕等项银 143 万余两、米麦豆谷 11 万

---

① 光绪《重修安徽通志》卷八一《食货志·蠲贩》。
② 《清圣祖实录（二）》卷一九二,"康熙三十八年三月壬午"条,第 1037—1038 页。
③ 光绪《重修安徽通志》卷八一《食货志·蠲贩》。
④ 《清世祖实录》卷一〇五,"顺治十三年十二月戊戌"条,第 820 页。

余石。乾隆四十九年（1784），加恩将安徽藩司所属地丁等项未完银37万余两、民借籽种口粮未完银6万余两、漕粮漕项等款未完米麦豆6万余石，全行豁免。乾隆五十九年（1794），乾隆帝因第二年传位，下令将"六十年各省应征漕粮，再加恩普免一次"。

据《清实录》记载，顺治朝共有7年对安徽蠲免，康熙朝有38年对安徽蠲免，雍正朝有9年对安徽蠲免，乾隆朝有44年对安徽蠲免，嘉庆朝有5年对安徽蠲免。①

遇灾蠲免钱粮，受益的是田主。康熙九年，吏科给事中莽佳疏言："遇灾蠲免田赋，唯田主沾恩，而租种之民纳租如故，殊为可悯。请嗣后征租者，照蠲免分数，亦免田户之租，则率土沾恩矣。"九月乙卯，"户部议复：应如所请。从之"②。康熙二十九年（1690）七月丁巳，朝廷制定了使田主、佃户"均沾恩泽"的蠲免政策："嗣后直隶各省遇有恩旨蠲免钱粮之处，七分蠲免业户，以三分蠲免佃种之民。"③康熙四十九年十一月辛卯，朝廷再次重申该政策："嗣后凡遇豁免钱粮，合计分数，业主蠲免七分，佃户蠲免三分，永著为例。"④

雍正帝则从邻里关系和伦理道德的层面，希望富户体谅贫户，以建立和谐的乡里氛围。雍正帝于七年（1729）三月戊申发布上谕："朕为此劝导各富户等，平时当以体恤贫民为念，凡邻里佃户中之穷乏者，或遇年谷歉收，或值青黄不接，皆宜平情通融，切勿坐视其困苦，而不为之援手。"要求各省督抚将此旨向所属之乡绅士民人等广泛宣传。⑤乾隆帝在雍正十三年十二月壬午的上谕中说："业户受朕惠者，十苟捐其五，以分惠佃户，亦未为不可。"他听说江南有业户愿意捐免佃户之租，感到"嘉悦"，并"令所在有司，善为劝谕各业户酌量减彼佃户之租，不必限定分数，使耕作贫民有余粮以赡妻子……以兴仁而均惠

---

① 蠲免的地区范围多数是若干个府州县，只有少数几年是对全省蠲免。见陈振汉等《清实录经济史资料（顺治—嘉庆朝）农业编》第三分册（下）第四章第一节的"历朝分省蠲免统计"。
② 《清圣祖实录（一）》卷三四，"康熙九年九月乙卯"条，第456页。
③ 《清圣祖实录（二）》卷一四七，"康熙二十九年七月丁巳"条，第631页。
④ 《清圣祖实录（三）》卷二四四，"康熙四十九年十一月辛卯"条，第423页。
⑤ 《清世宗实录（二）》卷七九，"雍正七年三月戊申"条，第32—33页。

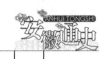

泽"①。乾隆帝后来多次谕令地方官劝谕田主减租。乾隆三十五年正月癸未上谕说："前此丙寅、丙戌二年，普蠲钱粮漕米，曾谕令各业户就所蠲之数，量减佃租……此次又值加恩普免，著各该督抚，遇输蠲之年，遍行劝谕各业户等，照应免粮银十分之四，令佃户准值减租，使得一体仰邀庆惠。"②能够考虑到佃户、贫民的利益，当是康熙、雍正、乾隆三朝成为盛世的原因之一。

　　除了朝廷的救济，地方官府和民间也设法自救，通常的措施有设立仓储备荒、疏浚河道、加固堤堰、以工代赈、富户捐献，等等。总之，兴修水利工程与灾荒救济相结合，促进了清朝前期安徽社会经济的恢复与发展。

第二节　经济政策和人身关系的调整

一、调整土地关系

　　清统治者首先通过调整土地关系来调和阶级矛盾。明末农民起义从根本上摧毁了明宗藩对原有皇庄、官庄、庄田的土地占有权，原来在明宗藩土地上耕种的农民自然而然成为了土地的主人。清朝入主中原以后把明宗藩土地视为国有土地，令占有明宗藩土地的农民向政府交纳地价方承认其土地所有权，未交纳地价的农民没有土地所有权。农民一方面要向政府交纳土地租金，另一方面要向政府交纳田赋。负担不起地价和双重剥削的农民只好将土地抛荒，出现大片荒田。康熙八年，朝廷下令将明宗藩土地无偿交给耕种的农民所有，承认该农民对土地的所有权。③康熙九年又规定，耕作明宗藩土地的农

---

①　《清高宗实录（一）》卷九，"雍正十三年十二月壬午"条，第317页。

②　《清高宗实录（一一）》卷八五〇，"乾隆三十五年正月癸未"条，第389页。

③　《清圣祖实录（一）》卷二八，"康熙八年三月辛丑"条，第391页。

民只交纳田赋,不再交纳地租。① 这项政策称为"更明田"或"更名田",在一定程度上缓解了土地占有关系。

停止圈地也是调整土地关系的一项重要政策。清军入关,随之而来的满汉八旗人口大量拥入关内。为了解决这批人的生活,顺治元年十二月,清政府颁布了第一道圈地令,凡近京各州县内无主荒田,明皇亲、驸马、公侯伯、太监等的土地尽行允许诸王、勋臣、兵丁圈占。次年冬,又颁布第二道圈地令,把河间、滦州、遵化等府州的无主荒地圈占给八旗人丁耕种。顺治四年(1647)正月,颁布第三道圈地令,在直隶42个府州县内进行大规模圈地。这3次圈地的规模都很大,"分亲王、郡王,以里计;分上三旗及正蓝旗,以数十里计,余四旗以顷计"②。圈地的范围也日益扩大,最初定为直隶的顺天、永平、保定、河间4府,后又扩大到直隶广平、大名以外的9府72州县方圆2000里的范围内。其后,随着八旗的移防,圈地范围扩大到山东、山西及江南省的北部(今苏北、皖北)。圈地的对象也发生变化,由无主荒地扩大到有主良田。圈地令给北方农民带来了极大的灾难,在被圈土地上耕种的农民变为满洲贵族和八旗的农奴。第三次圈地令下达后,由圈地而引发的阶级矛盾、民族矛盾激化,顺治四年,清政府下达停止圈地的命令。但圈地行为仍在继续进行。据统计,停圈令下达后圈占的土地占圈地总量的11%左右。康熙帝六年,辅政大臣镶黄旗鳌拜发动第四次圈地活动。鳌拜企图把原来多尔衮所属正白旗在永平府一带圈占的好地改拨镶黄旗,而另圈新地给正白旗。康熙八年,康熙清除了鳌拜势力后下令停止圈地,把当年圈占的土地退还给原主,并且宣布今后永远不许圈地。至此,大规模的圈地运动才算终止,免使更多的农民流离失所。

清代前期为增加粮食生产和财政收入,朝廷鼓励百姓开垦荒地,凡无主荒地,"州县官给以印信执照,开垦耕种,永准为业",承认开荒者的土地所有权。这使得一些原来没有土地的农民获得了土地。

① 《清圣祖实录(一)》卷三二,"康熙九年正月己酉"条,第429—430页。
② 王庆云:《熙朝纪政》卷四《纪牧场》。

二、赋税制度改革

为稳定人心，清统治者入关不久就布告天下减轻人民的赋税。顺治元年，朝廷宣布取消明末的"三饷"加派，而且对于明末各地亏欠的各项税收一律蠲免。为了规范税收，顺治十四年（1657）还编纂了《赋役全书》，明定以万历年间的钱粮则例为准，此后所增赋税尽行豁免。

到了康熙年间，康熙帝不仅继承和发展了顺治的政策，而且更加体恤民情。康熙帝六年五月曾谕吏部等衙门："民为邦本，必使家给人足，安生乐业，方可称太平之治。近闻直隶各省，民多失业，疾苦颠连，深可悯念。"是"官吏贪酷"还是"法制未便"致民失业，康熙帝要求大小官员毫无隐瞒地具奏，并对"一切民生利弊，应行应革"各抒己见。[①]

由于清初实行了奖励垦荒的政策，不少官吏借机捏报垦荒成绩，反过来又让农民来承担税收，这样加重了农民负担。康熙帝一方面"严申州县官隐匿地亩、不纳钱粮、捏报新垦之禁，更定州县催征议叙经征督催各官处分。其州县官挪用正款、捏称民欠，及加派私征者，罪之"[②]，严惩捏报的官员，对其进行不同程度的降级或罚俸禄，另一方面又对捏报的赋税进行减免。如康熙八年十二月，"户部题，江南泗州虹县等五州县，从前捏报开垦地亩，及见被水沈地亩，共五千二百九十六顷，此二项钱粮，请永行豁免，从之"[③]。不仅对水灾进行了减免，而且对捏报的税收也进行了豁免，减轻了农民的负担。

从顺治年间到康熙年间，人口大增，开垦的土地面积也大幅度增加。顺治时期的《赋役全书》已经不适应时代的需要。同时，康熙初年税收出现混乱的情况。于是康熙二十四年重修《赋役全书》，只载起运存留漕项河工等切要款目，删去丝秒以下尾数，名曰《简明赋役全书》。康熙二十六年书成。

康熙五十一年，随着人口的增加和社会经济的稳定发展，清廷决定以康熙五十年全国人丁数为标准征收丁税，自后"滋生人丁，永不加

---

① 《清圣祖实录（一）》卷二二，"康熙六年五月丙午"条，第305页。

② 《清史稿》卷一二一《食货二·赋役仓库》。

③ 《清圣祖实录（一）》卷三一，"康熙八年十二月甲戌"条，第426页。

赋"。康熙帝说:"海宇承平日久,户口日增,地未加广,应以现在丁册定为常额,自后所生人丁,不征收钱粮,编审时,止将实数查明造报。"对于户口的变动,采取五年一编的定律。凡是"缺额人丁,以本户新添者抵补;不足,以亲戚丁多者补之;又不足,以同甲粮多之丁补之"[1]。嗣后,安徽即以康熙五十年人丁138万为固定数征收。雍正帝即位后,进一步推行"摊丁入亩"政策,仅按土地征税,丁口不再是征税单位。安徽在雍正五年施行了这一政策,"亩摊一厘一毫至二分二厘九毫不等"[2]。

"摊丁入亩"是继明代"一条鞭法"之后的又一次重大赋税改革,改变了长期以来以土地和人丁双重标准征税的做法,简化了赋税征收手续。它不仅减少了对农民的剥削,而且削弱了人民对封建国家的人身依附关系,促进了经济发展。

三、解放"伴当"、"世仆",废除匠籍制度,提高佃农地位

(一)解放"伴当"、"世仆"

"伴当"和"世仆"是存在于徽州府、宁国府的一个身份卑贱的贱民阶层,社会地位极为低下,是一种世袭的农奴。其最初来源大约是孙吴征服山越时的俘虏。以后历朝,这一带的贱民人数越来越多。到了宋明时期,"伴随徽州山区社会经济开发进程的加快,残存于徽州、宁国等地的贱民——佃仆、世仆和伴当等队伍,有着不断扩大之势"[3]。

因所承担的劳役和与主人关系的不同,这个贱民阶层有不同的名称,如世仆、伴当、佃仆、庄佃、奴婢、火佃、细民、地仆、庄仆、庄人和住佃等等,佃仆、世仆、伴当是常见的称谓。"明清时期,以不同的名目存在于徽州地区的佃仆,来自不同的历史时期和不同的地区,为地主承担不同劳役,彼此之间也存在着一些细微的差异,但实际上没有什么

---

① 《清史稿》卷一二一《食货二·赋役仓库》。

② 《清史稿》志九六《食货二·赋役仓库》。

③ 卞利:《清世宗开豁世仆令在安徽的实施》,欧阳发等主编:安徽重要历史事件丛书《经济史踪》,安徽人民出版社1999年版,第117—118页。

本质的不同。"①明清时期,贱民在江苏、浙江、广东、福建、陕西、山西等省都有不同程度的存在,皖南山区的佃仆制到新中国成立前一直存在。

明清时期,徽州和宁国的佃仆大致有以下几种来源:

依据当地风俗,凡"葬主之山、佃主之田、住主之屋"皆为佃仆。②"葬主之山"是因为在徽州、宁国等地,土地、山场无论开垦与否基本上为大姓所占,而那些流落到此的农民,自然死无葬身之所。他们一旦将先人葬入地主的山场,便要立下文约,为地主承担劳役,确定主仆名分。无地可种的流民则因"佃主之田"而沦为佃仆。例如,康熙年间,休宁吴佛寿因佃种程氏祠堂的扶墩丘田而沦为佃仆,除了交租外,他还要为程氏祠堂承担若干项劳役。③"住主之屋"就是流落至此的农民无居住之所,只好栖身当地大户人家的房屋,同时立下文约,为主家服役。

此外,世仆、伴当的来源还有多种形式,有的是由家内奴仆释放而来,有的因入赘、婚配佃仆的妻女而沦为佃仆,有的因生活所迫卖身为佃仆。佃仆的子女仍为佃仆,世代传承,故有"世仆"之称。

佃仆的社会地位极其低下。他们的居住条件非常恶劣,不仅要向主家缴纳地租,而且要承担各种差役,如看守坟墓、夜巡村庄、替主人抬轿、举火照明等。与主人之间有着严格的主仆名分关系,逾越了名分则要受惩罚。康熙时期的徽州人赵吉士说徽州"千年之冢不动一抔,千丁之族未尝散处,千年之谱丝毫不紊,主仆之严,数十世不改"④,佃仆即使"其家殷厚有资,终不得列于大姓"。康熙二十八年编修的《徽州府志》中也说徽州"家多故旧,自唐宋来数百年,世系比比皆是……重别臧获之等,即其人盛资厚富,行作吏者,终不得列于辈流"。又说"此俗至今犹然,脱有稍紊主仆之分,始则一人争之,一家争之,一族争之,并通国之人争之,不直不已"。作者还建议"民牧者当随乡入

---

① 叶显恩:《明清徽州农村社会与佃仆制》,安徽人民出版社 1983 年版,第 239 页。
② 尚廷瑶:《宦游纪略》卷上。
③ 叶显恩:《明清徽州农村社会与佃仆制》,第 243 页。
④ 赵吉士:《寄园寄所寄·故老杂记》。

俗,力持风化,万不可以他郡宽政,施之新安,否则政如龚(遂)、黄(霸)、鲁(恭)、卓(茂),而舆议沸腾,余无可观矣"①。可见,徽州的佃仆很难改变自己的身份、地位。

主人与佃仆、伴当等所享有的法律待遇不同。由于世仆、伴当等不具备独立的人格,自然不具备独立的主体地位。如果佃仆与主人发生民事或刑事纠纷与诉讼,这些贱民不仅不能获得当庭对质和辩驳的机会,而且还要受到罪加一等或数等的处罚,而主人则可享有减罪一等的待遇。在教育和婚姻关系上,世仆、伴当也低人一等,他们没有参加科考的权利,也不能"娶良人女为妻"。因此,论者认为"明末清初时期普遍存在徽州和宁国各地的佃仆制度,是一种具有严格人身依附关系、野蛮而落后的封建租佃制度,在某种程度上说,它是奴隶制生产关系的残余"②。

受商品经济发展和明末农民大起义的影响,清初徽州各地爆发了世仆、伴当争取人身权利的斗争。顺治二年五月,黟县万村人万黑九与其主家韩氏发生冲突,官府偏袒韩氏,引起佃仆暴动。黟县蔡村佃仆宋乞趁万黑九起事之机,也领导佃仆起义。康熙年间,佃仆逃亡、抗租、抗役事件也频繁发生。正是由于世仆、伴当的不断斗争,在一定程度上打击了腐朽的佃仆制度,使得清政府不得不正视贱民问题。雍正年间,雍正帝发布一系列将各地贱民"开豁为良"的圣谕。雍正元年,分别消除山陕乐户和浙江惰民的贱籍。雍正五年四月,雍正帝颁布谕旨,开豁徽州、宁国的伴当和世仆:

　　近闻江南徽州府则有伴当,宁国府则有世仆,本地呼为细民,几与乐户、惰民相同。又其甚者,如二姓丁户村庄相等,而此姓乃系彼姓伴当、世仆,凡彼姓有婚丧之事,此姓即往服役,稍有不合,加以捶楚。及讯其仆役起自何时,则皆茫然无考。非实有上下之分,不过相沿恶习耳。此朕得诸传闻

---

① 康熙《徽州府志·风俗》。
② 卞利:《清世宗开豁世仆令在安徽的实施》,欧阳发等主编:安徽重要历史事件丛书《经济史踪》,第119页。

者,若果有之,应予开豁为良,俾得奋兴向上,免至污贱终身,累及后裔。著该抚查明,定议具奏。①

安徽巡抚魏廷珍遵旨议奏:"江南徽宁等处,向有伴当、世仆名色,请嗣后绅衿之家,典买奴仆,有文契可考,未经赎身者,本身及其子孙,俱应听从伊主役使。即已赎身,其本身及在主家所生子孙,仍应存主仆名分。其不在主家所生者,应照旗人开户之例,豁免为良。至年代久远,文契无存,不受主家豢养者,概不得以世仆名之,永行严禁。"②这一有条件的开豁办法,得到允准。但办法在实施的过程中,却受到徽州地方官僚及地主的百般阻挠。雍正七年正月,休宁知县在给徽州知府的公文中,以"徽俗向来如此"为借口,提出新的开豁条件:"种主田,葬主山,住主屋三事……有一于此,俱在应主之例"。除非"倍价退田还业",否则不予开豁。这也得到官府的认可。直到嘉庆十四年(1809),条件稍微宽松的开豁令才成为大清的正式法律。嘉庆十四年十二月庚戌,嘉庆帝谕:"该处世仆名分,统以现在是否服役为断,以示限制。若年远文契无可考据,并非现在服役豢养者,虽曾葬田主之山及佃田主之田,著一体开豁为良,以清流品。"③但直到民国年间,徽州山区仍然有佃仆制残余。

虽然世仆、伴当争取人身自由的路十分艰难,雍正五年、嘉庆十四年开豁令的进步意义却是不容置疑的。

(二)废除匠籍制度,提高佃农地位

清初继承了明代的匠籍制度,手工业匠人要向政府交纳代役银。由于手工业工匠的不断逃亡、反抗,清政府根据匠籍征收代役银十分困难。为了保证剥削收入,在酝酿和推行地丁合一制度时,清政府把代役银也逐渐摊进田赋之中合并征收。随着雍正初年地丁合一政策在安徽的实施,作为力役制度的匠籍制度在安徽地区取消了,反映了封建国家对手工业者的控制相对减轻,有利于手工业生

---

① 《清世宗实录(一)》卷五六,"雍正五年四月癸丑"条,第863—864页。
② 《清世宗实录(一)》卷五六,"雍正五年四月癸丑"条,第864页。
③ 《清仁宗实录(三)》卷二二三,"嘉庆十四年十二月庚戌"条,第1009页。

产发展。

清代佃农的社会地位,在法律规定上有所提高。清律和明律一样,规定佃农对地主行"以少事长之礼"。但是清政府在雍正三年、乾隆五年先后规定,地主打死佃户,处罚80杖;地主强占佃户妇女为婢妾,判处绞监候。佃农"犯罪",在清律上出现了以"良人"论断的案例,表明佃农的社会地位有所提高。清法律是向全国颁布的,所以它同样对安徽地区的佃农社会地位的提高有推动作用。

如前所述,康熙、雍正、乾隆三帝都注意到了佃户和贫民的利益,康熙四十九年要求嗣后凡遇豁免钱粮,"业主蠲免七分,佃户蠲免三分",并永著为例。乾隆帝"令所在有司,善为劝谕各业户酌量减彼佃户之租"。这既是为了让全体百姓均沾圣恩,也是为了维护社会稳定。雍正皇帝说:"若富户复以悭吝刻薄为心,胶剥侵牟,与小民争利,在年谷顺成之时,固可相安,一遇歉荒,贫民肆行抢夺,先众人而受其害者,皆为富不仁之家也。迨富家被害之后,官法究拟,必将抢夺之贫民置之重典。是富户以敛财而倾其家,贫民以贪利而丧其命,岂非两失之道。"他希望富户对佃户中的贫民施以援手,不能坐视贫民的困苦,"如此则居常能缓急相周,有事可守望相助",地方社会就能安宁。①

但事实上,地主阶级对劳动人民的压迫远远超过法律规定,他们把农民当做奴隶,监禁拷打,甚至伤害生命。而清政府在执行法律时,也总是维护地主阶级的利益,保证他们随意欺压劳动人民。不过,法律毕竟是阶级关系的规定,清代法律中提高佃农社会地位的条文,仍是值得注意的,因为这是包括安徽人民在内的全国劳动人民长期斗争的结果。而最高统治者屡屡发布上谕,要求照顾佃户利益,对提高佃农的地位也是有益的。

---

① 《清世宗实录(二)》卷七九,"雍正七年三月戊申"条,第32页。

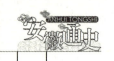
第三节　社会经济的恢复与发展

一、招集流民，奖励垦荒

招集流民、奖励垦荒是清初一项重要的政策。

明末清初，战乱不断、灾害频仍，给安徽人民带来了巨大灾难，江淮大地出现了百姓逃亡、田地荒芜的景象。如亳州，据记载原来有熟地 7299.55 顷，到顺治十年，竟然有 5306.63 顷成为无主荒地，土地抛荒率达到 70% 以上。① 另一方面，随着清朝统治的渐趋稳定，人口大量增加，而仍有大量尚未开垦的土地。因此，为了恢复经济，清前期非常注重招抚流民、垦殖荒地。

清统治者入关不久，即制定和颁布了垦荒兴屯的政令，规定对于无主荒地，分给流民和官兵垦种，并采取免费提供牛具和逐年增加赋税的政策吸引荒垦。顺治五年（1648）诏曰："各处无主荒地，该地方官察明呈报，抚按再加察勘，果无虚捏，即与题免钱粮，其地仍招民开垦。"②顺治六年，为鼓励垦荒，清政府正式颁布较为具体的垦荒法令：

> 凡各处逃亡民人，不论原籍别籍，必广加招徕，编入保甲，俾之安居乐业。察本地方无主荒田，州县官给以印信执照，开垦耕种，永准为业。俟耕至六年之后，有司官亲察成熟亩数，抚按勘实，奏请奉旨，方议征收钱粮。其六年以前，不许开征，不许分毫金派差徭。如纵容衙官、衙役、乡约、甲长借端科害，州县印官无所辞罪。务使逃民复业，田地垦辟渐多。各州县以招民劝耕之多寡为优劣，道府以责成催督之勤

---

① 王鑫义：《淮河流域经济开发史》，黄山书社 2001 年版，第 678 页。
② 《清世祖实录》卷四一，"顺治五年十一月辛末"条，第 330 页。

惰为殿最,每岁终,抚按分别具奏,载入考成。①

这道政令不但鼓励百姓开垦荒田,而且把地方官员的政绩与开垦荒田的成绩结合起来。顺治十四年,清政府制定垦荒劝惩办法,规定了更为详细的奖励措施:

> 督、抚、按,一年内垦至二千顷以上者纪录,六千顷以上者加升一级;道府垦至一千顷以上者纪录,二千顷以上者加升一级;州县垦至一百顷以上者纪录,三百顷以上者加升一级;卫所官员垦至五十顷以上者纪录,一百顷以上者加升一级;文武乡绅垦五十顷以上者,现任者纪录,致仕者给匾旌奖。其贡监生民人有主荒地,仍听本主开垦,如本主不能开垦者,该地方官招民给予印照开垦,永为己业。若开垦不实,及开过复荒,新旧官员俱分别治罪。②

这些措施的施行,产生了巨大影响。如仅仅在顺治十四年,淮河中游的庐州、凤阳等府就开垦荒田 3000 余顷。③ 阜阳县自顺治十一年至十八年间,共计开垦荒田 800 多顷。④ 桐城县顺治四年开垦 379007 亩,八年、九年分别开垦 1470086 亩和 2180062 亩,十年至十八年开垦 5430431 亩。⑤

康熙帝继位后,仍然继续贯彻招徕流民、奖励垦荒的政策。康熙六年闰四月,湖广道御史萧震建议将荒地分给投诚兵丁耕种,康熙允准,"命户部、兵部行令各省督抚,确查垦荒事宜遵行"⑥。康熙十年规定,"贡监生员民人,垦地二十顷以上,试其文义通者,以县丞用;不能通晓者,以百总用。一百顷以上,文义通者,以知县用;不能通晓者,以

---

① 《清世祖实录》卷四三,"顺治六年四月壬子"条,第 348 页。
② 《清世祖实录》卷一〇九,"顺治四年四月壬午"条,第 109 页。
③ 《清世祖实录》卷一一三,"顺治十四年十一月丁巳"条,第 883 页。
④ 卞利:《论清初淮河流域的自然灾害及其治理对策》,《安徽史学》2001 年第 1 期。
⑤ 道光《桐城县志》卷二。
⑥ 《清圣祖实录(一)》卷二二,"康熙六年闰四月戊子"条,第 304 页。

守备用"①。对地方官,有田功者升,无田功者黜,千方百计鼓励开垦荒地,扩大种植面积。康熙十二年(1673)十一月,康熙帝因思"小民拮据开荒,物力艰难,恐催科期迫,反致失业",对顺治时期规定的垦荒地六年起科政策进行了调整,规定"嗣后各省开垦荒地,俱加宽限,通计十年方行起科"②。康熙二十二年(1683),清政府对荒地作了界定,"凡地土有数年无人耕种、完粮者,即系抛荒"。凡是属于这种情况的荒地,"以后如已经垦熟,不许原主复问"③。为杜绝地方官虚报开荒数量邀功,康熙规定,擅将荒地捏报垦熟者,原报督抚降二级,罚俸一年,道府降四级调用,州县卫所官革职,明确严惩捏报垦荒的官员。

雍正时期也非常注重荒地的垦殖。雍正元年(1723)四月,雍正帝谕曰:

> 因念国家承平日久,生齿殷繁,地土所出,仅可赡给,偶遇荒歉,民食维艰,将来户口日滋,何以为业,惟开垦一事,于百姓最有裨益。但向来开垦之弊,自州县以至督抚,俱需索陋规,致垦荒之费,浮于买价,百姓畏缩不前,往往膏腴荒弃,岂不可惜。嗣后,各省凡有可垦之处,听民相度地宜,自垦自报,地方官不得勒索,胥吏亦不得阻挠。……其府州县官能劝谕百姓开垦地亩多者,准令议叙,督抚大吏能督率各属开垦地亩多者,亦准议叙。务使野无旷土,家给人足。④

雍正七年四月,要求各省对于"情愿开垦而贫寒无力者","酌动存公银谷,确查借给,以为牛种口粮","俟成熟之后,分限三年,照数还项"。⑤ 雍正十二年六月,要求各省督抚不得虚报开荒面积,否则严加惩处。⑥

① 《清文献通考》卷二《田赋考》。
② 《清圣祖实录(一)》卷四四,"康熙十二年十一月庚午"条,第580页。
③ 《清圣祖实录(二)》卷一〇八,"康熙二十二年三月己未"条,第100页。
④ 《清世宗实录(一)》卷六,"雍正元年四月乙亥"条,第137页。
⑤ 《清世宗实录(二)》卷八〇,"雍正七年四月戊子"条,第51页。
⑥ 《清世宗实录(二)》卷一四四,"雍正十二年六月壬申"条,第806页。

乾隆时期仍然注重开垦荒地。乾隆六年（1741）十月，"户部议准，调任安徽巡抚陈大受遵旨议，安徽省属零星地土，听民耕种，水田一亩以上，旱田二亩以上，仍照例起科，不及此数者，概免升科。至有开垦无主荒地，地方官确勘，应给印照执业。从之"①。乾隆二十三年（1758）九月癸丑，又谕："地方有司，多方劝谕，务使野无旷土，方为无忝厥职"②。

在朝廷垦荒政策的激励下，安徽开垦的荒地面积不断增加。据《清实录》，安徽地方官疏报的开垦荒地面积为：顺治十四年3000顷，康熙二十五年（1686）388顷15亩、六十一年58顷，雍正元年73顷、二年547顷、三年198顷、四年610顷、六年2285顷、七年2077顷、九年70顷、十二年52顷263亩、十三年（1656）24顷131亩，乾隆元年11顷107亩、三年5顷48亩、四年5顷84亩、五年6顷7亩、六年1顷42亩、十八年180顷88亩、五十一年（1786）4227顷、五十三年（1788）74顷56亩。③开垦地区遍及全省南北府州。从中可以看出，清代前期招徕流民、奖励垦荒的政策收到了显著的效果。这些措施促使安徽大片荒地得到开垦，耕地面积不断增加，从而为人民从事社会生产提供了基础条件，极大地提高了人民参加社会生产的积极性，大大降低了安徽民众对清政权不满的情绪，同时也大大增加了安徽民众对新政权的认同度。

二、经济的恢复和发展

清代前期一系列有利于社会稳定和农业生产的政策措施，促进了安徽经济的恢复和发展。

康熙六年安徽刚建省时，全省耕地面积3300万亩。康熙二十四年，全省耕地面积达到了3540多万亩。④ 在不到20年的时间里，耕地就增加了200万多亩。乾隆三十一年，全省耕地为3640余万亩。到嘉庆十七年（1812），安徽耕地则达到4140余万亩。⑤

---

① 《清高宗实录（二）》卷一五三，"乾隆六年十月乙卯"条，第1186页。

② 《清高宗实录（八）》卷五七一，"乾隆二十三年九月癸丑"条，第255页。

③ 据陈振汉等《清实录经济史资料（顺治—嘉庆朝）农业编》第一分册第二章之《历朝各省（区）开垦田地统计表》。

④ 《清朝文献通考》卷一九《户口考一》。

⑤ 梁方仲：《中国历代户口、田地、田赋统计》，上海人民出版社1980年版。

社会安定和经济发展带来了安徽人口的迅速增加。如安庆府，顺治二年编审仅得人丁27060丁7分6厘，康熙六年实增人丁1241丁7分5厘，康熙五十一年共人丁47414丁5分1厘。再如含山县，清顺治四年户丁19197，到康熙二十一年知县周元宰任内编审增丁517，实共人丁21857。太平府，明崇祯十五年65685口，清顺治十四年三县户口审增人丁共52392丁，康熙十六年至康熙五十年节次审增2323丁。[①] 康熙六年全省人口约600万，[②]乾隆十四年增至近2157万，乾隆四十五年（1780）增至近2810万，乾隆五十九年突破3000万。到了嘉庆十七年，全省人口达到3416.8万。[③] 在传统农业社会，耕地和人口的增长既是社会安定和经济发展的反映，也是经济进一步发展的基础。土地和人口的增长必然会为安徽社会政治、经济、文化、思想等各方面的发展提供必备的条件。

农业生产得到恢复和发展。水稻是安徽主要粮食作物之一，按种植时间分有早、中、晚稻，按品种分有籼、粳、糯稻。乾隆初，宁国县有粳稻45种、糯稻23种，贵池县有粳稻33种、糯稻20种。种植地区主要在淮河以南，尤其沿江一带和巢湖周围以生产水稻而闻名，成为全国重要的商品粮生产基地。沿江地区"上游聚粮之地，首在庐州府之三河、运漕两处，不特一府之米会集于此，即河南光、固等处产米地皆转运而来。每处每年出粮不下数百万石。其次则太平府属之官圩，宁国府属之湾沚镇，又次则安庆府属之中央镇，皆系聚米之地"[④]。淮河流域的部分地区也有水稻种植。寿州安丰塘出现"环塘之民，插秧遍野"的景象。淮河以北的颍州府、凤阳府的部分地方也有水稻种植，泗州出产一种优质水稻——香稻，"类晚粳而色微黄……作饘粥，少加于釜，香蒸盈甄"[⑤]。甚至最北的萧县都种植了水稻。康熙末年，朝廷推广双季稻种植，也发给安徽一些稻种，此后安徽沿江平原开始广泛种

---

① 清代前期的"丁"数，一般认为与人口数无关。但历次编审增丁，无疑说明人口在增长。

② 康熙六年的人口数是一些学者据丁数，按一比五推测的数字。

③ 参见姜涛《中国近代人口史》的有关表格，浙江人民出版社1993年版。

④ 宋雪帆：《水流云在馆奏议》卷上。

⑤ 康熙《泗州志》卷四《疆域志·风俗物产附》。

植双季稻。乾隆年间,安徽地方官给朝廷的奏折称"桐城、怀宁向来稻田两熟"①。据学者估计,安徽的水稻种植面积约占全省耕地面积的一半。② 麦是安徽的另一主要粮食作物,主要种植地区是淮北平原。豆、黍、粟等杂粮在全省各地也种植。

据研究,清代前期安徽粮食产量以庐州府最高,平均亩产4石,与苏南地区和杭嘉湖平原相当。安庆、太平两府及和州、滁州平均3石,宁国府、徽州府平均2.5石,凤阳府、颍州府和泗州亩产1~2石。③

淮河流域系旱粮作物区,其中红薯在康熙《安庆府志》中便有明确记载,当时它被称为"薯蓣",归于蔬菜一类,说明红薯在安徽已有种植。同时,玉米也在此时传入安徽,不过多在山区零星种植。

巢湖水产资源丰富,鱼类超过百种,螃蟹、白米虾、大小银鱼等都是著名水产。此外,清代长江沿岸的和县、无为等地水产也很丰富。水产加工工艺也趋于多样化、精致化,腌糟鱼主要有鱼鲊,鱼鲊制作的历史十分悠久。明时长江中下游一带均盛行制作鱼鲊,如安庆地区均有生产。到清初期,鱼鲊制作工艺较以前更趋精良。如安庆地区之鱼鲊"以红曲酿之,可生食"④。长江中下游地区制作鱼鲊所用原料多为鲟鳇鱼,这主要是因为鲟鳇鱼之骨松脆、肉质细嫩,最适于制鲊,故多被选用。康熙《安庆府志》卷五《物产》记载:"鳣鱼似龙,长丈余,大者千余斤。江东呼为鳇鱼,亦曰王鱼……可作鲊,骨松脆,皮亦肥美",该地区之"货类"即出产的商品中就有鱼鲊。"怀宁用鲟鳇,桐城用青鱼。"一般来说,在气温较高、阳光充足的夏秋季节多采用晾制法制作干鱼。因此,捕捞盛期在夏秋季的各种鱼类也就多采用此法加工。安徽沿江平原各地都有鱼干制作,只是规模大小不同、产量多少不一而已。在安庆府宿松县,银鱼是其特产,捕取后晒晾干洁,用布袋装置。

---

① 《清高宗实录(一四)》卷一○七六,"乾隆四十四年二月丙辰"条,第438页。

② 关于粮食作物的种植情况,主要参考王宇尘《清代安徽粮食作物的地理分布》,《中国历史地理论丛》1992年第2期。另参见郭松义《清前期南方稻作区的粮食生产》,《中国经济史研究》1994年第1期。

③ 郭松义:《清前期南方稻作区的粮食生产》,《中国经济史研究》1994年第1期。另外,梁诸英估计皖南平原(太平、宁国、池州三府所属沿江县)清代的水稻亩产达3.6石。见梁诸英《清代皖南平原水稻亩产量的提高及原因分析》,《古今农业》2007年第1期。

④ 道光《怀宁县志》卷七《物产》。

宿松虾米亦所出甚多,取鲜虾蒸煮,旋即晒干去甲存肉,谓之"虾米"。制作银鱼干及虾米都是利用日光晾晒,贩干鱼的商人先将鲜鱼收买,然后"以盐水腌透,就日光晒干"。

皖西、皖南山区历来为重要的林茶生产基地。就林木资源来讲,不仅生产松、杉、竹等建筑木材,也盛产何首乌、五加皮等大宗输出药材。清代,徽州地区林业生产获得了长足发展,出现了兴盛局面,这种局面的形成主要与人地矛盾有关。清初,徽州人口在原有基础上急剧增长,形成更为严峻的人口压力。徽州人口急剧膨胀带来的严重后果突出表现为人均耕地面积迅速减少和粮食供应的紧张。为了缓解人口压力,解决庞大人口的生计问题,除引种玉米、番薯外,徽州主要还是围绕山区自身的特点和优势来寻找出路,相应地采取了一系列积极的行之有效的措施。其中一项重要的举措便是进一步发挥山区林业生产的优势,拓宽林业生产和山林经营的广度和深度,这在一定程度上促进了徽州林业生产的发展与兴盛。徽州地区林业资源丰富,林木、竹属品种繁多。按照其用途分类,主要有杉、松、梓等用材林,桐、漆、乌桕等经济林,橘、柿、栗、梨等果实林以及作为燃料使用的薪炭林。徽墨、徽纸、徽州漆器等与林业生产关系密切的徽州传统手工业得到进一步开发。徽墨的原材料为松烟,而徽州所产松材品质较佳,在优质松木的保证下,徽墨生产加工得到进一步发展。这一时期,徽州所产纸种类更加繁富,品质更加优良,造纸原料则选用徽州境内盛产的楮、麻、竹等林木资源。漆器生产各县皆有,且工艺愈益精良。据明清之际桐城人方以智《物理小识》卷八载:"近徽吴氏漆器绢胎鹿角灰磨者,螺钿用金银粒杂蚌片成花者,皆绝古未有。"各项传统手工业的工艺进一步提高。此外,由于邻近的制瓷业中心景德镇烧制瓷器以及徽州本地烧制瓷器、砖瓦需要大量燃料的刺激,徽州境内作为燃料之用的林木产品也得到进一步开发、使用,烧炭、发卖窑柴也因势发展成为徽州社会普遍经营的手工业行业。

其他经济作物,如茶叶、棉花、油菜、大豆、麻类作物、烟草等在安徽也广泛种植。[①] 沿江两岸的棉花种植面积愈益扩大,一跃成为全国

---

① 王宇尘:《清代安徽经济作物的地理分布》,《中国历史地理论丛》1992 年第 4 期。

重要的棉产区之一。如无为州，"地颇产棉"，"民贫不暇自谋,率货之外商"。[①] 当时所种植的棉花是由印度和中亚引进的品种,大多为中棉,也有少许小棉。亳州地区当时所产的棉花,不仅量大而且质优,多为"四方取给焉"[②]。在一些地方还出现了五色棉这样的新品种。清代前期,由于各地对棉纺织品及其原料的需求,使得棉花、棉布成为商品,在全国大部分地区流通。又由于全国地域辽阔,自然条件不同,经济发展不平衡,棉花的种植、棉布的生产也有不同特点,各地区人们对棉花和棉布的衣料需求更是多种多样。因此,在清代前期,全国绝大部分州县的棉花、棉布是自给不足。正是这种市场需求,形成了棉花、棉布在省际、县际、城乡间、乡村间的流通,也使安徽在棉花种植面积扩大的同时,提高了棉布的产量和棉布的流通效益。

在颍州、六安、宿州等地,苎麻、红花的种植比较广泛,而且产量不小。

皖南山区和大别山区是茶叶的主产地区之一。早在明代,六安茶就有"天下第一"的美誉,并且成为贡品,"至康熙二十三年,奉文增办一百袋,六安承办三十七袋,霍山承办二百六十三袋。康熙五十九年(1720),添办一百袋,州办十二袋,县办八十八袋……永为例"[③]。

明末清初,烟草种植也开始传入省内,并在定远、凤阳一带逐步推广。入清以后,据清初张璐《本经逢原》记载,花生的种植也由闽入皖,并逐步推广。

与农业、手工业的迅速恢复与发展相比较,采矿业的发展显得较为缓慢。究其原因,一是清初仍沿袭土法开采,技术进步迟缓;二是清政府对民间采矿加以诸多限制;三是各地封建官僚、乡绅士民迷信风水,一再阻挠。安徽矿产资源本来十分丰富,煤、铁、明矾等均有千年开采史。如广德多煤,开采较早,明代以毁坟墓、伐山林、坏农田、藏盗贼为由,曾立碑禁开山,但禁而不止。康熙年间,广德居民"聚众数万",入山挖煤,终因技术落后、阻力重重陷入停滞;巢县银屏山、含山

---

① 乾隆《无为州志》卷七。
② 乾隆《江南通志》卷八六《食货志·物产》。
③ 乾隆《六安州志》卷五《土贡》。

天鼓山一带也曾设窑采煤，但官绅迷信风水，强制封闭。庐江大小矾山是著名矾产地，开采历史悠久，至清初，大小矾山已有"明矾十八"。但封建统治者对开炼矾矿作了种种限制，"春、夏、秋三季节禁止烧煎"，只准"十月初一起煎，十二月三十日歇火"，并不准妨碍坟墓与农田等，总计一冬只能烧 5 窑，产矾 3 万余石，总价值六七千两，获利低微，生产呈凋敝状态。

冶铁、纺织、造纸、刻书印刷等历史上就比较知名的手工业，再度得到很大发展。宣纸、宣笔、歙砚、徽墨重放光彩。农村市镇在经济发展的带动下迅速成长，一些州县形成较为密集的市镇网，如怀宁县有 36 市镇，六安州有 64 镇，平均约 10 里即有一镇。[1] 市镇的大量涌现又进一步促进了经济的发展。明代即已商贾辐辏的芜湖，此时再成长江沿岸的重要都会。淮河岸边的寿州也是传统重镇，康熙以后，"车马往来，帆樯下上"[2]。寿州的正阳、瓦埠诸镇，"米麦豆谷贸迁者皆集"[3]。正阳镇明代设有钞关，征税银 62446 两，清康熙年间征税银达到 90159 两。徽商则进入发展的鼎盛时期。

安徽和其他各省一道，悄然步入中国封建社会的最后一个盛世。

第四节　商品经济的发展

一、徽商

徽商于明代中叶崛起后，其活动范围更为扩大、经营行业更为广泛、财力更为雄厚。经历明末清初战乱之后，社会经济遭受严重破坏，徽商的经营活动也遭受极大影响，其发展受到严重挫折。清初顺治年间，清廷采取了"恤商"政策，继续实行纲运制，使得徽商取得了经营

---

① 巴兆祥：《明清时期江淮地区经济开发的初步考察》，《安徽史学》1999 年第 2 期。
② 乾隆《寿州志》卷二《关津》。
③ 乾隆《寿州志》卷——《风俗》。

盐业的垄断地位,进而促使徽商逐渐达到鼎盛。到了清代中前期,徽商的活动范围之广、经营行业之多、商业资本之巨,为其他商帮所无法比拟,成为"十大商帮"之首,足迹几遍天下。

(一)徽商经营的行业

徽商经营的行业十分广泛,号称"其货无所不居",尤以盐、茶、木、典为大宗。此外,粮业、棉布业也是其经营的重要行业。通过对徽商所从事的这几种行业的分析,可以帮助我们了解这个商帮经营活动的梗概。

1. 盐业

清代前期,两淮、两浙的盐业最为发达。以盐业起家的徽商,在康熙中叶至乾隆中叶,迎来了他们的黄金时期。所谓"新安大贾,鱼盐为业",盐业一直是徽商的龙头行业。其中,经营盐业人数最多的要属歙县人。民国《歙县志》记载,此时在扬州的歙籍徽商,就有"江村之江、丰溪澄塘之吴、潭渡之黄、岭山之程、稠墅潜口之汪、傅溪之徐、郑村之郑、唐模之许、雄村之曹、上丰之宋、棠樾之鲍、兰田之叶"①等。不仅业盐的人数多,歙县商人还担任了盐业总管,享有"两淮八总商,邑(歙县)人恒占其四"之地位。徽商经营盐业主要集中于两淮,除歙县商人外,徽州其他各县都有商人在这里经营盐业。如休宁的汪、程两姓商人,祁门的倪、马两姓商人,黟县的汪、胡两姓商人,绩溪的章姓商人,等等。可以说,康乾时期,徽商在两淮的人数之众、势力之大是空前的。这一时期涌现出了一大批盐商巨贾,如歙人江春,业于扬州,曾任两淮盐业总商达40余年,富可敌国,"以布衣上交天子"。乾隆每次南巡,他都铺张接驾,一夜之间竟雇人建造了扬州白塔,足见他财力之雄厚。歙人黄晟,营盐业于扬州,与其兄弟4人有"四大元宝"之称。

2. 茶业

徽州处于皖、浙、赣交界地区,地貌以山地、丘陵为主,属亚热带季风湿润气候,有利于茶叶的生长。徽属6县皆产茶,如祁门县"山多而田少,水清而地沃,山且植茗,高下无遗土。千里之内,业于茶者七八

---

① 民国《歙县志》卷一《舆地志·风土》。

矣"。婺源县的物产也以"茶为大宗"。茶叶贸易是徽商商业经营活动的重要组成部分。清代,社会上的饮茶风气遍及海内,稍后又在国外开始流行,导致国内外市场上茶叶需求量激增。这为徽州茶商的发展提供了广阔的茶叶销售市场,徽州茶商的经营规模也随之扩大。主要表现在两个方面:一是清代徽州茶商的活动范围空前拓展。正如许承尧在《歙事闲谭》中所说,徽商茶叶贸易"北达燕京,南极广粤",几遍宇内。二是运销的茶叶数量激增。清代徽州茶商运销的茶叶数量增长更快,徽州是皖南最大的产茶区,徽州茶商大部分茶叶来自徽州本土。尤其是"洋庄"兴盛以后,大量的外销茶通过徽州茶商销往海外。道光十二年(1832),由广州出口的茶叶总值是生丝总值的 7 倍,超过 1500 万元。而这些茶叶"向于福建武夷及江南徽州等地采办",说明徽州茶商运销的徽茶在其中占了相当的份额。

徽商从事茶叶贸易活动,多采取茶叶收购、加工、运输、销售一体的经营方式。清代徽州茶商的经营方式与明代相比发生了两个变化:一是除了继续长途贩运、转输贸易外,纷纷设立茶庄,坐地经营,或以一处为基地(总庄),另雇佣员工在周边城镇设立茶庄(茶店),进行辐射状经营,因此,所设茶庄(茶店)几遍全国各大都市甚至乡村集镇。二是为了适应日益扩大的市场需要,出现了茶号和茶行。

3. 木业

徽州山多田少,盛产木材,尤其是婺源县出产的木材更多。早在南宋时徽人就已从事木材贸易了。徽州木商每年冬季入山伐木,待来年梅雨季节河水涨泛之际,便利用水道运载出山。入清以后,这一行业得到了进一步的发展。

清代由于社会经济的进一步发展,徽州所产的木材已远远不能满足日益增长的市场需求了。因此,习于经营木材的徽人就不得不远赴江西、湖广、四川开拓新的货源,扩大木材贩运范围,其中以婺源商人最为活跃。他们以南京的上新河为经营贸易中心,利用长江水运之便,把上游的木材运达于此,然后分销各地。于是,南京成为徽州木商将长江上游的木材运往江南各地的最大中转站。这里的徽州商人不仅人数多,而且资本十分雄厚。如婺源商人金照、程肇基、俞盛、洪大诗等,都在金陵经营木业。镇江是长江木材转折运河北上和南下的必经之路,这里的徽州木商势力也很大。苏州和杭州也是徽州木商在江南地区两个重要的木材转运基地。光绪《婺源县志·人物·义行》中有关徽州木商"业木苏州"、"购木钱塘"的记载不少。为了增强凝聚力和竞争力,乾隆时,徽州木商在这两地建有会馆和公所。

4. 典当业

明清时期,徽商经营典当业是不遗余力的。尤其是休宁人,几乎把典当业视为他们的专门职业。许承尧在《歙事闲谭》卷一八《歙风俗礼教考》中称:"典商大多休宁人……治典者亦惟休称能。凡典肆无不有休人者,以专业易精业。"清代徽州典当商在明代的基础上又有了进一步的发展,主要表现在以下几个方面:一是从业人数众多。在明代典当业发展的基础上,"冲都大邑"的典商继续增加。而且那些"偏僻小县",甚至新型市镇,也有越来越多的徽商开典设当。如康熙二十六年江苏常熟县内有姓名可考的徽州典商 37 家。据康熙《平湖县志》卷四载:"城周广数里余,而新安富人挟资权子母盘踞其中,至数十家。"甚至出现了世代经营典当的典商世家。如光绪《塘栖志》卷一八《风俗》中记载清代徽人汪己山,其家族侨寓清江浦 200 余年,"家富百万,列典肆,俗称为汪家大门"。二是典铺分布广。所谓"(徽州)质铺几遍郡国",大体反映了徽典的实际情况。从南、北两京(北京、南京)到各省省会,从繁华都市到县城集镇,从长江中游的武汉到下游的上海,各个城镇几乎都有徽州典商的身影,到处都飘扬着徽典的招幌,以至社会上竟流传着"无典不徽"的谚语。三是典业规模大。徽州典商不少是世代经营,故资本多、规模大。同时,徽州典商在一地或数地开设若干典铺的现象也很普遍。如歙县典商许翁的典铺有 40 余家,遍及江浙各地。四是典商兼业多。据资料记载,徽州典商大多不只是经营典业,他们还经营其他行业,如盐业、茶业、布绸业等。如《丰南志》第五册记载,吴无逸"席先业鹾于广陵(扬州),典于金陵,米布于运漕,致富百万"。以上徽州典业从业人数众、典铺分布广、典业规模大、典商兼业多等情况,都说明了徽州典业在清代堪称徽商经营的主要行业之一。

此外,粮食业、棉布业也是徽商经营的重要行业。明清时期,全国的粮食生产有"湖广熟,天下足"之说,粮产粮价各地不平衡,为徽州粮商经营提供了广阔的空间。徽商将粮食大量运往苏杭和徽州各地销售营利。另外,江南棉布历来著名,尤其是明清时松江一带的布匹畅销全国,徽商牟利甚多。徽商在松江一带的活动甚至有"松民之财多被徽商搬去"之说。

（二）徽商的经营方式

徽商的经营方式不拘一格,根据当时的市场需求和行情变化而采取灵活的、有利于其获利的经营方式,主要有以下几种情况:

1. 走贩

这是商业经营的最主要方式,其基本原则即贱买贵卖,利用空间上的差价来牟取利益。宋以后至明清,随着商品经济的发展、社会分工的扩大,地区间的物产及商品价格多有不平衡,这为商人走贩贸易提供了广阔的空间。清代,苏杭一带人口大增,手工业特别是丝布业已成为主要的产业,粮食需求量大、价格上涨,而丝布价低;湖广一带此时盛产粮食且价格较低。当时苏杭与湖广两地的价差一般都在50%,高时达100%,故徽商此时多往来吴楚间,贩湖广之粮于苏杭,又贩苏杭丝布于湖广,双向贸易,大牟其利。可以说,徽商运营走贩方式以牟利已经达到炉火纯青的地步。

2. 囤积

这是商人利用时间上的差价来牟利的一种方式。徽商运营此种方式也极为充分、灵活。自明代中叶以后徽商从事囤积已较为普遍,入清以后,发展更为迅速。每当粮食、棉花、蚕丝等农产品大批上市时,徽商便乘机压低收购价格,大批囤积,及至上述商品在市场上短缺时,他们又拼命哄抬价格,乘贵出售,人为地扩大了商品的季节差价,在一买一卖之间获取丰厚的利润。清人章谦在《清朝经世文编》卷三九中说,囤积"非至贱不籴,非至贵不粜,挟其至贵至贱之权,以乘小民之急,夫(小民)安得不困"!

3. 放债

这是直接以钱生钱,以高利贷牟利,典当业为其典型。徽州典当遍南北,徽州朝奉世人知。徽州典肆本大,于是敢"取利仅一分二分三分",相对他商典铺为薄利多贷;徽州人经营灵活,"岁荒让息不取,饥民以存活者甚众"。取信于民,从而"人人归市如流,旁郡邑皆至。居有顷,乃大饶,里之富人无出其右者"[①]。可以说徽人开典,近乎把中国封建典当业推至高峰,然其本质乃在于放贷当物以牟利。

4. 垄断

这是徽商最重要的经营方式之一。垄断是为了独占、操纵市场。徽商之所以能成为"十大商帮"之首,垄断经营是其重要手段。具体来说,徽商的垄断经营是通过以下 3 种途径达到的:其一是强化宗谊乡谊以结成帮,垄断操纵市场。徽人宗谊观念极强,徽商在全国各地设立徽州会馆,以强化宗谊。徽人在外经商,都能自觉维护乡亲乡里的利益,占领市场,挤压他帮,搞徽人垄断。其二是靠结交官宦,利用封建政权以垄断。徽商很重视贾仕结合,特别是盐商尤其重视。由于盐是国家专控商品,徽商通过结交官僚,享受多种特权,贱买贵卖,长期垄断盐业。在徽商的鼎盛期,如清前期,"两淮八总商,邑(歙)人恒占其四"。歙人江春为总商的时间前后竟达 40 年。其三是徽商们开的各种牙行、行会、公所等,都直接在行业上进行着商业垄断。如木行,仅杭州一地,徽人办的木行最多时达百家,南京也有几十上百家;茶行,乾隆时,仅北京就有 7 家;还有布行、丝绸行、瓷行、油行、杂货行,等等。这些牙行、行会,徽人一般都能自觉地将乡族势力结合起来,许多人本身就是亦牙亦商,操纵市场,垄断经营和贸易。

(三)徽商的经营之道

明清时期的徽商是中国商界大商帮之一,主宰商界 300 余年。当我们回顾徽商兴起、发展乃至鼎盛的轨迹时,他们独具特色的经营之道不能不引起我们的研究兴趣。徽商的经营之道主要有以下几个方面:

1. 讲求商业道德,争取广大顾客

商业主体面临的最重要的公众是广大的顾客。顾客的充分信赖

___

① 《太函集》卷二八《汪处士传》。

是商业兴旺发达的源泉,而良好的商业道德又是使源头活水永不枯竭的保证。徽商看到的正是这一点,所以,坚持商业道德成了他们在经营中普遍遵循的信条。具体表现为:(1)崇尚信义,诚信服人;(2)薄利竞争,甘当廉贾;(3)宁可失利,不愿失义;(4)注重质量,提高信誉。

2. 把握市场信息,采取灵活的经营策略

商场情势千变万化,只有充分把握市场信息,审时度势,采取灵活的经营策略,才能取得成功。徽商在这方面也显示出高超的经商艺术。首先,经营方式的选择。明清时期,由于各地经济发展的不平衡和自然条件的不相同,必然出现物产此歉彼丰、物价此贵彼贱的现象,徽商对此了然于胸。他们大多选择长途贩运的经营方式。其次,经营项目的选择建立在充分把握市场信息的基础上。徽商善于把握市场资讯,灵活调整经营策略,根据各地市场的不同需求来选择可以获得利益的经营行业。

3. 广结各方善缘,营造良好的外部环境

环境是制约商业活动的重要因素之一,营造一个良好的外部经营环境,就能促进商业顺利的发展。徽商重视并善于同社会上各种人打交道,广结良缘。上至朝廷命官、文人士子,下至三教九流、布衣百姓,徽商都倾注了极大的热情。结果也为徽商争取了很多的发展机会,带来了更多的商业效益。

4. 善于用人尽才,建立和谐的内部环境

徽商在其小本经营时,大多是单独从商,当其资本逐渐雄厚后,多是选择若干人为己所用。这样,徽商就要处理好内部关系,建立一个和谐的内部环境。处理内部关系归根结底是用人。徽州文献中的大量事实表明,徽商是深谙此道的。由于徽商善于择人、各尽其才,再加上徽州有着牢固的宗族制度和强烈的地域观念,从而使徽商具有极大的凝聚力,有助于其商业上的发展兴盛。

5. 热心公益事业,提高知名度和美誉度

在中国历史上,徽州商帮对社会公益事业尤为关注,并且蔚成风气,代代相传。徽商对其"根"之所系的徽州有着深厚的感情,他们在致富后首先想到的就是在家乡兴办公益事业,为家乡尽力。他们广置祖田、义田，救济本族或家乡穷人；他们还赞助家乡的各种建设，如修城、筑路、架桥、修建书院等。"欲把名声充宇内，先将膏泽布人间。"徽商不仅在家乡的公益事业中留下了美好的名声，而且随着他们经商足迹之所至，还把"膏泽"洒遍经商社区。尽管在那些地方徽商本无寸土之责，但人们常常可以看到，徽商对于建桥、修路、筑堤、浚河、救灾、赈荒等公益事业倾注了巨大的热情，不仅慷慨解囊，还积极出谋划策。他们经商一方，造福一片，不仅提高了知名度，也使徽商的美誉传遍遐迩。

（四）清前期徽商鼎盛的原因

徽商作为一支重要的商帮，其商业资本之巨、活动范围之广、经营行业之多、经商能力之强，在商界首屈一指。徽人经商，源远流长，到清代道光中叶前达到鼎盛。究其原因，主要有以下几点：

1. 从商人数的不断增多

商人是市场活动的主体，是商业发展中最为活跃的因素。徽商之所以能成为一支巨大商帮，与其从商人数之众有着必然的关系。徽商的最初兴起是由于徽州介于万山丛中，山多地少，土瘠人稠，严重缺粮。在这种情况下，徽州人具有思辨精神，充分发挥了剩余劳动力资源的作用。他们纷纷走出家乡，外出谋生。正所谓"十三四岁，往外一丢"和"十三在邑，十七在天下"，这在其他地区实为罕见。到了清初康熙年间，统治者实行了"滋生人丁永不加赋"政策，雍正年间又推行"摊丁入亩"的政策，再次刺激了人口增长。徽州地区的人口陡增，田地严重不足，人地矛盾变得空前激烈。为了生计，徽民们不得不拓展自己的生存空间，外出谋生路，于是出现了"天下之民寄命于农，徽民寄命于商"的情况。于是，徽商就在这种客观环境的逼迫下，不得已而一批批地、不断地外出经商，从而也不断地壮大着徽商的经商队伍，这为徽商走向鼎盛奠定了必要的人力基础。

2. 丰富的物产、便捷的水路交通

徽州虽处万山丛中，但气候湿润，物产非常丰富。如竹木，"休宁山中宜杉，土人稀种田，多以种杉为业。杉又易生之物，故取之难穷"。如茶，祁门县"山多而田少，水清而地沃，山且植茗，高下无遗土。千里

之内,业于茶者七八矣"。徽州是茶叶的故乡,明清时期,徽州茶叶生产不仅产量增加,还创造了不少畅销的茶叶名品。再如陶土,"土出婺源、祁门两山",景德镇瓷器著名,然而它不产瓷土,主要靠徽州的陶土供应。同时也正是由于山多,与山经济相连的徽州手工业品也极为丰富,独具特色。"文房四宝"纸、墨、笔、砚无不闻名全国。这些徽州特色的物产和手工业品,都是与山有关联、与徽州本土的经济密切联系的。徽州地区特产丰富,可供交换,为徽人经商提供了商品来源。徽州上述特产在国内有着广阔的市场。徽人将这些物产贩运出去,获得了很多的商业利益。徽民们正是充分利用了丰富的自然资源并把它转变成商品打出去,才创造出"徽商富甲一方"和"无徽不成镇"的业绩。

商业的发展还得益于便利的交通,新安江是徽州境内最大的水系,它的支流与徽州六邑相连通,皆可通舟楫,沿江东下可达杭州;由绩溪境内的徽溪、乳溪顺流而下可到江南;祁门一带则由阊江可入鄱阳,祁门"上接闽广,下连苏杭";歙县则"接于杭、睦、宣、饶,四出无不通"。竹木虽笨重,但伐倒后编成竹排、木排置于水中倒也能顺流运至浙江或苏南销售。徽州境内水系发达,形成一种呈放射状的水网水系,将大山里的徽州开放性地直接连接于外,极大地便利着徽商对商品的运输,大大刺激了徽人经商的积极性。因此,徽州本土山经济模式的内在要求和便捷的水路交通是徽商兴起进而达到鼎盛的重要客观原因。清代,江南的经济地位进一步巩固,徽州地处江南,紧靠杭州、南京,承接着时代潮流的冲击。新都城的建立,使得无论是王室,还是大宦之家、街肆商民等皆大兴土木,广造楼宇亭台、广建房屋等,这些都需要大量的竹、木、漆,需供大量的墨、笔、纸、砚、瓷等,而这些都是徽州的特产或名产,于是近水楼台先得月,徽商充分利用了这一有利时机大做生意,推动了徽商的迅速发展。

3. 清代前期纲运制盐法的实行

虽然早在明代万历年间就开始实行纲运制,徽州盐商也因此获得了累世享有行盐的专利权,但是行之未久就遭遇了明清之际的社会变革,盐商聚集的财富毁于一旦。当时的徽商并未能因纲运制的实行而真正获得实惠。到了清代康雍乾时期,由于生产的恢复、人口的增加,引盐的销量也随之大增,加上清廷又采取了一些"恤商"政策,于是经营盐业遂有大利可图。许多手握巨资的徽州富商纷纷转而从事盐业,把持盐利。在扬州,声势显赫的盐业世家大部分是徽州人。享有"两淮八总商,邑(歙)人恒占其四"的殊荣。徽州盐商与封建政治势力关系密切,在官府的支持下,垄断高额的商业利润,财力猛增。乾隆时,徽商的资本有多达 1000 万两者。如果把白银购买力降低的因素计算在内的话,那么徽商的资本也比明代扩大了四五倍之多。由此可见,清代前期纲运制盐法的实行,不仅是以盐业为"龙头"的徽商发迹的重要原因,也是促使徽商达到鼎盛的重要因素之一。

二、宁国商帮

这里所说的宁国商帮,是指明清时期安徽宁国府籍的商人团体。明清时期的宁国府下辖宁国、宣城、泾县、旌德、南陵、太平 6 个县。因宁国府历史上系古宣州地,故宁国商人通常又被称为宣州商人。宁国商帮是明代中后期在皖南地区出现的一支小商帮,它是在人地矛盾的尖锐、谋生观念的转变、徽州商帮的影响等背景下兴起的,并与当时的徽商等大商帮一起共存于明清时期,对当时商品流通的发展和商业经济的繁荣,作出了自己的贡献。

(一)宁国商人对商业经营的实践

1. 广建会馆,结为商帮纽带

会馆亦称公所,在清代更加盛行,一般以同乡或同业为基础在京都或大商埠设立机构,主要以馆址房屋供同乡寄寓或同业聚会。它是客籍人在异乡的一种群众性组织。正如清代泾县人朱琦在《小万卷斋文稿》中所说:"凡商旅辐辏之所,往往谋构,统名为会馆,所以敦乡谊,齐物价,平息争端,制良善。"①清代,宁国商人为了营造有利的商业经营环境,不仅在本府地区,也在外省经商之地广建会馆,以结为商帮纽带。

---

① 朱琦:《小万卷斋文稿》卷一八《津市重修江南会馆碑记》。

（1）宁国商人在本府所建会馆。清代，宁国地区有很多的人是在本府经商的，所以在本地建立了很多的会馆或公所。《宣城古今》中记载了"宣城的会馆"情况：宣城自汉晋以后，已具城市商业规模，至明清尤为兴旺。因此，四方货物，汇集于兹，商贾辐辏，乃有同乡会及会馆设立，也可想见当年宁国府宣城的商业发达之概况。《宣州文史资料》中也记载了"宣城的会馆"情况：清朝，全国绝大部分县以上的城市，都有客籍人设在居住地的会馆，这就是同乡会组织。宣城的这些会馆，与工商界是有密切关系的。因为各个会馆主要的集资对象是他们同籍中的工商界人士。会馆的合法名称是：某地方旅宣同乡会。例如：泾县旅宣同乡会同籍人大多为布商；徽州同乡会同籍人大多从事典当、钱庄、酱坊等。同乡会的工作是维护同乡的正当权益和举办公益事业。帮助有困难的过路老乡解决食宿和路费问题，调解同乡间的矛盾和争议，与官府交涉，为同乡排忧解难。①

宁国县的本地会馆，据《泾县乡镇史话》记载：在宁国县的河沥溪镇设有"泾县会馆"，从前泾县人在宁国经商的范围很大，影响亦巨。②还记载泾县在宁国的生意人不少，成立了泾县会馆，为旅宁老乡接济钱粮，帮困扶贫，对缺衣少食的老乡进行救济，还做一些施舍棺木之类的善事。会馆也讨论一些生意上的事，是泾县旅住宁国老乡的民间组织。③南陵县在清代有"南陵都门会馆"，明万历间邑中先达所创置，其规模远大，为同里后起者，计久长也。后来得其人稽核，约计逐年修葺外，可存钱二三十缗，数年积之渐足，商修堂屋矣。④《南陵县文史资料》记载了"南陵的会馆"情况，南陵县的本地会馆主要有泾太会馆、旌德会馆和后来的泾县会馆。其中泾太公所（会馆）最为突出，有如下记载：本邑人过去常讲"无泾不成市，无徽不成帮"，系指自古以来泾县和徽州人善于经商，妻子在家从事农业生产，丈夫经年累月在外埠经商。自明清以来，旅居南陵经营京广洋货业、布匹绸缎业、山货杂

① 王锡鼎：《宣城的会馆》，载宣城县政协文史委员会编《宣州文史资料》第3辑，第109—110页。
② 凤兆干：《在宁国经商的凤村人》，载《泾县乡镇史话》。
③ 凤元涌：《宁国有个凤家大屋》，载《泾县乡镇史话》。
④ 民国《南陵县志》卷四一《艺文志·都门南陵会馆序》。

货业、黄烟业、典当业、估衣业、茶庄等行业的泾县、太平两邑同乡，因感身居异地往往遭受歧视和欺压，为了维护同乡在南陵能正常从事工商活动，取得合理合法的待遇，乃由泾、太两帮殷实富贾、士绅、高等朝奉等上层人士发起组织聚会场所，在县城内大成坊西街建立泾太公所，并推选同乡中德高望重者主持之。①

（2）宁国商人在外地所建会馆。明中后期至清代，宁国府籍人由于各种因素的促使，纷纷外出经商。他们在外地建立了很多的会馆，以便结为商帮纽带，推动商业上的互助和发展。据同治四年（1865）的一则碑刻记载："籍隶安徽宁国府，向来贸易苏省者，于乾隆初年，在阊门南城下，设立公所'宣州会馆'。嘉庆间，泾、旌、太各县分设公所辅之。……咸丰十年（1860），突遭兵燹，郡人流寓，苦无公所，缘旧址未便修改，兹查吴会各镇市业烟者，向在胥门外十一都十图地方，建立太平庵，为烟业公所，各行复业较多。公同议劝，首先倡捐。契买阊门内吴殿直巷陶姓坐北朝南房屋一所，为宣州会馆。"②这则资料反映了清代泾县、旌德和太平 3 县商人，不仅在江苏地区经商，还在当地先是建立后又合力修复"宣州会馆"事。

具体分县来看，清代泾县茂林都人吴岭，"尤慷慨尚义，在京师创修泾邑会馆"③。《北平泾县会馆录》记载了北平泾县会馆的有关情况，在《老馆缘起》中说，"会馆之设，所以敦聚义而联情好也"。嘉庆二十四年（1819），由邑人胡承珙撰、马肇勋书的《泾县新馆记》载："今之会馆，则皆各州县人之自为营置，夫惟其自为营置，则其兴若废必视其人文之盛衰，与其乡人士之好义与否。方今海宇承平，都门首善之地，万国辐辏，会馆之增设日繁，而如吾泾以一邑之力，捐费至万余金，馆舍至数所，百有余间，可不谓盛欤！"④另外，泾县人在江南也建立了自己的会馆。如在湖州，康熙年间，宁国府泾县绢商朱、明、洪、郑、汪

---

① 参见南陵县政协文史办公室《南陵的会馆》，载南陵县政协文史办公室编《南陵县文史资料》第 5 辑，第 94、102 页。

② 《江苏善后局禁止土匪地棍向宣州会馆滋索阻扰碑》，见江苏省博物馆编《江苏省明清以来碑刻资料选集》，生活·读书·新知三联书店 1959 年版，第 383 页。

③ 嘉庆《泾县志》卷一九上《人物·懿行》。

④ 徐绍烈编：《北平泾县会馆录》卷一，民国二十二年（1933）排印本。

5 姓及旌德县刘姓共建绢业公馆。雍正时,各地绢商又建新公馆。嘉道年间,泾县人在镇(湖州府归安县双林镇)上开设加工丝绸的皂坊,专制绫绢,运销江宁、徽、宁等处,"人数颇众,营业极盛"。来自泾县的工匠兴盛时也多达数百人,泾县人共建有泾县会馆。① 在南京,《金陵泾邑会馆录》有《序》曰:"金陵固东南一大都会也,上下江之商旅凑焉,绅士聚焉,故凡州邑之隶籍于兹省者,莫不建有馆舍,以为会聚之所。所以联乡情而议公事,非虚设也。吾泾去金陵不远,游其地者或服贾,或应试,或分发以待铨,岁不乏人。"嘉庆二十一年(1816),邑人赵良澍所撰《序》曰:"建会馆于两江省垣,吾泾人之贸易其地者首创。"此《会馆录》在《大概章程》中有言:"泾县业商者众,近而马头、弋江、西河、湾沚、芜湖、大通,远而江宁、安庆等处,各有泾县会馆公所。"②这些会馆资料大致反映了泾县商人在外地的商业活动和会馆建设情况。

　　旌德人在外地经商时也建有很多的会馆。如在福建之浦城,安徽之庐江、芜湖等地贸易时,皆"倡建会馆"。旌德商人在江西玉山县所建会馆是很典型的。清代福建、安徽、浙江商人在玉山(属江西广信府)都建有会馆,如安徽商人在三里街建有徽州公所,旌德县布商还另外建有旌德会馆……旌德会馆始建于嘉庆二十三年(1818),由安徽旌德县旅玉布商创建,原称旌德公所。道光三年(1823),知县武次韶所撰《旌德公所碑记》记载了会馆的创建,该碑记言:"玉山为江浙门户,又当水陆之冲,四方之客云集,闽人最多,皖江次之。旌德为皖大邑,富商大贾挟重资而来贸迁有无,踵相接趾相连也。苟无地以处之,其何以连乡情,息行李,供困乏哉。岁戊寅,旌人于社稷坛侧购隙地一区,结屋两楹……颜额曰旌德公所"③。清代,作为在外商旅的同籍社团,旌德会馆、同乡会散布各省。可以想见旌德商人在外地所建会馆之多、经商地域之广。另,太平县在外地经商的人众多,并多行义举,

　　① 参见范金民《明清地域商人与江南市镇经济》,载《中国社会经济史研究》2003 年第 4 期。

　　② 《重修泾县会馆录序》(宣统三年邑人查钟泰序),见泾县会馆《金陵泾县会馆录》,1922 年排印本。

　　③ 参见许檀《明清时期江西的商业城镇》,载《中国经济史研究》1998 年第 3 期。

也创建了很多的会馆。

以上叙述了宁国商人在本地和外地建立的诸多会馆情况，反映了会馆具有商帮纽带的作用。

2. 协同徽商，谋求共同发展

清代，全国各地涌现了很多的大小商帮，时有"十大商帮"之美称。宁国商帮属后起的商帮，要想在当时激烈的商业竞争中谋求发展，并占有一席之地，"宁商除了充分发挥自己的优势，结伙成帮，独力经营外，还通常与当时最有实力的徽商联结成帮，形成徽宁商帮"[1]。

首先，共同外出经营。徽宁商人经常是共同外出经营的。相似的地理环境，迫使徽州、宁国两府之人外出经商谋生，寻求共同发展之道。史料所载"隶皖者郡，夹江跨淮，迤原而包山，江以南土率瘠，宣歙尤多商"[2]，反映的就是当时的客观情况。又如位于安徽桐城县南的枞阳镇，濒临长江，"为桐城首镇，鱼虾蕃衍，众廛相望，舟船来往，百货俱集，民多以贸易为业，徽宁商贾最多"[3]。道光十二年的《徽宁会馆碑记》称："吴江县治南六十里，曰盛泽镇。凡江、浙两省之以蚕织为业者，俱萃于是。商贾辐辏，虽弹丸地，而繁华过他郡邑。皖省徽州、宁国二郡之人，服贾于外者，所在多有，而盛镇尤汇集之处也。"[4]他们在日常生活中或在遇到困难时，通常会互相支持和帮助。如崔葆桢，太平县东乡人，"商于沪，好读书，尤关心时事，为沪上徽宁同乡所推重。凡关同乡公益及地方慈善，无不热情提倡"[5]。胡锦翰，太平人，"尝在汉口镇劝捐，周恤徽宁避难诸人"[6]。

其次，共建同乡会馆。徽宁商人在外地经商时的协同与合作，更清楚地表现在他们共建同乡会馆，为商业上的经营提供保障。如"徽宁思

① 参见戴玉、范金民《宁国商人初探》，载《中国社会经济史研究》1998 年第 3 期。

② 《新建安徽会馆碑记》，见江苏省博物馆编《江苏省明清以来碑刻资料选集》，生活·读书·新知三联书店 1959 年版，第 381 页。

③ 道光《续修桐城县志》卷一《乡镇》。

④ 《明清苏州工商业碑刻集》，江苏人民出版社 1981 年版，第 356 页；江苏省博物馆编：《江苏省明清以来碑刻资料选集》，第 446 页。

⑤ 民国《太平县志稿·人物类》。

⑥ 光绪《重修安徽通志》补遗一《人物志·义行》。

恭堂"就是由徽州、宁国两府商人为出外经商的同乡人栖停棺枢、设立义冢、掩埋棺骨而捐资兴建的。据《上海徽宁思恭堂记》载："宣、歙多山，荦确而少田，商贾于外者什七八。童而出，或白首而不得返，或中岁萎折，殓无资，殡无所，或无以归葬，暴露于野。盖仁人君子所为伤心，而况同乡井者乎！沪邑瀕海，五方贸易所聚，宣、歙人尤多。乾隆中，好义者置屋大南门外，备暂殡，此思恭堂所托始也。"①乾隆十九年，徽州、宁国两府绅商捐资暨茶捐置买民田建堂（思恭堂）。② 嘉庆十四年，徽州府6县和宁国府旌德县的商人在吴江县盛泽镇共建会馆，即史料所载"徽宁会馆，两郡七邑所建也，起于嘉庆十四年间……"③两府商人共建会馆，认为是理所当然，并出于自愿。他们自称："徽宁两郡，本属同省，今又同邑经营。古云：四海之内，皆为兄弟，何况毗连邻郡耶？众擎易举，合成徽宁会馆，谁曰不宜？"④宁国商人在外经商，视徽商为同乡同帮之人，将自己与徽商融为一体，这不仅提高了宁国商人在商界的竞争力和影响力，也有利于宁国商人在商业中的更好发展。另外，《徽宁思恭堂征信录》中也记载了徽宁商人协同经商、捐资建堂、共同解决困难等事例。如道光十六年（1836）的《告示》说：据徽宁思恭堂董事职员叶承修、胡炳初等呈称，"职等籍隶徽宁，来治贸易……"道光十七年（1837）的《告示》说："得徽州、宁国两郡客商因念同乡之在上海贸易故殁者，棺木每多暴露，于二十五保十三图内捐置田亩，建立思恭堂，以为暂时寄棺之所，并设义冢于旁。"会馆不仅起到"叙桑梓、联乡情"的商帮纽带作用，也具有特定的经济功能，有助于为更好的商业发展作保障。

3. 远贾他乡，开辟营商道路

宁国地区山多田少，人地矛盾尖锐，土地所产不足以供民所需。为了生存下去，宁国人就必须离开家乡，到外地去经商，以谋求发展。他们不畏艰辛，往往"走贸四方，或远入黔、滇间"⑤。宁国商人除了少

① 《上海徽宁思恭堂缘起碑》，见上海博物馆图书资料室编《上海碑刻资料选辑》，上海人民出版社1980年版，第232页。

② 《徽宁会馆（思恭堂）》，见上海博物馆图书资料室编《上海碑刻资料选辑》，第507页。

③ 《吴江盛泽镇徽宁会馆缘始碑记》，见《明清苏州工商业碑刻集》，第355页。

④ 《合建徽宁会馆缘始碑》，见江苏省博物馆编《江苏省明清以来碑刻选集》，第449页。

⑤ 嘉庆《宁国府志》卷九《风俗》。

数在本府及安徽的其他府县经商外,更多的是在外省他乡从事商业活动。其主要活动于长江中下游广大地区,如江浙地区,湖广地区,江西、河南、福建及其他较偏远的地区等,都是宁国商人的经营和谋生之地。由于篇幅有限,以下重点分析宁国商人在安徽地区的经商活动,在外省地区的经商活动,只能略加说明,而不再列举大量的例证。

(1)在安徽地区的经商活动。据宁国地区的方志记载,清代宁国商人在安徽的经营活动主要集中在皖南和皖中地区。

首先,在皖南地区。宁商除了在本府地区如宣城的湾沚镇等较发达的市镇经商外,更多的是走出家门,到邻府地区去经商求发展。如太平府的芜湖、采石镇等,徽州府的黟县、绩溪等,池州府的(铜陵)大通镇等,都有很多的宁国人去从事商业活动。以下按商人所属县份分别进行考察。泾县的董文鉴,"尝贸易当涂";后珍周,"尝贸易芜邑"。① 又如泾县人翟思珠"贾于湾沚镇"②,潘景彰也"客湾沚",③从事着贸易活动。旌德县的商人,如吕德俊,"服贾于宣邑之湾沚镇,积勤起家,施济不吝"④;吕冬祈,"尝贩木于宣之青弋江"⑤,利用当地的水利交通条件,从事木材贩运活动。在邻府经商的旌德人,有江逢合"尝贾大通镇",吕发燃"尝贸芜湖"。⑥ 据当地方志记载,太平县人在皖南的经商活动最活跃,经营地区也最广泛。如太平县人张钟玠"懋迁于芜境方村镇"⑦;盛廷璋"服贾湾沚(镇)";焦启萼"以家贫侨贸休宁市";周公纯"贸易芜地"。⑧

在民国《太平县志稿·人物类》中,记载了很多清代太平商人在皖南的经商事例,反映了宁国商人广泛的活动地域及经营情况。按经商地区来分析,在本府宣城县经营的太平商人有,牛瀛"服贾宣城";张邦

---

① 嘉庆《泾县志》卷一九下《人物·懿行附》。
② 光绪《重修安徽通志》卷二五三《人物·义行七》。
③ 光绪《重修安徽通志》卷二五四《人物·义行八》。
④ 嘉庆《宁国府志》卷末《补遗·懿行》。
⑤ 嘉庆《旌德县志》卷八《人物·懿行》。
⑥ 道光《旌德县续志》卷七《人物·懿行》。
⑦ 嘉庆《宁国府志》卷三〇《人物志·懿行》。
⑧ 嘉庆《太平县志》卷七《懿行》。

域"运米贸于湾沚"，以调剂本地区之间的粮食需求；张星耀"经商湾沚镇"。在池州府的（铜陵）大通镇也有经商的太平人，如张先修"赴大通负贩"；王锬锠"服贾于大通和悦洲……旋于宣城扩充商业"；还有崔锟、崔祥炯、崔景先也都"服贾（或贸易）大通（镇）"。由于芜湖位于沿江有利的交通枢纽地带，在清代是较发达的重要港口城市，所以在太平府的芜湖等地经商的太平人很多。如清代太平人李本富、绍廷佐、崔小元都经商于芜湖；盛世恩、盛运符、胡益淦皆"服贾芜湖"。焦国潮"服贾鸠江，积赀累万"；胡益品服贾鸠江；奚祝三服贾于采石镇。在徽州府经商的太平人更多，如陈时撰、盛善继都"服贾徽州"；杜伯端"贸易徽州"。谢春晖，家世业商……与族人合力设商号于徽州府，治越 5 年，业大振。程嘉宾贸于黟，与人共事有管鲍遗风。清道光人曹天肇"商于徽之溪口，年十六往江西贩夏布，赢千余金"。还有刘鸣善"道光间，与兄鸣涟贸于婺源"；苏华勋侨居绩溪，被推为该县商会会长，一任 8 年，群情悦服。这些都是太平商人在邻府徽州经商的典型事例。

其次，在皖中地区。清代宁国商人在皖中地区的经营活动也是相当活跃和广泛的。泾县商人的情况，如董恺昌"客游庐州、舒邑，渐饶裕"；胡尚仕"尝贩木和州女考夏河"；胡正浩"贸易英山"；胡一嵩"尝贸易含山"。① 王承超"贸易泗州，家业尚薄，独立经营，置田产、建房屋"②。另外，还有泾县的查衔"客濡须镇"，查崇禧"客无为州"。③ 旌德商人的经营地区，如吕德性生平游历甚广，"牵车至庐江县"④从事贸易活动。洪廷显也"贸庐江"，并捐 400 余金创立会馆；吕成源"贸易安河望江"；吕溶有贾业在舒城三河镇；吕锋贾业在六安思古潭。⑤ 又如汪信"贸庐州"⑥；吕祥姚、吕裕成、吕烈菊俱旌德人，皆"贸易六安"⑦。这些都反映出为了谋求发展，旌德人分别开辟了自己的营商道路。

① 嘉庆《泾县志》卷一九下《人物·懿行附》。
② 道光《泾县续志》卷五《人物·懿行》。
③ 光绪《重修安徽通志》卷二五四《人物志·义行八》。
④ 嘉庆《宁国府志》卷末《补遗·懿行》。
⑤ 道光《旌德县续志》卷七《人物·懿行》。
⑥ 道光《旌德县续志》卷八《人物·列女（闺懿）》。
⑦ 光绪《重修安徽通志》卷二五四《人物志·义行八》。

清代太平商人在皖中地区的经营也较为突出。如杜芳楚"服贾庐江,业渐裕,倡首捐金,合泾青太建立会馆";杜大宾亦"服贾庐江",并捐金帮助建立泾青太会馆;叶德振"尝舟贩于舒之三河(镇)";汤配义"贩木江淮",进行着木材经营活动。① 民国《太平县志稿·人物类》中也记载了很多太平商人在皖中地区的经营事例,如刘开诰清道光时"贸于无为州南乡";程德润"随父服贾六安";程学诗也"贸于六安"。还有太平人吴祖荫,"有邵某怜其贫苦,携至望江习商,以所获余资,储存布业"。这些都说明太平商人在皖中地区也开辟了很多的商业出路,并有很好的发展。另外,在桐城"百货俱集"的枞阳镇,也有宁国商人的活动,号称"徽宁商贾最多"②。

(2)在江浙地区。位于长江下游的江浙地区,水陆交通便利,是清代经济最发达的地区。宁国府与江浙地区毗邻,拥有地利之便,因此,清代宁国商人在江浙的很多府县十分活跃。在江苏地区的很多重要城市都有宁国商人在那里经商,如南京、苏州、吴县、嘉定、吴江等地。另外,在江苏地区的其他府县,也都活跃着宁国商人,如上海、高淳、溧阳、溧水、镇江、扬州、常州、无锡、江阴等地。在浙江地区也有很多的宁国商人从事商贸活动,以寻求发展,如在杭州、湖州、衢县、常山、龙江、常开等。

(3)在湖广地区。在距离安徽较远的湖北和湖南地区,也有不少宁国商人在那里从事着商业经营。总体来看,如泾县人有经商于"两湖"的,旌德人有"贸易湖广"的;太平商人有"服贾荆沙"、"长游荆楚"的,有经商于黄梅县、"营绸缎业于樊城"、"服贾黄池"等。在湖北一些重要的市镇,更是聚集了很多的宁国商人。如汉口镇,号称"九省通衢",在这繁盛的商业中心,宁国商人频繁出入,建立据点从事贸易活动。如泾县人朱安可"贸于汉镇"③;朱庆翰"尝备尝艰苦,创业汉上"④;朱希尹在汉口经营数十年。⑤按照泾县商人后裔朱玿的说法,"泾人之侨寓于汉者最多"⑥。又如旌德人

---

① 嘉庆《太平县志》卷七《懿行》。

② 道光《续修桐城县志》卷一《乡镇》。

③ 嘉庆《泾县志》卷二一《列女》。

④ 嘉庆《泾县志》卷一九《人物》。

⑤ 道光《泾县续志》卷五《人物》。

⑥ 《小万卷斋文稿》卷一八《汉口重新琴溪书院碑记》。

谭绍祖"服贾汉阳,颇获赢余"①;汪秉璧曾"贾汉阳积赀"②;郭廷湘等都曾在汉口从事贸易。汉口有旌德会馆巷,旌德商人当不在少数。太平县商人在汉口等地经商的人数最众。民国《太平县志稿·人物类》中有很多的记载,如太平人孙逢吉、孙逢庚、崔国琰、方鸿基,还有汪金鳌、崔祖懋等,皆"贸易汉口"。

在湖南地区也有较多的宁国商人活动。如湖南澧州,以津市最为繁盛,康熙十九年(1680),在那里经商的江南人曾创建江南会馆。道光二年,包括泾县商人朱惇元在内的江南"七姓"商人倡率重建会馆,道光三年落成,共耗资白银2万多两。③可见在湖南富雄的江南商人中,宁国商人也占有重要地位。具体来看,泾县人朱武沛乾隆时贸易湖南,兴立紫阳堂;旌德人汪珣"身客衡阳,行贾获利"④;太平人胡之懋"业茶商,在湖南售红茶";陈惟俭"经商沙市,倡捐泾太会馆"⑤。这些都反映了宁国商人在湖南的经营情况。

(4)在江西、福建等地区。江西的地理位置十分重要,是宁国商人又一重要活动地区。如泾县朱升庆贸贩于景德镇,获利颇丰;⑥查君聘"服贾豫章,家资渐裕"⑦;汪经章、贾吉安修建世德桥以安行旅。旌德人如倪经济"服贾江右,渐致充裕,岁祿往江右买米归赈"⑧;汪上裕"服贾孝养,远游江右"⑨。太平县也有很多人远到江西经商谋生。如太平人林贵"家贫辍读,懋迁江右,与弟富分析"⑩。据民国《太平县志稿·人物类》载,清嘉庆人刘喜炉"贸易江右",清道光人杜时禧"贾江右"。

在福建、河南地区,也有宁国商人去开辟商业道路。如旌德人陈

---

① 嘉庆《旌德县志》卷八《人物·懿行》。
② 道光《旌德县续志》卷七《人物·懿行》。
③ 《小万卷斋文稿》卷一八《津市重修江南会馆碑记》。
④ 道光《旌德县续志》卷七《人物·孝义》。
⑤ 民国《太平县志稿·人物类》。
⑥ 嘉庆《泾县志》卷一九《人物》。
⑦ 嘉庆《泾县志》卷一九下《人物·懿行附》。
⑧ 道光《旌德县续志》卷七《人物·懿行》。
⑨ 道光《旌德县续志》卷七《人物·懿行》。
⑩ 嘉庆《宁国府志》卷末《补遗·懿行》。

巨川"尝贸闽之浦城"①;江东垣与其叔父江文通一起"贸易闽地";周善根"贾闽之浦城,积赀渐裕";吕祥庆也"贸闽获资"。② 太平商人也有"经商福建"的。在河南经商的宁国商人,如泾县陈希说"尝于河南贸易";陈光扬"少商河南"。③ 还有太平人汪世估"本家贫,后贸河南,有赢余"④。宁国商人不但在经济比较发达、交通便利的区域从事商业活动,而且还不畏艰险深入到边远地区乃至穷乡僻壤,从事各种贸易活动。如四川、广东乃至东北地区,都留下了宁国商人经商的斑斑足迹。可见,宁国商人为了谋求发展,往往远贾他乡,"走贸四方",从而开辟了营商道路。

(二)宁国商人对经济发展的贡献

一是转销货物,促进农副产品商品化。用来交换的产品就是商品,如何把各种产品转化为商品,这自然离不开商人的作用。前文已经叙述了宁国府特殊的地理条件,盛产大米、茶叶和竹木等农副产品。宁国地区整体上是"山多田少",人地矛盾尖锐,所产不足以供本地人民所需。于是,宁国人要么在本地经商,要么纷纷外出经商,以求得生存和发展。清代宁国商人无论是在本地区收购产品转化为商品出售,还是远贾他乡从事着长途贩运生意,其结果都起到了转销货物、促进本地农副产品商品化的作用。

清代以降,泾县土特产品与农副产品大都由私营商铺、商行于新货登场时收购,由青弋江水路外运至芜湖、南京、苏州、上海等地以及沿江各地商埠批售,亦有外地客商来泾县设行设厂收购外销。少量产品由农家和手工业者直接进入市场,或肩运邻近各县城镇销售。泾县北乡地居青弋江中游,凡黄山山脉北麓诸县,如祁门、黟县、石台、太平所产竹木(以木为大宗),皆由青弋江水运至泾县,在泾城、赤滩、凉潭、小琴、马头及张村(属南陵)一带集中,上述诸地向来为竹木集散地。而经营竹木之牙行业,居中为之推销,为发展贸易流通起到一定

---

① 嘉庆《旌德县志》卷八《人物·懿行》。
② 道光《旌德县续志》卷七《人物·懿行》。
③ 嘉庆《泾县志》卷一九下《人物·懿行附》。
④ 嘉庆《太平县志》卷七《懿行》。

作用。① 再看泾县商人在外地的经营情况,据记载,泾县在宁国经商的以凤村人居多,也有泾县南乡的茂林、潘村、南容、唐村及其他地方的人,而宁国县的人则统称之为"泾县人",在河沥溪设有"泾县会馆"。从前泾县人在宁国经商的范围很大,影响亦大。河沥溪是宁国县的首镇,商业比较发达,既有泾县人经营的各类商号,又有徽商绩溪人开的店铺。那时的河沥溪正街可谓商贾林立,生意兴旺,是皖南山区重要的商贸集散地。当地的竹、木、柴、炭、茶叶和土特产品要运出去,日用百货、布匹等要从外地运进来,②都离不开宁国商人的参与和运作。在宁国商人购销本地产品的经营中,泾县商人徐辉堂可算是个典型。徐辉堂于道光三年出生在泾县铜山村,幼读私塾时便有志经商。成年后,徐辉堂经常在泾县、太平山区一带收购茶叶贩运到南京自行销售。由于泾县、太平的茶叶味香色美茶质好,深受南京人欢迎,几年下来主顾增多,生意愈做愈大,累积了上千元的资本。后来,徐辉堂委托木行老板托人在南京三坊巷口租赁了一处三进店房,正式开设徐源记茶栈。前进设内市部,经营茶叶零售业务,二、三进作为茶叶堆栈,吸引泾县、太平的临时茶叶客商和茶农存放茶叶,解决宿食,还负责介绍推销茶叶,提取一定的栈厘(即经纪人手续费)。由于对顾客和茶商、茶农服务周到,生意更是日益兴隆。③ 这也为泾县茶叶外销作出了很大的贡献。

旌德县的货物转销情况据新编《旌德县志》记载,清道咸年间,本县人口发展到最高峰,"人有余而土不胜",半数以上的粮食均由商贾从芜湖、湾沚等地筏运以济,旌德米市也应时而兴。当时商品的购销,当然要依靠本地商人来完成。我们可以从当时的商品运输线路"旌绩驿道"中得到启示,自唐至清,此道为徽州、宁国两府经济贸易、官员往来的主要通道之一,公文传递频繁,货物运输不息。徽州是旌德粮食、土特产品的主要销售市场,从现存几段古道路面车辙凹陷状况来看,

---

① 郑苏:《泾县北乡的竹木行》,载泾县政协文史委员会编《泾县文史资料选辑》第3辑,第38页。

② 参见凤兆干《在宁国经商的凤村人》,载《泾县乡镇史话》。

③ 参见徐正荣《南京老徐源记茶栈》,载泾县政协文史委员会编《泾县文史资料选辑》第3辑,第33—34页。

可以想见当年道路运输繁忙的程度。① 这其中当然会有宁国商人的参与和付出。商品生产发展,促使商品流通繁荣,流通渠道畅通,又反作用于商品生产发展,历沿至今。清代,宁国商业市场的形成,凭借地产竹木、柴炭、桐油、表芯纸等特产外销,换进盐、布等商品以应地销。在此过程中,宁国商人起到不可或缺的中介作用。这些商业上的举措,不仅转销了外地的产品,也推动了本地区的商业发展。另外,在灾害年间,宁国商人的购粮赈济也能促进农副产品的商品化。这方面太平县商人表现更为突出。如清代太平人胡致发贸易以营甘旨,乾隆五十年(1785)岁饥,胡致发与弟胡致洮买米百余担、杂粮数十担以济之,族里赖以全活。② 李成勋,习贾荆沙,道光二十八年(1848)岁大祲,捐资购谷数千担平粜,全活甚众。还有李春顺"稍长习计然术,苦志经营,储蓄颇称素封,数年而家计稍裕"。道光己亥年岁荒,里人乏食,捐赀赴石邑香口镇购大批粮米,运入平粜,以济哀鸿。③ 这既是商人救助灾民的义举,也在某种程度上达到了购销大米等产品并使之商品化的效果。

二是开拓市场,加速经商地区商业化。商人是商业发展中最活跃的因素,无论是行商还是坐贾,其经营活动都能够开拓市场,从而加速经商地区商业化。清代宁国商人一部分是留守家乡、在本府地区经商,一部分是远贾他乡、到外地去谋求发展,他们都推动了经商地区的商业发展。

首先,坐贾家乡,推动本地发展商业化。如在泾县,明代中叶,榔桥镇已成为泾县东南乡商贾和徽商运销木材、茶叶、蚕丝等商品进出口的集散地。泾县人还在本府他县经商,如前面提到泾县在宁国经商的以凤村人居多,也有泾县南乡的茂林、潘村、南容、唐村及其他地方的人。在河沥溪镇设有"泾县会馆",昔日泾县人在宁国经商的范围很大、影响很大。④ 据新编《旌德县志·概述》中说,旌德县

① 熊紫云:《旌德古驿道纪事》,载旌德县政协文史委员会编《旌德县文史资料》第2辑,第80页。
② 嘉庆《太平县志》卷七《懿行》。
③ 民国《太平县志稿·人物类》。
④ 参见凤兆干《在宁国经商的凤村人》,载《泾县乡镇史话》。

"民既谋生拮据,纷纷经营贸易,散之四方",尤其是乾隆以后,掀起了经商热,从商成为时尚。其时本县北乡通泾县之徽水货运十分繁忙,仅三溪古渡就有筏户800,木竹土产得以水运至芜湖,县内贸易由此兴盛。旌阳、三溪的布店、货栈、钱庄、当铺盛如都市,商号满目,店旗交错。庙首、杨墅、朱旺村、大礼村等都是繁华的集镇,"穷乡僻壤之区,均成市廛林立之所"。旌德人"因商致富",特别是巨商大贾拥金累万,以其雄厚的资本纷纷投资家乡建设。南陵县在道光二十二年(1842)南北商贾渐多,城关经商的多为泾县、旌德、太平、徽州帮等商人。贸易物资大都是地产的稻、米、木材、竹器等。在宣城县,清末始有来自湖南、江苏、江西、福建及毗邻的泾县、旌德、太平、南陵各县和安庆、庐州、徽州等地的客籍商帮入境,在县城和水阳、湾沚、孙埠、水东、沈村、周王、寒亭等集镇定居经商,商业重新兴起。在宁国县,至清末,县内的经商者大多为徽州、绩溪、旌德、泾县等外地商人,当地商人多为小商小贩。商户多集中于县城和交通便利、人口密集的港口和宁墩、胡乐、东岸等较大集镇。县城的河沥溪、城里、西街是主要商业区。① 从以上可以看出,宁国商人在本府地区的经商活动,不仅开拓了很多的市场,自然也促进了本地区的商业化发展。

其次,行商他乡,促进外地发展商业化。清代宁国商人尤其是泾县、旌德和太平3县的商人,在外地经商的很多。因此,他们在外地开拓了很多的商业市场,对经商地区的商业化发展作出了很大的贡献。如泾县人自明成化、弘治始,"商贾远出他境,赢走四方"。清代至民初,泾人外出经商者足迹已遍及18行省,宁、沪、苏、浙、赣、鄂、湘、粤及沿江各地商埠,均有泾商开设宣纸栈、茶行、烟行、竹木行乃至盐号、钱庄、典当行等,且不乏发迹者,形成"泾帮"商系。故有"无徽不成商,无泾不成镇"②之说。泾人学者胡朴安撰《泾县乡土记》云:"泾人在外经商者约计比居本邑经商者多三分之二,是泾邑商界特色也。"

---

① 参见宁国县地方志编纂委员会编《宁国县志》,生活·读书·新知三联书店1997年版,第373页。

② 参见泾县地方志编纂委员会编《泾县志》,方志出版社1996年版,第306页。

《安徽省第九区风土志略》亦载:泾人长于经商,京(南京)、镇(江)、沪、汉(汉口)诸大埠,无不有"泾帮"之称。这些都清楚地反映了泾县商人在外地商业发展中的影响和地位。

旌德人出外经商者甚众。据《江氏宗谱》节录江希曾《旌川杂志》记载:"吾族自设县以来,元、明曾遭兵燹,而蹂躏不深。故生齿繁,而谷不足食,每年必由湾沚运米以济。居民谋生拮据,往往经营贸易,散之四方,自京师以及各行省,而以大江南北最多。(清)道光末年,予族设质库外埠者六十余家,商店则如恒河沙数。"① 这反映了清代旌德商人在外地经商的地域之广,并取得成功的情况。前文已提到旌德人在外地经商的很多,这自然也促进了当地商业的发展。再看太平商人,由于太平县"土薄石肥,耕不以牛以锄",人地矛盾很尖锐,因此,可以说太平县商人是宁国商人中在外地经商最多的。太平人纷纷外出贸易,自然也开拓了很多的专业市场,从而促进了经商地区商业的发展,这在民国《太平县志稿·人物类》中就有很多的记载。如太平人谢余庆咸丰年间"设米肆于新安",同治初又"贸易和州,业渐以振"。谢燮敬曾因战乱弃儒就贾,"开设衣服庄于江苏之高淳县",夜必读书……一时士大夫皆与之游,商业亦因之发展。太平人林之桒当年服贾汉皋,适太平会馆前有隙地一方,为该镇某氏孀妇祖业,氏拟重建大厦,同乡以此地兴建筑有碍会馆甬道,出金问购,不诺。与之讼,又败于诉。林之桒与官场素有知交,于是出面鼎力从中斡旋,此隙地最终为太平方购得。"今汉镇得有花布、茶叶两帮,亦桒首倡之功也。"这样的例子还有很多,说明了太平商人在开拓外地市场、推动经商地区的商业发展中,作出过重要的贡献。

三、行商与茶叶贸易

众所周知,安徽是出产茶叶的大省,皖南地区盛产茶叶,徽州地区是主要的茶叶出产地,宁国府也盛产茶叶。此外,地处皖西的六安地区(如霍山县)以及安庆府的太湖县等地,也有很多茶叶出产。清代,

---

① 见《旌德县商业志》第 2 章《私营商业》。

徽商和宁国商人将本地和外地出产的茶叶,大量地贩运到全国甚至海外销售,促进了当时商品经济的发展。

（一）徽商与茶叶贸易

徽州地处皖南及皖、浙、赣交界的重峦叠嶂之区,地貌以山地、丘陵为主,属亚热带季风湿润气候。这里四季分明,热量丰富,雨水充沛。尤其是云雾多、湿度大、日照短,漫射光和紫外光丰富,使得土壤的有机质含量高,特别适宜于茶树的生长,为茶叶的生产提供了天然的地缘优势。徽州成为茶叶的故乡,有着悠久的种茶历史。自唐至明清,徽州一直是我国著名的产茶区。

据文献记载,至迟在唐代,徽州已经大量种植茶树了。而在唐代,饮茶风气已经风靡全国。加上边疆少数民族大量需要中原的茶叶,从而使得茶叶销量大增,极大地推动了茶叶的种植。徽州也以其优越的天时、地利条件,逐渐成为全国的主要产茶地之一,徽州茶叶随之闻名海内。明清时期,随着社会经济的发展,徽州茶叶生产也有了较大改观,不仅产量增加,而且创造了不少茶叶名品。主要有产于休宁县松萝山的"松萝茶"、集中于歙县屯溪加工运销的"屯绿"、僧人大方在徽州歙南老竹岭上的大方山创制的"老竹大方",还有后来由黟县商人余干臣创制的"祁门红茶"、由歙县商人谢静和在黄山创制的"黄山毛峰"等。徽茶花色品种极多,每种名茶又分为很多级别,以至连老茶商也慨叹:"茶叶卖到老,名字认不了"。

徽州茶商中以行贾居多。明代成弘（1465—1505）年间徽州商帮形成之后,徽商即将茶叶贸易发展为最重要的经营内容之一。入清之后,茶叶贸易持续发展,并最终奠定了"徽郡商业,盐、茶、木、质铺四者为大宗"的行业格局。从清顺治元年到道光三十年（1850）这一阶段是清代徽商茶叶贸易从明末战乱中复苏,并逐渐兴盛的时期。在明清之际兵火中,徽州茶商及其茶叶贸易遭到了沉重打击。顺治中叶以后,随着社会的安定、经济的恢复和发展,尤其是清廷采取了一系列"恤商裕课"的措施,以盐业为龙头的徽州商帮开始全面复苏,徽商的茶叶贸易也同时走出明末困境,进入一个全新的发展时期。清人许承尧在《歙事闲谭》中指出:"歙之巨业,商盐而外,惟茶北达燕京、南极广粤,获利颇奢。"①

1. 北达燕京,南极广粤

徽州茶商主要是从事长途贩运贸易的行贾。在清代,徽州茶业分为内销和外销两种。内销俗谓"京庄",主要销于北京及北方其他地区。外销俗谓"洋庄",先是运往广州,后来运往上海,从事对外贸易。茶业不仅是歙县"巨业",也是整个徽州"巨业"。北京和广州是徽州茶商的主要经营地。

清代内销茶大量销往北京及北方诸市,故称"京庄"。北京作为国内最大的都会,人口众多,商业发达,饮茶风气极盛。上至皇宫禁苑、达官贵人,下至市井巷闾、布衣百姓,茶叶成了生活必需品。由于徽州茶商早在明代就于京师创业,并积累了丰富的经验,所以到了清代在宗族、乡谊关系的影响下,徽州茶商大规模进京,几乎垄断了京师茶叶市场。据统计,乾隆中期京师有茶行 7 家,茶商字号共 166 家,小茶店数千。② 而这仅仅指的是歙县一地的情况,如果加上其他 5 县的在京茶商,数字更大。在徽州的宗谱和方志中,我们可以看到不少茶商穿梭于京师、徽州之间与"贩茶之京师"的记载。另外,徽州茶商除了主要在京师经营外,也将茶叶销往北方其他地区,如辽东、河北、河南、山东等。天津由于是重要的海港,不少销往北方的茶叶在这里集散。如嘉庆十年(1805)闰六月,徽州商人冯有达从上海吴淞口装茶叶 835 包,乘船取海道北上,八月一日抵达天津卸下茶叶,显然是在天津进行贸易或转运。③

徽州茶商也活跃于长江以南广阔的茶叶市场上。如浙江与徽州紧密相连,一衣带水,自屯溪循新安江东下,可直达杭州。故屯溪也就成了徽州 6 县茶叶的集散地,以"茶务都会而著称"。这里号称"无船三百只",最盛时有千余条船。江苏也留下不少徽州茶商的足迹。绩溪胡景棠,雅重士类,早在"道光中,自吴贸茶返"④。可知他常年在苏

---

① 《歙事闲谭》第 18 册《歙风俗礼教考》。
② 《歙事闲谭》第 25 册、第 11 册。
③ 引自(日)松浦章《清代徽州商人与海上贸易》,《徽学》1994 年第 3 期。
④ 绩溪《上川明经胡氏宗谱》下卷之下《拾遗》。

州一带业茶。江西在明代就是茶叶的集散地,清代更成为茶商"漂广东"的必经地。从祁门入昌江顺流而下,经230里水路抵浮梁,再走210里水路达饶州府(今鄱阳县),入鄱阳湖既可北上九江、湖口进入长江,又可南下抵南昌,溯赣水而上,过赣州府翻大庾岭而到广州。不少徽州茶商或在江西业茶,或路过江西赴广东业茶。徽州方志中有不少徽商在江西活动的记载,可以说明徽商在江西十分活跃,人数众多,其中当然也有大批茶商。

徽州茶商的经营范围自然不限于上述这些地方,可以说在很多不产茶的地方我们也都能看到徽商的身影。如武汉作为四方商贾云集的"九省通衢",早在雍正以前,汉口就建有"新安会馆",辟有"新安巷"。雍正年间,在徽籍官员的支持下,又发动徽商捐金,置买店房,扩充径路,将"新安巷"拓宽为"新安街",开辟了新安码头让徽商船只停靠,还建有"奎星楼"一座,成为汉镇巨观。徽商还收买附近会馆房屋基地,造屋数十栋,以为徽商往来居住等,可见当时武汉徽商势力之大。当然,这里的徽商未必都是茶商,但茶商肯定有相当数量。

2. 对外贸易显身手

当茶叶在全国越来越受到人们垂青之时,它在国际市场上也日益走俏,甚至被西方商人视为给他们带来巨额利润的"上帝"。于是茶叶成为外国从中国进口的最主要的商品。

18世纪,欧洲的茶叶消费量猛增,尤其在英国,饮茶已普及到每个家庭,有资料显示,英国每人年平均消费茶叶达到2磅。巨大的消费市场使英国每年从中国进口的茶叶越来越多,占从中国进口货物的比值越来越高,有的年份竟高达90%以上。19世纪以后至鸦片战争的前几年,茶叶竟成了英国从中国进口的唯一商品。正是在这样的大背景下,徽州茶商在对外贸易中大显身手。清初,政府曾厉行海禁,随着海上抗清势力被消灭、台湾的统一以及三藩之乱的被平定,清政府在康熙二十四年开放海禁,置江、浙、闽、粤4海关。然而乾隆二十二年清政府又规定西方各国来华贸易,"只许在广东收泊交易",一直到鸦片战争结束,这种局面才被打破。因此,从乾隆二十二年以后的近百年时间,广州成了西方来华贸易的唯一口岸,自然也是中国茶叶出口的唯一通道。

从事对外贸易的徽州茶商纷纷奔赴广州,称为"漂广东"、"发洋财"。徽州当时流传着一句谚语:"做广东茶发财如去河滩拾卵石。"说明经营茶叶对外贸易获利颇丰而且容易,所以去广东业茶的徽商非常多。以婺源商人为例,如程锡庚"尝在广东贷千金,回婺贩茶";程廷辉"与兄业茶于粤,易岁往还";程国远"尝偕友合伙贩茶至粤"。[①]又如朱文炜"家业茶,尝往来珠江";王世勋"幼贫……后业茶粤东,赀渐裕"[②];李登瀛"尝业茶羊城"[③]。

事实上,从徽州运茶到广东,沿途跋山涉水,千里迢迢,是非常辛苦的。茶叶运到广州以后,并不能直接与洋商交易。按照清政府的规定,外贸商品必须通过洋行与洋商贸易。人们习惯上称广州洋行为十三行,一般都在 10 家左右,由他们来统管一切进出口贸易。十三行的商人称行商,其中也有徽州人充当行商的,如刘东生行即是徽人经营。经营茶业与经营盐业一样,需要很多资本,故徽商中除一些殷实之家外,大多合股经营,正如时人指出的:"业此项绿茶生意者,系徽州婺源人居多,其茶亦由本山所出,且多属合股而做"[④]。行商为了拉拢客商,也有贷款给客商到内地贩茶,返回后再将茶叶通过行商卖给洋商。

徽茶外销量到底有多大,由于缺乏完整的资料,难以确考。据歙县芳坑江氏茶商后代所保存的资料看,道光二十六年(1846),江有科父子运茶 3 万斤赴粤销售。一个茶商一年即要销 3 万斤茶叶,那么所有徽州茶商每年的外贸量当是十分惊人的。

(二)宁国商人与茶叶贸易

宁国地区多崇山峻岭,气候温和,土壤肥沃,土层中的有机质含量较多,有利于茶叶的生长。宁国地区种茶历史相当悠久,明清时期,宁国茶树种植已满山遍野,成为宁国民众赖以生存的重要经济作物。宁国府所产名茶很多,据《宛陵郡志备要》记载,当时各县的名茶有:"宣

---

① 光绪《婺源县志》卷三四。
② 光绪《婺源县志》卷三五。
③ 《婺源县采辑·孝友》。
④ 《通商各关洋贸易总册》卷下。

城敬亭绿雪茶,南陵格里茶,宁国鸦山茶,泾县白云茶,旌邑凫山茶,太平云雾茶,品最高……六县每岁销引三万有余"①。泾县地处皖南山区,土沃水肥,气候尤佳,适宜茶树生长,产茶历史悠久。嘉庆《宁国府志》记载,泾县"茶纸笋三者最著,茶种不一,有涂尖、梅花片、草青、黄茶、雨前、碧山、考坑、涌溪、洋尖等名"②。宣城县也是产茶之区,其"松萝(茶)处处皆有,味苦而薄,然所用甚广,敬亭绿雪茶最为高品"③。敬亭绿雪早在清初就负有盛名,当时的著名诗人施闰章有咏敬亭山茶诗云:"馥馥如花乳,湛湛如云液;将茶煮江水,不改江水白。"④另据《茶名大成》记载:"敬亭毛尖(绿雪茶前称),产安徽省宣城县敬亭山,茶品细嫩,有白毛处其上,不易多得。"⑤旌德县古已种茶,据明嘉靖《宁国府志》记载,旌邑凫山茶与宣城"绿雪"、太平"云雾"等茶齐名。清代,旌德之茶"凫山石磴产者绝佳,与宣城之绿雪、泾县之白云并著,饮之可瀹胀懑,不可多得"⑥。《黄山市志》据历史档案和有关文献资料记载,乾嘉时期,太平县境内茶叶产量最多,太平天国时期,由于战乱,茶园荒芜,产量陡减。同治后,产量渐增。宁国县产茶,"昔重鸦山,今以高峰为最,色绿而味香醇厚,若改良焙法,不让龙井"⑦。清代张所勉也撰文说:"宁邑产茶不一处,龙潭、高峰、济川诸地均可入志。"⑧宁国地区出产的这些茶叶绝大多数成为流通的商品,并由宁国商人等运往外地销售。

宁国县"山多于水,如茶、漆、柏油、麻之类所产甚伙,采薪作炭,远方之人大航贩载不绝"⑨。本县对外贸易的商品中,茶叶输出亦颇可观。货物多麇聚河沥溪、港口等处,由东溪运出。宣城自古物产丰富,水陆交通便利,是皖南较大商埠之一,商贾云集,茶叶市场久负盛名。

---

① 《宛陵郡志备要》卷三《古迹山川·物产附》。

② 嘉庆《宁国府志》卷一八《食货志·物产》。

③ 光绪《宣城县志》卷六《物产附杂植之属》。

④ 宣州市地方志编纂委员会:《宣城县志》,方志出版社1996年版,第703页。

⑤ 徐纪瑛:《敬亭绿雪》,见宣城县政协文史委编《宣城县文史资料》第1辑,第140页。

⑥ 嘉庆《旌德县志》卷五《食货·物产》。

⑦ 民国《宁国县志》卷七《物产志·植物》。

⑧ 转引自宁国县地方志编纂委员会编《宁国志》,第241页。

⑨ 嘉庆《宁国府志》卷一八《食货志·物产》;《中国地方志经济资料汇编》,第714页。

早在唐朝,宣城就是全国八大产茶区之一,到了宋朝,随着制茶技术改革,花色品种增多,茶市贸易有了发展。据《宋史·食货志》载:"太平兴国二年(978)两浙及宣江(今安徽宣城)……商贾之欲贸易者,入钱交引(即交税)计值予茶如京师",说明宣城当时茶市有如京城一样繁荣。经过不断发展,到了清代,民间广植桑茶,茶叶又有新发展。清末宣城茶叶开始由粮行代收,仅城关梅兴泰、胡义昌、江恒昌3家共投入资金6万银元,岁收茶叶2000担。至宣统二年(1910),茶务日盛,宣城为全省十七茶市之一。①

　　明清以来,泾县茶叶畅销大江两岸诸省、市,是大宗输出商品之一。泾县宣纸、茶叶等土特产品在清代已远销日本及东南亚一带,其茶多由沪商转口对外贸易。据《泾县文史资料选辑》记载,厘金局多设于货物流通要津之地,因旌、泾、太、石、黟、歙诸县,盛产竹、木、茶、炭等山货,大部分经青弋江水道运出,当时便在青弋江中游之马头镇设一厘金局,榷征竹、木、茶、炭等货税收。② 后来,私人在县内设茶行、茶栈,购往外地销售,也有在外地商埠开设茶号、茶庄,从本县山区收购后,外运自行经销。如泾县铜山乡人徐辉堂"幼读私塾时,便有志经商,成年后,经常在泾县、太平山区一带收购茶叶贩运到南京销售"③。后来,他于清同治三年在南京开设徐源记茶栈,经营92年才告停业。这些都说明,在清代,泾县等地的茶叶不仅在宁国府境内贸易,还主要销往外地。南陵县农副产品资源丰富,除粮、油购销外,还有茶叶等商品流通。太平县生产大量绿茶,清代后期已运销国外。据中国早期留美的容闳在《西学东渐记》中载,咸丰十年,他曾亲自到太平县收购大量绿茶。④ 清代,宁国商人在本地和外地都有经商活动,对本地的茶叶流通和外销作出过一定的贡献。

---

① 胡承义:《宣城茶叶》,载宣城县政协文史委员会编《宣城县文史资料》第2辑,第109页。

② 郑苏:《厘金溯源与马头厘金局被捣毁经过》,载泾县政协文史委员会编《泾县文史资料选辑》第2辑,第53页。

③ 徐正荣:《南京老徐源记茶栈》,载泾县政协文史委员会编《泾县文史资料选辑》第3辑,第33页。

④ 参见史州《安徽史志综述》,安徽教育出版社2002年版,第260页。

四、集镇经济的发展

明清时期,国内商品经济出现了前所未有的发展,安徽以其襟江带淮的地理位置,成为商品流通的重要地区。在商品经济大潮推动下,安徽城乡经济有了显著的发展,本地大量的米粮、土特产品进入流通领域,加之在此销售和转运的外地商品,为清代中前期安徽集镇的发展、繁荣奠定了充足的物质基础。

集镇作为整个市场体系的重要基础,在清代也有了显著的变化。安徽农业经济的发展,带动了农村集市快速地发展,也造就了一批交通型和商业型集镇,成为安徽与外界商品交流的重要节点。安徽集镇的发展是当时商品经济发展的重要表现,不仅满足了城乡居民生产生活的需要,也推动了农业和手工业进一步发展,加快了大市镇城市化的步伐。以下对清代安徽集镇经济的发展状况作一简述。

（一）集镇发展概况

清代,安徽由于农村经济商品化,传统手工业的发展,水陆交通完善,使区域经济有所发展,促进了以农业为主的传统自然经济的繁荣,传统小农经济对市场依赖加强,加之清代前期安徽人口大量膨胀,在此背景下,安徽集镇迅速发展。

明中叶以来,集镇的发展非常短暂。明末的战乱和天灾在相当广的范围内造成人口流失、经济衰退,使集镇发展遭受巨创。在经历了漫长的恢复期后,到清康熙中叶,全国战事已毕,经济开始复苏,安徽集镇也随之恢复,有些地区还有了新发展。根据清代不同时期的安徽方志记载,粗略整理成表 3－1。从表 3－1 中可以看出,清中叶以后,安徽大部分州县的集镇数目都有了显著增加,即使是北方落后地区也有大幅度增加。如"亳州村集,顺治所载共三十有九,乾隆五年共六十有四,道光五年(1825)共九十有五"①。表 3－1 还显示,到嘉庆、道光时,各府县集镇数目一般都是本区域最多的时期,反映了清代中期集镇经济的繁荣。

_____

① 光绪《亳州志》卷二《坊保》。

表 3-1　清代安徽集镇分县统计表

区域		数量	顺治	康熙	雍正	乾隆	嘉庆	道光	咸丰	同治	光绪
皖北	颍州府	阜阳				85					
		颍上				41					
		霍邱				28				41	
		太和				25					
		涡阳									
		蒙城				26					
		亳州	39			64	95				82
	凤阳府	凤阳									29
		怀远									60
		定远									30
		凤台									88
		寿州				19					114
		灵璧									16
		宿州		145							168
	泗州	萧县					34			35	
		砀山				28					29
		五河								50	
		天长					41				
皖中	庐州府	合肥					11				17
		庐江					18				40
		舒城					11				12
		巢湖					10				16
		无为					36				37
	安庆府	怀宁		9							29
		桐城		5							27
		潜山									
		太湖		4							
		宿松		11							
		望江		8		9					
	六安	霍山								12/62	
	滁州	全椒		42							
		来安		15							35
	和州	含山									10/19

续表

区域		数量	顺治	康熙	雍正	乾隆	嘉庆	道光	咸丰	同治	光绪
皖南	太平府	芜湖				10					
		繁昌				10		12			
		当涂					13	14			
	池州府	贵池				7					
		青阳				6					
		铜陵				8					
		石埭									
		建德									
	宁国府	宣城					21				
		宁国					13				11
		泾县	8				21				12
		太平					7				10
		旌德					15				4
		南陵					13				12
	广德	建平			6						10
	徽州府	歙县									11
		休宁									12
		婺源									16
		祁门									20
		黟县									7
		绩溪									7

（二）集镇类型及功能

对安徽集镇的分类研究,有助于分析安徽区域经济发展的特点,深入了解各地区商品经济的发展。一般而言,传统社会集镇总的经济意义主要是根据它向其经济区域提供商品的作用、它在连接经济区中心地的销售渠道结构中的地位、在运输网络中的位置 3 个因素所决定。① 以此为划分依据,可以把安徽集镇分为传统型、交通型和专门商品流通型 3 类。许多集镇三者兼备,但在其中某一方面表现尤其突出,对其加以分析,可以更深入地了解安徽集镇兴起的原因和区域发

---

① 王笛:《跨出封闭的世界:长江上游区域社会研究(1644—1911)》,中华书局 2001 年版,第 233 页。

展状况。

第一，传统型集镇。传统型集镇是相对于明清在江南大量崛起的新型集镇而言的，它的基本特点是"以其所有，易其所无"。其交易的商品大多比较简单，是调剂自然经济下城乡基本生活生产需求，是实现本地商品平行交易最基本的市场形式。安徽境内此类市场在宋以前就大量存在，经过宋元草市的发展阶段，到明清时期，更多的传统集镇兴起，更密集地分布在安徽的广大区域。这些集市中所交易的物品均与农民生活息息相关，如颍州府"杨官店，在沈丘一百四十里，客户，酒醋盐铁市。……栗头店，在西乡六十里，主客户杂，盐铁市耳"[1]。灵璧县"民贫且朴，商贾贸易者布履、蔬粟、农具而外，别无他货"[2]。庐江县集市"商以行货，贾以居货，亦日用所必需"[3]。传统型集镇在安徽各府县中占绝大多数，光绪《颍上县志》列举的210个集市中，近9成都是属于此类；民国《怀宁县志》记载的29个集镇中，除了3个在商业功能和交通位置上特殊之外，其余26个集镇便属此类，占总数的89%。这类集镇广泛分布在城乡市场之中，覆盖了大部分农村人口。

第二，交通型集镇。交通是社会经济发展的先决条件，尤其是在古代大规模长途贩运条件下，运输的费用对集镇商品交易的影响很大。明清安徽域内水陆交通发达，驿路交通体系完善，为这一时期的集镇经济发展提供了很好的基础。发育良好的集镇大多处于水陆交通的中心，从而成为连接各区域市场的节点。

在安徽，以淮河、长江、新安江为核心，众多的支流组成茂密的水运交通网遍及全省，大量商品是依靠水路运往各地，所以许多集镇也正是在水路发达的地方才发展起来的。最典型的是省内的两个榷关：凤阳关和芜湖关。凤阳关包括正阳、临淮两关，两者处在水路枢纽，故明清立关口于此地。正阳关设在正阳镇，此地为南北货物水运要道，水路沿西北方向可达河南周家口，沿淮河东下可以直

接至江苏沿海一带,往南可到六安等州县,交通十分方便。方志评价正阳"东接淮颍,西通关陕,商贩辐辏,利有鱼盐",在明代就被称为"淮南第一镇市也"①。临淮关在凤阳府城东18里,位于淮河右岸的漆水河口,与正阳关同为淮河沿岸著名的商业重镇。临淮关与外地的交通也全赖水运,如"长淮集,明初立关,设大使把守津要,今为凤阳关口岸,向来河南货物,由颍河、涡河舟运至此,上岸登陆路至浦口,发往苏杭;亦有苏杭绸缎杂货,由浦口起旱,至长淮雇船运赴颍、亳、河南等处"②。

第三,商业性专门集镇。除了一般的集市和交通发达的地方集镇发育比较明显之外,明清安徽商品经济的发展,域内重要的农产品和手工业品,乃至矿业往往形成不同规模的集中产区,地区间的贩运和流通贸易随之扩大,这就赋予一些集镇以商品集散和流通的功能,不同集镇所联系的不同商品的结构,反映了集镇经济的繁荣程度与其他市场之间的联系。入清以后,随着社会稳定和商品经济的发展,安徽各地专门商品流通集镇明显增多,见下表3-2。

表3-2　专门商品流通集镇简表

集镇	专业	记载情况	资料出处
义门集	药材	义门集又为药草荟萃之所,南北药商络绎不绝,亦土产之一大收入也	民国《涡阳县志》卷八《食货·物产》
三河尖	粮食	稻米蔬麦皆出于此(该地还是豆市)	《霍邱县志·营建志四》
阚疃集	牲畜	北贸睢、亳州,南贾潜、霍山,多马、牛、驴、骡,硝盐私贩觚取道于此	嘉庆《凤台县志》卷二《食货志》
湾沚镇	盐	县北80里,今为盐埠,盐艘鳞集,商贩辐辏	嘉庆《宁国府志》卷一二《舆地志》
王公市	蚕	在县北30里,贺堂山之下,蚕市特盛云	
鲁港镇	粮食	在县西南15里,境内集镇属此最大。多茗坊,为粮米聚之所,商旅骈集	清《芜湖县志》卷五《镇市》
和悦洲	盐	洲以盐务为大宗	《全国风俗总志》之《鹊江风俗志》

---

① 嘉靖《寿州志》卷一《舆地·形胜》。
② 光绪《凤阳县志》卷三《市集》。

集镇	专业	记载情况	资料出处
黄泥河	粮食	黄泥河镇,在治北35里,当外河湍须水汇流之冲,东往含山,北入巢境必经之地,米之出多由是,故成市集	民国《无为县小志》卷六
襄安镇	粮食	在城西南40里,为四郡米粮集中地	
姚王集	牲畜	桐城开集,据逊清道光七年所修县志内载有四集:曰姚王集,曰会宫集,曰虬子墩集,曰杨家市集,姚王集在县境石溪之西北、钱家桥之西南,有姚王庙一座。每年古历二月,庙前开集,各省商贾,均贩牛马驴骡于此集(最盛时约有三四万头),民间或卖或买,各听其便,大有日中为市之风	民国《桐城县志略》之一四《经济·商业》
会宫集			
虬子墩集			
杨家市集			
三河	粮食	聚粮之地,首在庐州之三河、运槽两处	宋雪帆《水流云在馆奏议》
运槽镇			
枞阳	粮食	为桐城首镇	民国《桐城续修县志》卷一《舆地志·乡镇》
汤家沟	鱼米	汤家沟,为桐之次镇,鱼米贩运与枞阳相等	
香草镇	渔业	县西30里,居民80余家……秋冬,客旅鬻贩鱼盐,舟集于此	万历《望江县志》卷一《舆地类·乡镇》
苏家嘴			
洪家铺	烟草	岁六七月,扬州烟贾大至,洪家铺、江镇牙行填满,货锱辐辏,其利几与米盐等	民国《怀宁县志》卷六《物产》
江镇			
王家河	竹业	有集镇,河洲产竹最蓄,民多为业罩,交易之广达于江淮	民国《怀宁县志》卷三《市镇》

表3-2中这些商业性专门集镇发育大体有以下两种情况:首先,一些专业集镇由于交通条件或本身就作为专业的商品生产地,成为某种商品交易的固定集散地。明清安徽农业商业化得到加强,就产品来评估的话,从现有的方志记载中可以看出,当时集镇主要是以米粮、茶叶、烟草、渔业贸易居多。其次,由于手工业的兴起而发展成专业产品销售中心,进而兼有手工业和商业双重性质的中心集镇。手工业的发展对集镇贸易产生巨大影响,如芜湖铁业,徽州的笔、墨、纸、砚,作为传统的手工业品在明清时已是名品,成为这些地区的品牌。宣城水东镇就是在明清时兴起的宣纸生产和销售的集镇。怀宁王家河"有集

镇,河洲产竹最蕃,民多为业罩,交易之广达于江淮"①。处在凤阳、定远、怀远、寿州4县交界处的上窑镇以陶乡闻名,古诗描述该地"烧窑掏炭是生涯",明清时甚至有"秦墟日进斗金"之说,②足见当时的繁盛。还有清代两淮地区的采煤业也非常发达,等等。这些手工业集镇在清代代表了经济发展的新动向。

① 民国《怀宁县志》卷三《乡区·市镇》。
② 淮南地方志办公室:《上窑镇志》,黄山书社2003年版,第67—72页。

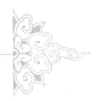

第四章

清前期的文化政策与安徽文化艺术成就

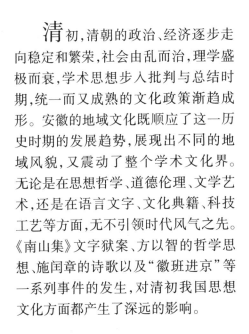

清初,清朝的政治、经济逐步走向稳定和繁荣,社会由乱而治,理学盛极而衰,学术思想步入批判与总结时期,统一而又成熟的文化政策渐趋成形。安徽的地域文化既顺应了这一历史时期的发展趋势,展现出不同的地域风貌,又震动了整个学术文化界。无论是在思想哲学、道德伦理、文学艺术,还是在语言文字、文化典籍、科技工艺等方面,无不引领时代风气之先。《南山集》文字狱案、方以智的哲学思想、施闰章的诗歌以及"徽班进京"等一系列事件的发生,对清初我国思想文化方面都产生了深远的影响。

第一节　清初的文化政策

清初至康熙二十三年,随着三藩的平定和台湾的回归,清朝的政治、经济逐步走向了繁荣,剧烈的满汉对抗也日益消歇,统一而又成熟的文化政策渐趋成形。

定都伊始,清政府就首先确立了民族高压的政策,由顺治初叶以武力作为后盾渐次向全国推行的剃发易服构成了民族高压政策的基本内容。顺治十八年,又开焚书先例,以"畔道驳注"、"议论偏谬"为借口,下令将民间流传的《四书辨》、《大学辨》等书悉数焚毁。至乾隆时,被禁毁的书籍更是多达"六七万卷"之巨,"种数几与《四库全书》现收书相埒"①。不仅如此,顺治四年的函可案和康熙二年的庄氏《明史》案,正式拉开了清代文字狱的序幕,遂使文化专制愈演愈烈。

在加强思想禁锢、实行文化专制的同时,清廷也相应地采取了一系列的怀柔政策。顺治元年恢复了一度中断的科举取士制度,以便消弭士人的"从逆之念"②。为了"振兴文教",康熙十七年又下诏开设博学鸿词科,以广罗天下"名士",让那些不屑于参加科举考试的"遗老"、"孤忠"们能为己用。这样,清政府便以羁縻政策成功地将求取功名心重的知识分子笼络殆尽,同时也为其统治提供了文化心理上的无形保证。与重开科举相适应,清政府还修复官学,重建书院,京师设立国子监、宗学、八旗官学。与此同时,清廷又在全国范围内大量收聚图书,组织专人加以编纂。在此形势下,清政府"偃武修文"、"崇儒重道"的基本国策也就逐渐确立起来。先是顺治二年,封孔子为"大成至圣文宣先师",强调"帝王敷治,文教是先";同时又大力提倡习读经书,科举考试用八股文,取《四书》、《五经》命题。③ 康熙亲政后,又提

① 孙殿起:《清代禁书知见录·自序》。
② 《清世祖实录》卷一九,中华书局1985年影印本。
③ 《清史稿》卷八一《选举一》,中华书局1986年影印本。

出了以"文教是先"为核心的十六条治国纲领，将顺治皇帝"崇儒重道"的国策具体化。康熙二十三年，康熙帝亲临曲阜祭孔，这是"崇儒重道"的示范。此后，康熙还积极提倡理学，把它视为可以巩固其统治的重要工具，不仅亲自编写《性理精义》，重新刊印《性理大全》，同时又升朱熹为孔庙大成殿配享十哲之次，成为第十一哲，并任用了一批信奉宋代程朱理学的官员，如魏介裔、熊赐履、汤斌等所谓"理学名臣"，想借着理学所倡导的封建道德来钳制民族思想。而在基层，清廷则大力完善乡里制度，制定乡规"旌善纠恶"，鼓励宗祠发展，建立族规，强化族权。这样，从上层文人到下层百姓，从"悖逆"书籍到"悖逆"思想，清政府完成了全方位的控制与弹压。

清廷在建国之初渐次推行的这一系列的文化政策，既有其功利性、包容性和融合性的一面，也有其充满血腥的残酷的一面。因此，它既有效地消除了敌对的势力，保障了统治的稳定，促进了文化的繁荣；同时也将绵延中国达数千年之久的封建文化专制推向了极端，并最终造成了思想界、学术界"万马齐喑"的局面。

一、《南山集》等文字狱

"弄文罹文网，抗世违世情。积毁可销骨，空留纸上声。"鲁迅先生的这首小诗几乎概括了文字狱的全部内涵。

那么，究竟什么是文字狱呢？1915 年商务印书馆所编《辞源》上解释说："以文字贾祸之谓，如汉杨恽以《报孙会宗书》……"1994 年出版的《汉语大词典》该词目下注释云："旧时谓统治者为迫害知识分子，故意从其著作中摘取字句，罗织成罪。"可见文字狱是指由文字而酿成的罪案，而且由来已久。远的不说，北宋文学家苏轼的"乌台诗案"就牵连了 39 人；明初的"表笺祸"中，杭州教授徐一夔贺表中一句"光天之下，天生圣人，为世作则"的话，也招致了杀身之祸。但清代的文字狱，无论其发生的数量之多，还是株连的人数之众，抑或是朝廷的惩处之严，都是旷世未有的，并形成了清史上特有的一种文化迫害现象。

顺治四年，广东和尚函可因携带一封南明福王答阮大铖的书信和一本名为《变记》的史稿而被关入刑部大狱,其死后出版的《千山诗集》也在乾隆朝的查收禁书之列。清朝的文字之狱虽自函可开始,然当时文禁尚宽,此事仍属偶发事件。但自顺治十八年,顺治帝病故开始,情况却发生了一些变化。

康熙二年,浙江湖州富户庄廷鑨纂修《明史》,书中有些不承认清朝正统地位的"违碍"词句,被人告发。结果,除庄廷鑨先死,"焚其骨"外,"所杀七十余人"[1],受株连的将近 200 人,其中又以文人为最多。此事的一个不良效应是,一些心术不正之人从中受到了"启发",便以鸣鞭为事业、以整人为己任,专以挑剔别人著作为能事,栽赃构陷,漫天索赂,搞得人人自危,气氛渐趋紧张。康熙亲政以后,诛鳌拜,平藩乱,于康熙十七年特开博学鸿词科,欲以广延天下"名士",一时文网稍宽。但康熙晚年发生的震惊天下的戴名世《南山集》一案,则真正打开了大兴文字狱的地狱之门,并将这场地狱之火越烧越烈。

(一)"宽文网之禁"下的文字狱——《南山集》案

戴名世,字田有,一字褐夫,号药身,又别名忧庵,安徽桐城人,生于顺治十年,50 岁时置宅于桐城南山砚庄,所以又称为"南山先生"。

戴名世自幼勤奋好学,6 岁入塾,5 年后即能通读《四书》、《五经》。此后探研百家,尤善古文。但因"家世零落"、"恒产既失",20岁即授徒养亲。之后又"不幸死丧相继,家累日增,奔走四方以求衣食"[2]。

戴名世学识渊博,并大力提倡古文,与著名古文大家方苞相齐名。他主张文章应平易自然、言之有物,"自然之文"必须"道、法、辞"三者兼备。这些观点,奠定了日后桐城派的理论基础。戴名世史学功底也同样深厚,以致梁启超认为:"以吾所见,其组织力不让章实斋(学诚),而情感力或当非实斋所逮,有清一代史家作者之林,吾所俯首,惟此二人而已"[3]。

戴名世所在的桐城,恰恰也是明代东林党人左光斗,复社名人方

---

① 《亭林文集·书潘吴二子事》。
② 《戴名世集》卷三,中华书局 1986 年版。
③ 梁启超:《中国近三百年学术史》,东方出版社 1996 年版。

以智、方文，几社巨擘钱澄之的家乡。江南地区的明末遗民，传述明朝轶事，盛推前辈气节。戴名世的曾祖父戴震，在朝代鼎革之际，尽去其发，自号髡僧，仍着明朝旧服，隐居于桐城的龙眠山。戴名世从小就受到了这些故国沦丧、孤忠效死的情绪陶染，立志纂修《明史》。在收集资料的过程中，戴名世意外地发现了一部颇有价值的著述——《滇黔纪闻》，作者是方孝标。

方孝标，原名玄成，字孝标，别号楼冈，后因避康熙帝玄烨的名讳，改字为名，安徽桐城人，顺治六年中进士，累官至弘文院侍读学士，深得顺治皇帝的赏识。顺治十四年，因江南乡试"科场案"受到牵连，流放宁古塔。顺治十八年，赦归乡里。康熙十二年，方孝标往滇黔游历，适逢吴三桂在云南举兵反清，下令凡外籍在滇者全部拘留。方孝标佯装疯癫才伺机逃出。

方孝标返归故里后，就将他在云南、贵州所记的民间传说，尤其是关于永历帝在滇覆亡，南明忠臣义士、遗民政老的旧闻掌故以及大西农民军李定国北伐等史事整理成篇，名之曰《滇黔纪闻》。戴名世当时正立志纂修《明史》，见《滇黔纪闻》中"与中原所知多异同者"，且"学士（指方孝标）考据，颇为确核"，于是就格外重视。所写凡涉及晚明的文字，也多采用《滇黔纪闻》中所载的资料。当时戴名世有一门生姓余名湛。他偶与一位前南明永历朝的官员犁支相遇，谈及永历朝事甚为详细。戴名世听说后非常高兴，就亲自前往拜访。但犁支已离去，于是便请余湛追记犁支所言。戴名世发现，犁支所言与《滇黔纪闻》相比，二者有很多可资互证的地方。戴名世于是又致书余湛，将自己欲据之以修晚明历史的想法说了出来，并天真地认为："近日方宽文字之禁……其书（指南明史书）未出又无好事者为之掇拾、流传，不久而已荡为清风，化为冷灰。至于老将退卒、故家旧臣、遗民父老相继澌尽而文献无征，凋残零落，使一时成败得失与夫孤忠效死、流离播迁之情状，无以示于后世，岂不可叹哉！"这就是有名的《与余生书》，它与《滇黔纪闻》一起被收入了《南山集偶钞》。

康熙四十年（1701），戴名世的学生尤云鹗"捡平日所藏钞本百余篇，在先生集中仅五分之一，为刊而布之"，名《南山集偶钞》，有方苞、朱书、尤云鹗为之作序；尤云鹗的序系由戴名世自作。与之同时刊行的，还有《孑遗录》一书，由王源、汪灏、方正玉为其作序。《孑遗录》记载的是崇祯年间桐城豪绅地主率乡勇抵御农民军攻城的史事。后人对《孑遗录》评价很高。梁启超就曾赞叹说："《孑遗录》可谓极史学技术之能，无怪其毅然明史自任，而自比迁、固也。"①

《南山集偶钞》、《孑遗录》问世后，一时风靡江南，影响日巨。

戴名世博学鸿富，为世所重，但因家计贫困，不得不四处谋生。他曾伤感地说："精神、心力困于教授生徒，而无相知有气力者振之于泥途之中……假令天而不遗斯文，使余得脱于忧患，无饥寒抑郁之乱其心，而获大肆其力于文章，则于古之人或者可以无让。"②困顿无助和恃才自傲两相结合，让戴名世对世道忿恚不满。他感叹自己："抱难成之志，负不羁之才，处穷极之遭，当败坏之世。"③为生活所迫，戴氏32岁才参加乡试，并于当年被选为贡生，34岁入国子监。在京期间，他每每"极饮大醉，嘲嗥骂讥"，与达官显贵相抵牾，以致衔恨者日多，"无故而欲摧折之"④。

康熙四十八年，戴名世参加会试，中了第一名贡士，殿试获中一甲第二名进士，授翰林院编修。此时的戴名世，一改从前清流自视的孤傲性格，"思自奋起，以期无负于盛世"⑤。但恰恰此时，文祸却悄悄逼近了。

康熙五十年十月十二日，都察院左都御史赵申乔参劾翰林编修的戴名世，内容是："妄窃文名，恃才放荡，前为诸生时，私刻《文集》，肆口游谈，倒置是非，语多狂悖，逞一时之私见，为不经之乱道，徒使市井、书坊翻刻贸鬻，射利营生……此狂诞之徒，岂容滥厕清华？臣与名世，素无嫌怨，但法纪所关，何敢循隐不言？"赵申乔所指的《文集》，就是戴名世十年前刊行的《南山集》。康熙在看到参疏之后，批下："所

---

① 梁启超：《中国近三百年学术史》。
② 《戴名世集》卷三。
③ 《戴名世集》卷二。
④ 《戴名世集》卷三。
⑤ 《戴名世集》卷三。

参事情,该部严察,审明具奏。"至此,一幕文字的惨剧正式拉开了帷幕。

那么,在清代的统治者看来,《南山集》的"狂悖"、"大逆"之处到底有哪些呢?

第一,为南明争正统,眷恋故明。

在《与弟子倪生书》中,戴名世认为,应以康熙元年作为清朝的开端,因为在此之前,明朝皇帝尚在,顺治不能算是正统。在其《南山集偶钞》中,戴氏又直书南明政权的年号,诸如"弘光"、"隆武"、"绍武"、"永历"、"定武"等,作为清初至顺治十六年(1659)的纪年,而不称清代的年号。他还倡议修南明史,想发动明朝遗民收集史料,纂辑成书,以总结得失成败的教训。可以想见,如果这样一部《明史》修讫,在当时统治者看来,可能会对民间反清复明的势力起到推波助澜的作用,而这,恰恰是清初统治者绝对不能容忍的。

第二,盛赞故明君臣,立场可疑。

在《南山集》中,戴名世尊称故明之君,如对崇祯帝朱由检称之为"上",写桂王朱由榔称之为永历帝,并为弘光遗臣王养正立传,赞其抗清死难的义举。这在清代的统治者看来,立场分明是站到了烈皇帝、安宗皇帝(弘光)的一边。另外,在《吴江两节妇传》末的赞语中,大骂投顺的二臣:"以不肯效国装死者,头颅僵仆,想望于道而不悔也。"在另一篇《郭烈妇传》中说:"卖国叛故主者多矣,而女子以节烈著者,颇时时不绝也,岂不异哉!"借封建社会男尊女卑之名,斥责那些卖国投敌的公卿贵人。在《画网巾先生传》中,画网巾先生终因不肯去掉所画网巾而引颈就戮。戴氏在表彰这些明末义士、烈妇的同时,也体现了清朝入主中原所带来的屠杀与血腥。

第三,学术观点偏激,离经叛道。

戴名世在《左氏辨》、《老子论》、《曲阜圣庙塑像议》等文章中,提出作《左传》之"左氏"决非孔子所称道的"左丘明",所以应将孔庙中从祀的"左丘明"改为"左氏"。而后人尊奉的"老子"也并非孔子时的"老子"。他还进而认为,应该撤去所有孔庙中的孔子塑像等。这些独特的见解,在清代统治者的眼中,一旦被放大,就有了"乱道"之嫌。

第四,揭露清朝隐事,不知避讳。

前明崇祯帝死后,太子慈烺隐藏民间,后被人告发。亡国余孽自然不能留下。但清朝统治者一向宣称崇祯帝是被李自成所害,他们是为崇祯帝而来。如果这时公然将太子杀掉,难塞众口。于是就搬出一个假冒的崇祯帝宠妃袁氏出来指认,证明太子是假的。这样清政府就以假冒太子的罪名,名正言顺地将在狱中的太子勒死了。此事关系重大,清廷一直担心质疑之言。而戴名世却在《南山集》中断言太子是真的。这一下着实触犯了统治者的"隐事"和大忌。天真的戴老先生哪里知道,在极权专制的封建王朝里,一切事物的真实性都要屈从于统治者的政治利益。

就这样,康熙帝降旨"严查此案",刑部夹讯戴名世。据戴名世供称:"我与余生书内,有方学士名,即方孝标,他作的《滇黔纪闻》,内载永历年号。我见此书,即混写悖乱之语,罪该万死。"

审判的结果是:

戴名世凌迟;其弟戴平世斩决;其祖、父、子、孙、兄弟、叔伯兄弟之子,俱解部立斩;其母、女、妻、妾、姊妹子之妻妾和15岁以下之子孙发给功臣为奴。

方孝标依律当判凌迟罪。但他人已经死了,应当锉尸骨,财产入官。方孝标之子孙方登峄、方云旅、方世樵判斩决。方氏族人,不论是否出了五服,除已嫁之女孙,一律流放黑龙江。

汪灏、方苞,因为戴名世悖逆书作序,判绞死。

方正玉、尤云鹗,闻拿自首,免死,与其妻子一并发配宁古塔。

编修刘岩,虽不曾作序,然不将书自首,亦应革职,与妻子流放三千里。

余湛等6人逃逸在外,等缉拿之后再行处置。

康熙五十一年,康熙帝看到刑部奏折对其中所谓"悖逆"之处本来并不十分在意,但康熙帝阅览的是满文奏疏,满文中"士"与"诗"同音,因而将《南山集》中提到的"方学士"(亦即方孝标)误认为是参与吴三桂反叛的安徽歙州人"方学诗",这使本案的性质变得异常严重起来。在封建社会的极权专治中,生杀予夺之权全然掌控在一人之

手,使得许多人的命运都带有相当的偶然性。

康熙帝本欲严办此事,"杀一儆百",但由于当时自己尚标榜"宽文字之禁",猝然大兴文字狱,社会影响太大。加之被太子废立之事搅得有些心神不安,不久又是自己的六十大寿,杀人太多也不吉利。于是于康熙五十二年二月初七谕批:"戴名世从宽凌迟,著即处斩;方登峰、方云旅、方世樵俱从宽免死,并伊妻子充发黑龙江;此案内干连人犯从宽免治罪,著入旗。"方苞被免死罪,家口入旗,不久又特命入值南书房,以备文学顾问。雍正元年,《南山集》案内人犯获赦,以前牵连入旗的尽释归籍。汪灏、戴名世之弟戴平世在流放期间先后病故。

至此,一场轰动朝野的文字大狱宣告结束。

其实,回过头来审视此案,所谓"大逆"之罪,实属诬陷。因为对戴名世而言,他是以"揆以《春秋》之义"①的史家眼光,来直书南明政权年号的,根本就不存在什么"欲将本朝年号削除"的意思。事实上,清廷诏修《明史》,乾隆帝不是也特谕"甲申以后存福王年号,丙戌以后存唐王年号,戊子以后存桂王年号"②么?可见,"大逆"之罪,何罪之有?戴名世之所以被杀,说到底完全是清王朝出于维护其思想统治的需要,以牵强附会、无限上纲的手段所作的政治陷害。其构陷的具体过程诚如有的学者所说的那样:"于现实社会不满之言,则暗中树敌甚多,成为招忌之的。赵申乔奏参戴氏,原谓其'狂妄'或'狂悖',意在稍杀其锋,在鞫讯过程中,进而为'悖逆',最后说成为'大逆',其实皆强加锻炼之辞,藉反清思想为口实,以置之死地而已,非戴氏本人所有之思想也。"③

换一个更细微的角度看,戴氏之所以被杀,而方苞之所以免死,恐怕还有这样一个原因,即二者的文风差异。这一点被日本学者佐藤一郎看出,他在《关于桐城派的几个问题》一文中精辟地指出:"方苞的文章属于清代正统派,戴名世的文章则与明代文风相似,更倾向于归有光。""戴文的特色是明末清初的风格,颇有点悲愤慷慨。方文则相

---

① 《与余生书》,《戴名世集》卷一。

② 《记桐城方戴两家书案》,《戴名世集·附录》。

③ 王树民:《戴名世集·前言》。

反,有凝缩而沉潜的倾向。方苞的'义法理论'是载道的严格主义,但他的心里有清人特有的寂寞之情,在凝视内外的各种情况之末,确立了一种略微急迫严峻的古文。"——时风孕育文风,戴氏其人"狂简",其文又"多幽忧之思"①,"多愤世嫉俗之作"②,自难见容于世。这也许是导致康熙帝情感天平倾斜,对戴、方两人一杀一免的一个诱因。

但类似的悲剧并没有结束,此后的文网越织越密,终于至乾隆朝而达到了极致。据民国故宫博物院文献馆《清代文字狱档》,乾隆朝文字狱多达130多起,是康熙、雍正两朝的数倍,其中既有用语不当,误犯时忌,未避庙讳、御名,或家藏明清之际人之书版者;也有因诗句被曲解衍申定谳为讪谤忤逆之语的。其株连之广、惩处之严,甚至连许多平民和精神病患者也未能幸免。

综观有清一代,除《南山集》案以外,和安徽籍人有关的文字狱还有以下9起,其中乾隆朝就占了8起,具体如下:

雍正十年(1732),安徽含山黄正超家藏逆书案;

乾隆三十四年(1769),安徽宣城李超海《武生立品集》案;

乾隆四十四年,安徽天长生员程树榴《爱竹轩诗稿·序》案;

乾隆四十四年,安徽婺源王大蕃撰寄奏疏书信案;

乾隆四十四年,安徽宿松监生石卓槐《芥圃诗抄》案;

乾隆四十五年,安徽和州戴移孝《碧落后人诗集》、戴昆《约亭遗集》案;

乾隆四十六年(1781),安徽太平焦禄捏造逆帖、裁害族人案;

乾隆四十七年(1782),安徽歙县方国泰收藏《涛浣亭选集》案;

乾隆五十一年,安徽滁州生员骆愉呈狂悖书策案。

文字狱,清人又称之为"书案"。"是冤不比南山深。"③由《南山集》一案和9起与安徽籍人有关的书案,我们不难看出有清一朝大兴文字狱的一个侧影,也不难感受到其时文化政策那充满腥风血雨的一个方面。

---

① 《戴名世集》卷四。

② 《戴名世集》卷一。

③ 叶濒主编:《桐城歌谣》,《中国歌谣集成安徽卷桐城分卷》。

（二）"书案"大兴的原因及其影响

有清一朝，文字狱之所以大兴，原因主要有这样几点。

第一，清朝是以少数民族入主中原的，而自古以来我国先民思想中就有着强烈的华夷之别，汉民族以自我为中心的意识非常浓烈，因此，面对"乾坤反覆，中原陆沉"，反清复明的斗争一直层出不穷。而读书人自来是"民族的指导人，统治前途的暗礁都在他们身上"①。统治者带着对自身文化的强烈的自卑感，对汉族士人反清思想的猜忌和恐惧达到了病态的程度，这使得文字狱成为统治者用以巩固其统治地位、打压汉族人民族意识的一个强有力的手段。

第二，清初诸皇子为了储位而明争暗斗，从未消歇。他们各自集聚势力，结为党援；而朝中科甲出身的官员为了自身的利益，也争相援引请托，乃至于朋比为奸。对于明末就已泛滥至清尤剧的这一股风气，统治者是深恶痛绝的，他们认为："风俗人心之害，莫过于此"。清前期的几起文字大狱，显然都有着这方面的考虑。

第三，文字狱的产生还与汉语独特的表达方式有关。汉字属单音节语，又是表意文字，不仅一字多音，且能一字多义，既可拆装拼凑，也可谐音别解。而这些特点，在通文识字者的手中便有了相当的随意性和游戏性。而传统文学自来就讲究比兴连类，注重微言大义，中国人又具有整体性、模糊性的悟性思维，讲求言约意丰、义生文外的隐喻，因此，只要需要，既可以让自己下笔如有"神"，也可以让你下笔如有"绳"，当然更可以任意曲解，上纲上线。文字狱正是缘此而生，也因此而登峰造极。乾隆朝的《一柱楼诗》案，即东台举人徐述夔的一联诗句"明朝期振翮，一举去清都"，就因曲解语意而被诬为反"清"复"明"惨遭文祸。

中国两千多年的封建专制，行至清代，已达到了它的极限。许多文字狱案都是由皇帝亲自审理的，所谓法律，在皇帝的手中实在是形同具文。封建帝王的这种绝对专制权力，让这些惨剧又蒙上了一层荒诞而又残酷的色彩。

---

① 梁启超：《中国近三百年学术史》。

文字狱大兴的结果,不能不在尔后中国社会的历史进程中投下浓重的阴影。具体来说,这种消极影响主要表现在以下两个方面。

其一,对文人心理的影响。

有清一代,由于文字狱大兴,举报之风大炽,文人士子在吟诗作文,乃至属联拟题时,都有可能被别有用心的人随意曲解、加以引申,从而招致杀身灭族之祸,故而当时的读书人都普遍怀有忧谗畏讥、惴惴不安的心理,形成了畏惧、郁闷的心态和见风使舵的处世态度。所谓"但当葆羽翼,冥飞避弋人"①、"近事欲言言不得,寄书惟有劝加餐"②、"欲逃世网无多语,莫遣诗名万口传"③的诗句以及剧作家李渔在作品中流露的"从今懒听不平事,怕惹闲愁上笔端"的不满与无奈,均可视为惧贾文祸在文人心灵上投下的浓浓的阴影。而对于这种普遍存在的社会心理,当时就有人一针见血地指出:"今之文人,一涉笔惟恐触碍于天下国家","人情望风觇景,畏避太甚,见蟮而以为蛇,遇鼠而以为虎,消刚正之气,长柔媚之风,此于人心世道,实有关系"。④

这实在是有清一朝文人们的"集体失语症"。"士子不敢治史,尤不敢言近代事。"⑤透过他们的诗文所流露出的那种敢怒不敢言的情结以及如同惊弓之鸟般的畏惧心理,我们便可以理解这些士人们为什么或热衷名利,或饾饤雕虫,或冷漠遁野,或风花雪月,从而造成如后来龚自珍所说的"避席畏闻文字狱,著书都为稻粱谋"⑥的景况。同样,我们也就可以理解,清前期两部著名的小说——《红楼梦》、《儒林外史》,虽敢于深刻揭露当时黑暗的现实,却又不得不或将作品的时代背景安排在明代,或声称不干涉朝政,这其中不恰恰含有畏避文字狱的因素吗?

其二,对文人学风的影响。

清代文字狱大兴,它和严禁文人结社、毁禁有碍书籍一道,构成了

---

① 黄景仁:《咏怀》。
② 冯班:《寄赠瞿叔献》。
③ 查慎行:《送赵秋谷宫坊罢官归益都》四首之四。
④ 李祖陶:《与杨蓉诸名府书》,《迈堂文集》卷一。
⑤ 鲁迅:《且介亭文集·买小学大全记》。
⑥ 《龚定庵诗集·咏史》。

文化专制的三维。在此情势下，读书人战战兢兢、如履薄冰，于是只能纷纷埋头故纸，皓首穷经，潜心于考据之学，进行文字训诂、名物考证和古籍校勘、辨伪、辑佚等工作，甚或出现了"为考据而考据"、"不谈义理"的乾嘉汉学，学术风气由空谈而转向于实用。乾嘉汉学虽然从学术源流上导源于清初的顾炎武，且在文字、训诂、金石、地理等方面取得了很高的学术成就，以致有人说这些成就"比起牛顿、开普勒、哈维来是丝毫也不逊色的"[①]。但若就其学术精神而言，则又显然是清朝文化专制的结果，是当时高压政策下的畸形的繁荣。因为在文化专制的淫威下，人们承袭的仅仅是清初学者的治学方法，而丢掉的恰恰是"经世致用"的精神，而一旦丢掉了"经世致用"的精神，就必然会导致缺乏思想理论上的建树。这不能不说是一种历史的遗憾。

正是在这双重阴影的笼罩下，清代的社会风气日益趋于卑下，封建王朝终于走入了一个暮气沉沉的时代。

二、科举与书院

（一）清代的科举

中国自古以来就有"官国"之称，热衷仕途是国人普遍追求的人生理想。然而在古代，仕途对于士子们来说并非是一道荡荡的坦途，倒似乎更像是一条崎岖的山道。莘莘学子纷纷拥入"唯有读书"这一条"道"上，熬尽"十年寒窗苦"，祈盼"金榜题名时"。科举几乎成为了他们出人头地的唯一出路。

科举的"黄金时期"无疑是清代。而清代的科举制度又是直接由明朝嬗递而来的。它已经形成了一个层次、等级、条规名目繁多而又相当苛严的庞大体系。大体说来，它可以分为童试、乡试、会试、殿试这四个等级。

清朝从顺治入关到清代末年，历10帝268年，其间开科114次，考取进士的共计26888人。安徽由于其源远流长的诗书传家的民风，再加上徽商崛起又提供了物质上的基础，所以在历次科场中都有不俗

---

① ［英］李约瑟：《中国科学技术史》第1卷第1分册，科学出版社1975年版。

的表现,并涌现出一些科举世家。如桐城的张氏、太湖的赵氏,均四世翰林,实为海内所鲜见;又如著名小说家、全椒人吴敬梓,也是出生于科举世家。其家门鼎盛,两代 6 进士。而徽州府婺源县的程氏家族,从程克鉴起至程允中中举计 9 代成员中,拥有科举功名者竟达 174 人之多。我们再看一个数据,清朝历届殿试前三名共计 324 位,其中安徽就有 20 名,仅次于江苏、浙江。如考虑到江浙一带的进士有许多原籍是安徽,受到过古徽州教育的滋养,后随徽商而东迁,安徽对国家的贡献就更为可观了。

若再小而言之,有一现象值得注意,即按旧制,应试士子须在原籍本乡参加考试,不得冒籍。这一规定对寄居他乡的徽州子弟来说,显然十分不便。于是徽州盐商就通过游说官府,竟争取到了徽商子弟可以在侨寓地区应试的所谓"商籍制度"。这一事实本身就表明徽商"贾而好儒",对子孙参加科考是非常重视的。所以在明清两代,徽州登科场、为仕宦的人就显得格外多,这在全国也是名列前茅的。我们不妨以北京歙县会馆所列歙县(包括寄籍)有清一代榜上有名者的一个数据,来见其一斑:

大学士 4 人,尚书 7 人,侍郎 21 人,都察院都御史 7 人,内阁学士 15 人。

状元 5 人,榜眼 2 人,武榜眼 1 人,探花 8 人,传胪 5 人,会元 3 人,解元 13 人,进士 296 人,举人约千人。

据方志、谱牒的资料,再对照会馆"提名榜"所列名单,可知他们大都是商人的后代。这也足可表明徽商"贾而好儒",世商之子亦"好儒"。正是由于徽商、徽人对科举的高度重视,才使得徽州十户之村皆有诵读之声,甚至出现了"连科三殿撰,十里四翰林"的独特现象。

有清一代,安徽一共出了 9 名状元,他们分别是:

黄轩,生卒年不详,休宁人,乾隆三十六年(1771)恩科状元。

金榜(1735—1801),休宁人,乾隆三十七年(1772)状元。

吴锡龄(？—1775),休宁人,乾隆四十年(1775)状元。

赵文楷(1760—1801),太湖人,嘉庆元年(1796)恩科状元。

洪莹,生卒年不详,歙县人,嘉庆十四年(1809)恩科状元。

龙汝言,生卒年不详,桐城人,嘉庆十九年(1814)状元。

戴兰芬(?—1833),天长人,道光二年(1822)恩科状元。

李振钧(1794—1839),太湖人,道光九年(1829)状元。

孙家鼐(1827—1909),寿县人,咸丰九年(1859)状元。

另外,太平天国时期安徽籍的状元有2名,他们是:

武立勋,生卒年不详,和县人,太平天国三年(1853)天试状元,也是太平天国的首位状元。

杨朝福,生卒年不详,安庆人,太平天国三年(1853)翼试状元。

对上述皖籍状元,我们也可以从历时和共时两个方面来分析。

从历时的角度来看,安徽在每个朝代都考出过状元:唐代出了1名,南唐出了3名,宋朝出了5名,元代出了1名,明朝出了6名,清代出了9名。这表明,安徽的状元越出越多,并呈递增之势。其所以如此,显然和一个朝代的时间长短、朝代的定都以及由此而形成的政治、经济、文化中心带紧密联系在一起,并直接受到这些因素的影响。以明清而论,明代的朱元璋先把都城设在南京,后来成祖朱棣将都城移往北京,但仍在南京设一套机构,科考上分南、北试,这显然直接刺激了沿江江南一带举子们的读书出仕之心,明朝所出6位状元基本上全在这一带。清朝科考沿袭明制,而这些地区由明朝形成的重教育、重科举的浓厚氛围,仍然维持着强大的惯性,并以递增之势向前发展,加之明末农民战争并没有给这些地区造成如中原一带那么大的毁坏,而徽商的崛起、"贾而好儒",又给这些地区注入了殷实的经济基础,从根本上提供了物质保证。因此,清代安徽所出状元基本上也仍然在沿江江南一带。① 这其中,休宁县又堪称"状元第一县",历代共出了19名状元,仅清朝一代就独占三"元"。

再从共时的角度来看,清代皖籍状元除了李振钧、孙家鼐是出于官宦之家外,其他几位要么是家境一般,如赵文楷;要么是家境贫寒,如洪莹、龙汝言、吴锡龄等;要么是出自秀才之家,如戴兰芬。这就清楚地表明,清朝的科举制度进一步打破了"世卿世禄"的旧传统,使得

---

① 参见李传玺《皖籍状元旧事(一)》,《江淮文史》2007年第2期。

普通士族都拥有了一个上升的阶梯,其合理性是不言而喻的。再者,在清代皖籍的 9 位状元中,金榜后成为徽学考据之学的著名学者,赵文楷曾出使琉球而不辱使命,孙家鼐则更是为中国现代大学教育的奠基作出了开创性的贡献。这也同样可以表明清朝科举制度在选人用人上的某些合理性,即使是贫寒之人,也还是可以通过自身的奋斗而获得施展才华的机会。事实上,清朝的统治者正是借科举之途来笼络天下士人入其彀中的,并也确实延揽了许多俊彦,促进了文化的繁荣。而且,清代的科举制度又最为严密,对科场案的查处也最为有力,清廷甚至还有意让汉人垄断几乎全部的科举名额,完全不同于元朝科举分左右榜的歧视、压抑汉人做法,这样就更是牢牢地将汉人士族掌控住了。

不过,我们更应看到,有清一代对于科举制度的批评言论从来就没有停息过,科举制度的弊端更是显而易见的。

第一,士子们只知埋首时文(八股文)、趋竞于场屋,所养成者大都是些不读经史、不知世务之人。八股文不仅体制僵化,而且要代"圣贤立言",即揣摩孔孟和贤士程朱的语气说话,因而文章多半含混生涩,似通非通。久而久之,遂使士子"目不通古今,耳不知中外,以致理财无才,治兵无才,守令无才,将相无才,乃至市井无才,列肆无才"[1]。

第二,士人读书应试,所存大多是一些"黄金屋,颜如玉"之类的利禄富贵之心,故而败坏了士人的心术。加上为官后不知实务,不得不任用幕客、书吏,而他们又多借此蠹政害民。这些选出来的"人才",由于拼到功名着实不易,为官后多半明哲保身,成了没有信仰、不讲原则的庸才。

第三,士人应试不仅败坏了心术,同时也摧残了身心。进入考场时,要受到搜身等侮辱性的检查,可谓斯文扫地;进去后,又局促号屋,狼狈不堪。如同治六年(1867)顺天乡试,"天气暴热,坐矮屋,如蒸笼,病暑者十之五,死号中四十余人"[2]。

---

① 徐致靖:《请废八股书》。
② 戴莲芬:《鹅砭轩质言》卷三。

第四,科举虽能使人"朝为田舍郎,暮登天子堂",但荣显者少之又少。科举取士者,束以程式,工拙不甚相远,而黜陟益以难凭,士子中与不中,都带有很大的偶然性。不少人须发皤然,仍困顿场屋。以乾隆四十年会试为例,各省举人中年届 90 的 1 名,80 以上的 20 名,70 以上的 5 名。而科举考试这种没有年龄限制的规定,看似对读书人有益,实则最大限度地将知识分子束缚于科场,摧残了许多人的心智,也极大地浪费了人才。

第五,也正因科举中试难比登天,也就有人铤而走险,遂使科场舞弊之风大兴。如顺治十四年的丁酉科场案,康熙三十八年的北闱主考李蟠案,康熙五十年的江南乡试案,乾隆十四年的殿试案,等等。这样,科举制度的公正性也遭到了质疑。

而当科举与文字狱这一"怪胎"结合之后,又酝酿出了许多血淋淋的惨案。如雍正四年江西主考官、礼部侍郎查嗣庭试题案,乾隆二十年胡文藻诗狱、试题案,等等。

19 世纪中叶后,国运渐替,咸丰帝为筹公饷,大开捐例之门,以至当时社会 30% ~50% 的生员资格是靠捐纳而得。这样,科举留下的最后一点公平性也荡然无存了。

(二)清代的书院

早在东汉时,由于私人讲学成为一种风尚,就逐渐出现了一些随师所在之地而立的较为固定的讲学场所,及至唐五代,士人"往往择胜地立精舍,以为群居讲习之所"①。这一时期正式出现了"书院"一词,尽管它最初指的是藏书和修书之所。书院在宋、元、明代虽时有兴废,但总体呈发展的趋势。

清代是中国古代书院最为昌盛的时期,各种层次的书院遍及城乡,成为国家教育体系之外的最为重要的教育机构。清代统治者一方面大兴文字狱对士人进行打压,另一方面又对士人进行科举笼络,使得读书人将科举及第看作荣华富贵的不二法门、寄托精神和趋避文祸的唯一途径,于是,读书应举者大增,各种书院也盛极一时。据有关专

---

① 朱熹:《重修石敲书院记》。

家的统计,清代新建的书院达 3757 所,修复前代书院 608 所,两项共计 4365 所。① 这其中,安徽书院新建的就有 116 所,修复、重建的有 46 所,另有 41 所建置不详,共计 203 所。这些书院遍及全省各县,江南诸县位居第一,江淮次之,淮北又次之。这是由于安徽各地经济、文化的发展不平衡的缘故。其中著名的有:歙县的紫阳书院,安庆的敬敷书院,合肥的斗文书院、肥西书院,庐江的崇正书院,定远的能宏书院,秋浦的研经书院,巢县的巢湖书院,等等。

清廷通过不断调整书院政策,取消书院长期以来盛行不衰的讲会制度,使之成为宣讲程朱理学和培养科举人才的机构,并要求各级地方官吏积极参与书院的创建和修复;书院招收生徒的权力甚至也由官府来掌控,且生徒还有名额和籍贯的限制。与此同时,还制定了严格的院规、学程和会约,对士子的学习方式、学习步骤以及注意事项一一作出规定。如歙县的紫阳书院在《紫阳讲堂会约》中就严格规定了以"崇正学、敦实行、谨士趋、严始进、图晚节"为纲的院规。这样一来,书院实际上就取代了官学,成为培养人才的主要机构。

不同种类的书院,其所教内容也不尽相同。有的讲求理学,有的注重科举,有的研习汉学,清代后期还出现了讲授西学的书院。雍正时期,鉴于闽粤官员乡音太重,任职外省处理公务多有不便,闽粤一带还出现了另一种书院——正音书院,一种教授官话的机构。不过,在清代书院中,数量最大的还是家族书院和乡村书院,它们是中国古代士人获得生员资格之前的学习场所之一,主要招收本族和本乡的子弟进行蒙学教育。

值得一提的是,随着清代资本主义经济的萌芽与发展,商人们的经济实力进一步增强,为了摆脱自身较为低下的政治和社会地位,许多商人纷纷捐资创建书院,或为书院提供经费,这种由商人出资创建的书院实际上也是家族或乡村书院的延伸。这一点在富甲一方的徽商身上表现得尤为突出。据康熙《徽州府志》统计,当时徽州共有书院 54 所,其筹建和经费资助的主要来源就是徽商们的赞助。如乾隆

---

① 白新良:《中国古代书院发展史》,天津大学出版社 1995 年版,第 271 页。

五十九年，歙县盐商鲍志道为紫阳书院捐银 8000 两；嘉庆年间，鲍志道之孙鲍均又捐银 5000 两。同治十三年（1874），黟县绅商捐资重建碧阳书院，共捐银 19540 两，实收 14738 两。① 道光十二年，婺源江溶身为大商雇佣，捐资重建湖山书院。② 他们的这一举措，实际是"贾而好儒"特征的生动体现。

乾隆中叶以后，以江苏和安徽为中心的江南地区出现了一个新的学术流派——乾嘉汉学。"从此汉学昌明，千载阴霾，一朝复旦。"③以江苏吴县的惠栋为代表的"吴派"率先用训诂、考证的方法研究汉代经籍。比"吴派"稍后崛起的以安徽徽州人戴震为代表的"皖派"，其学术造诣后来居上，学术风气也为之一变，并很快波及书院。当时，全国许多书院都竞相延请朴学大家去书院主讲，且不论当时京师的金台书院、南京的江宁钟山书院，仅在安徽一地，宣讲汉学的书院就有安庆的敬敷书院、歙县的紫阳书院、怀远的真儒书院等。而汉学也依托于书院得到了更为广泛的传播。因考据之学离政治较远，因而也得到了朝廷的鼓励与支持，书院的发展也因之受益匪浅。桐城派古文大家姚鼐于乾隆四十五年至五十二年（1787）主持安庆的敬敷书院，后又主讲歙县的紫阳书院。该派作家还有 70 余人在全国各地书院讲学，使这一文派得到广泛传衍，所在书院也因之名声大振。

清代中晚期，书院的教学活动基本上被以八股文为核心的考课所取代。据《安庆府志》记载，书院山长的职责也主要是批阅课卷和指导生徒读书，绝大多数书院已沦为官学一样的考课机构。云南玉屏书院的讲堂上所悬挂的一副对联就是对这种情形的最好写照："何事关心，二月杏花八月桂；是谁催我，黄昏灯火五更鸡。"④而明末著名的东林书院的对联是："风声雨声读书声声声入耳，国事家事天下事事事关心。"两相比照，可以生动地看到书院由明至清的演变轨迹。

至 19 世纪末，民族矛盾日益突出，学习西方科学文化知识的呼声

① 陈瑞、方英：《徽州古书院》，辽宁人民出版社 2002 年版。

② 张海鹏、唐力行：《论徽商"贾而好儒"的特色》，《中国史研究》1984 年第 4 期。

③ 江藩：《国朝汉学师承记》卷一，中华书局 1983 年版，第 6 页。

④ 清制二月会试，八月乡试。

日高一日,传统的书院已不能满足这一社会需要。有识之士或提出将书院改为学堂,分为小学、中学、大学;或建议改革书院教学内容,增加西学;或提议创建求实书院。但由于科举依然是士人登显的最佳途径,使得一些相应的改革措施很难奏效。清末桐城派的代表吴汝纶先生曾言:"然不改科举,则书院势难变通,不筹天算格致,出仕之途虽改课,亦少应者。"①

光绪三十一年八月初四(1905年9月2日),在国内外时势的逼迫之下,清廷上谕:"著即自丙午科为始,所有乡、会试一律停止,各省岁科亦即停止"。从此,中国历史上生存了1300年的科举制度走到了尽头,以培养人才为主要职能的书院从此淡出了历史舞台。

第二节　清初的西学东渐

西学东渐主要是从天主教传教士尤其是耶稣会士的东来开始的。明朝末年,耶稣会士相继来到中国,这些传教士大都博学多才,具有一定的科学知识,为了在中国更好地立足,他们采用了"学术传教"的策略,又迎合了当时中国的统治者对西洋历法和火器的浓厚兴趣。这样,明清之际的中西文化交流得以在和平的方式下展开。传教士们将西方的科学知识输入中国,中国人第一次了解到了西方的先进文化。明万历四十八年(1620),金尼阁来华,随身携带图书7000余部;清康熙二十六年(1687),汤若望来华时,携带了图书3000余卷。这些图书内容涉及天文、数学、宗教、地理、物理、医学、火炮制造、机械学,等等。各种知识的蜂拥而至,让中国人封闭而又陈旧的知识和思想体系受到了巨大的冲击。明末时,西学、西教在朝野已有不可小视的影响。转至清代,传教活动进一步深入,德国传教士汤若望、比利时人南怀仁都受到顺治、康熙的赏识。西方先进的天文学、几何学和水利等知识相

---

① 吴闿生:《桐城吴先生尺牍》—《答牛蔼如书》,光绪二十九年刊本。

继传入中国,语言学、绘画、音乐等西方一些人文学科也得到了介绍。一些开明的学者如薛凤祚、王锡阐、梅文鼎等人对西学进行了深入的研究。但出于文化的盲目自尊,一些国内学者开始主张"西学中源"说,一时甚嚣尘上,以致康熙帝对西学产生了深深怀疑,并且"大悟":"盖西夷之可取者,惟远近测法一术,其他则皆剽袭中国之绪余,而无通理之可守也"①。随后,一些激进的传教士又进行了旷日持久的"礼仪之争",严禁基督教徒祭祖、祀孔,这是一种公然反对中国传统文化习俗的行为,以至康熙五十九年康熙帝下诏禁教:"以后不必西洋人在中国传教,禁止可也,免得多事"②。并且决定,除了会技艺之人留用外,其余传教士尽行驱逐回国。至此,中国历史上的第一次西学东渐宣告结束。

第一次西学东渐,不仅让中国人初步了解到西方的科学和文化,而且对中国的士大夫阶层也产生了积极的影响。同时它还改变了中国的学术风尚,促进了求实学风的形成。嗣后经世致用之学的倡导,对历算、西北史地的兴趣,乃至乾嘉汉学的科学精神和实证学风,显然都受到了这次西学东渐的影响。但同时我们也应该看到,这次西学东渐的过程,其实也正是西方殖民势力东渐的过程,排外拒夷、盲目自大的心理使得西学在清初的中国由不断发展至渐趋中绝。而西方传教士急躁的强势渗透,反而加速了这次西学东渐过程的失败。

一、方以智的学术成就

(一)坎坷传奇的一生

方以智,字密之,别号甚多,主要有愚者、曼公、无可、药地等,又号浮山愚者,晚年号极丸老人,明万历三十九年(1611)生于安徽桐城凤仪坊。方以智后崇祯帝一年生,在他60岁的生涯中有33年是生活在明末政治动荡的社会现实之中。当时东北女真族崛起,明廷与女真族建州部连年征战,节节失利。而明朝内政也腐败到了极点。神宗、光

---

① 《清史稿》卷四五。
② 《康熙与罗马使节关系文书》影印本。

宗、熹宗个个昏庸无道，朝臣党争激烈，宦官独揽大权，地方官吏横征暴敛，农民起义此起彼伏。崇祯死后，清兵入关，偏安一隅的南明小朝廷又不思进取。至顺治、康熙朝虽经济逐渐繁荣，但又大兴文字狱，让士人噤若寒蝉。一个"得以坐集千古之智"的才子生于斯时，不由仰天长叹"我生何不辰，天地遂崩裂"。而方以智传奇的一生也在这动乱的年代演绎得格外惊心动魄。

方氏家族"族望江南"，方以智从小就接受了严格的封建礼教与文化教育。他爱好广泛，博涉百家，曾问学于热心传播西学的熊明遇，得以接触西学，并立志要"奋其大力"，担当起"过古人"的历史重任。[①]方以智儿时随父方孔炤入京为官。1625 年，其父因忤逆魏忠贤，革职回籍，方以智随之返乡。此事对年少的方以智震动很大，从此与朋友读书吟诗、游山刻石，过起了贵公子的生活。几年后发展到了"好悲歌"且常"歌至夜半"、人人目为"狂生"的程度。18 岁那年，方以智自我觉醒了，他矢志走一条著书为志的道路。20 岁时，他负笈东游江浙，广结士友，与"复社"名士"裁量人物，讽议朝局"，一时名扬东吴，与冒襄、陈贞慧、侯方域并称"四公子"。崇祯六年，方以智怀抱凌云壮志，到南京参加乡试，结果却名落孙山。此后，因逢家乡市民暴动，流寓南京，曾一度放浪形骸、流连声色。此时明末农民起义的号角四面吹响，重又唤醒了方以智报国尽忠之心。崇祯十二年（1639），重又投身科举，并于次年得中二甲进士，后授翰林院检讨。

初从政的方以智，不顾自己人微言轻，大胆进谏，积极进取，屡为崇祯帝所赞许。但崇祯帝刚愎自用，国势日颓，已无回天之力。崇祯十六年三月，农民军攻陷京城，崇祯帝吊死煤山，方以智痛哭灵前，不幸被捕，备受拷掠，后乘隙逃到南京，被当时的弘光朝诬为"降贼"，不得不流离闽粤，"卖药市中"。清顺治年，方以智受桂王征召，重新从政，但由于阉臣的排挤，不久又过起了漂泊隐居的生活，"孤身强病，遁迹幽峒"达数年之久。为逃清兵迫害，顺治七年，方以智在昭平仙回山剃度为僧，法名弘智。历尽沧桑，方以智对人生、社会有了更深的感

---

① 《七解》。

悟，他出入名山，讲经说禅，与黄宗羲、王夫之、梅文鼎广有交往，一时名声大振。康熙十年"粤难"发作，脚步稍安的方以智又被莫名其妙地卷了进去。同年五月，方以智被差吏押解循赣江赴岭南，舟行至万安惶恐滩，方以智"疽发于背"，溘然去世。

海内旧友、僧徒惊闻噩耗，吊唁不绝，遵方以智生前遗愿，将其葬于浮山东麓母茔旁。墓碑上没有生卒年号，以示自己为明代遗民，乡人在他的墓前竖起了楹柱，赞其"博学清操垂百世，名山胜迹共千秋"。

方以智年少时就聪明颖异，胸怀大志，每当说到"忠孝"之事，就"气魄凛如"。平生历尽兵刀、流离之痛，但操履淡泊，不惧辛苦，归隐之后，放情山水，神闲气定。方以智生平以气节自负，又以学问自许，天文、地理、训诂、医药无所不精，兼工诗画、书篆，实为清初博学之第一人。

方以智一生潜心学术，著述等身，概而要者，其学术成就主要在自然科学、语言学、哲学等方面。

（二）自然科学成就

方以智的自然科学成就，主要体现在《物理小识》这本书中，该书共 12 卷，分为天类、历类、风雷雨旸类、地类、人身类、医药类、饮食类等 15 门，编成于明崇祯十六年，附在《通雅》之末，后由其子方中通、方中履和他的学生揭暄将其分出，单独编排，并加注释，于清康熙三年刊行。这是一部被日本学者誉为"当奈端（牛顿）之前，中国诚可以自豪的关于自然科学百科全书式的著作"[1]。在这本书中，方以智既总结了我国古代的许多伟大科学成就，又有鉴别、有选择地吸收了当时西方传入的大量科学知识，对不少问题的见解都十分独到。

在物理学方面，方以智的主要贡献有：

（1）提出了时空合一观。"灼然宙轮于宇，则宇中有宙，宙中有宇也。"[2]

（2）提出了光的广义波动说，也称"气光波动说"。认为万物皆

---

① 蔡宾牟、袁运开：《物理学史讲义（中国古代部分）》，高等教育出版社 1985 年版，第 134 页。

② 方以智：《物理小识》卷一。

"气"所为,光、声都是"气"的运动。指出,光、声都是"气"激发的结果,与充满空间的"未凝形之气""摩荡嘘吸","互相转应",溢出其外。① 他的这一光学理论具有很强的体系性特征,时间上也早于惠更斯的波动说和牛顿的微粒说。

(3)在上述"气光波动说"的基础上,方以智又用小孔透光的实验验证了"光肥影瘦"的理论。认为光在传播过程中,总要向几何光学的阴影范围内侵入,使有光区扩大、阴影区缩小。"光肥影瘦"的本质是光的溢散,也就是光的"衍射现象"。方以智据此批驳了传教士有关太阳直径将近有日地距离三分之一大的说法。这些都是前无古人的学术贡献。

(4)用"气若一镜"的理论科学解释了"海市蜃楼"现象。

(5)在声学方面,他对声音的产生、传播、隔音、共振等都进行了仔细的研究。如在"隔音"条中指出:"以瓮为甃,累而墙之,其口向内,而外过者不闻其声,何也?声为瓮所吸也。"这可以说是中国古代关于"吸音墙"的最早记载。

在天文学方面,方以智根据西方用望远镜发现金星"有时晦,有时光满,有时为上下弦"这一周期变化的事实,提出了金星、水星绕地球运行的正确猜测。他还第一次提出了恒星整体是运动的思想,比当时传教士传入的恒星不动的观点显然前进了一大步。

《物理小识》还在世界上首次记载了炼焦与使用焦炭的方法,这比欧洲早了整整一个世纪。在《物理小识》中,方以智发明了大量的专有名词,如"物理"、"石油"、"望远镜"、"地球"、"空气"、"肺管"、"直肠"、"密封"、"镀金"等。《物理小识》传入日本后,为日本人广泛采用,并在清末又重新以外来词的面目引进到了中国。

在医学方面,《物理小识》提出了"人之智愚系脑之清浊"②,推翻了传统的"心之官则思"的错误观点。同时发现和改正了一些历代本草书(包括李时珍《本草纲目》)中的错误和疏漏,而且搜罗了不少历

---

① 方以智:《物理小识》卷一《光论》。
② 方以智:《物理小识》卷三《人身类》。

代本草中未曾采纳但又行之有效的药物。

方以智在医学上的学术成就还体现在《医学会通》、《内经经络》等书中。他对"五运六气"进行了颇有哲理的阐述，提出了"水火交济"的病机学说。在脉学方面，他指出了传统《脉诀》的错误所在，并绘制了《六气表里图》，以揭示手足十二经循环。而在医疗技术上，方以智对传统的救吞钩法增加了蚕茧保护食道的保护，对张仲景的灌肠术增加了加压手续，并首倡"中西会通"。

（三）语言学成就

明清之际最有特色的雅书，当推方以智的《通雅》。全书共52卷，约70万字，是方以智在语言文字领域的代表作。该书撰述的宗旨，一是要成为"《尔雅》之笺翼"，二是使语言文字"通达"。① 它将中国传统的音韵、文字、训诂之学贯通于各种学科，以雅书的形式冶为一炉，在古代小学史上占有很高的地位。正如梁启超所说：《通雅》"总算是近代声音训诂学第一流作品"②。这主要表现在以下几个方面。

首先，方以智发展了戴侗的"因声以求义"的理论，提出了"欲通古义，先通古音"③和"因声求义，知义而得声"的正确主张。

其次，《通雅》以前的雅书在释义时一般都不出书证，更没有驳议。《通雅》则着重解释词义，又分列各家之说，实开雅书体例之先河。

再次，《通雅》解释了不少从唐到明代的词语，是后来学人研究唐宋元明词汇的必读之书。正如何九盈先生所说的那样："研究先秦词汇要读《尔雅》，研究汉魏词汇要读《广雅》，如果研究唐宋元明词汇，则不可不读《通雅》。"④

同时，《通雅》一书还主张文字改革。方以智在书中说："（汉语）一字之纷也，即缘通与借耳。若事属一字，字各一义，如远西因事合音，因音成字，不重不共，不尤愈乎？"300年前，方以智就主张中国文字改革应走西方拼音文字之路，其见解之超前，着实令人叹服。

---

① 方以智：《通雅·凡例》。

② 梁启超：《中国近三百年学术史·清初学海波澜余录》，第187页。

③ 方以智：《通雅》卷首《音义杂论》。

④ 何九盈：《中国古代语言学史》，河南人民出版社1985年版，第189页。

方以智还是一位颇有影响的等韵学家,在他的《切韵声原》一书中,融合了法国传教士金尼阁《西儒耳目资》中的观点,列声母二十,按发音方法分为初发、送气、忍收三类;分韵十六摄,每摄一图。书中收录的《徽州传朱子谱》,对研究明代徽州方言很有意义。

(四)方以智的哲学思想

方以智的哲学思想主要体现在《东西均》和《易余》两本书中。《东西均》对先秦以来中国自然哲学的发展做了比较系统的总结,以象数易学为核心,改铸老庄,援引佛道,三教兼容。方以智通过对三教之学的分析、批判和综合,比较正确地揭示了人类认识发展由异趋同的总规律。这无疑是对《周易》哲学合理内核的继承和发展,也是其"集大成"思想的重要体现。

《东西均》对先秦以来中国自然哲学发展做了系统总结。在本体论方面,方以智精心构拟了一个以象数易学为基础、以中和为大本、以公因反因为基本原则的自然哲学体系。其中的"圆∴"、"交轮几"、"随泯统"充满了合理的内核,将古代朴素唯物论和辩证法思想推进到了时代条件所允许的高度。他所持的"三教归易"观,从中国学术渊源上揭示了明清三教合一学术思潮的本质问题,具有画龙点睛的学术地位。

而在辩证法方面,方以智提出的"尽天地古今皆二"、"相反相因"说均达到了中国古代的最高水平。他提出的"合二为一"思想从统一方面说明了对立面双方的辩证关系,与"一分为二"思想构成了中国古代"一"与"二"关系的辩证法,是中国古代辩证法思想的一个重要环节,这一对概念也成为后人通用的哲学术语。方以智在《东西均》中对矛盾双方的关系也作了深刻揭示。如《三征》篇指出:"两间无不交,则无不二而一者。相反相因,因二以济,而实无二无一也。"《反因》篇指出:"吾尝言天地间之至理,凡相因者皆极相反……所谓相反相因者,相捄、相胜而相成也。昼夜、水火、生死、男女、生克、刚柔、清浊、明暗、虚实、有无、形气、道器、真妄、顺逆、安危、劳逸、剥复、震艮、损益、博约之类,无非二端。"《容遁》篇指出:"盖两间无不相反、相胜而相捄者也。"他提出的"交、轮、几"公式"在形式上形似于矛盾转化

规律",他的朴素的辩证法"在形式上观察到了否定之否定的规律"①。在认识论上,他的"合人于天"的认识原则,"学而后知"的认知观和"实事征实理"的实证精神,对以思辨为特征的中国古代哲学无疑是一种突破。

方以智的另一个突出贡献,是自觉提出了自然科学与哲学联盟的"质测通几"的崭新理论。所谓"通几",是对事物发生根本原因的探讨,而"质测"则要求脚踏实地考察事物变化原因,按特性予以整理分类,总结验证已知规律,预测未来发展变化。"质测"要求"以实事征实理",而"通几"则要"以理推之"、"充类至尽",即先求一般,然后再从一般到具体,这和欧洲近代哲学另一开创者笛卡尔所提倡的"演绎法"在精神上是一脉相通的。这样,方以智用"考察物理"的自然哲学武器,来否定"舍物言理"和"扫物尊心"的宋明唯心主义路线,推进了一代学风。他所倡导的"考古决今"、"大成贵集"的历史观念和求证务实的科学态度,对于冲破中世纪庸人的狭隘眼界无疑具有重要的启蒙意义。

在《易余》一书中,方以智主张"死还死之义即生即不生,死即不死之义乎?世也者,天地所以炼生死之也。"提出了把生死看作物质守恒的光辉命题。在《易余·三子记》中,他说:"两间日新日故,故又生新,其本无新故者,即日新而无已也"。这就规定了"新而故,故而新"的变革是无止境的,是世界的本质之所在。在认识论中,他主张以人为自然的中心,"人者,天地之心也"②。并提出"知行一致"作为自己知行观的纲领,把"行"促进"知"的深化分解为三步,即掌握"无知之知"、"真知之知"、"遍知之知",将传统知行观向前推进了一大步。

方以智在其晚期著作《一贯问答》中还提出了他的"矛盾"概念:"设教之言惟恐矛盾,而学天地者不妨矛盾。不必回护,不必玄妙,不妨矛盾。一是多中之一,多是一中之多。一外无多,多外无一,此乃真一贯者也。"方以智提出的"三不"原则,既符合唯物主义的反映论,又

---

① 侯外庐:《方以智〈东西均〉一书的哲学思想》,1962 年 8 月 6 日《人民日报》。
② 方以智:《易余·礼药》。

蕴涵着朴素的辩证法。他不仅提出了辩证的"矛盾"概念,而且还涉及矛盾规律的诸多内容。

二、梅文鼎的天文历算成就

（一）学问与人品第一的布衣历算家

梅文鼎,字定九,号勿庵。明崇祯六年出生于安徽宣城柏砚山坐吉村的一个学问世家。梅文鼎儿时就很聪颖,曾同父亲和启蒙老师罗王宾仰观天象,并很快就明白了基本的天文知识。父亲梅士昌精通易经和历算,就将所学悉心传授与他。清顺治十六年,梅文鼎师从竹冠道人倪观湖学习历算,不久就根据自己对大统历的理解,著成《历学骈枝》2 卷(后增至 4 卷),让他的老师也自叹弗如。

父亲去世后,梅文鼎到冶城(今江苏江宁县西)谋生。闲暇时,他仅借老师的一篇口诀、一管毛笔,写下了《方田通法》一书。康熙八年,他凭着朋友带来的英国数学家约翰·纳白尔(1550—1617)发明的算筹,写出了《勿庵筹算》的 7 卷本著作。康熙十一年,梅文鼎妻子去世,家计更为艰难,他不得不去金陵教书。在此期间,他广交朋友,深研西学,学问大进,并撰写了《勿庵度算》、《弧三角举要》等多部著作。康熙二十八年,受施闰章举荐,梅文鼎赴京纂修《明史·历志》。在京期间,他获得了时任文渊阁大学士的李光地的赏识,声誉日隆。为了潜心钻研,康熙三十年,梅文鼎寓居天津,其间,他又写出了《历学疑问》和《几何通解》。康熙四十一年(1702),康熙帝第五次南巡,在舟中召见了梅文鼎,特赐他"绩学参微"四字,一时"恩宠为古所未有"①。康熙六十年(1721),梅文鼎去世,葬于宣城的独山之中。后赠官至光禄大夫、都察院左都御史。梅文鼎一生穷困,淡泊名利,死后才官居二品,委实令人浩叹。

梅文鼎为学勤奋刻苦,每遇难读之书,往往废寝忘食,必欲通晓而后快。一些残编散帖,亲自手抄,一个字的疏忽也不放过。好友刘辉祖就对桐城的方苞说过:"吾每寐觉,漏鼓四五下,梅君犹构灯夜诵,乃

---

① 《清史稿》卷五〇六《畴人传一》。

知吾玩日而愒时也。"

梅文鼎做学问注重渊源,不没人功,在自己的著作中对帮助过他的人都一一致谢。他谦恭交友,虚心求教,对别人的来访也知无不言、言无不尽。

康熙帝评价他人品、学问俱优。梅文鼎谦冲、平和、恬淡的美德,也是知识分子学习的榜样。

梅文鼎仲弟梅文鼐、季弟梅文藻、子梅以燕俱精通历算。孙梅瑴成自幼从他受到良好的数学教育,康熙五十一年23岁时入宫学习数学和天文,次年任蒙养斋汇编官,主编了《数理精蕴》。

乾隆二十六年(1761),梅瑴成将其祖父的著作编成《梅氏丛书辑要》,共收33种计60卷,附梅瑴成自己所著2卷,其中数学书40卷。像这样祖孙三代都大有作为的数学世家,在世界数学史上也是极为罕见的,可以与之媲美的只有差不多同时代的瑞士伯努里家族。我国著名数学史家严敦杰先生说:"在17—18世纪我国数学研究,主要为安徽学派所掌握,而梅氏祖孙为中坚部分。"

(二)梅文鼎的天文学成就

梁启超在《清代学术概论》中说:"我国科学最昌明者,惟天文算法,至清而尤盛。凡治经学者多兼通之。其开山之祖,则宣城梅文鼎也。"我们先来看梅文鼎在天文学方面的成就。梅文鼎一生著有天文学著作共62种,主要有《明史历志拟稿》、《历学疑问》、《古今历法通考》、《历学骈枝》等。按其内容大致可以分为五类:一是对我国古代历法的考证和补订;二是对西方历法的解释,并融会中西;三是回答他人的疑问和授课的讲稿;四是对天文仪器的考察和说明;五是对我国古代地方志中天文知识的研究。其成就主要体现在以下几个方面:

首先,梅文鼎在对《授时历》的研究中,最早提出了用几何方法解释求日食三限(初亏、食甚、复圆)时刻和月食五限(初亏、食既、食甚、生光、复圆)时刻的道理,指出《授时历》等在推算黄、赤道差和黄、赤道内外度中已接近球面三角学,并校正黄宗羲等所编《历志》讹误五十余处。

其次,梅文鼎撰《交食管见》1卷,规定用上、下、左、右四正向和每相邻两向之间的四隅向,共八向来判定交食方位,这使得交食的描述更加清晰。而《古今历法通考》一书则全面细致地研究了我国自汉代以来的 70 多种历法,堪称我国第一部历学专史。

在引进西方天文学方面,梅文鼎做了以下的工作:

(1)介绍与讨论天文学中的球面三角学方法;为了确定天体的位置,引入黄道坐标系(见天球坐标系)。

(2)介绍与讨论如何用小轮方法来解释某些天体运动的规律和用偏心圆方法来说明太阳的视运动,并对小轮的实在性提出怀疑。

(3)把散见在《崇祯历书》、《历学会通》以及其他著作中的西方星表,包括托勒密的《天文学大成》中的星表和巴耶的星表,作了系统的整理和介绍。

(4)系统整理《崇祯历书》中关于求太阳、月亮以及五星位置的计算方法,并作了深入的分析与解释。

此外,梅文鼎对伊斯兰历法也作了介绍和研究。他介绍了回回历法,研究了回回历中行星的运行与中国旧有历法中的五星运行各段互相配合的问题。在《西国三十杂星考》中,梅文鼎在薛凤祚等人工作的基础上,把阔识牙耳的星表,全部用中国星名考出。

(三)梅文鼎的算学成就

明代学者不重视科学研究,以致许多传统数学名著失传,流行的数学著作又水平较低。而中国传统的算学也存在诸如符号系统不完善、逻辑推理不明确等的不足。明末清初传入的西方数学,也很少有人能进行实事求是的研究。梅文鼎坚信中国传统数学"必有精理",不遗余力地表彰古代数学,使濒于枯萎的老树发出新芽。以致清代中叶的数学家焦循赞叹说:"千秋绝诣,自梅而光。"[1]同时,梅文鼎能正确地对待西方数学,他提倡"中西会通",使移植过来的西方数学在中国国土上扎下根,促进了这一时期数学的发展。

梅文鼎的数学著作共有 26 种。具体有:

算术方面有《筹算》2 卷,《笔算》5 卷,《度算释例》2 卷,《西镜录

---

① 焦循:《雕菰楼集》,清道光四年刻本。

订注》1 卷,《比例规解》1 卷。

代数方面有《少广拾遗》1 卷,《方程论》6 卷。

几何方面有《勾股举隅》1 卷,《几何通解》1 卷,《几何补编》4 卷,《方圆面积》1 卷,《几何摘要》3 卷,《勾股阐微》4 卷,《方圆幂积说》1 卷。

三角方面有《平三角举要》5 卷,《弧三角举要》5 卷,《堑堵测量》1 卷,《环中黍尺》5 卷,《正弦简法补》1 卷。

梅文鼎还详细研究了五种多面体与球体的互容问题。

梅文鼎数算方面的主要工作,是将明末清初传入我国的各种西方数学著作与中国古代传统的数学知识融会贯通,用通俗易懂的语言表达出来,集古今之大成,冶中西于一炉。正如他在《堑堵测量》卷二中所说:"法有可采,何论东西? 理所当明,何分新旧?""去中西之见,以平心观理。"在梅文鼎之前,《几何原本》由徐光启、利玛窦合作译出了前六卷。此书译出后半个世纪仍是一本"天书",被人束之高阁。梅文鼎为此写了《几何通解》等书解释欧氏几何学,并写了《平三角举要》、《球三角举要》、《环中黍尺》,介绍西方的三角学。而对于《几何原本》中徐光启未译出部分,梅文鼎也通过其他典籍提供的线索,对其内容作了探索,写成了《几何补编》。《几何补编》中除了有各种正多面体的研究之外,又引入了两种半正多面体,即 24 等边体、60 等边体,同时在此书中提出了当时尚未从欧洲传来的各种等面体、球体体积的算法和原理,此书因此也可以说是梅文鼎自创的立体几何学专著。梅文鼎的数学巨著《中西数学通》,几乎总括了当时世界数学的全部知识。凡此,均表明梅文鼎已达到了当时数学研究的最高水平。

梅文鼎在《笔算》书末附有《古算器考》一文,是我国首篇研究数学史的论文。《方程论》在中国数学史上首次明确改变了传统数学中代数和几何不分的做法。

几乎所有的中国古代数学家都缺少普遍的"角"的概念,《平三角举要》、《弧三角举要》系统地阐述了三角函数的定义、各种公式、定理及其应用,是中国人自己编写的最早的三角学教科书。《环中黍尺》则是我国第一部系统研究球面投影原理的专著。该书论述了用投影方法解球面三角的一般定理,在消化西方数学的基础上,又独到地提出了"三极通机术",这是比西方数学更为简捷便利的球面三角图解法。《堑堵测量》一书则按照《九章》的算法传统,把复杂的整体分析成若干个简单个体之和,使天体测量变得简单。书中"椭圆"、"平行"等术语,也为后人广泛采用。

把西学中国化、中学科学化是梅氏学术上最大的成就,我们可以认为梅文鼎是中国学术向近代科学过渡承上启下的人物,是传播近代科学的伟大先驱。在他的直接或间接的影响下,清代学者中研究数学者增多,并蔚然成风。安徽数学的发展出现了一个高峰,形成了一个以梅文鼎为代表的安徽数学学派。

梅文鼎去世后,杨作玖全面整理了他的著作,出版了《梅氏历算全书》,并很快传入日本,对江户时代日本数学的发展影响很大。梅文鼎与日本的关孝和(1642—1708)和英国的牛顿(1642—1727)一起,被誉为17世纪世界三大数学家。

(四)梅文鼎的"西学中源"说

早在明代末年,面对着纷至沓来的西方科技文化,许多有识之士相率提出了"中西会通"以吸纳西学的主张。应当说这是一种科学吸收的方法。梅文鼎所说"法有可采,何论东西?理所当明,何分新旧"、"去中西之见,以平心观理……务取众长以观其会通,毋拘名相而取精粹"①等语,就是这种"会通"说的代表性言论。但遗憾的是,人们在"中西"、"会通"的实际操作中,并没有把精力主要用于由"会通"而"超胜"西学,而是在妄自尊大的"天朝情结"和"以夏变夷"观念的误导下,由"会通"滑入"索源",提出了所谓的"西学中源"说。明末郭子章在《山海舆地全图序》中就曾提出"天子失官,学在四夷",实为后来"西学中源"说之滥觞。而后黄宗羲在《叙陈言扬句股述》中首先指出,西洋数学是中国早已失传的"勾股"之学。历算家王锡阐也在《天问》中附和:"益知西学原本中学,非臆撰也。"②到了梅文鼎,尽管他也

① 《堑堵测量》卷二。
② 阮元:《畴人传》卷三五。

主张"平心观理"、"观其会通"，并取得了很高的学术成就，但仍然会不时地有意无意地滑落到"西学中源"说的泥潭当中。康熙三十一年，梅文鼎在一首赠朋友的诗中写道："学人守诗说，中西各长雄。谁知欧罗言，乃于《周髀》通。"[1]而后又在《历学疑问》等书中详细论证了西历实源自于中国，西方的"地圆说"来自《黄帝内经·素问》"地之为下"，"地球五带说"来自《周髀算经》的"七衡六间"，"本轮均轮说"来自《楚辞·天问》的"圜则九重"，星盘原理来自于中国的"盖天"说，几何、三角来自于古代的"勾股"之术，等等，把王锡阐所说的"西法悉具旧法之中"、"西人窃取其意"一一落实在"实处"，替西方的新知逐一找到了中国的"国籍"。作为一代历算、数学大师，梅文鼎的这些说法客观上对"西学中源"说的传布起到了推波助澜的作用。梅文鼎还将自己的看法呈示给了康熙帝。带着天朝大国的自尊，康熙帝对此深信不疑。为了取悦康熙，传教士还把代数学转译为"东来法"，这就更加助长了康熙帝泱泱大国、别无所求的心态，以致后来的禁教，不能说不与此有关。

"西学中源"说的本质是古老文明面对先进文化的猛烈冲击而产生的一种自我保护和本能排他的反应，是知识精英阶层对传统中国文化体系稳定性的本能的维护。梅文鼎所推崇提倡的"西学中源"说，主观上有发扬中华文化、振奋民族精神的良好愿望，其中也不乏一些独到的见解。然而由于恐惧不安的情绪替代了理性的思考，虽然在短期内平衡了发生倾斜的文化心态，但是在一定程度上宣扬了狭隘的民族主义，助长了保守主义的思想，引导了一些知识分子走上了以经学治科学的崇古道路，从而失去了一次进一步提升科学技术的宝贵机遇。

三、杨光先与中西历法之争

杨光先（1595—1669），字长公，安徽歙县人。明末以恩荫世袭新安卫副千户，明亡之后旅寄京师。他平生关心时政，敢于直言。早在

---

① 《绩学堂诗抄》卷三。

明末时,山阳武举陈启新于崇祯九年(1636)上书言"天下三大病",受到崇祯帝的赏识。杨光先却不顾人微言轻,以布衣上书,指控其出身贱役、徇私纳贿。明末奸臣温体仁专权行私,"劾者章不胜计",杨光先也上书弹劾,甚至"舆梓待命",以死进谏。

明末清初,西方的天主教传教士利用当时中国政府的最高统治者对天文、历算的浓厚兴趣和对西洋新奇之物的喜爱之情,寻机传教。清军入京后,德国传教士汤若望将徐光启的《崇祯历书》经过删改,据为己有,进呈给清政府,清政府决定采用,名之为《西洋新法历书》,并把据此编出的日用历书称为《时宪历》。汤若望也逐渐得到了顺治帝的宠信,顺治二年,被任命为钦天监监正;顺治十年,又赐号"通玄教师",后又加通政使,进秩正一品,一时炙手可热。信奉天主教的人也日益增多。据统计,这一时期有信徒 10.5 万名之众,甚至许多公卿、大臣也厕列其间。① 一时间,在中国思想界引起了很大的震动。

但在当时,汤若望等传教士被朝廷宠爱有加,很少有人敢于公开对之进行抨击。顺治十五年,钦天监状告礼部官员在用满文翻译荣亲王(康熙的弟弟)下葬时辰时出现错误,致使礼部尚书和其他 6 名官员受到重罚,两位官员被判死刑,其余四位均被革职。此事便成了中国反教人士向传教士发起围攻的导火线。顺治十六年,杨光先撰写的《选择议》广为传播,文中指责汤若望为荣亲王所选下葬日期的时辰大犯凶煞。同时又写《辟邪教》等攻击"邪教"的传教士,从而揭开了"历案"的序幕。顺治十七年,杨光先又向礼部上呈《正国体呈》,呈告《时宪历》上有"依西洋新法"五字,是"窃正朔之权以予西洋,而明谓大清奉西洋之正朔也","借大清之历张西洋,借西洋新法阴行邪教",且"呼朋引类,外集广澳,内官帝披,不可无蜂虿之防"②。但由于当时汤若望正受恩宠,礼部未予接受。

杨光先并不气馁,康熙三年七月,他再次到礼部上《请诛邪教状》,状告汤若望传造妖书和谋反,列其四大罪状:

---

① [德]恩斯特·斯托莫:《通玄教师汤若望》,中国人民大学出版社 1989 年版,第 112 页。
② 杨光先:《不得已》卷上,中社影印本 1929。

（1）汤若望编制的《时宪历》已发行全国，其书封面上却题写"依西洋新法"五字。

（2）天主教违背以孝道为根本的国教。

（3）汤若望等和活动在印度、日本、菲律宾的传教士一样都怀着颠覆国家的阴谋，耶稣会"布党京省要害之地"，"接渡海上往来"，"二十年收徒百万，散在天下"，传教士有搜集中国情报活动的诸多迹象。

（4）汤若望把顺治十八年闰十月错成闰七月，导致荣亲王夭折，董鄂妃去世，接着顺治皇帝也驾崩。后在荣亲王下葬时，又选择了一个犯杀的日子。

就传教士当时的实际活动而言，杨光先的指控或许过于偏激，也夸大了某些事实，且有一些迷信、荒诞之词。如把对方所说地球两面的人"足心相对"，上纲上线为"我华夏是彼西洋脚底所踏之国，其轻贱我华夏甚矣"①。但他对传教士宗教征服的野心所表现出来的忧虑却是不无道理的。加上当时辅政者鳌拜也与西洋人有矛盾，于是这次便准了状子。就在这一年的八月，朝廷令审汤若望、南怀仁等在京传教士。康熙四年，判汤若望凌迟，5人斩首。但随后北京连日发生5次地震，皇宫又闹火灾，迷信的清政府以为是上天发怒，就只杀了李祖白等5名钦天监官员，这其中还包括潘尽孝这位顺治皇帝赐给汤若望的义子。汤若望因其"效力多年，又复衰老"②，仍监留在京，其他死刑犯改为充军。这就是历史上有名的"历案"，或称之为"钦天监教案"。

此后，清廷任命杨光先为钦天监监正，但杨光先并不精通天算，这让他一下子陷入了被动，在多次请辞不允的情况下，杨光先不得已而就任。他起用回回科历官吴明烜为监副，废《时宪历》，改用《回回历》。

康熙七年，传教士南怀仁上疏攻击杨光先所颁历书不合天象，后经验证，果然错误严重。于是杨光先被革职，南怀仁被任命"治理历

---

① 杨光先：《不得已》卷上。
② 《圣祖仁皇帝实录》。

法",复用《时宪历》。

康熙八年,鳌拜伏诛,传教士南怀仁、李光宏等呈控杨光先"依附鳌拜,捏词毁人,将历代所用洪范五行称为灭蛮经","推历候气茫然不知"。经议罪,杨光先拟斩。这次康熙帝给汤若望翻案,主要是想名正言顺地重新使用比较准确的《时宪历》,同时也借此打击鳌拜的势力。后,康熙帝念杨光先年事已高,开恩赦归,杨光先不久就死在了归乡途中。

虽然杨光先死了,康熙帝却增加了对传教士的戒心,康熙四十四年,罗马教皇派遣多罗到达中国,公然阻止中国教民尊孔祭祖,至此,天主教干涉中国内政的政治本质才公然暴露出来,并直接导致了康熙帝的全面禁教。

这场有名的中西历法之争,其实与历法本身并没有多少直接的关系。从杨光先《不得已》、《辟邪教》、《与许青屿侍郎书》中可以看到,他之所以反对西洋天学:第一,如果承认西洋历史传说,那么中国知识、思想与信仰就失去了所谓的"道统"的历史支持,"历代之圣君圣臣,是邪教之苗裔,六经四书是邪教之微言"。第二,关系到皇权合法性的历法书上刻了"依西洋新法"五个字,那就等于"奉西洋之正朔,毁灭我国圣教"。第三,耶稣被钉死的故事,在西洋是一种壮烈,而在杨光先看来,"耶稣为谋反之魁渠,事露正法",象征着一种对秩序的反叛,容易诱发民众对秩序的反抗。因此,这场中西历法之争的实质就在于反对基督教对中国传统宗教、伦理道德和治国理论的冲击,反对西方传教士借传教之名行殖民之实,笼上了强烈的民族情感和政治伦理色彩。

纵观历史,外国传教士一直都充当着西方殖民者的马前卒,背后往往包藏着不可告人的野心,绝不是传播知识的文明使者。如南怀仁就曾经向俄国使臣提供偷窃的地图和情报,鼓动俄国扩大对华战争。雍正皇帝早就预言:"海外如西洋等国,千百年后中国恐受其累,此朕逆料之言。"[1]当鸦片战争的炮火震醒了国人之时,人们也不得不赞叹

---

① 《康熙圣训》,文渊阁四库全书影印本。

杨光先的先见之明，江苏吴县人钱绮为杨光先的《不得已》作序说："杨公于康熙初入京，告西洋人以天主教煽惑中国，必为大患，明见在二百年之先，实为本朝第一有识有胆之人。"①杨光先以一句"宁可使中国无好历法，不可使中国有西洋人"的愤激之词，招致后世的指责，似也有欠公允。正如有的学者所指出的那样："毫无疑问，传教士所带来的时空观念对于中国思想世界确实是有瓦解或消解作用的，站在现代立场上的历史学家常常不能体会和理解这种意义，也就常常对那些'顽固'、'保守'的士人缺乏同情和了解。其实，回到当时的中国思想世界去看，我们就会体验到一种'不得已'的紧张心情。在那时，就算一部分中国文人士大夫对传教士的天文历法物理算术的学问有好感，但是，这种学问也只能局限在'器'和'用'的范围内，作为技术性的学问而存在，不能越出这个界限，因为，一旦'器'变得太厉害以至于影响到'道'的存在依据，'用'用得太广泛以至于威胁到'体'的存在依据，那么冲突就会由此产生，天崩地裂的时代就有可能到来。"②对杨光先的某些愤激之词，我们亦当如是观。事实上，直到清朝末年，中国的知识阶层这种优患意识和"不得已"的紧张感仍然存在。如当时有一个叫曾廉的人在其《瓻庵集》一书里就这样写道："西人言，日大不动，而八行星绕之……窥其用心，只欲破我天地两大，日月并明，君臣父子夫妇而已。"

　　总之，杨光先的"辟教"，直接影响了清初知识界对中西文化交流进行评价时的价值取向，从而也最终影响了这次西学东渐的命运。杨光先对西学情绪化的批判，在客观上助长了"西学中源"说的泛滥，知识界又重新走入了封闭与自大的怪圈。对西方传教士的文化传教加以防患本无不可，但杨光先是将孩子与洗澡水一同泼出，对西方科技文化传入中国起了阻滞作用。

---

①　萧穆：《敬孚类稿》，黄山书社 1992 年版，第 274 页。
②　葛兆光：《中国思想史》第二卷，复旦大学出版社 2004 年版，第 359 页。

第三节　太谷学派

一、太谷学派的创立与兴衰

太谷学派是清代嘉庆以后活跃于苏、鲁等地的一个以儒学为中心，兼汲佛、道思想的民间学术流派。该学派发轫于周太谷，创一家之言，经其门人及再传弟子承绪弘扬，而蔚然成为一支影响颇大、声震清廷、独具新义的儒家学派。太谷学派自 19 世纪 20 年代周太谷开宗讲学以来，一直到新中国成立自然终结止，在百余年的流传过程中，太谷学派留下了大量文献，这些文献对于研究中国传统文化尤其是晚清思想文化具有很高的学术价值。由于诸多原因，其文献长期秘密流寓四方，尤其是"黄崖教案"之后，学派中的一些门人出于安全考虑，不敢轻易将其经籍示人，故而以前学术界窥其堂奥者甚少。幸有近年《太谷学派遗书》的陆续出版，为有志于发掘太谷学派思想宝库的学者提供第一手有价值的资料。目前，学术界对于太谷学派的研究还刚刚起步，本节拟从太谷学派的创立及其传承情况，揭示其发展历程与主要思想倾向，进而探讨学派产生的社会背景、思想渊源以及学派的主要特征。

（一）周太谷创立太谷学派

周太谷（约 1771—1832），名毂，字星垣，号太谷，别号崆峒子（一作空同子）。安徽石埭（今石台）人。周太谷的生年，史无明载，据推断约生于乾隆三十六或三十七年。

周太谷"少好神仙，喜游历，早孤。母太夫人尽以家财付之，恣其所之"[①]。于是求师访道，足迹遍海内。初师福州韩仰瑜，习老氏之学；从南昌陈一泉，受佛氏之教。周太谷两度游历匡庐，熟思孔子、子思、

---

① 谢逢源：《龙川夫子年谱》。

孟子之学,感悟深刻,遂归根儒学。周太谷明道后,韩、陈二氏自知弗如,"更弃所学,北面奉榖为师"①。成为周太谷门下最早的两位弟子。传说周太谷至诚如神,且能"炼气辟谷,通阴阳奇侅,符图罡咒,役鬼隐形"②。当时人多认为他是术士。"两江总督百龄闻而收系之,旋释出。"③其后,太谷曾隐居江湖多时,晚年定居于人物荟萃、商贾繁盛的扬州,公开授徒讲学,著书立说,成《十三经或问》,又"传道不拘守形式,时以医治人疾"④。十分平易近人,颇受当地民众爱戴。"从之者如归市"⑤,逐渐形成了一个较大的民间学术团体。太谷学派原无名,周太谷取义《周易·蒙卦》:"蒙以养正,圣功也。"名其学为"圣功之学",称受业者为"圣功弟子"。这表明了太谷学派立学的本旨和安身立命的人生追求。这里的"圣功"可以理解为宇宙与人都是禀赋自然界的生机得以产生、发展,一般的人则是随此生机而生而没有转化。能够养得其正者,就可以与日月齐明,与天地合德,也就是《大学》中所说的"明德"。"圣功之学"亦即"内圣"与"外王"之学,"内圣"与"外王"是相互作用的,其相互作用也是通过养正而取得的。而其关键在于修身,通过"立德、立言、立功",以达到"希贤、希圣、希天"。在江淮间,先后从周太谷的受业者颇多。除前面述及的韩仰瑜和陈一泉先师后徒者外,著名者尚有张积中、李光炘等人,甚至连扬州70老儒许鹤汀也心悦诚服地拜周太谷为师。

（二）学派的发展与衰落

周太谷的入室门人中,以张积中和李光炘两人影响最大。张积中（1806—1866）,字石琴,号白石山人。江苏仪征人,簪缨世族。积中"少任侠,好神仙,无书不读"⑥。但在科场却屡试不售。其时,周太谷在扬州讲性命之学,"积中闻其学,甚喜,执赞称弟子"⑦。不久就全然

---

① 金天翔:《皖志列传稿·周榖传》。
② 金天翔:《皖志列传稿·周榖传》。
③ 金天翔:《皖志列传稿·周榖传》。
④ 金天翔:《皖志列传稿·周榖传》。
⑤ 《东方杂志》第24卷第14号。
⑥ 谢逢源:《龙川夫子年谱》。
⑦ 胡韫玉:《虞初近志·张积中传》。

得其精蕴,并努力发挥其中新义。道光十二年,"夏四月朔,太谷终"①。众弟子奉葬于仪征青山之阳。周太谷去世后,太平军势力逐渐发展,江表大乱,张积中仍秉承先师遗言:"还道山东,大启崆峒,上延孔脉……天其或者右吾道乎!"②举家北迁山东,以实现先师遗愿。因而,学派中称张积中所传为北宗。张积中选定黄崖山(今山东肥城)作为兴学布道之所,实行学养结合、自给自足的原则,"四方来归者众多"③。学术团体逐渐发展壮大,张积中俨然以教主自居,主持一切。黄崖山一度近乎独立世外的小王国。随着其影响的扩大,自会引起官方的注意。同治五年(1866),黄崖教案爆发,张积中举家自焚,从殉弟子甚众,"传道于北"受到阻遏。周太谷诸弟子中,以张积中阐发师说最力,著述最勤。他是"太谷学派史上的一位最富有传奇性和悲剧性的传人。他创立的北宗,使太谷学派的发展达到了一个鼎盛时期,但又导致了最惨痛和最低潮时期的到来,并直接影响了太谷学派的发展方向"④。

周太谷另一衣钵传人李光炘(1808—1885),字晴峰,号平山,世称龙川先生。江苏仪征人,与张积中为表兄弟。当初,周太谷即认为弟子中以张积中和李光炘为最贤,视其两人为光大其说之人选,命张积中"还道山北",李光炘"传道于南"。同治元年(1862),李光炘率谢逢源等游江都龙川,择地集资,营建讲学之所。第二年屋成,题曰"龙川草堂",这标志了学派南宗的正式形成。李光炘常居江北里下河一带,授徒讲学,以传道自任。《李光炘及其著述》以为"李光炘是太谷学派南宗的创始人,为学派能在黄崖教案后仍能不绝如缕且弘扬光大,作出了卓越贡献"。可谓对他的公允评价。

周太谷的再传弟子甚众,其法定传人则是黄葆年和蒋文田。

黄葆年(1845—1924),人称归群先生。在李光炘众弟子中最受宠信。蒋文田(1845—1909),人称龙溪先生,是个秀才,终身不仕。黄葆

① 谢逢源:《龙川夫子年谱》。
② 《张氏遗书》卷上。
③ 金天翔:《皖志列传稿·周毂传》。
④ 《张氏遗书·张积中及其著述》。

年去山东为官,蒋文田则活动于泰州、扬州和苏州间,收徒讲学。

光绪二十八年(1902),黄葆年毅然从泗水任上乞假致仕,南归泰州,一心讲学,当时毛庆蕃任江南制造总局总办,于是以东道主身份邀请黄葆年、蒋文田并召集学派南北门人于上海愚园雅集,决定在苏州正式设立讲舍。同年九月,讲舍开学,取李光炘诗句"牧马归群从此日,化龙池畔好将相",命讲舍为"归群草堂",寓意深邃。黄葆年和蒋文田共同主讲,从而实现了太谷学派的南北合宗。黄葆年、蒋文田两人主持归群草堂期间,吸纳弟子甚多,太谷学派的发展达到鼎盛期。

黄葆年生前曾指定李光炘之孙李泰阶为学派第四代传人。李泰阶执掌首席不久去世,归群草堂失去了合法的继承人。于是由黄寿彭衔蒋文田夫人之命,为草堂主讲。此时,归群草堂的经济支持者刘鹗、毛庆蕃等先后作古,因此草堂日渐不景气。本来有些门下经常由草堂给予一定的生活津贴,此时也办不到了。抗日战争时,苏州沦陷,黄寿彭等人去泰州避兵。抗战胜利后,黄寿彭与归群弟子张令贻等相继作古,而张令贻所编的《归群宝籍》均归草堂所有。新中国成立初期,草堂房东卖房拆迁,所存遗书由学派门人黄花农全部收藏,秘不示人。随着时代的发展,学派愈益寥落,直至走向最终的自然解体。

二、太谷学派的主要思想倾向

太谷学派留下了大量经典遗书,其门人整理成《归群宝籍》和《归群宝籍续篇》2集,共抄录周太谷、张积中、李光炘及其门人的著述88种301卷。遗书内容丰富,思想积蕴深厚。周太谷及其门人的思想信仰,是在前人已有的思想体系和资料中,汲取一切对己有益的养料改造而成,对传统的儒家经典,在宇宙论、性命之说、伦理观以及政治态度几方面,进行了深入的发微,有继承,也有创新。

周太谷及其主要门人均有数量不等的著述行世,这里主要撷取学派代表人物周太谷、张积中、李光炘三人的言论,尽管学派在其发展过程中,不同门人对各具体问题有不同看法,但总体上仍保持着一以贯之的学派特色。因此,学派的主要思想倾向大致可从这几个人的言论中反映出来。

（一）宇宙论

周太谷宇宙论根源于《易》，又有所发挥。《周氏遗书》的前两卷主要是对《易》的阐释，而且发展了《周易》朴素唯物主义思想。他在阐述宇宙生成规律时，不仅认为"大赤之气"、"深黑之气"为宇宙生成之源，[①]而且把日、月、风、雷、云、雨的产生都归之于"大赤之气"、"深黑之气"的相互作用。"赤黑相陶，升而云，降而雨，天地之化育，自兹始焉。"[②]他还把"炁"看做是极其细微的东西，存在于阴阳二气之中，所谓"炁，隐也，无极之始也"，"炁也，气之始蕴者"[③]。诚然，周太谷当时并不真正知道现代物质理论，但他悉心探索宇宙生成的奥秘，觉悟到宇宙是由"气"动而成是相当可贵的。

张积中继承和发扬了其师周太谷的宇宙论，同样是通过对《周易》的解说和发挥来阐明宇宙生成的规律和天人关系。他认为"大赤"是"气"、"大黑"是"精"，[④]这两种事物的相互作用形成了宇宙。"大赤感黑而玄生焉，大黑感赤而黄生焉。"[⑤]较之周太谷来说，同样是朴素的唯物论，但张积中进了一步。张积中还认为宇宙有其自然的发展规律。若顺其规律行事，就会长治久安，吉多凶寡。反之，则凶多吉少。

李光炘对于太谷《易》学的阐发和总结，旨在说明自然界的生机原理。在《素隐述》中，他认为宇宙的生成变化是有规律的，是阴阳、奇偶、雌雄的矛盾统一体。宇宙广大无边，既难以捉摸，又具体可见，气象万千。他还说："地在天中，只一气同旋而已。"[⑥]李光炘把地球看做是宇宙的一部分，是物质性的"气"在生生不息运行。很显然，比之周太谷、张积中的唯物主义，李光炘又大为提高。

（二）性命之说

太谷学派对于儒家十三经的解释，重在揭示其"不显传之秘"[⑦]，

---

① 《周氏遗书》卷一。
② 《周氏遗书》卷二。
③ 《周氏遗书》卷四《太玄篇》。
④ 《张氏遗书三种·内注七篇》。
⑤ 《张氏遗书三种·内注七篇》。
⑥ 李光炘:《观海山房追随录》。
⑦ 《周氏遗斗·竹海览》。

阐明群经言内圣之旨。通览《太谷学派遗书》，阐发最力的当是身心性命之说。周太谷不仅把《易》作为万物生成的依据，更把《易》当做人们即物、穷理、修身、养性的基础。他说："夫《易》何为者也？夫日犹命也，勿犹身也。合而曰《易》，《易》犹性也。"①《易》成了太谷学派解决身心性命的明道之书。

　　周太谷曾提出"天之赋我曰命，父母赋我曰身，合德曰性。性也者，诚身之大本也"②的著名命题。意思是说，人的生命直接由宇宙而来者谓之命，由祖宗而父母而凝聚于本身者谓之身，这两种生机名之曰德，其合体称为性。因此，性就成了反身而诚的根本所在。它们之间的关系，即天人性命的关系。这是太谷学派性命说的实质。儒家向来提倡"修身、齐家、治国、平天下"，建功立业，以达到"祈天永命"的目的。周太谷特别重视阐明和发展儒家的这种性命观。他强调要体会好《孟子》所谓"大舜五十而慕"的"慕"字含义，人受命于天、受身于父母，若能对父母永远保持一种如婴儿慕乳的爱慕心情，做到慎终追远，那最终就能与天地相通，又返于自然的境界，绵绵而不息。

　　周太谷还提出："道心天命也。人心者，性从心也。从心则危。"③他认为，人的本性，原秉天道而生、符合于天道，故称为"道心"。但是，人的血肉之躯来自于父母，生活在尘世又不免要受到视听言动的诱惑而迷失本性，名之为"人心"。由于"性"是"命"和"身"的合成物，所以性的本体是发展变化的。若放任"人心"无限制地发展，就会完全失去本性，一往而不返。如果没有人心的作用，世界又将归于寂灭。所以，既要有"道心"，又要有"人心"，诚如《尚书》所说："人心惟危，道心惟微，惟精惟一，允执厥中。"要达到这种境界，周太谷提出必须遵循《孟子》"求其放心而已矣"和"反身而诚"的原则，去有意识地摆脱尘世间的各种诱惑和私心杂念。弟子问"放心"，周太谷答曰："人之始生也，知视动而视动之心已放矣，知言听而言听之心亦放矣。欲求其放心者，必得非礼勿视，非礼勿言、听。……厥后已放之心，可

　　① 《周氏遗书·问易》。
　　② 《周氏遗书》卷三。
　　③ 《周氏遗书》卷三。

复其初也。"①周太谷的身心修养方式,一切都是从自身出发,强诚而行,本质上属于内省式的。

张积中对周太谷的性命论作了许多具体的辨析,颇具识力。他说:"告子言性,知生之谓性,而不知仁义之为性也。荀子言性,知耳目之性,而不知仁义之为性也。自宋而后,诸儒循孟子仁义之说,而后昧乎性善之微,其失均矣。"②在张积中看来,性是发展变化的,并非固定的。张积中在总结周太谷身心修养方式的基础上,将其归纳为"心息相依"以点明机窍。何谓"心息相依"? 心就是人心、人的思想,息就是流传于天人之间的命和生机。它们之间的关系并非合二为一,而是通过各自的修养以达到相互依存。张积中认为,气见之于身,就是普通的呼吸。"一吸则气升,一呼则气降,凡息自然之升降也。"③"凡人一呼则闭其明,一吸则闭其聪,思路不通也。"④这种情况属心息不相依。若心息能相依,身心性命就可合为一体。如何才能"心息相依"呢? 必须通过求放心、反身而诚的修养功夫。"慎动则息依于心,沉思则心依于息。人能心息相依,则言自谨而行自慎。"⑤总之,张积中所强调的"心息相依",也是一种内省式的身心修养,以期达到明心见性与天相通的境界。

李光炘对身心性命的修养也作了十分精辟的剖析,且善于引用佛、道之言。如释《易》义时论曰:"老子以咸为谷神,以恒为不死。佛氏以恒为常住,以成为真心。圣人以恒为礼门,以咸为义路,皆入德之门也。"⑥在他看来,身心性命就其各自的内涵而言,有不同的特点,但具体表现在一个人的生命中,又是统一的整体。"心息相依,即是万物一体,即是物我无间,即是人己合德。"⑦心息相依是太谷学派身心性命修养的根本方法。由周太谷倡导,张积中、李光炘等学派大师均反复

① 《周氏遗书·问放心》。
② 《张氏遗氏·论性》。
③ 张积中:《白石山房语录》。
④ 张积中:《白石山房语录》。
⑤ 张积中:《白石山房语录》。
⑥ 李光炘:《龙川弟子记》。
⑦ 李光炘:《龙川弟子记》。

申论其事理，且颇多心得。要达到心息相依的境界并非易事，须通过由身而心而性而命，最后以至于天的修养途径，努力以身体道，"非十年之久不可"①。太谷学派的心息相依是对儒家其他学派以及佛、道二氏修养方式的继承和发展。明清时期，佛、道相互间的融合进一步加强，在修持方法上相互摄取。道教内丹的修炼步骤同佛教修禅方法结合起来走向民间，直接影响到太谷学派的心息相依理论，为其修身方法赋予一些新的色彩。

（三）伦理观

以突出主体内心理性自觉的心息相依修养方法，是以一定的伦理观作为基础的。如果离开了具体的伦理道德理论与实践，太谷学派的性命论也就成为无本之木的虚无之说。周太谷、张积中、李光炘等人丰富的伦理思想，在于他们善于从群经中汲取伦理道德的精髓阐发其内圣之旨。以下撷取他们的某些言论，以揭示其主要伦理思想。

周太谷除了阐述《易》理之外，又旁释群经，所言亦多"发往圣所未发，释先儒所未释"②。对儒家的"仁"、"义"、"礼"、"知"等伦理思想作了许多新的诠释。周太谷认为，"仁"离不开人，"仁"不是虚无缥缈的，而在于人的主观意志和用力践行。他又认为，"仁"应成为人生的准则，并将是否存"仁"作为判断君子与小人的依据。他曰："仁，道也；不仁，非道也，奚惑之有？君子以仁存心，奚忧之有？至死不变，奚惧之有？"③他又进而分析仁，把仁与义、礼、知等联系起来。"所谓仁者，得一言而近知，知者得一言而近仁。"④"析仁而言曰仁义礼知，格仁义礼知而言曰仁，仁者，人之仁也。"⑤这样，仁不再是空洞的道德观念，而是有义、礼、知等作其载体，成仁也就有了具体的实施途径。周太谷把仁的重要性提到了相当的高度。他说："仁之益也大，不仁之损

---

① 黄葆年：《归群草堂语录》。
② 谢逢源：《龙川夫子年谱》。
③ 《周氏遗书》卷八。
④ 《周氏遗书》卷九。
⑤ 《周氏遗书》卷八。

也亦大。"①他认为,汤武征伐是为民着想,所以"仁者无敌"②。在论述仁与孝悌的关系时,周太谷指出了实现仁道的方法与途径。他云:"人之性始于仁,仁之始,始于孝,而次于弟(悌),由孝而弟(悌),由弟(悌)而仁,仁道充矣。"③这与孔子问言"孝悌也者其为仁之本与"是相一致的。

张积中对儒家的仁义、义利观作了进一步的阐发。他认为,仁与义的修养有赖于人们对外界诱惑的抵制。他说:"反好色之心,而仁斯立矣。反好货之心,而义斯达矣。人或溺焉,而仁义未有不充塞者也。"④张积中主张仁体义用,仁义两端,若偏失一方,都不会成为完善的道德实体,即如《三道注》中所总结的"失其仁者失其体,失其义者失其用"。在义利关系上,张积中坚持义与利的统一与转化,君子、小人之别,也正在义或利的趋向不同。人伦关系上,张积中反对将父子、君臣、长幼、夫妇关系绝对化,而应保持在合理有度的范围内。他言:"父子有亲,则庶乎残其胜也。君臣有义,则庶乎杀其去也。长幼有序,则庶乎忿其惩也。夫妇有别,则庶乎欲其窒也。斯四者,信之至也,而朋友有弗信者。"⑤

李光炘对儒家"仁义"、"性情"以及天理人欲的关系等内涵的理解也十分深刻。他阐述了性与情存在及其结合的必然性。他说:"性也者,合德为仁者也。情也者,配义与道者也。失性则天地莫位,失情则万物莫育也。孟子道性善,道以此也。"⑥在天理人欲的关系上,则是太谷学派殊异于宋儒的根本之处。李光炘说:"于天理中看出人欲流行,仁之至也。于人欲看出天理流行,知之极也。"⑦在他看来,"好色好货好勇皆人情也"⑧。关键在于不能沉溺其中,"一沉涵,便不可救

---

① 《周氏遗书》卷五。
② 《周氏遗书》卷八。
③ 《周氏遗书》卷七。
④ 《张氏遗书·仁义说》。
⑤ 《张氏遗书·畜吸注》。
⑥ 《李氏遗书·真州李龙川先生语录》。
⑦ 李光炘:《龙川弟子记》。
⑧ 李光炘:《龙川弟子记》。

药"①。李光炘充分肯定了"人欲"的自然性与合理性，公开抨击了宋儒"存天理、灭人欲"的虚伪性。

应当看到，太谷学派阐发的伦理观基本上还是对传统伦理道德的继承和修正，其中有些见解颇多标新立异，这也是时代变动的反映。

（四）政治态度

如前所述，太谷学派的理论研讨以及讲学活动的根本目标是人生境界的升华，也就是探讨如何成为"圣人"的问题。太谷学派对于儒家经典的阐释，重在发明其"内圣"的微言大义。在现存的《太谷学派遗书》中，很少见到有系统或专门谈论政治的内容。周太谷及其门弟子虽提出了一些政治灼见，并躬行实践，但在当时的历史背景下终归流于幻想或破产。学派门人中也有置身官场者，如毛庆蕃官至江南制造局总办、陕西布政使、护理陕甘总督；黄葆年出任过淄阳、泗水等县县令。他们为官期间，仍秉承师训，起缵学派道统，为学派的生存与发展到处奔波。因此，太谷学派的"外王"事业也是为维护其"内圣"之功服务的。

周太谷对政治虽然并不怎么热衷，但他十分关心民间疾苦。他曾尖锐地指出封建地主土地私有制下的大兼并，是造成当时农民饥寒交迫的最主要原因。他说："古者什一而助，今也或四十一助或三十一助，而农反困，何也？昔者农受田于国，今也受田于人。人或四十、三十而一助于国，农什五助于人，夫焉有不困！"②于是极力主张改革封建地主土地所有制。他不但如此主张，而且还身体力行。有一年大水灾，他嘱咐儿子少谷："君子以仁为富，不以田为富。斯岁也，数诸往未闻斯水之甚也，浸者六、七，饥有八、九。女归，将郭外之田，析其一以存祭，推其九以周乡党之急，女毋吝。"③直到他去世前不久，还赈济灾民以万计。

李光炘则对政治提出了一些具体的主张。他说："井田之复，大率以三十年为断。其制：令凡有田者纳土，相其才，可官则官之，不可则予

---

① 李光炘：《龙川弟子记》。
② 《周氏遗书》卷五。
③ 《周氏遗书》卷七。

以世禄或以世职。凡庶人有田,准卖不准买,惟士大夫始得令买。不待三十年,而田尽入官矣。庶人授田,制惟百亩,士受则倍之。半以士并耕,半使人代耕。以今天下而论,欲平治,只须期月三年。若行王道,则非三十年不可。"①很明显,他所倡导的土地政策,旨在反对封建地主土地私有制。其具体步骤是,逐渐由官府或士大夫收买民田,再让士大夫纳土授官,将土地渐渐收归国有,实行授田等,这种做法,已非单纯的"复井田"旧制,而是具有了新的内容,尤其是要求士大夫阶层也要参与耕作,更富创见。此外,李光炘对封建政府机构的设置,也有自己的一套想法。他主张:"置官之法,每县置左右尹,分司其事,武备则置一千总理之。四县置一府,两府置一道,两道置一方伯。王畿内则置两宰,如周公治东、召公治西之法。凡在外封建诸邦,皆统之封建之制。小者五十里,大亦不过百里。"凡此,均带有明显的复古色彩。他所提出的这些政治主张,尚属书生之见,基本上是空想的、不切实际的。

张积中将其政治理想付诸实践,建立黄崖学社。张积中因在兄弟中排行为七,故时称"张七先生",为人恃才高傲,自视清廉,虽屡有亲友推荐,却不屑为宦从政,喜于乡里结交文人名士。他变卖家财,携带家人和亲友弟子,迁往山东肥城黄崖山,据险自居,仍事讲学,附近各地的文人慕其名声信服他的学说,前往拜门的很多,甚至有举家携资来归的。其时,因有捻军在长清附近活动,前来寻求避难的人渐多。为了安排难民,张积中对"凡入山避难者,山上设粥,山下设汤,来者皆得饮食。又设立医药局施药治病。远近感其惠,归附益众"②。由于规模日益壮大,张积中就在山上开文学房、建武备堂,辟璇玑洞,筑太玄坛等,又教养兼施,补济山中生活财源。于是,"自肥城之孝里铺,济南会城内外,东阿之滑口,利津之铁门关,海丰之埝子口、安丘、潍县诸处,皆列市肆,取名泰运通、泰来、泰祥、泰亨"③。从而形成了一个集耕读、商贸、自卫为一体的村社组织。随着张积中在黄崖山的名声日大,自然引起了当地官府的密切注意。此时,由赖文光率领的捻军正在山

---

① 李光炘:《龙川弟子记》。

② 《肥城县志·黄崖纪事略》,转引自《山东近代史资料》第1分册,山东人民出版社1957年版。

③ 《阎敬铭围剿黄崖山奏折》,转引自《山东近代史资料》第1分册。

东一带进行反抗清政府的活动。山东督抚阎敬铭示意下属地方官吏，以张积中私通赖捻谋叛为名，派兵围困黄崖山，先谕诏张积中出山，遭到张拒绝后，便派兵围攻。张积中率领家人及门弟子几千人奋起抵抗，终因寡不敌众，又无外界支援力量接应而失败，是为有名的"黄崖教案"。该案死难人数甚众，尽管黄崖教案后来得到平反昭雪，但它造成的负面影响是相当大的。黄崖山学社在张积中的督理下，人民群众安居乐业，历时八九年之久，直到同治五年被清军荡平。这一教养结合的村社组织的建立，实际上恰恰是张积中在世上建立"理想王国"的大胆试验。尽管张积中对理想社会的追求与试验不无"乌托邦"的色彩，但从他在山东黄崖时实行山内耕垦自给、山外则组织商号进行交易的生产方式来看，都有其一套特殊的政治思想。

三、太谷学派形成的社会背景和思想渊源

思想史上任何一个新起学派的产生，并非某些偶然因素所致，而都有其广阔的社会背景和深刻的思想渊源。太谷学派的形成也是如此。有清一代，政治、经济态势出现了重大变化，伴随着世运的潜移、宋明理学等思想准备，太谷学派的应运而生也就成为历史的必然了。

（一）时代背景

太谷学派的产生是社会剧烈变动的反映。乾隆朝后期，中国封建社会的各种矛盾充分暴露出来，开始走上衰败的道路。斯时清朝统治已从百年鼎盛的巅峰跌落下来。土地兼并恶性发展，吏治日益腐败，农民生活更加贫困。嘉庆年间，官僚、地主、高利贷者采用种种手段，掀起兼并土地的狂潮。苏州、常州、湖州一带的良田，百分之七八十集中到地主手中。大学士和珅，嘉庆四年（1799）抄出地产80万亩。道光年间，大学士琦善占田250多万亩。[①] 与此同时，王室、贵族、官僚的穷奢极欲和各级官吏的贪污贿赂都转移到对百姓的残酷压榨上。张际亮曾满腔悲愤地控诉官吏的贪毒残民是"鹰鹯遍野，豺狼噬人"，致

---

① 桑咸之、林翘翘：《中国近代政治思想史》，中国人民大学出版社1986年版，第17页。

使百姓没有活路,"此等凶残之状,不知天日何在,雷霆何在,鬼神又何在!"①土地兼并使大量的农民失去土地,被迫外出逃亡,造成城镇大量浮民和许多地区数量巨大的流民群。当时,有人对占有土地和丧失土地的人口比例作过估计:"今天下……占田者十之一、二,佃田者十之四、五,而无田可耕者十之三、四。"②大量的破产农民丧失了安身立命的土地而转徙各地,生活孤立无援,极不稳定,常常遇到天灾人祸的打击和封建统治者的欺压。出于互助的需要,他们迫切要求结成团体。另外,鸦片战争后,国际形势出现了重大变化,外国资本主义势力逐渐侵入中国,传统的自然经济遭到严重破坏,破产游民队伍更加庞大。这些都为一个学派的产生提供了广泛的群众基础。以提倡安身立命为修养方式、兼养天下为目标的太谷学派的产生也就不是历史的偶然,而是时代发展的必然结果。一方面,太谷学派的安身立命学说能给众多流亡来归者以心灵的慰藉;另一方面,太谷学派对于土地政策的设想以及理想王国的试验等都颇契合民众对于理想生活的向往。

(二)思想渊源——宋儒、王学与强诚之学

揆诸《太谷学派遗书》不难发现,太谷学派思想来源主要有两条途径:主倡宋儒学说,同时与阳明心学关系极深,另外还融入了一些民间的思想暗流。不管宋学还是心学,都应属于广义的宋明理学的范畴。至于宋学与王学的分殊,当是学派中的人偏重取舍而已。周太谷在《周氏遗书》卷四《进学解》中明确地表明了自己的问学途径及思想渊源。他说:"曲阜仲尼父出,作《春秋》,系《周易》,知至知终,盹盹如也。"③又言:"秦汉以下,人知强而天知弱也。唐晋汉周之末,天知几希熄矣。"④再曰:"道州濂溪氏《通书》作,豫之《易传》,继继而出,不百年而人知渐转强也。吁! 庆历启祯年之际,天知又几希熄矣。"⑤最后又总结说:"学者果能循朱、张、程、程、周、孟、思、曾之绪,而后寻孔颜

---

① 《张亨甫全集》文集卷二。
② 蔡少卿:《中国近代会党史研究》,中华书局 1987 年版,第 8 页。
③ 《曲阜节第四》。
④ 《秦汉节第五》。
⑤ 《道州节第八》。

之乐，复与几存义之德，庶不负斯进学之解云。"①只要以此来结合上述周太谷一生的经历，就不难得出这样的结论：周太谷的问学途径，虽始于佛、道，而终归儒学。思想渊源系心传孔子、颜渊、曾子、子思、孟子、周敦颐、程颐、程颢、张载、朱熹的法乳。在学养上，周太谷也很重视心性之说，与王阳明颇为近似。他说："言放心则曰：'言近乎听，言切则不闻；视近乎动，动无妄则不睹。厥后已放之心，可复其初也。'"②

太谷学派门人皆申明，周太谷之学传自"义、文、周、孔、周"。如其大弟子张积中曾说："我夫子生义、文、周、孔之后。发义、文、周、孔未发之蕴；作周氏思亲篇以教孝，作外篇以教弟，作内篇以教后之学圣人者。"③分析张积中此言，这后一个"周"字，似即指周太谷而言。但是，读《周氏遗书》见到他因受周敦颐（字濂溪）启迪而得道，对周子极其推崇，其思想又似是渊源于周敦颐。细检太谷之思想言论，多受之于周敦颐的《太极图说》和《通书》的深刻影响，而谈"易"演"易"，成为太谷学派的重要特征，由此看来，"义、文、周、孔、周"这最后一个"周"字，很可能就是周敦颐。

太谷学派的思想中除了儒家正宗流脉外，尚别有来路。《周氏遗书》卷一〇中特别全文引录了一篇有关"强诚"之学的文字："夫强诚之学，始于神农，继之黄帝，圣人名之曰困学，释氏曰目诚，道家曰神光。春秋惟端木氏最精，其次商瞿、公冶、澹台、南容。列国黄石、鬼谷，及汉良、勃获以佐命。唐之青乌授郭、李以定乱，宋之济颠前知生死，国初铁观前知祸福。斯虽圣人之末学，亦可以佐命，亦可以定乱，亦可以前知生死，亦可以前知祸福，功岂鲜哉！后之君子，毋轻语匪人。永乐辛卯春，秋浦周鼎识。"李光炘认为强诚之学，内可翼圣，外可翼王。然而"其流弊多也，前知祸福，则安命者鲜矣，必明则愚柔者见侮矣。厌故喜新，则简易之理废矣。门户之见存，则竞法者众矣。故试其佐命定乱之才，则天下从此多事矣。轻语匪人，则祸及天下后世

---

① 《学者节第十》。
② 《周氏遗书》卷三。
③ 张积中:《示及门弟子》。

者远矣。故曰:圣人之末学也"①。强诚之学虽属圣人之末学,多有流弊,但也是可以佐命、定乱、前知的一套有用的学问。这篇奇文的作者,署名为明永乐年间的"秋浦周鼎",并告诫得此"周学"者"毋轻语匪人"。这位明朝初年的周鼎,名不见经传,且与濂洛关闽陆王等儒学正宗学派毫无牵涉,到底是何许人,已无从查考,但是他所论述的传承有自的"强诚之学",显然对太谷学派思想的形成起到一定的影响。明了太谷学派确曾传自隐于山野的"异人"这一思想来源,对我们全面把握该学派的真实面貌具有重要意义。

所以,"义、文、周、孔、周"中最后一个"周"字,并非单指一个人,而应是复数的三个人,即宋之周敦颐、明之周鼎、清之周太谷。

周太谷推崇宋儒,明确自称其学术渊源于"周、张、程、程、朱"。然而,被委以"还道于北"大任的张积中则对阳明心学颇有推重之意。他在纵论古今之道时说:"三代而下,圣人之心法荡然,而治世之迹犹存也。五霸假圣人之迹,佛、老明圣人之心。去其迹而人类亡,去其心而天理灭,天故两存之。世运衰微,天心仁爱,从可见矣。诸儒泥其象而攻之,亦门户之见也。奚有当乎?佛氏明心见性之说,即《大学》致知之学也。致知者,知其知也。自知其知,即自明其德也。《中庸》曰'率性',孟子曰'知性',子曰'吾无隐乎尔',斯义也,汉儒鲜知之。程朱之学,本于正心诚意,而略于致知,逮乎王阳明,而致良知之说,始畅于天下。而当时儒者,复以攻佛之见转而攻阳明,嘻! 昧亦甚矣。"②这段文字论及王阳明为了拯救汉儒的荡失,弥补宋儒的遗憾和缺失,独有继往开来之功。张积中尊崇程、朱为"隐王",他又言:"致良知之说,孟子而后知者寥寥,圣学衰微。正心诚意,自宋儒而一振。……明东林诵学,则纯以我之好恶,而行我之是非,愈降愈速,学乃大乱。"③可见,太谷学派发展到张积中创立北宗之时,也没有"宗王学而薄宋儒"。他们同样称誉宋儒正心诚意和阳明致良知之说,所贬低反对的是那些终日"是朱非王,是王非朱"的刘蕺山、颜习斋、李刚主等人,

---

① 谢逢源:《龙川夫子年谱》。
② 张积中:《示及门弟子》。
③ 《张氏遗书·复示祝三》。

"纯以我之好恶,而行我之是非"的东林士子以及"口言仁义道德,心存高官厚禄"的假道学者。

四、太谷学派的主要特征

从太谷学派的形成和发展历程来考察,我们可以看出其主要特征略有四端。它始终保持着民间性和学术性特色;提倡以儒学为宗,同时汲取佛、道的有关思想;兼收其他学派的某些思想内容为己所用;太谷学派的发展体现了学术思潮自身的逻辑发展。其具体表现分列如次。

（一）民间学术流派

中国思想文化的传播和发展在很大程度上同民间学者的努力分不开。追溯历史不难发现,民间讲学活动和学术研究具有十分悠久的传统。事实上,春秋战国时期的诸子百家在草创阶段大都有民间学派的性质。后来,有的学派衰落了,有的则由于统治者的推崇,适应时代的需要而融汇众多学派成为"官学"。但是,即便如此,民间讲学和学术研讨也依然没有停止过。太谷学派正是植根于民间学术活动的深厚基础之上的。它起于民间,又传于民间,一直未得到官方的正式认可或扶植,其思想来源融入了一些民间思想暗流,即所谓的"强诚之学"。太谷学派保持的民间学术特色,具体表现在以下两方面。

1. 严格的传承形式和学派成员构成

太谷学派设学授徒,命由师传,即由前一代师尊指定下一代传人,其他门人不得违拗。学派的思想信仰,主要依靠著作和门弟子记录得传。自周太谷始,即有严格规定,历代师长的言论思想,只准以口耳相授形式传布,其著述笔录也仅限于手抄,禁止刻印刊行,而且也只得在学派内部传阅,秘不示人。① 这种鲜明的宗派性,也是封建时代的民间学术传统,基于自身生存考虑,总是自成一家或把信奉的学说圈于一定范围之内,这也造成了学派的发展与官方显学之间既相联系又相游离的局面。当民间学派的学说与官方旨趣一致时,学派的发展会很顺利。如果两者有所冲突,或学派的发展有可能触及统治者的利益时,

---

① 马西沙、韩秉方:《中国民间宗教史》,中国社会科学出版社 2004 年版,第 1326 页。

学派就会陷入危机的窘境。太谷学派二传时发生的黄崖教案即有此因素。

太谷学派接纳的弟子范围甚广,极盛时人数规模也相当大。既有达官名士,又有一般平民,"官商市侩僧尼道俗,络绎于门,太谷乃一一见之"①。但学派的主体仍是一般平民、失意书生和一些破产流亡者,这样的群众基础更增添了学派的民间性特色。

2. 学派骨干具有较高的文化水准

所谓学术,它是经过职业文化人精密加工制作的精神文化产品,较为系统、专门、定型,便于保存和传播。② 太谷学派的领导和骨干大都具有较高的文化水准,这为学派保持一以贯之的学术宗旨提供了一定的前提条件。周太谷青年时代游学四方,遍叩儒、佛、道之学,曾两度上庐山,终于感悟得道;张积中出身于世家大族,年少时饱读群书;李光炘原为素封之家。学派南宗首席传人黄葆年"少好读《曾文定文集》,比长,从当世士大夫游"③。蒋文田亦"少小志远游,足迹尽八荒。思欲穷幽险,千里裹糇粮。北行踰燕冀,南游窥衡湘"④。学派四传、五传的掌门人李泰阶、黄寿彭更是家学渊深,颇得庭训。性格豪放、出身宦海世家的刘鹗以及曾被黄葆年称赞为"责无旁贷,辅翼圣功"⑤的达官名士毛庆蕃等人也都是满腹经纶的饱学之士。一大批富有学养的知识分子致力于太谷学派圣功之学的传播,或著书立说,或奔走于学派门人的交往,实现学派合宗的大业。周太谷为解答诸弟子所问的"九经"、"四子"中的问题而成《十三经或问》,后经门弟子整理为《周氏遗书》。张积中著述最为宏富。据《归群宝籍·目录》著录,其编著共有《张氏遗书》、《张氏内注》、《白石山房文集》、《楞严经》、《参同契批注》等19种。李光炘以讲学为主,著作不多,但也有《李氏遗书》、《龙川先生文集》等6部著述流传于世。此外,黄葆年、蒋文田等学派

---

① 《东方杂志》第24卷第14号。

② 冯天瑜:《〈中国学术演变〉前言》,《湖北大学学报》(哲社版)1998年第1期。

③ 黄葆年:《归群草堂文集》卷二。

④ 蒋文田:《龙溪先生诗钞·咏怀四首(丁卯)》。

⑤ 黄葆年:《归群草堂语录》。

门人也都留下了数量不一的珍贵文献。学派门人通过讲学、著述或其他活动起缵学派道统,弘扬太谷之学。

（二）儒学为宗,兼援佛道

意识形态不仅具有历史的继承性,而且在相互渗透、相互影响中获得发展。太谷学派的形成与发展也是如此。作为以弘扬儒家文化为基本理念的民间学术流派,太谷学派的思想具有很大的包容性。也就是说,太谷学派虽然以儒学为中心,但同时也汲取其他有利于建构该学派理论体系的思想内容。尤其是道家与佛教的一些修身养性的观念或具体的修养方法常为太谷学派门人所涉猎。以儒学为中心是太谷学派的一贯主张,周太谷曾告诫门弟子曰:"予以尧舜之道导女,周公、孔子之学诱女。予学若偏,天其不厌于予!"[①]从周太谷及其门人的许多言论可以看出,太谷学派在思想上是以儒家道统为皈依的对象。太谷学派的"圣功"之学,实际上是一种净化心灵、发扬善质的精神修养,其中有些内容经过批判吸收,对于当今的社会主义精神文明建设以及个人的道德涵养仍有现实的借鉴意义。

太谷学派对于佛、道思想的吸纳,在周太谷的言论中已初露端倪,他曾说:"凡祈天永命者,须志曾子之志,戒达摩之戒,心庄子之心"[②]。从周太谷早年的问学途径也可看出佛、道思想对他的影响。周太谷门人在这方面更有所发展。张积中对佛、道思想尤善兼收并蓄,他对佛、道思想作了认真研究,把学派的"圣功之义"归结为"言心性则宗佛,言坎离则宗道,圣功之义无出于此"[③]。他认为"道家三住之说,心住则气住,气住则神住,不知心之不住,皆气之未住,故君养气"[④]。将"气住"作为"三住"的中心,方能兼达"心住"和"神住"。他对道家著名人物老子、关尹子的著述也有独到的认识:"予读老氏书,知妙穴之说。读关尹书而叹其言魂魄之详也。"[⑤]痛惜"参同悟真之奥,知之者

---

① 《周氏遗书·戒匪德毋妄祭祷》。

② 《周氏遗书》卷一〇。

③ 《张氏遗书三种·随所得录》。

④ 《张氏遗书三种。所见集》。

⑤ 《张氏遗书·关尹子》。

鲜也。世衰道微，而索隐行怪譸张为幻者之多也。循义路者罕得其门"①。于是努力发掘道家经典的真义，"予序而述之，俾老氏之真，庶几勿坠，或有补于将来云尔"②。张积中推崇道家的"抱一"、"知常"，他说："礼始于太乙，故曰抱一。一始于妙，妙始于穴，妙穴莫大乎观，观得其常谓之玄，不知常妄作凶，故曰：知其雄守其雌"③。他作《七返说》、《九还说》来阐释道教的内丹养生理论。他解释道："七返若夫金液九转，玄之又玄，待时而至，字曰胎仙，是在于七返，而后天机斯动，人力斯捐。""九还可以升虚，可以为灵，斯之成五狱潜形。"他还糅合佛教的"止观"法门来丰富"圣功"的修养理论。他在《禅定说》一文开篇即说："今日言禅定者，罕知真定。"继而解说"思定"的含义关键在于"求定其意耳"。并引用《楞严经》进一步揭示"禅定"的法门是"止观"。他说："一尘不染是名曰禅，一念不生是名曰定；慧光朗照是名曰禅，清净本然是名曰定；差别微细是名曰禅，敷坐晏安是名曰定。禅者，观也；定者，止也。非观不止，非止不观，即止即观，即观即止，意识断而万象俱融。"④张积中所论佛、道思想在《张氏遗书》中可谓俯拾皆是，且能汲取其思想要义为修身立命所用，"老氏之养气，盖修身之义也；佛氏之见性，盖尽性之义也。二者皆可以至命，故曰：我命在我。圣人则穷理尽性以至于命，盖兼而修之也"⑤。

李光炘在讲学中也较多地引用《楞严经》、《华严经》、《参同契》、《悟真篇》等佛、道经典来说教，并且在《龙川弟子记》内、外篇中专门设立佛、道章节谈论佛、道二氏。如《内篇》云："佛氏重手诀，道家重口诀。""道家以上清譬目，真境也；太清譬耳，仙境也；玉清譬口，圣境也。佛氏以文殊譬眉，普贤譬口，观世音譬眼，地藏王譬耳。"《外篇》则曰："佛氏明心致知而已矣，道家养气格物而已矣。""道家重修身，谓有身而后有命。佛家重修命，谓有命而后有身。圣人教人身命合

---

① 《张氏遗书·关尹子》。
② 《张氏遗书·关尹子》。
③ 《张氏遗书·道德经序》。
④ 《张氏遗书·禅定说》。
⑤ 《张氏遗书·复徐梦卿》。

德,下学而上达也。……老氏说法,由实而空;佛氏说法,由空而实。圣人不偏不倚,中庸而已矣。""佛曰解脱,道曰和合,言虽异而理则同也。"所言佛、道二氏以及儒家身心性命修养方式,旨归相比,的确同中有异、异中有同。

太谷学派的其他门人也程度不同地在其"圣功"修养理论中融入佛、道思想。如黄葆年在与曹桢论"心息相依"时曰:"庄子仙心,心息相依便是逍遥游;达摩佛性,心息相依便是自心归于自性;圣功心息相依,只在仁以为己任。"①从不同角度分析了心息相依在儒、释、道方面的各自表现,尽管修养方式不一,却也有殊途同归之效。

太谷学派在其讲学论道时,尽管援引了一定的佛、道思想内容,但这一切并不意味着太谷学派是站在佛教和道家的立场上。正如把一些零部件拿来组装在一部机器上一样,在经过重新组合之后,原有的思想已被融贯在"圣功"修养的理论体系之中。

(三)兼收其他学派——泰州学派与三一教

一个学派的思想发展,还表现在同其他派别的关系上。太谷学派的出现,不仅有其源远流长的学术思想源泉,而且还印上了其前期学派发展的痕迹。明中叶以降,学派林立,民间派别丛生,其中与太谷学派关系甚为密切的当推泰州学派与三一教。

1. 泰州学派

以泰州安丰场(今江苏东台)人王艮开创而得名。太谷学派与泰州学派,不仅是在同一地域文化背景下发展起来,而且在许多观点上也是一脉相承的。首先,两者在传心性之学与主张积极入世方面有很多相似之处。王艮的泰州学派虽对阳明心学多有"改造",但同样贵心悟。道德修养上,王栋以"意"为"心"的主宰,他说:"旧谓意者心之所发,教人审几于动念之初。窃疑念既动矣,诚之奚及?盖自身之主宰而言,谓之心;自心之主宰而言,谓之意。必则虚灵而善应,意有定向而中涵,非谓心无主宰,赖意主之"②。王栋还强调"诚意"、"慎独",

---

① 黄葆年:《归群草堂语录》。

② 黄宗羲:《泰州学案一》,《明儒学案》卷三二。

"诚意工夫在慎独,独即意之别名,慎即诚之用力者耳。意是心之主宰,以其寂然不动之处,单单有个不虑而知之灵体,自作主张,自裁生化,故举而名之曰独"①。以坚定和纯化道德意志。泰州学派的这种发自本心的内省方法与太谷学派的悟而见性的身心修养确有异曲同工之妙。此外,泰州学派还主张"圣人之道,无异于百姓日用。……百姓日用条理处,即是圣人之条理处,圣人知便不失,百姓不知便为失"②。并认为"即事是学,即事是道,人有困于贫而冻馁其身者,则亦失其本而非学也"③。因而,深得社会下层人物拥护。其门人除有官吏、士大夫,如徐樾等外,多为樵夫、陶匠、田夫,如朱恕、韩乐吾、夏廷美等。泰州学派提倡重实践,"百姓日用即道"与太谷学派"养天下"的积极入世主张也颇有相通之处。

其次,在主张修身立命不受寿夭限制的观点上,也甚为相同。张积中特别提倡圣学中的杀身成仁精神,反对佛、道二氏消极遁世,但求个人解脱,为一己之私的做法。他言道:"圣功之所以大者,为从人事上修也。明知为火炕(坑)而出入其中……二氏之学则畏火炕(坑)而避之矣。"④张积中不仅如此说,而且自己身体力行,明知有危险,偏要蹈险而出。山东巡抚阎敬铭派兵包围黄崖山,传令张积中等人五天内出山自首,张积中则怒曰:"积中此生,决不履公庭。必欲积中出者,积中出就死耳!积中亦丈夫也,伏剑而死则可,桎梏而死则不可,积中以身殉学矣,何为出!"⑤山破之时,举家自焚,表现了宁死不屈的精神。泰州学派诸人也多有一种江湖豪侠之风,《明儒学案》说泰州学派"其人多能赤手搏龙蛇"便是如此。学派门人,如颜山农、何心隐等人,都是勇于献身的侠义之士。

李光炘曾说:"天命寄于我身,身修则命存,身不修则命亡。惟夭寿不二,修身以俟之,所以立命也。能修此身,命自决然不去,寿固能立此命,天亦能立此命也。"⑥此言强调了努力修身可以保持精神永存

① 黄宗羲:《泰州学案一》,《明儒学案》卷三二。
② 黄宗羲:《泰州学案一》,《明儒学案》卷三二。
③ 黄宗羲:《泰州学案一》,《明儒学案》卷三二。
④ 张积中:《白石山房语录》。
⑤ 胡韫玉:《虞初近志·张积中传》。
⑥ 李光炘:《观海山房追随录》。

不死，因此，该派门人皆以"立德、立功、立言"为三不朽。这方面，泰州学派也有阐发，王艮认为"若夫民则听命矣，大人造命"①。弟子徐樾有言："故君子尽性则致命矣，不知求作圣之学，何以望此道之明，而自立人极也哉！夫人之所以为贵者，此性之灵而已矣。"②可见，两者在定性立命的宗旨上如出一辙。

还有一点，太谷学派充分肯定"人欲"、"性情"的自然性与合理性，反对"去欲存理"的说教。至于泰州学派，黄宗羲曾有评论："平时只是率性而行，纯任自然，凡儒先闻见道理格式皆足以障道"③。王艮更是提倡"自率其"性④。这些都是对程朱理学"存天理、灭人欲"教条的冲击，凡此，也与太谷学派有契合之处。

2. 三一教

明代中后期福建莆田人林兆恩倡立。他提出儒、释、道三教奉行的"道"是同一的，没有什么根本原则的区别，主张把三教统一在其共同的本源之上，合三教为一教。刘惠孙先生曾经断然否定太谷学派与林兆恩有任何关系。他认为："太谷学派并非如一般所说，是'三教合一'论者；它与林兆恩的'三一教'完全无干。"⑤其依据是张积中的一段话："其教既异，道亦不同。而欲于兵农礼乐之身，希冀乎作佛升仙之路，明其理则可，成其道则难。夫朝而《楞严》，暮而《参同》，出而礼乐兵刑，入而君臣父子，譬之北辙，乃驾南辕，扞不相入，有由然矣。"⑥我们认为，太谷学派与林兆恩所创三一教是有所不同，但并不是说林兆恩所创三教合一说及其三一教，对太谷学派绝无影响。《皖志列传稿·周毂传》中载曰："谷之为学，大抵贯穴孔孟，旁通老释而自辟门户，时时纬以理数。林三教、程云庄之流，似同而异者。"林兆恩三教合一之说中有"非非三教"的内涵，他批判了

① 黄宗羲：《明儒学案·心斋语录》。
② 黄宗羲：《明儒学案·徐樾语录》。
③ 黄宗羲：《明儒学案·泰州学案》。
④ 黄宗羲：《明儒学案·心斋语录》。
⑤ 刘惠孙：《太谷学派的遗书》，《福建师范学院学报》1957 年第 2 期。
⑥ 《张氏遗二书·与秦云樵书》。

汉以后的儒者不明心性之旨,至汉则"迹似情非,故正理愈坏"①,批判了佛、道两家不遵守三纲之常道,不司士农工商之常业,枯槁绝嗣,然后始倡归儒宗孔,统一于"中一道统",合三教为一教。在"非非三教",即在批判后世名为三教而实背离三教宗旨的行为这一点上,林兆恩所论与太谷学派基本相同。当然,应该看到,在融汇三教的终归目的上,太谷学派与林兆恩合三教为一教确有不同。太谷学派研读诠释佛、道经典,完全是为了从中汲取有益的思想营养,以补儒学之缺失,为我所用。而林兆恩的三教合一尽管以"归儒宗孔"为宗旨,但他的最终目的是要改造儒学,将释、道两家的精髓与儒融汇为一,即把三教合成为一教,浑然一体,不复再区分儒、道、释。对此,他有所论,"三教既一,风俗自同,不矫不异,无是无非,太初太朴,浑浑熙熙,此余三教之大都,合一之本质也"②。

综上所述,周太谷及其门人倡导、创立的儒家学术流派,兼融释、道思想并颇有发微,是我国明清以来社会思想上值得注意的新现象。明朝中末叶以后,正统的佛教和道教已经式微,民间宗教渗入广大下层民众的日常生活中。也正是在老百姓的日常生活中,世俗化的佛、道信仰与传统的儒家伦理学说相融汇,事实上形成了三教合一的民间信仰洪流。这为民间教派的蜂拥而起提供了思想基础,也影响到某些怀有匡时济世思想的学者转向学派信仰,从学术理论中寻求自己的理想王国。太谷学派的形成,既是历史的产物,又是当时各种复杂的社会因素相互交织的缩影。应当看到,太谷学派的传播对社会形成了一定的影响,但其影响又是有限度的。

---

① 《三教正宗统论》一册,《三教会编》卷二。
② 《林子全集》元函第三册《道一教三》。

第四节　安徽的文化艺术成就

一、戏剧与徽班进京

中国古典戏剧发展到清代，进入一个关键的历史时期。其时，各种戏曲种类争奇斗艳、蓬勃发展，戏曲史上著名的"花雅之争"开始轰轰烈烈地上演。所谓"花雅之争"，就是指花部各种声腔的剧种与雅部昆曲之间的相互争胜。其实，这场争夺剧坛霸主地位的"战争"，早在明代末年就已拉开了帷幕，此时则随着昆曲的案头化和花部诸腔的发展壮大，达到了白热化的程度。固然文人士大夫视昆曲为正音，但扎根在民间的花部显然具有更大的号召力，它们直接取自民间，通俗易懂、活泼生动，更符合大众的审美情趣。从康熙末年到乾隆年间，乱弹诸腔以它们充满生命力的表演逐渐吸引了广大人民群众，各种地方声腔在全国遍地开花，四平腔、京腔、卫腔、梆子腔、乱弹腔、巫娘腔等广泛流行。作为花部声腔的重镇，安徽剧坛在此时也活跃非常。

（一）清初安徽戏剧的发展状貌

清代初期，安徽各地民间戏曲发展得相当迅速，它们占领着当地的主要消费市场，徽剧、贵池傩戏、凤阳花鼓代表了当时安徽剧坛的发展主流。

1. 徽剧

徽剧是安徽省地方戏曲中影响力最大的剧种之一，其原名为"徽调"、"二黄调"，新中国成立后才定名为"徽剧"。在清初安徽剧坛上，它的成就和影响最为深广。徽剧的血缘相当复杂，明嘉靖年间，南戏四大声腔中的余姚腔和弋阳腔传入徽州、池州、青阳等地，与当地的土语声调相结合，形成了徽州腔和青阳腔（即池州腔）。它们都继承了弋阳腔"一唱众和，其节以鼓，其调喧"以及"向无曲谱"的特点，惯用人声帮腔，青阳腔更突破了弋阳腔曲牌联缀体的套式，把人民群众生动活泼的口语词汇加进唱词和说白中,曲词通俗易懂。后来,为了使传奇剧本更加易于接受和充分表达剧中人物的感情、拓展意境,青阳腔艺人创造了一种"滚调",备受群众欢迎。到了万历年间,徽剧正式形成。当时徽州腔、青阳腔、太平腔、四平腔等多种声腔,已经风靡全国各地,被称为"天下时尚南北徽池雅调"。

徽剧的传统剧目很多,据记载,总共有1404个,但因为年代久远,又多为手抄本,其中有不少剧目已经失传。新中国成立以后,安徽省徽剧团整理并演出了《出猎·回书》、《磨房会》、《双下山》、《贵妃醉酒》、《水淹七军》、《义虎报》、《齐王点马》、《巧姻缘》、《借靴》、《龙凤扇》、《三挡》、《醉打三门》等经典剧目,并加进了管弦伴奏,丰富了帮腔形式。徽剧唱腔多姿多彩,既有高雅的高腔、昆腔,优美的昆弋腔,活泼的吹腔,潇洒的四平;又有悲怆、激越的拨子,节奏明快的西皮、二黄;还有富有乡土气息的花腔小调,以徽调和青阳腔为主。唱词则通俗易懂,节奏爽朗明快。

徽剧的武功表演也享誉大江南北,一些平台武功,如"独脚单提"、"叉腿单提"、"跑马壳子"、"飞叉"、"刀门"等,均让人叹为观止;高台武功则更为险要,演员经常从7张桌子相叠的高处翻下,许多舞台绝技,诸如"顶碗"、"矮子步"、"辫子功"等也来源于徽剧。徽剧在表演上非常注重舞台画面和身段、亮相的雕塑美,如《三挡》中秦琼的走霸,"金鸡独立"、"童子拜观音"、"犀牛望月"等身段,都令观众叫绝。徽剧在强调对主角人物细致刻画的同时,也非常讲究群歌齐舞的雄伟气派。作为中国戏曲继往开来的一个重要剧种,徽剧在中国戏曲史上有着非常重要的地位,京剧的形成与它密切相关,中国南方的许多地方戏曲剧种,也都与它有着历史的渊源关系,其影响几乎遍及全国。

2. 贵池傩戏

贵池傩戏是安徽古老稀有的剧种之一,它主要流行于佛教圣地九华山下的刘街、梅街、棠溪、桃坡、渚湖、清溪、茅坦、里山一带。相传源于对梁昭明太子的祭祀活动,最迟在明成化年间已经形成,清初时表演程式日趋成熟。傩戏以宗族为演出单位,以请神敬祖、驱邪纳福为

目的,以傩祭歌舞、佩戴面具为表演特征,风格古朴、粗犷,被誉为"戏曲的活化石",目前剧目仅余 7 种。

3. 凤阳花鼓

凤阳花鼓是富有安徽特色的民间小曲,又称"花鼓"、"打花鼓"、"花鼓小锣"、"双条鼓"、"凤阳歌"等,源于凤阳县长淮卫乡,明时的移民政策和逃民现象将凤阳花鼓带到了全国各地。凤阳花鼓曲调丰富、节奏流畅,一般由一人或两人自击小鼓和小锣伴奏,边舞边歌,表现力非常强。清初的许多诗文都记录了凤阳花鼓表演时载歌载舞的热闹场面,凤阳花鼓在流传过程中对全国各地的剧种产生了不小的影响。

4. 黄梅戏

黄梅戏是源自于湖北黄梅一带的采茶歌,旧称"黄梅调",又称"采茶戏",大约形成于清康熙中叶,流行于安徽及江西、湖北的部分地区。黄梅戏的传统剧目有"三十六大本,七十二小出"之说,"大本"即正本戏,"小出"谓花腔小戏。黄梅戏唱腔优美,身段妩媚,舞台感染力强,在民间大受欢迎。

5. 庐剧

庐剧旧称"倒七戏",起源于大别山的民间歌舞,但在形成过程中则受到了湖北花鼓戏和安徽当地的一些民间小调的影响,清同治年间庐剧剧团已经相当活跃。庐剧流行于安徽淮河以南和长江两岸,根据区域和唱腔的区别,又分为上、中、下三路,主要剧目有 300 多部,分本戏、折子戏和花腔小戏。庐剧吐字清晰,表演生动,生活气息浓郁。

至于安徽其他地方曲种,诸如泗州戏(乾隆时称"拉魂腔")、青阳腔、嗨子戏、安徽大鼓、门歌、含弓戏、安徽目连戏、淮北梆子等,也都在清初繁盛的戏曲土壤上得到了萌芽的滋养或发展成熟的契机。

除了上述这些地方曲种外,在正统的传奇、杂剧的创作方面,皖籍的优秀作家亦层出不穷。其中著名的有以下几位。

尤侗(1640—1697),清初戏曲作家,字理侯,号石楼,又号改庵,安徽望江人。天资聪颖,少时即才名卓著,17 岁时举博学鸿词科,授翰林院检讨,曾参与清廷多部文史要籍的编纂校正工作,著有《江花梦》传奇和《芙蓉城》杂剧。《江花梦》又名《琼花梦》,讲述书生江霖的命定姻缘故事;《芙蓉城》故事虚幻、想象奇特,有为历代不幸女子鸣冤之意。乾隆时的书商将两剧合刊,题名《尤改庵二种曲》。

张潮(1650—?),清初戏曲作家、出版家,字山来,号心斋,安徽歙县人。博学多才,著作等身,著名的作品包括《幽梦影》、《虞初新志》、《花影词》、《奚囊寸锦》、《心斋诗集》、《笔歌》、《鹿葱花馆诗钞》等,其中《笔歌》是他的杂剧散曲集,收录了《凯歌》、《穆天子绝域快遨游》、《阮嗣穷途伤痛哭》、《柳子厚乞巧换冠裳》、《米元章拜石具袍笏》等单折短剧和一些散曲,他的杂剧创作以历史题材为主,情节紧凑,曲文通俗,观赏性强。

石庞(1671—1703),清初戏曲作家,名兆庞,字晦村,号天外,安徽太湖人。5 岁能文,颖慧过人,擅长诗文词曲,著有《蝴蝶梦》、《梅花梦》、《姻缘梦》、《鸳鸯冢》、《后西厢》、《壶中天》、《五因种》、《诗囊恨》、《薄命缘》等 10 种传奇。

吴震生(1695—1769),清初戏曲作家,字长工,号可堂,别署南村、弥成等,安徽休宁人。著有《人难赛》、《三多全》、《天降福》、《生平足》、《世外欢》等 13 种传奇,合称《玉勾书屋十三种传奇》,他善于挖掘素材,题材涉猎广泛。

此期的作家还有赵文楷、王墅、金兆燕等也颇负时誉。

由于这些皖籍作家们的不懈耕耘,不仅壮大了明清传奇、杂剧创作的队伍,而且也使得本地民间小戏的艺术品位得到了大大的提高,为清初安徽戏曲的繁盛作出了贡献。

(二)徽班进京

当戏曲表演发展到一定程度时,必然会出现许多专门以表演为职业的戏班。清初安徽剧坛上戏班数量众多,其中首屈一指的当数徽班。徽班以唱徽调、演徽剧为主,也唱吹腔、高拨子、四平调,后来由于演出的流动性强,又经常与其他剧种的声腔接触,逐渐吸收了一些罗罗腔、柳子腔等杂曲,甚至开始搬演昆曲,是个非常善于吸收借鉴、灵活变通的民间戏班。乾隆五十五年,为了给皇帝祝寿,徽班"三庆"北上进京演出,一时在京城声名鹊起、好评如潮,后来"四喜"、"启秀"、"霓翠"、"和春"、"春台"、"三和"等徽班相继进京。

在长期的舞台实践中，它们吸收了京城地区流行的昆曲、弋阳腔、秦腔等部分曲调，后又与湖北的汉调相互交融，逐渐形成了具有完美艺术风格和成熟表演体系的新剧种——京剧。京剧以其精湛的表演艺术享誉海内外，被称为"国粹"，徽班在其形成的过程中可谓功勋卓著，而"徽班进京"则敲响了京剧的前奏，成为戏曲史上一个重要的里程碑事件。

在众多进京闯荡的徽班中，最著名的便是"四大徽班"，即"三庆"班、"四喜"班、"春台"班以及"和春"班。"三庆"班是乾隆中期在安庆组成的戏班，班主是有"二黄耆宿"之称的高朗亭。据《扬州画舫录》记载："高朗亭入京师，以安庆花部合京、秦二腔，名其班曰'三庆'。""三庆"班是"四大徽班"中入京最早的，故被尊为"徽班鼻祖"①。"春台"班则是由徽商江春出资在扬州创办的，原本是专为迎驾悦圣而准备的家班，演员多从本地或苏州地区聘请，皖籍演员并不多。乾隆五十年，京都禁演秦腔，秦腔名角魏长生南下投靠"春台"班，许多演员都向他求教，因此，"春台"班能合京、秦两种声腔进行表演。"四喜"班是在安徽本地组建的，曾流动到苏州、扬州地区演出，吸收了一些擅唱昆曲的当地名伶，因此，徽调昆曲兼演，到北京后以擅长昆曲而闻名遐迩。"和春"班形成较晚，由庄亲王府予以资助，演员大多是安徽艺人，又称"王府大班"，戏班兼唱徽昆、徽秦，嘉庆八年进京时，以一曲乱弹《收姐姬》而一炮走红。由此可见，"四大徽班"虽同为徽班，却各擅胜场。《梦华琐簿》记载，"'三庆'的轴子、'四喜'的曲子、'春台'的孩子、'和春'的把子"的说法，即分别指"三庆"班的整本大戏、"四喜"班的雅调昆曲、"春台"班的少年演员和"和春"班的火爆武戏，可谓是琳琅满目，让人观之不足。"四大徽班"入驻京城的时间相隔很长，从乾隆五十五年最早进京的"三庆"班到迟于嘉庆八年组建的"和春"班，前后相距有 13 年之久，但人们还是习惯将它们并称为"四大徽班"。

徽班表演唱作并重、技艺精湛，早在进京之前就已经在扬州花腔中称雄，成功"俘虏"了一大批南方的观众，民间市场十分广大。到了

---

① 杨懋建:《梦华琐簿》。

乾隆年间,徽班的表演艺术已渐炉火纯青,京城的巨大舞台便成了徽班艺人十分向往的地方。乾隆五十五年,清廷筹办乾隆帝八旬万寿盛典,这是一个千载难逢的机会,届时来自天南海北的曲艺名家将齐聚京城,大展十八般"舞艺",徽班艺人自然也跃跃欲试。这样,得到闽浙总督觉罗伍拉纳的举荐征召后,"三庆"班便迅速结束了在外地的流浪演艺,在浙江盐务的带领下,千里迢迢地奔赴京师。

"三庆"班进京之前的北京剧坛,已经有多种声腔争胜,先是昆曲独擅曲场,深受统治阶层的欢迎。后来京腔(高腔)崛起,又出现过"六大名班,九门轮转"①的演出盛况。乾隆四十四年,魏长生携秦腔入都,也大获成功,"一时歌楼观者如堵,而六大班几无人过问,或至散去"②。"三庆"班进京公演后不久,同样在京城造成了轰动性效果。由于徽戏曲调优美,剧本雅俗共赏,舞台表演生活气息浓郁,所以北京观众热情捧场,如此一来,"三庆"班演完祝寿戏后欲罢不能,就索性留在北京继续演出。"三庆"班的班主兼台柱高朗亭是安庆人,艺名月官,入京时30岁,二黄曲艺了得,擅旦角,生活中他"体干丰厚,颜色老苍,一上氍毹,宛然巾帼,无分毫矫强。不必征歌,一颦一笑,一起一坐,描摹雌软神情,几乎化境"③,人称"京都第一"④。"三庆"班有这块金字招牌在手,自然越演越火,红透京都。"三庆"班进京尝到甜头后,其他徽班也陆续进京献艺,还有一些徽班则在京组建。到了嘉道年间,徽班不仅在京城站稳了脚跟,并且打败了当时占据京城曲苑主体的苏班、京班和西班,独霸京华。《梦华琐簿》中对当时的徽班盛况有如此的记载:"戏庄演剧必徽班。戏园之大者,如广德楼、广和楼、三庆园、庆乐园,亦必徽班为主。下此则徽班、小班、西班,相杂适均矣。"又说:"今乐部皖人最多,吴人亚之,蜀人绝无知名者矣。"其他戏班无力和徽班竞争,只好为徽班搭戏。

徽班进京后之所以取得成功,主要得益于徽班自身的优长。徽班

---

① 杨静亭:《都门纪略》。

② 吴长元:《燕兰小谱》。

③ 小铁笛道人:《日下看花记》。

④ 铁桥山人:《消寒新咏》卷四。

以唱二黄调为主，京城百姓罕闻，所以能新声夺人，并且徽班诸腔并奏，吹腔兼长，包容性很强，能"联络五方之音，合为一致"①，取长补短，为我所用，来得灵活，所以进京后徽班能很快适应北京观众的欣赏习惯，合秦、京二腔进行表演。徽班剧目丰富多彩，题材广泛，形式多样，贴近百姓的生活，常演的剧目：二黄、西皮腔有《八卦图》、《出祁山》、《群英会》、《洪洋洞》等；吹腔、拨子有《闯山》、《戏凤》、《卖饽饽》等；梆子腔有《胭脂》、《打店》、《昭君》等；京、秦二腔有《滚楼》、《送枕头》、《思凡》等；昆、弋兼演的有《天官赐福》、《富贵双全》、《猿猴献果》等；昆腔有《琵琶记》中的《赏荷》、《连环记》中的《议剑》等其他戏曲中的折子戏。徽班表演纯朴真切，音韵婉转，如"三庆"班的刘郎玉演《别妻》一出时，"手拨湘弦，清商一阕，轻风流水，令人躁释，矜平尝思；松月山亭，烟波画舫，得此风调，累心都尽"②，思之令人心旷而神怡。并且徽班在舞台形式上行当齐全、文武兼重，在武戏上延续了徽剧表演的武功传统，在文戏上则吸收了昆曲的一些身段，场面时而惊心动魄，时而抒情委婉，亦动亦静，非常适合广大观众的欣赏要求。徽班的成就还得益于当时京城曲艺的繁盛局面，各种最优秀的民间曲种在京城各逞其技，京城是雅部昆曲的重镇，"花雅之争"在这里进行得如火如荼，这种"南腔北调"汇于一炉的格局使得徽班得以将"花雅"二部兼容并蓄，博采众家之长，不断丰富其表演艺术。

徽班的成长发展和不断熔炼，促进了后来风行全国的京剧的诞生，这是徽班进京对中国文化的最大贡献。从第一批徽班进京到嘉庆十五年（1810）是京剧的孕育期。这一时期，徽班首先致力于"合京、秦二腔"，广泛吸收秦腔、京腔的剧目与表演方法，并在唱腔中掺入北京的语音，同时开始排演许多昆腔大戏，弋阳、梆子、襄阳等腔的曲调也成为徽班吸收的对象。经过几十年的积累，徽班舞台艺术体制日趋完善，对各种声腔的运用收放自如，为之后的徽、汉合流打下了良好的接收基础。从嘉庆十五年至道光二十五年（1845）是京剧的形成期。

---

① 小铁笛道人：《日下看花记》。
② 小铁笛道人：《日下看花记》。

此时徽班在京城梨园叱咤风云、如日中天。他们在尝试了各种声腔后,开始回归徽州本色,大演乡土"二黄戏"。到了道光年间,不单昆曲鲜见踪迹,原来由京腔演唱的几百出大戏中,也大多被徽班改造成由二黄调演唱,以致当时京城有"阳春白雪天音少,近日歌楼尽'二黄'"①的说法。道光八年(1828)时,汉调入京,汉调流行于湖北、江苏、浙江等省,也称"楚腔",唱腔主要是西皮调,韵味醇厚。由于流行的地域相近,徽、汉两剧在进京前已经有着广泛的艺术上的接触,汉调声腔中的二黄、西皮与徽戏有着血缘关系,所以徽、汉二调齐聚京师时,已经是第二次合流了。而在汉调名家们携班进京之前,此次徽、汉合流其实就已经开始了。嘉庆时就有汉调演员米应先加入"春台"班进京演出,他擅长红生关羽戏,后来的"三庆"班主程长庚的红净戏就是由他所传授的。道光八年后,一些著名汉剧老生如李六、王洪贵、余三胜,小生龙德云等先后入京,分别搭入徽班"春台"、"和春"班演唱。他们进入徽班后,将汉调的声腔曲调、表演技能、演出剧目融入徽班,使徽班二黄调的唱腔板式日趋丰富完善,唱法、念白更具北京地区的语音特点,而易为当地人所接受。在徽、汉演员的共同努力下,逐步实现了西皮与二黄两种声腔的交融,"皮黄交融"形成了以西皮、二黄为主的板腔体唱腔体系,并使唱、念、做、打的表演体系逐步完善,从而为京剧的诞生奠定了基础。道光二十年(1840)左右,徽班无论在剧目、声腔、音韵、舞台演出形式等各个方面,都出现了与先前不同的特点。比如以西皮、二黄为主的声腔板式体系,北京字音与湖广音结合的演唱语言规范,京剧本剧种专有的独特剧目,京剧特有的演出形式、班社、舞台、表演等方面的规范,等等,这些特点就是京剧形成的明显标志。在京剧正式形成的过程中,徽班的程长庚与汉调的余三胜功不可没,他们对京剧的皮黄腔和念白的成熟起到了奠基的作用,"四大徽班"也就成为早期京剧的重要演出班社。

　　清初安徽地方戏剧的发展对中国戏剧的发展作出了重大的贡献,无论是种类众多的花腔小曲,还是携戏进京的"四大徽班",都在戏曲

---

①《都门赘语》。

史上分量非常,尤其是徽班进京后直接促成了京剧的诞生,更是戏曲史上光辉灿烂的华章。

二、吴敬梓与《儒林外史》

（一）吴敬梓的生平与思想

吴敬梓（1701—1754）,安徽全椒人,字敏轩,号粒民,移家于南京时,曾自称秦淮寓客,晚年号文木老人。

吴敬梓出生于科举世家、书香门第。吴氏家门鼎盛,两代人中共出过6位进士,曾祖辈兄弟5人中有4位是进士。他的曾祖吴国对是顺治十五年（1658）进士一甲三名,俗称“探花”,官至翰林院编修,后又补侍读、提督顺天学政。族祖父吴晟是康熙十五年（1676）进士、吴晒乃是康熙二十三年进士一甲二名,俗称“榜眼”。父吴霖起,康熙年间拔贡,仅任赣榆县县学教谕。可见从父辈开始,吴家就家道中落,

吴门不仅科第兴隆,而且在学术上也颇有建树,祖辈就有许多著述传世。生活在此种环境中的吴敬梓,自幼聪明颖慧,读经习文,深受儒家传统思想的影响。但他没有被传统的儒家文化所束缚,在经史之外,涉猎了大量的稗官野史、诗词传奇、戏剧杂曲,这些都为他日后的文学创作奠定了坚实的基础。

吴敬梓虽出生于官宦之家,却一生命运多舛,历经家庭变故、世态炎凉。他少年时代的读书生活相对安逸,13岁“丧母失所恃”,14岁跟着父亲到赣榆县教谕任所,后来又随父亲游宦于大江南北。康熙六十一年,吴霖起被罢官,吴敬梓便跟随父亲回到全椒老家。次年,吴霖起抑郁而亡,族人欺他单传,纷纷前来争夺家产。不久,妻子陶氏病逝,满腹的怨恨使他变得狂放不羁。他追慕魏晋名士,反抗虚伪的礼教,生活遂逾加放诞佯狂。

生长于“家声科第从来美”环境下的吴敬梓,本一心想科举晋身。他18岁考中秀才,29岁时在科举考试的乡试预试中名列第一,却因名声不好而未被录取。科场的无情受挫更加重了吴敬梓的愤世嫉俗,他肆意挥霍,放浪形骸,再加上他又乐善好施,短短数年间,祖遗家产便被挥霍一空。受尽冷眼的吴敬梓,带着满腔忧愤与绝望,变卖全椒祖

产,移家南京。在南京,他结交了许多文人雅士、科技专家,更为重要的是,他得以正面接触到当时社会上最为进步的颜(元)李(塨)学派的学者。六朝山水、实学思潮引导着吴敬梓进一步突破"名教"的束缚,他恣意任情的狂放性格在此发展到了极致。36岁时,他托病推辞了博学鸿词科的考试,亲手为自己的科举之途画上了一个句号。乾隆十六年,乾隆帝首次南巡,许多文人都去夹道迎拜、迎銮献诗,而吴敬梓只是像东汉狂士一般"企脚高卧向棚床"①,以示绝意仕途。他晚年的生活更是日趋艰难,靠卖书典当来度日,有时还断炊忍饥。乾隆十九年,吴敬梓客死于扬州。

特殊的家学渊源与生活经历,使得吴敬梓的一生受到儒家正统思想、魏晋六朝风尚、颜李实学三种思潮的牵引。其中儒家正统思想是其思想的实质,他从小受孔孟思想的熏陶,将"治经"视为"人生立命处",自幼就热衷于功名。而当他看清科举罪恶、封建社会的诸般污秽之后,又一度追慕六朝文士,违背礼教以遣襟怀。对"名教"的极端信任本是传统士人的信仰,这种信仰一旦被破坏,他们便会产生巨大的失落感和苦闷情绪,放任、遁世就会成为此时最好的宣泄形式。"魏晋时代……表面上毁坏礼教者,实则是承认礼教,太相信礼教。"②追慕六朝风尚的吴敬梓当然也不例外。明末清初时,面对尖锐的民族矛盾、阶级矛盾,顾炎武等进步思想家提出"经世致用"的思想,颜李学说承此而来。他们反对理学的空疏,倡导务实的学风;认真学习中国传统的自然科学和西方的文明科学,走国富民强之路;反对科举制度,进一步提出培养"经世致用"人才的意见。他们所有主张的真正目的都是在挽救封建王朝的厄运,从本质上看这才真正是"治国、平天下"。吴敬梓深受其影响,这种进步思想将他从狂诞郁愤的生活状态中解救出来,成为他后半生的人生信条。六朝风尚和颜李学说是传统儒家思想中隐世与遁世的极端表现,这三种同源一体的思想不仅影响着吴敬梓的为人处世,也影响了他的创作,对《儒林外史》的创作影响尤剧。

---

① 金兆燕:《寄吴文木先生》。
② 鲁迅:《而已集·魏晋风度及文章与药及酒的关系》。

（二）《儒林外史》的思想内容

吴敬梓一生长于文学创作与学术研究，著有《诗说》7卷（已佚）、《文木山房集》12卷（今存四卷）和长篇小说《儒林外史》。其中传世杰作《儒林外史》最为人们所称道。他在移居南京后不久就开始写作《儒林外史》，经历十几个春秋，约在乾隆十四年左右49岁之时完稿，此后数年不断修改完善，该书先以抄本流传，后刊印问世。

《儒林外史》的版本，历来有50回本、55回本、56回本、60回本等歧说。其中50回本、55回本未见传世，影响最大的是56回本。现存最早的刻本是嘉庆八年的"卧闲草堂本"，共56回。现在市面上所见的《儒林外史》，基本上都是以"卧闲草堂本"为底本，删去最后一回，保留《沁园春》词。此外，《儒林外史》还有多种评本和译本。

《儒林外史》是中国文学史上第一部反映中国古代知识分子生活的作品，所写的人、事在现实生活中都有迹可循。这部小说假托明代故事，展现的却是18世纪清中叶的社会生活。吴敬梓以知识分子的生活状况和精神状态为描写对象，深刻反思封建科举制度下知识分子的命运以及这种制度的罪恶，并借此题材进一步触及当时的官僚世界、人伦关系及社会风尚。

小说开篇第一回以王冕故事来"敷陈大义、隐括全文"，作者借王冕之口道出八股取士的科举制度是导致知识分子一味追逐富贵功名的罪恶之源，从而使"一代文人有厄"。接着就上演了明成化末年至嘉靖末年这80年间4代儒林士人的厄运，儒林群相纷至沓来。

首先登场的是把科举作为荣身之路的周进、范进。他们在登科摘桂之前，均屈居人下、备受侮辱。周进寒窗苦读几十载，考到60多岁还只是个童生，后来迫于生计，去薛家集当了私塾老师，却不料受尽梅玖的奚落和凌辱。这位新进学的举人自己大吃大喝，却让周进用老菜叶陪食。周进参观贡院时，毕生的辛酸屈辱一时涌上心头，年过花甲的他突然失控地撞墙、打滚、哭闹，连重利的商人也动了恻隐之心，出钱资助他考试。他的命运从此发生了戏剧性的转变，中了举人，成了进士，还做上了国子监司业，总算挣得出头之日。周进之悲，实际上是那个时代所有读书人的悲哀。贫困的范进，从20岁考到54岁，仍是个老童生。别说乡人看不起，就连他的老丈人胡屠户也轻视他，骂他"尖嘴猴腮"、"癞蛤蟆想吃天鹅肉"。他的落魄潦倒引起了主考官周进的同情，竟让他中了秀才又中了举人，不可思议的时来运转让范进发了疯，半天才清醒过来。科举何以有此"魅力"？作品进一步展示：范进的境遇随着高中而发生了翻天覆地的变化，一时间，送银子的、送房子的、送田产的蜂拥而至，胡屠户也称他为"贤婿老爷"，只两三个月，范进家奴仆、丫环都有了，而可怜的范母经受不住瞬间的巨变，"竟大笑一声……归天去了"。科举制度让士子颠倒迷狂，可是能否高中却只取决于偶然性的因素。在科举之下，人人为它迫害，众生色相在周进、范进中举前后的转变就是最好的明证。科举流毒还侵染了闺阁清气，鲁小姐幼习八股，却恨自己女儿身无法成就功名，于是寄举业希望于丈夫、儿子身上，实在迂腐不堪。

科举一旦侥幸成功，得势的无行士人便压迫、剥削百姓，他们出仕多为贪官污吏，入乡则为土豪劣绅。王惠接任南昌知府，下车便问："地方人情，可还有甚么出产？词讼里可也略有些甚么通融？"全城无人不知县太爷的厉害，梦里也担惊受怕。土豪严贡生利用自己与官府的关系，横行乡里，讹诈百姓。他家一口新生小猪误入邻家，他以"不利市"之由逼人以八钱银子买下，待到猪被邻居养到一百多斤，错走入严家时，他却把猪关起来不还，甚至还打折邻居的腿，卑劣残忍的性格暴露无遗。

能通过科举考试达到富贵功名者毕竟为数不多，于是一些投机文人便以名士自居，企图通过"终南捷径"来达到名利双收的目的，然而表面的潇洒风流永远掩盖不了他们骨子里的富贵功名与丑恶行径，权勿用与杜慎卿就是这方面"杰出"的代表人物。权勿用本为农家子弟，自从读了书，屡试不中，坐吃山崩，败尽田产。他与假名士杨执中一见如故，从此要做个高人。他不仅靠诓骗邻里为生，还厚颜无耻地说人与人不分彼此，后来杨执中的蠢儿子偷他的五百文钱去赌博，并以其人之道反治其人之身，权勿用才有苦难言。从此，权勿用与杨执中彼此不合，表面上却甚是亲密，假名士的虚伪本性由此可见一斑。杜慎卿生于名门，颇具才气，不做假名士的风雅之举，常常对朝政发表

新意见，他看似真名士，实则不然。他表面上说妇人的臭气隔着三间屋也能闻到，但背地里却迫不及待地纳妾，他还借口"朋友之情"追求男色，是个不折不扣的伪君子。

科举之下，儒生人性扭曲，群丑尽现，其实这是作者早年钟情于仕途、科场时所见所闻的真实写照。在此生存状态下，杜少卿等新一代儒生鹤立鸡群，成为作者寄托希望的新儒林。他们淡泊富贵功名、反对八股取试，在浊世中任情恬淡、寄情山水，同时他们博览群书，会一技之长，有经世之才。虞华轩熟悉"一切兵、农、礼、乐、工、虞、水、火之事"；杜少卿著《诗说》；庄征君解《易经》。这也是吴敬梓受颜李学说影响的结果。可是不求功名、乐善好施的杜少卿最后落得"卖文为活"，只能满足于"山水朋友之乐"，其他人亦凄凉惨淡，最后不免"风流云散"。四代儒生，一病同源，科举之弊，昭然若揭。

《儒林外史》在批判科举的同时，也无情地暴露、抨击了封建礼教。"孝悌"是礼教的核心，吴敬梓从多个侧面展示其虚伪。范进丧母，他请和尚、道士念经、追荐。作者极力渲染范进之孝。当居丧的范进到汤知县家打秋风、吃饭时，范进坚持不用银镶杯箸、象箸，因为这不符合居丧之礼，此种孝亲行为让汤知县大为吃惊；然而，换过竹筷子后，范进却立刻吃了个大虾肉丸。"不沾荤酒"——这个"居丧之礼"的最起码要求他也没做到。礼教不仅虚伪，还会残害人们的身心，王玉辉劝女自杀殉夫一节便是重要的明证。王玉辉深受程朱理学的影响，以理学为立身行事的原则，且时时以此来劝导民众。女儿在他劝导下，为夫守节，活活饿死。女儿死后，他却仰天长笑，大喊："死得好！死得好！"父亲"杀死"女儿的惨事让人难以理解，可这就是当时社会的真实写照。

此外，《儒林外史》不但展示了大量知识分子的生活"原生态"，也广泛地展示了社会中其他阶层的社会生活。如盐商们在政治上与官员关系密切，生活上奢靡淫逸，场面上尔虞我诈。吴敬梓从小喜爱戏剧，中年迁居南京后，流连于倡优世界，《儒林外史》在表现清初演戏情况的同时，还特意塑造了演员鲍文卿这个人物形象。吴敬梓家道中落、科场失意后，生活逐渐困顿，晚年甚至衣食不周，随之他也深入下层人民的社会生活之中,因此,《儒林外史》中也反映了许多下层人民的生活情景。

（三）《儒林外史》的艺术价值

《儒林外史》得以传世,不仅是因为它深刻地反映现实生活,有批判力度,还由于它在艺术表现方式上极具特色。

对于这一部小说的体制,历来褒贬不一。清末民初《缺名笔记》载:"《儒林外史》之布局……篇自为篇,段自为段矣。"胡适也曾说:"《儒林外史》没有布局……一段一段没有总结构的小说体就成了近代讽刺小说的普遍法式。"这些评价均有道理,却不够全面。直至鲁迅的《中国小说史略》才给出了中肯的评价:"惟全书无主干,仅驱使各种人物,行列而来,事与其来俱起,亦与其去俱讫,虽云长篇,颇同短制。"从小说的外部结构看,小说可分为楔子、正文、尾声三个部分。楔子是王冕传,尾声是"市井四奇人"传,正文部分则是明朝成化末年到嘉靖末年 80 年间 4 代儒林士人传。周进、范进、王德、王仁、严贡生、严监生、王惠、二娄、匡超人、杜慎卿、杜少卿、虞育德、沈琼枝、虞华轩、王玉辉、万中书、秦中书、高翰林、丁言志等几十位士林人物轮番出场。从外部结构形态看,《儒林外史》可视为儒林人物列传,其实这是承史家纪传体体例而来,而长篇小说中既有楔子,又有尾声,则是《儒林外史》的首创,这是它吸收了叙事文学中话本小说体制的营养。

这一系列人物列传之间并没有统一的情节结构来贯穿,仅在塑造单个人物形象时情节相对完整,对此,结合小说的主旨来看则会理解得更为深刻。吴敬梓所要表现的是近百年 4 代知识分子不同的生存状态和精神面貌,若选取一些主要事件、塑造几个主要人物来建构作品,则显然难以达到创作目的,于是便采取了"虽云长篇,颇同短制"[①]的体制。楔子"敷陈大义、隐括全文",用王冕来表明理想;尾声"述往思来",用"市井四奇人"昭示未来。他们都是吴敬梓心目中的理想人物,在理想的关照下,作者展开了对不同阶层的知识分子命运和前途的思考,这就是《儒林外史》的内部结构。

———————————

① 鲁迅:《中国小说史略》。

外部结构与内部结构相统一的结构模式,便于主题的展开,这种构思可能是承南杂剧体制而来。南杂剧将互不关联但主题基本上一致的多个故事写入一本杂剧之中,清代杂剧家承此体制创作了许多杂剧,一时间,它们成了一种盛行的戏剧创作风气。喜爱、熟知戏剧的吴敬梓难免会受到这种风气的影响。

鲁迅对《儒林外史》评价极高,认为在它产生之后,中国说部才有了"足称讽刺之书"①。"讽刺的生命是真实"②,中国古代小说好写传奇题材,到了《金瓶梅》才将笔触深入到世俗生活之中,《儒林外史》承此而来,真实地展现了一幅幅社会风俗的画卷。但真实并不意味着机械地再现现实生活,而是由作者提炼加工成艺术真实。吴敬梓用白描手法写出不以为奇的现实中的人、事矛盾,显现悲凉无奈的内在蕴意,展示了高超的讽刺艺术。

吴敬梓笔下变化多姿的讽刺手法构造了儒林世界。嘲讽是营造讽刺意味最常见的手法,小说中时而人物之间相互嘲讽、吹捧,互揭老底,如王德、王仁借评汤奉取文来暗刺严贡生笔下无才,严贡生立刻回道二王之文杂乱无章;时而作者的热嘲与小说中人物的冷讽相照应,如敏轩口中的杜慎卿有子建之才、潘安之貌,而后文却写出杜慎卿常对日顾影自怜,冷嘲热讽,相映成趣。对比手法对表现讽刺意味作用也极强,小说往往在人物言行不一的对比中暗藏讽刺,如杜慎卿一面说女人的臭气隔三间屋子也能闻到,一面又急不可待地纳妾,还要称此行为是"为嗣续大计"。小说还经常通过人物态度的前倨后恭或前恭后倨的对比来表现世态炎凉,范进中举前后境遇的变化就是最好的明证。艺术真实并不反对夸张,在现实的基础上加上合理的夸张、漫画式的再现,同样也会带来意想不到的讽刺效果。如周进哭闹贡院、范进中举发疯、严贡生发病闹船家、严监生为两根灯草不断气等情节,都是这方面的好例。此外,三复式情节也有利于表现讽刺意味,像周进阅范进之卷三次、范进中举后三笑而疯、三问严监生不断气之由等

---

① 鲁迅:《中国小说史略》。
② 鲁迅:《且介亭杂文二集·什么是"讽刺"?》。

情节,都是这样的典型例证。

　　无论何种讽刺手法,《儒林外史》的讽刺艺术都遵循着一个原则,这就是史家笔法,"夸而有节"、"婉而多讽"。当然,《儒林外史》讽刺艺术离不开精确、洗练,富于蕴涵,具有表现力的语言。

　　《儒林外史》所达到的思想深度、艺术高度,使得它在当时文坛上产生了巨大的反响。《儒林外史》成书后,抄本便广为流传,且引起了广泛的好评。程晋芳云:"《儒林外史》五十卷,穷极文士情态,人争传写之。"①它在中国文学史上的地位也极高,《惺园退士·序》曰:"慎毋读《儒林外史》,读竟乃觉日用酬酢之间无往而非《儒林外史》。"②鲁迅先生也对其极为推崇:"迨吴敬梓《儒林外史》出,乃秉持公心……戚而能谐,婉而多讽:于是说部中乃始有足称讽刺之书。"③《儒林外史》是我国第一部现实主义讽刺小说的地位由此而确立。在长篇小说的正文之外加上楔子与尾声,这种体制一定程度上有利于讽刺手法的施展。《儒林外史》影响深远,特别是晚清的"谴责小说"从中吸取了大量营养。如李伯元的《官场现形记》、吴趼人的《二十年目睹之怪现状》,它们的批判精神、结构体制、讽刺艺术都深受影响。《儒林外史》的讽刺艺术还进一步滋养了一大批现、当代作家,鲁迅便是一例,其战斗檄文对讽刺手法的运用水平可谓炉火纯青。《儒林外史》不仅帮助人们了解到数百年前科举制度下知识分子的命运、封建科举制度的罪恶,而且展示了一幅清朝社会生活的画卷,其现实主义的讽刺技法至今还值得我们去借鉴、学习。

三、施闰章的诗歌成就

（一）施闰章的生平与思想

　　施闰章（1618—1683）,字尚白,一字屺云,号愚山,又号婉萝居士,晚年又号蠖斋、矩斋。安徽宣城人。

　　施闰章出生于一个清寒的儒学世家。祖父施鸿猷,字允升,明末

---

① 《文木先生传》。

② 闲卧草堂本第三回末总评。

③ 鲁迅:《中国小说史略》。

著名的理学家,一生淡泊功名,致力于讲学传道,时称"中明先生"。父亲施誉和叔父施誉均自幼习儒,注重道德修养,以乐善好施闻名乡里,素有"一门邹鲁"①之美誉。施闰章3岁丧母,9岁丧父,生长环境艰苦,父亲施誉将他托付于弟施誉,施誉视如己出,并以"蒙养惟正,家教惟严"的原则对其进行教育。从小在浓厚、正统的儒学环境下成长的施闰章,以儒家的准则要求自己,厚重的儒学根基,不仅奠定了他的为人和治学风范,也深刻影响了他的诗歌创作。

与大多数文人士子相同,施誉、施誉曾积极参加科考,明末特殊的政治环境使他们的出路狭窄,无法施展抱负,所幸明清易代、天下换主,清初统治者的开明政策给士子们提供了一个大展宏图的机会,他们便常年奔波在科考之途上。父辈对科举的热衷追求和理学的竭力尊崇,对施闰章产生了潜移默化的影响。此外,施氏在明末已经到了举家食粥的地步,对于非贾非宦之家,若想改变入不敷出的窘境,只能靠读书中举、入朝为官,况且明末社会萧条、经济衰退,人民生活于水深火热之中,对明王朝早已失望。在种种因素共同促使下,施闰章很早就出来应试了。由于清兵入关,科举考试制度曾一度中断,在顺治二年得以恢复,施闰章于次年考取举人,顺治六年时又考中进士。施闰章仕宦生涯主要可分为两个时期:第一阶段(1652—1667),共为官30余年,从顺治八年开始,先后任刑部主事、山东学政、江西参议分守湖西道,直至康熙六年因湖西道裁并,才返回家乡。至此,施闰章外出任官的历程告一段落。第二阶段(1679—1683),康熙十七年,施闰章应诏举博学鸿词科,被任命为翰林院侍讲,入史馆纂修明史,后又奉命为河南乡试主考。康熙二十二年时又转任翰林侍读,充任《太宗圣训》纂修官,同年八月五日因病在京逝世,葬于宣城城南螺蛳冲。

施闰章为官期间清正廉洁,体恤民情,他的人品得到世人的一致好评。他不仅给当地百姓创建书院,积极推行文学教化,为肃清当时文坛浮华风气作出了巨大的贡献,同时他还出力修纂、完善当地的县志,修整名胜古迹,既有功于地方文物的保存,又促进了地方文化的流

---

① 《施氏家风述略跋》。

传。他亲眼目睹战争、旱涝、赋税、劳役、盗匪等给百姓带来的沉重灾难，了解到民生的艰难，这是他为官、为文同情民生疾苦的重要原因。

（二）施闰章诗文创作概况

施闰章的人品和官声均受到世人的景仰，其文学创作也同样备受人们的推崇。他的诗、文成就都很突出，一生著述丰富，留下文章 500 余篇、诗歌 3000 余首，其著作主要有《学馀堂文集》28 卷、《学馀堂诗集》50 卷、《蠖斋诗话》2 卷、《矩斋杂记》2 卷、《家风述略》1 卷，又有《砚林拾遗》1 卷，专论端砚的产地及使用；《试院冰渊》1 卷，论科举考试及阅卷公约等。据汤斌的《施公墓志铭》记载，他还曾撰《拟明史》5 卷，可惜现在已经难以见到；王士祯《渔阳诗话》卷下 59 条记载施闰章撰《藏山集》，大约是同时代人诗作选编一类的书，也已经失传。此外，《四库提要》集部的总集类存目三，记载施闰章与蔡秦春同编了《续宛雅》（宣城旧名宛陵）8 卷，《宛雅》是明代梅鼎祚编的唐代到明代之间宣城诗歌集，而《续宛雅》则是对《宛雅》的补充。施闰章的作品丰富，其作品集流传版本也不尽相同，其诗文著作的版本计有以下5 种：

棟亭刊本（曹寅康熙四十七年戊子刊刻，78 卷）；

乾隆汇印本（乾隆十二年后为 92 卷，乾隆三十年后增至 96 卷）；

四库本（文渊阁《四库全书·学馀堂集》80 卷）；

扶轮本（1911 年上海国学扶轮社以乾隆汇印为底本石印）；

《施愚山集》（黄山书社 1993 年版），被认为最为准确可靠。

施闰章的散文体式多样，有传记、游记、志、铭、论以及杂文、诗话等，其总的特点可概括为"醇雅"、"清雅"，即指内容醇正、朴实雅洁。

施闰章的散文歌颂了大量的人物，其中既有《李忠肃传》中以身殉国的宰辅、《杨志痴传》中贫居乐道的寒士，也有《业师刘伯阳先生墓表》中循循善诱的塾师和《书报恩孝浮屠事》中不计报酬的能工巧匠。这些人物身份和地位都不相同，但他们身上都具有传统的美德，也具有一定的典型性。从其人物记传中可以看出，他的文章言之有物，注重立意，总是给人以思想上的启示和道德上的熏陶。他善于把记事和论事有机地结合起来，触事兴感，借题发挥，如《象山县知县顾

君墓表》，记述了一个勤政为民的知县，却"见斥不用"，在一定程度上揭露了封建官场的黑暗。施闰章尤其善长游记散文，他一生游览了很多名山胜水，尤其在两次为官之间的赋闲期间，游记文章数量丰富。他的游记于"佳处领其要"，注重选精拾萃，能抓住客观景物最有特色之处下笔，如《雁荡游记》中的雁荡山，突出其"铁壁连云，飞泉出天汉"的飞泉瀑布之美；《武夷游记》中的武夷山，重点写其"溪流曲绕山中，山迥相抱"的山水迷离之奇；《游黄山记》中的黄山，则突出其风、石、云、泉之诡异，等等。他的游记，还往往能以小见大，从平常的景观中发掘出不平常的哲理来，令人耳目一新。此外，他的散文中有很多书序，这类文章题材大体相同，很多带有"酬世"的性质。施闰章为人写序文，大都披胸写臆，因人而异，如同为诗集作序，《佳山堂诗集序》侧重叹惜作者怀才不遇，为贫寒诗人鸣不平；而《诗原序》、《程山尊诗序》则借题发挥，着重陈述自己的诗歌创作主张，他的序文在笔法上不拘一格，文情并茂。

施闰章的散文师承唐宋八大家，形成了自己独特的风格。魏禧在《愚山先生文集序》中说："先生文意朴气静，初读之，若未尝有所惊动于人，细寻绎之，则意味深长，详复而不厌。"十分精当地概括了其散文的艺术特色。

与散文相比，施闰章文学成就最高的还是诗歌。清初诗坛领袖王士禛说："康熙以来，诗人无出南施北宋之右。"[1]著名评论家陈文述则认为："国朝人诗，当以施愚山为第一。"[2]施闰章诗歌从内容来看，主要有两类作品值得关注。

1. 关怀民生疾苦的现实主义力作

这类诗歌的数量占了他诗作中的一大半。施闰章自幼经受过贫苦和战乱的磨炼，所以能深切体会普通百姓在动乱年代的恐惧和痛苦，因此，他的诗歌常常会很自然地流露出对社会问题的关注、对百姓生存环境的同情以及对当时政策的思考和反省。钱谦益《施愚山诗集

---

① 《池北偶谈》卷一一。
② 《书〈施愚山诗钞〉后》。

208

序》中赞道："诗人针药救世,愚山盖身有之,诗有之。"

　　这类诗歌中不乏反映战乱、厌恶战争之作,大多以抨击时弊和斥责压迫为主题。如《春暮》中"那堪闻战伐,回首是风尘",《哀族叔汝毅罹兵难》中"丧乱犹如此,魂归何处边",《排山峰》中"艰难经丧乱,吹角更堪闻",《乱后和刘文伯郊行》中"战地冤魂语,空村画角闻",等等,都是反映战乱的佳句。在《荒鸡行》和《晚泊李阳驿》中,同样反映出人民遭受战乱而被迫流离奔避的痛苦生活。施闰章在这类诗歌中融入了自己的沉痛思索,明确地表达了对战争的厌恶之情,如《新都戍》用杜甫《留花门》之意,指出以蒙古诸军留戍新安的危害,表达了诗人对无贼乱军扰、百姓可以安居乐业的太平盛世的期盼,《棕毛行》、《浮萍兔丝篇》等都是这类作品中的代表。《牧童谣》则写官府通过赋税对百姓的压榨,农民虽辛勤劳作,但由于租役沉重而难以为生,被迫卖牛交租的情景;《临江杂诗》之五概括地写了山村农民租税负担沉重的现实。另外,《祀蚕娘》、《泗上行》、《万载谣》、《田家歌》、《海东谣》等,均表现了作者对官吏逼迫百姓的强烈不满。

　　施闰章诗歌作品的现实性还表现在他寄希望于明君贤臣,认为他们可以救世救民。《湖南行》真实再现了湖南战乱后的萧条、悲惨的境况,表达了对任职友人的同情,诗的结尾赞誉了地方官员"奋臂振艰虞"的壮志和功绩,提出对君主体察民情、拯救民生的期盼;《旱风篇》中,施闰章既如实地写出了旱灾造成的严重饥荒和百姓"中虚无粒馀麦芒"的悲惨境地,也写出了"九重心恻真成汤,桑林哀祷呼穹苍。万民如堵皆沾赏"的场景,表达了对君主为民祷天之举的感激之情。

　　施闰章在诗中还发出了对自己的督促、勉励和自责之声。在湖西任职时,奉命征纳赋税,百姓贫困不堪的处境和朝廷对军饷的急需,使他在两难的境地中发出"所惭务敲扑,以荣不肖躯"①的自责。其代表作《大阮叹》和《弹子岭歌》都是以不肯赋税的"顽民"为描写对象。作为地方官员,他有督赋之责,但对民不聊生状况的了解,又使他不忍心

————————————
①　《湖西行》。

以武力相逼,而是尽量采取说服、感化的方式晓之以理、动之以情。同时,他在《大阬叹》中还将百姓拖欠赋税的行为归咎于自己。正是这种勇于自责的心态,使他获得了"元道州"(唐代文学家元结)的称誉。这既是百姓对他同情民生疾苦、实行仁政的感激和敬仰,也是诗坛对他这类现实主义力作风格的肯定和赞誉。

2. 寄情怀于山水田园之间的自然主义佳篇

施闰章的山水诗与他的民生诗是互相对应的存在,现实主义诗作表现他对社会的关注,而山水诗则是诗人回归到自己的心灵空间,在山水之间自由地关照自然和自我。施闰章山水诗的成熟期和高峰期是他去官回乡期间,家乡宣城的优美风光,成为施闰章山水诗创作的最初源泉:"吾宣城于江上称岩邑,其山峨以秀,水甘以清,草木扶疏而沃若,其清淑之气所郁积,必有异能之士,道德文章之美,卓然见于天下"①。在归乡期间,施闰章又游览了西湖、庐山、广陵、嵩山、黄山、金陵、天台、雁荡等风景胜地,他用山水诗详尽地记录了自己的行迹,艺术地描绘了当地的自然山水,这类诗大多为五言诗,王士祯曾为他的五言诗作摘句图,并赞叹施闰章五言诗"章法之妙,如天衣无缝"②。

施闰章的山水诗描绘了山的崔嵬和水的壮阔。《石钟山》抓住了石钟山的形貌,"中流大石,微风鼓浪"的点染,给读者呈现了一幅美丽而悠远的山水风情画;《过翠岭》则写出了翠岭艰险难行的羊肠小道和俯视云霞的高耸;《玉川门歌》把玉川泉水喷涌而出的情景写得惊心动魄;而《望衡岳》和《钱塘观潮》更是让读者领略到他笔下山的磅礴灵异、瞬息万变,水的浩荡汹涌、惊险万状。他的山水诗也有很多描写山水的优美旖人,如《女郎山》描写了女郎山的优美迷人的山景和婀娜多姿的风光。除了对山水美景的描写,施闰章对寺庙庵舍、亭台楼榭等名胜也有大量的描写,如《孟庙》、《禹陵》、《宋宫》、《双塔寺》、《饶景玉雪庵》等,作品不仅描绘了这些名胜的怡人环境和美丽风光,也挖掘了它们的历史底蕴和人文内涵。

---

① 《书带园集序》。
② 《池北偶谈》。

与山水诗相比,施闰章的田园诗则表达了他对田园生活的向往和倾慕。《过湖北山家》描绘了一个与世隔绝的桃源仙境,"去矣吾将隐,前峰恰对门",写出了作者弃官归隐的冲动;《春夜即事》写出了春日田园细雨的朦胧迷离。《客中独酌偶和陶公饮酒》第二十首是他田园诗中的佳作,诗歌描写了自由闲适的田园风光,希望躬耕垄亩之间、吟诵于饭前酒后的心情溢于言表。

当然,施闰章的诗歌内容还有很多,如闲适诗、警志诗、关心女性命运和赞扬节孝的诗歌,等等。在人生的最后阶段,施闰章的诗歌创作渐趋平淡,既减弱了往日揭露黑暗、为民众振臂疾呼的勇者气概,山水之音也有一定程度的减少。此间他所写的大多为应景之作,其内容多局限于应制、颂圣以及与友人之间的酬赠唱和,艺术价值和社会价值均不如以前。

(三)施闰章诗歌的艺术成就

施闰章诗歌之所以流传下来,不仅靠诗歌的内容丰富,更重要的是他诗歌艺术风格的独特。施闰章的最主要的两类作品,都取得了很高的成就,也充分体现了施闰章诗歌的风格。就其社会性、思想性而言,反映民生疾苦的诗作略胜一筹;而从诗歌的艺术性、审美性来看,施闰章山水诗的成就更为突出。

施闰章的诗歌感情真挚、讽谕含蓄、情景交融。他的诗作从来不做无病呻吟,关心民生疾苦的呼声乃是发自他亲身经历的切身感受,因而显得感情真挚,如《上留天行》中母亲惨死时的稚子啼哭、《禽言·四》中"里胥夜来烹我鸡,烧我蓬户"的场面,都是现实生活中的实情,读来真实细腻,具体可感。而在表现对人民的同情和怜悯时,虽有大量的揭露和批判,但总体态度比较温和含蓄,更多的是自责和自勉,这使他的诗歌呈现出"怨而不怒"的风格。施闰章诗不仅感情细腻而真挚,而且做到了情景交融,《泗上行》和《旱风篇》在描写水灾和旱灾的情景时融入了自己真挚的感情,使他的诗歌具有鲜明的时代感和厚重的历史感。他的山水诗同样善于将景物的描绘和感情的抒发融为一体,《钱塘观潮》诗的前半部写江潮雄壮豪迈的气势,后两句则由写景转入抒情,借伍子胥的典故书写被罢官后

的苦闷。还有《历下送梅子翔归里》、《燕子矶》等都是情景交融的佳作。

施闰章的诗歌语言质朴冲淡、明白如话,他反对诗歌的浮华和过多的雕饰,崇尚自然本真的风格,这一点在他的社会性作品中表现为朴实和厚重之感,而在山水诗中则表现为一种清淡简远之意。"城中复何有? 狐狸向我啼。贼来数蹂陷,人民皆已非"①写战乱后的萧条破败;"五月雷未震,四月霜仍飞。夏寒麦穗死,冬旱麦苗稀"②则以朴实无华的语言,写出了战乱和灾荒之苦。施闰章的山水诗字句精炼却没有琢磨锤炼的痕迹,读来如行云流水般自然,《山阴即日》、《书寒溪寺》等都是很好的例子。他的田园诗更是具有一种浑然天成的质朴气息,如"绿水分村巷,黄鱼出板桥。蚕成桑叶尽,溪暗橘花飘"③和"兴来随步履,村远接人烟。水荫青枫树,鱼跳白板船"④,描写了充满乡土人情气息的日常情景,给人一种温馨、愉悦之感。

施闰章诗歌最重要的特点还是他自成一家的"宣城体",正是这一诗歌特色使他在诗坛上自成一派,从而确立了自己在文学史上的地位。宣城是施闰章的故乡,所谓"宣城体",主要就是以山水诗为主,它导源于六朝时的谢朓,在宣城梅尧臣的手中得以发展,施闰章与梅氏家族在日常生活和诗文唱和上均有密切的交往,他以自己为中心,与梅耦长、高咏等人形成了一个地域诗人群体,以诗歌创作实践对宛陵诗风作了发展和完善,施闰章在宛陵地域文化的基础上,将王维、孟浩然清新优美、自然明丽的山水诗风融入其中,使自己的诗歌自成一体,树立了"宣城体"的旗帜。邓之诚在《清诗记事初编》中评论道:"宣城施教,倡自梅尧臣。闰章由之加以变化。章法意境,遂臻绝诣。"

施闰章不论在做人、做官方面,还是在做学问方面,都得到了社会的承认和好评。诗歌代表了他在文学上的最高成就,他以自己独特精到的诗歌理论和诗歌创作,在清朝初年的诗坛上首先唱响了清明广大

---

① 《乐清行》。
② 《济上记事》。
③ 《次吴兴》。
④ 《溪村书事十首》其九。

的盛世之音。他的现实主义诗作和描写自然的诗篇,都取得了相当突出的成就。同时,他在继承前人的基础上,又融入家乡地域特色而形成的"宣城体"诗歌,重振了清新自然的山水诗风,开启了自王维、孟浩然山水田园诗派之后的又一高峰,并且达到了有清一代很少有人可与之相并肩的高度,在当时及后世均有着较为深远的影响,也得到了很高的评价。在顺康年间的诗坛上,他与宋琬、朱彝尊、王士禛、查慎行和赵执信一同被誉为"清初六大家",诗论家将其与宋琬并称,号"南施北宋"。沈德潜编选《清诗别裁》将他的诗列为重点,称赞他的一些诗"作汉人乐府读可也";袁枚赞同他"不滥用典,不堆垛"的诗歌主张。可见,施闰章诗歌创作的杰出成就和独到见解,既对他在清代诗坛上的重要地位起到了决定性的作用,同时也为清代的诗风奠定了基调。

四、其他文化艺术成就

明末清初之际,我国的绘画、书法、篆刻艺术相当繁荣,不仅流派众多,而且高手如云。皖籍的艺术家在这些领域也都取得了很高的成就。其中突出的有以下一些。

（一）萧云从与姑熟画派

萧云从（1596—1673）,明末清初著名画家。原名龙,字尺木,号默思、无闷道人、于湖渔人、石人、钟山梅霞、钟山老人、梅石道人、江梅、谦翁、梦履、梅主人等。安徽姑熟（芜湖）人。

萧云从出生于明万历二十四年（1596）。其父萧慎余,是明代的乡领大宾,也是一位画家。据黄钺的《画友录》记载,萧云从出生之日,其父梦见了宋代的大画家郭恕先到他家来,对他说:"萧氏将昌,吾当为嗣"。结果这天就生下了萧云从。后来萧云从也确实刻了一枚"郭恕先后身"的印章,常常钤在画上。

萧云从早在少年读书时就"笃志缋事,寒暑不废"[①],而且很早就开始临摹唐寅的《鹤林玉露册》,表现出对绘画的浓厚兴趣和杰出才

---

① 《古缘萃录》卷七,《萧尺木青山高隐图》题跋。

华。但是他在科考上却总是不顺利，崇祯十二年（1639），才考中乡试副榜第一准贡，此时已44岁。而就在同一年，他的弟弟萧云倩却中了举人。三年后，他又参加了考试，结果也还是中的乡试副榜，连参加会试的资格都没有，其心情之沉郁不难想见。这时，他已经47岁了。此后便是明朝覆灭，清兵入侵。他不与清廷合作，特别重气节，从此"优游尘土，画青山而隐"①，一直在芜湖城东自己的"梅筑"（梦日亭遗址）中过着隐居寂寥的生活。据说他在临终前"执诸同志手曰：'道在六经，行本五伦，无事外求之，仍衍其旨。'赋诗毕，瞑去"②。时为清康熙十二年。

除了潜心作画、吟诗之外，萧云从的爱好就是读书学《易》，钻研律历六书、阴阳术数之学，而且在易学上造诣颇深，其《易存》一书，在《四库全书》中就有存目。他的诗文写得既快又好，但从不轻易示人。由于他曾经是政治团体"复社"中的一员，③故而所与交往的也都是一些爱国志士、诗朋画友，其中，他与汤燕生过从甚密。汤燕生"工诗文，善书画"④，也是一位具有民族气节的人，而且名气很大。"四方巾车过者，造门求访不绝，然意有弗惬，即达官宿望，闭门不欲见"，唯与萧"论《易》，益复有合"⑤。后有人将两人的诗辑在一起，名曰《萧汤二老遗诗合编》。

而对于降清求仕之人，萧云从却拒绝与之往来。据《国朝画识》记载，太平郡守胡季瀛，因慕其画艺，曾三次前来造访，均不获见。于是胡季瀛大怒，便采用强迫手段令其作画。当时采石矶太白楼刚修缮好，便令其在白壁上作画。萧云从迫不得已，抱着病躯，花了整整七天的时间，在白壁上画了匡庐、峨眉、泰岱、衡岳四大名山。名楼名画，轰动一时，文人墨客纷纷慕名前来，于此题咏不绝，流下了一段佳话。

萧云从人品既高，画品自然也卓异。萧云从的山水初学倪瓒、黄

① 《古缘萃录》卷七，《萧尺木青山高隐图》题跋。
② 乾隆《芜湖县志》。
③ 吴应箕鉴定《复社姓氏录》。
④ 《清代画史》卷二十引《宁国府志》。
⑤ 乾隆《芜湖县志》。

公望,后又博采众长,终成一家。张庚的《国朝画征录》说他"不专宗法,自成一家,笔亦轻快可喜"。《图绘宝鉴续纂》赞其"笔墨娱情,不宋不元,自成一格"。秦祖永在《桐阴画论》中定其画为"逸品",说他的画"体备众法,自成一家,笔意清疏韶秀,饶有逸致"。可见,萧云从的山水画风是不宋不元,亦宋亦元,萧疏淡远,清新松秀。萧云从的人物画则主要是继承了李公麟的白描法,也吸收了陈洪绶的某些长处,造型精准,神态逼真。他还擅长画花卉,梅花便是他笔下的一绝。

萧云从传世的作品主要有:《西台恸哭图》、《仙台楼阁》轴(现藏安徽省博物馆);《秋山行旅图》(现藏日本东京国立博物馆);《梅花图册》(现藏故宫博物院);《云台疏树图》(现藏上海博物馆)等。另有《离骚图》64 幅,画屈原、《离骚》中《九歌》、《天问》、《卜居》、《渔父》诸篇,借画以明志,为传世名作,从中可见他在人物画上的精深造诣。

萧云从在画坛上的影响很大。画史上的"姑熟派"就是以他为首而开创的山水画派。这一画派的山水画特点是专写江南风景,用笔圆劲古朴,渴笔枯擦,淡墨渲染。其中有成就的有:

萧云倩,字小曼,萧云从弟。画山水与萧云从相似。

萧一旸,字梦旭,萧云从之子。画风酷似乃父。

萧一芸,字阁友,萧云从侄。二十余,画名大著。萧云从的画因索者太多,萧一芸常为他代笔。

方兆曾,字沂梦,号省斋。工画而自负,尝自云:"昔者方壶翁,笔墨有余乐。至今三百年,后起殊落落"。

孙据德,芜湖人,擅山水,笔墨之妙,不让萧云从。

此外还有王贤、潘士球、王履端、释海涛、韩铸、周翼圣、施长春、施道光等亦有画名。值得一提的还有当涂人黄钺,他的青绿山水和水墨山水都很有特色,又兼画花卉,画梅花尤其有名,是"姑熟派"的重要传人。

另据曹寅《十竹斋图谱》题跋上说:"渐江学画于尺木。"而渐江乃新安画派的开创者,如此看来,萧云从对新安画派也产生过积极的影响。

在画史上,萧云从还有两点常为人们所称道。

其一是他的木刻画。他的山水画《太平山水图》（共 43 幅），表现了太平境内郁秀壮丽的景致，全用细线勾斫，然后制刻成板，和白描画差不多，被誉为诸家山水画作风"集大成之作"[1]，又被秦祖永赞为"追摹往哲，工雅绝伦"[2]。这一巨制当时"极为艺林珍重"[3]，不仅成为国内初学者的范本，而且还流传到了日本，日本人称之为《萧尺木画谱》或《太平山水画帖》，对日本南宗文人画的完成起了一定作用。日本名画家池大雅的艺术风格就得法于此。

其二是他与汤天池共创铁画，并帮助汤天池一跃而成为知名的铁画家。汤天池本是一个铁匠，曾向萧云从学画，但总是画得太直太硬，萧云从说他的画像铁打的一样。汤天池回去后继续打铁，但心中老是想着画，于是就用铁打了一幅画。萧云从见后又惊又喜，便对汤天池说："你锻铁成画，远胜于用笔作画，以后干脆就用铁打画吧！"这便是世界艺苑中的奇葩——中国铁画的由来。此后，两人密切合作，一画底稿，一打制成画，遂成一绝。所谓"锻铁作山水、人物以及虫鱼、鸟兽，作为屏对堂幅，均极其妙"[4]。

(二)海阳四大家

明清两代，新安画派盛极一时。而此派的确立正是由海阳四大家的出现为标志。这四大家是：渐江、查士标、孙逸和汪之瑞。所谓海阳四大家（也称"海阳四家"），最早是由张庚在他的《国朝画征录》中提出的。张氏认为渐江属休宁籍（其实应是歙县人），而其他三人也是休宁人，故以籍贯命之。这四家由"渐师导先路"[5]，另三人扬其波、壮其澜。他们都是生于黄山脚下处于改朝换代之际的遗民画家，都一样具有苍凉孤傲之情，又都学过元四家，都主张师法自然、寄情山水；他们的绘画风格也都趋于枯淡、幽冷，体现出超尘拔俗和凛若冰霜的气质。这诸多的相似之处，使他们自成一派，并永耀画史。

---

① 郑振铎：《劫中得书记》。
② 秦祖永：《桐阴画论》。
③ 秦祖永：《桐阴画论》。
④ 乾隆《芜湖县志》。
⑤ 张庚：《国朝画征录》。

渐江(1610—1664),安徽歙县人,明末清初画家,僧人,俗姓江,名韬,字六奇,后改名舫,字鸥盟。

渐江少孤贫,有远志,性孤傲,能苦学,事母以孝闻。然至 34 岁时,还只是个明朝的诸生。是年明亡,不久清兵入关。顺治二年,清兵进逼徽州,渐江的同乡金声、江天一率众抵抗,终因寡不敌众而失败。渐江即与友人程守哭别,然后"偕其师入闽",投奔当时称帝于福建的唐王朱聿健政权。次年八月,唐王政权失败,复明的希望彻底破灭,渐江到了武夷山,皈依古航禅师,削发为僧,法名弘仁,字无智、无执,号渐江、渐江学人、渐江僧、梅花古衲、梅花老衲。数年之后,又返回歙县,住在歙县西郊披云峰下的太平兴国寺或五明寺的澄观轩。其后,渐江"岁必数游黄山"。除了饱览黄山胜景外,他的游踪还到过宣城、芜湖、南京、扬州等地,并一游庐山。寓留芜湖时,曾向萧云从请益画法;暂留宣城时,又与大画家梅清会晤。渐江虽出家为僧,而心常怀故国,题画诗中,就时常流露出家国身世之感,富有民族思想感情。其《偈外诗》云:"道人爱读所南诗,长夏闲消一局棋。"郑所南①的诗歌,他偏爱读,其志显见。康熙二年,渐江 54 岁时,圆寂于五明禅院。许楚在《画偈序》中对他的一生有一段很精彩的评价:"独念师(渐江)道根洪沃,超割尘涅,抚身立命,慷夫婚宦不可以洁身,故寓形于浮屠;浮屠不足以偶处,故纵游于名山;名山每闲于耗日,故托欢于翰墨。"可见绘画才是渐江一生最后的也是唯一的追求。

据相关画史资料记载,渐江的画早期由宋人入手,又上追晋、唐,中期学的是元四家,并于倪瓒、黄公望两人着力尤多,最后则专意于倪云林。说他专意于倪云林,还有着这样一段佳话。渐江与歙县的吴羲交情很厚,而吴家藏倪瓒画最富。渐江数年追求,苦不见倪瓒的真迹。一天终于在吴家看到了倪瓒的真迹,他便称病不归,每日杜门观画达三个月之久,最后达到了"恍然有得,落笔便觉超逸"的境地。于是"取向来所作悉毁之"②。但纸上得来终觉浅,若想卓然成为大家,最

---

① 即南宋爱国诗人郑思肖。名思肖,字忆翁,号所南,均流露出思念赵宋、常忆故国的寓意。

② 黄宾虹:《僧渐江之高行》。

好的老师还是大自然本身。海阳四家之一的查士标就曾这样说过："渐公画入武彝（夷）而一变,归黄山而益奇。"①这一"变"一"奇",表明渐江的画艺大致经历了三个阶段:入武夷山前为早期;入武夷山后为中期;归黄山以后则为第三个阶段。早期主要是继承为多,个性特色并不明显。进入武夷山之后,他以造化为师,因山悟画,画风便随之而变。用他自己的话来说:"武夷岩壑峭拔,实有此境。余曾负一瓢游息其地累年矣,辄敢纵意为之。""入武夷山,居天游最胜处,不识盐味且一年。"可见"武夷""此境"让他痴迷,更使他"敢纵意为之"。但武夷山毕竟不是大自然最美的稿本。渐江只是在"归黄山"之后,观于斯、游于斯、悟于斯,他的画风才变得"益奇"。诚如石涛所说:"公（渐江）游黄山最久,故得黄山之真性情也。即一木一石,皆黄山本色,丰骨泠然生活。"②观其现存的画作,确也多取黄山景物。构图简洁淡雅,笔墨秀逸凝重,境界开阔幽永。所画山石,方折如几何图形,"层峦陡壑,伟峻沉厚,非若世之疏林枯树,自谓高士者比也"③。他曾画《黄山图》60 幅（现藏故宫博物院）,为黄山实景写生,每幅均注出地名,画幅虽小,而构思奇巧,别有思致。图后附题跋 1 册,多为与渐江有交往的当时名人所写。如其中萧云从跋说:"天都异境,不必身历其间,已宛然在目矣。"可见,黄山"异境"摄入笔底,便为无尽烟云,这才最终形成了渐江那冷静萧疏、空旷幽深的画风。

渐江又善画梅花和松树。梅花得疏枝淡蕊,冷艳幽香之致,尝自号梅花老衲。松树则盘曲虬结,或倒挂崖间,或横卧石侧,雄奇变化,亦从黄山得来。"敢言天地是吾师,万壑千岩独杖藜。"由其诗观其画,知渐江得黄山之助最多。

今传世的代表作品,除上述《黄山图》外,还有《松梅图》、《陶庵图》（现藏故宫博物院）、《黄山松石图》（现藏上海博物馆）、《晓江风便图》（现藏安徽省博物馆）、《江山无尽图》（现藏日本）、《山水图》（现藏美国纳尔逊博物馆）,等等。

---

① 题渐江《黄山山水册》后跋。
② 跋《晓江风便图》。
③ 张庚:《国朝画征录》。

渐江卒后,名声更显,画益贵重,其弟子门徒多有赝作。秦祖永《桐阴论画》中说:"梅花古衲渐江,山水专摹云林,当时极有誉。"周亮工在《读画录》中说:"喜仿云林,遂臻极境。江南人以有无定雅俗,如昔日重云林然,咸谓得渐江足当云林。"许楚在《画偈序》中也说"遂尔称宗作祖。江表士流,获其一缣一篨,重于球璧"。凡此,都可以见出渐江的画在当时享有很高的声誉。

在中国绘画史上,渐江堪称是一位"称宗作祖"的大家。他不仅奠定了新安画派的基础,并对金陵、扬州等地的绘画也有过巨大的影响。所谓海阳四大家或新安四大家,渐江均属领袖人物,而清初四大画僧①,渐江也卓然冠于首位。在画史上,受其影响的画家主要有:

江注,字允凝,渐江之侄,山水受渐江指授,隐居黄山,亦好画黄山,画师倪瓒、黄公望和渐江。

吴定,字子静,师从渐江,画风亦类。

姚宋,字雨金,号野梅,渐江学生,擅长山水、人物、花鸟、兰竹,山水仿倪瓒,风格近渐江。

郑旼,字慕倩,渐江的同乡,遗民情绪强烈,"言触往事者,辄哭不止"。山水宗元人,学渐江,画风也相似。

祝昌,字山嘲,渐江学生,山水近其师,略显方整。

孙逸,生卒年不详,一说其卒年为 1657 年,安徽休宁人,一作徽州(安徽歙县)人,明末清初画家,字无逸,号疏林。

《国朝画征录》和《徽州府志》中记有他的行状,但都极其简略。我们只知道他曾流寓芜湖,主要居住在新安,并以布衣终老。尝为歙令靳某画过《歙山二十四图》。与渐江、查士标、汪之瑞等优游过从,与萧云从齐名,合称"孙萧",又被誉为"江左二家"。因为他人品、气质、志趣、才能与文征明相似,所以有"文待诏后身"之称。他在流寓芜湖时,经萧云从的介绍结识了汤燕生。汤燕生是这样评价孙逸的:"往从无逸先生游,见其蓬户茅轩,庭草芜径,惟床头有数卷书,及倪、黄古画诸轴而已。其生平,少长不以利欲萦于怀。勉志勤躬,夜以继

① 清初四大画僧另三位是石磎、八大山人和石涛。

219

日,惟知引轴自娱,逍遥图画。故尺幅所传,俱足际会风云,纵横万古。"另外,《襄梨馆过眼续录》的作者周亮工就很向慕孙逸,很想"一望眉宇",但当时又听说他"已归道山矣",心中甚是怅然。后周氏终于见到了孙逸"跋所藏诸帖",因而又觉欣然。他说:"然见《辋川图》者,何必更观右丞①;犹续《柴桑篇》者,何必定亲彭泽②?""抚此帙,如见无逸烟霞之姿,孰谓亮不识无逸耶?"从这些零星记载中,我们可以追想其生活之清贫、人品之高洁、对绘画之痴迷以及人们对他的景慕。

孙逸工于山水,取材多为家乡的秀丽景色,特别是对黄山云海、松石之幻变无不吞吐于胸中,所作既师古人,又法自然。受倪瓒、黄公望的影响最深。《图绘宝鉴续纂》赞其画:"得子久衣钵,闲雅轩畅,蔚然天成。"孙逸的绘画作品主要有两种风格:一种是笔墨闲雅,骨格松秀,淡而神旺,简而意足,和渐江的画风相似。另一种则是皴檫繁密,山重水复,颇有沈周、文征明的画意。

孙逸的传世作品主要有:《山水册》(现藏故宫博物院),作于明崇祯十二年,共 10 帧;《设色山水图》(现藏故宫博物院),作于崇祯十二年;崇祯十二年,与李永昌、汪度、渐江、刘上延为祝生而联作《冈陵图》(现藏上海博物馆)合卷,每人画一段依次相接,孙逸所画为第四段,款署:"己卯三月画,祝生白社兄四十初度。孙逸。"崇祯十六年作《茅屋长松图》轴(现藏故宫博物院)、《仿云林山水图》扇页(现藏故宫博物院),自题曰:"云林不是人间笔,胸次无尘腕下仙,摹得东冈草堂法,两三株树小亭边。旋吉词兄属涂并题正。孙逸。"清顺治十一年作《秋山图》轴、顺治十四年作《仿黄公望山水图》扇页、康熙十九年作《山水》册页,均著录于《中国书画家印鉴款识》。又有《山水轴》(现藏广东省博物馆),上题句:"山松招喜皆长青";《夜半听哑哑》(现藏黄山市博物馆),上题诗:"慈鸟所栖处,城南孝义家。月明霜满树,夜半听哑哑"。

查士标(1615—1698),安徽休宁人,清初著名书画家,字二瞻,号

---

① 指唐代诗人、画家王维。
② 指晋代诗人陶渊明。

梅壑、梅壑散人、梅壑道人、懒老、懒标、后乙卯生、邗上旅人。

查士标本为明末生员,明清易祚之后,遂"弃举子业,专事书画"①。开始时"避地新安山中,弄笔遣日"②,后浪迹江湖,"行尽千山更万山,终朝蹀屧不曾闲"。他先后往来于镇江、南京、苏州、扬州等地,与当时的许多著名书画家、戏剧家,如宋荦、笪重光、石涛、渐江、龚贤、王石谷、恽格、程正揆、孔尚任等有密切的交往,并留下了不少佳话。他与王石谷合璧的《山水图册》、与渐江联手的《书画合册》(16帧)均饮誉画史。73 岁时,查士标在一次宴会上认识了著名戏剧家孔尚任,两人一见如故,互相酬作。这次宴会上还有石涛、龚贤等人,后一同参加了春江诗社。一年后,孔尚任回京,查士标和其他七位画家合作了《还影图册》赠孔尚任。而对当权者,查士标又常常采取不合作的态度。他曾三次拒绝一个驸马登门造访,把对方搞得灰溜溜的。而每次去杭州,查士标又总是要去吊望岳飞的坟,曾有诗云:"最爱岳王坟上月,楼开时节照孤山"③。晚年时,查士标十分怀念自己家乡的山水,写下了不少悱恻动人的诗章。如在《欲还黄山寄山中志宿二首》中云:"黄山相距千余里,名胜乡关洵可夸","烦与轩猿狷鹤约,八旬野老欲还家"。但这位"八旬野老"终究未能返回故乡。康熙三十七年,查士标 84 岁时卒于扬州。在海阳四大家中,查士标的寿命最长。

查士标的艺术成就是多方面的。他既是有名的诗人,更是著名的书家和画家,当时有诗、书、画三绝之誉。他的诗辑成《种书堂遗稿》4卷,诗风淡雅朴素,颇有陶渊明诗的风韵,但诗名反为书名、画名所掩。

查士标的祖上是休宁大户望族,家富收藏,鼎彝及宋元真迹皆有,所以查士标很早就精于鉴别,他擅画山水。他的画初学董文敏④,但在源流上又可以追溯到董源、巨然、二米、吴镇和元四家。他还十分注意向同辈甚至小辈学习。据《国朝画征录》记载:"(查士标)见王石谷

---

① 张庚:《国朝画征录》。
② 《种书堂遗稿》。
③ 《种书堂遗稿》。
④ 董文敏别号乙卯生,查士标自取别号为后乙卯生,足见其对董文敏的敬重。

画，爱之，延至家，乞其泼墨作云西、云林、大痴、仲圭四家笔法，盖有所资也。"《自怡悦斋书画录》上也记载了查士标因喜爱程正揆的画而向他学习的事。如此转益多师，又兼师法自然，于是自创新格，成为一位著名的画家。这就正如林琴南在《春觉斋论画》中所说："梅壑自谓临摹各家，实只梅壑一家耳。"作为"一家"，其画的突出风格是"风神懒散，气韵荒寒"①。晚年更是逸笔草草，风神超迈。据载，他作画也颇有趣，凡应酬，临池挥洒，必于深夜，不以为苦。由于勤奋、高产，其传世画迹较多，目前约有百余件作品。如《水云楼图卷》、《仿云林雨山图》（藏于故宫博物院）；与渐江合作的《书画合册》（藏于天津艺术博物院）；《幽谷松泉图轴》（藏于安徽省博物馆），等等。

他的画颇得时誉，宋荦推为董文敏后一人而已，王石谷甚至将他放在"明四家"之首沈周之上，可见其影响之大。

查士标在书法上也颇有成就。他的书法以行书见长，书出米（芾）、董（其昌），颇得精要。行笔俊逸潇洒、结体雍容雅媚，风格散淡深邃。这种别具一格的风神，不仅和他的画风相得益彰，而且也表现出他的那种优游山水、寄情翰墨的生活追求。在董书盛行的清初，查士标的书法自然大受欢迎，时称"米、董再生"而名重天下，乃至于问字者珠履满室。

汪之瑞（？—1658），安徽休宁人，明末清初画家，字无瑞，号乘槎。

汪之瑞是一位处于改朝换代之际的遗民画家。入清不仕，品行高洁，布衣终生，唯以书画为业。早年在新安，后期浪迹江湖，曾游于无锡、镇江、河南、浙江等地，还在扬州居住过一段时间。据载，他曾是明末新安画家李永昌的高足，李永昌的书画与董其昌齐名。但嗣后汪之瑞的书法由李北海（李邕，唐代著名书法家）化出，写得"生动可喜"②，有"精妙"之誉③。他的画则更是由李永昌脱出，追攀黄子久、倪云林，终能自成机杼，卓然成了一流的画家。

汪之瑞为人、作画十分有个性。文献记载他"气宇轩昂，豪迈自

---

① 张庚：《国朝画征录》。
② 张庚：《国朝画征录》。
③ 《徽州府志》。

喜,土苴轩冕,有不可一世之概"。"酒酣兴发,落笔如风雨骤至,终日可得数十幅。兴尽僵卧,或屡日不起。非其人,望望然去之,虽多金不屑也。"可以想见其豪迈而又高洁的个性以及作画时落笔风旋、激情四溢的情状。

汪之瑞的作品流传比较少,最能代表他风格的是一种用笔老辣、造型至简、意境萧疏的小品,主要有:

《山水中轴》(现藏故宫博物院),有查士标题识:"此乘槎真迹"。

《苍松竹石图》(现藏上海市博物馆),明万历三十八年庚戌(1610)作,题款:"庚戌长夏作于揽云阁"。

《松石图轴》(现藏上海市博物馆),上自题一诗云:"天街夜鱼翻盆注,山河涨满山头树……"

《山水轴》(现藏浙江省博物馆),作于清顺治十年(1653),有戴礼魁跋:"此前辈汪之瑞真迹"。

《山水轴》(现藏浙江省博物馆),上有"梅壑道人不禁喜而为之识"。

《山水图册页》(现藏浙江省博物馆)。

汪之瑞论画尝言:"画能疏能密,有奇有正,方为好手。"又云:"厚不因多,薄不因少。"均为画家名言,是深得艺术辩证法之三昧的。

在清初画坛上,汪之瑞是极有个性的画家。张庚评之曰:"若无瑞者,所谓不可无一也乎。"并说他:"善山水,以悬肘中锋运渴笔焦墨,多麻皮、荷叶等皴。爱作背山水。"又赞他:"自率胸臆,挥洒纵横,以视世之规规于法者,诚豪矣哉!"[1]可见其人"豪",其画也"豪";不仅善于创新,而且功力深厚。其"悬肘中锋",则显然得益于他的书法。

(三)"皖派"巨匠程邃

程邃(1607—1692),明末清初著名画家、篆刻家。字穆倩,又字朽民,号垢区、垢道人、青溪、野全道者,别署江东布衣。安徽歙县人。

程邃在明末为诸生,为人正直,特重气节。据《国朝画征录》等书记载,明天崇年间,他与漳浦黄道周、清江杨廷麟游,所谈论皆国家政

---

① 张庚:《国朝画征录》。

治,名宦公卿多折节交之。他拒绝和马士英、阮大铖等奸党同流合污,并说:"马士英眼多白,必将乱天下"。结果遭到奸党的迫害,乃至流寓白门达十余年。明清易鼎之际,他与黄道周、杨廷麟等人参加抗清斗争,人以汉朝的郦生、陆贾比之,肯定他"将有以自用",可以佐明王光复天下。① 明朝覆亡之后,他深感自责,于是就自称"朽民"、"垢道人",从此断绝一切功名利禄,誓不与清王朝合作。先移居扬州,后又迁居南京,鬻艺谋生,"以诗文书画奔走天下",足迹遍布大江南北。他和龚贤、程正揆、查士标、梅清以及剧作家李渔、学问家朱彝尊交往密切。终年86岁。

程邃精于医道,又工诗擅画,长于金石考证之学,收藏颇丰,著有《会心吟》、《萧然吟遗》。周亮工在《读画录》中是这样评价他的:"道人诗字图章,头头第一,独于画深自敛晦。"其实程邃的画不仅风格独特,成就也很高。《玉几山房画外录》载程氏题自画云:"黄鹤山樵(即王蒙)画法,纯用荒拙以追太古,粗乱错综,若有不可解者,是其法也。余乡杨不器独臻其妙……而名不甚著。予绝爱杨作,可以掩映争光,往往规抚之。"由此跋语可知程邃的画是近效杨不器而远追元代王蒙的。

在清初,考据之学颇为盛行,画家作画都喜欢题"仿某某笔意"、"拟某某法",而程邃就没有这些讲究。他的题画诗有云:"丈夫醒眼何处著,抛却书篇便看山。"②他还说道:"仆好丘壑,故镵刻之暇,随意挥之,以泄心中意态,非敢云能事也。"③"看山"、"好丘壑"使他的画充满着生香活意,"泄心中意态"又使他的画别具个性风采,所以查士标评其画为"韵籁天生",秦祖永赞其画"迥不由人"④。从现存的画迹来看,他的画面目虽不止一种,但最有特色的还是他的渴笔焦墨,有人形象地喻之为"润含春泽,乾裂秋风"⑤。他之所以爱用渴笔焦墨,与他的绘画主张有关。他说:"秋日写意,宜疏疏落落,何处是有意,何处是

① 魏禧:《魏叔子文集》卷一一,《赠程穆倩六十叙》。
② 杨翰:《归石轩画谈》。
③ 《玉几山房画外录》。
④ 秦祖永:《桐阴论画》。
⑤ 王昊庐题程氏画语,转引自周亮工《读画录》。

无意,正于有处见无,于无处见有,始得谓之写意。"①可见渴笔焦墨与其要表达的萧散历落的情怀是一致的。他的画还有一绝,那就是以篆刻入山水。其山水构图的疏密和用笔的斑驳错落,其实正是从篆刻中借法的。诚如杨翰所说:"(程邃)每一捉笔,觉篆籀分隶,苍然溢于腕下,石质之气,人少解者。"②以篆刻入山水,可以说程邃是最早的成功者。纯用渴笔焦墨又融入金石趣味,其画自然刚中见柔、枯而能润,带有明显的风烟苍莽之感。这种画风对后来的"扬州八怪"以及石涛的画都有一定的影响。

程邃现存的画作主要有:《云寒霜白图》(现藏故宫博物院),作于康熙十二年癸丑;《三湘雨霁图》(现藏故宫博物院),上题诗曰:"春风急卷三湘雨,霁色横开千嶂云。行到水穷诗性发,风流谁识鲍参军。丙辰五月五日,黄海老人程邃";《乘桴钓鳌图》(现藏故宫博物院),作于康熙二十四年乙丑,署名"黄海弟程邃",并题诗一首;《雪后孤山图轴》、《法大痴道人山水轴》、《山水轴》(均藏上海市博物馆),皆为古岩作;《千岩竞秀图轴》(现藏浙江省博物馆),上题"程邃八十三岁";又有《山水画图册》8 帧(现藏安徽省博物馆)。

程邃的篆刻,成就更高,堪称"徽派"(也称"皖派"、"歙派")篆刻家中的巨匠。尽管他只是偶尔为之,"又高自衿许,不轻为人作。人索其一印,经月始得,或经岁始得,或竟不得"③。所以作品的数量不算很多。但程邃能博采众家之长,犹如异军突起,在力变文(彭)、何(震)旧习的同时,又一扫当时乖谬离奇的恶俗之气(黄子环为代表),于印坛别树一帜,新人耳目。其印作,白文取法于汉铸印之风,显得淳厚朴茂;朱文则得力于古玺,又参以春秋战国钟鼎款识之文与大小篆。运刀汲取汪关,冲中寓披,不露圭角,而凝重过之,气度沉着,境界高远,又能充分地表达笔意。题识作草书也苍劲厚重。由他开创的变自然流畅为苍茫古朴一路的印风,世称"皖派"。时人皆以得一印为荣。黄吕、汪肇龙、邓石如等印家受他的影响比较大。

---

① 《为查梅壑画秋山图卷题跋》,现藏安徽省博物馆。
② 《归石轩画谈》。
③ 周亮工:《印人传》卷一,《书程穆倩印章前》。

（四）梅清与宣州画派

梅清（1623—1697），明末清初画家，字渊公，别号很多，常见的有瞿山、瞿山道者、瞿硎、瞿硎山农、敬亭山农、敬亭画逸、白发老顽皮、新田山长、莲花峰长者、凡夫，等等。安徽宣城人。

梅姓是宣城的大姓，累代显宦，才子风流。梅清就出生于这样的家庭，家中藏书极富，这为他的成长创造了优越的条件。少年时，他读书、学诗、习画，在黄池旧第家塾中度过了一段美好的时光。十六七岁时，他在府学为邑诸生，又回到宣城内旧第，开始了他的"诗酒生涯"①。明末战乱时，他本有"戡乱才"，"能舞剑、发矢，上马如飞"②，但动乱严酷的现实又使得他不得不躲到城东的乡村里过隐居的生活。清兵入关后，清廷采取了一系列的怀柔政策。梅清"郁郁无所处，始出应举"③。顺治十八年（1661）八月，他由邑诸生应乡试考取了举人，但同年冬赴京参加会试却落选。此后又一连三次去京会试，都名落孙山。第四次落榜时，他已 45 岁了。从此，他心灰意冷，于是远离仕途，开始了周游山水、寄情诗画的生涯。

梅清在绘画上的成就很高。他的山水虽"临摹百家"④，却能从中化出，彰显自我，别树一帜。他游泰山画泰山，游昆山画昆山，直以造化为师，练就了写生的真本领。俞剑华在《中国绘画史》中赞他为"明清两代山水写生画家之领袖"，这一赞语一点也不为过。在山水中，梅清对黄山更是情有独钟，他自己就说过："余游黄山之后，凡有笔墨，大半皆黄山矣。"事实上，他的画作中也确实是以黄山居多，诸如《黄山十景》、《黄山十二景》、《黄山十六景》、《黄山十九景》以及《西海门》、《莲花峰》、《文殊台》、《炼丹台》，等等。他画黄山，并不是客观地写真，而是心融意贯，形神兼备。袁启旭在看了梅氏画黄山之后，禁不住地赞叹道："未知先生之貌黄山，黄山之貌先生也！"表明画家与黄山已不分物我，而是情景交融。梅清不仅仅擅长于画黄山，他画黄山之

---

① 《天延阁删后诗》。
② 梅磊：《稼园诗原序》。
③ 《天延阁删后诗总序》。
④ 《天延阁赠言集》。

松更是绝诣。在他的笔下,黄山四大奇松莫不穷形极态,气韵苍郁。王士禛赞他为"松入神品","画松为天下第一"①。他画的松,"海内鉴赏家无不宝之"②。试想梅氏画黄山、画松树为何如此之绝,其实就在于他"所居近天都,游览诸峰,随手写景,故笔底通灵,不落寻常蹊径"③。这就清楚地表明,只有以造化为师,才能"笔底通灵,不落寻常蹊径",大自然的神奇造化才是给予艺术家艺术成功的最根本的滋养。

其实梅清的诗歌也写得很好,而且成名也早。他"年壮气盛,叱咤成篇"④,并"以诗名江左"⑤。而诗歌、绘画看似两途,实则相通,所谓"文心之灵,溢而为画"。正如有的学者所说,梅清的画皆具诗意,"其诗凡数变"⑥,其画亦数变。年少时具豪气,画亦豪放,45岁前后,心境变清变冷,其画亦清而冷。后期,游黄山,渐忘涉足仕途热心功名之惭,悦目于秀丽之境,复得山川雄奇之助,画亦雄奇,且保持清、秀的内核。由此可见,其诗其画是相得益彰的。

梅清的画在当时属创新一路,与传统作风大相径庭,于是有人觉得他怪,不敢欣赏,也不会欣赏。为此,王士禛为他辩护说:"世人少见多为怪,绝技岂必昭群聋。"⑦他的"绝技"也得到了石涛、渐江等人的高度赞扬,《清史稿》中还专门给他立了传。

梅清的贡献还在于,由于他的"绝技"和积极的影响,在他的身边形成了一个重要的绘画群体,画史上称之为"宣城画派"。此派的主要成员是梅氏家族中的人,同时也有非梅氏家族的画家,如石涛、半山,等等。由于梅氏家族居住于宣城,所以叫宣城画派。又因为宣城位于黄山周围,此派作品又是以表现黄山松、石、云海为多,所以也被称为"黄山画派"。在明末清初画坛上,宣城画派是别具一格的。其中梅氏家族中能诗善画者众多,当时有"梅家树树花"之誉。其成就

---

① 《蚕尾续集·跋》。
② 《宛雅三集》卷八。
③ 梅清赠稼堂《黄山十景》册跋。
④ 《天延阁删后诗》。
⑤ 《居易集》卷一七。
⑥ 《天延阁删后诗》。
⑦ 《蚕尾续集·跋》。

突出的有这样几位：

梅蔚，善画山水，画白描大士也很有名。其山水用笔苍秀，构图新奇，墨色清润，颇近梅清。安徽省博物馆藏有他山水多幅。

梅翀，《宣城县志》称其"荒松石多奇怪。偶代清作，称神似。"安徽省博物馆藏有他的《幽林探胜图》轴。

梅庚，能诗善画。《宣城县志》称其诗："醇古淡泊，无声臭可寻。"他的画以山石小景见长，颇见幽情逸趣。安徽省博物馆藏有他的《敬亭棹歌图》轴。

梅琢，能诗，著有《默轩集》、《秋蜚吟》，亦善画，坡石小景颇具雅韵。

梅氏家族之外的画家，重要的有石涛、半山。石涛乃画坛巨匠，此不具言。半山，俗姓徐，明亡后为僧。与梅清来往密切，诗画互酬，相互影响。其画风沉静，有放外气，是清初宣城三大画家之一。安徽省博物馆藏有他的《烟柳水掬图》。

（五）书坛上的"伯乐"——梁巘

梁巘，字闻山（一作文山），号松斋，安徽亳州人，乾隆二十七年举人。曾经担任过"湖北巴东知县"，后来又主讲于寿州循理书院。据专家考证，其生年当在康熙四十九年，卒年应在乾隆五十年以后，享年70多。

梁巘一生不慕荣利，无意仕途。尤其到了晚年，更是"绝意仕进，惟肆力于书"[1]。他的书法主要得力于唐代的李北海，又取法于王羲之和赵子昂、董其昌等明、清书家，擅长于写楷书和行草书。他的楷书用笔、结体均与李邕的《箓山寺碑》相近，又参以较多的行书笔意。其行、草书点画坚实，结体谨严，又兼有明、清帖札的流媚，大字尤见佳妙。常熟博物馆所藏其行书《五言诗轴》可为代表。他的书法在当时就颇负盛名，与梁同书并称为"南北二梁"，又与梁同书、梁国治有"三梁"之称。杨守敬在《学书迩言》中对他赞赏有加："山舟（指梁同书）领袖东南，闻山昌明北宇，当时有南北二梁之目，诚为墨林之双璧。山舟与张燕昌论书，发明阃奥；闻山论用笔中锋，俱可谓度书之金针也。"

---

① 道光《亳州志》。

梁巘一生书写的碑版很多，在他生前刻成的就有53种之多，其中大部分都在安徽的亳州、寿县和安庆等地。直到今天，在安徽的亳州、太和、阜阳、涡阳、凤阳、寿县一带，还流传着"无梁不成家"、"无梁不成富"的话，人们把梁巘认作是自己学书的"乡先生"，足见其影响深远。

梁巘除了潜心书道外，还热心提携后学，可以说是一位书法教育家。清代著名书法家邓石如在未出名时，就曾得到过他的指点和好评，后来更是经由梁氏的介绍和推荐，邓石如才得以进入南京梅镠家饱览古代石刻拓本，因而书艺大进，被"公推为卓然大家的"①。梁巘可谓是当时书坛上的一位"伯乐"。另外，在梁氏所著《承晋斋积闻录》中，有许多都是他在教授学生时的经验之谈，后面附的《执笔论》一篇，更是叙述了他向循理书院生徒传授笔法的始末。

梁巘还是一位书学理论家。他除了撰写《承晋斋积闻录》之外，还有《评书帖》一书。该书1卷，凡141则，是他平日的随笔札记，殁后由他人搜辑而成。其中有的是论执笔法，有的是品各家的优劣，有的是析诸帖及诸家源流，尤以论执笔法居多，这显然和他曾主讲于寿州循理书院的经历有关。于历代书家，大率宗唐，而于明清两代，则盛推董其昌、张照。他评论诸帖，甚为精到；论学书之法，时有卓见；言晋、唐、宋、元书风之异，尤为精审。梁巘的这两本书学论著，在中国书学史上占有一定的地位。

（六）书篆双雄邓石如

邓石如（1743—1805），初名琰，字石如，号顽伯，嘉庆元年以后因避仁宗颙琰的名讳改以字行，更字顽伯，号完白（取"皖"之意）、完白山人、龙山樵长、凤水渔长、笈游道人、古浣子等。安徽怀宁人。

邓石如出身寒素，少以家贫，不能从学，于是"逐村童樵采，暇则读书，效其父为篆隶，摹其印卖诸市"②，并小有声名。后辗转游历，曾在寿州为循理书院学生刻印并以小篆为人书扇，在这里他有幸得到了著名书家梁巘的指点和好评，又经梁氏的大力推荐，邓石如进入南京梅

① 沙孟海：《近三百年的书学》。
② 杨沂孙：《完白山人印谱·序》。

镠家习书,得以饱览古代石刻拓本,"乃好《石鼓文》,李斯《峄山碑》,《泰山刻石》,汉《开母石阙》,《敦煌太守碑》,苏建《国山》及皇象《天发神谶碑》,李阳冰《城隍庙碑》、《三坟记》,每种临摹各百本,又苦篆体不备,手写《说文解字》二十本,半年而毕"。篆书之外又学隶书,"临《史晨前后碑》、《华山碑》、《白石神君》、《张迁》、《潘校官》、《孔羡》、《受禅》、《大飨》各五十本"①。经过一番刻苦而又系统地临习,"八年而书成"。此后,他便杖履游方,"出游天台、雁荡,登匡庐,扪岱、峄古碑,遍蹑黄山三十六峰,蛇行猿挂,忍饥茹草,以尽其胜,而书益奇"。他也因此结识了当时许多显宦名流和文人学者,诸如张文皋、程瑶田、姚鼐、曹文埴、金榜、左辅、张惠言、李兆洛等,都对邓石如的书法大加赞赏。例如张文皋在见其书后,就叹为"今日得见李斯真迹",于是"访之古寺,延为上客"。又如曹文埴曾请他写四体《千字文》,邓石如一日而就。曹文埴惊叹不已,遂邀请他到北京。邓石如到北京后,著名书家刘墉"踵门订交",赞其书曰:"千数百年无此书矣!"并为之宣传,一时名动公卿。而另一著名书家翁方纲也深"慕山人,山人不为下,乃力诋之,都人士以此摈山人"。邓氏因在京"不得志",曹文埴又介绍他到武昌入两湖总督毕沅幕中。一年后辞归,毕公为其筹措买宅置田之资,颐养天年。②

邓石如"修干美须髯,力能伏百人"。一次,"群匪来扰,山人连踣十数人,乃尽逸"。他又是一个大孝子,"远游归,必先展墓而后入,新谷佳果,不荐不食"。他虽是一介布衣,却又傲骨铮铮,"以布衣挟艺游公卿,简朴高亢,无所屈。楚南幕府,材俊如林,山人厕其间,矫若野鹤之难驯也"。可见,他是一个很有个性的人。

中国人常爱说"书如其人"。邓石如的书法就一如其人,也极有个性,而且成就很高,有"轶唐追晋,视五季后蔑如也"、"为我朝第一"之誉。③ 他兼工真、草、篆、隶,其中尤以篆书、隶书最为人们所称道。他的篆书以二李为宗,而纵横捭阖之变又深得周秦以来金石铭记之神髓。

① 包世臣:《艺舟双楫·邓石如传》。
② 杨沂孙:《完白山人印谱·序》。
③ 杨沂孙:《完白山人印谱·序》。

早期书作逼肖李阳冰的铁线篆,渐次则日显李斯《峄山》、《泰山》诸碑面目。嗣后,笔力日益遒练,体势也渐趋狭长,俨然是一派《三公山》、《天发神谶》、《琅琊台》的风神。他的隶书则萃汉碑之长,熔晋唐之韵,再辅以篆、草笔势,遂成貌丰骨劲、浑穆高古的气象。初期结体近扁,宛似《曹全》,而笔意圆融,亦深具绵裹铁之笔致。其后,笔法劲挺达练,而腴润稍杀,体势尤为灵动不拘。到了晚年,更是心手双畅,变化难以方物。包世臣将其篆、隶之作列为"神品",认为已经达到了"平和简静,遒丽天成"的境界。邓氏现存书迹较多,文物出版社曾汇印专集行世。

综观邓石如的书法艺术,他之所以能取得如此高的成就,原因主要有以下三个方面。

一是汲取众长。如邓石如的篆书,能博采兼收,融会贯通,"以《国山石刻》、《天发神谶文》、《三公碑》发其气,《开母石阙》致其朴,《之罘二十八字》端其神,《石鼓文》以致其畅,彝器款识以尽其变,汉人碑额以博其体"①。在此基础上,形成了他顿挫分明、沉雄朴厚的篆书风格。他的篆书改变了以往篆字匀整拘板、婉转圆润的笔法,又不失"婉而直"的固有的特点,不但开创了篆书的新局,也使久已沉寂的篆体得以重新崛起。所以时人评价极高。康有为说:"怀宁集篆之大成","篆法之有邓石如,犹儒家之有孟子,禅家之有大鉴禅师"②。

二是善通其变。邓石如擅长各种书体,其所以如此,就在于善通其变。具体来说,他以隶法作篆,其篆自雄;以篆法作隶,其隶则古;以隶法作楷,其楷自雅;以篆隶笔致作行草,自能神完气足;而以行草笔意为篆隶,则又显得逸趣横生。

三是师法造化。邓石如性嗜游历,"书数日必游,游倦必书","每坐松树下,耳松涛之声;摹其风神,观松树之形,摹其挺拔。"③故游之于书,正好"吸彼万峰奇,以助十指力"④。在游历山川中"以尽其胜,而

---

① 吴山子:《完白山人篆书双钩记》引山人自述。
② 《广艺舟双楫》。
③ 孔氏冢于繁褆:《镜翁杂志》。
④ 包世臣:《赠完白山人》。

书益奇"①。

总之，邓石如的书法既承前修之灵气，又开一代之雄风。在实践上，他的书法促成了包世臣、阮元、李元洛、康有为的尊碑贬帖书派之论的产生，也深刻影响了包世臣、吴熙载、赵之谦、杨沂孙、吴昌硕、康有为等诸多的书家，并远及朝鲜、日本，成为海内外学习篆、隶书法的圭臬。而在理论上，邓石如首倡"计白当黑"之论，把"笔不到而意到"的理论向前拓展；又提出"疏处可以走马，密处不使通风"的理论，进一步提升了结构布局上的艺术规律，促成了后来黄宾虹画论中"疏可走马，密不通风"之说的产生。

邓石如在篆刻上的成就也很高，被誉为"开古来未发之蕴，自有花乳石以来，山人之奏刀独神矣"②。他的篆刻其实正得力于他的书法，"书从印出，印从书出"③。他曾说过："刻印白文用汉，朱文必用宋（泛指宋元时期）。"故而他在实践上便以小篆及《三公山碑》、《禅国山碑》的笔意体势入印，朱文则继承、发展了赵子昂的圆朱文，把篆书上生龙活虎、千变万化的姿态成功地运用于印章。其印作刚健婀娜，流转多姿，咄咄逼人，气象崭然一新。这一印风在他的名作"意与古会"、"乱插繁枝向晴昊"以及"将流有声断岸千尺"中均有突出的体现。有明一代，赵凡夫曾强调书篆对篆刻的影响，但只有到了邓石如的手中，才真正付之于实践。其意义可想而知。

邓石如还是"邓派"的开创者。此派在清代影响很大，继起者有吴熙载、徐三庚、吴咨、黄士陵等名家。

（七）包世臣与《艺舟双楫》

包世臣（1775—1855），清代书法家、书学理论家。字慎伯，号倦翁，晚年自署小倦游阁、小倦游阁外史。安徽泾县人。泾县古名安吴，所以又称包安吴。

包世臣出身寒门，自幼从当过塾师的父亲学习经书。12岁时就慨然有用世之志。嘉庆十三年（1808）举人，后多次应会试不第，遂罢

---

① 杨沂孙：《完白山人印谱·序》。
② 杨沂孙：《完白山人印谱·序》。
③ 魏锡曾：《吴让之印谱·跋》。

帖括之业。19 岁著兵书《两渊》后,22 岁即以幕僚的身份活动于东南各地,在佐理政务的实践中,以好学善问,先后熟悉了农政、军事、刑律、河、盐、漕、钞诸事,尤精于河、盐、漕务。因此,"每遇河、漕、盐诸钜政",公卿大吏"无不屈节咨询,世臣亦慷慨言之"①。后担任新喻(今江西新余)知县,不足一年,因忤上司,被劾去职。晚年居住在江宁,以著书为事。太平军攻下南京后,包世臣与汪士铎、梅曾亮一起被洪秀全尊为"三老",可见其名声不小。嘉庆七年(1802),包世臣在镇江认识了邓石如,他对邓氏书法推崇备至,又深感自己的书法"得自简牍,颇伤婉丽",遂拜邓石如为师,两人成了莫逆之交。

包世臣擅长于诗、文、书、画,又精于篆刻。其中书法比较有名。他早年曾学过馆阁体,15 岁时问笔法于族曾祖包植三,25 岁学二王,后又改习欧(阳询)、虞(世南)、颜(真卿),最后致力于篆、隶、北碑。其行、草书则受苏东坡、孙过庭的影响比较大。他自称"廿六而后学,四十而后知"。得古人执笔运锋之奇,其方法是:双钩悬腕,实指虚掌,逆入平出,峻落反收,归于气满。他也由此而形成了自己独特的书风。其楷书欧体中兼有魏碑之法;其行楷,多用侧锋,体势欹斜,并带有隶书和魏碑的笔意,同时又有苏东坡书法的风神;他的草书,则于二王、孙过庭草法中,参以魏碑的笔意,显得既刚健又婀娜。凡此,都体现出他兼容各体的体貌和喜用侧锋、取势欹斜的个性。包世臣对自己的书法也颇为自负,尝云:"余得《张猛龙》碑,始悟其法……笃守此法,盈科而进,未尝不具放海之势"②。他的书法对清朝中、晚期以来的书坛产生了一定的影响,从学者相矜以"包派"。其"行草隶书,皆为世所珍贵"③。不过,据实而论,包氏的书法成就虽然很高,但并非如他所期许得那样高。杨守敬说他"自拟为右军(王羲之)后一人,未免自信太过"④,这才是实事求是的评价。

包世臣在书学史上最突出的贡献在于他的书法理论。史书上说

---

① 《清史稿·包世臣传》。
② 《艺舟自评》。
③ 《清史稿·包世臣传》。
④ 《学书迩言》。

他"论书法尤精"①，以至于"风靡天下"②。他最有名的书学论著就是《艺舟双楫》。该书共有6卷，为包氏《安吴四种》之一。前4卷论文，后2卷论书，所以叫《艺舟双楫》。其论书部分分为述书上中下、历下笔谭、国朝书品、答熙载九问、答三子问、自跋草书答十二问、与吴熙载书、记两笔公语、记两棒师语、论书绝句等。其价值主要有以下三点：

第一，推崇北碑。包世臣认为北碑"极意波发，力求跌宕"、"落笔峻而结体庄和，行墨涩而取势排宕"、"浑穆简静"，具有遒健雄强、浑穆质朴的美。同时，为了倡导北碑，包氏又树立了一位当代书坛的典型，那就是我们安徽的著名书家——邓石如。他认为邓石如的书法"中藏无不圆满遒丽"，达到了"古人雄厚恣肆令人所不可企及者"，并列其隶、篆书为神品，分、真书为妙品上，草书为能品上，推为当代第一人。这些主张的贡献就在于，它既击中帖学式微给书坛造成的纤弱颓靡之弊端，又破中有立，给人们树立了楷范，同时又把阮元的"尊碑"主张落实到用笔、用墨、结体、章法各个方面，标志着清代碑学的发展。

第二，提出"气满"说。所谓"气满"，就是指由用笔、结字、章法诸要素按一定结构方式所组成的整幅书法作品的气势。它吸取了中国古代哲学的有机整体观，把前人用笔、结字、章法机械切刈化为彼摄互融、"回互成趣"的整体。这是包氏书学理论中十分精彩的一个观点。

第三，该书论笔墨等技法也不乏可取的见解。如认为"书道妙在性情，能在形质"、"古帖之异于后人者，在善用曲"、"画法、字法本于笔，成于墨"等，均能辨析入微。

从总体上说，包氏的《艺舟双楫》对清代碑学的勃然大兴是存有巨功的，正如康有为在《广艺舟双楫》中所称赞的那样："泾县包氏以精敏之资，当金石之盛，传完白之法，独得蕴奥，大启秘藏，著为《安吴论书》，表新碑，宣碑法。于是此学如日中天，迄于咸、同，碑学大播，三尺之童，十室之社，莫不口北碑，写魏体，盖俗尚成矣"。

---

① 《清史稿·包世臣传》。
② 《学书迩言》。

第五章

皖派朴学的兴起与成就

梁启超《清代学术概论》有言："其在我国,自秦以后,确能成为时代思潮者,则汉之经学,隋唐之佛学,宋及明之理学,清之考证学,四者而已。"① 而乾嘉学术之中坚,在吴则惠栋为首的吴派,在皖则戴震为首的皖派,后者的学术影响尤大于吴派。由之,深入研究皖派朴学的工作,是探究有清学术乃至理解中国文化史发展轨迹的关键所在。但长期以来,学界对皖派朴学的研究相当薄弱。② 本章由考察皖派朴学成因入手,探讨其演变轨迹,分析其学术成就,力图揭示清代皖派朴学的基本脉络。

---

① 梁启超著,朱维铮校注:《清代学术概论》,《梁启超论清学术史二种》,复旦大学出版社 1985 年版,第 1 页。

② 此前,较为系统阐述皖派学术的成果主要有:房建昌:《皖派述略》,《江淮论坛》1986 年第 5 期;郭全芝:《戴震与皖派经学》,《文史知识》2000 年第 6 期;曹国庆:《清代的徽州朴学》,《文史知识》1997 年第 11 期;汪世清:《不疏园与皖派汉学》,《江淮论坛》1997 年第 2 期;汪银辉:《试论徽派汉学》,《徽州学丛刊》;洪湛侯:《徽派朴学》,安徽人民出版社 2005 年版。

第一节 皖派朴学的兴起原因

一、明清之际学术的影响

考察明清之际学术对皖派朴学兴起的影响,主要包括反思理学、强调经世致用,尊经、倡导小学考据等内容。

(一)反思理学、强调经世致用

明中叶以降,王学异军突起,与程朱理学鼎足而立,给当时的学术思想界带来一股新的空气,而理学在整体上已经陷入僵局。有识之士对理学展开了猛烈批判。杨慎批评理学"使实学不明于千载,而虚谈大误于后人也"①。他指责明代程朱学者是"撦拾宋人之绪言",王学是"驱儒归禅",甚至直言今日士风败坏,"其高者,凌虚厉空,师心去迹,厌观理之烦,贪居敬之约,渐近清谈,遂流禅学矣! 卑焉者,则掇拾丛残,诵贯落魄,陈陈相因,辞不辩心,纷纷竞录,问则哔口,此何异瞍矇诵诗,阉寺传令乎! 穷高者既如彼,卑沦者又如此,视汉、唐诸儒且恶焉,况三代之英乎!"②陈第对王学轻视读书的思想深致不满,他说:"书不必读,自新会始也;物不必博,自余姚始也"③。他对王学倡导"易简功夫"的流弊亦进行了揭露,称:"文成之教,主于易简,故未及百年,弊已若斯"④。他认为学问当以"达世务"、"致用"为准,对宋、明儒平日"瞑目端拱而谈心性",于"诗赋"、"史传"、"璇玑、九章"⑤之事一概不知的空疏学风则表示不满。

明、清鼎革,"神州荡覆,宗社丘墟"的严酷社会现实极大触动了

---

① 杨慎:《夫子与点》,《升庵集》卷四五,《四库全书》本,台湾商务印书馆1986年版,第12页。
② 杨慎:《云南乡试录序》,《升庵集》卷三,第7页。
③ 陈第:《谬言·诸子》,《一斋集》,《四库禁毁书丛刊》,北京出版社1998年版,第322页。
④ 陈第:《书札烬存·答许抚台》,《一斋集》,《四库禁毁书丛刊》,第296页。
⑤ 陈第:《松轩讲义·学周论》,《一斋集》,《四库禁毁书丛刊》,第282页。

知识界。他们进行了深刻的历史反思,总结经验教训,矛头所向直指理学空谈误国。顾炎武将陆王之学比诸刘石之乱华、魏晋之玄谈,称"昔之清谈谈老庄,今之清谈谈孔孟"①。……有鉴于此,他们或以"匡扶社稷"为"天下之公",讲求经世之务的实学;或将孔、孟以来的儒家学说统统目为"惑世诬民"②,倡导具有实践意义的实行、实习之学。以顾炎武、黄宗羲为例。顾炎武毕生之学,以"明学术,正人心,拨乱世以兴太平之事"③为己任,倡导"君子之为学,以明道也,以救世也"④的经世之学,提出"凡文之不关于六经之指、当世之务者,一切不为"⑤。黄宗羲则独辟蹊径,倡导以史学为根底的经世实学,认为"学必原本于经术,而后不为蹈虚,必证明于史籍,而后足以应务,元元本本,可据可依"⑥。

(二)尊经、倡导小学考据

晚明,在反思理学流弊的基础上,学术思想界出现了一股提倡经学的思潮。归有光对读书人读书唯求科第,以"通经学古为拙"的认识深致不满。他认为:"夫圣人之道,其迹载于《六经》……《六经》之言,何其简而易也! 不能平心以求之,而别求讲说,别求功效,无怪乎言语之支,而蹊径旁出也。"⑦钱谦益对汉代经学也很重视。他说:"《六经》之学,渊源于两汉,大备于唐、宋之初,其固而失通,繁而寡要,诚亦有之,然其训诂皆原本先民,而微言大义,去圣贤之门犹未远也。"由归有光等人发端的提倡经学的思想到清初则衍为大潮。顾炎武指出:"古之所谓理学,经学也,非数十年不能通也。"⑧黄宗羲则称:"明人讲学,袭语录之糟粕,不以《六经》为根柢,束书不读,但从事于

① 顾炎武:《夫子之言性与天道》,《日知录集释》卷七,岳麓书社 1994 年版,第 240 页。
② 颜元:《寄桐乡钱生晓城》,《习斋记余》卷三,丛书集成初编本,商务印书馆 1936 年版,第 42 页。
③ 顾炎武:《初刻日知录自序》,《亭林文集》卷二《顾亭林诗文集》,中华书局 1959 年版,第 27 页。
④ 顾炎武:《与人书二十五》,《亭林文集》卷四《顾亭林诗文集》,第 98 页。
⑤ 顾炎武:《与人书三》,《亭林文集》卷四《顾亭林诗文集》,第 91 页。
⑥ 全祖望:《甬上证人书院记》,《全祖望集汇校集注》中册,上海古籍出版社 2000 年版,第 1059 页。
⑦ 归有光:《书·示徐生书》,《震川先生集》卷七,上海古籍出版社 1981 年版,第 150—151 页。
⑧ 顾炎武:《与施愚山书》,《亭林文集》卷三《顾亭林诗文集》,第 58 页。

游谈。学者必先穷经,经术所以经世,乃不为迂儒。"①黄宗羲的提倡经学思想,时人甚称之,全祖望即说:"前此讲堂痼疾,为之一变"②。

学者尊经,势必要走上强调小学考据一途。明清之际,不少有识之士在提倡经学的思潮中自觉倡导小学考据。杨慎对学界"束书不观,游谈无根"的弊端提出了批评,认为"本朝以经学取人,士子自一经之外,罕有贯通"③。进而提出"训诂之文贵显"的认识,提倡以小学方法治儒家经典。陈第进一步提出"读经不读传注"、"以己意论断经书"的认识,反对当时学界拾"宋儒咳唾之末,皆以为珠玉蓍龟"的学风。在继承杨慎提倡考据、训诂治学方法的基础上,陈弟提出以"本证"、"旁证"的考据方法研治《诗经》,著《毛诗古音考》4 卷。此书对于顾炎武《诗本音》、江永《古韵标准》等书的撰著具有开辟先路④之首功。方以智著《通雅》52 卷,考证名物、象数、训诂、声音,治学"尊疑"、"尊证"、"尊今",明确提出"因声知义,知义而得声"⑤的思想。方以智对清初诸儒考证学的兴起影响很大。《四库全书总目》称:"明之中叶以博洽著者称杨慎,而陈耀文起而与争,然慎好伪说以售欺,耀文好蔓引以求胜。……惟以智崛起崇祯中,考据精核,迥出其上。风气既开,国初顾炎武、阎若璩、朱彝尊等沿波而起,始一扫悬揣之空谈。"⑥明儒重视小学考据的思想在清初继续发展。顾炎武较早对以朴实考经证史的方法研讨经学进行了理论概括,所谓"读九经自考文始,考文自知音始"。他的这一治学宗旨成为后世乾嘉学者的一贯宗旨,所谓"经之义存乎训,识字审音乃知其义"⑦。至此,朴实考经证史一途遂成为"汉学一大宗旨,牢不可破之论矣"⑧。

---

① 江藩:《黄宗羲》,《汉学师承记》(外二种)卷八,生活·读书·新知三联书店 1998 年版,第 151 页。

② 全祖望:《甬上证人书院记》,《全祖望集汇校集注》中册,第 1059 页。

③ 杨慎:《举业之陋》,《升庵集》卷五二,第 13 页。

④ 见《毛诗古音考》,《经部·小学类三》,《四库全书总目》卷四二,中华书局 1965 年版,第 365 页。

⑤ 方以智:《释诂》,《通雅六》,《方以智全书》(第 1 册),上海古籍出版社 1988 年版,第 241 页。

⑥ 《通雅》,《子部·杂家类三》,《四库全书总目》卷一一九,第 1028 页。

⑦ 惠栋:《九经古义·原序》,《四库全书》本,第 1 页。

⑧ 方东树:《汉学商兑》卷中之下,见江藩《汉学师承记》(外二种),第 311 页。

二、清廷文化政策的影响

清廷文化政策是恩威并施，高压与怀柔两手并举。正如章炳麟所说，乾嘉学术是清代文字狱淫威下学者逃避现实而为"学隐"和"朝隐"的产物，[①]而戴震义理学的形成亦在于此，他说："（戴氏）生当雍正、乾隆之交，见其诏令谪人，辄介程朱绪言以骫法，民将无所措手足，故为《原善》、《孟子字义疏证》，斥理欲异实之谬"[②]。章氏此论颇有见地。

文字狱而外，清廷文化政策又有怀柔的一面，"稽古右文"是集中表现。它是清朝顺治、康熙、雍正、乾隆诸帝的一贯方针，主要包括：第一，重儒学，崇儒士。清军入关，定鼎燕京。以满洲贵族为首的统治集团颁诏宣布推崇儒学、选拔儒士。康熙十二年颁诏荐举山林隐逸，十八年开明史馆；乾隆十四年诏举"潜心经学"之士，都是这种政策的集中反映。这一系列重儒学、崇儒士政策的实行，有力地推动了清初儒学的发展，为乾嘉学术的兴起奠定了基础。第二，钦定御纂经书、收藏刊刻儒家经典。有清一代，顺治、康熙、雍正、乾隆四帝皆特重钦定御纂，康熙、雍正、乾隆三代，钦定御纂经书凡330余卷。内容已超出以《四书》为经典的宋明理学的藩篱，转而趋向重视对汉学经典——《五经》、《诗》、《书》、《礼》、《易》、《春秋》的阐释。清廷在实现经书的钦定御纂后，又将其颁行学宫[③]，作为士子科举考试的基本读物，体现了清廷在官学教育中由先前的独重理学向兼重理学、汉学的转变，这无疑是有助于朴学在徽州地区乃至全国的孕育成长。清廷也很重视收藏刊刻儒家经典。据统计，仅康熙一朝，官方就刊刻了1.5万卷图书。大型的图书有《渊鉴类函》、《佩文韵府》、《康熙字典》、《古今图书集成》等。这些图书的大量刊刻为学术的兴起作了必要的文献准备。清廷"稽古右文"政策对考据学兴起的影响巨大，所谓"没有清朝文化政策为考据学发展规范化提供先决的社会条件，考据学研究就无法大规

① 章炳麟：《学隐》，《检论》卷四，浙江人民出版社1998年版，第124—125页。
② 章炳麟：《菿汉微言》，《章氏丛书》，民国6—8年浙江图书馆校刊，第47页。
③ 《建置三·学校》，光绪《婺源县志》卷一〇。

模地展开"①。

清廷的文化政策主观上是出于其对封建社会秩序有力控制的需要,客观上却促成了皖派朴学乃至乾嘉学术的形成:一方面,读书人在文字狱高压下埋首书斋,作"稻粱谋";另一方面,又出现了"圣学所指,海内向风"②的士子争治古学的局面。

清廷文化政策还促成戴震对清廷"抑王尊朱"策略的"反动"。清廷立国伊始,为了巩固统治,采取了"抑王尊朱"的策略。王学较之朱学,更尊重"人性"和"人欲"的满足,这无疑是不利于以"存天理、灭人欲"为标榜的纲常名教秩序的维系。因此,皖派朴学的策源地徽州地区无疑是清廷实施该策略的重点所在,而戴震对它的"反动",则是皖派朴学中义理学形成的重要因素。戴震义理学讲求理欲合一,提倡对"依乎天理"人欲的追求,③而"理欲合性,合二为一等具有自然人性倾向的思想……是明季王学中左右两派相当普遍的态度,后来在清代思想史中也占有重要地位,戴震、焦循、凌廷堪等皆发挥这种看法"④。受王学理欲合一思想影响甚大的戴震指斥程朱理学是"酷吏以法杀人,后儒以理杀人"⑤,实质上是对朝廷动辄以"程朱绪言以弑法"的现实提出了控诉。

三、西学的影响

西学自明末利玛窦等人来华,在徐光启、李之藻等汉族士大夫的倡为同调下,很快在晚明社会占据一席之地。它在义理、方法等方面引发了晚明士人的思考,对明末清初的传统思想学术产生了深远影响。清初涌现了一大批精通中、西天文历法的学者。王寅旭、梅文鼎

---

① [美]艾尔曼:《从理学到朴学——中华帝国晚期思想与社会变化面面观》,江苏人民出版社 1995 年版,第 13 页。

② 阮元:《拟国史儒林传序》,《研经室一集》卷二,《研经室集》,丛书集成初编本,第 32 页。

③ 戴震:《理》,《孟子字义疏证》卷上,《戴震全集》(一),清华大学出版社 1991 年版,第 152—153 页。

④ 王汎森:《明末清初的一种道德严格主义》,载《近世中国之传统与蜕变:刘广京院士七十五岁祝寿论文集》,(台湾)"中央研究院"近代史研究所 1998 年版。

⑤ 戴震:《与某书》,《戴震全集》(一),第 211 页。

都是当时的历算名家。皖派朴学策源地徽州府所在的东南诸省,西学被士大夫接受的程度,较全国其他地区尤甚。对《畴人传》所载明清科学家区域分布的情况进行统计,可以知道:江苏 75 人,浙江 44 人,安徽 32 人,其余江西、福建、山东等 13 地共 50 人。吴、浙、皖三地科学家总数约占全国的 75%,其中安徽一地占全国的近 16%。换句话说,明、清两代,全国每 100 个科学家中就有 16 个是安徽人。① 任何文化的承传都有时空的连续性,以江南为辐射中心的西学,必然会对同一地域的皖派朴学的形成产生影响。实际的情况正是如此,皖派朴学初期的代表人物如梅文鼎、江永等都是兼通中、西的学者。著名学者钱大昕致戴震信有云:"宣城能用西学,江氏则为西人所用。"②皖派朴学先驱受西学的影响由此可见一斑。概括说来,西学在皖派朴学形成过程中的影响主要表现在以下几个方面。

第一,治学方法的关联。胡适在论述考证学方法的来历时指出考证学与西学两者有一定的关联。③ 从皖派学术来看,受西学方法论的影响也是显而易见的。梅文鼎毕生致力于历算学的研究,他说:"法有可采,何论东西;理所当明,何分新旧"④。于中法、西法兼有所采。皖学另一先驱江永则私淑梅文鼎,亦精研天文历算学。梅文鼎、江永两人对天文历算的探讨,包含有由其中的"数"作为"通例"以寻求"根底"的意思。此点反映在他们的著述中,就体现为对"通例"的探求,戴震称江永"长于比勘",认为他于"经传中制度名物,必得其通证举世"⑤。江永的由"比勘"以求"通证"的方法正是皖派学者走的那条"以归纳和演绎相结合,归纳为主"的治学方法。

第二,治学目的的关联。皖派学者中,梅文鼎、江永等人于西学,

① 参见熊月之《西学东渐与晚清社会》,上海人民出版社 1994 年版,第 85—92 页。统计数字是据该书的表格内容得出的。

② 钱大昕:《与戴东原书》,《潜研堂文集》卷三三,《潜研堂集》,上海古籍出版社 1989 年版,第 595 页。

③ 胡适:《治学的方法与材料》,《中国现代学术经典·胡适卷》,河北教育出版社 1996 年版,第 738—749 页。

④ 梅文鼎:《员容方直简法》,《堑堵测量》卷二,《梅氏历算全书》,光绪乙酉之春敦怀书屋印行,第 7 页 B 面。

⑤ 戴震:《江慎修先生事略状》,《戴震全集》(五),清华大学出版社 1997 年版,第 2608 页。

尤其重视其中的天文历算学,究其根本目的,乃在其"裨益民生"①。诚如戴震在评论西方科技时所说:"西洋之学,以测量步算为第一。"②且戴震本人也亲自参与实用器物的制作,他因西人龙尾车法作《嬴旋车记》;因西人引重法作《自转车记》。究其缘起,乃在"车人为溉器",发明之可获"我稼我穑,时惟尔翼。我惟我息,时惟尔力。籥车穰穰,佐我康食"③之功。从这一点上来讲,皖派朴学的经世致用一面与西学的"裨益民生"是相关联的。

第三,治学领域的关联。西学对皖派朴学又一影响是在其治学领域的形成上。戴震私淑弟子凌廷堪在论戴震数学时说:"戴氏《勾股割圆记》惟斜弧两边夹一角及三边求角,用矢较不用余弦,为补梅氏所未及。……其余皆梅氏成法,亦即西洋成法,但易以新名耳。"④也就是说,皖学中人认为戴震所作数学书,多有沿袭梅文鼎之处,而梅文鼎的治数学方法,又多为西洋成法,则西学由影响皖派学者的治学方法出发,进而引起后者对前者的研讨兴趣,促成皖学的治学领域的形成。同时,西学的传入又引起了皖派学者对舆地、测绘之学的研讨兴趣,江永、戴震诸人皆精于此学。江永于地理学多有撰著,成《春秋地理考实》4 卷。戴震成《水经注》校注 40 卷,又成府、州、县志多卷。

总之,皖派朴学在其形成过程中,受西学的影响是毋庸讳言的:治学方法、治学目的以及治学领域上的关联都证实了这一点。

四、徽州因素

(一)地理环境的影响

地理环境对学派和学术风格的形成发挥一定的作用。章炳麟说:"视天之郁苍苍,立学术者无所因。各因地齐、政俗、材性发舒,而名一家。"⑤结合皖派朴学的特点看,朴实考经证史是其根本宗旨,实事求是

---

① 《奇器图说》,《子部·谱录类》,《四库全书总目》卷——五,第984 页。
② 《泰西水法》,《子部·农家类存目》,《四库全书总目》卷一〇二,第854 页。
③ 戴震:《嬴旋车记》(壬戌),《戴震全集》(二),清华大学出版社 1992 年版,第703 页。
④ 凌廷堪:《与焦里堂论弧三角书》,《校礼堂文集》卷二四,中华书局 1998 年版,第213 页。
⑤ 章太炎:《原学》,《訄书》,《章太炎全集》第 3 册,上海人民出版社 1984 年版,第133 页。

是其治学态度,而这些特点的形成与他们所生活的自然地理环境是分不开的。所谓"(吾歙)地隘斗绝,厥土骍刚而不化"①。可见徽州地理环境实为恶劣,但它影响了皖派学术风格的形成。如汪绂因家贫,佣于江西景德镇,为画碗之役,其学则自星历、地志、乐律、兵制、阴阳、医卜、篆刻等皆通晓。江永亦崛起草泽,为学博洽天官、星历、律吕、音韵、步算等,切近朱子格物之旨。所谓"江永、戴震起徽州,徽州于江南为高原,其民勤苦善治生,故求学深邃,言直核而无温藉"②。论者此处直以皖学之"深邃"、"直核"等特点归结为徽州地理环境的影响,甚明。

(二)徽商的作用

皖派朴学作为一种思想内容,它的产生自然也不是偶然的,而是与其存在的"社会的物质生活条件"密切相关的,这一"条件"的重要组成部分就是徽商。徽商除了是一种经济因素外,也具备文化形态功能。这里从徽商的经济因素功能与文化形态功能两方面结合的角度探讨徽商在皖派朴学形成中的作用。

徽商首先表现为经济因素功能。他们在取得了商业上的巨大成功后,积极投身于家乡的文教事业。

第一,徽商积极兴办书院。据不完全统计,明、清两代徽州兴建各类书院凡89所,其中,官办者10所,民办者达79所,③它们广泛分布在徽州所属各个地区。而能够承担起兴办书院重任的社会阶层中,商人无疑占有极大的比重。数目甚多、分布地域广大的书院,为皖派朴学的兴起创造了条件。

第二,徽商重视设立塾学。明、清两代,徽州地区塾学设立颇为普遍。(明)黟县汪文宗、歙县江之鳌,(清)祁门郑华邦、婺源张伯焜等

---

① 《舆地·风俗》,(顺治)《歙县志》卷一。

② 章炳麟:《清儒》,《检论》卷四,第119页。关于自然地理环境对皖派朴学学风形成的影响,尚可参见李洁非《清代安徽学者地理分布之统计小论》,《学风》1935年第5卷第9期;梁启超《清代安徽的学风》,《学风月刊》1933年第3卷第10期。

③ 李琳琦:《明清徽州所建书院一览表》,《徽商与明清徽州教育》附表4,湖北教育出版社2003年版,第49—55页。

皆曾为之。① 总之,这些塾学或由塾师自行出资设馆招收学童;或由富人出资设馆延师教导子侄。这些较之书院分布更为广泛、数量更为庞大的塾学对皖派朴学的兴起作用尤大。从某种程度上讲,我们可以称之为皖派朴学家的初受蒙学之所。尤为值得一提的是歙县不疏园在皖派朴学形成中的意义。

邑志有云:"不疏园在西溪,汪梧凤故宅。梧凤藏书甚富。江慎修于此著《乡党图考》并讲学,戴东原辈时来就学。郑虎文、刘海峰、汪容甫、黄仲则皆尝集于此。咸丰时毁。"②不疏园是由徽商汪泰安(1699—1761)创办,供后人读书之所。汪中《大清故贡生汪君墓志铭》对不疏园和江永、戴震研修学习的关系记之较详:"乾隆初纪,老师略尽,而处士江慎修崛起于婺源,休宁戴东原继之,经籍之道复明。始此两人自奋于末流,常为乡俗所怪,又孤介少所合,而地僻陋,无从得书。是时歙西汪君独礼而致诸其家,饮食供具惟所欲,又斥千金置书,益招好学之士日夜诵习讲贯其中。……是时天下之士益彬彬向学矣,盖自二人始。抑左右而成之者,君信有力焉"③。"贡生汪君"指汪梧凤。汪中扼要叙述了皖派朴学在不疏园的发展脉络,并将兴起之功首归江永、戴震,许汪梧凤以"左右而成之"之功,因为它提供了物质保障。因此,不疏园一方面成了当时徽州地区与其他地区学术交流的中心,而另一方面又是皖派学术的策源地。事实也正是如此,这些"好学之士"据汪梧凤自述乃是郑牧、汪肇龙、戴震、汪梧凤、程瑶田、方矩、金榜、吴绍泽等8人,此数人除吴绍泽后改习辞章之学,其余7人皆习经学,他们的学问开创了日后皖派朴学的基本规模。此后,皖派朴学在徽州地区得以广泛传衍,出现了"朴学经师,魁硕迭起"④的兴盛局面。

第三,收藏刊刻图书。图书是传承思想文化的载体,一地区学术

---

① 《人物·儒行》,嘉庆《黟县志》卷六;《清故处士之鳌公传》,《济阳江氏族谱》卷九;《人物·义行》,同治《祁门县志》卷三〇;《人物·义行》,光绪《婺源县志》卷三四。
② 《舆地志·古迹·不疏园》,民国《歙县志》卷一。
③ 汪中:《大清故贡生汪君墓志铭》,《述学·别录》,四部备要本,(台湾)中华书局1981年据扬州诗局本校刊,第20页。
④ 《人物志·儒林》,民国《歙县志》卷七。

思想的发展情况在很大程度上取决于图书事业的发达与否。徽商自兴起后,便以雄厚的经济实力称雄全国、"富甲天下"。"贾而好儒"①是徽商的一个重要特点。他们热衷于文化事业,重视收藏刊刻图书。18—19世纪,享誉江南的不少大藏书家都是徽商(或者是其后裔),如鲍廷博、汪启淑及马曰琯、马曰璐兄弟等。当时全国范围内捐书超过500种的仅4家,而徽商则占其三,可见当时徽商重视收藏之一斑。他们收藏的不少图书也都能提供给其他一些学者使用,在一定程度上促进了学术交流,也为自身进行学术研究提供了便利。出资刊刻图书也是徽商重视文化事业的重要举措。徽商的诞生地徽州自宋代始,图书刊刻业即开始兴起。至明代嘉万年间,徽州则成为当时图书刊刻业的重要地区之一,当地刊刻的图书种类繁多,数量巨大。如鲍廷博利用自己收藏的图书,编辑刊刻《知不足斋丛书》,其中收入了不少善本和抄本。大量丛书的编辑出版,把不同时期出版的零星书籍整理在一起,为保存古籍起了积极作用,也为后世学者利用图书提供了很大方便。

（三）新安理学向皖派朴学的演变②

明中叶以降,王学开始渗透到"程朱阙里"徽州,并逐步改变了徽州理学界的格局。《紫阳书院志》载:明中后期,徽州"文成之教盛行,讲会者大都不诣紫阳"③。《还古书院志》亦称徽州"闽洛绝响,遵者寥寥",而"新建之说,沦人骨髓"④。所谓"文成之教"、"新建之说",皆指王守仁的心学。有学者指出:自阳明心学入徽后,对当地学术文化的发展带来了深刻的影响。一方面,"南宋以来朱子学在徽州一统天下的格局被打破";另一方面,"新安理学学派中形成了两个不同的学术阵营"⑤。此后,王学、朱学在徽州地区组成各自的阵营,规模、影响

---

① 张海鹏等:《徽商研究》,安徽人民出版社1995年版,第381页。

② 详参周晓光《试论新安理学向皖派经学的转变》,《安徽师范大学学报》(哲学社会科学版)1988年第4期。

③ 《列传七·汪县尹》,《紫阳书院志》卷一二,《中国历代书院志》第9册,江苏教育出版社1995年版,第560页。

④ 《传·吴抑庵先生》,《还古书院志》卷七,《中国历代书院志》第8册,第596页。

⑤ 周晓光:《明代中后期"心学"在徽州的传播和影响》,《安徽史学》2003年第5期。

相当。

降至明末清初，徽州学术与整个知识界的演进一致，学术风气产生了转换。这一过程主要从两个层面上进行：

由王返朱。明末清初学术思想界经历了在和会朱陆形式下进行的由王返朱趋势，此风由晚明顾宪成、高攀龙、黄宗周及刘道周等人开其端。这一思潮的特点是：推尊程朱理学的正宗地位；强调朱、王的一致性；重"实"诎"虚"。这一风气也影响到新安理学界，其时"淮南、徽、歙之间，咸私淑东林之学"，其间多有"闻东林之绪论者"，如施璜、吴曰慎等。① 施璜，字虹玉，安徽休宁人，好学不敢自是，尝过梁溪，访高世泰②。吴曰慎，字徽仲，安徽歙县人，笃行好学，尤致力宋五子书。尝从高世泰游。施璜、吴曰慎两人皆批判王学之非，提倡朱子格物之学。《清史列传》称施璜"又以文成之道不熄，朱子之道不著"；吴曰慎"以金溪之徒援儒入释，非痛切明辨无以尽绝根株，悉祛障蔽"③。余如汪知默、陈二典、汪佑皆讲朱子之学于紫阳书院，实为徽州朱学正流，江永、汪绂等皆汲其余波。

由朱学兼采汉学。这一路的学者可以江永、汪绂、程瑶田为代表，他们早期皆为朱学壁垒中人，奉"朱子之学"为圭臬，但同时又有超越朱学矩矱趋向汉学的一面。江永之学凡古今制度及钟律、声韵无不探赜索引，尤深于三礼及天文地理之学，这是其不拘囿于宋学的一面。江永晚年著《礼经纲目》，史称其引据诸书，厘正发明，"实足终朱子未竟之绪"④。而这又是其对朱学继承的一面。汪绂则大力发明朱子致知格物之旨，说："有志格物，无物无理，随处目睹耳闻，手持足践，皆吾穷理之学"。江永高足程瑶田"笃志治经"，"学长于涵泳经文，得其真解"，戴震尚"自言逊其精密"⑤。同时，其于义理、象数诸学也是"无所不赅"，所走仍是其师学以宋学为根底、兼采汉学一路。

① 刘师培：《南北学派不同论》，《中国现代学术经典·黄侃刘师培卷》，第 744 页。
② 高世泰，东林领袖高攀龙从子，字汇旃。笃守家学，晚年以东林先绪为己任。
③ 《施璜》、《吴曰慎》，《清史列传》卷六六，中华书局 1987 年版，第 5296、5295 页。
④ 《江永》，《清史列传》卷六八，第 5490 页。
⑤ 《程瑶田》，《清史列传》卷六八，第 5525 页。

清初由新安理学向皖派朴学的转变有力地推动了皖派朴学的兴起。

第二节　皖派朴学的演变①

梁启超论清代思潮之流转，将其分作启蒙期（生）、全盛期（住）、蜕分期（异）、衰落期（灭）四期，称"无论何国何时代之思潮，其发展变迁，多循斯轨"②。梁氏此论对研究皖派朴学的演变，也有一定的借鉴意义。本文将皖派朴学演变过程分为三个时期：一、初创期，从顺治初叶至乾隆中叶；二、发展期，乾隆中叶至嘉庆初叶；三、易帜期，嘉道以降。分述如下：

一、初创期

初创期之皖派朴学以黄生、梅文鼎、江永、汪绂为代表，依其生年排列如下：黄生（1622—1696）、梅文鼎（1633—1721）、江永（1681—1762）、汪绂（1692—1759）。

黄生，字扶孟，安徽歙县人，明诸生。先生僻处于岩阿邮曲之间，不假师承，无烦友质，上下古今，钩深致远，自成一家。著有《字诂》2卷、《义府》2卷、《杜诗说》12卷、《三礼会籥》、《三传会籥》及文稿18卷等。尤以《字诂》、《义府》最知名。《字诂》于六书多所阐发，每字皆见新义。《义府》上卷论经，下卷论史、子、集、金石，而以辨冥通记措缀；末于古音、古训亦皆考究淹通，引据详确。两书皆为《四库全书》著录，亦专主以声音通训诂。众所周知，清初首开以声音通训诂先河的是顾炎武，他著有《音学五书》，于后世影响很大。但《音学五书》"惟尚未能得所会通。……公（黄生）二书，其汲汲致力于文字之声义

---

① 本节论皖派朴学演变，凡涉及江永、程瑶田、戴震等人学术成就的内容皆从简，下节详论。
② 梁启超：《清代学术概论》，东方出版社1996年版，第2页。

者,乃实有见于声与义之相因而起,为从来先儒之所未明,由是遂濬及于义通则声通,为古今小学家之所创获"①。乾隆中叶,戴震耳其名,访求其遗书,列之四库,世方知有先生。

梅文鼎,兼通中西知识研讨,天文历算具有重要历史价值。近人将其归为 5 个方面,即"一、历学脱离占验迷信而超然独立于真正科学基础之上。自利、徐启其绪,至定九乃确定。二、历学之历史的研究——对于诸法为纯客观的比较批评,自定九始。三、知历学非单纯的技术而必须以数学为基础,将明末学者学历之兴味移到学算方面,自定九始。四、因治西算而印证以古籍,知吾国亦有固有之算学,因极力提倡以求学问之独立,黄宗羲首倡此论,定九与彼不谋而合。五、其所著述,除发表自己创见外,更取前人艰深之学理,演为平易浅近之小册,以力求斯学之普及。此事为大学者之所难能,而定九优为之"②。

汪绂,又名烜,字灿人,号双池,安徽婺源(今江西婺源)人。自幼即由其母江氏口授四子书、《五经》,8 岁悉成诵。家贫,以业佣为生,且佣且读。汪绂为学"一以宋五子学为归,六经皆有成书,下逮乐律、天文、地舆、阵法、术数无所不究畅"③。所著不下 30 种,主要有《易经诠义》15 卷、《尚书诠义》12 卷、《诗经诠义》15 卷、《乐经律吕通解》5 卷、《参读礼志疑》2 卷、《读近思录》1 卷、《读读书录》1 卷、《理学逢原》12 卷、《文集》10 卷,等等。先生著书博,用功专,为学体勘精密,贯彻内外,毫厘必析。其于朱子学辩护尤力,尝谓:"毛奇龄、李绂等所著之书,皆宜急付之秦火。否则,亦宜比之于奸色淫声以远避之,无置案头,以污学者心术"④。殁后,门人刊其书,并上之学政,后入祀紫阳书院。

总之,此期皖派学者治学颇呈清初学术之气象,学求实用,务期经世,一扫晚明苟且破碎陋习。然此期学者多由宋学而来,为学多"草创

① 黄生撰,黄承吉合按:《字诂义府合按·后序》,中华书局 1984 年版,第 266 页。
② 梁启超:《中国近三百年学术史》,山西古籍出版社 2001 年版,第 323 页。
③ 朱筠:《婺源县学生汪先生墓表》,《笥河文集》卷一一,丛书集成初编本,第 209 页。
④ 汪绂:《书·答洪霖雨书》,《双池文集》卷四,道光十四年一经堂刻本,《续修四库全书》第 1425 册,第 86 页。

未精博，时糅杂元、明谰言"①。其特点主要有三个方面。

第一，规模草创。这可以从治学宗旨与治学态度两个层面进行考察。

治学宗旨初步确立。此期的皖派学者学求经世致用，但又开始向朴实考经证史转变，逐步走上由音韵、训诂以求义理的治学路径。他们继承了清初"今所当学者不止六艺，如天文、地理、河渠、兵法之类，皆切于世用"②的主张，究心天文历算、地理、阵法等经世之学。宣城梅文鼎于学无所不窥，尤有志历学。江永之学于古今制度及钟律、声韵，无不探颐索引，尤深于三礼及天文、地理之学。汪绂自六经下逮乐律、天文、地舆、阵法、术数，无不融畅。同时，他们又多重视由音韵、训诂以求义理的朴实考经证史的内容。如黄生为学淹贯群籍，于六书、训诂尤为专长。他主张由古音以求古义，著书遵汉儒训诂之条例，于"因音求字"多所发明。清人刘文淇称："夫声音训诂之学，于今日称极盛，而先生实先发之。"③邑志称其"能肩随顾炎武而为有清一代朴学之先登者矣"④。

治学态度基本确立。皖派朴学以实事求是为其一贯的治学态度。黄生《字诂》"于六书多所发明，每字皆有新义，而根据博奥，与穿凿者有殊"⑤，"考究淹通，引据精确"⑥，后学以"实事求是"归之。江永《礼经纲目》通篇皆"引据诸书，厘正发明"。汪绂有所论，则由不欺以至于至诚，偶设一喻，能使盲者察、愚者明。此三人著书皆以广摭博引为阶，偶立一论，必求其是。

第二，由宋学兼采汉学。以宋学为根底，兼采汉学，是此期皖派学术的重要特点。江永精通汉学，于三礼尤深，戴震称江永之学"自汉经师康成后，罕其俦匹"⑦，江永著有《朱子近思录》14卷，又撰《礼书纲

① 章炳麟：《清儒》，《检论》卷四，第117页。
② 《陆世仪》，《清史列传》卷六六，第5257页。
③ 黄生撰，黄承吉合按：《字诂义府合按》，刘文淇所作《字诂义府跋》，第282页。
④ 《黄生》，《人物志·儒林》，民国《歙县志》卷七，第5页B面。
⑤ 《字诂》，《经部·小学类一》，《四库全书总目》卷四〇，第343页。
⑥ 《义府》，《子部·杂家类三》，《四库全书总目》卷一一九，第1029页。
⑦ 戴震：《江慎修先生事略状》，《戴震全集》（五），第2608页。

目》一书"终朱子未竟之绪"①。汪绂于六经皆有成书,然其治学"一以宋五子之学为归"。所著《四书诠义》、《理学逢原》诸理学书于朱学皆有补偏救弊之功。

第三,淹贯中、西。晚明,西学借耶稣会士的力量传入中国,并逐渐产生影响,"在这种新环境下,学界空气,当然变换,后此清朝一代学者,对于历算学都有兴味"②。此期的皖派学者,近承晚明西学遗绪,兼以活动的主要区域深受西学影响,故为学多淹贯中、西,梅文鼎、江永两人为代表。梅文鼎为学兼采中、西。他在《交食》、《七政》、《五星管见》、《揆日纪要》、《恒星纪要》等书中介绍了第谷的天文学。他又利用西方天文原理制成璇玑尺、揆日器、仰观仪等。所著历算、天文诸书颇有可观者,《四库全书总目》称:"(《勿庵历算书记》)于中西法融会贯通,一一得其要领,绝无争竞门户之见"③。梅氏自己亦以"法有可采,何论东西"相标榜。江永则私淑梅文鼎,亦精通历算、天文之学,撰有《七政衍》、《中西合法拟草》等书,于文鼎之论多有补正,曾指出梅文鼎所言岁实消长之误。④

综上,此期皖派学术呈现以下特点:规模草创;治学以宋学为根底,兼采汉学;淹贯中、西。其学条理虽未完全确立,研究方法亦不甚完善,然而对于学派的最终形成及进一步发展意义深远。

二、发展期

该期从乾隆中叶起至嘉庆末。皖派朴学在该期的发展又分前后两个阶段,前一阶段可以江永执馆不疏园及"江门七子"出现为主要线索;后一阶段从戴震避仇入都,皖派学术获得长足发展为标志。此二事,前者在皖派朴学于徽州地区的形成过程中具有里程碑式的意义;后者是皖派学术趋于完善,学派最终形成并获得进一步发展的阶段。

① 《江永》,《清史列传》卷六八,第 5490 页。
② 梁启超:《中国近三百年学术史》,第 8 页。
③ 《勿庵历算书记》,《子部·天文算法类一》,《四库全书总目》卷一〇六,第 901 页。
④ 江藩:《江永》,《汉学师承记》卷五,第 75 页。

（一）学派在两个阶段上的发展情况

1. 江永执馆不疏园及"江门七子"的出现

所谓"江门七子"实际上是指休宁郑牧、戴震，歙县汪肇龙、程瑶田、方矩、金榜及汪梧凤7人。据其生年排列如下：郑牧（1714—1792）、汪肇龙（1721—1780）、戴震（1723—1777）、汪梧凤（1725—1773）、程瑶田（1725—1814）、方矩（1729—1789）、金榜（1735—1801）。略述其学行如下：

郑牧，字用牧，安徽休宁人。与戴震、程瑶田等同从江永游，习江永之学。

汪肇龙，字松麓，一字稚川，安徽歙县人。乾隆二十七年副榜。少孤贫，长习贾。后从学江永，肆力治经，于水经、地志、步算、音韵诸学皆有探究，而于三礼"尤功深"。[①] 汪肇龙治学虽无成书，但仍不失江永学术之规模。

汪梧凤，字在湘，安徽歙县人。幼攻举业。从刘大櫆习古文辞，从江永习经学，于经学尤有造诣，于戴震相亚。所著有：《屈原赋注》7卷、《诗学女为》26卷、《松溪文集》（不分卷）。其中，《诗学女为》一种，论者称律象、地理、人物、典制、音韵、鸟兽、草木、虫鱼之类，援据该洽，考核精审，可自成一书。[②]

方矩，一名根矩，字晞原，安徽歙县人。从学江永于歙西不疏园。方矩为学，自汉唐注疏以及宋五子书无不兼涉，尝谓："孔门而后，言绝义乖，儒流灭裂，然人道所以不终为鬼魅者，程、朱之力也。吾侪惇行实践，师尊之不暇，而敢妄有瑕疵乎？"[③]方矩之学盖犹是江永汉、宋兼采一路。

金榜，字蕊中，一字辅之，乾隆三十七年进士。安徽歙县人。金榜邃精经学，尤擅长三礼，一以高密为宗。著有《礼笺》3卷、《周易考古》1卷、《海曲拾遗补》6卷等。

① 郑虎文：《汪明经肇龙家传》，《碑传集》卷一三三，中华书局1993年版，第4002页。
② 郑虎文：《汪明经梧凤行状》，《碑传集》卷一三三，第4000页。
③ 李桓辑：《方矩》，《国朝耆献类征初编》卷四三九，清代传记丛刊，（台湾）明文书局1985年版，第38页。

江永执馆不疏园是皖派朴学在发展期承上启下的重要阶段,原因在于:

(1)学术阵营初步形成。江永执馆不疏园,从壬申到戊寅,前后凡7年之久,好学之士纷然来学,尤为著名的是戴震等7人,而这7人恰是皖派朴学在该阶段的主要代表人物。

(2)治学范围初具规模。江永治学博览群籍,广搜博讨,以"参互"得其"据证"。江门七子皆能传其师之学,他们或传江永"三礼"之学,汪肇龙、汪梧凤、金榜辈是;或兼精小学、测算、制度之学,而能得江学之全者,戴震、程瑶田辈是。弟子程瑶田博学多能,尤喜涵泳经学,于经文"得其真解,不屑依傍传注"①。余如金榜辈,皆卓然一家,其所著礼学诸书,以《礼笺》为最,后人推为"详稽制度,卓然可补江、戴之缺"②之作。

(3)学术著作蔚为大观。在江永执馆不疏园期间,他及弟子撰著极为丰富,有许多著作在皖派朴学发展史上占有重要地位。考诸江永生平所作,收入《四库全书》的凡14种之多,《算学》③、《乡党图考》、《律吕阐微》及《古韵标准》4书,皆成于执馆不疏园时。戴震则佐江永"商定《古韵标准》四卷,《诗韵举例》一卷",其开始研讨音韵学,亦始于此时,而《诗补传》则写成于此间。

总之,不疏园之教是皖派朴学在徽州地区形成和发展的重要事件。但此时学派仍拘囿于安徽部分地区,主要是徽州府,尚未形成超越安徽地域范围的完整意义上的皖派学术。

2. 戴震避仇入都

自戴震避仇入都,学派突破地域性限制,开始传衍至其他地方;主要学者阵营扩大,学派成立的三个要素最终确立,皖派朴学进入全新的发展阶段。乾隆二十年,戴震33岁,避仇入都,会钱大昕,钱大昕以

① 夏炘:《程先生瑶田别传》,《景紫堂文集》卷一三,《近代中国史料丛刊》第94辑,(台湾)文海出版社1982年版,第697页。
② 吴定:《翰林院修撰金先生墓志铭》,《紫石泉山房集》卷一〇,嘉庆庚午刊。
③ 原名《翼梅》。

"天下奇才"①目之。此后,戴震又与一批学问家如王鸣盛、卢文弨、王昶、纪昀、朱筠等结交,他们皆"耳先生名,往访之。叩其学,听其言,观其书,莫不击节叹赏"。于是,戴震"声重京师,名公卿争相交焉"②。乾隆二十一年,吏部尚书王安国延戴震课子王念孙。③ 王念孙乃传其声音训诂之学。乾隆二十二年,戴震结识惠栋于扬州都转运使卢见曾之雅雨堂内,两者"交相推重"④。此次晤面于戴震学术颇有影响,戴震作《题惠定宇授经图》,推崇之情溢于言表,文云:"盖先生之学,上追汉经师授受欲堕未堕,霾蕴积久之业","松崖先生之为经也,欲学者事于汉经师之故训,以博稽三古典章制度,由推求理义。"⑤惠栋由故训通义理的治学宗旨与戴震主张不谋而合。戴震17岁时即已明确提出了"必由字以通其词,由词以通其道"⑥的治学主张。因此,戴震与惠栋的晤面,对促成他完善由音韵训诂以通义理有重要意义。

概括来讲,这一阶段,皖派朴学的发展主要体现在:学术阵营更趋扩大,治学领域更为拓展,学派的社会地位提升。一大批学有专长、较戴震稍长或与之相若的学者因信服戴震学说而加入皖派营垒中来,如卢文弨、钱大昕等;或不属皖派营垒,却汲汲以提携朴学之士为己任,如朱筠兄弟、纪昀等;同时,不少青年才俊开始传习皖派学术,段玉裁、王念孙、任大椿、孔广森皆从戴震学。皖派学术开始突破徽州一隅之限制,传衍至全国其他范围。从此,戴震小学、测算、典章制度诸学皆有传之者:小学则高邮王念孙、金坛段玉裁;测算之学则曲阜孔广森;典章制度之学则任大椿。其传衍之范围,则不唯徽州之地有后学衍其学,论者所谓:"戴氏既殁,皖南学者各得其性之所近,治数学者有汪莱……治'三礼'者有金榜……胡匡衷……戴氏弟子舍金坛段氏外……

① 江藩:《戴震》,《汉学师承记》卷五,第102页。
② 段玉裁:《戴东原先生年谱》,《戴震全集》(六),清华大学出版社1999年版,第3396页。
③ 段玉裁:《戴东原先生年谱》,《戴震全集》(六),第3396—3397页。
④ 王昶:《戴东原先生墓志铭》,《春融堂集》卷五五,嘉庆十二年塾南书舍刻本《续修四库全书》第1438册,第218页。
⑤ 戴震:《题惠定宇先生授经图》,《戴震全集》(五),第2615页。
⑥ 戴震:《与是仲明论学书》,《戴震全集》(五),第2587页。

高邮王氏……兴化任氏……咸与戴氏学派相符"①。徽州而外,江苏、浙江、河北、河南、福建诸地并有传之者,后人以为"盖戴学所被,不徒由皖而苏而浙,且及于齐鲁燕豫岭海之间矣"②。

（二）治学路径

这一时期的皖派学者主要经由四条路径展开学术研究:一派继承戴震小学、音韵学,方法更加严密,成就更为突出,但去掉了皖学中的义理色彩,以段玉裁、王念孙、王引之为代表;一派兼通小学、音韵学和义理学,以凌廷堪、焦循、阮元为代表;③一派继承戴震典章制度之学,以金榜、任大椿为代表;一派从皖派朴学正统中分化出来,尊崇古文经学而兼治今文经学,以孔广森为代表。上列学者按其生年排列如下:段玉裁（1735—1815）、任大椿（1738—1789）、王念孙（1744—1832）、洪榜（1745—1780）、孔广森（1752—1787）、凌廷堪（1757—1809）、焦循（1763—1820）、阮元（1764—1849）、王引之（1766—1834）。尽管王念孙、王引之等卒年稍迟,但因其主要学术活动仍在乾隆中叶到嘉庆初叶,故仍归入发展期。

1. 小学、音韵学一派

该派以段玉裁、王念孙、王引之为代表。

段玉裁,字若膺,号懋堂,江苏金坛人,乾隆二十五年（1760）乡试中式,历官贵州、四川等地知县。幼颖悟,读书日竟数十言。客都下,得顾炎武《音学五书》,惊为秘籍。继执贽戴震门,学益大进。段玉裁笃好经术,喜训诂考订,分古音为 17 部。晚岁颇有后悔壮年兢兢小学、于义理则未有研讨之意。其言有云:"喜言训诂考核,寻其枝叶,略其本根,老大无成,追悔已晚。……朱子集旧闻,觉来裔,本之以立教,实之以明伦敬身,广之以嘉言善行。二千年圣贤之可法者,胥于是

---

① 刘师培:《南北考证学不同论》,《南北学派不同论》,《中国现代学术经典·黄侃刘师培卷》,第749—750 页。

② 马宗霍:《中国经学史》,上海书店 1984 年版,第 147 页。

③ 这又可分作两条进路:一条以凌廷堪、阮元为代表的"以礼代理"学说为线索,一条以焦循、阮元为首的由数学求数理进而求哲学的学说为脉络。

在。"①所著以《说文解字注》最有名。著作汇刊为《经韵楼丛书》，另有《说文解字注》别行。

王念孙，字怀祖，号石臞，江苏高邮人，乾隆四十年进士，官至永定河道。幼随父入都，有"神童"之目。长从戴震游，遂力为稽古之学，尤精声音训诂，于古韵尤有发明，分顾炎武古韵 10 部为 21 部，而于支脂之三部，分辨尤力。并时只金坛段玉裁与之合，而分至、祭、盍、缉 4 部，则又段氏所未逮。撰有《广雅疏证》20 卷、《读书杂志》82 卷等。

王引之，字伯申，嘉庆四年进士，累官工部尚书。立朝有大臣风度，凡典乡试者四、会试者三，得士甚众。幼承父学，精研古义，尤擅小学。他说："吾之学，于百家未暇治，独治经。吾治经，于大道不敢承，独好小学。夫三代之语言与今之语言，如燕越之相语也；吾之治小学，吾为舌人焉。其大归曰用小学说经，用小学校经而已矣。"撰有《经义述闻》30 卷、《经传释词》10 卷等。

戴震之学，其尤显明于当时者，乃在小学及音韵一路。论者谓"乾嘉以后言古韵者虽多，而江、戴门下薪火相传，实为其中坚"②。训诂之学，"其始能有条理有统系之发见，戴氏震开其始。……戴氏之弟子段玉裁，其训诂之方法更精……高邮王氏父子之工作尤巨"③。足见戴氏及其弟子段玉裁、王念孙、王引之等人的小学及音韵学成就之一斑。

《说文》之研究。戴震于该书用功颇早。段玉裁《戴东原先生年谱》载："先生十六、七……塾师因取近代字书及汉许氏《说文解字》授之，先生大好之。"④可见，戴震开始研究《说文解字》当在十六七岁时，然未有成作。其后，弟子段玉裁承其未竟之志作《说文解字注》30 卷。段氏此书，影响颇大，卢文弨谓"自有《说文》以来，未有善于此书者"⑤。王念孙说此书乃"千七百年来无此作矣"⑥。

---

① 段玉裁：《博陵尹师所赐朱子小学恭跋》，《经韵楼集》卷八，嘉庆十九年刻本《续修四库全书》第 1435 册，第 76 页。
② 梁启超：《中国近三百年学术史》，第 210 页。
③ 胡朴安：《自叙》，《中国训诂学史》，上海书店 1984 年版，第 3—4 页。
④ 段玉裁：《戴东原先生年谱》，《戴震全集》（六），第 3390 页。
⑤ 卢文弨：《后叙》，《说文解字注》，上海古籍出版社 1981 年版，第 790 页。
⑥ 王念孙：《序》，《说文解字注》，第 1 页。

《尔雅》之研究。《尔雅》一书的研究，戴震启之，他曾著《尔雅文字考》10 卷（书成未刊），其《自序》有云："古故训之书，其传者莫先于《尔雅》"。故"折衷前古，于《尔雅》万七百九十一言，合之群经传记，靡所扞格，姑俟诸异日"①。然此书之作尚未完满。其同学专释《尔雅》者为程瑶田，著有《通艺录》42 卷，其中含《释宫小记》、《释草小记》、《释虫小记》篇。弟子从事于斯者，乃任大椿，他作《释缯》等。

《广雅》之研究。戴震弟子王念孙《广雅疏证》为其中之最著名者。《广雅》为魏张楫著，成书在《尔雅》、《方言》、《释名》之后，搜集则愈加广博。王念孙官给谏时注释《广雅》，日以三字为率，积十年之力成《广雅疏证》20 卷。书成后，论者比诸郦道元的《水经注》，谓注优于经。后人以"同时惠栋、戴震所未及"②称之。

王引之亦是小学名家。他于以小学治经多有心得，治小学成就最显著的当推《经义述闻》、《经传释词》。《经义述闻》乃引之据王念孙《广雅疏证》所诠，及平日所闻撰成。全书皆摘经句为题而解之。《经传释词》乃引之感慨古说经者"自汉以来，说经者宗尚雅驯，凡实义所在，既明著之矣，而语词之例，则略而不究；或即以实义释之，遂使其文扞格，而意亦不明"而作，他"引而伸之，以尽其义类，自《九经》、《三传》及周、秦、西汉之书，凡助语之文，遍为搜讨，分字编次"③，于惠栋、戴震诸家号为通儒者，亦辄引古义以驳正之。

清儒治经以小学为途径，而"穷经必先识字，遂有训诂之学。识字必先审音，遂有音韵之学"④。此期之皖派学者治音韵学成就斐然。清代的音韵学，一为古韵学，一为切韵学。清代音韵学首推顾炎武，著有《音论》、《易音》、《诗本音》、《唐韵正》、《古音本》。顾炎武而后，皖派诸人能承其遗绪者为江永，著《古韵标准》，江永弟子戴震作《声韵考》、《声类表》，戴震弟子段玉裁、王念孙、孔广森，同学洪榜皆有撰著，段玉裁作《六书音韵表》、王念孙作《诗经群经楚辞韵谱》、孔广森

---

①　戴震：《尔雅文字考序》，《戴震全集》（五），第 2181 页。
②　《王念孙》，《清史列传》卷六八，第 5535 页。
③　王引之：《自序》，《经传释词》，中华书局 1956 年版，第 2、5—6 页。
④　支伟成：《叙目》，《清代朴学大师列传》第 11，岳麓书社 1998 年版，第 161 页。

作《诗声类》、洪榜作《四声韵和表》、《示儿切语》，戴震乡后学江有诰亦成《音学三书》，以上诸书皆多创获。要而言之，他们的成就主要在古韵分部的日益精密上。顾炎武分古韵为 10 部，江永析为 13 部，段玉裁析为 17 部，戴震析为 18 部，孔广森析为 19 部，王念孙析为 21 部，江有诰亦析为 21 部。总之，学如积薪，后来居上。比较各家分韵之异同，可知戴震数家皆自相师友，学求其是，是之所至，即师说亦不可强许之。因此，取得了很大成绩。王国维总结清代古音研究的情形后说："古韵之学，自昆山顾氏，而婺源江氏，而休宁戴震，而金坛段氏，而曲阜孔氏，而高邮王氏，而歙县江氏，作者不过 7 人，然古音 22 部之目，遂令后世无可增损。"①古韵学而外，切韵学也是此期皖派学术颇有成就处。此学问仍由清初顾炎武启之，他著《音论》，论发音之条颇多。皖学大师江永、戴震也讲切韵，江永作《音学辨微》，戴震著《转语》20 章，"各从乎声，以原其义"②。

2. 小学、音韵学与义理学兼通一派

该派以凌廷堪、阮元、焦循为代表。他们对戴震的义理学多有承继，亦精研小学、音韵学。

凌廷堪，字次仲，安徽歙县人。幼聪颖，究心经史，冀为乡先辈江永、戴震之学。凌廷堪于学无所不窥，凡"声音、训诂、九章、八线，皆造其极而抉其奥"③。凌廷堪邃精小学，成绩主要体现在：一是以小学的方法撰成《礼经释例》、《燕乐考原》等书。《礼经释例》谓："礼经委曲繁重，不得其经纬途径，虽上哲亦苦其难；苟得之，中材可勉赴焉。经纬途径之谓何？例而已矣。"他将《仪礼》分解后进行重新整理，总结出若干原则，凡通例 40、饮食之例 56、宾客之例 18、射例 20、变例 21、祭例 30、器服之例 40、杂例 21。该书著作方法科学，是当时学术界一大创新。④《燕乐考原》以隋沛公郑泽"五旦"、"七调"之说为燕乐之

① 王国维：《周代金石文韵读序》，《观堂集林》卷八，《王国维遗书》第 2 册，上海古籍书店 1983 年版，第 27 页 B 面。
② 戴震：《转语二十章序》，《戴震全集》（五），原文已佚，《全集》存目，第 2523 页。
③ 江藩：《凌廷堪》，《汉学师承记》卷七，第 121 页。
④ 梁启超：《中国近三百年学术史》，山西古籍出版社 2001 年版，第 184 页。

本,而参以段安节《琵琶录》、张叔夏《词原》诸书,考究琴与琵琶之弦音。二是精通天文历算之学。凌廷堪与同时的李锐、焦循并称为"谈天三友"。他对西学的成就能够给予实事求是的评价,谓:"盖西学渊微,不入其中则不知","西人言天,皆得诸实测,犹之汉儒注经,必本诸目验"①。当然,在中、西学关系上,他未能脱出"西学中源"说的藩篱。如他认为"西人之说,征之《虞书》、《周髀》而悉合,古圣人固已深知之,非吾所未有"②。

阮元,字伯元,号芸台,江苏仪征人。阮元受学于王念孙、任大椿,习声音、文字和训诂之学,于戴震为再传弟子。③ 他治学淹贯群书,长于考证,其考证以训诂为门径,自谓"余之学多在训诂……故论仁、论性命诂训,皆不过训诂而已"④,主张"圣贤之言,不但深远者非训诂不明,即浅近者亦非训诂不明"⑤。他的《研经室集》、《续集》中的《释心》、《释顺》、《释达》、《释敬》、《明堂论》诸篇及对"仁"、"性"、"格物"、"一贯"等字的训诂,都是治小学的优秀成果。阮氏小学成就集中体现在《经籍纂诂》160 卷,该书仿《尔雅》之例,采唐以前的儒家经典注释,对古代音韵、训诂资料进行全面总结,颇有功后学。时人评价道:"此书出而穷经之彦,焯然有所遵循,向壁虚造之辈不得腾其说以衍世,学术正而士习端,其必由是矣。"⑥他精通天文历算学,强调"会通中西,志在中学"。但是,他反对学者过分推崇西学,认为江永"专力西学,推崇甚至,故于西人作法本原发挥殆无遗蕴。然守一家之言,以推崇之故,并护其所短"⑦;戴震"亦不无墨守师说",两人皆"囿于西法,其见究失之偏"⑧。

凌廷堪、阮元等人精通小学,但其影响清代学术思想界的成就主

----

① 凌廷堪:《复孙渊如观察书》,《校礼堂文集》卷二四,第 219 页。
② 凌廷堪:《读孟子》,《校礼堂文集》卷五,第 39 页。
③ 阮元:《南江邵氏遗书序》,《研经室二集》卷七,《研经室集》,第 503 页。
④ 张鉴等撰:《雷塘庵主弟子记》卷六,琅嬛仙馆刻本《续修四库全书》第 557 册,第 291 页。
⑤ 阮元:《论语一贯说》,《研经室一集》卷二,《研经室集》,第 45 页。
⑥ 钱大昕:《经籍纂诂·序》,中华书局 1982 年版,第 1 页。
⑦ 阮元:《江永》,《畴人传》卷四二,第 403 页。
⑧ 阮元:《钱大昕》,《畴人传》卷四九,第 478、484 页。

要在义理学一路,他们都是戴震义理学的继承者。当时学界对戴震义理学颇多訾议,凌廷堪则为其作有力辩护,指出:"理义固先生晚年极精之诣,非造其境者,亦无由知其是非也。其书具在,俟诸后人之定论云尔"①。焦循更是戴震义理学的信奉者,他曾作《申戴》及《读书三十二赞》诸篇,以明心志。他说:"如戴震之学……尤在《孟子字义》一书,所以发明理道情性之训,分析圣贤、老、释之界,至精极妙,钱氏略举之,尚未详著之也。"②足见焦氏对戴震义理学的崇奉之情。凌廷堪、焦循两人虽服膺戴震义理之学,但并不盲从。凌廷堪不满戴震批判宋人援佛入儒不彻底,谓:"又吾郡戴氏,著书专斥洛闽,而开卷先辨'理'字,又借'体''用'二字以论小学,犹若明若昧,陷于阱摅而不能出也。"③焦氏也曾指出戴震义理学的不足,说:"循尝善东原戴氏作《孟子字义考证》,于理道天命性情之名,揭而明之如天日,而惜其于孔子一贯仁恕之说,未及畅发"④。由此,凌廷堪等人在两个层面上对戴震义理学进行了扬弃。

(1)凌廷堪等提出"以礼代理"的思想。近世学者论"清学"与"宋学"区别有云:"以礼代理,此清学与宋学根本不相同处。"⑤以"礼"、"理"区分汉、宋,准确与否且不论,但乾嘉时期,礼学的兴起则是清代学术思想史上不争的事实,不少学者参与到兴起礼学的建构中,皖派学者的成就尤其不可抹杀。需要特别说明的是,皖派学者重视"礼"学不自凌廷堪等人始,皖派前辈学者江永、戴震、程瑶田、金榜都很重视对礼经的研究。凌廷堪等学者承江永、戴震、金榜诸先辈遗绪而上,尤其重视礼经的研究。凌廷堪不满戴震批判宋学不彻底,他直指"宋儒之理义乃禅学",并以"开门揖盗,反藉揖者而驱除之"⑥讥戴震。他系统提出了自己的"礼"学思想,作《礼经释例》、《复礼》三篇,前者研究古礼通例,后者阐发提倡礼治的思想。凌廷堪注意将清代礼学上接

① 凌廷堪:《戴东原先生事略状》,《校礼堂文集》卷三五,第317页。
② 焦循:《国史儒林文苑传议》,《雕菰集》卷一二,丛书集成初编本,第184—185页。
③ 凌廷堪:《好恶说》下,《校礼堂文集》卷一六,第143—144页。
④ 焦循:《论语通释自序》,《雕菰集》卷一六,第267页。
⑤ 孙海波:《凌次仲学记》,《中国近三百年学术思想论集》,香港存粹学社1978年版,第247页。
⑥ 凌廷堪:《好恶说》下,《校礼堂文集》卷一六,第143—144页。

周、秦礼学传统，称"三代盛王之时，上以礼为教也，下以礼为学也"①。据此他提出"圣人之道本乎礼而言者也"，"舍礼无以为学也"。② 凌氏首倡"以礼代理"之论，在学界产生极大的影响，社会上出现一股崇"礼"思潮。所谓"自凌廷堪复礼之说出，天下风气为之一变"③。阮元、焦循等人乃与之后先相倡，阮元提出"理必出于礼也。……故理必附乎礼以行，空言理则可彼可此之邪说起矣"④。焦循也阐述了"以情契情，舍理言礼，舍理言让，及辨析礼、理之异"⑤为核心的礼学思想。阮、焦二氏与凌廷堪作同调之鸣，礼学至此蔚为潮流，在士人中产生了较大反响。方东树即云："新学小生，信之弥笃，惑之弥众，争之弥力，主之弥坚。以为此论出，而宋儒穷理之说可以摧败扫荡，万无可复置喙矣。"⑥尽管出自论敌之口，但足见凌廷堪、阮元、焦循等人兴起礼学风气的反响。

（2）由焦循、阮元等提出了由数学求数理进而求哲学的思想。焦循、阮元对数学的重视与皖派朴学诸前辈学者重视研治数学的思想一脉相承。在梅文鼎特别是戴震看来，天文历算等知识是学者正确理解六经内容的重要前提，否则研究不能深入。

侯外庐先生早就作出了"戴派的哲学思想是和戴派的数学研究有关系"⑦的论断。焦循哲学走的正是由数学求数理进而求哲学的根本问题的路径，他的"名起于立法之后，理存于立法之先"，可用以概括他的哲学观点。由此，他使"易"学成为一种学问体系，以数学求"易"学，并用"易"学形成哲学体系，这种体系从根本上说，是一种"形式主义的均衡论"⑧，在治学方法上则体现为"通贯"精神。他的主要义理作品如《易通释》、《论语通释》等都贯彻了这种精神。

---

① 凌廷堪：《复礼》上，《校礼堂文集》卷四，中华书局 1998 年版，第 28 页
② 凌廷堪：《复礼》下，《校礼堂文集》卷四，第 32 页。
③ 孙海波：《凌次仲学记》，《中国近三百年学术思想论集》，第 264 页。
④ 阮元：《书东莞陈氏学蔀通辨后》，《揅经室续集》卷三，丛书集成初编本，第 124 页。
⑤ 张寿安：《以礼代理——凌廷堪与清中叶儒学思想之转变》，河北教育出版社 2001 年版，第 107 页。
⑥ 方东树：《汉学商兑》卷中之上，《汉学师承记》（外二种），第 294、293 页。
⑦ 侯外庐：《中国早期启蒙思想史》，《中国思想通史》第 5 卷，人民出版社 1956 年版，第 541 页。
⑧ 侯外庐：《中国早期启蒙思想史》，《中国思想通史》第 5 卷，第 548 页。

阮元认为数学是研究实学不可或缺的关键学科之一，是研究儒家经典的重要途径。他说："数为六艺之一，而广其用，则天地之纲纪，群伦之统系也。天与星辰之高远，非数无以交其灵；地域之广轮，非数无以步其极。世事之纠纷繁颐，非数无以提其要。通天、地、人之道曰儒。孰谓儒者可以不知数乎！自汉以来，……凡在儒林，类能为算。后之学者，喜空谈而不务实学，薄艺事而不为，其学始衰。"①阮元将数学的方法运用于经学研究中去，表现出来的便是"通贯"精神。他主张学兼汉、宋，谓："是故两汉名教，得儒经之功；宋、明讲学，得师道之益，皆于周、孔之道得其分合，未可偏讥而互诮也"②。

3. 典章制度学一派

该派以金榜、任大椿为代表。

金榜精通礼学，尝因司马法赋"出车徒"二法难通，乃举小司徒"正卒"、"羡卒"以释之。戴震读其论，以为"此有益于为周官之学者矣！"所著《礼笺》3卷，"凡天文、地域、田赋、学校、郊庙、明堂，下逮车、旗、器服之细。罔弗贯串群言，折衷一是"③。

任大椿，字幼植，一字子田，江苏兴化人，乾隆三十四年进士。任大椿与戴震同举于乡，习闻其论说，益究心汉儒之学，精研礼学，尤长名物。四库馆开，大臣举为纂修官。当时非翰林而为纂修者仅8人，任大椿是其中一个。《四库提要》礼经类，多出其手订。著作于礼经有《弁服释例》、《深衣释例》、《释缯》，于小学有《字林考逸》、《小学钩沉》等。其中，《弁服释例》，对《周礼》、《仪礼》、《礼记》弁服所用之例，分爵弁服、韦弁服、皮弁服、朝弁服、玄端诸门进行考释，凡一百四十余事，对前贤之说多有补正。

4. 尊崇古文经学而兼治今文经学一派

该派以孔广森为代表。

孔广森，字众仲，号撝约，山东曲阜人。因其叔父与戴震为姻亲，遂从戴震游，"因得尽传其学，经史训故，沈览妙解，兼及六书九数，靡

---

①　阮元：《研经室集》，中华书局1993年版，第681页。

②　阮元：《拟国史儒林传序》，《研经室一集》卷二，《研经室集》，第32页。

③　支伟成：《金榜》，《清代朴学大师列传》第六，第78页。

不贯通"。孔广森所长在《公羊春秋》,成《春秋公羊通义》,发明《公羊》"三科九旨"之论。需要指出的是,孔广森以朴学精神治《公羊》,尽管奉守的仍是朴学传统,但已非皖派朴学正统。

(三)学派发展原因

梁启超论乾嘉政俗对学术的影响有云:"欲一国文化进展,必也社会对于学者有相当之敬礼;学者恃其足以自养,无忧饥寒,然后能有余裕以从事于更深的研究,而学乃日新焉。"[1]就政俗对皖派朴学的影响而言,它主要体现为两方面内容:

1. 清廷提倡经学政策的影响

清初,以满洲贵族为首的统治集团为了尽快实现对中原地区的顺利统治,在统治思想上采取了推崇儒学、独尊程朱理学的政策。但自康熙帝始,统治者实际强调的是"道学即在经学中"的思想,主张经学与理学并举,融经学于理学之中。康熙帝在《御制日讲易经解义序》中明确昭示子孙:"帝王道法,载在六经。……帝王立政之要,必本经学",开启了"以经学为治法"[2]的一代家法。乾隆元年四月,乾隆帝即重申"以经学为首重"的祖宗家法,命广泛刊布康熙时期官修诸经解,以经学考试生员。他说:"圣祖仁皇帝四经之纂,实综自汉迄明,二千余年群儒之说而折其中,视前明《大全》之编,仅辑宋、元经解,未免肤杂者,相去悬殊。各省学臣,职在劝课实学,则莫要于宣扬圣教,以立士子之根柢。"[3]可见,清廷所要尊崇的"经学",不仅是宋、元经解,而是综"二千余年群儒之说而折其中"的经学。乾隆帝还说:"学问必有根柢,方为实学。治一经必深一经之蕴,以此发为文辞,自然醇正典雅。若因陋就简,只记诵陈腐时文百余篇,以为弋取科名之具,则士之学已荒,而士之品已卑矣"[4]。

乾隆帝还谕令:"内大学士、九卿,外督、抚,其公举所知,不拘进士、举人、诸生,以及退休闲废人员,能潜心经学者,慎重遴访。务择老

---

① 梁启超著,朱维铮校注:《清代学术概论》,《梁启超论清学史二种》,第54页。

② 《圣祖仁皇帝实录》卷一一三,"康熙二十二年十二月乙卯"条,第170页。

③ 《高宗纯皇帝实录》卷十七,"乾隆元年四月辛卯"条,第488页。

④ 《高宗纯皇帝实录》卷七九,"乾隆三年十月辛丑"条,第243—244页。

成敦厚、纯朴淹通之士以应,精选勿滥,称朕意焉。"①

清廷提倡经学的政策极大地推动了清中叶乾嘉汉学的发展,皖派朴学也乘势兴起。戴震《江慎修先生事略状》有云:"值上方崇奖实学,命大臣举经术之儒。时婺源知县陈公有子在朝为贵官,欲为先生进其书。"②其后,"朝令江南督臣檄取先生所著韵学三种,进呈贮馆,以备采择……由是海内益重其学"③。

2. 提倡朴学诸贤达的作用

皖派朴学获得发展也是与提倡朴学诸贤达的积极努力分不开的。概括来讲,主要体现在:

(1)主持编纂图书,大力刊刻朴学著作。其中,朱筠、朱珪、阮元、毕沅等人最为有名。

朱筠(1729—1805)、朱珪(1731—1807),直隶大兴人。二朱皆少有文名,入仕后"锐意求朴学之士"④。开启四库馆设立之先声,是朱筠推动清代朴学发展的重要表现之一。乾隆三十七年正月,乾隆帝颁诏访求遗书,"令直省督抚会同学政等,通饬所属,加意购访"⑤,并令儒臣校勘13经及21史。时任安徽学政的朱筠率先上奏响应,并购书进呈。他在"谨陈管见开馆校书"折子中详陈四端:一是旧本、抄本尤当急搜;二是中秘书籍当标举现有者,以补其余;三是著录、校雠当并重;四是金石之刻、图谱之学,在所必录。⑥ 其后,他又上言请衷集中秘所贮之《永乐大典》。朝廷纂辑《四库全书》,"实筠发之"⑦。

四库开馆,朝廷征聘一大批学有专长、名重于世的学者,其中就有不少皖派学者。戴震以举人特辟入馆,担任《永乐大典》的辑校工作,所校《仪礼识误》、《大戴礼记》、《水经注》诸书皆"详慎不苟"。任大

① 《高宗纯皇帝实录》卷三五二,"乾隆十四年十一月己酉"条,第860页。
② 戴震:《江慎修先生事略状》,《戴震全集》(五),第2608页。
③ 李桓辑:《江永》,《国朝耆献类征初编》卷四一〇,第191页。
④ 支伟成:《朱筠》,《清代朴学大师列传》第25,岳麓书社1998年版,第339页。
⑤ 《四库全书总目·卷首》,第1页。
⑥ 朱筠:《谨陈管见开馆校书折子》,《笥河文集》卷一,第3—4页。
⑦ 《朱筠》,《清史列传》卷六八,第5497页。

椿担任四库馆总目协勘官,他"条分义举,钩剔醇驳"①,于礼经"裒辑为多,《提要》多出其手"②。余如精研经学、小学之洪梧,深晓小学、校勘学之王念孙诸人皆得获厕其间。一时之间,"贤俊蔚兴,人文郁茂,鸿才硕学,肩比踵接"③。四库馆开,对当时的乾嘉学术乃至皖派朴学的发展皆有深远意义,梁启超以"汉学家大本营"称之,是乾嘉学派获"全占胜利"④的标志。

阮元"淹贯群书,长于考证"⑤。他曾主持编纂《皇清经解》、《经籍纂诂》、《畴人传》、《学海堂经解》等大型图书,令人编写宁波藏书楼天一阁的藏书目录,出资刊刻江藩《国朝汉学师承记》诸书。这些大型图书的编纂以及一些乾嘉汉学家的作品获得出版,无疑都大大促成了当时学术风尚的转换,也推动了皖派朴学的发展。

(2)以朴学训士。这是提倡朴学诸贤达有功于皖派朴学发展的又一方面。他们往往重视地方教育的发展,利用自己出任地方官员之便,开设学堂。

朱筠鉴于科举考试中士子袭取程朱语录,剽窃八股绪余,上书朝廷要求在士子中提倡朴学,以朴学训士。他在"请正经文勒石太学以同文治"折子中说,科举考试士子"朴学未尽,每阅数卷,俗体别字,触目皆是……请敕下儒臣,取十三经正文,依汉许慎《说文》、梁顾野王《玉篇》、唐陆德明《释文》,核定点画,选择翰林中书之工书者,以清、汉二体书书之,摹勒上石,刊于国子监之壁"⑥。尽管这一建议最终未施行,但其意义不小。在朱筠的为宦生涯中,他谆谆劝导士子学习朴学。在福建,他"以经学六书训士,口讲指画,无倦容"⑦。在安徽,朱筠"以识字通经训士,岁余,士多通六书及注疏家言"。他又刊行许慎

---

① 施朝幹:《任幼植墓表》,《科道下之中》,《碑传集》卷五六,第1619页。
② 阮元:《集传录存·任大椿》,《研经室续集》卷二,第67页。
③ 阮元:《纪文达公遗集序》,《纪文达公遗集》卷上,嘉庆十七年纪树馨刻本《续修四库全书》第1435册,第202页。
④ 梁启超:《中国近三百年学术史》,第22页。
⑤ 《阮元》,《清史列传》卷三六,第2820页。
⑥ 朱筠:《请正经文勒石太学以同文治折子》,《笥河文集》卷一,第1—2页。
⑦ 江藩:《朱笥河先生》,《汉学师承记》卷四,第80页。

《说文解字》，"使学官子弟知所习诵"①。朱筠还大力表彰安徽的耆老经师以提倡朴学。朱筠在安徽兴起朴学的措施取得了显著成效，洪亮吉称："先生去任后，二十年中，安徽八府有能通声音训诂及讲求经史实学者，类皆先生视学时所拔擢。夫学政之能举其职者，不过三年以内士子率教及文风丕变而已，而先生之课士，其效乃见于十年二十年以后"②。

阮元为官一生，前后所设学堂以浙江诂经精舍、广东学海堂为最知名。它的主要贡献在于：第一，培养了大批朴学人才。《国朝先正事略》载：阮元任浙江巡抚时，"立诂经精舍，祀许叔重、郑康成两先生，……课以经史疑义及小学、天文、地理、算法"③。诂经精舍造就了不少朴学才俊。第二，创造了良好的学术氛围。阮元设诂经精舍、学海堂等学堂时，注重培养自由的学术氛围，拓宽士子的学术视野。阮元为学"不立门户，不相党伐"④。在学堂的管理措施上，实行八学长集体分工负责制，而出任学长诸人则各有专长，他们或"博通古今，兼通汉宋"（林伯桐），或"枕经葄史，无所不通"（吴兰修），或诗书画俱佳（徐荣），皆一时之雅士。诚如阮元所云："多士或习经传，寻疏义于宋、齐；或解文字，考故训于《仓》《雅》；或析道理，守晦庵之正传；或讨史志，求深宁之家法；或且规矩汉、晋，熟精萧《选》，师法唐、宋，各得诗笔。"⑤在阮元精心组织下，学海堂成为一个颇具特色的学术场所。在这里，良好的学术氛围得以培养，诸生的学术视野得以拓展。

（3）宏奖人才，提携朴学之士。以朱筠为例。史载，朱筠兄弟二人"先后翱翔翰苑三十余年，文学品望，并为时冠，称弟子者不下五六百人"⑥。具体来讲，朱筠的举措有：第一，扶危济困。朱筠热心为穷困之士排忧解难，"饥者食之，寒者衣之，有广厦千间之慨，是以天下才人学士从之者如归市"。王念孙避难异乡，"往见之，为之飞书当道，护

① 徐世昌：《文学传五·朱筠》，《大清畿辅先哲传》第23，北京古籍出版社1993年版，第792页。
② 洪亮吉：《书朱学士遗事》，《更生斋文甲集》卷四，《洪亮吉集》，中华书局2001年版，第1035页。
③ 李元度：《阮文达公元》，《国朝先正事略》卷二一，岳麓书社1991年版，第626—627页。
④ 阮元：《拟国史儒林传序》，《研经室一集》卷二，《研经室集》，第32页。
⑤ 阮元：《学海堂集·序》，第1页。
⑥ 李威所作《从学记》，《笥河文集》卷首，第28页。

持之甚力"①。困厄之士,咸凑其庐。针对有人非议其荐士过滥,朱筠答以"夫士怀才未遇,其或家贫亲老,跋涉数千里而来,若其名不获显著,羁旅孤寒,未见其能有合也,且彼实有所长,吾言稍假之耳,虽致非议,庸何伤?"②第二,网罗学人于幕下。朱筠为宦江南时,"广延知名士居幕下,四方学者争往归焉"③。皖派学者如戴震、王念孙等人在未知名前,"皆在先生幕府,卒以撰述名于时,盖自先生发之"④。难能可贵的是,朱筠对那些号为狂士的学者也能诚心相待。汪中是乾嘉时期著名学者,但于前贤时哲皆多有讥诋。朱筠不以为嫌,引其入幕,而汪中"在先生幕下,独于先生无间言"⑤。第三,传家法、守专门。皮锡瑞论清代学术有云:"国朝经师,能绍承汉学者,有二事。一曰传家法……一曰守专门……传家法则有本原,守专门则无淆杂。"⑥皖派朴学在这一时期的发展,其中一个重要原因就是家法、专门之学的兴盛。

第一,传经世家涌现。家族内部治学氛围浓厚,在同一地域内以家族为核心的经学研究家学化的不断外延和拓展,形成以师长为奠基人、以家学为核心的学术群体。这为皖派朴学在各地更为有力地发展奠定了基础。其中,高邮王氏父子、绩溪朴学三胡、仪征刘氏四世皆为荦荦大者,他们或治小学(高邮王氏),或精三礼(绩溪胡氏),或研春秋左氏(仪征刘氏)。一家数世皆承家法、专治一学,成绩斐然于世。

高邮王氏。以王念孙、王引之父子为代表。王念孙幼从休宁戴震受声音、文字、训诂之学。子王引之"能世其学"。论者谓"国朝经述,独绝千古,高邮王氏一家之学,三世相承,自长洲惠氏父子外,盖鲜其匹云"⑦。

---

① 徐世昌:《文学传五·朱筠》,《大清畿辅先哲传》第23,第727—728页。
② 李威所作《从游记》,《笥河文集》卷首,第27页。
③ 李威所作《从游记》,《笥河文集》卷首,第25页。
④ 孙星衍:《朱先生筠行状》,《翰詹下之上》,《碑传集》卷四九,第1381页。
⑤ 江藩:《朱笥河先生》,《汉学师承记》卷四,第81页。
⑥ 皮锡瑞著,周予同注释:《经学历史》,第233—234页。
⑦ 《王念孙》,《清史列传》卷六八,第5535页。

绩溪礼学三胡。① 三胡，即胡匡衷、胡秉虔、胡培翚三人。② 胡匡衷（1728—1801），字寅臣，号朴斋。祖父胡廷玑、父胡清莱均以儒为业。胡廷玑娴熟《周易》、《三礼》，开胡氏数代专攻礼学之先河。胡匡衷幼闻庭训，亦以治经学为职志。他于"经义多所发明，不苟于先儒同异"③。著有《三礼札记》、《周礼井田图考》、《仪礼释官》、《周易传义疑参》、《井田出赋考》等。胡秉虔（1770—1840），字伯敏，号春乔，胡匡衷侄。胡秉虔博通经史，尤擅《小学》，精研《三礼》。他著述宏富，达 40 余种。重要的有《周易小识》、《论语小识》、《周礼小识》等。所著诸书皆"所论细入毫芒"、"发扬绝学"。④ 胡培翚（1782—1849），字载屏，一字竹村，胡匡衷孙，其学"邃精三礼"⑤。胡培翚幼承家学，长则师事汪莱、凌廷堪，又与当时名学者辈游，故"于学无不精核"。早岁专攻《毛诗》，后兼治《三礼》，积数十年之力成《仪礼正义》40 卷。时人以绩溪胡氏"一门数世，自相师友，斐然有述作者无虑十人，海内论家学之盛，于鄞县万氏、元和惠氏、嘉定钱氏而外，绩溪胡氏实为后劲"⑥。

第二，专门之学兴起。皖派朴学专门之学甚多，如胡承珙《毛诗后笺》、陈奂《毛诗传疏》，专宗《毛诗》。胡承珙（1776—1832），字景孟，号墨庄，安徽泾县人，嘉庆十年进士。究心经术，于《毛诗》用力尤深，著有《毛诗后笺》、《仪礼古今文疏义》、《小尔雅义疏》、《求是堂诗文集》等。《毛诗后笺》专宗毛义，凡郑《笺》失毛旨者，必求诸本经，博稽史籍，以还其旧。书稿凡数易而后定。陈奂（1786—1863），字硕甫，号

---

① 详参王集成《绩溪经学三胡先生传》，《浙江省图书馆馆刊》4 卷 6 期，1935 年 12 月。周晓光：《新安理学》，安徽人民出版社 2005 年版。

② "三胡"之称，学界颇有争议。章炳麟作《检论·清儒》，以"三胡"为胡匡衷、胡承珙、胡培翚也，皆善治《三礼》。梁启超作《清代学术概论》，以胡匡衷、胡秉虔、胡培翚三人当之。但梁启超在《中国近三百年学术史》中又以胡匡衷、胡承珙、胡培翚三人并提。朱维铮先生以章氏之说为是。（参见梁启超著，朱维铮校注：《清代学术概论》，《梁启超论清学史二种》，第 4 页）笔者按：朱氏以为秉虔不治三《礼》，实误。秉虔，号春乔，于匡衷为族侄，精擅礼经，成《周易小识》、《仪礼小识》、《大戴礼札记》诸书。由此，"绩溪礼学三胡"仍当以梁氏《清代学术概论》所说为是。

③ 《胡匡衷》，《清史列传》卷六八，第 5492 页。

④ 绩溪地方志编纂委员会编：《绩溪县志·人物传记》第 32 章，黄山书社 1998 年版。

⑤ 《胡培翚》，《清史列传》卷六九，第 5619 页。

⑥ 徐世昌：《朴斋学案上》，《清儒学案小传》卷一〇，清代传记丛刊，第 349 页。

师竹,晚号南园老人,咸丰元年举孝廉。少师段玉裁,治《毛诗》、《说文》,又与王念孙父子游。撰有《毛诗传疏》30 卷、《毛诗说》1 卷、《毛诗传义类》1 卷。其中,《毛诗传疏》专宗毛义,置《笺》而疏《传》,以矫毛、郑兼习之弊,于西汉微言大义,靡不曲发其蕴。又如孔广森《公羊春秋》专门发明"公羊"之旨,与并时张惠言《虞氏易》,"皆孤家专学也"。

自嘉道以降迄清亡,皖派朴学改弦易辙,进入易帜期。此期皖派学术内部出现分流:在前期汉、宋兼采基础上,汉、宋进一步合流;今、古兼采趋势加强;引子入经及经世之学渐趋显明。同时,作为皖派朴学正统的古学一路,仍有学者坚守矱矱。因限制于章节体例,此处不赘。外部遭逢今文经学的兴起以及咸同兵燹,凡此诸端并时而出,皖派朴学退出历史舞台亦势所难免。

第三节　江永、程瑶田、戴震朴学学术成就

一、江永的朴学成就

江永(1681—1762),字慎修,号慎斋,安徽婺源(今江西婺源)人,卒年82。江永为诸生数十年,其学邃深"三礼",其先自《周礼》入,尝见明邱氏《大学衍义补》征引《周礼》,爱之,求得其书,抄写正文,朝夕讽诵。其学所涉极博,要不出礼乐名物之范围,而"远承朱子格物遗教"[①]。27 岁即入馆教学,开始了他长达 50 余年的教学生涯,终生以"楗户授徒"[②]为业,培养出了一大批杰出的人才。所著颇丰,戴震总校四库,尽取先生 20 种写之以藏秘府。江永去世后,朱筠以其从祀紫阳书院。

---

① 钱穆:《中国近三百年学术史》,商务印书馆 1997 年版,第 340 页。
② 钱大昕:《江先生永传》,《潜研堂文集》卷三九,《潜研堂集》,第 705 页。

（一）治学领域

江永为学博大精深，诸凡古今制度、钟律、声韵、舆地之学，无不探颐索引，测其本始。概括来讲，主要包括礼学、音韵学、天文历算学、乐曲学、地理学等五方面。

1. 礼学

江永的礼学著作主要有《礼书纲目》、《周礼疑义举要》、《礼记训义释言》、《仪礼释宫增注》、《乡党图考》、《深衣考误》等。

《礼书纲目》85卷。朱子晚年考定《仪礼经传通解》，其书未成，黄氏、杨氏续之，犹有阙漏。江永乃以《周官经》大宗伯吉、凶、军、宾、嘉五礼为次，广征博考，使三代礼仪之盛粲然可观。[1] "视胡炳文辈务必博笃信朱子之名，而不问其已定之说、未定之说，无不曲为袒护者，识趣相去远矣"[2]。江永的《礼书纲目》实际是对礼制的通贯研究，它与惠士奇的《礼说》一道，都是清代礼学中筚路蓝缕的书。[3]

《周礼疑义举要》6卷。该书融会郑玄注义，间立新说，其解《考工记》2卷尤见专长，在是书亦为最胜。试举一例，《考工记》经文有"六尺有六寸之轮，轵崇三尺有三寸也，加轸与轐焉，四尺也"，郑玄《注》未详其义，后儒莫解。江永则通过细致的计算给出了自己的解释，后人允以"其于古制，亦可谓考之详矣"[4]。

《礼记训义释言》8卷。该书自《檀弓》至《杂记》于注家异同之说择其一是，为之折中，与陈澔《注》颇有出入，持论多精核。

《乡党图考》10卷。是书取经传中制度名物有涉于乡党者分为九类：曰《图谱》、曰《圣迹》、曰《朝聘》、曰《宫室》、曰《衣服》、曰《饮食》、曰《器用》、曰《容貌》、曰《杂典》，考核最为精密。

《深衣考误》1卷。江永认为深衣之制，诸儒论者凡数十家，大率踵裳交解12幅之讹，据《玉藻》言衽当旁，则非前后之正幅也，遂举郑君之《注》以正《疏》误，撰成《深衣图考》。四库馆臣认为"今以永说求

① 戴震：《江慎修先生事略传》，《文集》卷一二，《戴震集》，上海古籍出版社1980年版，第226页。
② 《礼书纲目》，《经部·礼类四》，《四库全书总目》卷二二，第179页。
③ 梁启超：《中国近三百年学术史》，第186页。
④ 《周礼疑义举要》，《经部·礼类一》，《四库全书总目》卷一九，第158页。

之训诂诸书,虽有合有不合,而衷诸经文,其义最当","其释经文'衽当旁'三字,实非孔疏所能及"①。

江永又撰有《群经补义》5卷。是书取《易》、《书》、《诗》、《春秋》、《仪礼》、《礼记》、《中庸》、《论语》、《孟子》九经随笔诠释,末附"杂说"、"补义","多能补注疏所未及"。其他于《禹贡》之舆地,《春秋》之朔闰,"皆考证该洽,于经文注义均有发明,固非空谈者所及,亦非捃拾为博者所及也"②。

2. 音韵学

江永研究音韵学的代表作是《古韵标准》、《音学辨微》等。他鉴于"自昔论古音者不一家",而诸家"学各有所得,而或失于以今韵部求古韵,或失于以汉、魏以下,隋、陈以前随时递变之音均谓之古韵,故拘者至格阂而不通,泛者至丛脞而无绪"③的不足。概括来讲,他的音韵学研究主要有两方面成就:一是古韵分部,一是提出"数韵供一入"的思想。

在古韵分部的具体思路上主张先立标准。江永在《古韵标准·例言》中提出"以《诗》为主,经、传、骚、子为证",周、秦以降韵语为附的主张,所谓"标准既立,由是可考古人韵语,别其同异,又可考屈宋辞赋,汉、魏、六朝、唐、宋诸家有韵之文,申其流变,断其是非"。在研究古韵的方法上,江永特别重视审音。他从理论的角度提出古音、方音对应演变的思想,指出:"凡一韵之音变,则同类之音皆随之变。虽变,而古音未尝不存,各处方音往往有古音存焉。……大抵古音今音之异,犹唇吻有侈弇,声音有转纽。而其所以异者,水土风气为之,习俗渐染为之。人能通古今之音,则亦可以辨方音"④。但由于过分依赖审音,所得出的不少结论亦有不足。如其将"幽"、"侯"合为一部,则未妥当。

江永通过对文字谐声通转关系的考察,提出"数韵供一入"的主

---

① 《深衣考误》,《经部·礼类三》,《四库全书总目》卷二一,第174—175页。
② 《群经补义》,《经部·五经总义类》,《四库全书总目》卷三三,第179页。
③ 《古韵标准》,《经部·小学类三》,《四库全书总目》卷四二,第369页。
④ 江永:《古韵标准·平声第八部·总论》,中华书局1982年版,第38页。

张，这对于戴震、孔广森等人的阴阳对转理论的提出产生了重要影响。论者谓："初明音理，自江氏始也。江氏初为《古韵标准》，盖实与戴东原戮力，同入相配，已肇阴阳对转之端，其后东原为《声类表》，传入淮岱，孔撮约化其鸻音，始采集为《诗声类》，然后繁音异读，各有友纪。此江氏造微之功，所以度越前修者欤？"①

江永研究音韵学根本目的在于由语言文字入手，从名物训诂以通经义，进而探求古经典意旨，言云："古人训释义理每借字声以明义，声近则义亦相通，如云仁者人也，义者宜也，诚者自成也，而道者自道也，礼者犹体也，又云礼者履此者也，乐者乐也，德者得也，政者正也，刑者也，此类甚多，得此例，方知中庸以人训仁，古人自有意思，当得诸言意之表"②。

3. 天文历算学

江永私淑梅文鼎，早年励志探讨西学。其《答汪绂书》云："早年探讨西学，晚乃私淑宣城梅勿庵先生，近著《翼梅》八卷，写本归之梅氏令孙。"③

江永研究天文历算学的代表作有《数学》8 卷、《续》1 卷。该书因梅文鼎《历算全书》为之发明订正，而一准《钦定历象考成》折中其异同，分作《历学补论》、《岁实消长》、《恒气注历》、《冬至权度》、《七政衍》、《金水发微》、《中西合法拟草》、《算剩》。各卷皆"因所已具，得所未详，踵事而增，愈推愈密，其于测验亦可谓深有发明"④。以其发明"岁实消长"说为例。宣城梅文鼎论岁实消长，以为高冲近冬至而岁余渐消，过冬至而复渐长。可见其对所谓"岁实消长"尚无定见。众所周知，"岁实消长"实际上是指回归年与岁差的关系问题。江永著七政诸书，指出，岁实为历中纲领，日平行于黄道，是为恒气，故定气时刻多寡不同，而恒气恒岁实终古无增损，当以恒者为率。梅氏所言岁

① 章炳麟：《重刊古韵标准序》，《文集》卷二，《太炎文录初编》，《章太炎全集》（四），上海人民出版社 1985 年版，第 203—204 页。

② 江永：《善馀堂文集·随笔记》，转引自黄曦《试论江永的教育思想》，《巢湖学院学报》2004 年第 6 期。

③ 钱穆：《中国近三百年学术史》，商务印书馆 1997 年版，第 341 页。

④ 《数学》，《子部·天文算法类一》，《四库全书总目》卷一〇六，中华书局 1965 年版，第 902 页。

实消长恒气注历见歧未定也。江永正确地阐明了太阳年(回归年)中的定气时刻的春分点的确定,应当以太阳视位置的高低为准,而岁差引起的变化可以忽略不计。

江永天文历算方面的著作尚有《观象授时》、《推步法解》诸书。《推步法解》谓:"《钦定推步法》七篇,凡日月之躔离交食,五星之迟疾伏见,及恒六曜之行皆具密法,而奥义难明。为探立法之意,详步算之方,并附《推步钤》一卷于后。"①秦蕙田撰《五礼通考》曾"撼先生说入《观象授时》一类,而《推步法解》则全书载入",可见江永天文历算方面的成果深受并时学者推崇。

4. 乐曲学

江永乐曲学的著作主要有《律吕新论》2 卷、《律吕阐微》10 卷。

《律吕新论》一书分上、下两卷。上卷首论蔡氏律书、次论五声、次论黄钟之宫、次论黄钟之长、次论黄钟之积、次论十一律、次论三分损益、次论二变声、次论变律。下卷首论琴、次论四清声、次论旋宫、次论乐调、次论造律、次论候气、次论律吕余论。其大旨"以琴音立说,考古律皆以管为定"。汉京房始造为均,由十二律生六十律,因而生三百六十律,此用弦求声之始。江永之说或许渊源于此。尽管此书"不免有牵合之处",但特其论黄钟之积、论宋儒算术之误、论律生于历诸条,"皆能自出新意"。其定黄钟之宫,则据蔡邕《月令》章句以校《吕氏春秋》之讹,并纠汉志删削之误;辨损益相生以为均匀截管则不致往而不返,"亦能发前人所未发,固亦可存备一家之学者矣"②。

《律吕阐微》一书,引康熙帝论乐五条为《皇言定声》1 卷,冠全书之首。而《御制律吕正义》5 卷,江永实未之见,故于西人五线六名八形号三迟速多不能解。其作书大旨则以明郑世子朱载堉为宗,唯方圆周径用密率起算,则与之微异。朱载堉之书,后人多未得其意,或妄加评隲。江永书则于郑世子书多有所得。

江永精通算学,其解乐律亦多以算理释之,但乐律毕竟与算理非

① 王昶:《江慎修先生墓志铭》,《春融堂集》卷五五,第216—217 页。
② 《律吕新论》,《经部·乐类》,《四库全书总目》卷三八,第329 页。

一事,所以其中不少论断尚可商榷。书中附会河图、五行、纳音、气节诸陋习亦不免。但总的来说,其真知灼见还是主要的。

5. 地理学

江永撰有《春秋地理考实》4 卷。所列春秋山川国邑地名悉从经传之次,凡杜预以下旧说已得者仍之,其未得者始加辨证,皆确指今为何地,俾学者按现在之舆图即可以验当时列国疆域及会盟侵伐之迹。论者谓该书"意主简明,不事旁摭远引","于名同地异,注家牵合混淆者辨证尤详","其订伪补阙多有可取,虽卷帙不及高士奇《春秋左传地名考》之富,而精核较胜之矣"①。

(二)治学特点

江永的治学特点突出体现在:规模宏大,出入汉、宋,贯串中、西,好深思、长比勘四个方面。

1. 规模宏大

江藩《国朝汉学师承记》称江永"乃一代通儒。戴君为作行状,称其学自汉经师康成后,罕其俦匹,非溢美之辞"②。

江永治学规模宏大,不仅表现在治学领域广,亦在于其治学精神亦具有不专注一家、兼收并蓄的特点。他在与友人论学时说:"从来学人知识意见必不能尽同,苟趋向不同,则犹南北水火,虽有同者亦异;若趋向不异,则犹针磁水乳,虽多异而不害其为同。足下所谓吾人所共愿者,读书穷理以破愚,省躬克己以寡过。此两言者,弟尝佩服而诵言之,此其所大同也。若夫讨论古今,讲究事理,则安能不异哉!夫不能自立而苟同人者,浅也;强欲人同己者,惑也;恶人异己,以为入室操戈者,忮也。"又说:"不求其能同,惟求其能异,同则无可说,异则因此剖析批驳,庶几复有进步也。"③

2. 出入汉、宋

近人论清初学风谓:"宋儒之经说虽不合于古义,而宋儒之学行实不愧于古人。且其析理之精,多有独得之处。故惠、江、戴、段为汉学

① 《春秋地理考实》,《经部·春秋类四》,《四库全书总目》卷二九,第242—243 页。
② 江藩:《江永》,《汉学师承记》卷五,第 93 页。
③ 江永:《善馀堂文集·再答汪人先生书》。

帜志,皆不敢将宋儒抹杀。"①实际情形确实如此。江永对桑梓先贤怀有极高敬意,尤其是于朱子,故其学虽精通汉学,但又推尊宋学,认为:"道在天下,亘古长存。自孟子一线弗坠,有宋诸大儒起而昌之,所谓'为天地立心,为生民立道,为去圣继绝学,为万世开太平',其功伟矣。其书广大精微,学者所当博观而约取,玩索而服膺者也。……晚学幸生朱子之乡,取其遗编,辑而释之,或亦儒先之志"②。其作《礼书纲目》,自谓"欲卒朱子之志,成礼乐之完书,虽僭妄有不辞也"。

他非常重视对朱子《近思录》的整理,称"所欲整顿之书颇多,《近思录》吾人最切要之书,案头不可离者"③。《近思录》成于南宋淳熙二年(1175),其后又数经删补,然各卷之中唯以所引之书为先后而不及标立篇名。至淳佑年间,叶采纂为《集解》,表进于朝,虽阐发不免少略,尚无所窜乱于其间。明代周公恕始加分析,各立细目移置篇章,或漏落正文,或淆混注语,谬误几不可读。江永以其贻误后学,因仍原本次第为之集注,凡朱子《文集》、《或问》、《语类》中其言有相发明者悉行采入分注。或朱子说有未备,始取叶采及他家之说以补之,间亦附以己意。引据颇为详洽。论者谓其"于经学,究心古义,穿穴于典籍者深。虽以余力为此书,亦具有体例,与空谈尊朱子者异也"④。江永推尊朱子及宋学的主张,受到当时理学士人的肯定,姚鼐谓:"婺源自宋笃生朱子,传至元明,儒者继起。虽于朱子之学益远矣,然内行则崇根本而不为浮诞,讲论经义,精核贯通,犹有能守大儒之遗教而出乎流俗者焉,近世若江慎修永其尤也。"⑤

3. 贯串中、西

江永精通天文历算学,与其贯串中、西的特点是紧密相连的。他撰有《七政衍》、《中西合法拟草》等书。明代徐光启酌定新法,凡正朔闰月之类,从中不从西;定气整度之类,从西不从中。然因用定气,遂

---

① 皮锡瑞著,周予同注释:《经学历史》,第 228 页。
② 江永:《近思录集注·序》,上海书店 1987 年版,第 1—2 页。
③ 江永:《善馀堂文集·再答汪人先生书》。
④ 《近思录集注》,《子部·儒家类二》,《四库全书总目》卷九二,第 781 页。
⑤ 姚鼐:《吴石湖家传》,《惜抱轩文后集》,嘉庆三年刻增修本《续修四库全书》第 1453 册,第 159 页。

以每月中气时刻为太常,过宫时刻系以中法十二宫之名,而西法十二宫之名又用之于表。江永病其错互,故著书以辨之,亦多推梅文鼎之说。梅文鼎论冬至加减,谓当如西法用定气不用恒气,而所作疑问补等书又谓当如旧法用恒气注历。江永则以为冬至既不用恒气,则诸节亦皆当用定气,不用恒气。

毋庸讳言,江永治天文历算学也存在过分相信西学之处,论者谓:"其论岁实,论定气大率祖欧罗巴之说而引而伸之……宣城能用西学,江氏则为西人所用而已。及其观冬至权度,益哑然失笑。"①

4. 好深思,长比勘

戴震称江永"读书好深思,长于比勘"②。江永自谓"凡读书要识得古人意思,要看得意思,活络道理,本是活物,不可死板,拘执如中庸:以亲亲属之仁,尊贤属之义,孟子又以事亲为仁之实,从兄为义之实,又云仁之于父子,义之于君臣,三处各不相同各有意思,若知其所以异亦不害其为同,若以相类,泥其文义则一矛一盾触处成隔阂矣"③。他所著诸书多能体现其好深思、长比勘的特点。

重视以图表的形式展现自己的研究心得是其好深思的重要方面。他治"乡党"、"七政"等问题都采用了这一方法。在研究"乡党"时说:"经学至为纠纷,著述家得其大者,遗其细,如宫室、衣服、饮食、器用皆未暇数之。……自圣迹至一名一物,必稽诸经传、根诸注疏,讨论源流,参证得失,宜作图谱者绘图彰之,界画表之。"④又认为:"宫寝朝庙苟无精详之图,安知门朝堂阶若何布列,聘享摈相若何行礼,衣服无图则冠冕不知其形,衣裳不知其制,尊卑不知其差,三裘不知所用。"⑤在"七政"问题上,梅文鼎论七政小轮之动由本天之动,七政之动由小轮之动。江永则依据《钦定历象考成》之说,认为梅文鼎说虽精当,而各轮之左旋右旋与带动自动不动之异,尚未能详剖,遂各为图说以明之。

---

① 钱大昕:《与戴东原书》,《潜研堂文集》卷三三,《潜研堂集》,第595页。
② 戴震:《江慎修先生事略状》,《文集》卷一二,《戴震集》,第226页。
③ 江永:《善馀堂文集·随笔记》。
④ 江永:《乡党图考·序》,《四库全书》本,第1—2页。
⑤ 江永:《乡党图考·例言》,第1页。

江永在清代学术史上占有重要地位,其弟子戴震评价道:"吾师江慎修先生,生朱子之乡,上溯汉、唐、宋以来之绝学,以六经明晦为己任。……刘原甫、王伯厚之于考核,胡朏明、顾景范、阎百诗之于水经地志,顾宁人之于古音,梅定九之于步算,各专精一家。先生之学力思力,实兼之,皆能一一指其得失,苴其阙漏,著述若此,古今良难。"①此真尚论江永者也。

二、程瑶田的朴学成就

程瑶田(1725—1814),字易田,又字易畴,安徽歙县人。少时资质平平,往往"读书百遍,不能成诵",但其勤学好思,"平居鸡鸣而起,燃灯达旦,夜分就寝,数十年如一日"②。程瑶田科举之途不顺,至乾隆三十五年始中式,选嘉定县教谕。为官期间,他兴起教育,修建校舍,"动费千余缗而丝毫无所染","以身率教,廉洁自持"。故归乡之日,友朋多赠诗盛赞之,钱大昕称其"本是经人师,原无温饱志"。王鸣盛诗所谓"官惟当湖陆,师则新安程,一百五十载,卓然两先生"③。程瑶田与戴震同学江永,其学长于涵泳经文,得其真解,不屑依傍传注。所著主要有《通艺录》19 种,附录 7 种。《通艺录》一书,在当时即已为学者所推重,出现"艺林争购,坊贾无以为应"的局面。

(一)治学领域

治学领域广泛,凡义理、训诂、制度、名物、声律、象数,无所不赅。

1. 训诂

程瑶田对"转语"的研究在清代学术史上成就突出。"转语"由扬雄《方言》最先提出,但多限于单音字。方以智《通雅》和黄生《字诂》、《义府》中涉及双音节"转语",但未成统系。戴震曾作《转语》一篇,今仅存《自序》。程瑶田《果蠃转语记》一书从某种程度上讲,正好完成了戴震未竟之志。该书开篇即谓:"双声叠韵之不可为典要而惟变所

① 转引自漆永祥《新发现戴震〈江慎修先生七十寿序〉佚文一篇》,《中国典籍与文化》2005 年第 1 期。
② 《人物志·儒林·程瑶田》,民国《歙县志》卷七,第 7 页 A 面。
③ 《人物志·儒林·程瑶田》,民国《歙县志》卷七,第 8 页 A 面。

适也,声随形命,字依声立,屡变其物而不易其名,屡易其文而弗离其声。物不相类,而名或不得不类,形不相似而天下人皆得以是声形之,亦遂靡或弗似也。姑以所云果赢者,推广言之。"程瑶田此书非专释"果赢",乃在阐发音义通转的规律。他通过"果赢"一词,将与之音义相近的 250 个联绵词予以排比,说:"里谚所称,虽妇人孺子,见物之果赢然者,皆知以果赢呼之"。道光十年(1830),王念孙跋此书称颂程瑶田:"立物之醇,为学之勤,持论之精,所见之卓,一时罕有其匹。"并评价此书"盖双声叠韵,出于天籁,不学而能,由经典以及谣俗,如出一轨。而先生独能观其会通,穷其变化,使学者读之,而知绝代异语,别国方言,无非一声之转,则触类旁通,而天下之事毕矣。故果赢转语,实为训诂家未尝有之书,亦不可无之书"①。

2. 名物

程瑶田重视对名物的研究,而尤精者:《仪礼·丧服》。郑玄对此多有误解,程瑶田皆一一援据经史,疏通证明,以规郑氏之失,撰成《仪礼丧服足征记》。

民国学者王国维对程瑶田在名物研究方面的成果予以肯定,认为"足以上掩前哲"②。程瑶田研究名物的目的是倡导经世致用。明清之交,学者对于自然界之考察,本已有动机。皖派学者好言名物,与自然科学差相接近。程瑶田作《考工创物小记》、《磬折古义》,以证工学必原数学,复作《水地小记》,多祖述上海徐光启之书,明于测量之法,而"释谷"、"释虫"尤足裨博物之用,可谓通儒之学也。③

3. 义理学

概括来讲,程瑶田的义理学思想主要体现在其论人性上。他认为人性本善,言云:"有天地然后有天地之性,有人然后有人之性,有物然后有物之性。有天地、人物,则必有其质、有其形、有其气矣。……惟质、形、气之成于人者,始无不善之性也"④。又谓性因情间,所谓性善,

---

① 王念孙:《果赢转语记·跋》。
② 王国维:《周代金石文韵读序》,《观堂集林》卷八,《王国维遗书》第 2 册,第 27 页 B 面。
③ 刘师培:《南北考证学不同论》,《刘师培学术论著》,第 153 页。
④ 程瑶田:《论学小记中·述性一》,《通艺录》(一),第 34 页。

即情善,而"性不可见,于情见之;情于何见,见于心之起念耳"①。情之初发转变处则曰"意"。情、意之初发,无不善,至于接物则易迁为不善。欲不为物所乱,则在能"诚意",而诚意之功又在能格物。所谓"'诚意'为'明明德'之要,而必先之以'致知',知非空致,在于'格物'"②。程瑶田又阐论"慎独"、"性命之辨"等,皆深思独出之见。

程瑶田义理学亦多有与戴震不同之处。他说:"今之言学者,动曰去私、去蔽。余以为道问学,其第一义不在去私;致知之第一义亦非去蔽。盖本不知者,非有物以蔽之;本未行者,非必有所私也。"③此处"去私"、"去蔽"诸论,即指戴震。戴震论性,专指血气之欲,若耳、目、口、鼻、四肢之于声、色、臭、味、安佚者言之。程瑶田所论则较戴震为"平正近实","尤为精识"。④ 盖戴震不满宋儒义理之学,程瑶田则深许之,与其师江永论学一脉相承。

(二)治学特点

1. 博搜广讨,考据精核

《通艺录》收专文20余种,除卷首的《论学小记》、《论学外篇》等少数几篇文章以外,其余大多数都是考据方面的著作,其中《九谷考》、《释宫小记》、《释草小记》、《释虫小记》考评名物,诸篇皆博搜广讨,考据精核,取得重大创获。

《考工记》是我国古代一部重要的科技著作。而后世于经文中的不少内容不能作出正确理解。如倨句磬折,郑君度直矩解之,致与前后经文不合。程瑶田则谓:"磬折之不明,由倨句之义之也不明;欲明倨句,先辨矩字,矩有直者、有曲者,倨句之云,折其直矩而为曲矩,故直矩无角。"⑤成《磬折古义》。他指出磬折即为一矩有半,不当如郑玄以长度解释。阮元对程瑶田考证磬折的工作予以了高度评价,他说:"歙程易田孝廉,近之善说经者也。其说《考工》戈、戟、钟、磬等篇,率

---

① 程瑶田:《论学小记中·述性三》,《通艺录》(一),第38页。
② 程瑶田:《论学小记上·诚意意述》,《通艺录》(一),第25页。
③ 程瑶田:《论学小记上·诚意义述》,《通艺录》(一),第26—27页。
④ 钱穆:《中国近三百年学术史》,第416—417页。
⑤ 程瑶田:《磬折古义》,《通艺录》(五),第1页。

皆与郑《注》相违,而证之于古器之仅存者,无有不合。通儒硕学,咸以为不刊之论,未闻以违注见讥"①。

程瑶田考证井田沟洫名义,成《沟洫疆理小记》。谓:"沟,菁也,纵横之说也。名之曰沟,所以象其形。象形曰沟,会意曰洫。洫字从血,以洫承沟,谓是血脉之流通也。浍,会也,会上众水,以达于川,初分终合,所以尽水之性情而不使有泛滥之害也"②。其解释阡陌也颇有新意。

九谷指9种农作物,到底是哪9种,历来众说纷纭,莫衷一是。程瑶田经过反复考证成《九谷考》,认定郑玄的解释正确可取。郑玄认定的九谷是粱、黍、稷、稻、麦、大豆、小豆、麻、苽9种。

他解释《禹贡》主郑康成,正郦氏《水经注》之讹,成《禹贡三江考》。

程瑶田所著诸书深受当时学界好评。周中孚《郑堂读书记》提要程瑶田《考工创物小记》、《磬折古义》、《沟洫疆理小记》等书说:"三书各以类分,俱有图以发明之。于制度、形体及命名之精意,一字不可假借处,皆反复考证,俾无遗义。其郑、贾二氏注礼之精至为阐发之;其有小误,则据经文正之,不复援据他说,以经文即其佐证也……让堂说经不主故常,故能成一家言。"③于《释草小记》则曰:"释草之文,凡十六篇,并绘以图。所释多《夏小正》、《月令》、《毛诗》、《尔雅》之所未具。一经疏通而证明之,而经义则明,谬说立见。"段玉裁盛赞程瑶田考核之功夫,认为:"考工记丧服经制度条例,考核精当,上驾康成,愚不如易田征君"④。可见,程瑶田诸书在当时学界占有较高地位。

2. 考古与文献结合,实事求是

程瑶田注重将考古实物与文献结合起来解决问题,代表作是《考工创物小记》。他依据二十多件古戈和十余件古铜戟,考正戈、戟的形制,认为"戈、戟并有内、有胡、有援,二者之体大略同矣;其不同者,戟

---

① 阮元:《焦里堂群经宫室图序》,《研经室一集》卷一一,第226页。

② 程瑶田:《沟洫疆理小记·井田沟洫名义记》,《通艺录》(六),第8页。

③ 周中孚:《郑堂读书记》卷四,民国10年刻吴兴丛书本《续修四库全书》第924册,第36页。

④ 段玉裁:《答黄绍武书》,《经韵楼集》卷一二,第185页。

独有'刺'耳"。也正是由于其重视考古的最新成果,他能够不断修正自己的结论。如关于"刺"的认识,他起初认定戟的行状如"十",有刺在胡上。以后,随着新的考古发现的不断出现,他修正了自己的论点,说:"戟之制,初以未见古戟,惟据《考工创物小记》文拟而图之,凡再易稿,付之开雕。于今十余年矣,复披览而疑焉。以古戈所见不下廿余事,而戟不应不一见,乃取所尝见诸戈之拓本观之,见内未有刃者数事,中有其援更昂于他戈者。恍然曰:是乃所谓戟也!'刺'非别为一物,'内'末之刃即'刺'也!""苟非所见古物之多,得彼此错证而互明之,鲜有不泥倨句中矩一语,而强为之说,以贻误后人也。"①

3. 摆脱陈言,注重目验

程瑶田曾说"陈言相因,不如目验"②,并以之作为指导学术研究的重要方法。所撰《释虫小记》、《释草小记》诸篇多取目验。《诗经·小雅·小宛》"螟蛉有子,蜾蠃负之"句,认为蜾蠃捕捉螟蛉来喂养它的幼虫。但有学者却错认蜾蠃养螟蛉为子。经过历代多家考证,误说被订正。程瑶田则撰写了《螟蛉蜾蠃异闻记》,详细记载了他实地考察蜾蠃捕虫喂子的全过程,进一步证成其说,对以前文献记载多有订正。所撰《释草小记》十多篇,亦多取证于目验。如考证"葿"即北方的"扫帚菜",他依据《尔雅·释草》:"荓,马帚",指出"荓、蓬音相近,马帚、扫帚名复相同"。同时结合生活实际称"余居丰润县,见扫帚菜立秋节无不秀者,与'七月荓秀'合"③。

《马齿记》考证马齿30应作40,亦颇具说服力。《吕氏春秋·淫辞篇》说:"上问马齿,圉人曰:'齿十二,与牙三十。'高诱注:'马上下齿十二,牙上下十八,合为三十。而牧马者以为止于十二,盖以齿验马之老少,验之于此十二齿也。'"程瑶田则以为:"然三十之说,亦不可以无证。"于是,他亲自到马肆中进行实地考察,知马齿为40,程瑶田又利用自己的文字学知识,从记数的文字考核,得知古时的四字系古人积画为

---

① 程瑶田:《考工创物小记·冶氏为戈戟考》,《通艺录》(五),第1页、6页。
② 程瑶田:《释虫小记·螟蛉果蠃异闻记》,《通艺录》(十四),第2页。
③ 程瑶田:《释蓬》,《释草小记》,《通艺录》(十一),第3页。

之,至高诱作《注》时,将古"四"字讹作"三",造成了这一误例。①

4. 汉、宋兼采

程瑶田师从江永,为学亦精通汉学而不废宋学。其论"义理"诸说多见《论学小记》、《论学外篇》中。诸篇体裁略似戴震《孟子字义疏证》及稍后的焦循《论语通释》,而多推衍《大学》之义,与戴、焦二家分言《语》、《孟》者鼎足三峙。从《通艺录》将《论学小记》、《论学外篇》置于卷首来看,他推尊宋学的倾向是明显的。他又在《自叙》中说:"吾儒之学,仁为己任,死而后已,既死不得已,未生非所敢知,据其实有,不事虚无,吾所论学,论此学也。"②

程瑶田在清代学术史上占有一席之地,所谓程瑶田"与高邮王念孙,同为乾嘉朴学之巨子。程瑶田之治名物,王氏之治训诂,终身以之,各有孤诣。两家之治学,精而能博,专而能通,功力邃密,而不流于胶固,此其所以卓也"③。

三、戴震的学术成就

戴震,字慎修,又字东原,安徽休宁人,生于雍正元年十二月二十四日,卒于乾隆四十二年五月二十七日,卒年55。乾隆十六年补县学生,四十年赐同进士出身。戴震自幼好学深思,"就傅读书,过目成诵,日数千言不肯休"。家境贫寒,年18,随父客江西南丰,设塾邵武,以课学童为生。年轻时,戴震即已经撰写了不少有影响的著作,初步形成了自己的研究领域和研究方法,其中,多有深造自得之论。后从学婺源江永,其学乃更益。戴震为学"包罗旁搜于汉、魏、唐、宋诸家,靡不统宗会元,而归于自得,名物象数,靡不穷源知变,而归于理道"④。戴震是一位百科全书式的学者。

(一)治学领域

论者谓:"先生之学,无所不通,而其所由以至道者则有三:曰小

---

① 程瑶田:《马齿记》,《释虫小记》,《通艺录》(十四),第1—2页。
② 程瑶田:《论学小记目次》,《通艺录》(一),第1—2页。
③ 张舜徽:《通艺录》,《清人文集别录》卷七,中华书局1963年版,第195页。
④ 王昶:《戴东原先生墓志铭》,《戴震全集》(六),第3417页。

学,曰测算,曰典章制度。"①概言之,戴震论朴学大端则在"小学"、"测算"、"典章"等方面,其论义理则在《孟子字义疏证》、《原善》诸篇。

1. 朴学成就

1. 小学。戴震的小学成就在于:一是研究音韵、训诂、名物之学,系统阐明了由音韵、训诂以通义理的朴学路径,撰有《转语》、《声韵考》、《声类表》、《尔雅文字考》、《方言疏证》等书;一是重视训诂、名物与经典的统一,撰有《毛郑诗考证》、《屈原赋注》等。

戴震说:"经之至者道也,所以明道者其词也,所以成词者字也。由字以通其词,由词以通其道,必有渐。"②又说:"有志闻道,谓非求之《六经》、孔、孟不得,非从事于字义、制度、名物,无由以通其语言。宋儒讥训诂之学,轻语言文字,是犹渡江河而弃舟楫,欲登高而无阶梯也。"③

戴震撰《转语》20 章,今已佚。该书探究语言转变的规律,认为声音的转变可以分为"同位"正转和"位同"变转两大类,即"凡同位为正转,位同为变转","凡同位则同声,同声则可以通乎其义。位同则声变而同,声变而同,则其义亦可以比之而通"。戴震又提出音义互求的思想,称:"人之语言万变,而声气之微,有自然之节限。是故六书依声托事,假借相禅,其用至博,操之至约也","疑于义者以声求之;疑于声者以义正之"。④ 其后,王念孙《广雅疏证》、郝懿行《尔雅义疏》皆沿戴震之波而上。梁启超评价此书说:"此书专由声音以究训诂,为戴氏独得之学"⑤。

《声韵考》作于乾隆三十四年,主要探求历代韵书沿革。戴震在书中辨证吴棫《韵补》之舛,考订相关韵书之得失,阐明反切法和四声之始,确立韵类正转、旁转之例。提出"正转之法有三"、"音有流变,一系乎地,一系乎时"等主张,深受学界好评,论者谓"是编皆其考论

---

① 凌廷堪:《戴东原先生事略传》,《校礼堂文集》卷三五,第 313 页。
② 戴震:《与是仲明论学书》,《文集》卷九,《戴震集》,第 183 页。
③ 段玉裁:《戴东原先生年谱》,《戴震全集》(六),第 3391 页。
④ 戴震:《转语二十章序》,《文集》卷四,《戴震集》,第 106—107 页。
⑤ 梁启超:《中国近三百年学术史》,第 216 页。

声韵源流本末,条例略仿顾氏《音论》,而精博则过之"①。《声类表》成于乾隆四十二年,该书分古韵为 9 类 25 部,凡阴、阳、入三类,以入声为枢纽,阴阳两两匹配,每卷下分别展示一个韵类的音韵,运用等韵图的形式区分《广韵》韵类,"以上求之于古而谋其合"。周中孚提要此书说:"每类中,各详其开口、合口、内转、外转、重声、轻声、呼等。之绵琐、今音、古音之转移,纲领既张,纤悉毕举,彼此相配,四声一贯,所以补前人所未为,而厘之就绪者也。"②

戴震重视对《尔雅》的研究,以为"小学,始基之"③。著有《尔雅文字考》10 卷,今仅存《自序》一篇。该书是作者随手札记,对犍为舍人、刘歆、樊光、李巡等人旧注加以搜罗,以补充郭璞《注》和邢昺《疏》的缺失。至于"考订得失,折衷千古,于《尔雅》七百九十一言,合之群经雅记,靡所扞格,姑俟诸异日"。戴震《尔雅》的研究开启了清代学者研究《尔雅》的先河,其后,《尔雅》学乃蔚为大国,出现了一大批高水平的研究成果。

戴震在旅居纪昀家期间,又开始研究扬雄《方言》。他将扬雄《方言》分抄于李焘《许氏说文五音韵谱》上方,自云:"乙亥(1755)春,以扬雄《方言》分写于每字之上,字与训两写,详略互见"。以后,戴震在任职四库馆时,又取平时校订的内容,核诸经史义训及诸家引用,成《方言疏证》。该书凡改正讹字 281,补脱字 27,删衍字 17,又有补缺、纠谬多处,皆"逐条详证之"④。戴震的研究为《方言》在清代学术史上地位的确立奠定了基础。

戴震撰有《经雅》一书,分兽、家畜、鸟、虫、鱼、花草、木 7 个部分,凡 417 条,2 万余字。考订经书中名物多有特识。主要有:罗列一物之不同名称。谓"燕,古谓之玄鸟,又名鸳鸟,又名游波,又名天女。……齐人谓之乙,楚人谓之鹭鸱"。考核方言土语,谓"黄鸟亦谓之仓庚。《夏小正》谓之商庚,亦谓之长股。其色黎黑而黄,故《尔雅》又谓之鹙

① 周中孚:《声韵考》,《郑堂读书记》卷一四,第 195 页。
② 周中孚:《声类表》,《郑堂读书记》卷一四,第 195 页。
③ 段玉裁:《戴东原先生年谱》,《戴震全集》(六),第 3394 页。
④ 戴震:《方言疏证序》,《文集》卷九,《戴震集》,第 202 页。

黄。齐人谓之搏黍,周人谓之楚雀,楚人谓之黄栗黄"①。考证古物今名,谓雎鸠即今之鱼鹰,黄鸟即今之黄莺,舜华即今之木槿,苌楚即今之羊桃。

戴震重视训诂、名物与经典的统一,撰有《诗补传》(后改名《毛郑诗考证》)②、《屈原赋注》等。《诗补传》以词通道,于训诂名物多有阐论,多发前人所未发。戴震论《诗》旨颇具新意,他说:"今就全诗,考其字义名物于各章之下,不以作诗之意衍其说。盖字义名物,前人或失之者,可以详核而知,古籍具在,有明证也。作诗之意,前人既失其传者,非论其世、知其人,固难以臆见定也。"又谓:"'《诗》三百,一言以蔽之,曰:思无邪。夫子之言《诗》也。而《风》有贞淫,说者因以无邪为读《诗》之事,谓《诗》不皆无邪也,此非夫子之言《诗》也。"③

戴震撰《屈原赋注》,其注《楚辞》注重绅绎概括,称"今取屈子书注之,触事广类,俾与遗经雅记合致同趣,然后赡涉之士,讽诵乎章句,可明其学、睹其心,不受后人皮传,用相眩疑"④。他将《离骚》分作10段,而后分别概括各段旨意。具有极强的批判色彩是《屈原赋注》又一重要特点。如《楚辞》"惟党人之偷乐兮,路幽昧以险隘。岂余身之惮殃兮,恐皇舆之败绩!"戴震注云:"君之疏己,皆由党人,故先入党人,通篇反复言此,不敢怼君也。"再如"怨灵修之浩荡兮,终不察夫民心。众女嫉余之蛾眉兮,谣诼谓余以善淫"。戴震注云:"言君之所以信谗之故。浩荡,广博不专也。泛言不察民心,以喻君之不己察,而毁谮得行也。"⑤姜亮夫先生对戴震研究《楚辞》的成就给予了很高评价,认为:"清人《楚辞》之作,以戴东原之平允,王闿运之奇邃,独步当时,突过前人,为不可多得云"⑥。

(2)礼学。戴震深受江永影响,重视对礼的研究。他说:"为学须先读《礼》,读《礼》要知得圣人礼意。"他青少年时即重视《礼记·檀

① 戴震:《经雅一》,《戴震全书》(二),黄山书社1994年版,第639页。
② 段玉裁:《戴东原先生年谱》谓"《毛郑诗考证》,初名《诗补传》"。
③ 戴震:《毛诗补传序》,《戴震全集》(二),第1106页。
④ 戴震:《屈原赋注序》,《戴震全集》(二),第935页。
⑤ 戴震:《屈原赋注初稿》,《戴震全集》(二),第880页、883—884页。
⑥ 姜亮夫:《楚辞书目五种》,中华书局1961年版,第247页。

弓》篇，说："为古文当读《檀弓》。余好批《檀弓》，朋侪有请余评点者，必为之评点"①。

他曾发愤著《七经小记》一部，尽管未有成书，但据段玉裁《戴东原先生年谱》，可窥见其规模。其书"始于六书、九数，故有《诂训篇》，有《原象篇》，继以《学礼篇》，继以《水地篇》，约之于《原善篇》。圣人之学，如是而已矣"。又说："《学礼篇》，先生《七经小记》之一也，其书未成。盖将取六经礼制，纠纷不治，言人人殊者，每事为一章发明之。今《文集》中开卷：《记冕服》、《记爵弁服》、《记朝服》、《记玄端》、《记深衣》……凡十三篇，是其体例也。"②

戴震精通礼学，其中《考工记图注》尤为有名。戴震注《考工记》旨在治经，他说："立度辨方之文，图与传注相表里者也。自小学道湮，好古者靡所依据。凡《六经》中制度礼仪，核之传注，既多违误，而为图者，又往往自成诘诎，异其本经。古制所以日即荒谬不闻也。……同学古文词有苦《考工记》难读者，余以诸公之事，非精究少广、旁要，固不能推其制，以尽文之奥曲"。在具体的思路上，他遵循以图羽翼郑氏注的做法，所谓"郑氏注善矣。兹为图翼赞郑学，择其正论，补其未逮，图傅某工之下，俾学士显白观之"③。戴震图注《考工记》取得了突出贡献，其自云："然则《记》所不言者，皆可互见，若据郑说，有难为图者矣。其他戈戟之制，后人失其形似，式崇式深，后人疏于考论，郑氏固不爽也。车舆宫室，今古殊异。钟县剑削之属，古器犹有存者。执吾图以考之群经，暨古人遗器，其必有合焉尔"④。梁启超称"清儒对于这部书有几种精深的著作，最著名的如戴东原的《考工记图注》"⑤。

戴震又撰有《周礼媒氏解》、《深衣解》等礼学著作。《周礼》云："媒氏掌万民之判，凡男女自成名以上，皆书年月日名焉。令三十而娶，女二十而嫁。凡娶、判妻、入子者皆书之。中春之月，令会男女。

① 戴震：《戴东原先生年谱》，《戴震全集》（六），第3426页、3425页。
② 段玉裁：《戴东原先生年谱》，《戴震全集》（六），第3419—3420页。
③ 戴震：《考工记图序》，《戴震集》，第197页。
④ 戴震：《考工记图序》，《戴震集》，第198页。
⑤ 梁启超：《中国近三百年学术史》，第184页。

于是时也,奔者不禁。若无故而不用令者,罚之。"①戴震对此段文字的解释亦颇具新意,如谓:"三十之男,二十之女,贫不能昏嫁者,许其杀礼。杀礼则媒妁通言而行,谓之奔。"②

戴震撰《深衣解》,对古代诸侯、大夫、士人平居着衣情形进行了细致研究,对有关"深衣"的诸多问题提出了独到见解。

戴震精研礼学,在以下几个方面取得了突出成就:

首先,发明"明堂"之义。明堂是帝王宣明教化的场所,凡朝会、祭祀、选士等大典均在此举行。历代对明堂皆有研究,但于明堂内部结构则关注不够,戴震则从此入手。其著《明堂考》指出,明堂的中央是太室,为正室,它具有四堂(东、南、西、北四堂)。明堂的四角也有室,叫夹室。夹室的前堂则称为"箱"、"个"。他又考察了明堂的历史沿革,称明堂夏时称"世室"、殷时称"重屋"、周时称"明堂"。从明堂的内部结构来看,"周人取天时方位以命之,东青阳,南明堂,西总章,北玄堂,而通曰明堂,举南以该其三也。"又说:"四正之堂,皆曰太庙。四正之室,共一太室,故曰太庙太室,明太室处四正之堂中央尔。世之言明堂者,有室无堂,不分个夹,失其传久矣。"③戴震的这一考证,王国维在自己的著作中予以了肯定。④

其次,考证井田制,多发新论。戴震对井田制中一些具体问题进行了考察,"一夫百亩,田首有遂。夫三为屋,遂端则沟。屋三为井,沟在井间也。井十为通,沟端则洫。通十为成,洫在成间也。十成为终,洫端则浍。十终为同,同薄于川,浍在同间也。"他又认为唐代贾公彦"井田之法,畎纵遂横,沟纵洫横,浍纵自然川横"之说仅及南亩,未明东亩。⑤ 他引《诗经》"南东其亩"之说论证自己的观点。

再次,校订《大戴礼记》、《仪礼》,使之成善本。段玉裁云,戴震矢志校订《大戴礼记》、《仪礼》两书,以为"《仪礼》、《大戴礼》二经,古本

---

① 《媒氏》,《周礼注疏》卷一四,《十三经注疏》,第732—733页。
② 戴震:《周礼媒氏解》,《戴震全集》(六),第3331页。
③ 戴震:《明堂考》,《戴震全集》(六),第3340—3341页。
④ 王国维:《明堂庙寝通考》,《观堂集林》第1册,中华书局1984年版,第123—124页。
⑤ 戴震:《匠人沟洫之法考》,《戴震全集》(二),第850页。

埋薶蕴已久,阐发维艰,先生悉心耘治,焚膏宵分不倦"①。乾隆时著名学者卢文弨曾对《大戴礼记》进行校注,戴震则多次给他写信指出校本中应订正之处。戴震校订的《大戴礼记》在提要部分对该书的传衍进行了学术史回顾,考证出《夏小正》篇是书中最古的篇目。对北周卢辩所注《大戴礼记》进行完善,因其"正文并注,讹舛几不可读",戴震以散见于《永乐大典》中的16篇为底本,"以各本及古籍中引《大戴礼》之文",参互校订,附案语于下方,"是注乃可与三礼并读"。清儒最初治《仪礼》者为张尔岐,著《仪礼郑读句读》。戴震则从《永乐大典》中校出张淳《仪礼识误》、李如圭《仪礼释宫》,并撰有《仪礼考证》一卷。戴震曾指出《仪礼》校订之难,他说:"《仪礼》文古义奥,传习者少,注释者亦代不数人,写刻有伪,猝不能校,故纰漏至于如是也。今参考诸本,一一厘正,著于录焉"②。

又次,考证古代服饰、名物等。戴震对古代服饰的考证很见功力,以冕服为例,冕服有大裘、衮冕、希冕、玄冕等6种。他根据《虞书》"予欲观古人之象,日月星辰,山龙华虫,作会、宗彝、藻火、粉米、黼黻、希绣,以五彩彰施于五色,作服"③之语,断定天子祭服为12章,他说:"自日月至黼黻,凡十二章,天子以饰祭服"④。他引用《礼记·玉藻》"天子玉藻,十有二旒,前后邃延,龙卷以祭"⑤和《礼记·郊特牲》"祭之日,王被衮以象天,戴冕璪十有二旒,则天数也"⑥两则记载予以论证,最后得出"是故冕服十有二章,缫十有二旒,是为大裘之冕;冕服九章,缫九旒,谓之衮冕"⑦的结论。

（3）天文历算学。戴震受学于江永,尤服膺其天文历算学。戴震在天文历算学方面的贡献主要在于:

一是辑录大批历算书。在任职四库馆臣时,提要天文历算诸书,

---

① 段玉裁:《戴东原先生年谱》,《戴震全集》（六）,第3415页。

② 《仪礼注疏》,《经部·礼类二》,《四库全书总目》卷二〇,第159页。

③ 《虞书·益稷》,《尚书正义》卷二,《十三经注疏》,第141页。

④ 戴震:《记冕服》,《戴震全集》（二）,第853页。

⑤ 《礼记·玉藻》,《礼记正义》卷二九,《十三经注疏》,第1473页。

⑥ 《礼记·郊特牲》,《仪礼正义》卷二六,《十三经注疏》,第1453页。

⑦ 戴震:《记冕服》,《戴震全集》（二）,第854页。

又辑出不少佚书。据不完全统计，主要有《周髀算经》，汉赵爽注。此书旧有《津逮秘书》刻本，然讹脱甚多，戴震据《永乐大典》详校，补脱字147、正误字113、删衍字18、补图2，自是此书可读。《九章算术》，晋刘徽著。此书明代时已佚，戴震从《永乐大典》辑出9卷。《孙子算经》，不著撰人名氏。戴震从《永乐大典》中辑出正文。《海岛算经》，晋刘徽著，久佚。戴震从《永乐大典》中辑出。《五曹算经》，不著撰人名氏，刻本久佚。《五经算术》、《夏阳侯算经》、《张邱建算经》、《辑古算经》、《数术记遗》，诸书者久已埋没，学者几不复知吾国自有此学。自戴震校诸书既成，官局以聚珍本印行，而曲阜孔氏复汇刻为《算经十书》，其"移易国人观听者甚大"[1]。阮元则盛赞道："九数为六艺之一，古之小学也。……后世言数者，或杂以太一、三式，占候、卦气之说，由是儒林实学，下与方技同科，是可慨已！ 庶常……网罗算氏，缀辑遗经，以绍前哲，用遗来学。盖自有戴氏，天下学者乃不敢轻言算学，而其道始尊。然则戴氏之功，又岂在宣城下哉！"[2]

二是撰写了《原象》、《历问》、《历古考》、《勾股割圆记》、《策算》等一大批重要的学术著作。《原象》为《七经小记》之一种。戴震对我国传统天文学进行了总结和发展，主要有：一是对天球视运动做了完整叙述，从运动的投影角度体现了宇宙运动的基本状况。在经典中多有对天球视运动的考察，如《尚书·虞夏书》以"璇玑玉衡"描述之，《周髀算经》沿用了这一认识。戴震则总结指出：太阳循黄道右旋，在天球赤道的南北从西向东运动，引起季节寒暑变化。太阳视运动的周期，传统天文学上定为一回归年，戴震则更为精确地指出"凡三百有六十五日小余不满四分日之一日，发敛一终"。其天球视运动的基本思想体现了他的朴素唯物主义自然观。他说："日之发敛以赤道为中，月之出入以黄道为中，此天所以有寒暑进退，成生物之功也。"[3]二是对岁实和朔实进行了研究，考察其来源和关系等，撰有《古今岁实考》。戴震又从祖冲之《大明历》的叙述中发现岁差。三是对传统天文学进行

---

① 梁启超：《中国近三百年学术史》，第324—325页。
② 阮元：《戴震》，《畴人传》卷四二，第413页。
③ 戴震：《原象一》，《戴震全集》（一），第248页。

改造，撰成《古今岁实考》、《续天文略》等著作。他对古天文研究进行了细致规划，称："今更目为十：曰星见伏昏旦中，曰列宿十二次，曰星象，曰黄道宿度，曰七衡六间，曰晷景短长，曰北极高下，曰日月五步规法，曰仪象，曰漏刻。或补前书阙漏，或赓所未及，凡占变推步不与焉"①。

戴震算学的代表作首推《勾股割圆记》。该书对勾股割圆法的基本概念"弧"、"弦"、"矢"等进行了注释；对计算的公式、方法进行了说明。言简意赅，新论叠出。论者以为"其于古今步算之大全，约以二千言而尽，可谓奇矣"②。

戴震又著有《筹算》1卷。筹算是古代的一种计算方法。单个用于计算的签子即叫"算"，亦称"筹"。戴震的《筹算》继梅文鼎、江永等先贤的成果而上，后来在对该书进行必要的增核后定名为《策算》，"以别于古筹算，不使名称相乱也"③。《策算》重点介绍了乘法、除法和开平方。他又将算学方法引入对《易经》的考察，得出的结果，验之《易》卦"密合"。

戴震治天文历算学，注重中西贯串。如他在治历法时，注意将中西回历详细作比较，找出两者间的误差，得出中历为西历之渊源、中历不逊于西历的结论。他说："西洋人旧法袭用中土古《四分历》，其新法则袭《回回历》，会望策又袭郭守敬，乃妄言第谷、巴谷测定，以欺人耳。"④戴震在解释岁差时，主张运用西方天文学中的"本轮"、"均轮"学说。他治数学，以勾股割圆法为中心，又以西学三角学为之注。

值得重视的是，戴震很重视"气"这一概念在天文历算中的运用。他认为，"气"很重要，岁差所以能影响日月星辰的运动就在于"气"。地球能始终悬挂在空中不致倾覆，亦由于"气"，他说："六合皆天，则六合皆上；地在中心，则中心为下，以气固而内行，故终古不坠"，而其

① 戴震：《续天文略》卷上，《戴震全集》（一），第272页。
② 吴思孝：《勾股割圆记》序，《戴震全集》（二），第661页。
③ 戴震：《策算序》，《戴震全集》（二），第661页。
④ 戴震：《策算·除》，《戴震全集》（一），第546页。

故则"惟'大气举之'一言足以蔽之"①。戴震重视"气"概念在天文历算中的使用,正是他具有朴素唯物主义思想的体现。

2. 义理学思想

戴震曾对弟子段玉裁说:"六书、九数等事,如轿夫然,所以舁轿中人也。以六书、九数等事尽我,是犹误认轿夫为轿中人也。"②又谓:"有义理之学,有文章之学,有考核之学。义理者,文章、考核之源也。熟乎义理,而后能考核、能文章。"③他的义理学代表作是《原善》《绪言》《孟子字义疏证》。关于这几部著作的成书年代及关系是学术界一大公案,迄今尚无定论。但其究心义理学,始于《原善》的写作大概无甚疑问。《原善》三篇,大抵上卷言天道,下卷言人道。戴震自云:"余始为《原善》之书三章,惧学者蔽以异趣也,复援据经言疏通证明之,而以三章者分为建首,次成上、中、下三卷,比类核义,燦然端委毕著矣,天人之道,经之大训萃焉。"④在《原善》中,戴震提出一系列重要命题:第一,"道是物质实体"。《周易》:"一阴一阳之谓道,继之者善也,成之者性也。"戴震解释为:"一阴,一阳,盖天地之化不已也,道也。一阴一阳,其生生乎,其生生而条理乎! 以是见天地之顺,故曰'一阴一阳之谓道'。"⑤第二,善包括"仁"、"义"、"礼"三方面。他说:"善:曰仁、曰礼、曰义,斯三者,天下之大衡也。"又说:"是故谓之天德者三:曰仁,曰礼,曰义,善之大目也。"⑥

《绪言》乃戴震"发狂打破宋儒家中《太极图》"而作。⑦ 戴震在山西方伯申衙署期间,曾伪病十数日,起而告诉方伯申说:"我非真病,乃发狂打破宋儒家中《太极图》耳。"

《孟子字义疏证》是戴震义理学的最杰出作品。他在致段玉裁的

① 戴震:《续天文略》卷中,《戴震全集》(一),第299页。
② 段玉裁:《序》,《戴震全集》(六),第3459页。
③ 段玉裁:《戴东原集序》,《戴震全集》(六),第3458页。
④ 戴震:《原善》卷上,《戴震全集》(一),第9页。
⑤ 戴震:《原善》卷上,《戴震全集》(一),第10页。
⑥ 戴震:《原善》卷下,《戴震全集》(一),第20页。
⑦ 段玉裁:《答程易田丈书》,《经韵楼集》卷七,第69页。

书中说："仆生平著述之大，以《孟子字义疏证》为第一，所以正人心也。"①在《孟子字义疏证》中，戴震特别提出"理、欲"之辨以驳斥宋儒（在《原善》、《绪言》中则无）。该书以疏证《孟子》的形式从"理"、"天道"、"性"、"才"、"道"、"仁义礼智"、"诚"、"权"等 8 个方面集中阐述了自己的思想。戴震认为宋儒所论"皆非《六经》、孔、孟之言，而以异学之言糅之，故就《孟子》字义开示"②。《孟子字义疏证》所论主要有：第一，论"阴阳五行为道之实体"。"举阴阳则赅五行，阴阳各具五行也；举五行则赅阴阳，五行各有阴阳也"，"阴阳五行，道之实体也"③。第二，论"理存于欲"。"天理者，节其欲而不穷人之欲也。是故欲不可穷，非不可有，有而节之，使无过情，无不及情，可谓之非天理乎！"④他对统治者以"理"为武器约束被统治者的做法进行了控诉，认为"尊者以理责卑，长者以理责幼，贵者以理责贱，虽失，谓之顺；卑者、幼者、贱者以理争之，虽得，谓之逆"，"上以理责其下，而在下之罪，人人不胜指数。人死于法，犹有怜之者；死于理，其谁怜？"⑤他甚至将"理"之约束与酷吏之"法"对称，说："所谓理者，同于酷吏之所谓法。酷吏以法杀人，后儒以理杀人"⑥。

戴震的义理学思想在当时及后世产生了深远影响。从根本上讲，戴震对程朱理学的批判，结束了程朱理学对学术发展的垄断，开辟了18 世纪学术发展多元化的局面，亦为从伦理变迁的角度推动社会发展奠定了基石。⑦

（二）治学特点

"不以人蔽己，不以己自蔽。"戴震主张不论何人之言，决不肯轻信，必要探求其所以然。他说："（学者）当不以人蔽己，不以己自蔽，不为一时之名，亦不期后世之名。"若为名，则有二蔽，"非掊击前人以

---

① 段玉裁：《戴东原集序》，《戴震全集》（六），第 3459 页。
② 段玉裁：《戴东原先生年谱》，《戴震全集》（六），第 3418 页。
③ 戴震：《天道》，《孟子字义疏证》卷中，《戴震全集》（一），第 172 页。
④ 戴震：《理》，《孟子字义疏证》卷上，《戴震全集》（一），第 162 页。
⑤ 戴震：《理》，《孟子字义疏证》卷上，《戴震全集》（一），第 161 页。
⑥ 戴震：《与某书》，《戴震全集》（一），第 212 页。
⑦ 高翔：《近代的初曙——18 世纪中国观念变迁与社会发展》，第 104 页。

自表襮，即依傍昔儒以附骥尾。……或非尽依傍以附骥尾，无鄙陋之心，而失与之等"①。他论破除"人蔽"，主张"志闻存道，必空所依傍。汉儒训诂有师承，亦有时傅会。晋人傅会凿空益多。宋人则恃胸臆为断，故其袭取者多谬，而不谬者在其所弃。……宋以来儒者……其于天下之事也，以己所谓理强断行之，而事情原委隐曲实未能得，是以大道失而行事乖"②。所谓"人蔽"，实际上指的是昔贤如汉儒、晋人、宋儒辈，他们多以己意强断圣贤经传。他论破除"己蔽"称："凡仆所以寻求于遗经，懼圣人之绪言，暗汶于后世也。然寻求而，有获十分之见，有未至十分之见。……既深思自得而近之矣，然后知孰为十分之见，孰为未至十分之见"。在他看来，破除"己蔽"的方法便是求"十分之见"，如此才可以"传其信，不传其疑，疑则阙，庶几治经不害"③。他曾说及治学三难，所谓"淹博难，识断难，精审难。三者仆诚不足以与于其间，其私自持及为书之大概，端在乎是"。戴震破除"人蔽"、"己蔽"的思想是其治学善识断且精审的重要前提。

　　戴震治经的学风，时人推崇备至。余廷灿称其"有一字不准六书，一字解不通贯群经，即无稽者不信，不信者必反复参证而后即安。以故胸中所得，皆破出传注重围，不为歧旁骈枝所惑"④。凌廷堪所作《事略传》亦称戴震为学"实事求是。夫实事在前，吾所谓是者，人不能强辞而非之；吾所谓非者，人不能强辞而是之也"⑤。

　　汉、宋兼采。论者谓戴震"反理学"⑥。实际上，戴震反对的是程朱义理学思想，于其方法则不反。其《原善》、《孟子字义疏证》等理学著作，虽与朱子说经抵牾，亦只是争辩一"理"字。戴震《毛郑诗考证》未明言采朱子说；但其所著《诗经补注》则从朱子《诗集注》之说颇多。如卷一《兔罝》："'肃肃兔罝，椓之丁丁。赳赳武夫，公侯干城。'《毛传》曰：'肃肃，敬也。兔罝，兔罦也。丁丁，椓杙声也。赳赳，武貌。

---

① 戴震：《答郑丈用牧书》，《文集》卷九，《戴震集》，第186页。
② 戴震：《与某书》，《戴震全集》（一），第211页。
③ 戴震：《与姚孝廉姬传书》，《文集》卷九，《戴震集》，第184—185页。
④ 余廷灿：《戴东原先生事略》，《戴震全集》（六），第3441页。
⑤ 凌廷堪：《戴东原先生事略传》，《校礼堂文集》卷三五，第317页。
⑥ 持此论者主要有章炳麟、梁启超、胡适等。

干,扦也。'《集传》曰:'肃肃,整饬貌。'震按毛、郑以为肃肃兔罝为其人之不忘恭敬,《集传》以为罝之整饬,《集传》是也。"

总之,戴震在清代学术、思想史上占有重要地位。他遵循由音韵、训诂以通义理的治学路径,在小学、礼学、天文历算学等方面对传统文化典籍进行了深入考证、分析,正是以他为代表的戴学将清代朴学推向一个新的高峰。他的极具批判性的义理学思想则在很大程度上影响了18世纪中叶社会变迁的格局。

第六章

桐城派的形成与兴盛

在清代学术文化领域,除以江永、戴震为代表的皖派学术群体外,由安徽产生的另一成就辉煌且影响深广的知识分子群体,便是"桐城派"。它是一个起源于清初、播衍于全国、衰落于清末,几乎与清王朝命运相始终的文学流派;是一个具有师承或私淑关系,崇尚并自觉探讨古文写作规律,又能在写作实践中形成各自特色的文学派别,是一个兼有作家、学者或官员等多重身份的社会群体。①

---

① 吴孟复先生曾有"桐城三派"之说,即认为桐城派实际上包括桐城文派、桐城诗派和桐城学派,是"桐城三派"的统称(见吴孟复《桐城文派述论·前言》,安徽教育出版社 1992 年版)。本书虽亦认为桐城派人物中代有善诗、善学者,但考虑到桐城派是以文派最先出名,且影响最大,故仍以文派为叙述对象。至于桐城派是否应当包括诗派、学派,待学界讨论有成熟意见后,再考虑在本书修订时予以吸收补入。

第一节　桐城派的肇兴

一、桐城派肇兴的背景

（一）清初的古文思潮

桐城派①与皖派学术几乎同时并兴，其宏观历史背景大致相同，前面的皖派学术一章对此已有简介，无须再赘述。这里仅扼要地追述一下清初古文思潮，以昭示桐城派肇兴的文学渊源与背景。

桐城派，按传统含义理解，标准名称应是"桐城古文派"。中国文学史上的所谓"古文"概念，源于唐代文学家韩愈。他为革除当时盛行的骈体文所产生的弊病，力倡自由朴实的文风，遂以先秦、秦汉时期的散体文为"古文"，以继承弘扬"古文"为旗号，发起了一场文学革新运动，史称"古文运动"。于是唐宋时期，骈文衰落而"古文"兴盛，诞生了韩愈、柳宗元、李翱、苏轼、苏辙、王安石、欧阳修、曾巩等古文代表人物"八大家"。迨至明代，科举考试文体被规定为八股文，八股文因以昌盛起来，遂被称为"时文"。在它的引导和制约下，整个社会文风趋于僵化和浮华。明代晚期，一批有识之士鉴于文风之弊，又兴起了与"时文"相拮抗的"古文"运动。当时人们将韩愈所称许的先秦、秦汉时期的散体文和他所代表的唐宋时期的散体文统称为"古文"。后人以其所宗尚不同，分为秦汉派、唐宋派等。不久，明清鼎革，迫使知识界检讨明亡清兴的缘故。在清初特定政治环境中，一部分知识分子以为"时文"造成的空疏不学、模仿剽窃的浮华文风祸害极大，便继续高张"振兴古文"大旗，纷纷讨伐"时文"之罪，于是出现了许多倡说"古文"的群体和人物。其中以群体闻名的有河南的"雪苑社"（宋荦、贾开宗、侯方域、徐作肃、徐邻唐等），江西的"易堂九子"（宁都魏祥、

---

① 桐城派自称所承传的是以明代晚期归有光等为代表的唐宋派古文。

魏禧、魏礼、李腾蛟、邱维屏、彭任、曾燦，南昌彭士望、林时益），粤中的
"北田五子"（何左玉、何不信、梁器圃、陈元孝、陶苦子），浙江的"西泠
十子"（陈圻景宣、毛先舒稚黄、吴百朋锦雯、陈廷会际叔、张纲孙祖
望、孙治宇台、沈谦去矜、丁澎飞涛、虞黄昊景明、柴绍炳虎臣）、"浙中
三毛"（萧山毛西河奇龄、钱塘毛稚黄先舒、遂安毛会侯际可）以及"海
内八家"（王士祯兄弟、宋荦、汪琬、沈绎堂、曹顾庵、程周量等），等等。
擅长古文而不以群体名倾天下的更是群星璀璨。如顾炎武、黄宗羲、
邵长蘅、陈宏绪、王猷定、傅山、孙奇逢、朱彝尊、严虞惇、姜宸英、钱谦
益、李颙、潘耒、刘体仁、赵执信，等等。这些知识分子们，"日相切磨为
文，皆古雅淡泊，复能以气谊自尚"①。"皆以声应气求，相从讲学，有
名字于世。"②"所作诗文，淹通藻密，符采爛然"③，或"卓尔大雅"，或
"善于驰骋"，④"俱以文章雄长"坛坫。⑤

　　清初的古文家们创作风格虽各不相同，古文主张也颇多争论，但
他们对古文理论进行的探索，起到了承前启后的作用。无论秦汉派还
是唐宋派，都鄙视八股文、疲恭不振的歌功颂德的俳优之文。在审美
风格上，大都赞赏"雅洁醇正"之文。许多古文主张和概念，诸如文以
经世、文以明道、文以载道、文道合一、以古文为时文、文须有益于天
下、积理练识、气理才情、体格意法、文出于自然、文无定格、法而无法、
开阖呼应、操纵顿挫、伏应断续、起伏转折，等等，都是经过他们探索或
界定并由他们使用而被广泛接受的。在古文创作实践和理论论述方
面，对后世最有影响的则是崇奉"唐宋八大家"的侯方域、魏禧、汪琬，
被习称为"清初三大家"。清初古文思潮为桐城派古文理论的形成提
供了非常丰富的思想资源。有学者甚至以为"三大家"是桐城派之
嚆矢。⑥

　　① 田兰芳：《侯朝宗先生传》，《清代传记丛刊》第 181 册，（台湾）明文书局 1985 年版，第 480 页。
　　② 《郎潜纪闻初笔》卷一四，中华书局 2004 年版，第 293 页。
　　③ 《郎潜纪闻初笔》卷一四，第 293—294 页。
　　④ 《清稗类钞》第 8 册，《文学类·朱竹垞毛西河之诗文》，中华书局 1986 年版，第 3879 页。
　　⑤ 《郎潜纪闻初笔》卷八，中华书局 2004 年版，第 170 页。
　　⑥ 袁行霈：《中国文学史》第 4 卷，第 8 编，高等教育出版社 1999 年版，第 254 页。

（二）清初"求贤右文"的政策措施

桐城派的肇兴除了中国文学自身发展规律上的因素外，一个重要的外在因素，是清廷的支持和引导。从这个角度，可以说桐城派是风云际会、"应运而兴"。清末学者徐珂曾对清代文学兴盛的原因做过如下分析：

> "一朝文学之盛，所以能轶明超元，上驾唐宋，追踪两汉者，盖有六大原因焉。一、由于开国之初，创制满洲文字，译述汉人典籍，而满人之文化开。二、由于信任汉人，用范文程之议，特选士于盛京，而汉人之文教行。三、由于入关以后，一时文学大家，不特改仕新朝者多明之遗老，即世祖、圣祖两朝正科所取士，及康熙丙午年博学宏词科诸人，其人以理学、经学、史学、诗词、骈散文名家者，亦率为明代所遗，而孙奇逢、顾炎武诸儒隐匿山林，又复勤于撰著，模范后学。四、由于列祖列宗之稽古右文，而圣祖尤聪明天亶，著述宏富，足以丕振儒风。五、由于诏天下设立书院，作育人才。六、由于秘府广储书籍，並建七阁分贮，嘉惠士林。有此六原因，是以前古所有之文学，至是而遂极其盛也。"①

言论中难免溢美之词，不过，清末以来有不少学者都曾有相似议论。徐珂所分析的"六大原因"，就对桐城派肇兴的影响而言，可归纳为笼络知识分子的政策、"稽古右文"的引导。

在汉族为主体的古代中国，维持社会秩序有所谓的"治统"、"道统"、"文统"。满族统治者作为异族入主中原，"治统"自然解决，但要长治久安，则必须解决"道统"、"文统"问题。而无论是"道统"还是"文统"，其承传主体都是知识分子。清初统治者吸取历史经验，采取了一套软硬兼施的知识分子政策，一方面，采取血腥镇压和文字狱等手段摧毁反抗或不满清统治的知识分子意志；另一方面，则采取一系

---

① 《清稗类钞》第8册,中华书局1986年版,第3861页。

列笼络政策措施,驯化知识分子。其中后一种政策更积极更有效。

大兴文治,笼络知识分子。据记载:"世祖章皇帝甫定中原,即隆文治。一时元夫巨公,以雄文大册黼黻治具者,类不乏人。迨今上(康熙帝)躬天纵之圣,奎章宸藻,炳熠区寓。风声所被,文学蔚兴。上之卿大夫、侍从之臣,下之韦布、逢掖,争作为古文、诗歌以鸣于世。绘绣错采,韶濩以间。此本朝之盛所以跨宋轶唐、夐乎其不可及也。"①康熙帝曾自称最悯念者三等人,其中"读书寒士"居首。② 为拓宽有效招揽人才的方式和途径,除正常的科举考试之外,康熙十七年,为"振起文运,阐发经史,润色词章",下诏开博学鸿词一科,"以副朕求贤右文之意"③,凡学行兼优、文词卓越之人,不论已仕未仕,都可举荐。次年,选录得143人,其中包括毛奇龄、朱彝尊、陈维崧、潘耒、尤侗、施闰章、汪琬、姜宸英等。为广罗人才,对一些未入格却尤异的老者,还特地命令吏部裁量授官,其中著名学者杜越、傅山,便是由康熙帝亲自授予中书舍人的,"时人叹为美授"④。后世公认这是清代历史上招揽人才最多最出类拔萃的考试之一。通过举博学鸿词,清初古文名家收罗殆尽。史称"自康乾两朝,再举词科,与其选者,山林隐逸之数,多于缙绅,古文之盛,前古罕有"⑤。古文大家聚集京师,互相切磋,交相引重,这对古文发展的积极影响可想而知。

引领文风,倡导古文。清初统治者一方面通过"兴文教,崇经术,以开太平"⑥,组织编纂《朱子全书》等尊崇理学,表明自己承传的是历代以来的"道统",以论证自己统治的合法性;另一方面则是倡导古文,力图引导文风朝着符合自己统治要求的方向发展,以"文统"佐"道统"与"治统"。康熙帝就曾明确倡导明体达用、古茂醇雅的文风:"朕观古今文章风气,与时递迁。六经而外,秦汉最为古茂。唐宋诸大家,已不能及。凡明体达用之资莫切于经史。朕每披览载籍,非徒寻

---

① 《国朝三家文钞序》,《国朝三家文钞》卷首。
② 《郎潜纪闻二笔》卷八,第467页。
③ 《清圣祖实录》卷七一,"十七年春正月乙末"条。
④ 《郎潜纪闻初笔》卷八,第167页。
⑤ 《清史稿·选举志四》。
⑥ 《清世祖实录》卷九〇,"十二年三月壬子"条。

章摘句、采取枝叶而已。"①"文章归于醇雅,毋事浮华。"②康熙二十四年,清廷组织编辑了《御选古文渊鉴》,所收先秦到宋古文共64卷,其中以唐宋作家为重点,朱熹3卷,韩愈、苏轼各2卷,曾巩1.5卷,陆贽、柳宗元、欧阳修、苏辙各1卷,其余则多人合编1卷。据说,康熙帝曾亲自参与书的选编工作。从他所作序文可知,他曾提出过编辑标准:"辞义精纯"者收入正集,"古雅"者收入别集,其他可收者则录其要论,以为外集。③刘声木曾评价此书:"不特选择之精,校雠之善,为他书所无,中有体例数端,亦编辑文字者所当奉为圭臬:一、文之佳者,虽连圈多行,绵长不断,皆于着句处字旁,添加一点,以清句读,俾初学易于诵读。二、文中所引之书概不加圈,均着一点,以分句读,分注书名于下,使人一望而知,兼知引书之法。三、收罗评文之语,择要分注于上,并以五色别之,最为醒目。有此一书,众评咸备"④。此书不仅是清代第一部官方选编的古文集,体现了官方的意志,而且选材与体例也利于研读与传播,对古文的发展无疑具有促进作用。后来宋荦与许汝霖选编《国朝三家文钞》(32卷),专收侯方域、魏禧、汪琬"清初三大家"作品。选编目的一是上呈御览,因而专取温柔敦厚、歌颂康熙数十年隆文治之功的作品,剔除了部分不合统治者胃口的社会政治等内容;二是引导文人对醇雅文风的认同和追求,因而所选古文皆标举唐宋,主张革除明末文章流弊,以开一代文学新风。

在官方的推动下,社会上崇尚古文蔚然成风。"盖其时圣祖崇尚儒雅,二三大老宏奖风流,故士之负才翘异者,皆获有所表见,不终老于樊阿歌啸间也。"⑤古文家成为社会上受青睐的人群:"武进邵长衡,字子湘,自号青门山人。束发能诗,弱冠,以古文雄一时,既又潜心经学。某年,橐所著书,游京师,名动公卿,亲交强之入太学,已随牒试吏部矣,长洲宋文恪公方为冢宰,得其文,惊曰:'今之归震川也。'拔第

①《清圣祖实录》卷一一九,"二十四年二月辛亥"条。

②《大清会典事例》卷三八九,《礼部·学校·训士规条》,光绪二十五年刻本。

③《御选古文渊鉴》卷首,《文渊阁四库全书》本。

④《苌楚斋续笔》卷三,第300页。

⑤《郎潜纪闻四笔》卷六,第100页。

一,例授州知。"①"顺治初年,宣城施愚山、莱阳宋直方、云间周釜山,同官刑部。郎署多暇,弊车羸马相过从,饮酒赋诗为乐。一时都下盛传,谓前明王李诸君,白云楼唱和遗风,居居然不坠。"②其至出现了在官场以古文受宠而遭忌现象。"潘稼堂(柽章弟)检讨与竹垞、(严)藕渔,同以布衣举鸿博,骤起为史官,所谓'江浙三布衣'者也。会添设日讲起居注官,三人复同入直。又其时馆阁应奉文字,非出三人手,院长辄不谓然。于是资格自高者,既莫不忌此三人。"③

(三)桐城派肇兴的区域人文背景

有学者曾说过,要解释清楚桐城文派之所以出现在桐城,"这要从地理环境、社会习俗、历史条件、作者职业等方面去观察分析"④。循此思路,一些学者做了不少有益的探索。⑤ 这里,仅就明清之际桐城区域人文背景做一简略描述。

明以来桐城多忠义气节之士,及至清初,桐城社会充塞着昂扬的忠义之气,同时,由于明末清初气节之士遭遇挫折后沉潜经籍,桐城遂风会大启,文学人才极盛。这种人文背景为古文之兴奠定了基础。马其昶曾说:"一代人才之兴,其大者乃与世运为隆替,观于乡邑,可知天下,岂不信哉! 盖当燕藩夺统,吾县方断事法,以遏方小臣,不肯署表,自沉江流。厥后余按察珊,齐按察之鸾及先太仆,皆以孤忠大节,与世龃龉。陵夷至天启,左忠毅公乃死于珰祸,而明随以亡。当是时,钩党方急,方密之、钱田间诸先生,间关亡命,救死不遑,尤犹沉潜经籍,纂述鸿编,风会大启。盛清受命,吾县人才彬彬,称极盛矣。方、姚之徒出,乃益以古文为天下宗。自前明崇节义,我朝多研经摛文之士……"⑥

① 《清稗类钞》第7册,第3235—3236页。

② 《郎潜纪闻初笔》卷八,第170页。

③ 《郎潜纪闻四笔》卷六,第93页。

④ 《桐城文派述论》第17页。

⑤ 吴孟复:《桐城文派述论》;周中明《桐城派研究》;徐寿凯:《桐城文派绵延久远原因蠡测》,见《桐城派研究论文选》,黄山书社1986年版;程根荣:《桐城派形成原因六说》,见《桐城派与明清学术文化》,安徽大学出版社2007年版,等等。

⑥ 马其昶:《桐城耆旧传·自序》,黄山书社1990年版。

其实,康熙朝宰相张英,不仅早就观察到这一历史现象,还揭示了桐城的自然环境与人文环境之间的关系——桐城山水所孕育多光明磊落之士,不近纷华和势利,所以桐城之士,一见即知为桐城人,以其修养气度有别于他处。他认为这是桐城各个名家大族家学所致,也是其家族绵延兴盛的秘诀。"吾闻先正训子弟读书法,以六经为根源,以诸史为津梁,以先秦两汉之文为堂奥,以八家为门户,崇尚实学,周通博达,能不为制举业所缚束。涵濡既久,能振笔为古文辞者,代有传人。"①张英是最早明确指认桐城古文有其区域人文背景和传统的人。

明末清初,因各大家族的倡导,桐城已是儒雅之区。桐城儒宗首推何唐。他是明正德十六年(1521)进士,官至南兵部郎中。为人卓然高厉,耻为世儒之学,讲求实践,即身体力行,因慕曾子"三省"之学,遂以"省"名斋。"有司造请,必简驺从,先生辄反复为论居官爱民之道。"史称:"先生勇毅任道,不顾众嘲,风声流播,竟亦克变俗习。"②至方学渐,先后师事张绪、耿楚侗、邹守益、吕坤、冯从吾等,倡言性理,习道日精,又以布衣主坛席者20余年,"远近慕风,竞为社会"。不仅"食其泽者累世","方氏炽盛",而且童、姚等诸大姓也都有人随从倡讲学之会,注重躬行,终"亦以清白世家"。③赵钺、赵承先、赵士先、赵锐等"一时父子兄弟遂皆为名儒矣"④。明末清初,桐城世家大族几乎代有名儒,家学绵延,以儒雅气节相尚。桐城文学推公齐之鸾为先导。他正德六年(1511)进士,改庶吉士,授刑科给事中,以敢谏闻名。"天才宏丽"⑤,擅长载道立言的古文。此后桐城长于古文者代不乏人,清初李芥须与何存斋采录明至当代桐城古文家主要著作,竟辑成《龙眠古文》24卷,收93人335篇作品。而方以智、钱澄之学术文章更是享誉海内,钱澄之甚至被人称之为"桐城经学文章之端绪,开自钱先生田间,其后望溪方侍郎昌而大之"⑥。

---

① 《张文端公集》《笃素堂文集·龙眠古文初集序》。
② 《桐城耆旧传》卷二,何省斋先生传第十三。
③ 《桐城耆旧传》卷四,方明善先生传第二十八。
④ 《桐城耆旧传》卷三,赵巡抚传第二十。
⑤ 《桐城耆旧传》卷二,齐按察传第十一。
⑥ 萧穆:《敬孚类稿》卷十,《戴忱庵先生事略》,黄山书社1992年版,第279页。

桐城区域人文面貌基本上是以家族文化传承并影响当地社会而形成的,其学术文章皆以家学而渊源有自,因此,虽如有的学者所指出的,许多桐城人物生平活动多在外地,①但这并不妨碍我们对其区域人文背景的解读。

二、戴名世的古文成就

(一)习文与交游

在清初,戴名世生前已是闻名遐迩的古文家,若不是发生《南山集》案,造成其古文事业的中断和著述的禁毁流失,其桐城派开山者的身份也不会引起后人争论。除文字狱外,戴名世的生平几乎与政治等重大事件无关,他本来就是书生一个。前面已有章节涉及戴氏生平,为避免重复,这里着重对戴名世的文学交游作一介绍。

考其生平,戴名世可谓是一个不可一世的人物,用他自己的话说是"傲睨自喜"。这一性格的形成既与其天赋有关,也与其际遇有关。顺治十年三月十八日,戴名世生于桐城一个书香世家。其父戴硕与康熙朝宰相张英同补诸生。据戴廷杰《戴名世年谱》载,他1岁即能说话,6岁从学,仅用5年就读完了《四书》、《五经》。十七八岁时"即好交游,集里中秀出之士凡二十人,置酒高会,相与砥砺以名行,商榷文章之事。当是时,意气甚豪也,顾傲睨自喜,视天下事不足为"。所结交的齐方起、方越、左云凤、戴辅世、钱云瞻等皆为世家子弟中为文渊雅灏瀚者,他们"日相与往还议论"②,孜孜以求。18岁时奉曾祖命作《响雪亭记》,是为戴氏第一篇古文作品。极尽家乡风光人情,远近传诵。从此每当俯仰凭吊,游历交友,"间尝作为古文,以发抒其意",踏上了古文道路。③ 20岁,与左云凤诵法前贤左光斗时文。与左未生"伤俗学之日非,追前贤之遗绪,盱衡抵掌,自谓举世莫当"④。又与刘辉祖相约发愤为古文学。21岁,始为时文。据称,习时文乃生活所

---

① 《桐城文派述论》,第18页。
② 戴廷杰:《戴名世年谱》,中华书局2004年版,第32页。
③ 《自订时文全集序》,《戴名世集》卷四,中华书局1988年版。
④ 《左尚子制义序》,《戴名世集》卷四。

逼,《自订时文全集序》:"授徒以谋养,而生徒来学,惟时文之是师,余乃学为时文"。

　　在其习文求知过程中,所交游多前朝名流后裔或隐逸的博学鸿儒,还时常可接触和收集到这些人的散什遗篇,因而获益多多,且受潜移默化之影响。23 岁,由书肆废纸中及人家敝筐弃不取者求之,得抗清人物金声稿数十篇,"甫读其一二,则大喜曰:'是当然矣'",归而理之,又于他处搜求补缀,装写为一集,并作《金正希稿序》,赏其文富有"激昂豪宕之气","悲其志而壮其节"。① 24 岁,师事潘江,潘江是其父挚友,又有姻亲,生于明万历年间,入清,绝意当世,不赴鸿博科,而益肆力诗文,慨然搜求先朝文献,收辑同乡先辈及诸友逸士遗稿,为论定而表章之。久负盛名,人争师事之。《自订时文全集序》:"里中有潘木崖先生,博雅君子也,家多藏书,余往往从借观,因师事之。"潘江对这位学生也极为赏识,"顾尝从事于古文辞,颇有所论述,时人无知者,独先生以为有司马迁、韩愈之风"②。"感先生知,益奋于学","遂以文名天下"。③ 戴名世十分敬重明末名臣左光斗,曾作有《左忠毅公传》,记述左氏与魏忠贤等斗争史事颇详,又与其子左国材等时有交往,曾相约游三都馆及其旁边的青布潭,追念左光斗。25 岁时,昆山王立极任桐城学博,颇为赏识戴氏文章,以为"其在韩公伯仲间乎! 韩公者,即故大宗伯慕庐先生,是时适以雄骏古雅之文登高第,所谓为举世不为之时者也"。比拟于清初大臣、文章大家韩菼。27 岁,始受知于督学使刘木齐,极蒙咨赏,明年遂入县学。来自各方面的赞赏,自然可以"傲睨自喜",但有时也会感时伤怀,次年,与僧师孔相聚西山读书一月,即曾流露出"俯仰古今,嗟叹世事"的情绪。④ 又与汪崑订交,"河发性倜傥,好交游,视世俗群儿,屑屑不足当意"⑤。是年自订《古文初集》。32 岁,结识朱书,朱书为宿松人,比戴名世小 1 岁,幼受业

---

① 《金正希稿序》,《戴名世集》卷四。
② 《潘木崖先生诗序》,《戴名世集》卷二。
③ 《木崖文集》所附《木崖先生传》,转引自戴廷杰《戴名世年谱》,第49页。
④ 《赠僧师孔序》,《戴名世集》卷五。
⑤ 《汪河发墓志铭》,《戴名世集》卷九。

于父，只准习诗古文，不许读时文，15岁以后，才私下自习时文，所作尤工。两人相处甚欢，友谊保持终生。34岁，以督学使李振裕荐考入国子监，结束了13年的教书生涯。同时与试者还有朱书、方苞。是冬赴京师，交游与视野进一步扩大，除朱书、方苞等同里学者外，还结识了工古文辞的萧正模、汪份、徐贻孙、刘齐、王源、刘古塘、周金然及其友陈潢等。他们以古人相砥砺，时常聚饮，纵论时事，旁若无人。戴氏的古文成就随着交游的扩大也被广泛认可，方苞就曾记述当时情形："海内知名士，皆聚于京师，以风华相标置。……时语古文，推宋潜虚，语时文，推刘无垢"①。戴名世一时成为这群青年知识分子的领袖。正是在这一时期他与汪份一道提出了"以古文为时文"的口号，致力于振兴古文事业。当时著名学者李塨也慕名来访，切磋经世致用之学。其他所交从事经济实用之学者还有刘献廷、王源、梅文鼎等。此后，离京游历数年。由于锋芒太厉、声名太盛，所到之处，时常会遭遇忌恨之人。53岁，应顺天乡试中举。57岁，会试第一，殿试授一甲二名。两年后，《南山集》案发，被捕入狱。康熙五十二年二月十日，被处极刑，时虚龄61岁。遗著版本甚多，现行世最广的有中华书局标点本《戴名世集》。

（二）古文创作成就

戴名世自称平生无别的嗜好，独好古文。他的古文创作实践有一个发展过程。方苞在《书先君子家传后》说："潜虚少时文清隽朗畅；中岁少廉悍，晚而告余曰：'吾今而知优柔平中，文之盛也，惟有道者几此。吾心慕焉而未能然。'"②而他自己概括："始余之为文，放纵奔逸，不能自制；已而收视反听，务为淡泊闲远之言、缥缈之音；久而自谓于义理之精微，人情之变态，犹未能以深入而曲尽也，则又务为发挥旁通之文。盖余之文，自年二十至今凡三变，其大略如此。"戴氏所言"三变"，实际是省略了其自己所述"俯仰凭吊，好论其成败得失……多幽忧之思"的少时阶段，③相当于方氏所说"清隽朗畅"阶段，而自称所

----

① 方苞：《朱字绿墓表》，《方望溪全集》卷一二，中国书店1991年影印本。
② 《方望溪全集》、《集外文》卷四，中华书局1988年版。
③ 《自订时文全集序》，《戴名世集》卷四。据附录王树民《戴文系年》，该文作于52岁时。

"始",则是方氏所指的"中岁"阶段,"已而"之后相当于方氏所言"晚"年阶段。

戴氏一生实践着读万卷书、行万里路的古训,博览经史子集,积累了丰富的知识,阅历深厚,开阔了眼界,加之天赋甚高,心思专注于古文创作,因而在古文创作上取得了卓越的成就。戴名世说"仆古文多愤世嫉俗之作,不敢示世人,恐以言语获罪"①,就其古文作品思想内容而言,主要包含记述抗清斗争、歌颂抗清之士等具有民族主义色彩的内容,批判科举、反映社会现实、揭露社会黑暗以及赞美自然的内容。虽往往喷薄出之,辞气慷慨,滔滔汩汩,其实并无超迈前人者。戴名世的贡献还是在古文方面。在古文作品中,他用力最勤、成就最高的是人物传记。他深得司马迁传记文学之精髓,将小说描写方法引入传记写作中,饱含感情,笔调生动,或寓庄于谐、情趣盎然,或曲尽情态、刻画入神,实录人事,却又写得个性鲜明,如《画网巾先生传》、《一壶先生传》、《王学箕传》、《杨维岳传》、《杨刘二王合传》等。戴名世的杂文小品变化多样,各尽其妍,是其古文的又一重要组成部分。杂言体包括书信、序跋、札记等,或借古讽今,如《范增论》畅快凌厉,《八月庚申及齐师战于乾时我师败绩》大气磅礴,耸动人心;或富有哲理,隽永逸致,颇具特色,如有关自己字号的一组文章《田字说》、《褐夫字说》、《药身说》、《忧庵记》等,短小精悍,手段多样,巧抒心曲,令人叫绝;寓言体杂文大多使用讽刺手法写人状物,说理喻世,或因事设境,借境言事,或拟人写物,以物喻人,如《鸟说》、《盲者说》、《邻女说》、《钱神问对》、《讨夏二子檄》、《鹦鹉赞》等。戴名世曾浪迹天下,所至之处,多有即兴纪行之作,因此,游记是其古文中的另一主要组成部分。他的游记善于反映风土人情,描写自然景物。如《北行日纪序》、《丙戌南还日纪》,如实地记载了康熙盛世中盗贼横行、劫杀无辜的社会景象,惜墨如金,却点面兼及,情节清晰;而《乙亥北行日纪》、《辛巳浙行日纪》,将乡村风土生活写得生动细致,情趣盎然,笔法潇洒自如,竟无丝毫雕饰痕迹。白描手法的运用,是戴氏古文的一大成就。在其许多作

---

① 《与刘大山书》,《戴名世集》卷一。

品中都曾采用这一艺术表现方法。如《一壶先生传》，全文仅 400 余字，直书其人其事，质朴无华，却如实地刻画出了一壶先生的佯狂自放的形象，给人以无尽的想象和回味。又如《邻女说》中，既未直白东邻女语言，又未加任何评论，仅"处女变色，拂衣而起，趋而归，誓终身弗与通"①寥寥十余字，以白描手法写出东邻女对西邻女的态度。在其一些游记作品中也以白描手法真切不诬地描写了自然风光，写出了自己美的感受，如《数峰亭记》、《游大龙湫记》、《慧庆寺玉兰记》，等等，随笔直写，未经锻炼，却文情深厚。

（三）古文理论主张

戴名世著作虽历经劫难，散失甚多，但现存资料仍能反映出其较完整的古文理论主张。

以古文为时文。这是戴名世提出的改造时文的主张。他批判科举之文诱导人们"自少而壮而老，终身钻研于其中，吟哦讽诵，揣摩习熟，相与扬眉瞬目以求得当于场屋"；剽窃媚俗，"鄙倍之甚"，束缚了人们思想，污染了文风与社会风气。但是，他并不排斥时文，对"见理也明，择言也精，而不可苟焉以同于众人者"，还是欣赏的。尤其"所望于有志君子者，由举业而上之为古文辞，由古文辞而上之至于圣人之大经大法，凡礼乐制度、农桑学校、明刑讲武之属，悉以举业之心思才力，纵横驰骋于其间，而不以四子之书徒为进取之资"②。他认为，对时文之弊，可以"古文之法"以救之。所谓古文，即"以古之法为之者"，而古之法，就是"根柢乎圣人之六经，而取裁于左、庄、马、班诸书"的创作古文之法。"盖其说莫备于韩、柳二家。韩子之言曰：'将蕲至于古之立言者，则无望其速成，无诱于势利，养其根而俟其实，加其膏而希其光。'柳子之言曰：'本之书以求其质，本之诗以求其恒，本之礼以求其宜，本之春秋以求其断，本之易以求其动，参之谷梁氏以厉其气，参之孟荀以畅其支，参之庄老以肆其端，参之国语以博其趣，参之离骚以致其幽，参之太史以著其洁。'呜呼！二家之言尽之矣。二家

---

① 《邻女说》，《戴名世集》卷一五。
② 《己卯科乡试墨卷序》，《戴名世集》卷四。

之言盖言为古文之法也……"①戴名世相信用古文之法作时文,时文也就成了古文;同样,若时文用的都是古文之法,那么不仅可救时文之弊,而且也就成了振兴古文途径之一。率其自然而行其所无事。这句话在其论文章写作时经常提到。这是戴名世古文理论的基础,也是其古文理论的出发点。他说:"今夫文之为道,虽其辞章格制各有不同,而其旨非有二也,第在率其自然而行其所无事,此自左、庄、马、班以来,诸家之旨未之有异也,何独于制举之文而弃之。"②就是说,不论什么体裁和风格,只要作文,都应如此去做,而且事实上这也是自古以来名什佳作之成功的不二法门,是一条贯穿古今而不变的写作规律。这里,"自然"就是本然,本来如此;"事"是指人为,而"无事"则是顺应或合乎自然、遵循规律而为,无须刻意创作,其含义与"自然"相谐和。因此,这句话也就包含着两层意思,一是"率其自然",在理念和态度上,坚持本真;一是"行其所无事",在行为和技能上,循"自然"去做,尽量做到自然而然。"率其自然而行其所无事",实际是他自己的写作心得,他说自己平常写作,不好雕饰,努力想着本此原则而从事。③他认为,一次理想的写作,其写作体验应是"即至篇终语止而混茫相接,不得其端",写作者在写作时根本不知道是在写作,也不知道作品是如何构成的。而要达到这境界是非常困难的。与此相关的,是读书与写作的关系,他说,不读书则不可能写得出好文章,但只有读书后又能忘掉书,写出来的才是自己理想的文章。④

正是基于这种认识,他对真、诚两字特别在意。所谓的"自然",对描述对象即客体而言,就是真;对写作主体即作者而言,就是诚。他主张诗文不事雕饰,让"性情之真自时时流露于其间"⑤,以为略其町畦、去其铅华,反映事物本真的淡泊之文,"无所有乃其所以无所不有者也"。意思是本来无所措意,实则意在其中,"物"(描述对象)如此,

① 《甲戌房书序》,《戴名世集》卷四。
② 《李潮进稿序》,《戴名世集》卷四。
③ 《送萧端木序》,《戴名世集》卷五。
④ 《与刘言洁书》,《戴名世集》卷一。
⑤ 《四逸园集序》,《戴名世集》卷二。

"意"（思想感情）也如此，"物"、"意"高度地融合，而文若能将这种状态如实地反映和表达出来，就可以达到"淡焉泊焉"的境界。因此，这种淡泊之文，就是至真之文，从另一角度看，也是"文之自然者也"①。"立诚有物"②是戴名世换角度对"自然"的一种理解和表述。所谓的"诚"，实际上也就是他所说的"出于心之自然"③，"有物"，就是文将这种"自然"表达出来。"'君子以言有物而行有恒'。夫有所为而为之之谓物；不得已而为之之谓物；近类而切事，发挥而旁通，其间天道具焉，人事备焉，物理昭焉，夫是之谓物也。"这里强调的是人必须"文"、"行"皆优才能称"君子"。文优在于"有物"，行优在于"有恒"，而"立诚"是实现这两优的关键。立诚而行，行才能有恒；立诚作文，文才能有物。人生的真实是文艺真实的前提，"率其自然"是达致文艺美的基础和途径。在此前提下，无论"有所为而为之"还是"不得已而为之"，所写出来的文章都属于"言有物"。

道、法、辞合一。戴名世对写作方法也进行了深入探讨。根据他提出的"率其自然而行其所无事"原则，针对写作实践，提出了道、法、辞合一的主张。"道也，法也，辞也，三者有一之不备焉，而不可谓之文也。"他认为，道，只有一个，已载在四子书中并由程朱解说明白。法，则有两个，一是行文之法，即内容叙述的呼应变化之法；一是御题之法，即审题构思之法。御题之法有定，行文之法无定。辞，则分古今，古之辞，即先秦、秦汉、唐宋古文家所为者，今之辞，则当代人怀利禄之心所为者。④ 他认为"文无定格"，说："余以为文章者，无一定之格也，立一格而后为文，其文不足言矣"⑤。因此，反对以格言文，认为"文章不可以格言也，以格言文而文章于是乎始衰"。在他那里，"格"与"法"是两个不同概念，格是"预立"的，是对写作规定的条条框框；而"法"则是"既成"的，是顺乎"自然"写作并且在成文后才得见的组织

---

① 《与刘言洁书》，《戴名世集》卷一。

② 《答赵少宰书》，《戴名世集》卷一。

③ 《刘陂千庶常诗序》，《戴名世集》卷二。

④ 《己卯行书小题序》，《戴名世集》卷四。

⑤ 《丁丑房书序》，《戴名世集》卷四。

行文之技巧。①

精、气、神合一。这是戴名世理想的文章艺术境界和审美标准。在他那里,所谓"精",就是"雅且清",而要做到这些,一是要淘汰尽"糟粕、煨烬、尘垢、渣滓",这主要偏重于文字内容而言;一是要消除尽"邪伪剽贼",这更多的是针对个人心性修养而言。所谓"气",就是作者得之于天赋和修养而形成的志向、气质,在写作中不经意地体现在或贯注到文中,即运行于文中的"阴驱而潜率之,出入于浩渺之区,跌宕于杳霭之际"、"杰然有以充塞乎两间,而盖冒乎万有"的一种力量。所谓"神",是指文章所表现出的神韵,是文章含"精"孕"气"而出的一种可体知而不可言表的韵致。② 在艺术境界上,戴名世追求平质之美,欣赏本色自然,他说:"质者,天下之至文者也;平者,天下之至奇者也"③。他反复申论人的修养与文的修炼是一致的,即所谓"文如其人";而去伪守真,去采存素,精、气、神浑然一体,便是包孕至文至奇的平质之文。

戴名世的立诚有物,率其自然,道、法、辞并重,精、气、神合一的散文创作理论,对方苞有一定影响,也为桐城派义法理论的形成奠定了基础。

三、方苞的古文成就

(一)坎坷的生平

方苞以古文闻名,对其古文,有的说:"义理则取镕六籍,气格则方驾韩欧";有的说:"探孔孟程朱之心,撷左马韩欧之韵"。所以,自乾隆以来,方苞就被公认为桐城派创始人。姚鼐说:"望溪先生之古文,为我朝百余年文章之冠,天下论文者,无异说也。"④陈康祺以为"本朝古文家,必推桐城方侍郎为正宗矣"⑤。并说"桐城派古文,望溪开之,

---

① 《小学论选序》,《戴名世集》卷四。
② 《答伍张两生书》,《戴名世集》卷一。
③ 《章泰占稿序》,《戴名世集》卷三。
④ 以上均见《方望溪全集》附录,《诸家评论》。
⑤ 《郎潜纪闻二笔》卷十二,第 552 页;又见《清稗类钞》第三册,第 1418 页。

海峰继之,至惜抱而其传始大,此天下之公言也"①。明确指出方氏为桐城派的开山祖,是当时"天下之公言"认定的。

方苞(1668—1749),字凤九,一字灵皋,晚年自号望溪,安徽桐城人,生于江苏六合留家村。方氏为桐城世族,但自曾祖副使公方象乾为避寇侨居江苏上元(今南京)后,家道日落,至方苞出生时,已是家无仆俾、累月无肉食的境况。后来,竟至有疮疾不能及时治愈,"每旬月中屡不再食"②。家虽贫,但由于有良好的家学教育,4 岁时,即能以"龙气成云"对父所出"鸡声隔雾"。7 岁,即暗自阅读了旧版《史记》,10 岁,随兄读经书、古文,相与博究经史百氏之书。尚未成童,《易》、《诗》、《书》、《礼记》、《左传》皆已能背诵,所拥有知识远超同龄人。

方苞生平有几个关键时期,其中之一便是早年颇受明遗民影响。其父好友多遗民,如杜濬、杜岕、钱澄之、方文,等等,他们时常往来,相与唱和。这种氛围无形中对其有所熏陶。19 岁,在安庆参加考试时结识青年才俊朱书。过枞阳时,钱澄之竟闻名主动造访,称为"皆吾辈人"③。方苞曾说:"苞童时侍先君子与钱、杜诸先生,以诗相唱和,慕其铿锵,欲窃效焉。"又说:"仆少所交,多楚、越遗民,重文藻,喜事功,视宋儒为腐烂;用此年二十,目未尝涉宋儒书。"④24 岁,随学使高裔至北京,游太学,这是其人生中又一大转折时期。这时期,方苞眼界更开阔,交游更广泛,声名更盛大。他结交了一大批青年学者,如王源、刘言洁、徐诒孙、刘拙修等,名流学者如李光地、韩菼、万斯同等。李光地见其文叹曰"韩欧复出";以文名海内的韩菼见其文,至欲自毁己稿,誉之为"昌黎后一人";万斯同自降身份与之交,并指导其治学。在万氏规劝"辍古文之学,一意求经义焉,始读宋儒书"。次年,著名古文家姜宸英见其文,乃曰"此人,吾辈当让之出一头地者也"。方苞与姜宸英、王源论行身祈向时说:"学行继程朱之后,文章在韩欧之间。"这

① 《郎潜纪闻二笔》卷四,第 398 页。
② 《弟椒涂墓志铭》,《方望溪全集》卷十七。
③ 《方望溪全集》附《年谱》,本节有关生平史事不注明者皆源于此,不再标注。
④ 《再与刘拙修书》,《方望溪全集》卷六。

成为其终生坚守的信念。32岁,举江南乡试第一。36岁时,结交颜李学派的代表人物李塨,与之讨论格物,学术观点不合。康熙四十五年39岁时中进士第四名。

康熙五十年《南山集》案成为其一生的重大转折。方苞因给该书作序,而被牵连入狱,全族没入旗籍。在狱中,他潜心治学,写出《礼记析疑》、《丧礼或问》等。同案犯人皆惶惧,方氏却读书自若,或厌之,夺其书;劝阻之,答之曰“朝闻道,夕死可也”。据说,方苞入狱后,时在史馆任职的万经曾“毅然投状西曹”,保释方苞。①康熙五十二年,《南山集》案结案,方苞被判死刑。大学士李光地力救之,康熙帝也素知方苞文学,于是诏令“戴名世案内方苞学问天下莫不闻,下武英殿总管和素”。次日,召入南书房,命撰《湖南洞苗归化碑文》。又连日命著《黄钟为万世根本论》、《时和年丰庆祝赋》等,频受嘉赏。遂命以白衣入值南书房,参与校雠工作,兼任诸王子教师。

复出后,方苞经世济民之志未曾稍减。“当是时,安溪在阁,徐文靖公元梦以总宪兼院长,公时时以所见敷陈,某事当行,某事害于民当去,其说多见施行。”②55岁,充任武英殿修书总裁。次年,雍正即位,赦其全族归还原籍。此后,除请假或病休外,在雍正、乾隆两朝,先后出任过左中允、翰林院侍讲、侍讲学士、内阁学士兼礼部侍郎、礼部右侍郎等。同时多次奉命约选两汉及唐宋八家古文、选有明及本朝诸大家四书制义,兼任一统志、文颖馆等书局之事。任职期间,凡关兴利除弊、漕运河工、仓储荒政、屯田设防、人才吏治、国计民生,等等,知无不言,慷慨陈词,体现其拳拳为斯世斯民之心。

70岁,以病请解侍郎任,诏许之。75岁,又乞准解书局之职,归里养老。乾隆十四年八月十八日卒于上元里第,终年82岁。

(二)古文创作及其特色

方苞一生创作了大量古文,不仅成就彪炳千秋,而且特色鲜明。

方苞和戴名世一样,擅长人物传记写作。在传记作品中,特别注

① 《郎潜纪闻四笔》卷一,第2页。
② 全祖望《前侍郎桐城方公(苞)神道碑铭》,《方望溪遗集》附录二,黄山书社1990年版,第161页。

313

重史事真实,选材与叙述尤留意"与其人之规模相称"。他说,自己生平非相知故旧,一般不为人尤其是富贵人写墓志碑铭等传记类作品,主要原因是"惧所传之不实也"①。正是出于这种思想,他的人物传记作品大都取材精准,叙述详略得当。关于取材,如当孙以宁请其写《孙征君传》时,提供了一些传记材料,其中有一部分"贤者论述",即他人已写的传记类作品,方苞阅读后,觉得这些人"或详于讲学宗指及师友渊源,或条举平生义侠之迹,或盛称门墙广大,海内向仰者多"。而方苞以为这些对传主孙奇逢来说,都是其生平事迹的末节微迹,将这些写详细了,反把传主更重要的"志事"遮盖了。"往者群贤所作惟务征实故事,愈详而义愈陋,今详者略,实者虚,而征君所蕴蓄转似可得之意言之外。"也就是说,他的《孙征君传》将前人所作详的地方省略了,实的地方虚写了,着重于传主的营葬杨涟、左光斗及上书孙承宗、痛斥魏忠贤、不仕清等几件事,突出其志向气节之"蕴蓄",即关乎生平大者要者。②又如名篇《左忠毅公逸事》,所选左光斗与史可法交往的几个片段,都注重于左氏识才之智、爱才之心、护才之行,所取都是与具有雄略卓识的政治家相称的资料。其他如《田间先生墓表》、《明禹州兵备道李公城守死事状》、《石斋黄公逸事》、《左仁传》,等等,都是脍炙人口的名篇。

善于夹叙夹议,寓论理于叙事之中。方苞的古文,时常采用叙事与议论相结合的方法,或画龙点睛;或步步引申,给人启迪,使人感悟。如《狱中杂记》有时在叙事中通过插入对话或自白,评价某人某事,点明旨意,起到了一针见血的效果。又如《书杨维斗先生传后》记述一群学者对一个问题的讨论,夹叙夹议,叙述文字中又夹杂着议论文字,写得条理清晰,而又颇具思想性,读来别有一番情趣。再如《辕马说》以马喻人,反映社会现实,然后以"呜呼!将车者,其慎哉"寥寥数字,议论中肯,具有警世作用。这些作品充分反映了"文以载道"的理念与用心。

---

① 《儒林郎梁君墓表》,《方望溪遗集》,第103页。
② 《与孙以宁书》,《方望溪全集》卷六。

修辞手法多样,描述形象生动,情辞动人。方苞的古文作品修辞手法多种多样,富有活泼力和感染力。排比句的使用,有利于张扬气势,提高说服力。如在《书老子传后》就采取了这种手法,取得了很好的效果。比喻方法的运用。有时文章使用些比喻句,倍觉生动贴切、深刻明了。如《与程若韩书》在讨论文章写作中的繁简问题时,使用了比喻句,读之了然于胸,给人以深刻印象。比兴手法的运用。如《与鄂张两相国论制驳西边书》、《题舒文节探梅图说》等,或喻人或喻己,皆达到了托物言志论人的效果。方苞的许多古文作品都富有情感,传记类作品追述人事,字里行间,无不充满着亲情、友情、爱情以及爱国忧民之情,言语质朴,情真意切,沁人肺腑。诸如《兄百川墓志铭》、《弟椒涂墓志铭》、《先母行略》、《亡妻蔡氏哀辞》、《王瑶峰哀辞》、《仆王兴哀辞》、《书孙文正传后》等,都是佳作名篇。一些篇章对山河自然风光描写,清新流畅,情趣盎然,无不饱含着对祖国、对家乡充沛而真挚的感情,反映了作者热爱自然、热爱生命、热爱生活的态度。

(三)古文义法说

义法说是方苞的古文主张,后来成为桐城派的理论基石。

从宏观上说,方苞的义法说是对明末清初以来古文理论主张的总结与提炼,就直接的承传关系而言,义法概念为康熙三十五年万斯同授予方苞的:"子诚欲以古文为事,则愿一意于斯,就吾所述,约以义法而经纬其文。他日书成,记其后曰:'此四明万氏所草创也。'则吾死不恨矣"[1]。导源于万氏对史学的思考,最初是针对是非与史实关系提出的。后来方苞汲取万氏思想,又加以自己的思考,在《又书货殖传后》一文中做了简洁表述:"《春秋》之制义法,自太史公发之,而后之深于文者亦具焉。义即《易》之所谓'言有物'也,法即《易》之所谓'言有序'也。义以为经而法纬之,然后为成体之文"。他继续指出"夫纪事之文,成体者莫如《左氏》,及其后则昌黎韩子。然其义法皆显然可

---

[1] 《万季野墓表》,《方望溪全集》卷一二。

寻"①。这里仍是针对历史传记写作方法立论的,但已转换为一般的作文之法。经方苞的长期探索、丰富、发展,义法说最终成为符合并反映写作规律的古文理论。

义法说是一个有机体,是一个系统的古文理论,揭示的是具有普遍意义的写作规律。具体言之,方苞的义法说包含内容有:

义法说是义与法的有机结合。义以为经,确立了义的主体地位、法的辅助作用。就传统理念而言,道与文的关系,就是义与法的关系,义就是道,法就是文,道是主体,文则是载体,是体现道的。不过,从文学主体性出发,"义以为经而法纬之",又是内容与形式的关系问题。内容形式要相符合,义包含在法中,法又是义的表现。合乎义法的文章,应是义理精当、深刻,具有思想性,而又在材料取舍、文章结构、遣词造句等方面合乎规范的,具有艺术性的文章。在文章内容方面,讲究的是言有物,在文章形式方面,讲究的是言有序,内容决定形式,又相互制约。

诸体之文,各有义法。② 方苞曾将文章分为四种,经、纪事之文、道古之文、论事之文:"古之圣贤,德修于身,功被于万物,故史臣记其事,学者传其言,而奉以为经,与天地同流。其下如左丘明、司马迁、班固,志欲通古今之变,存一王之法,故纪事之文传。荀卿、董傅,守孤学以待来者,故道古之文传。管夷吾、贾谊,达于世务,故论事之文传。凡此皆言有物也。"③而诸体之文,各有义法。文体不同,其义法也不同。因此义与法,即"有物"与"有序"的具体内涵也会因文体不同而有所变化。他说:"记事之文,惟《左传》、《史记》各有义法,一篇之中,脉相灌输,而不可增损。然其前后相应,或隐或显,或偏或全,变化随宜,不主一道。"④就是史体文章中合乎义法的。

先后详略,各有义法。⑤ 诸如选材的精当,结构的完整,叙述的先

---

① 《方望溪全集》卷二。

② 《答乔介夫书》,《方望溪全集》卷六。

③ 《杨千木文稿序》,《方望溪全集》《集外文》卷四。

④ 《书五代史安重海传后》,《方望溪全集》卷二。

⑤ 《史记评语》第7条、第10条,《方望溪全集》《补遗》卷二。

后,说话的恰如其分,语句的简洁规范,等等,都应根据写作对象来确定,"去取详略,措置各有宜也"①。方苞主张文章"能尽而不芜也",能尽,即写出来史事人物的首尾过程等完整面貌;不芜,则要求剔除碎琐枝节微末之情节文字,而存其大要。"盖所记之事,必与其人之规模相称,乃得体要。子厚以洁称太史,非独辞无芜累也,明于义法,而所载之事不杂,故其气体为最洁也。"②

讲求语言雅洁。方苞特别欣赏《史记》的简而能工的洗练手段:"夫文未有繁而能工者,如煎金锡,粗矿去,然后黑浊之气竭而光润生。《史记》《汉书》长篇,乃事之体本大,非按节而分寸之不遗也。"③乾隆十八年,奉命选录《四书》文时便以清真雅正为宗。④ 他把散文语言与骈体语言相区别,还把散文与小说、尺牍、公文语言相区别,史称"故其论文严于义法。今约举其大恉如下:一、非阐道翼教,有关人伦风化,不苟作。二、凡所涉笔,皆有六籍之精华。三、不可入语录中语、魏晋六朝藻丽俳语、汉赋中板重字法、诗歌中隽语、《南北史》佻巧语"⑤。总之,他努力提倡典雅、古朴、简洁的文风,目的就是要维护和保持散文的艺术性。

义法说这一文学旗帜的张扬,标志着桐城派正式登上了中国文学史的大舞台,其影响之经远⑥广大,恐非方苞自己所能预料到的。

---

① 《史记评语》第 7 条、第 10 条,《方望溪全集》《补遗》卷二。
② 《史记评语》第 24 条,《方望溪全集》《补遗》卷二。
③ 《与程若韩书》,《方望溪全集》卷六。
④ 《清稗类钞》第八册,"文学类·制艺之兴废",第 3896—3897 页。
⑤ 《清稗类钞》第八册,"文学类·散体文家之分派",第 3884 页。
⑥ 姚鼐:《刘海峰先生八十寿序》,《惜抱轩全集》《文集》卷八,中国书店 1991 年影印本 87。

第二节　桐城派的形成

一、刘大櫆的古文贡献

（一）生平经历

关于刘大櫆，姚鼐曾如是说："曩者，鼐在京师，歙程吏部、历城周编修语曰：为文章者，有所法而后能，有所变而后大。维盛清治迈逾千古千百，独士能为古文者未广。昔有方侍郎，今有刘先生，天下文章，其出于桐城乎！"他以古文不仅影响于当代，而且还流芳于后世。在桐城派中，刘大櫆被公认为"三祖"之一。他是方苞门徒，又为姚鼐老师，其角色则是桐城派创始时期承上启下的传薪者，古文理论的发展者，古文事业的拓大者。

刘大櫆（1697—1779），字才甫，一字耕南，号海峰，又因通晓医术，自号医林丈人，安徽桐城东乡（今属枞阳）人。世居江滨陈家洲，后居枞阳镇之寺巷。出身于书香门第，曾祖日燿，明末贡生，官歙县训导，祖牲、父柱，均为县学生，世以课读为业。长兄大宾，雍正十三年举人，官至贵州玉屏知县。7岁，随兄长们一起读书。13岁，作《观化》一文，为目前所知存世最早的作品。15岁，师事著名学者吴直。吴直为文简奥，"同时方侍郎负盛名，先生犹以为不可意也"，"不苟同，然能自立"①。刘大櫆聪明好学，"读古人文章，即知其意而善效之"。弱冠，曾在家乡授徒。这时的刘大櫆胸怀斯世斯民之志，结交了一批志同道合的青年学子，如姚范、张闲中、叶酉、方辅读、张东临等，他们相互切磋，时有唱和，不仅文名远播，且意气风发，跃跃欲有所为。一次，刘大櫆在旅舍中拜见工部侍郎吴士玉，吴氏欣赏其才华，以为"非寻常

---

① 《桐城耆旧传》卷九，《胡袭参、吴生甫二先生传第九十一》。

人",与之订交。① 29 岁,首次入京。吴氏见其古文日益精进,足以追步古人,据说曾誉之为当代韩愈,并邀请他任家庭教师。据姚鼐追述:"年二十余,入京师,当康熙末,方侍郎苞名大重于京师矣,见海峰大奇之,语人曰:'如苞何足言耶! 吾同里刘大櫆,乃今世韩欧才也!'自是天下皆闻刘海峰。"②方苞非常赏识他,以"国士"视之,以为堪成大才,遂收为门下,教授其古文义法。在京师,结识高仰亭、徐昆山、沈维涓、王载阳、沈廷芳、杭世骏、方道希、卢见曾等人。然而,科举之路却屡屡受挫。"雍正中,两登副榜,竟不获举。乾隆元年,苞荐应词科,大学士张廷玉黜落之,已而悔。乾隆十五年,特以经学荐,复不录。"③约在 63岁,出任黟县教谕。以常来往于黟、歙间,与程瑶田、郑牧、方根矩、吴阆、汪梧凤、汪肇龙等著名学者文人切磋学问,谈论时势,关心民生,往还极为亲密。徽州人士也得以从其学习诗文。71 岁,去职,应聘主讲歙县问政书院,纂修《歙县志》、《黄山志》。75 岁,返回故里。居枞阳江上不复出,83 岁卒。④

（二）古文成就与特色

刘大櫆一生,除应试外,大半生都是在教书与游幕中度过的,因而有较充裕的时间从事古文事业。他自称"余性喜为辞章"⑤,"櫆,舒州之鄙人,而憔悴迍邅之士也。率其颛愚之性,牢键一室,不治他事,惟文史是耽。意有所触,作为怪奇雷洛瑰伟之辞,以自为娱乐"⑥。由于专注,所以他在古文写作方面,成就既杰出又颇具特色。

刘大櫆的古文作品一个突出的特点就是具有鲜明的思想性。尤其是其论著类作品,更能体现这点。如《辨异》、《观化》、《养性》、《达命》、《心知》、《天道》上中下、《难言》、《息争》、《慎始》、《丛说》、《解毁》、《焚书辨》、《雷说》、《书战国策》、《书荆轲传》、《男子三十而娶女

---

① 吴士玉《海峰文集序》,《海峰文集》卷首,清缥碧轩本。
② 《刘海峰先生传》,《惜抱轩全集》《文后集》卷五 236。
③ 《清史稿》卷四八五,《列传二百七十二》,《刘大櫆》。
④ 以上生平事实,除已标注者外,均本自吴孟复先生《刘海峰简谱》,《刘大櫆集》附录(二),上海古籍出版社 1990 年版,下引刘集不再注版本信息。
⑤ 《徐崑山文序》,《刘大櫆集》卷二。
⑥ 《与某翰林书》,《刘大櫆集》卷三。

319

子二十而嫁》、《泰伯高于文王》、《骡说》、《王列女传》、《读万石君传》、《读伯夷传》、《窦祠记》、《乡饮大宾金君传》、《侑经精舍记》、《答周君书》，等等，虽然这些作品中有的吐露出愤世嫉俗的情绪，但皆是独特见解之作。其中或揭示天道无知，社会兴盛衰乱与人之祸福寿夭皆不由天；或指出圣人与农商等无异，妇女乞丐等社会地位低下者有的人格甚至高于男性和高贵者；或主张君臣之间合则留不合则去，批判臣死其君、妇死其夫等封建专制制度和伦理道德；或谴责科举害人，揭露世俗败坏。这类作品往往思想深刻，笔锋犀利，说理透彻，脍炙人口，在桐城派古文中是别具一格的。

刘大櫆的作品往往是神气十足，情理并至，波澜壮阔，文采飞扬。如在《答周君书》中，以龙蛇譬喻人才之遭际，其气充，故其笔势转折自如，反复论说而出神入化，一气呵成而使人回味无穷。又如《骡说》，仅百余字，笔法一折再折，曲尽其妙，雄辩成理，令人叹服。而《樵髯传》着墨严谨，却神奇并重地勾画出传主的高洁之志和狂逸之态，真是言有法而无法，言无法而有法，堪称古文创作的极品。其古文作品时常采用劈头盖脸的突兀起笔方式，然后层层推进，跌宕回旋，波澜壮阔，引人入胜，给人美好的艺术享受。总之，刘大櫆的古文无不体现出其以神为主、才雄气肆的创作特色。

古文诗化是刘大櫆创作的又一大成就和特色。吴定曾说过："先生才高而遇穷，于诗靡所不工，而古诗尤超越国朝诸贤之上，其抑塞腾踏悲壮之气，充满天壤，莫之能御，傥亦所谓有郁而鸣者耶！"[①]在桐城派人物中，刘大櫆是诗歌成就最大的人物之一。在古文创作中，他就把诗歌的含蓄、情韵等艺术特性等引入，从而形成了独特的散文艺术风格。如《海舶三集序》是一篇诗评，若按一般写法，很容易质朴无文，溢美不实。而他却别出心裁，着力铺陈海上风涛之险，以衬托海上吟诗之奇，然后进入正题，道出成就诗歌佳作的秘诀。议论类杂文写得诗味十足，让人读后不禁击节赞叹。

刘大櫆也善于使用白描手法。他在《叶书山时文序》中以白描手

---

① 吴定：《海峰夫子诗序》，《紫石泉山房文集》卷六。

法写人的心灵,精炼而气韵十足,出新而诗味四溢。又如《游碾玉峡记》,笔墨不多,稍事白描,竟收到文如诗、画入文的效果,景真情切,却神溢笔外。其他如《张十二郎圹铭》、《祭张十二郎文》、《送叶书山序》、《舅父杨君权厝志》,等等,也都白描传神,简洁生动。①

（三）古文理论主张

材料与能事论。这是刘大櫆对古文创作理论的有益思考,既是对方苞义法论的继承,又是一次发展,对后世文章学的诞生产生了重要影响。刘大櫆论文不标"义法",但他对作品结构的分析实际上仍是按方苞义法论,即内容与形式的关系进行的。刘大櫆认为:"自古文字相传,另有个能事在。"②所谓"能事",是与"材料"对称的。他说:"故义理、书卷、经济者,行文之实;若行文自另是一事。譬如大匠操斤,无土木材料,纵有成风尽垩手段,何处设施?然即土木材料,而不善设施者甚多,终不可为大匠。故文人者,大匠也;义理、书卷、经济者,匠人之材料也。"③在刘氏这里,义理、书卷、经济,都是材料,即"行文之实",相当于方苞的"言有物";而"行文"就是"能事",指作者的创作技能等,相当于"言有序"。不过,刘大櫆从根本上颠倒了"有物"与"有序"的关系,将义理、书卷、经济降底成了"材料",而把"行文"上升到了"成风尽垩手段"的地位,这样就深化了义法之关系。专从"文之能事"来探讨文学创作规律,为此后独立的文章学研究开辟了道路。

神气音节论。刘大櫆在提出"材料"与"能事"命题时,实际上就将方苞的义法论做了偷梁换柱的改造,发现并建构了新的二元对立,即新的内容与形式的关系变成了神与气或神气与音节的关系。他说:"行文之道,神为主,气辅之。……然气随神转,神浑则气灏,神远则气逸,神伟则气高,神变则气奇,神深则气静,故神为气之主。至专以理为主者,则犹未尽其妙也。"④"神气者,文之最精处也;音节者,文之稍粗处也;字句者,文之最粗处也;然论文而至于字句,则文之能事尽矣。

---

① 以上所引篇名皆出自前引《刘大櫆集》,为节省篇幅,未逐条加注。
② 刘大櫆:《论文偶记》之五,人民文学出版社 1959 年版。
③ 刘大櫆:《论文偶记》之三。
④ 刘大櫆:《论文偶记》之三。

盖音节者,神气之迹也;字句者,音节之矩也。神气不可见,于音节见之;音节无可准,以字句准之。"①神气概念早就在中国文学史上提出,但刘大櫆探讨了以语言艺术表现文章"神气"的角度探讨文学创作规律,是其一大贡献。

十二"贵"论。刘大櫆在《论文偶记》里还专门就"文之能事"进行了深入探讨,提出了十二"贵":文贵奇、文贵高、文贵大、文贵远、文贵简、文贵疏、文贵变、文贵瘦、文贵华、文贵去陈言、文贵品藻等。② 这是对前人文论的总结,但一经他集中论述,又成为后世散文创作和赏鉴的指导性审美标准。

（四）桐城派的拓展

在桐城派的发展史上,刘大櫆发挥了拓展作用。一是理论上的继承与发展,创作实践上的风格别具。吴定就曾说过,"灵皋善择取义理于经,其所得于文章者,义法而已。先生乃并其神气、音节尽得之,雄奇恣睢,驱役百氏,其气之肆,波澜之阔大,音调之铿锵,皆灵皋所不逮"③。一是影响的扩大。除其自身的创作成就影响外,最重要的是,通过其教授活动,拓大了桐城派的门户和影响。如他出任黟县教谕期间,与程瑶田、郑牧、方根矩、吴阆、汪梧凤、汪肇龙等著名学者文人往还极为亲密,徽州人士也得以从其学习诗文,如金榜、吴定、吴绍泽等从受业。返回故里后,仍在家讲学,王灼、左坚吾等从受业。"王灼,字滨麓。乾隆五十一年举人,选东流教谕。尝馆于歙,与金榜、程瑶田及武进张惠言诸人相友善。一日见张惠言《黄山赋》,曰:'子之才可追古作者,何必讬齐、梁以下自域乎!'惠言遂弃俪体为古文"④。此后又通过张惠言的传播,衍生出了阳湖派。桐城古文由此为更多的人所认可、所接受,队伍逐渐扩大,古文事业呈现蒸蒸日上的气象。

---

① 刘大櫆:《论文偶记》之十三。
② 刘大櫆:《论文偶记》之十六至二十七。
③ 吴定:《海峰夫子古文序》,《紫石泉山房文集》卷六。
④ 《清史稿》卷四八五,《文苑》二,《王灼》。

二、姚鼐的古文成就

(一)生平经历

关于桐城派的形成，自从姜书阁先生《桐城文派评述》出版以来，"三祖"说便被广泛采用，即方苞创始，经刘大櫆中介，而至姚鼐集大成，文派正式形成。近些年来，越来越多的学者将戴名世作为早期代表之一，因而又有"四祖"之说。① 不管意见如何分歧，到姚鼐时形成桐城派，却已是学界共识。至于对他在桐城派中的地位的提法，则有奠基者、创始者、集大成者、正式形成者，等等。②

姚鼐(1732—1815)，字姬传，号梦谷，以书斋名抱惜轩，世称惜抱先生。生于桐城官宦世家，高祖姚文然，官刑部尚书，为清初名臣。曾祖姚士基曾任罗田知县。伯父姚范由翰林院编修引退，以诗古文及经学见称于世。父姚淑，为一介布衣，终生未仕。到姚鼐出生时，家境已不富裕。幼年体弱而好学，启蒙师为饱学之士方泽。幼时常可闻见伯父与方泽、左学冲等谈诗论文，刘大櫆也时常来做客。受此环境熏染，对学问才华，常常心驰神往，尤其仰慕刘大櫆，竟背地里模仿其音容笑貌以为游戏。稍长，师从伯父习经学。18 岁，又从伯父好友刘大櫆学古文之法。刘氏十分赏识少年姚鼐："我昔在故乡，初与君相识。君时甫冠带，已具垂天翼。"③师从刘大櫆获益多多，姚鼐的古文水平提升很快。后来姚鼐在书信中还曾向乃师表达了立志继承师传和家学、振兴古文的愿望。

20 岁，乡试中举，随后，会试屡挫，直至 33 岁才成进士，授翰林院庶吉士，散馆改主事，分发兵部，不久改礼部仪制司主事。先后充任山东乡试副考官、湖南乡试副考官、恩科会试同考官。41 岁，升任刑部广东司郎中。43 岁时，侍读学士朱筠等人提议开设四库全书馆，选翰林宿学为纂修官，并征召一批著名汉学家入馆任职，以纪昀为总纂官。

---

① 参见段启明、汪龙麟主编:《清代文学研究》第 8 章第 2 节、第 3 节,北京出版社 2001 年版。
② 王达敏:《姚鼐与乾嘉学派·导论》;周中明:《桐城派研究》第 196 页;吴孟复:《桐城文派述论》第 98 页。
③ 刘大櫆:《寄姚姬传》,《刘大櫆集》卷一三。

姚鼐也由大学士刘统勋等人举荐而入馆,充任校办。"当是时,纂修者竞尚新奇,厌薄宋、元以来儒者,以为空疏,掊击讪笑之不遗余力。先生往复辩难,诸公虽无以难,而莫能助也。"①以学术见解不同,又觉自己难以适应官场的险恶环境,44岁,即辞官而归。此后便一心致力于教育和治学,先后主持过扬州梅花书院、安庆敬敷书院、歙县紫阳书院、南京钟山书院等。

(二)古文创作成就

由于自少即得到姚范和刘大櫆的指教,习闻各种类别的古文创作秘诀,又经过自己长期的实践摸索,终于取得了丰富的古文创作成就,写出了具有自己独特风格的古文作品。

姚鼐作品特别具有神韵。相对而言,姚鼐的古文作品反映社会现实和民间疾苦的内容要少些,因而就很自然地偏于"雅"的方向发展。所谓神韵,就是不着一字、尽得风流,含不尽之意于言外的那种韵味和美感。讲究神韵,就是追求一种纡徐婉雅、意蕴无穷的风格。如《李斯论》,看似一篇史论,痛论阿附权贵、曲从世好的风气,批评趋时的危害,写得感慨至深。全文纵横议论,却无一字实指与作者所处时代有何关联,而深藏其中的有感于时事的言外之意,读者却会感知或咀嚼出来。一般来说,说理文和序跋类作品是很难写出韵味的,而姚鼐却能做到了这点。姚鼐有时会在这些文章中注入人情味和文学性,写得韵味隽永。如《赠钱献之序》、《仪郑堂记》、《读孙子》、《食旧堂集序》、《礼笺序》、《海愚诗钞序》等。

姚鼐有的古文作品写得简严有度。在传记写作方面,他继承了方苞常事不书的传统,作品往往结构谨严、繁简有度。如《朱竹君传》,对朱筠这样的政声颇著的大臣,他未铺张其他政绩,而着重写其建议纂修《四库全书》一事,体现出慎重选材、突出个性、严谨为文的风格。姚鼐的许多文章文字不多,却结构严谨、法度俨然,如《岘亭记》,环环相扣,一气呵成,写得朴茂可人。又如《孙忠愍公祠记》,写得井然有序,浑朴厚重,中规中矩,而又激荡人心。其有的文章不仅具有留意与

---

① 姚莹:《惜抱先生行状》,《东溟文集》卷六,中复堂全集本。

其人之规模相称的特点,而且写得别具一格,如《方染露传》,先以精炼的文笔写其弃官不做、耿介孤傲的品格,而后详记其夫人谙熟草书之事,乍似突兀,却可借以衬托方染露的能文善书,并增添了文章的变化和趣味。

姚鼐的游记类文章往往记叙明晰、清纯可人、精微细腻,具有雅洁之美。其作品几无冗词赘语,简净明畅,却又无洗练推敲之痕迹,显示出其深厚的使用文字之功。如名篇《登泰山记》中用"苍山负雪,明烛天南"八个字,就将黄昏中远眺的景色描写出来,而一"负"一"烛",既贴切真实,又生动形象,读者可以想象到其情景,甚至可以产生身临其境的感觉。又如《游媚笔泉记》,用 268 个字竟将山势、溪流、奇石、树木、鸣禽、深潭、怪石、泉水、圆池等自然景物和有关人物交代得如指如画,读之仿佛已身为伴游,有所见有所闻有所感受。其谋篇布局,遣词造句,可谓神工天成。①

(三)古文理论主张

义理、考证、文章三者不可偏废论。姚鼐在《述菴文钞序》中曾说过这样一段话:"余尝论学问之事,有三端焉:曰义理也,考证也,文章也。是三者,苟善用之,则皆足以相济;苟不善用之,则或至于相害。今夫博学强识,而善言德行者,固文之贵也;寡闻而浅识者,故文之陋也。"②在《复秦小岘书》中他又说:"鼐尝谓天下学问之事,有义理、文章、考据三者之分,异趋而同为不可废。"③这是他对方苞义法论的发展和完善。他虽主张恪守程朱理学,但当乾嘉年间考据学风大盛之际,为因应时代变化,于是提出综合各种不同流派之长,兼容并包,从发挥经义和强调学问方面补充义法说的不足,以克服"文之陋"。这里的所谓义理,实际指的是作者立言之旨,即文章的思想内容;所谓考证,就是要求材料确凿,这样就扩充了文章"有物"的内涵。同时他主张讲求写作技巧,把文章写得更好,更具有审美鉴赏价值。所以,义理、考证、文章三者必须相辅相成,不可偏废和割裂。此论一出,立即得到

---

① 上述所引篇名未出注者均采自《惜抱轩全集》,中国书店 1991 年版。

② 《惜抱轩全集》卷四,"余",原文作"泰",当误,径改。

③ 《惜抱轩全集》卷六。

许多学者和古文家赞同和响应，成为桐城派古文的基本理论主张之一。

道与艺合、天与人一论。这是姚鼐始终坚守的古文主张之一。他说："夫文者，艺也。道与艺合，天与人一，则为文之至。"[①]他以为"文与质备，道与艺合，心手之运，贯彻万物，而尽得乎人心之所欲出。若是者，千载中数人而已"[②]。由这里可知，他所说的道，既指天地自然之道，也指儒家道义精神，两者各具内涵而有相一致。所谓道与艺合，指作者应重视道德修养，然后发之为诗文，那么诗文自然能合乎道而达到高尚的境界；而天与人一，则是作者的天赋与后天的知识能力相结合，做到这点，才有可能实现"文之至"。

神理气味、格律声色文章要素精粗论。姚鼐认为文章成分有精有粗，其要素有八，即神理气味、格律声色。他说："凡文之体类十三，而所以为文者八：曰神、理、气、味、格、律、声、色。神、理、气、味者，文之精也；格、律、声、色者，文之粗也。然苟舍其粗，则精者亦胡以寓焉？学者之于古人，必始而遇其粗，中而遇其精，终则御其精者而遗其粗者。"[③]他继承了刘大櫆的神气音节说，在其基础上扩展并做了更精深的分析研究，而且发现了作品中具体的语言音调与抽象的精神气韵之间的辩证关系。同时，他还指出了学习写作过程中不同的境界。如果说刘大櫆将方苞义法论的内容与形式的二元关系做了改造和发展，那么姚鼐在这里对刘氏新建构的二元对立关系加以确认并进一步发展了，加强了对文章艺术的研究，尝试回答了文章学中共性与个性问题。

阳刚、阴柔文章风格论。姚鼐认为，就总体而言，文章风格可分为阳刚和阴柔两大类，并认为各有其美。他说："吾尝以文章之原，本乎天地。天地之道，阴阳刚柔而已。苟有得乎阴阳刚柔之精，皆可以为文章之美。阴阳刚柔并行而不容偏废。有其一端而绝亡其一，刚者至于偾强而拂戾，柔者至于颓废而阉幽，则必无与于文者矣。"[④]姚鼐继承

---

① 《敦拙堂诗集序》，《惜抱轩全集》卷四，"夫"，原文作"天"，当误，径改。

② 《荷塘诗集序》，《惜抱轩全集》卷四。

③ 《古文辞类纂序目》，转引自王镇远选注《姚鼐文选》，黄山书社 1986 年版，第 260 页。

④ 《海愚诗钞序》，《惜抱轩全集》卷四。

了传统的阳刚阴柔说,从美学风格角度对其进行了深化研究,具体描述了两种风格的表征,并指出了两者之间辩证统一的关系以及两种风格与作者气质性格修养等方面的关系。他所提出的命题事实上直到今天仍是需要和正在探讨的问题。

三、桐城派的形成

到姚鼐时,桐城派已经正式形成。其标志是:

形成了一个学术谱系。从纵向说,在姚鼐生前,以桐城籍人士为代表所传承的古文,如同流水一样,已有流有派。姚莹为姚鼐写行状时说:"自康熙朝,方望溪侍郎以文章称海内,上接震川,为文章正轨,刘海峰继之益振,天下无异词矣。先生亲问法于海峰,海峰赠序盛许之。然先生自以所得为文,又不尽用海峰法。故世谓望溪文质,恒以理胜,海峰以才胜,学或不及,先生乃理文兼至。"[①]后来,徐宗亮在为刘大櫆文集所题识语中也说:"先生文嗣方公望溪,而郎中实从受法,渊源相接,若流水续于大川"[②]。就是说,刘大櫆师事方苞受古文法,姚鼐又师从刘大櫆,师承关系渊源有自。刘大櫆弟子就已新开出一大支流,即阳湖派。姚鼐以后,更是"茫茫九派流中国"。虽然有当代学者研究后指出,这一谱系是姚鼐辞官之后为对垒戴震汉学阵营而构建起来的。[③] 但方苞、刘大櫆、姚鼐这种"习古文法"的师承关系事实存在,而且在姚莹这一代就已经从学谱角度确认这种关系。此后不久,曾国藩便正式使用了"桐城派"这一提法。随着时间推移,越来越多的人开始使用这一概念。作为正史的《清史稿·姚鼐传》的表述,堪称盖棺论定:"为文高简深古,尤近欧阳修、曾巩,其论文根柢于道德,而探源于经训,至其浅深之际,有古人所未尝言,鼐独抉其微,发其蕴,论者以为词迈于方,理深于刘,三人皆籍桐城,世传以为桐城派"[④]。

诞生了一个大张古文旗帜的学术领袖。这是学派形成的必要条

---

① 姚莹:《惜抱先生行状》,《东溟文集》卷六,中复堂全集本。
② 徐宗亮:《海峰文集》识语。
③ 王达敏:《姚鼐与乾嘉学派》第5章。
④ 《清史稿》卷四八十五,《文苑》二,《姚鼐》。

件之一。而姚鼐个人具备了充当古文旗手和领袖的条件和素质：有着家学和师从刘大櫆这样的优良学术背景；早年即以古文成名，后来更是誉满天下；科举正途且出身翰林，做过乡会试考官，资历厚实，人脉丰富；入过四库馆，学问渊博，令人钦服；辞官后长期主持书院，加之人品高尚、德高望重，因此，具有号召力和凝聚力。在乾嘉考据之风盛炽的环境中，只有他这样的人愿意也才能肩负起"古文振兴"的责任。所以曾国藩所作《欧阳生文集序》云："当乾隆中叶，海内魁儒畸士崇尚鸿博，繁称旁证，考核一字，累数千言不能休，别立帜志，名曰汉学。深摈有宋诸子义理之说，以为不足复存，其为文尤芜杂寡要。姚先生独排众议，以为义理、考据、辞章，三者不可偏废。……当时孤立无助，传之五六十年，近世学子，稍稍诵其文，承用其说。道之废兴，亦各有时，其命也欤？"①所以有当代学者指出："桐城派所以能成为清代流传甚广、历时长久的一个文学流派，姚鼐起了决定性的作用。"②

形成了一套系统的理论。如前所述，郭绍虞先生曾说，姚鼐的古文理论主张比方苞更精密，"所以桐城文派至姚氏而始定"③。并产生了一部影响深远的教科书。姚鼐在主讲扬州梅花书院时，编选了一部《古文辞类纂》，其目的就是提供范文，指导古文写作。在其后 40 年间，他反复修订，直至逝世，可以说凝聚了其毕生精力和心血。《古文辞类纂》并不是按照姚鼐古文思想体系确定体例的，而是以文章的体裁分类，共 13 类，序目也没有系统阐述姚氏古文理论，而仅着重介绍了文章的神理气味、格律声色八大要素，书中对每篇文章从谋篇布局、内容结构到遣词造句，逐一进行点评，这些都是为了对学习者更具有实用性、针对性。一经问世，便洛阳纸贵，不断地翻印，直至今日也还是畅销的古籍书。《古文辞类纂》与《昭明文选》、《古文观止》并称为中国文学史上三大选本，但也是最大最好最有影响力的一部。以致近代著名学者吴汝纶在给启蒙思想家严复的信中说，该书为《六经》以后第一书，在改习西学后，浩如烟海的中国古籍尽可废去，独留此书，

---

① 《欧阳生文集序》，《曾国藩全集》，岳麓书社 1994 年版。
② 王镇远选注：《姚鼐文选》，第 1 页。
③ 郭绍虞：《中国文学批评史》，上海古籍出版社 1979 年版，第 649 页。

就可让传统文化绵延不绝。①　这部书成为了桐城派的一个名片或标签,对桐城派的形成与发展产生过巨大影响。

　　拢聚了一个古文群体,崇尚古文成为时尚,由区域波及全国。上述曾国藩《欧阳生文集序》曾较全面地介绍过姚鼐以来桐城派传播流行的情形:"姚先生晚主钟山书院,讲席门下著籍者,上元有管同异之、梅增亮伯言,桐城有方东树植之、姚莹石甫。四人者,称为高第弟子,各以所得传授徒友,往往不绝。在桐城者,有戴钧衡存庄,事植之已久,尤精力之过绝人,自以为守其邑先正之法,禔之后进,义无所让也。其不列弟子籍,同时服膺,有新城鲁仕骥絜非、宜兴吴德旋仲伦。絜非之甥为陈用光硕士,硕士既师其舅,又亲受业姚先生之门,乡人化之,多好文章。硕士之群从,有陈学受艺叔、陈溥广敷,而南昌又有吴嘉宾子序,皆承絜非之风,私淑姚先生。由是江西有桐城之学。仲伦与永福吕璜月沧交友,月沧乡人有临桂朱琦伯韩、龙启瑞翰臣,马平王锡振定甫,皆步趋于吴氏、吕氏,而益求广其术于梅伯言。由是桐城宗派,流衍于广西矣。昔者,国藩尝怪姚先生典试湖南,而吾乡出其门者,未闻以相从学文为事。继而巴陵吴敏树南屏,称述其术,笃好而不厌;而武陵杨彝珍性农,善化孙鼎臣芝房,湘阴郭嵩焘伯琛,溆浦舒焘伯鲁,亦以姚氏文家正轨,违此则又何求。最后得湘潭欧阳生(名勳),生吾友欧阳兆熊小岑之子,而受法于巴陵吴君、湘阴郭君,亦师事新城二陈,其渐染者多,其志趣嗜好,举天下之美,无以易乎桐城姚氏者也。"读此,则古文家桐城一派,亦已十得八九。②　嘉道时期,以姚门弟子为主的桐城派知识群体已成为一股影响到当时社会各个层面、各个角落的势力。

①　吴汝纶:《答严几道书》,《吴汝纶尺牍》卷二。
②　《欧阳生文集序》,《曾国藩全集》。

第七章

太平天国在安徽前期的军事活动与统治

太平天国运动是中国近代史上规模最大的一次农民起义,自1853年2月首入安徽,至1864年11月退出安徽,在安徽活动的时间前后计12个年头,足迹几乎遍及全境。太平天国定都天京以后,很快就在安徽建省,建立地方政权,采取一系列恢复生产、发展经济的措施,力图把安徽建设成屏障天京的腑脏之地以及粮饷和兵源储存基地,并为此在安徽同清军和地方团练展开了激烈的争夺,对安徽历史产生了深远影响。

第一节　太平军进军安徽

一、道咸之交的安徽社会与驻军

道咸之交的安徽社会，与全国其他省份一样，吏治腐败，经济迟滞，赋税苛重，民生凋敝，世风浇漓。在这一系列因素的诱发下，阶级矛盾日益尖锐，社会政局急剧动荡，呈现出封建末世景象。

土地问题严重。道光时期（1821—1850），安徽人口激增至3700多万，占全国人口的9%左右，在全国各省中仅次于江苏、四川，跃居第三位。[①] 人口激增带来一个严重的社会经济问题，就是人均耕地面积大幅度下降。道光四年（1824），安徽耕地面积3526.211万亩、人口3707万，人均耕地0.95亩，全国人均耕地为2.25亩；咸丰元年（1851），相对应的数字分别为3407.8633万亩、3765万、0.9亩、1.78亩。[②] 道咸时期，安徽的人均耕地面积已不足1亩，在人多、山多田地少的皖南山区，这个数字更少，如歙县仅半亩。而当时人均需要多少耕地才能维持生活？在合肥李文安的家乡，"上农夫耕种百亩，一岁所出，足供八口年半之粮"。按此说法，人均岁需8余亩，即使折半计算，亦需4亩；而据学者测算，根据封建社会生产力水平，人均3亩耕地才能满足生活之需。[③] 3亩也好，4亩也罢，19世纪中期安徽的人均耕地面积距此都还有较大距离，况且这还是针对自耕农而言，佃农、雇农、棚户、伴当等人的生计就更成问题了。

安徽土地问题的严重，不仅表现在人均耕地面积锐减上，而且还

---

① 李文治编：《中国近代农业史资料》第1辑，生活·读书·新知三联书店1957年版，第9页。

② 梁方仲编著：《中国历代户口、田地、田赋统计》，上海人民出版社1980年版，第380页；王鹤鸣、施立业著：《安徽近代经济轨迹》，安徽人民出版社1991年版，第17页；戴逸《简明清史》第2册，人民出版社1984年版，第344页；《光绪续修安徽通志·食货志》相关记载。

③ 《淮南乡约》，《合肥李氏三世遗集·李光禄公遗集》卷八，（台湾）文海出版社1966年版；王鹤鸣、施立业著：《安徽近代经济轨迹》，安徽人民出版社1991年版，第16页。

表现在地权的日趋集中上。嘉道时期安徽的土地兼并越来越严重，少数官僚、地主、商人，甚至庵观寺院僧侣占有的土地数量都很惊人。皖北土地相对贫瘠，地价较低，因而大地主频现，如阜阳城西南之倪姓地主，竟占有半县之地，在邻县也有数百顷土地。① 据调查，捻军起义前，在皖北雉河集附近的张老家村，有地亩的共 48 户，有地 200 ～ 700 亩的 9 户，占总户数的 18.7%；共有土地 4380 亩，占总亩数的 71.5%②，土地集中程度可想而知。皖中庐江县是一个地少人多的县，鸦片战争前，"庐邑田产，招佃者十过其五"③，该县一章姓地主一次捐田 3000 亩作为赡族之资，实际占田可以想见；④而 1854 年，合肥张之茂兄弟 4 人为捐助军饷一次变卖田产 400 顷；桐城县的庵观寺院年收租谷就达三四千石之多。皖南泾县潘锡恩"所置田亩在南、北乡等处，计赋田二千一百二十六亩九分"⑤。据近人对全国 14 个省有关材料的统计，太平天国革命前，40% ～ 80% 的土地集中在 10% ～ 30% 的少数人手里，而 60% ～ 90% 的多数人没有或只有少数土地，这一估算亦近乎安徽的实际。⑥

人均耕地面积大幅度下降、人口与土地比例严重失调带来的后果就是粮食短缺、米价高涨，民众温饱难以解决，自耕农和半自耕农纷纷破产，加剧了社会贫富不均的病态。大量破产农民加入佃、雇农队伍，又大大刺激了地主提高地租剥削率。鸦片战争前，安徽各地的地租率大都在 50% 以上，有的高达 60% 以上。重租重赋、军需浩繁、兵丁勒索、书役浮派、苛捐杂税、高利贷的盘剥等，沉重的负担使得民生极度凋敝，"民生日蹙，一被水旱，则道殣相望"⑦。

吏治窳败。清中后期吏治腐败问题严重，主要表现在：官场贪污

① 转引自戴逸主编：《简明清史》第 2 册，人民出版社 1984 年版，第 333 页。
② 安徽科学分院哲学社会科学研究所历史研究室近代史组编著：《关于捻军的几个问题》，安徽人民出版社 1960 年版，第 23—26 页。
③ 光绪《庐江县志·艺术》卷一四。
④ 《庐江章氏义庄记》，《魏源集》下册，中华书局 1976 年版。
⑤ 杨沂孙：《徽郡御寇案牍》，《太平天国史料丛编简辑》（6），中华书局 1963 年版，第 116 页。
⑥ 王瑛：《太平天国革命前夕的土地问题》，《中山文化教育馆集刊》第 3 卷第 1 期。
⑦ 包世臣：《再与杨季子书》，《安吴四种》卷八，《包世臣全集》，黄山书社 1994 年版。

之风盛行,各级官吏利用国家权力牟取私利,整个封建官僚阶层对国家政务活动表现冷漠麻木、苟且塞责,一味追求骄奢淫逸的腐朽生活;地方胥吏上下其手欺压民众。这些腐败现象即使在官修的《实录》中也从不避讳。嘉道以后安徽的吏治腐败也是日甚一日。在皖北,山东阳谷人周天爵由怀远知县署理阜阳知县后,有人奏参他纵任差役扰民、造作非刑、滥毙多命。"因该处向来积弊,民人每递呈词,门丁签押等勒取制钱四千五百文,谓之签子钱。其多者倍之,谓之双签子。经前任知县勒碑禁止。该县到任后,复更换名目,照旧勒取。舆情已觉不协。又携带怀远县差役十数人,到该处听候差遣,总计差役头目有二百余名之多,散役不下二千余人,肆行无忌。……该处私设班房,管押多人,骚扰日甚。其票传之人,不必经人告发,但凭差役口称,即以为访犯,拘拿到案,酷刑审讯。或以铁丝编成网段,用火炙红,加人肩背之上,名为'铁床';或以炭火烧红铁条,将人两腿合并穿通,名为'火锥';或鞭挞肌肤破烂,更用滚水浇灌之;或用刀砍去足指,割断足跟筋骨。种种非刑,皂隶每不忍用,该县辄亲自动手。计其所加酷刑伤残肢体者约百余人,而伤毙命者约二三十人。该县每出必携带小刀,以便断人脚跟,因有'割人脚以修天爵'之谣,又有'阜阳县赛似阎王殿'之谣。……似此残酷不仁,诚恐激变,请饬严行查禁等语。"①就是这样一位残酷不仁、舆情不协的官员,不久即升任颍州知府、庐凤颍道、安徽按察使,在道光十三年(1833)四月三日接见道员时,问及当地吏治情况也不得不惊呼:"见各属废弛极者三四州县,抢劫杀死奸霸妇女,皆为寻常,比于户婚田土事件;小民大声疾呼,一以刁顽目之。更惨者,一有抢案、命案,正犯反无恙,而所串扳之无辜,则吹毛求疵,拖累至死而后已。现今已成风气,欲不上干天和,岂可得哉?"②州县官员作为处理地方关系的亲民之官,一人之贤否关系万姓之休戚,本应为地方做出表率,如今却蜕变成了贪利肥己、剥削民脂、漠视民生的蠹虫,导致了封建政治的废弛,也加深了统治阶级与被统治阶级之间的

---

① 《清实录·宣宗实录》卷一四八"道光八年十二月甲戌"条,中华书局 1986 年版,第 272—273 页。
② 周天爵:《周文忠公尺牍》,聂荣岐《捻军资料别集》,上海人民出版社 1958 年版,第 212 页。

矛盾。

吏治腐败、统治黑暗，一方面破坏了地方社会的有序统治，造成人民的离心倾向。"皖北州县差役，每遇词讼，纳钱请票，而数倍取偿于民，历任官吏皆以为肥，由是差役横行甲于他省"[①]；"现在州县无一不是罪人。书役之毒，民间醉骨痛心。再加地方刁徒、凶棍互相朋比，计一日所行之暗，不知损伤多少生灵。重以赋敛之横暴，以弟所处，只觉功少而罪魁也"[②]。另一方面，官员贪黩、胥吏的违法乱纪又为盗贼、私贩提供了保护伞，他们"视州县之强懦为去留，视胥役之亲疏为久暂，视营汛之贪廉为肆戢"[③]。熟谙皖省吏治情况的查揆则说，以其所见（皖北）二十年间之州官县令，并非没有武健严酷之人，奈何胥役与光棍相互串通，"胥役黠者即光棍，光棍之黠者又窜名为胥役"，胥役常常为盗贼、私贩提供庇护；地方官每遇盗劫巨案，辄悬赏购缉，"每藉光棍为以毒攻毒之计，而光棍由此不可制，私贩、盗贼亦由此不可制"[④]。

关于皖省的吏治疲顽，作为局外人的胡林翼在给其座师、时任皖抚的王植的信中亦有指陈："一人投状，十家为破，官揣其肥瘠而食焉，脂膏几何？徒饱衙蠹"，"此辈（胥役）狼吞虎噬，为祸最烈，皖省某县差役号称豪猾，一案到官，差先纳钱请票，官以为肥，而差役之豪侈肆虐甲于他省"，并针对此提出了数条建议：州县之疲玩宜作其气、捕盗宜定以日程、词讼刑名宜限以日程、胥役宜严惩、惩贪污以厉节。[⑤] 只不过积弊已深，整饬谈何容易。在皖北的一些地方，由于差役胥吏横行乡里，法治失灵，当地民众遇有不平事，则赴行侠仗义、能排难解纷的响捻子处申诉，不费一钱而曲直立判，在民众心中，响捻子成了汉代的游侠，甚至可以取代地方官府的职能。

世风浇漓。道咸之交，在各种因素的催化作用下，世俗风尚出现

① 黄钧宰：《金堂七墨·浪墨》卷四，中国史学会主编：中国控史资料丛刊《捻军》第 1 册，神州国光社 1953 年版，第 378 页。

② 周天爵：《与同年王柳溪书》，《周文忠公尺牍》。

③ 查揆：《论安徽吏治一》；盛康辑：《皇朝经世文续编》卷一九，（台湾）文海出版社 1979 年版。

④ 查揆：《论安徽吏治一》；盛康辑：《皇朝经世文续编》卷一九。

⑤ 胡林翼：《上皖抚王清苑中丞书》；邵之棠辑：《皇朝经世文统编》卷三五，（台湾）文海出版社 1980 年版。

了与往日不同的变化,社会风气日渐乖离浇薄,文人笔记中"民俗浸敝"、"世风日下"、"人心不古"的记载多了起来。这种变化主要体现在:

其一,奢靡之风四下蔓延。占有大量生产资料、社会财富的官僚地主、富商巨贾穷奢极欲。奢靡之习莫甚于商人,雕梁画栋,锦衣盛筵,饮食车马玩好之类,莫不斗奇竞巧。而鸦片战争以后,西洋商品涌入,"内外富室贵胄无不尚洋货"[1],奢风尤炽。值得注意的是,这股奢靡之风不仅在居显位的达官贵人、富商大贾中流行,而且由社会上层慢慢渗透到民间。道光末年,合肥地区"民俗浸敝……一筵之费,往往数千"[2];据《桐城县志》记载,桐城风俗"乾嘉以前尚质朴,道光后渐入浮靡"。类似的记载还见于合肥李文安《淮南乡约》、贵池李召棠《乱后记所记》等著述中。

其二,上下交相争利,好利成为风气。如管同说:"今之风俗,其弊不可枚举,而蔽以一言,则曰好谀而嗜利。"[3]胡林翼曾说:"皖省为淮服屏蔽,江界要冲,士秀而专利,民逐末而倦于农。"[4]趋利之风渐盛,作为四民之首的士人,其立身观念也在发生改变。在太平天国战争爆发前夕,安徽全省文武生员学额总数为 38029 名,[5]约占安徽总人口数的 0.1%,也就是说每 1000 人中只能产生 1 名生员,再要考举人、中进士,机遇微乎其微。有了科举这一进身之阶从而获得有薪俸保障的实缺,更是难上加难。仕途无望,一些士人为谋生路甚至"奔走下贱",如 1840 年含山县武生范文奎、霍邱县武生余廷选皆因贩卖鸦片被抓获;[6]1844 年进京赶考的安徽举人,用盘费买烟至京贩卖以获利。[7] 另一方面,在这种风气的影响下,士商之间的传统等级分野被打破,官吏、士大夫与富商贵贾交往、联姻的记录时有所见。如合肥刑部郎中

---

① 包世臣:《复桂苏州第二书》,《包世臣全集·中衢一勺》,第 198 页。
② 朱景昭:《劫余小记》,《无梦轩遗书九种》,1933 年铅印本,安徽省图书馆藏。
③ 管同:《因寄轩文初集》卷四。
④ 胡林翼:《上皖抚王清苑中丞书》;邵之棠辑:《皇朝经世文统编》卷三五。
⑤ 光绪《安徽通志·教育考》。
⑥ 李扬华:《海防》,《公余手存》卷二,同治刻本。
⑦ 段光清:《镜湖自撰年谱》,中华书局 1960 年版,第 6 页。

李文安之女、李鸿章长妹（李鸿章在家书中称其为"益妹"）就下嫁同县张绍棠。张家累世经商，是合肥首富，李氏兄弟早年求学之资、婚宦之需，张家资助颇多。① 官商联姻、官商结交的现象打破了官商之间势若悬隔的等级分野，反映了经济实力变化带来的商人社会地位的调整和社会阶层发生的变动。

由于奢侈、趋利之风盛行，一些地方官吏常常不能自持操守，不择手段弄钱，甚或巧取豪夺、鲸吞库款、贪污舞弊；在社会底层，由于"人心惯于泰侈，风俗习于游荡"②。人心不古，游手之辈自然多了起来，赌博之风日炽，而且愈刮愈盛。

游民问题突出。这一时期，游民成为安徽社会中的突出问题。龚自珍曾将这一群体称为"不士、不农、不工、不商之人"③，其来源主要有：由于土地兼并加剧、封建剥削加重、赋税苛重、吏治腐败、灾害频仍等原因，失去了赖以生存的土地或劳动机会，处于破产或半破产状态的农民、手工业者、脚夫、水手、盐民，还有一些在土地兼并过程中破产又不愿自食其力之人、仕途无望的下层士子、散兵游勇。这些人人数众多，流动性强，三五成群，百十成伙，或是结成沿江各地的帮会，或是成为巢湖的"盐枭"、出没江淮的"盗贼"，他们长期游手好闲，不事劳作，好强斗狠，杀人越货，打家劫舍，具有很大的破坏力，使整个社会充满了不安定因素。

土地兼并加剧、赋税苛重、吏治腐败、灾害频仍、世风浇漓、民不聊生、民变不断，预示着封建社会的大滑坡、大崩溃即将出现。鸦片战争的爆发，更加剧了这一过程。《南京条约》签订以后，西方列强依据不平等条约攫取关税特权，向国内大肆倾销商品、掠夺资源，在西方资本主义经济势力的侵略下，安徽地方经济受到强烈冲击，男耕女织的自然经济加快解体；战争赔款使地方财政更为拮据；鸦片在城乡泛滥成灾，地方财政面临严重银荒，民众身心健康受害。各种社会矛盾激化，

---

① 《合肥李氏三世遗集·李文忠公遗集》卷四，台湾文海出版社 1966 年版。

② 龚自珍：《西域置行省议》，《龚自珍全集》第 1 辑，上海人民出版社 1975 年版，第 106 页。

③ 龚自珍在《西域置行省议》文中写道："自乾隆末年以来，官吏士民，狼奸狈蹶，不士、不农、不工、不商之人，十将五六。"《龚自珍全集》第 1 辑。

不安定因素增多,使得这一时期的安徽形势严峻,"岌岌乎皆不可以支日月"。正如当涂人夏燮所言:"即使金田不起,而厝薪伏莽,江淮之间,亦未必能宴然无事也。"①

安徽驻军。安徽建省后,清廷在这里派驻绿营兵,以维持对本地区的统治。乾隆元年(1736)设寿春镇。嘉庆八年(1803),经兵部议奏,旨准安徽巡抚兼提督衔,节制全省营伍,具体包括江南提督原辖之寿春1镇及六安、亳州、泗州、庐州4营,并江南提督外属之徽州、宁国、潜山、池州、芜采、广德6营,两江总督外属之安庆1协、游兵1营及滁州之分防把总。嘉庆十一年,增设宿州营,改隶江苏徐州镇,归江南提督统辖。次年,增设颍州营,隶寿春镇,仍归安徽巡抚统辖。咸丰五年(1855),增设皖南镇,归安徽巡抚节制。至此,安徽巡抚所属抚标、协标及皖南、寿春二镇标,包括抚标2营、安庆协2营、游兵1营,寿春镇标2营,六安、亳州、泗州、庐州、颍州5营,皖南镇标2营,徽州、宁国、潜山、池州、芜采、广德6营,通省营协20,额兵9442名。② 因皖南镇设于太平天国战争期间,故战争前夕安徽绿营兵不足9000人,全国最少。③

其时,安徽共8府5直隶州计51县4散州,15万多平方公里,8000余绿营兵力根本不敷所需,故其部署极其薄弱粗疏,驻各县(州)城守汛一般仅二三十人,分防汛塘后不到10人。皖北2府(凤阳、颍州)1直隶州(泗州)计14县3散州,所辖地域约6万多平方公里。④ 寿春镇绿营共马步兵3956名,除去属皖中地区的庐州、六安2营,加上属徐州镇的宿州营,皖北兵力为4100余名,其中,寿州、宿州等重镇只七八百名,分到各州县城守汛也就一二十名。⑤ 如颍上县城守汛额兵30名,而该城墙3857丈,约7714个垛口,每兵平均约需守129丈城

① 夏燮:《粤氛纪事》卷五,清同治八年刊本。

② 《安徽通志稿·武备考·绿营》,民国排印本;《皖政辑要》,黄山书社2005年版,第684页;《清史稿》卷一三一,中华书局1977年版,第3911页。

③ "综天下制兵都六十六万人,安徽最少。"《清史稿》卷一三一,中华书局1977年版,第3891页。

④ 《中国历史地图集》第8册,中国地图出版社1987年版。

⑤ 参见:《中国地方志集成·安徽府县志辑》之光绪《寿州志》卷一〇、光绪《宿州志》卷九、光绪《续修庐州府志》卷二〇中相关的"武备志"、"兵志"、"兵备志",江苏古籍出版社等1998年版。

墙或 257 个垛口，其中还要经常分出 26 名驻防八里垛汛等 4 个汛塘。① 战阵属兵，城守属百姓。由于绿营兵操不分、军政不分，负守土之责的是各地行政长官，各地城守所依靠的力量也主要是城中士绅及其从城内居民中招募、编派的壮丁。

广西金田起义爆发后，清统治者从各地抽调兵力赴广西"堵剿"。1851 年 4 月 6 日，上谕两江总督陆建瀛会同护理安徽巡抚蒋文庆于安徽各营内挑选精兵 1000 名驰援广西。5 月初，由寿春镇标中右二营兵 500 名、颍州营兵 250 名、宿州营兵 250 名组成的 1000 名援兵，在署徐州镇总兵安庆协副将松安的带领下，分 4 批由宿州、寿州取道亳州、河南，经湖北、湖南入广西。② 这批援兵的结果不得而知。1852 年，清廷又从安徽抽调 2000 兵力赴援湖北、江西。③ 关于此次调兵情况，方志中也有一些零星记载，如庐州营把总韩映奎奉皖抚檄管带庐州营兵驰赴楚中听调；亳州营外委孟继鲁带兵百人调防湖北省城等。④

安徽绿营额兵本来就少，加上不时抽调出境作战，兵力布防更形捉襟见肘。另一方面，由于承平日久，绿营不仅兵器落后，而且营务废弛，百弊丛生，老弱滥充、训练不勤、约束不严、扣饷缺额之事常有。据时人估计，在太平军到来前夕，安徽"兵之食烟者十之八"⑤，甚至有拿炮药换取鸦片出售者。在太平军攻破安庆前一日，铜陵举人曹蓝田乘船抵荻港，"见席屋数十间卓立风雪中，大炮数尊横卧江岸，兵士散处嬉戏"⑥。防军如此兵单力薄，难怪太平军在进入安徽后会势如破竹、随到随克。

二、太平军两过安徽

太平军自金田起义至定都金陵的过程中，数次面临战略抉择。

---

① 同治《颍上县志·武备》卷五。

② 中国第一历史档案馆编：《清政府镇压太平天国档案史料》第 1 册，光明日报出版社、社科文献出版社 1990 年版，第 296、416、532 页。

③ 《清实录·文宗实录》卷六八，第 899 页。

④ 光绪《寿州志·人物志》卷二一，第 279 页；光绪《亳州志·人物志》卷一二，第 335 页。

⑤ 《林则徐集·日记》，中华书局 1962 年版，第 322 页。

⑥ 曹蓝田：《癸丑会试纪行》，《太平天国史料丛编简辑》(2)，中华书局 1962 年版，第 319 页。

1853 年 1 月 12 日①，太平军攻克武昌，这是起义军首次攻入省城。关于下一步的战略意向，太平军内部形成了几种看法：一是进军川陕向西发展，二是取道襄樊北进中原，三是顺流东下徐图金陵，而后两种意见的争论尤为激烈。最后由东王杨秀清"托天父降凡，令其直犯江南"②而结束了这场争论。

1853 年 2 月 9 日，太平军离武昌东下，水陆并进，"帆幔蔽江，衔尾数十里……沿江州邑，无兵无船，莫不望风披靡"③。15 日，石达开指挥的先锋水师进抵鄂东广济县南的老鼠峡一带。其时，清廷任命了3 位钦差大臣，力图从南、北、东三路夹击太平军。南路为跟踪"追剿"的向荣，北路为驻鄂豫交界的琦善，东路为由安庆、九江溯流西上的陆建瀛。但向荣统帅的陆师跟不上太平军步伐，被甩在身后，琦善则按兵河南信阳、新野一带，迟迟不进，首挡太平军军锋的则是陆建瀛。老鼠峡一战，太平军全歼清守军，突破清军在长江上的第一道防线，统兵驻此的寿春镇总兵恩长投水死。陆建瀛闻悉败讯后返棹逃回金陵。与此同时，太平军陆师破蕲州、黄州，几与水师同步前行。19 日，太平军陆师抵湖北双城驿，21 日占领宿松。水师在占领九江、彭泽后，冲过小孤山天险，亦于 21 日进占望江、东流。太平军水陆大师同时进逼安徽省城安庆。

安庆位于小孤山之下，北靠大龙山，南临长江，本无险隘可守，而且省城规模太狭，城周仅有 9 里，城外多民房，阻碍炮路；城墙单薄，连同女墙在内高仅 2 丈余，宽 4 尺至 8 尺不等，且"一律内坍"；守城之兵势单力薄。安徽一省绿营额兵本来就少，除去此前已调赴广西、湖北等省"防剿兵"3000 名以及各府州县城守营汛巡防之兵力外，从省内其他地方能调往省城备防的兵力仅千余名，"合之省营，可备城守者，共不及二千名"。皖抚蒋文庆一方面曾专折奏请从江南、浙江、山东调援兵 7000 名来皖，但应者寥寥；另一方面则请募北路土勇，以济兵力

① 太平天国有自己的历法（天历），且与清朝历法有异，为便于表述与避免换算带来的差错，本章的时间表述采用公元纪年，少数地方括注年号纪年。
② 汪堃：《盾鼻随闻录》卷二，《太平天国》（4），上海人民出版社 1957 年版，第 367 页。
③ 张德坚：《贼情汇纂》卷五，《太平天国》（3），上海人民出版社 1957 年版，第 141—142 页。

之不足。至 2 月 20 日，"时共计在省官兵三千七八百名，北路土勇九百余名，余尚未到"①。以此抵挡自武昌东下的数十万太平军，其结果可想而知。

蒋文庆明知"万难扼拒"，但既负守土之责，不得不勉为布置，他命布政使李本仁主持城内防守，并在城上安放火炮 189 门，备齐弹药；以江苏狼山镇总兵王鹏飞带 5 营驻扎在城外马山、大观亭一带。此前，在皖北的前漕运总督周天爵深知安庆省城城薄兵单，万难守住，函告蒋"已奏请移省庐城"。2 月 24 日，蒋文庆接到信函，拒绝退保庐州，并表示说："即明知不能支，亦必坚守，俾下游得为备。惟库项军火甚备，不可赍贼，可酌留军需，余皆移庐，以备调拨"②。城内的军需尚未集齐，集结在对岸江面的太平军水师已"蔽江而下"，枪炮齐鸣；自宿松、望江而来的陆路太平军，"漫山遍野，犹未到齐"③。驻守在城外的王鹏飞弃营直奔桐城，安庆知府傅继勋则托言解饷出城，率先溜走。是日戌刻，安庆西南城门被太平军大炮轰开，曾春发率领前队百余人首先冲入城内，大队随至。蒋文庆遗疏尚未缮清，即吞金自杀，其余在城官员逃避一空。是役，太平军缴获库藏白银 34 万余两、制钱 4 万余串、大米 3 万余石及大炮 189 尊。④

太平军在安庆稍作停留，即继续鼓帆东下。2 月 26 日，太平军水师先锋在池州义民带领下进入内河，克复州城。池州知府逃往建德，知县孙成鉴先期逃回老家常州，署理贵池知县辛本楠则夹在安庆溃兵中出城。28 日克铜陵，知县孙润降。3 月 3 日克芜湖，缴获颇丰。次日，进军位于当涂、和州境内的天门山（即东、西梁山），太平军侦知清守军火药不多，以草人系于几案足，悬灯火，仰缚于门扉上，顺流放下，待清守军火药消耗殆尽，即鼓棹呐喊，扬帆直下，阵毙福山镇总兵陈胜元。7 日，北路军攻克和州，南路军在当涂击溃团练后，未入城。8 日，

① 周葆元：《爱日轩稿》，转引自《安徽史学》1987 年第 2 期，第 62 页。
② 周葆元：《爱日轩稿》，转引自《安徽史学》1987 年第 2 期，第 63 页。
③ 陈思伯：《复生录》，《近代史资料》1979 年第 4 期，第 37 页。
④ 方江：《家园记》记为："帑银三十余万，钱二十余万，火药五十余万，不能一日守，皆为贼有。"转引自《安徽史学》1986 年第 1 期，第 72 页。

太平军先头部队开始围攻金陵,4 天后大队抵达,众约 50 万人。3 月 19 日,太平军轰塌仪凤门城墙,冲入城内,次日,大队分路攻破内城,29 日,天王洪秀全入城,改名天京,建为太平天国首都。

太平天国定都天京后,随即于 3 月底 4 月初出军攻占镇江、扬州、六合等地,肃清了天京外围。为了进一步给清王朝以打击,巩固天京,太平天国制订了一个分兵出击的战略计划,一方面派兵北伐,袭取天津、北京,以推翻清王朝统治;一方面出师西征,夺取长江中上游各省,逐步扩大自己的领域,巩固武昌、九江、安庆等据点,以确保天京。

太平天国称北伐为"太平军扫北",担任统帅的为攻下扬州的太平军将领天官副丞相林凤祥、地官正丞相李开芳等。北伐军原定沿运河从扬州经淮安、临清等地北上,运河的通航多靠大小水坝船闸调剂水位,而这些水坝船闸也容易被破坏。事实上,清军已做了"启放各闸坝,泄尽淮水,使贼舟滞行不能上窜"、"若贼至高宝,或竟决洪湖使水下注俾全股淹没"[1]的准备。察觉到这一情况后,太平天国领导阶层决定改变进军路线,自扬州返师浦口,由滁州、临淮关经皖北而前。其时,清军的主力如琦善、向荣部等多集结在天京、扬州外围,皖北、豫东一带兵力空虚,沿此路前进,还可邀约捻首共同行动,在形势上于太平军有利。5 月 8 日,林凤祥、李开芳等率太平天国北伐军自扬州经仪征西进浦口。随后,春官副丞相吉文元部自浦口、殿左三检点朱锡琨部自六合相继北上,这样,太平天国北伐军总计 4 万余人。[2]

5 月 15 日,北伐军自滁州西葛入安徽省境,经乌衣直驱滁州城,守城勇丁闻风溃散,次日破滁州,穿城而过,渡皖东要隘清流关,由驿道北上。17 日,经定远县池河驿、凤阳县红心驿、总铺,径趋临淮关。18 日,占领淮上要津临淮关,夹淮为营。28 日,分兵攻占距临淮关 20 余里的凤阳府县两城,署安徽布政使庐凤道奎绶便服乘马逃入定远城。

此时的安徽早已是风声鹤唳、草木皆兵,防守极其薄弱。安庆之役被打散的兵卒尚未完全合军,寿春镇总兵玉山远在颍州被捻子拖

---

① 《清实录·文宗实录》卷八七,"咸丰三年三月朔"条,第 137 页。

② 关于太平天国北伐军人数的说法自 2 万至 20 万不等,尚无定论,此处依王戎笙等著:《太平天国运动史》,人民出版社 1986 年版,第 55 页。

住,在宿州帮办安徽军务的兵部侍郎周天爵手下只有兵勇千余人,不愿也不敢南下与北伐军交锋,负有守土之责的新任安徽巡抚李嘉瑞,手下兵勇不足 500 人,龟缩在临时省会庐州城内。这就使得北伐军在皖东势如破竹,几乎未遇任何抵抗。6 月 2 日,在临淮滞留十数日的北伐军奉东王杨秀清命令撤出凤阳、临淮、小陈关西上,北伐军当时之所以没有东走运河或是北进宿州,而选择了西向行军,是因为西线清军防守空虚,且根据成约穿越捻区可获得更多帮助,加之在临淮得船三四百,易于由淮入涡,直达豫东。当天即攻占怀远。由怀入涡,跃入淮北农民武装捻子最活跃的蒙、亳地区。6 日,克蒙城,斩清知县宋维屏。7 日,弃蒙城,经西洋集、雄河集,于 10 日占领亳州。时值亳州举行贸易集会,太平军以所掳货船五六百只,暗藏兵器,络绎抵亳,清军未及反应,州城已陷,清署知州孙椿被斩,各衙署被毁。两天后,太平军进入河南,继续北伐。

三、驻守安庆

在北伐军出发后不久,太平天国又派兵进行西征。5 月 19 日,太平天国春官正丞相胡以晃、夏官副丞相赖汉英、殿左一检点曾天养等率战船千余艘自天京进占安徽和州,沿江西上。6 月 3 日,即北伐军进占怀远的第二天,西征军败向荣之子向继雄于太平府。4 日过当涂,5 日过芜湖,7 日下池州,9 日抵安庆,泊舟迎江寺外江岸。自太平军首克安庆旋又弃守后,清河州镇总兵吉顺部奉向荣檄令赶至,"收复"[1]城池,安徽按察使张印塘、已革按察使张熙宇等亦至,收集残兵、招募勇丁约有数千,但兵弱将怯不敢接战,闻太平军至,先期退往集贤关。10 日,太平军不战而再克安庆城。随后,西征军大部在赖汉英的率领下开赴上游,攻打江西省会南昌;胡以晃则统带为数不多的部队留守安庆,但并没有切实占领。12 日,安庆太平军进攻驻扎集贤关的安徽按察使张印塘部受挫。次日,张印塘率军攻陷安庆,仍旧退出,回驻集贤关。太平军也一度撤出安庆城,并毁坏了城内衙署、城门,驻屯于江

---

① 《向荣奏稿》,《太平天国》(7),上海人民出版社 1957 年版,第 55 页。

面船上。至此,安庆便成了西征军的中转站。这也是太平军在安徽境内驻守之始。

由于南昌久攻不下,太平天国西征军于 9 月 24 日撤南昌之围,自湖口入江分军:韦志俊、万祥祯(8 月初领兵自天京增援助攻南昌)等率军循江西上,于 9 月 29 日占九江,进军湖北;赖汉英等率军东下,返回天京。西征军因进军过猛,后方立足不稳,围攻南昌受挫,掌握西征大权的东王杨秀清逐渐调整战略、改变部署,在北攻九江、进图湖北的同时,决定分兵再图安庆,重兵驻守,以为前敌重镇,并旁掠附近州县建立地方政权,以建立西征的后方基地。9 月 26 日,翼王石达开衔命率领地官又副丞相刘承芳、殿左二十一检点覃炳贤、殿左二十三检点梁立泰、殿前左七指挥许宗扬、殿前右十指挥张潮爵、殿左二十七指挥曾天浩等,率军五六千人,乘船 600 余只,自天京抵达安庆“踞之,筑黄花亭、马山、准提庵诸土城,筑迎江寺炮台。设船江面,掠上下游。增高城垣,添造望楼,为久踞计”①。

此次石达开率领众多的文武官员入安庆城,目的是分兵驻守,设官理民。太平军首先加强了安庆城守备工作:一是增高城垣 5 尺,封闭枞阳、康济、盛唐、正观、集贤五门,仅留小南门以供出入,北门(集贤门)一带连接集贤关,为通往桐城、庐州的门户,形势险要,因而广置枪炮,重点布防;二是在城外筑黄花亭、马山、准提庵土城与迎江寺炮台,在城厢内外添造望楼,以资瞭望;三是派兵到乡间“打先锋”,索贡献,在城内开炉铸造刀矛,以储备兵粮;四是分兵进驻枞阳,派船舰巡弋江面内河,以巩固安庆外围。与此同时,将清安徽巡抚衙门加以修葺,改建为翼王府第,作为指挥西征军务、处理安徽乃至沿江地区事务的中枢机关。太平军重兵驻守安庆是鉴于前期决策失误而作出的战略调整,此举既隔断了安徽长江南北两岸清军的联系,也为西征军从湖北回攻庐州创造了有利条件。

太平天国西征军再克安庆前夕,城内的清军闻风已先期退往集贤关设营驻扎,主将为已革按察使张熙宇、河州镇总兵吉顺与汉中镇总

---

① 光绪《安徽通志·武备志·兵事》卷一〇二。

兵恒兴,所部有山东兵、陕甘兵、广勇等,合计1500余人。自集贤关至安庆北门之间,清军还布置了两道防线:游击赓音泰率抚标兵千余驻扎十里铺,居中策应;统领杨老四率庐州勇600名驻扎距安庆城5里之五里营,充当前敌。庐州勇颇为骁悍,有勇目七八人,皆五六品顶戴,他们因处在前敌,不时至安庆北门外骚扰。10月12日,太平军派小队人马出北门引诱,庐州勇携带大枪500杆"不俟令驰而往"。探骑驰报陕甘营,陕甘兵起为后劲,庐州勇见势"欢声雷动,勇气百倍,直喋血杀入北门",结果中计,被堵在城中。前往支援的陕甘兵见势不妙退回。太平军从东西门兜剿,断庐州勇归路,杨老四毙命,庐州勇死伤、溃走大半,太平军乘胜踏平五里营。[①] 25日,太平军往攻十里铺,当陕甘兵与太平军接战之时,庐州勇挟前次五里营不救之恨,纵火焚营,掠其财帛,陕甘兵惊顾失措,遂溃,赓音泰以下600余人战死。太平军踏营而进,长驱直指集贤关,张熙宇"方食,闻兵声急投箸窬垣而走",弃守集贤关,逃往桐城。[②] 至此,集贤关内外清军营垒荡然无存。在此前后,10月18日,石达开分兵入据池州,进占青阳。11月,占领望江、建德、东流等地,与江西太平军连成一气,进一步巩固了安庆外围。而集贤关告捷,也打通了前往桐城、舒城以及攻取皖北军事重镇庐州的道路。

四、首克庐州

庐州地处江淮之间,为长江、淮河两大河流水运相接的最近点,《读史方舆纪要》称其为"淮右襟喉,江南唇齿",为兵家必争之地。对于建都天京的太平天国而言,庐州在经济、政治、军事地理上的位置都非常重要。掌控庐州,既可控制江淮粮仓,保证供给;又可与天京、安庆互成掎角之势;同时又可成为联络淮河以北捻众的纽带。对于清廷而言,安庆失陷后,即把庐州作为临时省治,也是看重其"握南北之枢,雄制中权;据巢湖濡须之险,堂奥深固"的战略要冲的重要性。

---

① 方江:《家园记》,转引自《安徽史学》,1986年第5期,第70页。
② 方江:《家园记》,转引自《安徽史学》,1986年第6期,第73页。

因太平军盘踞安庆,筑城挖濠,"复纷扰巢县等处,欲扑庐州",而"该处(指庐州)近接颍、亳,切须防贼北窜",免成滋蔓之势,清廷于当年的10、11月份相继颁发上谕,对安徽的主要官员以及防务做出调整:以"到任以来,毫无布置……调度乖方,有负委任"①为由,将李嘉端革职,改任湖北按察使江忠源为安徽巡抚,未到任之前,由安徽布政使刘裕𬭚暂署,②李嘉端则赴颍州与兵科给事中、帮办团练大臣袁甲三攻捻;命前漕运总督、兵部侍郎、帮办安徽军务周天爵派拨兵勇、妥筹保卫庐州之策,并从邻省抽拨兵勇往援,命署理湖广总督张亮基飞催都司戴文兰带兵勇2000自湖北田镇兼程赴皖,再命钦差大臣琦善饬令总兵瞿腾龙并原带官兵2000由扬城间道赴皖"协剿";③命署理安徽巡抚刘裕𬭚传谕合肥县办理团练之地方绅士人等,令其捐资助勇,实力董率,奋勇杀敌,保卫乡闾;④周天爵病逝后,新任皖抚江忠源亦因武昌危急暂留湖北未能即刻履新,所有皖省"防剿"事宜由署抚刘裕𬭚会同工部侍郎、帮办团练大臣、主持桐舒军务的吕贤基以及署理安徽布政使袁甲三悉心筹划、严密布置。⑤

太平军则按原订计划,在攻克集贤关后不久,石达开即命春官正丞相、护国侯胡以晃,殿左一检点曾天养率军万余自安庆出发,往攻庐州。11月12日,太平军进入桐城县境,一路攻克冷水铺、练潭铺、天宁庄,直趋桐城。自集贤关逃往桐城的张熙宇闻风拥兵奔入鲁𬭬山中,桐城县各官大多弃职而走,只有练首马三俊、张勋及庐州勇头目徐怀义等带练勇出战,终因寡不敌众,太平军于14日攻占桐城,缴获金银、钱帛、米谷、杂物甚丰。事后,清廷依据吕贤基、刘裕𬭚奏,下令将张熙宇即行正法⑥、恒兴革职。22日,在当地民众的带领下,太平军往攻位于桐城城西60里的唐家湾,执杀练总马瑞辰,一举端掉桐城练首经营多时的巢穴。随后,胡以晃留梁立泰、侯裕田踞守桐城,自率主力往攻

---

① 《清实录·文宗实录》卷一〇六,"咸丰三年九月辛酉"条,第617页。
② 《清实录·文宗实录》卷一〇六,"咸丰三年九月辛酉"条,第619页。
③ 《清实录·文宗实录》卷一〇七,"咸丰三年九月癸亥、甲子"条,第625、627页。
④ 《清实录·文宗实录》卷一〇七,"咸丰三年九月癸亥"条,第624页。
⑤ 《清实录·文宗实录》卷一〇九,"咸丰三年十月乙酉"条,第683页。
⑥ 《清实录·文宗实录》卷一一〇,"咸丰三年十月癸巳"条,第699页。

舒城。29 日,克舒城,在城内行馆徒手主持桐、舒军务的吕贤基投水自杀,吕贤基随员编修李鸿章则于城陷前一日先期逸出;负有"防剿"之责的已革总兵恒兴则逃往庐州,12 月 5 日,清廷下令将恒兴正法。①太平军在舒城修补城墙、开挖濠沟,留检点张遂谋等率军坚守,以为庐州后援。11 日,胡以晃领大军自舒城启程,傍晚进肥西上派,次日黎明兵临庐州城下。

清军驻守庐州的主将是新任安徽巡抚江忠源。江忠源(1812—1854),字常孺,号岷樵,湖南新宁人,1837 年(道光十七年)举人。太平军兴,即率领由新宁团练组成的楚勇在广西、江西、湖南、湖北等地围攻太平军,因在广西全州蓑衣渡、江西南昌对抗太平军有功而名噪一时。两年多的时间里从一名知县升任湖北按察使兼盐法道、帮办江南军务。1853 年,与云南鹤丽镇总兵音德布率兵勇增援湖北,10 月 15 日,在田家镇被太平天国西征军万贞祥部打败,突围出。就在此时,清廷因太平军再克安庆、进窥庐州,将"调度乖方"的李嘉端免职,于 21 日任命江忠源为安徽巡抚。在帮办安徽军务的周天爵病死、吕贤基投水死后,镇守庐州、"防贼北窜"的重任就落到了江忠源肩上。

江忠源接到朝廷的急诏,于 11 月 18 日率楚勇 600 余名和音德布绿营兵 1400 人自湖北黄陂启程,26 日抵霍邱洪家集,次日带病疾行至六安州。12 月 2 日,清廷因皖省情形吃紧,命陕甘总督舒兴阿不必由河南信阳赴楚,即日带兵迅往安徽。在得悉舒城失守后,5 日再命舒兴阿飞速前进,与江忠源合力保卫庐郡,并设法克复舒城、桐城、安庆等处,"以期肃清江北,遏贼分窜"②。8 日,考虑到舒城去庐州仅百余里,而吕贤基业已自杀,江忠源由于感染风寒不能克期前行,袁甲三则忙于"剿办"颍亳一带捻众不能分身兼顾,庐郡防守督办无人,清廷谕令漕运总督福济兼程驰赴庐州、六安一带,会同江忠源及刘裕钤督率地方文武官员办理"防剿"事宜,"该抚如尚未痊愈,所带兵勇即可交福济酌量调拨,如已就痊,着即与福济相机筹办"③。同日,江忠源在六

① 《清实录·文宗实录》卷———,"咸丰三年十一月丙午"条,第724页。
② 《清实录·文宗实录》卷———,"咸丰三年十一月丙午"条,第725页。
③ 《清实录·文宗实录》卷———,"咸丰三年十一月己酉"条,第730页。

安州接受了署理安徽巡抚刘裕铭派员送来的安徽巡抚关防和芜湖关关防,不顾"六安吏民遮留",扶病强起,留音德布领兵勇千名防守六安,自带亲信楚勇及新募之霍邱勇等 2700 余名于 9 日启程,10 日抵庐州。

江忠源入城之初即向清廷据实上陈"安省现在万难措手情形",列举当时安徽兵勇单薄、兵饷匮乏、人员缺乏之实在情形,从中亦可以看出庐州城守情况及其所面临的困境:一是兵力稀少。庐州外围最要之处当属东关,仅有寿春镇总兵玉山与已革臬司张印塘所带兵勇 2200 名;庐州城及外围所依靠的仅有江氏带来的四川兵、开化勇、广勇 700 余名以及在六安新募之勇 2000 名、李鸿章所带练勇 600 名、刘裕铭新募之勇数千名,"且初集之众,尚须设法教练,方能得力"。二是兵饷匮乏。藩库丝毫无存,东关兵勇已欠发口粮 20 余日;江氏所带来的 6 万两银子,仅敷各路兵勇 10 月份口粮及补发欠饷、各勇锅帐器械之需,"而城上守御器械一切俱无,城中米粮又复不足,子药铅丸俱形短少"。三是属吏乏员。庐郡候补知县、候补佐杂仅有数员、十数员,简直是无员可委。① 四是城身防守单薄。庐州城垣周围 30 余里,城门 7 座,城堞 4570 余,兵不满 300,勇不满 3000,且"各门月城厚不满三尺,高不及一丈,又与城身不通,防守尤难得力"②。

尽管庐州城内兵勇按陴而守不敷一堞一名,困难重重,但江忠源还是在短时间内对庐州城的防守做了布置。庐州城为明初所筑砖城,有城门 7 座,东有威武门、时雍门,南有南薰门、德胜门,西有西平门、水西门,北有拱宸门。具体城防为:水西门城垣低矮狭小,城外坡垅独高,最为吃重,由江忠源亲自带兵镇守;湖南举人邹汉勋、候选训导邹召旬守大西门(西平门);四川都司杨焕章守德胜门(大南门);云南参将惠成、候补直隶州知州李承恩守南薰门(小南门);池州府知府陈源兖守时雍门(小东门);已革庐州府知府胡元炜守威武门(大东门);署合肥县知县张文斌守拱宸门(北门)。其余文武各员均驻扎城上,分

① 江忠源奏:《剿平粤匪方略》卷六九,北京中国书店印行。
② 《陈明庐州获胜并请调兵拨饷疏》,《江忠烈公遗集》卷一,(台湾)文海出版社,第 40 页。

段守御。江忠源还下令焚毁环城外围房屋、塞闭城门,以阻止太平军进攻。

太平军于 12 月 12 日兵临庐州城下,在随后的数日内,不间断地对庐州各城门展开猛攻,时人形容太平军的阵势为:"数万环攻,旌旗蔽日,金鼓声震天,黄雾阴霾,连日不解"①。强攻数日后,太平军即临阵变计,占据城外民房,环城搭木城、筑土垒,围困 7 门,并辅以挖地道以地雷轰城。在太平军日夜不断地攻击下,江忠源为解决守城兵力和粮饷问题,一方面饬令就城内居民选募壮丁分守垛口,向城内各商铺店面借银钱米粮,令各官员捐银助饷;另一方面则不断向清廷呼救,请求就近添派援兵、增拨饷银。清廷深知"庐州危急万分,稍有疏虞,致贼北窜,所关非细",于是积极组织救援:传谕湖广总督吴文镕、湖北巡抚崇纶将留守武昌之江忠源原带兵勇全数交都司戴文兰带赴庐州;严催陕甘总督舒兴阿自河南陈州、江南提督和春自徐州、兵科给事中袁甲三②自蒙城迅速赴援(后以对付捻众为由未赴援);饬令江西、河南、山东无论何项银两迅速筹解安徽。③ 与此同时,江忠源亦分别咨调驻守六安的鹤丽镇总兵音德布、驻守东关的寿春镇总兵玉山与已革枭司张印塘、在凤颍"防剿"捻众的臧纤青带兵赴援。于是,各路援军于 12 月底至次年初先后到达庐州外围,同知刘长佑、千总江忠信率楚勇驻扎城西官亭,音德布扎营于城西二三十里处,舒兴阿率数千援军(《湘军记》记为万五千人)在城西北 30 里之岗子集扎营,张印塘、玉山移驻店埠,和春带兵千名赶至庐州东北的梁园。清廷并根据江忠源的请求,以和春总统庐州城外诸路援军,④试图"步步为营,渐逼城下,内外夹攻"⑤,以解庐州重围。

为了对付支援庐州的清军,夺取庐州战役的胜利,太平军成功地运用了围点打援战术,即在对庐州城采取长围围困的同时,派出部队

---

① 方宗诚:《柏堂集续编·候选教谕王君传》卷一一,光绪七年刊本。
② 周天爵 1853 年 10 月卒于颍州王市集军营,11 月 5 日诏命袁甲三接办"剿匪"事宜。
③ 《清实录·文宗实录》卷一一二,"咸丰三年十一月庚申"条,第 754 页。
④ 《清实录·文宗实录》卷一一五,"咸丰三年十二月戊子"条,第 818 页。
⑤ 《军机处录副档案》革命运动类,卷七七二第 8 号,转引自《安徽史学》1985 年第 4 期,第 53 页。

阻击城外援军,使其不能迫近城下形成合围之势。12 月 18 日,太平军大败进援拱宸门的张印塘、玉山部东关戍卒,歼敌过半,阵斩寿春镇总兵玉山;次日,乘音德布与刘长佑、江忠信部兵勇于大西门外尚未合队之机,迎头痛击,迫使其退回官亭;1854 年 1 月 1 日,乘夜奔袭拱宸门外宿于民房的李登洲部千余名川勇,几乎将其全歼;4 日,击退进犯水西门外木城的舒兴阿部援军,7 日,再败之;10 日,拦截江忠浚部楚勇于大西门外五里墩;12 日,大败再援水西门的张印塘、董吉元、舒兴阿部兵勇于四里河,清军自是不敢冒进。当时的情况正如《湘军记》中所载:"当是时,援军壁庐州者,总兵玉山率滁兵驻拱宸门,陕甘总督舒兴阿率万五千人驻冈子集,总兵音德布率滇兵驻枣林,江忠浚、刘长佑自湖南至,驻西平门五里墩。玉山战死,舒兴阿、音德布屡战受挫,庐州益饥困。"①

在成功阻断清方援军的同时,太平军加紧攻打庐州城。太平军设大本营于坝上街,一方面将近城道路桥梁挖断,卡住庐州通往外界的水陆要道,阻断城内的粮物供应,使内外声息隔绝;另一方面占据城外民房以为藏身之处,复于无民房之处分扎营垒,搭木城相连,环城营垒星罗棋布,四周几无隙地。② 其攻城之术尤多,或令小股分攻 6 门,以大队架云梯集中攻 1 门;或编搭浮桥,逼近城根,开挖地道,以地雷轰城;或声东击西,使守城清兵顾此失彼,穷于应付。太平军长围坐困庐州城 30 余日,城内军饷、弹药、粮油、日用诸物匮乏,物价飞腾,人心惶恐,军心离散,霍邱勇、庐州勇多想翻墙逃走。③ 山穷水尽、心力交瘁的江忠源只能祈求神佛相助。1 月 14 日凌晨,太平军乘浓雾弥漫,再次以地雷轰水西门,城墙坍塌数丈,守军溃散。把守拱宸门的徐怀义部庐州勇、周恩部霍邱勇暗中以长绳系城垛垂墙而下,接太平军入城。太平军乘势杀入,城内大乱。江忠源等大小官员被逼退缩到城西北的金斗圩一带,胡以晃率军猛攻,混战中,江忠源身受重创,投水关桥下古塘而死,布政使刘裕钤、池州知府陈源衮、都司戴文兰等大批文武官

---

① 王定安:《湘军记》卷六,岳麓书社 1983 年版,第 69—70 页。
② 张德坚:《贼情汇纂》卷四,《太平天国》(3),第 133 页。
③ 周邦福:《蒙难述钞》,《太平天国》(5),上海人民出版社 1957 年版,第 58 页。

员被杀,署庐州府知府胡元炜投降。

太平军首克庐州,主要是由于战术运用得当,而在清军方面来说,除了兵力、人数、战斗力、意志力弱于太平军外,还有两点影响至深,一是未能得到四方团练的有效支持。合肥名士朱景昭在《劫余小记》中说:"四郊团练皆士绅主之,而见远祸、识大义者颇少,江中丞屡从围中出手书谕以忠义,并陈祸福,卒无应者……余与旧识数人往赴诸练首家涕泣言城中危苦状,且言城破后必为乡民大患,诸人漠然不闻。一富家忽瞪目谓余曰:'先生责某等以大义甚峻,先生能自执旗鼓为先驱乎?'余曰:'诸君如用老仆,请以死先,退缩则诸君先杀我可也!'其人良久曰:'必不得已,吾但弃数百石米耳。'余请其说,则曰:'以石米雇一丁,只得二百人向城边一探视则吾责塞矣。'余知无济,叹息而去。于时援兵不敢进,民兵不肯集,城孤无援,余料其必不守矣。"二是清军内部步调不协。尤其是陕甘总督舒兴阿坐拥重兵而驻扎在城外 30 里的岗子集,不肯前进,虽也派出部分兵勇往援庐州,但并不遵旨拨兵交和春统带调遣。当事人之一的李鸿章在《张印塘墓表》中亦记道:"庐州之围,江忠烈公故与君善,自东关召君赴援,师薄城下,夺贼垒而玉山陷阵死。君收残卒屯近郊为声势,比援军麇至,将帅不相能,城卒以不救陷。"①此处的"将帅不相能",指的就是舒兴阿与和春。

攻克庐州,于太平天国意义颇大,一是天京有了北部屏障,二是太平军北伐军有了后援基地,三是为太平天国在安徽开展基层政权建设提供了坚实基础。

---

① 李鸿章:《原任安徽按察使司按察使张君墓表》,《李鸿章全集》(9),海南出版社 1997 年版,第 4733 页。

第二节　太平天国在安徽的统治

一、建立地方政权

随着安庆、庐州两大重镇的攻克,太平军在安徽的军事斗争不断取得胜利,1854 年 4 月 25 日,督办安徽军务的江南提督和春、皖抚福济奏称:皖省"南之舒、桐、怀、太、潜、松六邑,西之六安、英、霍、蒙、颍等五邑,东之巢、庐、和、含四邑,皆为贼匪占踞往来之区"①。是年 9 月,太平军所控制的范围进一步扩大,帮办安徽团练之左副都御史袁甲三在给清廷的奏折中称:"江北属皖者,庐州、安庆、凤阳、颍州四府,六安、滁州、和州、泗州直隶州。除颍州府属之蒙城、亳州、颍上,凤阳府属之凤阳、怀远暨六安并所属之霍山县,和州并所属之含山县,均于上年及本年春经贼扰先后收复外,现如庐州府属之合肥、无为、庐江、舒城、巢县,安庆府属之怀宁、桐城、望江、宿松、太湖、潜山及六安州属之英山,皆贼所据也。江南属皖者,徽州、宁国、池州、太平 4 府,广德一直隶州。除徽州府属之祁门,宁国府属之旌德、泾县曾被贼扰业经退出外,现如池州府属之贵池、铜陵、青阳、石台、建德、东流,太平府属之当涂、芜湖、繁昌,皆贼所据也"②。军事斗争的节节胜利,为太平天国在安徽开展政权建设提供了前提和保证。

与此同时,随着时间的推进和局势的变化,太平天国早期围绕北伐制定的一些政策难以适应斗争形势的需要,调整势在必行。太平天国建都天京以后,为了实现推翻清廷、夺取全国政权这一既定目标,在政治、经济、军事上采取了一系列非常措施,如颁布《待百姓条例》、《天朝田亩制度》等,规定:"天下农民米谷,商贾资本,皆天父所有,全

---

① 和春、福济奏:《钦定剿平粤匪方略》卷八七。
② 袁甲三:《袁端敏公集·奏议》卷四,引自徐川一:《太平天国安徽省史稿》,安徽人民出版社 1991 年版,第 87 页。

应解归圣库"①，即百姓田地种植所得、店铺买卖本利皆总归天王，再由天王向百姓颁发口粮，推行供给制，计口授食；不要钱漕，不索赋税，太平天国的钱粮、物资用品主要靠缴获清政府在江宁、皖江各地的库存仓储及民间进贡；太平军所到之地，实行普遍征兵制，胁民以从，强征入伍；在内部管理上，实行战时体制，暂时解散家庭（天王等除外），男女分行管理，待攻下北京夺得天下再行完聚，等等。但随着太平军北伐的不断受挫及攻克清廷都城时日的无限期推延，上述非常措施的弊端以及土地制度必须变革等深层次的问题日益显露出来，甚且危及太平天国自身的生存，缴获及民间贡献越来越少，使得天京等地的供应，尤其是粮食供应日益艰难；普遍征兵制、"打贡"（即"强迫贡献"）越来越受到抵制，沿江近水的民户纷纷举家逃避；不近情理的男女分行也激起了一片怨声，这一切都使得太平天国内部离心力加剧，政策调整迫在眉睫。

正是在这一背景之下，1853 年秋，翼王石达开衔命率师开赴安庆，设防镇守，建政安民。②

太平天国安徽省的辖区与清制稍有不同，因淮北各州县多为捻军活动区域，故其所辖范围大致为东起盱眙、凤阳、怀远，西至颍上、霍邱一线以南的区域。太平天国在安徽设省、郡、县三级地方政权，撤销了清制中道这一级政权，并根据实际需要，对一些地方的隶属关系及地名、治所做了调整。如改太平府为宁江郡，并将郡治由当涂迁至芜湖，改当涂县为梁县，移县治于金柱关；改巢县为聚粮县；为避太平天国诸王讳，改全椒为荃椒、贵池为桂池、潜山为潜珊、繁昌为繁玱、青阳为菁阳等。③

太平天国安徽省省城设于安庆，首任行政长官为丞相赖裕新，继任者为殿右八指挥杨某，两人均系石达开属官。在 1854 年 4 月石达

---

① 张德坚：《贼情汇纂》卷十，《太平天国》(3)，第 275 页。
② 石达开并非管理安庆一地，而是开府安庆，节制整个西线（皖赣鄂）军政民政，但由于这一系列的政策措施是由石达开在安庆开始实施的，故史称石达开安庆易制，简称安庆易制。石达开坐镇安庆的时间为 1853 年 9 月至 1855 年 10 月（率军援鄂，离开安庆），其间石于 1854 年 4 月回天京述职一次，说明推行新政情况，并得到东王、天王的首肯。故石达开坐镇安庆推行新政前后约两年时间。
③ 本章节行文涉及相关县名时，除介绍乡官政权一处外仍用惯称，不作改动。

开返天京后,顶天侯秦日纲代镇安庆,擢殿左二十三检点梁立泰、殿右十指挥张潮爵为副手,协理省务,前者负责军事治安,后者总管安抚民众、登造名粮册、征集粮食等事务,直到 1861 年安庆失陷才返回天京。

太平天国安徽省郡、县两级政权始建于 1854 年初。郡的行政长官称总制,县称监军。担任总制、监军的多为太平天国的朝内官、太平军将领,也有太平天国自己的知识分子及清廷降吏,如太平军 1854 年 1 月 14 日攻克庐州后,后四监军李秀成调守庐州兼理民务,擢殿右二十指挥;同年太平军攻克六安州后,出任监军的则是原清朝六安州知州宋培之;①池州则由"天试翰林""持印理民务"②。总制、监军由上级官员保举,经天王旨准、东王颁给官印,方可赴任,其职权比清廷的知府、知县要大。据记载:"伪总制,府一人,主辖监军、军帅。凡贼之狱讼钱粮,由军帅、监军区画而取成于总制,民事之重,皆得决之,虽大辟不以上闻","伪监军,每州县一人,其小县或竟属于总制。各军刑政由军帅定议,乃禀监军以达于总制,如我(指清政府)之直隶知州,而权较重,亚于伪总制也"。③ 在前期,总制和监军既是地方行政长官,也有武装守土之责,所以也称"守土官"。由上述可知,总制、监军的职责主要有:一是守土练兵。一般而言,郡、县守土官都统率有一定数量的士兵,留驻辖境内,守土安民。兵士的数量无定,如据《金陵杂记》载,1854、1855 年间在安庆、池州等地,"每县所有真贼不过百余名、数十名不等"。此外,编集地方武装、指挥本地乡兵也是郡县守土官的重要任务。他们督率所部士兵和乡兵,平时则维持辖区治安,盘诘奸宄,战时即率兵杀敌。二是征缴赋税。征粮收税主要是由各级乡官来执行,也有一些地方直接由监军来掌握,而最后"取成于总制"。据《金陵杂记》记载,监军根据天朝的赋税制度于其所辖地方征收银米,以所得的三分之一留作本县办公需用,其余的三分之二上缴国库;总制则每日从各县监军处收钱 2000 文,境内僧道香火祠祭及民间公产亦由总制查勘没收,以充公务之需。三是处理民讼,且权力很大。"民事之

---

① 方宗诚:《柏堂集次编·记六安尹孝廉死事》卷九,光绪六年刊本。
② 张德坚:《贼情汇纂》卷七《秦日纲禀报》,《太平天国》(3),第 211 页。
③ 张德坚:《贼情汇纂》卷三《伪守土官乡官》,《太平天国》(3),第 108 页。

重,皆得决之,虽大辟不以上闻"。四是处理一般民政事务。如汇编各种册籍,颁发门牌、田凭、当凭、商凭等各种凭证;整肃本属吏治,检察和督促所属各级乡官,贯彻天朝的各项政策和法令,安辑人民,发展生产,等等。到了后期,由于太平天国官制变化很大,统兵驻守各地、掌管地方军政民务的多为太平军天将、主将、朝将,或是拥有义、安、福、豫、侯等较高爵封者,原有的总制、监军虽然仍旧保留,但已成为该地守将之属员,只负责征收钱粮、组织夫役等事务,大多都由熟悉地方情形的当地人担任,与乡官差不多了。

太平天国安徽省县以下的基层政权则实行乡官制度,即以居户为对象,按照太平军的建制,自下而上分为:"伍、两、卒、旅、师、军六层。每五家为一伍,设伍长一人;五伍为一两,设两司马一人;四两为一卒,设卒长一人;五卒为一旅,设旅长;五旅为一师,设师帅;五师为一军,设军帅。一军帅统领一万二千五百家"。在实际操作过程中,由于各地居民状况、地理环境不一,太平天国在编组户数时,大多采取变通办理的方法,如太平天国在潜山设有 6 军帅,按规定应有师帅 30 人,旅帅 150 人,实际却只有师帅 28 名,旅帅 72 名。[1] 自两司马至军帅,皆由当地民众公举、保举或委派当地人充任,故称乡土官,简称乡官。"自军帅至两司马,为乡官,乡官者,以其乡人为之也。"[2]

根据太平天国有关文献资料及皖省各地方志记载,太平天国安徽省的乡官基层政权建设,自 1853 年秋开始,先在沿江江南的一些县份如东流、建德、贵池、铜陵、青阳、繁昌等地展开,再逐渐向皖南山区、江北各地扩展。据统计,太平天国在安徽设有乡官政权的郡县有:安庆郡及其所属之怀宁、桐城、潜山、太湖、宿松、望江 6 县;庐州郡及其所属之合肥、庐江、舒城、巢县 4 县;无为州 1 州;池州郡及其所属之贵池、青阳、铜陵、石埭、建德、东流 6 县;宁江郡(太平)及其所属之梁(当涂)、芜湖、繁昌 3 县;宁国郡及其所属之宣城、泾县、南陵、宁国、旌德、太平 6 县;徽州郡及其所属之歙县、休宁、祁门、黟县、绩溪、婺源 6

---

① 储枝芙:《皖樵纪实》,《太平天国史料丛编简辑》(2),中华书局 1962 年版,第 92 页。
② 张德坚:《贼情汇纂》卷三,《太平天国》(3),第 109 页。

县;六安州及其所属之霍山、英山2县;和州及其所属之含山县;滁州及其所属之全椒、来安2县;泗州所属之天长县;广德州及其所属之建平县,共计6府3州39县。①

安徽各地的乡官是在太平军的维持下,由当地民众在一定期限内通过公举、保举方式产生,或由太平军委任当地人充任。自石达开到安庆建政始,太平军每到一地都会张榜安民、通告地方,晓谕举官造册,推举乡人出任军帅、旅帅等职,或传邑中绅董帮办事务,建立地方政权。具体到各地,名为公举,实则乡官产生的方式也不尽相同,如石埭,由众姓共推出军帅、师帅、旅帅人选,并议定善后事宜;贵池竹塘的旅帅人选是通过抓阄的方式产生的;太湖林宏溪堂则是同族议立司马、伍长人选;在建德,"谕举绅衿为军帅、旅帅"②;在绩溪,系太平军"传邑中绅董帮办事务"③;在合肥三河一带,"伪职均系学校中人"④;其他如夏燮《粤氛纪事》记载:太平军"留建数日,分议军帅、旅帅各伪职,悉令土匪充之";方宗诚《应诏陈言疏》载:"逆贼窜踞安徽、江南数省州县最久,胁制民人,纳税服役……唯有举贡生监往往始欲保全身家,受其伪职,继或从中取利,藉贼凌人,又或应贼试充贼官"⑤。

乡官举荐出来以后,要注明三代履历、本人年龄、家中人数若干以及所辖明细户口册籍,呈报省级主管民务之官衙核准。到了后期,总制、监军也被纳入乡官系列,乡官产生的方式更是五花八门,更具随意性。总体而言,太平天国安徽省内的乡官成分颇为复杂,有地主绅衿、宗族族正、举贡生监、学校中人、贫苦农民以及被站在太平天国对立面的人士称为"土匪"、"无赖"、"无耻之徒"的无业游民、流氓无产者等。乡官的职责,如张德坚《贼情汇纂》所言:"贼之科派,不独钱米,如行军所需各物皆悉取于乡官,偶需锹锄千柄,或苇席千张,或划船百只,伪文一下,咄嗟立办","其军帅假以令旗,得操征调之柄,催科理刑,

---

① 转引自徐川一:《太平天国安徽史稿》,安徽人民出版社1991年版,第93页。

② 宣统《建德县志》卷八《武备志·兵事》。

③ 胡晋柱:《介夫年谱》,《安徽史学通讯》1957年第1期。

④ 孙云锦:《孙先生遗书·杂文仅存》,转引自王天奖:《太平天国乡官的阶级成分》,《历史研究》1958年第3期。

⑤ 方宗诚:《应诏陈言疏》,《柏堂集续编》卷二一。

皆专责成。自师帅至两司马，悉设公堂刑具……击断乡里"。概括而言，即是供应军需、征收赋税、清查户口、招抚流亡、维持治安、处理民讼之类。

太平天国在安徽推行乡官制度的同时，还组织了乡兵，乡官军帅"得发民为兵，所辖为伍卒，有冲锋、勇敢之名，家备戎装，人执军械，盖寓兵于农"①，即在辖区内每家出一人为伍卒，由乡官统领，侦探敌情，遇警出兵，协同作战，无事为农，从事耕作。太平天国乡兵的设立，意味着早期普遍征兵制的废止，而改为募兵制，在一定程度上消除了辖区民众的恐慌心理。

二、交粮纳税

太平天国建都天京以后，为解决百姓土地和生计问题，颁布了《待百姓条例》，规定百姓之田皆系天王之田，每年所得米粒，悉数归于天王；店铺买卖本利，皆系天王之本利，不许百姓使用，总归天王；不要钱漕；实行供给制度，计口授粮，每月大口给米一担，小口减半，以作养生之资。而天京的钱粮、物资供应，则靠缴获江苏、江西、安徽等占领区清廷的库存仓储以及民间贡献。缴获是一次性的而且数额有限，而贡献制起初得到了老百姓的拥护，一是由于不用交租税；二是盼望太平天国早日胜利，能同享天福；三是乡民"厌见兵革，欲谋室家之安，不得已而作权宜之计，莫不罄囊箧以供贼之饕餮"②，但到后来，贡献愈演愈烈，演变成"打贡"（强行索贡），在枞阳甚至威胁"不遵者屠其城属"③。贡献的次数也越来越多，有的地方一月之内收贡五六次，乡民疲于奔命，收贡地区也从沿江近水船运便捷之地延伸到内地山区，且各地负担不一。这种以武力为后盾的强制性的索贡越来越受到抵制，既不能保证供给，又引起民怨沸腾，已经明显不合时宜。取而代之的则是计亩征粮，老百姓照旧交粮纳税。

实际上，在太平天国安徽统治区，计亩征粮政策实施以前，已经有

---

① 张德坚：《贼情汇纂》卷三，《太平天国》(3)，第109页。
② 张德坚：《贼情汇纂》卷八，《太平天国》(3)，第235页。
③ 方江：《家园记》，《安徽史学》1986年第6期，第72页。

了类似的做法。当时,太平天国索贡船队频繁往来于沿江各地,沿途村镇各自推举年长绅耆数人设一公所,办理贡献之事,"周旋其间,哀告贫苦,输纳钱数百千、粮数百石,求免穷搜,贼去则按田亩而摊之"①。另据《忆昭楼时事汇编》记载,1853 年 8 月,太平军一指挥在太平府"近城各乡邀乡老数人,口称现在田稻将割,每亩交纳粮稻卅斤。乡老回称:我等均系贫民,此等事要向田主去说。该逆即限五日后回报,亦即开船而去"②。这些都成为后来太平天国赋税改制的实践基础。到 1854 年夏,太平天国在安徽已普遍建立地方政权,推行乡官制度,赋税改制的条件已经具备,加上秋收在即,翼王石达开便与东王杨秀清、北王韦昌辉联衔启奏天王洪秀全:"建都天京,兵士日众,宜广积米粮以充军储而裕国课。弟等细思,安徽、江西米粮广有,宜令镇守佐将在彼晓谕良民,照旧交粮纳税。如蒙恩准,弟等即颁行诰谕,令该等遵办,解回天京圣仓堆积……"天王批准了这个建议:"胞等所议是也,即遣佐将施行。"③自此,计亩征粮成为太平天国的基本税法之一,在太平天国统治区域普遍推行。

所谓照旧,即依照清王朝旧例,按田亩征收粮赋,"银漕悉依旧制",分上下忙征收,换句话说就是"照旧交粮纳税"。在安徽,计亩征粮于 1854 年 8 月在潜山、桐城,9 月在铜陵、庐州开始实行,渐次推及整个辖区。据《皖樵纪实》记载,在潜山,"咸丰四年秋七月,贼勒征地丁银",同年十一月"贼勒征粮米"④;铜陵"限于八月初一日征收钱米"⑤;合肥三河镇一带在当年八月开征。⑥

在推行赋税新制以后,太平天国颁行训谕,严禁太平军士兵随处肆扰,禁止再在安民区打贡,并加大乡官稽查惩处之权,一旦遇到横行抢劫之事,即可禀达上司将缉拿之人斩首示众。据李召棠《乱后记所记》,咸丰八年(1858)腊月,有太平军纠集土匪在贵池四境索贡,为乡

---

① 张德坚:《贼情汇纂》卷十,《太平天国》(3),第 274—275 页。
② 《太平天国史料丛编简辑》(5),中华书局 1962 年版,第 382 页。
③ 张德坚:《贼情汇纂》卷七《伪本章》,《太平天国》(3),第 203—204 页。
④ 《太平天国史料丛编简辑》(2),中华书局 1962 年版,第 93、94 页。
⑤ 曹蓝田:《与邓太守书》,《太平天国史料丛编简辑》(6),中华书局 1963 年版,第 53 页。
⑥ 吴光大:《见闻粤匪纪略》,《安徽史学》1984 年第 3 期。

官告发,"戮于池城"①。

太平天国在安徽的赋税征收,多由乡官负责,开征之前,或出告示,或讲"道理",发给便民、易知由单,填写完纳数额和日期,民户纳税以后发给执照,作为收讫凭证。从已有的资料来看,太平天国所收赋税种类和税额,各地不一,其正税税额,也是以清制为基础,上下浮动,但清廷征赋不仅浮收数倍、陋规繁多,且豪强、地主可以不纳或少纳田赋,以转嫁农民,而太平天国在前期征税手续较为合理,浮收、勒索的情形较少,灾歉减免大多能落到实处,也有一些轻赋政策,农民的负担有所减轻。在合肥三河一带,1854 年秋"伪指挥黄征收秋粮,每担田熟米五斗",次年夏,"伪指挥黄征春粮,取秋征四分之一",合每石田 1 斗 2 升 5 合,同年秋粮略有增加,"每石田征米六斗五升,征钱二百二十文"②。当时的合肥、六安一带,一石田合五六亩至七八亩不等,如以 7 亩计算,1 亩田一年所征粮斗余、钱 30 余文,折银不到 2 分。而清制,民田每亩岁征银约 1 钱 6 厘,米 7 升余,可见太平天国的正税税额是比较轻的。再如当涂、芜湖,据光绪重修《安徽通志》卷七一《食货志·田赋》载,当涂实在折实田 9595 顷余,征银 71911 两余,征米 23317 石余、豆 1480 石余,平均每亩征银 7 分 4 厘强,征米(豆并入米计算)2 升 5 合强。芜湖实在折实田 3068 顷余,征银 29455 两,征米 8673 石余、豆 477 石余,平均每亩征银 9 分 6 厘,征米(豆并入米计算)2 升 9 合强。征米浮收以 3 倍计,当涂在 7 升 5 合以上,芜湖在 8 升 7 合以上。而太平天国只收 4 升,明显低于清方。③

太平天国在安徽实行计亩征粮、"照旧交粮纳税"的新政策,避免了早期贡献制度的种种不合理因素,尽管未能实现空想的"均耕田产",且推行计亩征粮,即意味着承认地主的存在,但太平天国对地主、官绅及僧侣等地方势力的打击还是相当沉重的,在太平军的推动下,安徽各地农民抗租、拒交官粮的斗争时有发生,官绅富豪在沉重打击下多家道中落,大量田地易主,太平天国也实施了一些轻赋减税、兴修

① 中国社科院近代史所:《近代史资料》总 34 号,中华书局 1964 年版,第 183 页。

② 吴光大:《见闻粤匪纪略》,《安徽史学》1984 年第 3 期。

③ 郦纯:《太平天国制度初探》下册,中华书局 1989 年第 2 版,第 470 页。

水利、招集流亡、垦复土地、救济贫民的措施,使得太平天国统治下的安徽农村经济有一定的恢复发展,农民也颇得实惠。

三、设关征税

安庆易制以前,太平天国《待百姓条例》规定,店铺买卖资本、利息皆归天王所有,解归圣库,亦即实行禁止私营工商业的政策。但这一政策与清朝后期商品经济较为发达的社会现实格格不入。在安徽,经商做工(皖南),依靠漕运、盐业(安庆、巢湖一带的船户、"盐枭")谋生的人占相当的比例,太平天国禁止私营工商业,不仅使富商巨贾生畏,广大工匠、商贩、船户也因生计日益艰难而心生不满,与此同时,这一不切实际的政策也大大影响了太平天国的财政收入。

为了消除这些不利因素,也为摆脱天国入不敷出的困难,石达开到达安庆后不久,就果断改弦易辙,推行新制,设关征税,奖掖工商,传谕各地照常平买平卖,"以应军民"。据李滨《中兴别记》载:"(咸丰三年八月)石达开既踞安庆,张伪榜,假仁义要结民心……立权关于大星桥,各属支河曲港,遍设伪卡,苛敛杂税。"安庆关系太平天国的第一个权关,关口处建有崇楼,以炮船数只环绕,并用铁锁巨筏横截江滨,拦阻往来商船,征收关税。由于太平天国持续占领安庆长达8年之久,故安庆关为太平天国历史最长、税收最稳定的税关。除安庆关、天京北门外的天海关(又叫"龙江关")以外,太平天国在长江沿岸还设立了5处关卡,"皖楚遭粤逆复陷后,自太平府以至武昌,贼匪分设伪关太平、芜湖(宁江)、安庆、九江、武穴、武昌共六处"①。关卡主要负责发凭证、收关税、稽查来往货船行商等事务,关卡税则的具体情况已难详知。据《贼情汇纂》卷一〇《关权交易》记载:"其报船料也,以船长一丈,抽税千钱。所载之货分粗货细货,粗货船长一丈,抽税钱二千,细货倍之。大率以盐、布、棉花、煤、米为粗货;丝、绸、苏货为细货。"②由此可见,关卡税收包括船钞、关税。征税不问商船载货多寡,只计船

---

① 涤浮道人:《金陵杂记》,《太平天国》(4),上海人民出版社1957年版,第641页。
② 张德坚:《贼情汇纂》卷十,《太平天国》(3),第276页。

之长短；货物价值只分粗细两种，且货物过关只须纳税一次，收税给凭证，他关验票放行，不再重征，简单易行。除行商关税外，太平天国在安徽还针对坐贾征收营业税。1860 年以前，太平天国曾在安徽、湖北、江西等地征收牙税，而安徽则"各色牙行业已定有额课"，这在 1859 年专管安徽省民政的文将帅张潮爵颁发给怀宁县榨油户朱物斋、朱玉桂的《榨坊照凭》中有记载，照凭中还涉及榨油税率："照得国家开创之初，军需均见充足，而各色牙行业已定有额课，惟油榨一款，从未税及分文。向因库帑丰盈，姑从宽免。兹者舆图未广，采办维艰，故不得不税取若干，以资接济。今特议立章程，每榨给凭一张。大榨一榨能出油二百余斤者，则每日取税油四斤；小榨能出油一百余斤者，则每日取税油二斤，于民则所出无几，于国则不无小补"。照凭规定，油税以实榨为准，每月一解，税率不及 2%。①

　　总的来说，太平天国易帜不久即仿照清朝旧的则例制定了各类税率，使税收管理相对规范，而且前期税率要比清政府的低得多。清政府不但税率重，而且层层设卡，卡卡要税。关卡还时常借机巧立名目，勒索浮收，而太平天国则规定货物过关只需纳税一次，就可运达目的地。容闳在《西学东渐记》中记载了他于 1861 年自上海赴安徽太平购茶前所了解到的沿途交通及税收情况：从上海到皖南太平县只有两条路可走：一由芜湖直达太平县，舟行 250 英里即可，此路线沿途由太平军控制，但无重税。二是由芜湖上游大通入太平县，路程较近，但"须陆行，殊不便，旅费亦巨。且经大通，沿途有重税"，因为大通由清军所据，经过权衡，容闳决定由芜湖走水道趋太平。② 这就是一个很好的说明。

　　在奖励工商方面，太平天国在安徽已有一些官营工商业，如在安庆设造船厂；载江淮之食盐运至江西兴国，湖北蕲、黄一带卖予民间；购湖北布匹、棉花卖与安徽、江苏百姓等。史料还记载了太平天国官员孙奠邦 1857 年来安徽无为州经手店铺账目及太平军兵卒在太平开

---

① 《榨坊照凭》，罗尔纲：《太平天国文物图释》，生活·读书·新知三联书店 1956 年版，第 233 页。
② 容闳：《西学东渐记》第 12 章《太平县茶地之旅行》，湖南人民出版社 1981 年版。

店做买卖之事。石达开在安徽不但鼓励商人在太平军占领区内自由往来贸易,还特许商人可以剃发进入清政府统治区。如安庆城内一度缺盐,太平军就以优厚条件贷款给当地盐商,鼓励他们从清军把守的地方贩盐过来。①

随着新的措施的推行,太平天国安徽辖区内的商贸活动渐渐趋于正常,合肥县的三河镇、无为州的运漕镇、铜陵县的大通镇等成为有名的集镇。开禁后,"庐州人结伴负贩,由苏常一带运物于被陷地方,获利颇厚,是以负贩日多,往来如织"②。皖南的茶叶得以运往上海销售;往两湖地区贩运淮盐也无须绕道。商业的兴盛刺激了安徽农业、手工业的发展,使安徽成为太平天国物资供应的重要来源地。

四、招纳贤士

太平天国定都天京以后,有了稳定的政权和基地,需要各式人才填充到其政权体系之中,其他如文书撰写、档案管理、账目登记、道理宣讲等事务性工作也需要读书明理之人帮助。于是太平天国广辟门径,招纳贤士,主要的途径是开科取士。但太平天国并不承认清朝的生监资格,而是要求人们参加天国的考试和选拔。

太平天国的科举考试分为县试(相当于清制生员试)、省试(相当于清制乡试)、京试(相当于清制会试、殿试,后改称天试,也称会试)三级。但最先举行的是京试。在前期,太平天国的京试一年举行4次,以各王生日为期,"石达开二月生,试期以初一日为翼试;韦昌辉六月生,试期以二十日为北试;杨秀清八月生,试期以初十日为东试;洪秀全十二月生,试期改于十月初一日为天试,以其子乃十月生也"③。1853年,北试、东试、天试如期举行。1854年,翼试首次举行,天试也于是年改期。1856年,天京内讧发生后,东王、北王被杀,翼王出走,天京会试仅剩下天试了。会试一甲3名仍称状元、榜眼、探花,二甲称翰林,三甲称进士,何试取中,即冠以该试字样,如天试状元、翼试翰林

---

① 沈兴康:《从安徽史实看太平天国的商业政策》,1962年10月13日《安徽日报》。
② 《平贼纪略》,《太平天国史料丛编简辑》(1),中华书局1961年版,第229页。
③ 张德坚:《贼情汇纂》卷三,《太平天国》(3),第111—112页。

之类。太平天国后期还颁刻了《钦定士阶条例》，从科举制度、试场条例，以至品级、章服的制度，都作了详细的规定，使得这项科举制度更为细密。《钦定士阶条例》经旨准后于1864年实行，但是年天京陷落，《钦定士阶条例》未来得及推行。

太平天国开科取士的首试为1853年的北试。当年天试状元为安徽和州人武立勋。1854年，翼试首次举行，状元为安庆人杨朝福。太平天国的首次省试始于安徽，于1854年6月在安庆举行，主考官即为上年的天试状元武立勋。1855年，省试因清军进攻芜湖而作罢。1856年，省试又因天京内讧而停开。1857年，省试如期举行，并首开武科。1857年4月，安徽各县首开童子试，以各县监军为试官，录取文、武秀才。

太平天国的科举仍以八股取士，文用八股式，诗用试帖式，但试题以太平天国的典籍、典章制度为本，不取《四书》、《五经》等儒家经典，如1854年安徽省试文题为《真命天子福命将》。参加考试的人没有门第、籍贯、资历、出身、保结、守孝等限制，举凡布衣、绅士、倡优、隶卒、僧道各色人等，均有考试机会。且选录标准较宽，每试所取名额较多，除"文有妖气"者外，大都能录取。当年安徽省试应试者来自27县，取中举人785名，仅潜山一县就多达30名。同年举行的湖北省试应试者不足千人，取中者800多名。1857年，安徽省试仅潜山一县，即中文举人84名、武举人73名。同年，潜山县试考取文生360名、武生120名。

除开科取士这一主要途径外，太平天国在安徽招纳人才的办法还有：一是张榜招贤。太平天国于所统辖郡县衙署、太平军军营门墙外都会张贴招贤榜，希望"武达文通之彦"、"专家曲艺之流"，"当知天朝见贤即用，望治维殷，勿以自荐为可羞，即宜乘时而利见。倘有一技之长，仰即报名投效，自贡所长"[1]。而且范围非常广泛，从通晓天文星象算学者到能从事内外科诊治的医士，从文人、武士到工匠、吹鼓手，只要有一技之长，都会被招纳。望江县生员潘合孚于

---

① 张德坚：《贼情汇纂》卷三，《太平天国》(3)，第114页。

1853 年 11 月自投太平天国,撰写文稿,被擢拔为翼殿尚书;合肥人贾鸿江原以做爆竹谋生,后投太平军从事武器制造。在太平天国的诸匠营、百工衙及太平军随军戏班里,都有不少应招前来的安徽籍工匠、伶人。二是乡官举荐。即由各地乡官"具禀保荐入朝,量才录用"。如 1853 年 8 月,望江县生员龙凤辚经该县某军帅禀奏保荐有安邦定国之才,乃偕其父到天京上书天王,不下数万言,因不懂天王批示,旋送入诏书衙学习;后"为贼划策,上书数千言,大约劝其勿浪战,婴城固守,以老我师,分股出掠,以牵我势,用安庆为门户,以窥江西。书上,授伪承宣职"①。三是强制征调。太平军所到之处,或以行政命令的方式强迫黎民百姓中读书识字者加入太平天国队伍;或直接从俘虏中发掘,太平军每当抓获俘虏,都一一询问他们有何特长、操何职业,能否读书、是否识字。一旦发现俘虏中有读书识字之人即招为文书人员,礼遇优加。如有记载说:"贼掳我官吏绅衿读书有心计人,或挫折以死,或分为各馆充当书手,号曰先生,所办无非写奏章、诰谕、封条、出告示、造兵册、家册等事。"②这种方法较为普遍,但有时效果并不理想。如无为人吴锡成著《九畹诗余》:"十年发迎至,挟充记室,不为屈,骂贼死。"③

石达开在安徽施行的新政内容非常广泛,涉及政权建设、土地政策调整、工商外贸、城市管理、人才选拔、律例制定、有关婚姻家庭的规定等诸方面,在初期取得了良好效果,巩固了太平天国在安徽的统治,使安徽成为太平天国重要的粮饷、兵源、人才输出地,成为天京西部的坚固屏障。

---

① 张德坚:《贼情汇纂》卷十二,《太平天国》(3),第 328 页;《太平天国史料丛编简辑》第 2 册,第 39 页。

② 张德坚:《贼情汇纂》卷十二,《太平天国》(3),第 314 页。

③ 光绪《续修庐州府志·忠义传》卷三八,第 34 页。

第三节　太平军在安徽的主要战斗

太平天国在安徽推行的一系列旨在安抚民心、巩固政权的新措施及其带来的实际效果引起了清廷的恐慌。清廷更害怕已将安庆、庐州连成一线的太平军会自庐州北上联合捻军增援北伐，于是在 1854 年 1 月 22 日任命漕运总督福济为安徽巡抚，会办安徽军务，并从江北大营、江南大营及河南等地调来援兵 2 万余围攻庐州；又在沿淮布置兵力，抽调提督秦定三赴寿州正阳关一带驻守，令主持皖北军务的兵科给事中袁甲三自宿州移营临淮，堵塞太平军北上京畿的通道。而太平军自攻克庐州后，注意力放在西线争夺两湖上，只派了少数部队北上接应北伐军，主力部队已循江西上进军两湖。留守庐州的太平军不足万人，桐城、舒城、潜山、太湖等各县城守兵不过数百人，作为整个西征中转站的安庆驻军亦不逾千人。[①] 太平军驻守安庆要员燕王秦日纲、冬官正丞相罗大纲、翼王石达开等人的精力也主要放在西线战事上，时常出入湖北、江西。太平军在庐州至安庆一线的防守力量十分薄弱。

一、庐州失守

1854 年 2 月 16 日，福济到达庐州城东店埠，与先期到达督办安徽军务的江南提督和春会商军务。3 月初，清军移营城东三里冈，开始进围庐州。和春复命副都统忠泰、翰林院编修李鸿章带兵勇 2000 余前往巢县一带，以阻遏太平军北上之路。提督秦定三亦自正阳关移营往攻舒城，以牵制太平军援兵。就在清军逐渐缩小对庐州的包围之际，主持庐州军政的胡以晃于 9 月初调往湖北，接替守城的是夏官又正丞相周胜坤、秋官又副丞相陈宗胜。尽管清军兵勇对庐州形成了合

---

① 方宗诚：《柏堂集次编·马徽君传》卷六，光绪六年刊本。

围之势,但并未对庐州城内的太平军构成严重威胁,"自(咸丰)四年春提督和春奉命图复庐州,夏,提督秦定三奉命图复舒城,皆去城数十里,名围城实不据贼要害,贼援皆由庐江进,往来不绝"①。因为太平军有水师优势,可以依托巢湖进行物资、兵力转运。清军对此毫无办法。实际上,自 1855 年初合围庐州之后,清军与太平军的战事主要是在庐州近郊及附近的巢县、含山与舒城一带零星进行。

　　太平军在庐州处于守势,在安庆也面临着新的威胁。西征两湖的太平军遭到曾国藩统领的湘军的顽强阻击,自 1854 年 4 月至 12 月,先后在湖南湘潭、岳州,湖北崇阳、咸宁、武昌、汉阳、田家镇等地遭受重创,秋官又正丞相曾天养、国宗石凤魁、石镇岑等或战死,或因失利被诛杀,损失惨重。湘军水师攻到江西九江、湖口一带,迫近安庆;陆师也已攻克湖北黄梅,拟由鄂入宿松、太湖,形成水陆合围安庆之势。曾国藩还数次致函袁甲三,要其出兵南下策应。袁甲三派举人臧纡青、同知李安中、参将刘玉豹率兵勇 2000 余人前往六安,拟从桐城入手,或先攻潜山、太湖,以与湖北之湘军会合接应。庐江、舒城、桐城、潜山、太湖一带的士绅、团练闻知湘军得势,也都跃跃欲试。

　　1854 年 12 月 11 日,臧纡青等率兵抵六安,25 日进围桐城,臧自率兵勇千余围南门,同知李安中、参将刘玉豹各统兵 500 围东门。太平军在守将梁立泰率领下,闭门坚守,以待援军到来。其时,湘军水师被堵在湖口一线,陆师也未能实现由鄂入皖。桐城及附近州、县的团练活动,如舒上舍起兵舒城、桐城练首马三俊起兵霍山、庐江练首吴廷香起兵庐江、六安团总李元华助攻太湖等均被太平军扑灭,使得臧纡青军势已孤。1855 年 1 月初,国宗杨某等率援军自安庆猝至,设伏掩击,臧纡青以及率勇来援的桐城练首张勋当场毙命。梁立泰见援军已至,也出城攻击,清军大败,刘玉豹、李安中则弃军逃奔六安。桐城一战,太平军大获全胜,沉重打击了皖中的团练势力,巩固了安庆的外围。驻守安庆的太平军要员石达开、秦日纲等得以开赴江西湖口、湖北黄梅等地,并最终取得湖口、九江、武汉之胜。

---

　　①　方宗诚:《柏堂集次编·庐舒二义士传》卷六。

　　尽管太平军桐城之战取胜，但庐州的城守形势并没有因此好转。福济、和春久围庐州不下，乃改变策略，射书城中，做陷入城内的当地士绅工作，要其做内应，接应清兵攻城。时城内合肥监生鲁云鹏、廪生王南金、武举沈广庆、廪生朱学贵等密谋策应，并与太平军东城约为内应，以白布缠头为号。清军兵至，绅民内应者千余人，开门迎官兵入城。庐州于 1855 年 11 月 10 日被清军攻陷，城内太平军守将周胜坤退守三河，陈宗胜被戕。次年 2 月，舒城亦陷。至 1856 年 9 月天京内讧发生，加上皖中大旱成灾导致饥民潮水般拥入沿江、沿巢湖地带觅食，使得太平军无心恋战、无力应战，清军乘势连克三河、运漕、庐江、无为、东关、和州、巢县等城池，并再次进逼桐城。太平天国在皖中的实际控制区，仅限安庆一隅。

　　这一时期，在皖北，夏官正丞相黄生才、夏官副丞相陈仕（世）保、冬官副丞相许宗扬奉东王杨秀清命，自扬州浦口取道安徽，率军北援李开芳等，于 1854 年 2 月 6 日自安庆至桐城。援军于 8 日破舒城、14 日占六安州，数日后至寿州正阳关渡淮，沿途扩充兵力，3 月 5 日，自蒙城合捻北进，次日占河南永城。随后转战江苏、山东月余。4 月 22 日，因临清粮绝，弃城南下，28 日，自山东冠县南下，沿途遭钦差大臣胜保清军及地方武装截击，黄生才被擒，夏官又正丞相曾立昌等相继战死，全军覆没。残部经江苏萧县、河南永城入皖境，于 5 月 12 日克蒙城，14 日，陈仕保在凤台被团练打败，陈仕保死后，少数人马渡淮回到颍上、霍邱，与太平军会合。

　　在皖南，为夺取天京通往上游的水陆通道，太平军在国宗石达英、韦志俊，冬官正丞相罗大纲，检点范汝杰等带领下，于 1854 年 2 月至 1855 年 3 月先后攻克祁门、黟县、太平府、芜湖、石埭、休宁、歙县等地。由于太平军在这些地方大多没有驻军，故太平军、清军双方对皖南城池的争夺时有反复。1856 年 4 月，为解天京之围，石达开率大军自江西三路进入皖南，分克婺源、祁门、建德，于 26 日会于太平县，随克泾县、宁国府、芜湖东援天京，攻破江南大营。

二、再克庐州

1856 年 9 月,天京事变发生,太平天国主要领导人东王杨秀清、北王韦昌辉在内讧中相继被杀。次年 6 月,入朝主政的翼王石达开也因天王洪秀全猜忌和洪氏兄弟的掣肘排挤愤然离京,自皖南铜陵渡江经无为州前往安庆,后走江西另谋发展,再未返回。天京内讧使得太平天国元气大伤,人心散乱。清军趁机集结力量发起攻击:西线,湘军水陆两路攻陷小孤山及对岸石城,进入皖境;东线,清军重新组建起来的江南大营攻克镇江,隔断了天京的交通要道与主要粮路,江北大营也攻占浦口、江浦,南北合围天京。在安徽,庐州失守后,周边州县接连失陷,直到 1857 年 2 月,奉命"把守桐城,保固安省"的地官副丞相李秀成在主持宁国军事的陈玉成的帮助下,打垮了庐州清军,击溃了提督秦定三部、协办安徽军务提督衔署寿春镇总兵郑魁士部的联合攻城,守住了作为安庆门户的桐城,随克舒城、六安,顺势赶走了一度占据潜山、太湖的李元华六安勇,基本保住了皖中。3 月中旬,李秀成、陈玉成部太平军在寿春正阳关与捻军首领张乐行、龚得、苏天福等会合,联合作战,活动于寿州、六安、霍邱、太湖、潜山一带,成为太平天国后期主要军事力量。

太平天国因内讧、分裂而出现了严重的信仰危机和人才危机,天王洪秀全万不得已之际起用"幸臣"蒙得恩为正掌率,执掌朝中内外之事。合朝议举成天豫陈玉成、合天侯李秀成带兵外战。其时,陈玉成屯兵太湖、潜山,李秀成屯兵六安、霍山,依托大别山区与湖北巡抚胡林翼指挥的楚军,胜保、袁甲三等部兵勇周旋。为商讨如何扭转内讧之后的危局,李秀成轻骑约陈玉成赴安庆会议(或说安庆太平军守将张朝爵、陈得才吁请)。会议期间,洪秀全晋封陈玉成为又正掌率,留在安徽主持西线军事;晋封李秀成为副掌率,入京"提兵符之令",负责保卫天京。安庆集会提出了一些消除内讧不良影响、革新政治的建议,陈玉成、李秀成又联合保举起用林绍璋、韦志俊等以及东王、北王旧部老兄弟,以团结内部、安定人心。

安庆会议后,李秀成坐镇皖西为后盾,陈玉成联合捻军深入鄂境

大别山区与楚军周旋。后因清军江南、江北大营合围天京,李秀成奉天王诏令,率部自皖西东下救援,被留京提理朝政。1858 年 4 月下旬,李秀成出天京至芜湖,与侍天福李世贤商定一敌南岸、一敌北岸谋解京围。5 月上旬,李秀成部连克含山、昭关、和州、全椒、滁州、来安等地。6 月 5 日,进攻江浦遭遇清军江北大营都统衔德兴阿部以及胜保马队,失利,李秀成仅带数骑折回全椒大营,打通两浦以解京围的计划受挫。

经此失利,李秀成深感形势严峻,兵单难以济事,遂奏请天王"通文各镇守将,凡是天朝将官概行传齐,择日约齐到安省枞阳合计"。7 月下旬,陈玉成、李秀成,池州韦志俊及其部将黄文金、古隆贤、赖文鸿、刘官芳,芜湖李世贤,三河吴定规,巢县吴如孝、黄和锦,庐江易侍钦,舒城朱凤魁,安庆张朝爵、陈得才等齐聚枞阳望龙庵,订约会战,决定先攻庐州,以解京围。天王洪秀全批准了这一方案,并下令恢复内讧前的五军主将制度,重新编组全军。成天安陈玉成、合天安李秀成、侍天福李世贤、定天福韦志俊、赞天义蒙得恩分别被封为前军、后军、左军、右军、中军主将。枞阳会议后,各镇守将依议而行。朱凤魁回到舒城、吴定规返抵三河筹措粮饷、物资以备攻城。陈玉成、韦志俊则由霍山、潜山向舒城进发,为攻打庐州做准备。

庐州清军主力在上年桐城一役基本被击垮,残部退回后疲软尤甚,兵将均不耐战,皖抚福济及接替郑魁士协办安徽军务的湖北提督德安日吁乞休,希望脱离苦海;城内军粮奇缺,兵勇索饷抢劫之事时有发生。清廷鉴于庐州兵力薄弱,命在寿县、霍邱、六安一线"剿捻"的胜保、袁甲三向庐州靠拢,复命湖北按察使李孟群带勇往援。李孟群部辗转多日才经六安抵店埠,胜保、袁甲三部则完全被捻军牵制住,始终未能靠近。1858 年 5 月下旬,在六安活动的捻军一支因刘饿狼事变,内部出现分裂,开始转移,26 日退出六安沿淠河北上,经正阳关顺淮东下,6 月向南占据怀远、临淮关、凤阳,打通了淮河南北的通道,既切断了庐州清军的淮上饷道,也牵制住了胜保、袁甲三部,帮助太平军完成了对庐州的合围。7 月 23 日,清廷因庐州军务废弛革去皖抚福济(屡与安徽统兵将领不和)头品顶戴及太子少保衔,命其返京候用,以江南大营帮办翁同书为安徽巡抚,督办安徽军务;8月10日,又令新任安徽布政使李孟群在翁同书抵任前护理安徽巡抚。就在福济已离开庐州、翁同书尚未抵达之时,太平军已择机攻城了。20日,太平军三河守将吴定规率部连败清军副将余应彪、庐州城守主将副都统麟瑞,攻破庐州城南二十里铺清军营垒,并进至城西大蜀山一带,扎营10余座。23日,陈玉成下令总攻,太平军拥入,署理总兵萧开甲毙命,城内文武要员知府伍成功、麟瑞、余应彪等逃往店埠,署理安徽按察使马新贻仓皇弃印夹在乱民中出城,太平军半日即攻克庐州。随后陈玉成进军店埠,时在店埠的护理安徽巡抚李孟群退至梁园。太平军一分为二,一路进逼梁园,一路南下巢湖,攻陷清军建成不足一年的巢湖水师基地撮镇,焚毁基地船厂。与此同时,李秀成派兵自全椒出,于全椒、巢县分别击溃清军湖北提督德安大树街大营、甘肃河州镇总兵吉顺柘皋大营,亦追至梁园。新任皖抚翁同书刚到梁园,太平军两路合击,清兵稍稍抵抗即溃败,翁同书收集残部退往定远,李孟群逃往寿州。

　　太平军再克庐州是安庆集会和枞阳会议成果的集中体现,是太平天国后期军事史上一系列胜利的起点,很好地起到了整合力量、固结人心的作用,扭转了内讧分裂之后太平天国安徽省极度危险的局势。庐州及周围地区大局初定后,太平军开始重建乡官基层政权,恢复了以往的税收制度。为了援救天京之围,陈玉成留倚天燕陈世容、怡天豫黄英兆镇守庐州,自己率军直奔滁州,与自全椒来的李秀成部会合,直逼清军浦口江北大营,9月、10月间连克浦口、江浦、天长、六合、仪征、扬州等地,击垮了清军江北大营,打通了天京通往江北的通道;为配合陈玉成、李秀成在江北主战场上的军事行动,在皖南,李世贤、韦志俊率部反攻宁国以牵制清军江南大营,重创芜湖湾沚清军大营,击毙江南大营援军总兵戴文英以下兵勇近5000人,督办宁国军务浙江提督邓绍良战死。

三、三河大捷

　　清廷在接到李孟群、翁同书关于庐州军情危急的奏折后,于8月

31 日颁发谕旨,任命胜保为钦差大臣,督办安徽军务,所有皖境各军均归其节制,着即"进攻庐州,不准避难就易",胜保原豫皖鲁三省"剿匪"事宜由袁甲三接任;命安徽巡抚翁同书帮办军务;命湖广总督官文知照江宁将军都兴阿、巡抚衔浙江布政使李续宾酌分劲旅由桐城、舒城一带赴援庐州,力扼安庆太平军北上之路。考虑到胜保督兵怀远不能克时抵庐,翁同书咨商德兴阿先行酌拔马步官兵前往"协剿"。当天,收到庐州失守的奏报,清廷再颁谕旨,着官文即行知照李续宾、都兴阿等"先其所急,改道赴援庐州"①。

李续宾为湘军悍将,师从罗泽南,1857 年,因攻陷湖口升浙江布政使,1858 年 5 月 19 日,攻陷九江,加巡抚衔,得以专折奏事。湘军攻克湖口、九江后,曾国藩、胡林翼等统帅经过磋商,很快即制定出了"先清皖北,再议皖南"②的战略,并实施水陆合围安庆的作战计划:李续宾担任主力由中路进攻,都兴阿由宿松、太湖进兵,福建提督杨载福率水师直攻安庆。这一方案也得到了清廷的旨准。9 月 1 日,李续宾部前锋进抵太湖小湖河。10 日,正在太湖前线与太平军作战的李续宾接到清廷 8 月 31 日"先其所急,改道赴援庐州"的谕旨后,当即上奏力陈不便分兵。但太平军再克庐州后,与在淮南作战的张乐行部捻军已连成一片;另一支留在淮北家乡的捻军在孙葵心、刘玉渊等人的带领下于 1858 年秋向北经萧县、砀山,破江苏丰县,进至山东、河南境内。防范太平军、捻军联合进军畿辅一直是清廷的战略重点。庐州失陷、江北大营被攻破、捻军的战略转移使得咸丰帝在太平军、捻军如此凌厉的攻势面前方寸大乱,催李续宾驰援的诏书一连"至于十下"。

在朝廷谕旨的催促下,李续宾被迫放弃稳扎稳打、逐步推进、力避攻坚的战术策略,转而一路强攻。9 月 23 日,攻占太湖县城,所部阵亡达千余人。攻下太湖后,湘军即开始分军,都兴阿移驻茶铺岭,其部下副将鲍超进屯李家店、副都统多隆阿进据蜡树柯,进攻潜山

---

① 《清实录·文宗实录》卷二五九,"咸丰八年七月丙申"条,第 1022—1023 页。
② 龙盛运:《湘军史稿》,四川人民出版社 1990 年版,第 210 页。

并往攻石牌、安庆。李续宾则西进赴援庐州。27 日，攻陷潜山，10月 13 日，攻下桐城，所部精锐伤亡甚多。在桐城，李续宾也曾"谋进止于僚佐"，当地士绅孙云锦曾献计曰："孤军不可过于深入，宜驻扎，俟多、鲍两军合围安庆，接应之师大至，再由桐城移师前进"①。但李续宾最终还是决定直逼庐州，以示对朝廷尽忠。

　　10 月 24 日，李续宾攻下舒城，军锋直指庐州。一月之内，连下太湖、潜山、桐城、舒城 4 城。从舒城至庐州，沿桃溪、上派路程仅120 里，且有驿道相通，中无险阻，一日便可到达。其时，太平军主力在皖东、苏北作战，庐州守城军单薄，而且胜保、翁同书也从盱眙、定远赶往庐州，形势十分危急。关键时刻，太平天国地方政权的基层乡官担负起诱敌深入的任务，将李续宾的主力引至偏离大道的三河。"有陈文益者，庐江人，先为军帅，八年引李九大人（李续宾，字如九，俗称李九大人）深入三河，以致失利，即此贼也。"②而李续宾之所以会走偏道，与湘军的筹饷制度有关。湘军非经制军，在很大程度上要靠自己筹饷，攻城掠夺是其作战的一大目的。三河是鱼米之乡，也是皖中的物资集散地，俗有"装不完的三河"之称。太平军到后，又在此屯集米粮军火，作为拱卫庐州的据点和供应天京粮储的后勤基地。这对连续作战又缺乏供给保障的李续宾来说极具诱惑力，况且绕道三河只比前述驿道多走 30 里。

　　三河古镇位于合肥、舒城、庐江三县交界处，地处水陆冲途，湖滩水网密布，港汊、圩田交错，地形复杂，易守难攻。太平军于 1854年初占庐州前后进驻这里，建立城池，长约一里，宽约半里，城外筑有九垒，皆密设大炮。1858 年 11 月 3 日，李续宾自舒城拔队启程进扎三河；6 日，占据南岸空垒；次日，开始攻夺其他砖垒。三河太平军守将吴定规部则凭险据守。由于太平军已将所有通往三河城的桥梁破坏，只有陆师的李续宾部无法越河而攻。8 日，李续宾命当地绅练于丰乐镇旁筑坝截断三河水源，使湘军能涉河攻城。但此时太平

---

①　孙孟平辑：《桐城孙先生遗书·附年谱》，稿本，藏安庆图书馆。
②　余一鳌：《见闻录》，《太平天国史料丛编简辑》(2)，第 125 页。

军各路援军已至。李续宾还在桐城时,舒城、三河太平军守将即向各处吁求援助。攻克六合后的陈玉成、李秀成一同回援,于 11 月 7 日抵三河西南 30 里之金牛镇、白石山一线,连营数十里截断李续宾之后路;而庐州太平军守将吴如孝亦奉命南下隔断舒城湘军往援三河之路;捻军张乐行部亦南下援助。11 月 13 日傍晚,陈玉成大队从金牛镇、白石山一带压下,数十里间人头攒动。14 日,李续宾以马步配合向金牛镇反击,至王家祠,太平军出大队迎战,数支包抄、数支掇战,以铁锅埋沙下。湘军马蹄踏穿铁锅不得出,两营马队悉被擒斩,失去马队掩护,湘军阵营大乱。15 日,陈玉成、李秀成率太平军乘大雾前后夹击,将李军左、中、右三营冲开隔断,三河城内太平军分股冲出,与援军会合,将湘军团团围住。为断绝湘军溃逃之路,陈玉成派出小分队急驰丰乐镇,掘开李续宾所筑堤坝,河水复归三河,淹没了李军退路。当夜,李续宾强起突围,被击毙于镇西 3 里之胡疃圩,曾国藩胞弟曾国华亦死于乱军之中。

三河一役,太平军全歼湘军精锐近 6000 人,加上进攻潜山、太湖、桐城、舒城阵亡士卒,湘军损失兵员近万,内多谋臣、策士与基层骨干。此战一方面加重了湘军后方基地两湖兵力不足和财政不敷的困难,"养生吊死,抚旧募新,顿益三十余万两之费"[1]。另一方面也严重打击了湘军的士气。湘军自 1854 年出境作战以来,一役被歼精锐数千之事此乃头遭,正如曾国藩所言:"三河之败,歼我湘人殆近六千,不特大局顿坏,而吾士气亦为不扬。"[2]

三河大捷后,陈玉成、李秀成分兵两路乘胜追击,11 月 18 日,不战而克舒城;24 日,克桐城。时已率部攻至安庆城下的都兴阿闻知三河、桐城之败,慌忙撤兵,安庆之围立解。25 日,李秀成部收复潜山;12 月 1 日,收复太湖。三河之战,保卫了太平天国在安徽的政权,也扭转了自天京内讧以来的颓势。

---

① 胡林翼:《致四川总督王雁汀前辈》,《胡文忠公全集》下册,世界书局 1936 年版,第 698 页。

② 曾国藩:《复刘霞仙》,《曾文正公全集·书札》卷七,(台湾)文海出版社 1974 年版,第 35 页。

四、安庆保卫战

1858 年 10 月底,即三河大战前夕,太平军滁州守将李昭寿率部降清,以滁州、来安、天长 3 城降于胜保,改名李世忠,所部改称豫胜营。在其策动下,据守江浦的薛之元亦于次年 2 月底降清,并与李世忠部一起于 3 月 2 日攻克浦口。江浦、浦口再失,天京之围益急。面对突变,后军主将李秀成自皖西往攻浦口,原打算自六安西征湖北的前军主将陈玉成亦改道东援。4 月中旬,右军主将韦志俊亦奉调自池州往援。庐州守将吴如孝则联合捻军,往攻定远,以策应东路作战。11 月,太平军先后解六合之围,攻克浦口,打通了天京北部通道。1860 年 5 月 6 日,陈玉成、李秀成、李世贤、杨辅清等统率大军,一举摧垮了围困天京长达 3 年之久的江南大营,二解京围。

趁太平军主力在东线解天京之围之机,湘军主力大举图皖,在西线发动凌厉攻势。1859 年 6 月,为防堵石达开由湖南入川,清廷命曾国藩即日赴四川夔州扼守,曾氏希冀出任川督,结果仅有督师之命,意甚快快,不愿前往。7 月 14 日,湘军曾国荃、张运兰等攻克江西景德镇及浮梁县城,太平军中军主将杨辅清退入皖南建德、祁门。8 月初,李鸿章致函皖南帮办军务大臣张芾,主张留曾氏守赣,可图控皖、楚,裕江浙饷源而徽州安全亦可无忧,张乃据以入奏,鄂抚胡林翼亦力说湖广总督官文奏留曾氏经营安徽。9 月 9 日,旨命曾国藩缓赴四川改援安徽,暂驻湖北;月底,曾国藩自武昌抵黄州,晤胡林翼筹商进兵安徽。11 月 11 日,曾氏奏陈四路援皖之计:一由宿松、石牌以取安庆,曾国藩任之;一由太湖、潜山取桐城,多隆阿、鲍超任之;一由英山、霍山取舒城,胡林翼任之;一由商城、固始取庐州,道员李续宜任之。四路之中,前两路为主力,李续宜部为打援军,胡林翼则先驻楚皖之交调度诸军,并筹转运。12 月 6 日,曾国藩驻军宿松。稍后,胡林翼亦进军英山。此前,石达开部进围湖南宝庆失利,入川计划受挫,转入广西,这样,赣、湘、鄂境内几无一支太平军,湘军无后顾之忧,遂大举图皖,在鄂东、皖西水师而外,陆军兵力增至近 4 万人;10 月 22 日,太平天国右军主将韦志俊又以池州降于湘军提督杨载福,太平军在皖形势十分

危急。

湘军此次图皖,吸取了江忠源、李续宾孤军冒进的惨痛教训,[①]在前线,采取水陆相依、稳扎稳打、集中兵力歼敌为上,围城打援、以静制动的作战策略;在后方,胡林翼积极协调与满人官文的关系,巩固了湖北上游基地,使湘军在军械、粮饷、兵源的补充上有保证。胡林翼、曾国藩等湘军统帅尤注重结纳皖境官绅,重视乡民与团练。蜗居绩溪的金陵名士汪士铎,桐城士绅徐宗亮、马复震、方宗诚,合肥名士徐子苓等,或入军幕指陈军务政事,或联络奔走献计献策,起到了向导和策士作用。而清已革潜山县令叶兆兰自 1859 年 3 月陈玉成率军北去后,便率团练 5 营入驻潜属天堂镇(今岳西县治),一直坚守到湘军大举图皖。此地位居大别山腹地、处万山丛中,四旁有隘可守,中间粮物颇丰,自东南出水吼岭可至潜山,东出龙井关则至桐城,东北出晓天则是舒城,北出则为霍山,为鄂东皖西的门户枢纽。叶兆兰率团入驻等于为湘军入皖守住了一个前哨据点,使得舒城、桐城、潜山、霍山一带的太平军行动颇受限制。论功行赏,叶兆兰免究失(潜山)城罪,还超升两级任安庆知府,后又升任皖南道。

1859 年 9 月 25 日,湘军副督统多隆阿、总兵鲍超攻克石牌,太平军守将霍天燕石廷玉等被俘牺牲。1860 年 2 月 18 日,多部再败陈玉成部太平军、龚得部捻军,攻陷太湖、潜山。太平军击溃江南大营、二解京围后,清廷于 6 月 8 日命曾国藩署理两江总督,并颁谕:江浙安危在于呼吸,曾国藩现扎安庆,若与杨载福率水陆各军迅由东流、建德一带"分剿"芜湖,并入宁境,以分贼势而顾苏常,于东南大局实有裨益;但安庆贼势颇重,能否舍安庆而东下,着曾国藩相机办理。6 月 20 日,湘军水师攻陷枞阳,与驻扎在集贤关的曾国荃部陆师形成合围安庆之

---

① 如胡林翼在致荆州将军都兴阿的信函中,曾总结三河失利的原因:"此番之误,误在兵分力单,以致大挫。虽血战而得之四城,不旋踵而委弃于贼,兵事以全军为上,得土地次之。善战多杀贼为上,攻坚斯下矣。假令李迪庵守桐城之后分兵守集贤关,而自行驻守桐舒之交,敛兵养气,以待贼之来援,先以最弱之营委令尝贼,贼必骤胜而骄,我兵亦必戒慎而惧。然后并力图之,贼可大破也。不待贼之来而轻进,以濒于危,又顾虑后路之虚,而一分再分,是以败也。实则分留之营,闻前军挫败,不战自溃,究无丝毫之益也。夫兵以分而乃得势,譬如手之五指以分枝长而得力,足之五指以不能分枝而究不得力,此兵事之大势也。然分兵必须有人才独当一面者,果何人乎?"《历史档案》2009 年第 2 期,第 18 页。

势。21日,曾氏疏称,围攻安庆为克复金陵根本,此军断不可撤,因献三路进兵之策:一路由池州进图芜湖,与杨载福、彭玉麟水师就近联络;一由祁门进图溧阳,与张芾、周天受等军就近联络;一路分防江西广信以至衢州,与张玉良、王有龄等军就近联络。7月3日,为了应付进援苏杭的旨令,也为了牵制吸引南部太平军,阻其北上救援安庆,曾国藩亲自率万余人由宿松渡江而南,径赴祁门,留道员曾国荃主持安庆军事,另自湖南调张运兰、左宗棠、李元度诸军来援。

　　1860年5月11日,即太平军打垮江南大营后的第五天,太平天国诸王齐聚天京,共商进取良策,决定先取苏、杭、上海,变清廷粮饷来源之地为天国财富之区;再购置轮船20艘,沿长江上攻,会同南北两路陆师(一支南进江西,一支北进蕲水、黄州),合取湖北,控扼长江两岸。依据这一战略设想,太平军东下之师在忠王李秀成、英王陈玉成、侍王李世贤、辅王杨辅清等的带领下,以摧枯拉朽之势经略苏浙,自5月19日攻克丹阳至8月中旬进围上海前夕,3个月的时间内,连下丹阳、常州、无锡、苏州、嘉兴、昆山、太仓、松江、宜兴、长兴、安吉、余杭等城。但8月19至21日,李秀成三度进攻上海,逼近英、法租界,均为英、法军所败,被迫撤围。西方列强放弃中立政策,对太平军实行武装干涉,使得太平天国夺取上海港、购买新式火轮船的计划受阻,原定三路合取湖北的计划被迫放弃。

　　进攻上海受挫,湘军又密集皖西,长围安庆,太平天国决定发动第二次西征,通过进攻湖北,调动围困安庆之湘军,以解安庆之围。9月底,英王陈玉成率北路军自天京渡江北上,经江浦、盱眙、凤阳、定远、寿州,联合自河南光州来会合的捻军孙葵心、江台凌部,于10月下旬进抵六安城外,攻城未克,陈玉成率主力于11月中旬经舒城抵桐城,其叔父陈时永亦率大队人马经当涂、和州、无为州、庐江赶至。太捻联军于桐城挂东河作战失利,被湘军多隆阿、李续宜部击败,再攻枞阳亦受阻,于次年初退返庐江,随即散处庐郡各邑。1861年3月,陈玉成率太捻联军经舒城、六安,击败驻防霍山的湘军副将余际昌部,突破湘军防线,14日克英山,17日克蕲水,旋破黄州府城,军锋直指武汉。22日,英国外交官巴夏礼在黄州晤陈玉成,劝勿攻汉阳、汉口。陈玉成担

377

心英军出兵干预,又由于李秀成未能如期率军前来,便决定暂缓进攻武汉,留下部分军队守黄州,自率大军改取德安、随州,并派员返京请示机宜,由于路途耽搁,进取武汉的戎机已失。

在南路,李世贤、杨辅清部攻占宁国府、徽州府后,活动在皖、浙、赣交界地带。而李秀成在夺取苏南、浙江部分地区后,无意西进,迟迟不见行动,直到1860年11月下旬才自天京抵芜湖,主持西征军务。12月1日,李秀成率军入羊栈岭占黟县,60里以外的曾国藩祁门大营大为恐慌。3日,李秀成在休宁为湘军鲍超、张运兰所败,折往徽州,由屯溪往婺源入江西。1861年6月,进至鄂东南,占通城、通山、兴国、大冶、武昌。时值汛期,李秀成部无水师,在得知李世贤败于江西乐平、陈玉成解围安庆不成、右军主将刘官芳在皖南失利后,7月初全军自湖北东撤江西。

陈玉成半途止步,李秀成撤兵东下,二次西征夭折,诱使长围安庆湘军西援湖北的计划失败,安庆局势更形恶化。其时,湘军为长围安庆采取围、防、堵的军事部署十分严密:在北面,曾国荃率万余人驻扎集贤关,围安庆东北部;杨载福、彭玉麟率湘军水师扼安庆西南江面,且在枞阳河口筑坝,抬高内河水位,以扩展炮船活动区域;多隆阿部围困桐城打援;胡林翼坐镇太湖;李续宜部万余人为机动。在南面,曾国藩驻军皖南(大营自祁门移至东流);左宗棠部万人驻守皖赣之间;鲍超部霆字营则为机动,游击于江皖之间,以阻止太平军自江浙来援。正如胡林翼所言,"以万四千五百人围城,又二万余人应援贼,以一万数千人防山险"①。曾国藩还在"禁止扰民,解散胁从,保全乡官三端痛下功夫","宽胁从"、"谋内应",②以分化、瓦解太平天国在安庆及周围地区的根基。此时的太平军在兵力上远居优势,皖北有陈玉成部联合捻军达十数万,还有安庆、桐城守军和天京援军,皖南有李秀成、李世贤、杨辅清各部数万人,但此时的太平军战斗力已不如以前,更为严重的是,在第二次西征时,太平军各主

---

① 《中兴别记》卷五〇,《太平天国资料汇编》第2册(下),第795页。
② 曾国藩:《曾国藩全集·家书》,岳麓书社1985年版,第638页。

力就处在各自为战、兵力分割的状态,缺乏统一指挥,这些都增添了保卫安庆的难度。

安庆保卫战自 1861 年 4 月开始至 9 月 5 日城陷,持续了 4 个多月,战事异常惨烈。太平军攻城主力为陈玉成部,4 月中旬自湖北广济、黄梅入皖西宿松、太湖、潜山,于 27 日进抵集贤关,在关内外筑坚垒 17 座;援军为干王洪仁玕、章王林绍璋、桐城守将殿前副掌率吴如孝、定南主将黄文金部及捻众,扎营桐城新安渡、横山铺、练潭、天宁庄一带。

太平军与清军阵地交错,相互层层包围。处于最里层的是太平军安庆守将叶芸来、吴定彩部;湘军曾国荃、杨载福利用内濠围困守城军,用外濠拒阻陈玉成军;陈部外围依次是多隆阿部湘军、太平军援军及捻军。林绍璋、黄文金等部援军始终未能突破新安渡、挂车河一线与陈玉成部连接,陈玉成部打通外濠与守城太平军会合的努力也未能实现。为协调各路援军,5 月 19 日夜,陈玉成留靖东主将刘玱琳等扼守集贤关外赤冈岭 4 垒,自率部突围至桐城,与洪仁玕、林绍璋等筹商。23 日,陈玉成会同各路太平军援军、捻军反攻挂车河,因大雨滂沱,征战之地一片汪洋,最终为多隆阿所败,以失利告终。挂车河之败,再加上连日降雨,营垒内水深数尺,几无栖身之处,火药炮子、粮米又都告匮,使留守集贤关内外的太平军陷入了绝境。恰在此时,曾氏兄弟采纳桐城名士孙云锦之计策反成功,使得扼守北门外石垒的程学启投降。安庆城南、东、西分别阻长江、菱湖、皖河,唯北门通集贤关为陆路要冲,此地既失,于太平军极为不利。6 月 9 日,湘军援军鲍超、成大吉部攻陷赤冈岭 4 垒,刘玱琳被俘牺牲。7 月 8 日,曾国荃督水陆各军,尽破菱湖南北两岸太平军营垒,主将吴定彩败入安庆城内。8 月上旬,自宁国来援的辅王杨辅清会同陈玉成自桐城绕道舒城等地至集贤关,在关内外筑垒 40 余座,猛攻曾国荃围城兵的外濠。林绍璋、吴如孝、黄文金等则率队进至挂车河、蒋家山、鸡公庙、麻子岭等地,将多隆阿部引向桐城,以分湘军围城之势。但在安庆城内太平军因围城日久弹尽粮绝之际,已降清的程学启献计由北门穴地攻城,并率众从炮眼跃入,攻破太平军安庆北门外护城 3 垒,断绝了守城太平军的陆路

粮道。9 月 5 日,地雷崩发,程学启等爬城攻入,安庆被湘军攻占,太平军守将叶芸来、吴定彩及全军万 6000 余死之,陈玉成等退出集贤关外。

五、庐州再度失守

安庆失陷后,太平军援军分头撤退,陈玉成率部经石牌、太湖、宿松转至湖北黄梅、黄州,招集二次西征时留在鄂东的部队,由英山、霍山经六安约于 1861 年 9 月中旬返抵庐州。回到庐州后,陈玉成率本部人马驻守庐州,以原守庐州之功天安陈得才、自紫黄州归来的杰天义赖文光驻守城北五十里埠,一与庐州相犄角,一与移驻定远的张乐行捻军连成一气;另派则天义梁成富率军进驻三河;同时在庐州城外及附近的大兴集、长临河、中庙等处筑垒设卡,派兵驻守店埠、柘皋,以与巢县前军主将吴如孝相通,并"于近城地方大肆焚掠,多掳米粮入城,意图死守抗拒"①。尽管庐州的局面暂时稳定了,但面临的形势依然严峻,在南面,湘军攻克安庆后,水陆并进,连克桐城、池州、舒城、铜陵、庐江、无为、运漕、东关,既威胁着庐州侧翼,又切断了庐州与天京之间的主要通道;在东面、北面又分别有降清后盘踞在滁州、全椒的李世忠部豫胜营和已进占临淮、凤阳的督办安徽军务袁甲三的临淮军。更为严重的是,此时的太平军已人心离散,主要将领之间又因猜嫌疑忌难以抱成团。李秀成回忆安庆失守后一段时间太平军及陈玉成的情况时说:"那时英王在外,见省失守,扯兵由石牌而上,黄、宿之兵尽退,上野鸡河,欲上德安、襄阳一带招兵。不意将兵不肯前去。那时兵不由将,连夜各扯队由六安而下(庐)州。英王见势不得已,亦是随回,转到(庐)城,尔言我语,各又一心。英王见势如此,主又严责,革其职权,心繁(烦)意乱,愿老于(庐)城,故未他去,坐守庐城,愚忠于国。"②

如何在清军的包围中求得生存与发展?陈玉成决定派员北上,

---

① 曾国藩:《曾国藩全集·奏稿》(四),第 2003 页。
② 罗尔纲:《增补本李秀成自述原稿注》,中国社会科学出版社 1995 年版,第 296 页。

利用捻军的掩护攻打颍州、新蔡,前往河南、陕西等处广招兵马"打江山",以图东山再起。为此,他奏请天王晋封赖文光为遵王、陈得才为扶王、梁成富为启王、蓝成春为祐王,担任远征招兵重任;另请晋封张乐行为沃王、练首出身的苗沛霖为奏王,以加强联盟。是年底次年初,陈得才、赖文光等分批启程,率师经苗沛霖控制区渡淮北上河南、陕西等地。

就在此时,天京接连送来几道圣诏,追究陈玉成安庆之败的责任,并要他与抚王陈得才进兵取粮接济天京。当"心烦意乱,愿老于庐城"的陈玉成准备前往寿州正阳关与已率军远征的陈得才商议取粮济京问题时,清荆州将军多隆阿已率部来攻。1862 年 2 月中旬,多隆阿率马步 14 营由舒城经上派从西、南两路进逼庐州,焚毁庐州城南买卖街,接连攻克太平军大兴集、长临河、中庙及庐州城西、城南门外等处卡垒。清军沿用攻克安庆的办法,准备合围庐州,断其粮路,使其不战自溃。东面,袁甲三统率的临淮军在攻克定远后,亦进围庐州,3 月 3 日,克梁园,27 日,陷店埠,准备与多隆阿长围庐州。与此同时,湘军曾国荃部在攻克巢县、含山、和州、裕溪口、西梁山等州县及水陆冲要后,与盘踞在滁州、全椒并已攻克江浦、浦口的李世忠豫胜营控制区相连接。至此,庐州通往天京、皖南的水陆通道全断,成为一座孤城。

庐州守城之太平军不足两万,且"旧日悍党无几",日与清军交锋,损伤亦重。困守待援的陈玉成屡次求救,但北路扶王陈得才等远征军音讯全无,南路护王陈坤书、章王林绍璋、堵王黄文金等部本已奉命渡江北上来援,但因英法联军攻打上海又不得不撤回南援。外援不至,破围无期,城内又粮饷奇缺、日用匮乏,再加上清军积极进行策反,内变不断,形势十分危急。正如陈玉成致函护王陈坤书所云:"该残妖见我孤城独立,遂纠集皖、桐、舒、六残妖逼近来犯。现下郡城东、西、南三门之外,残妖逼近扎穴,仅离一炮之远。而东北又有定远之妖,离城十余里扎窟,日夜来犯。城边城中天将官兵惊慌不定,日夜不宁……今事已燃眉,弟无从措手。"此时,苗沛霖派人送信给陈玉成,说陈得才、张乐行、马融和等均已远去,不能回救,邀陈玉成到寿州。陈玉成不得已于 5 月 12 日夜与导王陈士荣、从王陈得隆、王宗统天义陈聚

成、主将向仕才、王宗虔天义陈安成、祷天义梁显新等率部转移，北上寿州。13 日，庐州城陷。引诱陈玉成北上是已投降胜保的苗沛霖策划的向清廷邀功的一场阴谋。此前，反复无常的苗沛霖见形势于太平军大大不利，乃于 3 月下旬接受督办皖豫军务的胜保的招抚，并配合清军夹攻张乐行部捻军。胜保从截获的太平军文书中得知陈玉成"意欲踞寿州，勾结皖、豫各贼以图北犯"后，即密饬苗沛霖务于寿州地方设计伏兵，扼要"截剿"，毋令占据寿城，更不得任其假道，致滋他患，并谕以"前次攻剿颍上，张乐行逃窜已为憾事，今若能擒获首逆，非但建立奇功，更可自明心迹"①。苗沛霖依计而行，派人至庐州面见陈玉成并递书信，内求陈玉成到寿州，帮募人马攻打汴京，且庐州孤城独守，兵家大忌云云。苗沛霖所言颇合陈玉成"如得汴京，黄河以南，大江以北实可独当一面"的想法，遂不顾部下反对，决意假道寿州。陈玉成出庐州城时带部众万余，沿途不断遭到清军、团练的袭击，于 5 月 15 日抵寿州东津渡时，所部只剩下三四千人。陈入寿州城后即被拘执，部众则被隔在城外，大多遭屠戮。21 日，陈玉成等被苗练押解至颍州胜保军营；6 月 4 日，被杀于河南延津西教场。

安庆、庐州相继失陷，太平天国在安徽地区的主要军事力量被歼，此后，太平天国在安徽的统治趋于瓦解，此后，太平天国在安徽的斗争主要转向皖南一带，以配合天京保卫战。

---

① 贾熟村：《苗沛霖与太平天国》，《安徽史学》1987 年第 3 期。

第八章

战时安徽社会阶层变动与淮军的兴起

太平天国运动,对封建统治秩序、传统思想价值观念产生了巨大冲击,一是战争、饥荒、瘟疫、自然灾害等带来的生死离别;一是在残酷的现实面前,面对两种相去甚远的政治制度、伦理观念、宗教信仰和文化,各个阶层的人不得不做出自己的价值判断和行为选择,这也导致了战时安徽社会阶层的分化。相对而言,前者比较简单、直观,而后者(即分化)却经历了一个较为复杂的过程,面对时局突变,安徽各社会阶层的人或以身殉节,或消极遁世,或加入太平军、捻军等农民起义军,或站在农民起义军的对立面,但随着战事的发展、战局的变化、对立双方军事力量的此消彼长以及湘军大举入皖、湘军统帅施行笼络政策、淮勇的招募与成军等事件的影响,这种行为选择又出现了反复。

第一节　战时安徽社会阶层变动

　　太平军自咸丰三年(1853)2 月首入安徽,至同治三年(1864)底结束在安徽的战斗,在安徽活动了 12 年。安徽乃天京的粮仓、西部屏障,太平天国领导阶层在这里建省,设立基层乡官政权,石达开主持"安庆易制",推行一系列农、工、商政策,举行科举考试等,十分注重经营这一战略要地。在此期间,太平军不仅在军事上给予地方政权以沉重打击,而且其推行的政治、经济、文化政策及所奉行的与传统社会迥异的宗教、制度、习俗,必然会在所到之处产生巨大的影响。此外,1859 年 12 月,曾国藩自湖北黄梅移营安徽宿松,后相继驻扎于祁门、东流、安庆等地,以两江总督、钦差大臣的身份筹划整个东南军务(包括授命李鸿章招募淮勇赴援上海),直至 1864 年 7 月湘军攻克太平天国首都天京才移往南京。曾国藩在皖期间,除了筹划军务外,还颁布了一些善后措施,注意招纳人才,笼络知识分子,"腾书遝迹,虽卑贱与钧礼,山野才智之士感其诚,莫不往见,人人皆以曾公可与言事"①。太平天国的施政与曾国藩在安徽期间推行的一系列举措,在安徽的各社会阶层中均产生了不小的震动,相比较而言,前者对于农民阶级影响颇大,后者则在知识分子、士绅阶层中更具影响。

一、农民阶层

　　太平军在沿江东下的过程中首入安徽,定都天京不久即举行北伐、西征,再入安徽,由于清廷在安徽的统治力量相当薄弱,短短的年余时间里,太平军就控制了安徽境内的大多数州县,随后又在 6 府 3 州 39 县建立起乡官政权。太平军所到之处,通过散发檄文、张贴布告,"讲道理",揭露清廷的腐败黑暗统治,宣传太平天国的理想和政

---

　　① 《清史稿·列传》卷一九二,中华书局 1977 年版,第 11908 页。

策,如清廷纵容贪官污吏横行、搜刮民脂民膏,"坐视饿殍流离,暴露如莽",而太平天国是要建立起一个"有田同耕,有饭同食,有衣同穿,有钱同使,无处不均匀,无人不饱暖"的大同世界以及人人都是上帝的子女,"天下多男人尽是兄弟之辈;天下多女子尽是姊妹之群"、"兄弟姊妹,皆是同胞"、"有无相恤,患难相救,门不闭户,道不拾遗"的平等理想社会,只要拜上帝,生前就会得到皇上帝照顾,日日有衣食,无灾无难,死后魂升天堂,永远在天上享福等。① 太平天国在安徽前期的军事斗争中军纪严格,《十款天条》、《太平条规》、《待百姓条例》、《行营规矩》等相关规定中要求士兵要保护民众利益、杜绝害民行为发生;基层政权建立起来后开始运转,乡官既负责地方行政事务,又兼武装守土之责,维持地方治安,相应的法律规则及文化、习俗、社会生活方面的规定如蓄发易服、禁止赌博与吸食鸦片等得到实施。太平天国的安民政策与易制,尤其是以"照旧交粮纳税"取代具有强制性的贡献制、以招募入伍取代掳人当兵的政策推行后,部分扭转了安徽民众因与太平宗教法制"不相习"而产生的反抗态势,消除了民众内心的恐惧。与此同时,太平天国利用大灾之下民众恐惧和迷信心理,大造舆论,宣称肯拜上帝者无灾无难,并采取一系列救灾安民与保障安全的政策、举措,满足了部分处在水深火热之中的安徽民众"就食免灾避瘟疫"的生理需求与安全需求,成为他们加入太平军最直接和最强有力的动因,尤其是那些破产或濒于破产的农民、城镇苦力、游民、小商贩、盐枭、漕运船户、水手、会党分子等。如巢县人陈炳文原本在芜湖一家茶馆帮工,1853 年芜湖被占领后加入太平军,在太平天国后期被封为听王;全椒人汪海洋出身贫家,以帮工为生,于 1853 年夏"加入发逆,次年秋,潜返乡里为长毛招募健壮乡民三百人,从者如其弟海林、胡瞎子、刘添保等"②,后封康王;1854 年,合肥西乡人绰号吴小眼者命其侄

---

① 《太平诏书》,中国史学会:《中国近代史资料丛刊·太平天国》(1),上海人民出版社 1957 年版;《天条书》,罗尔纲、王庆成:《中国近代史资料丛刊续编·太平天国》(1),广西师范大学出版社 2004 年版,第 6 页。

② 金心仪:《金陵寇乱始末》,上海神州书局 1907 年石印本。

吴林率众数十人投入太平军。① 甚至还有不少是从对立面阵营转投太平军的,如凤阳人骆国忠早年入李文安统领的临淮练勇为勇丁,后举家投奔太平军;被周天爵招降的捻头张凤三等也"不能自束其众,仍多叛去附贼"②;庐州知府胡元炜雇募的徐怀义部庐州勇在太平军首克庐州时即降太平军。

　　太平天国起事之初,身处战事前线的清廷官员如钦差大臣、湖北提督向荣,在谈及沿途民众加入太平军的情况时认为,"贼势虽然浩大,其实敢战之徒,不过数千长发匪党。此外沿途裹胁之众,半多随时逃去,如武昌、九江、安庆被掳之民,本大臣途中目见,早已十回八九矣。即现在贼中者,不过拘束严密,不能潜逃,不得已而聊且依附,实非甘心从贼。……下则无业游民,苟图衣食,想与混杂权附耳。若其丧心病狂,肯与逆贼同生死者,断无几许"③。向氏所言部分属实,如当时民众加入太平军的三种境况,然"肯与逆贼同生死者,断无几许",则未必如此。就安徽而言,尽管难以用准确的数字统计出当时参加太平军的民众人数,但从残存的太平天国护王府《兵册》和一些清廷官方奏报、时人著述的记载中还是可以窥其大概。如 1853、1854 年间,由于桐城、舒城、庐州的相继被占,从这些府县调至天京的"新附者万余"④,吴光大著《见闻粤匪纪略》称,太平军首克庐州后,合肥"四乡游民降贼者甚众";据在亳州参加太平军北伐军的凤台人张维诚口述,太平军攻打怀庆时,"真长发约有二万,其新裹胁之临淮、凤阳、蒙城、亳州、归德人,亦有一万"⑤等等。需要指出的是,太平军在初期推行普遍征兵制,每攻城陷邑,常索户册,强征丁壮入伍,如太平军攻占桐城,"掳去者四五千人"⑥,方志中也有不少关于太平军每到一地都会"裹

　　① 吴光大:《见闻粤匪纪略》,《安徽史学》1984 年第 3 期,第 58 页。
　　② 《出自敌对营垒的太平天国资料——曾国藩幕僚鄂城王家璧文稿辑录》,湖北人民出版社 1986年版,第 47 页。
　　③ 胡旭斋:《旭斋杂抄》,《安徽史学》1985 年第 2 期,第 57 页。
　　④ 谢介鹤:《金陵癸甲纪事略》,《太平天国》(4),第 659 页。
　　⑤ 《张维诚口述》,《近代史资料》1963 年第 1 期,第 15 页。
　　⑥ 方宗诚:《俟命录》自序之四,《出自敌对营垒的太平天国资料——曾国藩幕僚鄂城王家璧文稿辑录》,第 370 页。

胁"、"掳"民以从的记载。太平军自武汉出发时号称 50 万众[①]，至安庆号称 70 万，至南京号称百万，虽然并非实有，但在太平军东下时的队伍中，广西的"老兄弟"所占比例很少，大多数都是新加入的沿江群众。仅就数量而言，应是相当可观的。日后淮军在苏南同太平军作战时，有过几次大规模的招降活动：如同治元年（1862）五月南汇太平军守将吴建瀛（泾县人）等开城投降，所部降众被整编成"诚勇"，"中多皖北人"[②]；1863 年 1 月 17 日，常熟昭文守将钱桂仁（桐城人）、骆国忠（凤阳人）、董正勤（合肥人）等举城降，"城中降众万余，多皖人"[③]。在当时的苏南战场上，甚至出现因皖人打皖人而懈怠的情况，同治元年 11 月四江口之战，淮军郑国魁（合肥人，原为盐枭，投奔太平军后又降清江苏防军，后统淮军亲兵水师营）部被太平军围裹在数十重之中达 15 昼夜，但最终突围成功，主要是因为"国魁故为枭，苏枭皆庐州籍，是时多从寇，与之相习，本无决斗之志"[④]。这些也从另一角度说明了当时安徽民众投身太平军队伍的人数之多。

加入到太平天国起义队伍中，是当时安徽部分民众表达自己支持与拥护太平天国运动最直接的手段，其他的表现形式尚有：一是充当太平军的向导。如 1853 年 2 月 26 日，太平军水师先锋在池州义民的带领下，由柳蟠溪进入内河攻克州城；贵池少数民众派人到安庆迎接太平军，担当起太平军继续东进的引路人；太平军攻打桐城城西唐家湾团练总局时也得益于当地民众的引导；合肥名士朱景昭反思太平军首攻庐州时认为，乡民"供献迎贼，所在如狂，其间为乡导效奔走者，盖不可一二计也"，正是由于"奸民为导"[⑤]，才导致防城的兵勇大乱，郡城乃陷。二是馈赠钱物，表达归顺之意。如太平军进逼安庆之时，"百姓作箪食壶浆之迎"，时人写诗以记其事："伪历传来伪诏张，公然顺字贴门墙。纷纷送款甘从逆，藉寇兵还赍盗粮。"自注云："贼由九江

① 《武昌兵燹纪略》，《太平天国》（3），第 296 页。
② 《李鸿章全集·朋僚函稿》卷一，海南出版社 1997 年版，第 2367 页。
③ 《吴煦档案中的太平天国史料选辑》，生活·读书·新知三联书店 1958 年版，第 115 页。
④ 刘体智：《异辞录》卷一，中华书局 1988 年版，第 29 页。
⑤ 朱景昭：《劫余小记》，《无梦轩遗书九种》，1933 年铅印本，安徽省图书馆藏。

东下,皖省各处纷传伪诏,官府告示止用短条,不写咸丰年号,称贼为西兵、西骑。甚至绅士胁其令长预造烟户册,欲俟贼至郊迎三十里,跪而投册纳印者。有门贴一黄纸'顺'字者,有箕敛银钱、粮米、食物馈送者。闻有某处馈物甚微,而有生姜、山药并装一桶,用黄纸糊之。贼嘉而受纳。"①"姜(江)山一桶(统)",寓意鲜明。太平军攻克安庆的消息传至桐城,官绅皆逃,城内外炊烟不起,坊间传闻贴"顺"字太平军即不至,乡民信以为然,"万户闭门,贴黄纸四方径尺,大书'训'字"②。太平军攻克舒城当天,民众"供鸡豚"以迎。三是加入捻军或当地起义队伍,与太平军联合作战或以作声援。太平天国主张:"今各省有志者万殊之众,名儒学士不少,英雄豪杰亦多。唯愿各各起义,大振旌旗,报不共戴天之仇,共立勤王之勋。"③在太平天国军事斗争的推动与影响下,安徽各地起事不断,几遍全境,尤以皖北、皖中沿江沿巢湖一带为多,捻军起义就是在太平天国北伐军的推动下爆发的,而且大多都是以整个宗族的形式加入;其他如定远陆遐龄起义、合肥西乡谢四老虎起义等。方志、官私著作在描述这一时期的安徽现状时,常常提到"土匪蜂起"、"盗劫频闻"、"竖旗抗官"、"聚众倡乱"等。此伏彼起、接连不断的起义,加剧了安徽的社会动荡,客观上也为太平天国起义助长了声势。

在前中期,太平天国政权顺应民意,向广大民众大力宣传平等互助、安宁太平的思想,采取一系列救灾安民和保障民众安全利益的政策和措施,如保护农业生产,兴修水利④,招集流亡百姓回归家园耕种土地;严明军纪,禁止士兵扰民;对手工业实行诸匠营和百工衙制度,使具有各种技能的手工业者都能各司其职,人尽其用;对商业实行鼓励、扶持和保护政策;推行圣库制度,以保障生活稳定;打击地主富豪,推动农民的抗租抗粮斗争等,解决了人们的就食、免灾和治病的生存需要和安全需求,安定了民心,稳定了社会秩序,不仅促进了太平天国

---

① 转引自徐川一《太平天国安徽省史稿》,安徽人民出版社1991年版,第36页。

② 方江:《家园记》卷一,《安徽史学》,1986年第1期,第71页。

③ 《颁行诏书》,《太平天国印书》,江苏人民出版社1979年版,第108页。

④ 周振钧:《分事杂记》,《太平天国史料丛编简辑》(2),中华书局1962年版,第20页。

经济的繁荣，也使广大民众得到有效保护，这也成为皖境民众支持与拥护太平天国政权最直接的动因，于是人心浮动，附者益众。时人曾评论说："粤匪初起，粗有条理，颇能禁止奸淫，以安裹胁之众，听民耕种，以安占据之县。……傍江人民，亦且安之若素。"①到了后期，由于太平天国没有稳固的经济基础，加上连年自然灾害，使得国库虚空，财力薄弱，物资短缺，粮食极度匮乏，发生了严重的财政危机、粮食危机和生存危机，民众最起码的生存需求——吃饭问题也得不到最起码的保障；另一方面，此时的太平天国领导阶层也发生蜕变，等级森严，生活腐化，相互残杀，内讧不断，导致军心浮动，"逃走者多，新附者少"，叛变投降者也逐渐增多，1862年，曾国藩在给同僚的信中写道："沿江贼党颇愿投诚，盖一则鉴于安庆、桐城之覆辙，一则贼中无米，急图反正以便就食"，"繁昌、南陵、芜湖各贼颇有投诚之意"，其重要原因就在于这一带"米粮甚少，金陵贼首不肯少为接济。……前此乡民之甘心从贼者，不得不急图反正以为就食之计"②。而在基层，盘剥加重，地方不宁，在安徽，到了后期，附加税和临时摊派明显增多，加重了人民负担。1862年，安徽、江西等地捐税猛增。一个小铜匠作坊的凭照费高至二元③，即便"担柴只鸡"也要交税。④ 民众的生存、安全需求得不到保障，自然大大弱化了对于太平天国的依附心理，甚至怨声载道，民心思变。随着太平军和清军双方军事力量的此消彼长，战局的发展愈发对太平天国不利，在这种情况下，前文所提及的军民逃跑、投诚、反正也就在所难免了。

还需提及的是，处在太平军和清军之争夹缝中的一些农民（包括一些裹胁之众），对于太平天国的依附从一开始就是被动的，以求得暂时安宁，一有风吹草动，则会临阵脱节，如前述太平军首克庐州后，合肥四乡游民降太平军者甚众，"后贼北窜，半皆逃回"；太平军首克安

---

① 曾国藩：《沿途察看军情贼势片》，《曾文正公全集·奏稿》卷一八，（台湾）文海出版社1974年版，第24页。

② 《复唐方伯》、《致官中堂》，《曾国藩书牍》卷一、卷一八。

③ 《太平天国史料丛编简辑》（4），中华书局1963年版，第129页。

④ 柯悟迟：《漏网隅鱼集》，中华书局1959年版，第50页。

庆后,桐城城厢内外"万户闭门,贴黄纸四方径尺,大书'训'字","舒、庐一路皆以贴之",不几日,传闻钦差大臣周天爵领兵将至,上蹿下跳的奸民、逃兵为之夺气,"顷刻一城'训'字洗涤,不使沾留一纸影"①。

太平天国战争期间,安徽的农民阶层除了部分支持与加入太平军外,还有一部分站在农民起义军的对立面,加入地方团练,与太平军、捻军为敌。安徽襟江带淮,自古以来为兵家必争之地,各地历史上就多乡兵义勇组织,太平天国起义爆发后,在官府的倡导、当地士绅的组织下,境内团练林立,就其性质而言有官团、民团之分。官团由官府倡导、地方招募、士绅主持,经费以地方捐输、摊派为主;以都、图等基层行政组织为单位,抽取辖境内年力精壮之村民为练丁,一般大村或数小村设小团,立练长正副两人,合众小团为大团,立练总正副两人,城、乡设团练局以总其事。② 民团由当地绅董或有实力者自发主持,靠捐输、劝募维持供给,大多以血缘、地域为单位,练丁往往就是一族内之壮丁,著名者如合肥西乡三山(大潜山、紫蓬山、周公山)团练等。

二、士绅阶层

士绅,或称绅士,亦称绅衿,是随着科举制度的确立而逐步形成的一个以科举功名之士为主体的在野的社会群体。这个社会阶层主要包括取得了科举功名而又不居官位,且大多生活在本乡本土之人,也包括通过捐纳、保举、军功等异途获得功名和职衔者以及因退职、休致、丁忧等原因而在籍的官员。作为四民之首的士绅阶层,通过对知识的占有以及与政治特权的结合,在传统社会中因政治文化地位优越而受到普遍的尊重与敬仰,在乡村社会更因其承担教化民众、道德规范之角色,享有崇高威权,对传统社会秩序的稳定和延续发挥了重要的作用。当具有浓厚宗教色彩的太平天国起义军进入安徽并建立政

---

① 方江:《家园记》卷一,《安徽史学》1986 年第 1 期,第 71 页。

② 如 1854 年,祁门团练分乡设局,在城曰"梅城",东乡曰"合志",南乡曰"一心",西乡曰"同志"、"同心"、"敬胜"、"义胜"、"锦城";曾国藩驻节祁门时一度于 1860 年裁撤团练,1863 年皖南道复举团练,东乡分 2 团以合志局总之、南乡分 3 团以一心局总之、西乡 5 团以集成局总之、北乡添设大胜团,每团按户选勇,按村出资,分巡守岭。同治《祁门县志·杂志·记兵》卷三六。

权后,安徽士绅首当其冲,遭遇了沉重的打击。

太平军进入安徽,带来的不仅是异乡方言、长矛大刀,还有一套与传统社会完全不同的宗教、制度和习俗,且带有强迫灌输的性质,如太平天国信奉上帝为主宰世间一切的独一神祇,皇上帝以外不可有别的神,一切拜邪神、逆真神不符合上帝教的人、事、物,连尊孔祭祖等,均被列入清除、扫荡之列;再如上帝教宣扬的"天下多男人尽是兄弟之辈;天下多女子尽是姊妹之群"对中国传统人伦关系的否定,这种宗教信仰、伦理观念的变异以及行军过程中焚烧宗族祠堂、毁坏城隍各庙神像、搜刮富民商肆等举动,势必引起士绅阶层的极大焦虑、恐惧和反抗、敌意。于是,"毁先王圣人之道,废山川岳渎诸神,惟耶稣是奉,儿欲变中华为夷俗"①,"举中国数千年礼义人伦,诗书典则,一旦扫地荡尽。此岂独我大清之变,乃开辟以来名教之奇变"②等指斥之声不绝于耳。

太平天国初期,皖省境内士绅面对突变与非常之局也出现了分化,做出了多种选择,或外出避乱,如桐城人赵献、朱道文,宿松人汪维诚,合肥人阚功进,祁门人汪景受等避居附近山中,舒城举人程枚避于宁国之方村,怀宁儒士张力贤逃至浙江觅地避乱,桐城人方宗诚先后到过山东、直隶、河南、湖北游学,同治初年才应曾国藩之召回到安庆;或因城陷为洁身全节而殉难,这种例子俯拾即是,如祁门监生胡凤缣等;部分士绅则因被掳不愿归附而被杀,如庐江监生熊志城、徐登榜等;或因城陷被羁縻后谋为内应,如合肥廪生王南金、武举沈广庆、廪生朱学贵、监生鲁云鹏等。也有部分士绅由于种种原因竖旗起义响应太平军,或加入农民起义军队伍帮助出谋划策,更有甚者,拥兵自重、树党自固,成为雄霸一隅的地方势力,这种情况在皖北居多。安庆失守后,皖北各州县"土匪蜂起,肆行抢掠,千百成群……其中兼有生监武举为首"③;时人方江记亦记载皖北淮河流域颍上、寿州"捻匪啸聚,动辄累万,主之者多绅宦旧族。始以团练召集豪强,既而资粮不给,又

① 张德坚:《贼情汇纂》卷九,《太平天国》(3),上海人民出版社1957年版,第251页。
② 曾国藩:《讨粤匪檄》,《曾国藩全集·诗文》,岳麓书社1986年版,第232页。
③ 《清政府镇压太平天国档案史料》(5),社会科学文献出版社1992年版,第264页。

闻皖宁皆陷,遂谓江南无长吏,纵之大掠,有十大帅主、十三天尊之号";定远武生陆遐龄、陆聚奎父子起义,则是失意知识分子走向抗清道路的一种类型,与其情况类似的还有武举刘景城、杜文朗,监生刘增谦,廪生马魁英,武生孙汉徽等;而蒙城岁贡郑景华、李士钰眼见太平军、捻军燎原之势已成,转思从中谋益,为捻军会盟四处游说,奔走联络;凤台秀才、皖北练总苗沛霖则以在乡办团、筑堡自卫起家,游走于太平军、捻军、清军之间,反复无常,后势力日盛,割据称雄,控制凤台周围地跨安徽、河南两省数十州县,成为一个土皇帝。① 不过,绝大部分士绅则选择了站在起义军的对立面。

太平天国政权建立后,尽管在安徽举行过科举考试,也采取过措施吸引知识分子加入革命阵营,如每到一地,就会通告地方推举绅衿为军帅、旅帅,让乡里举荐有知识的人从事文告撰写、账目登记、礼拜仪式诵念赞经以及充当各王府教读等工作,尊重知识分子的人格,从物质经济利益上关心读书人,②在文化政策上进行灵活调适,对传统文化及其象征物的排斥与毁坏不同程度地进行抑制等,但对于儒学渊源深厚、卫道理念浓重的传统士绅而言,他们难以进行文化角色的彻底转换,也无法实现对太平天国文化的适应与认同。自然而然,士绅阶层中的绝大部分在清廷的号召下,选择了对抗太平军,其主要活动包括招团募勇、组织团练,直接与太平军进行军事抵抗;捐资济饷,为清军和地方团练筹措军费;为清军出谋划策、办理后勤,遏制太平军深入发展。具体表现在以下几个方面:

(一)预判时局,及早准备

如合肥乡绅、府学生员张荫谷(张树声父)早在道光二十六年(1846)就"聚乡人,部以兵法"击走"寿州盗"。之后,他料到东南将有兵患,"乃广纳豪健材武之士,与诸子往来相习,谆谆以忠孝大义譬晓

---

① 方宗诚:《柏堂师友言行记》卷一,(台湾)文海出版社;同治《祁门县志·人物志·忠义》卷二四,江苏古籍出版社等1998年版;光绪《续修庐州府志·忠义传》卷三六、三七;方江:《家园记》卷二,《安徽史学》1986年第1期;方濬师:《蕉轩随录》,《捻军》(1),第383页;民国《涡阳县志·兵事》卷一五;光绪《凤台县志》卷七。
② 李圭:《思痛记》卷上,《太平天国》(4),第472页。

之,人莫测其意也"①。太平军入皖后,即倡办团练。李鸿章之父李文安鉴于家乡世风日奢,曾于道光末咸丰初将手订《淮南乡约》及所著《圩寨图说》、《团练规条》寄回乡里,劝谕乡人先为思患预防之计。乡中士绅言听计从,以此为"团练义勇之本",使得后来的庐郡团练整齐可用。② 又如太和增生刘存诚,在捻子初起时,于咸丰二年(1852)就首创团练,并主张坚壁清野,"首筑许、范二寨以为倡"③。皖北各州县全面展开修筑圩寨是在咸丰五年即捻军频频出境活动之时,应该说刘氏颇有先见,尔后在地方官的劝谕下,圩寨在皖北得到推广,以至整个咸同时期淮北平原上到处筑圩结寨。大乱将起,稍有眼光的士绅如庐州王世溥(王尚辰父)、定远方士淦(方浚颐父)等,均在咸丰初年就议设团练局,以为防身之计。"咸丰三年皖中军事兴,世溥直陈厉害,侍郎吕贤基、巡抚江忠源皆韪其言,然仓促迄未推行。"④而有"合肥三怪"之称的徐子苓、王尚辰、朱景昭更是放言无忌,惊世骇俗。从他们留下的《敦艮艮文存、诗存》(徐子苓)、《无梦轩遗书》(朱景昭)、《谦斋诗话》(王尚辰)等著作中,可以看出他们对局势有着清醒的认识,如朱景昭尝言:"道光之末民俗浸敝,捐输屡告,官习弥颓,余谓兄弟曰乱将作矣","积成大乱,由来者渐矣","辛亥冬始闻粤西之乱,吾郡颇不为意,余独忧之"。⑤ 他们因较接近社会底层,对社会问题和社会危机有着更为直接的认识和感受,远比一班外地莅任的地方官员要清醒。

(二)倡办团练,自保对抗

这是太平天国时期安徽士绅的主要活动内容。有学者统计,太平天国时期各地团练领袖都以乡绅为主体,其中乡绅领袖在广东为

---

① 李鸿章:《张荫谷墓表》,《肥西淮军人物》,黄山书社 1992 年版,第 15 页。

② 《李文安传》,上海图书馆藏稿本;王茂荫《王侍郎奏议》,黄山书社 1991 年版,第 88—89 页;光绪《续修庐州府志·宦绩传二》卷三四,第 609 页。

③ 民国《太和县志·人物·义行》卷八《刘存诚传》。

④ 光绪《续修庐州府志·儒林传》卷四四,第 101 页。

⑤ 朱景昭:《劫余小记》,安徽省图书馆藏。

78.4%，在广西为 79.9%，在湖南为 56%。①而据笔者粗略统计，安徽全省各地的团练头目中，乡绅占到 80% 以上。与湖南团练首领多为文化层次较高的官绅情形不同，安徽各地的团练头目大多数门第和文化程度都不高，中下层士绅成为核心和主干。这方面，皖中最为典型。桐城自古为文化渊薮，地处安庆、庐州交通要冲，亦是官宦豪富麇集之地，太平军进抵武昌后，清溃兵大至，谣言四起，桐人凶惧，县令商丘人宋恪符少年进士，实不能兵，桐人募勇建局，士绅起平安局（团练局）于泮宫，推在籍之工部都水司马瑞辰、名士光律原为总董，马、方、吴等大姓殷实子弟执掌局柄。马瑞辰子马三俊练乡兵为战守计，坐卧明伦堂，筹划经年；诸生张勋至崇圣祠恸哭誓众，誓死守御乡里。1853 年 11 月，胡以晃大军压境，清将张熙宇、恒兴闻风先遁，独有马三俊等率团练数百名在南门河拒战，以卵击石，最后溃败。马三俊父兄皆为太平军所杀，他本人则远走楚豫，联络湖北、河南及皖西六安、霍山一带团练，并向清军提督秦定三请兵，继续与太平军为敌，次年夏于进军途中被杀，几个月后，逃遁至六安请兵的张勋也因随同臧纡青孤军深入，在桐城城外石河被杀。在庐江，郡邑失陷后，廪生潘璞于三河倡办团练，"东拒巢湖水寇，西御舒城游匪"，1856 年入皖营为当道筹进取策，1861 年战死，临死赋《绝命诗》："誓扫欃枪志未成，十年热血一朝倾。从今杀贼嗟无分，耿耿忠魂抱不平。"②再如六安州，1854 年被太平军占领后，先有乡绅朱殿甲、罗鸿思率西乡九保团练攻城败死，继有举人李元华率陈韶鸣、史克信等东北乡团练攻复州城，再有练总曹远荣召集东南 32 保团练"攻舒保六"③，直至 1859 年六安城四陷四复，均赖团练之力。在皖北阜阳，团练总局设于城内昭忠祠，以著名城绅喻中秀、宁大经、邢倬云、宁若烜等司其事，官绅军民协力固守，力保危城独存；宿州团练以西乡曹市集的"牛家军"为著，"师皆父子，旅尽兄弟"，是

---

① 郑亦芳：《清代团练的组织与功能——湖南、两江、两广地区之比较研究》，台湾商务印书馆 1986 年版，第 124 页。

② 光绪《庐江县志·人物》卷八，第 247 页。

③ 同治《六安州志·兵事》卷一六（下）《西乡九保起义攻城始末》、《咸丰四年克复六安始末》、《东南三十二保攻舒保六始末》。

捻军的死敌。皖南徽州 1 府 6 邑均于城乡设局团练,由宗族绅士统领,负责组织团练活动,设防预警,协同对抗太平军。

（三）捐资助饷,以济军用

太平天国战争期间,皖省境内的地方官员、统兵大员大多数情况下面临的都是兵少饷绌、库署无存、所入者少、所需者多的尴尬局面,而维持各地团练的正常运转也需要庞大的费用。1853 年 4 月 13 日,清廷颁布的办团上谕中明确规定"一切经费均由绅民量力筹办"[①];同年,督办安徽团练钦差大臣吕贤基、周天爵发布的团练章程,是仿照为镇压川楚白莲教起义所制定的川楚豫三省团练章程而成,且增加了经费、号令、赏恤三则推广条款,办团经费也是以地方捐输、摊派为主。[②]这样,办团经费及军备饷需的筹集任务也落在了士绅的头上。查阅皖省这一时期各州县方志《忠义传》、《义行传》、《儒林传》等的记载,均有当地士绅捐米捐银助勇、赡军,或是奉地方大吏谕令筹集军需饷项办缴的记载。下面以合肥为例,略加说明。如庐州练首、副贡生王汝贵随江忠源守庐州城,因城内"兵不满千,饷需告匮",在其四处奔走游说之下,"荷戈者云集,富商巨室争毁家输军";曾官泗州学正、宁国教授的张之茂,于 1853 年与 3 个弟弟捐米 5000 石、银 1000 两以充练费,赈贫乏,次年又变产田 400 顷,捐银万两助饷;从九品刘长太 1858年奉驻扎圩旁的布政使李孟群之谕办米 500 石、子药数千斤,旋即捐资如数办缴纳;从九品宋本德 1853 年奉知县张文斌谕出仓中谷 4000石以佐军食;六品军功张运开 1853 年捐助铁锅 1200 口、雨伞 3500 把以资军用。[③]

（四）上书建言,献计献策

安徽士绅除了率练作战外,还经常向清朝将吏献计献策,奔走游说。如马三俊在倡办团练的同时,复向李嘉端建议:"今贼据安庆,此

① 中国第一历史档案馆:《咸丰同治两朝上谕档》第 3 册,广西师范大学出版社 1998 年版,第 344页。

② 团练章程的具体条款,可参阅马昌华著《捻军调查与研究》,安徽人民出版社 1992 年版,第 118—125 页。

③ 光绪《续修庐州府志·忠义传》卷三六,第 642、658、671 页;《补遗》卷末第 631 页。

其意必在庐州,夫前之移治庐州已非计矣。今诚能以重兵扼桐城,则庐、舒之声势壮;不然贼乘势而北,宁复有庐州哉? 即河南北、山东西、畿辅之地将恐并受其祸"①。马氏败死之后,又有桐城举人戴钧衡上书皖抚福济调和其与袁甲三之争,劝其复奏自劾,留袁甲三保全大局,并为凤颍士绅作书请留袁公;复奔走临淮上书袁甲三,反复数万言,名《草茅一得》,极言:"用兵在神速,在设伏出奇,宜速袭桐城,绝舒庐贼后,不宜坐拥重兵于一隅"②。他本人也因上书乞师而客死异乡。当时上书为清政府团练事宜出谋划策者还有合肥王世溥、徐子苓、朱景昭,桐城方宗诚、孙云锦、徐宗亮、韦定策,霍山黄云锦、宋鸿卿,定远方士鼐,庐江吴廷香,六安李元华,霍邱王则侨,灵璧张锡嵘,亳州李承谟,蒙城李南华,寿州张锡碫,怀远年贵行,泾县瞿增荣等,俱为一时名士。如徐子苓"每言天下治乱多奇验",朱景昭"遇事敢言,多中机宜"。其中较有代表性的当数吴廷香的《上李(嘉端)抚军论团练书》中提出的所谓"团练九议":"一、建仓储以备兵荒;二、设总团以联民志;三、专责成以儆疏虞;四、禁私斗以靖地方;五、养佃力以重租课;六、通米谷以资经费;七、谨火器以备非常;八、劝农功以安反侧;九、严查核以归划一。"③而当吴廷香败困庐江之际,其子吴长庆又有单骑谒袁甲三乞师之举。湘军入皖后,其统帅皆注意笼络当地士绅,如霍山宋鸿卿以时务见知于李孟群;寿州张锡碫以对付苗练"七不可抚,五不难剿"之策见赏于李续宜;桐城徐宗亮以其辩才见知于胡林翼;桐城方宗诚、灵璧张锡嵘以其干练受聘为曾国藩幕宾;④桐城马复震则因霍山吴廷栋之荐,赴祁门曾国藩行营献诗 10 章,曾氏奇之,遂命其在江淮间招募 500 人自为一营,号曰"淮勇"⑤。桐城孙云锦先是面禀李续宾不可孤

① 马其昶:《桐城耆旧传·马徵君传》,黄山书社 1990 年版。
② 方宗诚:《柏堂师友言行记》卷一,第 23 页;马其昶:《桐城耆旧传·戴蓉洲先生传》。
③ 光绪《庐江县志·艺文》卷一四。
④ 相关史料见光绪《霍山县志·人物志上·儒林》卷九;《上巡抚李乞师援寿禀》,光绪《寿州志·武备志·兵事》卷一一;《归庐谈往录》,《清代野史》第 4 辑,巴蜀书社 1987 年版;《柏堂集》《桐城县志·方宗诚传》;《张锡嵘书稿》及《安徽通志稿》《江表忠略》所载《张锡嵘传》)。
⑤ 马其昶:《阳江镇总兵马君墓表》,《清代碑传全集·碑传集补》卷三〇,上海古籍出版社 1987 年影印本,第 1431 页。

军深入，李续宾不从而有三河之祸；后又献计曾国荃劝降程学启，并以身家性命保程学启不反，程学启献由北门穴地攻城之计，促成湘军进占安庆。

安徽士绅之所以绝大部分选择站在太平军的对立面，除了其自身浓重的儒学渊源、卫道理念，作为既得利益者对以儒学为根基的封建专制统治的高度认同与忠诚使然以及上述太平天国拜上帝教的强制性宣传与实践引发了士绅莫大反感与文化敌意这些因素外，还与清廷尤其是湘军入皖后曾国藩采取的种种笼络政策有关。

为了让更多的地方士绅加入到办理团练对抗太平军中来，清廷采取奖励功名、职衔，增加地方科举学额，减免地方钱粮漕米杂税等手段或政策，如清廷一度下谕许诺："有能团练丁壮杀贼立功者，文武举人赏给进士，贡监生员赏给举人，军民人等赏给把总、外委"[1]。如此一来，士绅办练不仅能保全身家产业，造福桑梓，亦可邀请奖励，自致功名。与此同时，清廷对临阵捐躯、守城殉节、尽忠效死者恤典从优，分别酌议加增予谥，或建专祠，或入祀本邑昭忠祠、县城总祠总坊、省城忠义祠，这种旌表恤典不仅针对地方官员，也包括"或因骂贼致戕，或因御侮遭害，甚至全家罹难、阖室自焚"被害较烈之士庶人等。[2]

如前所述，湘军入皖后，其统帅皆注意笼络当地士绅，尤其是曾国藩居皖期间极为注重招纳人才、笼络知识分子，如札饬道府州县官留心所属绅民之才俊、出示晓谕令绅民保举人才；行营设忠义局，招延品学兼优之士，或守义穷居之士，俾任采访两江忠义节烈士女，随时奏请分别旌恤，请建总祠总坊，其死事尤烈者，另建专祠专坊，一以慰忠魂而维风化，一以宣忠节之正气，一以养节义之人才，并以宁国县殉难绅士程枚一家男女 10 人为第一案；置木匦于营门外，许军民人等投书言事，求闻己过，上书者投书其中，晚辄取视，其不可行者，置之而已；礼敬贤士，凡属士求见者，无不见。对于避地他州之宿儒，则必以书招

---

① 潘颐福：《咸丰朝东华续录》卷二〇，"咸丰三年二月辛巳"条；《旭斋杂抄》，《安徽史学》1985 年第 2 期。

② 《清实录·文宗实录》卷一〇六、一一〇，"咸丰三年九月壬戌"条、"咸丰三年十月甲午"条，中华书局 1986 年影印本，第 620、703 页；《皖政辑要·风教二》卷一八，第 151 页。

之，不来，则又必移书告他大吏敬礼之，使得所厚养；周恤故旧，因方宗诚言及桐城士绅许鼎、朱道文、苏惇元、文汉光、戴钧衡诸丧久皆未葬，自出二百金买山葬之，又亲书碑文以表之；安庆复后，至省城招徕人士，修葺敬敷书院，每月按期课试，校阅文艺，其优等者捐廉以奖之，于嘉惠寒士之中寓识拔才俊之意，等等。其善后措施则包括：札饬道府州县官访求地方利病、山川险要、田野之树畜；出示晓谕禁官民奢侈之习；设立善后局，安抚遗黎，招抚流亡，清查保甲；分设谷米局及制造火药、子弹各局，设内军械所制造洋枪洋炮，广储军实；委员查核民田，分别荒熟，其已垦者暂令按亩出钱四百文以助军饷，谓之抵征；设粥厂以养难民；刊发劝诫浅语 16 条；鉴于皖南受祸尤烈，居民荡析，田野荒芜，乃筹资开垦，择公正廉勤绅士经理之。每县各三千金，给买牛种，招民复业，收成后，将牛种原本让三还七收回，又给款凑足三千金再买牛种，如是者数年，民归复业益多，等等。①

由于清廷及湘军统帅的极力笼络，在太平天国猛烈冲击封建统治秩序的时候，安徽士绅尽管也遭受着散兵游勇与团练的骚扰、湘军的掳掠、沉重的捐输摊派，但由于根本利益一致，所以这些矛盾分歧始终没有上升为主流，士绅中的绝大部分以倡办团练、捐资助饷、上书言事、献计献策等方式，决然地站在了清廷一边。

在传统的社会阶层划分中，士、农以外尚有工、商。关于战时安徽工、商阶层的分化，因资料所限，此处仅就商人（主要是徽商）情况略作说明。

太平天国战争期间，安徽的商人阶层遭受了致命的打击，曾经鼎盛一时、执掌商界牛耳数百年的徽州商帮从此走向衰败、沉沦。就省外情形而言，长江中下游地区、京杭运河沿岸、赣江入岭南一线是徽商商业经营活动的主要区域，也正是咸同之际太平军与清军战事最严重的地区，十数年持续不断的战事，使得徽商在这些区域的传统贸易几乎中止，盐、典、茶、木等徽商支柱产业均遭致命打击，在江南市镇的商

———————————
① 方宗诚：《柏堂师友言行记》，第 57—73 页；黎庶昌：《曾文正公全集·年谱》，（台湾）文海出版社，第 18679—18747 页。

业活动更是近乎瘫痪。就省内情况而言,一方面,太平天国初期规定"天下农民米谷,商贾资本,皆天父所有,全应解归圣库"①,禁止私营工商业;太平军索贡也从沿江向内陆、山区蔓延,所到之处掳人充向导搜刮富民商肆,沉重打击了那些挈资返乡的徽州商人,阻碍了商业的发展;连年战火之后,瘟疫、天灾、饥荒往往也会随之而来,使境内人口锐减,经商人员大量伤亡,徽商家园遭到破坏。另一方面,清政府为筹集镇压太平军军费开征厘金,并将其演变成全国性税种;为筹措徽防军饷,徽州茶税也历年递增,咸丰初年每引分别完纳厘银两余,已较战前增加数倍,1862年起,又大幅提高税率,每引共缴银2两8分,次年6月再加捐库平银4钱,合2两4钱8分,大为民累,徽商更是深受其害。《歙事闲谭》记载:"徽商满天下,西省厘金半出于徽商"②。大量商业利润被分流,使徽商元气大伤。不仅如此,徽州商富还要持续为地方团练与驻军捐资助饷,据载,仅张芾在徽州用兵6年的时间里,"六邑捐输数百千万"③。《歙事闲谭》也指出:"徽郡六邑,地当冲要,山险民稠。自军兴以来,助饷捐赀,盈千累万。"④"徽郡六邑……递年捐资助饷,不下数百万两。"⑤这其中,徽商就是捐资助饷的主要承担者,大量的商业资本被战争化为流水。加上地方团练、散兵游勇、湘军的长时间掳掠,其结果是全郡所获为之一空,徽商财货及商业资本损失巨大。⑥ 由此观之,这一时期,安徽的商人与其他民众一样不仅生存面临着严重威胁,还遭受着太平军与清政府的双重掠夺,商业的衰落、徽商的一蹶不振自然难免。

尽管后来太平天国改变了那种不合历史潮流的不当政策,开始设关征税、奖掖工商、恢复贸易,并为此整饬军纪、整顿交通设施,安徽境

---

① 张德坚:《贼情汇纂》卷一〇,《太平天国》(3),第275页。
② 许承尧:《歙事闲谭》卷三一《徽郡难民公檄(咸丰十一年辛酉正月日)》。
③ 黄崇惺:《凤山笔记》卷上。
④ 许承尧:《歙事闲谭》卷三一《徽郡难民公檄(咸丰十一年辛酉正月日)》。
⑤ 许承尧:《歙事闲谭》卷三一《休宁县众绅士公禀曾督宪》。
⑥ 关于太平天国战争对徽商的影响,可参阅周晓光:《十九世纪五十年代至六十年代中国社会的战乱与徽州商帮的衰落》,载赵华富主编《首届国际徽学学术讨论会文集》,黄山书社1996年版;郑小春:《从繁盛走向衰落:咸同兵燹破坏下的徽州社会》,《中国农史》2010年第4期。

内的盐、茶、米粮以及其他百货贸易得以缓慢恢复,太平天国也从有限的商业往来中获得益处,如清方记载:"内地奸商贪利济匪,凡往来之船,每停泊于黄州、安庆贼踞之地,将钢铁、油、麻、米粮重价卖与贼匪,济其困乏,并由汉口购买木植,辗转卖与贼中,使贼得造战船。"[①]也有一些商人进出太平军与清军控制区通过买卖获利,但毕竟是在战争期间,经营环境恶劣可想而知,一些商人甚至在出入太平军关卡核实口号时因一时支吾而被杀。商人逐利,本性使然,就立场而言,也有同情太平天国的,如绩溪七都鲍姓墨商,经商的同时自愿为太平军送信、传递情报。不过,类似的记载在相关史料中并不多见,相比较而言,方志中关于当地商贾绅富为地方团练和清兵毁家纾难、捐资助饷的记载要多很多。

综上所述,太平军起义之初,以上帝教宣传、发动民众,并借此否定现行统治的权威,否定历代帝王的合法性。为推翻清政府统治,建立理想王国,他们号召普通群众、名儒学士、英雄豪杰"各各起义,大振旌旗,报不共戴天之雠,共立勤王之勋"[②]。对于饱受欺压、久受纲常伦理禁锢的贫苦大众来说,平等思想、大同理想无疑具有极强的号召力与感染力;然而太平天国为了树立上帝教在精神信仰领域的统治地位,不惜对传统文化粗暴抑制,对传统宗教习俗故意破坏,对儒学文化及孔子极力排斥,必然要引起社会各阶层的思想混乱与反感,尤其是视传统儒学为生命维系不可或缺的精神食粮的士绅阶层。太平天国的文化政策、施政理念促使农民、士绅阶层在突变面前做出不同选择,相对而言,支持其统治的农民居多,反对其政权的士绅居多。此后,太平天国的相关政策进行了适时的调整,吸引了一些知识分子、士绅加入革命阵营中,由于这些人加入太平天国政权的背景、动机不一,心态各异,加之流品纷杂、水平参差,不少士人只是视其为临时安身处所,如方宗诚《应诏陈言疏》:"逆贼窜踞安徽、江南数省州县最久……惟

---

① 《吴煦档案选编》(1),江苏人民出版社 1983 年版,第 107 页。
② 《东王杨秀清西王萧朝贵发布奉天诛妖救世安民谕》,《太平天国文书汇编》,中华书局 1979 年版,第 108 页。

有举贡生监往往欲保全身家,受其伪职"①。无法形成强大的向心力和认同感,这与当时许多士人积极主动报效曾幕形成强烈反差。一旦运动发生严重危机,双方强弱形势发生突变,就会导致这些士人离去。得不到地方士绅的有效支持,应是太平天国安徽政权最终失败的一个不容低估的原因。与此同时,在清廷与湘军统帅的极力拉拢之下,安徽绝大部分士绅尽管与统治者有分歧、有矛盾,但还是坚定地站在清政府一边,其中更不乏以天下为己任、以名器为己责矢志效忠清王朝的卫道士和殉道者,他们出于维护宗族、乡情关系和既得利益的自觉,利用自身的号召力发起、组织团练,上书言事,奔走联络,对抗太平军,在一定程度上影响了大局的走向。

第二节　淮军的兴起

一、安徽团练的兴起与活动

为对付已成燎原之势的太平天国起义,清朝统治者除了不断调兵遣将进行围追堵截之外,一方面谕令各地推行保甲与坚壁清野之法,另一方面则下令在"贼氛逼近"之处举办团练,以对抗太平军,并开始委任在籍大员帮同地方官办理本地团练事宜。1853 年初,致仕以后侨居皖北宿州的前任漕运总督周天爵奉命协同安徽巡抚蒋文庆办理团练防剿事宜。2 月,太平军自武汉压江东下进入安徽,连克安庆、池州、铜陵、芜湖、太平、和州等地。随后太平军的北伐与西征均途经皖境,且在太平天国北伐军的影响之下,皖北的捻军活动更趋活跃,这就使得安徽成为当时的战争重灾区,烽火连绵,战事不断,且日趋激烈。为此,咸丰皇帝先后派遣了吕贤基、潘锡恩、袁甲三、赵畇、李鸿章、李文安、黄先瑜等在籍甚至是在职官员回到安徽,主办或帮办地方团练

---

① 方宗诚:《柏堂集续编》卷二一。

事宜,并允准主办人员奏调本籍京员随带前往。吕贤基抵达安徽不久,即与周天爵联衔颁布团练章程 37 则,通饬全省各州县举办团练。周天爵还从当地游民中招募团众数千人,以对抗太平军,其后经陆续汰补,一直在皖北凤阳一带防堵太平军、捻军。至 1856 年 11 月,清廷更依皖抚福济之议,将安庆、庐州、六安、滁州、和州、凤阳、颍州、泗州 8 府州团练事宜归按察使及庐凤道分统稽查,由皖抚福济居中调度,徽州、宁国、池州、太平、广德 5 府州团练事宜归徽宁道统理稽查,由驻徽宁之已革巡抚张芾调度;安徽按察使、庐凤道、徽宁道及各府知府、各直隶州知州分别加督办团练、协理团练等衔,各县知县及各府属州知州专管本属团练事宜,卓著功绩,力保地方者加协理团练衔。① 这样,以皖省现有官僚体系为基础,将各级官员全部纳入办团行列。安徽各地团练正是在这样的背景下兴起并展开活动的。

团练之名早已有之。清代团练之制,始于嘉庆年间镇压白莲教起义。1853 年,吕贤基、周天爵两人联衔颁布的《团练章程》系照搬江苏宿迁举人臧纾青的《团练章程》而来,其原本即仿嘉庆川楚豫三省《团练章程》,计有原定条款 21 则、续定条款 13 则、推广条款 3 则,共 37则。② 关于团练的乡土武力实质,时人葛士浚在所撰《民团论》中指出:团、练、乡、勇四字,每字各有实意,办此者能名副其实乃有利而无害。团则声势气谊皆宜团结,练则进退击刺皆宜讲求,乡则取土著之人而客籍流氓不得与,勇则取壮健之士而老弱疲病不得充。练而不团,临事将各顾而不足恃;团而不练,临事将乱而不足恃;乡而无勇,必至遁逃后而不足恃;勇而非乡,必至游勇客匪杂处而害更无穷。③ 然而,实际的情况要比这复杂,在当时,团有官团、民团之分,勇有乡勇、团勇之别,有时团练又与乡勇混称。

客观形势的逼迫、官府的提倡,加上民间的自发行动,使得安徽境内团练林立。根据皖省通志、各府州县方志及《昭忠录》、《两江忠义

---

① 《清实录·文宗实录》卷二〇九,"咸丰六年十月丁酉"条,第 304 页。
② 团练章程具体条款,可参阅马昌华著《捻军调查与研究》,安徽人民出版社 1992 年版,第 118—125 页。
③ 葛士浚:《皇朝经世文续编》卷六八,第 16—17 页。

录》等文献的不完全统计，整个咸丰年间，安徽各地的大小团练头目数以千计。这些大大小小的团练武装，面对"兵、匪、发、捻交乘"的混乱局面，其办团目的、性质、活动范围、存在的时间长短、主办者的身份不尽一致。概括起来，这一时期的安徽地方团练有如下几个特点。

（一）区域性

就安徽团练势力的分布而言，皖北、皖中、皖南三大区域不均衡。其密集程度，当以庐州为中心的皖中地区称最，皖北、皖南稍次。皖省各地团练数目的多少、战斗力的强弱与当地民风习俗有一定的关系。清人王定安在所著《湘军记》中曾对安徽的风俗做过概括："安徽襟江带淮，江以南，士喜儒术，巽懦不好武，民则恋迁服贾于外，无雄桀枭猛之姿，故畏祸乱，少奸宄。独滨淮郡邑，当南北之交，风气慓急，其俗好侠轻死，挟刃报仇，承平时已然。"[①]皖人王茂荫亦认为，安徽"唯庐、凤、颍三府习俗强悍，勇于战争"[②]。他们的描述与当时安徽团练的实际分布情况大致相吻合。

皖中地区，除了民风刚劲、人性躁动等因素影响之外，这里拥有安庆和庐州两大战略要地，太平军与清军双方争夺激烈，许多州县复而旋失；局势的动荡又引发"盗贼蜂起"、焚掠竟日、人心摇惑、城乡鼎沸，在官府的倡导之下，地方出于自卫，纷纷筑圩团练自保，可谓在在皆团、处处皆练。皖中地区团练以庐州为最，较著名的团练头目有合肥县的张树声、周盛波、刘铭传、唐殿魁、吴毓芬、董凤高、丁寿昌、聂士成、李鹤章、解先亮、张绍棠等，庐江的潘璞潘鼎新父子、吴廷香吴长庆父子、王占魁等，巢县的张遇春，其他则有定远的方士鼎、六安的李元华、桐城的马三俊等。这些地方团练或捍卫桑梓，或出境对太平军作战。

皖北地区，先后有周天爵、袁甲三等驻地办理团练"防剿"事宜，他们到达皖北后，通饬各地兴办团练，行坚壁清野之法，筑圩寨以自固。这一地区较著名的团练头目有宿州西乡曹市集（今属涡阳县）的

---

① 王定安：《湘军记》卷七，岳麓书社 1983 年版，第 87 页。
② 王茂荫：《王侍郎奏议》卷二，黄山书社 1999 年版，第 32 页。

牛斐然牛师韩父子、蒙城的李南华、凤台的苗沛霖、亳州的李承谟、太和的刘存诚、颖上的李彭年、阜阳的宁若煊等。皖北筑圩结寨、兴办团练的目的主要是对付捻军起义,也含有防止散兵游勇、土匪的侵扰,保境卫家的作用。

　　皖南地区,朝廷任命潘锡恩(前任江南河道总督)、宋梦兰(在籍翰林院编修)、张芾(前江西巡抚)等人督办皖南团练事务和军务,1854 年以后,各乡团练普遍兴起,具有城乡设局、宗族士绅统领、分防预警、协同作战、经费自筹等办团特点。① 由于该处为天京外围的主要战区,拥有天京通往上游的水陆通道,也是连接浙江与江西的交通要道,太平军往来频繁,战事激烈,地方团练在保家护族和协助官军抵御太平军上发挥了重要的作用,对太平军的战略活动造成了一些钳制。不过,由于当地绅董大量逃亡,一些有势力的绅商为维护自身的实际利益,不愿公开与太平军为敌,于是出现了如寓居绩溪的金陵名士汪士铎在《乙丙日记》中所记的情形:"团练之难,富者不出财欲均派中户,贫者惜性命欲藉贼而劫富家,中户皆庸人安于无事,恐结怨于贼,为官所迫,不得已布旗一面搪塞,官去则卷而藏之,此今日之情形也"。总体上说,皖南一带团练的凶悍程度不及皖北和皖中,其中最著名的当数宣城的金宝圩团练。

　　(二) 宗族性

　　团练以封建保甲制度为基础,是基于保甲制的乡土武装,血缘和地域关系是其基本特征。就地域关系而言,一方面团练大多是以乡、里、保、甲等基层社会组织为单位组建,如霍山城乡共 96 保,合数保丁壮为一团,互相守助曰团防,凡境内划城乡为 12 团,东北乡 14 保为 2 团,南乡 27 保为 3 团,西乡 54 保为 6 团。另一方面团练系以在同一地区筑成的圩寨为载体,而这些广泛分布于皖北、皖中的圩寨又多是由聚族而居的村落组成。在皖南,徽州团练多以村庄为单位,而各个村庄基本上都是宗族聚居地,因此,一村之团练多为一宗族之团练,宗族绅士也是其主要发起者、创办者和组织者。

_____

① 关于徽州团练的情况,可参阅郑小春:《太平天国时期的徽州团练》,《安徽史学》2010 年第 3 期。

就血缘关系而言,安徽是血缘家族聚居之地,综观皖省团练的构成,几乎无一例外都是由宗族弟子为骨干、以乡邻为补充。以庐州团练为例,如合肥西乡的张荫谷与子张树声、张树珊、张树屏,周盛华与弟周盛波、周盛传,刘铭传与侄刘盛藻、刘盛休;合肥东乡的吴毓蘅与弟吴毓芬、吴毓兰;庐江的潘璞与子潘鼎新、潘鼎立,吴廷香与子吴长庆;桐城的马瑞辰、马三俊、马复震祖孙三代等,均是以父子、叔侄、兄弟关系来统率本族弟子办练,在对外作战中,常常是父死子继、兄亡弟替;一人战死,全家上阵;一家战死,合族上阵。在皖省方志中,咸丰年间合族办练、一族数十人乃至数百人战死的记载比比皆是。

（三）复杂性

皖省团练创办之初,由于承平日久,民不知兵,疑虑重重;地方政权日处风雨飘摇之中,甚至政令难出城门。面对困境,无钱无兵、赤手空拳上阵的团练大臣,只好分派属员就地"激劝乡民,且团且练",而各地情形不同,这就使得各地的团练虽纷纷创办,但纷繁芜杂、混乱不堪。上自豪门缙绅,下至贩夫走卒,各色人等纷纷加入到团练队伍中来,以至于出现盗贼混迹、豪强把持、四处掳掠的情况。定远人方士鼐在所著《团练行》中痛陈:"昨为盗贼头,今为团练长。古来团练卫乡村,今时团练恣夺攘。……吁嗟乎,今次团练竟如此,名为乡勇实奸宄。"在皖北,还有"官捻子"的说法:"今之练勇,即为平日之捻匪。……近有名为官捻子,仗势欺凌,勒索民间财物。"[1]绩溪文人曹向辰就曾通过诗歌《徽练难》尖锐地指出了地方团练的掠害:"天下大患患不止,寇氛未近团练起。官和诸绅绅和官,动云奉宪更奉旨。富者出钱剐心肝,百计谋求犹未已。说不尽吸髓与敲肤,苛政直直猛虎耳。捐得白银果奚为,堆来如山用如水。……耀武扬威括厘毫,可笑贼来善脱逃。……团练难难难,徽州未曾驱民害,反觉添民残。养兵千日养你抢,为勇即系为盗端。"[2]甚至还有像凤台苗沛霖那样反复无常、嗜杀成性、设卡收税,俨然以一方诸侯自居的团练。更有甚者,办团成了一

---

[1] 中国史学会主编:《捻军》第5册,神州国光社1953年版,第159页。

[2] 曹向辰:《徽练难》,参见胡在渭辑:《徽难哀音》中编《诗歌》,抄本,原件藏安徽省图书馆。

些人欺压闾阎、营私肥己的手段。如福济在奏折中称："皖省自军兴以来,各邑绅士往往借团练之名擅作威福,甚且草菅人命、攘夺民财、焚掠村庄,无异土匪。地方官不敢过而问者,以其假托钦差之名,不受牧令约束,以致一切公事掣肘多端。卒之,所办团练尽属虚声,全无实用,徒供其营私肥己,扰害闾阎。"① 桐城团练局就饱受诟病,民众称练局四总为四凶、领勇六人曰六夔、到处逼捐的十人为十鼠。②

各地团练之间也纷争不断。在合肥地区,官团多兴于东乡、北乡,称其众为乡勇、乡练,由府县胥吏与乡绅出面约集乡民,并打出"奉示团练"的旗帜,向富户摊派捐助,以资给养;民团则主要集中于西乡,称其众为团勇、练勇、寨勇、练丁,由民间自发结寨筑圩,练兵自卫,其给养来自本庄的义仓和村民捐输、义士资助以及向大户强行摊派。民团和官团的关系是:"寇至则相助,寇去则相攻,视为故常。"③ 平时民团之间也经常攻杀,互争雄长。而民团也有可能转化为官团,由官府发给官团旗,受调遣离境打仗,补贴粮饷。庐江方志中关于团练之间的争斗情况有如下记载:"庐邑计保一百有八,每保或一二团,或三四团,或富者自为团,视贫者如秦越;或贫者共为团,日与富者相抵牾;或贫富共为一团,强有力者或且桀骜难驯,弱肉强食。祸变之来将不在外患,而在内讧。"④

皖省团练的复杂性还表现在:办团的目的和作用不同,大多数团练是出于自保的目的,接受州县地方官的领导,在境内联团防御,互壮声势,以防范太平军、捻军、盗匪、散兵游勇的侵扰,而结寨筑圩也体现了团练的防守功能和防御态势;部分团练则接受地方官的调遣,登陴助守,协复城池。如阜阳县设团练总局于城内昭忠祠,以著名城绅喻中秀、宁大经、邢倬云、宁若煊等司其事,官绅军民协力固守,城始无恙。1854 年,六安城陷,西乡 9 保团练率先合谋攻城,以失败告终。6

① 中国第一历史档案馆:《清政府镇压太平天国档案史料》第 16 册,社会科学文献出版社 1994 年版,第 209 页。
② 方江:《家园记》卷六至七,转引自《安徽史学》1986 年第 1 期,第 71 页。
③ 刘体智:《异辞录》卷一,中华书局 1988 年版,第 27 页。
④ 光绪《庐江县志·艺文》卷一四,第 532 页。

月,举人李元华率东北乡团练助克六安州城。7月,六安练总曹远荣率东南乡32保练勇为前导,助秦定三部官军攻舒城,历时21个月,舒城遂复;到后期,一些地方的团练开始整合,并接受改编或"招请",出境作战,如太和团练,"自县南和阳驿连屯百三十里,练勇三万人,悉听指挥,五战亳、阜"。而合肥西乡的周盛传早在1856年即应滁全音统领、六安李元华观察之招,率练勇进攻和州、来安、潜山、太湖等地。此后,刘铭传、张树声、周盛传诸部民团出境作战日益频繁。而办团者的身份也是五花八门、各形各色,据方志记载,有乡绅、在籍或致仕、革职官员、渔民、游民、塾师、胥吏、游勇、豪强、农民、军吏、商贾、盐枭等,出身不同、志趣各异增加了团练的复杂性。

（四）对抗性

咸丰年间,在太平军、捻军的打击下,皖省地方政权已无威信可言。在对官府失望之余,各色人等出于自保身家性命的需要,纷纷拉起团练队伍。以宗亲血缘关系和地域关系为基本特征的团练,有着基本一致的目标,面对"兵、匪、发、捻交乘"的混乱局面和日益频繁的军事行动,旋起旋灭,愈战愈勇,表现出很强的对抗性。在庐州地区,太平军起初对地方团练也实施过拉拢政策,派乡官说服招降,没有效果,后来该地团练出境作战日益频繁,太平军以"诸圩与官军相掎角,视为腹心患",1853年、1858年两克庐州后,对周边地区团练组织了两次大规模的军事打击,但以合肥西乡为首的团练武装并没有被消灭,反而与周围地区的团练连成一气,百里内互相联络,以为声援,势力日益壮大。如周盛华、周盛传兄弟于1853年底在周兴店筑圩团练,1855年,太平军破圩,周盛华战死,亲属练丁死者数十人,随后周氏兄弟即在罗坝筑圩,"族长方策公助以山中林木,起乡民三千人昼夜转运,筑墙掘濠,不三日而工竣"。1860年,"团练御贼,起癸迄辛将十载,为战者二百九十有六,杀贼以数万计,而未请一饷,未受一职,徒以义愤所激,与众并命,上报国家,下全乡里"①。位于宣城北乡的金宝圩,圩周120余里,田20余万,居民数万户。咸丰初年,盐提举衔候选训导丁鼐创办

---

① 周家驹:《周武壮公遗书·年谱》,台湾文海出版社,第16、36页。

义团练乡兵，"力抗悍贼"，宁国府城两陷而圩屹然立，于是远近归依者数万人，"为宁国、太平、金陵诸富家大族所萃"①。至 1862 年冬李世贤率太平军围攻数旬破圩，已坚持长达 7 年之久。

"保甲行于无事之时，团练行于有事之日。"实际上，在道咸之际，部分人士已对皖省乡里风俗浮浇、伦常相渎、游民大量涌现的动荡局面有着清醒的认识，甚至发出了"天下其将乱乎"的警语。合肥东乡人李文安曾手订《淮南乡约》，"条教精详，为后日团练义勇之本"，并于 1852 年"著圩寨图说，团练规条"，同时"寄信回里，劝谕乡人，为思患预防之计"。② 西乡人张荫谷于 1846 年即组织团练抵御来犯的寿州盗匪，此后"广纳豪健材武之士，与诸子往来相习，谆谆以忠孝大义譬晓之"③。撮镇人郑世才还被当地绅富推举为练首，团练乡兵。太平军入皖后，由于安徽特定的省情、军情、民情，在各种因素的作用下，团练遍地开花，成为对太平军、捻军作战的一支重要力量。团练的兴起，给传统的基层社会组织和社会秩序带来了不小的冲击和影响，经历了战争洗礼的团练乡勇，部分接受地方政权的整合、改编，由官府提供粮饷，经常承担出境"防剿"任务，因战功而获得了大小不等的军衔及封赏，粗具地方军的色彩，与保甲制度相去甚远。

咸同之际，皖省团练队伍除了在长期的战争中自生自灭以及局势平稳后回归传统的保甲体系中以外，有少数加入太平军和捻军中，如凤阳人骆国忠、亳州人姜桂题、合肥人郑国榜兄弟等（后来也都投降清军）；部分变身为勇营，纳入清军队伍之中，分别归属袁甲三的临淮军（如合肥人聂士成）、英翰的皖军（如凤阳人郭宝昌、蒙城人李南华）、曾国藩的湘军（如桐城人马复震、巢县人张遇春）、宋庆的毅军（如蒙城人马玉崑）、鲍超的霆军（如宿松人吴云集），由于这些团练头目及其部属大多为零星加入，故难以地域来归类，大体上可根据上述清军将领在皖省的作战区域来划片。大部分团练队伍，尤其是以庐州为中心，旁及六安、寿州、凤阳、滁州、宿松等地，则归于日后李鸿章统率的

---

① 赵烈文：《能静居士日记》，《太平天国史料丛编简辑》，第 3 册，第 264 页。
② 《合肥李氏三世遗集·李光禄公遗集》卷八；《王侍郎奏议》卷五，第 88—89 页。
③ 李鸿章：《张荫谷墓表》，《肥西淮军人物》，第 15 页。

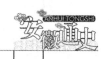
淮军系统。

二、李鸿章的团练活动

李鸿章,本名章铜,字渐甫,一字子黻,号少荃(泉),晚年自号仪叟。道光三年(1823)2月4日出生于合肥东乡磨店(今合肥瑶海区)。父李文安,道光十八年进士,官刑部郎中。兄弟六人,行二。李鸿章6岁时即就读于家馆棣华书屋,开始启蒙学习,并先后师从乃父李文安、堂伯李仿仙、合肥名士徐子苓等习经史。1843年入选优贡,随后应父命入京,准备参加次年顺天恩科乡试,赴京途中曾作《入都》诗10首以言志,为世所传诵。次年,乡试中举。1847年中丁未科二甲第十三名进士,朝考后改翰林院庶吉士,以24岁的绝对年龄优势走完八股考试的全过程,可谓"少年气象自峥嵘"。与他同榜的举人、进士中,人才济济,如张之万、沈桂芬、李宗羲、沈葆桢、何璟、郭嵩焘等,不少人日后出任枢臣督抚,与李鸿章关系密切。在京期间,李鸿章还在任刑部郎中的父亲的引荐下,结识了不少皖籍京官,如吕贤基、赵畇、王茂荫等,并以年家子的身份投入曾国藩门下习经世之学。

太平天国起义让李鸿章中断了传统的升官之路。1853年2月,太平军沿江东下,大举入皖。3月1日,诏谕工部侍郎吕贤基前往安徽,会同皖抚蒋文庆、周天爵督办团练事务。3天后,依吕贤基之奏,命李鸿章与袁甲三随吕贤基赴安徽帮办团练"防剿"事宜。李鸿章抵皖后,入署抚周天爵①幕中帮办事务。旋随同周天爵赴颍州、定远一带"堵剿"颍州王市集陈学曾、纪黑壮部捻子以及定远陆遐龄起义军。此后不久即奉令回乡募勇团练。6月,因庐州防守空虚,新任皖抚李嘉端调李鸿章回驻梁园,复令户部主事王正谊与李鸿章分谕东乡各团首,自店埠至麻布桥按时点验练勇,使枪炮之声络绎不绝,以壮声势。随后,李鸿章又率勇堵防和州裕溪口,败太平军于运漕镇。在此后的九、十月间,李鸿章率部转战于柘皋、巢县、无为间,并攻克东关。太平

---

① 1853年2月安庆失陷,皖抚蒋文庆死之,廷旨周天爵署任皖抚。周以年老体衰力辞,又言军机吏治难兼顾。3月,上命李嘉端为巡抚,周以兵部侍郎衔办理"防剿"事宜。

军自安庆大举进攻庐州,水师收复东关,李鸿章仓皇败退。时值舒城、桐城告急,李鸿章又往投舒城吕贤基军营。11 月 29 日,太平军胡以晃、曾天养部攻占舒城,吕贤基投水死,李鸿章率所部团练退回庐州。

李鸿章回到庐州后,由于曾国藩的推荐,新任皖抚江忠源邀其驻北门外岗子集,以为应援。1854 年初,已革陕甘总督舒兴阿率援兵至岗子集,李鸿章前往谒见,愿自备口粮率所部团练打头阵,请舒速进援庐州,不允。1 月 15 日,庐州城陷,巡抚江忠源及布政使刘裕钤等力战死之,李鸿章则率部北退。

1853 年底,李鸿章父亲李文安也因户部侍郎王茂荫的奏保,回籍办团练。李文安抵达临淮后,为袁甲三奏留,募集训练乡勇,联络沿淮堡寨,并命李鹤章招练勇数百人往随。后因继任皖抚福济催其速赴庐州,李文安回到家乡,与子李鸿章、李鹤章等一起办练,均受福济(丁未科副主考,也是李鸿章的座师)节制。1854 年,李鸿章随副都统忠泰在巢县、含山一带作战,因功赏给知府衔,换戴花翎。1855 年,李氏父子率勇进攻巢县,被太平军击败,李文安回到家中于 7 月病故,李鸿章从巢县前线回乡奔丧,适太平军猛扑巢县清军营,清军忠泰部全军覆没,忠氏仅以身免,李鸿章因在丧次幸免于难。后皖抚福济、江南提督和春率军围攻庐州城,李鸿章随大营参赞。城内之士绅监生鲁云鹏、廪生王南金、武举沈广庆等密谋约为内应,以白布缠头为标记。官军抵城下,犹迟疑不决,逡巡不敢入。李鸿章"为请于巡抚,促诸将进",绅民内应者千余人开门延官兵入城,遂于 11 月 10 日克复庐州城。事后,李鸿章奉旨交军机处记名以道府用。1856 年 10 月,李鸿章又率团练随福济、郑魁士等克复巢县、和州、东关等地,赏加按察使衔。李鸿章因此以"知兵"闻名。然而,功高易遭妒,"忌之者众,谤讟繁兴,公几不能自立于乡里"[1]。1857 年 3 月,太平军追击清军至桐城、舒城,李鸿章部团勇溃散,北逃。10 月,皖抚福济奏报李鸿章丁父忧,让其回乡补行守制,俟经手事件料理完毕,给咨回京供职,结束了李鸿章将近 5 年的团练生涯。是年,论李鸿章迭次镇压太平军之功,奉旨交军

---

① 丁德照、陈素珍:《李鸿章家族》,黄山书社 1994 年版,第 51 页。

机处记名,遇道员缺额,请旨简放。

李鸿章带领团练主要在庐州及附近的巢县、含山、无为、和州、舒城、桐城一带同太平军作战,这一带位于水陆冲要,为兵家必争之地,因而太平军与清军之间的战况尤为激烈。李鸿章以书生带兵,吃尽苦头,时人笔记及著述对这一时期的李鸿章既有"专以浪战为能"的记载,也有"翰林变作绿林"的嘲讽。但不管怎样,这一段时间的历练,为其日后统率淮军提供了军事经验。

李鸿章在原籍带团助战期间,还利用自身与其父皆进士出身、乡望素孚、为乡里所推重及联合对太平军作战的影响,与庐州当地的团练建立了千丝万缕的关系。由于庐州团练对日后淮军的兴起意义颇深,故需对庐州团练的概况作一简要介绍。

如前所述,庐州团练主要兴起于1853年2月太平军入皖到1854年1月首克庐州这段时间。太平军大军压境及因自然灾害引发的社会动荡,使得人人自危,官府发布告示号召各地兴办团练,四乡豪绅出于自保身家也纷纷筑圩修堡。如同刘体智在《异辞录》中所记述的,当时的庐州团练就性质而言分为官团和民团,前者主要在合肥东乡、北乡,西乡也有一部分,著名团练头目有李鸿章兄弟、吴毓蘅、龚作楫、褚开泰、解先亮等;后者则集中在合肥西乡及附近的庐江、巢县一带,尤以紫蓬山、周公山、大潜山三山民团最为凶悍。官团和民团"分两党,各不相下"①,而民团之间也会相互攻杀,互争雄长。在庐州团练的初起阶段,李鸿章主要率本部练勇外出征战,与其联系较少。

自1854年1月太平军首克庐州到1861年末李鸿章受命招募淮勇,是庐州团练不断分化和发展壮大的阶段。此间,两个因素对庐州团练的影响颇深。一是太平军于1854年1月、1858年8月两克庐州,使当地的团练发生了分化,如由署理庐州知府胡元炜联络的担任合肥城防事宜的徐怀义部团练,在太平军首度兵临城下时投降太平军。另一方面,太平军攻克庐州后,在安抚民众、设立乡官的同时,对当地的团练也施行过拉拢劝降政策。如《周武壮公遗书》中就有1854年官军

---

① 刘体智:《异辞录》卷一,第26—27页。

围城,"日与贼战,吾乡为桐舒援贼往来孔道,又距城远,为官军号令所不及,人心摇惑,附贼者日益众。伪乡官有为贼来说者,峻拒之"的记载。对于张树声兄弟所办团练,"贼欲以威胁利诱致降屡矣"①。太平军见对当地团练的拉拢政策未能奏效,则厉行"清剿",尤其是对"与官军相犄角,视为腹心患"的合肥西乡诸圩,战事极其惨烈,周盛波兄弟在 1855 年 3 月太平军攻破周兴店圩,三兄周盛华、亲属练丁数十人战死的情形下,一度欲散练归农。② 但太平军大规模的清剿并未能消灭以三山为首的团练武装,反而激起其更加激烈的对抗,他们与六安的李元华、曹远荣,庐江的吴长庆,三河的潘鼎新等连成一气,互为声援,势力日益壮大。二是地方官府对团练武装的依赖日渐加深,由于传统的经制军在数量、战斗力上难与太平军匹敌,日处飘摇之中的地方官不得不更多地利用团练乡勇来与太平军抗争。太平军首攻庐州时,身处危城之中的皖抚江忠源曾想募集合肥四乡团练来守城,而当时庐州及外围防守所依赖的即是庐州勇、开化勇、楚勇、广勇等武装。1855 年 11 月,清军亦系在当地团练与城内内应的帮助下,一度夺取了庐州城。1857 年秋,太平军联合捻军再攻庐州,知府马新贻苦于城内兵力不足,只好商请周盛传等带练助防。在这方面,最典型的要数合肥知县英翰,1859 年春,英翰出任合肥知县,其时太平军占据庐州,邻邑皆陷,英翰由寿春间道至合肥境,招抚团练,因无处落脚,只好以西乡解先亮圩堡为行署,解部官团也因此深受器重。

与庐州团练日益受到官府器重相对应的是,其出境作战也日趋频繁。庐州团练中,属于官团系统的受调遣随清军作战,如合肥西乡解先亮部官团,1859 年曾在华子岗与陈玉成部展开激战;1862 年(同治元年)清军攻打庐州时,又事先率千人潜入城中充内应,助多隆阿部攻下府城。庐江吴长庆于 1855 年受皖抚福济委派办理庐江、舒城团练,次年,新任皖抚翁同书又命其办理合肥东乡团练,曾大败陈玉成部太平军于华子岗,助湘军占领三河,后所部团练被曾国藩按湘军营制收

---

① 李鸿章:《张荫谷墓表》,《肥西淮军人物》,第 15 页。
② 周家驹:《周武壮公遗书·年谱》,第 14、33、15 页。

编。民团系统中,周盛波、张树声、刘铭传等早期也曾接受官府和清军将领的约请,出境对抗太平军、捻军,咸丰末年,出于对实际战局的考虑,他们基本上属于六安练总李元华的指挥系统,外出作战次数渐多。周盛波兄弟早在 1856 年即应滁全音统领,带练勇与太平军作战,帮助清军收复和州、来安,1856、1857 年间又应六安举人李元华观察招,进攻潜山、太湖、六安等地太平军。1861 年,苗沛霖围攻寿州,派队扼守西阳集,驰援寿州,闻知太平军自麻城攻六安,又星驰回援。当年 9 月,官军克复安庆,进取桐城、舒城,自率练丁设伏于河湾,击退太平军援军,助多隆阿部攻克桐城、舒城。张树声兄弟在咸丰年间亦率练勇跟随李文安、李鸿章父子及李元华等出境与太平军作战,先后助克含山、六安、英山、霍山、潜山、太湖、无为州。[①] 刘铭传于 1859 年率乡勇随官军收复六安,1860 年自备饷糈救援寿州,"皆有功"[②]。吴毓芬兄弟在咸丰初年先随李文安、李鸿章父子在凤阳、定远等地抵抗捻军,后又克巢县、无为、和州,解寿州围。上述团练头目也因团练乡兵、出境作战等劳绩深受地方大吏与统兵大员的赏识,并经官府保荐,分别获得副将、都司、千总、同知、都司、知县等官衔。

从上面对庐州团练的简要叙述中可以看出,李鸿章与庐州团练发生关系主要在后一个阶段,就其与庐州团练头目的关系而言,主要有以下几种类型:

一是宗族亲属。李鸿章家族中,三弟李鹤章在 1853 年即以廪生倡办本籍合肥东北乡团练,称"保和",后随父兄转战于定远、巢县、无为、合肥一带,因功以州同选用,并带练勇帮助清军于 1855 年 11 月攻陷庐州府城,直到 1858 年太平军再克庐州才离开安徽,随长兄李瀚章前往江西,进入曾国藩幕府;六弟李昭庆亦随父兄在家乡办理团练,年未弱冠,"备闻父兄之教,已隐然有揽辔澄清之志";族人李胜(一说为族侄,一说为管家,统带李氏族丁)在籍办练,随李鸿章转战于含山、巢县、合肥等地,获六品军功;妹夫张绍棠及其兄张绍堪分别从李文安、

① 何嗣焜:《张靖达公奏议》卷首,《近代中国史料丛刊》第23辑,(台湾)文海出版社,第15页。
② 刘铭传撰,马昌华、翁飞点校:《刘铭传文集》,黄山书社 1997 年版,第520、554页。

李鹤章办团练。

二是同乡好友。如蒯德模、蒯德标兄弟及王学懋等，蒯德模在县学岁试场中于李鸿章订交，两人常有诗信往来，后在籍办练，合肥知县马新贻倚为左右手，保升教谕，加五品衔。

三是本部练勇头目。如巢县张遇春，为李氏嫡系；其他如合肥人浦尚存、宋士猷，巢县人王成发，和州人陶元甲、魏挺拔，寿州人宋元方，凤阳人李桃等或从李鸿章办练，或率练随李鸿章作战。

四是父亲李文安的旧部。如张树声、张树珊兄弟，吴毓芬、吴毓兰兄弟等。1854年，李文安奉命回籍督办团防，张树声以父命，偕弟张树珊、张树屏"往从戎"，张树声还因县廪生出身被李文安"召襄戎幕"①。3月，张树珊及吴毓芬兄弟均率练随李文安参加了庐江白石山之战，解合肥围。1858年，庐州再陷后，张树声"与诸团长讲信修睦，联络援应"，俨然成为合肥西乡诸圩之头领。

五是门生。如潘鼎新、刘秉璋，同居三河镇，自幼同学，刘秉璋就学于潘鼎新父潘璞。道光二十五年（1845），两人结伴入京，拜李文安门下。两年后李鸿章考取进士，两人又以师礼事之，"是后文字，皆就文忠是正矣"②。太平军兴，刘秉璋赴皖南入张芾幕，潘鼎新则回籍投效安徽军营，因父为太平军所杀，在三河一带筑圩办练。

还有一层关系即是乡谊。如庐江吴长庆，合肥西乡周、刘、唐等民团，李鸿章与他们没有太多的直接交往，但通过中间人居中联络，也能搭上关系。吴长庆与潘鼎新、刘秉璋既是同乡，又有世谊，曾奉皖抚翁同书之命办理合肥东乡团练。吴部团练为官团，与合肥西乡解先亮部官团关系密切，后来解部团练大多归入吴长庆部下。李鸿章在招募淮勇时，即是通过刘秉璋、张树声等与吴长庆及西乡诸民团联络的。

宗族、亲属、好友、故旧、门生、乡谊等等，概括起来，即是依托血缘、地缘和业缘三大关系而建立起来的错综复杂的人际关系网络，构成了李鸿章日后招募淮勇、组建淮军的组织基础。

---

① 何嗣焜：《张靖达公奏议》卷首，《近代中国史料丛刊》第23辑，台湾文海出版社，第7页。
② 刘体智：《异辞录》卷一，第3页。

三、李鸿章投奔曾国藩

咸丰八年（1858）7 月 23 日，清廷因安徽军务疲弱、军政不睦，将皖抚福济调京，另候简用，而以翁同书接任皖抚，督办安徽军务，翁同书抵任之前，由藩司李孟群署理巡抚之职。座师福济的离去，让在家守制的李鸿章更没了依靠。一个月后，太平军再克庐州，进占店埠、梁园，合肥城东大兴集被辟为买卖街，李家房宅被毁。李鸿章无处容身，只好携带家眷转赴南昌，投奔为湘军办理粮台事务的长兄李瀚章。

8 月 23 日（农历七月十五日，俗称"鬼节"），也就是太平军再克庐州的当天，李鸿章曾给曾国藩写了一封长信，信中表达了对曾国藩、胡林翼等湘军将帅"倡义旅于湘中"、"别树一帜"、"久而见功"的仰慕，而自己 6 年来一事无成，"处桑梓兵燹，困心横虑，靡所补救，非其地、非其人，则无从学习也"，深感有愧于老师的栽培。在信末他还指出由于福济调离，自己也进退失据，希望能"挈轻舟谒吾师于江上，一敏提训"的愿望。① 曾国藩收到此信后，即资助李氏兄弟银两三百金作为安家之资，并致函李瀚章，邀请李鸿章来湘军大营襄助。李鸿章遂于 1859 年 1 月 13 日赴江西建昌拜谒曾国藩，被留充幕僚。

曾国藩、李鸿章之间原就有很深的渊源。曾国藩与李文安同年中进士，李鸿章早年在京师求学时，就以"年家子"身份投帖曾氏门下，习经世之学。曾国藩亦认为李鸿章才大可用，将其与郭嵩焘、帅远烨、陈鼐并称为"丁未四君子"，十分器重。李鸿章回乡办团练，曾氏致函新赴任的皖抚江忠源，推荐李鸿章的干才，后还将自己编练湘军的心得告诉李鸿章，期望甚殷。

李鸿章来到建昌大营时，正值湘军遭三河败覆，损兵折将，元气大伤，曾国藩急需招募人手之际。对于这位得意门生，曾国藩视为可以共商大计的得力臂助，颇为倚重。曾国藩曾对人言："此间一切皆取办于国藩与少荃二人之手。"② 又说："少荃天资与公牍最相近，所拟奏

---

① 黄书霖：《合肥李文忠公墨宝》，民国七年石印本。
② 曾国藩：《曾国藩全集·书信》（二），第 1518 页。

咨,皆大有过人处,将来建树非凡,或竟青出于蓝亦未可知。"①而在晚清笔记中,亦有不少关于曾国藩为挫其锐气,刻意对其进行砥砺磨炼的记载。②

李鸿章在曾国藩军营中除帮办文案、参赞军务外,还曾受命赴皖北的霍邱一带招募马队,后又随曾国荃部助攻江西景德镇,考察军务。但前者因太平军、捻军势力正盛,地方官府、团练不愿放人,派去之人空手而归;后者因李鸿章不愿寄人篱下去做一名谋士,两月之后又回到曾幕中。1859 年 11 月,旨授李鸿章福建延建邵遗缺道,李鸿章权衡久之,最终力辞未就,仍留在曾幕中。1860 年 8 月 10 日,清廷实授曾国藩两江总督,并命为钦差大臣,督办江南军务,大江南北水陆各军皆规节制。9 天后,曾国藩即上奏称李鸿章"堪膺封疆之寄"③,保荐简授江北地方实缺(两淮盐运使),兴办淮扬水师。由于清廷没有下文任命,加上太平军在沿江发动了新一轮攻势,军情紧急,李鸿章复被曾国藩奏留军营。

在曾幕中,李鸿章在一些重大问题上,诸如曾氏是否应命领军入川,鲍超的霆军是否入卫京师,湘军图谋规复苏州时安庆、桐城两军应否撤围等,都对曾氏的决策影响甚深,曾氏往往"得少荃数言而决"。尽管曾国藩、李鸿章旨趣相投,但两人性格、经历、见解、处世方法差别较大,因移营祁门和弹劾李元度等问题,曾国藩、李鸿章之间产生了严重的意见分歧。1860 年夏,清廷因江苏巡抚薛焕僻处沪上、兵力单薄,而督办江北军务的荆州将军都兴阿尚在皖鄂一带驻扎,使得苏常无重兵"攻剿"、江北各军无人总统,故让曾国藩分路进兵规复苏常并筹划江北"防剿"事宜,此后又一再催令曾国藩率领湘军东进,以保东南富庶之区。此时,湘军兵单力薄,诸事未备,不可能绕越皖境径趋苏常,曾国藩只好自宿松移营祁门,以示遵命行事。祁门地处万山丛中,形如釜底,是兵家所谓的"绝地",李鸿章曾极力劝阻,曾幕中不少人也都不以为然。但曾国藩行事谨慎,主张步步为营,仍按原计划进行。

① 薛福成:《李傅相入曾文正公幕府》,《庸庵笔记》卷一。
② 如刘体智:《异辞录》;吴永:《庚子西狩丛谈》;李子渊:《合肥诗话》等。
③ 曾国藩:《曾国藩全集·奏稿》(二),第 1188 页。

不久,新任皖南道的徽州守将李元度违反曾氏要其坚壁自守的指令,擅带新募之勇出城与太平军作战,结果一败涂地,徽州失守,且久不归营、文过饰非。曾国藩决意严劾,以肃军纪。李鸿章则认为,李元度是曾国藩多年知交及老部下,曾氏明知其"好为文人大言"而非将才,却又命其镇守徽州,甫一兵败又严词纠劾,难以让人信服,并"率一幕僚往争",结果不欢而散。《庸庵笔记》、《异辞录》、《玉池老人自叙》等书中,对此事均有过夸张的描述。最终,曾国藩、李鸿章之间发生龃龉。适值结发妻子周氏病重、家事急需料理,李鸿章遂于年底离营而去。

离开曾国藩军营的李鸿章,依兄李瀚章于南昌,进退失据,一方面,福建延建邵遗缺道无缺可补,同年好友沈葆桢、徐树铭等均劝其不要赴闽;另一方面,胡林翼、郭嵩焘等人劝他仍回曾营以获进身之阶。李鸿章深知,要寻找崭露头角的机会唯有依赖曾国藩的提携。于是在离营约 8 个月以后,李鸿章最终于 1861 年 7 月抵达东流大营,重入曾国藩幕。从此时起直到统率淮勇入沪,李鸿章除因夫人周氏病故回南昌料理丧事离营一个月外,一直追随在曾氏左右参赞戎机。而在此期间先后发生的几件大事,为李鸿章的崭露头角和淮勇的招募提供了历史前提:

一是湘军 1861 年 9 月攻克安庆,其结果直接威胁着太平天国的都城天京。随着战局的发展,面对广袤的长江下游战场和湘军兵、饷两缺的实情,招募新的勇营已是一种必然的趋势。而此前,湘军在经常回湖南招募新勇的同时也已经招有 3 营淮勇。

二是胡林翼的去世,意味着湘军早期的一批统兵将帅先后凋谢,而战事方殷,任务艰巨,此一情景促使曾国藩把选将择人放在首要的急务上。才干、历练、学问、资历均不逊色的李鸿章似乎有了出头之日。

三是辛酉政变发生,慈禧太后夺权,与曾氏颇有渊源的肃顺被处死,执政的恭亲王奕䜣启用汉臣,曾国藩奉命督办苏、皖、浙、赣四省军务,其权力比起肃顺当政时还要大。想到功高震主,生性懦缓的曾国藩不禁胆战心惊,急流勇退的想法不时在书信里流露;此时的湘军暮气渐深,重建一军以分猜忌不失为一个好主意。

此时此刻,要招募新勇,无论是地利还是兵源,两淮地区可以说是较佳选择。湘军入皖后,曾国藩对安徽的形势较为了解,实任两江总督后不久,即上复奏统筹全局折,在筹划江北布局时,他明确提出可在此地招募勇丁:"淮徐等处,风气刚劲,不患无可招之勇,但患无训练之人","得一二名将出乎其间,则两淮之劲旅,不减三楚之声威"。[1] 实际上,曾国藩曾让李鸿章派人赴皖北的霍邱一带招募过马队,而湘军在进入安徽后,也已招有 3 营淮勇,即桐城人马复震的"震字营"、张遇春的"春字营"、李济元的"济字营"。这些淮勇的特点就是凶悍善战,备受湘军将领青睐。至于其统帅人选,以皖人治皖军,李鸿章也颇合适。这一切都在等待一个历史契机,而这一机遇就是沪绅的安庆请兵。

四、沪绅请兵与淮勇招募

1860 年 3 月至 6 月,太平军李秀成、李世贤等部相继攻克杭州,两破拥兵 7 万的清江南大营,占领苏州,以摧枯拉朽之势经略苏杭,整个苏浙除镇江、上海、湖州等少数地方外,都为太平军所占领,江南豪绅地主纷纷逃避到已形同孤岛的通商口岸——上海。东南局势的不可收拾以及江南大营坍塌后出现的军事和政治上的真空,为"久蓄大志"的湘军将帅提供了一个扩充实力的绝好机遇。6 月 8 日,朝廷将两江总督何桂清革职拿问,命曾国藩署理两江总督,率所部兵勇赴苏州,以保东南大局。2 个月后,即改为实授,并以钦差大臣督办江南军务,所有大江南北水陆各军皆归节制。而在弹丸之地的上海,避难于此的苏浙士绅、买办,为避免最后的覆灭,一方面筹办中外会防局、组建洋枪队,企图依赖西方列强的武力来保护上海;另一方面经过精心筹划,派出钱鼎铭等代表前往安庆请求曾国藩早日派兵救援。

1861 年 11 月 18 日,上海官绅代表户部主事钱鼎铭、候补知县厉学潮等,携带苏州名士冯桂芬起草的《公启曾协揆》抵达安庆,谒见曾国藩,陈述沪上饷源可恃,殷望援师。钱鼎铭等先是动之以情,每日泣

---

① 曾国藩:《曾国藩全集·奏稿》(二),第 1202 页。

涕哀求，云上海盼援兵如久旱盼云霓，大有不得援兵誓不还乡之势，继而晓之以利，说上海每月可筹饷60万两之多；同时还利用其父钱宝琛与曾国藩、李文安同年的关系，以通家世谊的身份造访李鸿章，让其帮忙劝说曾国藩速下决断。经过一番考虑后，曾国藩答应来年春筹兵救援。

曾国藩应允派兵东援后，首先在统帅人选上费了一番心思，这一方面源于湘军"以将择兵"的组军惯例，另一方面鉴于上海此时形同孤岛而对手十分强大，非有文韬武略能独当一面者不能担此重任。再者，上海富甲天下，这一饷源重地，必须牢牢把持。而根据曾国藩日记的记载，李鸿章参与了整个策划过程。曾国藩首先想到的是九弟曾国荃，几次去函相催，并准备让李鸿章、黄翼升（统淮扬水师）同行，水陆结合，无奈曾国荃志在夺取金陵首功而不愿去。也就在这个时候，曾国藩获悉辛酉政变的结果，朝局的突变，使其改变了原来的想法。适清廷有旨令其察看苏浙两省抚臣是否胜任，据实复奏。12月25日，曾国藩亲拟片稿，密荐李鸿章为江苏巡抚，领兵东援："江苏巡抚一缺，目前实无手握重兵之人可胜此任。查有臣营统带淮扬水师之延建邵遗缺道员李鸿章，劲气内敛，才大心细，若蒙圣恩将该员擢署江苏巡抚，该员现统水师五千，臣再拨给陆军六七千，便可驰赴下游，保卫一方"①。一个月后，朝廷明降谕旨，按照曾国藩所拟，由李鸿章督带水陆兵驰赴下游；至于江苏巡抚之职，待薛焕移交后再降谕旨。

如是，东援统帅人选敲定。曾国藩这么做其原因除了李鸿章的资质、历练可以独当一面以及上述政局突变使得曾国藩下决心自削权势以分众妒外，还有一个不可忽视的因素，即李鸿章与苏南世家、士绅的关系。就科举考试的师承渊源而言，李鸿章丁未会试主考官为祖籍徽州、江苏吴县人潘世恩，房师为浙江名士孙铿鸣，孙之恩师即是江苏常熟人翁心存（辛酉政变后以帝师之尊复出）。② 就此次沪绅请兵而言，

---

① 《剿平粤匪方略》卷二八一，第18—20页；《清史列传》卷四五，第18页。

② 李鸿章在1860年6月12日给翁心存长子、新任皖抚翁同书的信中表白了这层关系："鸿章会试出蘖田（孙铿鸣字）师之门，通家谊重，未敢以属吏之礼进"，"往岁供职词垣，曾亲炙中堂太夫子渥荷训海，铭感弗谖。"此信收入上海图书馆藏李鸿章未刊稿。

主持者为江南团练大臣庞钟璐,系李鸿章会试同年,主谋之一为刑部郎中潘曾玮(潘世恩四子),来安庆请兵之钱鼎铭与李鸿章系世家,父辈系同年。这种隐形的政治力量,熟谙世事的曾国藩不可能熟视无睹。

东援的主帅明确以后,接下来是如何组军。按照曾国藩的设想,东援之师应在万人左右。曾国荃不愿去,手头上又无现成兵勇可拨,鉴于此,曾国藩曾致函湘军宿将陈士杰,请其出山,招集旧部,另募新勇两营,合成4000之数,随同东下,并保荐其为江苏按察使,可是陈士杰视下游为畏途,以老母年迈力辞。招募勇丁的工作只能让李鸿章独自承担了。实际上,约在1861年12月,李鸿章已开始通过书信与庐州团首进行联络、招募淮勇了。由于当时安庆大营军务缠身,李鸿章并没有回庐州,整个招募工作主要是通过信件进行的。在这一过程中,有两个人出力甚多,即张树声与刘秉璋。

据乡土资料介绍,合肥西乡刘铭传、张树声、周盛传等民团一度准备扯旗响应太平天国起义;也有资料描述西乡民团准备推张树声为盟主,自立一军,结果都是在祭旗时忽遇大风折纛,众以为不祥,事乃罢。① 这些都只是口碑、传说,从刘铭传、张树声、周盛传等人频繁与太平军作战的记载来看,投效太平军之事并不可信。至于是否有过独树一帜、自立一军的想法,目前尚无更多的资料佐证。不过,他们在得知曾国藩湘军东下、李鸿章佐曾幕的消息后,召集各团练首领密议出处,取得了一致意见,"遂由树声起草,致书鸿章,洋洋数千言,洞陈天下大势,暨同乡诸圩人士慷慨报国意"②。李鸿章于1861年6月1日致曾国藩的亲笔信中提到了此事:"昨有舍亲自庐江来,寄到合肥廪生候选同知张树声致鸿章函。张生血性忠义,历年办团带勇,现居庐六交界,结乡民筑数十寨以自卫。肥、舒贼不敢近,可谓劲风疾草矣。所陈皖事亦有体要,谨将原件附呈钧阅。"③由此可见,张树声等人早在1861

---

① 《肥西淮军人物》,第31页;金松岑:《淮军诸将领传》之《张树声传》,稿本,藏上海图书馆;何嗣焜:《张靖达公奏议》卷首,《近代中国史料丛刊》第23辑,台湾文海出版社。
② 何嗣焜:《张靖达公奏议》卷首,《近代中国史料丛刊》第23辑,台湾文海出版社。
③ 黄书霖:《合肥李文忠公墨宝》,民国七年后印本。

年五六月份就已向曾国藩主动请缨了。

刘秉璋于1860年考中进士,1861年选翰林院庶吉士,授编修。当年11月下旬,刘秉璋来安庆向老师李鸿章辞行,经李鸿章介绍,得以谒见曾国藩。当他得知"李公有督师上海之议,尚未成行",于是在返乡后、进京前,积极参与了庐州团练的招募、编练工作,"与李公运筹决策,选将练兵,以勤苦耐劳为尚,以朴实勇敢为先"①。其本人也于同治元年(1862)7月被李鸿章奏调至营。

淮勇的招募工作从1861年12月至1862年2月,历时3个月。其招募方法完全仿效湘军,即由大师选拔统领,统领选拔营官,营官选拔哨官,哨官选拔队长,队长招募勇丁。李鸿章另建一军,只是统领身份,他当时的主要工作就是物色营官。由于当时安庆大营军务缠身,招募工作主要是通过信件往返进行的:一是通过张树声联络西乡民团刘铭传、周盛传兄弟等,当时刘铭传、周盛传属于六安团练头目李元华部下,因此李鸿章又亲自致函,请负责安徽军务的湘系李续宜出面向李元华"商调",李元华本人也在同治初年加入淮军幕府。二是通过刘秉璋联络三河团练头目潘鼎新、庐江团练头目吴长庆,潘鼎新、吴长庆都是官团,尤其是吴长庆部下骨干如叶志超、王占魁等,原先是西乡解先亮官团成员,他们与当地民团积有宿怨,但李鸿章能兼收并蓄,并很好地利用。三是命三弟李鹤章回乡联络旧部,如张桂芳、吴毓芬、张志邦、李胜等,这一部分团练成军稍迟,直到次年夏才从江北陆路赶赴上海。

尽管李鸿章本人没有回乡,但是经过张树声、刘秉璋等人的奔走联络,同时借助于李氏父子过去建立起来的关系网,加上庐州团练头目的踊跃响应,整个招募工作颇为顺利。1862年2月13日以后,首批招募的树(张树声)、铭(刘铭传)、鼎(潘鼎新)、庆(吴长庆)4营陆续开到安庆集中。首批4营抵达安庆以后,曾国藩对这批新招淮勇十分关注,在总督府亲自召见张树声、刘铭传、潘鼎新、吴长庆等新任营官

---

① 刘体乾等:《刘秉璋行状》,藏上海图书馆。

以及准备充当营官的李鹤章、吴毓兰、吴毓芬、张树珊、周盛波、周盛传[①]等10余名将领。

2月22日,李鸿章移营安庆北门外新营盘,建立起自己的指挥部。是日,曾国藩亲至新营盘道喜,并"为定营伍之法",淮勇"器械之用,薪粮之数"也完全仿照湘勇章程。淮勇营制,就初到安庆的4营而言,每营设营官1名(分别为张树声、刘铭传、潘鼎新、吴长庆),下分前、后、左、右4哨。每哨设哨官、哨长各1员,每哨正勇分为8队:刀矛4队,每队正勇10名;抬枪2队,每队正勇12名;小枪2队,每队正勇10名;每队设什长、伙勇各1名;每一哨官领护勇5名、伙勇1名。合计每哨官兵108名。4哨官兵共计432名。营官有亲兵6队,不置哨官、哨长,其中小枪1队、劈山炮2队、刀矛3队,各队置什长1名、亲兵10名、伙勇1名,6队共计72名。每营官兵共计505名。

李鸿章移驻营地之后,便按照湘军成法对淮勇勤加操练。但曾国藩考虑到这批新募淮勇仅2000余人,势单力薄,且未经战阵,难称劲旅,要担负东援的任务显然力量不够。于是在李鸿章的奔走央告之下,曾国藩从湘军中调拨了10营供李鸿章节制调遣,以充实其力量:张遇春的春字营和李济元的济字营,前者原系李鸿章旧部,李入曾幕后,张遇春随将所部团练按照湘军营制改编为春字营,隶属于湘军副将唐义训,此时已在安庆;后者亦由练勇改编,其统领李济元于1857年任太平军军帅,次年5月即投效湘军杨岳斌部,以凶悍好战闻名皖南,1861年起自立营号,初名建字营(因县名,李济元为安徽建德人),后改济字营。时在曾国藩幕府的李鸿章也与李济元常相联络,"慰勉备至"。李济元时驻池州,接到檄令后率队赶至安庆。程学启的开字营2营。程学启,安徽桐城人,1853年加入太平军,在1860年湘军围攻安庆之役中,负责扼守北门外石垒,屡挫湘军,后曾国藩用桐城名士孙云锦策反计投降湘军。程学启初亦不愿去上海,以其为偏隅死地不足以用兵,后经李鸿章一再以乡情招请及孙云锦劝说,乃慨然请行;而

---

① 根据《周武壮公年谱》及相关史料记载,在李鸿章招募淮勇时,周氏兄弟应邀赶赴安庆,并随同东下赴沪,担任亲兵营哨官,稍后才回乡募勇,故所部"盛字营"、"传字营"并不属于淮军最初的营制序列。

所部时归曾国荃辖制,曾国荃又不愿放行,经曾国藩出面劝说、李鸿章强颜索调而拨归。韩正国"亲兵营"2营,由韩正国、周良才分别统带,原系曾国藩两江督标亲兵营,作为"赠嫁之资"送给李鸿章,同时也隐含对李氏制约监督之意。滕嗣林、滕嗣武兄弟的林字营2营,原系滕嗣林受江苏巡抚薛焕委托在湖南招募的湘勇,后为曾国藩截留,从4000人中挑选出1000人带至安庆,按湘军营制编为林字2营,由滕嗣林、滕嗣武兄弟分别统带。陈飞熊的熊字营和马先槐的垣字营,此为曾国藩在湖南新募之勇,原准备由陈士杰统带赴沪,因陈士杰未能成行,所以直接拨归李鸿章指挥。

1862年3月4日,曾国藩在李鸿章的陪同下,至安庆校场巡阅这支新组建的军队(熊、垣两营未到),淮勇的招募、组建工作告一段落。在勇丁数目粗具规模后,李鸿章感到"营官尚有可用之材,但无统将"[1],在曾国藩的授意下,李鸿章又出面向湘军各部借将,先后从与他私交甚笃的鲍超部以及曾国荃部借得覃联升、宋有胜、杨鼎勋、郭松林4人。鲍超以客籍(四川奉节人)居湘军,同有寄人篱下之感,慨然以覃联升、宋有胜、杨鼎勋3将借予李鸿章;而李鸿章数次向曾国荃商调郭松林均未有结果,后郭松林因过失惧曾国荃苛责,于1862年6月下旬只身逃到上海投靠李鸿章。这4人皆系只身投军,到沪后另立营头,其中郭松林、杨鼎勋两部日后亦发展成为淮军的大支。

在募兵选将的同时,李鸿章还积极展开了遴选幕僚的工作。李鸿章本身出自幕府,因而深知延揽幕府人才对于自己事业的重要性。1861年冬,李鸿章自己还是幕僚身份,看到建德寒士周馥为有用之才,立即"招致为己佐,分薪水以资给之"[2]。此外,除前面提到过的刘秉璋外,李鸿章还向同乡好友王学懋及蒯德模、蒯德标兄弟等发出邀请,当时往来于安庆的钱鼎铭、潘馥、杨宗濂等人也时常造访,这些人在同治初年陆续加入李鸿章幕府,分执要是。在安庆期间,李鸿章还曾向曾国藩求调丁日昌、郭嵩焘等。从李鸿章初期网络人才的片段材

---

① 李鸿章:《复李黻堂方伯》,《朋僚函稿》卷一,第35页。
② 周馥:《秋浦周尚书(玉山)全集·诗集》卷四,台湾文海出版社,第11页。

料来看,他对幕府人才的取舍,似以务实、干练、通外情、晓时务为基本标准,和曾国藩幕府三教九流、无所不包的景况相比,已显有不同。

从上面的介绍中可以看出,李鸿章奉曾国藩之命组建的这支军队具有以下几个特点:

一是广收杂揽,成分复杂。这支营伍共计 14 营,大致是由庐州练勇 5 营(树、铭、鼎、庆、春字营),新招湘勇 2 营(熊、垣字营),截留湘勇 2 营(林字 2 营),原属湘军的由太平军降卒改编的 3 营(开字 2 营、济字 1 营),湘军亲兵 2 营(韩正国部 2 营)5 部分组成。以建制言,原属于湘军系统 8 营(开字 2 营,亲兵 2 营,春、济、熊、垣字营),属于淮勇 4 营(树、鼎、铭、庆字营),属于江苏防军 2 营(林字 2 营)。以勇籍言,则淮勇 8 营(树、鼎、铭、庆、春、济字营,开字 2 营),湘勇 6 营(亲兵 2 营,林字 2 营,熊、垣字营),可以说是来源不一、成分复杂。李鸿章能把这些人集中到一块,混合成一支队伍,固然有时间仓促、别无选择的原因,但也初步显现出他的操纵驾驭能力,使得这支营伍从一开始就具有兼收并蓄这样一个特色。新建营伍中湘勇成分几占一半,说明湘军、淮军“本系一家,淮由湘出,尤有水源木本之谊”①。与湘军相比,李鸿章新组建的这支军队虽也有地方特色,但较湘军淡薄。

二是将领文化层次较低。与湘军“以儒生领山农”、将领多为有功名的科举之士相比,李鸿章所统领的这支营伍将领文化层次普遍较低,在最初的各营营官中,只有举人 2 人(潘鼎新、张遇春为武举)、廪生 1 人(张树声)、监生 1 人(李济元),其余出身多为团首、盐枭、防军、降将等。造成这种局面的原因:(1)由于李鸿章组建营伍的时间很短,前后加起来才 3 个月,无法精挑细选,像曾国藩那样去收罗大批文武兼备的儒生来任统领;(2)李鸿章虽系科举出身,但受家庭环境、亲身经历影响,并不很注重门第,反而更看重个人胆略、才能与实际作战、应变能力;(3)包括庐州在内的皖中皖北地区在文化教育水平上相对落后。与此相对应,各营营官虽然大多数出身低微,但却拥有一定的职衔,如滕嗣林为副将,张树声、潘鼎新为同知,韩正国为通判,其

---

① 柴萼:《梵天庐丛录》卷四,第 32 页。

余的也有参将、游击、都司、守备等军衔，这些官衔大都是在与太平军作战时因劳绩、战功，通过地方官员保举而获得的。

三是私属性。李鸿章在招募、组建营伍时，基本继承了湘军"兵为将有"的特点，其情形正如王定安在《湘军记》所说的："一营之中指臂相连，弁勇视营、哨，营、哨视统领，统领视大帅"①。也就是说各级只对他的上级负责，只认他的上级。这种私属性在营头上体现为：虽然各营营官出身不同，职衔有高有低，但在当时都各不相下，只听命于李鸿章。在各个营头内部，这一特征在树、铭、鼎、庆、春各营淮勇中尤为明显。他们都是以张、刘、潘、吴等宗族弟子为主体，辅以乡邻地域、血缘、业缘关系的团练武装改编而成。这些营头的统将只能是本姓或本地人，如"庆军必以庐江一系接统"等。正是因为这种封建的私属关系，使得日后淮军在调动指挥中的层层负责，比起湘军有过之而无不及。

在营伍组建基本就绪后，朝廷谕旨也一再催促曾氏东援，曾国藩、李鸿章在筹商如何东下时做了水陆两手准备。前次沪绅请兵时即言及轮船装载，行军的速度会快些，但长江下游地区尽为太平军控制，民船不得过，租雇洋商轮船又颇费交涉，而钱鼎铭等人回到上海后筹雇外轮在初期也不顺利。于是曾国藩、李鸿章在等待轮船消息的同时，确定了由安徽巢县、和州、含山入江苏六合、江浦一路救援的陆路方案，曾氏并于1862年3月将这一安排分别函告沿线军政大员如两淮盐运使、督办江南江北粮台乔松年、江宁将军都兴阿、江苏巡抚薛焕、苏松太道吴煦等。3月28日，钱鼎铭、潘馥等带轮船抵安庆，告知曾氏已经雇妥英商复和、德裕洋行轮船7只，将分3次"潜载少荃之兵直赴上海"②。沪绅的到来，使得原定的陆路行军方案将被搁置，为此曾国藩大伤脑筋，一方面用轮船装载兵勇穿越太平军控制区千余里，乃自古以来行军所未见，兵勇势必议论纷纷，疑虑丛生；如果弃水就陆，则沪绅雇洋船所费18万两就白花了，且有负其"殷殷请援之意"。曾国

① 王定安：《湘军记》，第338页。
② 曾国藩：《曾国藩全集·日记》（二），第724页。

藩、李鸿章两人反复计议,最终决定由水路东下,径赴上海。这一决定在营官及勇丁中产生了很大反响,一些人对即将开始的吉凶未卜的远行"虑事不济,临事多辞退",建德人李济元就以"乡人禀留为由",在征得曾国藩同意后,率济字营回建德留防。这样,随李鸿章东下入沪的营头也由 14 营减为 13 营。

李鸿章统领的这支营伍(后人一般称为"淮军")计 13 营约 9000人,[①] 自 1862 年 4 月 5 日至 5 月 29 日共分 7 次用轮船装赴上海,根据曾国藩日记记载,其分批入沪的时间、营头大致为 4 月 5 日:亲兵两营、开字两营;4 月 11 日:树字营、铭字营;4 月 15 日:春字营、鼎字营;4 月 22 日:庆字营、鼎字一哨、林字二哨;4 月 28 日:林字营;5 月 20日:垣字营;5 月 29 日:熊字营。[②] 李鸿章率亲兵营、开字营于 4 月 8 日抵沪,4 月 25 日,署理江苏巡抚,成为地方大员,掌握了地方政权和饷源就使得其统帅的这支军队有了生存和壮大的基础。但当时李鸿章面临的环境极为严峻:"岛人疑谤,属吏蒙混,逆众扑窜,内忧外侮,相逼而来。"[③] 面对洋人及上海绅商不断催促出战,李鸿章考虑到现有兵力不足,且未经战阵,一方面谨遵师训,"专以练兵学战为性命根本":筑营扎寨,严加训练,申明军纪,派将弁观摩洋兵作战,随队学习,并不急于出战;另一方面则渐次厚集军力,6 月上旬,李鹤章统带的马队、亲兵营由江北陆路绕道来沪,周盛波、周盛传兄弟,吴毓芬、吴毓兰兄弟,唐定奎、唐殿魁兄弟等所募之勇也于七八月间陆续赶到;7 月初,在其央求下,黄翼升统领的淮扬水师 4 营驶抵上海(其余 5 营于是年年底陆续抵达);8 月,按照湘军旧习,委派张树声、吴长庆回皖招募新勇 9 营(为曾国藩留在庐江、芜湖协防,次年初调回上海),并曾派人赴江北扬州一带招勇;通过招降太平军吴建瀛(泾县人)、骆国忠(凤阳

---

① 关于李鸿章统领的这支营伍乘轮赴沪时的人数,历来说法不一,有 6500 人、8000 人、万人、5500人等说法。此处从 9000 人之说,主要依据一是根据曾国藩手书日记,共有 13 营赴沪,每营正勇(官兵计505 名)加上随营行动的长夫(180 名),共 8900 余人,再加上营务处人员,总数当在 9000 左右;二是根据沪绅与英商签订的运兵合同,载明由安庆载 9000 兵勇到沪,船价每名银 20 两,共合上海规银 18 万两(《英轮运兵合同》,《吴煦档案选编》第 2 辑,第 285 页)。

② 曾国藩:《曾国藩全集·日记》(二),第 729—746 页。

③ 李鸿章:《复李黻堂方伯》,《朋僚函稿》卷一,第 59 页。

人）、钱寿仁（本名周寿昌，桐城人）等部，吸收降众中的安徽籍将士，既充实了兵力，又增添了乡土特色；还有自皖北接踵而来的投军者。李鸿章统领的这支营伍实力迅速扩充，而且淮勇已占绝大多数，通过新桥、北新泾、四江口 3 次独立作战，成功打退太平军的进攻，在上海彻底站稳了脚跟，李鸿章于 12 月 3 日被清廷实授江苏巡抚，淮军也成为在苏南同太平军对抗的一支重要军事力量。

淮军以庐州团练为骨干，在镇压太平天国和捻军起义中不断壮大：人数上，从最初的 13 营约 9000 人发展到高峰时的 120 多营、兵力总数逾 7 万人；装备上，开始时是以刀矛为主，辅以抬枪、鸟枪，入沪一年后"尽改旧制，更仿夷军"，使用开花炮、成立洋枪队、聘用洋教练，接受西法训练。经过 19 世纪 60 年代和 70 年代的两次装备更新，完成了由冷兵器向热兵器的过渡，成为各地练军和绿营兵效法的榜样。淮军虽非朝廷经制军，但随着其统帅李鸿章权势和地位的上升，在 19 世纪 70 年代以后成为深受朝廷倚重的一支重要军事力量，至甲午战争前夕，曾驻防于直隶、山东、江苏、山西、台湾、广西等 10 余省，并赴朝鲜守边，在浙江、台湾、广西等地抵抗法国侵略军。与此同时，李鸿章也依靠淮军的力量而位登显要，并以此作为支柱，逐步在政治、经济、外交、军事等各个领域开展活动，使一批淮军将帅幕僚位居要津，并相互呼应，连成一气。甲午战争爆发后，已呈衰势的淮军在朝鲜、辽东战场上一败再败，其地位逐渐为袁世凯统领的新建陆军所代替。

第九章

捻军与太平天国的失败

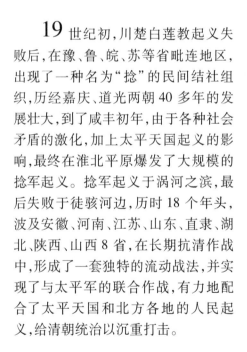

19世纪初,川楚白莲教起义失败后,在豫、鲁、皖、苏等省毗连地区,出现了一种名为"捻"的民间结社组织,历经嘉庆、道光两朝40多年的发展壮大,到了咸丰初年,由于各种社会矛盾的激化,加上太平天国起义的影响,最终在淮北平原爆发了大规模的捻军起义。捻军起义于涡河之滨,最后失败于徒骇河边,历时18个年头,波及安徽、河南、江苏、山东、直隶、湖北、陕西、山西8省,在长期抗清作战中,形成了一套独特的流动战法,并实现了与太平军的联合作战,有力地配合了太平天国和北方各地的人民起义,给清朝统治以沉重打击。

第一节　捻军起义

一、捻、捻子、捻军

"捻"的本义是用手指搓细物聚成线状。在皖北蒙城、亳州一带的方言中，捻与股、伙、铺同义，一股子、一伙儿、一捻子、一铺子可通用。到了清嘉庆年间，在河南、安徽、江苏、山东 4 省接壤地区，出现了一种叫捻子的民间结社组织，也是取其捻而成聚之意。嘉庆十九年（1814）十二月，江南道监察御史陶澍在给朝廷上的《条陈缉捕皖豫等省红胡匪徒折子》中就提到了捻这种组织形式："成群结队，白昼横行，每一股谓之一捻子。小捻子数人、数十人，大捻子一二百人不等。"①时人方玉澜的解释则更为详细："捻之始，起于嘉庆二年。楚川教匪滋扰，在处招募乡勇，其时颍、汝岁歉，应募者众。数年，教匪底定，撤勇归籍。若辈久历戎行，桀骜性成，剽掠性成；既归，不屑生业，惟事博饮，地方无赖又从而附和之，日则市场恣横，夜则乡村行窃"，"每大会，则聚集首领，或数十，因曰，此一捻也，彼一捻也，如以指捻物使之聚而不散也。捻子之称，盖由此起"。② "一股谓之一捻"的类似说法还见于黄钧宰《金壶七墨》、马杏逸《捻逆述略》、查揆《论安徽吏治》、张曜等《山东军兴纪略》等文献中，这也是目前大多数学者所认同的对"捻"的解释。③

关于捻的缘起，正如方玉澜在《星烈日记汇要》中所言，还要追溯到嘉庆初年的白莲教起义。嘉庆元年（1796），湖北爆发了聂杰人等领导的白莲教起义，随即蔓延到川、陕等 5 省，时间持续长达 9 年，参加者逾数十万人。八旗、绿营等经制军因承平日久已逐渐失去战斗力，

---

① 陶澍：《陶文毅公全集》卷二四，《捻军资料别集》，上海人民出版社 1958 年版，第 5—6 页。
② 方玉澜：《星烈日记汇要》，中国近代史资料丛刊《捻军》（1），第 309—310 页。
③ 还有一种说法是："捻纸燃脂，毁室劫财"即为捻，见于民国《涡阳县志》、王闿运《湘军志》等。

清廷只好临时招募乡勇、团练以对抗起义军，其中，有不少乡勇是来自安徽颍州府（府治阜阳，辖颍上、霍邱、亳州、蒙城、太和）。白莲教起义被镇压下去后，乡勇被撤遣回到原籍。另外，白莲教中有不少河南、安徽籍的教徒，起义失败后幸免于难者也大多潜回原籍隐藏。原来是敌对的两股力量走到一起。这伙人长期远离乡土，难以再靠土地谋生，加上桀骜成性的习性，只好以游荡社会、剽掠讹诈谋生路。此中不少人后来都成为捻子的创立者或成员。

捻子的活动范围依《剿平捻匪方略·序言》云：河南之归德、陈州、南阳、汝州、光州，江苏之徐州，山东之兖州、沂州、曹州，"所在有之"。而安徽之凤阳、颍州、泗州"为甚"，凤阳、颍州所辖蒙城、亳州、寿州"为尤"。

捻子初期的主要活动，一是贩运私盐或保送私盐。清代对食盐实行专卖政策，将全国划分为 11 个引盐地区，盐区内的居民只准购买本地区食盐，以垄断食盐价格。安徽颍州府属州县行销淮盐（俗称"淮丝"、"小盐"），与之接壤的河南陈州、归德以及邻近的山东、安徽宿州等地则食长芦盐（俗称"大盐"）。芦盐贩至行销淮盐的地区，即为私盐。而官盐与私盐价格上相差很大，几近一倍，"安省之颍、亳，豫省之汝、光一带，例食淮盐，现在每斤值钱四五十文不等，长芦私盐每斤不及半价"①，且"芦盐味鲜，淮盐味苦"，官（淮）盐店销售还时有短斤少两、掺土作假之举，所以居民多食私盐。贩运私盐的活动因之兴盛。地方州县为了制止贩私盐活动，成立了专门缉私的武装组织，俗称盐巡。为了对付盐巡，贩私盐的人便组织起来"聚众兴贩"，后又出现了专门为他人武装保运私盐者。捻子每趟出外贩盐，称其头领为盐趟主。后来捻军首领称趟主即由此而来。

二是"争光棍"。所谓"混光棍"或"争光混"，就是通过侠义行为获得好的声誉、脸面。混出了好名声的光棍，亦称作响老或响捻子。"响老者，人有不平事，辄为之平。久之，赴诉者众，赞口洋溢轰远近，

---

① 陶澍：《条陈缉捕皖豫等省红胡匪徒折子》，《陶文毅公全集》卷二四。

如风鼓雷鸣,则成响捻子也。"[1]"争光棍"与当时皖北地区的风俗有很大关联。皖北地区民风强悍,械斗之风盛行,如方浚颐曾指出:"吾乡平日好斗,专恃火器以决胜……当未乱时,群不逞之徒,皆擅此技;东与西不相能,南与北不相下,寻仇报复,习为故常"[2]。捻子本是一种民众自愿结合的结社组织,彼此之间或为争强好胜,或为扩展地盘,或为争夺资源,时常发生械斗,比试武力。另一方面,当时地方上赌风盛行,摆赌的人即赌头,多为"强悍而富者",也就是所谓的"光棍"。这些光棍互争雄长,不断拼杀,逐步树立起了威望,确立起了首领地位。

除了上述贩私盐、争光棍外,捻子初期的活动还有集体讨吃与"吃大户"、抗差抗粮、磨湾(就地借贷谓之"磨湾",即到附近别的村庄富户人家去强借钱粮)、打捎(掠粮远地谓之"打捎",即到邻省或远地抢劫)等。

捻子是自称,作为一种民间结社团体,它主要以宗法氏族与亲朋、故旧、邻里关系为基础,构成主要有白莲教徒、被遣乡勇、变兵、船夫、渔夫、盐枭、衙役、灾民、盗匪、失地农民、无业游民、知识分子等,他们自愿结合,无固定的成员、明确的组织与纲领、集中的领导与部署,参加者来去自由,结则为捻、散则为民。捻与捻之间也各自独立,零星活动,不相统属,有较强的地域性。捻军,即捻子起义军,是后来的史家对捻子起义后的称谓。如前所述,捻子的活动区域主要在苏、豫、鲁、皖4省邻境,而捻子起义却集中在安徽亳州、蒙城、宿州3州县交界的地方,即主要是今天的涡阳县境;后来的捻军五旗除了黑旗,其主要首领都是今之涡阳人。这是由于此处远离州县治所,属"三不管"地方,统治力量薄弱,易成犯事者逃逋的渊薮,而且这里是淮盐行销与芦盐行销交错的地区,贩私盐的活动十分普遍,给捻子提供了充足的活动场所和丰富的斗争经验。

捻子初期贩私盐、械斗、劫掠等活动,扰乱了当时正常的社会秩序,引起了朝廷的警惕,刑部于嘉庆二十年(1823)八月颁布专条,规定

---

① 蒋湘南:《读汉书游侠传》,《捻军》(1),第323页。
② 方浚颐:《梦园丛说》,《捻军》(1),第387页。

"纠伙五人以上进行抢劫者,为首拟斩立决,为从拟绞监候。未经伤人之案,除首犯死罪外,其余俱发极边烟瘴充军。若结捻十人以上,为首拟斩立决,为从拟绞监候,被胁同行者,发乌鲁木齐给官兵为奴",并决定此条例首先在山东、河南、安徽、湖北4省执行。但这一治捻律令未能使捻子销声匿迹,反而在各种因素交织作用下愈演愈烈。到道咸之际,捻子的活动地区不断扩大,持械拒捕事件日益增多,甚至直接对抗地方官吏与驻军,咸丰初年已有零星的武装起义。1851年,合肥捻党高四八、寿州捻党程六麻子,乘寿春镇驻军南调广西镇压太平天国起义之际进行活动,凤阳、颍州等地捻党亦揭竿而起,打出"齐天大圣"、"替天行道"、"八卦飞龙"等旗号。咸丰二年(1852)皖北饥荒严重,张乐行与龚得在亳州雉河集率众起义,聚众万人,一度占领河南永城。是年冬,河南永城冯金标、张凤山,亳州朱洪占、陈起生、邓作仁、尹甲、王怀山、孙玉标、倪中平、朱天保,蒙城胡元众、张狗、史鸭、陈小爱、江怀勤,凤台刘洪立、王之重,宿州李殿元等18人各自结捻起义,在蒙城、亳州地区活动,拥张乐行为总头领,号称"十八铺"。

皖北之所以成为捻子最活跃的地区,是有着深刻的社会背景的。

首先是由于这一时期各种社会矛盾激化。一是官民矛盾。关于此点,前面的章节已有详细论述,此处不再赘言。二是人地矛盾。进入19世纪,安徽人口大增,耕地的增加却相对缓慢,随着土地兼并的加剧,人口与土地的比例已严重失调。在皖北,据道光《皖省志略》记载,嘉庆二十四年凤阳府、颍州府、泗州人口分别为5049170、4265758、1744399人,田额分别为8343934、3630253、360081亩,人口、田额总数在皖省13府州中居中上等;凤阳、颍州人口密度分别为211.14、192.77人/平方公里,仅居中下等,考虑到皖北属平原地区,适宜农耕经济发展,人地关系紧张程度应当稍缓,但实际上并非如此,一方面由于土地兼并加剧,如阜阳有名的八大家田连阡陌,"膏腴之田,半为势家所占";另一方面则是由于皖北长期承受黄河夺淮遗患,自然灾害频发,水利设施毁废,生产条件恶化,产生了大量游离于土地的剩余人口。黄河夺淮以后,泥沙淤积、下壅上溃,淮河受到灌漫,加上其他因素,使得皖北生态环境遭受严重破坏,特别是蒙城、宿州、亳州、阜阳之地多有坚硬如石、大如瓜小如卵的砂礓，"砂礓地，黄泥岗，杂草丛生种粮荒"，这些砂礓地土层瘠薄、产量低，而且抵御自然灾害的能力极差，无雨便旱，一遇大雨顿成泽国；还有不少是不能耕种的盐碱地。再加上落后的生产技术和粗放的耕作方式，使得土地的产量大受影响。皖北还是自然灾害频发的地区，十年九荒，非旱即涝，而水灾要多于旱灾，受灾频率之高它地少见。[①] 1851 年，皖北凤阳、灵璧、宿州等地淫雨成灾、庄稼歉收，农民无粮断炊，而中小地主亦难幸免，后为捻军蓝旗首领的韩老万家有地 180 亩也照样挨饿。查揆在论及凤阳、颍州、泗州一带灾荒带来的严重影响时说："此辈（指盗贼、光棍、私贩）之冒法以死者，不尽由凶荒，而由凶荒以驯致于此，则十之八九。"[②]人地关系的紧张产生了大量游离于土地的剩余人口，官民矛盾重重导致社会秩序失范、统治危机加深，这些是皖北成为捻军策源地和主要活动区域的主导原因。

其次是统治力量薄弱。"东西方一千二百里，南北袤一千里"的皖北，康熙以前仅设一凤阳府，到咸丰初年设置 2 府（凤阳、颍州）1 直隶州（泗州），共 14 县 3 州，统辖区域面积约 6 万多平方公里，每州县面积近 4000 平方公里，州县治所离建置区域过远。各州县行政区划的变化在雍乾时期亦过于频繁，如雍正二年（1724）升颍、亳、泗、六安州为直隶州；九年，割寿州北境置凤台县；十三年，改颍州为颍州府，增附郭阜阳县，降直隶州亳州为散州，与太和、蒙城归颍州府辖；乾隆二十年（1755）裁凤阳府临淮县并入凤阳县；四十二年，裁凤阳府虹县并入泗州为州治等；加上该处与河南、江苏接壤，离山东也很近，出现了许多"两不管"、"三不管"的地方，"打死人只要跨过一条沟，从这县到那县，便没事了"[③]。此外，皖北素称难治，皖省府县冲、烦、疲、难 4 字兼备者，全在皖北，为凤阳府、灵璧县、宿州；当地州县行政长官调动亦相当频繁，凤台县自雍正九年设县到同治年间（1862—1874），共有 52

---

① 参见安徽省地方志办公室：《安徽水灾备忘录》，黄山书社 1992 年版；《清代淮河流域洪涝档案史料》，中华书局 1998 年版；相关方志资料。
② 查揆：《论安徽吏治》一，盛康：《皇朝经世文续编》卷一九。
③ 《关于捻军的几个问题》，安徽人民出版社 1960 年版，第 32 页。

位知县任职,平均任期仅 2.7 年。而皖北地区的绿营兵驻防力量薄弱情况前面已有叙述,后来在皖督办军务、负责"剿捻"事宜的周天爵、袁甲三以及皖抚翁同书等,因手中无兵多采取招降捻众、依靠地方团练如苗练的方法去对付捻军。

地方的里社保甲等基层组织亦相当混乱。据民国《灵璧县志略》记载,该地里甲等基层组织自乾隆以来"章程大坏,钱粮同一里,而花户散处三乡,烟户同一册,而村庄参附各保,奸民借此抗粮避差";保甲"华离参错,烟灶本属同村,门牌忽入他保。甚至有一村数十家分属三四保者"、"本村甲长不能约束,左右壁邻又不能稽查,平时则窝匪藏奸,有事则巧为委卸"、"保甲原以防奸,今则缘保甲以作奸"。①

与朝廷在皖北地区统治力量薄弱相对应的,却是地方宗族势力的强盛。在皖北,聚族而居的村落、圩寨比比皆是,宗族势力强大。在今涡阳县境,当时大的宗族如张乐行所在的张氏宗族散居在张楼、张大庄、张双庄、张小庙等地,号称"九里十八庄";龚得所在的龚氏宗族散布在龚方庄、龚楼等 13 个村子,号称"九里十三龚";侯士维所在的侯氏宗族散居在侯老营、侯菜园、东侯楼等处,号称"九里十三侯";鹿利科所在的鹿氏宗族散布在鹿楼、鹿小寨、鹿小营等 16 个村子,鹿利科号称"十八寨寨主"。这些大的宗族聚居在一起,族内人口数千到上万不等,有着共同的祖先和血缘关系纽带,相同的生产生活方式、风俗习惯、祭礼习俗。皖北的宗族虽不像皖南那样具有典型的宗族形态、严密的宗族组织,外化标志方面如祖坟规制、义仓、族田、私塾较少或设置简单,起功能性作用的宗族特征普遍较弱,但显示向心力和凝聚力的特征如行辈字、同族相恤等同样强烈,族中捻子"打捎"所得之物,同样会分给那些鳏寡孤独之人,只不过救助方式不一而已。家族声誉、资源争夺、安全保障等共同的利益和强烈的归属感使这些宗族在对外方面能做到团结一致。这从捻党遍起后族内之人对于是否结捻的态度可窥一斑:"一庄有捻一庄安,一族有捻一族幸。庄有捻,外捻不入,曰:'某某我们都是混家子'。族有捻,则曰,某某叔也,兄也,

---

① 民国《灵璧县志·舆地志·乡里》卷一、《艺文志》卷四。

虽及第之荣不若是其赫赫也"，"由此，庄族有稍强悍者，众怂恿之曰：
'何不出头混着！'既或帮以资粮，纠众而捻矣"。[①] 在入捻、结捻之风
渐盛时，宗族为其注入了很好的组织形式。

还需提及的是，皖北由于经济欠发达，文化教育方面也相对落后，
如颍州府属太和县，自顺治至道光年间，中进士者仅 3 人，中文举者仅
2 人。[②] 文化教育落后，读书入仕的人不多，使得这一地区士绅阶层的
力量弱化，即使在承平时期也不足以发挥这一阶层应有的移风易俗、
教化安民、稳定地方的作用；而当生存环境恶化、社会动荡不安之际，
在不同的文化背景、心理因素作用下，出于自身或宗族利益的考虑，部
分下层知识分子及庶族地主也加入捻军起义队伍中，或为头领，或为
谋士，或充先生司职文书管理、造册工作等。

再次则是民风习俗的影响。民风习俗是指在一定区域内，由于自
然环境、社会文化的影响而形成的，人们共同遵守的行为模式、规范以
及传承的风尚、礼节、习性。一般而言，民风习俗具有较强的稳定性和
历史延续性。皖北地处黄淮海平原南端，"川泽流通，田畴沃衍"，物
产丰富，交通便利；穿境而过的淮河不仅是中国自然地理的分界线，也
是人文地理的分界线，道家的开派人物老子，儒家的开派人物孔子（古
泗水通淮），融道、名、法为一体的管子均出生在淮河流域。优越的自
然地理条件和儒、道等中国古典文化思想的熏陶，使得古时皖北地区
居民率性真直、民俗淳朴、风俗清丽。欧阳修知颍州时，在《思颍诗后
序》中更是盛赞颍州"民淳讼简而物产美，土厚水甘而风气和"。可
是，到了清代乃至民国时期，时人著述和方志记载中，关于皖北地区民
风习俗的描述，"民情好斗"、"民俗劲悍"、"民风慓急"、"其俗好侠轻
死"、"其俗剽轻寡积"等成了主调。[③] 皖北民风习俗变化为何如此之
大？一是该地地处战略要冲，历代战乱频繁，由于周围率皆平原旷野，
无山泽关隘控扼之固，易攻难守，战乱割据时难以形成相对稳定的政
治军事基地，耕且习战成为一般民众的生活方式，也因此逐渐养成了

① 方玉润：《星烈日记汇要》，《捻军》(1)，第 310 页。
② 何绍基等纂：《重修安徽通志·选举志·表》。
③ 陶澍：《陶文毅公全集》；王定安：《湘军记》，岳麓书社 1983 年版；顺治《颍州志》卷二。

尚武好斗的风气。最主要的还是宋元以后黄泛频发，黄河夺淮，皖北地区自然环境迅速恶化，最终成为苏、鲁、豫、皖4省边界地区交通闭塞的穷乡僻壤，地瘠民贫，"走千走万不如淮河两岸"成了历史记忆。水旱不时，大水大灾，小水小灾，使得百姓即使终岁勤劳，仍是入不敷出；久而久之，百姓也养成了广种薄收、靠天种田和吃饭的习惯。"地鲜种稻，所产惟麦、豆、秫、粱。既播种，即束手而听之于天"①，"淮、徐、凤阳一带之民，全不用人力于农工，而惟望天地之代为长养。其禾、麻、菽、麦亦不树艺，而惟刈草以资生者，比比皆然"②。自然灾害的破坏、农业生产的落后，导致了农村的贫困和备荒救灾能力的低下，反过来又影响水利兴修和农业生产技术改良，形成了恶性循环。

灾害频仍，农业生产落后，谋生乏术，从某种意义上说，一是造就了当地民众不思进取、得过且过的惰性，产生了大量游民。一遇荒年便成群结队流亡转徙，后来，即便是丰年也习以为常。相关记载如"民性不恋土，无业者辄流散四出，谓之趁荒，或弥年累月不归，十室而三四"③，"其始由凶年，其渐逮丰年，岂不乐故土，习惯成自然"④。"近数年来杭、嘉、湖及苏、常等府，每届秋冬之间，有江北淮、徐、海一带游民，百十为群，或乘坐船只，或推挽小车，或结队步行，衣履齐全，不类乞丐，号称饥民。所过乡村，坐索饭食，铺户等敛钱资送，必须给其所欲始去，否则恃众强取，人皆畏其强横不敢较论，地方里保亦不行查问。该匪徒等岁以为常，视同行业。"⑤捻军初起时，也是为了解决饥饿问题而进行自发斗争，抢掠所得也是饱食歌呼，粮尽再出。"恣意大啖"，"迨至食尽，又出抢掠"⑥；"大捻子从外边回来后，就吃、喝、赌"，"等到吃光喝光的时候，就向趟主说：'没有吃了。'趟主说：'没有吃，

---

① 乾隆《灵璧志略》卷四，《杂志·艺文》。
② 贺长龄、魏源：《清经世文编》卷二六，《户政一·理财（上）》，中华书局1992年版。
③ 光绪《凤台县志·食货志·户口》卷四，《中国地方志集成·安徽府县志辑》第26本，江苏古籍出版社1998年版，第63页。
④ 张应昌：《清诗铎》下册，中华书局1960年版，第563页。
⑤ 《清实录·仁宗实录》卷二九一，"嘉庆十九年五月壬子"条，中华书局1986年影印本。
⑥ 方玉澜：《星烈日记汇要》，《捻军》（1），第313页。

装旗(意指外出打捎,抢掠)!'"①二是滋生了许多不良习俗。查揆曾谓:"淮泗之间,物产瘠少,贩易不通,逐末之利,罕知其术,于是不工商而贩妇女、鬻盐硝,不百艺而开场聚博徒,甚乃习教鸠集为不轨。"②"无赖子弟相聚饮博,行则带刀剑,结死党为游侠,轻死而易斗,无徒手搏者,耕农之家亦必畜刀畜枪,甚者畜火器,故杀伤人之狱岁以百数,虽设厉禁不能止。"③甚而"其顽犷趹扈之性,赴汤火如衽席","渠魁大恶,酒酣歌呼以就刑所,市人啧啧叹为豪悍者屡矣"④,接踵效尤者亦众。时人认为,此种习俗"盖其天性,风土成而不可变,抑非教化所驯致欤"⑤。

总而言之,清中后期皖北地区由于封建吏治腐败,剥削加重,农业经济落后,自然灾害频仍,土地兼并加剧,使得各种社会矛盾激化,社会危机进一步加深,民众生活困苦不堪。各种因素交织在一起,加剧了这一地区贫富不均的社会病态,产生了大量剩余人口即游离土地的流氓无产者,增加了社会不安定因素。在当地尚武、好斗、不怕死的民风习气的熏染下,这些游民、光棍、土匪成为各类秘密结社组织的中坚力量。皖北地区也是白莲教的老根据地,18世纪末19世纪初,先后爆发了颍州人刘松、太和人刘之协领导的白莲教起义,宿州王潮名、蒙城李朝士、宿州余连、阜阳李珠、颍州朱凤阁等起义。这一切,使得皖北有可能成为捻军起义首先突破的薄弱环节。最终,太平军北伐直接促成了捻军的大规模起义。

二、雉河集会盟

在太平天国的影响下,大江南北各地的起义此伏彼起。乘清廷调寿春镇官兵分援广西之机,淮河两岸的捻子纷纷揭竿而起,著名的有前述"十八铺",后又发展到"五十八捻"。此中就有后来成为捻军盟

---

① 马昌华:《捻军调查与研究》,安徽人民出版社1992年版,第70页。
② 查揆:《论安徽吏治》三,盛康:《皇朝经世文续编》卷一九。
③ 光绪《凤台县志·食货志·物产》卷四,《中国地方志集成·安徽府县志辑》第26本,第62页。
④ 查揆:《论安徽吏治》一,盛康:《皇朝经世文续编》卷一九。
⑤ 光绪《凤台县志·食货志·物产》卷四。

主的张乐行等人。据说,张乐行起事源于一偶发事件。1852 年(咸丰二年),张乐行手下"十八枪手"之一的张德才,在保送完私盐回来时,路过河南永城县境,见羊群散牧田野便顺手牵羊,与永城团练"老牛会"发生械斗,张德才等被捆送永城关进监狱。张乐行遂邀约龚得,聚众劫狱,在永城捻首冯金标、张凤山的帮助下,迫使永城县衙放出张德才等人。因官府缉捕,张乐行遂竖旗起事,众依张乐行以自固,声势愈大。1853 年,奉旨驻宿州办理安徽军务的周天爵因手中无钱、身边无兵,只好采取镇压与招抚两手并用的方法,张乐行一度受其招抚,并跟随寿州知州金光筋攻打定远北炉桥的陆遐龄捻子起义军。后因饷项无着落被撤遣回籍。次年,负责"剿捻"的袁甲三要张乐行拿获河南永城捻首苏天福以表心迹,暗地却又派兵弁诱擒他,于是张乐行再次聚众起事,同苏天福、龚得等联合行动。

1853 年 2 月,太平军在压江东下的过程中首过安徽,攻克省城安庆。5 月,太平天国北伐军自滁州西葛入安徽境,经滁州、临淮关、怀远、蒙城、亳州入豫。在太平天国北伐军的影响下,捻子起义星火顿时燎原,队伍日益壮大,打出的旗号形形色色,人数则自百余人至数百上千不等。此时的捻军多在本地区活动,还未摆脱亦兵亦农的状态,居则为民,出则为捻,兵至则散,兵去复聚,一旦作战失利,则各归各家。经过一年多的斗争洗礼,1855 年,捻军的黄、白、红、蓝、黑五旗及其主要首领已经形成。

黄旗张乐行,亳州雉河集(今涡阳县治)西北 12 里张老家人。资料记载中有时称张乐行、落刑(清方的污词)。幼年上过私塾,粗识文字。自立门户后有田产 70 多亩,[①]以耕种为生,也曾保送私盐,喜交游结友,爱打抱不平,族人尊称为"仁义光棍"。

白旗龚得,雉河集西南 25 里公吉寺磨盘松人。龚得是小名,资料记载中或作龚德、龚得树等,绰号"龚瞎子"。家有田产及宅基地约 16亩,事母甚孝,与张乐行关系密切,与苏天福为张氏左右臂。

---

① 张珊:《捻军史研究》,文化艺术出版社 1994 年版,第 22 页;王大球著《张乐行传略》(抄本)说是有"良田五百余亩"。

黑旗苏天福,河南永城苏平楼人。家中土地很少,初在亳州境内活动,后在贩羊的过程中逐渐树立起威信,也是被别人架起来的,与张乐行关系密切。

红旗侯士伟,雉河集北 30 里侯集侯老营人。资料记载中又作侯世伟、士维、四维、实为等。家有田产百余亩。侯、张两姓均为大族,非亲即故,关系较密。侯士伟与张乐行是表兄弟,两族行动常在一起。

蓝旗韩老万,雉河集东南大韩庄人。资料记载中或作韩奇峰、韩万峰,绰号韩矗子,又讹为韩狼子、韩浪子。家有田产 180 余亩。初未参加捻子,后为大韩庄及周围村庄民众逼为首领。

捻军五旗中,黄、红、白旗和黑旗部分的活动范围在亳州;蓝旗在蒙城、宿州境内;黑旗主要在河南永城、夏邑县。自 1855 年起,捻军开始出境攻城略地。是年春,龚得率所部捻军入河南夏邑县营盘集,与当地黑旗捻首王贯三、宋希元接触;夏天,张乐行、龚得、侯士伟、韩万峰、苏天福等旗联合围攻蒙城;秋天,张乐行、龚得、苏天福等率所部黄、白、黑旗捻军与王贯三的黑旗捻军合作,占领夏邑会亭集、桑堌集和夏邑县城,随后又攻占商丘马牧集(今虞城)。冬季,张乐行、龚得率部复克蒙城,围攻亳州、永城、归德等地,战无虚日。

通过几年的斗争实践,捻军各旗首领认识到必须团结起来凝聚成一股整体力量方能取胜,乃改变了过去各自为战、单独行动的分散状态,而此时以蒙城岁贡郑景华、李士铦等为首的一批知识分子,一方面由于张乐行在接受清廷招抚期间曾经采取措施保护了当地部分地主豪绅的利益,另一方面见太平军、捻军的声势日益浩大,燎原之势已成,"转思拥渠魁为奇货,竞仗策以从,借箸为乐行筹大计"①。为筹划各旗会盟四处游说,奔走联络,以促成捻军成为一支统一领导指挥的队伍。

1856 年初,②安徽、河南两省之亳州、蒙城、宿州、永城、夏邑 5 州

---

① 民国《涡阳县志·兵事》卷一五。

② 关于雉河集会盟的时间,资料记载约有 6 种说法:1855 年秋、1856 年 2 月、1856 年、1855 年 7 月、1855 年 5 月后、1855 年 6 月;史学界的意见也不一致,有 1855 年 8 月、1855 年 7 月、1855 年秋、1856 年 2 月等几种说法(具体可参见郭豫明:《捻军史》,上海人民出版社 2001 年版,第 145—146 页)。

县的捻军首领,聚集于亳州雉河集西头通济桥旁的山西会馆歃血为盟,公推张乐行为盟主,称号大汉①,确立五旗军制,并以盟主张乐行名义发布《行军条例》和《布告》,以为各旗共同遵守。

五旗军制。盟主之下设置五色总旗,分黄、白、黑、红、蓝五色,各旗设总旗头,称大趟主,五色总旗各总旗头已如前述,黄旗最尊。总旗之下有大旗,大旗设大旗头,称趟主,所辖人数自四五百至一两万、数万不等。为了区分开每一总旗之下的大旗,五色总旗又分五色镶边旗（旗色相同,边色不同）,由黄镶起,其余依次为白、黑、红、蓝。除张乐行外,其余四旗总旗主均兼领黄边旗（黄旗黄边由张乐行族侄张宗禹领）,以示尊崇。此外,还有八卦旗、大花旗、小花旗以及为数众多的或圆心或三角或四方等不同形状的五色杂旗,首领一般称趟主,或称旗主、旗头。一大旗统领若干小旗,可独立行动,也可协同作战;小旗为捻军的基层单位,几十人至数百人不等,设小旗头或小旗主,采取领旗的办法,领了谁的旗就算谁的部下,人员流动性大。捻军成员也可按自己意愿从此旗转往彼旗。

《行军条例》（或称《十九信条》）共 19 条,主要内容有:"兵到之处,污淫妇女立斩;强奸幼童立斩;掳掠妇女幼童,隐藏不献者立斩;不遵号令约束者斩;小卒无理持械敢拒首领者斩;临阵时故意漏下,支吾打粮,私自下乡找寻财物,淫人妇女者斩;无号令私自打粮者斩;对敌时私自逃走者斩;起身听三声号炮齐集,未放炮而先行（者）斩,既放炮而后行者斩;营中私自放火者斩;行路时故意下路者斩;行路各守分队炮车,先行后行者杖四十;扎下营盘,外更、门更,排班轮流,有误更者杖四十;营中无故伤人命者一命一抵;借宿朋友家,本宅非吃食物件妄取一物,杖四十;私造谣言者斩;虚报军情,酌议定罪;守营妄动者斩;打胜仗得枪炮子药,分派公用,私为己有者,酌律定罪。"

雉河集会盟的主题是与会的各路队伍订约、共推盟主,但由于捻军是靠宗族血缘关系和地域关系为纽带联系起来的,各自成军,不相

① 关于张乐行的称号,资料记载约有 5 种说法:盟主、大汉盟主、大汉、大汉明命王、大汉永王。参见马昌华:《捻军雉河集会盟时间考》,《安徽史学》1987 年第 1 期。

统率,有着很强的地域性,所以会盟并没能改变这一弱点,只不过组成了一个松散的联盟。各旗捻军之间的共同行动,也只是配合与支援的平等关系,没有隶属关系,各旗捻军也并不完全听从盟主张乐行指挥调动。但会盟后,捻军毕竟结束了过去一盘散沙、各自为战的状态,由分散走向了联合。捻军的发展进入到一个新的阶段。

三、雉河集争夺战

雉河集是捻军黄、白、红、蓝旗的发源地,也是捻军的活动中心,为巩固雉河集周边地区局势,捻军会盟后,随即展开了大规模的联合军事行动。张乐行、苏天福等率捻军进攻河南,围永城、陷夏邑,夏邑知县郭凤恩被活捉送永城,①在归德察道口又击败清军南阳镇总兵邱联恩、河北镇总兵崇安部,围督办三省军务的豫抚英桂于归德。不久回雉河集,随即东下攻砀山、萧县、怀远、宿州,直逼临淮关,震动苏北重镇清江浦。此时的捻军进退绰如,纵横跌宕,所向无敌,控制了南至颍霍、北抵萧砀、东接怀远、西连归德的大片地区。但由于捻军的攻略在很大程度上仍限于生活资料的夺取,"出则焚掠,归则耕种,民贼相安",未能如太平天国那样制定长期规划,无明确的政治方向和目标,也未进行基地、据点建设,仅局限于雉河集一隅,给了清军可乘之机。

清廷命豫抚英桂坐镇归德,调集兵马分进合击捻军,以夺取雉河集为目标。1856 年 4 月,徐州镇总兵傅振邦部战韩老万、苏天福之蓝、黑旗于永城苗村桥,南阳镇总兵邱联恩、大名镇总兵史荣椿部战龚得、王贯三之白、黑旗于鹿邑界沟集,捻军均告失利。此时,清廷重新起用的左副都御史袁甲三②督师亳州,筹办"防剿"。五六月间,袁甲三、邱联恩、崇安部与亳州守城清军联合,相继在五马沟、界沟、小奈集、亳州城下、翟村寺、白龙庙、叶家小楼等地击败捻军。6 月 19 日,清军攻陷

① 李古寅、刘竹立:《河南省图书馆馆藏〈捻军闻见录〉手稿考略》,《中州学刊》1984 年第 4 期。

② 1853 年,袁甲三以给事中赴皖佐侍郎吕贤基军务,旋漕运总督周天爵卒于亳州,代领其军,收散勇,整民团,辞署皖抚,专事"剿捻"。1855 年,因与江南提督和春、皖抚福济不和,被劾坚执己见,株守临淮,粉饰军情、擅裁饷银、冒销肥己,奉召回京,部议褫职。后因言官、疆臣交章论荐,疏请起用,1856 年 3 月,旨命随同英桂"剿捻"河南。《清史稿·袁甲三传》卷四一八。

雉河集,大肆屠杀,许多村庄被夷为平地,河北镇总兵崇安更以"勘验"为名,制造了杨园子屠杀事件,几十个村庄的男女老幼被集体杀害。之后,崇安所部又一路杀至蒙城西阳集(今属涡阳),"士绅之迎师者辄诬以通匪杀之"①。

雉河集失守后,张乐行、龚得、苏天福等捻军首领,为了牵制清军,率部南下,猛攻寿州未果,渡颍河,于7月中旬攻克皖豫边界商业重镇三河尖。与此同时,英桂害怕捻军西占河南的固始、光山,即移营陈州、亳州,就近调度,并令邱联恩部由雉河集移驻固始,袁甲三由亳州赴颍州"督剿"。河南的一些地方武装也纷纷向豫东南集中,以拦截捻军西进;向三河尖地区集中的清军则准备围歼捻军主力。时驻守桐城的太平军将领李秀成利用其部下李昭寿与张乐行、龚得的旧谊,派人往三河尖与捻军联络。张乐行亦复文表示愿意与太平军合作。因清军进逼三河尖,双方商谈合作事宜未果。乘清军南调,蒙城、亳州守备空虚,捻军撤出三河尖北上,途中王贯三于亳州小洪河落马溺死。②捻军突入皖北,击败察哈尔都统西凌阿和河北镇总兵崇安所部兵勇,于8月24日重占雉河集。袁甲三、邱联恩、朱连泰、史荣椿等急忙率军回亳州,与豫军穆腾阿、崇安等会合。张乐行等仍然采取外线出击调动清军的办法,解雉河集之围。捻军分为两路,一路东攻江苏的萧县、徐州,一路西攻太和等地。因未能攻克要地和痛歼清军,并未达到预期目的。在清军与地方团练的围攻下,11月28日,雉河集再度失守。张乐行等率捻军主力东撤,经西阳集、曹市集退守宿州临涣集。清军穆腾阿、崇安等部追及,与捻军隔浍河对峙。崇安因连日进展顺利,疏于戒备,龚得树率敢死队乘夜分袭崇安军营。清军仓促应战,慌乱溃逃,西窜200余里退往亳州。但是,捻军后来在庙集、尹家沟、赵旗屯、洪家庙、王家店等地的作战接连失利,③无法扭转被动局面。

---

① 黄佩兰等:《涡阳县志》卷一三,《张继唐传》,《捻军》(2),第97页。

② 光绪《亳州志·武备志·兵事》卷八,另说王贯三死于1856年9月10日亳州十八里铺一役。

③ 光绪《亳州志·武备志·兵事》卷八。

四、淮南捻军战争

雉河集会盟以后的近一年时间里,捻军从几万人发展到十几万人,其数量虽然迅速扩大,但组织程度和战斗力、战术组织基本上没有多大改进和提高;松散性依旧,与清军作战的只有张乐行、龚得、苏天福等几支捻军主力,其余多是画地自保,很少配合作战;中心据点雉河集几度易手,使得未进行根据地建设的弱点也暴露无遗。另外,随着清廷"剿捻"兵力的投入逐渐增多,捻军打的多数是击溃战而非歼灭战,清军的有生力量没有受到重大损失,团练、乡勇反而有所发展。在整个淮北地区,出现了捻军占领区与地主武装所控制的圩寨犬牙交错的局面,一些实力不强的捻军圩寨,不断遭到清军和地主武装的围攻。面对危局,张乐行、龚得等人认识到局促于一隅,终非长久之计,要扭转一这劣势,必须跳出包围圈,走出去与太平军联合。

雉河集二次失守后,张乐行、龚得、苏天福等除留部分捻军在皖北坚持斗争外,率领主力再次沿涡河南下,经蒙城、怀远溯淮西上,于1857年初重占三河尖。随即南渡淮河,围攻霍邱县城,并派出龚得、苏天福等先行南下,迎接太平军。而此时经历了天京内讧的太平军在陈玉成、李秀成的带领下,于2月底解桐城之围,随克舒城、六安。陈玉成、李秀成部太平军与捻军主力在霍邱城南会合,并开始了联合作战。

太平军与捻军在联合过程中,双方保持配合作战、相互支援的友军关系,并在对方军中互派代表以保持联络。不过,这种合作是非常有限、松散的,捻军虽然接受太平天国的封号,并蓄发受印、改换旗帜,但听封不听调,仍然保持自己的建制与指挥系统,太平天国将领不参加也不干涉捻军的内部领导,双方有事联合作战,无事则各自行走。合作初期,双方的联合军事行动主要有:张乐行部捻军与韦俊、薛之元部太平军围攻河南固始,久攻不克,遂撤围退回三河尖地区;龚得、苏天福部捻军与李秀成、李昭寿部太平军于3月18日攻克霍邱,由捻军驻守,后渡淮猛攻颍上不果,撤回淮河南岸;韩老万部捻军与陈玉成部太平军于3月11日攻下正阳关,12日起围攻寿州不下,21日撤围南

445

走进军湖北,4 月及 5 月初,捻军黄、蓝、白等旗又重新集结在三河尖及其附近地区。太平军亦留薛之元部在息县、光州一带活动,以策应捻军。

捻军南下淮河流域后,清廷以"剿捻"失利于 2 月 17 日召察哈尔都统西凌阿回京,革去崇安总兵职务,发往军台效力赎罪,命胜保以副都统衔署理河北镇总兵,帮办"剿捻"事宜。胜保抵达皖北后,经与袁甲三、英桂商定,领军前往颍州,后跟踪捻军主力至豫皖边区;袁甲三则留在亳州对付捻军余部;英桂移驻太和,居中策应,兼顾河南后路。胜保针对捻军组织松散、安土重迁、聚散无常等特点,在豫、皖边区采取了镇压与招抚相结合的方略。由于缺乏军需、粮食,加上内部不团结,经过 2 月余的拉锯战,6 月 16 日,三河尖被胜保部清军占领,张乐行等率众退至寿州正阳关,随后即同龚得率军前往霍邱,留韩老万守卫正阳关。25 日,凤庐道金光筋用炮划子在淮河上搭浮桥攻正阳关,捻军马队在后包抄,城内守兵杀出,前后夹击,金光筋受伤落水淹死。此时,胜保亦率军自三河尖赶来,攻破正阳关外捻军所设据点,困捻军于关内。为解正阳关之围,张乐行、龚得率军自霍邱来援,乘张乐行、龚得离境,已被胜保收买的留守霍邱城内的捻目张金桂 8 月 29 日献城投降,张乐行等被迫转往六安。此时,蓝旗捻军困守正阳关已 3 月余,因关内粮药奇缺,瘟疫流行,伤亡惨重,兼之时值夏汛,河水陡涨,无法突围,形势十分危急。张乐行不断派人向太平军李秀成求助,李秀成乃派李昭寿前往救援,击败清军,韩老万部捻军才得以于 10 月突围,前往六安与张乐行等会合。此后,捻军主力集中在六安及附近地区进行休整。其间,因清军江北大营、江南大营围攻天京甚急,张乐行率领部分捻军护送李秀成部太平军东下往援,太平军绕过庐州之后,张乐行仍回军六安。由于胜保为防止太平军、捻军联合北进已率部回三河尖,清军在六安、霍山一带只有安徽布政使李孟群带领的一支人数不多的部队,双方在独山、麻埠、霍山等地曾有接仗,在扼扎鄂皖边境陈玉成部太平军的策应下,捻军依然守住了六安。

1857 年底,捻军内部发生了一场严重的内讧,即蓝旗旗主刘永敬及其侄刘天台被杀的六安事件。刘永敬,宿州顺河集(今属涡阳)东南刘破桥人,家境贫寒,加入捻军后,因打仗凶猛绰号"饿狼",所部在蓝旗中势力较大。在是否应与太平军联合作战的问题上,总旗主韩老万力主合作,刘永敬则一直反对联合,随张乐行、龚得等到淮南是勉强行事。正阳关突围后,刘永敬屡次欲率所部捻众北上回雉河集;此前(7月)还因争夺食物与龚得的白旗捻众在阜阳方家集发生械斗,经张乐行出面排解才停息,双方积怨甚深;正阳关一役,刘永敬等因所部蓝旗捻众损失惨重,来到六安后又未获补偿,遂欲回雉河集解甲归田。张乐行、龚得为了坚持与太平军继续合作,定计杀死了刘永敬,其侄刘天台(绰号"小白龙")因不服同时被杀。六安事件发生后,蓝旗刘姓捻众愤而不平,由刘天福、刘天祥(与刘永敬同村)等带领离六安经河南北归,不再与张乐行合作。六安事件造成了捻军内部一次严重分裂,虽没有出现大量死伤,但其带来的负面影响不容低估。后来蓝旗捻众叛降较多,张乐行也被蓝旗捻目李家英等出卖而被擒。后期捻军中蓝旗任柱与黄旗张宗禹不和而分兵多少都与此事件有关。

　　1858年初,为了配合太平军下一阶段在苏皖边界、天京外围即将发动的攻势,捻军的战场也由淮南地区转向洪泽湖滨,驻六安的各旗捻军数万人分批沿淮河东下,向怀远与徐州之间集中,六安城中由张乐行、龚得主持。① 4月,胜保、袁甲三部清军从寿州正阳关、河南固始移营六安,配合李孟群部攻城。5月25日,在捻军内应的接应下,清军攻克六安州,张乐行、龚得率捻军冲出重围沿淠河北上,经正阳关顺淮东下,与先期撤至此的捻军各部会合,于6月初占领怀远。为了接近太平军占领的地区,张乐行、龚得、张龙(或称张隆、张元龙)、李允、韩老万等部捻军随即向淮河南部扩展,于6月中旬相继击败清军凤庐道黄元吉部、署凤阳知县李棻团练,攻克临淮与凤阳府、县两城。张龙守凤阳府、县两城,李允驻临淮,与怀远张乐行、龚得为鼎足之势,众号十万,淮上大震。此举打通了淮河南北之间的通道,使淮河北岸的捻军与南岸的太平军联系起来,有效地配合了太平军在皖苏交界处进行的二解京围战役。

①　江地:《捻军史论丛》,人民出版社1981年版,第116页。

这一时期,张乐行、龚得等部捻军主要是配合太平军作战。陈玉成部太平军 8 月 23 日攻克庐州后,龚得即率捻军与吴如孝部太平军自梁园合攻定远,据守凤阳的张龙部捻军亦从东路策应,使率庐州残军败退至定远的皖抚翁同书与率部自六安北上攻捻、集结在定远和凤阳交界的胜保部不能合军,从而掩护了陈玉成部大军南下滁州。乘太平军东下解天京之围,湘军李续宾部进入安徽,[①]奉命规复庐州,在连克太湖、潜山、桐城等地后,于 11 月初进驻三河。为救援三河,张乐行率怀远、凤阳、临淮三地捻军南下,经庐州双墩集到达三河北部,佯攻定远的龚得部捻军随后应援,配合太平军实现了三河大捷,全歼李续宾部湘军精锐近 6000 人。三河战役后,捻军北归。由于据守滁州的李昭寿、浦口的薛之元降清,天京形势又趋危急,原打算西征湖北的陈玉成部太平军奉命东下解围,为策应东路,太平天国前军主将吴如孝自庐州北上,邀怀远之张乐行、龚得,临淮之李允,凤阳之张龙部捻军围攻定远,1859 年 6 月底,进逼城下。皖抚翁同书西退炉桥。7 月中旬,太捻联军挖地道以地雷轰破城墙数十丈,遂攻克定远,翁同书逃往寿州。定远攻克,不仅将翁同书与胜保部隔开,而且将捻军的占领区与太平天国的辖区连成一片。当时情形正如河东河道总督黄赞汤、河南巡抚瑛棨、前山东巡抚崇恩在给清廷的奏折中指出的那样:"近日定远不守,捻粤连为一片,南抵安庆、桐、舒,北通滕、峄、曹、单,东界徐、宿、青、阳,西邻归、陈、光、固,纵横千余里之内,实已民贼不分。"[②]

定远一战的胜利,不仅使太、捻控制区连成一片,还稳定了军心,加强了捻军内部的团结。如前所述,捻军各支有着很强的地域性,雉河集会盟也只是组成了一个松散的联盟,总盟主张乐行并不能领导指挥捻军各部。随后因是否与太平军联合的问题以及一些其他原因,捻军内部出现了分歧,也出现了分裂,刘"饿狼"被杀、蓝旗刘姓捻众脱离主力返回颍州,只是其中的一个典型事件。其他的如:红旗总首领侯士伟派人杀害了黄旗战将张敏行(张乐行二兄,俗称"闯王")的妻

---

① 1858 年 8 月 31 日,旨命胜保为钦差大臣督办安徽军务,皖抚翁同书帮办军务,太仆寺卿袁甲三督办三省"剿匪"事宜,并命都兴阿、李续宾自湖北援安徽。

② 《钦定剿平捻匪方略》卷六五,中国书店印行,第 6 页。

弟,而被张敏行杀死,导致红、黄旗对立;白旗旗主孙葵心、江台凌在占领怀远以后因"与龚逆不洽,径回亳州老巢到处勾结"[1];黑旗旗主刘玉渊、李大喜因"与乐行失和,分股合孙葵心捻众,自出焚掠商、鹿间"[2]。这些捻众主要在淮河北岸活动。三河战役前后,原捻目出身的李昭寿及薛之元的叛变降清,在捻军中产生了很大的影响。在以招降纳叛为能事的胜保的策划、引诱下,部分捻军首领发生动摇,如凤阳之张龙、临淮之李允以及蓝旗任乾、韩秀峰(四老万,韩老万弟)、刘玉渊、白旗孙葵心等,或与胜保,或与翁同书部接触,商谈投降事宜,"浍河流域各捻圩,均已遍插官军旗帜"[3]。定远战役胜利后,迫于形势,也出于对清军凶残的恐惧(任乾在自家圩寨被清军残杀),这种局面稍有好转,部分有叛意的捻军旗主收拾起清军旗帜,转为观望,张龙等人也不敢公开投降,孙葵心、刘天福等也在淮北装旗,率众数万出外作战。定远一战使得捻军大部分队伍都集中到了淮南,怀远只有张乐行率黄旗捻众驻守。胜保所部穆腾阿、滕家胜清军乘虚进攻,用炮划子从淮河上下夹攻,闻讯后龚得自定远率捻军、吴如孝自庐州率太平军往援,皆阻于清军淮河封锁线而不能渡。11 月初,怀远失陷,张乐行率捻军强渡淮河退至临淮、定远。

　　清军攻占怀远后,乘胜渡淮河而南,图攻淮上水陆要冲临淮。1860 年 1 月 10 日,经过两昼夜血战,署理钦差大臣袁甲三[4]部清军攻克临淮。2 月 13 日,袁甲三部又攻克凤阳府县城。继怀远被占后,临淮及凤阳府县城在短时间内相继失陷,主要是由于 3 个方面的原因,一是此时太平天国战局紧张,因湘军大举入皖,安庆及其外围告急,陈玉成率太平军西上救援,张乐行、龚得亦率捻军自定远前往,转战于潜山、太湖等地,迎战清军副都统多隆阿、总兵鲍超等部。太平军与捻军主力均无法救援。二是由于驻守当地的捻军首领张

---

①　《钦定剿平捻匪方略》卷四八,中国书店印行,第 22 页。
②　张曜:《山东军兴纪略》卷三,《捻军》(4),第 36 页。
③　《钦定剿平捻匪方略》卷五六,中国书店印行,第 15 页。
④　1859 年 10 月 30 日,胜保丁忧回京,清廷以署漕运总督袁甲三署理钦差大臣,督办皖省军务。1860 年 1 月 26 日,清廷以胜保无功,撤去钦差大臣,命往河南督办"剿匪"事宜,袁甲三仍署钦差大臣,督办安徽军务,2 月 10 日实授袁甲三为钦差大臣。

龙、邓政明等人的动摇与叛降行为,削弱了防守力量。三是袁甲三取代胜保后,一改前任的招抚政策,厉行进攻。临淮与凤阳的失守,使得太平天国控制区与淮河以北的捻军活动区完全被切断,淮河以南的捻军也只剩下定远一个据点,且处在翁同书、袁甲三的夹围之中。张乐行、龚得等率捻军据此孤城,依托太平军的力量与清军袁甲三部处于相持状态,直到9月,由于陈玉成部太平军来援,袁甲三所部清军撤退到淮河北岸,才得以解围。此后的一个月内,张乐行、龚得分率捻军随吴如孝、陈玉成等太平军围攻凤阳、寿州,未能攻克,但有效地打击了清军的有生力量,稳定了定远周边地区的局势。随后,陈玉成令张乐行留守定远,自率龚得等经寿州南乡西上,谋解安庆之围。在途经寿州、六安交界地带,又迎到了自河南光州来会的捻军孙葵心部,继续西上。12月10日,在桐城挂车河被多隆阿、李续宜部清军击败,龚得、孙葵心随陈玉成退守庐江。孙葵心于1861年2月由庐江返淮北,途经合肥小蜀山时遭团练袭击而死。龚得随陈玉成攻枞阳不克后,又率队随太平军西征湖北,于3月14日在湖北罗田松子关大战湘军成大吉部,中炮身亡,所部捻众除少数并入陈玉成军中外,大多数经英山、霍山、舒城退归定远。

9月5日,安庆被湘军攻陷,太平天国在安徽的局势急转直下,桐城、舒城、庐江、无为等地相继失守,整个淮南局势恶化。陈玉成退守庐州,准备向北发展,广招兵马图谋再起。是年底,张乐行根据陈玉成的部署,将定远、来远两城交太平军驻防,自率捻众经寿州苗沛霖控制区渡淮河北归颍州,结束了长达5年之久的捻军淮南战争。

五、前期捻军的失败

当张乐行、龚德、苏天福等率捻军主力转战淮南,与太平军联合抗清之时,还有一部分捻众留在淮北家乡,以雉河集为中心,活动于蒙城、亳州、宿州一带。比较著名的首领有黄旗的张敏行、白旗的江台凌、黑旗的刘玉渊兄弟、红旗的侯士伟、蓝旗的任乾、八卦旗的杨兴泰兄弟、花旗的雷彦以及从六安北归的蓝旗刘天福等。从1858年秋到1861年春,淮北的捻军还不断远袭河南、江苏、山东,同清军进行了几次规模稍大的作战,如河南舞阳北舞渡、柘城马埠、汝阳野猪岗之战、江苏清江浦之战、山东巨野羊山集、菏泽李家庄、汶上杨柳集之战等,阵斩清察哈尔总管伊什旺布、淮海道吴葆普及副都统伊兴阿、格绷额、南阳镇总兵邱联恩、徐州镇总兵滕家胜、河北镇总兵承惠、川北镇总兵王凤祥等,曾给清军以重创。这一时期的淮北捻军仍以经济掠夺为主,所到之处,呼啸而过,满载而归,不作久留。

同治元年(1862)1月14日,自淮南北归的张乐行联合江台凌部捻军、马融和部太平军及苗沛霖团练围攻颍州,困署理安徽巡抚贾臻于城内。2月12日,陈得才、赖文光等奉陈玉成命率太平军远征西北途经颍州,参与围城的马融和部太平军随之而去。此时,因贾臻不断上奏请派胜保南下,清廷于是派胜保到皖北督师"剿捻",自太和南进;李续宜、袁甲三、李世忠等各率清军分别自三河尖、临淮关、怀远进援颍州。得知胜保复出已到皖北,反复无常的苗沛霖又临阵反戈降清,并断绝了攻城捻军的粮草供应,内外夹击之下,捻军接连败于颍州、颍上,张乐行遂率众渡过沙河返回雉河集。5月13日,庐州被清荆州将军多隆阿部攻克,陈玉成北走寿州,15日,被已降清的苗沛霖诱擒,21日,被押送颍州胜保军营,张乐行闻讯前往营救,但为清军击败,复退回雉河集。

此时的捻军处境日蹙,李秀成部太平军活动在天京外围,勉撑危局,已是强弩之末;陈得才部西北太平军已经远去,难以联动;据守雉河集的捻军又处在清军、苗练及蒙城、亳州地方团练的包围之中。8月20日,清廷以钦差大臣僧格林沁统辖山东、河南全省军务,并调度直隶、山西及蒙城、亳州、徐州、宿州防兵;命钦差大臣胜保赴陕西督办军务。僧格林沁部清军在镇压掉河南商丘马牧集金楼寨白莲教起义军后,于10月18日自夏邑移军商丘之黄仲集,19日,开始进攻亳州北部的卢庙。在此之前,亳州岁贡李英才等去马牧集"赴营乞师",并呈献秘密绘制的《亳州良暴圩图》,以帮助清军进攻捻军。数天时间内,僧格林沁部清军先后攻破亳州北面的芦庙、张大庄、丁圩、孟楼、邢大庄、王新庄、王路口、五马沟、岳楼、八里沟等捻圩,黑旗首领李廷彦以及张守玉、孙彩蓝捻首等被杀,唐承惊、李兴奇、宋喜元、雷彦等叛降;

10月底至年底,清军又相继攻克亳州东部与河南永城之间的刘集、观音堂、苏阁圩、蒋集、韩楼、夏张桥,黑旗首领陈万福,八卦旗捻首杨兴太、杨兴文等被杀,亳州东南及涡河两岸、宿州一带捻圩"次第投诚"①。

当僧格林沁部清军猛攻亳东、河南永城之间的捻军圩寨之时,宿州知州英翰亦加紧了对宿州、蒙城地区捻军的诱降活动,当地捻军尤其是因六安事件与黄旗有仇的蓝旗中不少人叛投清军,如刘天福、刘天祥、杨瑞英、李家英等。当清军攻打蒋集时,张乐行亲率捻军来援,但在涡北下游张桥为僧格林沁部副都统舒通额、苏克金所败,1863年3月1日,进入宿州为知州英翰、都司施绍恒所阻,13日,退回雉河集尹家沟白龙庙。16日,僧格林沁移军涡河北岸之庙集(又名"义门集"),攻克邓楼、张庄,刘玉渊、刘学渊等退走尹家沟。清军尾至,与捻军展开决战。清军依靠西瓜炮狂轰滥炸和马队冲锋陷阵的战术,捻军大败。3月19日,尹家沟、雉河集失守,次日再败于张村堡,张乐行率20余人突围南走;23日夜,投奔蒙城西阳集蓝旗李家英圩寨。已经投降清廷的李家英派人密报英翰,张乐行及其子张喜、义子王宛儿被捕,押送僧格林沁军营,4月5日,在庙集附近周家营被杀害。在张乐行被杀后,其他捻首如苏天福、苏天才、刘玉渊、刘学渊、孙葵文、江台凌、韩秀峰等,或被杀,或乞降,前期捻军的力量损失殆尽,前期捻军战争到此结束。

第二节　后期太平军与捻军联合抗清

一、天京保卫战之安徽战场

1861年9月,安庆失守,天京门户洞开;1862年5月,庐州再陷,江北全失,太平天国的形势急转直下。为保卫天京,太平天国将士同

---

① 光绪《亳州志·武备志·兵事》卷八。

清军进行了顽强的斗争。皖南作为天京的西部屏障,成为这一时期太平军在安徽的主要战场。

皖南不仅是天京的西部屏障,也是天京通往上游的水陆要冲。太平天国在皖南宁江(清之太平府)、徽州、宁国、池州、广德等郡县建立了乡官政权,在当涂、芜湖等地设立了粮草、船只储存基地。由于这一带是太平军东西往来的必经之地,故很少派重兵驻守。清廷对皖南的战略地位亦很重视,咸丰初年,安庆、庐州相继失陷,鉴于"皖南中隔大江,贼氛遍地,文报梗阻,巡抚不复能过问"①,1855 年 7 月,旨命暂改安徽宁池太广兵备道为徽宁池太广道,加按察使衔,准专折奏事;并添设皖南镇总兵一员,准其会衔专折奏事。所有该 4 府 1 州地方军务紧要机宜均着责成专办。由于徽宁池太广道由芜湖改驻宁国,距两江总督、安徽巡抚驻扎处所较远,所有协防筹饷事宜着浙江巡抚暂行督办。② 同年,因皖籍侍郎王茂荫荐,清廷又指派原江西巡抚张芾赴徽州驻府城筹办皖南军务。③ 据《太平军兵争期内皖省府州县经过兵事年月表》④统计,在太平天国战争期间,徽州下辖 6 县,黟县、绩溪各被太平军攻占 15 次,祁门、婺源各 11 次,休宁 10 次,歙县 4 次。6 县共被太平军攻占 66 次,每县平均 11 次,远远高出安徽其他地区。由此可见皖南战事之激烈以及该地区战略地位之重要。

1861 年 9 月 5 日,湘军攻克安庆以后,除多隆阿部经桐城、舒城往攻庐州外,水师提督杨载福部于 9 日克池州、15 日克铜陵,曾国荃部则相继攻克无为州、运漕镇、东关。因恐人数单薄、兵力不敷,湘军未继续东下,各部停止进攻进行休整。太平军亦在芜湖—东西梁山—金柱关一带设置防线,以抵御清军、屏蔽天京。

11 月初,曾国藩调鲍超一军自江西回皖,以进军青阳;调朱品隆、唐义训等军进攻石埭,拟合力规复宁国,打开通往南京的陆路要道,皖南大战的序幕就此拉开。就在此时,清廷发生宫廷政变,慈禧太后联

---

① 光绪《重修安徽通志》卷一一二,《职官志》。
② 《清实录·文宗实录》卷一七〇,"咸丰五年六月己未"条。
③ 1859 年,张芾以左副都御史督办皖南四府一州军务。
④ 安徽通志馆编纂:《安徽通志稿·大事记》,成文出版社有限公司印行,民国二十三年铅印本。

合恭亲王奕䜣,处死了赞襄政务大臣中的协办大学士户部尚书肃顺,怡亲王载垣、郑亲王端华被赐死,其余 5 人均被革职,夺取了最高权力,史称"辛酉政变"或"祺祥政变"、"北京政变"。曾国藩与肃顺颇有渊源,黄濬《花随人圣庵摭忆》载:"曾侯始起由穆鹤舫(穆彰阿号鹤舫),大用自肃豫庭(肃顺字豫庭)"。肃顺被处死后,曾国藩并未受到牵连,相反,因执政的奕䜣仍"阴行肃顺政策,亲用汉臣"[1],曾氏于 11 月 20 日受命统辖江苏、安徽、江西 3 省并浙江全省军务,所有 4 省巡抚提镇以下各官悉归节制。为了击败太平天国,夺取苏浙财富之区,曾国藩奏荐太常寺卿左宗棠任浙江巡抚;福建延建邵道李鸿章任江苏巡抚,招募淮勇援苏;自统陆军辅以杨载福、彭玉麟部水师,顺皖江东下水陆进攻南京,多隆阿部、鲍超部则左右策应。

鲍超部霆军万余于 12 月进入皖境后屯兵东流,1862 年 1 月初进围青阳。自石埭、太平而来的太平军援军被湘军击退后,青阳太平军守将奉王古隆贤率众万余闭城坚守,两军相持数月。4 月 14 日,因粮尽援绝,古隆贤率部突围至石埭,青阳失陷。鲍超部霆军一路追击,19 日克石埭,次日克太平,26 日占泾县,直逼宁国。与此同时,曾贞幹 28 日克南陵,驻守徽州的张运兰部 30 日占领旌德,从侧翼策应鲍超部。

宁国地处皖浙边境,冈峦四塞,关隘独多,是天京联络皖南、浙西的枢纽,为太平军设防重点。辅王杨辅清率众十数万驻守郡城,绕城筑垒结营,绵延 30 余里。5 月底,霆军渡过青弋江来攻,扎营城西寒亭、狮子山的卫王杨雄清接仗失利,退回郡城。时干王洪仁玕、襄王刘官芳、循王魏超成等率部来援,扎营城根,筑坚垒于城东夏家渡石桥以通粮道。7 月初,鲍超部逼近郡城,先后击败太平军援军于城南胡卢山、城北庙埠等地。11 日,杨辅清列队大东门背城一战,因列营城东孙家埠的保王童容海乞降,欲缚杨以献,杨辅清被迫退守建平,宁国郡城遂陷,不久县城亦失。宁国失陷后,童容海直奔广德,杀太平军守将马桂功等,以州城献于鲍超,随后又带队进犯建平。宁国一役,太平军以 10 万余对鲍超部万余却以失败告终,使天京再失屏障,形势更趋

---

① 刘体智:《异辞录》卷二,中华书局 1988 年版,第 82 页。

严重。

1862 年 3 月 15 日,曾国荃率回湘新募湘勇 7 营抵达安庆,并于是日接奉上谕补授江苏布政使。24 日,曾国荃、曾贞幹统兵自安庆启行沿江岸东下。太平军堵王黄文金、匡王赖文鸿率部自芜湖西上迎拒。4 月 11 日,曾贞幹部攻陷繁昌荻港、旧县、三山等处太平军营垒,由于随太平军作战的乡兵临阵倒戈,赖文鸿部自繁昌四路反攻三山失利退至南陵,曾贞幹部遂于 19 日克繁昌县城。在此前后,曾国荃亦攻克巢县、含山、和州。21 日,湘军彭毓橘会同蔡东祥水师攻占由外江进入巢湖的水陆要口裕溪口,随后,李成谋部水师及曾国荃部陆师亦至,于次日攻克西梁山,沿江北岸太平军营垒悉被攻破。[①] 湘军攻占繁昌、巢县、含山、和州及西梁山后,与已降清的李世忠豫胜营控制区滁州、全椒等地连成了一片。荻港失陷后,太平军在芜湖县西南 15 里的汛防要地鲁港增兵屯粮,拼死防守。24 日,曾贞幹部水、陆 10 余营进逼鲁港,次日克复,太平军守军丢弃战船、大炮,败退芜湖。28 日,曾部再克南陵县城。这样,在天京保卫战之安徽战场,由于太平军难以组织起有效防御,湘军各部的行军、进攻屡屡得手。一是直捣金陵之湘军:曾国荃部循江北岸抵达和州,曾贞幹部循江南岸至于南陵,彭玉麟部水师沿江而下,"助剿"两岸;二是"援剿"苏沪之湘军李鸿章部新募营伍于 4 月 5 日起自安庆分批乘坐轮船穿过太平军防区抵达上海;三是左右策应进攻之湘军,长江以北有多隆阿部围攻庐州、李续宜部赴援颍州,长江以南有鲍超部进攻宁国、张运兰部防守徽州,再加上左宗棠部自皖南入浙,对天京形成了钳形攻势。

5 月 3 日,彭玉麟派水师总兵李成谋率部自采石矶江口登岸,突袭金柱关。金柱关位于当涂(太平天国改当涂县为梁县,设县治于此,故亦称太平关)西 5 里,濒临长江,为天京交通皖南的管钥。因太平军自东梁山来援,李成谋未克而还。18 日,曾国荃率 15 营自和州西梁山渡江,进逼金柱关,彭玉麟则派李朝斌、黄翼升自上下游协攻,乘太平军全力防守金柱关,曾国荃于是日偷袭太平府城得手。次日,曾部会合

---

① 黎庶昌:《曾文正公全集·年谱》卷八,台湾文海出版社 1974 年版,第 18761—18766 页。

水师猛攻金柱关，以大炮环城轰击，黄翼升夜督队逾壕，纵火焚西门，太平军出城突围与湘军短兵相接，杀出血路而走，金柱关遂陷。黄部乘胜攻克东梁山。湘军攻克金柱关、东梁山后水陆并举，于 20 日移师进攻芜湖，太平军弃城而走。太平军建立起的芜湖—东西梁山—金柱关防线完全被湘军突破，包括芜湖在内的沿江重镇失守。曾国荃于 5 月 28 日克秣陵关，30 日克大关，在彭玉麟水师协助下，于当日进扎雨花台，开始围攻天京。

湘军扎营天京外围时，太平军忠王李秀成、侍王李世贤等部则在江浙上海、衢州等地同李鸿章、左宗棠部作战。6 月 22 日，李秀成在苏州召集听王陈炳文、慕王谭绍光等商讨援救天京的策略。8 月 6 日，李秀成与辅王杨辅清、堵王黄文金、襄王刘官芳、奉王古隆贤、护王陈坤书等再会于苏州，商援天京。会议决定分三路反攻：南路，杨辅清、黄文金等率部进攻宁国，牵制湘军鲍超、张运兰等部；中路，陈坤书进攻金柱关，截断湘军粮路，这两路兵力的主要任务是牵制湘军，阻其进援曾国荃。北路，李秀成率大军自苏州援天京，专攻曾国荃、曾贞干部。稍后，李世贤亦奉令自浙江统军回援天京。

9 月底，太平军护王陈坤书统兵约 5 万进图金柱关，10 月 6 日，在花津遇彭玉麟部，5 战皆败，退据薛镇。与此同时，堵王黄文金、孝王胡鼎文等自江苏高淳东坝领战船数百号驰援，进入固城湖、南漪湖后，将战船交与陈坤书统带。太平军水陆相依，与湘军彭玉麟、杨岳斌部大战于龙山桥、花山、鱼坝、上泗渡、官圩、青山、花津、洞阳山要地，激战月余，太平军损失惨重，战船所剩无几，退至距芜湖、金柱关 60 里以外。由于太平军中路军的失利，未能实现攻克金柱关、控扼长江水路、断绝围攻天京之曾国荃部后路供应的战略意图，而且太平军在当涂境内的积粮被毁、战船全失，天京的粮草供应受阻，使进援天京的李秀成、李世贤部深受影响。

太平军中路进攻金柱关受阻，南路反攻宁国的情形则稍有好转。10 月上旬，自东坝而来的堵王黄文金、孝王胡鼎文、匡王赖文鸿进入固城湖、南漪湖，将战船交与护王陈坤书统带往攻金柱关后，他们统陆师往攻宁国府城之西；辅王杨辅清亦自建平往攻府城之东。其时，宁国府城鼠疫大作,霆军营中病者万余、死者日数十人,统领鲍超亦养病芜湖,总兵宋国永代统其军,驻扎太平、旌德等处的臬司张运兰带病驰援。20日,鲍超回宁国,扎营城外。28日,黄文金率部占领宁国县城,随后,太平军分路进攻,杨辅清往攻宁国府城,赖文鸿、刘官芳、古隆贤转战泾县、旌德、太平、祁门、石埭,黄文金、胡鼎文从湾沚渡青弋江占领西河,截断湘军宁国粮道。因霆军与张运兰部均染时疫,南路太平军的攻势小有进展,但杨辅清却一直未能攻下宁国府城,未能对天京解围战形成有力的配合。由于时届初冬,太平军粮食供应困难,御寒棉衣尚无着落,环攻曾国荃军营40余日不下的李秀成于11月26日下令停止进攻,撤围而去。

正面强攻图解天京之围失利后,天王洪秀全严令李秀成率太平军进兵北行。根据湘军在庐江获得的李秀成致洪仁玕文书,太平军"进北攻南"这一军事行动的总体设想是:太平军主力过江北攻,会合西北太平军陈得才部进军皖鄂,切断湘军供应;集结在皖南的太平军入江西,策应江北;两路图取庐州、和州、宁国、太平等地粮草,运送天京,并迫使长江下游及天京外围的湘军回师援救,这样就会给天京的太平军歼灭对手创造机会。

12月初,李秀成派遣章王林绍璋、对王洪春元、忠二殿下李容发等自天京下关渡江北攻,至21日,太平军相继攻克含山、巢县、和州、铜城闸、运漕、东关等地,为后续部队的到来打通了道路。由于苏州、常熟等地发生了叛降活动,李秀成迟至1863年3月中旬才率领护王陈坤书、顾王吴如孝、爱王黄崇发等统军陆续渡江西上,于22日攻克九洑洲、浦口,31日,驶抵巢县后,满目所见的却是田土旷闲、烟火断绝、民众离析、哀鸿遍野的一派荒凉景象,再也不是往日的产粮之区。李秀成见无粮可取,只得率部转移,在无为州之石涧埠与湘军道员毛有铭、记名按察使刘连捷部相持数日后,撤围西上,大队于5月8日抵桐城孔城镇,与自河南、湖北经皖西宿松、太湖、潜山等地而来的西北远征军马融和部、捻军张宗禹部相会。4天之后开始围攻六安州城。由于扶王陈得才部西北远征军已折回陕西南部,李秀成遂放弃了原来由六安进入湖北与之相会的计划。而且此时的清军已经摸清太平军

的进军意图,在皖北及天京、苏州外围发动进攻,以阻止太平军远征鄂省,使其有后顾之忧。四五月间,淮军会同戈登统带之常胜军攻克常熟、福山、太仓,苏州危急。李秀成乃传令救苏,于5月19日撤六安州围,在再度叛清的苗沛霖(苗沛霖因僧格林沁于4月26日回军山东"剿捻",乘机复叛,袭据怀远、凤台、颍上各县,围寿州)部引导下,入寿州,准备东归;马融和部则西上。月底至定远、合肥交界,张宗禹部捻军离开大部队,经怀远转回雉河集;李秀成则率部经定远、凤阳、来安、盱眙,抵天长,准备向东取里下河之粮。李秀成走后,湘军水陆并进,相继收复东关、铜城闸、望城岗、巢县、含山、和州,对王洪春元部随之撤回天京。6月1日,常胜军统领戈登与淮军总兵程学启、郭松林部攻克昆山。13日,曾国荃督李臣典、萧孚泗等攻占金陵雨花台。苏州、天京同时告急。迫于无奈,李秀成下令撤天长、来安之围,并命各部太平军自仪征、六合赴江浦浦口、九洑洲渡江南撤,谋救天京、苏州。6月20日,李秀成等由江浦经九洑洲渡江回京,因时值汛期,江水猛涨,而湘军水师彭玉麟、杨岳斌及陆师刘连捷部随即赶到截击,攻克江浦浦口,太平军抢渡不及,溺水死及战死者数万。数日后湘军水师攻克九洑洲,败贡王梁凤超,太平军死者万余。至此,长江北岸完全被湘军控制,太平天国江北版图全失,天京北路被堵死。

在对王洪春元等"进北"的同时,侍王李世贤亦将所部从雨花台撤往东坝、小丹阳,准备"攻南"。1862年11月下旬,侍王李世贤统兵数万自东坝进攻金柱关、芜湖,并分军往攻位于宣城县北70里、毗连东坝的产粮区金宝圩,击败当地团练后,于1863年初破圩,获积粮甚多。太平军围攻金宝圩的战斗获得大胜,但主力进攻金柱关却一再受挫,损兵折船。数月之间,侍王李世贤率军与清军在当涂上泗渡、万顷湖、鱼坝、新圩角、薛镇、花津等处展开激烈争夺。至5月,黄池、护驾墩、花津诸营垒尽失,侍王李世贤率部退往金宝圩、溧水、丹阳一带,"攻南"几无所获。在皖南,除了侍王李世贤所部外,尚有辅王、堵王、襄王、匡王、奉王等部为就粮求活而奔走转战,这批太平军于1862年10月进入皖南,转战于宁国、芜湖、徽州一带,曾给湘军鲍超、张运兰、刘典部以沉重打击,由于其作战主要目的是为了求粮,在1863年5月后陆续进入江西湖区,寻找夏粮。至此,太平天国为解救天京之围而制订的"进北攻南"计划失败,并折损了大量的有生力量,此后的太平军面对清军的数路夹攻,再也无力组织大规模的战略进攻,不得不转入消极防御。在越来越多的湘军进至天京城外,李鸿章部淮军、左宗棠部湘军又从东、南压至,在粮草供给困难等诸多不利因素下,天京保卫战更趋艰苦。

1863年12月4日,太平军苏州守将纳王郜永宽、康王洪安钧、天将汪有为等刺杀慕王谭绍光,以苏州城献于淮军总兵程学启。8天以后,淮军统领李鹤章会同提督郭松林、刘铭传,总兵周盛波攻克无锡,擒潮王黄子隆,天京东南屏藩已失。而此时天京城东百余里内已无太平军营垒,尽为湘军曾国荃部所夺。李秀成于20日自丹阳匆匆折回天京,建议天王洪秀全"让城别走",西入江西、湖北,联合扶王陈得才等,天王不允,但同意其太平军入江西就粮,待来年秋成后取粮回救天京的部署。1864年2月26日,沛王谭星、天将林正扬自浙江开化入江西玉山县境;四五月间,侍王李世贤、听王陈炳文、康王汪海洋、凛王刘肇钧、来王陆顺德、列王林彩新等分批自浙江昌化、江苏溧阳借道皖南宁国、徽州境进入江西玉山、德兴等地。大军离去后,天京形势更趋恶化。6月1日,太平天国天王洪秀全逝于天京。6日,李秀成等拥幼主洪天贵福继位。7月19日,曾国荃部李臣典等炸塌天京太平门城垣20余丈,湘军一拥而入,天京失陷,太平天国运动失败。

二、太平军余部与后期捻军的联合斗争

天京失陷后,李秀成护卫幼天王转移,7月22日,途经金陵东南方山时被俘。干王洪仁玕、扬王李明成(李秀成弟)护幼天王于24日至广德。29日,堵王黄文金邀幼天王至湖州。鉴于湖州太平军兵力单薄、粮草缺乏,又处在清军重重包围之中难以立足,而以侍王李世贤、康王汪海洋为首的太平军正集中在江西抚州一带;以扶王陈得才、遵王赖文光为首的西北太平军联合后期捻军正转战于鄂东,与江西仅一江之隔,于是,干王洪仁玕、堵王黄文金等决定护幼天王西走江西,联

合侍王李世贤、康王汪海洋等再赴湖北与扶王陈得才等相会，占荆襄进西安，以图东山再起。8月3日，幼天王在首王范汝增、昭王黄文英（黄文金弟）等的护送下，自湖州前往广德。28日，湘淮军郭松林、潘鼎新、张树声、蒋益澧、高连升等联合攻克湖州，干王洪仁玕、堵王黄文金等弃湖州入皖，29日至广德与幼天王会合。当晚，干王洪仁玕一行即护幼天王向宁国进发，次日遭遇淮军刘铭传、周盛波部，接仗失利，匡王赖文鸿阵亡于宁国余村，堵王黄文金在七都遭遇战中炮受重伤，不久即去世。太平军绕过县城兵分两路，一路由干王洪仁玕、堵王黄文金等统领进浙江昌化，一路由偕王谭体元、首王范汝增等带领进浙江淳安，约定同赴徽州。进入浙境后，两路太平军均遭清军截击，或死或降，队伍四散，首王范汝增受伤转移，与队伍失去联系后，辗转北上，入遵王赖文光部，继续抗清；干王洪仁玕等护卫幼天王自浙江入江西，不久相继被俘处死。侍王李世贤、康王汪海洋等部经江西转战广东、福建，后被清军压缩在闽粤滨海地带发生内讧，酿成屠杀悲剧，余部亦被清军消灭。至1866年2月，太平军余部在大江以南的战斗宣告结束。

天京失陷后，在长江以北同清军作战的太平军余部是扶王陈得才等率领的西北远征军，他们与张宗禹、任柱统领的捻军共同作战，辗转于北方数省，曾给清军以沉重打击。

在湘军长围庐州之际，因城内乏粮难以久守，英王陈玉成派扶王陈得才、遵王赖文光、启王梁成富、祜王蓝成春等率众3万余远征西北，一则牵制清廷在江南的兵力，一则广招兵马，然后东归规复皖省。西北远征军由扶王陈得才统领自庐州北进，途经颍州时，正参与围攻颍州城的马融和部太平军以及一些地方农民军纷纷加入。远征军路过河南新蔡时，张宗禹统领的皖北捻军、陈大喜领导的河南捻军，在其影响下，一度随军西征。英王陈玉成牺牲后，西北远征军归李秀成领导。陈得才曾一度到苏州晤忠王，请示方略，忠王仍令其北上招足兵马，限24个月后东归返救京围。①

---

① 《李秀成自述》，《太平天国》(2)，第820页。

1863 年春,雉河集失守,捻军的淮北根据地丢失,包括张乐行在内的捻军首领牺牲殆尽,前期捻军战争结束。雉河集失守前,张宗禹、任柱等正率捻众与河南汝宁陈大喜捻军联合转战于豫西,幸免于难,也因此与陈得才统领的西北远征军有着密切联系。

张宗禹,小名辉,亳州雉河集北张大庄人,张乐行族侄。家道殷实,有田五六百亩,自幼读书,后因琐事触父怒,往投族叔张乐行,先司文墨,后统兵作战,治军严厉,绰号“小阎王”。1860 年初,率捻众奔袭苏北商业重镇、水陆交通枢纽清江浦,满载而归,声名大著。太平天国封其石天燕,后封梁王。1863 年春,僧格林沁部清军猛攻亳东捻圩时,张宗禹率一部捻军西走入豫。僧部清军撤离后,率部返回雉河集,捕杀出卖张乐行的叛徒,因僧格林沁再入皖北,复走河南,与陈大喜、任柱等活动于豫鄂边境。

任化邦,小名柱,蒙城坛城集小任庄人。幼年父母双亡,家境贫寒。1851 年,随叔父任乾结捻起义,为蓝旗将领,曾随张乐行部渡淮南征。1859 年,任乾战死,任化邦继统其众,从此独当一面。前期捻军战争失利后,与张宗禹各率所部在鄂、陕、豫边境活动。太平天国封其鲁王。

1864 年初,陈得才率西北太平军联合捻军由汉中东下救援天京,八九月间在鄂豫皖边境地带与清军僧格林沁部,湘军成大吉、刘连捷部,皖军英翰、郭宝昌等部展开激战,但始终未能突破清军的防线东下。10 月下旬,湖北蕲水关口一役先赢后败,僧格林沁等追至陈家坝,赖文光、任柱东北走太湖,张宗禹与陈得才北走安徽英山,旋别扶王陈得才,自走六安麻埠。扶王陈得才一路被清军追击,11 月 5 日,在霍山黑石渡被僧格林沁部及皖省官兵截成几段,遭遇重挫。7 日,天将马融和、倪隆怀、范立川、陈汉太,朝将魏康福等降僧格林沁、安徽按察使英翰;祐王蓝成春为叛徒甘怀德诱执,缚献于僧部翼长成保。继遭清军诱降、瓦解,不数日,10 万人皆没,见大势已去,陈得才服毒自尽。赖文光、任柱一路于 10 月底自安徽太湖、宿松折回湖北。12 月 7 日,在襄阳东北大败僧格林沁部清军,与张宗禹、陈大喜等合走河南邓州。

461

　　此时太平军仅剩下遵王赖文光一支数千人,捻军张宗禹、任柱、陈大喜、牛宏升、李允等部也就数万兵力。恶劣的环境,共同的命运,使这两支抗清队伍维系在一起,"誓同生死","万苦不辞",[①]组成一支统一的军队。这支由后期捻军与太平军余部组成的联军,以捻军为主体,仍称捻军(后期),推举资历和才干都深孚众望的赖文光为领袖。[②]联军沿用太平天国的年号、封号和印信。为平衡两军首领之间的关系,捻军重要首领均称王:梁王张宗禹、鲁王任柱、荆王牛宏升(洛红)、魏王李允(蕴泰)、幼沃王张琢(禹爵)。太平军将领方面:赖文光、范汝增原已封遵王、首王,邱远才封淮王。在数王之中,赖文光工于谋略,张宗禹富有机智,任柱最为英勇善战。

　　后期捻军于1864年底在豫南进行整编后,军队面貌和战略战术有了一些改观:一是大量装备骑兵,自整编后半年时间内,已至少有骑兵万余名,部分步兵也配备马匹,甚至一人数骑,疲则易之,奔走如飞。二是在战术上以运动战为主,行军则多遣轻骑四处哨探,号曰边马,以马队为先锋与断后,将步队、辎重及老弱家属裹在中间;遇敌则择官兵少处进攻,遇强敌则盘旋以疲之,疾趋以避之,号为打圈,清军多步少骑,士卒惜马,不肯穷追,往往为所乘。不过,其弱点亦很明显。由于豫、皖诸圩皆陷,捻众无家可归,皆挈宗族从行,四面皆敌,故童稚妇孺皆善奔走,但骡马既多,粮草所需数倍于步队;无据守点,无固定供给,或奔走数千里以逐粮,军机动为所误;缺少炮火,鲜攻城,偶得城垣辄拆毁之,因素不善守,留之反误马队驱驰。

　　联合起来的捻军在实战中经常采取"多打几个圈"的战术,屡屡得手。1865年5月18日,曹州西之高楼寨一役,击毙僧格林沁,僧军马队丧失殆尽。曹州大捷后,张宗禹、邱远才等回皖北亳州,谋装旗聚众,进图雉河集诸圩,以复张乐行故业。由于清军复行圩寨清乡之策,查缴军械,遍行保甲,坚壁清野;加之蒙城、亳州前岁秋禾丰登,淮民久乱思治,皆厌兵革,各圩皆闭门不出,故张宗禹徘徊转战两月余,竟不

---

　　① 《赖文光自述》,《太平天国》(2),第863页。

　　② 此时捻军人数虽较太平军为多,但捻军黄、蓝旗之间的矛盾未能化解,肇源于六安刘饿狼事件,张宗禹、张琢与任柱之间亦有芥蒂,甚至影响到后来的分军。

能成功。此后一年多时间里,这支捻军时分时合,往来奔逐于豫、鄂、鲁、皖、苏5省之间,1866年10月21日,于河南中牟正式分为东捻军和西捻军,①各自展开活动,再也没有复合。在直隶、鲁、豫、皖等省清兵及湘淮军、地方团练的合力围堵下,1868年1月5日,赖文光在扬州东北瓦窑铺为淮军道员吴毓兰所擒,东捻军败亡。8月16日,西捻军于山东荏平南镇冯官屯一役一军尽没,张宗禹突围至徒骇河边,"穿林凫水,不知所终"②,西捻军败亡。

---

① 关于捻军分军的时间、地点,或说10月20日分于河南陈留、杞县,主要见于《湘军志》、《湘军记》等史料;或说10月21日于中牟,源自《淮军平捻记》、《剿平捻匪方略》中豫抚李鹤年与直督刘长佑之奏折,《豫军纪略》中的记载;或说10月23日于许州,主要依据是曾国藩这一时期的信函。关于分军的原因,或说赖文光"恐独立难支,孤立难久",故分一支西进陕甘联络回民起义队伍,与东路互为掎角、互相声援;或说其主要原因还是前已叙及的捻军内部之间的矛盾导致的分裂行动。

② 《涡阳县志》、《捻军》(2),第108页。在李鸿章、丁宝桢等人的奏疏及《淮军平捻记》、《湘军志》等著作中,则称张宗禹投徒骇河死。

第十章

清政府在安徽统治的重新确立

　　太平天国战争中,清军与太平军、捻军等反复争夺安徽各州县,安徽有 55 个州县被各方军队攻占了 340 次,平均每州县被攻占 6.2 次;被攻占次数在 10 次以上的有建德、黟县、绩溪、泾县、石埭、霍山、英山、祁门、婺源、休宁等 10 县;徽州府所属 6 县共被攻占 66 次,平均每县 11 次,在 13 个府(直隶州)中位居第一。① 曾国藩于同治三年十二月说:"安徽八府五十九州县,陷于粤逆者十居其七,破于捻匪叛练者十居其三,蹂躏情形,较他省为尤甚。"② 惨烈的战争使安徽遭受重创,人口减少了 2000 万,土地大量抛荒。同治三年,清政府基本控制了安徽全境,随即着手恢复安徽的政治、经济和社会秩序。在各方的努力下,安徽逐步从战争灾难中重新站立起来,但由于战争破坏太大,安徽的经济恢复缓慢。战争也沉重地打击了清王朝的统治,而统治者并没有从中汲取教训,30 年后,皖北又发生了刘朝栋起义。

---

① 据民国《安徽通志稿·大事记稿》上卷下,《太平军兵争期内皖省府州县经过兵事年月表》统计。另参林齐模《旧制度的危机——太平天国战争对安徽田赋征收的影响》,《安徽史学》2002 年第 3 期。

② 曾国藩:《豁免皖省钱漕折》,《曾文正公全集·奏稿》卷二一,(台湾)文海出版社 1974 年版。

第一节　政权恢复

一、各地政权的恢复

太平天国在安徽的 12 年中,足迹几乎遍及全省各地,清政府在安徽的统治陷入瘫痪。为应付战时军事需要,清政府先后任命了李嘉端、江忠源、福济、翁同书、李续宜等多名巡抚,他们名义上是一省之长,却管不到安徽全省。随着太平军在安徽的步步失利、清军的节节胜利,安徽的州县逐个回到清政府手中。清军克复各州县的时间如下:

安庆府:太湖、潜山于咸丰十年正月克复,怀宁、桐城、宿松、望江诸县于咸丰十一年八月克复。

徽州府:婺源于咸丰十年克复,歙县、休宁于咸丰十一年克复,祁门、黟县于同治二年克复,绩溪于同治三年克复。

宁国府:宣城、泾县、南陵于同治元年克复,宁国、太平、旌德于同治二年克复。

池州府:东流于咸丰十年克复,贵池于咸丰十一年克复,青阳于同治元年克复,石埭、建德、铜陵于同治二年克复。

太平府:当涂、繁昌、芜湖 3 县均于同治元年克复。

庐州府:庐江、舒城、无为 3 县于咸丰十一年克复,合肥于同治元年克复,巢县于同治二年克复。

凤阳府:凤阳于咸丰十年克复,定远县于咸丰十一年克复,灵璧县于同治元年克复,凤台、寿州、怀远于同治二年克复。

颍州府:颍上、霍邱、亳州、蒙城均于同治二年克复。

广德直隶州:建平县和州城于同治二年、三年先后克复。

滁州直隶州:州城及全椒、来安均于同治三年克复。

和州直隶州:州城及含山县于同治二年克复。

六安直隶州：霍山县于同治二年克复，州城及英山县此前已经克复。

泗州直隶州：天长、五河、盱眙均于同治三年克复。①

到同治三年，清军基本上控制了安徽全境，清政府恢复了在安徽的统治。

恢复统治后，清朝统治者首先是恢复赋税征收。曾国藩率湘军控制安庆周围的部分地区后，为筹措军饷开始推行亩捐制。咸丰十一年八月，湘军攻占安庆，曾国藩"以亩捐之法，参用正供之意，查明各处熟田，按亩捐钱四百文，给予县印串票，以抵正赋，名曰抵征"，恢复了正常的税收形式。同治二年，抵征之法推广到皖南部分州县。② 同治三年，曾国藩颁发《皖省开垦荒田章程》，要求各县设劝农局，办理垦荒事宜，以图恢复生产。同治四年，安徽省议定《清理荒产、逆产章程》8条，③要求清理抛荒土地，没收起义领袖（如张乐行等）田产，妥为安置降众和难民。这些措施的目的，是恢复战前的土地财产关系，稳定社会秩序。

二、涡阳建县

雉河集原为蒙城县地，在蒙城"西北之陲"，有涡水流过，水运便利，是蒙城、亳州、阜阳、宿州之间的一处商业中心，距这4州县治均有百里，因此又是个四不管的地方。前期捻军五旗的主要首领大都家居雉河集附近，黄旗张乐行是雉河集西北12里张老家人，红旗侯士伟是雉河集北35里侯老郢人，白旗龚得是雉河集西南25里磨盘松人，蓝旗韩老万是雉河集东45里大韩庄人，黑旗苏天福的家乡河南永城县距雉河集亦不过几十里地。咸丰六年正月，捻军五旗在雉河集会盟后，便以雉河集为基地，纵横淮河南北。同治二年二月，清军攻陷雉河集，擒获张乐行，前期捻军失败，清政府重新控制了淮北地区。

---

① 民国《安徽通志稿·大事记稿》上卷下，《太平军兵争期内皖省府州县经过兵事年月表》。另参张研、牛贯杰《19世纪中期中国双重统治格局的演变》，中国人民大学出版社2002年版，第407—411页。
② 林齐模：《旧制度的危机——太平天国战争对安徽田赋征收的影响》，《安徽史学》2002年第3期。
③ 民国《安徽通志稿·财政考稿》。

捻军起义之际,清政府对皖北的统治比较薄弱。其时,皖北的政区设置是 2 府(凤阳、颍州)1 直隶州(泗州),下辖 13 县 3 州,面积 6 万多平方公里,平均每州县约 4000 平方公里。在这 6 万多平方公里的范围内,绿营兵不过 4000 来名。① 因此,难以有效控制基层社会,这是捻军在皖北得以大规模发展的原因之一。

清政府官员在镇压捻军过程中对此也有所认识,因此,反复与捻军争夺雉河集一带地区。镇压了前期捻军后,为了杜绝后患,加强对雉河集地区的控制,一些官员建议在此设立新县。同治二年,僧格林沁奏请在雉河集添设重镇,或设置州县。该年十二月,同治帝颁谕:"雉河集为蒙亳永宿颍适中之地,相距均在百里以外,该大臣拟请添设重镇,或酌设州县各官,以资治理。所筹甚中窾要。著曾国藩、乔松年审度时势,酌量情形,遴选职分较大武员,统带数营,驻扎该处,以资弹压,庶可清理伏莽,永消反侧……应如何酌设州县各缺以专责成之处,并著详细筹商,妥议章程具奏。"②曾国藩等人会商后,于同治三年"请以宿州、蒙城、亳州、阜阳四属相连之地添设涡阳县,属颍州府"③,得到准许。

县名涡阳得自涡水。早在北魏时期就有涡阳县之设,几经变化,隋朝在涡阳县地设山桑县,唐朝改蒙城县。安徽地方官员议定沿用涡阳作为在雉河集所设新县之名,并请同治帝钦定县名。同治四年六月,同治帝在上谕中说:"雉河集滨临涡河,地当冲要,并著照该大臣等所拟,添设涡阳县治,借资弹压。"④清政府原计划将新涡阳县县城建在雉河集,不料,同治四年张宗禹又率捻军围攻雉河集,地方官员"以为不祥",决定将县城西移半里。

―――――――――

① 张研、牛贯杰:《19 世纪中期中国双重统治格局的演变》,中国人民大学出版社 2002 年版,第 315—318 页。另,徐国利对捻军起义前清政府在皖北统治的薄弱问题也有详细研究,但对皖北地区的面积和驻军数量的统计与张研、牛贯杰不同。见徐国利《清代中叶皖北的自然、政治、经济和社会》,载张珊《捻军史研究》,文化艺术出版社 1994 年版。

② 《清穆宗实录(二)》卷八九,"同治二年十二月己亥"条,第 888 页。

③ 光绪《重修安徽通志》卷一七,《建置沿革》;民国《涡阳县志》卷二,《疆域沿革》(该书刻本原名《涡阳风土记》,铅印本改名《涡阳县志》)。

④ 《清穆宗实录(四)》卷一四四,"同治四年六月甲午"条,第 379 页。

新城创建于同治七年四月,九年四月竣工。城墙周四里三十四步,城濠三里二十三步(城北面临涡河,没有城濠),设4门(东崇升、西溥泽、南迎薰、北拱辰),每门上筑戍楼,外筑月城。①

同治九年五月,新建涡阳县学宫,拨置文学额10名、武7名,裁蒙城县训导改设涡阳,以亳州义门巡检属涡阳县管辖,移亳州州同于丁固寺集为分防州同。② 涡阳县的建制进一步完善。

清政府在雉河集设置涡阳县,本想在捻军"巢穴""遏乱萌"、"谋久安",③但统治者只看到了对地方控制不力的一面,却没有认识到导致捻军起义的本质原因。涡阳县建成18年后,这里再次爆发了刘朝栋领导的农民起义。

第二节　经济恢复

长期战乱使安徽遭到毁灭性打击,全省人口急剧减少,生产停滞,广大人民家园被毁、生活无着。同治二年二月,曾国藩写他亲眼所见的安徽沿江地区的凄惨状况:"自池州以下,两岸难民皆避居江心洲渚之上……老幼相携,草根掘尽,则食其所亲之肉。风雨悲啼,死亡枕藉。"④一位外国人记载了战后在浙江和皖南看到的荒凉景象:

尽管土壤肥沃,河谷地带已完全荒芜。……不时可见到临时搭凑的小屋,暂为一些可怜的穷人的栖身之处,他们的赤贫与周遭肥沃的田地适成鲜明的对比。我提到过的城市,如桐庐、昌化、于潜、宁国等地到处都是废墟,每城仅数

① 民国《涡阳县志》卷五,《建置》。
② 《清穆宗实录(六)》卷二八三,"同治九年五月壬午"条,第910页。
③ 柯开云:《涡阳县志·序》,民国《涡阳县志》卷首。
④ 曾国藩:《沿途察看军情贼势片》,见《曾文正公全集·奏稿》卷一八。

十所房屋有人居住。……连接各城的大路已成狭窄小道，很多地方已长满高达十五英尺的荒草，或者已长满难于穿越的灌木丛。……无论是河谷中的田地，还是山坡上的梯田，都已为荒草覆盖，显然没有什么作物能在这枯竭的土地上繁衍。①

面对这种局面，清廷和安徽地方政府不得不采取一些恢复经济的措施，以稳定社会，增加财政收入。

一、经济政策

（一）招垦政策

安徽在战争中大量人口死亡、流徙，导致荒地千里。"皖省州县被害最深之处，往往数十里寂无人烟"②，皖南各县几乎十田九荒。开垦荒田、恢复生产成为当务之急。

同治元年，清廷发布谕旨奖励垦荒："军兴以来，被扰地方民多流徙，地半荒芜……嗣后被扰州县地方官，有能招集流亡开垦地亩，尽心民事者，即著该督抚藩司随时登之荐牍，以备擢用。"③

同治三年，两江总督曾国藩核定《皖省开垦荒田章程》④，以"皖南新复地方，流民未集，其田产荒芜，以宣城、南陵、泾县、旌德、太平、绩溪、青阳、石埭、建德9县为最"，拨给九县湘平银2.7万两，每县3000两，用于开垦荒田。各县设劝农局，办理荒田开垦事宜。《皖省开垦荒田章程》共6条，主要内容如下：

> 第一条，各县设劝农局。每县各设一局，名曰劝农局，由本部堂遴委局员正副各一人，帮同地方印官会办，又于各乡

---

① 冯·李希霍芬：《浙江、安徽省书信》，转引自何炳棣著、葛剑雄译：《明初以降人口及其相关问题1368—1953》，生活·读书·新知三联书店2000年版，第284—285页。
② 民国《安徽通志稿·财政考稿》。
③ 《清朝续文献通考·田赋三》。
④ 同治《黟县三志》卷一一，《政事·蠲赈》。

选派都长或圩长或保长均可，小县设立五六名，中县七八名，大县不得过十二名……

第二条，局中不理外事。设局专办开垦荒田事件，不办官差兵差……局内不准擅理词讼，不准私设刑具，不准勒派丁费亩费……

第三条，散给牛本、籽种。凡牛有水牛黄牛，年力有老少，耕田有多寡，各局买定之牛，编立号簿，注明价值……并注明可耕田若干亩……凡领牛一头者，照原价酌减十分之二，令其偿还。牛本分作三年摊还，如牛价原值十串，甲子秋还三串，乙丑秋还三串，丙寅秋还二串完毕。其籽种之数每亩发给四斤，秋收后全数偿还。年清年款，不取利息。

第四条，计资分年开垦。各县现拨三千元，必不敷用，本部堂尚须另筹接济。各县绅富流寓他处者，宜劝其量力捐资，以充垦田之费。如甲子年开垦十分之二三，至乙丑年有绅富捐助之款，有偿还牛本之款，有司续拨之款，则可垦十之六七矣。至丙寅年则须全数开垦，一律成熟。设局试办之初，田亩须择不畏水旱十年十收者，尽先开垦，庶不枉费牛力。凡种上年成熟之田者，不准请领。力足自买耕牛者，亦不准请领。其有圩堤未修，水冲沙压者，俟乙丙等年再行开垦，目下亦不准遽领牛种……

第五条，查明业主佃户。荒田之有业主有佃户者，认垦自有原主原佃，应无庸议。其有业主无佃户者，应由业主自行召佃开垦。其无业主有佃户者，应由佃户具结暂垦，声明原系何人之业。其业主佃户并无人者，应由局查明报县立案，一面募人佃种，声明业主何人，倘日后回乡仍将原田归还。至佃户应纳之租，由业主自备垦费者，租数听其自定；由局支领垦费者，局员酌量丰歉，劝令业主稍减租数，以纾佃力，一二年后，准照向例办理。

……

《皖省开垦荒田章程》规定了劝农局的组成和职责、开垦荒田的方式、资助垦荒者的方式、无主荒田的处理政策。《皖省开垦荒田章程》虽然主要是针对皖南 9 县,但末尾提到"此九县外,凡皖南皖北有应照此兴办者,由各官绅随时禀请推广行之"。

皖北也实施了类似的鼓励垦荒政策。①

同治四年,安徽省议定《清理荒产、逆产章程》8 条,②其中第三、四、六、七条涉及荒田开垦:

　　第三条,清出无主荒田,宜募佃垦种也。

　　……皖省州县被害最深之处,往往数十里寂无人烟,若必尽用土著之民,人少田多,仍不免于荒废。应饬各州县出示晓谕,无论土著、流寓,出具切结声明年岁、籍贯、户口、人数,邀同本处绅董出具保结,均准认田垦种。

　　其自备牛、种开垦者,名曰垦户,业主未归以前,无论年限远近,只完丁漕两项银米,租息概免交纳。业主回归,仍将当年租息归于承种之户收取,下年再行交还。其业主领田时,按照后条章程,分别久荒、次荒,酌给开垦工本。如认垦久荒之田,业主在一年之后领回者,每亩给垦户工本钱三千文;二年之后领回者,每亩给钱二千文;三年之后领回者,每亩给钱一千文。认垦次荒之田,业主在一年之后领回者,每亩给垦户工本钱二千文;二年之后领回者,每亩给钱一千五百文;三年之后领回者,每亩给钱一千文。……至三年之后无主认领,听种户暂行管业。如有业主回归有印契呈验者,方准领回。若迟至六年之后,即令种户按亩高下分别缴价……由官发给执照,归种户永远管业。嗣后虽经真正业主呈验印契,亦不准领。

　　若种户无力,须由官筹牛、种,名曰官田,与种户自备工

_____

① 王鹤鸣、施立业:《安徽近代经济轨迹》,安徽人民出版社 1991 年版,第55—56 页。
② 民国《安徽通志稿·财政考稿》。

本者不同,按照后第七条章程分别免租办理。

第四条,请领荒田,宜明定限期也。

……凡业主呈报复业者,自同治四年十月起,统以两年为限,其道路远阻者,声明迟滞缘由,准再予限一年……其由种户认垦者,照前条办理。其由官筹给牛、种招佃开垦者,饬业主缴还牛、种资本,将官佃作为民佃,按照所定章程查明租额,分别免征。三年之外方准业主自行耕种或另换别佃。如三年以后余限已满始行呈报复业者,除有印契存验仍准领回外,如无印契验,虽系真正业主亦不准领。

第六条,耕牛、籽种,宜设法筹给也。

兵燹之后,农具大半无存,凡属无主荒田,由官给牛、种开垦。其有主之荒田因无力荒废者,另造业主姓名、亩数清册,送官查核,由官酌给牛、种一年,匀作三年缴还。所需牛、种经费,初年由司设法筹款,二年、三年即以官田初年所收之租拨用。其有不足者另行筹款。

第七条,垦荒征粮,宜分别等次也。

此等无主荒田,荒废五六年以上者为久荒,荒废三四年以下者为次荒。凡种户无力开垦,由官发给牛、种者即为官佃,理应纳租,应饬各州县查明从前原定租额,分别免征,以示体恤。如官佃承种久荒之田者,三年之内免租六成,承种次荒之田者,三年之内免租四成。三年之外,与各项熟田一律照原额纳租。至于丁漕两项粮米,即于收租息内,由官代为完纳……

较之《皖省荒田开垦章程》,《清理荒产、逆产章程》在某些方面更加明确严密:第一,无论土著、流寓均可认垦荒田,这是考虑到战后安徽人口大量减少,而荒田大量存在的实际情况。第二,原业主领回荒田的规定更加具体。《皖省荒田开垦章程》仅原则规定原业主"倘日后回乡仍将原田归还",《清理荒产、逆产章程》则规定了领回年限,且须给认垦者以补偿,超过年限不准领回。第三,规定了认垦荒田的纳租办法。但《清理荒产、逆产章程》在贷给耕牛、籽种及经费筹措方面的规定不及《皖省荒田开垦章程》具体。

鼓励垦荒的政策一方面促进了荒田的开垦和经济的恢复，另一方面也带来了土地关系的变化，相当数量的农民取得全部或部分土地所有权。由于无主荒田占有相当比例，不少本来没有田产的贫民通过认垦荒田取得土地所有权，从而成为自耕农。战后，很多地主的经济实力一蹶不振，不得不让佃户长期租种所垦荒田，再加上《清理荒产、逆产章程》中有利于认垦佃户的规定，永佃制在安徽也得到进一步发展。[①] 自耕农的增加和永佃制的发展对于恢复遭受战争破坏的经济，有一定的积极作用。

光绪二十二年，各地上报的荒田有 6 万余顷，占安徽额田 38 万余顷的近17%。安徽巡抚认为其间存在捏熟为荒的舞弊行为，于同年对全省荒田重新查核，共查出各地多报荒田 2 万余顷。[②] 按照重新查实的数据，全省仍有 4 万余顷荒田未能开垦，占安徽额田的比例约为10%。[③] 从"十田九荒"到"十田一荒"不过 20 来年的时间，不能不说是很大的变化，但 4 万余顷的荒田也还是非常可观的数目。影响垦荒效果的因素仍然是政府的政策。第一，无论是《皖省荒田开垦章程》，还是《清理荒产、逆产章程》，无不首先维护原业主的利益，使通过垦荒获得事实土地占有权的农民利益得不到保证，必然影响垦荒的积极性。[④] 第二，贷给认垦农户的牛、种资金得不到保证，《皖省荒田开垦章程》每县仅发 3000 金，《清理荒产、逆产章程》中只说"耕牛、籽种宜设法筹给"。经过战争，政府财政捉襟见肘，农民更是一贫如洗，资金缺乏自然影响垦荒的效果。第三，上述两个垦荒章程都有认垦农户必须交租的规定，虽然开垦的头两三年可以减免，但之后便要规复旧制，未

---

① 王鹤鸣、施立业：《安徽近代经济轨迹》，第 58 页。

② 冯煦主修、陈师礼总纂：《皖政辑要》卷二五，《田赋四》，黄山书社 2005 年版。

③ 林齐模根据有关资料统计得出，安徽荒地 1880 年有 803500 亩，1887 年有 8274363 亩，1888—1894 年平均 6636363 亩，1896 年为 600 万亩以上，占原额田的比例分别为 21%、21.7%、17.4%、15.7%。见林齐模《旧制度的危机——太平天国战争对安徽田赋征收的影响》，《安徽史学》2002 年第 3 期。

④ 顾建娣：《19 世纪中期安徽的田赋征收制度》，见《中国社会科学院近代史研究所青年学术论坛》2005 卷，第 49 页。

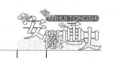
给贫困农民以充分的休养生息的条件。

（二）税收调节

赋税是封建国家主要的财政来源，同时也是经济调节的常用手段之一。历史上每有大变，统治者总会采取一定的措施轻徭薄赋，以纾民力。

清政府恢复在安徽的统治后，税收上面临两大难题，一是由于战争期间社会不稳定、政令不通，咸丰年间的钱粮未能正常征收，大量积欠。二是由于战争的破坏，安徽人口急剧减少，土地大量抛荒，人民的财产损失巨大，非但无法补交旧欠，当年的钱粮也无力交纳。于是旧欠未清又添新欠。虽然清政府的财政捉襟见肘，对于无法收取的赋税，也不得不出于稳定社会的考虑，分别情况予以减免。

咸丰十一年（1861），安徽部分州县次第克复，清廷谕令安徽失陷郡县次年钱粮漕米一概蠲免，以纾民力。同治二年二月，"上谕安徽蒙、亳等处自遭捻患，几及十年，四野荒芜，疮痍满目。言念吾民，殊堪矜悯，著加恩蠲免钱漕二年，以苏民困。"同治三年七月，豁免安徽省所欠道光二十年以前的地丁、芦课银及米麦，道光三十年以前的杂税银，并免各州县咸丰元年至克复之日的杂税积欠。

同治四年，两江总督曾国藩、安徽巡抚乔松年奏称："安徽省城用兵十余年，各属被害甚重，现虽全境次第克复，而户口流亡，田地荒芜，耕种失时，若仅照克复年份豁免钱粮，小民元气未复，新赋、积欠均尚难于输纳"，恳请蠲免各州县应征钱粮、杂税。朝廷允准所请，除免除咸丰九年前安徽民欠钱粮、漕米外，广德、建平、宁国3州县咸丰十年至同治三年，绩溪、旌德、太平、宣城、南陵、泾县、青阳、石埭8县咸丰十年至同治四年，凤阳并临淮乡、怀远、寿州、凤台、颍上、霍邱、滁州、全椒、来安、盱眙、天长、东流、歙县、黟县、贵池、建德16州县咸丰十年至同治三年，怀宁、桐城、潜山、太湖、宿松、望江、休宁、祁门、铜陵、当涂、芜湖、繁昌、合肥、无为、舒城、庐江、巢县、定远、宿州、五河、和州、含山、六安、英山、霍山25州县咸丰十年至同治二年，婺源、阜阳、太和、泗州并旧虹乡、灵璧5州县咸丰十年至同治元年，一应民欠正杂钱粮银米、商牙鱼杂各税、压征芦课各项官租，概行蠲免豁免。亳州、蒙城自咸丰十年起至同治元年止民欠钱粮一并蠲免。安庆、新安、宣州、建阳、庐州、凤阳、滁州、泗州、长淮各卫钱粮银米的蠲免标准,与所在州县相同。同治四年的这次蠲免,全省均受益。

同治五年,安徽遭受严重水灾,清廷应李鸿章、英翰之请,免除了寿州、凤阳、怀远、凤台、亳州、蒙城、盱眙、滁州、全椒、来安等 10 州县同治四年至五年 2 年的银米,旌德、太平 2 县同治五年的钱漕,怀宁、桐城、潜山、宿松、太湖、望江、休宁、祁门、铜陵、当涂、芜湖、繁昌、无为、合肥、舒城、庐江、巢县、定远、六安、和州、含山等 21 州县同治三年至四年 2 年所欠银米,宿州、五河 2 州县同治三年至五年 3 年的银米,婺源、灵璧、阜阳、太和、泗州等 5 州县同治二年至四年 3 年所欠银米,歙县、黟县、贵池、建德、东流、颍上、霍邱、英山、霍山、天长等 10 县同治四年所欠银米,绩溪、宣城、南陵、青阳、泾县、石埭等 6 县同治五年未完钱粮。本次蠲免又惠及安徽全省。①

同治八年,安徽沿江大水,沿江 17 州县同治五年至七年 3 年的积欠被免。

同治十一年和光绪元年,清廷又先后免除同治六年以前和同治六年至十年 5 年的民欠。②

清政府免除赋税的政策,使刚刚脱离战火的安徽人民得到休养生息,有利于恢复生产、稳定社会。

二、人口的缓慢恢复与移民

(一)人口的缓慢恢复

太平天国战争中,安徽人口急剧减少。战后各地的地方文献中充满"渺无人烟"、"百里无人烟"、"数十里无人烟"以及人口"十不存一"、"百不存一"、"十不存三四"一类的记载。皖南地区人口的损失尤重,"徽宁广等属,兵戈之后,继以凶年,百姓死亡殆尽,白骨

---

① 光绪《重修安徽通志》卷八三,《食货志·蠲赈》。
② 冯煦主修、陈师礼总纂:《皖政辑要》卷四二,《蠲赈一》,黄山书社 2005 年版。

遍野,此受害最重者也"①。广德州"死亡过半","几数十里无人烟",②战后"土著不及十分之一"③。宁国县"死于锋镝者十之三,死于瘟疫者十之七"④。石埭县战后"各户人口仅存十分之一二"⑤。同治二年,两江总督曾国藩自安庆东下,视察皖南情形,他描述沿途所见情形道:"徽、池、宁国等属,黄茅白骨,或竟日不逢一人"⑥。次年十二月,他在汇报安徽情形时说:"安徽全省贼扰殆遍,创巨痛深,地方虽有已复之名,而田亩多系不耕之土。其尤甚者,或终日不过行人,百里不见炊烟。"⑦

由于历史人口资料缺乏,特别是10余年战争期间没有人口统计资料,关于战争期间安徽人口减少的具体数字,难以得出比较确切的结论,学者们只能结合战争前后的有关资料和地方文献中的定性描述进行推测,因而结论不尽相同,而且差距颇大。⑧曹树基对安徽战争前后的人口作了分府县的定量研究,⑨兹将其成果转录于下:

表10-1　太平天国战争前后安徽分府、州人口的变动　　　　　（人口单位:万人）⑩

府　州	1851 年	1865 年	人口损失
广德州	64.3	4.2	60.1
宁国府	400.0	76.8	323.2
池州府	322.0	42.0	280.0
太平府	173.0	43.0	130.0

---

① 曾国藩:《豁免皖省钱漕折》,见《曾文正公全集·奏稿》卷二一。

② 光绪《广德州志》卷一六,《田赋志·户口》。

③ 光绪《广德州志》卷五一,《艺文志》。

④ 民国《宁国县志》卷一四,《灾异》。

⑤ 民国《石埭备志汇编·大事记稿》。

⑥ 曾国藩:《沿途察看军情贼势片》,见《曾文正公全集·奏稿》卷一八。

⑦ 曾国藩:《豁免皖省钱漕折》,见《曾文正公全集·奏稿》卷二一。

⑧ 例如,据王社教推测,战争中安徽人口损失至少在三分之二以上,1851 年,安徽人口约3763 万(据梁方仲《中国历代户口、田地、田赋统计》),1864 年,战争结束时,安徽人口只有1250 万,人口减少2500 万(王社教:《清代安徽人口的增减和垦田的盈缩》,见《安徽史学》1994 年第 1 期)。张爱民计算了歙县、黟县、宣城、舒城、寿州、和州、颍州等州县的人口减少率,得出安徽的人口平均减少率为55%,1851 年人口数为3763 万(亦据梁方仲前引书),全省人口减少2000 万(张爱民:《近代安徽人口的变迁》,见《安徽师范大学学报》1996 年第 3 期)。

⑨ 曹树基著:《中国人口史》第 5 卷(下),复旦大学出版社 2005 年版,第491—505 页。

⑩ 曹树基著:《中国人口史》第 5 卷(下),《表11—9》,第504—505 页。

府　州	1851 年	1865 年	人口损失
徽州府	271.5	62.3	209.2
安庆府	640.0	280.0	360.0
庐州府	416.5	340.0	76.5
颖州府	467.0	496.4	−29.4
凤阳府	511.3	344.4	166.9
泗　州	184.2	114.6	69.6
滁　州	70.4	24.6	45.8
和　州	50.2	52.5	−2.3
六安州	168.2	103.1	65.1
合　　计	3738.6	1983.9	1754.7

　　曹树基得出的结论是：战争期间，安徽人口损失了 1700 万（他对上表徽州府的损失人口作了修正，以该府损失人口占战前人口 50% 计），占战前人口的 45.5%，其中皖南人口损失 930 万，约占皖南战前人口的 81%；皖北人口损失约 780 万，占战前皖北人口的 31%。

　　考虑到安徽大部分州县在同治二年已经被清军克复，逃亡人口陆续回迁，外省人口也开始陆续迁入，再结合其他学者的估测，战争期间安徽应有 2000 万左右的人口损失。全省只有颖州府与和州受战争影响较小，人口损失不明显。皖南是太平军和清军反复争夺的地区，人口损失惨重，其中又以广德为最。道光三十年，广德州本州（今广德县）人口为 309008 人，到了同治四年仅有人口 6328 人，其中 1250 人是外来人口，土著仅 5078 人。①

　　人口锐减的原因，一是战乱的影响，不但清军在安徽大肆屠杀百姓，后期太平军也滥杀无辜；二是水旱灾害和瘟疫的影响，民国《宁国县志》所载县民"死于瘟疫者十之七"最为典型。②

　　战争结束后，安徽人口开始缓慢恢复。据民国《安徽通志稿》记

---

①　曹树基著：《中国人口史》第 5 卷（下），第 493 页。
②　王鹤鸣：《安徽近代经济探讨 1840—1949》，中国展望出版社 1987 年版，第 264—267 页；另见王鹤鸣、施立业《安徽近代经济轨迹》，第 20—23 页。何炳棣在《明初以降人口及其相关问题（1368—1958）》中探讨天灾对人口减少的影响时，列举了凤阳府 1852 年到 1899 年的自然灾害情况作为例子，见该书第 298—300 页。

载,光绪十八年,全省人口约2059.7万。光绪二十八年,全省人口约2367.2万。10年间人口增长300余万。宣统二年(1910),全省人口约2519.7万。①

（二）移民

战争使安徽人口损失惨重,大量土地抛荒,战后全省尤其是皖南地区地多人少的矛盾十分突出。为恢复生产,曾国藩在皖南一方面鼓励本地百姓垦荒,一方面招募外省百姓前来开垦。曾国藩和安徽巡抚曾向河南、湖北等省发布招垦文告,大意是:

> 你们离开你们贫瘠之土,到这里肥沃之地来吧! 让这些田地、这些房屋成为你们的不动产吧! 头几年,你们可免交公粮,到了规定时期,你们再和其他人民一样向朝廷纳税,共享同样利益。只要你们奉公守法,我们一致保护你们。②

这一举措吸引了大量外省百姓来安徽垦荒。随着移民的大量拥入,移民之间、土客之间围绕土地所有权而产生的矛盾也日渐突出,史式徽在《江南传教史》中写道:

> 他们（指移民）刚来到这地方时,在占领无主土地这问题上,官方没有什么明确布置,法律上也没有明文规定,无主产业,谁先占就属于谁,于是人们互相争夺土地,地方上大不安宁。湖北人不能独占这方土地,因为极少数几个本地人早已住在这里了。还有别处来的人,长江以北的几户人家也先后来到这里。谁都要保住或攫取那最好的一份。从此,彼此相骂、打架,甚至正式动武。大多数地方官看不起移来的外地人,"因为他们更穷,而本地人又比较容易找到进衙门的铺

① 曹树基在《中国人口史》第五卷（下）中推算的数字,见该书第505页表11-9。
② ［法］史式徽:《江南传教史》第二卷,上海译文出版社1983年版,第217页注1。

路费,于是'有钱即有理'了。因此,不知多少移民人家在夜间遭到了凶残地抢劫,被几个手持长枪短刀的人逐出住处。到衙门去诉苦吧,也是徒然,因为他们没有钱"。①

同治末年,曾国藩以及皖南的地方官不得不停止招垦,并请求湖北和河南两省督抚晓谕百姓不要再来安徽。至光绪初年,皖南地区招垦大致结束。然而,事实上直至清末,民间自发的移民活动并未停止,外省百姓依然络绎不绝前往皖南垦荒。

与此同时,安徽省内人多地少地区的农民也纷纷向荒地较多的地区迁移。例如,贵池县就有大量来自桐城和庐江的移民,全椒县则有不少来自合肥、潜山的移民。宁国府和广德州除了大量湖北、河南两省的移民,还有相当数量来自本省徽州、安庆、庐州诸府的移民。

据《皖政辑要》载,光绪三十年,安徽全省土著共计12434157人,客民达1650463人,②客民占全省总人口的比例近12%。兹将《皖政辑要》所载各府州土、客人口数据列表如下:

表10-2　1904年安徽各府州土著、寄籍人口数量表　　　（单位:人）

府州	寄籍	土著	人口总数	寄籍占总人口的比例
安庆府	118861	2229946	2348807	5.1%
徽州府	90191	738875	829066	10.1%
宁国府	249498	432877	682375	36.1%
池州府	104392	403925	508317	20.5%
太平府	112969	222286	335255	33.7%
庐州府	270498	1864412	2134910	12.6%
凤阳府	95108	2044789	2139897	4.4%

---

① ［法］史式徽:《江南传教史》第2卷,第217页。引文中引号内的句子是史式徽从传教士的文章中引用的。外来移民由于受到排挤,往往求助于教会,而教会出于传教的需要也常常插手土、客之间的争端,从而引发民教冲突。发生于光绪二年(1876)的皖南教案(建平教案)就起因于土、客之争。
② 冯煦主修、陈师礼总纂:《皖政辑要》卷一五,《户籍》。该书记载的1904年人口并不准确,但可供分析移民情况参考。

续表

府州	寄籍	土著	人口总数	寄籍占总人口的比例
颍州府	55708	2686956	2742664	2%
广德州	164045	38196	202241	81%
滁州	54433	107500	161933	33.6%
和州	4504	258627	263131	1.7%
六安州	125726	618294	744020	16.9%
泗州	204530	787474	992004	20.6%

各州县中,只有巢县、凤台县、宿州、涡阳县无寄籍人口。由上表可知,广德直隶州寄籍人口比例最大,[①]其次是宁国府、太平府和滁州直隶州。再将这4府州所属县的土、客人口列表如下:

表10-3 1904年部分州县土著、寄籍人口数量表 （单位:人）

府州	州县	寄籍	土著	人口总数	寄籍占总人口的比例
广德直隶州	广德本州	102068	13532	115600	88.3%
	建平县	61979	24664	86643	71.5%
宁国府	宣城县	100656	158741	259397	38.8%
	宁国县	120131	26923	147054	81.7%
	泾县	10377	100051	110428	9.4%
	太平县	5577	48244	53821	10.4%
	旌德县	5624	39266	44890	12.5%
	南陵县	7133	59652	66785	10.7%
太平府	当涂县	61207	87540	148747	41%
	芜湖县	50215	74756	124971	40.2%
	繁昌县	1547	59990	61537	2.5%
滁州直隶州	滁州本州	27763	43534	71297	39%
	全椒县	14951	44735	59686	25%
	来安县	11719	19231	30950	37.9%

---

① 据光绪《广德州志》,光绪五年(1879)土著与移民分别为19981人和109567人,移民占总人口的84.6%。

皖南的外省移民以湖北、河南为主,如广德州"湖北人居其四,河南人居其三,江北人居其一,浙江人居其一,他省及土著共得其一"①。宣城县移民也是以湖北、河南为主。

移民使安徽的农业劳动力得到及时补充,解决了劳动力不足的问题,为安徽经济的恢复作出了重要贡献。

三、经济的恢复

随着劳动力的逐渐增加,安徽的经济也逐渐恢复。受战争影响最大的广德州,战后在政府垦荒政策的扶持和土、客民的共同努力下,抛荒土地复垦数逐年增加。光绪五年,广德熟田已达原额的71.7%,建平县达58.1%。至光绪中后期,广德荒田"已尽辟垦"②。其他州县的荒田也同样逐渐复垦,到光绪二十二年,安徽全省的熟田已达原额的90%。

在传统粮食作物水稻、小麦之外,玉米和番薯这两种耐旱作物在各地广泛种植。玉米于乾隆年间传入安徽,但种植并不广泛。太平天国战争后,玉米因其具有强适应性以及耐旱、高产等优点,受到移民的青睐,被广泛种植。在皖南地区,玉米和番薯成为重要的粮食作物。③

芜湖被辟为通商口岸后,在出口市场的刺激下,安徽的商品性农业有所发展。19世纪70年代,安徽的茶叶生产呈现出一派繁荣景象,茶叶平均年产量在100万石以上。祁门红茶即创制于此时,甫一上市就受到国外市场的欢迎,十分畅销。蚕丝生产有了很大发展。地方官积极倡导种桑养蚕,如徽宁池太广道袁昶自费采买桑秧数十万株,分发给各属种植。许多以前从无蚕桑生产的地方,这时大量种桑养蚕。滁州"向无蚕事,乱后养蚕颇多",全椒"往往辟良畴接湖桑"。淮河以

---

①　光绪《广德州志》卷末补正。皖南百姓称安庆府属地为"江北"。
②　葛庆华:《近代苏浙皖交界地区人口迁移研究(1853—1911)》,上海社会科学院出版社2002年版,第220页。
③　葛庆华:《近代苏浙皖交界地区人口迁移研究(1853—1911)》,第244—247页。

南几乎无处不兴蚕桑之利。① 全省普遍种植棉花,尤以长江沿岸的安庆、池州、宁国、太平、和州等府州为最。其他如烟叶等经济作物的生产,也有所发展。

芜湖通商也刺激了安徽稻米的生产,稻米的商品化非常明显。清末,安徽年产稻米 3000 万石左右,约有 10% 通过芜湖海关运销省外。

由于受战争影响巨大,再加上自然灾害频繁,战后安徽经济的恢复十分缓慢。据中国社会科学院经济研究所收藏的清代安徽农业生产收成表显示,鸦片战争以前,安徽大多数州县农业收成在 7 成以上;鸦片战争后,大多数州县的收成降至 6 成。进入 19 世纪 70 年代之后,多数州县的收成不到 6 成:同治九年,60 个州县中,46 个州县夏收不满 6 成,41 个州县秋收不满 6 成;光绪元年,48 个州县夏收不满 6 成,51 个州县秋收不满 6 成;光绪六年,夏秋两季收成不满 6 成的州县分别是 47 个和 46 个;光绪十一年,52 个州县夏收不满 6 成;光绪十六年,55 个州县夏收不满 6 成;光绪二十一年,夏秋两季收成不满 6 成的州县分别达到了 54 个和 50 个。②

第三节　社会秩序恢复

一、灾荒救济

(一)成灾的背景及原因

安徽是太平天国运动和捻军起义的主战场,战火所至,当地人民饱受痛苦。长期的战乱加剧了农业的衰退。在小农经济时代,农民抵御自然灾害的能力本来就很弱,连年战乱造成了安徽境内赤地千里的景象,使农民的抗灾能力更加低下。加之清廷由于内战消耗和对外赔

---

① 王鹤鸣、施立业:《安徽近代经济轨迹》,第 166—167 页、第 59—60 页。

② 翁飞等:《安徽近代史》,安徽人民出版社 1990 年版,第 234 页、第 219—220 页。

款的增多,不可能对农民在战后实行长时期的休养生息政策,遇到灾荒亦不可能进行及时的救济,各级政府也无力组织水利建设,加剧了农民受灾的风险,使无灾变有灾、小灾变大灾,大大增加了自然灾害的频率和破坏力。另外,战火所到之处,对生态环境造成了极大的破坏,这也是战后安徽水旱灾害频发的主要原因。

1. 自然灾害的种类及破坏

咸同年间,安徽境内自然灾害频繁爆发,主要有水灾、旱灾、蝗灾及风灾、雪灾、冰雹灾害等,而且灾害的爆发大多是多灾并行,给人民的生命财产造成了巨大损失。

(1)水旱灾害。安徽省地处东南沿海与西部内陆的过渡地带,地跨长江、淮河、新安江三大流域,境内河道平缓。正因如此,一到梅雨季节,如排水不畅,安徽境内极易发生水灾,特别是淮河流域由于黄河夺淮等历史原因的影响,成为安徽水灾的重灾区。另外,安徽境内多山地丘陵,水灾过后往往形成旱灾,并繁衍成其他灾害。相关灾害记载不绝于书:

咸丰十年(1860)闰三月十五日,安徽巡抚翁同书奏:"皖省咸丰九年各属呈报,秋禾被水、被旱、虫伤……"在同日奏疏中的清单中可以略窥灾情的详细情况:"兹据布政使……会详,咸丰九年皖北……阜阳、颍上、霍邱、亳州、蒙城、太和、泗州并旧虹乡……寿州、宿州、灵璧……凤台等十四州县,秋禾被水、受旱、虫伤被扰,收成歉薄。"[1]咸丰十一年(1860),"宿松、铜陵、当途、含山大水"[2]。

同治三年,全省"夏秋间大旱"。据同治四年二月上谕,全省被水被旱地方包括英山、霍山、定远、望江、怀宁、桐城、潜山、太湖、宿松、铜陵、当涂、芜湖、繁昌、合肥、无为、舒城、庐江、巢县、和州、含山、泗州、灵璧、宿州、五河、阜阳、六安、太和27州县。[3] 同治五年,"安、徽、池、台、凤、颍、滁、和、六、泗十府州及宣城、泾县、南陵、旌德、太平、庐江、

---

① 水利水电科学研究院:《清代淮河流域洪涝档案史料》,中华书局 1988 年版,第 797 页。
② 光绪《重修安徽通志》卷三四七,《杂志类·祥瑞》。
③ 《清穆宗实录(四)》卷一三一,"同治四年二月戊子"条,第 94 页。

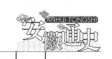

舒城、无为、巢县俱大水"①。

同治八年八月二十六日,安徽巡抚英翰奏:"安徽省本年六月份各属雨水……上旬雨多晴少,中下两旬晴霁日略多,沿江各属潮涨未退,圩堤漫缺,一望汪洋,无从宣泄,禾苗多被淹没。其皖北凤、颖等属,沿河一带低田,间有积水,高阜田地,二禾长发,仍望透以滋培……"②"怀宁、桐城、宿松、望江、南陵、贵池、青阳、铜陵、东柳(流)、当涂、芜湖、繁昌、合肥、无为、巢县、和州、含山俱大水。""怀远大水入城,秋大旱。"③

同治十三年(1874)二月十三日,安徽巡抚裕禄奏:"凤台县于同治十二年夏间,连朝大雨,山水骤发。焦冈湖堤坝被水冲坏,田庐被淹。"④

以上水旱灾害中尤以同治五年和八年水灾最为严重,被定为"一级大涝年"⑤。

(2)蝗灾。蝗虫所到之处,"禾稼俱伤",所以蝗灾是水旱灾之外的又一重大类型的灾害。主要是咸丰年间及同治初年灾情较重。尤其是咸丰六年,安徽北部"因蝗蝻四起",低洼好田均被"蝗食殆尽",导致"民食维艰,日形竭蹶,哀鸿遍野,不忍睹闻"。同治年间蝗灾在局部地区也有发生。

咸丰五年,寿州"天雨黑豆。夏大旱,飞蝗蔽天,禾稼俱伤"。宁国县"连年荒歉,飞蝗蔽天,所集田苗稼立尽"。全省水、旱、虫灾25州县。咸丰六年,"江南北州县均大旱,庐、凤、颖、六四属蝗甚"。咸丰八年,霍山县"春,民饥更甚。夏大疫,蝗蝻复作"。寿州"秋,蝗蝻遍地生,禾稼俱伤"。六安州"春大饥,夏秋大疫,蝗蝻复作,民之死者不可胜计"。"泗州、合肥、舒城、巢县、太湖、宣城旱蝗。"同治元年,萧县、宿州、定远、合肥、霍邱、和县、贵池旱蝗。同治六年,萧县蝗灾。

① 光绪《重修安徽通志》卷三四七,《杂志类·祥瑞》。
② 水利水电科学研究院:《清代淮河流域洪涝档案史料》,第843页。
③ 光绪《重修安徽通志》卷三四七,《杂志类·祥瑞》。
④ 水利水电科学研究院:《清代淮河流域洪涝档案史料》,第832页。
⑤ 安徽省地方志办公室编:《安徽水灾备忘录》,黄山书社1991年版,第1页。

（3）风灾、雪灾、冰雹灾害。风灾、雪灾、冰雹灾害同样严重,也给人民带来巨大的灾难,而且很多灾害都是同时爆发,一地几灾并行。

同治六年,六安州"春不雨,至五月二十一日乃雨,栽插失时,田多荒废。六月,东南四五十铺雪,深寸余,大风拔木,禾稼受损。七月十五日,雨雹大如拳,击地深二寸"。这里的灾害有旱灾、雪灾、风灾以及冰雹灾,是一地几灾并行的典型。

同治八年三月,凤台大雨雹。四月,寿州大雨雹。颍上县雨雹,大如鸡卵。同治九年正月,含山雷电、大雨雹。二月,绩溪大雨雹。四月,五河县雨雹,大如鸡卵。

同治十年,郎溪县、祁门县、南陵县、六安州、太湖县遭风灾,民房被毁。五河、怀远、灵璧、盱眙、建德、凤阳并临淮乡、定远、凤台、寿州、天长、怀宁、桐城、霍邱、潜山、宿松、东流、南陵、芜湖等 19 州县水、旱、风、虫灾。①

频繁的自然灾害也是安徽近代工矿业发展缓慢的原因之一。安徽年年有灾,同治年间以水旱灾害为主,有 10 年遭旱灾,10 年遭水灾,5 年遭蝗虫灾害,3 年遭雪灾,6 年遭风灾,3 年遭冰雹灾害。遭灾州县或多或少,受灾州县较多的年份有:同治五年几乎全省水灾,同治八年46 州县受灾,同治十年 19 州县受灾,同治十一年 31 州县受灾,同治十二年 29 州县受灾,同治十三年 10 州县受灾。②

（二）清政府和民间的救济措施

1. 清政府采取的措施

由于当时清政府内外交困,财政拮据,不可能对灾区进行及时而有效的救济。但面对如此频繁的灾害,为安定人心,以维护其统治,清政府和地方官员也采取了一些积极的救济措施。

（1）蠲缓。清政府镇压了太平天国和捻军起义后,对受战害严重的地区以及遭受水、旱等自然灾害严重的地区实行蠲缓政策,或蠲免钱粮,或缓征钱粮。

① 据相关州县志及光绪《重修安徽通志》记载,参见王鹤鸣、施立业:《安徽近代经济轨迹》,第566—568 页、569 页、570 页。
② 王鹤鸣、施立业:《安徽近代经济轨迹》"灾荒系年"条。

同治四年正月，清廷大规模免除安徽省各州县咸丰年间至同治初的积欠钱粮，有7个州县免至同治元年，25个州县免至同治二年，19个州县免至同治三年，8个州县免至同治四年。

同治五年水灾后，清廷以安徽各地元气未复，"本年山河淮湖盛涨，皖北水灾为从来所罕见，皖南宁、池两属蛟水陡发，冲没田庐，被灾极重"，"若将因灾递缓旧欠钱漕照常带征，民力未免拮据"，分别豁免全省州县同治二年至五年的有关积欠。

同治八年沿江大水，沿江无为、当涂、铜陵、望江、东流、芜湖、繁昌、和州、含山、怀宁、桐城、宿松、南陵、贵池、青阳、合肥、巢县等17州县，同治五年至七年的积欠被豁免。①

对局部地区受灾，也视灾情酌予蠲免。例如，同治九年（1870），宣城"因灾缓征旧欠"，"十一年蠲免六年以前旧欠钱粮"，"十二年因灾缓征钱粮"，"光绪元年蠲免旧欠钱粮"。②

（2）赈济。灾情发生以后，政府往往实行赈谷、赈银、赈粥、工赈等项赈济措施，解决灾民的吃饭问题。以工代赈是一种促使劳动力就业与赈济钱粮相结合的救灾形式，既能促使劳动力就业，使老百姓有饭吃，安定社会，又能兴办农田水利工程。例如，同治十一年，允许和州借动正项兴修同治八年被水冲溃圩坝，以工代赈。③此外，地方政府一般都采取赈粥、赈谷、赈银以及综合赈济的方式实施救济。

光绪二年，亳州蝗灾歉收，州署详请抚恤银1000两发给极贫户。次年三月初八日起至四月底，又于城内咸平寺、河北江宁会馆各设粥厂一处，煮粥散给灾民，本地贫民及外来就食者1.2万余口。咸平寺粥厂用粮1180余石，河北粥厂用粮1500余石。④

光绪八年五六月间，淫雨兼旬，江水泛涨，沿江各州县圩堤溃决殆尽，加以山洪迭发，怀宁、潜山、太湖、宿松、望江、歙县、婺源、祁门、绩溪、宣城、宁国、英山、霍山等13县均受灾，田地冲毁，淹毙人口、漂没

---

① 光绪《重修安徽通志》卷八三，《食货志·蠲赈》。
② 光绪《宣城县志》卷一七，《蠲赈》。
③ 光绪《直隶和州志》卷七，《蠲赈》。
④ 光绪《亳州志》卷六，《食货志·蠲赈》。

庐舍牲畜不可计数。巡抚裕禄奏奉恩旨,发帑银 6 万两赈恤,一面动拨库款仓米,由赈抚局、司、道分遣委员,运赴各州县,会同地方官查放。本省各官自巡抚以下皆捐廉银,并请外省官绅及皖人之官于外者,筹款协助。统计本省动拨公款银 11 万两,江宁协拨银 4.5 万两,江苏协拨银 2 万两,各项捐款共收银 25.5 万两有奇、米 5.38 万石有奇、杂粮 19761 石、棉衣 79344 件。

光绪九年夏秋之间,雨多淮涨,滨淮之凤阳、怀远、寿州、凤台、阜阳、颍上、五河 7 州县低洼田地,悉被淹没,灾民流离。巡抚裕禄饬拨款 4.2 万余两,由署凤阳道刘传桢分饬各州县,或发银两,或动仓谷,先择极贫之户量为散给。委员分赴河南周家口及江苏宿迁等处采买米麦杂粮,以资接济。后又查明宿州、灵璧、涡阳、蒙城、亳州、泗州灾情也很严重,复派人赈济。前后共赈上述 13 州县灾民 45.6 万余口,发放粮食近 10.7 万石、银近 7 万两、以工代赈银近 7000 两。①

2. 民间救灾采取的措施

每次灾情发生后,地方政府都要号召地方的绅士、富商协助府县救灾。绅士在当地有特殊的地位,在府县或府县官员的影响下,绅士阶层在灾害发生时往往能积极而有效地组织人民抗灾救灾,与府县密切配合,成为广大城乡抗灾救灾不可忽视的力量。绅士、富商的救灾措施主要包括捐钱、捐粮、设粥厂、施衣、施棺、设义冢、出粜等。

例如,东流监生汪先慎咸丰十一年(1861)水灾施粥两月,又独修杨家桥、双凤桥。贵池人曹田灾后赈粥、施衣、施棺,以千金修池州府新桥。监生陈之炳捐数百金赈饥。监生曹向离、理问曹敬国均各 3 次赈饥。②

黟县人吴如灿置本乡义冢。咸丰十年,其子吴茂才等在太阳埠捐捞尸 300 余口,捐米赈济灾民。泾县人吴世盛在贵池、青阳、当涂、芜湖、繁昌等县水灾后捐赈,又在芜湖灾后捐助田亩。太平人项瀛锡捐米谷全活难民。泾县江兆美、江兆定兄弟散谷济贫,出资助赞。③

---

① 冯煦主修、陈师礼总纂:《皖政辑要》卷二一,《拯救》。
② 光绪《重修安徽通志》卷二五五,《人物志·义行》。
③ 光绪《重修安徽通志》卷二五一、二五四,《人物志·义行》。

凤阳庠生刁余佩于光绪三年岁荒时捐麦、稻、豆饼周济乡邻并捐资修东大桥。① 光绪八年水灾,太湖绅士赵继元赈该县四十八堡钱3100 余串,合肥绅士刘铭传赈该县三河一带米3000 石。②

凤台人彭宗佩,六品衔,咸丰七年岁荒,施谷平粜,乡里赖之。③ 旌德人汪永年,岁歉,买米平粜或计口散给。④

二、防病防疫

(一)瘟疫爆发的原因

咸同年间,安徽省除自然灾害频频发生以外,瘟疫也大肆虐发。同治元年至三年,长江中下游地区发生严重的瘟疫灾害,其中以江苏、浙江、安徽 3 省最重。咸丰、同治两朝安徽境内小范围的瘟疫也时常发生。究其原因主要有以下几点:

第一,频繁的自然灾害是诱发瘟疫的主要原因,特别是水、旱灾和蝗灾过后饥荒发生时,百姓无米可食,便发生"人相食"的惨剧,此时由于交叉感染及缺乏营养、身体虚弱,人的免疫力低下,极易发生瘟疫。另外,灾后消毒措施不力,也极易发生瘟疫。

第二,战争是导致瘟疫的重要原因。首先,战争使安徽粮食吃紧。在镇压太平天国和捻军起义的过程中,清政府在安徽投入了大量的兵力,由于清政府军饷不能及时运到前线,致使本来贫穷的土地又增加了几十万人吃饭。而安徽年年灾荒,根本没有能力解决这么多人的吃饭问题。其次,清军纪律松弛,往往攻城以后烧杀抢掠无恶不作,加剧了人民的贫穷,同时形成了军队所到之处遍地饥荒的景象。最后,战争使人民的生活环境受到严重污染,是直接导致瘟疫爆发的重要原因。尤其当战地尸体不能及时清理,遇高温腐烂后,更易引发瘟疫。另外,军营本身也是瘟疫的发源地。数万甚至十几万军队的军营,在战争的环境下,不注意饮食和其他方面卫生,兵士极易患病,一人患病

---

① 光绪《凤阳府志》卷一八下之上《人物志·义行》。
② 冯煦主修、陈师礼总纂:《皖政辑要》卷二一,《拯救》。
③ 光绪《凤台县志》卷一五,《人物志·义行》。
④ 光绪《重修安徽通志》卷二五三,《人物志·义行》。

百人被染,只需几天时间就能形成蔓延之势。

第三,政府救灾不力是导致瘟疫爆发的又一原因。由于当时清政府处于内忧外患之中,无力对受灾地区实行有效救助、及时消灭疫情,使瘟疫有可能大面积爆发。

(二)瘟疫造成的危害

咸丰年间,江淮之间和皖南战火不断,瘟疫时发。

咸丰六年至八年,霍邱、六安、英山、霍山、潜山瘟疫流行。咸丰六年秋,潜山大疫。咸丰七年五月,霍邱爆发瘟疫,"生者仅十之一二"①。咸丰八年夏,霍山大疫,"灾民填沟壑者相藉"②。咸丰十一年,南陵县瘟疫流行,③庐江县"饥疫"④。

同治元年,皖南各州县爆发瘟疫。广德州大疫,"五月至八月积尸满野,伤亡殆尽"。歙县"大疫,全县人口益减"。宁国县"五月瘟疫流行,全境死亡枕藉,无人掩埋……据老乡言,宁民死于锋镝者十之三,死于瘟疫者十之七"⑤。湘军士兵在这场瘟疫中也未能幸免。曾国藩在一封信中写道:"暑疫大作,疫疾殁者十之二三,患病者十之三四,其能出队者不及四成……两月以来,兵民疫死者二三万人。行路者面带病容,十之八九。"⑥同治二年春,含山大疫。⑦秋,建德大疫,民得麻足病,半日即死。⑧

淮北也有瘟疫发生。咸丰十年春,五河县瘟疫,人相食,饿殍遍野。同治六年夏,五河县再次发生瘟疫。⑨光绪四年,蒙城县"大疫,河南山陕三年大饥,人相食,人民流入蒙境者,遍地皆是,瘟疫到处传

① 同治《霍邱县志》卷一六,《灾异》。
② 光绪《霍山县志》卷一五,《祥异》。
③ 民国《南陵县志》卷四八,《杂志》。
④ 光绪《庐江县志》,参见王鹤鸣、施立业:《安徽近代经济轨迹》,第568页。
⑤ 光绪《广德州志》、民国《歙县志》、民国《宁国县志》,转见王鹤鸣、施立业:《安徽近代经济轨迹》,第568页。
⑥ 曾国藩:《曾文正公全集·未刊信稿》。
⑦ 光绪《重修安徽通志》卷三四七,《杂志类·祥瑞》。
⑧ 宣统《建德县志》,参见王鹤鸣、施立业:《安徽近代经济轨迹》,第568页。
⑨ 光绪《五河县志》卷一九:《祥异》。

染"。光绪六年，阜阳县"大疫，春夏大盛"①。

瘟疫造成的灾难不亚于水旱等自然灾害造成的危害。瘟疫造成的死亡较多，因此"人相食"的记载也史不绝书，皖南甚至出现将人肉标价出售的现象，冲击了正常的人伦道德。② 瘟疫具有传染性，救治难度大，会使人民产生恐惧心理，瘟疫爆发后人民多半逃往他乡。

（三）瘟疫的救治

清代以前，国家对瘟疫的救治一般都采取在地方设惠民药局，给病人适当的救治。但清政府对于这一措施并未继承，在各地设惠民药局的指令都没下达，仅少数在瘟疫之年作为临时施药之所偶尔发生作用。③ 时至咸丰以后，国势日衰，国家也没有能力给予瘟疫更多的救治。安徽在同治年间虽然也是瘟疫的重灾区，但救治措施和方法在史书上少有记载。因此，往往瘟疫爆发之后，多半是"百姓逃亡"，任其"自生自灭"。但有的地方政府和地方官绅也会采取一些措施进行救助，实际的救助主要是当地绅士起主要作用，一定程度上减轻了瘟疫的破坏力。

政府的救治措施主要是设局延医诊治、制送药丸、刊刻医术等，另外有的还充斥迷信色彩。

地方绅士在瘟疫救治方面起了主要作用。他们一方面支持和帮助官府实施救助，另一方面自身也会开展一些救助活动，这些活动大体可分为临时性救治和日常性救治两类。

临时性救助主要是瘟疫爆发后绅士组织百姓施药救助、掩埋遗骨。例如，黟县胡梦龄精医术，太平天国战争期间，"石埭、太平人多避黟。疫大作，梦龄日往诊视。好义者资以汤药，全活甚众"。黟县吴有政"属子孙行善事。同治二年，避贼山中者资粮不继，裔孙兴岱以遗资命侄孙宗祐分济，全活甚众。及寇退，又命侄孙宗苑监拾白骨三百余石，掩埋

---

① 民国《蒙城县政书》、民国《阜阳县志续稿》，参见王鹤鸣、施立业：《安徽近代经济轨迹》，第572页。

② 参见汪志国《近代安徽自然灾害与乡村秩序的崩坏》，《中国农史》2007年第2期。

③ 余新忠：《清代江南疫病救疗事业探析——论清代国家与社会对瘟疫的反应》，《历史研究》2001年第6期。

义地,立碑时祭"。泾县朱宗潘"在本邑建溪桥埋胔人千余具"①。

还有就是日常性救治。例如,张玑村为人好义,喜读史,慕古豪侠之风,以故坐客常满乡里,善举不惜倾囊相助,尤精医,于贫乏者,不责谢,不计药资。②

总之,由于近代的防疫体系和机制尚未建立,对瘟疫的预防和救治存在诸多缺陷。国家的贫穷和落后使人民饱受灾害之苦。

第四节　文教设施的重建与同光时期安徽文化艺术成就

一、文教设施的重建

洪秀全和太平天国信奉上帝,反对孔子和儒教,太平军所到之处往往都捣毁孔子牌位,焚毁学宫。太平军建立安徽根据地后,宣布不承认清朝生监资格,并另行组织自己的科举考试。太平军所占地区原来的学校和科举体系基本被摧毁。

地方的官学(儒学)包括府学、州学、县学3种。清廷恢复在安徽的统治后,安徽地方官府逐步重建了各地的学校。同治年间重修、重建的官学有:

安庆府:安庆府学、桐城县学、怀宁县学、太湖县学、宿松县学、潜山县学,共6所。

徽州府:休宁县学、婺源县学、祁门县学、黟县县学、绩溪县学,共5所。

宁国府:宁国府学、泾县县学,共2所。

池州府:池州府学、青阳县学、铜陵县学、东流县学,共4所。

太平府:太平府学、当涂县学、芜湖县学,共3所。

---

① 光绪《重修安徽通志》卷二五一、二五四,《人物志·义行》。
② 民国《重修蒙城县志》,《人物志·义行》。

庐州府：庐州县学、舒城县学，共 2 所。

凤阳府：凤阳县学、定远县学、灵璧县学、凤台县学，共 4 所。

颍州府：阜阳县学、颍上县学、霍邱县学、太和县学，共 4 所。

滁　州：滁州州学、来安县学，共 2 所。

和　州：和州州学 1 所。

广德州：建平县学 1 所。

六安州：六安州学、英山县学、霍山县学，共 3 所。

泗　州：盱眙县学、天长县学，共 2 所。

全省 13 个府州共恢复官学 39 所，加上之前未毁的学校，同治年间全省 67 所官学（府学 8 所、州学 6 所、县学 51 所、乡学 2 所）都已恢复，这些学校陪着清政府走完了最后一程。

清制，童生经考试进入府州县学后，称"生员"（即秀才）。生员又分为附生和廪生，后者官府每月发给廪米。附生和廪生均有定额，安徽省附生原额 1297 名，咸同年间增加 327 名，合计 1624 名，廪生 1586 名。此外，还有武生员 1181 名。[①]

恢复学校的同时，又重建了各地的试院和考棚。

清朝安徽学政驻节当涂，"各府、各直隶州皆营建试院，以为学使按临之所"，各县则建考棚。咸丰年间，太平军所到州县，试院、考棚尽毁。同治年间，全省大部分州县的试院、考棚先后恢复。以安庆府为例可以看出试院、考棚被毁和恢复的情况："安庆府试院，咸丰初兵毁，同治二年曾国藩檄建。桐城县考棚，咸丰初兵毁，同治四年以培文书院改建。潜山县考棚，旧在城南，咸丰初兵毁，同治二年知县陈泳以游击署旧址重建……太湖考棚，咸丰兵毁，十一年重建，后为书院，左为舍公祠。望江县考棚，咸丰初年毁，同治二年邑绅龙璇等重修。"到同治中期，除"南陵、芜湖、无为、巢县、怀远、凤台、灵璧、颍上、霍邱、亳州、来安、全椒、天长、五河十四州县未建置"[②]，蒙城县、广德州向无考棚外，其他州县皆有考试之所，无试院、考棚州县则在就近州县考试。

① 光绪《重修安徽通志》卷八六，《学校志》，民国《安徽通志稿·教育考一》；翁飞等：《安徽近代史》第八章。

② 光绪《重修安徽通志》卷九三，《试院》。

二、文化艺术成就①

皖派汉学曾一度称雄于中国学界,乾嘉以后日渐衰落,鸦片战争以后则走向低谷,值得称道的学者寥寥无几。胡澍(1825—1872),绩溪人,精于音韵训诂之学《左传服氏注义》等。夏炘(1789—1871),当涂人,幼从徽州学者汪莱学习,以研究经学、维护道统为志。他认为当世宗奉汉学的学者只会空口谈经、埋头考证,而不能践行,甚至鄙薄程朱理学,将会贻害世道人心。因而发愤著书23种,申述程朱学说,并将自己的房舍命名为"景紫堂"(朱熹号紫阳)。所著主要有《檀弓辨诬》、《述朱质疑》、《三纲制服尊尊述义》、《学礼管释》、《读诗札记》、《诗乐存亡谱》、《诗章句考》、《集传校勘记》、《诗古韵表廿二部集说》等。汪宗沂(1837—1906),歙县人,是安徽汉学的殿军,又是汉、宋兼用的学者。先后主讲安庆敬敷书院、芜湖中江书院、徽州紫阳书院,学问渊博,有"江南大儒"之誉。著有《十翼遗文》、《逸礼古谊论》、《周易学统》等。

与汉学的命运不同,桐城派由于受到曾国藩的推崇,在晚清持续发展,人数众多,代表人物有徐子苓、方宗诚、萧穆、吴汝纶等。合肥人徐子苓(1812—1876),早年喜读老庄,道光三十一年拜姚莹为师,学习桐城派文法,著有《敦艮吉斋诗存》、《敦艮吉斋文存》等。桐城人方宗诚(1818—1888),先后师从同乡学者许鼎、方东树,以理学和古文名世,海内学者倭仁、曾国藩、邵懿辰等均与之结交。萧穆(1834—1904),桐城人,擅长古文理论和写作,著有《敬孚类稿》。吴汝纶是后期桐城派的主要代表人物,有《桐城吴先生全书》行世。

夏燮和汤球是晚清安徽史学家的代表人物。夏燮(1800—1875),当涂人,治明史,认为《明史》一书简略错漏,遂著《明通鉴》、《明史纲目考证》、《明史考异》等。《明通鉴》旁征博采,史料价值极高,至今仍为明史研究的必读书。两次鸦片战争期间,夏燮有感于国家衰败,搜

---

① 参见《安徽文化史》下,南京大学出版社2000年版;另参见张南等《简明安徽通史》,安徽人民出版社1994年版。

集上谕、奏稿、函件、邸抄、报纸、条约章程及各种史料,用 10 余年时间撰成《中西纪事》,追溯中西交往的历史,记录两次鸦片战争中西方国家侵略中国的罪行,揭露投降派误国辱国的嘴脸,表现了一个史学家的爱国情怀。太平天国战争结束后,夏燮又著《粤氛纪事》,详细记载太平军与清军的军事斗争。汤球(1804—1881),黟县人。少习经史,师从同乡学者俞正燮、汪文台。咸丰初,知县推其主持训练乡兵对抗太平军,汤球以非御侮之才而不就,避居他乡。太平天国失败后回乡,聚书数千卷,闭门著述。辑郑玄佚书 9 种,又辑刘熙《孟子注》、刘珍等《东观汉记》、皇甫谧《帝王世纪》、谯周《古史考》等。用力于晋史最深,认为唐代修《晋书》诸史官多为文学之士,好记琐事异闻,追求文辞绮丽,不合史家要求,乃广搜载籍,补缺纠谬,辑王隐、沈约等 9 家《晋书》,陆机、干宝等 9 家《晋记》及习凿齿《晋阳春秋》等,共计 23 种。又辑补崔鸿《十六国春秋》百卷,备受称道。还辑有《太康地记》等 3 种地理书、《晋诸公别传》等 5 种人物传记。

晚清安徽史学的一大成就是官修省志的编写。安徽建省后,长期没有编写省志,直到道光年间才由陶澍等编修了首部《安徽通志》。光绪四年,沈葆桢等编修的《重修安徽通志》问世。全书 350 卷,在道光省志的基础上,增入道光、咸丰和同治时期的史料,篇幅大增,成为安徽近代史上一部最系统、最完备的省志,为研究清代安徽提供了基本资料。

佛学家杨文会(1837—1911),石埭人,是一位对中国近代佛教发展有深远影响的学者。同治五年(1866),杨文会在南京创办金陵刻经处,多方搜求佛教经典勘校刻印。光绪十六年(1890),搜得日本所存佛教逸经 300 种,择善加以翻刻。光绪二十年与李提摩太合作,把《大乘起信论》译成英文。光绪三十二年开办佛学堂,亲自任教。宣统二年创立佛学研究会,任会长。著有《大宗地玄文本略注》、《佛教初学课本》、《十宗略说》、《杨仁山居士遗著十二种》等。

晚清安徽画家以虚谷为代表。虚谷(1823—1896),本姓朱,名怀仁,歙县人,咸丰三年出家。善画山水、花卉,亦精肖像,尤善以破笔作松鼠、金鱼等。后来齐白石、丰子恺等书画名家皆不同程度受其画风的影响。与任伯年、吴昌硕并称为"沪上三杰"。传世作品有《蜀葵果品图》、《紫绶金掌图》、《枇杷》、《水面风波鱼不知》、《水仙》、《杨柳八哥》、《菊有黄花》等。又能作诗,有《虚谷和尚诗录》。

第五节　刘朝栋起义[①]

一、起义原因

光绪二十二年至二十四年,安徽长江以北地区连年遭受严重的旱涝灾害。光绪二十三年五月至七月,淮北地区州县普遍遭遇大水,秋禾无收。二十四年,淮北再遭水灾。在凤阳府做官的冯廷韶写道:"皖北连年荒歉,民不聊生,粮价奇昂,骇人听闻","皖北自二月后,阴雨连绵,前月(十月)二十一日起至本月十一日止,低田皆已淹没,高岗大半受伤,灾象较去年更甚。凤属瘟疫盛行,饿毙、病毙,每日不下数十人。沿途难民扶老携幼,又纷纷南下……如此奇灾,即七八十岁之人,亦谓从来未有"。灾重粮贵,不但百姓无以为生,就连地方官的日子也不好过,冯廷韶薪水不够自用,"仍须家内接济","道府两署皆搭食面饭,因米价不但太贵,大都掺水和秕"。对皖北的重灾,朝廷并未拨粮赈济,只是略有减征。而"皖北素鲜盖藏,各州县所领赈款,均易钱散给,饥民不过得数日饱,而银价短绌,百物因之踊贵,民困益甚"。一些重灾州县的官员并不向上禀报灾情,且对百姓"毫无抚恤,追呼银粮,枷打锁押,日甚一日"。皖北富豪"大都多行不义……地方官不但不敢得罪,且从而袒护之"[②]。光绪二十三年,涡阳县知县陈福源谎报丰年,逼百姓缴纳银粮。次年,继任知县欧阳霭严令催科,"勒缴秋季

---

①　参见李鹏年《涡阳刘疙瘩牛世修起义》,见《历史档案》1983 年第 1 期;翁飞等:《安徽近代史》第四章第六节《涡阳刘朝栋起义》;张珊:《捻军研究》附录《刘疙瘩起义》,文化艺术出版社 1994 年版。

②　《冯廷韶家书》,卞孝萱收藏,《安徽史学通讯》1958 年第 5 期。

钱粮,刻不容缓,丝毫不让"①。

皖北民风本就强悍,在大灾面前不愿坐以待毙,"抢米之案,已成见惯司空"。光绪二十四年三月,饥民抢劫三河镇军米,"将巢县水师长龙炮艇折毁。中峰赫然震怒,将府县撤参,并将首犯三名就地严办",以为如此便可震慑百姓。不料,不到半月"各地又复纷抢米粮,视官法如弁髦","各处极不平静……怀远、五河,则有洋票船被劫。正阳关系极热闹之区,日前有一委员之家人,闻邻舟被抢,出仓探望,被枪击毙……前凤阳县乡间获一盗,据供在府城南门楼上,住宿七天……可谓胆大已极","涡、蒙一带,盗贼横行,即府城内,抢钱抢馍亦无日不有"②。

饥民无以为生,政府没有适当的救济措施,致使社会极度不稳。淮北的捻军起义距此不过 30 年之遥,有见识的地方官员表示出极大的忧虑,冯廷韶在家书中一再说"此间民情强悍,伏莽本多,迭遇奇灾,铤而走险,在在可虑","皖北伏莽太多……再加荒歉,顷刻即可有事"。人民被逼上了绝境,只好揭竿而起。

二、起义经过

(一)密谋起义

刘朝栋,因颈后长有肉瘤又被人称作"刘疙瘩",涡阳城西北刘洪庄人。身材魁梧,臂力过人。经常往来于涡阳、宿州、亳州和河南永城之间,结交广泛,与牛世修、魏得成、邵大法等关系密切。旱涝之年,刘朝栋与曹市集牛世修、捻首魏坤之子魏德成、丰集邵大法结伙贩私盐,率饥民抢劫富户,成为县衙拘捕对象。牛世修,又名牛汝秀,涡阳曹市集人,在集上开茶馆为业,叔父是团练首领,有一定的宗族威望和组织能力。魏得成,曹市集大魏庄人,其父魏坤原本是捻军蓝旗首领,后降清,使其圩寨和武装得以保留。因此,起义后他的部队装备最好、战斗力最强,但也为起义军内部争权夺利、自相残杀埋下了隐患。邵大法,

① 《十一志涡阳乱耗》,1899 年 2 月 2 日《申报》。
② 《冯廷韶家书》,卞孝萱收藏,《安徽史学通讯》1958 年第 5 期。

涡阳城南丰家集人,乃"积年盗魁"。光绪二十四年六七月间,刘疙瘩因身负诸多"劫案",被官府追捕甚急,便考虑谋反,并将想法告诉牛世修等人。十一月十八日,刘疙瘩与牛世修、魏德成等在涡阳县东北之柴村庙结盟,谋划起事。①

设立涡阳县后,清政府加强了对涡阳的控制,在城北 20 多里的龙山集设立龙山营,驻有练军 1 个营 500 人,当时由何师程统率,归寿春镇总兵郭宝昌指挥。刘朝栋酝酿起义之时,何师程和副手李守备赴寿州为郭宝昌祝寿,营中由千总吴有谋指挥。由于主帅不在,吴有谋不敢主动出击,而是按兵不动,为刘朝栋起义最初军事行动的胜利提供了条件。

(二)曹市集首义

光绪二十四年十一月二十六日,曹市集逢集,刘朝栋、牛世修、魏德成等率百余人随着赶集的人群来到曹市集。中午时分,牛世修突然打出一面红旗,登高而呼:"岁饥无食,吾辈且饿毙,刘某起义,何不从之","市人哄然,应声如雷,遂蜂拥而抢盐栈,以次遍及于各肆店,比出街衢,从其后者已六七百人矣"②。

牛世修"与已故甘肃宁夏镇总兵牛师韩为同族,知其家藏枪炮子弹不少",带领起义群众"先抢此件"。③ 起义军的武器装备得到解决。

当晚,起义军撤到大魏庄,在魏得成家庆祝胜利,歃血为盟。就在此时,起义军内部出现了盟主之争。魏得成认为自己是捻军旗主魏坤之子,应当盟主,但遭刘朝栋部下反对。刘朝栋自称汉代皇帝的后裔,所以刘朝栋的部下认为应由刘朝栋当盟主。二十七日,刘朝栋在大魏庄被推为首领,以黄布制旗,上书"大汉盟主刘"。牛世修、魏得成等"共领红旗一队"。

(三)起义军的节节胜利与内讧

二十七日,起义军攻下青町集、石弓集、嵇山集等地,获得大量枪

---

①　民国《涡阳县志》卷一五,《兵事》。

②　赵尔巽:《涡匪纪实》,中国第一历史档案馆藏,转引自李鹏年:《涡阳刘疙瘩牛世修起义》,《历史档案》1983 年第 1 期。

③　邓华熙:《剿办涡阳事件节略》,《安徽史学》1986 年第 5 期。

炮和物资,队伍也不断壮大。

二十八日,刘朝栋率军攻打龙山营。起义军与守营清军激战两个时辰,未能攻破敌营,于是改用火攻,于次日将清军击溃。此役杀伤清军甚众,俘获千总吴有谋,击毙外委吴玉阶、队目郜廷杰等,还夺得大量枪支弹药、粮草军衣。起义军已有2000余人、马百余匹,声势进一步壮大。

起义军乘胜进攻涡阳县城。"该县知县欧阳蔼已自募勇二百名,绅董王开朗、马骥才等招集练丁协同固守。张云松在亳州闻报,派守备韩大绅带马队三十名于二十八日先到,自率步队百名于二十九日继至,何师程等亦即驰来救援。"敌军防守严密,起义军未能攻下县城,遂退据石弓、丹城等地,并分兵向北、向西进击。

十二月初一日,刘朝栋率起义军进攻义门集。义门集在县西涡河北岸,距县城40里,商贾云集,是涡阳第一大镇,"夹寨深濠,极称巩固"。面对起义军的进攻,"该处巡检宋超、把总孙传曾,率汛兵、民团拒敌,威靖营勇应之"。双方相持半日,据说义门集守军"杀贼二百余人,生擒三四十人,贼败而遁"。刘朝栋未能攻破义门集,率军撤回丹城。

初三日,刘朝栋调集更多的队伍再次围攻义门集。城内百姓眼见更大的战火即将燃起,纷纷出逃。城中防兵和民团慑于起义军的声威,也纷纷逃逸。起义军乘城中混乱之机,一举攻克义门集。

攻克义门集后,刘朝栋起义军声威大震,涡阳各地群众纷纷起而响应。安徽巡抚邓华熙描述道:"其时涡阳南北匪徒乘机响应,号召群丑,纷然竖旗,孙凌志起于义门集,燕怀军起于燕家坊,邵大发、葛怀玉等起于丰家集。旬日之间,啸聚二万余众,大致分南北两股,其势汹汹,焚杀奔驰,几遍涡阳全境。"①

正当军事上节节胜利之时,起义军内部产生了严重内讧。早在大魏庄刘朝栋当选为盟主之时,魏得成便心生不满,不愿受刘约束。十一月三十日,刘朝栋进驻丹城。当地绅士王品刚得知刘朝栋、魏得成

---

① 邓华熙:《剿办涡阳事件节略》,《安徽史学》1986年第5期。

两人有嫌隙,故意在家中设宴,邀请两人做客。王品刚请盟主升座,魏得成昂首居上位,并接受王品刚一家的朝拜。刘朝栋愤恨不已,几不能终席。刘朝栋对魏得成不受约束本就不满,已有杀魏得成之心,宴席事件后便设计杀害了魏得成和他的两个弟弟。这一事件引起其他起义军将领的不满,影响了起义军的团结,使涡阳起义军始终未能形成一个整体,导致在优势清军的打击下起义失败迅速失败。

（四）起义失败

十二月初一日,安徽巡抚邓华熙接获署宿州知州瞿世瓀关于刘朝栋起义的报告,立即电令凤阳道和寿春镇就近派兵前往弹压,又令亳州驻军驰援。然各处以兵力单薄为由,请求加派人马,邓华熙又从安庆、芜湖抽调练军及马队、炮队增援。

清廷得知消息后十分紧张,从十二月初三至十一日,连发十来道电旨和上谕,命令苏、豫、皖以及山东、直隶等省飞速调遣兵力,合力"剿办"①。安徽寿春镇、河南归德镇、江苏徐州镇的清军迅速集结,分别从南、北、东三路扑向涡阳。战事开始逆转。

刘朝栋率北路起义军攻占义门集后,屡欲向东进击,均遭署宿州知州瞿世瓀等所部阻挡。十二月初六日,刘朝栋率军分路向涡阳县城进击,在张家老庄为清军所败。起义军在撤往丹城途中,又在石弓山败于清军。初九日,刘朝栋率军撤离丹城,途经道竹桥遭遇清军,伤亡惨重,实力大损。再退至龙山,又遭民团截杀,损伤殆尽。十二日,刘朝栋被民团俘获,送往寿春镇总兵郭宝昌营中,慷慨就义。北路起义军的其他首领也都或阵亡或被俘。

涡阳南路起义军以邵大发为主。邵大发于十二月初五日在丰家集起义,自称"仁义王"。初七日,邵大发率军向阜阳进发,途经陈家圩时被民团伏击,邵大发本人受伤,仍指挥部队击溃了民团。当晚,邵大发率军退回丰家集,途中遭遇周家圩民团,聚而歼之。初八日,邵大发兵分两路。一路南渡淝河,向凤台、阜阳进发,该路起义军于十二日在路家圩被团练击败。邵大发亲率一路攻打蔡湖东西圩,亦遭失败。

---

① 李鹏年:《涡阳刘疙瘩牛世修起义》,《历史档案》1983 年第 1 期。

十二日,邵大发在邵小庄被俘,在郭宝昌营中被杀。

至此,历时 17 天的刘朝栋起义失败。刘朝栋、邵大发遇难后,小股分散的起义军在与清军交战两日后,被清军全部剿灭。

刘朝栋起义虽然历时不长、规模不大,但对清廷的冲击却不小。此时距淮北捻军起义为时不远,清朝统治者对那场战争还记忆犹新,刘朝栋起义使统治阶级无论上下都忧虑重重,地方官员更是对大清的前途悲观失望。① 刘朝栋起义的社会原因和捻军起义基本相同,说明统治者在改善淮北的社会和民生问题上 30 年间毫无作为。这场短暂的农民起义让朝廷的腐朽暴露无遗,也预示着积重难返的清王朝即将覆灭。

① 《冯廷韶家书》,卜孝萱收藏,《安徽史学通讯》1958 年第 5 期。

《安徽通史》编纂委员会 编

安徽通史

清代卷（下）

主 编◎汤奇学

副主编◎施立业
周晓光

7

全国百佳图书出版单位

时代出版传媒股份有限公司

安徽人民出版社

目　　录

第十一章
西方势力全面进入安徽

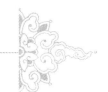

    1840 年鸦片战争之后,以英国为首的西方资本主义国家全面侵入中国,中国开始进入半殖民地半封建社会,但位于内地的安徽仍然处于半封闭状态。这一时期,法国天主教传教士和英美基督教传教士率先进入安徽,他们凭借西方强加于中国的不平等条约所赋予的内地传教权,开始全面进入安徽各州县,建立教堂,从事传教活动。西方传教士为扩展势力和扩大影响,多次干涉地方事务,介入法律诉讼,激化与当地官绅和民众的矛盾,引起公愤,致使民教发生冲突。1876 年《中英烟台条约》签订,芜湖辟为对外通商口岸,安庆、大通辟为对外交通口岸。芜湖设立西方人把持的海关,英国并在芜湖设立领事馆,之后又在此开辟各国公共租界。地处内陆的安徽从此被迫向西方列强敞开门户,受到打着传教旗号的列强越来越大的政治压迫与经济掠夺。

第一节　西方传教士进入安徽

一、明末清初西方传教士与皖籍士大夫的交往

西方传教势力在安徽的活动，可以追溯到明清之交。明代后期，正值西方宗教改革运动兴起之际。16 世纪前期，德国、瑞士、法国和英国相继发生宗教改革运动，向罗马教皇和天主教发起挑战。自此，天主教分裂为天主教和基督新教两支。为了捍卫天主教的统治地位，1540 年，西班牙、意大利和法国的一些狂热天主教教徒组织耶稣会等修会，一面严厉镇压新教势力，一面大力向欧洲之外地区进行传教活动。

明嘉靖三十一年（1552 年），耶稣会创始人之一、西班牙传教士方济各·沙勿略抵达广东上川岛，在那里开始传教，揭开了天主教在华传教的序幕。[①] 1583 年，意大利天主教传教士利玛窦抵达广东，开始在华的传教活动，在多次努力失败后，1601 年 1 月 24 日，他与西班牙天主教传教士庞迪我，以向万历皇帝进贡的名义，进入北京。[②] 这是 16 世纪西方殖民势力东来之后首次抵达中国京城的天主教传教士，标志着天主教耶稣会对华传教进入高潮。此后，以徐光启为代表的一批中国士大夫受利玛窦等传教士的影响，确信天主教与中国的儒学在原理上并无分歧，撰文或著书，宣传西学，其中包括一些皖籍士大夫。

明末清初与西方传教士交往密切的皖籍士大夫首推盱眙（时属泗州）人冯应京。冯应京，安徽盱眙人，字可大，号慕冈，万历二十年进士，之后赴任湖广佥事。万历二十七年，湖广收税御马监监丞陈奉因施苛政，激起民变，冯应京就此上疏参劾，结果反遭陈奉陷害，被免官

---

① 崔维孝：《明清之际西班牙方济各会在华传教研究》，中华书局 2006 年版，第 22 页。
② 孙尚扬、钟鸣旦：《1840 年前的中国基督教》，学苑出版社 2004 年版，第 112 页。

入狱。

在入狱之前，冯应京曾广泛阅读了天主教传教士介绍天主教和西学的著作，深受其影响，萌生"东海西海，此心此理同也"之感，认为天主教教义不仅与中国的儒学精神并无不同，而且有助于恢复古代圣贤的敬天事天的儒学，他还相信西学为经世致用的实学，可以弥补儒学的缺陷。万历二十九年正月，他将利玛窦的《交友论》重梓，又为利玛窦的《天主实义》作序，声称天主即先秦典籍中的上帝，并称赞该书"历引吾六经之言，以证其寔"的做法。万历二十九年二月，利玛窦抵达北京，得知冯应京对西学颇感兴趣，于是赶在冯应京入狱之前与之长谈，两人相见恨晚，自此结为好友。在入狱的三年中，冯应京曾为利玛窦介绍西方天文学的著作《两仪玄览图》作序，又为利玛窦的《二十五言》的中译本修改和润色，并自编《经实致用编》28 卷，介绍西学，其资料多来自传教士们的著作。狱中他与利玛窦保持通信往来，出狱后又曾与利玛窦在北京郊区会见。①

另一位皖籍士大夫金声亦对天主教产生浓厚兴趣，在明末清初的中外文化交流中起着重要作用。金声，安徽休宁人，崇祯元年（1628年）进士，次年，清军逼近北京，金声以山东道御史身份任负责京营防御军队的监军。战败后回归安徽，组织义民继续抗清，清顺治二年战败遇难。

金声早年笃信佛教，之后曾广泛接触西方天主教传教士，开始对天主教和西学有所认识，并产生兴趣，认为与中国儒学原理大致相同。他在为同乡长辈叶鹏季所撰的《城南叶氏四续谱序》中称："……而余适与泰西宿儒论学，颇相感触，其言万物最初一大父母，今四海之内皆为兄弟，回念而爱其大父母，遂相推心以及此兄弟，而相爱也……亲亲有杀，古谓之天秩，天秩定而万物各得其所，夫是之谓大同，比而同之，是乱天下也。泰西不为是说，学尊性命而明物察伦，断断焉！井井焉！其必不可意假借而私游移，吾喜其与吾中土圣人大道往往符合也。"由于金声对西学有一定了解，并与天主教耶稣会士有广泛接触，因此在

---

① 黄一农:《两头蛇——明末清初的第一代天主教徒》,上海古籍出版社 2006 年版,第 108—109 页。

其辞官回乡后,徐光启曾在崇祯四年奉旨向兵部开送八事,其中包括举荐金声赴澳门招募善铸炮和用炮的葡萄牙人前来助战,称:"……在告御史金声,忠猷夙着,亦习夷情,宜起补原职,遣官趋赴广省。"但金声并未应诏出仕。崇祯五年,徐光启再次推荐熟悉西学的金声负责修历,但亦被金声所拒。①

二、清初西方天主教传教士在安徽的传教活动

在 16 世纪后期至 17 世纪中期,天主教耶稣会传教士,相继在广东、山东、福建、江西、江苏、河南、山东建立教区,发展一批教徒。在明末清初的西方天主教在华传播过程中,根据当时耶稣会制定的《广州至北京路程表》,17—18 世纪在华天主教传教士从广州北上的路线为"五羊驿递运所八十里—大庾岭—江西—安徽—江宁(南京)—山东—北京"②,这表明,尽管此时西方天主教尚未在安徽进行大规模的建堂传教活动,但是由于地理位置的缘故,西方天主教传教士多次途经安徽,安徽事实上成为他们南下北上的重要中转站。

一些安徽人在外省接受了天主教洗礼,成为天主教徒。1702 年 11 月,法国耶稣会传教士傅圣泽发回国内的信函中就曾提到,17 世纪末,法国耶稣会传教士殷弘绪开始在江西抚州传教时,当地仅有一位天主教徒,"这是一位来自江南徽州的青年人,他在饶州的新教堂,接受了利圣学神父施行的洗礼。但是由于他是外乡人,他很快回到他的家乡去了"③。

17 世纪晚期,方济会中国传教团会长林养默决定将安徽作为今后重点传教地区之一。从方济会在华传教格局来看,安庆是江南和江西连接山东的一个中转站,在此地设立教堂,无疑会对沟通山东与福建、江西和广东的往来起到重要作用。④ 康熙三十年,在南京城主教伊

---

① 黄一农:《两头蛇——明末清初的第一代天主教徒》,第 324—327 页。

② 《罗马耶稣会档案处藏汉和图书文献目录举要》,耶稣会罗马档案馆,Ⅲ,22,Ⅰ,Japonica-Sinaca,转引自陈萍萍《十七、十八世纪天主教在江南的传播》,社会科学文献出版社 2007 年版,第 66—67 页。

③ [法]杜赫德:《耶稣会士中国书简集》上卷,大象出版社 2005 年版,第 207 页。

④ 崔维孝:《明清之际西班牙方济各会在华传教研究》,第 278 页。

大任派遣的几名耶稣会士帮助下,西班牙神父利安定在安庆城建立了一座教堂。西班牙传教士洪若翰在 1704 年的信中,详细描述了这一过程:

> 马尼拉的方济各会神父们……已经决定在安庆定居,此地的位置颇具诱惑力,虽然它与该省的首府南京只隔 5 天的路程,但仍派有一位特殊的巡抚。为此,他们向当时正与李明神父一起呆在广州的我通报了他们的计划。仍留在这些神父住处的康和之主教也和他们一起,恳切地请求我关心此事,并在中国官员那里为他们疏通。我给张诚神父写了信,他很快就给我们寄来了给主管这方面的中国官员的推荐书。我把这些推荐书交到了尊敬的桑巴斯卡尔神父手中。他是这些神父的修道院院长,一位功勋卓著的传教士。桑巴斯卡尔神父把这些信呈给安庆的官员们,后者同意了他向他们提出的一切要求。①

西班牙传教士洪若翰神父的这封信同时还表明,至少在 1691 年安庆第一座天主教住院建立之前,利安定已在安庆进行了长期活动,并与当地官员建立了信任和联系。

方济会的西班牙神父利安定在安庆城建立教堂后不久,另一位西班牙方济各会传教士南怀德也来到安庆。1693 年 4 月,南怀德从广州来到南京,继续学习中国语言。同年 12 月 14 日,他受江南教区主教伊大任派遣来到安庆,住进两年前利安定神父在安庆城中购买的天主教住院,在那里开始进行传教活动。"不久,南怀德的传教活动就取得良好的进展,有 30 位新教徒接受了洗礼。在传教之余,南怀德也经常拜访当地政府官员,并同他们建立了友好的人际关系。几个月之后,又有数十位外教人士接受洗礼。"

1695 年,南怀德离开安庆,前往山东济南传教。1697 年,江南教

---

① ［法］杜赫德:《耶稣会士中国书简集》上卷,第 467 页。

区派遣麦宁学神父来到安庆,主持那里的天主教传教事务。康熙三十七年,时任方济各会中国传教团会长的恩若瑟神父巡视各省教区时来到安庆,对这里的教堂作了如下描述:"抵达江南省安庆城之后,我参观了我们建在城外的教堂,其同吉安的教堂一样,时至今日依然非常的洁净和庄重,'客厅'和门显得非常的精致。靠会院一侧有一空地,可用于建一座很好的教堂。为使这间会院更加完美,应将'门楼'或称其为大门一侧的几间小房舍买下来。"

1702 年,罗马教廷派遣意大利方济各会传教士杨若翰和包道宜也来安庆传教,因杨若翰对中国尊孔敬祖持宽容态度,被教廷革职。1710 年,作为方济各会在安庆传教活动的奠基人利安定重返安庆,次年病逝。①

位于皖东北的五河,成为这一时期天主教在皖传教的另一重要地区。康熙三十八年前后,耶稣会传教士卫方济受许甘第大(徐光启的一个孙女)的侄子的邀请,来五河地区传教。卫方济,比利时人,1687 年来华传教,1692 年之后主要在江西南昌进行传教活动。② 他来到五河后,为当地数百新入教的信徒施行洗礼。③ 1703 年,耶稣会传教士卫方济在向罗马耶稣会总会长汇报关于中国传教区现状时提到,耶稣会在江南省的五河已经建有教堂④。他在信中写道,"宗教的传播在乡村比城市更容易,因为乡村比城市更自由……在乡村,人们的活动自由自在,不必经过任何人的批准。基督教徒的热情也很高,尤其在开始阶段。我不止一次地体会到这一点,特别是在小城芜湖(应为五河,下同)和在芜湖的乡下。我第一次出访那里,就为 116 人施了洗礼,第二次达到 560 人,其中有 18 至 20 个业主和一位曾在一座小城为官 10 年的官吏。这样巨大的成功使我决定在这个小城建造一座教堂,并在周围乡村又造了另外两座规模较小的教堂和其他若干小教堂。"⑤卫方

---

① 崔维孝:《明清之际西班牙方济各会在华传教研究》,第 265 页。
② [法]荣振华:《在华耶稣会士列传及书目补编》上册,中华书局 1995 年版,第 460—461 页。
③ [法]史式徽:《江南传教史》第 1 卷,上海译文出版社 1983 年版,第 8—9 页。
④ 所引书译者将卫方济信中所说的"Ou-ho"误译为"芜湖",其实正确的译法应是"五河"。
⑤ [法]杜赫德:《耶稣会士中国书简集》上卷,第 232 页、237—238 页。

济在五河施以洗礼的一些当地人日后成为著名的耶稣会士,其中包括五河人许立正。①

康熙四十一年,卫方济回欧洲,留传教士思安当、方惟一继续进行传教活动。次年,耶稣会传教士在五河建立住院。② 康熙五十九年,法国遣使会派传教士来五河,在城外建立教堂,发展教徒。此前,法国耶稣会士郭中传已来到五河(时属江南凤阳府),一年后离开五河去浙江宁波,1741 年 1 月在中国澳门去世。1772 年,出生于奥地利的耶稣会士南怀仁③,亦在五河传教。④

清初,西方耶稣传教士的足迹还抵达徽州婺源的东门镇,在那里发展了一批教徒,东门迅速成为江南教区在皖南的重要传教据点。在这批教徒中,包括 18 世纪末著名的华人耶稣会士姚若望,他后来来到苏南,协助西方耶稣传教士在当地传教。在清廷对基督教实行严禁政策后,西方耶稣传教士从江南省撤出,姚若望仍在当地秘密进行传教活动。⑤

总体来说,在 18 世纪初,西方天主教传教士已经进入安徽南北,然而,除了安庆、五河和东门之外,天主教江南教区在安徽的传教活动进展并不顺利。法国的传教士们自己也承认,江苏已有 10 万名教友,其中 8 万名就在上海附近;相反,在安徽,除了教友比较多的五河以及南部的东门外,对传教来说,还全是荒地。尽管如此,安徽在明末清初的西方天主教在华传播格局中仍具有重要地位。

雍正皇帝即位后,对各地的天主教传教士严厉限制,安徽的安庆、五河和东门的天主教也没有逃脱这一命运,在当地建立的教堂、住院及田地被查抄,教徒四散,西方天主教在皖的传教活动完全陷入中断。

三、法国天主教传教士重返安徽

1840 年英国对华发动鸦片战争,强行打开中国门户。1842 年,清

---

① [法]荣振华:《在华耶稣会士列传及书目补编》上册,第 312 页。
② [法]荣振华:《在华耶稣会士列传及书目补编》下册,第 866 页。
③ 与康熙时期曾任钦天监监正的比利时耶稣会士南怀仁同汉语名。
④ [法]荣振华:《在华耶稣会士列传及书目补编》上册,第 273—274 页、348—349 页。
⑤ [法]史式徽:《江南传教史》第 1 卷,第 9 页。

政府在战败后被迫签订不平等的《中英南京条约》,中国从此进入半封建半殖民地社会。

在鸦片战争之前,罗马教廷将在中国的天主教事业置于葡萄牙掌控之下,鸦片战争刚刚结束,这一情况就发生变化。1843年,罗马教廷任命法国天主教神父孟振生为北京教区主教,标志着中国天主教所谓"保教权"已经为法国所掌握。从此,法国传教士便成为向中国进行宗教扩张的急先锋,而法国政府则扮演来华传教士的后台和坚定支持者的角色。1844年,法国强迫清政府订立《中法黄埔条约》,规定法国除在华享有英国在《中英南京条约》中所享有的所有特权之外,法国人有权在已开放通商口岸建造教堂,还明确规定:"倘有中国人将法兰西礼拜堂、坟地触犯毁坏,地方官照例严拘重惩。"法国在华传教士并不以此为满足,他们通过法国政府施加压力,促使清廷于1846年颁布谕旨,准免查禁天主教,并归还雍正以来被查抄的天主教教产。① 这样,在中国已被查禁120多年的天主教正式解禁,西方天主教传教士再次大举重返中国。位于浅内陆地区的安徽省亦成为他们关注的目标。

鸦片战争后,西方天主教势力随即开始恢复在安徽的传教活动中,前天主教在皖北主要传教的五河地区首当其冲。1846年6月,意大利天主教神父马日新来到五河。次年,希腊籍传教士龙保理被任命为负责江南教区西部的传教事务,也来到五河,并以探望教徒为由,试图重新恢复天主教在当地的活动。从1849年至1864年的15年间,包括薛孔昭、马日新、赵方济、葛必达、桑理爵等一批地位显赫的西方天主教传教士先后来过五河。②

西方天主教传教士再次进入安徽,引起官府的极大不安和城乡士绅的强烈抵制。晚清曾有传闻,称英翰出任安徽巡抚时,秘密杀死来皖传教的两位英国教士及翻译、随从多人,清末文人张祖翼在《清代野记》中记录此事,③但未有其他史料证实。

① 《筹办夷务始末(道光朝)》第10册,(台湾)文海出版社(影印本),第6236—6237页。
② 翁飞等:《安徽近代史》,安徽人民出版社1989年版,第270—271页。
③ 张祖翼:《强臣擅杀洋人》,见《清代野记》,中华书局2007年版,第54—55页。

尽管遭到地方官员和城乡士绅的强烈抵制,但并不能阻止天主教传教士继续拥入安徽各州县。至 1908 年清王朝灭亡前夕,根据安徽官方统计,西方天主教传教士已在安徽建立 283 处教堂,几乎遍布全省各州县。其具体分布情形如下:

安庆府共有法国天主教总堂、分堂 37 处,其中怀宁县有法天主总堂 1 处、分堂 6 处;桐城县有法天主分堂 1 处;潜山县有法天主总堂 1 处、分堂 1 处;太湖县有法天主总堂 3 处(其中 1 处后撤)、分堂 11 处;宿松县有法天主总堂 1 处、分堂 8 处;望江县有法天主分堂 2 处。

徽州府共有法国天主教总堂、分堂 8 处,其中歙县有法天主总堂 1 处;休宁县有法国天主总堂 1 处、分堂 3 处;婺源县有法天主分堂 2 处;绩溪县有法天主分堂 1 处。

宁国府共有法国天主教总堂、分堂 45 处,其中宣城县有法天主总堂 1 处、分堂 25 处;宁国县有法天主总堂 1 处、分堂 14 处;泾县有法天主总堂 1 处、分堂 2 处;南陵县有法天主分堂 1 处。

池州府共有法国天主教总堂、分堂 44 处,其中贵池县有法天主总堂 1 处、分堂 7 处;青阳县有法天主总堂 1 处、分堂 6 处;铜陵县有法天主分堂 5 处;石台县有法天主分堂 2 处;建德县有法天主总堂 1 处、分堂 14 处;东流县有法天主总堂 1 处、分堂 6 处。

太平府共有法国天主教总堂、分堂 11 处,其中当涂县有法天主总堂 1 处;芜湖县有法天主总堂 1 处、分堂 1 处;繁昌县有法天主总堂 1 处、分堂 7 处。

庐州府共有法国天主教总堂、分堂 13 处,其中合肥县有法天主总堂 1 处、分堂 5 处;舒城县有法天主总堂 1 处、分堂 3 处;无为州有法天主总堂 1 处;巢县有法天主总堂 1 处、分堂 1 处。

凤阳府共有法国天主教总堂、分堂 28 处,其中凤阳县有法天主总堂 1 处、分堂 1 处;怀远县有法天主堂 1 处;凤台县有法天主总堂 1 处、分堂 6 处;宿州县有法天主总堂 1 处、分堂 17 处。

颍州府共有法国天主教总堂、分堂 28 处,其中阜阳县有法天主总堂 1 处、分堂 1 处;颍上县有法天主堂 1 处;霍邱县有法天主总堂 1 处、分堂 1 处;亳州有法天主总堂 1 处、分堂 1 处;涡阳县有法天主总堂 1 处、分堂 13 处;太和县有法天主总堂 1 处、分堂 3 处;蒙城县有法天主总堂 1 处、分堂 2 处。

广德州直隶州共有法国天主教总堂、分堂 24 处,其中广德州有法天主总堂 1 处、分堂 15 处;建平县有法天主总堂 1 处、分堂 7 处。

和州直隶州共有法国天主教总堂、分堂 5 处,其中和州有法天主总堂 1 处、分堂 1 处;含山县有法天主总堂 1 处、分堂 2 处。

六安州直隶州共有法国天主教总堂、分堂 26 处,其中六安州有法天主总堂 1 处、分堂 11 处;英山县有法天主分堂 4 处;霍山县有法天主总堂 2 处、分堂 8 处。

泗州直隶州共有法国天主教总堂、分堂 11 处,其中泗州有法天主分堂 1 处;天长县有天主分堂 1 处;五河县有法天主总堂 1 处、分堂 8 处。①

上述情况表明:首先,清末皖省各地天主教堂,均为法国天主教传教士所建或为其名下;其次,安庆府、池州府和泗州直隶州的五河县等天主教早期传教地区,清末仍是天主教势力最活跃地区;第三,位于皖南的宁国府和广德直隶州,作为鸦片战争后西方天主教传教士新辟重要传教区域,天主教势力发展迅速,其教堂数甚至超出老传教地区;第四,从全省看,天主教教堂数量大大超出基督教,是后者的近 2.6 倍,但是在安徽唯一的对外通商口岸芜湖和庐州、安庆、滁州等中心城镇,天主教势力并不占有明显优势,在芜湖甚至处于下风。

四、新教各派传教士进入安徽

16 世纪前期,欧洲发生宗教改革运动,德国、法国、瑞士、英国陆续产生一些脱离天主教的新宗派,统称新教,又称基督教,主要包括路德宗、卡尔文宗和安立甘宗三大派。后新教又不断分化,派系日繁。新教在中国的传播远远晚于天主教,始于 1807 年英国新教传教士马礼逊的来华。直至 1814 年,马礼逊才为第一个中国信徒行洗礼。在 1840 年鸦片战争之前,新教与天主教一样,被严格禁止在华传教,活

---

① 冯煦主修:《皖政辑要》交涉科卷六《教务二》,黄山书社 2005 年版,第 29—61 页。

动被限制在广州和澳门。在华的新教传教士不过 20 余人,接受洗礼的华人不到 100 人,其中多数是教会学校学生或教会雇员。新教各派自成体系,各自为政,"到 1905 年时有 63 个单独的差会,每个差会都有自己的组织、自己的财源和自己的基督教真理概念"①。清代来华传教的基督教主要宗派为:公理宗、长老宗、信义宗、浸礼宗、监理宗、圣公宗和内地会。②

鸦片战争后,尤其是太平天国战争之后,新教传教士大举进入中国内地。1865 年,英国内地会传教士戴德生在上海建立总办事处,负责在华传教事务。1869 年,内地会派遣英国传教士密道生、卫养生率先来到安庆,开始在那里传教,基督新教从此正式传入安徽。③ 内地会传教士克服各种困难,包括当地乡绅势力的强烈反对,终于在安庆建立了基督教教会。之后,内地会继续在皖南地区活动,分别在安庆、宁国、池州、歙县建立基督教堂,作为传教据点。

1885 年,美国圣公会恢复在安徽的传教活动,在芜湖建立总堂,1894 年又在安庆建立总堂。

1886 年,基督会在南京建立在华传教总部,1890 年,基督会派遣美国和澳大利亚传教士在安徽滁州、庐州、芜湖建立宣教区,开始传教活动。

1887 年,美国贵格会传教士在南京建立宣教中心,随后派传教士在安徽无为一带建立教堂,进行传教活动。

1898 年,美国来复会传教士进入中国,以江苏和安徽作为主要传教地区,在和州、芜湖建立总堂,从事传教活动。④

根据清末安徽官方统计,至 1909 年,基督教各派在全省先后建立 125 所总堂或分堂。其具体分布如下:安庆府共计 15 处,其中怀宁县有美国圣公会分堂 2 处,英耶稣分堂 1 处;桐城县有美耶稣分堂 1 处,美圣公会分堂 2 处;太湖县有英福音总堂 1 处,美圣公会总堂 1 处、分堂 2 处;宿松县有美福音总堂 1 处、分堂 2 处,美圣公会总堂 1 处;望

① [美]费正清:《剑桥晚清中国史》上册,中国社会科学出版社 1985 年版,第 604 页、612 页。
② 王治心:《中国基督教史纲》,上海世纪出版集团、上海古籍出版社 2005 年版,第 153—154 页。
③ 《教务教案档》第 2 辑,(台湾)"中央研究院"近代史所 1976 年版,第 761 页。
④ 安徽省地方志编纂委员会编:《安徽省志·外事侨务志》,方志出版社 1999 年版,第 72—73 页。

江县有美圣公会分堂 1 处。

徽州府共计 4 处,其中歙县有英耶稣总堂 1 处、分堂 1 处;休宁县有英耶稣分堂 1 处;绩溪县有英福音分堂 1 处。

宁国府共计 16 处,其中宣城县有英耶稣总堂 1 处、分堂 7 处,英福音分堂 2 处,英宣道会 2 处;宁国县有英耶稣分堂 1 处;泾县有英耶稣分堂 1 处;南陵县有英耶稣分堂 1 处,美圣公会分堂 1 处。

池州府共计 8 处,其中贵池县有英耶稣总堂 1 处,英福音分堂 1 处;青阳县有英福音分堂 1 处,美圣公会分堂 1 处;铜陵县有英福音分堂 1 处,英耶稣分堂 1 处;建德县有英耶稣总堂 1 处;东流县有美圣公会分堂 1 处。

太平府共计 28 处,其中当涂县有英耶稣总堂 1 处,美福音总堂 1 处、分堂 2 处;芜湖县有英耶稣总堂 1 处,英内地会教堂 1 处,美基督总堂 1 处、分堂 2 处,美福音总堂 1 处、分堂 3 处,美宣道会总堂 1 处、分堂 3 处,美圣公会总堂 1 处、分堂 2 处,美公信会堂 1 处,美来复会堂 1 处、分堂 2 处,美以美会教堂 1 处;繁昌县有美圣公会堂 1 处,美福音堂 1 处,英耶稣分堂 1 处。

庐州府共计 12 处,其中合肥县有英基督总堂 1 处,美基督会堂 1 处、分堂 2 处;舒城县有英福音总堂 1 处、分堂 1 处。无为州有美基督教堂 1 处,美福音堂 1 处;巢县有美福音总堂 1 处、分堂 1 处,美基督教堂 1 处、分堂 1 处。

凤阳府共计 7 处,其中凤阳县有美宣道会教堂 1 处,美长老会教堂 1 处;怀远县有美福音总堂 1 处、分堂 2 处;寿州有英福音总堂 1 处、分堂 1 处。

颍州府共计 4 处,其中阜阳县有英福音堂 1 处;亳州有美福音总堂 1 处;太和县有英福音总堂 1 处;蒙城有福音堂 1 处。

广德州直隶州共计 5 处,其中广德州有英耶稣分堂 2 处,美耶稣分堂 1 处;建平县有英耶稣教堂 1 处、分堂 1 处。

滁州直隶州共计 12 处,其中滁州有英基督总堂 1 处、分堂 4 处,美教会医院 1 处;全椒县有美基督分堂 1 处;来安县有英耶稣教堂 1 处、分堂 4 处。

和州直隶州共计 9 处，其中美福音总堂 1 处、分堂 3 处，英耶稣分堂 1 处，美来复会分堂 1 处；含山县有美国来复会福音堂 1 处、分堂 1 处，美以美会福音堂 1 处。

六安州直隶州共计 3 处，其中六安州有英福音总堂 1 处、分堂 1 处，霍山县有英福音分堂 1 处。

泗州直隶州共计 2 处，为天长县 2 处美耶稣分堂。①

截至清末，英美基督教传教士在皖省的传教活动几乎遍及全省各地，绝大多数州县均建有教堂。基督教在安徽的传教，主要集中于通商口岸和重要市镇，包括来复会、公信会、圣公会、宣道会、内地会、基督会和美以美会在内，几乎所有在华重要基督教会，都在芜湖建有本派总堂或分堂，共计 21 处，几乎占全省新教教堂总数的 1/5。这主要是由于芜湖开埠后，英国势力一直在那里占据绝对主导地位，英国属于基督教国家，因此，基督教传教士在芜湖更容易获得较快的发展。然而，从总体来看，与天主教相比，基督教传教士在皖传教的成效并不显著，据统计，至 1906 年，安徽接受新教的本地信徒只有 1543 人，且多汇聚于大城市之中。而与此同期，分布在全省各地的本地天主教信徒已达 65000 人。②

第二节　西方传教士从事教育、医疗和慈善活动

一、教育活动

当西方传教士来华后，他们发现，由于基督教教义与中国本土的价值观念和传统文化相悖，因此在各地遭到官绅的强烈反对和抵制，传教活动难以全面推进。一些传教士认为，基督教与西方文化是一体

① 冯煦主修：《皖政辑要》交涉科卷六《教务二》，第 29—61 页。
② ［韩］李宽淑：《中国基督教史略》，社会科学文献出版社 1998 年版，第 227 页。

两面的,不可分割,今欲使中国基督教化,必须先以西方文化取代中国传统文化。1890年,在华传教士在上海举行宗教会议,确定创建学校,兴办教育为中国教会之正当工作。①

19世纪末,一些美国基督教传教士开始在安徽各地建立学校,根据日本学者山口昇的统计,至1913年传教士已在皖设立16所教会学校。见下表:

表11-1 清末安徽省教会学校设立一览表②

创立时间(年)	校 名	所属教会	所在地	学生数(人)		年龄(岁)	学费(元)	教员数(人)		
				男	女			外		中
								男	女	
1899	圣保罗学校	美圣公会	安庆	100		16	寄100	4	1	7
1899	圣雅各学校	美基督教会	芜湖	100		16	寄100	3		10
1902	含美学校	美长老会	怀远	200		14—20	8~13	1	1	16
1904	女学校	美长老会	怀远		88	15	寄31		1	3
1906	三育中学校	美基督会	庐州	40		14—22	寄36	1		5
1907	培媛女学校	美圣公会	安庆		31	12—19	寄60		5	5
1907	同仁医院附设护士学校	美圣公会	安庆	16	12	19	无	1	1	8
1908	基督女学校		庐州							
1908	高等小学及中学校	美圣公会	滁州	80		14—21	6~8寄30	1		5
1909	三育女学校	美基督会	庐州		85	14	寄28		2	7
1910	Hongwen学校	来复会	巢县							
1911	Cathedral School	美圣公会	安庆	100		15	寄50	1		4
1911	基督教女学校	美圣公会	滁州		50	6—18	2~4		1	5
1913	华文学校	美来复会	芜湖	90		15—25	寄66	3	1	11
不明	高等小学	美基督会	南陵	60				1		
不明	圣公会学校	美基督会	芜湖	100		15		1		2
合计	校数16所(其中女校4所)			886	266			17	16	88

根据安徽官方于1908年统计的数字,基督教传教士在皖省各地

---

① 苏云峰:《中国新教育的萌芽与成长》,北京大学出版社2007年版,第61页。

② 本表资料来源于:〔日〕山口昇:《欧美人的支那文化事业》,转引自苏云峰:《中国新教育的萌芽与成长》,第206—207页。另,该表三处庐州均误译为芦洲,圣公会学校校址芜湖误为芜湘,故在表中纠正。

教堂附设的教会学堂已有 30 处,超过上述数字,主要集中在通商口岸及一些经济较发达的市镇,其中仅芜湖就设有 9 处,包括美国福音总堂及分堂设有 2 处,其中 1 处为女学堂;美国宣道会总堂及分堂设有 3 处;美国圣公会堂设有 1 处;美国公信会设有 1 处;美国美以美会设有 2 处。①

在基督教传教士创办的教会学堂中,除宗教课程之外,还开设一些文化和科学课程,传教士兼任教师,通常身兼数门课程教学。《申报》曾报道滁州基督教传教士开办的一所教会学堂的情形,"滁州基督教堂医生顾德创设学堂,课程则英文、算学、体操、图画、医学数门悉备,合于中学堂程度。师若系美国通儒,每日亲自授课,一人兼数教习之任,滁人士咸乐从之"②。

与此同时,天主教传教士在安徽各地建立 89 处教会学堂,具体分布情况如下:安庆府共计设立 20 处教会学堂,其中怀宁县 3 处,潜山县 1 处,太湖县 6 处,宿松县 9 处,望江县 1 处。徽州府共计设立 3 处,其中歙县 1 处,休宁县 2 处。宁国府共计设立 3 处,其中宣城县 2 处,宁国县 1 处。池州府共计设立 8 处,其中贵池县 1 处,青阳县 1 处,铜陵县 1 处,石台县 2 处,建德县 2 处,东流县 1 处。太平府共计设立 4 处,其中芜湖县 1 处,繁昌县 3 处。庐州府共计设立 5 处,其中合肥县 3 处,舒城县 1 处,巢县 1 处。凤阳府共计设立 5 处,其中凤台县 4 处,灵璧县 1 处。颍州府共计设立 26 处,其中阜阳县 2 处,颍上县 1 处,亳州 2 处,涡阳县 13 处,太和县 1 处,蒙城县 7 处。广德直隶州共计 3 处,其中广德州 1 处,建平县 2 处。滁州直隶州空缺。和州直隶州共计设立 4 处,其中和州 1 处,含山县 3 处。六安州直隶州共计设立 5 处,其中六安州 1 处,霍山县 4 处。泗州直隶州共计设立 3 处,其中泗州 1 处,天长县 1 处,五河县 1 处。③

根据西方学者的研究,"大多数天主教学校是小学水平,讲课用中文,学校的全部课程和课本的宗旨则几乎都是为了加强学生的基督教

---

①　冯煦主修:《皖政辑要》交涉科卷六《教务二》,第 43—45 页。
②　《西医士设立学堂》,见 1905 年 6 月 20 日《申报》,第 9 版。
③　冯煦主修:《皖政辑要》交涉科卷六《教务二》,第 29—61 页。

信仰,很少或根本没有做出努力来介绍西方的非宗教知识"①。与基督教教会学堂比较,天主教教会学校在安徽近代的新式教育发展和民众科学启蒙的过程中,其作用是更为有限的。

清末西方传教士在安徽创办新式学堂,对于传播和普及西方近代文化和科学知识,推动新式教育的发展,加快安徽近代化的进程,均起到一定作用。尤其值得一提的是,教会还兴建了一些女子教会学校,对于推进女子教育,争取妇女地位的平等和抵制纳妾、缠足、溺害女婴和包办婚姻等封建陋习,也具有积极意义。然而,这些教会学校首先是服务于罗马天主教教会或基督教各教派的宗教利益,是西方列强宗教文化侵略的重要组成部分,所学知识主要为宗教理论和宗教知识,接受其教育的青少年仅占人口中的极少数,因此,教会学校在安徽近代新式教育中的作用是极其有限的。

二、医疗和慈善活动

西方传教士在皖进行传教活动的同时,许多传教士将医疗和慈善事业作为传教的辅助手段,开始设立诊所,建立医院,以西方医术为当地民众治疗疾病,以此作为赢得当地民众好感、争取民心的重要手段。1907 年,在华基督教各新教团体在上海举行新教在华布道一百周年会议,正式宣布医务工作应成为"每一个教会团体的工作的一部分"②。

清道光年间,法国天主教传教士詹有道就在安徽五河办有育婴堂、义学、行医,是为西方医学传入安徽之始。1878 年,法天主教教士金式玉在芜湖行医,1883 年开办有 25 张床位的医院,此为外人在安徽开办的第一所教会医院。③

根据清末安徽官方统计,截止到 1908 年,西方传教士已在全省建有教会医院或诊所 19 处,在安庆府怀宁县西乡,法国天主教会设有诊所 1 处;在安庆城内南门,美国圣公会建 1 处医院,有美籍医生华礼门

---

① 〔美〕费正清:《晚清剑桥中国史》上册,第 614 页。
② 〔美〕费正清:《晚清剑桥中国史》上册,第 634 页。
③ 安徽省地方志编纂委员会编:《安徽省志·卫生志》,安徽人民出版社 1996 年版,第 3 页。

和戴士潢。在宿松县,城内东门有法国天主教教会诊所 1 处。在池州府贵池县城北,法国天主教会设有 1 处诊所,城南英国耶稣总堂设有 1 处诊所。在太平府芜湖县城西,法国天主教会设有 1 处诊所;美国福音总堂设有 1 处诊所;美国美以美会在弋矶山设立 1 处医院,有美籍医生赫怀仁等。在庐州府合肥县,英国基督总堂设有医院 1 处。在凤阳府怀远县,法国天主教会在南乡设有诊所 1 处。在寿州西乡,英国福音堂设有诊所 1 处。在颍州府阜阳县,英国福音堂在城北设有诊所 1 处。在霍邱县,法国天主教会设有诊所 2 处。在广德直隶州,法国天主教会在广德州设诊所 1 处。在滁州直隶州,美基督教会在滁州城内建有医院 1 处,有美籍医生顾德和韦格非;在来安县英国耶稣教堂设有诊所 1 处。在泗州直隶州,法国天主教会在泗州城南设有诊所 1 处;在五河县,法国天主教会设有诊所 1 处。①

在上述西方传教士建立的 19 处教会诊所或医院中,属于法国天主教的 10 处,英美基督教新教的 9 处,基本上平分秋色。但是,其中 4 所医院,均为英美基督教传教士所建,分设安庆、芜湖、合肥和滁州,这表明,新教对于医疗事业给予更大的关注和更多的投入。到民国时期,安徽的基督教医院更是全面发展,已设立 10 所教会医院,其中,"安庆有同仁医院、妇孺医院,芜湖有芜湖医院,宿县有民爱医院,巢县有普仁医院,合肥有基督医院,寿县有春华医院,怀远有民望医院、民康女医院,亳县有福音济生医院"②。

清代西方传教士创办的教会医院、诊所,多数为仅有 1~3 名医师的诊所,设备简陋,只能应付少量门诊病人。少数规模较大的医院,设备较好,配有 X 光诊断机、妇产外科手术器械,管理制度严格,医疗技术水平较高。其中较为重要的是芜湖基督教弋矶山医院、合肥基督医院和怀远民望医院。③

位于芜湖的基督教弋矶山医院是安徽最著名的一所教会医院。1888 年,美国美以美会传教士司徒尔特,在芜湖弋矶山开设门诊,名

① 冯煦主修:《皖政辑要》交涉科卷六《教务二》,第 29—61 页。
② [韩]李宽淑:《中国基督教史略》,第 227 页。
③ 安徽省地方志编纂委员会编:《安徽省志·卫生志》,第 9—10 页。

"芜湖医院",不分科别,有一名医师、一名护士。后逐渐扩大,设床位10多张,医护人员增多,分设内外科。1896年,美国传教士赫怀仁出任弋矶山医院院长,该院进一步获得发展。[1] 1911年,芜湖海关的英国税务司在"十年报告"中指出:"美以美会开办的医院是芜湖唯一一家医院。该院位于本港北部边沿的弋矶山。从健康观点看,医院位置极好,但它离城里和郊区太远,很不方便。这家医院收治外国和中国病人住院治疗,1910年,收治病人1023人。"[2]

1898年,美国基督教会传教士、眼科医生柏贯之在合肥创办诊所,是合肥唯一的西医诊所。创建初,诊所租赁房屋12间,既是行医场所,又兼作教堂。因病人渐增,房屋不敷应用,便在城内购得地基1.6万平方米,1902年开工,营建2层西式病房楼1幢。西式平房门诊部一幢,西式2层宿舍3幢,均为砖木结构。1903年扩建为合肥基督医院,名"柏贯之医院"。设有内科、外科和妇产科,设有床位50张。

1909年,美国长老会传教士维廉以其夫人罗巴氏所遗之资,在怀远县西门岗创建民望医院,医院分东、西两院,东院收治女病人。院长美国人慕素媛,称"民康医院";西院收治男病人,称"民望医院",两院之北有一所简易病房,用于观察不符合收住条件的病人,称"望康医院"。三院合称"民望医院",统一管理。建院初,民望医院拥有几十张病床、X线诊断机、普通光学显微镜和一般的手术器械,并备有发电机,有医生、护士和其他工作人员30～50人。[3]

西方传教士在皖各地建立的医院或诊所,诊治了许多中医难以解决的疑难病患。1901年,安徽按察使联魁因患眼疾,无法医治,后得知法国医生德尼精通西医眼外科,并通过天主教安徽法国总司铎请其至安庆天主教堂,为自己开刀。据《申报》报道,联魁在"手术后,双目大明,依旧瞳神点水,一时省中患目疾者,闻风而至,次第求医"。术后,法国医生拒绝收任何诊费。[4]

---

① 安徽省地方志编纂委员会编:《安徽省志·卫生志》,第10页。
② 《中国海关〈十年报告〉选译(1902—1911)》,见《近代史资料》总第115号,第123页。
③ 安徽省地方志编纂委员会编:《安徽省志·卫生志》,第24—25页、10页。
④ 《金锟刮目》,见1901年3月10日《申报》,第2版。

西方传教士在皖设立的诊所和医院，不仅开风气之先，将近代西医引入安徽，而且直接开启近代医护教育。1907 年，美国圣公会耗资 6 万元，在安庆省城建立同仁医院，①该院并附设护士学校，招收 28 名学生。这有力地推动了安徽近代西医教育的发展。1910 年 12 月，曾在南京追随传教士学习西方医术的林凤以，"深得泰西医理，凡求诊者无不立起沉疴"，在朋友的鼓励下，在芜湖发起组织求实女医学堂。②在此前后，还有其他一些医学堂在安徽各地筹建。

西方传教士在传教之初，曾将慈善事业作为赢得当地民众信任和好感，扩大信徒的重要手段。传教士从事慈善事业，首先包括设立育婴堂，收养弃婴。中国历来盛行重男轻女的风气，在经济落后和偏僻的乡村尤盛，弃养女婴事件屡禁不止。此外，一些贫困家庭无力为患有重疾的幼儿治疗，往往也将他们遗弃。故西方传教士在传教初期，往往在建立教堂或修道院的同时，建立育婴堂，收养这些被家庭遗弃的孩子。到 1908 年，安徽全省近 400 座西方教堂中，附设育婴堂或明确承担育婴职责的教堂仅有 5 处，分别为宿松县法天主总堂、建德县法天主总堂、来安县英耶稣教堂、五河县法天主总堂和泗州法天主堂。③

与育婴事业相比，西方传教士逐渐主要将教育和医疗作为慈善事业重点。西方传教士在皖早期创办的各类附属教会的学堂，均为义学性质，免费吸收那些家境贫寒、无力接受中国传统教育的家庭的孩子入学。在他们开办的医院、诊所，通常也不收患者诊费，即使像安徽按察使联魁那样的高官，教会医院诊治和为他开刀后，也拒绝接受相关费用。赈济灾民，也是西方传教士主要的慈善手段，晚清时期，安徽旱涝灾害持续不断，传教士们除向流离失所的灾民免费提供临时饭食之外，还经常在《申报》等报刊刊登赈灾广告，广募社会资金，救济灾民。

① 《皖省同仁医院落成》，见 1907 年 10 月 17 日《申报》，第 12 版。
② 《组织求实女医学堂》，见 1910 年 12 月 27 日《申报》，第 1 张后幅第 3 版。
③ 冯煦主修：《皖政辑要》交涉科卷六《教务二》，第 29—61 页。

第三节 传教冲突与教案交涉

一、安庆教案

（一）西方传教势力重回安庆

太平天国在南京定都后,安徽作为太平天国政权的主要控制区域,因而成为清军与太平军的主要交战场。由于战乱,已经在安徽重新建立的西方传教活动又一度中断。

1864 年太平天国运动失败,西方传教士立即重返安徽,法国天主教势力扮演了急先锋的角色。新任江南教区主教的法国教士郎怀仁,将拓展天主教在安徽的传教活动作为任内主要目标。这一计划得到法国政府的积极支持。

1865 年 5 月 1 日,郎怀仁在法国传教士鄂尔壁和雷遹骏的陪同下,乘法国军舰"唐克雷德"号,从上海前往安庆。法国远东海军司令帕吕与他们同行。几天后,法国军舰"唐克雷德"号抵达安庆,郎怀仁和帕吕率一队法国水兵在江岸登陆,强行进入安庆城,闯入府台衙门,提出要会见安庆地方官。在遭到拒绝后,帕吕威胁要派一小队水兵到府台私邸上访,不论府台愿不愿意,非把他请出来不可。之后,安庆知府等地方官不得已,出面会见郎怀仁主教和帕吕。在会谈中,郎怀仁提出必须归还旧时安庆城中教会房产和允许天主教在安庆建堂传教。安庆的地方官抵制了他的要求,声称他们只能根据两江总督的命令来处理教务。郎怀仁只得怏怏离去。①

郎怀仁回到南京后,立即与署理两江总督的李鸿章交涉。在镇压太平天国运动中,李鸿章曾与西方国家有密切交往,认为洋人贪得无厌,如轻易同意其要求,不免得寸进尺,因此"不能不辩争,不能不延

---

① ［法］史式徽:《江南传教史》第 2 卷,上海译文出版社 1983 年版,第 142—143 页。

宕，以折其气而逆制其无厌之心"①。

除李鸿章外，安徽巡抚乔松年，则担心西方传教士进入内地后，广为利用华人传教，这将贻害无穷，乃至危害清王朝统治。1866年3月7日，他上奏章建议朝廷下旨，禁止华人传教，称："外国天主教自通商之后，议明弛禁固系因时制宜，且以示王者无外之量。惟是中国人习其教则可，习其教遂为之传教则不可。盖习此教者，虽亦以修善为名，而良民实少，大都以结党聚众为事。幸其尚在齐民之列，牧令犹可治之，若许其传教，则爪牙羽翼实繁有徒。且传教者必然翘翘然自异于众，藐视官府，一有词讼，牵连及征比钱粮之事，必不服地方官传唤。若传教之人日多，则抗官之势必重，迨至执法严惩，则启衅端而伤政体……臣愚昧之见，除洋人传教及华人习教仍听自便外，其华人传教一节，拟请旨即行禁止。"

在同日的另一份奏折中，乔松年更明确地表述了对天主教在华传教的憎恨和担忧："天主教一事，原因外国人求之甚力，不得已而许之。其为教也，以不事神，不祀先为首务，悖理败伦，凡有识者皆所深恶……洋人之传教者，地方官必礼貌之，犹幸其人未众也。若中国人则人人习教，即人人可以传教，皆欲与牧令抗行，必至沮格公事，扰乱政令。方今捐纳不能停，保奖自以滥，有职衔顶戴者，其多不可胜计，州县已有不能弹压之势。若再益以此辈，则州县将无齐民之可治矣。"②

由于署理两江总督李鸿章和安徽巡抚乔松年均对天主教在皖传教持抵制立场，郎怀仁虽屡屡交涉，但终无结果。

为了迅速推动天主教在皖传教活动，江南教区只得采取迂回和隐蔽的手段。就在郎怀仁乘法国军舰前往安庆的几周前，负责江南教区西区教务的法国传教士雷遹骏，秘密派遣中国教士熊臣尧潜入安庆，冒充商人，购置一家店铺，名为经营布匹，实则为天主教秘密传教据点。9月初，根据江南教区的指示，熊臣尧将这家店铺出让给教会，

① 中国第一历史档案馆、福建师范大学历史系合编：《清末教案》第1册，中华书局1996年版，第575页。

② 中国第一历史档案馆、福建师范大学历史系合编：《清末教案》第1册，第507—508页。

"文书契约悉照规章缮写,并向县里注册登记"。随后,一位教会的医师住进这所房屋,开始给附近贫穷的病人看病。然而,一些人声称,这名医生不过是教会的代理人,他是为神父们进入安庆作准备的。这一消息立即不胫而走,在安庆当地的士绅中引起轩然大波,他们不断地前来抗议,并向官府施加压力,要求立即取缔。很快,雷遹骏接到来自安庆的报告,声称这里的教会人员生命财产都无保障,请求他速来援助。

9月24日清晨,雷遹骏乘坐江南教区船只"圣玛利亚"号来到安庆。由于害怕遭到当地民众攻击,他不敢从城门入城,而是利用炮眼攀登着爬上城墙,然后在城墙边乘上早已准备好的一顶轿子,悄悄地进入城中熊臣尧让渡给教会的店铺,并向知府和知县投递名片。次日,雷遹骏来到府台衙门,拜访地方官,直接提出"要按照所得权利在安庆建立教堂"。这一要求遭到地方官的抵制,他们声称,朝廷近来已经取消了这一条约权利。双方发生激烈争执,引来许多民众的围观。雷遹骏在离开时,要求地方官对他和他的下属的安全负责。

当天晚上,安庆的一些士绅率领民众,包围了雷遹骏的住所,并闯入房屋。在医师和教会人员的保护下,雷遹骏从后门逃出,藏入田间丛密的草堆里。次日凌晨,当民众散去之后,雷遹骏才回到住所,发现带来的部分行李已经不见了。26日,当地民众再次围攻雷遹骏的住所,雷遹骏只得寻求官府保护。之后,他在一名当地官员护送下出城,在江边乘上一艘外国轮船返回上海。① 雷遹骏一出城,法国传教士费尽心机在安庆城中建立的天主教传教据点的那家店铺,便被民众捣毁,法国天主教传教士试图重新恢复在安庆的传教活动再次受挫。

这一事件引起法国在华各种势力的强烈反应,在华的法国商人、银行家、传教士们在江南教区主教郎怀仁的率领下,要求法国政府"立即采取有力的补救措施"。在北京的法国公使伯洛内对此予以坚决支持,扬言"安庆事件假如在三个月之内不予解决,我将用武力占领城内

---

① ［法］史式徽:《江南传教史》第2卷,第147—148页。

的一块土地"①。同时他向总理衙门大臣奕䜣发去照会,请他督促两江总督和安徽巡抚,尽快办理退还天主教财产事宜。照会并附上江南教区主教开具的江南各处应归还的天主堂旧址清单,其中包括安徽省的安庆和五河的教产。②

尽管如此,署理两江总督李鸿章继续抵制法国外交官的要求。虽然勉强同意对曾在安庆被驱逐的雷遹骏神父赔罪道歉,但他也明确告诉法国人,熊臣尧在安庆购买的房屋并未得到官方许可。之后,江南教区向安庆又派遣了徐停波和杜若兰两位法国传教士,他们一再要求进入安庆城中建立传教据点,但是安庆的地方官只同意外国传教士住在城外,而不能入城。杜若兰试图寻求李鸿章对安庆官员下令,但是他不知道其实安庆官员们正是在李鸿章的支持和授意下,阻止外国传教士进城,因此,他的努力完全是徒劳无益的。③

1867 年,李鸿章离任,新任两江总督曾国藩上任后,致力于改善与法国天主教的关系。1867 年 9 月,他主动约见雷遹骏神父。雷遹骏随即提出归还在安庆的神父住院,并要求获得位于江边的一块土地作为他当年从安庆被逐事件的赔偿。曾国藩接受了这些要求。之后,教士们又声称,原先熊臣尧购买的房产过于偏僻,迫使地方官置换城中的东右坊民房 12 间,又在江边拨一块土地给法国传教士。④ 此后,法国传教士开始在安庆传教,安庆迅速成为法国天主教势力在皖的主要据点之一。

英国基督新教势力也不甘落后。1865 年,英国传教士戴德生在伦敦创立一个跨新教宗派的差会组织——内地会,将安徽、浙江和江西作为在华传教的主要地区。1869 年春,内地会派遣英国教士密道生、卫养生来到安庆活动,在城内西右坊租民房 5 间为住所,同时为传教场所。

至 1869 年秋,在安庆城中定居两年的法国天主教传教士和刚刚

① 〔法〕史式徽:《江南传教史》第 2 卷,第 149—150 页。
② 中国第一历史档案馆、福建师范大学历史系合编:《清末教案》第 1 册,第 585—586 页。
③ 〔法〕史式徽:《江南传教史》第 2 卷,第 151—152 页。
④ 〔法〕史式徽:《江南传教史》第 2 卷,第 152 页。

在城中居住半年的英国传教士,在安庆城内取得立足点之后,虽未立即建立天主教堂或耶稣书院,但已经开始在他们的寓所内开堂传教。他们在安庆城中的定居与传教活动,不仅引起当地官府的不满,也迅速激化了与城中士绅、商民及当地百姓的矛盾。

(二)捣毁英法传教士住院

1869 年 11 月初,省城安庆发生了一起震惊中外的事件,这就是参加府试的文武考生与城内民众一起捣毁了安庆城内的法国天主教传教士和英国内地会教士的住院,史称"安庆教案"。

此事的几个月前,先前在湖南和江西流传的一些匿名揭帖开始在安庆城中流传,这些匿名揭帖,主要是一些士绅所做,其主要内容或斥责天主教违背中国的传统伦理纲常,或指责传教士以金钱收买人心,呼吁人们立即行动起来,抵制天主教的传播。清廷中一些官员对此表示支持。1866 年 3 月,安徽巡抚乔松年两次上奏朝廷,称西方天主教"以不事神不祀先为首务,悖理败伦,凡有识者皆所深恶……其为世道风俗之害",建议禁止中国人为外国传教。[①] 1867 年 3 月,大学士倭仁在奏折中提出:"议和以来,耶稣之教盛行,无识愚民,半为煽惑,所恃读书之士,讲明义理,或可维持人心。"[②]一些传教士和西方外交官,也意识到这些匿名揭帖对鼓动民众反对教会情绪的巨大作用,英国驻华公使威妥玛明确指出:"某处每有揭帖,经张即日,必见教士教民被人欺压……由是揭帖深为紧要。"[③]安庆教案发生前已在安庆大街小巷四处张贴的这些匿名揭帖,不仅预示着一场大规模的反教会运动即将发生,而且也表明这一事件的主要策划者和指挥者是士绅阶层。

在安庆教案发生的一年之前,与安徽毗邻的江苏省发生了一起针对英国内地会传教士的扬州教案。1868 年 7 月底,英国内地会教士戴德生在扬州城中强行租屋,开堂传教,激起民愤。人们贴出匿名揭帖,鼓动捣毁教会,驱逐英国教士。结果英国内地会在扬州的教士住所遭

---

① 《筹办夷务始末(同治朝)》第 4 册,中华书局 2008 年版,第 1644—1645 页。

② 《筹办夷务始末(同治朝)》第 5 册,中华书局 2008 年版,第 2009—2010 页。

③ 中国第一历史档案馆、福建师范大学历史系合编:《清末教案》第 2 册,中华书局 1998 年版,第 22 页。

到围攻,人们闯入房屋,点燃家具,并将财物洗劫一空。① 在安庆城中的英国内地会传教士密道生、卫养生,公然在自己的住所门上悬挂"圣爱堂"的横匾,大规模开堂传教,结果激起安庆城中的官员、士绅和百姓的强烈不满,扬州民众围攻英国内地会传教士住所的举动,无疑给他们树立了榜样。

1869 年 10 月,安庆府已经临近科举考试之日,又鉴于不久前发生在扬州针对英国内地会的教案,安庆知府何家骢担心届时安庆城中各县考生云集,容易受人鼓动去围攻教会,故预先派一名同知通知英国教士,科举时不要外出,并"暂停开将教书",以免与考生发生冲突。他又"谕饬团保人等,妥为防护"。

然而,安庆知府的预防措施并不能阻止事态的发展。10 月 31 日,一些先期进入安庆的考生拥入英国教士住院,围观教堂的祈祷仪式,双方发生口角。11 月 3 日,安庆府院考场的墙壁上,有人张贴了一些匿名揭帖,揭帖言:"匪教猖獗,与考童为难,订于(十月)初二日(11 月 5 日)拆仁爱堂。"②

次日凌晨,英国传教士密道生、卫养生得知考场匿名揭帖一事,立即乘轿前往负责当地外交事务的安庐滁和道衙门,求见道台刘传祺,要求派兵保护住所,并追查张贴匿名揭帖之人。然而刘传祺避而不见,让下属告诉英国教士,此事由知府衙门负责。两人无奈,只得乘上轿子,离开安庐滁和道衙,准备前往府台衙门。此时,在安庐滁和道公寓早已聚集一群参加考试的怀宁县考生和民众,他们见洋人竟然乘轿进出道署,又在衙门内与官员大声争执,顿感愤愤不平,立即拥向前去,掀翻他们乘坐的轿子,高声喊"打洋鬼子,杀洋鬼子"。两位英国传教士只得下轿,躲入道署,寻求官方保护。

考生与民众随后又拥向西右坊的英国内地会住院和圣爱堂,冲入屋内,此时英国教士密道生的妻子和两个孩子仍在屋内。考生们进屋后捣毁门窗,搬走家具,摘下"圣爱堂"横匾,用脚踩烂,将屋内财务抛

---

① 顾长声:《传教士与近代中国》,上海人民出版社 1981 年版,第 138 页。

② 《教务教案档》第 2 辑,第 759 页、768 页。

至院外,但并未伤害密道生的妻儿。之后,安庆知府何家骢担心事态不可收拾,于是率兵丁赶到,驱散人群,并将密道生的妻儿护送至安庆。①

在捣毁英国教士住所和圣爱堂后,数万考生和民众呐喊着又拥向东右坊,这里正是法国天主教传教士们的住院。在这处安庆天主教的住院里,原本居住着金式玉和韩伯禄两位法国教士,但几日前金式玉已离开前往英山传教,韩伯禄也在一天前离开住院,去江边等候轮船前往上海看病,均未在屋内,只留一位姓张的教民看守房屋。众人冲入法国教士住院后,同样将屋内门窗拆下,捣毁家具,并将财物洗劫一空。何家骢率兵丁再次驱散考生和民众。

11 月 4 日,安庆知府何家骢在征求两位英国教士意见后,出资雇用船只,将他们及家眷一并护送去江苏镇江。同时,并派人守卫西右坊和东右坊的英、法传教士住院。②

事后,正在江边等候轮船的法国教士韩伯禄获得消息后,立即返回安庆城中,沿途看到许多路人随身携带住院门窗和衣物,他无暇过问,急忙赶回住院,发现"仅剩空屋,一物无存"。随后,他又前往安庆知府衙门申报,但一路遭民众围堵,有人威胁要将他打死。韩伯禄无法前往府衙,只得再次出城,回到江边,继续等候轮船,于次日前往上海。③ 11 月 10 日,负责江南教区西部地区传教事务的法国传教士金式玉闻讯后,也从六安赶回安庆,要求会见安徽巡抚及安庆知府,讨论赔偿教会被毁财物和惩治"凶手",但未有结果。之后,他也离开安庆,前往上海,向法国总领事和江南教区法国主教汇报。

(三)围绕安庆教案的中外交涉

安庆教案发生之时,中法之间正就四川和贵州发生的教案进行交涉。11 月 10 日,法国驻华公使罗淑亚为向清政府施加压力,离京前往天津,扬言如果在 12 月内不结案,将亲自带兵入川。在天津时,法国驻天津领事丰大业将安庆发生教案、法国天主教堂被毁的消息向他报

---

① 中国第一历史档案馆、福建师范大学历史系合编:《清末教案》第 1 册,第 754—755 页。
② 《教务教案档》第 2 辑,第 763—764 页。
③ [法]史式徽:《江南传教史》第 2 卷,第 177—178 页。

告。罗淑亚决定立即前往上海。①

11月12日,江南教区法国主教谷振声致函法国驻上海领事达伯理,声称在安庆教案中,法国教士住院被抢物件有教士自幼以来的15年笔记和著作,"一旦抢失无遗,无价偿还",其他被抢财物和被拆门窗共值4000元;安庆的地方官本应"设法保护,随时弹压,严谕士民,谨遵和约",但却"毫无弹压之力",对事件发生负有责任。谷振声强调这一事件为"聚众肆抢,欺侮正教,并欺侮本国之人,事关轻重",要求达伯理照会清政府,迅速采取切实行动,保护法国教士,缉拿凶犯,追赃赔偿。随后,达伯理照会两江总督马新贻,指责安庆地方官未能履行保护教士职责,违背中法和约,要求予以追究。②

与此同时,英国与清政府也开始交涉。11月中旬,英国驻华公使阿礼国乘轮船前往汉口,途经南京时登岸拜访两江总督马新贻。马新贻明确允诺将"拿办滋事之人及酌偿教士失款",但又表示"皖省现值考试,万众云集,易滋事端,未能仓猝即从严办"③。19日,阿礼国一行乘船进入安庆江面,派使馆参赞葛讷利进入安庆城。葛讷利会见安徽巡抚英翰,要求赔偿教会损失,迅速缉拿首犯,并指定夏姓考生和武举王奎甲为滋事为首之人。英翰亦以科举尚在进行为由,表示,"此事既指名有人,断无不办之理,惟现在人数太众,须俟十一月杪十二月初院试既毕,方能拿办"。对此,阿礼国极不满意,扬言如不在五六日内办妥,他将进安庆城过问。④ 之后,阿礼国多次催促两江总督与安徽巡抚尽快结案,予英国教士以赔偿。

总理衙门大臣奕䜣认为,法国态度更为蛮横,更值得朝廷担忧。他在奏折中强调,"安庆地处江滨,为兵船所必经之地,在川黔等省教案既未据该督抚等咨报完结,而安庆省复有拆毁教堂情事。该使(罗淑亚)此次带领兵船,先由安庆经过,设借兵船就便任意要挟,恐吓官民,必至节外生枝,且牵涉英国耶稣书院,更加棘手"。为此,他建议

---

① 中国第一历史档案馆、福建师范大学历史系合编:《清末教案》第1册,第712—713页。
② 《教务教案档》第2辑,第755—756页。
③ 中国第一历史档案馆、福建师范大学历史系合编:《清末教案》第1册,第730页。
④ 中国第一历史档案馆、福建师范大学历史系合编:《清末教案》第1册,第719页。

"即应将此案先行设法持平,先行迅速了解,方为妥善"。

这一建议得到清廷的支持。11 月 23 日,清廷发布上谕,称:"安庆拆毁英法教堂,究竟因何启衅。此次法国使臣带领兵船,沿江上驶,必由安庆经过,尤恐借此要挟,枝节丛生。著马新贻、英翰速将此案了结,不可稍有延缓。"

在安庆教案发生之后,安徽巡抚英翰委托上海道涂宗瀛与法国领事达伯理就赔偿法国教士损失进行谈判,但他又在 12 月 1 日给朝廷奏折里强调,安庆城中其实未有天主教堂和耶稣书院,仅有英法教士公寓,两处房屋均未损坏,"无伤人拆房重情",强调教案发生是因为"考生及所在居民纷传不愿传教",声称安庆城里"现在府试接以院试,生童人数逾万,办理稍有未协,必致酿成事端",因此难以迅速结案。①

对于英翰在处理安庆教案中的拖延态度,清廷明确表示不满,12 月 8 日发布上谕:"此时若再事耽延,难免不另生枝节。马新贻等仍当懔遵前旨,严饬该府县官将领首滋事之夏姓等迅速查拿,持平审办,并饬吴世熊等会同该地方官妥为料理,断不可稍涉偏纵,致起衅端。"②

在清廷的严令下,两江总督马新贻和安徽巡抚英翰只得迅速采取行动。12 月初,马新贻得知法国公使罗淑亚将率舰队从天津南下,即将抵达上海,与江苏巡抚丁日昌协商后,委派苏州臬司候补道杜文澜先期前往上海,协同上海道涂宗瀛接待罗淑亚,并负责与之谈判。

罗淑亚抵达上海后,首先会见从安庆逃出的法国教士韩伯禄和金式玉,以了解他们的要求。之后,他委派法国驻上海副领事狄隆与杜文澜及洋务委员候补道吴世熊谈判。法方不仅要求赔偿 5000 元,由官府代为建堂,缉拿参与围攻教堂的考生,甚至还要求在"皖城中内指一官地,如仓厫衙署之类拨为堂基"。对于法国的无理要求,杜文澜与涂宗瀛表示难以接受。罗淑亚恼羞成怒,蛮横地扬言,皖案若不切实办定,他"必即日赴皖,自行办理"。在他的威胁下,杜文澜及吴世熊

---

① 中国第一历史档案馆、福建师范大学历史系合编:《清末教案》第 1 册,第 713 页、718—720 页。
② 中国第一历史档案馆、福建师范大学历史系合编:《清末教案》第 1 册,第 721 页。

几乎全盘接受了法国的全部要求。

12 月 20 日，杜文澜、涂宗瀛将有关协定向马新贻作了汇报。根据这项协议，中国赔偿法国各项损失共 4000 元，先行支付 3000 元，另1000 元为将来法国教士在安庆购置土地之用；派一委员同教士即日赴安庆，"指出城内地址一块，由地方官为之买定"；惩办滋事之人；张贴告示，申明保护外国传教的条约有关条款。①

在完全实现自己意图之后，罗淑亚仍不满足，为进一步向中方炫耀武力，又由法国海军上将科尔尼利埃·吕西尼埃和法国驻上海总领事梅让陪同，率"维纳斯"号、"迪普莱克斯"号、"科特洛贡"号和"蝎子"号 4 艘军舰组成的法国舰队，离开上海，溯江而上，并命令尚在日本的两艘法国军舰也迅速赶来，加入这支舰队。23 日舰队抵达南京。罗淑亚一行拜会了两江总督马新贻，经数日谈判，双方确认了在上海就安庆教案所达成的协议，并商讨了处理建德发生的教民被杀一案的处理原则。②

1870 年 1 月 2 日，罗淑亚率法国军舰抵达安庆江面，派遣狄隆上岸，英翰派安庆道台刘传祺前往迎接。之后，双方就落实上海协议和建德县教民被杀事件进行谈判。对于安庆教案有关协议，英翰提出，法国教士指定在城内卫山头地址购地建堂，如果卫山头地主不肯出售，官府愿意增加 1000 元在城内另购土地为教会建立教堂；对于惩治滋事之人，官府已经将滋事的考生"先行出示扣考，斥革究办"，"饬县将随同滋闹教士公寓之王元重责一百板，枷号两个月"，教士另指定的滋事首犯王奎元和夏姓考生，仍在缉拿。对于建德发生的教民被杀一案，将根据南京已达成协议，"先查明被累教民加以抚恤"。对此，法国公使罗淑亚亦表示认可。

1 月 14 日，马新贻将与法使罗淑亚处理安庆教案的经过与有关协议，分别向清廷和军机处呈报。此前，马新贻以两江总督的名义，在江苏和安徽城乡各地张贴告示，警告各地考生，今后若"不安本分，不知

① 中国第一历史档案馆、福建师范大学历史系合编：《清末教案》第 1 册，第 731—732 页。
② ［法］史式徽：《江南传教史》第 2 卷，第 180 页。

道理,一经滋闹,除先行扣考,再行查拿严办"①。安徽巡抚英翰也在各县张贴告示,强调外国教士根据条约有权在各省租买田地,建造自便,民众不得干涉,否则严惩不贷。随后,江南教区派遣一位法国教士前往安庆,接收赔偿土地。②

对于法国公使罗淑亚以炮舰外交的恐吓手段迫使中国当局妥协的做法,法国在华传教士费赖之予以高度评价,声称"法国对远东的天主教已好久没有作出如此漂亮、如此有力的表示。除非追溯到路易十四时代,才能找到类似的情形……倘若以后人们要继续保持这种以舰队为后盾的姿态,使人遵守和约,那么必能收到更值得庆幸的成就和更多、更大的成果"③。

在此之前,中英已就英国教士在安庆的财产损失达成协议,但英使阿礼国看到法国以武力为手段,利用安庆教案取得额外的利益之后,便于1870年2月23日照会总理衙门,指责安庆地方官在安庆教案发生后,无视保护教士条约,只知塞责,纵容暴徒,"其于英人身业丝不保护,任停众人凌虐摧残"。3月7日,他再次照会总理衙门,公然要求清政府参劾"皖省失职官员"④。

对此,清廷无比震怒,几天后发布上谕,称"上月法国使臣罗淑亚……携带兵船赴安徽、江西等省,不过数月,各案俱结。该使臣现在颇鸣得意,是其轻视中国官吏,已可概见。传教各案牵涉民人,即系地方官分内应办之事。乃积习相沿,因循推诿,日久不结,致令该国使臣藉兵要挟,此风何可渐长……著各该将军督抚、通商大臣等,严饬所属,遇有中外交涉事件,即认真查办,持平迅结。毋得仍前延宕,致外人得以借口"⑤。

3月底,法国教士要求在安庆城购地建堂一事最终取得进展。法国教士原指定要购城中卫头山一地,其地主为4户人家,均以此为祖

---

① 中国第一历史档案馆、福建师范大学历史系合编:《清末教案》第1册,第735页。
② [法]史式徽:《江南传教史》第2卷,第181页。
③ [法]自史式徽:《江南传教史》第2卷,第181页。
④ 中国第一历史档案馆、福建师范大学历史系合编:《清末教案》第1册,第752页、758—759页。
⑤ 《筹办夷务始末(同治朝)》第8册,中华书局2008年版,第2885—2886页。

业为由,拒绝出让教会,法国教士只得改为城内黄家狮子一地。在征求该地地主同意后,3 月 27 日,安庆知府何家骢、怀宁知县彭荃及安庐道刘传祺与法国教士金式玉签署正式购地合同,其内容为:

> "东门内黄家狮子地方杨李赵杨等姓房基一方,统共656 方 1 厘,合计价值本洋 2289 元 7 角,南横 12 丈 5 尺,北横 14 丈 3 尺,东直 48 丈 2 尺,西直 47 丈 2 尺,南以大街左右李姓为界,北以石姓地基为界,北右与张姓地基连界,东以叶家蔡园公路张姓地基为界,西以杨姓地基官街头史姓王姓地基为界。均照丈量新立界石为定,凭同地方官价买归本处天主堂,任传教士执业兴造。"

> 双方还商定,官府按协议为购买这块土地支付 1000 元,其余 1289 元 7 角,将由江南教区主教支付。[①]

在此之前,两江总督马新贻与安徽巡抚英翰联署告示已在全省各地张贴,宣布:"安庆考童滋闹公寓一案,业已按约妥办,此后民教相处,务须永远和睦,彼此恭敬,不得再滋事端,合行剀切晓谕,为此示仰阖属军民人等知悉。尔等须知传教习教,均系条约所准,不愿习教者,本不勉强,毋许妄有阻挠。教士来自外洋,心存劝善,尤宜以礼相待,自示之后,务宜遵照条约,不得阳奉阴违。如再有不安本分,不知道理之人,一经滋闻,无论是否考童,抑或平民,定即按照条约并前办之案,从严拿办,断不曲贷,慎毋尝试,其各凛遵。"[②]

但是,清政府的一纸告示并不能解决由于外国传教士进入安徽内地给原有社会造成的冲击,更不能缓和由此而形成的日益严重的中外矛盾。安庆教案发生之后,外国传教势力在安徽境内的进一步扩大,致使更为严重的民教对立与冲突无法避免。

---

① 《教务教案档》第 2 辑,第 843—846 页。

② 《教务教案档》第 2 辑,第 840 页。

二、宁国—广德教案

（一）土客冲突与天主教势力的扩展

安庆教案之后，法国天主教在华势力将皖东南地区的宁国府和广德州作为新的扩张重点，迅速进入这一地区。

太平天国运动中后期，宁国府和广德州为太平天国政权首都南京的重要屏障，清军与太平军在此进行反复的争夺，战事极为频繁，民众伤亡惨重。那些幸免于难的民众，为了躲避战火也纷纷逃亡。战争结束后，这一地区人口锐减，大量荒地出现。为了迅速恢复农业生产，增加赋税收入，清政府采取了招徕客民耕垦的政策，以各种优惠待遇，吸引外来人口，外来移民纷纷进入这一地区。在广德州，"兵燹后，人烟稀少，田野荒芜，当道出示招徕客民开垦入籍，湖北人居其四，河南人居其三，江北人居其一，浙江人居其一，他省及土著共得其一"[①]。宁国府的情况也是一样，在宣城县，"移入之外籍农民，估计约有百分之九十，其中以两湖籍占最多数，皖北次之"[②]。时任两江总督的沈葆桢在奏折中也强调："皖南自兵燹后，遗黎十不存一，垦荒者多外籍。"[③]

规模空前的人口流动，导致大批外来移民拥入宁国府与广德州，不仅从根本上改变了当地的居民结构，而且为西方天主教势力的发展提供了前所未有的机会。在这些移民到来之前，西方天主教传教士尚未进入这一地区，传教活动没有展开，天主教教徒只占人口极少部分，而随着移民潮来到这一地区的外来移民，多数来自西方天主教传教活动充分开展的湖北与河南地区，许多河南、湖北移民在家乡已经接受了天主教，成为虔诚的天主教信徒。这样，宁国府与广德州的天主教教徒人口的比重急剧增加，这一状况迅速引起法国天主教在华势力的关注。1868 年至 1869 年，江南教区派遣法国天主教神父金式玉、韩伯禄和叶春荣从南京多次前往这里，探望来自河南和湖北的教徒。

大批外来移民的拥入，给宁国府和广德州的土地所有制关系带来

---

① 《广德府志》卷末补正，光绪七年，第 18 页。

② 李文治主编：《中国近代农业史资料》第 1 辑，三联书店 1957 年版，第 172 页。

③ 中国第一历史档案馆、福建师范大学历史系合编：《清末教案》第 2 册，第 139 页。

猛烈的冲击。当一批批移民先后进入这里圈占和开垦荒地时，彼此之间为争夺交通便利、毗邻水源、土壤肥沃的荒地屡屡发生冲突。当大片的荒地开垦为良田之后，一些原先逃离的土著居民也陆续返回故乡，拿出地契，对这些田地提出权利要求。在这些围绕土地所有权争执的法律诉讼中，外来移民无疑处于下风，他们的诉求得不到地方官的支持，转而寻求法国天主教神父的支持。对此，法国传教士得意地说："到处有人召唤我们，到处有人献我们房屋充作圣堂……我们毫无困难地就拥有了四十至五十个距离适当的公所，每个公所拥有一千至几千名望教者。"

外国传教士为了在皖东南地区收买人心，热衷于干涉这些原本属于中国内政的法律纠葛，蛮横地要求地方官在所有土地纠纷的案件中，做出有利于教徒的判决。外国传教士的介入，使土著居民与外来移民的矛盾变得更为严重和复杂。一些原本并不信仰天主教的外来移民，为了寻求教会支持，也转而皈依天主教，从而使天主教势力得到更大的发展。一名法国传教士狂妄地说："这一地区是我们的，他们教外人不能不到我们这里来。"

1869年，江南教区在整个皖南地区仅有婺源东门和宁国水东两处传教据点，教徒不过400余名，而到1873年，仅在宁国府和广德州，法国天主教传教士就已建立教堂27座，拥有教徒1650名，并有近两万名新入教尚未受洗礼的教民，他们被称为"望教者"。江南教区为了适应天主教势力在这里的发展，决定设立宁国总铎特区，派遣6位外国神父和两位中国神父常年在这里为教徒"施行圣事"。

天主教势力在宁国府与广德州的急剧扩展以及教会对当地司法的干涉，不仅引起土著居民的愤怒，而且也引起一些地方官员的强烈不满，他们利用手中的权力，阻止人们接待神父，否认转入教会名下的房屋和田地的合法性。在他们支持下，当地的一些民众攻击替外国神父看守教堂的中国人，一些教徒的家和教堂被毁。江南教区获悉后，立即委派安庆总堂神父金式玉与安徽巡抚英翰进行交涉。

1873年3月初，在官兵的保护下，金式玉与英翰派遣的两名官员前往宁国府与广德州，对上述案件进行全面的调查。3月19日，官员在法国天主教神父的干涉下,对许多涉及教会房地产的案件进行改判,重新将这些土地和房屋的所有权判归天主教会,准许天主教会在建平县城建造神父住院,并给予教会数百两银子的赔偿。与此同时,官府还在各地张贴保护教会的告示,肯定教会的权利,警告人们不得采取任何针对教会的敌对行为。宁国府与广德州攻击教会的事件迅速减少,事态逐渐平息。①

江南教区法国主教郎怀仁对于天主教在宁国府与广德州取得的成绩感到非常满意,1873年11月8日至20日,他在负责安徽地区传教的江南教区西区会长、法国神父倪怀纶的陪同下,亲自对这一地区的教务进行视察。对于这次访问,当地官员进行了精心安排,他们诚惶诚恐地用最隆重的礼仪来接待郎怀仁一行,专门派出18名轿夫供法国神父们使唤。在他们到来之前,沿途的官员早已接到通知,官员和士绅们列队欢迎他们的到来,并致颂辞。对于这次皖东南之行,郎怀仁极为得意,声称"这是一次凯旋的远行"②。

虽然法国天主教传教士在皖东南传教活动取得极大的进展,但是他们的传教仍然局限于外来移民,本地居民几乎没有一名教徒。本地的土著居民在与外来移民的各种法律纠纷中,因为教会和外国神父的干预,屡屡遭到失败,他们将这些失败和挫折迅速转换为对外国传教士与天主教会的不满和仇恨。与此同时,当地官员和士绅在朝廷和外国势力的压迫下,不得不忍受屈辱,被迫向外国传教士赔款和认错,但是他们并不甘心放弃自己过去在地方享有的至高无上的支配地位,更不愿充当外国传教士的走卒。一旦形势发生新的变化,这两种力量势必联合起来,向外国传教士和教会发出挑战。

因此,当江南教区的法国传教士们庆幸传教活动取得的新成果之时,一场席卷整个宁国府和广德州的更为猛烈的打击传教士和天主教徒的风暴已经形成,导致这一风暴形成的起因是离奇的剪辫事件。

(二)剪辫恐慌与打教风潮

1876年初,一些流言在长江下游的南京、扬州、镇江等城市广泛

---

① [法]史式徽:《江南传教史》第2卷,第216—220页。
② [法]史式徽:《江南传教史》第2卷,第221页。

流传,说有行妖术者在夜间将纸人抛向空中,变成恶鬼在空中飞翔,他们拿着剪刀,寻觅夜间在路上行走的人们,乘其不备,剪去他们的发辫。许多成人,甚至儿童的辫子被人神秘地剪去。[①]清兵入关后,强迫被征服的汉族男人,必须仿效满族男子,蓄留发辫,以表示接受清王朝的统治,违抗者将被处死。太平天国运动兴起之后,洪秀全首先剪去象征臣服的辫子,又号令天下汉族民众剪辫,以表示对抗和推翻清朝统治的志向。因此,蓄留发辫不仅仅是一种风俗,而且也是是否接受清朝统治的政治标志。那些被神秘剪去发辫的人们顿时感到极大的恐慌,害怕自己被官府视为故意剪掉辫子的"叛逆",可能遭到严厉惩罚。

1876年夏,剪辫恐慌也开始在安徽宁国府和广德州蔓延,一些人在自己毫无察觉的情况下辫子被人剪掉。这在当地引起普遍的恐慌。究竟是什么人在暗中剪辫? 两江总督沈葆桢在给朝廷的奏折中提到,先是安徽巢县捉拿了剪辫之人,此后在庐州、池州、宁国、六安等府,也相继捉拿一些剪辫之人。尽管这些人在被擒后,多声称是受教会指使,目的在于获取生人之辫,分插木头上,念以符咒,将之化为兵。沈葆桢认为,这些人"大抵出自白莲教,其头目大抵出自哥老会,与天主教并无干涉,惟该匪到案必供出自教堂"[②]。

白莲教是明末清初以反清为宗旨,以农民、手工业者、矿工为主体的秘密会社,其组织极为严密,清初曾多次举行反清武装起义,在太平天国运动后期,再次举行起义,并与捻军关系密切,太平天国运动失败后,其影响逐渐下降。哥老会亦是清代的一支反清秘密会社组织,最初以反清复明为斗争目标,太平天国运动失败后,一些太平军的残余分子、被裁减的湘勇和沿江码头失业的船工、挑夫也加入这个组织,在反清的同时,也将斗争矛头指向外国在华势力。不论是白莲教还是哥老会暗中策划的这些剪辫事件,他们的真正目的是借机加剧清王朝与外国在华势力,特别是与外国天主教之间的矛盾,从而削弱清王朝的

---

① ［法］史式徽:《江南传教史》第2卷,第222页。
② 沈葆桢:《沈文肃公政书》卷六,第67页。

统治。

　　四处蔓延的剪辫恐慌引起清王朝的高度警觉,官府立即四处张贴告示,缉拿剪辫"妖人"或"匪徒";要求人们夜间不要外出,关严自己的家门,要避开陌生人,并及时向官府举报可疑嫌犯。官府还组织兵勇,在城镇与乡村的道路上沿途设卡,盘查路人。清王朝的这些措施本意是消除人们的恐慌,稳定人心。但是,这些做法却造成了新的社会动荡,引起了人们更大的不安。由于彻夜鸣锣盘查剪辫之人,皖东南地区一时人心惶惶,一些别有用心的人乘机诬告自己的仇家,一些官兵甚至在盘查时,任意指控孤单路人,以谋他们的钱财。一些狂热反对天主教的地方官员、士绅,乘机煽动民众,将之演变为一场针对外国传教士和教徒的斗争。

　　这场斗争的发源地为广德州建平县欧村。欧村是广德州天主教的一个主要据点,中国籍天主教传教士黄之绅(又名黄廷彰)为这里的本堂神父。黄之绅的教名为黄方济,出生于江苏海门的一个书香之家,早年接受天主教,并成为神父。1854 年,江南教区法国主教赵方济为了促进在华传教活动,选派一批中国神父去欧洲学习神学。黄之绅被送到意大利那不勒斯一家修道院学习,回国后被派往湖北传教。数年之后,他表示希望回江南教区传教,因为他的兄长黄之缓已在那里传教多年。江南教区法国主教郎怀仁认为,许多湖北移民在安徽宁国一带定居,其中不少是教徒,黄之绅也熟悉湖北方言,便接受他的请求,将他派往宁国府。黄之绅来到宁国之后,踌躇满志,创建许多新的传教点,发展大批教徒。他以法国天主教势力为后台,在信教的湖北移民与土著居民及其他移民的诉讼中,屡屡出面干涉,逼迫地方官做出有利于湖北移民的判决,从而使自己成为当地民众、士绅与官府仇恨的目标。一些当地人扬言,要将他置于死地。

　　宁国府最为仇视法国天主教势力的官员是驻军统领方长华,他公开表达自己对天主教的敌意,发誓要铲除天主教。他制作一批刻有孔子言论的圣人牌位(一说为何渚所刊印),发往四乡,要求人们供奉,将对于那些拒绝供奉圣人牌位的信教民众视为叛乱的嫌疑犯。1875年底,湖北移民因赋税过高,与官府发生冲突,遭到军队镇压,许多人

被打死,其中有三人是教徒。方长华随即宣布这次对抗官府的叛乱是湖北教徒发起的,并将曾与自己手下发生过冲突的教徒程明德关押起来,宣布他是叛乱的领袖,在游街示众两天后不顾教会的反对将其处死。在方长华的庇护下,一些地方士绅公开与天主教为敌,建平县河南籍士绅何渚就是其中之一。何渚恪守孔孟之道,将天主教视为威胁中国传统伦理纲常的心腹之患,发誓与之不共戴天。作为河南移民的首领,他多次前往河南招募拓荒移民,唯一条件就是不能信教。① 方长华和何渚为首的地方官绅遂成为宁国府与广德州抗衡天主教的重要势力,发生在建平县欧村的剪辫事件,为这一势力鼓动民众发动大规模攻击传教士和教徒的斗争提供了机会。

1876 年初夏,建平的许多人辫子突然被人神秘地剪掉,当地人普遍认为这是反清秘密会社组织白莲教所为,与天主教堂并无干系。但是,那些被剪辫子的人都是不信教的人,而教徒却无一人被剪。于是流言不胫而走,人们相信,这些神秘的白莲教徒已经混入教堂,得到教堂的保护。7 月 7 日,河南移民阮光福的辫子被人剪掉,村民易景怀等发现后,立即追捕剪辫的白莲教徒,教堂的传教先生白会清骑马赶来,阻止众人追捕,村民故认为他是剪辫者的同伙,将他扭送到县衙。黄之绅获悉后,立即派人持名片将之保出。② 这更使人们认定,教堂是剪辫者的幕后指使者,他们立即将怒火转向教堂、传教士和教徒身上。

7 月 9 日,刚从上海返回宁国的黄之绅遇到大群求救的教徒,说建平县各地的天主教传教堂口均遭到方长华部下的抢劫,一些新入教的教徒也被人威胁,在各堂口传教助手被逮捕。黄之绅立即给建平知县写信,要求派兵保护,同时又给上海的江南教区法国主教写信,报告这里发生的情况,声称自己已经处于危险之中。③

7 月 11 日,阮光福、安定山等 9 名河南移民在田中干活时谈起剪辫之事,都认为是欧村教堂所为。此时,欧村教堂黄之绅的传教助手杨琴锡恰巧路过,双方发生激烈争执。傍晚,黄之绅、杨琴锡率 20 余

---

① ［法］史式徽:《江南传教史》第 2 卷,第 227—229 页。
② 中国第一历史档案馆、福建师范大学历史系合编:《清末教案》第 2 册,第 140 页。
③ ［法］史式徽:《江南传教史》第 2 卷,第 229 页。

名教堂打手赶来,将阮光福、安定山抓进教堂。次日,阮光福、安定山的雇主吴永庭来到教堂,请求放人,并表示愿意赔礼道歉,但遭到教堂的拒绝。① 随后,吴永庭请求建平县乡绅余应龙出面帮助。余应龙立即与当地河南移民的首领何渚协商对策。

7 月 13 日凌晨,当欧村教堂神父黄之绅准备为教徒举行弥撒之时,突然来人报告,数以百计的民众手持刀棍已经冲入村中。黄之绅正想逃避,攻击教堂的民众已经冲进神父的住院,将他抓获。根据法国天主教教会事后的报告,率领民众围攻教堂的正是建平县河南籍移民的领袖、乡绅何渚,并且是他亲自挥刀砍死黄之绅的。而且,"何渚的儿子还剖开神父的肚子,拉出内脏,割下四肢,躯体当场被焚毁"。与此同时,另一位中国神父、黄之绅的助手杨琴锡和教堂收养的一名中国儿童,也被这群人所杀死。黄之绅的另一位助手白会清也被众人抓住,因他与何渚相识,所以随后被释放。这伙人随即冲进同在这个神父住院的女校,将里面的女生和女教师赶出来。他们还仔细搜索了黄之绅住宅,发现一箱天神像,确信这就是那些在夜间飞翔在空中伺机剪人发辫的恶魔,愈发相信这就是教堂神父暗中施以魔法害人的罪证。愤怒的人们立即将教堂和神父的住院彻底捣毁。②

当天,一名教徒将欧村教堂被毁和两名中国神父被杀的消息向宁国水东的法国天主教总堂报告。当时,德国神父卞良弼、法国神父项德来和中国神父沈二、沈熏良协商后,项德来前往宁国府请求官府派兵保护教堂,但地方官拒绝接见,这更增添了传教士和教徒的恐慌。大群教徒则抛弃了自己的家园,躲进深山。德国神父卞良弼去了广德州,法国神父项德来来到河沥溪,中国神父沈二继续留在水东,沈熏良则前往芜湖,从那里乘船去上海,向江南教区报告了事态的发展。

从 7 月 15 日到 23 日,宁国府和广德州的天主教教堂与湖北籍教徒成为民众集中攻击的目标,40 处教堂或神父的住院被拆掉或焚毁,8 名教徒被杀。24 日,何渚(一说为宣城贡生胡秀山率领)率领大批民

① 中国第一历史档案馆、福建师范大学历史系合编:《清末教案》第 2 册,第 140 页。
② [法]史式徽:《江南传教史》第 2 卷,第 230—231 页。

众,闯入法国天主教在宁国的势力中心——水东天主教总堂,将整个建筑彻底拆毁,众人还将法国神父伏日章的尸体从后院墓地的棺椁中拖出。

当民众以激烈的行动攻击天主教堂和教徒时,外国传教士更是民众搜寻的目标。此时,法国神父项德来听说那位激烈反对天主教的方统领出重金悬赏他的首级,慌忙躲进深山,在一处偏僻人家灶台顶上的阁楼里躲藏了半个月。而德国神父卞良弼则被广德知县安排一直藏在仆役房子里。这样,两人才保得性命。

徐家汇法国天主教江南教区总部获悉后,立即派遣宁国水东总堂总铎、法国神父乔迁于与中国神父李问渔前往安徽。他们在镇江与负责法国天主教在皖教务的金式玉神父会合,于 7 月 21 日来到芜湖。之后,乔迁于留在了芜湖,金式玉则率李问渔前往安庆,寻求安徽巡抚裕禄的支持,但并未获得实质性的结果。随后,金式玉又前往南京,恳求两江总督沈葆桢进行干预。在两江总督和安徽巡抚的敦促下,负责对外事务的道台派遣了三位官员前往宁国府和广德州,解救被困的两位外国神父,并调查这起事件。德国神父卞良弼和法国神父项德来获悉后,才敢相继离开隐藏处,在地方官和军队的保护下离开那里前往上海。在他们离开之前,中国神父沈二已乔装成书贩子,由教徒护送来到上海。

这场由官绅领导、广大民众参与反对外国天主教势力的猛烈风暴,给予安徽宁国—广德地区的法国天主教势力以沉重打击,“除了宁国府府城里的一座圣堂幸存之外,地区内别的圣堂和神父的住院全被摧毁”①。所有的神父,不论是中国神父,还是外国神父,都逃离这一地区。许多教徒也随神父们一起逃走或躲进深山,一些胆小怕事的教徒被迫放弃天主教信仰,其中一些人还转而揭发那些拒绝放弃天主教信仰的人,指控他们为教会发放那些剪辫子的妖魔。法国传教士在宁国府和广德州历经 10 多年苦心经营的天主教势力被摧毁。

---

① ［法］史式徽:《江南传教史》第 2 卷,第 232—235 页。

（三）围绕宁国—广德教案的中法交涉

当黄之绅等中国神父和一些教徒在皖南被杀的消息传到上海之后，江南教区法国耶稣会会长高若天神父随即将此事报告法国驻上海总领事葛笃。随后，葛笃总领事会见上海道台，要求他向时任两江总督的沈葆桢转告法国政府对这一事件的强烈抗议。与此同时，宣城和宁国的地方官也相继向沈葆桢报告宁国—广德教案发生的缘由和经过，"咸以何渚父子为之魁"。随后沈葆桢一面向总理衙门汇报案情，一面派正定镇吴长庆率兵前往皖南缉拿何渚父子。不久，何渚父子及余应龙、吴永廷、何大田等案件相关人员前往县衙投案。沈葆桢随即派江宁藩司梅启照讯问何渚父子等人犯。[1]

此时，原法国驻华公使罗淑亚已经卸任回国，在新公使来华之前，法国驻华使馆事务暂由罗伯特代理。他随即与总理衙门进行交涉。总理衙门承诺保护在宁国府的神父和教民，并指示两江总督采取相应措施。1876 年 7 月 30 日，法国新任驻华公使白来尼抵达上海，法国耶稣会会长高若天亦将宁国发生教案的情况向他汇报。白来尼决定暂缓前往北京，当即乘"塔利斯芒"号军舰去南京，与两江总督沈葆桢商讨如何处理这次教案。

在白来尼抵达南京后，正在芜湖的江南教区负责安徽传教事务的金式玉获悉后，放弃前往宁国的计划，立即前往南京，拜访白来尼，强调宁国攻击教堂事件，严重违反了法国曾与中国订立的条约，请求他向中国提出，将公然支持攻击教堂民众的军官方统领押送南京进行公审，严惩杀死黄神父的凶手，赔偿教会一切损失。[2] 随后，他满意地在致国内一位神父的信中说："在关于宁国府事件的问题上，南京、北京当局和总理衙门都支持我们。"[3]

此后，法国公使白来尼与两江总督沈葆桢进行了三次谈判，"两次在总督府，一次在'塔利斯芒'号军舰上"。白来尼在与沈葆桢的交涉

① 中国第一历史档案馆、福建师范大学历史系合编：《清末教案》第 2 册，第 139 页。
② ［法］史式徽：《江南传教史》第 2 卷，第 236—239 页。
③ 中国第一历史档案馆、福建师范大学历史系合编：《清末教案》第 4 册，中华书局 2000 年版，第 383 页。

中,采取了较为和缓的方式,他并未以金式玉神父提出的三点要求作为法国基本条件与中方交涉,"仅限于救出尚在险境中的卞良弼与项德来两位神父"。沈葆桢告诉白来尼,此次宁国—广德教案是纯政治事件,根源是本地人与移民争夺土地而发生矛盾,教会强行干预,导致冲突发生。但是他又表示,他将下令寻找两位失踪的神父。对此,白来尼并没有提出异议。会谈结束不久,两位失踪的神父已被发现,并被救出。9月初,两江总督发布告示,指出所谓纸人剪人发辫之事,为行"邪术的匪徒妖言惑众,图谋嫁祸于人,这些匪徒系白莲教党羽,与教堂无涉。谁是剪辫的罪犯,应听官府拿办,民众不得自行判断"。白来尼对这份告示也表示满意。①

白来尼的这一立场,被在华法国传教士们看来是难以理解的软弱,甚至认为如果是前任驻华公使罗淑亚的话,决不会如此。其实,白来尼无法采取更强硬立场的根本原因,是因为法国不久前才在与德国争夺欧洲霸权的普法战争中遭到惨败,法兰西第二帝国瓦解,新成立的法兰西第三共和国又经历巴黎公社起义的严重考验,一度处于内外交困的窘境,其国家实力和海外影响大为衰退。早在白来尼出任法国驻华公使之前,法国政府就指示驻华外交官,"要尽可能避免一切引起政治纠纷的外交事件"。因此,当时法国驻华公使罗淑亚曾写信给在华传教的法国天主教的主教们:"你们大概都知道法国目前的形势,我不用再三突出将审慎明智了,但你们也要加倍小心,避免发生新的困难事件,这是时代对我们要求。"②除此以外,四川邻水等县此时也发生民众大规模攻击天主教的严重事件,多座天主教教堂和教会医院被毁,20余名教民被杀,其规模和严重程度远远超过宁国—广德教案,白来尼全力与总理衙门交涉四川邻水教案,将宁国—广德教案置于次要位置。

8月底,江宁藩司梅启照审理何渚父子等涉案人员时,何渚指控在冲突中被杀死的黄之绅神父犯有强占田产,干涉官府审案,杀害乡

---

① ［法］史式徽:《江南传教史》第2卷,第239页。
② ［法］史式徽:《江南传教史》第2卷,第237页。

民阮光福、安定山、霸占良家妇女等十大罪状,以此说明黄之绅死有余辜,民众打毁教堂事出有因。沈葆桢当即决定,在审理打毁教堂教案的同时对黄之绅神父罪行进行调查。

江南教区的法国耶稣会会长高若天获悉后,认为对黄之绅的诉讼,就是对江南教区和传教士的污蔑,立即以江南教区主教郎怀仁的名义写信给沈葆桢,要求停止这一诉讼,并扬言如果不中止这一诉讼,他将报告法国驻华公使。随后,他便专程前往南京,试图阻止对黄之绅的诉讼。对于法国传教士的要求,沈葆桢在复函中予以断然拒绝,强调黄神父事件纯属中国内政,不容外国人插手,并明确告诉高若天,对黄神父的指控查有实据。之后,高若天又根据金式玉的建议,提出要求让一位欧洲籍神父辩论,但同样遭到沈葆桢的拒绝。[①]

10 月 17 日和 20 日,高若天再次寻求法国驻华公使白来尼的干预,他两次致函白来尼,指出对黄神父的诉讼"将关系整个传教士的任务和荣誉",请求白来尼派遣一位专使前来南京,授予全权,参与诉讼辩论,并对那些"明显的、太不公道的诬陷提出抗议"。此前,法国外交部长德加斯已经获悉发生宁国—广德教案的消息,但误以为被杀死的黄之绅神父是法国人,故指示白来尼:"对我们的传教士中有一位在宁国府被杀以及乱民捣毁圣堂之事,必须提出最强烈的抗议,并要求惩办凶手,赔偿损失。"白来尼立即根据高若天的建议,派法国驻上海领事葛笃前往南京交涉。

随后,葛笃写信给沈葆桢,通知自己即将来访,目的是为传教士要求辩护权。沈葆桢在复函中明确表示,对黄神父的诉讼"只应由中国官员依法查究,秉公办理。……倘阁下定要参与其事,那么阁下将为自己准备一个令人猜疑、永远仇恨的前途",并不无讽刺地告诉葛笃,"阁下此行目的只是为了反驳流传的反宗教的恶意诬蔑,但谁都知道你们的教会是劝人为善,教人修德的;教友们尽管从来没有控告过欧洲籍教士,但阁下能否保证众教徒都是好人?"因此他劝葛笃"不必劳

---

① ［法］史式徽:《江南传教史》第 2 卷,第 251—252 页。

驾,免得风尘仆仆,徒劳往返",明确拒绝他来南京。葛笃无奈,只得将结果函告白来尼。①

沈葆桢不仅断然拒绝法国传教士和法国领事参与对黄神父诉讼的要求,而且拒绝传教士对何渚父子的指控,认为他们与此案并无直接干系。他在给朝廷的报告中明确指出:"第念乡民捆送白会清之际,何渚尚为之劝解,其无心与教堂为难可知。明知董事死无可逃,岂反甘作茧自缚。"他批驳了有人提出处死何渚父子,以满足法国教会的要求,迅速与法国结案的建议,强调,"纵疆吏欲借以销案,奈圣世不应有冤民。且使何渚死非其辜,客民之愤之也愈深,其发之也必愈烈。铤而走险,急何能择。因教民而怨及纵容之洋教士,因洋教士而怨及徇庇之地方官,仇杀相寻,伊于胡底?"②

沈葆桢的这一立场引起法国传教士的强烈不满,他们试图向法国驻华公使白来尼施加影响,要求他以强烈立场迫使中国官方按照传教士们提出的要求来处理宁国—广德教案。然而,这一次他们完全打错了算盘。

1877年1月31日,沈葆桢对案件作出最终判决:聚众打毁教堂,又勒索教徒钱财的胡秀山和在欧村各抢夺一骡的陈士柯、李才华,均以土匪罪论,因李才华在逃,将胡、陈二人处以死刑;教民白会清"左道惑众",以"妖匪"罪正法;教民陈幺哥因参与害死阮光福、安定山,乡民王立周、何大田因参与攻打教堂,均判杖一百,流三千里;教会被打被毁财产,"除强占民居者,勒令清还原主管业外,其实为教士所契买起造者,遴委干员,回督地方官,按照轻重,量予抚恤"。③ 次日,法国公使白来尼接到本国外交部的电报,命令他出面要求中国停止对教民的审判。但是,此举为时已晚,就在当日清晨,乡绅胡秀山、乡民陈士柯和教民白会清同时被处决。

① ［法］史式徽:《江南传教史》第2卷,第252—254页。
② 中国第一历史档案馆、福建师范大学历史系合编:《清末教案》第2册,第139页。
③ 中国第一历史档案馆、福建师范大学历史系合编:《清末教案》第2册,第141页。

三、芜湖教案

（一）西方天主教势力大举进入芜湖

芜湖在 1876 年《中英烟台条约》签订之后开埠,成为安徽唯一对外通商口岸,随后,西方国家在芜湖设立租界,英国并设有领事馆,直接控制着芜湖海关。随着西方势力大规模进入芜湖,西方国家在这座城市的政治、经济和文化影响与日俱增。芜湖开埠为西方传教士扩大在芜湖的势力与影响创造了难得的机会。法国天主教会决定,利用这一机会,将芜湖建成西部教区的徐家汇(即上海徐家汇,此时为法国天主教在华势力的中心)。

早在《中英烟台条约》签订之前,江南教区就试图派遣法国教士进入芜湖建堂传教,将这座城市辟为天主教在皖南的主要传教中心。在 1874 年至 1875 年法国天主教会制订的"在华教区统计表"上,第一次出现"芜湖"的名字。1876 年,皖南发生针对法国教会的大规模斗争,数十座教堂被毁,大批传教士和神父外逃,其中一些人来到刚刚辟为口岸的芜湖。

1878 年 3 月,法国传教士金式玉被江南教区任命为宁国府天主教总堂神父。金式玉,又名金缄三,早在第二次鸦片战争结束不久就来到中国。1866 年 3 月,他从湖北进入安徽,在英山、六安、建德、婺源、宁国一带传教,积极拓展法国天主教在皖西南和皖南的势力。他利用法国与清政府谈判处理皖南教案的机会,迫使清政府允许法国教士在芜湖建堂传教。

在他的领导和策划下,法国天主教势力全面进入芜湖。1881 年,金式玉在芜湖城西驿前铺大街购得一处房产,开始在此建堂传教。1883 年,他在芜湖长江码头购买一块土地,之后又相继购买了城内鹤儿山北半部及另外几块土地,建立了教会住院。

1887 年,法国神父计划在芜湖建造大教堂,最后选址为城中鹤儿山。1889 年,鹤儿山天主教大教堂开始动工,时任江南教区主教的法国神父倪怀纶亲自来到芜湖,为这座规模宏大的天主教堂主持奠基仪式。之后,法国天主教神父又购得附近土地,将之圈占,禁止闲人入

内。这里原本风景秀丽,为芜湖居民闲暇之时游玩之所,现为法国天主教所占,引起当地民众的强烈不满。①

当法国天主教传教士在芜湖迅速扩展势力之时,英美基督教传教士也不甘落后,在芜湖发展自己的势力。1879 年,英国基督教传教士居普章来到芜湖,在城外购置土地,建立耶稣堂,开始传教和发展教徒。1882 年,美国基督教美以美会传教士丁仁德、赫怀仁也来到芜湖,不仅进行传教活动,还在城中弋矶山建立美以美会医院。1891 年,美国国际教会联合会在芜湖建立该会在华第一个工作站,以作为该会在华传教的基地和前哨站。

随着西方传教士和洋教大举进入中国,极大地冲击了中国传统政治、经济、文化和社会结构,动摇了正统儒家思想占统治地位的价值观念,对封建官绅在地方权力结构中的主导地位也构成威胁。这一状况引起了一些封建士大夫的担忧和强烈不满,他们开始进行猛烈的反击,其主要手段之一就是编写、刊印和秘密散发各种反基督教的揭帖、小册子、画刊,指责西方传教士和洋教颠覆了中国传统的伦理道德,呼吁士大夫和民众行动起来,以一切手段抵制洋教。19 世纪 80 年代后期和 90 年代初期,这些反基督教印刷品通过各种秘密渠道,开始在芜湖、安庆等长江中下游的一些城市中流传,②其中最著名的有《周程朱张四氏裔孙公启》、《防驱鬼教歌》、《鬼叫该死》、《打鬼烧书图》、《辟鬼子新书》、《辟邪会图》、《辟邪实录》、《齐心竭力》、《荡洋局告白》等。《周程朱张四氏裔孙公启》为一篇檄文,声称:"今天猪耶稣妖教四行,四处结匪巢,散逆书,放迷药,行淫术,逞毒威,穷凶极恶,蹄迹逼人";告诫士大夫"恪守圣教,阐扬救世"。《防驱鬼教歌》则是一篇歌谣,以通俗易懂的语言呼吁人们:"齐心协力驱除,遇见鬼教即打,莫准入境藏居,遇见鬼书即烧,一字莫准留余,共保地方清泰。"③《打鬼烧书图》是一幅漫画,画有三位汉子用棍叉痛打两名洋教士,另一位汉子

---

① 《芜湖警电》,见 1891 年 5 月 14 日《申报》,第 1 版。

② 中国第一历史档案馆、福建师范大学历史系合编:《清末教案》第 6 册,中华书局 2006 年版,第 614 页。

③ 王明伦编:《反洋教书文揭帖选》,齐鲁书社 1984 年版,第 177 页、201 页。

在一边助威,一名老者在另一边指挥。画面下方是一只大火盆,四位儒生在一旁将洋教经书投入火盆中焚烧。漫画两侧有批联为:"猪精邪教(指天主教和基督教)自洋传,欺田地,灭祖宗,万箭千刀难抵罪;狗屁妖书如粪臭,谤圣贤,毁仙佛,九州四海切同仇。"①这些反洋教印刷品,形象地表现了地方士绅阶层对西方传教士及他们所宣扬的基督教伦理观念的敌视与仇恨,以及他们对由此而出现的中国传统文化与价值观念衰落的担忧,对于鼓动芜湖民众围攻西方传教士和教堂起到了舆论准备的作用。

芜湖开埠对当地传统的经济结构也构成巨大冲击。随着大批外国商品进入芜湖口岸和大量外国轮船进入长江水域,安徽的传统农业、手工业和航运业遭到严重破坏,大批船工、水手、码头工人和手工业者失业,许多农民破产,他们纷纷拥入城市,成为无业游民。与此同时,清政府在镇压太平天国运动和捻军起义之后,对汉人官僚掌控的湘军和淮军在全国军队中的绝对主导地位表示担忧,开始大规模裁减湘军,大批被减裁的湘军兵勇进入长江中下游各城市和开放口岸,同样成为无业流民,出于对清政府的不满和仇恨,许多人加入了哥老会。哥老会为天地会的支派,初以反清复明为其组织宗旨,太平天国运动之后,哥老会的斗争矛盾逐步转向外国在华势力,尤其是西方传教士和外国教堂。1891 年春发生在芜湖的大批民众参与的反洋教斗争,就是由哥老会组织和策划的。

(二)教案始末

1891 年春天,一些离奇的传言在芜湖等长江中下游城市不胫而走。传言称,西方传教士来华的主要目的,就是或通过欺骗,或利用神秘的"迷拐"手段,将幼童带入他们的育婴堂,在那里杀死这些幼童,用他们的眼睛和身体里的器官熬制种种神奇药品。这些传言,无疑对芜湖城中民众对西方传教士不满与仇恨起到火上加油的作用。

位于芜湖江口横街下首的鹤儿山法国天主教堂,至 1891 年初,建立三年为法国在皖天主教的中心教堂,附有女学堂一所,专为教育女

---

① 苏萍:《谣言与近代教案》,远东出版社 2001 年版,第 14 页。

孩而设,平时读书刺绣,由教会修女授课。1891 年 5 月 10 日下午,两名修女外出,行至河南岸中段,看见两名六七岁的幼童正在一家门前嬉戏,一名幼童头上长了许多癞疮。一名修女用手抚摸了这个孩子的头,观看症状。不料,幼童由于怯生时,竟不能言语。父母看到后,立即冲出来,一面抓住修女,一面大声喊叫,说修女"迷拐"了他们的孩子,使孩子变成哑巴。附近街坊纷纷围过来,斥责恶毒的修女,并将她们扭送当地保甲处理,之后又将她们押到芜湖县衙门,要求地方官予以惩治。一路上,许多民众也尾随跟着前往县衙,到县衙时已是人山人海。

芜湖知县随之开始审理这起特殊的案件,认定两位修女是为教堂"迷拐"幼童,但是她们都坚决否认这项罪名。此时,芜湖鹤儿山天主教堂已经获悉此事,立即派法国神父滕伯禄去县衙交涉,同时通知英国驻芜湖领事馆,寻求英国领事福恪林出面干预,又将此事通知芜湖海关的英国税务司。随后,法国天主堂、英国驻芜湖领事和芜湖海关英国税务司,联合照会芜湖知县王焕熙和芜湖道成章,声称修女无辜,要求立即释放。此时,芜湖县衙之外人群越聚越多,知县见众怒难犯,不敢立即释放修女,对法国神父滕伯禄表示,现天色已晚,如果明天那两个孩子能开口说话,就会立即释放修女。

次日,芜湖知县王焕熙再次升堂,一度被吓呆了的两个孩子已经恢复正常,开始开口说话,于是,王焕熙当即宣布释放修女,并亲自前往鹤儿山天主教堂,拜会法国神父,告诉他们,事态已经平息。其实,这场风波才刚刚开始。

5 月 12 日,芜湖城流言再次四起,矛头再次指向法国天主堂。有人声称一位江口东岳庙的羽士的女孩上街购物时突然失踪,又有人称某家的幼童也不见了,他们的失踪都与昨日被释放的那两名修女有关,是她们实施恶毒伎俩,将幼童拐入教堂育婴堂里杀害。鹤儿山法国天主教堂的神父担心事态可能难以控制,再次派人前往英国领事馆,请福恪林领事与芜湖道张道台交涉,要求派兵保护。①

---

① 《详述芜湖闹事情形》,见 1891 年 5 月 16 日《申报》,第 2 版。

下午一点钟左右，一位自称孩子母亲的妇女，在众人的簇拥下，来到鹤儿山天主教堂，大声哭闹，要求教堂立即归还她的孩子。她还说，还有许多孩子被拐进教堂，他们都被教士们杀死，尸体被埋在教堂的院子里。① 大批怒气冲冲的民众赶来，高声呐喊，声势浩大，"势如潮涌，声如山崩"。下午二时，包围教堂的人群中突然有人大喊："此时可动手矣！"于是，众人开始将大大小小的石块，雨点般地掷向教堂。知县王焕熙闻讯后，在兵勇的保护下赶来，劝说众人离去，但无人理会。知县王焕熙只好前往芜湖道台衙门，寻求芜湖道援助。随后，芜湖道台率领水陆各营兵勇，赶来援救。但是在此之前，围攻的民众已经推倒教堂的围墙，一拥而入，闯进教堂。芜湖知县派来保护教堂的数十名兵勇虽竭力阻拦，但根本无济于事，还有两名兵勇被众人殴伤。②

冲入教会院子的人们拿来铁锹，把院里的坟墓挖开，发现里面已经腐烂的尸体。他们便大声喊叫，声称这些人就是洋教士杀害的中国人。③ 这一消息进一步激怒了人们，于是他们一直冲上教堂的楼上，将财物洗劫一空，又四处纵火，点燃教堂，顿时"四面火起，烈焰亘天，呼声动地"④。

当教堂遭到民众围攻的时候，芜湖知县王焕熙派人通知教堂里的三位法国教士，告诉他们，局势已无法控制，请他们立即前往英国领事馆避难。最初，教士们拒绝离开，但是当人们冲开教堂的小门拥入教堂之时，惊恐万状的法国神父立即仓皇地从后门逃往江边，登上英国太古轮船公司的轮船躲避。一路上，沿途的民众并没有试图阻拦他们，只是咒骂他们是"拐子"。

在放火焚烧鹤儿山天主堂之后，人们的怒气并未平息。黄昏时候，在一些人鼓动下，人们又拥向附近的英国领事馆，开始对它发起攻

---

① 中国第一历史档案馆、福建师范大学历史系合编：《清末教案》第5册，中华书局2000年版，第262页。

② 《详述芜湖闹事情形》，见1891年5月16日《申报》，第2版。

③ 中国第一历史档案馆、福建师范大学历史系合编：《清末教案》第5册，第264页。

④ 《详述芜湖闹事情形》，见1891年5月16日《申报》，第2版。

击,摧毁了领事馆外围墙。英国领事福恪林见势不妙,连忙偕妻子化装为中国人逃出领事馆。芜湖道台闻讯后,带领兵丁赶到,驱散聚集在英国领事馆的人群。

事态至此仍未平息。参与攻打法国天主堂和英国领事馆的民众,又将攻击目标转向芜湖海关,这里是芜湖城中西方人最集中的地方。见此情景,芜湖海关的英国人竟然将海关中的外国职员们武装起来,每个人配备了步枪,装上刺刀,并多次开枪,射击中国民众。①

次日凌晨,民众对芜湖海关的进攻仍在进行。于是英国领事下令,将芜湖全城的外国居民全部撤到停泊在长江上的"德兴"号轮船上,之后,"英国领事夫人及西妇小孩十六人和神父三人",乘"德兴"号由镇江前往上海。② 当天晚上,安徽巡抚沈秉成率"威靖"、"测海"、"钧和"三艘中国军舰赶来,停泊江岸放炮示威,进攻海关的民众才开始散去。13 日晚,在芜湖下游的一支清军也乘轮船赶来增援,于 14 日凌晨抵达芜湖。③ 芜湖全城局势逐渐平静。

(三)列强炮舰外交与清政府对策

芜湖教案的消息传出后,极大地震惊了西方列强。1891 年 5 月20 日,法国、英国、德国、美国、意大利、俄罗斯、比利时及西班牙八国驻华公使联衔照会总理衙门,强硬表示:倘若贵衙门继续无所作为,他们不仅为此深感遗憾,而且只好分别向各自的政府报告,既已不能从中国中央政府取得保护或补偿,那也只有依赖他们自己的手段,来保护他们侨民的人身与财产,并就地取得对他们所受的损害或侮辱的补偿了。④

芜湖教案后,法国率先祭起炮舰政策法宝,调集军舰,进行武力恐吓。在芜湖教案消息传到上海当天,法国即派遣停泊在上海港口的军舰"英贡斯打"号,溯江而上,驶往芜湖。海关总税务司、英国人赫德在给国内的信中称,"(外国)战舰正在驶往芜湖途中,第一艘是法国

① 中国第一历史档案馆、福建师范大学历史系合编:《清末教案》第 5 册,第 262 页、264—265 页。
② 《详述芜湖闹事情形》,见 1891 年 5 月 16 日《申报》,第 1—2 版。
③ 《芜湖闹事余闻》,见 1891 年 5 月 18 日《申报》,第 2 版。
④ 中国第一历史档案馆、福建师范大学历史系合编:《清末教案》第 5 册,第 258 页。

的轻巡洋舰'无常'（音译'英贡斯打'号），船上有大约二百名士兵。他们也许要登陆进行警卫，要等事件全部处理后才撤离"①。6 月 13 日，美国驻华公使田贝声称，"在东方军港的整个法国舰队已被派到中国"②。法国外交部扬言，如果清政府不竭诚处理教案，它就准备联合英国、德国，调兵自行处理。

英国也派遣军舰"红雀"号前往芜湖，并在此后的两个月中一直停泊在芜湖江面。7 月 22 日，英国海军中将理查兹乘"敏捷"号军舰从上海抵达芜湖，英国驻芜湖领事福恪林在会见他时明确提出，"唯有派驻军舰在此，庶几能防止再度发生暴乱"③。中国驻英公使薛福成在给国内的报告中提到："（英国外交部）屡接公使、领事等电，称大局岌岌可危，请速添派兵船来华。"④理查兹在给英国政府的报告中强调："女王陛下的兵舰不仅要保护英国的臣民和商业，而且也不得不在这个'友好的'、在各方面又高度文明的国家数百英里辽阔的内陆地区派驻军舰，以便尽该国政府应尽的义务。"⑤

5 月 20 日，美国驻华公使田贝在致国务卿的信中提到："凡是可以调遣的外国炮艇，业已奉命开往近来发生过闹事的地点"，因此他提议，"在亚洲停泊的美国海军舰队应当加强"。他并承认，这样做的结果是"实际上已束之高阁的原先的'炮舰政策'，说不定会以强劲的势头重新恢复"。⑥ 美国特地从国内调遣海军陆战队来华，准备应付可能蔓延的反西方的斗争，随后又增派"查勒士敦"和"密勒士"两艘军舰来华。⑦ 至 1891 年 7 月初，在中国的长江上已聚集了 20 艘外国军舰。⑧

列强不仅派遣军舰进入长江中下游芜湖等城市江面，深入中国内

---

① 中国第二历史档案馆、中国社科院近代史所合编：《中国海关密档》第 5 册，中华书局 1994 年版，第 374 页。

② 中国第一历史档案馆、福建师范大学历史系合编：《清末教案》第 5 册，第 304 页。

③ 中国第一历史档案馆、福建师范大学历史系合编：《清末教案》第 6 册，第 534 页。

④ 薛福成：《出使公牍》第 1 卷，（台湾）文海出版社（影印本），第 355 页。

⑤ 中国第一历史档案馆、福建师范大学历史系合编：《清末教案》第 6 册，第 536 页。

⑥ 中国第一历史档案馆、福建师范大学历史系合编：《清末教案》第 5 册，第 255—257 页。

⑦ 顾廷龙、叶亚廉主编：《李鸿章全集·电稿（二）》第 2 册，人民出版社 1986 年版，第 386 页。

⑧ 中国第二历史档案馆、中国社科院近代史所：《中国海关密档》第 5 册，第 403 页。

地,同时公然威胁要直接插手通商口岸治安,驻英公使薛福成电告清政府:"探各国有添兵船分据商埠之议,俟再出案即下手。"外国军舰进入长江流域,占据通商口岸,不仅将不可避免引起长江中下游地区民众反感甚至反抗,造成局势更加复杂和混乱,还将进一步暴露清政府在内地江河防务上的空虚,使这一地区的控制权直接落入外人之手。这引起清政府一些官员的极大关注和警惕,担心西方国家可能凭借军事力量,强行向中国内地扩张势力,干预中国内政,甚至可能酿成中外军事冲突。

李鸿章虽为直隶总督,但一直关注长江中下游地区局势的发展,不断地将外国军舰驶入长江中下游江面的情报向总理衙门通报。他认为决不能将这一地区的治安权交给西方列强,在致总理衙门的电文中强调,"此权一失,后患无穷"。他同时建议清政府立即"电饬各省,悉力保护,有教堂处暂扎哨勇,多派兵轮,分巡要口,查禁匿名揭帖……处分最迟延者一员,力任保护之权,隐寓自强之计"①。

9月8日,驻英公使薛福成向清政府呈递题为《处理教案治本治标之计》的奏折,称:"又闻英法德义俄美等国多驶兵舰,往来中国海面江面,皆以保护教务为名,外洋各报谣诼纷纭,或称所费不赀,或称相机行事。臣窃谓南北洋兵舰亦应悉数调派,分布各处,隐备非常,既示以势力之不孤,且以保护彼教为名,俾知我之所费亦不少也。如是则彼之气平,而我之理直,我之气亦愈壮矣。"②不久,他在给李鸿章的电报中再次建议,若"分派南北洋兵轮,巡驻江海要埠",可以既"显示保护,隐寓防维,且杜彼自护之说"。③

同日,湖广总督张之洞也在致总理衙门的电文中称,"汉口当此防范吃紧之际,中国竟无一兵轮,不免为外人所轻",建议"申商南洋,暂拨大小真正兵轮二艘,驻泊汉口,藉壮声威,而杜妄为,最为要策,但不宜派寻常差轮。如南洋船不能久离,可令其时来时往上下游分驻

---

① 顾廷龙、叶亚廉主编:《李鸿章全集·电稿(二)》第2册,第399、384、386、416、399页。

② 中国第一历史档案馆、福建师范大学历史系合编:《清末教案》第2册,第492—493页。

③ 薛福成:《出使公牍》第1卷,第361页。

梭巡"。①

　　调遣北洋舰队舰只南下,加强长江流域防务的建议为清政府所接受。9 月 19 日,李鸿章接到总理衙门的来电,请其派遣两艘北洋舰船,赴上海驻防,以"腾出南轮赴鄂"。随后,丁汝昌根据李鸿章的命令,派"经远"号、"靖远"号军舰赴沪。② 9 月 25 日,刘坤一派遣的两艘南洋军舰"南瑞"号和"测海"号抵达汉口。③

　　9 月 23 日,李鸿章电告正在伦敦的薛福成:"兵轮已分布各口岸。北洋船吃水较深,亦拨赴沪。洋性多疑惧,我应力任保护,无烦越俎。"在此前一天,他电告总理衙门,提出"俟不再滋事,洋轮渐退,可与议善后章程"④。

　　随着中国海军力量在长江中上游地区的部署和加强,促进了这一地区局势的逐渐稳定,加上中外就芜湖等教案的交涉也取得重要进展,由外国军舰强行进入中国内地江河所引起的危机暂时平息。

　　(四)围绕芜湖教案责任的中外交涉

　　当芜湖教案发生后,西方列强派遣军舰强行闯入中国长江中上游水域,其目的并不仅仅在于保护它们在这一区域的利益,更重要的是试图以此相要挟,迫使清政府在芜湖教案的谈判中就范,全盘接受西方的要求与条件。尽管在华列强内部矛盾重重,但是在维护外国在华特殊地位和利益问题上,它们有着相同利益,这促使它们在芜湖教案发生后,立即采取行动,对清政府进行联合交涉和共同施加压力。

　　5 月 20 日,比利时、法国、德国、英国、日本、荷兰、俄罗斯、西班牙和美国驻华公使,联衔照会总理衙门。九国联衔照会称,在过去数年里,各国就中国发生的多次"侮辱外人以及攻击其人身与财产"的事件提出抗议。虽然清政府支付过赔款,发布过告示,"但无论在哪一个案件中,从来没有惩处过案犯,甚至对在光天化日之下有几百人参与的暴行也未见做出任何处分。每遇向贵衙门提出申诉时,贵亲王及列

---

① 苑书义等主编:《张之洞全集·电牍》第 7 卷,第 5600 页。
② 顾廷龙、叶亚廉主编:《李鸿章全集·电稿(二)》第 2 册,第 402 页。
③ 苑书义等主编:《张之洞全集·电牍》第 7 册,第 5606 页。
④ 顾廷龙、叶亚廉主编:《李鸿章全集·电稿(二)》第 2 册,第 400—401 页。

位大臣要么以应由各省官宪自行负责为由，不肯做出强有力的干预；要么以民情不愿为口实，对地方官未能事前防范与事后惩办肇事者，加以开脱。中国当局的袖手旁观，不能不使不逞之徒气焰更加嚣张，行动愈加大胆。多次暴行终于发展成为这次芜湖骚乱的高潮"。① 在这份九国联衔照会中，列强将芜湖教案责任完全归咎于清政府的纵容和无所作为，其目的是为已经开展的外交交涉与谈判，向中国勒索足够数量的赔偿并获取进一步的侵略利益，取得有利的谈判地位。

5月25日，总理衙门大臣奕劻等与英法德三国公使就解决芜湖教案进行首次会谈，达成初步协议。然而，中方同时提出，应"针对教士们的，特别是对孤儿院所作的诽谤"进行司法调查；要求各国"应警告教士嗣后对入教的教民须慎重选择，各教士不得祖庇教民和干涉中国官宪的行为"②。总理衙门的这些主张实际上是暗示，芜湖教案的发生并不能够完全归咎于中方，教会方面无视中国民情风俗和漠视地方官府与中国法律，干涉地方事务，支持和纵容入教教民，也是导致冲突的主要原因。总理衙门的这一态度，不仅仅是为自己开脱责任，其目的是为了避免在处理教案的谈判中遭到西方国家的漫无边际的讹诈和勒索。

清政府的这一态度激怒了西方国家。6月8日，九国再次联衔照会总理衙门，声称总理衙门对芜湖教案的看法，"完全不能令人满意"，断然拒绝总理衙门要求对教士和孤儿院的相关指控进行司法调查的建议，认为总理衙门的大臣们"完全知道这类指控是何等地毫无根据乃纯属诋毁之谈"。他们要求清政府"务要公开宣告，这些指控是毫无根据的诋毁，同时饬令各省地方当局，如果对基督徒再有此类指控，应当将指控之人而不是被指控之人逮捕究办"。对于总理衙门提出的教会应慎重选择入教教民的要求，九国指责总理衙门"似乎倾向于把一些过错归咎于各教士，说他们没有慎重选择入教之人，并且试图包庇教民来同中国官员对抗"。照会强调"按照条约，每一个中

---

① 中国第一历史档案馆、福建师范大学历史系合编：《清末教案》第5册，第257—258页。
② 中国第一历史档案馆、福建师范大学历史系合编：《清末教案》第5册，第265—266页。

国人可以自由信奉、学习或传播基督教,条约保证给他以保护,不得以宗教信仰为理由,加以干扰凌虐。各外国代表必须坚持,这些条约的条款今后应当比以前更好地被遵守"。

6月8日的九国照会,不仅蛮横地拒绝中国方面的辩解,强调芜湖教案的性质和责任是不容谈判的,必须完全由中国方面承担,并且要求总理衙门奏请光绪皇帝公开发表上谕,"饬令各省最高当局发布告示,晓谕人民对教士与教民的指控系毁谤性质,并警告要惩办散布此类毁谤的人;这一诏谕还将指示各省当局在各开放口岸和内地,采取比以前更好的保护外国人的措施,并由地方官员对他们的安全承担个人责任;最后,皇帝的上谕还将饬令各省官宪尽可能迅速地将所有申诉悬案,按照公平争议原则予以办结"。照会要求总理衙门在呈递这份奏折之前,先将奏折的措词通知九国,"俾使他们提出必要的建议",并扬言如果总理衙门拒绝这一要求,提出照会的九国就"不能认为以往的暴行已经获满意的解决,不能认为今后的保证已获得满足"①。

在西方九国的联合压力下,清政府只得让步。6月13日,总理衙门根据西方国家的要求,上奏光绪皇帝。这份奏折称:"查泰西之教,本是劝人为善,遍行于西国,由来已久。自各国通商以后,条约载明,凡在中国或崇奉或传习天主、耶稣教之人,皆全获保佑身家,其会同礼拜诵经等事,概听其便等语。其教中施医育婴,皆属善举。近来各省被灾地方教士等捐资助赈者,亦不乏人,其乐善好施,亦属可嘉。即或从教之人,良莠不齐,然同系中国子民,仍归地方官管辖,遇有词讼案件,教士亦不能干预。是民教本可相安,乃好事者,往往捏造无根之言,转相传播,致启群疑,不逞之徒又复借端滋事,意图抢夺。"②同日,光绪皇帝颁布上谕:"著各知省将军督抚出示晓谕居民,切勿轻听浮言,妄生事端。倘有匿名揭帖,造言惑众,即行严密查拿,从重治罪。"③总理衙门6月13日的奏折和光绪皇帝的上谕,基本满足了西方国家

---

① 中国第一历史档案馆、福建师范大学历史系合编:《清末教案》第5册,第270—271页。
② 朱寿朋编纂:《光绪朝东华录》第3册,中华书局1958年版,第2901页。
③ 朱寿朋编纂:《光绪朝东华录》第3册,第2902页。

的要求，美国驻华公使田贝在给国务卿的电报中也称，"被各国视为它们期待中国方面采取措施的第一步"①。

在光绪皇帝发布保护教会的上谕前夕，总理衙门接到湖广总督张之洞的来电，提出"江湖伏莽已多，久思借端蠢动，可虑不仅一时一事。除随时整饬严防外，请钧署速商各国公使，讯电各省教堂暂勿收养幼孩，以释群疑而息祸根，事平后再妥商办理"②。总理衙门接受了这一建议，6月14日，总理衙门致函各国使馆，"要求教会孤儿院暂时不要收容儿童"。15日，总理衙门正式对九国8日的联衔照会作出回复，仍然要求各国公使"分别饬令本国领事，转告各主教及教士，遇有愿意改信基督教之华民，先须查明此人是否居民中的守法分子，而只有在取得他们确无可以的证据后，方可接受其加入教会团体"，并再次强调"教民与非教民之间所有争端，均应归地方官裁决，且按照条约，各教士既不得请求地方当局庇护被指控之人，也不许任便干预地方官分内之事"。

西方国家将清政府的上述做法看做是仍拒绝明确对芜湖及长江其他城市相继发生的教案承担责任的证据，因此大为恼火。6月23日，九国第三次联衔照会，向清政府提出抗议和警告，声称总理衙门的回复，清楚地表明中国"欲将已往五个星期中长江流域所发生的事情，至少在一定程度上由外国教士及本地教民承担责任"，对此，他们"不得不提出最强烈的抗议"。九国公使在联衔照会中强调，"本月13日颁布的上谕，是贵国政府为了令人满意地解决过去的纠纷和保证今后不再发生类似暴行所必须做的第一件事；但是贵亲王及列位大臣必须明白，向本照会签署人传达的这道上谕所发布的命令，只有被实际执行，才具有价值。与贵国订有条约的各国人民是否采取进一步的行动，主要将取决于各省及地方当局是否积极地执行这道上谕的条文"③。

（五）漫长的结案谈判

鉴于就芜湖教案发生的缘由和责任问题上的中外分歧一时难以

---

① 中国第一历史档案馆、福建师范大学历史系合编：《清末教案》第5册，第273页。

② 苑书义等主编：《张之洞全集·电牍》第7册，第5568页。

③ 中国第一历史档案馆、福建师范大学历史系合编：《清末教案》第5册，第275—277页。

弥合,西方国家转而将交涉的重点转向更实际的芜湖教案的具体善后处理问题上。

在芜湖教案发生之际,西方国家就已经研究和分析了它们对这一事件应采取的对策。5 月 14 日,赫德在给英国外交部副大臣金登干的电报中提出,芜湖教案给西方提供对中国"进行教训的机会,如果各使馆坚持他们的条件(今天的条件是首先对暴徒给以应得的严惩,然后我们将从容地谈判金钱赔偿要求,但首先是惩罚!)必须好好地给予教训,因为这是恰当的,基本顺序。第一,惩罚真正的肇事者;第二,赔偿损失"。次日,金登干在给赫德的复电中也强调必须惩罚制造芜湖教案的当事人,否则在中国"听到其他地方发生暴乱也就不足为奇了"①。

5 月 25 日,总理衙门与英法德三国公使举行首次会谈,达成初步协议,共计四条:一是芜湖教案的首要分子应予惩处;二是被指控以巫术迷人的两位天主堂修女无罪,应结束监管;三是玩忽职守的地方官员应予处分;四是应颁发诏谕斥责对教士的攻击,并责成地方官负责保护外国人。对于西方国家要求严惩教案当事人的要求,清政府并无异议,因为种种迹象表明,芜湖等长江中下游城镇发生的一系列教案显然是会党策划的,他们的最终目的是要推翻清政府统治。光绪也在 6 月 13 日的上谕中明确表示:"近日焚毁教堂各案并起,殊堪诧异。其中显有巨匪潜谋勾煽,布散谣言,摇惑众心,希图乘机抢劫。甚至安分良民为所诱胁,动成巨案。若不严行惩办,何以严法纪而靖地方。著两江、湖广、江苏、安徽、湖北各督抚讯饬该管文武,查拿首要各犯,讯明正法,以儆将来。"②

其实,在光绪的 6 月 13 日上谕颁布之前,安徽地方官员已捕获芜湖教案的两名首要分子,审讯后已经将他们杀害了。③

尽管安徽地方官员动作很快,但是西方国家并不以为然,甚至认

---

① 中国第二历史档案馆、中国社科院近代史所合编:《中国海关密档》第 5 册,第 373—374 页、375 页。

② 朱寿朋编纂:《光绪朝东华录》第 3 册,第 2902 页。

③ 《闹堂正法》,见 1891 年 6 月 5 日《申报》,第 1 版。

为清政府所处决的两人并非是芜湖教案的真正主犯，而是随便找了两个替死鬼来应付洋人。早在芜湖教案发生不久，赫德在 5 月 21 日给金登干的电函中就预言，如果外国坚持要严惩当事人，那么，"与此事件无关的某个人可能最终会掉脑袋"①。与此同时，他们又将矛头对准清政府地方官吏，声称当地官吏"未能事前防范与事后惩办肇事者"，并在事件发生时"袖手旁观"，这是导致芜湖教案的重要原因。因此，他们在与清政府就芜湖教案的交涉中，将惩处"不称职"的官员作为必须实现的交涉目标。

早在 1868 年，当清政府派遣蒲安臣使团出访欧美时，已经与各国达成协议，有关各国"保证不再责成中国地方官宪直接为各地闹事行为负责"。但是西方国家在 5 月 20 日致总理衙门的联衔照会中声称，各国遵守这一约定的"唯一结果是鼓励贵衙门遇事避不采取有效的行动，使得各省地方官宪在凡攸关外国利益问题上，实际上是避开中央政府而自行其是"，从而向清政府正式表明他们不可能继续遵守这一约定。在 5 月 25 日，法国、德国和英国公使与总理衙门的会谈中，不仅要求处置当事人，而且还要求对那些"凡是表现既无预见，又办事不力的地方官员，也同样要给以处分"②。5 月 27 日，赫德在给金登干的电报中也提出，列强向总理衙门交涉的焦点就在于"贬黜不称职的地方官员"③。

清政府试图继续维持蒲安臣使团过去与列强达成的不干涉地方事务的协议。6 月 4 日，总理衙门在给九国的照会中重申这一协议，同时否认九国联衔照会对地方官员的指控，并强调："地方官宪对教士案件，从来没有不采取适当措施，谋求解决；案件一经向总理衙门提出，后者也总是敦促地方官宪采取适宜的行动，只是客观情况有时不免造成耽搁。关于芜湖一案，对闹事的弹压与暴徒的逮捕，凡属可能做到的，无不一一办到。"

总理衙门的这一态度，引起西方国家的强烈不满。6 月 8 日，九国

① 中国第二历史档案馆、中国社科院近代史所合编：《中国海关密档》第 5 册，第 376 页。
② 中国第一历史档案馆、福建师范大学历史系合编：《清末教案》第 5 册，第 257 页、266 页。
③ 中国第二历史档案馆、中国社科院近代史所合编：《中国海关密档》第 5 册，第 379 页。

在致总理衙门的照会中指出,在过去四五年当中,尽管发生多起攻击外国人的事件,各国使节曾向总理衙门和地方当局"开出暴行与攻击的首犯和教唆者的名单",但是这些人一直未受惩处,甚至那些"煽动人民起来打杀或驱赶洋人的匿名揭帖,长年累月地张贴在府县城而不撕去"。照会并将矛头指向清王朝中央政府,指责说,这些相关官员不仅没有因此受到惩处,"反而以他们的治理有方而受到嘉奖"①。

在列强要求停止实行蒲安臣协议,直接要求清政府惩治那些包庇和纵容攻击外国人事件的地方官员后不久,他们开始将攻击目标对准芜湖道台成章。

几乎在芜湖教案开始之时,西方国家的传教士和外交官就认为由于芜湖道台对芜湖教案的暗中支持和纵容对外国人的打击,才导致芜湖教案发展到失控的局面。5 月 18 日,在芜湖教案后逃到上海的法国传教士夏鸣雷和韩伯禄在《北华捷报》上发表文章,详细介绍他们目睹的教案发生经过。根据他们的描述,5 月 10 日,芜湖道台衙门一带就已经传播冲击芜湖欧洲人住处的流言,但是当地官员没有采取任何防范措施;当5 月 14 日民众开始围攻和焚烧教堂后,法国教士要求英国驻芜湖领事福恪林吁请芜湖道台出面制止,但是道台在多次接到英国领事请求后,却始终没有派人前来制止。②

6 月 23 日,九国照会对芜湖道台成章提出更严厉的指控,声称"有些官员——例如芜湖道台就是那样——公然敌视,他们恬不知耻地充当令人作呕的极尽力诽谤之能事的指控基督徒的代言人"。列强认为芜湖道台不仅对闹事听之任之,没有采取任何措施制止,甚至可能是他们的后台和靠山。九国并强调,"正因为像芜湖道台那样的官员的极端轻率的行为,才使得这些闹事到处蔓延,然而他们还在做他们原来的官"③。言下之意,只有惩治那些暗中支持闹事的官员,才有可能平息中国目前以暴力反对外国人事态的蔓延。

尽管清政府不情愿由西方干涉自己的官僚机构的运行机制,尤其

---

① 中国第一历史档案馆、福建师范大学历史系合编:《清末教案》第5 册,第267 页、270 页。
② 中国第一历史档案馆、福建师范大学历史系合编:《清末教案》第5 册,第263—265 页。
③ 中国第一历史档案馆、福建师范大学历史系合编:《清末教案》第5 册,第276—277 页。

直接插手对地方官员的惩罚,但是面对西方咄咄逼人的外交压力和武力威胁,加上江苏镇江、扬州和湖北宜昌和武穴等地也相继发生攻击外国教会和外国人的事件,清政府判断这些事件的背后指使实际上是以反对清王朝的天地会等会党,因此也急于希望稳定局势。清政府不得不迁就列强的要求,同意对处理教案消极的官员进行惩处,并首先解除芜湖县令王焕熙的官职。

6月29日,总理衙门与英法德三国外交使节再次进行会谈。会谈中,总理衙门通告三国使节,称那些不称职的地方官已被免职。三国代表对此并不认同,他们提出"有些尽职的官员被革职,而不尽职的官员反而被留任"。对此,总理衙门解释说,"留任的是那些下属官吏,他们对所发生的闹事并不负有责任,而被革职的是较高级的官员,因为闹事在他们管辖的地区内"。于是,三国代表提出应将"不称职的芜湖道台革职"。然而,总理衙门辩解说:"芜湖道台系安徽巡抚的属员,须俟接到巡抚报告后,才可以采取行动。"三国代表又提出,芜湖教案"发生在5月12日,迄今已历时多日,报告应该已做好"①。

由于清政府与各国公使的交涉难以达成协议,鉴于清政府已经在众多西方国家派驻使节,驻英公使薛福成提议:"刻下中国既有使臣驻洋,与彼外部可以和平商办,非复如前隔膜。"②根据这一建议,总理衙门命令中国驻欧洲各国使节向所在国发表声明,介绍中国已经严厉查处长江流域教案,该地局势开始缓和,以此平息欧洲国家的不满。清政府声明:"芜湖及武穴已各处决两名暴徒,中国政府并不认为将更多的人判处死刑是解决问题的办法,担心这样做不但不能安抚民众,反而有激起民变之虞;若干官员业经解职,滋事省份的安宁与治安亦已恢复。"③

对于清政府驻欧各使馆的声明,列强根本不予认可。更使它们不能容忍的是,最令它们痛恨的芜湖道台成章并未贬黜,相反被外国教士和侨民认为是尽心保护他们的芜湖县令却被撤职。8月初,英国外

---

① 中国第一历史档案馆、福建师范大学历史系合编:《清末教案》第5册,第287页。

② 薛福成:《出使公牍》第1卷,第332页。

③ 中国第一历史档案馆、福建师范大学历史系:《清末教案》第5册,第291页。

交部就此向中国表示不满。① 8 月 13 日,西方九国再次发出联衔照会,声称 6 月 13 日上谕中保护在华外国人的"各种承诺,可以说至今还没有付诸实施……到目前为止,所逮捕的闹事者为数寥寥无几,尽管无数的人参与捣毁房屋、威胁或者杀人的暴行,那些人所共知的魁首,由于当地官吏的漠视或失职,甚至默许,而得以逃之夭夭",明确要求清政府,"在长江流域及别处对闹事的调查,应该比以前花更大力气去进行,更彻底地执行贵国的刑律。贵国官员在闹事前后及其过程中,如有不负责任的行为,应予解职,这一措施应立即适用于芜湖道台的案件"②。

8 月 18 日,清政府作出答复,表示:"查地方官办理不善应行惩处,本系中国内治之政,应由该管上司分别酌办。此亦中国历来政体。"但是它还是接受了列强罢免芜湖道成章和撤销罢免芜湖县令的要求,并在答复中向各国通报,"本月初五日,复接南洋大臣电称,芜湖成道亦已撤任,另委候补道彭禄前往署理,定于十五日接印。前芜湖王令,以疏防撤任,咎有应得,现仍责令随同彭道前往效力,以赎前愆"③。

事实上,在西方九国 8 月 13 日联衔照会发布之前,8 月 10 日成章就被免职。④ 成章被迅速免职,一方面表明清政府慑于西方国家的巨大压力,不得不免去已成为西方国家众矢之的芜湖道台成章职务,另一方面也以此警告那些仍对保护教堂和洋人不力,甚至暗中予以抵制的官员。之后,英国驻华公使华尔身满意地向国内报告:"在我们的压力下,芜湖道台已经革职,先前曾被不公正降职的县令已官复原职。"⑤

8 月 25 日,西方九国公使在致总理衙门的联衔照会中,表示"芜湖关道既已撤任,而前芜湖县仍回本任一事,本大臣等诵悉之下,颇以为慰"。但是他们仍然指责清政府,对于芜湖道这样的"躬行附会滋

---

① 顾廷龙、叶亚廉主编:《李鸿章全集·电稿(二)》第 2 册,第 380 页。
② 中国第一历史档案馆、福建师范大学历史系:《清末教案》第 5 册,第 292—293 页。
③ 《教务教案档》第 5 辑,(台湾)"中央研究院"近代史所 1976 年版,第 88 页。
④ 《芜道撤任》,见 1891 年 8 月 15 日《申报》,第 1—2 版。
⑤ 中国第一历史档案馆、福建师范大学历史系合编:《清末教案》第 6 册,第 539 页。

事之官员"，居然"令其根究查办闹事之原委，几及两月，信而弗疑"。他们并提出"赔偿损害，事属至要，而如何赔偿暨妥办滋闹事宜……由各省大吏、地方各官可与领事、教士、神父就地办理"，但"保其嗣后再无此等滋闹残害一切事宜"，仍必须由各国公使与总理衙门"理论妥办"。①

在总理衙门与西方九国就惩凶和处分失职地方官吏达成协议之后，中法官员在上海也开始就被焚芜湖法国教堂的赔偿事宜进行谈判。虽英国人在芜湖财产亦有损失，但数目并不大，因此，芜湖教案的赔偿谈判由法国领事代与中国官员进行。

芜湖教案发生不久，长江中下游其他城镇又相继发生一系列针对外国人和外国教会的反抗事件。清政府面临列强的巨大压力，光绪皇帝急于迅速将芜湖教案结案，8月初，光绪在给两江总督刘坤一等地方大员的谕电中，命令对"芜湖、武穴逃散之首从各犯，仍应设法严拿"，同时又强调"其应给修费各处，即饬该管与领事等迅速议结，不可拖延。此案与内治外交，均关紧要，该督等身膺重寄，务须尽心竭力，妥筹迅办，免致别生枝节"②。

安徽属于两江总督辖区，两江总督刘坤一直接负责赔偿事宜的交涉。他派遣江苏候补道蔡钧会同署理芜湖官道彭禄与在芜湖的教士交涉，确认在此次教案中教会的确切财产损失，商讨赔偿办法，并指示江海关道聂缉椝在上海与法国总领事华格桌交涉。③

中国驻英公使薛福成一直关注国内围绕芜湖教案的交涉，他担心将来涉及赔款的谈判中法国人会漫天要价，乘机勒索，因此"密饬驻法参赞官庆常，分诣教会根查确数"。9月8日，他在给清政府的电报中，报告庆常的调查结果："此次闹教，芜湖一处受害最重，拟索偿款十三万两有奇，无锡拟索三万两有奇，他处各数千至一万两不等，江西教堂索二三万两，通计三省赔款在二十万两左右，至多以二十五万两为度，均按房产、物价券契底开单。"他并建议："今赔款既查知梗概，倘

---

① 《教务教案档》第 5 辑，第 92 页。

② 《清实录》第 55 册，第 299 卷，中华书局 1985 年版，第 954 页。

③ 《刘坤一全集·奏疏》，(台湾)文海出版社 1960 年版，第 2651—2652 页。

法使索费无甚虚浮,或稍有虚浮,自当迅速与之议结。万一与实数大相悬殊,彼或有意相难,欲为他事盘旋作势,似不妨由总理衙门告以当属驻洋使臣,径与教会商办。彼知我有此一著,必可渐进范围。"他并建议交涉的原则应为"坚持其大者,酌让其小者",以迅速结案。①

与此同时,法国也确立了自己在谈判中的目标和策略:这就是力争获得尽可能多的赔偿,并借此将法国势力从沿海地带进一步渗入安徽等内地地区。为此,法国在谈判中采取软硬兼施的手段。

由于法国领事和天主教江南教区主教均在上海,因此,围绕赔款数目的谈判不久转在上海进行。在上海的谈判中,聂缉椝并没有在赔款具体数目上与法国领事纠缠,而是根据迅速结案的原则,很快与法国达成三条协议。10 月 16 日,刘坤一致电总理衙门,汇报协议结果:"一……赔价关平十一万一千,合规银十二万三千六百五十四两,由沪道交付。一、教堂毗连之地名八角亭,由官筑墙,高丈二,由教堂西面墙边圈至北面墙止,不准闲人出入,并派看守。一、准教士在教堂左近随时自行与百姓妥商购地,华官帮同办理。"②之后,聂缉椝与法国领事对上述条款又作一些细节修改。③

1891 年 10 月 20 日,上海海关道聂缉椝与法国驻上海领事华格臬正式签署芜湖教案的赔偿协议,其主要内容为:"今因本年四月间芜湖法国天主教堂被匪抢毁一案,经南洋通商大臣、安徽巡抚部院特派上海道台聂,会商法国驻上海总领事华,秉公议结,今将所议各款开列左:一议赔教士规平银十二万三千六百五十四两,自立合同,由南洋通商大臣、安徽巡抚部院允准后,应由上海道台立即将前项银两交给法国主教倪怀纶收。一议芜湖教堂西北毗邻之高地,一块名八角亭,应由华官自行围筑坚墙,高一丈二尺,其围筑之墙如何定界,由芜湖地方官会同教士,相度地势,妥酌办理。自围之后,该地上不准起造房屋闲人出入,并须华官派人看守,自行管理。一议自立合同后,应准教士在教堂左近自行与百姓妥商购地,地方官按照条约,帮同办理。以上三

---

① 中国第一历史档案馆、福建师范大学历史系合编:《清末教案》第 2 册,第 493—494 页。
② 顾廷龙、叶亚廉主编:《李鸿章全集·电稿(二)》第 2 册,第 415—416 页。
③ 顾廷龙、叶亚廉主编:《李鸿章全集·电稿(二)》第 2 册,第 417 页。

款议定缮写华洋合同,一样两纸,由上海道台暨华总领事签字盖印,分别存案备考。"①这一协议的签署,标志着围绕芜湖教案的中外交涉在西方列强炮舰的胁迫下告一段落。

四、霍山教案

(一)冲突起源

霍山属六安州,位于大别山腹地,地处鄂、豫、皖三省交界之处。太平天国战争结束不久,法国传教士金式玉率先来六安地区进行传教活动,但被当地民众驱逐。1869 年 5 月,另一位法国传教士韩伯禄也来到六安州,拜访六安州州官和英山、霍山两县的知县。之后,英山和霍山两县知县均应韩伯禄的要求,在当地张贴告示,宣布保护外国传教士的传教活动。② 1873 年,耶稣会神父李问渔率先在霍山西乡深沟铺建立教堂。1876 年,法国传教士林福恒及来自皖南的中国神父项德来也被派到这一地区加强传教活动。1882 年,法国传教士在霍山县城西隅从曹姓居民那里购买一处瓦房,设为天主教分堂,次年,法国传教士在西乡十八道从郑姓居民手中购买华洋兼式瓦房四重,作为天主教总堂;又在西乡深沟铺保从夏姓居民手中购买一处房屋,辟为天主教分堂。之后,法国传教士还依托教堂,创办两处西式学校,招收当地儿童,借以宣传天主教教义。

1896 年,法国传教士石资训来到霍山,驻西乡十八道总堂,继续在西乡从事宗教扩张活动,次年即在总堂附近购买郑姓三重西式瓦屋,作为天主教分堂;1900 年又在深沟铺保购置王姓房屋,扩充深沟铺保天主教分堂。至 1905 年,法国传教士已先后在霍山全境建立两处总堂和八处分堂,势力急剧扩张。1905 年,英国传教士也在县城西隅购置一处房产,将之改为基督教的福音分堂。③

法国天主教势力在霍山出现后,一些当地民众受传教士的诱惑,加入教会,成为教徒。1904 年初,西乡深沟铺张氏宗族续修族谱,族

---

① 《芜案再述》,见 1891 年 11 月 15 日《申报》,第 1—2 版。
② [法]史式徽:《江南传教史》第 2 卷,第 174—175 页。
③ 翁飞等:《安徽近代史》,第 302 页。

长张正金原为湖北省罗田县人,因家乡灾荒逃亡在此落户,并为张芝兰收为嗣子。他为人正直、豪爽,在当地深得人心。张正金提出族人张建和(一说张正建)信奉洋教,不祭祖先,不能入谱,得到众人支持。张建和怀恨在心,于是砍伐张氏宗族墓地的多年松树,以此寻衅。这件事立即引起张氏宗族各家的普遍愤怒,张正金以族长身份出面试图制止,要求张建和立即停止砍伐松树。张建和依仗有教堂为后台,态度蛮横,不予理睬。[①]

于是,张正金前往西乡十八道教堂,与法国神父理论。西乡十八道教堂距城窎远,主持该教堂的法国神父石资训于 10 余年之前来此传教,为人骄横狂妄,常常干涉地方事务。他听信张建和诬告,认定张正金反教。张正金进入教堂后,便与石资训发生冲突,遭教堂打手殴打,被关进教堂密室。不久,张正金逃出密室,躲进深山。石资训不肯罢休,屡次致函霍山县知县秦达章,要求"提究"张正金。之后,张正金通过弟弟张正银和妹夫戚显俊,向教堂"服礼悬匾挂红",才得以平息此事。[②] 但是这件事已经大大激化张正金为首的当地民众与法国神父石资训及教会的矛盾,最终导致霍山教案的发生。

(二)退教与反教

法国神父在霍山县西乡传教初期,虽有不少民众接受传教,加入教会,但是他们不久就发现入教后也要受到教会的剥削和欺压,对法国神父开始产生不满。1905 年冬,张耀宾、郑长应等数十名常受法国神父责罚的教民,产生退出教会和反教的念头。由于张正金在乡间具有很高威望,他们便询问张正金的意见。张正金告诉他们,"反教似不犯法"。张耀宾、郑长应等教民随后退出教会。[③]

教民李万生获悉此事后,立即向法国神父石资训报告,声称张正金实为张耀宾、郑长应等人退教的主谋。石资训又致函知县秦达章,称张正金为反教主唆,要求"传案罚赔了结"。然而,张正金闻到风

---

① 沈寂:《霍山教案述略》,见《安徽大学学报》1983 年第 4 期。

② 中国第一历史档案馆、福建师范大学历史系合编:《清末教案》第 3 册,中华书局 1998 年版,第947—948 页。

③ 中国第一历史档案馆、福建师范大学历史系合编:《清末教案》第 3 册,第 948 页。

声,再次隐匿深山不出。之后,县衙派遣差役多次前往深沟铺缉拿张正金,均无所获。① 在石资训一再催促下,1905 年 12 月,秦达章派差役将张正金堂弟张正和抓往县衙抵案。张正和的亲友获悉后,待差役押解张正和途经漫水河保街上时,聚众将张正和劫走。②

石资训认为张正金是天主教的心腹之患,必欲除之而后快,一面敦促霍山县衙捕捉张正金,一面通过安徽教区法国总司铎费善筹向安徽巡抚诚勋施加压力,要求他"严饬该管州县,务获究办"。1906 年 1 月,知县秦达章因无法捕捉张正金,只得故伎重演,又派差役将张正金之弟张正银和妹夫戚显俊一并羁押,以迫使张正金投案。官府和教堂拘押张正银和戚显俊的消息传出后,立即在西乡深沟铺和十八道的民众中激起强烈不满。因张正金已去英山县,并不在此地,其友李光前等聚集三四百人,拥向十八道天主教总堂,试图捉拿法国神父石资训,迫使县衙放人。石资训事前得到消息,连夜逃至县城总堂的法国神父盖赖襄处避难。知县秦达章获悉后,慌忙亲自率兵去西乡,保护各处法国教堂。

此时张正金已回霍山,见县城兵力空虚,随即纠集六七百名民众冲进县城劫狱。看管监狱的司衙年斌见其势不可当,只得释放张正银和戚显俊。随后,张正金率众在全城搜寻两位法国教士。石资训和盖赖襄见形势不妙,慌忙离开教堂躲藏起来。当晚,石资训藏在一间破茅房的鸡笼里,上面覆盖着稻草,盖赖襄则躲在酒坊的糟锅里,两人侥幸躲过民众的搜捕。次日,两位法国神父乘夜徒步逃至六安城。③

（三）教逼官与官逼民

1906 年 2 月 13 日,法国驻上海总领事在接到江南教区法国姚主教的报告后,即致函安徽巡抚诚勋,电称:"霍山县属地方有匪徒张承(正)金肇乱闹教,石教士被吓,逃往霍山城内盖教士处。匪党六百人即往围县城,致二教士逃往六安州。请贵抚部院迅饬严办,保护二教

---

① 中国第一历史档案馆、福建师范大学历史系合编:《清末教案》第 3 册,第 901 页。
② 《霍山县民教冲突详志》,见 1906 年 3 月 6 日《新闻报》。
③ 沈寂:《霍山教案述略》,见《安徽大学学报》1983 年第 4 期。

士及教堂产业,速弭匪乱。"①

由于担心局势失控,同时也迫于法国的外交压力,巡抚诚勋立即委派知县余鼎镛率寿春镇马队前往霍山平息骚乱,之后又加派六安知州熊祖贻前往霍山处理此案。

在清军马队抵达霍山之时,当地乡绅担心军队"进剿"会酿成更大规模的民变,于是纷纷出面向知县秦达章求情,声称指控张正金为反教"主唆"并无证据,并"愿措洋钱二千圆,向教堂恳请免究,并出结力保平安,欢迎教士回县"②。之后,秦达章邀集乡绅,与教堂达成初步和解协议,商定"给洋二千圆,作为惩罚"③。随后,秦达章报告诚勋,称霍山民教已经达成和解协议。

之后,诚勋复电法总领事,电称:"此次起肇之由,实因教民被罚,意图出教,现已息结,民教相安,张正金亦未滋扰教堂,已函请盖石两教士回堂,并与绅民力任保护。"④

然而,法国教士出尔反尔,突然推翻原先协议,一面要求获得赔偿,同时坚持必须先拘拿张正金。此时,六安知州熊祖贻抵达霍山,对原先达成的协议也不满意,声称:"此案教堂教民毫无损伤,何得赔银?"⑤双方达成的和解协议遂告作废。

在教堂的催促下,余鼎镛率马队及县差前往西乡深沟铺缉拿张正金。然而,此时张正金已逃至湖北罗田藏匿起来,余鼎镛率兵"至其(张正金)家,大言恐吓,并以铁链锁其幼子。该县派出之差亦四出滋扰,并拘其父张芝兰等",以胁迫张正金主动投案。然而,这一策略并不奏效,张正金继续藏匿,余鼎镛所率马队多次寻觅,但一无所获。

4月初,安徽巡抚诚勋卸任,清廷新任命的安徽巡抚恩铭抵达安庆。恩铭对前任在处理霍山教案中过于屈从法国教堂的做法并不赞同,随即将查办此案的余鼎镛、熊祖贻等官员先后撤回。⑥

---

① 《驻沪法总领事致皖抚电(为霍山教案事)》,见1906年2月15日《申报》,第2版。
② 中国第一历史档案馆、福建师范大学历史系合编:《清末教案》第3册,第902页。
③ 中国第一历史档案馆、福建师范大学历史系合编:《清末教案》第3册,第948页。
④ 《皖抚复驻沪法总领事电(为霍山教案事)》,见1906年3月1日《申报》,第3版。
⑤ 中国第一历史档案馆、福建师范大学历史系合编:《清末教案》第3册,第948页。
⑥ 中国第一历史档案馆、福建师范大学历史系合编:《清末教案》第3册,第902页。

对于霍山县迟迟不能缉捕张正金，法国神父石资训认为是地方官有意庇护，再次要求驻沪法国总领事出面交涉。4 月 26 日，《申报》刊登法国总领事致安徽新任巡抚恩铭电，电文称"匪目张正金现仍逍遥事外，霍山地方未能平安，此皆该县及派往查办二委员之咎。本总领事以为，此等官员与私会匪徒扰害地方之张正金，通同一气"。他并扬言，如果该案件继续拖延，"本总领事惟有令本国巡洋舰'笛茄脱'，俟南昌事了，移泊安庆。现值贵抚部院莅任是邦，似此办法，深自抱歉，然亦不得已也"①。

恩铭接到此电后，认为霍山事态目前已经平静，法国总领事还在肆意威胁，对此他极为不满。两天后，他给法总领事回复了一份措辞强硬的电报，电文称，已接到六安州知州熊祖贻报告，霍山教案仅是"教民张耀宾等不守教规被斥，意图反教"，现六安州知州已"责令罚钱赔礼具结完案"。至于法国神父石资训指控的主唆张正金，"业已逃避无踪，饬派兵差屡往查缉未获"，但"乡董等具公结，力任保护平安，一俟石教士回县，该董等即往欢迎。现在地方、教堂均极静谧"。电文又称，已派员密查，核实上述情形是否属实。现在安庆洋务局督办杨道与安徽教区主教费善夽和石资训神父正在协商，他们只请"拿获张正金，听凭官办，石教士即行回堂"。电文强调，目前"该道正与费司铎等妥筹民教相安，另行设法办理，况张正金并未损害教堂一草一木，更不难和平了结"。电文最后，恩铭正告法国总领事："本抚院虽莅任伊始，于此案惟知主持公道，力除偏袒因循之习，而亦不愿受人恫吓要挟。至贵总领事拟令兵舰，俟南昌事了移泊安庆，殊与该道近日向石教士等商办情形不符，且亦有失贵总领事平日办事公平之名誉，本抚院深为不解，或因上海相距较远，误听人言，致疑霍山地方未能平静耳。"②

（四）三省"会剿"

正当恩铭等清廷官员误以为霍山事态已经平息之时，藏匿在湖北

① 《驻沪法总领事致皖抚电》，见 1906 年 4 月 26 日《申报》，第 3 版。
② 《皖抚复驻沪法总领事电》，见 1906 年 4 月 28 日《申报》，第 3 版。

罗田的张正金已经纠集族亲百余人和四百余名英霍山区的"苦力"，又秘密联络了两支活跃在湖北、河南交界地区的民间武装：其一是因反教而褫职的武员金同达的武装，另一支是李士英、胡巨城和郑大鹏等人领导的专门反洋教的武装。其兵力共计两千余人，声势大振。[①] 1906 年 6 月 9 日，张正金突然率领这支武装出现在霍山县黄栗杪镇，将被官府关押在这里的父亲、妹妹及幼子一并救出，同时将勾结法国神父的教民李万生的房屋捣毁，之后仍退回湖北罗田。[②]

张正金再次在霍山境内进行大规模反教活动，引起霍山教堂和安庆天主教总司铎费善箐的极大恐慌。他们一面致函皖抚恩铭，要求立即派兵赴霍山保护教堂和法国教士，一面通过法国驻上海总领事继续向清政府施加压力。

恩铭原以为事态已经平息，现张正金复出，又率大批武装返回霍山，因此不敢继续怠慢，立即全力派兵"围剿"。6 月 21 日，他复电法国总领事，称"已立派孙管带得胜带马队一起（旗），限二十七日早驰赴杨林岩保护教堂，并饬派队分赴英霍侦探，又派李官带振标率带步队一旗接续前往，以二哨赴英截堵来路，一哨赴霍保护教士"。他并在电文中为自己辩白，称"本部院于张正金一犯，本已多方购线密拿，为费总司铎所尽知。现该犯既有踪迹，自必捕拿，不遗余力"[③]。

7 月初，张正金率领的反教武装再次从湖北罗田出发，沿途张贴告示，要求民众缴纳钱粮。7 月 5 日，张正金的反教武装来到霍山县千罗畈，焚毁那里的天主教堂和一些教民的房屋。此时，恩铭派遣的清军正好赶到，立即发起攻击。张正金的反教武装在遭受严重损失后向湖北罗田与河南商城一带撤退。随后，恩铭增派寿春镇步队一营，前往英山、霍山一带保护教堂。

7 月 19 日，张正金重整旗鼓，并联合麻城李仕英为首的武装人员及罗田和商城的民众武装，共计两千余人。这支队伍打着"辅清灭洋"的旗帜，从湖北罗田出发，再次进攻霍山，试图彻底摧毁当地教会

---

① 沈寂：《霍山教案述略》，见《安徽大学学报》1983 年第 4 期。
② 中国第一历史档案馆、福建师范大学历史系合编：《清末教案》第 3 册，第 948 页。
③ 《皖抚复法总领事电》，见 1906 年 6 月 21 日《申报》，第 2 版。

势力。当晚，这支武装驻扎在青苔关与霍山县黄石河一带。清军获悉后，连夜发起袭击，张正金所率联军毫无防备，遭受重创，李仕英等90余人战死，余部分两路退往湖北麻城与河南商城。①

8月初，在安徽巡抚恩铭的请求下，湖北与河南两省出动军队，协同安徽继续"围剿"张正金武装。② 与此同时，湖广总督张之洞提出采取安抚策略，建议安徽派遣"明白晓事之员，剀切开导，解散胁从，使张正金无所附翼，即不难拿获"。他认为"若操之太急，令其愈聚愈多，铤而走险，真与教堂为难，到处杀戮教民，激成大乱"③。这一建议为恩铭所接受。

在清政府的"清剿"与安抚两手策略下，张正金的反教联军遭受重创后，多数民众脱离队伍，返回家乡，联军迅速瓦解。张正金只得独自潜逃，隐匿外乡。霍山县民众的武装反教斗争渐趋低落。

（五）结案

在霍山教案发生期间，当地众多教民房屋被焚毁，前来镇压的清军又给当地居民造成更大祸患。据史料记载，"寿州马队到县，四处侦询，任意蹂践，居民已惶骇万状。春茶不折，夏秧不栽"。人们携幼扶老，纷纷外逃，而"官兵遂思乘机诓报，以屠无辜良民为立功开保之计"④。对此，霍山绅董表示强烈不满，联名上书恩铭，指控官军在当地种种暴行。

霍山教案发生之际，正是义和团运动结束不久的时候，清廷对任何民众反对基督教运动都感到恐惧，担心再次成为外国武装干涉的口实。恩铭担心被朝廷追究责任，同时也是为了平息绅董的不满，采取惩治不法官员和安抚民众的双管齐下策略，以缓和局势。

7月30日，他上奏朝廷，声称霍山县知县秦达章"于教士函控之时，未能婉为劝导，乃复叠次擅押无辜，纵差滋扰，致成巨案，实属昏愦糊涂"；大挑县知县余鼎铺"奉札查办，措置无方，诸多荒谬"，应"一并

① 中国第一历史档案馆、福建师范大学历史系合编：《清末教案》第3册，第902页。
② 《中国纪事》，见《东方杂志》第3卷第8期，第39页。
③ 《鄂督复皖抚电》，见1906年8月5日《申报》，第3版。
④ 《论霍山教案始末》，见1906年9月19日《新闻报》，第1版。

即行革职";六安知州熊祖诒,"查办此案迟至数月,一筹莫展,亦属无能",亦"应即撤任察看,以示惩儆"①。不久,恩铭又令将霍山涉案的四名差役押解安庆关押,以平息民众不满。②

教案和随之而来的官军"清剿"给霍山民众的生命财产造成严重损失,尤其是西南乡,更是呈现"居民流离失所,惨不忍闻"的景象。恩铭担心当地民众的怨恨会酿成更大的动乱,因此对霍山县西南乡民众采取安抚政策。7月31日,他委派典史梅登甲秘密前往霍山县西南乡一带调查遭受兵灾情况。在调查民众受灾情形后,8月下旬,梅登甲受命改装易服,携两千金,再次前往霍山县西南乡,对当地农户按受灾程度分别给予抚恤,"极等每户给予一二十金,次等按户五六金、七八金,仍视人口多寡匀拨"。同时,恩铭担心"当此青黄不接,粮价腾贵",可能会发生饥荒,又命地方官员"速办米进山散放,以救民命"③。

恩铭在"拨款抚恤被扰之民"的同时,下令"将兵队陆续撤回,惟暂留一营弹压保护",并发布告示,宣布:"张正金纠众滋事,实为祸首,罪止一人……其家属戚族概免株累。"

在清政府实施安抚措施后,霍山一带的局势渐趋缓和。1906年底,霍山绅董上书两江总督端方,力主尽快"和平了结"此案。随后,恩铭将霍山绅董请至省城安庆,与天主教教会协商结案办法。谈判刚刚开始,安徽教区总司铎费善骞就接到上海大主教来电,声称必须先缉拿张正金,然后才可商谈结案事项。谈判遂告中断。④

1907年2月初,恩铭派出的密探发现张正金藏匿在英山县与太湖县交界的陶家河,遂派遣官兵将其擒获,押至太湖县城。张正金屡遭严刑逼供,之后"呕血数升",于2月13日伤重而亡。之后,安徽教区总司铎费善骞和霍山县法国传教士石资训,在洋务局提调得昆的陪同下,"前往看明,确系正身"。

在确认张正金已死之后,教会始同意就赔偿举行谈判。随后,恩

---

① 中国第一历史档案馆、福建师范大学历史系合编:《清末教案》第3册,第903页。
② 《霍山教案余闻》,见1906年10月17日《申报》,第3版。
③ 《记抚恤霍山县难民情形》,见1906年9月3日《申报》,第17版。
④ 《霍山学界上南洋大臣说帖》,见1907年1月29日《新闻报》,第1版。

铭委派霍山县新任知县李维源与法国神父庞树明就赔偿教会损失进行商谈。李维源主张由官府负责修复被焚毁的千罗畈教堂，并赔偿教堂中损失器物。但庞树明则强调有 34 户教民房屋亦遭抢劫和焚毁，坚持要求官府一并给予抚恤，并将抚恤金交复教会发放。李维源被迫让步，接受教会的无理要求。最终，双方达成协议，"缮订合同，签字互换"。根据协议，确定"千罗畈分堂房屋及损失器具一切，共需银二千八百两；其余教民三十四家被毁房屋什物，酌给抚恤，共银四千二百两，均由县汇付教堂，由该教士分别自行修复给领"。这一协议的签订，标志着霍山教案最终结束。①

霍山教案是清王朝灭亡前夕发生在安徽的一次民众自发的大规模反教会斗争。正如恩铭在奏章中所说，"此案衅起细微，养成巨患，推其原始，半由教士之迫索，半由官吏之酿成"②。法国教士强行阻止教民退教，无端指控张正金为反教主唆，逼迫地方官派差缉拿；地方官一味屈从外国传教士，"擅押无辜，纵差滋扰"，迫使张正金率众反抗。张正金在反教会斗争中，并没有将清政府和清王朝统治作为打击对象，相反却以"辅清灭洋"为旗号，表明这次斗争与当时已经在全国各地开展的资产阶级领导的反清革命并没有任何联系。

在霍山教案全过程中，处于地方社会上层的绅董对这次反教斗争明显持同情态度，他们在报上撰写文章，或直接上书安徽巡抚和两江总督，为张正金等民众的反教行为进行辩护，斥责外国传教士的蛮横无理，指控当地官员的种种不法行径。值得注意的是，他们的主张和呼吁得到清王朝统治者的重视，一些建议亦被当局采纳。这进一步表明乡绅阶层在晚清中国的政治地位明显上升。

此外，安徽巡抚恩铭、两江总督端方和湖广总督张之洞对此次反教斗争的态度也是耐人寻味的，他们一面全力镇压张正金的反教武装，但并没有采取赶尽杀绝的传统政策，而是采取"剿抚并重"的两面政策。他们在满足外国传教士的要求的同时，也设法安抚当地民众和

---

① 中国第一历史档案馆、福建师范大学历史系合编：《清末教案》第 3 册，第 954—955 页。

② 中国第一历史档案馆、福建师范大学历史系合编：《清末教案》第 3 册，第 903 页。

绅董,惩治不法官吏和差役,并对受害民众给予抚恤。这表明,清王朝此时正面临着外国帝国主义压迫和国内革命的双重危机,不得不小心翼翼地在外国势力与国内民众之间保持某种平衡,避免将民众推向反清革命阵营一边而出现更大的危机。

第四节　安徽被迫开放

一、芜湖开埠

(一)西方列强对安徽沿江口岸的觊觎

第一次鸦片战争之后,西方国家并不满足于通过《南京条约》在中国沿海所开辟的五个口岸,迫切希望进一步打开中国内地市场。太平天国起义爆发后,起义风云迅速席卷长江中下游地区,清政府的统治地位严重削弱,西方列强趁火打劫,开始向中国内地渗透。

在西方列强中,美国率先提出开放长江内地口岸的要求。1854年5月,美国驻华公使麦莲在未经中国政府同意的情况下,率领两艘"火轮兵船"从上海溯江而上,"先后驶赴镇江、江宁、和州、芜湖等处江面",查看情形。之后在两江总督怡良的要求下折回到上海。这是史料记载的外国船只首次闯入长江安徽江段。

1854年6月21日,怡良在昆山会见麦莲。麦莲提出"近年江路不通,商本亏折,拟请奏恳恩施,准其赴扬子江一带贸易",并请求转告朝廷。怡良以此项要求"所请与原约不符,难以入告"为由,拒绝麦莲的要求。①

然而,同年11月初,英国公使包令和美国公使麦莲乘船抵达天津附近海面,之后在大沽炮台附近会见清政府代表前任长芦盐政崇纶等人,并提交各自的修约文本。美国的11款修约文本中继续提出开放

① 《筹办夷务始末(咸丰朝)》第1册,卷八,中华书局1979年版,第285页。

长江中下游口岸的要求，其第十款内容为："合众商人既将货物载至上海完纳饷后，准其或用本船，或雇中国船只，运入扬子江一带，不得限制阻挠。……中国官宪亦必与合众官宪互（相）协助，以保护此等遵约贸易商民之性命产业。又因欲更坚立两国友谊交情，当准合众民人无论贸易及为别样事故，但使遵照大皇帝定立之例请领路引凭照者，即任其往来居中土各处内地，所到之处，一切皆归中国官宪保护。更准其租屋及建造住房，设立医馆、礼拜堂及殡葬之所，如原定条约所立通商五港一样。"①在英国提出的 18 款修约文本中并没有在长江中下游地区开辟内地口岸条款，但是根据《中英南京条约》英国享有片面最惠国待遇的规定，美国提出的准许进入长江中下游地区贸易和开放长江内地口岸的要求，完全符合英国利益，因此也得到英国的积极支持。

美国公使麦莲 1854 年 11 月提交清政府的修约文本，清楚地表明美国不仅要求获得进入长江中下游地区贸易的特权，而且试图在长江中下游开辟内地通商口岸，西方国家在那里将享有与沿海通商五港的一切特权。对此，清政府予以断然拒绝，咸丰皇帝在崇纶等奏折的批示中强调："至赁买房屋地基，运卖货物，亦应遵照旧约，断难任其随地建造，任意往来；况洋（扬）子江本非夷船应到之地……是直欲于五口之外，别生窥伺侵占之意。"②

西方列强并不因此而止步。1858 年 6 月，英国、法国和美国，以武力向清政府施加压力，迫使清政府接受它们提出修约条款，签订《天津条约》。《中英天津条约》第十款规定："长江一带各口，英商船只俱可通商。惟现在江上下游均有贼匪，除镇江一年后立口通商外，其余俟地方平靖，大英钦差大臣与大清特派之大学士尚书会议，准将自汉口溯流至海各地，选择不逾三口，准为英船出进货物通商之区。"③

《中英天津条约》的签订，为西方国家侵入长江中下游地区，并开辟四处沿江口岸提供了条约依据。但是，由于这一地区此时还处于太

---

①　《筹办夷务始末（咸丰朝）》第 1 册，卷九，第 346—347 页。
②　《筹办夷务始末（咸丰朝）》第 1 册，卷九，第 342 页。
③　王铁崖编：《中外旧约章汇编》第 1 辑，三联书店 1957 年版，第 97 页。

平军的控制之下,因此,除确定下游地区的镇江为新辟通商口岸外,对于另三处通商口岸,西方国家与清政府都未作出决断。

1860 年 10 月 24 日,恭亲王奕䜣与英国全权代表额尔金签署《中英北京条约》,确认《中英天津条约》的全部条款继续有效,并进一步扩大了英国在华的侵略利益。11 月,英国开始确定除镇江外长江另两处通商口岸。根据英国商人的建议,英国公使额尔金向恭亲王奕䜣要求将汉口与九江两口开放对外通商。这一要求得到清政府的认可。1861 年 3 月,英国驻上海领事馆公布《长江通商收税章程》,其中规定镇江、汉口和九江为新开口岸。同年,在这三座长江沿岸城市均设立英国领事馆,建立了海关。1861 年 11 月,清廷正式批准《扬子江英国贸易暂行章程》,将扬子江贸易限于镇江、九江和汉口三处。1862 年 11 月,清廷批准《长江通商统共章程》,取代《扬子江英国贸易暂行章程》。

尽管取得了进入长江贸易的特权,并成功地将镇江、九江与汉口辟为通商口岸,但是英国人并不因此而满足。英国公使向恭亲王奕䜣提出,因安徽盛产茶叶,为便利外商从最接近产地的地方装运茶叶以奖励合法贸易起见,应准许外国船只进入安徽省境内的安庆、大通和芜湖港口装运茶叶。之后,时任中国海关代理总税务司的英国人赫德携带这项计划,征求两江总督曾国藩的意见。曾国藩表示,安庆并没有轮船运输,芜湖刚刚从太平军那里夺回,唯大通一地常有轮船装卸。他特别表示担心,一旦外国轮船获准在这三座安徽沿江口岸停泊和装卸货物后,原来在那里的厘金收入将会大大减少,而他的军饷开支主要依靠这些厘金。尽管赫德声称,可以规定凡是在这三个地方装运货物的船只,不但要在装船地方缴纳厘金,而且要在上海缴纳沿岸贸易税,这两项收入都可以归两江总督,但这并没有使曾国藩改变反对的立场。总理衙门在仔细研究后,也决定拒绝英国的新建议。①

这一插曲表明,英国刚刚获得长江中下游贸易特权和新辟镇江、九江和汉口为内地通商口岸之时,就已经将安徽沿江地区作为在华经

---

① [美]莱特:《中国关税沿革史》,三联书店 1958 年版,第 203 页。

济扩张的下一个主要目标,试图取得在安徽沿江口岸安庆、大通和芜湖港口的停泊和装运货物的特权。由于此时安徽境内许多地区仍在太平军控制之下,加上英国刚刚取得在长江贸易的特权,其在镇江、九江和汉口的势力还立足未稳,因此英国不再坚持,将准许英商在安徽沿江贸易的要求暂时搁置起来,以等待新的时机。

（二）中英修约谈判与清政府准许开辟芜湖口岸

1864年,太平天国运动失败,长江地区持续10多年的战事终于结束。随后,根据事前中英双方的约定,江宁亦被开辟为通商口岸。这样,从上海至汉口的长江上已经开辟了4个通商口岸。

1868年初,《中英天津条约》生效即将满10年,根据中英约定,条约期满前6个月各方有权提出修约。英国公使阿礼国乘机再次提出开辟安徽沿江通商口岸的要求。1868年1月2日,阿礼国派遣翻译柏卓安前往总理衙门,首次要求修约,提出5项修约内容,其中包括"内河准行轮船,长江添开码头"[①]。4个月后,阿礼国向总理衙门正式提交包括29项条款的修约方案,其中第二十四条内容为"长江之内,自吴淞起,至汉口止,由海关拣选码头数处,以便洋船在彼停泊,并上下货物。所拣选设立码头之处,系黄州、东流、安庆、大同（通）、芜湖、金陵、仪征、江阴、吴淞、武穴。英国洋船欲至码头贸易,须先至海关领执照,其各码头应如何订立章程,以后商办"。1869年2月初,清政府答复称:"添设码头,上下货物,即属增添通商口岸。长江通商,于镇江、九江、汉口外,又有江宁,共有四口,本未便再议增添。惟查同治元年,贵国卜大臣曾请于安庆、芜湖、大通三处暂时通商,嗣因卜大臣未允湖北子口税之议而止。兹欲增添口岸,只可于此三处内酌量设关收税,惟经费不赀,征收税项未必敷用,应熟筹彼此两益之事,以便商办。"[②]

之后,英使阿礼国在给总理衙门照会的回复中又提出:"今本大臣请贵衙门在镇江就近江北一带,另开码头一处,或镇江所属江北地方,或瓜洲左近亦可。并在九江湖口地方,另开码头一处,因洋商贩运茶

①　《筹办夷务始末（同治朝）》第7册,卷六三,中华书局1979年版,第2514页。
②　《筹办夷务始末（同治朝）》第7册,卷六三,第2535—2536页。

叶,自湖口至九江沂流而上,必须五六日方能驶到,故在湖口开设码头,所有贩运茶叶之洋商,即可在该处将货装载轮船,以免耽延时日。"

对此,总理衙门再次回复阿礼国,婉转地拒绝其要求。照会指出:"查安庆、芜湖、大通,相距不远,本王大臣前送节略,系拟于三处内,酌量何处设关,并非三处均设也。再瓜洲及镇江所属之江北地方,俱在镇江码头对面,仅隔一水,湖口距九江码头,亦不过五十余里,相去甚近,均难鳞次设关,徒滋糜费。缘货物仍只此数,码头若再加增,不但商人贪多无益,亦且两国所费不赀,想贵大臣亦必深悉其难也。"①

总理衙门与英国公使阿礼国之间的上述交涉表明,英国借《中英天津条约》即将期满面临修约之机,再次试图全面扩展在华侵略利益,其主要目标为深入长江内地,增开沿岸通商口岸,进一步占据和拓展英国的中国内地市场。对于英国的上述企图,奕䜣为首的总理衙门一方面进行顽强抵制,但另一方面又明确向英国发出妥协信号,表示并不拒绝在长江中下游地区开放新的通商口岸,但是英国只能就安徽境内的安庆、芜湖和大通,择一处作为新的沿江通商口岸。对于清政府的这一立场,英国表示接受。

1869 年 10 月,中国和英国就修约达成一揽子协议,中国接受英国提出的改订税则,添开口岸,洋商自备中式船只进入内河航行和在内地居住等要求,英国则接受中方关于提高进口鸦片税和出口丝税的要求。在签约之前,奕䜣将此次与英国修约及达成新约的经过专门向同治皇帝作了汇报,并在其奏折中就同意开辟芜湖为通商口岸进行说明,称:"合计此次修约,有益于英商者,以……芜湖设关为大……查芜湖设关,系按照从前外省所论情形办理,以该处江面,久为洋船往来之区,添此一关,似亦无甚妨碍。"②这表明,芜湖早在开关之前,清政府就已经失去长江芜湖段的控制权,由于其上游的九江和汉口早已被西方列强辟为通商口岸,因此外国船只有恃无恐地频繁进出芜湖江段。所以,清政府认为开辟芜湖口岸,不过是承认这一既成事实而已。

---

① 《筹办夷务始末(同治朝)》第 7 册,卷六三,第 2545,2566 页。
② 《筹办夷务始末(同治朝)》第 7 册,卷六八,第 2747 页。

10月23日，双方在北京签署《中英新修条约》十六款、《中英新修条约善后章程》十款及《新修税则》十二条。《中英新修条约》在第十三款规定，"中国允芜湖江口，作为通商口岸"，又在第一款规定"中国允凡通商各口，英国均可派领事官驻扎"①。

《中英新修条约》签署后，在英国引起不同的反响。英国公使阿礼国认为，这一条约有关规定，并特别强调，允许洋商自备中式船只进入内河航行，是"任何独立国家从来没有允许过的最大让与权"②。英国国会议员狄克尔承认，"中国所让与的，比贸易部认为可以向中国要求的为多"③。但是，英国国内的一些商人则认为，《中英新修条约》并没有满足他们的要求，并上书政府指责"中国让给的太少而要求的太多"，尤其对仅新开两处通商口岸，没有取得修铁路、架电线、内地设栈、内河驶轮等特权而表示强烈不满，因此坚决反对批准条约。此外，法国、普鲁士、俄罗斯等欧洲国家也对中英签署的这一条约持反对立场。④

1870年7月25日，英国外交大臣格兰威尔通知驻华公使阿礼国，政府将不批准1869年的《中英新修条约》。⑤ 随后，他又在给阿礼国的训令中，要求他将英国政府不批准《中英新修条约》正式通知中国政府，但同时要求他"诱使中国方面自动让与条约中所包含的可以增进通商关系的特权"⑥。这表明英国政府在对华外交中的赤裸裸的霸权主义的嘴脸：一方面拒绝承担其在《中英新修条约》中所应承担的义务和许诺的让步，同时又要清政府单独履行已被英国废除的这个条约中的中方义务。

（三）芜湖辟为通商口岸

安徽位于长江流域的中下游，万里长江横贯其中，过境江流长达

---

① 王铁崖编：《中外旧约章汇编》第1辑，第308—310页。
② 《阿礼国致普鲁士驻华公使李福斯函》，英国议会文书，中国，第1号(1870)，转引自赵佳楹：《中国近代外交史》，世界知识出版社2008年版，第270—271页。
③ ［英］伯尔考维茨：《中国通与英国外交部》，商务印书馆1959年，第83页。
④ 赵佳楹：《中国近代外交史》，第271页。
⑤ ［美］马士：《中华帝国对外关系史》第2卷，上海书店出版社2000年版，第239—240页。
⑥ ［美］伯尔考维茨：《中国通与英国外交部》，第83页。

416 公里,流域区间河流纵横,尤富舟楫之利。自古以来,八百里皖江为省内外客货进出提供了极大便利,江上运输业十分繁盛。直至第二次鸦片战争,民用木帆船一直为皖江客货主要运载工具。

在第二次鸦片战争爆发前夕,外国轮船开始非法闯入长江安徽段。1854 年 7 月,两江总督怡良向清廷报告,美国新任驻华公使麦莲率领两艘"火轮兵船"在上海递交照会后,前往太平天国控制的中心地区,"该夷船先后驶赴镇江、江宁、和州、芜湖等处江面"①。

1856 年 10 月,英国发动第二次鸦片战争,将夺取长江航运权作为这场战争的主要目标之一。1858 年 6 月,英国强迫清政府签署《中英天津条约》,由于此时清政府正在长江中下游地区与太平军作战,故其第十款第一条规定:"长江一带各口,英商船只俱可通商。惟现在江上下游均有贼匪,除镇江一年后立口通商外,其余俟地方平靖,准自汉口溯流自海,各地选择不逾三口,为英船出进、货物通商之区。"②从此,英国军舰和商船频繁地由上海溯江而上,穿越安徽长江段,进入江西和湖北。1859 年 1 月,江西巡抚耆龄向朝廷报告,曾有英国"大火轮船二只,小火轮船二只,驶至九江,停泊西门外,旋于二十五日(咸丰八年十月二十五日,即 1858 年 11 月 30 日)开行上驶。兹于十一月十六日,该夷船自汉口折回"③。

1860 年 10 月起,英国驻华公使额尔金多次催促总理衙门先行开放汉口、九江口岸,允许英船进入长江中游地区。迫于英国的压力,清政府被迫同意英国的上述要求。随后,英国海军将领贺布率领一支由 10 艘战舰组成的舰队,由上海出发,溯江而上,访问南京,与太平军领导人达成协议,太平军承诺,在英商严守中立的条件下,不干扰英商在这一地区的贸易活动。随后,"轮船开始长江的航行,贸易活动可远至汉口"④。1861 年英国在镇江、九江和汉口三处口岸相继设立领

① 《筹办夷务始末(咸丰朝)》第 1 册,卷八,第 284 页。
② 王铁崖编:《中外旧约章汇编》第 1 辑,第 97 页。
③ 《筹办夷务始末(咸丰朝)》第 4 册,卷三三,第 1238 页。
④ 聂宝璋编:《中国近代航运史资料》第 1 辑上册,上海人民出版社 1983 年版,第 253 页。

事馆。①

在太平天国战事尚未结束之际,英国人就试图在长江安徽沿岸建立贸易据点,占据那里的市场。首先引起英国人兴趣的是位于皖江东段的芜湖、中段的大通和西段的安庆。

1861 年春,英国宝顺洋行试图在太平军控制的芜湖地区从事鸦片贸易,将"尼木若德号"(Nimrod)趸船驶往芜湖,在那里停泊了半年之久。② 与此同时,在华美国商人也发现长江航线的巨大价值,

由于英国政府拒绝批准《中英新修条约》,这样就使得中英原本已经达成协议的芜湖开埠计划被暂时搁置起来。然而,英国政府和商人并没有因此而放弃进一步打开中国内地市场的计划。

1875 年 2 月,英国的一支探险队不顾清政府的劝阻,执意从缅甸进入中国云南境内,在蛮允地区遭到当地居民的袭击,随队的英国使馆翻译马嘉理被杀。马嘉理案件的发生,为英国全面实现上述计划提供了一个绝好的借口。

3 月 19 日至 31 日,英国驻华公使威妥玛连续 10 余次照会清政府,以对华断交相要挟,提出英国官员参与调查滇案、赔偿、允许英国探险队再入云南等一系列无理要求。5 月底,威妥玛更变本加厉地提出解决滇案的六条办法,其中包括要求清政府"在沿海、沿江、沿湖多开口岸,如奉天大孤山、湖南岳州、湖北宜昌、安徽安庆芜湖、江西南昌、浙江温州、广东水东、广西北海等处"③。威妥玛这些要求清楚地暴露了英国的真实目的,就是以要求清政府调查和处理滇案为由,扩大英国对华侵略,全面实现英国占领和控制中国沿海和内地市场的罪恶目的。

1876 年 6 月,威妥玛为了迫使清政府让步,降下使馆英国国旗,离京前往上海,扬言清政府如果不让步,英国将以武力解决问题。

之后,总理衙门约见赫德,希望他出面斡旋。赫德告诉总理衙门,除了满足威妥玛之前提出的要求之外,可"先将宜昌、温州、北海三处

① [美]莱特:《中国关税沿革史》,第 200—202 页。
② 聂宝璋编:《中国近代航运史资料》第 1 辑上册,第 258 页。
③ 王彦威、王亮辑:《清季外交史料》第 1 册,卷六,(台湾)文海出版社(影印本),第 8 页。

口岸开办,亦是解围一法"。但总理衙门并未允许。之后,赫德离京,前往上海,7月10日,途经天津时,拜会直隶总督李鸿章,又提出他的增开三处口岸计划,并称:"其实多开一口,不但洋商贸易兴旺,中国亦有益处。"但李鸿章并不赞同赫德的看法,强调:"宜昌⋯⋯若开设通商口岸,货物皆由轮船装运,民船必致失业,是中国害多利少。且近来洋货流通销售,只有此数,多开码头,多添花费,洋商亦无利可图。"①

7月15日赫德抵达上海,当日与威妥玛举行会谈。在会见了威妥玛后,赫德致函总理衙门,汇报会谈情形,声称,威妥玛一周后将去烟台,清政府如愿意谈判,必须派遣奉有全权的谈判代表,前往烟台与他谈判,为此,赫德建议"即派李中堂一人或派李中堂同别位大臣到烟台与威大臣会商"。赫德一面称威妥玛基本接受自己向总理衙门提出的以添开宜昌、温州、北海三处口岸等缓和危机的四项办法,但又节外生枝,以过去清政府曾与英国达成开放芜湖协议为由,建议"求添芜湖一口,从前本准芜湖开口,现又不准,大有妨碍,外人皆谓李中堂是安徽人,不肯添开"。赫德的这一建议,对《中英烟台条约》中包含开辟芜湖为口岸产生了关键影响。

7月28日,清廷发布上谕,任命李鸿章为全权大臣,派其赴烟台与威妥玛谈判,"就总理衙门前议,参以赫德此次来信,斟酌情形,妥为筹定"。

8月初,李鸿章上奏朝廷,要求朝廷作更明确的指示。他对威妥玛可能在烟台会提出各种要求进行全面分析,提出这些要求肯定包括增开口岸,因为之前英国使馆官员梅辉立在与他会谈时,已提出"添开口岸,除宜昌、温州、北海之外,欲添芜湖一口。此亦英国新约所未允行,此次在京未曾议准,而赫德在旁代求者也⋯⋯总理衙门六月四日复臣信,内谓非必不可允,自须届时相机酌办"。为此,李鸿章请求清廷指示军机大臣与总理衙门共同协商,对英国可能提出的要求"迅速妥筹,作如何通融,如何限制,分晰行知臣处,俾得酌量机宜,届时遵办,庶免事后追悔,局外谤讥"。

---

① 吴汝纶:《李文忠公全集》卷四,黄山书社1990年版,第2975页。

随后，恭亲王奕䜣上《总署奏遵议李鸿章赴烟台会商滇案预筹办法折》，明确表示："芜湖一口，经赫德请求，亦拟添开，是于案外补救之法，不可谓不至。"[1]这表明，在李鸿章前往烟台与威妥玛谈判之前，清政府已经计划在必要时以增开芜湖口岸为让步，向英国妥协，争取迅速了结滇案。

由于清政府早已准备全面让步，烟台谈判并无多少悬念，几乎威妥玛所有的要求——得以实现。1876 年 9 月 13 日，李鸿章与威妥玛签署《中英烟台条约》。条约分为三部分，一是"昭雪滇案"，一是优待往来，一是"通商事务"。通商事务包含七款，其中第十款规定："准在于湖北宜昌、安徽芜湖、浙江温州、广西北海等四处添开通商口岸，作为领事官驻扎处所。"又规定：英国商船可以在"安徽之大通、安庆，江西之湖口，湖广之武穴、陆溪口、沙市等处……上下客商货物"[2]。

以《中英烟台条约》为标志，作为内地的安徽门户芜湖，正式被辟为通商口岸，从此向英国等西方国家开放。与此同时，位于安徽长江西段的安庆和中段的大通，也同时辟为交通口岸，向外国轮船正式开放。

二、外国势力全面进入芜湖

（一）英、美等国派遣驻芜领事

《中英烟台条约》签订之后，1877 年 3 月，英国就选派资深外交官达文波特乘军舰前来安徽，对拟开放为通商口岸和交通口岸的芜湖、大通和安庆进行全面考察，并为英国驻芜湖领事馆、海关和租界选址。达文波精通汉语，第二次鸦片战争时期曾任英国舰队司令贺布的翻译，之后在镇江、汉口、上海的英国领事馆任职，不久调任英国驻华使馆汉务参赞。1875 年，他曾受英国公使威妥玛派遣，前往云南调查马嘉理案。1877 年出任英国驻烟台领事。[3]

随后，英国外交官达文波特对芜湖等地进行了细致的考察。《申报》记载了他此次安徽之行："英领事达君前日从芜湖回沪，谓大通、

---

① 王彦威、王亮辑：《清季外交史料》第 1 册，卷六，第 21—22 页，27—28 页，31 页。
② 王铁崖编：《中外旧约章汇编》第 1 辑，第 349 页。
③ 中国社科院近代史所翻译室：《近代来华外国人名辞典》，中国社会科学出版社 1978 年版，第 101 页。

安庆一带民情甚好,日后芜湖开为码头,中外商人定能辑睦。曾在芜湖看得一地,长约四里,阔远未议定,似可能到裕(弋)矶山也。兵船于就近打水深,或四托或七托不等,惟是处恐夏日水溜不便停船,因未定夺耳。然地势较城内已高,房屋尽可建于岗阜,当无水淹之虑也。"①

达文波特选择的这片岗地就是芜湖城中的范罗山,英国政府最终决定在那里建造驻芜领事馆。

从 1877 年至 1911 年,先后有 11 位英国领事驻扎芜湖,其详情见下表:

表 11 - 2　清末芜湖英国领事一览表②

届数	中文名	英文名	任职开始时间
1	阿赫伯	Herbert James Allen	1877 年 7 月
2	倭妥玛	Thomas Watters	1878 年 4 月
3	璧利南	Byron Brenan	1880 年 10 月
4	司格达	Benjamin Charles George Scott	1883 年 10 月
5	福格林	Colin Mackenzie Ford	1890 年 11 月
6	富美基	M. F. A. Fraser	1897 年 12 月
7	麦迪莫	R. H. Mortimore	1899 年 6 月
8	柯韪良	W. P. Ker	1901 年 10 月
9	孙德雅	A. J. Sundius	1905 年 7 月
10	葛福	H. Goffe	1907 年 4 月
11	傅夏礼	H. H. Fox	1909 年

英国在芜湖设立领事馆之后,根据"利益均沾"的原则,其他西方国家也纷纷效仿英国派遣驻芜湖领事。1880 年,美国政府宣布石米德(Enoch J. Smithers)为驻芜领事。但是,由于经费支出等原因,美国一直没有在芜设立领事馆,并且在石米德之后,由驻南京或镇江领事兼任驻芜湖领事。至清朝灭亡,美国先后任命 6 位驻芜领事,其详情见下表:

---

① 《芜湖情形》,1877 年 3 月 31 日《申报》,第 2 版。
② 故宫博物院、福建师范大学合编:《清季中外使领年表》,中华书局 1985 年版,第 101 页。

表 11-3　清末芜湖美国领事一览表①

届数	中文名	英文名	任职开始时间
1	石米德	Enoch J. Smithers	1880 年 8 月
2	郑尼斯	A. C. Jones（驻镇江领事兼）	1887 年 2 月
3	马墩	Wm. Martin（1902 年起驻南京领事兼）	1898 年 1 月
4	黑纳斯	Thornwell Haynes（驻南京领事兼）	1905 年 8 月
5	马纳利	Jas C. McNally（驻南京领事兼）	1907 年 6 月
6	葛威伟	W. T. Gracey（驻南京领事兼）	1910 年 12 月

1886 年，奥匈帝国开始任命驻芜领事，至清末，共计任命 8 位领事，均由时任英国驻芜湖领事兼任。1886 年，瑞典和挪威也任命克里普斯（S. Krips）为驻芜领事。意大利于 1901 年任命聂拉祁呢为驻上海总领事，兼管意大利在安徽等省的利益。1910 年，日本派遣铃木荣作为驻上海总领事，并负责安徽全省通商及交涉事务。② 法国、德国、西班牙、葡萄牙、荷兰、俄罗斯、丹麦既没有在芜湖设立领事馆，亦未任命领事。

由此可见，由于芜湖开埠较晚，加上多数西方国家由于经济实力不足或其他原因，并未在芜湖建领事馆甚至未派驻领事。因此，芜湖的英国领事馆事实上成为西方国家设在芜湖的唯一正式外交机构，英国驻芜湖领事不仅成为英国在皖利益的维护者，事实上亦成为整个西方列强在安徽的政治、经济和宗教势力的总代理，从而对近代安徽的政治发展产生重要影响。

芜湖开埠和英国在芜湖设立领事馆之后，外国商人纷纷来到芜湖，在那里建立贸易公司；与此同时来安徽的外国传教士和外国旅游者也日益增多，他们通常首先乘船来到芜湖，然后再前往安徽其他地区，由此而产生的各种涉及外国人的商业、民事和刑事案件和法律交涉也不断增加。之后，在围绕芜湖教案、铜官山矿权交涉等重大中外交涉中，英国驻芜湖领事屡屡直接干涉相关案件的审理和判决，严重

---

① 故宫博物院、福建师范大学合编：《清季中外使领年表》，第 185 页。

② 故宫博物院、福建师范大学合编：《清季中外使领年表》，第 141 页、171 页、156 页、199 页。

损害了中国的主权,引起当地官府的强烈不满,同时也多次激发当地民众举行大规模反帝爱国斗争。

（二）芜湖海关设立

人们通常称芜湖开埠之前已是"长江巨埠",或称其"商业繁荣,贾贸四集,明清以来,即为安徽最重要的商业、手工业城市"①。其实,在开埠之前,芜湖曾经历太平天国战争的严重摧残,早已衰败不堪。上海《申报》曾记载了芜湖开埠时情形:"芜湖距长江边约有五里,当发逆肆扰时,蹂躏殆徧,现已逐步复原,惟城郭甚小,周围恐不到六里,所有店铺均在西门外一带,居民现不过万五千人。说者谓,未遭兵燹以前,该县城亦极热闹,乡间并产茶叶,现约每年可销外烟 2000 箱,别样洋货约可销 50 万也。"②

根据《中英烟台条约》的规定,芜湖口岸应在半年期限开办。《中英烟台条约》签订后不久,英国政府尚未最后批准,但是英国驻华使馆已经迫不及待地催促清政府立即开办各新增口岸。1877 年 3 月初,总理衙门与英国人赫德商定,以 1877 年 4 月 1 日为各增开口岸开办日期,并指派各关税务司。③

1877 年 4 月 1 日,芜湖与宜昌、温州、北海同时正式辟为通商口岸。在名义上,芜湖海关属于芜湖常关道节制和监督,其实,真正掌握芜湖海关大权的是税务司。税务司是海关的实际行政长官,掌管海关进出口业务和海关人员的招募、调遣、晋升和撤换等一切人事大权。1877 年,美国人吴得禄作为芜湖海关首任税务司抵达芜湖就任。自芜湖海关设立到清末,先后有 17 位外国人出任海关税务司(详情见下表),均为英国人和美国人,其中英国人 13 人次,美国人 4 人次,这表明英美势力,尤其是英国势力完全把持着芜湖海关的控制权,这进一步印证了英国在中国长江中下游地区的主导地位。

① 王鹤鸣、施立业:《安徽近代经济轨迹》,安徽人民出版社 1991 年版,第 250 页。
② 《西报述芜湖情形》,见 1877 年 4 月 7 日《申报》,第 1 版。
③ 王彦威、王亮辑:《清季外交史料》第 1 册,卷九,第 11 页。

表11-4　　清末芜湖海关外国税务司一览表①

届数	就职时间(年)	中文名	英文名	国籍	备　　注
1	1877	吴得禄	Woodrull, F. E.	美国	
2	1878	班谟	Palm, J. I. F.	英国	代理税务司
3	1882	许妥玛	Hughes, T. F.	英国	署税务司
4	1884	裴式模	Bredon, M. B.	英国	署税务司
5	1885	许妥玛	Hughes, T. F.	英国	第二任
6	1887	李华达	Lay, W. T.	英国	
7	1890	司必立	Spinney, W.	美国	
8	1891	吴得禄	Woodrull, F. E.	美国	第二任
9	1893	班谟	Palm, J. I. F.	英国	第二任
10	1895	好博逊	Hobson, H. E.	英国	
11	1896	班谟	Palm, J. I. F.	英国	第三任
12	1897	劳达尔	Lowder, E. G.	英国	代理税务司
13	1898	辛盛	Simpson, C. L.	英国	
14	1899	墨贤理	Merrill, H. F.	美国	
15	1904	庆丕	King, P. H.	英国	兼邮政司
16	1907	湛参	Johnston, J. C.	英国	署税务司兼邮政司
17	1910	梅尔士	Mayers, F. J.	英国	署税务司兼邮政司

　　当美国人吴得禄出任芜湖海关首任税务司时,芜湖海关临时租用基督教会房屋办公。1880年,税务司班谟在城中购买范罗山和磨盘山两地,计划在那里建造海关大楼,②但直到清王朝灭亡后才正式建造,共计3幢洋楼。1919年,海关税务司署正式迁入新址办公。

　　税务司署分内班和外班:内班设秘书、总务、会计、统计四课,负责征税和海关日常管理,由税务司、副税务司、各等帮办、供事、文案、税务员组成;外班设监察和验查两课,主要职责是管理船舶、货物、行李、物品和旅客,兼理港务和船政,由超等总巡兼理船厅、三等总巡、验货员、铃子手等组

---

① 孙修福编:《中国近代海关高级职员年表》,中国海关出版社2004年版,第510—518页。
② 冯煦主修:《皖政辑要》交涉科卷二《商约二》,第9页。

成。不论内班或外班,所有重要职位均由外国人担任。[1]

芜湖海关设立初期,安徽巡抚、两江总督与英国驻华公使多次进行函电磋商,并参照其他通商口岸章程,制定《芜湖海关试办章程》,共计 18 条,对中外船只停泊芜湖港口、查验货物、装卸货物、征收关税和船钞,均作出详尽规定。1899 年 4 月,清政府与西方国家又制定《修改长江通商章程》及《重定长江通商各关通行章程》,规定包括芜湖口岸在内的原长江各通商口岸各章程一律作废,均以新章程为准。[2]然而,芜湖海关及口岸的管理规则并没有根本性修改。

芜湖海关的基本职责是征收辖区中外商船的进出口货物的税款。开关之初,芜湖口岸仅仅从事转口贸易,但仅一个月后,芜湖口岸便开始发展直接对外贸易,贸易额迅速增长,其在中国长江各通商口岸中所占地位不断上升。

1896 年,芜湖海关增设邮政总局,在清王朝灭亡之前,一直由芜湖海关掌管全省邮政事务。根据中外条约和协议,芜湖海关兼管港口、航运、气象等业务,并与中国地方官员会同,捉拿芜湖租界内的人犯。除海关业务之外,芜湖海关与其他海关一样,还密切注视安徽全省政治、经济、军事、文化、社会的发展与变化,承担收集相关情报的职责,并定期向总税务司汇报。

清代和民国时期,芜湖海关的辖区范围为:东起芜湖县治,西抵安庆,南达繁昌县荻港,北至马鞍山。根据《芜湖海关试办章程》规定,"凡洋商船只,只准在芜湖西门外小河北岸沿江离东岸在一里路之限,陶家沟之北,弋矶之南停泊,起下货物"。监管区之外装卸和查验货物,必须经海关税务司特许。繁昌荻港为安徽主要矿石出口港,芜湖海关派员常驻那里,以便及时办理船舶、货物的征税和验放手续。安庆为交通口岸,与芜湖同时开辟。[3] 1902 年,中英双方商定,外国轮船必须持有芜湖海关颁发的内河专照,方可进出安庆港贸易。此外,自南京至安庆长江段,位于和州、当涂县、芜湖县、无为州、繁昌县、桐城

---

① 安徽省地方志编纂委员会编:《安徽省志·外事侨务志》,第 7 页。

② 冯煦主修:《皖政辑要》交涉科卷二《商约一》,第 2—7 页。

③ 周乾等:《芜湖开埠·涉外史事》,安徽人民出版社 1999 年版,第 51 页。

县、贵池县、怀宁县、东流县和宿松县境内的江上灯塔浮桩,亦归芜湖海关管辖。①

芜湖海关设立初期,与芜湖常关并不相干。1901 年,清政府与列强签署《辛丑条约》,规定距通商口岸 50 里之内的常关的分关、分局,均归海关管辖,其税收作为中国对外赔款之用。从此,各通商口岸海关开始统管常关,中国主权进一步丧失。

三、芜湖租界开辟

1877 年 4 月,芜湖正式被辟为通商口岸后,成为安徽唯一对外贸易口岸及全省农产品和土特产品的集中地,内外贸易日益发展。外国商人、公司、传教士和各省商人纷纷拥入这座城市。芜湖人口不断增长,城区迅速扩张。

根据《中英烟台条约》,英国有权在芜湖等新辟口岸设立租界,其条款规定,"新旧各口岸,除已定有各国租界,应无庸议,其租界未定各处,应由英国领事官与地方官商议,将洋人居住处所,划定界址"②。为此,英国人将迅速在芜湖城中开辟租界,巩固和扩展英国在安徽和长江中下游地区的势力,作为当务之急。

早在 1877 年,英国派遣外交官达文波特抵芜查视之初,就与芜湖关道刘传祺进行交涉,要求在城中划出地区作为外国租界,供未来外国人来芜居住。经双方商议,决定"县治西门外沿江宿、太木商滩地,南自陶家沟起,北抵弋矶山脚止,东自普同塔山脚起,西抵大江边止,作为各国公共租界,任各国洋商在界内指段划租"③。

1882 年,英国怡和洋行向芜湖关道提出,将界内陶家沟下一片滩地辟为公司租地。然而,这块滩地长期为宿、太木商堆放木排之地,他们坚决拒绝出让这块滩地。在此后数年中,英国驻华公使和芜湖英国领事一再向清政府施加压力,虽总理衙门、两江总督、安徽巡抚和芜湖关道均出面劝说与调解,但均无济于事。之后,英国太古洋行希望租

---

① 冯煦主修:《皖政辑要》交涉科卷二《商约一》,第 7 页。

② 王铁崖编:《中外旧约章汇编》第 1 辑,第 350 页。

③ 冯煦主修:《皖政辑要》交涉科卷二《商约二》,第 8 页。

用怡和公司下段滩地,亦未成功。①

1901 年,英国驻华公使窦纳乐乘中国在八国联军战争失败之际,再次要求立即在芜湖城中开辟租界,为英国公司提供租地。迫于英人压力,清外务部转咨安徽巡抚聂缉椝,札令芜湖关道吴景祺办理。之后,吴景祺与洋商协商后,拟就《芜湖通商租界章程》(草稿)。1902 年6 月,吴景祺将《芜湖通商租界章程》(草稿)送交英领事柯韪良,以征求其意见。②

柯韪良认为,该章程草案有两处英国不能接受,必须全部删去,一为"英国不得租逾江滩之地三分之一",另一为"每商在租界只能租六亩"。此时,正值英国派遣专使马凯前来上海,与清政府代表盛宣怀就订立《中英续议通商行船条约》进行谈判。柯韪良将此事向马凯汇报,并得到他完全支持。1902 年 7 月底,马凯照会清外务部,提出只有将中方拟定的《芜湖通商租界章程》(草稿)删去,他才同意柯韪良与芜湖关道吴景祺进行谈判。7 月初,清政府作出让步,外务部在给马凯的复照中表示,已将"不得逾通界江滩之地三分之一",改为"不得逾通界江滩之地之半",又将每商租地的限额增至 10 亩。外务部并将经安徽巡抚修改的新章程草案,以《芜湖租界章程》之名,附在复照之后。③ 马凯这才表示,可以继续谈判。

此后,柯韪良与芜湖关道吴景祺和继任关道童德璋进行了多次谈判和磋商,又将章程作了一些有利于英国的修改。④ 1904 年,英国驻芜湖领事柯韪良与芜湖关道童德璋正式签署《芜湖各国公共租界章程》,之后,经清政府和英国驻华公使批准,章程生效。

1905 年 5 月 16 日,芜湖各国公共租界正式开辟。1906 年,安徽铁路总局成立,开始修筑芜湖至广德铁路,计划在租界南端设立滨江车站。怡和洋行以其租在先,不肯让出。之后,经与英国多次协商,最终英国同意将租界内原划归英国怡和洋行的第一地段平分为两部分,

---

① 安徽通志馆:《安徽通志稿·外交考》,(台湾)成文出版社(影印本),第 4—5 页。
② 谢青:《关于芜湖租界章程》,见《近代史研究》1988 年第 1 期,第 289 页。
③ 王彦威、王亮辑:《清季外交史料》,卷一五九。
④ 根据安徽师范大学历史系教授谢青的研究,共计对原章程草案修改了 8 处。

各得 60 丈,紧靠陶家沟的南部一段由安徽铁路总局租用;英国怡和洋行租用北段,两地共计 170 余亩。第二段属英国太古洋行,1906 年 3 月租定,计地 75.7 亩。4 月,德商瑞记洋行租定第三段,计地 57 亩。外商各自照章缴款,顺次成租。①

之后,英国鸿安公司提出,请租界内德商瑞记洋行之下滩地。随后,日本轮船公司亦对此块滩地提出要求。日商甚至不顾中国法律,竟乘黑夜将租界之外陶家沟以上滩地"树立扦标,希图占地";又利用华人张子川之名,擅自将泰和店土地抵押给日商大阪出版公司。

经芜湖关道与日本公使多次谈判,终于在 1907 年达成协议,决定将德商瑞记洋行以下滩地,"根据立案请租之先后,尽英商鸿记公司先租三百尺,日本轮船公司接租五百尺";日本同时放弃对张子川押地和租界外陶家沟以上滩地的非法要求。1908 年,英国鸿安公司率先缴价成租。

日本轮船公司迟迟不对拟租地区进行丈量和缴款。之后,日本突然提出,该段滩地"近弋矶山角,不便停轮",表示将放弃这一滩地,转而要求在租界外"另租形胜之地"。与此同时,英国领事提出,既然日本放弃这一滩地,应转给英国和记公司承租,多次催促芜湖关道同意和记公司对该地段进行丈量。清政府担心,一旦将此地段交给英商,日本决不肯善罢甘休,仅同意将弋矶山角一块土地租给英商和记公司。1911 年,迫于英国压力,清政府最终同意英国要求,将租界内"紧连鸿安以下滩地五百尺租给和记公司"②。

随着芜湖各国公共阻界的开辟,英国怡和、太古、鸿安、罗森、和记、亚细亚洋行,美国美孚洋行,日本三井、三菱、铃木洋行,德国瑞记洋行等外国公司纷纷入驻芜湖,大肆推销鸦片、洋纱、煤油及各类日用百货和工业品,同时以低价收购安徽的农副产品、矿石,不仅垄断了芜湖口岸的进出口贸易,把持着安徽的经济命脉,将安徽拖入充斥霸道的近代资本主义世界市场,同时也对安徽政治产生越来越大的影响。

---

① 王鹤鸣:《芜湖海关》,黄山书社 1994 年版,第 13 页。
② 安徽通志馆:《安徽通志稿·外交考》,第 5—6 页。

第十二章
寻求经济近代化的早期努力

19世纪60年代初期,清统治集团提出"师夷长技以制夷"的口号,主张学习西方科学技术,发展近代军事工业,增强抵御外敌的实力,建立了国内最早的近代军工企业——安庆内军械所。安徽虽是洋务运动发源地,然而在60—90年代的洋务运动期间,除了惨淡维持的池州煤矿之外,在发展近代工业方面,安徽几乎没有作出任何值得一提的努力。19世纪末,随着中国民族危机的加深,安徽开始加快经济近代化的步伐,一些皖籍官员和本省当地官员,在士绅、商人和在海外接受新式教育的留学生的支持和参与下,开始积极投资和兴建近代工业、矿业、铁路、轮船航运、邮政与电报事业。尽管屡遭挫折,安徽仍然艰难地迈出了寻求经济近代化的第一步。

第一节　近代工业的产生与初期发展

一、安庆内军械所

19 世纪 60 年代初,在英法联军入侵和太平天国革命的双重打击下,清王朝的统治摇摇欲坠,清朝统治集团内一些官僚开始认识到,与欧美国家相比,中国已经远远落后,如不改变现状,中国军队根本无法对抗西方国家的军事入侵。于是,他们提出"师夷长技以制夷"的口号,主张中国应该学习西方国家的科学技术和近代工艺,发展自己的近代工业,以抵御外国势力入侵,掀起了洋务运动。在晚清洋务运动中,地处皖西南的安徽省省会——安庆具有特殊地位。1861 年 12 月,湘军领袖曾国藩在这里建立了中国历史上第一个洋务企业——安庆内军械所,它不仅宣告了洋务运动的开始,而且也揭开了中国近代工业发展的序幕。

1861 年夏,清军与太平军在安庆一带进行的长达两年多的鏖战进入尾声。9 月,湘军攻陷安庆。在太平军占据安庆期间,清政府曾将安徽省城迁至庐州,攻陷安庆后省城又迁回,曾国藩并将湘军的政治、军事指挥中心迁到安庆,在这里继续指挥对太平军的作战。在曾国藩的大营,汇集了来自全国各地的 200 多名官员,其中不少于 100 人为"学识渊博的学者、法学家、数学家、天文学家和机械师"[①]。

同时,曾国藩将安庆作为湘军的后勤供应基地。12 月,曾国藩提出"师夷智以制炮造船"的口号,在安庆城北南庄岭创建安庆内军械所,仿造洋枪、洋炮和轮船,同时广募科技人才,招收能工巧匠。

安庆内军械所的建立,与曾国藩指挥湘军在安庆一带与太平军的作战有直接关系。在安庆一带的部分太平军,已经装备西式枪炮,曾

---

① 容闳:《容闳自传——我在中国和美国的生活》,上海百家出版社 2003 年版,第 134 页。

国藩指挥湘军在与他们的作战中,对这些武器的巨大威力有了深刻的认识。出于军事需要,曾国藩也开始在广东和上海等地购买西式枪炮,装备自己的军队。曾国藩相信,湘军必须拥有自己能够制造西式武器弹药的军事企业,才能立于不败之地。因此,在攻陷安庆后,立即着手创建安庆内军械所。

1862年春,安庆内军械所已经仿制出一批新式洋枪洋炮和大量弹药。曾国藩十分欣喜,多次召集部将和幕僚观看刚刚造出的洋炮试射。1862年5月16日,曾国藩在日记中写道:"出北门看华蘅芳所作炮弹,放十余发,皆无所见。"①10月初,安庆所铸造的五门大炮被运往金陵附近,交给正在这里进攻南京城的湘军,其中包括"万三千斤者一尊,万斤者二尊,六千斤者二尊"②。这表明,安庆内军械所在近代军事装备的生产中取得重要进展,已经成为湘军的武器装备基地之一。

曾国藩对19世纪初西方发明的蒸汽轮船具有更大兴趣,这是他创建安庆内军械所的真正目的。在安庆一带与太平军的作战中,湘军多次目睹了在长江上行驶的西方国家的蒸汽轮船。据称,1861年3月,湘军大将胡林翼在安庆大战的间歇,骑马来到长江岸边,眺望着滚滚东去的浩瀚长江,突见远处江上驶来两艘外国轮船,它们"鼓轮西上,迅如奔马,疾如飘风"。对于这样神奇的船只,胡林翼还是第一次看见,他确信根本无法对付具有这样强大军事装备的外国军队,不由大惊失色,面色苍白,低头不语。随即他上马离开江边,未行几步,就口吐鲜血,从马上跌下。曾国藩也对西方的新式轮船心存敬畏,决心建立中国自己的制造蒸汽轮船企业。他在建立安庆内军械所之初,即决定试造蒸汽轮船。

曾国藩十分清楚,建造蒸汽轮船,远比制造枪炮更为复杂,更依赖懂得近代科学技术的专门人才。他听说上海有两位懂得西方技术的无锡人,名叫徐寿、华蘅芳,便命江苏巡抚薛焕迅速请他们来安庆。

---

① 曾国藩:《曾文正公手书日记》卷一三,见孙毓棠编《中国近代工业史资料》第1辑上册,科学出版社1957年版,第249页。

② 曾国藩:《曾文正公手书日记》卷一五,见孙毓棠编《中国近代工业史资料》第1辑上册,第250页。

徐寿,1818 年生,字生元,号雪村,幼习经史,后转而研读自然科学。华蘅芳,字畹香,号若汀,1833 年生,自幼对算学入迷,少年时代系统地学习了中国传统数学。太平军占领苏南地区后,徐寿与华蘅芳结伴来到上海,拜访了已翻译多部西方近代科技书籍的中国数学家李善兰,还结识了刚从美国归国的留学生容闳和外国传教士伟烈亚力、傅兰雅等人,从他们这里开始接触和了解近代西方科学技术,大大开阔了眼界。之后,徐寿与华蘅芳为了了解蒸汽机的原理,研读了赫伯逊于 1855 年写的《博物新编》,对西方的新式轮船的工作原理有了初步的了解。1861 年 11 月,徐寿和华蘅芳及徐寿次子徐建寅一起来到安庆。随后,他们进入安庆内军械所工作。此后不久,中国近代著名数学家李善兰也来到安庆,成为曾国藩的幕僚。

1862 年 4 月,徐寿、华蘅芳、徐建寅接到曾国藩命令,要他们制造一艘轮船。为此,曾国藩特地委托上海的商人雇用一艘西方蒸汽轮船,驶到安庆江边,徐寿和华蘅芳多次上船,仔细观摩船体内部结构和船用蒸汽机工作原理。他们根据这艘轮船的式样,并结合《博物新编》上的蒸汽机略图,便开始研制蒸汽机。根据有关史料,在建造蒸汽机的过程中,徐寿父子和华蘅芳三人密切合作,华蘅芳精于原理,徐寿长于技术,徐寿之子徐建寅在研制中“屡出奇思以佐之”。仅仅 3 个月后,1862 年 7 月安庆内军械所诞生了中国工业史上的第一台船用蒸汽机。这台船用蒸汽机汽缸直径为 1.7 寸,发动机速度每分钟 240 转,机体虽然简陋,但功能与西方轮船上的蒸汽机相近。7 月 30 日,曾国藩观看这台船用蒸汽机的演示。演示约持续一个时辰,曾国藩在日记中详细记录其情形和自己的感受:“华蘅芳、徐寿所作火轮船之机来此试演,其法以火蒸气贯入筒,筒中三窍,闭前二窍则气入前窍,其机自退而轮行上弦;闭后二窍则气入后窍,其机自进而轮行下弦。火愈大则气愈盛;机之进退如飞,轮行亦如飞。……窃喜洋人之智我中国人亦能为之,彼不能傲我以其所不知矣。”①

① 曾国藩:《曾文正公手书日记》卷一四,见孙毓棠编《中国近代工业史资料》第 1 辑上册,第 251 页。

接着,他们开始对船体部分进行设计和制造。华蘅芳负责图纸设计和数据的计算,徐寿负责各部件制造,在吴喜廉、龚云棠、徐建寅等一批技工的配合和协助下,8 月制成了轮船模型。1862 年年底,一艘长约二丈八九尺的小轮船在安庆内军械所下水。湘军水师管带蔡国祥亲自驾驶轮船,在安庆长江水面试航。曾国藩十分高兴,上船参加试航,行八九里。回来后,他写道:"约计一个时辰,可行二十五六里。试造此船,将以次放大,续造多矣。"①欢喜之情,溢于言表。

1863 年秋,中国第一位留美学生容闳来到安庆,不仅对曾国藩产生重大影响,而且对他所领导的洋务运动也产生了决定性影响。

1863 年初,正在上海的容闳接到他的老朋友、曾国藩部将张斯桂从安庆寄来的信函。张斯桂告诉容闳,曾国藩正在广募人才,自己已向曾国藩推荐了他,曾国藩十分赏识容闳的才学,希望容闳能立即来安庆,为湘军效劳。不久,容闳又收到著名数学家李善兰的来信,同样邀请他去安庆。最终,他决定投奔曾国藩,1863 年 9 月抵达安庆。

容闳自幼在美国接受教育,毕业于耶鲁大学,对西方国家和近代科学技术极为了解和熟悉,在当时的中国实属凤毛麟角,对于渴望迅速建立自己的近代军事工业的曾国藩来说,更是难得的人才。曾国藩对容闳的抵达十分重视,次日便召见了容闳,以后又多次与容闳长谈。在安庆期间,容闳曾参观了新建的安庆内军械所,对徐寿、华蘅芳在那里取得的成就表示由衷的钦佩。但是他十分清楚,这种手工作坊式的工场不可能把中国带入工业化。在与曾国藩的一次会谈中,他坦率地表达了自己的看法。他告诉曾国藩,中国要自立自强,当务之急是首先建立初级性和基础性的机器制造工厂,它将生产不同型号的车床、刨床和钻床,它能生产用以制造枪炮、发动机、农业机械和钟表等的机器,只有这样的机器制造工厂,才能奠定中国工业发展的基础。曾国藩认真倾听了容闳的建议,之后又召见徐寿、华蘅芳、李善兰等人,征求他们的意见。

---

① 曾国藩:《曾文正公手书日记》卷一四,见孙毓棠编《中国近代工业史资料》第 1 辑上册,第 251 页。

几天后,从华蘅芳那里,容闳获悉曾国藩已作出决定,正式派遣他赴美为安庆内军械所购买机器。容闳十分欣喜,立即启程。1863 年10 月,容闳回到上海,在这里他携带 6.8 万两银票,登上前往美国的轮船。①

正当容闳在美国四处奔波,考察工厂和定购机器时,中国的局势发生重大变化,1864 年 7 月 19 日,湘军攻陷南京,太平天国运动失败。随后,曾国藩将自己的大本营从安庆迁往南京,安庆内军械所从此结束了自己的历史使命,其人员和设备跟随曾国藩迁至南京,成为金陵机器制造局的前身。1866 年 4 月,徐寿、华蘅芳等"放大"、"续造"的新船完工,并于南京下关公开试航。据《字林西报》报道,此船为明轮式,重 25 吨,长 55 尺;高压引擎;单汽筒直径 1 尺,长 2 尺;主轴长 14尺,直径 2 寸 4 分;汽锅长 11 尺,直径 2 尺 6 寸;船舱设在回转轴的后部。在长江试航,顺流时速约 28(华)里,逆流时速约 16(华)里。《字林西报》由于一直在跟踪关注着中国的造船业,对徐寿、华蘅芳等人在这样短的时间内就成功地制造出这样高水平轮船所表现出的"中国人的机器智能"表示惊叹,称"中国人具有机器天才"。徐珂也在《清稗类钞》中记载道:"文正尝愤西人专揽制机之利,谋所以抵制之,遂檄委雪村创建机器局于安庆,乃与华蘅芳、吴嘉廉、龚芸及次子建寅潜心造器制机,一切事宜皆由手造,不假外人,程功之难,数十倍于今日。同治丙寅三月,造成木质轮船一艘,长五十余尺,每小时能行二十余里。文正(曾国藩)勘验得实,激赏之,赐名'黄鹄'。"②

1865 年春,容闳费尽心机从美国购买的大批机器运抵上海口岸。此时李鸿章刚刚在上海购买了美国商人的"旗记铁厂",建立江南制造总局。经李鸿章与曾国藩协商,容闳从美国购买的这些机器交给了江南制造总局,奠定了江南制造总局的设备基础。③

从严格意义上说,安庆内军械所并不具备西方近代机器工业的特征。安庆内军械所创办时,清朝统治集团对西方仍心存疑虑,曾国藩

---

① 容闳:《容闳自传——我在中国和美国的生活》,第 127—128 页、135—136 页、142 页。
② 徐珂:《清稗类钞》第 5 册,中华书局 1984 年版,第 360 页。
③ 容闳:《容闳自传——我在中国和美国的生活》,第 151—153 页。

自己说："同治二年间驻扎安庆,试造洋器,全用汉人,未雇洋匠。"①尽管安庆内军械所集中了当时中国最优秀的一批学者和工匠,但是要他们在短期内完全掌握西方国家经过近一个世纪工业革命逐步发展的机械设备和制造原理,几乎是不可能的。安庆内军械所的军火生产和轮船试制,仍采用手工方式,"造器制器,一切事宜,皆由手造"②。由于缺乏近代机器设备的必要条件,安庆内军械所与中国过去的手工作坊相比,并没有实质性的进步,也不可能取得更大的成绩。数年后,曾国藩在回顾安庆内军械所试造轮船的情形时承认,"虽造成一小轮船,而行驶迟钝,不甚得法"③。

安庆内军械所虽然建立在安徽省境内,但其技术人员和工匠均来自外省,主要是江浙地区,其产品供应湘军,与安徽省的经济、社会发展几乎没有任何重要联系,更谈不上对安徽近代经济与社会发展有多少促进作用。位于中国内地,比江浙等沿海地区更为封闭的安徽省,创立和发展自己的近代工业企业,必将经历一个更为艰难、曲折和漫长的历程。

二、芜湖益新面粉公司

在安庆内军械所出现后30余年时间里,在洋务派领导的学习西方科学技术、创建中国自己的近代工业体系的近代化运动中,除了在皖南创办的池州煤矿和贵池煤铁矿之外,几乎完全听不见安徽的声音。直到1897年,章维藩在通商口岸芜湖创建益新机器米面公司,采用机器碾米和磨面,安徽才再次迈出建立和发展近代工业的重要一步。

自1876年《中英烟台条约》将芜湖辟为通商口岸后,芜湖遂成为安徽粮食及土特产品主要输出口岸。19世纪80年代,芜湖正式开辟米市交易,由于其周边地区均为中国主要稻米产区,芜湖米市迅速成为中国最重要的米市,每年输出的稻米,多则800万石,少则400万石左右。19世纪末,芜湖碾米业迅速发展,从19世纪中期的20余家耆

---

① 曾国藩:《曾文正公全集·奏稿》卷二,(台湾)文海出版社(影印本),第7—10页。
② 孙毓棠编:《中国近代工业史资料》,第1辑上册,第251页。
③ 曾国藩:《曾文正公全集·奏稿》卷二,第10页。

坊发展到 20 世纪初期的 100 余家。但是在 1897 年之前,砻坊是以木砻碾米的小型手工作坊,近代机器尚未使用。在芜湖稻米贸易日益繁荣的同时,小麦等其他农产品的贸易也迅速增长。1886 年,经芜湖海关出口的小麦仅 2617 石,仅仅 10 年之后,到 1896 年,芜湖海关出口的小麦已猛增至 95311 石,到 1897 年进一步增至 112332 石。[1] 以稻麦为大宗的米粮贸易日益繁荣,为芜湖稻米加工业的发展提供了重要的原料。

甲午战争之后,由于《中日马关条约》规定准许外国人在中国内地开设工厂,外国资本遂从中国沿海地区向中国内地大举渗入,进一步侵害中国的主权和侵夺中国的利益。这引起国人的普遍担忧,当时曾有人呼吁:"为今之计,华人不欲捷足先登,以杜他人操我利权则已,苟欲及时兴作,莫如就地取材,先自建厂营造,如机器轧花厂、洋棉纱厂、机器砻坊等,皆为独得之奇。"[2] 以实业救国和维护利权遂成为民族共识,在舆论的鼓动下,一些爱国士绅开始投入巨额资本,创办近代企业,谋求发展民族工业,以抵制外国人对中国利权的侵夺。1896 年,"国人设立之机器厂、矿渐多。据上海、广州、武汉、杭州、无锡、天津等市之约略统计,是年所设机器厂矿 20 家"[3]。

出于维护自身利益的考虑,清政府逐渐放弃过去禁止内地农副产品加工中使用机器的规定。正是在这样的背景下,1897 年 2 月,安徽第一座使用西方近代机器加工稻米和小麦的工厂——芜湖益新机器米面公司创立。

益新机器米面公司的创立者为章维藩,字干臣,浙江吴兴人,前任无为州,后调署宣城县,由于"迭署优缺,宦囊丰盈",积累了巨额资金。甲午战争后,他对官场日益心灰意冷,遂退出官场,决心从事实业,"忧思为中国挽回利权,亦未始非经济之事"。他看到西方国家机器所碾面粉,尽管价钱昂贵,但在通商各埠"销路甚广……居民皆喜购食,获利甚丰"。同时,"芜湖为长江适中之地,他日销货利便"。因此

---

① 孙毓棠编:《中国近代工业史资料》第 1 辑上册,第 251 页。
② 《芜客谈商》,见 1897 年 3 月 15 日《申报》,第 2 版。
③ 李文海:《清史编年》第 13 卷,中国人民大学出版社 2000 年版,第 25 页。

他便派人来芜湖选定地址，建造机器米面公司。"购定仓前铺砻坊旷地数十亩，计费八百余元，召董姓工师绘图包造，先建磨厂机器楼及中西司事工役所居之房廿四间，又仓房十四间，筮吉春初即须庀材，鸠工大兴土木。"又"拨出三万金为资本，急为开办所有机器。前与上海某洋行议定，从外洋某厂订购"①。

1897 年 4 月 12 日，《申报》再次提到，益新公司"刻已破土兴工，先造机磨厂、机炉厂、存货仓及中西工役、司事所居房屋八十余间，计需工料九千余元……闻不需半年，即可工竣……机器共办十部，早由外洋某厂赶紧定造，计银数万。约俟房屋告成，即可以一律运到"②。次年 2 月，益新公司厂房落成，机器亦已运至。计碾米机四副，面机一副。但是由于一些机轴与原订合同不符，又运回欧洲工厂重新制造，因此直到此时始得装备齐全，公司开始试生产。经过初步试机，上述机器每日已能出净米 250 余石，磨面 60 余石。公司又与广帮及本地各大户陆续订定销售合同，③并派人"分赴大江南北，并蓄兼收，陆续运储仓中"④，从而为全面投产创造了良好的条件。芜湖益新机器米面公司的创设，不仅对安徽近代经济具有重要意义，而且对全国亦有积极影响，《申报》就此曾发表评论说，益新公司的开办，"创始机器改造土货之先声，且以杜外人著人先著之见，亦振兴商务之一道也"⑤。

益新公司在创建时，并非是完全的中国民族资本企业，曾与英资合股，属于中英合资企业。⑥ 公司产品"系用西商牌号"；在公司管理

---

① 《创造洋面》，见 1897 年 2 月 21 日《申报》，第 2 版。

② 《建造磨坊》，见 1897 年 4 月 12 日《申报》，第 1—2 版。

③ 《砻坊经始》，见 1898 年 2 月 22 日《申报》，第 2 版。

④ 《商办磨坊》，见 1897 年 9 月 17 日《申报》，第 1—2 版。

⑤ 《创造洋面》，见 1897 年 2 月 21 日《申报》，第 2 版。

⑥ 过去在有关芜湖益新机器米面公司的研究中，学界均认为该公司自创始之际，即遭清政府与西方国家抵制。上海学者李允俊强调，芜湖益新机器米面公司"正拟添置机器，扩大生产，却遭英国领事勾结关道袁昶，横加阻挠，以'攘夺本地砻坊工人生计'为由，限令益新每日只准碾米五百担，不准超过限额，不准再行扩充（李允俊：《晚清经济史编年》，上海古籍出版社 2000 年版，第 722 页）。台湾学者谢国兴也说，益新自"创办之初，芜湖道尹以机器磨粉影响本地砻业生计，横加阻挠，几经周折（谢国兴：《中国现代化的区域研究——安徽省》，（台湾）"中央研究院"专刊，第 421 页）。本省学者王鹤鸣、施立业则强调，"芜湖道尹又以"影响本地砻坊生产为名，反对益新使用机器磨粉（王鹤鸣、施立业：《近代安徽经济轨迹》，安徽人民出版社 1991 年版，第 327 页）。

和技术上亦借助和依赖洋人,在"上海聘请法国某西人总理其事,月定薪水百金;又聘西国机器师一名,不日借来,指挥一切"。不仅如此,益新公司在创设时,公司是通过英国商人出面,寻求英国领事与芜湖关道交涉,要求予以注册和保护。1897年春,当益新公司在芜湖郊区破土兴工时,购入首批机器,但是尚未向官府禀报此事,这曾引起人们的议论,称"该坊至今尚未递禀当道批准施行,即照总署新章,华商用机器改造土货,设厂经营,亦须禀诸海关派人察验,而后始无扦格,乃该坊独否"。人们纷纷猜测,该公司一定早已通过上层,"布置妥帖",否则绝不至于冒失,在未获得官府批准之前,即投入巨资,购机建厂。①半年之后,英国商人卞敦"持香港公司衙门文凭前来,云以益新公司系香港总公司所分设,号曰谦新公司",请求英国驻芜湖领事富美基,照会芜湖关道袁昶,要求官府"照约保护"。袁昶表示诧异,袁道宪以该公司不尽英商所独创,提出两条理由予以反对:一是事前并未知照地方官;二是华民舂米全恃人力,工本所需,断难与彼机器争胜。此后,袁昶一再会商英领事,拟筹一保护华商生计必与该英商一体同沾利益之策。英官固执不允。② 上述史实表明,益新公司在创始之初,虽为中国商人章维藩所创,投入大量资金,但因财力限制,必须借助外资合股开办,加上当时中国风气未开,民众和许多官员对机器碾米磨面仍有抵触,故益新公司试图借助英商名义注册,并寻求英国驻芜湖领事与芜湖地方官交涉,以寻求顺利注册和政府保护。那么,为何英国驻芜湖领事在益新机器米面公司创设过程中予以积极支持? 这不仅由于英国商人亦为益新公司股东,更主要原因还是,英国试图以此来进一步扩展对芜湖当地经济和政治的影响。

在此后的交涉中,袁昶又提出,"西人通商向在划定租界内,坐落江干,今忽设立于相距七八里附郭之区,地方官既虑鞭长莫及",并指出"公司资本实系华人吴、章等绅宦所纠合,不过请英商出名",因此要求领事阻止公司开业。结果遭到英国领事的断然拒绝,"坚称系英

① 《建造磨坊》,见1897年4月12日《申报》,第1—2版。
② 《商办磨坊》,见1897年9月17日《申报》,第1—2版。

商所创"①。经过半年谈判，芜湖关道袁昶与英国领事达成协议，双方"约法三章：一为机器共几副，每日出米几何，应报明立案，著为限制，以后不得再有加增；二为公司坐落，既非通商租界，且又距城窎远，设或不虞，地方官只能竭力弹压，不能议偿；三为机器所成米面出口，应照华民一体纳税抽厘"②。

芜湖益新机器米面公司创立和申请注册的曲折经历，生动地表明中国近代民族资产阶级早期时的特征，尽管主观上主张实业救国，以挽回利权，甘愿冒巨大风险，投入巨资，创立近代民族工业，但是无论在政治影响上还是在经济实力上，不仅无法与西方列强相抗衡，而且在资金、技术和近代机器设备上，甚至近代企业的管理上，都完全依赖西方国家。

与此同时，还必须指出的是，芜湖道袁昶针对芜湖益新公司所设立的限制约定，并非是压制民族资本，其实其目的不仅仅为了保护处于弱势的以人力砻坊为代表的传统碾米业，更主要的目的是试图阻止西方国家资本通过芜湖向安徽广阔的内地渗透。由于英国领事、英国商人积极干预以及英国资本的可能介入，袁昶担心英国通过益新公司完全控制当地的米粮加工业，因此与英领事富美基，"议定善后章程六条，不准该公司添增机器，多做米面，以免攘夺本地人力砻坊生计。每日做米以五百担为限，做面以六十担（注：一说六百石）为限，不准逾限"③。这一限制其实就是当时已经运至公司的四部机器的日产量。在试生产时，"每日已能出净米二百五十余石（注：需用稻五百余石），磨面六十余石"④。

芜湖益新机器米面公司创设初期，曾取得优异的经营业绩。1899年初，"益新公司自上年正月开设以来，迄今将届一年，获利万金"⑤。1899年，即公司正式创立的第二年，公司每日可以产米400石，面粉

① 《机砻定局》，见1897年9月30日《申报》，第2版。

② 《砻坊经始》，见1898年2月22日《申报》，第2版。

③ 汪敬虞编：《中国近代工业史资料》第2辑下册，科学出版社1957年版，第807页。

④ 《砻坊经始》，见1898年2月22日《申报》，第2版。

⑤ 1899年2月24日《中外日报》，见汪敬虞编《中国近代工业史资料》第2辑下册，第707页。

100 石。① 公司早期的良好经营业绩也引起了西方国家的关注。1905年,把持中国海关的英国人在出版的关册上,对益新公司的评论为:"生意尚佳。所出之面粉,利于内地及出口销售,其价较廉于上海面粉及外洋进口面粉。"②

公司经营的良好业绩增强了经营者的自信心,公司决定进一步投入资金,更新设备,以增加产量,并提高出品的面粉品质。在上海出版的英文报刊《北华捷报》注意到这一情况,1906 年 10 月 5 日,该报刊登一则消息,报道益新"面粉厂的新机器已经运到,今后该厂出产将增一倍。该厂所制面粉本非上品,更换机器后,该厂计划制造上等面粉"③。

益新公司的成功有示范的效应,吸引了新的中国民间资本进入芜湖面粉加工业。"芜湖益新面粉机器厂成立后,销路甚畅,嗣有阜丰公司,由他埠装运面粉来芜寄售,获利尤厚,近又有程君海鹏招集股份,开办利安公司面粉厂,已于河南岸购地,建厂置机开办"④。

由于财政困难,清政府此时对国内工商业征收苛捐杂税和厘金,以弥补财政亏空。在益新公司的早期经营中,外资招牌成为公司抵制官府盘剥和掠夺的护身符。1907 年夏,当益新公司的面粉在通商口岸镇江行销时,英国驻华公使特意照会清政府外务部,强调益新公司为英商企业,要求根据条约和成案,"一律免完厘税"。随后,镇江关道通知"所属各关卡查照办理"⑤。在民族资产阶级和一些官绅的强烈呼吁下,清政府为了扶植民族工业,最终决定免征民族资本企业产品厘金。1908 年春,益新公司抓住这一机会,向清政府农工商提出"公司系华洋合股所创设,现归华商自办,已详准各大宪刊换运单,呈请农工商部咨行皖抚,凡经过关卡,一体免完厘金,以符商办定章"⑥。

至此,益新公司才成为完全的中国民族资本工业企业。至民国初

---

① 1901 年 3 月 20 日《中外日报》,见汪敬虞编《中国近代工业史资料》第 2 辑下册,第 707 页。
② 《关册》,1905 年,芜湖口,第 42 页,见汪敬虞编《中国近代工业史资料》第 2 辑下册,第 807 页。
③ 1906 年 10 月 5 日《北华捷报》,第 14 页。
④ 《各省工艺汇志·实业》,第 4 卷第 6 期,第 60 页。
⑤ 《益新面粉免完厘税》,1907 年 7 月 2 日《申报》,第 11 版。
⑥ 《面粉公司准予免厘》,1908 年 5 月 2 日《申报》,第 2 张 4 版。

年,益新公司规模进一步发展,拥有"机器轧米机 5 部,磨面机 6 部,榨油机 30 部,分别为美国耶力斯、英国亨利和上海求新厂制",其动力来源为蒸汽机;固定资产 30 万元,流动资金 10 万元;雇用工人 120 名;每日生产面粉 500 石。①

1909 年公司意外发生火灾,面楼毁于大火,损失巨大。之后,公司集资重建,不久又恢复生产。② 1910 年 6 月,清政府在江苏南京首次组办商品博览会——南洋劝业会,芜湖益新机器米面公司生产的面粉作为安徽主要参展商品,并在会上荣获优质品奖章。③

三、芜湖明远电灯股份公司与安庆电灯厂

19 世纪 80 年代,西方国家进入以电动机取代蒸汽机的第二次技术革命时代,电灯开始在欧美的都市里迅速普及,之后,上海、广州、宁波、天津等中国沿海通商口岸也开始出现电灯公司,电灯照明开始在中国出现。芜湖作为安徽唯一的通商口岸,随着贸易的发展和对外经济联系的加强,近代城市的雏形基本形成。与此同时,来芜湖旅行和定居的外国人日益增多,民族工商企业有所发展,传统的旧城镇已经完全不适应人们现代生活的需求,发展近代城市公共工程建设开始摆上人们的议事日程。芜湖明远电灯股份公司应运而生。④

1905 年 12 月 10 日,《申报》刊登消息,称"芜湖开办电灯早有成议,兹经张君性存集股十万金,禀准商务局立案专利。刻已购机置地,不日兴工。闻李伯行京卿、李仲洁观察皆认有股份,并向恒泰、源泰两钱庄往来,即由两庄代收股款。是以,附股者颇形踊跃云"⑤。这证明:一是至少在 1905 年 12 月 10 日之前,芜湖电灯公司已在本省商务局

---

① 安徽省实业厅:《安徽省六十县经济调查简表》中册(安徽省图书馆收藏),第 1469—1472 页。

② 谢国兴:《中国现代化的区域研究——安徽省》,第 421 页。

③ 安徽省实业厅:《安徽省六十县经济调查简表》中册(安徽省图书馆收藏),第 1472 页。

④ 关于芜湖明远电灯公司的创建年代汉口创办人,学界有不同的说法:台湾学者谢国兴认为创办时间为 1909 年,由吴兴周为首的芜湖商界集资兴办(谢国兴:《中国现代化的区域研究——安徽省》,第 697 页、421 页)。安徽学者王鹤鸣、施立业认为创办时间是 1906 年,创办人为程宝珍(王鹤鸣、施立业:《安徽近代经济轨迹》,第 326 页)。

⑤ 《电灯集股踊跃》,见 1905 年 12 月 10 日《申报》,第 4 版。

登记立案,已开始招募股份和实际运行;二是公司开始招募股份时较顺利,不仅民众纷纷入股,而且李经方、李仲洁等官员也积极购入股份;三是公司的最初创办人为张性存。

作为一家股份公司,募集股金是头等大事,也是公司生死存亡的关键。张性存在创办芜湖明远电灯公司时,初拟招募股金 10 万元,虽最初较顺利,然而此时由于清末新政改革正在安徽全面推进,各州县开办新式学堂、派遣留学生、创设警察、兴建铁路、开采矿藏,均需巨额资金;加上每年分摊安徽的《辛丑条约》数十万赔款,皖省财政更是捉襟见肘,资金缺口巨大,无论是官府还是民间,资金普遍短缺。在这种条件下,公司招募资金无疑困难重重。1906 年春,公司虽完成在商部的登记注册,但招股进展缓慢,只有"徽人程次濂(即程宝珍)独认三万金"①。

为了进一步募集资金,1906 年 12 月 10 日,芜湖明远电灯股份公司在上海的《申报》刊登招股广告,称,"本公司自张宗吉性存于去年创办,本年四月复由程宝珍次濂、吴正尘兴周相继合办,具禀商部在案。先共集认股银三万两……(现)拟集漕平银十万两,作一万股,每股银十两,约英洋十四元七角"。公司拟先购两部发电机,其发电量可以点燃 6000 盏电灯,每盏灯每月收费一元四角;为了鼓励认购公司股票,公司对股东除了分红派息之外,对于代招公司股票者,每"代招一百股者,即酬红股五股,代招若畸零,可与人凑领,一体给息分红";并设优先股 3000 股,"计股银三万两,以登报一个月为限,满额即止,官息与寻常股同,红利则加二成,分派十年";股本官息每月一分,交银次日起核。红股官息亦每月一分,开灯起核。②

公司在社会上广为招募股份,固然给公司带来了大批新资金,解决了公司资金周转困难,但是掌握大量股份的新股东进入公司,希望直接参与公司的管理和经营,这就对公司的原有管理体制造成猛烈冲击。明远公司原创始人张性存,在公司成立初期掌控一切。然而,随

---

① 《电灯将次建厂》,见 1906 年 5 月 28 日《申报》,第 4 版。
② 《芜湖明远电灯有限公司招股广告》,见 1906 年 12 月 10 日《申报》,第 1 版。

着公司转换为近代股份制公司,公司的最高权力机构转为股东大会。张性存的初期合伙人程宝珍、吴兴周原本在公司掌握大量股份,他们与张性存在管理办法和经营模式上看法并不一致,他们成功地争取了董事会多数股东的支持,董事会决定由程宝珍任公司经理,吴兴周任协理,管理权转移到程、吴两人之手。然而,张性存并不甘心放弃公司的控制权,与程、吴二人矛盾日益升级,无法获得解决。1907 年 7 月 6 日,程次濂、吴兴周以芜湖明远电灯公司总理、协理的名义发表声明:"芜湖明远电灯公司由次濂、兴周认定巨股,并招集多股,遵照部章创设开办,初议购办机器由张性存经理,次濂主之,乃性存办事未能一秉大公,次濂、兴周既任其责,不得不邀集股东开会重议,所有□办各件暂拟缓购,如性存私向各行号或有定货借款等情,本公司概不承认。"① 程次濂、吴兴国以此剥夺了张性存在公司的权力。

然而,这场风波并没有至此平息。程、吴二人又利用股东大会通过决议,将张性存辞退。张性存随即向芜湖商务局控告,指责程、吴二人排斥异己。随后,芜湖商务局总办郑纪常观察作出批示,先委托芜湖商会秉公调处,待"商会复文到日再行核办"②。1908 年 5 月,这场漫长的争执最终尘埃落定。程宝珍通过股东大会辞退张性存后,重新制定公司规章制度,经芜湖商务总会报请农工商部批准。5 月 17 日,安徽巡抚冯煦核准农工商对该公司批文,"讼案既已,凭中了结,自应核准立案,以兴实业,并将注册执照附发转给衹领"③。

由于公司内部矛盾激化,大大延缓了公司的发展,在公司经营的最初 6 年里,几乎完全没有利润。1909 年 9 月,为解决资金短缺,芜湖明远电灯公司再次增发公司股票。④ 经过此次增发股份,公司共发行 18 万股股票,每股价值银 10 两,公司总资本达到 18 万两。⑤

在公司成立初期,在芜湖西门下十五里铺购买 40 亩土地建造厂

① 《芜湖明远电灯有限公司总理程次濂协理吴兴周广告》,见 1907 年 7 月 6 日《申报》,第 1 版。
② 《电灯公司风潮未息》,见 1907 年 9 月 22 日《申报》,第 12 版。
③ 《准给电灯公司执照》,见 1908 年 5 月 18 日《申报》,第 2 张 4 版。
④ 《芜湖明远电灯公司广告》,见 1909 年 9 月 1 日《申报》,第 1—2 版。
⑤ 谢国兴:《中国现代化的区域研究——安徽省》,第 697 页。

房,"厂房设计、设备安装均由德国西门子洋行承办,主要设备为两台125千瓦发电机,两座200匹马力蒸汽引擎,厂区占地40亩,发电机房为钢筋混凝土结构"①。

芜湖明远电灯公司的设立,使芜湖在安徽各州县中率先进入电灯照明时代,至1915年,芜湖"各机关及商店之点灯数已达4200盏,街灯180余盏,灯泡用奥司蓝姆式16烛光及100烛光二种"②。这表明,清末芜湖不仅主要官府衙门、商贾大户普遍使用电灯,主要街道亦依赖电灯照明。1911年9月4日《申报》报道,8月底芜湖遭遇连日暴雨,江水猛涨,冲破圩堤,漫入市区,"明远电灯公司锅炉烟囱亦因被水淹没,机器不能转动,初五晚未及十时,电灯即灭,初六未及开灯,全埠已成黑暗世界"③。这从侧面证明,此时芜湖全埠的夜间照明已经完全依赖明远公司的电力和电灯了。

芜湖明远公司虽名为电灯公司,其实为一家电力企业,主要职能是为城市照明和为数不多的使用机器的工厂提供电力。创建于1898年的芜湖同丰碾米公司,9组电力运转碾米机,一台美国式碾米机,就是"由明远公司提供电力"④。

几乎在芜湖创设明远电灯公司的同时,省会安庆也在筹备创设电灯厂,与芜湖明远电灯公司不同,安庆电灯厂为官办企业。早在1897年11月,设在安庆的安徽银元局造币厂已经开始使用电力,厂内安装2台50千瓦卧式单电项交流发电机。1905年,造币场又购置英国产立式电灯小引擎1部和小电灯机1部。⑤ 1907年5月,安徽巡抚冯煦决定停办造币厂,改为制造厂,下设煤炭、子壳、修枪、翻砂修理、制药、电灯和电话7家分厂。⑥ 随后,制造厂下属的电灯厂试办厂外电灯事业,为省城衙署装设电灯照明。1908年,电灯厂从上海购置1000盏发电机1部,开始为部分商家提供电灯照明。1909

---

① 李贵:《为中国电力史存照》,《安徽电力》2007年第3期。
② 日本东亚同文会:《安徽省志》,手抄本(安徽省图书馆收藏),第241页。
③ 《芜湖连日大风雨为灾纪详》,见1911年9月4日《申报》,第1张后幅2版。
④ 日本东亚同文会:《安徽省志》,手抄本(安徽省图书馆收藏),第243页。
⑤ 安庆供电公司:《安庆电力志》(送审稿),安庆供电公司2009年4月印,第11页。
⑥ 冯煦主修:《皖政辑要》军政科卷七四,黄山书社2005年版,第706—709页。

年初,电灯厂开始为安庆城区部分路段架设路灯。1910 年,又购置 3000 盏发电机 1 部及锅炉、电线杆等附件,进一步在城内街区和商家拓展电灯照明事业。①

四、晚清安徽工业企业的总体发展状况及特点

人们普遍认为,1897 年芜湖益新机器米面公司创立,标志着以人力和自然力为动力的安徽传统手工业开始向着以蒸气和电力为动力的机器工业时代迈出了重要的第一步。由于各方面原因和条件的制约,在此后的 14 年时间里,直至清王朝灭亡,安徽近代工业企业的发展极为缓慢,其在全国各省 25 个工业行业(资金在万元以上,并使用机器生产)的工厂企业,其详情见下表:

表 12-1　1895—1913 年全国及安徽使用机器各类企业(资产万元以上)统计表②

类　别	全国同类企业数(家)	全国同类企业资产值(千元)	安徽同类企业总数(家)	全省同类企业资产值(千元)	安徽企业家数、资产各占比重(%)	备　注
金属加工	15	2787	1	21	6.7,0.75	
水电业	46	21600	1	168	2.3,0.78	
水泥业	3	2620	0	0	0,0	
砖瓦业	12	651	1	28	8.3,4.3	
陶瓷业	7	772	0	0	0,0	
玻璃业	10	3429	0	0	0,0	
火柴业	26	3444	0	0	0,0	
皂烛业	18	805	0	0	0,0	
轧花业	3	280	0	0	0,0	
纺纱业	19	10454	0	0	0,0	
织染业	27	1261	4	76	14.8,6	
缫丝业	97	11584	0	0	0,0	

---

① 安庆供电公司:《安庆电力志》(送审稿),第 11—12 页。

② 本表根据汪敬虞编:《中国近代工业史资料》第 2 辑下册,第 878 页至 920 页各表数据绘制,不含采矿业和官办军火企业与铸币厂。

类　别	全国同类企业数（家）	全国同类企业资产值（千元）	安徽同类企业总数（家）	全省同类企业资产值（千元）	安徽企业家数、资产各占比重（%）	备　注
呢绒业	7	5215	0	0	0,0	
织麻业	4	1000	1	420	25,42	
其他纺织业	6	732	0	0	0,0	
碾米业	9	1021	2	64	22.2,6.3	
面粉业	53	8622	1	210	1.9,2.4	
榨油业	28	4752	2	420	7.1,8.8	
卷烟业	20	1378	0	0	0,0	
其他饮食品业	15	3111	0	0	0,0	
造纸业	14	5929	0	0	0,0	
印刷业	6	1160	0	0	0,0	
胶革业	11	4608	0	0	0,0	
杂项业	12	1009	0	0	0,0	
机器工厂（千元以上）	22	1480	0	0	0,0	其中2家资产数不详，未计
共　计	490	99704	13	1407	2.65,1.55	

　　从现在掌握的晚清安徽工业发展的相关资料来看，我们可以得出以下结论：

　　首先，清末安徽近代工业在国内处于较低水平和落后地位，在全国初步建立的 25 个工业行业中，安徽仅涉及其中 8 个行业，其余 17 个行业则完全是空白，尚未起步；当时全国 25 个工业行业共 490 家企业[1]，总资产 9970.4 万元，安徽仅有 13 家企业，资产总额仅 140.7 万元，分别仅占全国企业数和资产数的 2.65% 和 1.55%，不仅远远落后于上海、江苏、浙江、直隶、广东、山东、福建、湖北等省市，亦大大落后

――――――――――――

　　① 25 个工业行业除机器制造业为资产千元之上的企业，其余行业均为万元之上企业，另外采矿和冶炼企业不在此之内。

于晚清全国 18 省的平均发展水平。

其次,晚清安徽企业规模较小,资本严重不足。清末民初的 490 家企业,平均资产为 20.3 万元;而安徽的 13 家企业平均资产为 10.82 万元,仅相当于全国平均水平的 53.3%。以纺织业为例,晚清安徽共建立 4 家织布厂,为 1905 年创办的池州开源织布厂、1905 年创办的芜湖锦裕织布厂、1905 年创办的休宁大盛织布厂和 1907 年创办的亳州信成织布厂。除休宁大盛织布厂资金为 3.4 万元,其余 3 家资产均仅为 1.4 万元。①

第三,工业企业过于集中于纺织业和食品加工业。除 1905 年创立的怀宁同益沙铁公司、1906 年创办的芜湖明远电灯股份公司和 1907 年李广记倡设的兴记机制砖瓦公司,②其余 10 家工厂,5 家属于纺织业,5 家属于食品加工业。这不仅因为这些行业投资较少,而且因为其原料为农产品,安徽作为中国传统的农业大省、主要稻米输出省和重要棉麻产区,工业化必然率先由这些行业开始。

第四,工业企业过于集中于少数沿江口岸城镇,尤其是芜湖。清末安徽 13 家企业中,芜湖就几乎占据一半,达 6 家,分别是芜湖明远电灯股份公司、芜湖兴记砖瓦厂、芜湖锦裕织布厂、芜湖裕源织麻公司、芜湖益新面粉厂和芜湖同丰碾米厂,其资产总和为 86.4 万元,占全省工业企业总资产的 61.4%。其余 7 家企业为安庆两家,池州、阜阳、庐江、亳州、休宁各一家。这表明芜湖作为近代安徽唯一的对外通商口岸,由于在交通运输、资金、商品集散、通讯等方面的显著优势,在近代安徽的工业化进程中起着引领作用。

尽管安徽在晚清中国工业化的总体发展速度较为缓慢,处于落后地位,但是仍有少数工业行业发展较为迅速,在全国占有一席之地,这就是晚清安徽的机器织麻业和食品加工业。芜湖裕源织麻公司于 1905 年由江宁商会禀呈,正式在商部注册。③公司创始人为张广生,拥有资本 42 万元。清末中国机器织麻企业仅 4 家,资本总额

---

① 汪敬虞编:《中国近代工业史资料》第 2 辑下册,第 894 页。

② 《各省工艺汇志·实业》,《东方杂志》第 4 卷第 12 期,第 201 页。

③ 《详准织麻公司立案》,1905 年 10 月 12 日《申报》,第 4 版。

100 万元,芜湖裕源织麻公司资本最为雄厚,占该产业比重高达 42%。① 故其行业地位的重要性不言而喻。安徽机器织麻业崛起的主要原因,首先为安徽拥有极其丰富的麻资源,是国内主要产麻地区,全省 60 县中有 32 个县成规模种植麻类作物,其中,六安、滁县和怀远麻类种植面积都在 1.9 万亩以上。其次,随着芜湖米市的发展,每年出口稻米需要大量的麻袋装运,为织麻企业的产品提供了巨大的市场。在芜湖裕源织麻公司成立之前,麻袋一直依赖从国外进口和外省输入,维护本省利权,成为人们共识。公司发起人张广生在呈递江南商务局的报告中称:"麻袋一项来自印度,安徽芜湖一埠岁销甚巨,其江西、河南、浙江、湖北等省,出产亦多,每为洋商捆载而去。商等目击时艰,拟集资自造,现已集股银二十万两,在芜湖开设裕源机器织麻有限公司。"② 与织麻企业相比,安徽棉纺织业的 4 家企业规模太小,资本严重不足,即使在晚清中国棉纺织业的起步阶段,它们的影响也微乎其微。

晚清安徽食品加工业亦获得较快发展。根据汪敬虞先生的统计,至清末安徽拥有两家机器碾米工厂、两家机器榨油工厂和一家机器磨面工厂,分别占全国同类企业家数的 22.2%、7.1% 和 1.9%,其资产分别占 6.3%、8.8%、2.4%,表明安徽碾米业在全国亦占有一席之地。其实,安徽的机器碾米业的实力应该比上述统计的优势更大。首先,1897 年成立的芜湖益新公司,原本兼碾米、磨面,最初购置的 5 台机器,其中 4 台为碾米机,1 台为磨面机。1899 年,公司每日产米 400 石,面粉 100 石,可见最初其主业还是碾米,因此益新公司亦可并入芜湖碾米业。

其次,根据民国初年安徽省进行的经济普查,晚清安徽创立的使用机器碾米的工厂共有 4 家,其基本情况见表 12-2:

---

① 汪敬虞编:《中国近代工业史资料》第 2 辑下册,第 904 页。
② 《咨行保护织麻公司》,见 1906 年 1 月 8 日《申报》,第 3 版。

表 12-2　晚清芜湖机器 4 家碾米工厂一览表①

成立时间（年）	厂名	碾米机数（台）及产地	固定资本（万元）	流动资金（万元）	雇工数（人）	日产量（石）	备注
1898	同丰碾米工厂	16（沪）	6	3	100	400	贷款 30 万元
1902	美胜碾米工厂	12（英）	4	40	100	300	
1906	汇丰碾米工厂	20（美）	5	60	140	500	
1909	崇余碾米工厂	20（英）	4	70	150	600	

第三，如果加上原本属于碾米业的芜湖益新机器米面公司和未计入汪敬虞先生统计的芜湖美胜碾米工厂、芜湖汇丰碾米工厂和芜湖崇余碾米工厂，那么安徽在晚清中国机器碾米业中将占据绝对优势。同样，安徽机器碾米业的兴起与芜湖米市的形成与短暂繁荣亦有直接联系。据学者研究，"芜湖米市于 19 世纪 80 年代正式开张，至 20 世纪 20 年代初，芜湖米市日趋繁荣，每年输出稻米额，多则七八百万石，少则 200 多万石，一般在 400 万石上下"②。每年集中在芜湖米市的大量稻谷，为芜湖机器碾米工厂提供了充足的原料，而全国各地及海外对芜湖米市的巨大需求，又为这些企业提供了极其广阔的销售市场。

值得一提的是，清末一些地方大员还试图作另一些重要尝试，以发展安徽工业制造业，其中最为重要的就是 1903 年湖广总督张之洞和两江总督魏光焘曾提议江南制造局从上海迁至芜湖湾沚。但是，由于多种原因，他们最终放弃这一计划。③

---

①　本表根据安徽省实业厅编制：《安徽省六十县经济调查简表》中册（安徽省图书馆收藏），第 1397—1424 页中相关数据绘制。

②　王鹤鸣、施立业编：《安徽近代经济轨迹》，第 206 页。

③　《鄂督张制军江督魏制军会奏江南制造移建新厂折》，见 1904 年 6 月 18 日《申报》，第 1—2 版。

第二节 近代矿业的发展

一、池州煤矿与贵池煤铁矿

19 世纪 70 年代初期,洋务派兴办的军火企业经历 10 多年的发展,已经粗具规模。1873 年 1 月,轮船招商局正式成立。洋务企业和轮船航运业的发展对煤炭的需求急剧增长,此时中国的传统采煤业陷入停滞,煤炭需求几乎完全依赖进口。对此,一些中国知识分子已经意识到采用西法开采煤矿的重要性和紧迫性。1877 年 9 月 4 日,上海的《申报》发表一篇评论,题为《论煤铁》,称:"近二百年内泰西各大国无不开采煤铁各矿,制造机器,以代人力,以作各物,此借重于铁者也。若未成机器之前,须藉煤力以造之,既造机器后,尤须藉煤力以行之,是煤之为用更甚于铁也。……泰西各国二百年来皆赖此以致强。奈何中国既明知之而不则效,举国之人均甘于贫弱,岂不太可惜哉。"①几天之后,《申报》又发表评论《论中国矿务》,提出:"若能将各矿尽开,径可以使本国之兴旺,又可以免他国之觊觎,岂非一举而数善备乎?"②

他们的意见得到洋务派领袖的认可,中国近代采煤业由此而勃兴。台湾学者郭廷以指出:"曾国藩、李鸿章、沈葆桢以煤为日用之物,又为机器局、船政局所必需,赞成借外国挖掘之器,为中国永久之利……所以,轮船招商局的章程中,有招商开采煤斤一款……约在同一时期,各省兴办的煤矿,在十处以上,大都为官督商办,而以台湾基隆、安徽池州、直隶门头沟、临城、山东峄县、江苏徐州利国驿,较具规模。"③

安徽池州地区煤矿资源蕴藏丰富,早在明代,皖志中就有当地开

---

① 《论煤铁》,见 1877 年 9 月 4 日《申报》,第 1 版。
② 《论中国矿务》,见 1877 年 9 月 12 日《申报》,第 1 版。
③ 郭廷以:《近代中国史纲》,上海格致出版社/上海人民出版社 2009 年版,第 159—160 页。

采煤矿的记载。清咸丰、同治年间，曾国藩曾派人在贵池馒头山大烧
垧矿区采煤。[①] 1876 年 11 月，江苏候补道李振玉向两江总督沈葆桢
建议，招商开采池州煤矿。之后沈葆桢与皖籍重臣、直隶总督李鸿章
"往返咨商"后接受这一建议，成立安徽煤铁矿务局，委派时任徽宁池
太广兵备道的孙振铨总理局务，前往池州进一步勘测煤矿，并拟送试
办章程。在完成勘验和审查池州煤矿试办章程后，安徽煤铁矿务局
1877 年 4 月正式"设局开办"[②]，池州煤矿进入官督商办的全新时期。

买办商人杨德向该矿注资银 10 万两，成为池州煤矿的最大股东
和实际控制者，其投资方法是以这 10 万两"存数生息，每年可得息一
万两，即为开采之资，约以十年为期"[③]。然而，杨德并非池州煤矿唯一
投资者，据轮船招商局的文献记录，"光绪二年（1876 年）……本局为
采办煤斤问题，除向外间购入者外，曾在台湾之淡水，湖北之武穴，皖
南之贵池，招商采煤"。[④] 这表明，轮船招商局在池州煤矿创办之初，就
已经在该矿投资入股。

杨德，广东商人，早年曾做外国洋行买办，与外国在华商人有多年
交往经历，对西方近代先进的采矿技术有一定了解，在接手池州煤矿
管理权后，将以西式机器采煤作为经营这家煤矿的根本，首先致力于
"修路、制车、购办机器"[⑤]，以此为机器采煤作准备。1877 年，新设立
的芜湖海关就已关注起刚刚投产的池州煤矿，对此评论说："池州府的
煤矿已准备使用外国机器开采。"[⑥]池州煤矿使用近代西方机器开采煤
炭，在安徽近代经济发展历史上具有极其重要的意义，标志着数千年
来完全以靠人力和自然力的安徽传统手工业，开始过渡到使用以蒸汽
机和发电机为动力的机器工业时代。在这一点上，池州煤矿具有里程
碑的意义。

---

① 胡荣铨：《中国煤矿》，商务印书馆 1935 年版，第 312 页。
② 沈葆桢：《沈文肃公政书》第 7 卷，（台湾）文海出版社（影印本），第 25 页。
③ 《池煤利用》，1886 年 11 月 12 日《申报》，第 3 版。
④ 沈仲毅编：《国营招商局七十五周年纪念刊·大事记》，招商局刊印 1947 年版，第 45 页。
⑤ 沈葆桢：《沈文肃公政书》第 7 卷，第 25 页。
⑥ 《关册》，芜湖，1877 年，下篇，第 54 页，见孙毓棠编《中国近代工业史资料》第 1 辑下册，第 1084
页。

池州煤矿创办后,所产煤炭主要经芜湖口岸输往上海等地,芜湖海关在评论中曾指出,人们一度"对池州煤矿很抱有希望,认为不久大量价廉物美的煤即可从本埠出口"[1]。这一希望很快就证明是不现实的。由于缺乏池州煤矿各年煤炭产量的统计,每年从芜湖出口煤的统计数字大致反映了池州煤矿的经营状况。根据芜湖海关的统计,在1878—1882年,每年从芜湖海关出口的池州煤在1010吨至3315吨之间;1883年至1884年,因中法战争影响,中国沿海地区经济萧条,池州煤进一步滞销,芜湖输出的池州煤降至451吨和1076吨。战后,芜湖口岸出口的池州煤有所增长,1890年曾达到14365吨。[2] 芜湖海关并对上述统计作出说明,池州煤矿"所产煤供本地、内地和不经芜湖即运达长江各口的消费很多,这些都不载入我们的统计报告。总产量应超过统计中所列的数字至少一倍"[3]。由此我们可以得出初步结论,池州煤矿最高年产量可能仅为3万吨左右,与19世纪末经营皖南的小煤窑芜湖晋康公司的年产量大致相当。从这个意义上来说,采用近代西方机器生产的池州煤矿是失败的。

池州煤矿创办数年之后,经营者决定增资扩股,扩张经营规模。1882年3月,池州煤矿通过督办池州煤矿矿务的皖南道,先后上禀安徽巡抚、南洋大臣和北洋大臣,请求准许聘请外国矿师入山,"复勘煤铁铜铅"。4月底,时任两江总督兼南洋大臣的左宗棠作出批示:"准延聘矿师法朗真来池察看铜铅苗引,所请护照现已随批缮发,即行查收,派员往延到池带赴各山察看,仍候该矿师察看如何情形,能否开采,先行禀报,听候核办。"之后,直隶总督兼北洋大臣李鸿章亦批示:"池州商董杨德集资开办煤铁,渐有成效。现在贵属观守冲等处挖出铜铅苗引甚旺,可延请外国矿师复采酌办,仍责成该商等查明有无流弊,妥议章程禀夺,并候南洋大臣、安抚院部批示,录报缴皖南道详,加

① 《关册》,芜湖,1888年,下篇,第140页,见孙毓棠编《中国近代工业史资料》第1辑下册,第1086页。
② 王鹤鸣、施立业:《安徽近代经济轨迹》,第307—308页。
③ 《海关十年报告》,1882—1891年,第279页,见孙毓棠编《中国近代工业史资料》第1辑下册,第1089页。

股开办。"在此之前,安徽巡抚裕禄也在批示中表示赞成。①

池州煤矿为增资扩股层层禀报皖南道、安徽巡抚、南洋大臣和北洋大臣一事,不仅生动揭示了清末官督商办企业管理体制的繁琐、僵化和官僚主义的特点,而且也反映了池州煤矿内部和洋务派官僚之间的复杂关系。李鸿章作为直隶总督兼北洋大臣,直接过问辖区之外的安徽池州煤矿,不仅仅由于他是皖籍大员,更重要的是李鸿章还是19世纪70年代初成立的轮船招商局真正的掌控人。在池州煤矿开创初期,轮船招商局曾认购了大量该矿股份,一些招商局的股东亦以个人名义购入池州煤矿股份。有鉴于此,两江总督沈葆桢决定,由轮船招商局经理徐润,"协同商人陈次壬、杨德承办"池州煤矿。

不久,陈次壬病故,"事归徐、杨二人经理"②。当时两江总督沈葆桢决定,收支银钱事宜由杨德经理,徐润则在沪经营销售。

长期以来,杨德与招商局之间为池州煤矿的控制权之间存在矛盾。1882年初,池州煤矿决定增资扩股,"集资等事,均系杨德一手经理",招商局徐润、唐廷枢对此不满,以大股东身份要求参与矿山开采和集资等事务,并独自聘请外国矿师单独在贵池进行勘探。双方矛盾骤然激化,只得由两江总督和直隶总督进行裁决。

在这场斗争中,两江总督左宗棠明确支持杨德,严厉斥责招商局代表徐润和唐廷枢,在1882年10月8日的批示中称:"招商局唐道、徐道,远驻津、沪,何能兼顾。此后只能照旧附股,不得意存独得。倘仍不愿,即由杨董在于续入股本中提银三万八千两归还招商局可也!"他并谴责招商局私自在贵池聘洋员探矿,命令当地官府"出示严禁私带洋人入山游历探矿,以免滋生事端"。

李鸿章试图调和双方矛盾,但显然偏袒招商局。10月12日,他在批示中强调,"池州(煤)铁矿经商董杨德与徐道商明,议集巨资,先准旧股增加股本,余招新股,务足一百二十万之数,仍与招商局合办,尚属公允。本署大臣莅津后询唐道面禀,杨德所勘之矿在殷家汇河内,

---

① 《安徽池州矿务局启》,1883年1月9日《申报》,第4版。
② 《招商局档案》复印件,见聂宝璋编《中国近代航运史资料》第1辑下册,上海人民出版社1983年版,第1120页。

距杨德前办煤厂甚近;唐道所派洋匠往勘之煤铁矿在池州府河内,去杨德所勘铜矿甚远,约隔百数十里。唐道因停办开平铁矿,机器已买,欲将池州府河内已买山场试开煤铁,与杨德等矿务两不相妨。……矿利之兴,原期有裨国计民生,如果开采处所各不相扰,多多益善,似不必过存意见。池州诸矿,无论分办、合办,候饬唐、徐二道与该道(皖南道)妥商办理"①。

尽管安徽煤铁矿务局是否继续与招商局合办矿务并没有定论,但是南洋大臣与北洋大臣均支持池州煤矿增资扩股。因此,安徽煤铁局于 10 月 15 日起,在《申报》连续多日刊登广告:"本局于光绪三年集股开办安徽池州府贵池县煤铁矿务,已历六载,近于该处各山探得铜、铅、煤、铁各矿甚多,且极畅旺,已禀蒙各宪批准。刻日带同矿师前赴各山察看明白,禀报核办。现经遵批,带同德国矿师法郎真前往细察矿子镕验成色,拟即开办,议定增加股本。请老股续股诸君即携前次股票,速赴上海本局面议增设一切事宜,是为至要。"②

对于招商局是否继续与池州煤矿合作问题,皖南道与唐廷枢进行交涉。唐廷枢募集 300 万元巨资开办池州矿务的建议,安徽煤铁局其他中心股东闻讯后极为担心,他们通过皖南道禀报南洋大臣,称:"商等前此煤不合销,本资亏缺,现在续勘矿山,股银招足,方冀渐有起色。招商局唐道忽创三百万之议,商等彷徨,禀恳札饬招商局另行择山开矿。"③与此同时,招商局各董亦提出分办池州矿务。鉴于这一情况,1883 年初,南洋大臣决定安徽煤铁矿务局与招商局分别开办池州、贵池矿务。

1882 年 11 月 6 日,由杨德经营的池州煤矿股票首次出现在《申报》的上海平准公司各股票价目表上。当日,该股票每股原价 100 两银,实收 25 两,但前一日市场收盘价为 35 两,④超出招股价 40%,表明投资者对池州煤矿发展前景的认同。之后,池州煤矿公司股票继续得

① 《安徽池州矿务局启》,见 1883 年 1 月 9 日《申报》,第 5 版。
② 《安徽煤铁矿务局告白》,见 1882 年 10 月 15 日《申报》,第 5 版。
③ 《安徽池州矿务局启》,见 1883 年 1 月 9 日《申报》,第 5 版。
④ 《平准公司各股份市价》,见 1882 年 11 月 6 日《申报》,第 8 版。

到追捧,1883 年 3 月初,曾涨至 40.75 两。①

1882 年底,徐润奉北洋大臣李鸿章委派,代表招商局筹办贵池煤铁矿。② 1883 年 3 月 16 日,贵池煤铁矿也在上海股票市场上市交易。同样,贵池煤铁矿原价也为 100 两,实收 25 两,当日上海股票市场交易收盘价为 27 两,略高于其股票招股价。③

尽管池州煤矿和贵池煤铁矿在上海证券市场的最初表现十分出色,但是好景不长,仅仅一年之后,1883 年 12 月中法战争爆发,随后,法舰驶抵上海吴淞,检查商船,致使谣言四起,沪市震动,人心恐慌,在上海引发严重的金融危机,存户纷纷提款,不仅导致大批钱庄倒闭或歇业,④而且导致在上海证券市场交易的各公司股价普遍大跌,安徽的这两家矿业公司亦不能幸免,尤其是池州煤矿,一度股价跌至每股股价仅 6.5 两,约相当于其发行价的 1/4;贵池煤铁矿的投资方主要是招商局,情况略好,但也跌至每股 13.5 两,跌去面值的 2/5。这一时期两公司股价变动情形见下表。

表 12-3　1882—1885 年池州煤矿、贵池煤铁矿股价变化表　　单位:两(银)

日　　期	池州煤矿股价	贵池煤矿股价	资料出处:《申报》	备　　注
1882 年 11 月 6 日	35	—	1882 年 11 月 7 日,8 版	池州煤矿首次上市
1882 年 12 月 28 日	31	—	1882 年 12 月 29 日,8 版	—
1883 年 3 月 17 日	38	27	1883 年 3 月 18 日,8 版	贵池煤铁矿首日上市
1883 年 6 月 28 日	35.75	22.5	1883 年 6 月 29 日,10 版	—
1883 年 12 月 30 日	20	14	1883 年 12 月 31 日,9 版	
1884 年 7 月 1 日	12	13.5	1884 年 7 月 2 日,11 版	
1884 年 12 月 30 日	6.5	14.75	1884 年 12 月 31 日,11 版	

(注:池州煤矿股价原价 100 两,实收 25 两;贵池煤铁矿股价原价 100 两,实收 25 两)

股价暴跌使两家公司资产严重缩水,损害了公司形象,制约了公

①　《平准公司各股份市价》,见 1883 年 3 月 5 日《申报》,第 8 版。
②　徐润:《徐愚斋自叙年谱》,第 31 页,见聂宝璋编《中国近代航运史资料》第 1 辑下册,上海人民出版社 1983 年版,第 1122 页。
③　《平准公司各股份市价》,见 1883 年 3 月 17 日《申报》,第 8 版。
④　沈仲毅:《国营招商局七十五周年纪念刊·大事记》,第 50 页。

司向社会募集资金的行为。最终,贵池煤铁矿未能实现招股计划,徐润在自叙年谱中称:"光绪九年(1883 年)……创办贵池煤矿,招股未足,停办。"①其实,贵池煤铁矿虽未招足股票,但并未停办。1892 年,芜湖海关在"十年报告"中称:"政府允准另一个当地的资本家徐氏(徐秉诗,徐润侄子,并非安徽人)开一个新矿。这新矿虽然营业不很成功,但在黄逸辉氏的经理下,现在仍在进行开采。"②同年 4 月 30 日,上海徐家汇法国天主教堂创办的报纸《益闻录》甚至说:"池州招商矿务局(即贵池煤铁矿)开采至今,亦已利益孔多。总办徐君秉诗近日晋省谒见仲帅,闻将于黄彭地方开设新局,分采矿煤。"③

杨德经营的池州煤矿境遇更要糟糕得多。对于池州煤矿来说,煤炭品质低下一直是困扰这座煤矿的主要难题。池州煤矿投产初期,芜湖海关的英国税务司就注意到这一问题,并评论说:"该煤矿所产之煤皆运往上海,售价每吨约银五六两,主要供应上海一带华人消费。一小部分供轮船招商局使用,但因其热量较低,必须搀和洋煤使用,即四分之一的池州煤须搀和四分之三的日本煤,因此一般轮船购用者甚少。"④1880 年底,时任两江总督的刘坤一也承认,池州所产煤炭"中国轮船及招商局仍不合用"⑤。由于所产煤炭品质低下,1883 年池州煤矿出口从上一年的 2091 吨缩减至 451 吨,芜湖海关的英国人指出"缩减的主要原因是由于在上海不能销售"⑥。由于销路不畅,煤矿所产的煤炭无法找到买家,只得在矿场大量积压,19 世纪 80 年代末,池州煤矿停止了机器开采。⑦

池州煤矿作为一家率先采用西方采掘机器采煤的近代矿业企业,并在 1882 年正式在上海市场招募股份,本应成为一家实行近代资本

---

① 徐润:《徐愚斋自叙年谱》,第 31 页,见聂宝璋编《中国近代航运史资料》第 1 辑下册,第 1122 页。
② 《海关十年报告》,1882—1891 年,第 269 页,见孙毓棠编《中国近代工业史资料》第 1 辑下册,第 1088 页。
③ 《益闻录》,1892 年 4 月 30 日,见孙毓棠编《中国近代工业史资料》第 1 辑下册,第 1089 页。
④ 《关册》,芜湖,1878 年,第 98—99 页,见孙毓棠编《中国近代工业史资料》第 1 辑下册,第 1084 页。
⑤ 刘坤一:《刘忠诚公遗集·奏疏》卷一六,第 46 页。
⑥ 《关册》,芜湖,1878 年,第 133 页,见孙毓棠编《中国近代工业史资料》第 1 辑下册,第 1084 页。
⑦ 《关册》,芜湖,1888 年,第 140 页,见孙毓棠编《中国近代工业史资料》第 1 辑下册,第 1087 页。

主义管理体制的股份制企业,然而,池州煤矿建立初期的官督商办的体制却没有丝毫改变,包括聘请洋人勘矿、与招商局的合作与分离、企业管理者的分工,都必须通过兼任安徽煤铁矿务局总办的皖南道,禀报安徽巡抚、南洋大臣和北洋大臣,才能最后决定。官僚主义的僵化、保守和腐败的封建管理体制从根本上扼杀了企业的独立和自主性,成为制约池州煤矿发展的无法逾越的障碍。

池州煤矿内部的管理也极度混乱,贪腐和浪费现象层出不穷。1882年,钟其俊等40名投资池州煤矿的招商局商人,曾上禀两江总督,指责池州煤矿经理杨德独揽大权,"措置乖方,现资耗尽,历经该局(招商局)筹助股本,迄无成效",拒绝让股东稽查公司账目,"种种私侵滥费之处,路人皆知"。① 在与招商局分手后,池州煤矿管理者的无能和腐败变本加厉。1888年延聘一个外国矿师,合同期限3年,并且购买了价值1万两的钻探机和抽水机。但矿师到任3个月即被解雇,给了他1年的薪水和回返英国的路费。矿师离职后,所有的机器,有些根本没有安装,任其锈烂了。1891年,又发生销煤经纪商侵吞大笔公款案件。这一连串经营失策,致使池州煤矿亏损累累。1891年该矿被查封闭。②

1896年初,一起精心策划的诈骗事件给予池州煤矿最后致命一击。1895年,曾有浙商蔡某、豫商邓某,约同已故粤商杨德之子,禀请芜湖关道集资重新开办池州煤矿,并先行垫缴杨德欠款1300余两。"当蒙袁观察批准,详奉大宪揭封,准予试办"之后,他们拟定招股章程,规定每股纹银200两,计划招集180股,募集纹银3.6万两。1896年初,浙商蔡某心怀叵测,擅自盗运池州煤矿机器"至太湖、徽州等,另开私矿,至池矿资本荡然无存"③。池州煤矿只得再次关闭,从此退出近代矿业舞台。

---

① 《招商局档案》(复印件),见聂宝璋编《中国近代航运史资料》第1辑下册,第1120页。

② 《海关十年报告》,芜湖,1882—1891年,第269页,见孙毓棠编《中国近代工业史资料》第1辑下册,第1088页。

③ 《矿局骤停》,见1896年2月24日《申报》,第2版,第723页。

二、清末安徽民间采矿业的发展及特点

甲午战争结束不久,富国强兵再次成为舆论与清政府关注的焦点。《申报》曾发表评论称:"五洲万国其孱弱而不振者莫中国矣。欲挽弱而返之强,其要莫先于富国……天地有自然之利,可为国家无穷之用,我中国竟委弃之而不知其利者,则如矿是。夫中国疆域之辽阔,为五洲万国之冠,土壤之膏腴亦为五州万国冠,其间若产金产银之矿产、产铁之矿产、产铜之矿产、产煤之矿产,当不可以数计,取不禁,用不竭,足以富国,足以富民。"①与此同时,清廷也发布谕旨,强调开矿为富国之本,命令各省将军、督抚"体察各省情形,酌度办法具奏"。

在舆论和清政府的支持和推动下,19 世纪末,中国各省相继出现勘探和开采煤铁等矿藏的热潮。19 世纪末至 20 世纪初期,皖省官员和绅商投资勘矿和开矿颇为踊跃,一时蔚然成风,在皖南和皖北建立了众多小型矿山。据清末安徽巡抚冯煦主持编纂的《皖政辑要》一书统计,至 1908 年底,安徽已开办和曾拟开办煤矿共计 27 家,具体情况见下表:

表 12 - 4　清末安徽已领有开矿执照各矿一览表②

矿　名	矿　址	所属公司及领照人	备　注
王家山煤矿	宿松县东乡	普通公司/殷士珩	未开
龟形山煤矿	歙县东乡	致泽公司/汪林	未开
荆州锑矿	绩溪县东乡	宝成公司/耿介	未开
炭冲山煤矿	宣城县东乡	晋康公司/吴德懋	已开
窑头岭煤矿	泾县	万安公司/张荣舜	已开
牛形山煤矿	泾县青东二团	裕成公司/李懋	已开
八亩田煤矿	贵池县东一保	华胜公司/定超	已开
杨梅坦煤矿	贵池县上二保	安庆公司/沈庆莹	已开
大四山煤矿	贵池县元四保	中益公司/倪鸿	已开
煤山壕煤矿	贵池县西二保	日盛公司/焦寿林	已开

① 《富国亟宜开矿说》,见 1897 年 9 月 20 日《申报》,第 2 版。
② 冯煦主修:《皖政辑要》农工商科卷九〇《矿务》,第 843—844 页。

续表

矿　名	矿　址	所属公司及领照人	备　注
猪形山煤矿	贵池县	华盛公司/孙发绪	已开
罐窑山煤矿	贵池县	华盛公司/孙发绪	已开
琅山煤矿	贵池县下六保	池裕公司/刘世琛	已开
梅精山煤矿	贵池县仁一保	池裕公司/刘世琛	已开
陈家冲煤矿	贵池县馒头山	池裕公司/刘世琛	未开
分水岭煤矿	贵池县	池裕公司/刘世琛	未开
大窑山煤矿	东流县	广裕公司/吴澜	已开
龟山煤矿	东流县	广裕公司/吴澜	已开
雷家涝煤矿	繁昌县南乡	阜宁公司/丁世庆	已开
憧山寺煤矿	繁昌县徐冲口	协和公司/吕保贤	已开
灵山寺煤矿	繁昌县仓家冲	协和公司/吕保贤	已开
陈山冲煤矿	繁昌县南乡	天成公司/车毓霖	未开
强家山煤矿	繁昌县十八郡	晋康公司/吴德懋	已开
翎猪洞煤矿	广德州	广益公司/郑芳荪	已开
梁家山煤矿	广德州	广益公司/郑芳荪	已开
小环山煤矿	宿州列山迤南	合众公司/周纯秀	未开
冶山锑铜矿	天长县南乡	长合公司/何象彭	未开

《皖政辑要》对安徽清末开办和拟开矿山的上述统计，并不完整，有不少遗漏，但仍大致反映了清末安徽矿务发展的概况，从中我们可以看出以下特点：

一是清末安徽矿务的发展几乎完全集中于煤炭采掘业，上述27处已开和拟开矿山中有25处为煤矿，占近93%，以采掘金属矿藏的矿只有2处，而且尚未开采。其主要原因为：（1）安徽历史上曾有人工开采煤矿的传统，各处均有人工开采的小煤窑；（2）人工采煤的小煤窑工艺简单，成本低廉，无需巨额投资，销售便捷。

二是安徽煤矿主要集中在皖北两淮地区，但上表却似乎表明，清末安徽开采和拟开采的煤矿高度集中在皖南和皖西南地区，其中贵池县最为集中，全省27处矿山中，贵池县就有10处煤矿。这主要原因还是甲午战争之前，杨德投资的池州煤矿和招商局投资的贵池煤铁矿，已对当地煤矿资源进行较系统的勘探和长期开采，不仅使人们基本了解了当地丰富的煤矿资源的分布状况,而且已经初步形成了一个系统的煤炭产、运、销系统。因此,在这里投资煤矿,不仅轻车熟路,而且较易成功。其实,清末皖北地区的煤矿亦有相当的发展。

三是上述 27 处矿山为 19 家公司所掌控,除刘世琛的池裕公司独自拥有贵池 4 处矿山之外,其余均只有一至二处矿山。这表明这些公司的规模并不大。

《皖政辑要》的上述统计,并没有涉及这些矿山的成立时间和资本额,更没有将之与全国采矿业的发展状况进行比较。新中国成立初期,中国近代经济史学者汪敬虞对晚清中国的采矿业进行了较细致的统计研究,根据他的统计,这一时期全国投资万元以上、并投入生产的煤矿共计 42 家,资本总额 1450.8 万元。在这 42 家煤矿中,安徽占 5 家,资本总额 46.1 万元,具体情况见下表:

表 12 - 5　辛亥革命前安徽资本万元以上已投产煤矿一览表[①]

成立时间(年)	名　称	所在地	资本额(元)	创办人	备　注
1899	礼和公司煤矿	贵池	10000	吴仲侯	商办
1904	烈山煤矿	宿县	100000	周玉山	商办
1906	广益煤矿公司	广德	42000	郑赞臣	商办
1910	泾铜矿务公司	泾县	69000	方玉山	官商合办
1911	大通公司(煤矿)	怀远	240000	段书云等	商办
合计			461000		

由上表我们可以看出,由于得天独厚的矿产资源,清末安徽的煤炭采掘业有一定发展,全国已经开采的万元以上的 42 家煤矿中安徽就占有 5 家,约为 12%。但是,安徽的这 5 处煤矿平均资本仅为 9.2万元,而全国 42 家煤矿平均资本为 34.54 万元,故仅相当于全国矿平均资本的 1/4。由此可见,清末安徽煤矿大都规模甚小,资本普遍严重不足。

《皖政辑要》称,清末安徽采矿业始于 1897 年太湖县绅士王述祖

① 汪敬虞编:《中国近代工业史资料》第 2 辑下册,第 870—872 页。

创办的同益公司和 1898 年芜湖商人王希仲创办的晋康公司。① 据这一时期的报纸报道，在此两人之前，已有众多省内外绅商尝试在安徽投资矿业，1896 年 10 月《申报》刊登短文称，"宁国府地处皖南上游，林密山深，多产五金之矿，其矿苗之显露者银铜煤铁，一望可知。上年太平县某上舍，曾拟条呈十六则，将上之署两江总督张香涛制军。适制军奉旨回湖广本任，遂未果投。近有曾任监司之某巨绅，将采其议，禀请南洋大臣刘岘帅集股开采，一俟批准，即当带同矿师前往相度矣"②。次年 5 月《申报》另文称，"皖南山岭盘磗，向多五金煤铁各矿，近年朝廷力求矿政，绅富遂悉心寻访，如宣城苗家山等处，业经浙江张绅，禀准南洋大臣，遵章开采……兹又有董二尹另于宣城县境某山中获得矿穴多处，非但煤块高洁，而且中函铁质，因禀清县主转详，拟先独力开采。……此外，如徽州、宁国及安庆府属之潜山、太湖等处，矿穴鳞比，前此曾有人禀官开采"③。9 月，《申报》又报道，安徽太湖之大石等各堡庄煤矿等一批新矿已在集资开办。可见，至少在 1897 年春，投资矿业在皖省极为普遍，甚至蔚然成风。

在清末安徽创办的煤矿公司中，芜湖晋康公司成立较早，根据《中外日报》记载，1898 年 11 月，该公司已"在繁昌、南陵、宣城等县挖开煤矿十一处，而以繁昌南乡之五华山为最多。该山计开有三窿，深者三十余丈，浅者一二十丈，已经堆煤三万余石，质净无烟，俗称铁煤，又谓紫（疑为柴）煤，宜于煅铁炊爨之用，不减开平煤质，下江销路尚广。每窿每昼夜出煤之数，由一千石至四五百石不等"④。可见，其生产已粗具规模。

清末安徽采煤业虽发展迅速，创建了众多煤矿公司，但是这些煤矿大多数产量很小，赢利有限，难以对安徽近代经济近代化产生实质性影响，有些甚至难以长期维系。造成这种局面的主要原因是，安徽是一个长期封闭、商品经济不发达的农业省份，难以形成拥有雄厚资

---

① 冯煦主修：《皖政辑要》农工商科卷九〇《矿务》，第 842 页。
② 《开矿先声》，见 1896 年 10 月 15 日《申报》，第 2 版。
③ 《中江帆影》，见 1897 年 5 月 11 日《申报》，第 1—2 版。
④ 1898 年 12 月 14 日《中外日报》，见汪敬虞编《中国近代工业史资料》第 2 辑下册，第 718 页。

本力量的商人群体,民营煤矿无力购入价值昂贵的近代采煤机器,多为以传统方法采掘的小煤窑,采矿工艺落后,不仅难以形成生产规模,而且事故频发,采矿工人的安全无法得到保障,只能采掘较浅地层的煤矿。

安徽绅商组织矿业股份公司,投资近代矿业之后,一些官员见有利可图,纷纷插足矿业,并试图独自控制采矿公司,从而导致双方矛盾激化,官绅之间争夺煤矿公司控制权的斗争屡见不鲜。甲午战争之前,池州煤矿发起人杨德与轮船招商局经理徐润就已经开始了这一斗争,甲午战争之后,官员与绅商争夺煤矿公司的控制权愈发激烈和公开化,尤其在宿州烈山煤矿,这一斗争已经到了难以控制的局面。安徽宿州西北之烈山,距县城约 43 公里,光绪三十年(1904 年),由周玉山集合民间资本 10 余万元,开始在这里以土法开采煤炭。[①] 之后,徐州道台袁大化认股万两,遂控制该矿,并请矿局官员熊倅总理该矿。由于矿山经营不善,出现亏空。1906 年夏,周玉山等纠集大批民众,拥入烈山矿局,驱官抢账,称"袁道搭股,一万两只交二千",并称熊倅"任意虚糜",要求官方出面查账。[②] 之后,官府只得派寿春驻军前往维持矿区秩序。[③] 嗣后,淮北烈山矿陷入停顿状态,无法继续开采。1906 年 12 月,两江总督端方作出裁决,退还徐州道台袁大化所认股银,"所有烈山矿务即归宿州绅士自办"[④],才算平息这一风波。

三、安徽官府发展本省矿业的努力

甲午战争之后,安徽再次出现勘探和开采煤铁等矿的高潮,一些官员与绅商纷纷投资矿业。1898 年时任安徽巡抚的邓华熙,在绅商王述祖请办同益铁砂公司、王希仲请办晋康煤炭公司后,认为"应即专派委员设局维持,以为各项商业之先导,特于省城奏设安徽商务总局,并于芜湖设立分局",即以所收煤铁税厘拨归局用,是为皖省矿政之萌

① 胡荣铨:《中国煤矿》,商务印书馆 1935 年版,第 286 页。
② 《皖抚致江督电(为查明烈山矿局滋闹情形事)》,见 1906 年 9 月 9 日《申报》,第 4 版。
③ 《调队烈山防乱》,见 1906 年 9 月 24 日《申报》,第 3 版。
④ 《烈山矿务饬归绅办》,见 1906 年 12 月 1 日《申报》,第 4 版。

蘖。1905 年,根据两江总督周馥的建议,组成三江矿产局,负责江苏、安徽、江西三省矿产调查、勘探和招商试办。不久,三江矿产局改为两江矿政调查局,由江苏候补道、合肥人蒯光典为安徽调查矿务议员。

　　随着安徽近代采矿业的发展,一些不法之人不顾政府法令,勾结外人,擅自出卖矿山案件屡屡发生。此外,绅商之间或官绅之间为争夺矿权的斗争也愈演愈烈。为了整顿矿务经营秩序,充分利用本省矿产资源,1904 年,安徽巡抚诚勋奏设安徽全省矿务总局,并由全省士绅公推袁大化为总理。[①] 此后,因袁大化出任徐州道台,并未来皖任职,安徽全省矿务总局因总理一职空缺,实际一直未能成立。

　　1905 年夏,安徽全省士绅以"皖省矿局至今总理无人,诸事均无归宿"为由,推举江苏候补道蒯光典为安徽全省矿务总经理。[②] 不久,安徽巡抚诚勋亦接到商部来电,敦促安徽尽快成立矿务总局,以统领全省矿务。[③] 1906 年 2 月,安徽矿务总局正式设立,公举蒯光典为总理,举协董 4 人,议董 10 人,拟章程 32 条。同时决定,"于局内附设安徽全省矿务总公司,招集股本,先行择地开采,以为提倡"[④]。1908 年初,清政府决定撤销两江矿政调查局,其管辖业务分归江苏、安徽和江西三省矿政总局。[⑤]

　　安徽矿务总局成立后,将整顿全省采矿秩序作为当务之急。当年 7 月,安徽矿务总局向各州县发出告示,规定"凡本省矿地,除官地由官标识外,所有民地亟应由本局颁发执照,以为有此矿地之据",禁止"私立合同,托名开矿,任意招股,租赁山地",并制定 7 条相关条款:"一、民间矿地须于三个月内在本总局请领执照,以为有此矿地之据。道远者,禀由地方官代为请领。一、民间租买矿地,须以本总局执照为凭,否则不作矿地用。一、租买矿地未立契以先,须先在本地方官衙门报查合格及无违背定章之处,方准立契,不得先行立契,然后报查,违

　　① 冯煦主修:《皖政辑要》农工商科卷九○《矿务》,第 842 页。
　　② 《皖绅公举蒯光典总理安徽矿务》,见 1905 年 8 月 29 日《申报》,第 4 版。
　　③ 《商部咨皖速建矿务总局》,见 1906 年 1 月 2 日《申报》,第 4 版。
　　④ 冯煦主修:《皖政辑要》农工商科卷九○《矿务》,第 843 页。
　　⑤ 《江督咨明矿务新章》,见 1908 年 3 月 4 日《申报》,第 2 张第 4 版。

者将所立契注销作废。一、租买矿地契内须载明矿地字样,否则但能保有该地地皮,不能赅及地腹,不能谓为有该地矿权。一、租买矿地两造均须于禀报地方官时各具并无违章切结。一、租买矿地如违以上各节查出,均应将矿地充公,其已得之地价值亦须追出。一、租买矿地定契后,须将本总局执照呈缴地方官,一面由地方官缴销报查"。[1]

在安徽矿务总局设立期间,先后27处矿区在总局登记备案,包括宿松县王家山煤矿,歙县龟形山煤矿,绩溪县荆州煤矿、荆州锑矿,宣城炭家山煤矿,泾县窑头岭煤矿、牛形山煤矿,贵池八亩田煤矿、杨梅坦煤矿、大凹山煤矿、煤山壕煤矿、猪形山煤矿、罐窑山煤矿、琅山煤矿、梅精山煤矿、陈家冲煤矿、分水岭煤矿,东流县大窑山煤矿、龟山煤矿,繁昌县雷家涝煤矿、憧山寺煤矿、灵山寺煤矿、陈山冲煤矿、强家山煤矿,广德州翎猪洞煤矿、梁家山煤矿,宿州小环山煤矿及天长县冶山锑铜矿。上述矿山多为煤矿,仅有两处为金属矿,且并未开采。这些矿山均经矿务总局上报商部核准,领取执照。已开采的各煤矿,"除翎猪洞、梁家山二矿确系烟煤,余皆柴煤,火力不大,不足供机器制造之用"。

调查全省矿藏分布情形,直接参与矿藏采掘,是安徽矿务总局主要职责。之前,两江矿政调查局曾派员对安徽"太湖县思常保之夹坳山、章家山,鹿驼、南安两保之张家山、舒家山、陶家山,安乐保之冷姓山、张姓山,大名保之徐姓两山,宿松县北乡之茅狗岭、傅家垅、汪家湾、罗家嘴、箩子岭、杨家冲、薛家埠、城郭山、欧家屋,东乡之蛮磨山等处矿产情形"进行考察,并备具图表,交矿务总局勘验。之后,矿务总局又派员对上述山岭进行查勘,认为这里"柴煤多系散煤,烟煤则脉络延长数十里。其矿脉均系两县连属,煤质亦尚可采",遂决定将此处煤矿作为"总局开办之地"。同时又决定租用宿松县之江家山等处官山,及横山、含苞山,太湖县之义家山,作为总局自己拟开采矿区。[2]

1908年2月,清政府经过多年交涉,终于将铜官山矿权从英人手

① 《皖属矿务总局移送各属文》,见1906年7月5日《申报》,第9版。
② 冯煦主修:《皖政辑要》农工商科卷九〇《矿务》,第843—845页。

中赎回。安徽矿务总局遂决定自行开采该矿,同时认为,"采五金矿者,必得烟煤佳矿,以资化炼,获利乃厚",故又派员对附近泾县煤矿进行勘探,结果发现"煤质极佳"。1910年5月,矿务总局决定设立"安徽泾县煤矿、铜官山铜矿有限公司",并在《申报》等报刊上刊登"招股广告"和"招股简章",规定泾县煤矿招收股本龙洋100万元,铜官山铜矿招收股本龙洋120万元;每股10元;先开泾县煤矿,后开铜官山铜矿;公司以总局所收米捐为保息。① 7月,公司更名为泾铜矿务股份有限公司,并决定拟由安徽矿务总局先行拨款试办。②

矿务总局其实并非真正官府机构,一直由蒯光典、李经邦、方履中等知名士绅把持,这些人根本缺乏近代科学知识和现代企业管理能力,不论是矿务总局还是所属公司,结党营私与贪污腐化情况非常普遍,管理极其混乱,加上清末安徽财政极其匮乏,官府根本无力提供发展近代矿业的巨额资金,因此,安徽矿务总局经营的泾铜矿务股份有限公司和其他矿业,均毫无进展。1911年8月,在清王朝覆灭前夕,清廷决定撤销安徽矿务总局,其职权转归劝业道。③

四、祁门瓷土公司

20世纪初期,一些地方官员和商人,对于"中国物产丰阜甲于环球,然不能加意考求,极力推广,以致利源外溢,良堪痛恨"。他们试图以发展工矿业,振兴工艺,以抵制外国经济侵略对中国利权的侵夺。但是由于各种原因,这些努力成效甚微,多以失败而告终。这促使他们认真思索在发展实业中如何扬长避短,利用中国土特物产的现有优势,结合采用西方的先进机器,以建立自身的优势产业,便成为这一时期许多清政府官员、商人对于知识产权的共识。

祁门县,位于皖南徽州,毗邻江西景德镇,矿产资源极为丰富,尤以出产瓷土著名。其瓷土质量优良,洁白细腻,为景德镇瓷器首选原

---

① 《安徽泾县煤矿、铜官山铜矿有限公司招股简章》,见1910年5月1日《申报》,第1张第1版。

② 《安徽矿务总局创办泾县煤矿铜官山铜矿股份有限公司招股简章》,1910年7月27日《申报》,第1张后幅第2版。

③ 《矿务局撤归劝业道》,见1911年9月4日《申报》,第3版。

料,"造作御窑以及极细瓷器,均得全用祁土"。由于祁土资源极其宝贵,甚至景德镇烧制御窑也不能完全使用祁土,只能用祁土八成,其余细窑则仅只能使用四成祁土。20世纪初,曾有日本人来安徽,专程赴祁门考察瓷土,在取样化验后叹道,祁门瓷土"为五大洲之冠"。1904年11月,《申报》载文称,"查中国物产,除丝茶外为外人所不及者,厥为瓷器。尝见外人购求中国前代以及本朝瓷器,出于江西景德镇,每岁所产恒百万计,以御窑为极细也,如青花、粉定、五彩各窑亦皆精美无匹,然瓷器虽出于江西之景德镇,而瓷土实出于安徽之祁门"①。

正是鉴于这一考虑,在晚清安徽官府决定直接投资,创建使用近代机器加工瓷土的祁门瓷土公司。1904年春,安徽大吏召集官员商议开发祁门瓷土的宝贵资源,以增加财政收入。会议决定成立祁门瓷土公司,委派刺史娄国华为委员,主持创办事宜。随后,娄国华奉命前往祁门,在出产优质瓷土的老坑进行挖掘,并烧制成瓷器,结果,质量尚佳,"可媲美乾嘉以前"。"因采取之法不灵,制土又不能细",娄国华提议,公司应用机器生产,以提升瓷土质量,并以官商合办的办法募集资本4万两,其中"官本两万,商本两万",并仿照股份有限公司,拟定公司章程,呈请批准。娄国华的建议和所拟公司章程很快获得批准,他立即通过汇利洋行购至全副取土和碾磨机器。1904年秋,所购机器陆续运至祁门。随后他又前往福建,与当地的宝华公司联络产品销路,并计划翌年春在上海股票市场正式上市,以募集民间资金。安徽官府的这一努力受到舆论的广泛注意,《申报》曾评论说,"此事如办理得法,亦中国兴利源之一也"②。

《申报》还载文详细介绍了祁门瓷土公司采用机器生产的工艺、祁门各地瓷土的分布状况及价值,称该公司"先用机器开取生土,粗砺则以机器磨礱之,坚硬则此机器轧碎之,然后淘汰渣滓,撷取菁华,用机器研至极细,制造成砖,较前土法所造不独色更白,而质更细,抑且取不尽,而用不竭,从此景德镇造作御窑以及极细瓷器,均得全用祁

① 《安徽祁门瓷土公司机器开采节略》,见1904年11月21日《申报》,第3版。
② 《创兴瓷业》,见1904年11月13日《申报》,第3版。

土,不至如前此之矜贵,则所产当迈越前代,将来仿照西式,制成各种瓷器,自非外洋所产可同日而语,则销场之旺,可操左券。于此而论,考求物产,推广利源之道,有不驾而上之,独操胜算者乎。爰将祁门瓷土著名各坑及所产各土略录于后:一、祁门东乡瓷土,向作御窑瓷器,色白质细,性极腻密,以之制造极细杯盘瓶罎、各种玩物,无不精巧绝伦,土块入窑,一无燥裂伤损之虑,若他处瓷土仅有收场,也价值每万斤一百元。一、祁门龙凤壁瓷土,色白而质细,性极坚爽,且极细致,制造大瓶,或高至八尺以上以及丈余土块入窑,一无倾侧欹斜之虑,其余诸高大器皿烧成后,光彩夺目,且无丝毫斑点毛孔,诚五大洲稀世之宝也,价值每万斤八十元"①。由于独占优质资源,加之采用近代西方先进的开采技术和设备,祁门瓷土公司投产之时,安徽全省官绅各界对公司前景一概看好。1905 年 3 月初,安徽巡抚委派知县王在钦前往祁门,进一步查勘公司筹备情形,然后招股举办。②

1905 年 8 月 26 日,祁门瓷土公司正式投产,"日产土不(dǔn,特指砖状的瓷土块),约在百石上下"③。一个多月后,娄国华将公司投产详情禀报安徽巡抚诚勋和布政使联魁,称公司"现在每日所出之土,除龙凤壁之土为江西瓷器公司定购另议外,其东乡暨大北港各坑所产之土皆可日出百石左右,可售洋一百余元"。

在公司经营初期,作为公司主管,娄国华颇为尽心尽力,曾尝试对公司使用的外国机器进行多项改革。首先,用当地出产的木柴与煤炭混烧,以为机器提供动力。由于公司"处此万山之中,运煤非易,故于前试引擎时搭烧柴薪,汽力未尝不足,开车以来不但搭烧煤炭力量充足,即不用煤炭全烧柴薪,汽力仍然有余。柴煤价值相去悬远,彼此比较约省四分之三"。其次,以当地出产的榴油取代进口的外国籽油。由于"机器轮轴接准运动之处,向用外国籽油,不但价值昂贵,而且他处无可购买",娄国华命令工匠等将中国所产各油一一试验,最终发现将"本地所产榴油皮子两种,掺和调匀,颇为合用",由于为本地所产,

① 《安徽祁门瓷土公司机器开采节略》,见 1904 年 11 月 21 日《申报》,第 3 版。
② 《查勘瓷土》,见 1905 年 3 月 14 日《申报》,第 4 版。
③ 《瓷土公司禀报开车后情形》,见 1905 年 10 月 20 日《申报》,第 4 版。

随时可购,既省运费,价值又廉,"较之购买外国籽油所省不啻一倍"。第三,瓷土公司所购"机器碾盘本系盘碾,惟碾出之粉既须过筛,又须水漂,淘出渣滓,仍须重碾,而且碾子转动,石粉飞扬,碾出之物,耗去无算,所需小工,尤属不资",娄国华经过研究,决定改作水碾,"于磨盘之上,接来水管一支,碾盘之旁,另开水眼数孔,所碾之粉,见水浮起溢过所开之孔,水粉随即流出,引入和粉之石池内,放出浮面清水下层即可制不。渣滓仍在盘内,既不耗散,又省小工"。根据公司的报告,上述技术改造使公司生产成本降低约 1/3。[①]

然而,尽管公司创办时外界曾一致看好公司发展前景,作为公司主管的娄国华在公司成立初期也颇为尽心,但是公司创建不久,就屡遭打击。公司曾计划在上海股票市场上市,以广募民间资本,可是由于种种原因,招股未能如愿,公司资金只能完全由官府提供,即由祁门"县库拨款"。鉴于此时安徽开始全面推行新政,百业待举,财政开支急剧增加,省库、县库均亏空严重,资金严重匮乏,官府无力为公司运作长期提供资金。加之,公司瓷土生产规模扩大后,销路并不如最初设想的那样通畅,生产的瓷土并未全部销出,甚至销出的瓷土也长期收不回货款。公司成立初期,娄国华就呈请安徽巡抚诚勋与江西巡抚交涉,请其"札饬(江西)瓷器公司,遵照原订合同办理,请其陆续付款,以便陆续交货"[②],然而却一直没有结果。再者,像所有晚清官办企业一样,公司并未建立科学有效的经营管理制度,管理不善,浪费严重。由于非经营性开支的大量增加,仅仅经营一年多,祁门瓷土公司便出现严重亏空,金额达数万之巨。1907 年冬,当公司委员赴省城安庆汇报公司经营状况,受到巡抚冯煦严厉斥责,将之"发文交县看管,一面派委赴祁彻查,禀候核办"[③]。不久,辛亥革命爆发,清政府迅速垮台,依赖官府资金和管理的祁门瓷土公司也随之销声匿迹。

① 《祁门瓷土公司禀报来车后情形》,见 1905 年 10 月 20 日《申报》,第 4 版。
② 《祁门瓷土公司禀报来车后情形》,见 1905 年 10 月 20 日《申报》,第 4 版。
③ 《瓷土公司委员获咎》,见 1907 年 12 月 4 日《申报》,第 10 版。

第三节　铁路、轮船航运和近代邮电事业的开创

一、清末安徽铁路事业的初创

（一）皖籍京官倡办安徽铁路

中国近代铁路事业，始于19世纪60年代中期。1865年，英商杜兰德为在中国推广铁路，曾在北京宣武门外建造小铁路，试行小火车。结果引起民众惊恐，保守势力群起反对，最终清政府决定拆毁这段铁路。1875年初，上海英商怡和洋行又建淞沪铁路，1876年通车。不久，清政府又以人民不免惊奇，恐生意外为由，议价购回后掘起铁轨，铲平路基，将路轨机车运至台湾，遗弃海边。①

尽管中国保守势力仇视和抵制铁路，然而，一些有识之士逐步意识到铁路在国防上的巨大价值。1880年，刘铭传提出："中国幅员辽阔，北边绵亘万里，毗连俄界；通商各海口又与各国共之，划疆而守，则防不胜防，驰逐往来，则鞭长莫及。惟铁路一开，则东西南北，汲汲相通，视敌所趋，相机策应。虽万里之遥，数日可至；百万之众，一呼而集。"②次年，在李鸿章的支持下，开平煤矿提出为运煤便利，要求自唐山至胥各庄之间修建轻便铁路。几经周折后，这条铁路最终获准修筑，此为近代中国第一条铁路。

1895年，中国在甲午战争中失败，许多督抚大员和朝廷重臣将兴建中国铁路，作为振兴国家的当务之急。反对修筑铁路的保守势力一时噤声无语。1896年清政府成立铁路公司，任命盛宣怀为督办铁路大臣，由户部拨款1000万两，南北洋存款300万两，先筑卢汉铁路。1897年，湖北的汉阳铁厂为卢汉铁路制造铁轨，因钢铁冶炼需要大量

---

①　张嘉璈：《中国铁道建设》，重庆商务印书馆1947年版，第3页。

②　刘铭传：《刘壮肃公奏议》卷二，（台湾）文海出版社（影印本），第2页。

焦煤,张之洞决定在江西萍乡开办煤矿,并奏请建筑江西萍乡至醴陵之间的铁路,以便于运煤。1899年,萍醴铁路开工,1903年铁路告成。

同时,西方列强掀起瓜分中国的狂潮,将争夺铁路筑路权作为维护和扩大势力范围的主要手段,纷纷强迫清政府同意在中国修筑铁路。至20世纪初期,安徽周边各省或在本省官绅的推动下,或在外国势力的胁迫下,已经开展了大规模的铁路规划、勘探和修筑,并建成了一批铁路。此时,安徽为长江中下游地区唯一尚未曾开展铁路规划、勘探和建设的省份。在清末中国铁路事业的开创初期,安徽行动迟缓,严重落伍,不仅落后于位于沿海的江苏、浙江和山东,而且也落后于同样位于内地的江西、河南和湖北,兴建铁路遂引起皖省一些具有近代眼光的官绅们的关注,他们说:"川汉、九南、滇越、浙赣相继筹办,吾皖人士亦以皖省居扬子江中权,其势不能深闭固拒。"①

1902年春,负责督办全国铁路事务的盛宣怀曾试图将铁路引入安徽,认为皖南宁国一带盛产煤炭,毗连通商口岸芜湖,便于转入长江轮船运输,故提议修建芜湖至宁国铁路,并"札委崔刺史挚同洋工程师前往查勘,以便兴筑铁路"②。但是这一计划由于多种因素制约,当时并未施行。

安徽一些官绅也开始积极活动,鼓吹修建本省铁路。1902年11月,《北华捷报》在一篇报道中称:"几个有钱的中国人在北京向路矿总局呈请建筑河南省会开封至安徽省会的铁路。"③次年年初,《北华捷报》在另一篇报道中又说:"开封、安庆铁路在安庆官场中是个颇有兴趣的话题,它是本地富商的辛迪加所计划的线路。"然而,这一建议最后也是无果而终,正如《北华捷报》所评论的那样,该路"似乎尚未到确定的阶段"④。

1904年初,日俄战争爆发,中国民族主义情绪空前高涨,抵制列强侵略,维护路权,自办铁路,一时成为全民共识,"大绅富商,咸以倡

① 李经方:《安徽全省铁路图说》,1905年民国(石印本),第4页。
② 《芜宁筑路》,见1902年5月15日《申报》,第3版。
③ 1902年11月5日《北华捷报》,第963页。
④ 1903年1月21日《北华捷报》,第110页。

办本省铁路为惟一大事"。安徽一些官绅和知识分子亦迅速投入自办铁路的民众运动之中,尤其在京城的皖籍官员,他们大声疾呼,彼此联络,四方活动,寻求舆论和民众的支持,并利用自己的社会地位和政治影响,直接向清政府提出建议,要求自办皖省铁路。1905年春,在京皖籍道员郑恭和蒋家骏力主趁外国尚未对安徽提出铁路要求之前,立即着手自建铁路,以保全本省路权。与此同时,安徽留日学生程家柽由日本寄来的《为全皖铁路敬告父老书》,也持同样观点。① 他们的主张得到皖籍京官普遍认可。翰林院编修吕佩芬等20位安徽京官遂联名上禀商部,建议自办全皖铁路,推举李经方为总办。

对此次皖省自办铁路的要求,商部认为:"皖省地势居扬子江中权,商务殷繁,矿产深厚,芦汉、沪宁各路线上下贯通,该编修等关怀桑梓,筹保利权,拟请援案公举大员,办理该省铁路,所称与其俟外人要求,急谋抵拒,不若先已图维自办为得,洵属扼要之论。"因此,商部予以支持,但是又指出,皖省自建铁路,事关大局,必须有具体方案,"惟事机方案,本部综绾路政,始事经营,不得不力求实际。该省全路长短,里数若干,共需资本若干,如何筹,如何集股,究竟有无把握,未便以空言作据,希即切实详议,务将实在办法呈复大部,再行核夺"。

1905年6月,吕佩芬等安徽京官再次聚会,商议筹建安徽全省铁路中的具体问题及方案,并拟定《详议兴筑全皖铁路办法呈》(以下简称《办法》),逐一答复商部所询问的皖省拟建铁路里程与路线、铁路造价和铁路筹款三大问题。

一是铁路里程和路线。《办法》强调,安徽铁路"宜与邻省已办铁路联络贯通,斯运输繁盛,两有裨益。目前,沪宁铁路直达江宁,则安徽路线其由芜湖接至江宁,为首先应办之要线,计程一百八十里。此后,当划大江南北为两线:由芜湖对江之裕溪口造起,经和、含、庐、凤、蒙、亳,以期与卢汉铁路相接,计程五百余里;江南路线由芜湖经宣城、旌德、徽州至江西所属之景德镇为止,期与将来赣路相接,计程七百余里;由宣城广德州至毗邻浙界之泗安为止,与将来浙路相接,计程二百

---

① 《安徽京官会议皖省铁路办法》,见1905年7月31日《申报》,第9版。

余里。总计南北路线共长一千七百余里"①。

二是铁路造价。《办法》指出，"铁路每一里约需费万金内外，则安徽路总长一千七百余里，共需资本约在二千万之间"。但是由于开凿山岭，建造河桥等项特殊需款，因此，详细数目应俟"雇工程司估勘后，姑能刻算确数"。

三是铁路筹款。《办法》认为铁路需款可分为三项："开办时急需之款"，"铁路未成时常年应筹之款"，"陆续可招之股款"。《办法》分别提出解决办法：

关于开办时急需之款，因"铁路线始，凡设局、勘路、估工、购地，举手之间，即需费甚繁……必先恃有现成款项，始终能济用"。《办法》提出，皖省各县皆有节余历年公款，将此款"拨归本省铁路开办之费，其款愿入股者入投，不愿入股作借，仍均按年给与利息……全省五十八州县每县可拨之公款，酌中以四千计，应共有二十余万金，以为铁路开办之费已有余裕"。

关于铁路未成时常年应筹之款，《办法》参照四川和江西以谷捐、盐斤加价筹集铁路款项办法，建议仿照试行，并建议征收安徽出产的米、茶和木，征收银两，换成铁路股票，以此"每年当可筹至五十万"，其余本省如尚有可得之款，应俟奏定后，由督办之员随时会商本省督抚，妥筹酌办。

关于陆续可招之股款，《办法》强调皖省铁路招股具备众多有利条件，如：一、悉招华股，不参外股；二、督办大员声望素孚且家道殷实，"足以昭信服而广招徕"；三、投资铁路获利丰厚，人所共知；四、"安徽居扬子江中权，为商务繁盛之所"，路成以后，若经理得人，获利定可操券。因此认为，"招集股份当易为力"。他们并提出，一旦安徽自建铁路获得批准，"职等各按本籍选举公正绅耆，每县认股分一万两以为倡率"②。

商部认为吕佩芬等安徽京官"所筹办法尚属明晰"，所举督办安

① 《安徽京官详议兴筑全皖铁路办法呈》，见 1905 年 7 月 13 日《申报》，第 4—5 版。
② 《续安徽京官详议兴筑全皖铁路办法呈》，见 1905 年 7 月 15 日《申报》，第 4 版。

徽全省铁路的李经方，为"前大学士李鸿章之子，才具精敏，乡望素孚"，属恰当人选，因此予以支持。1905 年 7 月 14 日，根据商部的建议，清廷批准安徽自建铁路，并委派李经方督办安徽全省铁路，负责该路"所有招股、勘路、购地、兴工各事"①。

吕佩芬等安徽京官十分清楚皖省财政之困难，筹款关系皖路成败。在清廷批准皖路开筑后，他们仍为皖路多次会议，出谋划策。9 月初，吕佩芬等安徽京官致函安徽巡抚诚勋，建议皖省实行盐斤加价，开办彩票和加抽米捐三项办法，以筹集铁路经费。这一建议得到诚勋的支持，随后，他会同两江总督周馥奏请清廷批准，随后获得清廷批准。②

（二）自建芜广铁路

1905 年 9 月，李经方接受清政府任命，出任安徽铁路总办。9 月初他离开上海，前往南京，拜会两江总督周馥，筹商建路事宜。随后在江苏地方官员的陪同下，与外国工程师一起考察宁镇铁路工程。③ 随后，他撰写《安徽全省铁路图说》一文，阐述自己对安徽筹建铁路的基本设想和全盘计划。

李经方强调，安徽自建铁路，"事属始创，风气未开，焉能家喻户晓"，故建议全省各州县先各举一议事员，之后召集各州县议事员开特别大会。同时，在京城召集安徽京官会议，举一京官为总议事员，八府五州各举一京官为副议事员。由各州县议事员特别大会和京官会议，通过投票决定安徽建路重大事项。

对于安徽财政状况和筹款的困难，李经方有清楚的认识，称"中国财政支绌，各省皆然，皖省物力远逊他省，筹款之难，尤倍于他省"，不可能立即开筑横贯全省的铁道干线，只能"择全省可获利之路，另行筹款，先筑一段，筑成之后，有利可图，再行招股，即卖第一段之路票，为接济第二段之资本"。以此办法，逐步推进，建成全省铁路。他建议实

————————

① 《商部奏安徽绅士筹议全省铁路并派员总办应准先予立案折》，见 1905 年 8 月 18 日《申报》，第 9—10 版。

② 《奏请盐价、米捐、彩票三宗开办铁路》，见 1905 年 10 月 25 日《申报》，第 3 版。

③ 《李京卿会勘宁镇铁路》，见 1905 年 9 月 28 日《申报》，第 4 版。

行盐斤加价;征收米厘,"芜湖出口米数多则六七百万石,少亦四五百万石,每石加银五分,可得数十万两";加征"木税、茶厘、土药及各项杂捐";征收印花税;开办彩票,等等。李经方承认,上述办法即使都实行,对于造路的巨大资金需求来说,也只是杯水车薪。

李经方认为,"铁路应办之事,头绪纷繁,非设局则无所归宿",强调该局应设芜湖,因"芜湖为通商大埠,适居南北"。局中"自总办以迄各员司,应视其职之大小,概优其月俸",而且还对"京中及本省各议事员……由局按年优给",这样才能使他们"实心任事,洁己奉公"。尽管这可能耗费来之不易的资金,但是李经方认为:"铁路为千百年之久大业,立法须为千百年久远之计……欲成全省之大事,不能复为全省惜小费。"

关于皖路首选路线,李经方有自己的看法。此前,安徽京官吕佩芬等曾主张先造芜宁铁路。对此,李经方并不认同,称:"或称英商沪宁铁路指日可成,莫若先由芜湖造一支路,以接沪宁,冀开风气。然芜湖至江宁约二百里,其中属皖界仅百里左右,界外路权在人掌握。或宁省有人接之,或英商接之,尚待会议。与人接轨,利益须与均分,筑此短路,得利几何? 即援浙豫之法,属江宁者亦归皖造,而芜湖至江宁水程仅 180 里,天下未有水陆相同而造铁路与轮船争利者也!"因此认为"此路自宜缓造"。作为替代方案,他提出,安徽铁路"应先由皖南造芜湖至广德州与浙江交界之干路",认为这条路线"路线不长,造成后浙省客货径由芜湖出长江,利可操券。即以此路招股,再行接造皖北干路,分段为之,时日稍长,筹款较易"[1]。

安徽京官同样意识到筹款能否成功关系皖路成败,9 月初,他们致函安徽巡抚诚勋,建议皖省实行盐斤加价、开办彩票和加抽米捐三项办法,解决铁路经费。这一建议得到诚勋的支持,他会同两江总督周馥奏请清廷批准,随后获得清廷批准。[2]

11 月底,李经方抵达芜湖,主持全省各州县绅士代表会议,会商

---

① 李经方:《安徽全省铁路图说》,第5—6页、7—9页、11—12页。
② 《奏请盐价、米捐、彩票三宗开办铁路》,见 1905 年 10 月 25 日《申报》,第 3 版。

开办铁路事宜。与会代表一致赞成李经方拟订的铁路路线和招股方案，①会议决定将"芜湖出口米每石加抽银五分"作为铁路开办经费。但是一些米号商人联名呈禀两江总督周馥，声称，"本年米市滞销，商情困苦，请免加捐，以示体恤"。对此，周馥予以驳斥，强调"芜米加捐，为铁路要需，定于冬月初一日开办，万不容延缓"。随后，李经方来到芜湖，与安徽地方官协商，决定对芜商所缴纳的米捐，"酌给股票，以昭公允"②。暂时缓解了米商的不满和反对。

1905 年 12 月，安徽铁路有限公司成立，李经方拟定公司章程，并开始招收股份。章程共计 10 条，其要旨为：安徽铁路为自办，"全招华股，不招洋股"；"公司先拟造芜湖至广德州通浙之路"；"先行招股四百万两，刊印股票四十万张"，每股"股本规元银十两"；公司自收银后，不论是否开工，每年均付给股东每股五厘官利，并在路成之后，将利润的一半"按股派分股东"。为防止外国资本控制公司，章程还规定："本公司股票遇有转让，只准华人承受"，"如果购买和执有公司股票的中国人，随后改注洋籍，或将所购之票转售或抵押洋人，此项股票即应作废，本公司概不承认"。③

翌年 1 月 1 日，安徽铁路公司先与曾任萍醴铁路工程师的挪威人薛文为铁路之工程师及测量师，双方签订合同，规定由其负责芜广铁路及他处拟造铁路在安徽省或他处拟造铁路"勘定路线、测量路线、绘图出则……筑造及配置事宜"④。之后，公司又聘曾任汴劳铁路工程师的另一位挪威人劳克为工程师，协助薛文工作；⑤聘日本人菅野苞为副工程师。⑥

2 月 13 日，挪威工程师薛文、劳克开始测量芜广路线，他们从芜湖城起，"将路线必经之道次第丈量，插立标记，由江边车站起，刻已勘至东门外，拟在该处建一铁桥"。日本工程师菅野苞、新聘中国工程师纪

① 《皖省各州县举代表人会议铁路招股》，见 1905 年 12 月 11 日《申报》，第 3 版。
② 《会议加捐芜米创办皖省铁路》，见 1905 年 12 月 11 日《申报》，第 3 版。
③ 《安徽全省铁路招股章程》，《东方杂志》第 3 卷第 3 期，"交通"，第 75 页。
④ 《安徽铁路公司与副工程师薛文订立合同稿》，见 1906 年 3 月 18 日《申报》，第 4 版。
⑤ 《安徽铁路公司与劳克工程师订立合同稿》，见 1906 年 3 月 19 日《申报》，第 4 版。
⑥ 《安徽铁路公司与日本工学士菅野订立合同稿》，见 1906 年 3 月 20 日《申报》，第 4 版。

鸿训,亦参与路线测绘。① 6 月初,芜广铁路第一段芜湖至湾沚测勘完成,薛文、劳克等人估算,此段铁路"计工程项下共须土方五十一万八千二百二十方,涵洞五十处。材料项下共计铁桥五座,钢轨二千四百四十二墩,枕木五万五千块,碎石九千三百二十九方"。为此安徽铁路公司在《申报》上刊登"工料招人投标广告"②。6 月 18 日,芜广铁路正式开工。

从表面上看,安徽自建铁路初期进展似乎十分顺利,从安徽京官正式提出倡议到全面开工,前后还不到一年时间。其实,安徽铁路建设在启动之初,就面临种种问题和重重困难,其中经费筹集是最大困难。1905 年 12 月安徽铁路开始招股,然而人们对此反应冷淡,至次年 2 月,"所收各处股银仅七十余万两(米捐盐斤不在内)"③,离预期四百万两的数字相差甚远。为此,李经方为推动股票发行,自认路股十万两,④又借助官府力量,要求"全省六十州县,城乡村镇,不论土著流寓,所有大小铺户,按户酌量入股,每股收规元银十两"⑤。他规定先行认购的 20 万股为优先股,安徽铁路公司对优先股股票购买者送加红利一成,以此激励民众踊跃购股。⑥ 甚至还考虑采取股票与彩票捆绑销售的办法。⑦ 然而,这一切根本无济于事,正如《申报》所说,"皖省铁路,四出招股,应者寥寥"⑧。

安徽京官和李经方都曾将征收米捐作为安徽铁路建筑经费的主要来源。1905 年底,安徽铁路开始征收米捐。李经方等最初提出,芜湖出口米每石征收路捐五分为路款。但是此时安徽矿务总局也在筹办,同样急需经费,因此清政府决定,"芜湖出口之米……每石抽收矿路两捐各二分五厘"⑨。这样一来,铁路通过征收米捐所获得的经费自

① 《芜广铁路纪要》,见 1906 年 3 月 17 日《申报》,第 3 版。
② 《安徽铁路工料招人投标告白》,见 1906 年 6 月 16 日《申报》,第 14 版。
③ 《安徽铁路筹议集股情形》,见 1906 年 2 月 19 日《申报》,第 3 版。
④ 《详志安徽铁路第二次会议事》,见 1906 年 11 月 24 日《申报》,第 3 版。
⑤ 《照会开收安省铁路股份》,见 1906 年 3 月 25 日《申报》,第 3 版。
⑥ 《驻沪安徽全省铁路公司招股处告白》,见 1906 年 7 月 13 日《申报》,第 6 版。
⑦ 《奏办安徽铁路劝股票招人批发告白》,见 1906 年 7 月 9 日《申报》,第 6 版。
⑧ 《安徽铁路集股之困难》,见 1906 年 4 月 16 日《申报》,第 3 版。
⑨ 《米商分缴路矿两捐情形》,见 1906 年 3 月 26 日《申报》,第 3 版。

然减少一半。不仅如此，米商以负担过重，无力承担为由，屡屡上禀芜湖道、安徽巡抚和两江总督，请求减免，未蒙批准后，"砻坊、米行甚至停斛罢市，以为要挟"①。至 1907 年 3 月，根据安徽铁路公司的报告，公司自 1905 年 10 月以来，实际仅收入规银约五十五万两，已用去二十五万余两，尚存近三十万两。② 此时，芜广铁路芜湖至湾沚间的首段路线才刚刚动工。

1906 年 11 月 16 日，安徽铁路第二次议事会在芜湖召开。总办李经方、协办孙传鼎、安徽京官议事员李蠡纯及各州县推举的 33 名议事员出席会议。有人提议三项筹款办法：一、各属劝股票每县能酌认若干。二、拟于原定每股十两之外另招零股，每股五元，先收一元，以后每三个月缴一元，至十五个月为满。三、各县每年加收房捐一个月为股本。但是，与会代表仅接受"另招零股"，否决"各县酌认"和"加收房捐"。③ 筹款问题仍一筹莫展。

由于芜广铁路进展缓慢，1907 年春，皖绅洪汝阊提议，芜广铁路即使筑成，也必须待浙赣铁路筑成后，才能发挥效益，因此建议放弃芜广路线，改建北路，经营皖北，与已经通车的卢汉铁路相接，"转运尤便"。李经方断然拒绝此建议。随后，李经方接到清廷任命，出任中国驻英公使，遂辞去安徽铁路公司总理一职。同年 6 月，安徽京官举荐前广西巡抚李经羲为安徽铁路公司总理，但遭李经羲拒绝。④ 11 月，安徽铁路举行第三次年会，各州县代表推举前长江水师都督程文炳为安徽铁路总理，程文炳亦提出，芜广铁路"成效尚不可期"，因此主张先修"自浦口起经滁州、定远而西历寿州正阳关，过颍上经阜阳，直达河南之周家口"的周浦铁路。⑤ 由于程文炳已年过七旬，加上其主张废除南线，改修北线，遭到芜湖商学各界和安徽京官的反对。之后，安徽士绅在安庆举行特别大会，推举蒯光典为铁路总理。⑥ 但清政府已决

---

① 《路矿米捐又生枝节》，见 1907 年 9 月 30 日《申报》，第 12 版。

② 《呈报皖路收支实数》，见 1908 年 1 月 19 日《申报》，第 2 张第 3 版。

③ 《详志安徽铁路第二次会议事》，见 1906 年 11 月 24 日《申报》，第 3 版。

④ 宓汝成编：《近代中国铁路史资料》下册，（台湾）文海出版社（影印本），第 1019 页。

⑤ 《程军门改修皖路北线之意见》，见 1907 年 12 月 1 日《申报》，第 1 张第 5 版。

⑥ 《芜湖学商界致皖抚电》，见 1908 年 1 月 11 日《申报》，第 1 张第 4 版。

定派蒯光典任赴欧洲留学生监督。吕佩芬等安徽京官均不赞成年迈的程文炳主持修建安徽铁路,1908 年 1 月举荐长芦盐运使周学熙为安徽铁路总理,但周学熙以"望轻难任,且北洋尚有经手商务,南北相距太远难照料"①为理由,婉言谢绝。

李经方离任后,安徽铁路公司长期无人主持,省内外围绕南线北线争论不休,公司管理陷入空前混乱。一些人公开指责公司负责人中饱私囊,肆意挥霍公司资金,私下将铁路材料和用工,高价承包给自己亲信。② 1908 年春,芜广铁路发生储存施工材料的工地被洪水淹没,损失惨重,其中 1200 余桶水泥被洪水浸泡而无法使用。其实,在 1907 年 7 月芜广铁路工地就曾发生洪水淹没 300 余桶水泥的事件。③ 其实,这类事件在芜广铁路的建筑过程中屡见不鲜,大大增加了铁路建设成本,不仅使原本已经十分紧张的铁路资金更加紧张,而且还使人们对芜广铁路的前景完全失去信心,给公司进一步增资扩股带来无法逾越的心理障碍。

1908 年 10 月,清政府最后决定以"前署江西按察使、湖南候补道周学铭总理安徽铁路事"。但是周学铭此时由北洋大臣派委监督滦州煤矿,在移交滦州矿务之后,1908 年 12 月 23 日,新任安徽铁路总理周学铭始接任安徽铁路总理。④ 周学铭上任不久,把持芜湖米市的广潮米商就以茶捐已经停办为由,要求停办米捐,指责安徽铁路公司"以人所不敢必成之路,吸我商民脂膏……以无数血本,供在事者之任意挥霍",表示必须"俟路政办有端倪,再行认捐"。邮传部拒绝芜湖米商的请求,命令米商"照常认捐"⑤,同时又派颜德庆等官员调查安徽铁路。

根据邮传部 1909 年对安徽铁路的调查,安徽铁路公司建立以来,以认股、米捐、茶捐、彩票等形式,共收"规银八十九万两,内支用八十

---

① 《周玉帅复孙中堂电》,见 1908 年 2 月 19 日《申报》,第 1 张第 5 版。
② 《皖路协理朱星斋启事》,见 1909 年 7 月 30 日《申报》,第 1 张第 2 版。
③ 《淹没洋泥之交涉》,见 1908 年 6 月 27 日《申报》,第 2 张第 3 版。
④ 《皖路会办援案移交》,见 1909 年 1 月 5 日《申报》,第 2 张第 4 版。
⑤ 《铁路米捐碍难停免》,见 1909 年 2 月 3 日《申报》,第 2 张第 3 版。

万有奇,仅存八万余两"。其成绩仅为购买自芜湖至湾沚的 59 里铁路用地,完成土工约 9 里和 5 座桥墩。对此,邮传部极不满意,认为必须迅速采取果断措施以扭转目前局面,要求地方官"督饬该公司赶紧设法,一面续招股本,一面接造路工",限芜广铁路于宣统四年(1912 年)告成。①

由于铁路已收各项基本用罄,重新募集足额资金,以使铁路工程取得实质性进展,便成为摆在安徽铁路新总理周学铭面前最严重的问题。为了鼓励人们继续认购安徽铁路股票,周学铭决定提高安徽铁路股票利息,将铁路股票年息从五厘增至八厘。② 然而,这仍然无济于事,人们对这条铁路已经完全失去信心,皖路股票落入无人问津的地步。由于资金难以为继,芜广铁路最终半途而废。

(三)浦信铁路与安徽

在皖人自建的芜广铁路酝酿和开工之前,建造横穿皖北的浦信铁路的计划已提出多年。建造浦信铁路计划的提出,与西方列强在华争夺势力范围的斗争是分不开的。

早在 1898 年 8 月英国正式要求在华承建 5 条铁路之前,就已要求浦信铁路承建权。1898 年 5 月 12 日,英国怡和洋行与清政府督办铁路大臣盛宣怀签订《沪宁铁路借款草合同》,在该合同的附加专条中,明确规定"英公司现愿接造江宁对岸浦口起至河南境内信阳州一带与卢汉铁路相接为止,奏准后所需造路经费,英公司勘路估定。一切借款章程,均照此合同办理"③。英国要求承建浦信铁路的根本目的,在于以此路将已经开工建设的卢汉铁路和拟建的沪宁铁路这两大铁路干线串联起来,从而不仅巩固自己对长江中下游地区的控制,同时从而将自己的势力范围伸展到中原地区。

湖广总督张之洞担心向英国借款,将使英国势力向皖北和河南地区全面扩张,因此表示强烈反对。1898 年 6 月 6 日,张之洞致电盛宣怀,称"浦口至信阳一路,只可(中国)总公司自办。若怡和以英股承

---

① 《查复皖赣路线股本情形》,见 1909 年 5 月 21 日《申报》,第 1 张第 4 版。

② 《安徽铁路公司发息广告》,见 1909 年 4 月 14 日《申报》,第 1 张第 2 版。

③ 盛宣怀:《愚斋存稿》卷三二,第 6 页,见宓汝成编《近代中国铁路史资料》中册,第 447 页。

办，及容闳以洋股承办，皆不可允。路在湖广境，鄙人断不敢画押会奏，万望勿定草约"。5 日之后，他再次电告盛宣怀，称如果借英款修建铁路，"自苏沪自信阳，长江南北，水陆路权全归英，有祸不可胜言矣"①。

浦信铁路全长约 1200 里，穿越皖北地区，安徽段约占 3/5，"经庐州、六安、正阳关、霍邱……沿线皖境中部，地味丰沃，盛产米茶"②。两江总督刘坤一担心皖北地区风气未开，民风素称强悍，英国在此筑路可能会引起与当地民众的严重冲突，因此反对借英款修建浦信铁路。同年 10 月 10 日，他在致盛宣怀的电报中，强调"浦信一路，经由皖、豫腹地，可虑甚多。地方既贫，民情本悍，时务全未闻知，稍有龃龉，祸更烈于教案"。随后盛宣怀在复电中表示，将"皖、豫地瘠俗悍情形，自当转告英商。渠勘路一见荒凉，无利可获，谅必废然自止"③。

然而，英国对夺取浦信铁路控制权已志在必得，不论是张之洞等督抚大员的强烈反对，还是刘坤一和盛宣怀采取让英人知难而退的策略，都无法阻止英国获取浦信铁路的决心。1899 年 1 月 6 日，盛宣怀最终与英国怡和洋行签订《浦信铁路草合同》，其条款共 5 条，规定中国向英国借款"造办铁路由江苏省之浦口，至安徽至河南之信阳"；以该路及相关产业为借款担保；由怡和洋行"当从速代银公司派工程司测勘"铁路路线；中国政府"知会各地方官员，保护银公司派出之勘路之工程司"。双方商定，待路线勘定后，再商议正式合同。④

《浦信铁路草合同》签订不久，中国北方爆发了义和团运动，八国联军入侵中国，清政府濒临垮台，英国勘探浦信铁路"遂暂搁置"⑤。1903 年底至 1904 年初，中国局势逐渐恢复稳定，英国怡和洋行启动浦信铁路的勘探工程，派遣工程师进入安徽，开始勘探浦信铁路路线。1904 年 3 月 17 日，上海《申报》曾报道此事："浦信铁路自归怡和洋行

①　盛宣怀：《愚斋存稿》卷三二，第 12—13 页，见宓汝成编《近代中国铁路史资料》中册，第 452 页。
②　谢彬：《中国铁路史》，上海中华书局 1929 年版，第 435 页。
③　盛宣怀：《愚斋存稿》卷三二，第 12 页，见宓汝成编《近代中国铁路史资料》中册，第 452 页。
④　宓汝成编：《近代中国铁路史资料》中册，第 452—453 页，
⑤　凌鸿勋：《中国铁路志》，第 341 页。

承办后，时有洋兵沿途测勘，乡民少见多怪，未免滋生事端。滁州直隶州知府熊鞠生直刺闻之，禀请两江总督兼南洋通商大臣魏午庄制军派员督勇弹压。"①这表明，至少在 1904 年春，英国怡和洋行已经派遣工程师在英国军队的保护下，对浦信铁路经过的安徽地区开始进行勘探。

1904 年日俄战争爆发，一些中国知识分子对西方国家以掌控铁路，建立势力范围，危害中国主权和独立开始有了清醒的认识。1905 年 6 月，中国留日学生在致外务部的电报中明确指出："外人所允借巨款代造铁路者，非效忠于中国，将借以握全路之权，而举其商务、财政、兵力灌注其间也。"②随后，各省相继出现声势浩大的收回路权运动。

与浦信铁路一样，由江苏省苏州至浙江省杭州及宁波的苏杭甬铁路为 1898 年英国要求在华承建的 5 条铁路之一。1898 年 9 月 29 日，盛宣怀代表清政府与英国怡和洋行签订草约，准与其代表英国公司商定承建苏杭甬铁路。1905 年 9 月 23 日，由于英商并未在规定时间内开工，清政府遂决定废除与英商签订的筑造苏杭甬铁路草合同。1905 年至 1907 年，英国驻华公使与怡和洋行代表多次与清政府进行交涉，"坚不肯允认废约"。苏浙两省官绅与民众遂掀起轰轰烈烈的收回苏杭甬铁路路权运动，要求清廷维持原议，由苏浙两省民众"由苏经杭至宁（宁波）自行修造铁路"③。

苏浙与安徽相邻，两省持续数年的大规模收回苏杭甬铁路路权运动对安徽产生重要影响。浦信铁路的情形与苏杭甬铁路如出一辙，均为 1898 年英国要求在华承建的 5 条铁路之一，1898 年底和 1899 年初盛宣怀与英国怡和洋行相继签署草约，出让两路承建权。现在苏浙民众初步收回苏杭甬铁路建造权，无疑对安徽民众是极大鼓舞，1907 年秋，安徽绅士发起收回浦信铁路运动。

11 月中旬，皖省绅士致函在外务部安徽京官，称："苏杭甬借款一事，人心愤激震动……惟浦信路约，目下皖路公司及旅沪宁郡同乡，均

---

① 《皖路纪闻》，见 1904 年 3 月 17 日《申报》，第 2 版。

② 《留日学生致外务部电》，见 1905 年 6 月 24 日《申报》，第 3 版。

③ 宓汝成编：《近代中国铁路史资料》中册，第 842—43 页。

先有谋商抵制之议……接此信后,务望速定方针,力谋抵制,是所至盼。"①皖省绅商两界同时召开会议,商讨废除浦信路约和援助苏浙办法。② 11 月 21 日,安庆学生听闻清廷计划以浦信、铜官换易苏杭甬的传闻,立即引起轰动。安徽师范学堂学生首先发难,相约罢课,"会议争回浦信路线办法"。之后他们与安徽高等学堂、安庆中学学生商议,推举代表赴芜湖,拟向新任安徽铁路总理蒯光典请愿,以争回自办浦信铁路之权。③

12 月初,旅居上海的安徽人在沪举行会议,会上散发安徽高等、实业各学堂学生所编印《哀告皖人书》,呼吁力争浦信路权和铜官山矿权,"情词哀切,阅者感愤"。怀宁人何君宇发表演说,称"目前路矿问题危急万状,浦信路权失,则吾皖北线终无可办之路,而淮河流域非复我有矣。……抵制之策,惟有废约,集款自办"。与会代表"均以浦信铜官,有关皖省命脉,激昂愤慨",决定成立一大团体,进行抵制。④之后,休宁人汪翼苍印发《警告安徽旅沪同乡书》,称:"路矿关系国家命脉。路矿亡即土地、财产、生命亡。……自苏杭甬勒债问题发生以来,江浙人民奔走呼号,誓死力争……政府见江浙人民团体坚厚不可强迫,遂变计而欲嫁祸于我皖,于是浦信、铜官之阴谋又起矣。"他并强调,现在"事机危迫,非一二人力所能挽救,必须联合全皖及苏豫各同胞协力合谋……务急群起组织机关,结合团体,研究集股抵制办法,万众一心,无少观望,以期与各行省旅居人士声气相通,力谋后盾"⑤。旅居河北保定的安徽人发表公启,称"浦信路一日不筑,即外人觊觎之心一日不泯,欲筑浦信之路,会集股而外更无他法",并拟定浦信铁路集股简章。⑥

长江水师提督程从周则提出了另一种解决浦信铁路的办法,他致函安徽铁路议事员,建议兴修皖北铁路,"自浦口起经滁州、定远而西

---

① 《寄陈亮伯郎中请力争浦信路线书》,见 1907 年 11 月 21 日《申报》,第 2 张第 2 版。
② 《皖省绅商会议路矿纪略》,见 1907 年 11 月 23 日《申报》,第 1 张第 4 版。
③ 《皖学生议争路矿近闻》,见 1907 年 11 月 24 日《申报》,第 2 张第 4 版。
④ 《安徽旅沪学会开会纪事》,见 1907 年 12 月 9 日《申报》,第 1 张第 5 版。
⑤ 《休宁汪翼苍警告安徽旅沪同乡书》,见 1907 年 12 月 24 日《申报》,第 2 张第 4 版。
⑥ 《旅保皖人热心路事》,见 1908 年 1 月 7 日《申报》,第 1 张第 5 版。

历寿州正阳关,过颍上经阜阳,直达河南之周家口。上与卢汉干路相接,下与宁沪支路交通"。程从周声称兴筑该路并无困难,"浦二至周口,计里不及一千,其中并无大山巨川,施工较易,需款不过千万,三五年内即可开车,成本只招华股,并且不用洋。如决议兴修,集股自易。预计此路线修成每年利益至少不下千余万"①。毫无疑问,如果程从周建议的浦周铁路筑成,浦信铁路将完全失去意义。

尽管从表面上看,安徽学生、官绅及旅居上海、保定的安徽士绅掀起的维护浦信路权运动,似乎轰轰烈烈,声势浩大,然而,这一运动从一开始就注定无法持久,更不可能成功。安徽自筑芜广铁路已有多年,因经费难以筹措,一直未有进展,如果再节外生枝,筹募巨资,修建路线更长的浦信铁路或浦周铁路,均无异于天方夜谭。另外,浦信与浦周铁路与芜广铁路不同,均深入苏豫两省,没有苏豫两省的同意和同时筑路,皖境铁路即使筑成,亦毫无价值。因此,维护浦信路权运动并不像收回铜官山矿权运动那样,在本省民众、士绅和学生中引起那样广泛、强烈和持久的反响。随着津镇铁路改道安徽,转为津浦铁路,民众的关注焦点遂转向这条即将开工并对安徽北部经济产生重要影响的新铁路之上。

(四)安徽与津浦铁路

津浦铁路是晚清政府借助外国资本完成的一条纵贯中国南北的重要铁路干线。按照民国学者曾鲲化先生的说法,"光绪六年刘铭传奏请速造清江浦经山东至北京铁路,十三年曾纪泽复奏北京至镇江铁路亟应兴修,是即本路之鼻祖"②。

1898年初,容闳再次提议向美国银行借款修筑津镇铁路,因美款不足,转而又向英国借款。但德国以该路影响胶济铁路的德国利益,因此全力反对。之后,英、德达成两国合修津镇铁路的协议。1898年9月10日,英德公使相约照会总理衙门,要求将天津至镇江的拟建铁路"由英、德两国辛迪加共同建筑"③。同年年底,清廷派许景澄为督

---

① 《程军门改修皖路北线之意见》,见1907年12月1日《申报》,第1张第5版。

② 曾鲲化:《中国铁路史》第3册,(台湾)文海出版社(影印本),第763页。

③ 宓汝成编:《近代中国铁路史资料》中册,第399页。

办津镇铁路大臣,1899 年,许景澄代表清政府与德华银行、汇丰银行及汇丰银行所约怡和洋行订立建筑天津至镇江铁路草合同,共计借款 740 万英镑,九成交付,将路分给南、北两段,"由英德分任建筑,各设洋总管及洋总工程师"。[1] 草约签订后,中国北方因发生义和团运动而陷入动荡,正式合同遂未能签署。

1903 年 5 月 22 日,清政府任命袁世凯为津镇铁路督办大臣。英、德两国随即要求中国迅速订立津镇铁路正式合同。此时,中国各地收回路权运动方兴未艾,直隶和江苏京官致函商部,提出"此段铁路由中国集款自办,无须别借外款,将从前草约声明作废"。直隶、山东和江苏留日学生发表《告三省父老书》,强调:"此路而存,直隶、江苏、山东三省,将藉以俱存;此路而亡,直隶、江苏、山东三省,将藉以俱亡矣!"鉴于国内强烈要求收回路权的呼声,根据直隶、山东、江苏和安徽四省绅商请求,1908 年初,清廷特派张之洞、袁世凯"将津镇草约,与英、德银行商改,挽回权利,借款自修",[2]1908 年 1 月,清政府代表梁敦彦与德英签订津浦铁路正式合同,规定中国向德英借款 500 万英镑,九三折交付,利息五厘;该路自天津经济南至峄县为南段,由峄县至南京对岸浦口为北段;签约后六个月内开工,开工后四年竣工。[3] 2 月,清廷将津镇铁路改为津浦铁路,与英、德公司改定合同。

津浦铁路正式合同签订之际,自峄县至浦口的南段具体路线尚未确定。督办津浦铁路大臣吕海寰会同张之洞、袁世凯考察地形,提出南段有两条路线可供选择,一条为取道安徽之宿州、灵璧、凤阳、定远、滁州等州县,以入江浦县境而至浦口镇;另一条为取道邳州、宿迁、桃源、清河、天长、六合等州县,以入江浦县境而至浦口镇。吕海寰指出,前者均为驿路,其势较为直捷;后者"势似较迂折"。"若由论轨道以直捷,为便路工,以省费为主",应选前者。但铁路"遇通都大邑商埠市场,应行迁就者,虽取道稍迁,亦不可但图省费。总之,以便利商贾,行旅增益,日后养路之资,庶为合算"。然而,江苏铁路公司拒绝这一

① 凌鸿勋:《中国铁路志》,第 187 页。
② 宓汝成编:《近代中国铁路史资料》中册,第 792 页、793—794 页,815 页。
③ 凌鸿勋:《中国铁路志》,第 187 页。

方案,提出苏路北线亦自清江经桃源、宿迁、徐州,与津浦铁路南段重合,主张该路"概由公司筹筑"。因此,吕海寰等认为取道安徽的南段路线为唯一选择。① 这一建议为清廷批准。与此同时,张之洞关于安徽巡抚"会同办理"津浦铁路的建议亦为清廷接受。②

当津浦铁路南线决定取道皖境的消息传出后,一些安徽绅商同样认为这将危害安徽本省铁路北线的修筑计划。4 月 13 日,安徽旅沪路矿公会致电皖籍京官,电称:"津浦案本不经皖,谕旨、合同可证,闻京官请经临准。此局果成,北线去矣。是何道理? 请详示。"③然而,对于大多数安徽人来说,自 1905 年开始修筑的仅 200 多里长芜广铁路,至今仍无丝毫进展,再接受 500 余里的津浦铁路南段,无疑是不自量力。因此,安徽驻沪路矿公会的这一呼声并没有得到多少响应,更没有影响清政府最后关于津浦铁路南段取道安徽的决定。1908 年 4 月 9 日,清政府正式批准吕海寰等人的提议,津浦铁路取道皖北的南段路线,委派安徽巡抚一并会同办理津浦铁路事务,同时规定安徽也应按照三省摊买津浦铁路债票。④

根据直隶、山东、江苏和安徽四省绅商要求,津浦铁路商股有限公司成立,并拟定官商合办招股章程。根据该章程,公司共招"股本库平银 2050 万两,分整股、半股、零股三种股票:计整股每股收银 100 两,半股每股收银 50 两,零股每股收银 5 两",同时规定直隶、山东、江苏和安徽四省"各按地段,认筹股款。此四省内居民,不论有无官职,一律入股。倘本省不能筹足,愿由他省多筹者,亦准通融办理"⑤。同年 11 月,经督办津浦铁路大臣奏准,公司正式成立,颁发关防,其名称为:奏办四省预筹津浦路商股有限公司,在北京琉璃厂工艺局内

---

① 《吕大臣及张袁两军机会奏津浦铁路取道皖境并准苏路公司赶筑北线折》,见 1908 年 4 月 11 日《申报》,第 1 张第 4—5 版。

② 《北京专电》,见 1908 年 4 月 10 日《申报》,第 1 张第 2 版。

③ 《安徽路矿公会力争皖北路权》,见 1908 年 4 月 13 日《申报》,第 1 张第 4 版。

④ 《吕大臣及张袁两军机会奏津浦铁路取道皖境并准苏路公司赶筑北线折》,见 1908 年 4 月 11 日《申报》,第 1 张,第 4—5 版。

⑤ 宓汝成编:《近代中国铁路史资料》中册,第 815 页。

办公。①

当清廷决定津浦铁路南段经由安徽后，皖绅窦炎等20余人筹款30余万元，呈请组成皖北津浦铁路工程公司，力图独揽皖境铁路的土石工程。他们在呈请报告中强调："津浦铁路取道皖境，凡经宿州、灵璧、凤阳、定远、滁州县，计长五百余里，将来填筑土方石子，需用工料人夫甚多。绅等拟创设皖北包修津浦铁路工程公司，合筹基本金三十万元，凡津浦南段皖境工程，除枕木钢轨等事应由铁路局自办外，一切土方石子涵洞桥墩暨人工所能办者，均可由工程公司承办。……所用人夫，尽由本地召集……洵属以工代赈，一举两善，且今日包造工程之资本，即可为他日皖省购回债票之基础，于国家，于地方，于铁路大局，均有裨益，系保障路权利权之意。"②随后，农工商部批准成立皖北津浦铁路工程公司。③

1908年秋，津浦铁路南段开始勘探安徽滁州境内路线，由于皖北地区民风强悍，来皖勘路外国工程师的安全引起清政府的担忧。不久，外国工程师勘路器械在皖北被匪徒抢夺，更加剧了当地官府的担忧。④ 随后，两江总督端方电告安徽巡抚冯煦，称"滁州属之张八岭、沙河集、管店一带，山冈林立，绵亘数十里，杳无人烟，为盗贼出没之处。现在津浦勘路各洋员移驻该处，若仅恃所带护勇防护，为数有限，倘有意外之虞，诚属不堪设想，务饬皖北营队及地方官，选派勇役，认真防护"⑤。11月，英国总工程师纪德、副总工程师赫曼先士阶而拔牛通率领的津浦铁路南段第一队测绘人员，开始在定远境内"踏勘路线，安桩插旗"。勘路外国工程师抵达后，定远县令随即"分谕董保，认真保护"，并"派令家丁督同差勇在三界工次，常川驻守，妥为照料，并随时移会营汛，亲往督率董保，实力保护"⑥。1908年12月，津浦铁路南段

① 《铁路公司咨报开办》，见1908年11月21日《申报》，第2张第4版。
② 《皖北工程公司呈请立案》，见1908年7月12日《申报》，第2张第5版。
③ 《准设皖北津浦铁路工程公司》，见1908年8月25日《申报》，第1张第5版。
④ 《洋员被抢骇闻》，见1908年11月5日《申报》，第2张第4版。
⑤ 《派员防护勘路洋员》，见1908年11月10日《申报》，第2张第3版。
⑥ 《禀报保护勘路人员情形》，见1908年12月23日《申报》，第2张第3版。

正式开工,光绪壬辰年进士杨士晟任总办。①

津浦铁路安徽段穿越淮河,淮河铁路大桥为此段工程的关键。根据英国工程师的勘探,最初计划在凤阳府临淮关附近修建淮河铁路大桥。1909年2月,皖北36家盐贩联名上禀督办津浦铁路大臣吕佩芬,"以津浦铁路在凤阳府属之临淮河南勘造河桥……诚恐桥孔低狭,不但于盐船有碍,且恐于往来商船诸多不便,恳请将桥或改建高大,或造活桥,以利盐运等情"②。这一要求最初遭到路局拒绝,并提出盐船应降桅后过桥。之后,皖北全体盐贩和正阳关皖北商务总会分别致电两江总督端方,请求其出面与路局交涉,称:"淮北担任税课尤巨,造桥有碍运道,亟宜通盘筹划,以期兼顾。"③之后,经端方与吕佩芬等协商,委派官员陪同外国工程师格林森,"同往测勘,研究该路由何处渡淮最为合宜,桥工应如何建筑,可使路工行船两无妨碍"④。最终,津浦铁路淮河大桥改在蚌埠段。1909年12月,蚌埠淮河铁路大桥开工建造,工程历时1年8个月,1911年8月3日大桥全部竣工。⑤ "建桥共完成混凝土8806立方米,另使用花岗岩352立方米,石子508立方米,钢材250吨,除钢桁系购自苏格兰锐特赫德森公司外,其他各项器材均在国内购置,所用气压沉箱由上海江南造船厂制造。全桥共用款项不及100万银元,较原计划节约约10万元"。⑥

淮河铁路大桥的竣工,为津浦铁路南段的通车奠定了基础。在淮河铁路大桥竣工之时,蚌埠至浦口的铁路筑路工程已经全部结束。1911年8月23日,上海《申报》开始连续刊登津浦铁路南段营运时刻表,列车在安徽蚌埠至江苏浦口间将运行整整10个小时,共经过14个车站,其中在安徽境内有蚌埠、门台子、临淮关、小溪河、明光、管店、三界、张八岭、沙河集、滁州和乌衣9个站。⑦ 津浦铁路南段的开通和

---

① 凌鸿勋:《中国铁路志》,第188页。
② 《盐贩禀请改建河桥》,见1909年2月21日《申报》,第2张第3版。
③ 《淮北全体票商贩上端午帅电》,见1909年7月19日《申报》,第2张第2版。
④ 《端午帅致邮传部督办会办电》,见1909年7月21日《申报》,第2张第2版。
⑤ 《中国大事记》,见《东方杂志》第8卷第7期,第9页。
⑥ 安徽省地方志委员会编纂:《安徽省志·交通志》,方志出版社1998年版,第323页。
⑦ 《津浦铁路南段营运时刻表》,见1911年8月23日《申报》,第7版。

运行标志安徽从此进入铁路时代。1912 年,津浦铁路全线贯通,蚌埠以北至江苏徐州的铁路线也开始投入营运。

外国资本控制的津浦铁路在兴建初期曾遭到安徽等省官绅和民众的强烈反对和抵制,然而它在短短的 3 年中就全面完工并迅速投入营运。相反,安徽官绅和民众全力支持的芜广铁路在耗费大量资金和兴建六七年后仍毫无进展,这种强烈对比对受到近代民族主义思想影响的安徽官绅和民众来说,无疑是难以接受的。这表明,仅仅凭借民族主义的激情,并不能在近代化的建设中取得实实在在的进步。资金和技术人才的匮乏,腐败的官僚政治体制和公司管理者的无能,这一切都给清末安徽人发展自己的铁路事业设置了无法逾越的障碍。

二、近代轮船航运业的开辟与发展

(一)近代安徽长江轮船航运业的开辟

第二次鸦片战争之后,西方国家急于迅速开辟中国广阔的内地,一些外国商人敏锐地发现长江航线的巨大价值。1861 年 1 月 21 日,美国旗昌洋行的创办人之一、驻上海副领事金能亨指出,中国的长江流域物产丰富,绿茶多经江西鄱阳湖和安徽芜湖,由船只沿江而下运出,"生意的数额几乎是数不清的",控制这条航线可以获得极其丰富的利润。他强调,只要用 3 艘轮船就可以开办一条每周两次的定期航线,在上海至汉口之间的 600 英里航程中行驶,"如果旗昌洋行能立即置船开办这一航线,则该洋行可在极短时间内控制扬子江的运载业"。2 月 22 日,美国旗昌洋行的武装商船"长江号"跟随英国舰队抵达南京,之后"长江号"继续溯江而上,穿越长江安徽段,最终抵达汉口,开辟了上海经江苏、安徽、江西至湖北的长江航线。[1]

1862 年初,太平军开始进攻上海地区,根据上海官绅的请求,驻扎安庆的曾国藩决定派遣李鸿章率领 6000 名刚刚招募的淮军赴上海增援。由于安庆与上海之间的广阔地区为太平军控制地区,唯有水路

---

[1] 聂宝璋编:《中国近代航运史资料》第 1 辑上册,上海人民出版社 1983 年版,第 246 页、264—265 页。

才能在短期内将这支军队完整地运往上海。经上海绅商与英国驻上海领事麦华陀反复协商，英国最终同意用麦李洋行轮船将这批淮军从安庆由长江运自上海，其全部运费为 18 万两。1862 年 3 月 28 日，上海官绅钱鼎铭和潘馥乘英国轮船抵达安庆，随后又有 6 艘英轮抵达，4 月 5 日，首批 3000 名淮军分乘 7 艘英国轮船由安庆顺江而下，穿越太平军控制的安徽和江苏地区，驶往上海。数日之后，这批轮船又返回安庆，将其余 3000 名淮军也全部运抵上海。① 这表明，外国轮船开辟长江航线，不仅对长江中下游地区的交通和经济生活产生巨大的影响，而且在政治和军事上同样产生重要影响。

在开辟至汉口和九江的长江航线的同时，英国等西方国家开始觊觎安徽沿江一带的丰富物产，并选择口岸和停泊轮船。1862 年春，美商旗昌轮船公司正式开业，7 月 22 日出版的《上海新报》刊登了这家公司的一则广告："旗昌洋行火轮船公司，现有坚快船五只，轮流往返长江内镇江、安庆、九江、汉口各埠，议定每逢礼拜二、礼拜五，自上海开往汉口；每逢礼拜三、礼拜六，自汉口驶回上海，周而复始，依期不误。"②这表明，在西方国家强行开辟长江内河航线之初，安庆就已经成为其轮船停泊口岸。

1862 年底，英国驻华公使向总理衙门提出，"要求将安徽省的安庆、大通和芜湖为准许轮船持凭汉口或九江海关所发专照装运茶叶的地方"。之后，时任中国广州海关代理总税务司的英国人赫德就此与两江总督曾国藩协商，但曾国藩表示，"安庆并没有轮船运输，芜湖刚刚从太平军手中夺回，惟大通常常有轮船装卸货物"③。可见，早在 19 世纪 60 年代初期，位于皖江中段的大通已经成为外国轮船装卸货物的重要场所。

19 世纪 70 年代初期，芜湖、安庆和大通已经正式成为航行在长江上的美国旗昌等公司轮船定期停泊口岸。1871 年 9 月 30 日，美国传教士在上海创办的《教会新报》刊登旗昌公司的一则广告称："本公司

---

① 王尔敏：《淮军志》，中华书局 1987 年版，第 64—65 页。

② 1862 年 7 月 22 日《上海新报》广告。

③ ［美］莱特：《中国关税沿革史》，三联书店 1958 年版，第 204—205 页。

旗昌火轮船所之路有三：一、为上海往汉口之路,至镇江、九江停船,客人上船下船,并装载金银货物上船下船,至仪征、南京、芜湖、大通、安庆、武穴亦停船……"①同年 10 月 21 日《教会新报》刊登了汉口与上海之间轮船搭客价目表,其中"(上海至)芜湖九八元(规元,下同)六两六钱,大通九八元八两二钱,安庆九八元十一两四钱……(镇江至)芜湖九八元(规元,下同)二两六钱,大通九八元八四二钱,安庆九八元八两四钱……(仪征至)芜湖九八元二两二钱,大通九八元三两八钱,安庆九八元五两……(南京至)芜湖九八元一两六钱,大通九八元三两,安庆九八元四两二钱……(芜湖至)大通九八元一两八钱,安庆九八元二两八钱……(大通至)安庆九八元一两四钱……"②这表明,早在 1877 年《中英烟台条约》签订之前,西方轮船已经频繁地穿越安徽长江段,并在皖江芜湖、大通、安庆等处码头停泊。长江安徽段也随之结束了木帆船一统天下的局面,以近代蒸汽机为动力的外国轮船日渐在客货运输中占据主导地位,对近代安徽的经济、社会和政治产生日益深刻的影响。

19 世纪 60 年代初至 70 年代初期,多家英美公司先后开辟长江班轮航运。据《北华捷报》统计,在上海至汉口的长江航线定期行驶的外国班轮已有 16 艘之多,分属 7 家英美公司。其中,美国为 3 家公司,即旗昌、同孚和琼记;英国为 4 家公司,即宝顺、吠礼查、怡和及广隆。美国的旗昌洋行经营规模最大,拥有 5 艘长江班轮,吨位均在千吨以上;同孚洋行拥有 3 艘长江班轮,仅"九江号"吨位在千吨之上;琼记洋行拥有两艘吨位在千吨之下的小轮。英国广隆洋行拥有两艘千吨之上的大船。怡和洋行拥有大小轮船各一艘,而宝顺和吠礼查洋行各有一艘轮船。③

从 19 世纪 60 年代初开始,英美两国轮船公司竞相降低运价,增加资本,添置巨轮,为争夺长江航运权展开激烈的斗争,而美国渐占优势。据 1864 年西方国家的一份报告指出："航运长江之外国船只,本

① 1871 年 9 月 30 日《教会新报》第 4 卷,第 155 册广告。
② 1871 年 10 月 21 日《教会新报》第 4 卷,第 158 册广告。
③ 聂宝璋编:《中国近代航运史资料》第 1 辑上册,第 264 页。

年续有增加,最初外轮驶往长江,不甚相宜,入夜必须停泊,以期安全。故由沪启椗后,辄需一星期之久,始达九江。至是巨轮频增,内有多艘,由沪驶浔。所载货物,与日俱进。按当时航行长江之轮舶,隶英籍者,只寥寥数艘,余皆属诸美籍。"①

在争夺长江航运控制权的激烈竞争中,一些势力较弱的轮船公司难以维系,逐渐退出长江轮船航运,美国旗昌公司继续扩大自己的优势地位。至 1866 年 6 月,"旗昌洋行估计长江全部运输量的二分之一到三分之一都为它的轮只所掌握"②。1867 年,美国旗昌公司击败了英国宝顺洋行,迫使它退出长江航运,并收购了它的两艘轮船和在上海的岸上设备。此外,旗昌公司又收购了一艘怡和洋行以前在英国订购的轮船,进一步加强其垄断地位。③ 从 1867 年至 1872 年,航行在上海至汉口之间的美国旗昌公司轮船从 8 艘增至 10 艘,其中 7 艘为千吨以上的大轮,包括 2 艘 2000 多吨的轮船和 2 艘 3000 余吨的轮船。与之竞争的仅有英国公正轮船公司的 2 艘较小的江轮。④

英国不甘心拱手退出长江轮船航运业,决心加强自己的竞争实力。1872 年 7 月 17 日,《申报》发表文章称:"火轮船之上海汉口两处往来者,近数年来,皆为旗昌与公正两家所垄断,别家之船,不敢向此途问津。……今其势已小变矣。……现英国又有欲设一大火轮公司,拟置造铁轮船六只,轮流往来沪汉两途,议设一新公司而令太古洋行总理其事。此六船大约明年 5 月可到……"⑤英国太古轮船公司成立后,采取不收栈租、给货主优厚回扣、拉拢中国货运经纪人等手段,向旗昌公司施加巨大压力。迫于竞争,旗昌公司只得大幅度降低长江航线上的轮船客货运费。⑥

① 班思德:《最近百年中国对外贸易史》,第 89 页;转引自聂宝璋编《中国近代航运史资料》第 1 辑上册,第 440 页。

② 刘广京:《英美在中国的轮船运输业竞争,1862—1874》,第 55 页;转引自聂宝璋编《中国近代航运史资料》上册,第 444—445 页。

③ 聂宝璋编:《中国近代航运史资料》第 1 辑上册,第 452—455 页。

④ 刘广京:《英美在中国的轮船运输业竞争,1862—1874》,第 71 页;转引自聂宝璋编《中国近代航运史资料》第 1 辑上册,第 560 页。

⑤ 《论轮船来往沪汉事宜》,见 1872 年 7 月 17 日《申报》。

⑥ 聂宝璋编:《中国近代航运史资料》第 1 辑上册,第 564—566 页。

正当英美为争夺长江航运控制权展开激烈角逐之际,1872 年 12 月,清政府在经历长达数年的犹豫之后,接受李鸿章的建议,决定建立轮船招商局。① 1873 年 1 月 18 日,招商局刊登成立启事,阐明其宗旨为:"当五口通商之初,货物转运,多用外国帆船运输,本国固有船业,坐是日渐衰落。迨各国轮船纷至,帆船水脚大见低降,第轮船容量宏大,速率高超,帆船实属望尘莫及,一般商人因多改用轮运,不但需时较少,货物且无湿损之虞,本金亦易于周转,故对于轮船,咸趋之若鹜,而帆船营业,遂蒙莫大之影响。……中国惟有急起直追,自行设局置轮,以维航运业而塞漏卮。"②

轮船招商局成立之初,仅从事上海至汕头、香港和天津之间的沿海航线运输业务。同治十二年七月,招商局在芜湖设立行栈,开展轮船运输和港口业务。③ 同时,招商局派遣轮船"永宁号"从上海驶往汉口,正式开辟长江航线。不久,招商局又投入"洞庭号"轮船参与长江航运。④ 1876 年,美国旗昌轮船公司终于难以继续维系,决定将全部资产售予轮船招商局。1877 年 2 月 12 日,双方正式签订合同,招商局购入旗昌公司包括大轮 16 艘(其中江轮 9 艘,海轮 7 艘),小轮 4 艘,驳船 5 艘,上海、汉口、九江趸船及栈房等全部财产。⑤ 在并入旗昌公司轮船后,招商局在长江上的轮船运输实力大增,"骤增巨轮十数,船步屯栈林立,遂与怡和、太古并号三公司,名且骎骎而上之焉"⑥。

轮船招商局设立不久,安徽长江沿岸最重要的口岸芜湖被辟为通商口岸,招商局及其他轮船公司均敏锐地意识到芜湖在未来长江航运中的重要价值和显著地位。1877 年初,几乎在芜湖正式开埠同时,招商局立即"在芜湖购入张顺兴等人的基地,建货栈 3 座,次年又添置鸡窝街等处 6 块基地,并设置趸船"⑦。1881 年,招商局"将新置孟买号

① 张后铨主编:《招商局史·近代部分》,中国社会科学出版社 2007 年版,第 32 页。
② 1873 年 1 月 18 日《申报》。
③ 芜湖地方志编纂委员会编:《芜湖市志》下册,社会科学文献出版社 1993 年版,第 505 页。
④ 张后铨主编:《招商局史·近代部分》,第 56 页。
⑤ 张后铨主编:《招商局史·近代部分》,第 100—101 页。
⑥ 《盛宣怀行述》,《愚斋存稿》,第 7 页。
⑦ 张后铨主编:《招商局史·近代部分》,第 107 页。

轮,改为芜湖趸船"。1882 年,在"芜湖添置铁趸船用银二万七千两"。① 1886 年,英国怡和轮船公司亦在芜湖设立分公司。② 之后,英国太古洋行同样在芜湖设立分行。③ 1887 年 2 月 1 日,F. 克利普斯与 H. 赫利欧斯在上海出版的英文报纸《字林西报》刊登广告,宣布将他们的公司合并组成芜湖船运贸易公司。④

19 世纪 70 年代中期,轮船招商局和英国的太古、怡和公司为争夺长江航运控制权,均以大幅度降低货运费进行竞争。1877 年,太古公司因竞争中"受累甚重","亏折太多",遂主动提出双方和解。招商局也希望达成协议以减少竞争损失。12 月 18 日,双方达成为期 3 年的江海航运齐价协议,其中规定长江航线双方船舶分配数为招商局 6 艘,太古 4 艘,并规定"无论商局船之多寡,其水脚总以商局得五五之数,太古得四五之数"⑤。随后,招商局与太古公司刊登广告,宣布 1878 年 1 月 1 日,长江客货运费一律涨价。⑥ 1878 年,招商局又与怡和洋行达成类似的齐价协议,遂成为三家协议,其中规定长江航线运费分配比例为:招商局得 38%,太古得 35%,怡和得 27%。⑦

1879 年,英国的怡和与太古公司率先破坏 1878 年达成的齐价协议,招商局与太古、怡和恢复以降价为主要手段的竞争。在 1881 年前后,招商局由于得到中国商人及清政府的支持,处于明显的有利地位,"在长江航线,芜湖、宜昌两埠只有招商局船只往来,汉口、九江、镇江运费招商局约占一半"。尽管如此,激烈的竞争也使招商局赢利大幅度减少。1882 年,招商局再次与太古和怡和达成"联盟收费"协议,规定运费分配比例是:招商局比太古多分 10%,太古比怡和多分 20%。1884 年,三家达成为期 6 年的齐价协议,其中长江航线招商局得

---

① 聂宝璋主编:《中国近代航运史资料》第 1 辑下册,第 998 页。
② 聂宝璋主编:《中国近代航运史资料》第 1 辑上册,第 501 页。
③ 聂宝璋主编:《中国近代航运史资料》第 1 辑上册,第 517 页。
④ 1887 年 2 月 1 日《字林西报》,第 93 页。
⑤ 张后铨主编:《招商局史·近代部分》,第 107 页。
⑥ 1878 年 1 月 2 日《申报》。
⑦ 聂宝璋主编:《中国近代航运史资料》第 1 辑下册,第 998 页。

38%，太古得 35%，怡和得 27%，规定"不得有跌价争揽情事"①。

尽管中国的招商局与英国怡和、太古试图通过价格协议来长期维持它们对长江航运业的主导地位，但这并不能阻止其他轮船公司崛起，尤其是甲午战争后日本轮船大举进入中国内河航运。1897 年 10 月日本政府为争夺在中国内河的航运权，指示日本轮船公司，将长江航线定为"命令航线"，并给予开辟此航线的轮船公司"航海补助费"。1898 年 1 月，日本大阪商轮公司相继派遣"天龙川丸号"和"大井川丸号"两艘轮船，开辟自上海，经镇江、芜湖、九江至汉口之间的长江航线，每月往返 6 次。② 公司并以芜湖为寄港地，大通和安庆为停船地。③

19 世纪 90 年代初至 20 世纪初期，长江航运业的格局发生重大变化。根据 1901 年中国海关的统计，"1891 年在长江定期航行的轮船，分别属五家公司所有，即太古轮船公司，有轮船三艘航行；中国招商局，有轮船四艘；怡和轮船公司，有轮船三艘；鸿安轮船公司，有轮船四艘；麦边洋行，有轮船两艘。轮船数目迄无增长。直到 1899 年 1 月间，才有大阪商船公司开航两艘小轮船；1901 年两艘小轮船已由长崎造的三艘大轮船取代，并还带到芜湖一艘废船，供该线应用。1900 年 1 月间，有利克麦公司，后又有汉美轮船公司开航。……在 1892 年至 1901 年这一时期之末，共计有轮船二十四艘在长江定期航行，比 1892 年多了八艘"④。

在中国轮船招商局与西方国家争夺长江航运主导权的竞争中，芜湖占据重要地位。1876 年 9 月 13 日《中英烟台条约》签订，安徽长江沿岸的重要口岸芜湖被辟为通商口岸，次年 4 月 1 日，芜湖正式设立海关，开始对外开埠，日益成为外国商品输皖的重要集散地，大批外国商品由轮船经长江运抵芜湖。19 世纪 80 年代初期，芜湖米市形成，全国各地商贾云集芜湖，他们雇用轮船，由长江将芜湖米市收购的稻米

---

① 张后铨主编：《招商局史·近代部分》，第 109—110 页。
② 《大阪商船株式会社五十年史》，第 254—255 页，转引自聂宝璋、朱荫贵编《中国近代航运史资料》第 2 辑上册，上海人民出版社 1983 年版，第 142 页。
③ 聂宝璋、朱荫贵编：《中国近代航运史资料》第 2 辑上册，第 142—143 页。
④ 《中国海关·海关贸易十年报告，1892—1901》第 1 卷，第 383 页；转引自聂宝璋编《中国近代航运史资料》第 1 辑上册，第 396 页。

运往国内各商埠甚至海外。芜湖商港轮船货运业务日渐繁忙。1878年至1913年芜湖海关登记的进入芜湖港的轮船数如下：

表 12-6　1878—1913 年芜湖海关历年进出口轮船数量、载量一览表①

时间（年）	船只数量（艘）	载重（吨）	备　注	时间（年）	船只数量（艘）	载重（吨）	备　注
1878	1298	1180632	以英国、中国船只为主	1896	2904	2844403	以英、中船为主，德国其次
1880	1630	1450063		1900	3395	3714172	
1881	1669	1524351		1901	3469	4143654	
1882	1716	1498518		1902	3668	4555757	
1884	781	773090		1903	3790	4698069	
1885	678	700165		1904	3953	5088209	
1886	2174	1832739		1905	4498	6131317	
1887		1782647		1906	4256	6116936	英船为主，日本其次，中国降为第三
1889	2491	1940572		1907	3821	6168571	
1890	3179	2107112		1908	4010	6657446	
1891	2985	2230636		1909	3780	6421190	
1892	3202	2639223		1910	3731	6232864	
1893	2907	2645528		1911	3442	5868295	
1894	2737	2645567		1912	3725	6128210	
1895	2717	2446958		1913	3723	6274836	

由上表可见，在芜湖开埠短短 20 余年间，驶入芜湖港的中外轮船数量从 1878 年的 1298 艘增至 1905 年的 4498 艘，增长 247%；其载重量则从 1878 年的 118 万吨增至 1908 年的 665.7 万吨，增长 464%。

随着长江航运业的迅速发展和芜湖在长江航运业地位的不断提升，19 世纪末至 20 世纪初，从事长江航运的中外各轮船公司纷纷在芜湖开辟码头，设立分行。1901 年 5 月 8 日，《申报》刊载一则消息："招

---

①　本表根据王鹤鸣、施立业：《安徽近代经济轨迹》，第 316—317 页数据改制。

商、太古、怡和、麦边、瑞记、鸿安公司,向在芜湖设有趸船,行旅往来,颇称便益。迩者日商大阪洋行又在太古码头之畔添设趸船。此后轮船到埠,亦不虞无驻足之方矣。"①

除芜湖之外,安庆和大通同样在长江航运中占据重要地位。安庆位于皖西长江北岸,为安徽省城,1861 年清军攻陷安庆后,这座城市立即引起西方国家航运公司的关注。次年,美国旗昌轮船公司即派"轮船停靠安庆,上下旅客,每月三次。1876 年以后,又有英国怡和洋行、太古洋行和日本的日清公司的轮船停靠,均在小南门外,以两艘木船接送客货"②。1877 年,《烟台条约》生效,安庆和大通被辟为交通口岸,准许外轮在江中停泊,上下客货。"1883 年,招商局在大南门设置800 吨级趸船一艘,开办运输业务"③。位于长江安徽段中部的大通自古以来即是重要水运口岸,亦为中外轮船公司展开激烈竞争的口岸。1874 年,英国太古大轮公司的"大轮停靠大通和悦洲外江,在该地建栈房(楼房)一幢,屋顶有瞭望台,悬旗挂灯,当时称之'洋棚'。1894年,洋棚被火烧毁,又重建一幢五间平房,设有售票房、候车室。1908年,由招商局商人集资购买趸船,置于和悦洲外江。"④

安徽长江轮船航运业的出现与发展,对近代安徽交通、经济和社会均产生了深刻影响。它不仅为近代西方资本主义国家深入安徽内地,从事商品倾销和资源掠夺提供了便利,同时也加快和密切了本省各地区之间的经济联系和人员往来,推动了安徽近代经济的成长。与此同时,皖江近代轮船航运业的兴起,也导致大批过去在皖江上以木帆船为业的水手和船员、码头工人和挑夫的失业,从而造成严重的社会问题,并为以后的反清革命准备了后备力量。

(二)皖省内河小轮航运业的兴起

甲午战争之前,清政府曾禁止外轮驶入长江以外的中国内河。甲午战争之后这一限制被彻底突破。日本通过《马关条约》,不仅获得

① 《添置趸船》,见 1901 年 5 月 8 日《申报》,第 2 版。
② 安庆市地方志编纂委员会编:《安庆市志》上册,方志出版社 1997 年版,第 306 页。
③ 安庆市地方志编纂委员会编:《安庆地区志》,黄山书社 1995 年版,第 662 页。
④ 铜陵市地方志编纂委员会编:《铜陵市志》,黄山书社 1994 年版,第 467 页。

经长江直航重庆的特权,同时还首次驶入长江以外内河。随着西方列强的轮船公开闯入中国内河、内港,中国的民族危机日益加深,清廷被迫逐步解除对内河不准行驶轮船的禁令。1898 年总理衙门通知各省,"拟将通商省份所有内河,无论华商洋商,均准驶行小轮船"①。同年,清廷颁布《内港行船章程》,明确规定"中国内港,嗣后均准许在口岸注册之华、洋各项轮船,任便……往来"②。这一规定不仅将小轮行驶范围由通商省份扩大到所有内河内港,而且迅速推动华商航运企业的崛起。

另一方面,随着长江轮船航运业的开辟,轮船航运的便捷、安全、舒适及由此而带来的丰厚利润,引起安徽一些有实力的商人的关注,他们开始对近代轮船航运有了初步认识和兴趣。然而,由于安徽商人资本实力的有限,无力购置大轮;另外,省内河道除长江外多数浅窄,无法通行大轮。因此,安徽商人首先投资小轮客货航运。然而,安徽商人并没有十分的把握,他们担心清政府刚刚准许的小轮在内河航运的法令将来是否被废除,担心购置的小轮在各口岸码头停泊时会可能遭到官员的刁难和勒索,同时还担心各地官员将会对华商小轮征收额外的税款。为此,一些商人采取与英商合股,注册英国公司,悬挂英国国旗,来解决这些困惑和忧虑。英国人认为此事为无本万利,并有助于英国势力进一步控制长江中下游地区的航运,因此予以积极支持。

1898 年,一些华商与英商新顺昌公司商定,由他们投资在芜湖设立在英国注册的立生祥小轮公司。英国驻芜湖领事富美基对此完全支持。他随后照会芜湖关道吴景祺,要求准许新顺昌设立立生祥小轮公司。经反复磋商,双方商定章程 6 条,规定该公司小轮行驶水域为"上至安庆,下至南京,北至庐州府,南至太平府为界";"小轮赴税务司处请领关牌,送监督盖印发给";"小轮在本口装洋货赴内港领有洋货税单,及在内口装土货回口另有土货报单,小轮船内之货在洋关完出口、回口正税,又在内口完各常税厘金"。章程同时规定"外国商民

---

① 朱士嘉编:《19 世纪美国侵华档案史料选辑》,中华书局 1959 年版,第 415—416 页。
② 王铁崖编:《中外旧约章汇编》第 1 辑,三联书店 1957 年版,第 786 页。

向不准在内港各处居住，开行设栈，应仍照章禁止"①。《中外日报》当时曾刊登消息："立生祥号创设内河轮船公司，悬挂洋旗，专走庐州内河一带，已于十八日开办。搭客甚伙，行旅便之。"②立生祥小轮公司首辟芜湖至庐州定期客运航线之后，又开辟至南京和安庆的小轮长江航线。③

立生祥小轮公司在芜湖设立后，生意兴隆，利润丰厚，引起其他华商的效仿。1900 年夏，芜湖又相继出现悬挂英商旗号的"顺丰公司及丰和公司，专走太平府、和州、南京、狭（荻?）港、凤凰颈、大通、枞阳、安庆等处"④。

20 世纪初期，芜湖众多华商小轮公司也相继设立。1901 年 4 月，芜湖商人拟集资创设行驶宁国府的小轮公司。⑤ 1905 年 5 月，"候选知州程步章等拟在芜设立江皖公司，自备小轮二只，一名合肥，一名芜湖。亦由芜行驶庐郡往来贸易"⑥。6 月，华商普安公司新增小轮一艘，名"鸿运"者，由芜湖行始大通、安庆，往来贸易。⑦ 7 月，华商汪瑞卿"拟在芜开设新安和记公司，特置备小轮一只，拖船一只，由芜开行庐州、运漕雍家镇等处，往来搭客贸易"⑧。

至 1905 年春，芜湖小轮公司已有 5 家，拥有小轮 10 余艘，均由芜湖行驶大通、安庆或庐州、合肥等处。⑨ 1908 年，在芜湖海关登记的小轮公司已有 15 家，拥有小轮 25 艘，其中 1908 年登记的小轮公司就达 9 家。在上述这些小轮公司中，1901 年 6 月开业的泰昌航运公司规模最大，拥有"升隆号"、"升和号"、"升发号"、"升财号"、"升泰号"等 5 艘小轮，1905 年开业的森记公司和 1907 年开业的商务公司各拥有 3

---

① 冯煦主修：《皖政辑要》邮传科卷一〇〇《航业》，第 908—909 页。

② 1899 年 2 月 5 日《中外日报》。

③ 民国《芜湖县志》。

④ 聂宝璋、朱荫贵编：《中国近代航运史资料》第 2 辑上册，中国社会科学出版社 2002 年版，第 517 页。

⑤ 1901 年 4 月 25 日《中外日报》。

⑥ 1905 年 5 月 29 日《中外日报》。

⑦ 《东方杂志》，第 2 卷第 5 期，"交通"，第 54 页。

⑧ 1905 年 7 月 8 日《中外日报》。

⑨ 聂宝璋、朱荫贵编：《中国近代航运史资料》第 2 辑下册，第 976 页。

艘小轮，其余公司均只有 1～2 艘小轮。① 迄至清末（1911 年），以芜湖为起讫点的轮船航线有 16 条，长 1691 公里，另有轮运起讫点不在芜湖的航线 4 条，长 392 公里。溯江而上，直抵九江；下达南京。循青弋江、裕溪河，直通宣城、朗溪、宁国、巢县、合肥。②

自芜湖之后，安庆和大通的小轮航运业也开始出现和发展。1902 年 6 月，《中外日报》载文称，安庆"某公司现创小火轮，专走芜湖大通各埠，逐日开往。省垣码头，设于大南门外，不日即可开行"③。1904 年，又有泰昌和万集两公司在安庆设立，"开往枞阳、大通、鲁港等地者，搭客甚形拥挤"④。1905 年 4 月，江安公司在安庆西门外沟儿口设立小轮码头，"有极快小轮两艘开辟安庆至九江航线，专走安庆、东流、华阳、马当、九江等处搭客，已定于本月二十二日开张"⑤。1906 年 1 月，《东方杂志》在一篇报道中称："皖省江岸开设小轮公司计已四家，兹又有新安和记置配元发轮船一、新发拖船一，行驶由省至芜各埠……"⑥之后，又报道称："安徽安庆江岸向有小轮公司数家，其经营航路则上起安庆，下迄芜湖为限。兹有广济公司购得坚快浅水小轮二艘，一名怀宁，一名桐城，每三日一开班，开驶安庆、大通、芜湖、巢县、庐州埠各大埠暨沿途各小埠。"⑦此外，另有大盛和兴祥两家小轮公司开辟安庆至复兴航线。⑧

清末，安徽的小轮航运业开始从长江及支流向淮河流域扩展。淮河发源于河南桐柏县西面的桐柏山，经河南信阳地区进入安徽阜阳县界，经凤阳、五河，注入洪泽湖，其支流众多，有颍河、西肥河、沘河、涡河、浍河、澥河等，历来为皖北地区水运主要通道。与沿江地区相比，皖北地区经济发展较为落后，更为闭塞，千百年来淮河航运一直由木

① 安徽省地方志编纂委员会编：《安徽省志·交通志》，方志出版社 1998 年版，第 535 页。
② 芜湖市地方志编纂委员会编：《芜湖市志》下册，第 517 页。
③ 1902 年 6 月 6 日《中外日报》。
④ 1904 年 6 月 2 日《中外日报》。
⑤ 聂宝璋、朱荫贵编：《中国近代航运史资料》第 2 辑下册，第 978 页。
⑥ 《东方杂志》，第 3 卷 1 期，"交通"，第 31 页。
⑦ 《东方杂志》，第 3 卷 4 期，"交通"，第 117 页。
⑧ 安庆市地方志编纂委员会编：《安庆地区志》，第 663 页。

帆船承担,直至清王朝灭亡前夕,小轮运输业才开始在这里出现,这就是 1908 年成立的利淮公司。民国年间出版的《安徽通志稿》称,"光绪三十三年(1907 年)秋,适当正阳关商务总会成立之时,由皖抚冯煦发起组织利淮公司,藉兴淮河航运,以发展皖北经济之"①。其实,该公司实际组织者为正阳关商人李经祺,1908 年 8 月 12 日的上海《申报》在一篇报道中指出:"皖北淮河重镇正阳关商人李经祺上禀皖抚冯煦,称已集资银 15 万两,拟创立正阳商会利淮河工轮船公司,在淮河上行驶小轮。"②

利淮公司拟开辟正阳关至马头的小轮航线,此段淮河河道共长 800 里,其间多处浅滩,必须逐一疏浚。因此,利淮公司即拟购置挖河机器,"先从下游马头镇挖起,次及洪泽湖,再次而盱眙,而五河,而怀远,渐次上达正阳。俟全河挖竣后,此项报器仍常年留于河湖疏浚。如某段挖通,即先由某段开轮试行"。这一经营方针由省商务局报经两江总督与安徽巡抚,呈邮传部批准。③ 邮传部在批示中称,"长淮航路关系商务交通,甚属紧要,未便久悬,因亟批予立案,准其后行驶长淮者摊认挖浅经费,以昭公允"④。

利淮公司成立之初,即"向金陵制造局购买 4 台挖泥机,于光绪三十四年十一月十日开始在乔家口方面开凿,又由上海租浚渫船二只,由洪源湾向老子山之上游分别疏浚,并招聘工程师调查航路,于正阳关、马头两处各设总局,临淮、盱眙设分局,以自置之'利淮'、'九皋'两轮船航行两地间。在五河以上,四时可以通航,惟自五河以下,浅滩未尽开凿,冬季三个间,五河以下停航"⑤。

利淮公司在淮河上开创的小轮航运很快就获得丰厚收益,1911 年 9 月,公司决定扩大经营规模,遂在上海慎昌船厂订购 3 艘小轮,并"呈明邮传部给照注册,准其行驶长、淮一带,以便商旅"⑥。

---

① 安徽通志馆:《安徽通志稿·交通考》第 13 册,(台湾)成文出版社(影印本),第 4619 页。
② 《创立利淮轮船公司》,见 1908 年 8 月 12 日《申报》,第 2 张第 4 版。
③ 清邮传部:《交通官报》第 1 册第 1 期,公牍一,第 16—17 页。
④ 清邮传部:《交通官报》第 1 册第 1 期,公牍一,第 25 页。
⑤ 安徽通志馆:《安徽通志稿·交通考》第 13 册,第 4619—4620 页。
⑥ 《利淮添购小轮》,见 1911 年 9 月 23 日《申报》,第 3 版。

　　利淮公司的小轮在淮河上的航运垄断地位，不久就遭到其他轮船公司的竞争，首先试图染指淮河小轮航运的是国内的轮船招商局。1908年7月，招商局通过镇江商会呈报两江总督和邮传部，计划"选备小轮，自清江之杨庄至正阳关止往来行驶，以维长淮商务"。这一计划当即遭到利淮公司的反对，正阳关、盱眙秦为炽、五河、凤台等地商会及商人等亦纷纷表示反对。之后，邮传部在批示中强调，招商局"于事前既未遵饬筹议，于事后亦未先行呈报，擅往临淮一带布置局所码头，坐享其成，殊未近理"，并要求招商局立即与利淮公司及正阳关商会妥商，分摊利淮公司前疏浚淮河河道的相关费用。①

　　在招商局之后，日商戴生德轮船公司亦试图派遣小轮，开辟由江苏清江至安徽正阳关的淮河航线。这一要求当即遭到安徽巡抚和邮传部的拒绝。1910年4月，日本驻上海总领事致电邮传部，声称"日商戴生德添展小轮航线，系援照《中日通商行轮章程》及《补续内港行轮章程》，并光绪二十九年外务部核定《内港行轮暂行试办章程》办理，毫无不合，现利淮公司及招商局各商小轮既畅行无阻，该日商事同一律，何故独加阻止，极不公允，况邮传部出面阻止更不可解。请分别详办施行，以便日商一律行驶"。日本总领事和日商的蛮横无理，立即引起皖北地区商会和绅商的极大不满，他们纷纷致电政府，强调日方"入淮行轮，破坏挖河公益，沿淮士民不服"；指出"日商竞争航路，群情愤怒，恐生交涉"；正阳关商务总会更是认为："日商戴生德拟行轮长淮，攘夺主权，皖北商民恐无宁处之日。"因此邮传部复电日本总领事，称"该地绅商农学各界对日商行淮金称不便，群情惊扰"，不符合《中日续补内港行轮章程》相关条款；该地非通商口岸，亦违背《中日通商行轮章程》相关条款，因此，"所有日商戴生德请添清江浦至正阳关航路一节，按之约章既属不合，体察民情尤多危险，碍难准行"②。

　　清末以民间资本为主导的安徽长江和淮河地区的小轮航运业的

　　①　清邮传部：《交通官报》第1册第3期，"公牍一"，第25页。
　　②　清邮传部：《交通官报》第6册第19期，"公牍一/咨札类"，第8—10页。

出现,标志着安徽航运业民族资产阶级的诞生,从而将安徽内河航运从依赖自然力的木帆船时代推进到依靠机器的轮船航运时代,安徽交通业的近代化从而向前迈出了一大步。但是,由于清政府不仅对地方民族航运业缺乏有效的保护手段,而且各地官府对华商小轮公司征以名目繁多的苛捐杂税,华商小轮公司面对强大的外国轮船公司的竞争,多数陷入勉强支撑甚至难以维持的境地。

三、近代邮政、电信事业的开创

(一)近代邮政事业

鸦片战争之前,中国尚未建立近代邮政体系,清朝沿袭明代驿站制度,在各水陆交通要道择点设立驿站,负责中央与地方及各地官府之间的公文递送。"四方之驿站,均发轫京师华皇驿,一曰东北路,达山东;一曰中路,达河南;一曰西路,达山西;一曰西北路,达张家口……由山东者二路:一路达江宁、安徽、江西、广东,一达江苏、浙江、福建"。① 置驿视道途之远近冲僻,适中设之。驿递之组织,有驿书、驿皂、马夫、兽医、杠抬夫、水驿夫及骣夫等;步递组织有铺司、铺夫、铺兵等。西北各地递送公文,多用马匹,东南各区,水道便利,如江苏、安徽、浙江、湖北、湖南、四川、广东及广西均设有水驿,设置驿船,递送公文。②

在全国的邮驿网络中,安徽占有重要地位。《皖政辑要》指出,从京师皇华驿至安徽省城,由山东中路共 2624 里,自京师由水路至安徽省城,共 3421 里。③ 清代初期,安徽全省设有驿站(含已撤)45 处,在全国各省中排在第十三位。

这些驿站在安徽各州府分布并不均匀,多集中在位于交通要道的州府,其中庐州府最多,共计 10 处;其次为安庆府和凤阳府,各为 7 处。而境内宁国府、广德州和六安州未设驿站。④ 至清光绪后期,全省

---

① 张梁任:《中国邮政》上册,商务印书馆 1935 年版,第 10—11 页。
② 张梁任:《中国邮政》上册,第 9 页。
③ 冯煦主修:《皖政辑要》邮传科卷九五《驿传二》。
④ 楼祖诒:《中国邮驿发达史》,中华书局 1940 年版,第 353—366 页。

所设驿站总数增至 76 处。凤阳府所设驿站最多，为 17 处。其次是庐州府，境内设有 10 处驿站。再次为颍州府设有 9 处驿站。清初未曾设有驿站的宁国府和六安州，当时分别设有 7 处和 3 处驿站，唯有广德州仍未设有驿站。这 76 处驿站共配备马 1524 匹，马夫 978 名，差夫 816 名。①

然而，官府所设的驿站仅供政府之用，主要为传递军报公牍之类，"民间私人书缄，一无投递之设备，偶遇紧急事故，则必遣人远道传书，信札来往，或请旅馆嘱托四方旅客、商人、车夫或榜人寄递，但彼等行踪无定，莫济缓急"。明代永乐年间，民间信局开始出现。清代道光、咸丰、同治和光绪时期为最盛。"当其最盛时，全国大小信局，无虑数千家，其营业范围除国内各都会市镇外，且远及南洋群岛，中以宁波商帮，尤执牛耳……遍设分局或代办处于各埠，星罗棋布，互相联络，各地商民无不称便"②。安徽的芜湖、大通、安庆、徽州等沿江口岸城市或重镇，亦分布多家民信局，承担民间信件传递。③ 芜湖为商业重镇和通商口岸，与外界通信往来频繁，民信局最为发达，直至清末，据《宣统元年邮政事务情形总论》记载："是年在芜湖计 18 家挂号民局，9 家未挂号民局。"④

中国近代邮政的出现是与西方国家对中国的侵略和中国半封建半殖民地程度的不断加深联系在一起的。1842 年《中英南京条约》签订后，英国等西方列强借口中国没有邮政，国际通信不便，纷纷在各通商口岸设立邮局，美其名为其本国侨民通信服务。至 1907 年，英国、法国、德国、俄国、美国和日本在北京及各通商口岸仍设有 67 所邮局，其中包括日本在芜湖设立的一处邮局。⑤ 甲午战争后日本在芜湖所设的这家邮便代办处，完全无视中国的法律，依照日本国邮政章程和资费，经营中国内外邮件的互寄业务，不受芜湖海关管辖。1894 年，法

① 冯煦主修：《皖政辑要》邮传科卷九五《驿传二》，第 863—877 页。
② 张梁任：《中国邮政》上册，第 12—13 页。
③ 安徽省地方志编纂委员会编：《安徽省志·邮电志》，安徽人民出版社 1993 年版，第 6—7 页。
④ 安徽省地方志编纂委员会编：《安徽省志·邮电志》，第 6 页。
⑤ 张梁任：《中国邮政》上册，第 20—21 页。

国人葛雷森擅自在芜湖开办芜湖本地邮局,并发行变体邮票,直到1897 年大清邮政开办"芜湖本地邮局"才被迫撤销,葛雷森还最后发行一套盖有"P. P. C"(法文缩写,意为"告别")的加盖邮票。①

1858 年中英签订《中英天津条约》。根据该条约,规定驻京各公使馆的信使往返,概由中国政府负责保护。1861 年总理衙门设立后,其职权包括掌管邮政事务,1866 年,总理衙门将邮政事务划归由总税务司办理。总税务司及各通商口岸海关建立的邮务办事处,初仅为各使馆及海关来往京沪间文件递运之用,但1878 年始收寄普通人民函件,并在北京、天津、烟台、牛庄、上海等五处设送信官局,"一切方法均仿照欧西各国邮政"②。至此,尚处于萌芽状态的中国新式邮政事务便完全由长期把持总税务司职务的英国人赫德所掌握。1877 年4 月,根据《中英烟台条约》,芜湖正式开埠,设立海关,洋税务司兼理本埠邮政事务。1896 年,根据赫德和张之洞等人的建议,清政府决定在全国推广海关试办邮政,正式开办大清邮政,将全国划为35 处邮界,各通商口岸海关原设邮务办事处,原本以管理各海关区之邮务,至此代以邮政总局,仍管理各该区邮务。③

芜湖作为通商口岸,为一独立邮界,设立邮政总局,由海关外籍税务司掌管。大清邮政开办后,清政府并未取缔原来承担民间函件递运的各民局,相反是充分利用和规范各民局,依托它们建立新式邮政系统。1897 年,总理衙门在议办邮政的奏折中就提出:"凡有民局,仍旧开设,不夺小民之利,并准赴官局报明领单,照章帮同递送。"之后,总税务司赫德拟定通行各口兼办章程,规定邮政局与民局互寄总包信件事项。邮政官局开办后,各海关税务司即告示各民局,"限期令其挂号"。1898 年,清政府在民局处置方法中提出,凡在通商各埠设有营业房屋的民局,须在各邮政局注册,"凡经注册者,得送发各埠间之邮件等物于大清邮政局",民局在注册后为"大清邮政局之代办机关"④。

---

① 安徽省地方志编纂委员会编:《安徽省志·邮电志》,第53 页。
② 王开节、何纵炎编:《邮政六十年纪念刊》,(台湾)文海出版社1956 年版,第18 页。
③ 张梁任:《中国邮政》上册,第36—37 页。
④ 楼祖诒:《中国邮驿发达史》,第46—347 页。

1896 年 12 月 1 日,在芜湖新式邮政开办前夕,海关英籍税务司班谟通知当地 15 家民信局主管前往海关,"饬令具结挂号领凭……发给执据,每家各领一张,饬令改为联政局,盖因在通商口岸所开,冀与邮政相联之意"①。之后,芜湖海关又将征收信资章程发给各挂号民局要求遵守执行,统一规定递送各类邮件资费,"寄带各项小包,每件重不过八斤四两,宽不过八寸五分,长不过一尺七寸,厚不过八寸五分。其费每磅收洋一角,多则每磅加洋五分;一斤以内收洋一角三分,多则加洋六分。其信资每封重二钱五分者收洋二分,五钱者四分,七钱五者六分。挂号回单每张须加收洋四分。明信片一分。新闻纸华纸半分,洋纸一分,如数张作一卷,每二两收银一分。贸易册及印籍等重二两取洋二分,远近一律"。此外,该章程还对邮局每周和每日的营业时间作出具体规定。② 1897 年 2 月底,芜湖邮政局与 16 家民信局商定,自 3 月 1 日起,凡上游或下游驶入芜湖港口轮船所携带的投递芜湖的信件,以每封补贴 5 文的送费,轮流交与各民信局投递。③

芜湖邮政总局设立后,海关税务司特别注重向辖区各地拓展新式邮局,1902 年 1 月,《申报》报道称:"近日,安徽芜湖关税务司某君拟将邮政大加推广,特于宁国府属分段添设邮局,以便商民消息流通。"④不久又报道称:"管理芜湖邮政局之某洋人又派人至太平、宁国、庐州三府及运漕河一带设立分局,为人传递书函。"⑤1902 年 6 月,天津《大公报》也报道说:"芜湖邮政现已推广内地如庐州、无为州、运漕、巢县、六安、定远、凤阳、寿州、正阳关、怀远、颍上、颍州、太和、周家口、亳州、宁国、太平等府州县 17 处,均设分局,众口称便。现又由皖南之南陵、泾县、旌德、徽州、屯溪等处再行推广。"⑥

至 1906 年底,芜湖邮政总局下辖庐州、宁国、寿州、六安四处分

① 《襄水寒鳞》,见 1896 年 12 月 20 日《申报》,第 1 版。
② 《鸠江邮政》,见 1897 年 2 月 17 日《申报》,第 1—2 版。
③ 《邮政再述》,见 1897 年 3 月 14 日《申报》,第 2 版。
④ 《宁国置邮》,见 1902 年 1 月 9 日《申报》,第 2 版。
⑤ 《皖上置邮》,见 1902 年 2 月 28 日《申报》,第 2 版。
⑥ 邹义开选编:《安徽大事记资料》上册,安徽省地方志编纂委员会 1984 年版,第 6 页。

局,并在太平府、湾沚、南陵县、泾县、高淳县、建平县、广德州、和州、巢县、运漕、无为州、含山、荻港、柘皋、水阳、丹阳、繁昌县、马头、黄池、护花墩各设有支局或邮政代办处;芜湖总局所辖各分局均由芜湖海关税务司派员管理。其中,庐州分局在定远县、三河、舒城县、梁园、店埠和桃溪各设有支局或邮政代办处;宁国分局在河沥溪、孙家埠、水东、毕家桥各设有支局或邮政代办处;寿州分局在正阳关、颍州府、太和县、霍邱县、三河尖各设有支局或邮政代办处;六安分局在霍山县设有支局。

大通邮政总局为安徽境内又一独立总局,由大通盐厘副税务司兼管,下辖安庆、屯溪、徽州分局,并在铜陵县、青阳县、陵阳镇、太平县、池州府、汤家沟、石埭县各设有支局或邮政代办处。大通总局所辖各分局均由大通盐厘副税务司派员兼管。其中,安庆分局在枞阳、桐城县、庐江县、潜山县、太湖县、望江县、东流县、建德县、华阳镇、石牌镇、殷家汇、孔城镇设有支局或邮政代办处;屯溪分局在黟县、休宁县、祁门县、万安设有支局或邮政代办处;徽州分局在绩溪、岩寺、深渡、富堨设有支局或邮政代办处。①

此外,安徽省所辖的凤阳府、怀远、池河、宿县、灵璧、临淮关、颍州府、蒙城、涡阳、亳县、滁州、五河等支局(处)则隶属南京邮政总局。②

至 1905 年,安徽全省办理函件邮递业务的邮局及代办处已有 52 家。③ 1906 年至 1908 年间,安徽省各地新式邮政继续发展(表 12 - 7),芜湖和大通邮政总局辖区所设邮局及代办处数量更从 63 处增至 91 处。表 12 - 7 表明,这一时期两区邮政支局或分局数量基本没有增加,但邮政代办处数量则有较大的增长。由于邮政支局或分局通常设在县城或中心城镇,而代办处通常设在人口较稀少和较偏僻的乡镇,这一结果表明近代邮政事业正在安徽各地进一步普及。

① 冯煦主修:《皖政辑要》邮传科卷九二《邮政》,第 852—853 页。
② 安徽省地方志编纂委员会编:《安徽省志·邮电志》,第 7—8 页。
③ 安徽省地方志编纂委员会编:《安徽省志·邮电志》,第 92 页。

表 12 - 7　1906—1908 年安徽省各地邮局发展概况表　　(单位:处)①

总局名称	类别	1906 年	1907 年	1908 年
芜湖邮政总局	总分各局	12	12	12
	代办处	23	34	39
大通邮政总局	总分各局	4	4	5
	代办处	24	33	35
南京邮政总局(含安徽地区)	总分各局	8	9	9
	代办处	19	21	23

芜湖邮政总局开办之初,仅办理函件业务,包括信件、明信片和印刷物(印刷品)三种。1898 年,芜湖邮局开始办理包件业务,种类有国内包裹、保险包裹和代卖主收价包裹三种。随后,安庆、大通等局也相继开办包件业务。1898 年 1 月,芜湖总局首先开办汇兑业务,1904 年全省已有 8 处邮局开办汇兑业务,1907 年增至 16 家,至 1911 年,全省开办汇兑业务的邮局更增至 22 处。1909 年,芜湖、安庆又开始试办快信业务。②

1910 年,时任清政府邮政总办的法国人帛黎在汇报上一年度中国新式邮政发展情况时,详细提及安徽地方邮政的进步,强调芜湖、大通和南京邮界属于"其进款足以自给者",并指出,大通邮界"一切邮务均著成效,进款所获之余利亦较上年为多,邮件 250 万增至 350 万;包裹二万一千已增至二万五千",芜湖邮界"亦系自赡之邮界,仍有可靠之进步,局所 51 处推至 70 余处,邮件增多 100 万件,包裹增 5 千件"。③

1906 年 10 月,清政府创设邮传部,置邮政司,专管邮政事宜,但邮政大权并未从海关收回,邮政总局仍由总税务司兼管。1910 年,清政府开始筹备邮政事务从总税务司移交邮传部的相关事宜,同时决定重新调整通邮区域,将按海关管辖区域划定改为以行政区域为标准。全国共设十四区邮界,各设一邮政总局,其中安徽省为一区邮界,设安庆

---

①　本表根据清邮传部编《交通官报》资料制作(《交通官报》第 1 册第 3 期,报告,第 47 页)。
②　安徽省地方志编纂委员会编:《安徽省志·邮电志》,第 92 页、98 页、104—105 页。
③　清邮传部:《交通官报》第 8 册第 29 期,"报告",第 27—28 页。

府邮政总局。全国又设三十六区副邮界,各设一副总局,其中芜湖和大通各为一区副邮界,均设副邮政总局,隶属南京邮政总局。① 至民国初年,据日本东亚同文会的调查统计,安徽设有邮政管理局 1 处,一等邮局 1 处,二等邮局 50 处,三等邮局 11 处,邮政代办所 463 处。②

清末,轮船与火车等近代交通运输工具的出现,不仅可以安全、快捷地传递邮件,而且使大规模发展邮递事业成为可能,对安徽近代邮政的发展起到了积极作用。在安徽近代邮政出现之初,芜湖、安庆、大通等长江沿岸口岸,即利用上下游来港停泊的轮船递送邮件,至 1906 年全省长江沿岸全部贯通轮船邮路。③ 1907 年,庐州、巢县、寿州、运漕等内河沿岸重要城镇,亦使用小轮运载邮件。1911 年夏,津浦铁路从蚌埠至浦口一段铁路正式通车营运,行驶在这一线路上的列车同时转送邮件。同年底,由临淮关至徐州的铁路亦通车,津浦铁路南线全部贯通,安徽全省铁道邮路已长达 261 公里。④

(二)有线电报的架设与各地电报局成立

当 19 世纪末新式邮政在安徽逐步推广之际,有线电报作为西方近代科学发展重要成果在安徽已获得更大和更快的发展。

19 世纪 60 年代初,西方国家开始尝试在华架设电报线路,遭到清政府和地方官员的强烈抵制。随着民族危机的加深,一些洋务派官员开始意识到有线电报在近代国防、商业活动中的重要性,清政府对有线电报的态度开始发生变化。1877 年 8 月,经朝廷批准,福建巡抚丁日昌在台湾府城(今台南)至打狗港(今高雄)之间架设电报线,这是中国自己修建、自己掌管的第一条电报线,开辟了中国电报事业的新篇章。1879 年,直隶总督李鸿章在天津与大沽之间架设电报线。1880 年在天津设立电报总局,任命盛宣怀为总办。1881 年 4 月,天津与上海之间全长 3075 里的电报线路开工,12 月 24 日,津沪电报线路竣工,并成立紫竹林、大沽口、济宁、清江浦、镇江、上海等七处电报分

---

① 张梁任:《中国邮政》上册,第 37—39 页。
② 日本东亚同文会编:《安徽省志》,第 383—393 页。
③ 安徽省地方志编纂委员会编:《安徽省志·邮电志》,第 64 页。
④ 安徽省地方志编纂委员会编:《安徽省志·邮电志》,第 105 页、71—72 页。

局,12月28日正式开放营业,收发公私电报。次年,津沪电报总局改为官督商办,后迁至上海。①

津沪有线电报事业开办后,迅速在经济、社会生活中显示其快捷、便利的巨大优点,对尚未修建地区的商人具有巨大的吸引力。湖北、浙西和宁波的商人纷纷"商询情形,另思禀请设线者接踵而至"②。1882年4月27日,郑观应等人上书两江总督左宗棠,请其支持开办长江电线,称:"洋商自上海贩运至外国,其数万里消息通于顷刻;华商自内地贩运至上海,则数百里消息反迟于彼族,以致商贾日困。(因此,电线)似于利权颇有关系。倘能即日兴举,不独有裨军国,下便商民,即将来逐渐推行,亦得循干达枝,次第扩充。"③1883年,左宗棠根据郑观应的建议,奏请清政府批准后亲自主持修建架设自镇江、南京沿长江至汉口的长江线。④ 安徽沿江地区为长江线必经之地,途经采石、芜湖、大通、池州、殷家汇等重要城镇。是年冬,以上各地电报局相继成立。⑤

芜湖为皖省唯一的通商口岸,设有海关和常关,轮船航运繁忙,商业贸易活跃,首先于1883年正式设立电报局,其辖区"线路分三区,上游至大浪冲,线路215里;下游至南庙,线路150里;宁国线至湾沚,线路60里。历年营业以商务为主。1884年春,芜湖又安设与上海等通商口岸的电报"⑥。至1908年,安徽省皖北颍州、亳州,皖西太湖、六安等处,业已陆续添设电报,唯有皖南尚未设立。同年,安徽巡抚朱家宝向邮传部报告,称:"宁国府及徽州之屯溪商务均称繁盛,惟向未设立电报,消息难通……宁国、徽州物产殷富,屯溪尤为商务荟萃之区,请分筹展设,以利交通,至设线经费,仍照颍州亳成案,部省各半摊认。"随后邮传部指示电政局派员前往皖南勘估该电报线路。勘验结果为,

① 邮电史编辑室编:《中国近代邮电史》,北京人民邮电出版社1984年版,第55页。
② 郑观应:《呈两湖闽浙总督豫抚创设电线节略》,《洋务运动》丛刊(六),第492页。
③ 盛档、郑观应等:《呈请左宗棠架设长江浙江电线禀》,光绪八年三月初十日,转引自夏东元《洋务运动史》(修订本),华东师范大学出版社2010年版,第150页。
④ 邮电史编辑室编:《中国近代邮电史》,第63页。
⑤ 安徽通志馆:《安徽通志稿·交通考》第13册,第4537页。
⑥ 王鹤鸣:《芜湖海关》,黄山书社1994年版,第78页。

芜湖经宁国府达徽州屯溪线路共长 480 里,"木杆、线料、运费工资,并施工器具设局机科暨薪水用资伙食各项,统共估洋二万八千五百零五元九角六分二厘"。1909 年 8 月,邮传部批准这一项目,并规定于宁国府设一支店,屯溪暂设报房,"设线经费,仍照颍州毫成案,部省各半摊认"①。1910 年,芜湖至屯溪电报线路全线竣工,宁国府与徽州府结束了不通电报的历史。②

1884 年,殷家汇的支线伸展至安庆,安庆为皖省政治文化中心,同年,安庆黄甲山设立安庆电报分局。③ 1890 年,电报线路从安庆经练潭架至桐城,桐城设局。1893 年,这条电报线路伸展至舒城和庐州。20 世纪初,清政府计划在安徽太湖进行 1908 年秋季阅兵,检阅刚刚组建的新式陆军,并邀请多国军官参观。此时,太湖与外界并无电信联系,架设电线刻不容缓。在太湖秋季阅兵前夕,《申报》刊登消息,称电政监督已派委监工徐文涛踏勘安庆经潜山至太湖 181 里线路,并"就地采购木杆三百余件,不日分运安置"④。同年,该条线路架设完毕,安庆电报线路经潜山连接太湖,并设立太湖报房。⑤

庐州位于安徽中部,与全省各地联系密切,随后电报线路从这里向皖北继续拓展。《申报》曾报道:"庐州府为各省往来要道,向有电线直达安庆,以期消息灵通。近日上宪拟另由庐州设一线通至凤阳,迤逦抵正阳关,以达颍州,然后蜿蜒北上。业已鸠工庀材,择日兴办矣。"⑥1902 年该条线路从庐州又接修至寿州、正阳关,1909 年又抵达颍州与亳州。⑦

清末安徽各处电报局设立初期均为商办。1902 年清廷决定,"扩张线路,架设新线,改归官办",并设电政大臣管理。⑧ 安庆为全

① 清邮传部编:《交通官报》,第 6 册第 21 期,奏折,第 9 页。
② 安徽通志馆:《安徽通志稿·交通考》第 13 册,第 4539—4540 页。
③ 安徽省地方志编纂委员会编:《安徽省志·邮电志》,第 9 页。
④ 《饬属照管行军电线工料》,见 1908 年 7 月 14 日《申报》,第 2 张第 3 版。
⑤ 安徽省地方志编纂委员会编:《安徽省志·邮电志》,第 150 页。
⑥ 《庐添电线》,见 1901 年 4 月 16 日《申报》,第 2 版。
⑦ 安徽通志馆:《安徽通志稿·交通考》第 13 册,第 4538—4539 页。
⑧ 安徽通志馆:《安徽通志稿·交通考》第 13 册,第 4537 页。

省政治中心,官场势力强大,政务繁忙,最先出现官局。不久官局经费短缺,无法继续维系,故一度停办,并入商办电报局。1906 年初,时任署两江总督的周馥提出,"近来官电日多,商局兼顾难周,时有错码,而每年所需电费亦与局费相埒,自应仍设官电报局,委员专办,以昭慎重"。之后,安庆恢复官电报局。① 1908 年,清廷正式决定"将各省电报国有,裁撤电政大臣和电报总局,改设电政局,由政府直接掌控"②。

至清王朝灭亡,安徽的电报事业已有初步进展,全省已设电报线路近 2510 里,③各地共设有 26 处电报局。④ 这一发展速度显然落后于沿海地区和全国平均水平。据统计,此时全国电报线路已达 12 万余里,局(所)560 余处。⑤ 从电报局(处)的数量来看,安徽约为全国的 1/22,大致相当于全国平均水平,但其电报线路仅及全国的 1/60,并且,安徽电报事业的发展是不平衡的,仅仅分布在少数政治、经济较为发达的城镇和交通要道,全省大部分地区仍是空白。

(三)电话开始使用

当有线电报在安徽逐渐发展起来的时候,作为西方国家近代科技最新成果的电话也开始在安徽出现。与新式邮政和有线电报不同,清末电话仅仅在省城安庆出现,芜湖及其他城镇均未设立电话。

与电报事业一样,电话事业在中国的出现与西方国家对中国的殖民扩张联系在一起。1876 年,世界上第一部电话机在美国研制成功,仅仅数年后,欧美各主要资本主义国家已相继开始采用电话通信。1881 年 11 月,丹麦商人经营的大北电报公司在上海的外国租界内开办电话业务,电话正式进入中国。1897 年,德国在青岛设立邮电局,安装市内电话,之后又在汉口、烟台安装市内电话。1900年,丹麦在天津租界架设电话,次年,又擅自将电话线扩展至北京。⑥

① 《安庆仍设官电报局》,见 1906 年 2 月 10 日《申报》,第 3 版。
② 邮电史编辑室编:《中国近代邮电史》,第 85—87 页。
③ 安徽省地方志编纂委员会:《安徽省志·邮电志》,第 151 页。
④ 安徽通志馆:《安徽通志稿·交通考》第 13 册,第 4538—4543 页。
⑤ 邮电史编辑室编:《中国近代邮电史》,第 87 页。
⑥ 邮电史编辑室编:《中国近代邮电史》,第 113—114 页。

外国势力在华肆意扩张电话,引起清政府的担忧。1899 年 12 月,邮政督办盛宣怀认为有线电报在中国已粗具规模,但电话尚未开办,以致外人觊觎,故向清政府提议中国应及早开办电话。清政府批准盛宣怀的建议,决定由电报局兼办电话业务,并以电报余利作为推广电话的费用。1900 年至 1906 年,中国的南京、苏州、广州、北京、天津、上海、太原、奉天(沈阳)等城市,相继出现中国自行开设的市内电话。①

安徽境内何时出现电话?过去学界多认为是 1908 年。1934 年出版的《安徽通志稿》指出:"安庆市电话局创设于前清光绪三十四年,附设电灯厂内。"②这一说法一直被人们所沿用。1993 年出版的《安徽省志·邮电志》称:"清光绪三十四年(1908 年),安徽始创市内电话于安庆,定名为'电话总汇',附设安庆电灯厂内,专供官署之用。"③台湾学者谢国兴同样认为:"光绪三十四年安庆电话局创设,为皖省设电话之始。"④电话在安徽首次出现的时间至少是 1898 年,远远早于 1908 年。1898 年 9 月,正是戊戌维新变法运动的后期,时任安徽巡抚的邓华熙是积极支持这场维新运动的少数地方大员之一,他对与西学相关的各种新事务均予以支持,尤其对刚刚在中国出现的电话充满浓厚兴趣,曾下令在自己的官署中装设电话,以加强与属僚的联系,1898 年 9 月,《申报》对此有专门报道:"安庆访事友人云,德律风传消递息最为灵便,皖抚邓大中丞心焉慕之。近因办公处与幕僚相隔甚远,往返商榷诸多周折,遂令装设德律风,以便随时问答,可免徒步之劳。"⑤

1908 年,皖省再次发起创设市内电话的努力,推动者为设在安庆的安徽制造厂。制造厂本为修理和制造军械的官办企业,"一切事务由布政使督办……督办全厂一切事务"。1907 年安徽巡抚冯煦

① 邮电史编辑室编:《中国近代邮电史》,第 114 页。
② 安徽通志馆:《安徽通志稿·交通考》第 13 册,第 4543 页。
③ 安徽省地方志编纂委员会编:《安徽省志·邮电志》,第 26 页。
④ 谢国兴:《中国现代化的区域研究——安徽省》,第 317 页。
⑤ 《千里一堂》,见 1898 年 9 月 16 日《申报》,第 2 版。

决定建立制造厂,其设备为已停办的原造币厂旧有设备,下设煤炭厂、子壳厂、修枪厂和翻砂修理厂五厂,另附设电灯和电话二厂,共计七分厂,均由藩司委派司事管理厂务。① 电话厂建立后,经安徽巡抚冯煦批准,以"推广商学两界电话"为由,决定在安庆设立市内电话,并"在司库项下借拨银六千两,委员赴沪购办"电话器材。1908年9月,电杆、电线、机器等件先后购齐,包括其他各项费用,共计借款银1.3万两,计划"在该厂所获余利项下,按作十年摊还"②。同年,厂内开始附设磁石式电话,至民国二年(1913年),该厂已购50门总机一部,装有株式会社电话机数十部,时称"电话总汇"。③

1905年,安徽计划修筑芜广铁路,招募股银,发行路捐彩票,在芜湖设全省铁路办事处,同时开始购置各种筑路器材。根据1905年至1907年安徽全省铁路公司两次报部收支各款表,列有多项购买电话器材或人工开支,包括"电话机器650.85两"、"德律风杆600根,并瓷瓶1253.764两"、"德律风杆木108.581两"、"德律风匠、压石机匠工资221.414两"、"德律风杆480两"、"德律风机器1306.12两",合计2700余两。④ 这表明,正在兴建中的芜广铁路已经开始使用电话。

清末电话在安徽的出现,标志着安徽近代电信事业的开端,对未来进一步密切安徽各地区之间的政治、经济联系具有重大意义。然而由于商品经济发展缓慢,地方经济实力薄弱和其他因素制约,除省城安庆少数官府和官员之间使用电话之外,对于其他地区和阶层来说,使用电话仍是遥不可及的幻想。

---

① 冯煦主修:《皖政辑要》邮传科卷七四《军装一》,第706页。

② 《安省实业界近况(下)》,见1908年9月25日《申报》,第2张第3版。

③ 安徽省地方志编纂委员会编:《安徽省志·邮电志》,第26页。

④ 冯煦主修:《皖政辑要》邮传科卷九三《铁路》,第859—862页。

第四节　近代商业贸易

一、芜湖米市

（一）米市形成

安徽的长江两岸及巢湖周围地区是我省重要的稻米产区。这一带土壤肥沃,灌溉方便,气候适宜,雨水丰沛,适合种植水稻,且所产籼稻、糯稻品质优良,数量也多,除供应本省消费外,相当一部分要运销省外或国外,是近代安徽对外贸易中的主要产品之一。芜湖位于安徽东南部,历史悠久,春秋时代为吴国的鸠兹邑,作为县名始于公元前109 年,距今已有 2000 多年历史。早在唐宋时期芜湖就有兴建粮仓、屯粮转运的历史记载。明成化七年(1471 年)正式在芜湖设立征收商税的常关。明中叶以来,皖中皖南所产稻米多在此聚散,芜湖成为"舟车辐辏,百货兴聚"的沿江重镇。清康熙九年,芜湖关被划归户部管辖,这时的芜湖关不仅征收水路货物税,而且对陆路货物也设卡征税。由于所处长江巨埠、皖之中坚的经济地位,清前期又在芜湖关属添设了金柱、青弋、新河、鲁港、裕溪、泥汊等税卡。芜湖关所课货物,以川楚药材,湖广煤铁、木材,江西纸张、瓷器、豆、布、木植、米粮,本省米麦、杂粮、烟叶、丝茶、棉麻、竹木、毛皮、油蜡为大宗,其余百货均有。[1]自清代中期,该埠即已成为皖省向江浙地区输出米粮的重要基地,"嘉、道间本部砻坊二十余家,兼有客船转运邻省市面"[2]。19 世纪中期,芜湖米业市场已见端倪,"潼关以来邑人以商业致富者颇不乏人……大率业砻坊者居多",[3]但并未成为米市。晚清时期,芜湖为皖南道所在地,水陆交通便利,商业繁荣,贾贸四集,早就引起了西方资本

---

① 王鹤鸣:《芜湖海关》,黄山书社出版社 1994 年版,第 4 页。
② 民国《芜湖县志》卷三七。
③ 民国《芜湖县志》卷八。

主义列强的垂涎。

根据 1876 年 9 月 13 日签订的《中英烟台条约》第三端第一款：由中国议准在宜昌、芜湖、温州、北海四处添开通商口岸，作为领事馆驻扎处所。① 芜湖被开辟为通商口岸。

芜湖开埠后第二年，对外贸易还不够发达，米市有了初步发展。4 月份开关，5 月底正式开始对外贸易，仅 7 个月时间，稻米出口受价格低廉的刺激有了成倍的增长，"以数字观之，今年贸易为去年两倍有余"②。1879 年，随着芜湖关对外贸易的发展，米行数量增加，规模扩大。"进口棉织品与毛织品在最近一结中比较去年相当季中之数字减少甚巨，其低落之最大原因为稻米之出口"，"现本城有二十个售米之行"，"此外，尚有南方一二家商行住有专人及设办事处于芜湖"，"米加甚为稳定"，"米业之贸易甚好"。③ 1881 年，有 8 艘海轮往返运米，"运出之米较过去之任何年为多"。

1881 年，李鸿章委托时驻芜湖的徽宁池太广道兼芜湖海关总督张荫桓（广东人）前赴镇江，表面"访友"，实是利用同乡关系，劝说广帮客商迁芜。他向广帮客商承诺了若干优惠条件：（1）发给广帮粮商营业执照；（2）华南、华北等地客商来芜采购粮食，必须由有执照的米商代办，不能直接采购；（3）一切打包等费用均由卖方支付，商轮由芜运米至沪的运费仍照镇江至沪的运费计算，不另加价。这样一来，芜湖除了早已拥有的优越的商业地理条件（地利），同时也具备了对米商极其有利的政策环境（人和），米市迁芜已是水到渠成之事。1882 年，李鸿章奏请朝廷"请准将粮食市场由镇江七浩口移到此地"④。此后，广、潮两帮率先迁芜；接踵而来的是宁、烟帮，共 20 多家，各号资本 1 万 ~ 4 万两银子不等。广、潮、宁、烟四大米帮是支柱，由此芜湖米市兴起。

---

① 徐宗亮：《近代中国史料业刊续编：第 47 辑（462）通商约章类纂》卷五、卷六，（台湾）文海出版社（影印本），第 429 页。

② 芜湖关税务司：《芜湖关华洋贸易情形论略》，手抄本（安徽省图书馆藏）。

③ 芜湖关税务司：《芜湖关华洋贸易情形论略》，手抄本（安徽省图书馆藏）。

④ 《江广米行重建会所纪念碑》，此碑 1948 年建于芜湖。

（二）米市的兴盛

从交通上讲，芜湖号称"吴头楚尾"，位于长江与青弋江的汇合处，地处"江津之要"，宋代杨颐因而题诗云"山连吴楚周遭起，水会湖湘汩涌来"。芜湖，南经青弋江、鲁港河直通南陵、宁国、太平，西北经裕溪河可达巢县、无为、舒城、庐江、合肥，沿江东下可至南京、上海，西溯可接荆襄巴蜀，水陆交通较便利。从运输能力上讲，芜湖是长江沿岸仅次于南京、武汉、重庆的第四大港，两岸有6个港区，126个泊位，前沿水深可供万吨轮船停泊，其运输能力较大。从商业利润来说，皖派商人当然更是希望从事米粮交易及贩运以获取更多的商业利润。此外，由于米粮是安徽对外贸易中的拳头产品，米市的发展无疑对芜湖商业和周边地区商品经济的发展都有很大的促进作用。

据《芜湖港史》记载，先后在芜湖开办轮船公司的有：英商的太古、怡和和鸿安轮船公司、德商的亨宝轮船公司、日商的日清轮船公司，等等。1876年轮船招商局也在芜湖设立轮运局。"这些轮船公司一般来货以烟、糖、纱、布为大宗，去货以米及杂粮为大宗"[1]。芜湖近代航运事业的发展，使得芜米输出克服了传统水运的技术瓶颈，芜米的输出不再仅限于江、浙两省，开始北上华北、南下华南，甚至远销至海外。从1882年，芜湖米市崛起。

芜湖米市逐渐建立了货栈、码头、磨坊、堆栈等一系列存米、加工米的硬件设施，同时根据交易对象和服务方式的不同，形成了米粮存运业、米行业、杂粮米行业、磨坊业、碾米业等5个专业。其中米行业最盛时89家，米号36家，砻坊业百余家，碾米厂9家。另还有依附于米业而生存的帆运业、斛行业、绞包业、捐包业以及其他各业，如布业、百货业、金融业、五金业、饮食业、浴业、成衣业等也因米市的繁荣而发展。据统计，围绕米粮贸易与加工发展兴起了82个行业，5400多家商店。米市开张后，各地采办大米的客商纷纷云集芜湖，在芜设立米行、米号等常驻机构，城内顿时"人烟繁盛"。

---

① 铁道部财务司调查科：《京粤京湘两线安徽段——芜湖市县经济调查报告书》，第19页。

采运米粮的称为米号。客帮主要经营运往广东、浙江、山东、平津一带的米粮，以轮船为主要运输工具。本帮主要经营运往南京、镇江、无锡、南通等地的米粮，以帆运为主。[①] 广、潮帮米号，在芜湖执米粮采运业之牛耳，"为米业之中心柱石也"。两帮经销的米，"丰年广帮进货年达五百万石，潮帮二百万石"；中稳之岁，"广帮亦在百万石，潮帮四十万石之谱"。广、潮两帮来芜较早。光绪八年（1882年）后，陆续由镇江迁芜。其创设的米号，广帮有隆泰昌、广发源、利源长、盈丰泰（后改元昌兴）等八九家；潮帮有协丰、信丰、成益等七八家。烟帮主要有无生东、利源涌、福源成、复和、丰盛等家；宁帮主要有永丰公、福成祥、怡泰丰两家。[②] 采运业四帮全部设在新横街、华圣街、进宝街、来龙里临江一带。广、潮帮与烟、宁帮情况稍有不同：前者都为广州与潮州两地段实坐商投资开设，其中小部分是独资，大部分是合资经营，各号资本额一二万两至三四万两银子不等，但老板仍坐镇老店，并不驻芜，只派代理人或子侄主持；有的并赠送代理人若干股，使其成为股东身份，以提高其经营的积极性，该米号一经设立，即成为经济上独立核算的单位，他们与广、潮老店的关系，只是遵照嘱托，随时代采运米粮，并从中赚取佣金，作为本身的收益；至于米粮运往广、潮销售后的盈亏，则悉归老店结算，与芜号无关。各号资本额与广、潮相仿，生意做得较为活络。除以烟、宁两地坐商为基本顾客外，还经常拉拢其他客帮生意争取多得佣金。各帮业务进展内部亦不平衡。吞吐量最大的广帮，采办占芜米出口总数的4/10，而该帮利源长米号通常采购数量，又占本帮采购总额3/10以上。其次是潮帮，约占3/10，而该帮的协丰亦占本帮采购总额约3/10左右。烟、宁两帮最少，约共占3/10。各米号开始阶段，以代客为主，如有余力，有时也兼做自营业务，趁着有利时机购米堆存，再待机售与各地委托他们代办米粮的坐商或自运出口，以博厚利，其后经过资本积累，自营业务逐渐扩大，变成与代客并重。

① 张凡：《米业须知》，中华书局1937年版，第71页。
② 孙晓村、林熙春：《长江下游五大米市米谷供需之研究》，《中山文化教育馆季刊》第2卷第2期，1935年4月。

米行业。又称"江广米行业"，米行唯一的职责就是担任米粮交易的经纪人，以获得行佣为生。凡由内河、外江运抵芜湖的米粮须通过江广米行代为与米号接洽，方可完成交易。江广米行多聚集在青弋江江口的进宝、新横、华盛等街，分上江、下江两帮。下江为江浙籍，约占4/10；上江为皖籍，约占6/10，上江帮内又分舒、庐、无、巢、合、和、含、宣、芜、当十帮。[①] 经营米行者须向政府领取牙牌（营业执照）即可开业，成为米粮贸易的合法中间人。经营米行者必须具备两个条件才可以使生意兴隆，一要与各县帆运商熟悉，广招米源；二要与米号有密切的联系，销路才能畅通。米行雇员大行在十余人，小行仅二至四人，设经理一人，大都由业主兼任，其次是管账、卖样、接江、中班同事、厨师、茶房等。[②] 由于米行只需领有牙牌就可营业，无需太多资金，故此业竞争激烈，家数众多。开业的几乎全是镇江人。取名江广米行，其用意表明他们与广、潮帮米号有悠久的历史关系，有权做广、潮帮交易，以防芜湖米商侵夺这种权利。江广米行，以介绍卖方出售粮食与经营出口业务的米运商为业务，各行一般领有营业执照，俗称牙帖，在前清是由北京掌管财政的部门核发，所以又把它叫做部帖。江广米行初迁芜时，因为缺少门路，一时领不到部帖，后来还是依靠广、潮帮米运商的协助，通过芜湖道台张樵野等的关系，先后领到8张，所以起初那几张帖子所书的牌号，都是以"广"字和"潮"字开头（即广鑫祥、广益祥、广泰昌、广盛祥、潮丰、潮盛样、潮盛和、潮生和）。

砻坊业。清嘉庆、道光年间，芜湖已有20家左右，开设于仓前铺大砻坊一带。起初开业的多半是商人，后来有些地主（包括少数官僚兼地主），每年于秋收之际，即向农户收取租谷，堆入自己所设之砻坊内，待有高价，再行以原谷或碾米出售，以取厚利。砻坊业又能代其他地主储藏稻谷，收取租金，如货主欲将存谷做米，则砻坊可代

① 朱孔甫：《安徽米业调查》，见《社会经济月报》第4卷第3期，1937年3月。
② 马永欣：《芜湖米市春秋》，安徽省政协芜湖市文史资料委员会编《芜湖文史资料一》第1辑，安徽人民出版社1986年版，第21页。

为之。① 此外砻坊还可以开业经营,如清光绪年间,有官僚兼地主崔国英的汇丰、崔登开的广厚、李鸿章家族开的源德裕等。该业内部分为两帮:一为太平帮、一为本地帮(包括杂帮)。清光绪末年,太平帮中有汇丰、谦吉、大有等 15～16 家;本地帮中有源清裕、何福源、立成、同顺样等 40 余家,资金 2000～3000 两至 1 万～2 万两银子不等。其业务,自营与代客相结合;自备稻谷、砻米出售;代客砻米,收取手续费。所用工具起初都是杵臼、木砻之类。中型以上的砻坊,雇有工人 50～60 人,小型 20～30 人。工人多为江北一带的贫雇农,农闲时流入,由资方授权与工头(又称"掌作")掌握,另有两班 1 人,是工头的眼目,工时长达 12 小时,工资少得可怜。根据清末调查,每工仅制钱 72～84 文。

杂粮业。俗称为"小市行",又叫"箩头行"。它是芜湖附近四乡农民(包括少数米贩)与消费者进行粮食买卖的居间介绍人,该业分布区域为东西南北四市。清光绪末年,有行户近 30 家,其中南市 10 家左右,北市 7～8 家,东、西两市各 5～6 家,都领有营业执照(牙帖)。他们资本小,不雇佣职员,只用 1 个杂工,工资每月约 2～3 元,个别较大的行户雇有 2～3 个职工分别担任管财和过斗等,工资每人每月 3～4 元,行里仅备放置粮食场所及少数用具,设备简陋。农民挑运入市粮食(包括杂粮如菜子、豆类等),就陈列在行里,待客选购,清晨开市至下午 1 时收市,其间买卖,由农民与买客直接议价,成交之后,由卖主将货挑送买方,小市行即向买方收取行佣,称为"外佣"。农民也向小市行交纳佣金,称为"先佣",向买客收取行佣。在清宣统年间,按米值每元收钱 24 文计算,旋又改收铜元 3 文(当时大洋约值制钱 1500 文),约为 1 分 6 厘 2 分,其后铜元逐年贬值,最低时银洋每元可换铜元 300 文。此时经过同行公议,又把佣费调整为每元收取铜元 8 文,约为 2 分 7 厘。在旺季里,一般小市行每户每天经营粮食平均总在 20～30 石之谱。

帆运米商。俗称"米贩",也称"船家",专以帆船贩运米粮为业。

---

① 王维德:《芜湖米市概况》,见《工商月刊》第 6 卷第 3 号,1934 年 2 月。

帆运米商中,除专营贩运的米商外,还有以下几类兼营此业的:产地市镇米行兼营的帆运米商;产地砻坊兼营的帆运米商;船户兼营的帆运米商。他们均直接下乡向农户收购米谷,凡邻近市镇的乡村,一般都由农民亲自挑来市镇直接卖与米商,而市镇较远的农民则往往卖给乡村米贩。因此,帆运米商去产地采购,通过市镇米行居间介绍,即可及时收购农民代售的米粮。帆运米商除船户兼营的"自买头"外,都不自备船只,采购米粮均委托当地船行雇用民船载运。这种专供运粮使用的民船俗称"写船",米商将米粮交与船户装运,因帆船航速过慢,一般都不随船同行,另乘小轮船先到芜湖。双方写有文契,并封米两包,合盖火印,各执一包,在芜卸货时以此作为验收的凭证。此外,还有一些帆运米商并不亲自去产地采办,而是委托船户代办,称作"定盘子"。帆运米商采办的米粮运抵芜湖,都由江广米行代为销售。

20 世纪初的芜湖已发展成为"市声若潮,至夕不得休"。1908 年,计有米号 40 户、米行 40 户、小市行约 50 户、砻坊约 70 户。道光年间芜湖钱庄仅 10 余家,随着米市的兴旺,到光绪二十年(1894 年)发展到 23 家,每年进出汇划达 1300 余万元,其中以米业进出为大宗。

1895 年,芜湖设立了米业公所,专门管理江广米行及各路行商之事。1906 年 10 月,农工商部奏设芜湖总商会,称"芜湖一埠,濒临长江……实为皖省扼要之区。……商务繁盛,甲于全皖,请设立商会,以期振兴商务"①。于是商务总会在芜西门外成立,入会商号数达 217 家。1896 年,安徽在芜湖设立米厘局,规定凡运粮米船出安徽省境,必须在芜湖泊靠,征缴米捐,完税后方可出口,迫使皖省米粮必须运至芜湖集散。这既保障了米市稳定的粮源,又起到了稳定米业市场的作用。米厘局"每届岁阑,由广东商人禀准,照厘局章程,暂免厘金一日",遇到萧条时期更是经常宽免税金,"前年因米市寥落,从宽详定,改为免五征五"。对于出口的米更是常行宽泛税收政策,"至去年出口之米,虽较旺与前年倍蓰,而定章未便改易,因仍详定提前以十二月

---

① 《商务官报》第 1 年第 22 期。

三十日豁免米厘。届时，风轮火珨衔尾而来，合广潮两帮计之，多至轮船7号，先一日争先上载，唱关验秤，几乎应接不遑。截止是晚十二点钟时事讫，相继鼓轮出口，飞驶于海天漭洋中，诚一时盛会也。闻是日出口之米，共十余万石，免厘金约七八千两"[1]。也时常有商人向清政府申请减免税收，芜湖米商汤钰泉等曾"迭请停减路捐"[2]，有时甚至奔赴京都呈请豁免捐税。

1903年，江苏省又在芜湖增设江苏米厘局，规定凡经江苏大胜关的皖省米粮，必须预先在芜湖纳捐，方可予以通行。这就更为有力地保障了芜湖米市的粮源，于是皖米经过江苏出口，畅行无阻，"芜湖乃成为长江流域最大米谷市场"。

芜湖米市集稻米加工、储存和运销于一身，而且稻米交易额非常巨大，单靠米业自身是无法解决资金融通的。因此钱庄、银行等金融机构就成为米市资金融通的主要机构，同时社会融资也起到了一定的作用。

伴随米市的崛起，芜湖的钱庄业获得迅速发展，钱庄数量猛增，至1898年已从最初10余家发展为23家，1902年又增至30余家。1907年，芜湖钱庄业集资建立新的钱业公所，并规定："所有市面行规以及存放银拆，均在公所会议，至银钱价格日有二市，逐日由各庄来此议决，登牌公布，各业依为标准，谓之牌厘……"钱庄的业务也由简单的货币兑换延伸至埠际汇划，"出进汇划至一千二百余万，以米款为大宗"[3]。芜湖钱庄还积极向外拓展，发展金融网络。芜湖稻米运销到沿海城市，芜湖钱庄还积极与外埠钱庄合作。米市的发展促进了芜湖近代金融业的发展。

根据芜湖米粮采办惯例，箩头行米粮交易凭用现金，但是有些箩头行赶上粮食滞销，农民急需用钱时，他们就以低价垫款收下，少数行户凭借手中的余资，趁农民需款之际，发放高利贷。砻坊在青黄不接之际，假乡镇米行之手，向农民放款，赚取高利；同时帆运商运米来芜，

---

① 《援例免厘》，见1899年2月18日《申报》，第2—3版。

② 《咨查米商请免路捐》，见1908年11月8日《申报》，第2张第3版。

③ 民国《芜湖县志》卷三五，见《实业志商业》。

需款周转,可将货向砻坊抵押,借得现款,一般按货价的六成抵押,月息一分二厘左右。外地客商入米行或米号购米,携带款项交由该行号保存。在米市旺盛之时,钱庄尽量放款,米行、米号尽数吸收,不少米行甚至下乡直接将款放给农户,定隔年期货。钱庄对米行的放款通过庄票来完成,与钱庄有往来的米行可以商请钱庄出一本庄的庄票,这种庄票系无记名,并可以满街通行,可随时凭票兑换成现款。米行、米号在米市淡季时也通常将闲款存在与自己有业务往来的钱庄。另外米业与钱庄在米粮交易中制定了有利于双方的双九九七扣制度。该制度规定"米客卖米价值一千两,米行给予钱庄或银行支票一千两,但米号方面,须按九九七扣去三两。米行方面,须每千元贴现费一元五角,而钱庄方面兑款时,又须按九九七,每千两抽回二两"。米粮款的收解必须经钱庄之手。

芜米主要运销到上海、华南和华北地区,因此米粮款的收解必然涉及埠际的汇划,申汇是解决埠际汇划的重要方式。申汇又称"申票",是近代上海的一种国内汇票。由于上海是近代中国的经济中心和金融中心,各地同上海的资金划拨非常频繁,各大中城市都出现了申汇市场。① 芜湖也形成了申汇市场,申汇买卖异常活跃。在米粮运销中钱庄和米号结成了利益共生的特殊关系,申汇也成为埠际购买力流动的有效工具。其中有几家资本较厚、信誉较好的坊号,如米号的元昌兴、裕升祥,砻坊的成康、陶庆、馀恽、厚昌等。

1897年近代中国第一家银行中国通商银行诞生,从此中资银行逐渐兴起。作为长江中下游最大的米市,芜湖越来越成为新式银行瞩目的城市。1906年安徽第一家官办金融机构裕皖官钱局在芜湖设立分局,芜湖旧式钱业一统天下的局面被打破。1908年协和银行成立,这是安徽最早的商业银行。银行或者自建堆栈(商业性仓库,代客保管货物为业务,其营业收入为保管费;代客堆货性质分为两种,一为寄存,二为抵押),或者租用碾米业得堆栈,在芜湖积极开展稻米抵押借款业务。

---

① 张仲礼、熊月之等主编:《长江沿江城市与中国近代化》,上海人民出版社2002年版,第127页。

（三）芜米运销

1882年起,来自大江南北产米各县如江北的合肥、巢县、舒城、庐江、无为,江南的宣城、南陵、繁昌等县的大米,源源不断地运至芜湖,芜湖米市形成比较完善的市场网络。皖省各地的稻米,集中在宣城、无为、巢县、南陵、当涂、和县等中心城镇,流向芜湖,再以芜湖为起点,分运烟台、青岛、无锡销售市场和上海、广州、宁波等终极市场,形成了产地市场、中心城镇、芜湖集散市场、上海等终极市场这样层次分明的四级市场。

表12-8　产地米市稻米运抵芜湖的路径表①

区域	产地米市	所经水道	运抵
长江两岸	含山、和县	得胜河、长江	芜湖
	当涂、郎溪、宣城、宁国、泾县、南宁、繁昌等	姑溪河、水阳江、青弋江、漳河、长江	
	青阳、铜陵等	青阳河、长江	
	桐城、枞阳等	青草河、长江	
	贵池等	秋浦河、长江	
	望江、东至等	长江	
	太湖、怀宁、潜山、安庆	太湖河、潜山河、皖河	
巢湖流域	合肥(含今肥东、肥西等)	淝河、派河、丰乐河、杭埠河、巢湖、裕溪河最后经长江	芜湖
	六安、舒城、庐江、无为、巢湖、含山等		

从内河运米到芜湖主要是帆船,当时共有各类民船近6万只,外江出口则主要由轮船担任。外国航运公司先是在江中设立趸船,接着又沿江岸修筑码头,同时轮船招商局也在芜湖设了专用码头。19—20世纪之交每年进出芜湖的轮船在4000艘上下,吨位达700万吨。当时的太古、怡和、三菱、日清等公司的20多艘船,每年运走大米达100~400万石。20世纪后,芜米出口多采用轮运。从芜湖口岸开辟至清朝末年,经芜湖海关出口的稻米数量及价值情况见下表:

---

① 邵华木:《芜湖米市兴衰及其历史作用》,见《历史地理》第12辑,上海人民出版社1995年版,第134页。

表 12 - 9　1877—1911 年芜湖关稻米出口数量统计表

时间(年)	数量(石)	价值(海关两)	时间(年)	数量(石)	价值(海关两)
1877	135299	/	1894	3203466	3620360
1878	104467	/	1895	815141	1027444
1879	66336	/	1896	3137242	4747768
1880	210396	/	1898	1654714	2221083
1881	388792	397727	1900	4991569	3019124
1882	665632	/	1901	2324424	3689394
1883	454926	/	1902	4302049	9065671
1884	348390	/	1903	5720256	11372462
1885	1208808	1133671	1904	5621143	11203477
1886	2325841	2732517	1905	8438093	8779846
1887	1055822	1132670	1906	4994135	8022238
1888	947341	931622	1907	2482180	19313942
1889	2117089	2274214	1908	4825753	12847548
1890	1520897	1721526	1909	4944923	12743087
1891	3487201	3390555	1910	3582478	11563454
1892	3184694	3704511	1911	2665151	8652544
1893	2101144	2574877	/	/	/

（本表据芜湖海关历年关册、日本东亚同文会编《安徽省志》、《海关十年报告》、《中国建设》第 11 卷第 4 期,谢国兴先生《中国现代化的区域研究——安徽省》第 4 章等有关资料编制）

　　从芜湖输出的稻米大部分运往国内广东等沿海地区,小部分运往日本、爪哇等地。芜湖米市大多数也以广东商人所把持,"常年芜米出口,广帮常占十分之四,潮帮占十分之三"。继广、潮帮之后,烟台、宁波等地米商踵至。[1] 1898 年,广东米荒,粤商在芜湖放盘争购,使芜湖当地米价陡涨,米粮告罄,庐州、巢县等地因而有遏粜之举。"商贩运米出境,不待附郭,即被抢劫一空"[2]。1889 年,芜湖输出稻米总量为

①　林熙春、孙晓村:《芜湖米市调查》,社会经济调查所 1935 年版,第 16 页。
②　《皖南米市》,见 1898 年 3 月 28 日《申报》。

211.71 万石,运往广东的就有 137.25 万石,占总量的 65%。1892 年,外输总量为 3159763 石,其中的 7/8 以广州为目的地。① 1905 年输出 8438093 石,销往广东的共有 6553849 石,占 77.67%。1900 年至 1905 年,运往广州、汕头两地的米粮年均占芜湖外运米粮总量的 85.56%,1909 年至 1911 年,年均为 64.75%。②

1907 年 11 月,日本以水灾缺粮向中国告籴。外务部奏准由江、皖、鄂、湘等省酌购运米万石,以济邻灾。其中自芜湖购运 20 万石。面对各界反对之声,军机大臣致电安徽巡抚冯煦:"计各省匀摊,每省不过十数万石,尚不致有妨民食。著查照原奏,妥速办理。"③芜米准运日本,使当年年底芜湖米价高涨。

1882 年芜湖米市正式形成后,清光绪二十四至三十年间,芜湖米市的稻米出口每年多则 500 余万石,少则也有 300 万石,真所谓"堆则如山,出则如江"。"芜湖米粮流通贩卖数量如此之巨(最多可达千万石,荒歉之年亦有百万石),在皖省商业上自有举足轻重之地位,常言谓芜湖工商各业市面往往视米市兴衰为转移"④。1912 年全国米市贸易总额 6647538 石,芜湖米市贸易额是 4562195 石,占 68.63%。芜湖米市在全国各商埠稻米贸易中,占有重要地位。晚清政府面临各种社会危机,粮食时常短缺,清军缺粮常责令从芜湖米市调运,"皖抚接直督咨开,前准咨查北洋二、四两镇购米石数见复一案,兹据粮饷局详称,北洋陆军二、四两镇应需军米,向由该局派委赴南省购办,核计每年该两镇应需军米及代淮军新练军并各学堂购办食米,约需十万石之数,方敷应用等因,冯中丞准咨后当即查照办理"⑤。1908 年,"姜桂题军门所统各军,已由南洋'公平'兵舰装运千余名至浦口驻扎,现因军米缺乏,特派马令来芜,采办一千石,由义和泰米行包办,业已购齐,装载民船,由'楚北'小轮拖往,以济军食"⑥。北洋军来芜湖调米的次数

① 王鹤鸣:《芜湖海关》,黄山书社 1994 年版,第 96 页。
② 徐正元:《中国近代四大米市考》,黄山书社 1996 年版,第 41 页。
③ 芜湖关税务司:《芜湖关贸易情形论略》,抄本(藏安徽省图书馆)。
④ 谢国兴:《中国现代化的区域研究——安徽省》,第 430 页。
⑤ 《咨查北洋购办军米石数》,见 1908 年 3 月 4 日《申报》,第 2 张第 3 版。
⑥ 《姜军采办军米》,见 1908 年 3 月 18 日《申报》,第 2 张第 3 版。

很频繁,每次地方政府都积极筹办,"芜湖关道李梅坡观察,前日北洋近畿陆军在芜采办军米九千七百包,报由招商局'爱仁'轮装运天津塘沽起卸,曾填给护照,叫承办委员姚毅,并函致新关税务司,遇此项军米,当即验照放行"①,芜湖米市对晚清军粮供应也作出了较大贡献。

芜湖米市的兴盛直接促进了芜湖海关进出口贸易的发展,成为晚清芜湖地方经济发展的主导行业。对晚清时期芜湖社会经济的发展乃至安徽地区经济的发展产生重要影响。芜湖米市是晚清全国四大米市之首。围绕米粮贸易与加工发展起 82 个行业,5400 多家商店,商业营业额也以米业为主体。米捐也成为芜湖税收和财政的主要来源,"最多年代,所征税银七十余万两,占当年海关税银的一半左右"②。米业的兴盛带动百业兴:布业、金融业、五金业、饮食业等伴随而起。据统计,"在米市兴旺的年代,整个米市的从业人员约有七千人之多"③。相关产业的工人数目更为可观,19 世纪初,从事相关行业长途载运的船民人数达 30 万之多。米业促进芜湖地方经济的发展,使 20世纪初的芜湖成为繁荣的商业城市。米市的发展迅即改变了芜湖的社会经济结构,促进了近代芜湖城市的发展。

二、晚清安徽的茶叶贸易

(一)晚清茶叶贸易概况

安徽产茶历史久远,在秦汉时代,茶及种茶技术即由西南,经陕、豫传播到皖西。两晋时,安徽茶业就相当兴盛,且出产优质贡茶了。唐代安徽出产茶叶的地域有:寿州、舒州、宣州、池州、歙州等。唐代安徽名茶有:寿州黄芽茶、舒州天柱茶、宣州鸦山茶、池州牛轭岭茶、歙州方茶等。自唐代开始,安徽茶叶就远销国外。南宋以后,安徽茶业声名鹊起,尤以江南茶区为盛。明清时达到顶峰。茶叶是安徽最重要的经济作物,皖茶种类大致有红茶、绿茶及少数砖茶。如休宁松萝茶,创制于明初,到明代中后期已闻名于世;明末清初松萝茶制法已传播到

① 《芜湖出口之粮数》,见 1910 年 10 月 15 日《申报》,第 1 张后幅第 3 版。
② 民国《芜湖县志》卷三一、卷八。
③ 马永欣:《芜湖米市春秋》,见安徽省政协文史资料委员会编《芜湖文史资料》第 1 辑,第 46 页。

安徽南北和赣、鄂、浙、闽诸省,成为当时质量优良的大宗茶品;清嘉道年间,松萝茶因大量出口的需要,出现了松萝茶精制技术,逐渐演化为屯绿。

欧洲历史上最早记载的华茶输入是 1660 年东印度公司所购买的华茶 2 磅 2 盎司呈献给当时的英国国王。但只有到了 18 世纪,英国人及欧洲人中嗜好茶叶者才渐趋增多,中外之间的茶叶贸易随之发展起来。鸦片战争以前,中国自广东输出的货物就一直以茶叶为最大宗,广州出口的茶叶 1832—1833 年为 40.4 万石,1836—1837 年为 44.2 万石,另有少许中俄陆路贸易量未统计在内。英国在 1830 年时每年输入华茶 3000 万磅,合 13.67 万石。[①] 茶叶是中国最重要的出口商品,其他如生丝在内的所有出口商品合计只占茶叶出口的 1/8。五口通商以后,中国茶叶出口数字更是呈现出逐年增长和大幅度增长的发展趋势。中国茶叶几乎独占了国际茶叶贸易市场。据有关茶叶出口的资料统计,1868 年,中国输出茶叶总额为 1441 千石,1872 年,增长为 1775 千石。光绪以后,持续发展,1877 年出口数为 1910 千石;1880 年,增加至 2097 千石;1885 年,增至 2129 千石;1886 年更猛增到 2217 千石。[②] 茶叶出口数字的不断急剧增长,意味着我国茶叶生产的相应较快发展。但在 1886 年以后,华茶在国际市场上长期居有的优势地位开始逐渐丧失,出口数量不断下降。1887 年减至 2153 千石;到 1890 减至 1666 千石;1898 年降到 1535 千石;1906 年竟降至 1405 千石。[③] 随着茶叶出口递减,中国植茶业兴盛的局面便趋结束,转而萧条,安徽自古以来是产茶的主要地区之一,茶叶产销兴衰也随中国茶叶贸易的兴衰而变迁。

19 世纪 80 年代皖茶出口数量最多,之后在国际市场受到挤压,出口下降。据《中国经济地理》的作者王金跋估计,1920 年前后安徽茶业输出量占全国总输出量的 2/3,那么在 19 世纪 80 年代的中国茶业黄金时代,最高输出额曾达 200 多万石,如保守一点,以 1/3 比例推

① ［美］马士:《中华帝国对外关系史》第 1 卷,上海书店出版社 2000 年版,第 191、233 页。
② 许道夫编:《中国近代农业生产及贸易统计资料》,上海人民出版社 1983 年版,第 250 页。
③ 许道夫编:《中国近代农业生产及贸易统计资料》,第 251—252 页。

算,安徽当时的输出量也应有 70 万石。又据 1885 年皖南茶厘总局的税额折算,同治年间,皖南茶叶产额约 100 万石。这是洋庄销额。若加上内销茶(主要是六安茶),安徽茶叶产量在这一时期内,至少不会低于 100 万石。

表 12-10　　晚清安徽茶叶对外输出路线表　　　　(单位:石)

产地		输往浙江	输往汉口、九江及出口外洋	输往上海及外口	输往东北几省	合计
徽州茶	婺源	70000	15000			85000
	歙县	35000				35000
	绩溪	8000	2000			10000
	休宁	5000	1000			6000
	黟县	2000	2000			4000
祁门茶	祁门		65000			65000
	建德等		25000			25000
芜湖茶	宁国			1300		1300
	太平					
六安茶	六安州				40000	40000
合计		271300				

(表中数据资料来自:日本东亚同文会编《安徽省志》)

据此可见,19 世纪 80 年代,皖茶外销及内销,平均每年 27 万石左右,是当时中国茶叶贸易兴盛及安徽地域经济发展的体现,然而茶业在发展过程中却困难重重。

(二)皖南地区茶叶出口贸易

皖南一带是安徽主要产茶区。产茶区又以徽州府治下六县为主,宁国府的太平、泾县、宁国,池州府的建德、石埭、青阳等县,也产茶,"惟重要性不及徽州府"①。"安徽之茶每年输出英美俄罗斯及其他欧洲各国者为数居多"②。出口的茶叶分绿茶和红茶两大类。

---

① 谢国兴:《中国现代化的区域研究——安徽省》,第 36 页。
② 日本东亚同文会编:《安徽省志》第 2 卷。

绿茶产销。徽州所属各县所产的大多是绿茶，集中在屯溪加工后出口。屯溪绿茶输出的路线，在嘉庆时"集中江西铅山县河口镇，沿信江转入赣江，再南下大庾岭，以人力担过梅岭关，再由南雄沿北江到广州出口"①。皖南茶叶产量远远超出本地区的需要，开始大量外销，据统计，1836—1840年四年间，徽茶一项，平均每年输往英国就达760余万磅，约占中国对英国茶叶输出总量的22％。② 平均每年输往美国就达1200余万磅，占中国对美国茶叶输出总量的52％。③

鸦片战争及五口通商后，徽州茶叶贸易得到长足发展。连小孩子也投入了生产，人们多以茶叶为生途之一，整个徽州地区"……自五口既开，则六县之民无不家家蓄艾，户户当护，赢者既操三倍之价：细者亦集众腋之裘……"④1862年的屯溪因茶业的发展，每年运出七八百种茶庄的茶叶。徽州地区出现了雇工采茶、制茶等现象，有的甚至雇工达万人。

皖南各地茶叶生产仍保持发展的势头。在芜湖郊区，茶园不断地扩张，"据说种茶树的新地是太平叛乱时荒废的旧地，同时在通向茶区的内地水道上。各个据点都建立了税卡，公开宣称其目的在于对运到芜湖的茶课征厘金"⑤。歙县"……道光八年前出产无多，故需认销他县茶，厥后逐渐推种，求变为供，至光宣间计输出者已达3万数千担"⑥。经营茶叶的茶号和店铺也日益增多："嘉道间本埠（芜湖）销场微细认不及湾沚，光绪初渐次发展。至三十年左右，计有店铺十二家，每年营业共二十万上下，其源皆来自泾、太、徽州等处……"⑦屯溪镇位于新安江上游，在历史上以茶市繁盛著称。晚清时期，成为皖南茶叶运销出口的集散中心。屯溪镇的经济因此而繁荣起来，全镇人口有1.5万之多，较大规模的茶行有百余家，镇上设有茶务总局，会员有70

① 吴承明、许涤新：《中国资本主义的萌芽》，人民出版社1985年版，第433页。
② 姚贤镐：《中国近代对外贸易史资料》第1册，中华书局1962年版，第282页。
③ 姚贤镐：《中国近代对外贸易史资料》第1册，第296页。
④ 《中西纪事》卷二三，第20页。
⑤ 民国《芜湖县志》卷三五。
⑥ 民国《歙县志》卷三。
⑦ 民国《芜湖县志》卷三五。

余名,还开办茶商公立农校、茶业讲习所,招收小学毕业生,授以种茶、制茶技术,以适应茶叶贸易发展的需要。

徽州茶的出口路线改为"经新安江至杭州转口,或下江西省由九江出口"[①]。由于交通的因素,出口的绿茶大部分用船,小部分用马驮或人挑运至屯溪集中,经精制后沿新安江运至杭州,再转运上海销往欧美各国。19世纪屯溪镇上有茶号300余家,其中规模较大的有百余家。20世纪初,皖南绿茶经上海销往国外,每年约12万担,达四五百万元,约占安徽茶叶销往国外数量的1/2。

红茶产销。祁门红茶一直负有盛名,关于祁门红茶的来历有两种说法:一种是祁门原产绿茶,光绪元年(1875年),余干臣从福建罢官回原籍经商,先在至德县开设茶庄,"仿(闽红)制作红茶,后又到祁门推广,(祁红)逐渐见称于时"[②]。另一种说法是,祁门人胡元龙所创,19世纪70年代中,胡氏因"绿茶销场不旺,特考察制造红茶之法,集资6万元,建设日顺茶厂,改制红茶,并亲自前往各乡教各园户改制红茶"。总之,祁门红茶在光绪初年才问世,不久便蜚声国内,很快便销往国外。运销路线是由昌江下,至九江出口。宁国、太平等地所产茶叶,则由芜湖出口。祁红在国际市场备受欢迎,往往利市3倍,每担价格在100两左右。红茶产量扶摇直上,秋浦、至德等地也建成红茶产区。祁门为红茶的制作中心,有茶号180余家。

红茶绝大部分销往国外,其路线是用民船下阊江,经景德镇、饶州运至九江、汉口,然后销往国外。外销茶的中间环节有:(1)茶贩或茶行。专门向茶农(或茶户)购买毛茶,转售于茶号,或作为中介介绍茶农卖茶于茶号,赚取佣金。(2)茶号。有一定的资本,多设于茶叶集散地的城镇,向茶贩或差行购进毛茶,或自行到茶产地乡间设立分庄,派人员下乡购茶,也有茶农自行运售茶叶于茶号。茶号通常以现金收购毛茶,加工精制后,有的贩售于国内其他市场,有的运至通商口岸,出口外洋市场。经营范围是:收集、精制、运销。(3)茶栈。茶号并不

---

① 吴承明、许涤新:《中国资本主义的萌芽》,第433页。
② 谢国兴:《中国现代化的区域研究——安徽省》,第36页。

自营出口贸易，所有出口外洋的茶叶"悉数运交设于通商口岸的茶栈"[①]。茶栈代理出口茶业务。茶栈之资金来源，是向银行或钱庄借贷，因此茶栈放款于茶号，一方面成为茶号的债权人，茶号所产制茶必须由茶栈经手脱售，另一方面，赚取利息差价。(4)洋行。茶栈的茶叶交由洋行代理出口，洋行（华商、洋商均有）本身是外国茶商的代理人。议价、交货均由茶栈和洋行经手。

著名茶商、茶号。清末著名的徽州茶商有歙县的罗三爷、婺源的孙三森、休宁的汪燮昌，他们开设的茶号年均制茶在万箱以上。同治年间，洋庄茶盛行时，经营洋庄的徽州茶叶商，资本额较大者，有忆同昌等30家。光绪年间，影响较大的有歙县坑口茶商江耀华的"谦顺昌"茶号，年均加工毛茶2～3万斤，光绪二十三年（1897年）曾达到6万多斤。在外地经营大茶号的徽商为数也不少，芜湖有12家，著名的有广裕、泰丰裕、杨德泰等[②]，有数家资本额还曾达四五万两，其余亦在数千两。

外销茶分两个时期，以祁红创制为标志，此前行销屯绿，此后则以红茶为主，红绿同时行销。屯绿畅销时代，主要销地应是英、美、印度等国，红茶和绿茶同时行销时代，红茶主要销地为英、俄、美及欧陆诸国，绿茶主要行销地为美、英、印度等国。皖南茶叶输出的路线：绿茶基本是由屯溪而宁波或上海，或由芜湖而上海。红茶主要由九江或汉口集中输出。

20世纪初，祁门红茶每年销往国外约9万担，其中1/3销往俄国海参崴，其他销往欧美各国。20世纪20年代后红茶外销锐减，祁门茶号开业者仅及以前的4/10。

茶叶贸易的税收成为近代清政府的重要财源。以徽州地区而言，自咸丰以后，茶课由引课一项，衍生出茶捐、茶厘等诸多名目。引、捐、厘、税并行，皖南茶叶税赋空前加重。咸丰三年（1853年），太平军进驻长江沿线，安徽省为筹办防御经费，派捐集款，规定茶叶按引筹捐，

---

① 谢国兴：《中国现代化的区域研究——安徽省》，第444页。
② 日本东亚同文会编：《安徽省志》第2卷。

每引捐银六钱,是为徽茶加捐之始。此后,地方政府仿引法输助军需,多寡不定。咸丰七年,大臣胜保鉴于芜湖、凤阳两关因兵祸停废未设,奏设厘局抽厘助饷,经户部议准,乃于南北两岸设立盐茶牙厘各局,暂收商税,以抵补关税收入,其中茶厘税率为每引三钱,公费银三分,与前项茶捐合计九钱三分,按引征课。咸丰九年,曾国藩入皖接办厘金,十一年(1861年)在省城安庆设立牙厘总局,同时在祁门设立皖南茶引局,专门征收茶叶厘捐,由皖南道督办,安庆牙厘总局综理,省局派员驻局经管。清政府每遇大事,财政吃紧便加征茶税。光绪二十年,各省为中日战争筹款,特增设茶叶二成捐,皖南茶课在原有税率的基础上,每引又增捐三钱六分,合计二两二钱四分。光绪三十二年由于筹办新政,筹议公所以"本省土产应认本省之捐"为由,咨明江督周馥,将外销茶每斤加厘二文,内销茶加厘一文,以补助赔款。三十四年,两江总督以茶叶销路不畅,将前加之二文、一文各减半抽收。[1] 加征内、外销茶的税收成为晚清政府解决财政问题的一个重要途径。晚清茶税与茶叶贸易的兴衰息息相关。

(三)皖西茶叶贸易

六安的茶,从唐宋以来驰名中外,六安茶从明代起一直为贡品,清代每年入贡700斤。

虽然六安茶品质好且产量高,但因交通不便出口的却不多。六安茶之产地多在六安西、西南及南三方面,尤以六安从英山及霍山途中沿河道两旁之小丘上茶园最多,所有六安之茶皆为绿茶而无红茶。[2]

由于交通不便,六安、霍山一带所产的绿茶,唯一贸易路线是:主要由淠河运至正阳关,下淮河,遇洪泽湖入运河以至镇江。无论从何处皆非走陆路不可,且陆路仅通小车,所以货物运输只有用牲口或挑夫。淠河水运在夏季涨水时百担之船可直通镇江。霍山茶的上品运到苏州,转往营口、东三省;中等的销往国外;其次的则北运至亳州及周家口,再销往华北;较差的茶在附近销售,有的运到口外、蒙古等地。

---

① 冯煦主修:《皖政辑要》,黄山书社2005年版,第345页。
② 日本东亚同文会编:《安徽省志》第2卷。

三为鲁庄,采运至山东。同光年间苏庄、口庄茶商极多,营业甚盛。皖西大别山区只有小部分茶叶经陆路销往国外。从芜湖海关出口茶叶数量不多,1877 年,出口数量为 3162 石,光绪六年降为 1807 石,1884年达 3378 石,大多数年份在 2000 石上下徘徊。这些数量只占安徽茶叶出口很小部分,不能全面反映安徽茶叶出口的数量。

表 12－11　皖西各县茶叶运输表

县别	运往地点	经过地点	运输工具
金寨	济南	苏家埠、六安、正阳关、原墙集、毫县、商丘、徐州	竹筏、帆船、土车、牛车、马车、火车
六安	济南	正阳关、原墙集、毫县、商丘、徐州	帆船、土车、牛车、马车、火车
霍山	济南	西河口、苏家埠、六安、正阳关、原墙集、毫县、商丘、徐州	肩挑、竹筏、帆船、土车、牛车、马车、火车
舒城	济南	毛坦厂、青山、六安、正阳关、原墙集、毫县、商丘至徐州或由合肥、乌江至浦口	肩挑、竹筏、帆船、土车、牛车、马车、火车
庐江	济南	无为、襄安、芜湖至浦口或由三河、合肥、乌江至浦口	汽船、帆船、肩挑、土车、汽车、牛车、马车、轮船、火车

（本表格据黄同仇《安徽概览》,安徽档案馆 1986 年重印,1944:117 编）

　　六安茶山内有 7 处市场。苏家埠设有市场,供六安城乡之需要。独山镇,两河口之西北,20 里有茶行 76 家,在七大市场中居第二位。麻埠有茶行 90 家之多。霍山,每年产茶有 5000 石上下,其中,管家渡镇产茶的数量最多。每逢茶季,北京、山东之茶商,都亲自到山内市场办茶,故各市场都设有茶栈,由北京而来的茶客皆采购大宗,每客所办,皆在一万石上下。另有一处青山,每年产额约有万斤（100 石）。"皖北及北几省一言及茶,必称六安"[1]。

　　六安产茶区域主要是苏家埠、麻埠及霍山县,绵延达 300 余里,凡属山丘无不成为茶园。但只是作为农民的一种副业,所以规模并不大且栽培也粗杂,很少进行技术改良。茶叶生产包括茶树栽培、茶园管理、茶叶采摘等多个环节。皖西茶区大都垦殖多年,新开茶园很少,每

---

　　① 日本东亚同文会编:《安徽省志》第 2 卷。

户茶农拥有茶地一般在 0.67 平方千米左右,多分散经营。茶农的栽培知识与技术极为匮乏,不知浸种选种为何事,茶树的行距与株距亦参差不齐。

茶园管理包括中耕、除草、整枝、施肥、防害等工作。茶农对于茶园的管理较粗放。据调查,六安、霍山、舒城等县的茶树,每年耕耘 1 次,施肥 1 次,间有不耕耘,不施肥,简直与野生无异,且山高地区,不事整理,一遇雨水,则土中养分流出,遂致茶树早衰,生叶减少。[①] 至于病虫害,多顺其自然,毫无防治办法。茶叶采摘。皖西茶叶天然品质优良,但因采摘不得法,很难成为佳品。茶叶以嫩为贵,如延续数日,叶片就会变老。但为了增加重量,茶农有意不去采摘,等嫩叶长大,将老叶、嫩叶连同枝杆一同摘下。霍山黄芽就是一例,山户每每将芽养至六七寸深,连茎带叶,一同摘下,只求量之重,不求质之精。[②] 栽培、管理、采摘方法的不科学,极大地影响了茶叶的质量。

1910 年安徽巡抚朱家宝认为,"六安、霍山等州县向为产茶之区,惜该处乡民未经研究制茶种植新法,不足以挽利权",遂进行改良,"顷经该州牧会同麻埠茶厘提调筹议,拟在该处设立讲习所,并改制红绿茶标本,以资研究,而兴利源"[③]。"兹劝业道童观察仿效皖南办法,于该处设立茶务讲习所,采取种焙等法,招生研究,以便改良,而关利源。至所需经费,即于每年茶市时抽收茶捐引厘为经费"[④]。

六安茶商可分为茶行与茶铺两种,茶行之地位在山户与客商之间,是买卖的中介,"以赚取行用钱为业"[⑤],有时也自行买茶卖与客商。三店铺设有大规模制茶厂,有三四十家茶行。茶铺,从茶行买茶,而贩卖于直接消费者或批发给小商家,其规模远不及茶行。六安茶行本店都设于苏家埠,而另在麻埠及霍山办茶业。主要大字号有:甘德和、德丰源、辛裕和、鼎盛、和丰、万和兴、匡恒生、吉盈丰、兴盛祥等。

---

① 陈序鹏:《对于改良安徽茶业之意见》,见《安徽建设》1929(2),第 53 页。
② 陈序鹏:《对于改良安徽茶业之意见》,见《安徽建设》1929(6),第 8—9 页。
③ 1910 年 8 月 27 日《申报》,第 1 张后幅第 4 版。
④ 1910 年 12 月 22 日《申报》,第 1 张后幅第 4 版。
⑤ 日本东亚同文会编:《安徽省志》第 2 卷。

茶铺都设在六安城内经营,主要进行零售批发生意,著名大字号有:程德大、恒有德、宝源丰、汇源、宝兴,前两者是太平帮,后三者则是徽州帮。六安茶铺以太平商人及徽州商人最占优势,茶商之间并没有固定的组织,只是各帮有自己的会馆,以此来加强联络。在皖西的霍山县,每逢采茶季节,人们夜以继日地加工茶叶,人力不足,就厚资雇用客工。

（四）晚清安徽茶叶贸易的衰落

晚清安徽茶业出现衰落,这是由多方面原因造成的。19世纪60年代以后,英国殖民地印度、锡兰(今斯里兰卡)和日本等国茶叶的兴起对华茶出口构成巨大压力。英国、日本等国从中国引入茶种后,采用科学种植方法,利用机器制作,进行大规模的资本主义经营。因此,无论在价格、产量上,还是在交通运输以及装潢上,都较安徽茶有竞争力。另外,资本主义国家的歧视政策,更造成华茶输出困难。如英国对其殖民地印度的茶叶实行低税进口,而对华茶则重税限制输入。

对外茶叶出口锐减,造成安徽茶业的迅速萎缩。据1884年皖南茶厘总局报告:1885年、1886年徽商亏本自三四成至五六成不等,已难支持,1887年亏折尤甚,统计亏银将及百万两,不独商贩受累,即皖南山户园户亦因之交困。因此两江总督曾国荃奏:皖南茶厘,军兴时需饷孔急,联捐为数过重,迭次奏减,茶商尚形竭蹶。近年印茶日旺,售价较轻,西商皆争购洋茶,以致华商连年折江海关税务司好博逊甚至担心:恐数年以后,中国茶叶贸易将无人承办。①

1900年以后,国际茶叶市场竞争更趋激烈,中国茶业同时面临日本及南亚诸国的压力。故盛宣怀在给朝廷的奏折中强调,印度、锡兰出产红茶,日本出产绿茶,以后悉用机器制造,价本既轻;印度、日本又免征税银,锡兰不只免征,每磅并津贴银三分五厘,约合每石贴银四两之多,力使畅销推广。中国产茶业户茶盘遂至逐年递减,渐成江河日下之势。②

---

① 彭泽益编:《中国近代手工业史资料》第2卷,三联书店1988年版,第308页。
② 彭泽益:《中国近代手工业史资料》第2卷,第308—309页。

在外国茶叶本轻价廉的凌厉攻势下,中国茶叶价格逐渐跌落,安徽茶户处境日渐艰难,茶盘逐年递减。"屯溪市面向来以茶木两项为出口大宗,惟近来茶业十分衰败,往往有三十两成本,而运至上海售与洋商时只值二十两,两者因之亏耗甚巨,阖郡为之气馁。"①徽州上品茶虾目、珍眉等品牌,每百斤原售银八十余两,后只售五十余两,到1896年仅售四十余两;下乘茶叶如芝珠、芽雨、熙春等,每百斤原售银十五六两及十二三两,1896年仅售八九两及六七两。②"皖南茶悉销外洋,从前沪价每引得银五六十两三四十两不等,商人获利尚厚……近年引价骤跌,计多仅二十余两,少则十余两不等。加以商贩资本贷于洋商者多,洋人因其借本谋利,货难久延,多方挑剔,故意折磨,期入其毅。皖南茶销路仅一上海,业已到地,只得减价贱售,种种受制洋人,以致十商九困。"③

从国内来看,出口茶的各种花费繁多,洋庄茶手续繁杂,统计各项开支超过原来茶价一倍以上。如果茶号买进毛茶价格为一石20两白银,精制后出售给茶栈再运至上海,经上海茶栈之手售予洋商,如此几经辗转,其价值要贵一倍以上。以运往上海为例,毛茶20两,精制费:炒工、拣工、筛工工资、薪炭钱,装置费,茶号利润10%,茶务总会捐钱,茶捐厘金(安徽省),茶厘(浙江省);运费:屯溪—杭州、杭州—上海,上海茶栈手续费,屯溪茶栈利润10%,上海洋商买进的价目就是毛茶价格的2.5倍。茶叶运销花费大,课税重,出口时,"尚须纳出口税,每石4两上下"④,又经茶商层层加码。纷繁沉重的苛捐杂税是造成茶叶贸易衰落的又一重要原因。当时的关卡处处皆有,不同路径有不同关卡,如从婺源到上海就有:休宁茶局、深渡卡、街口茶局、威坪水卡、严州东关水卡(今建德市)、义桥内卡、竹港卡、绍郡总局、曹娥局、百官局等,茶叶运销受到层层盘剥。

虽然厘卡税金历年多有减免,但各地仍关卡林立,当时就有人指

---

① 《茶市衰败》,见1907年1月5日《申报》,第17版。
② 麦仲华:《皇朝经世文新编》。
③ 萧荣爵:《曾忠襄公奏议》。
④ 日本东亚同文会编:《安徽省志》第2卷。

出,"近年华茶销数年减一年,半由制造之未工,半由关税之太重"。此外,厘金的压榨尤为苛重。《大公报》曾对此评论称:"茶商自上江运茶下行,沿途厘卡莫不留难,多方需索,不遂其欲,辄以开篓过称协之,年甚一年,受害将无底止。"随着民族危机的加深,加之清末国内局势持续动荡,华茶在国际市场竞争中逐渐处于弱势,丧失主流地位也就在所难免。皖南徽州茶销量日趋衰落。

皖西茶也进入困境。"南茶售价八九十元、百元不等,北茶仅售价二三十元,几及南茶三分之一,同一品质,因制法销路之不同,价格遂相悬如此。"①满足于国内市场的皖西茶在品种改良、包装革新方面乏善可陈,皖西各县茶叶"以均系内销,运达地点不远,经过时日无多"②。装潢只用篾篓,因篾篓包扎疏松,易受潮湿,使得茶叶色、香、味皆有损耗,从而影响到市场销售。在加工制作环节上,皖西茶叶也存在诸多弊端。皖西茶叶制作分为炒、烘及拣3步。即茶农先将采摘的茶叶用铁锅炒干(约4成干),出售给茶号;茶号收购后,再行烘焙,然后雇工拣选,最后装运至各处销售。除制作方法简单外,制作工具也十分简陋。如用土砖所砌的炒茶灶作为搓揉工具,很容易将土灰搀入茶叶之中。另因茶园种植方法不当,往往竭泽而渔,使茶叶质量渐趋衰退。

---

①　陈序鹏:《皖北茶业状况调查》,见《安徽建设》1929 年第 8 期。

②　张本国:《皖西各县之茶业》,见《国际贸易导报》第 6 卷第 7 期。

第十三章

新式教育和新文化事业的开创

鸦片战争之后，尤其是中日甲午战争之后，清朝统治者和知识分子开始全面重新审视中国传统教育的地位和价值，新式教育应运而生。最早在安徽实行新式教育的是西方传教士创办的依附教会的宗教学校。戊戌变法时期，皖抚邓华熙作为支持维新事业的地方大员，不仅倡导新式教育，而且在皖创办求实学堂，标志着安徽新式教育的真正开端。1902年之后，清政府开始在全国全面推进新式教育，先后推行壬寅学制和癸卯学制，实行包括初等小学堂、高等小学堂、中学堂、高等学堂和大学堂在内的各级新式教育，兴办近代实业教育，改革各级教育管理制度，鼓励地方成立教育会、劝学所等民间教育推进团体，派遣学生出国留学。在朝廷的督促和安徽士绅、民众的积极推动下，安徽新式教育迅速全面发展。与此同时，近代报刊、图书馆事业也开始出现。

第一节　教育体制的变革与近代教育的开始

一、求是学堂与安徽新式教育的兴起

清代沿袭了明代的教育制度,在各地建立众多府学、州学和县学等官学,民间亦在官府的支持和鼓励下开办书院、私塾、义学、社学及蒙馆,引导学生学习儒家经典、典章制度和经史文学,并以科举制度选拔精通儒家思想学说、熟悉典章制度和遵循封建伦理道德的知识分子,作为各级行政官员的后备人选,以维系清王朝的统治。

1840 年中英鸦片战争爆发,庞大的清王朝军队面对少数由近代武器装备的西方军队显得不堪一击,中西方在军事技术和装备上的巨大差距,在清统治阶级中产生极大震动。19 世纪 60 年代初期至 90 年代中期,洋务运动在中国兴起。洋务派在办理外交,开办企业和编练新式陆、海军时,深感各类人才匮乏,显然,中国的传统教育体制和教育内容无法培养出他们迫切需要的了解世界和精通近代科技工艺的人才。因此,洋务派以实用主义的态度,创办了一些以西学为基本内容的新式学堂,包括京师同文馆、福州船政学堂、天津电报学堂、天津水师学堂、天津武备学堂、北洋医学堂、广东实学馆、金陵同文电学馆、广东黄埔鱼雷学堂、广东水陆师学堂、两广电报学堂、湖北自强学堂、江南水师学堂等,其至还选派数批学生赴欧美留学。然而,洋务派创办新式学堂和选派留学生并没有对千百年来形成的中国各地实行的传统教育体系造成根本性的冲击,主导中国教育的仍然是传统的各级官学及民间的书院和私塾,绝大多数中国的知识分子沉醉于研读儒家经典和传统文化,幻想有朝一日能够在各级科举中脱颖而出。

1895 年中国在甲午战争中的惨败,促使中国的知识分子进一步觉醒,他们中的先进分子开始意识到,要解决国家面临的困境,必须以教育为本、为富强之源的经验,全面改革教育制度,革新教育内容。

1898 年 6 月,康有为向光绪皇帝上《请开学校折》和《改书院淫祠为学堂折》,竭力鼓吹引进西方近代学制,开办新式学堂。这些建议完全被光绪所采纳。6 月 11 日,光绪皇帝决定设立京师大学堂,"为各省之倡"。① 7 月 10 日,光绪命令各省督抚,"即将各省府厅州县现有之大小书院,一律改为兼习中学西学之学校……地方自行捐办之义学、社学,亦令一律中西兼习","以省会之大书院为高等学、郡城之书院为中等学,州县之书院为小学","至于民间祠庙,其有不在祀典者,即著由地方官晓谕民间,一律改为学堂,以节靡费而隆教育"。② 随后,清廷又下令在南北洋设立矿务学堂,各省选拔年幼聪颖学生赴日本矿务学堂学习;京师设立农工商总局,各省州府县均须设立务农学堂,"以植富强之基";各出产丝茶省份设立茶务学堂和蚕桑公院,"使学堂农会相辅而行"。③ 中国的传统教育正面临着包括教育宗旨、教育内容和教育体制在内的全面而深刻的变革。

在教育变革方面,安徽走在全国前列。时任安徽巡抚的邓华熙是这场变法维新运动的积极支持者和参与者,1897 年 2 月 12 日,邓华熙向清廷呈送《添设学堂酌拟切实办法折》,提出一系列改革传统教育和实行新式教育的主张。他指出:"今之讲求西学,必须实事求是,但于旧有书院,令其兼习,究虞造就难成。"鉴于旧式书院已经无法适应培养国家迫切需要的新式人才,因此他主张重新构建中国的教育体制,并建议:"应请各省均于省城另设学堂,学生自十三岁至于十五岁止,择其读过经书,略通文理,姿性聪颖,体质结实,身家清白者,核实考选,入堂肄业。堂设华文、西学各正副教习,由京沪大学堂拣派,教以语言文字、翻译算学、各国史鉴、格致测量等学,是为二等学堂。现在京师、上海奏准设立大学堂,即属头等学堂,各省议设二等学堂,所以开头等之先路。"④光绪皇帝非常重视这份奏折,随即要求军机处和总理衙门研究邓华熙奏折中的建议。之后,总理衙门在回复中表示支

---

① 《德宗景皇帝实录》卷四一八,第 15 页。

② 《德宗景皇帝实录》卷四二〇。

③ 汤志钧、陈祖恩:《中国近代教育史资料汇编·戊戌时期教育》,第 122 页。

④ 《中国近代期刊——强学报·时务报》第 3 册,中华书局(影印本)。

持邓华熙的教育改革设想和方案,建议清廷应"咨行各省一体照办",但又提出"各省的二等学堂其西学教习,由京沪大学堂拣派一节,原可照办,惟京沪大学堂未立以前,应由各省督抚咨由臣衙门同文馆拣派前往。各州县学堂,亦禀由各督抚咨商拣派,以免悬宕"。①

得到了朝廷支持,邓华熙决定立即在省城安庆建立新式学堂,培养本省西学人才。1897 年 7 月,《申报》刊登一则消息报道此事,称:"抚宪邓大中丞讲求实时务,在天台里之施家塘创设中西学堂,是处基地极为广阔,业已勘丈估工,委候补知县张廷权大令为监修,府经尹瑞麟参军为帮办,并饬候补知县周启运大令赴湖北采办木料,一俟运到,即可兴工。"②经过近一年筹划和建设,安庆新学堂"就敬敷书院屋宇开办,并将书院书籍、产业、经费归并,名曰求是学堂,于光绪二十四年闰三月开学,是为皖省兴学之始"③。

求是学堂是近代安徽人自己创建的第一所中学与西学并重的学校,它的创立是维新变法时期安徽教育所取得的最重要的成果,不仅对安徽教育产生深刻影响,同时也是戊戌变法时期维新派所取得的为数不多的教育成果之一。求是学堂的建立,标志着安徽传统书院教育向近代学校教育转换的开始。

然而,戊戌变法仅仅持续了百日,1898 年 9 月 21 日,以慈禧太后为首的顽固势力发动流血政变,幽禁光绪皇帝,捕杀和通缉维新派,罢免支持维新的官员,几乎废除所有的新政举措,扼杀了这次中国历史上首次寻求近代化的全面变革。

学界普遍认为,仇视变法维新的顽固派在政变后,除京师大学堂之外,立即废除戊戌时期推行的全部新政,④京师大学堂成为"戊戌变法的仅存硕果"⑤。这一说法并不准确,戊戌变法时期一些地方上实行的新政,至少是教育方面的措施并没有完全废除。慈禧太后发动政变

---

① 《中国近代期刊——强学报·时务报》第 3 册。
② 《建造学堂》,见 1897 年 7 月 9 日《申报》,第 2 版。
③ 冯煦主修:《皖政辑要》学科卷五一《专门》,黄山书社 2005 年版,第 488 页。
④ 陈旭麓等主编:《中国近代史词典》,第 155 页。
⑤ 王晓秋主编:《戊戌维新与近代中国的改革》,第 248 页。

的一周之后,即颁布命令,宣布废除大部分新政措施,但同时又表示:"大学堂为培植人才之地,除京师及各省会业已次第兴办外,其余各府州县议设之小学堂,著该地方官斟酌情形,听民自便。"①正是由于这道命令,在戊戌变法失败后,安徽求是学堂并没有解散或停办,学生依旧在学堂里继续学习,并在3年后完成学业并毕业。1901年4月,求是学堂首届学生即将毕业,安徽巡抚王之春亲自对学生进行考核,"取英文、法文学生十三名,奏奖监生及八品翻译官,保升教习,官阶有差,一律均照原奏章程办理"②。

求是学堂成立之时,安徽巡抚邓华熙亲自担任总办,负责学堂事务。③ 1900年邓华熙离任后,前任安徽巡抚乔松年之子、两江候补道乔联宝接任学堂总办。1901年4月,皖南营务处总办高蔚光因"报丁外艰"辞职,王之春任命乔联宝接任。

二、近代教育行政系统的建立

求是学堂虽然揭开了安徽新式教育的序幕,但是求是学堂建立后全省并没有其他新式学堂出现。随后,维新运动夭折,安徽的新式教育陷入停顿,传统书院式教育仍占据绝对统治地位。与此同时,旧的教育管理体制在安徽依然如故,清政府在各省设立学政,与督抚平行,隶属礼部。学政负责全省教育督察和管理学校、科举等事务。1895年至1905年的10年间,先后任安徽学政的官员有:吴鲁(1895)、李端迁(1895—1898)、徐致祥(1898—1901)、绵文(1901—1904)和毓隆(1904—1905)。根据清朝制度,学政向不与督抚同城,因此安徽学政衙门设在太平府治当涂县。④ 这一传统的地方教育管理体制一直持续到20世纪初清廷推行新政之时。

1901年1月29日,在义和团运动和八国联军侵华的双重打击下,陷入困境的慈禧太后被迫在西安宣布实行新政,要求各大臣及各省督

---

① 中国人民大学清史研究所编:《清史编年》第12卷,中国人民大学2000年版,第117页。

② 冯煦主修:《皖政辑要》学科卷五一《专门》,第488页。

③ 丁致聘:《中国近七十年来教育纪事》,第8页。

④ 冯煦主修:《皖政辑要》学科卷五〇《建置》,第466页。

抚,"参酌中西政要,举凡朝章国故,吏治民生,学校科举,军政财政,当因当革,当省当并,或取诸人,或求诸己,如何国势始兴,如何而人才始出,如何而度支始裕,如何而武备始修,各举所知,各抒己见"①。4 月 21 日,山东巡抚袁世凯率先上《遵旨敬抒管见上备甄择折》,提出 10 项改革方案,其中主张各省增设新式学堂,逐渐废除科举。② 7 月 12 日、19 日、20 日,两江总督刘坤一与湖广总督张之洞联衔连续呈上《江楚变法三折》,其第一折为《变通政治人才为先遵旨筹议折》,强调教育改革为当务之急,主张广设新式学校,改革科举制度,派遣学生留洋。③

在袁世凯、刘坤一与张之洞等地方督抚的支持和推动下,晚清教育改革开始启动。1902 年 8 月,清廷颁布管学大臣张百熙制定的包括各级学堂章程在内的《钦定学堂章程》,史称"壬寅学制"。然而,壬寅学制未及实行,已招致多人批评。1903 年 6 月 27 日,清廷命令张之洞、张百熙和荣庆负责修订大学堂及各省学堂章程,"务期推行无弊,造就通才"④。1904 年 1 月 13 日,清政府正式颁布张之洞、张百熙和荣庆修订的各学堂章程,首次构建了中国近代教育的各级各类学校体系,即"癸卯学制","是为中国近代首次施行之正规学制"。清廷并要求各省督抚,"赶紧督饬各府厅州县建设学堂,并善为劝导地方,逐渐推广"。次日,清廷改管学大臣为学务大臣,任命孙家鼐为首任学务大臣。⑤ 为了推进各省发展新式教育,清政府并规定各省设立学务处,专管本省教育,隶属督抚。⑥ 由此,原分管各省的学政已形同虚设。1905 年 9 月 2 日,清政府颁布命令,自翌年起废科举,并"著学务大臣迅速颁发各种教科书……并著责成各该督抚实力通筹,严饬府厅州县,赶紧于城乡各处,遍设蒙、小学堂,慎择师资,广开民智"⑦。科举废除后,

① 中国人民大学清史研究所编:《清史编年》第 12 卷,第 240 页。
② 中国人民大学清史研究所编:《清史编年》第 12 卷,第 248 页。
③ 张海鹏、李细珠:《中国近代通史》第 5 卷,江苏人民出版社 2009 年版,第 9—10 页。
④ 中国人民大学清史研究所编:《清史编年》第 12 卷,第 287 页,314 页。
⑤ 中国人民大学清史研究所编:《清史编年》第 12 卷,第 331—332 页。
⑥ 丁致聘:《中国近七十年来教育纪事》,第 12 页。
⑦ 中国人民大学清史研究所编:《清史编年》第 12 卷,第 386—397 页。

变革旧教育管理体制更是迫在眉睫。9月11日，清廷下令，"各省学政专司考校学堂事务，嗣后各该学堂事宜，著即归学务大臣考核，毋庸再隶礼部，以昭画一"。① 12月6日，清政府设立学部，位于礼部之前，并将国子监归并于学部。学部为各省学务总汇之区，荣庆任学部首任尚书。②

清廷推行的教育近代化和中央教育行政体制的巨大变化，深刻地影响到包括安徽省在内的全国各省地方教育，安徽传统的教育管理体制也随之改变。1901年，求是学堂改为安徽大学堂，大学堂司道（总办）兼管全省各地学务。③ 但此时新式教育仍属凤毛麟角，尚未在全省推广，科举及传统官学及私人书院教育仍归学政统辖。1903年5月，清廷已开始大力提倡西学，皖省少数地区已出现新式学堂，清政府批准两江总督魏光焘的请求，在南京设立两江学务处，分管江苏、安徽和江西教育。④ 1904年，经安徽巡抚诚勋奏请，清政府同意皖省专设学务处，以"藩臬两司为总办，并设提调、文案、支应各一员"⑤。随后，安徽派员赴湖北和湖南考察教育，遂决定皖省学务处"参酌湖南章程，暂先分设审订、考验、会计三科，并以审订、考验两科各设专办绅士一员，以免官绅隔阂之弊"⑥。安徽学务处的设立，标志着安徽省属近代教育管理机构的诞生。

1906年4月25日，清廷下令裁撤各省学政，于各省设提学使司提学使一员，归督抚节制。提学使"秩正三品，在布政使之次，按察使之前，总理全省学务"⑦。5月13日，学部制定《各省学务详细官制及办事权限章程》，规定提学使及所负责督饬地方官切实举办地方学务，于每学期及年终将本省学堂办理情形和全省学务人员情形详报学部；与藩司会同筹划全省学务应用之款；除陆军学堂之外，其余各级学堂均

---

① 中国人民大学清史研究所编：《清史编年》第12卷，第388页。
② 中国人民大学清史研究所编：《清史编年》第12卷，第396页。
③ 安徽通志馆编：《安徽通志稿·教育考》卷五，（台湾）成文出版社（影印本），第2页。
④ 中国人民大学清史研究所编：《清史编年》第12卷，第309页。
⑤ 安徽通志馆：《安徽通志稿·教育考》卷五，第2页。
⑥ 《皖省学务处新章仿照湘省办理》，见1905年11月3日《申报》，第4版。
⑦ 中国人民大学清史研究所编：《清史编年》第12卷，第410—413页。

归提学使节制。章程又规定,原学务处一律裁撤,并改为学务公所。学务公所设议长一人,议绅四人,协助提学使"参画学务"。议绅由提学使聘用,议长由"督抚咨明学部奏派"。学务公所设总务、专门、普通、实业、图书和会计六课。其中专门课掌理本省高等学堂及各种专门学堂教课及留学事务;普通课掌理本省优级初级师范、中学堂、女子师范、女子中学、小学堂及通俗教育、家庭教育和博物馆事务;实业课掌理本省农业学堂、工业学堂、商业学堂及其他实业学堂事务。章程并规定,各厅州县均设劝学所,按区域劝办小学,"以期逐渐推广"。劝学所设县视学一人,兼充学务总董,由提学使在本籍年满30岁以上的"品行端方、曾经出洋游历,或曾习师范"的乡绅中选任,"常驻各厅州县,由地方官监督办理学务,并以时巡察各乡村市镇学堂,指导劝诱,力求进步"。章程还规定各省设教育官联练习所,由督抚监督,由提学使选聘"本国或外国精通教育之员,讲演教育学,教授管理诸法及教育行政视学制度"①。

《各省学务详细官制及办事权限章程》的颁布,不仅为各省构建地方新式教育行政管理系统提供了规范,而且也大大加快了这一进程。1906年9月,首任安徽提学使沈曾植赴皖就任。沈曾植为晚清中国新式教育的积极支持者和推动者,曾与张謇等人帮助张之洞、刘坤一起草《江楚会奏变法三折》。他抵达安徽后,根据学部新章规定,将原学政衙门迁至安庆,"就安庆营副将衙门修改为提学使司衙门"。提学使衙门仿照按察使之例,"每年由司库支给库平银五千两,另由学务公所每月加给公费银三百两",其编制亦照"藩臬两司定章为四十一名"②。

次年1月,沈曾植依据学部规定,将原有学务处改为学务公所,在提学使司署之东另建公所办公场所。因皖省新式教育尚未全面推广,加上财力有限,学务公所设立之初,并未遵照部章设置六科,机构设置因陋就简,"总务兼会计一科,普通兼专门、实业一科,图书一科,科设

① 清学部总务司编:《学部奏咨辑要》,(台湾)文海出版社1909年(影印本),第55—62页。
② 冯煦主修:《皖政辑要》学科卷五〇《建置》,第466页。

正、副科长各一,科员自一人至三人不等,或竟暂从缺略"。公所议长初推蒯光典,但他已被清政府委以留欧学生监督,故议长一职因此多年空缺。省视学初仅一人,随着新式教育的发展逐渐增至四人,又陆续加委额外科员和差遣委员。1908 年,署提学使吴同甲遵照学部规定,整顿学务公所,裁撤额外委员,添委科员每科 3 人,副科长每科 1 人,省视学也增至 6 人。

在皖省学务公所设立后,1908 年春,安徽教育官练习所建立,颁布练习所章程,规定设所长 1 人,监学 2 人,延请外国讲员 1 人,本国讲员数人,讲授教学原理、教授法、管理法、教育行政、教育史、教育制度等课程。练习所设立初期,提学使沈曾植就提出,地方官负有监督学堂之责,安徽新式教育推进缓慢,关键是地方官对此态度消极,因此主张,除学务公所人员必须赴练习班听讲外,地方官员亦须接受练习班培训,主张"凡同通州县,一经得缺,无论正途、捐纳,均饬到所听讲,俾知教育行政之概要,然后赴任。……其未及补署暨甫经到省人员,有愿听讲者,均准其来所长期听讲,毕业后加以考验,分别优次,以备学务佐治官之选"。这一建议得到两江总督和安徽巡抚的赞同与批准。1908 年 5 月,安徽教育官练习班开学,10 月学员毕业,其中获得毕业证书有 35 人,听讲证书 27 人。[1]

清末安徽也逐步建立起府州县级教育行政系统。1908 年 1 月,提学使沈曾植提议各州县遴委学务佐治官一名,以推广新式学堂设立,其办公费用由各州县筹给,但巡抚冯煦认为皖省多数州县财力贫乏,只同意每府选委一员。根据清末《学务佐治官章程》,学务佐治官必须为候补知县,且"由学堂毕业出身及曾经出洋考察学务,或曾办学务富有经验"者充任,协助州县监督和处理本州县学堂教育及相关事宜。[2]

1906 年春,在提学使沈曾植抵皖之前,尚未撤销的安徽学务处已接到学部新颁章程,规定"每州县应设一劝学所,为地方教育行政机

---

① 冯煦主修:《皖政辑要》学科卷五〇《建置》,第 468—470 页、470—472 页。
② 冯煦主修:《皖政辑要》学科卷五〇《建置》,第 472—473 页。

关,以本地方官为监督,设总董一人,由县视学兼充,综核各区之事务;每区设劝学员一人,由总董遴选本区衿绅,呈请地方官劄派"①。学务处随即刊印通告各州县。沈曾植赴皖就任提学使后,"复檄各属切实奉行"②。1906年2月,凤阳率先建立学务公所,此时学部相关章程甚至尚未颁布,1905年12月《申报》曾刊登消息,报道凤阳府人武杰臣、李锡九等"拟邀集同志,组织一学务公所"③。同年,黟县、芜湖县和舒城县,也相继成立劝学所。至1909年底,安徽已有52个州县相继设立劝学所。④

州县劝学所通常设于学堂、书院、祠堂、寺庙,或租用民房,多无可靠经费来源,主要依靠抽取捐税、个人捐款或寺庙地租,仅有合肥县明确由县署筹集款项。⑤ 在1909年之后,皖省尚未开办劝学所的州县亦陆续开办。值得注意的是,怀宁县作为当时安徽省会所在地、全省政治文化中心,至1909年春,该县劝学所仍未建立。据1910年6月《申报》报道,怀宁绅士洪恩亮创设劝学所及教育会时,因无经费可筹,恳请地方官予以财政支持,但地方官却表示,"既无官款可拨,又无捐款可抽"⑥。其实,怀宁县筹办劝学所时遇到的经费匮乏的窘境,不仅是安徽绝大多数州县劝学所筹办和运行时普遍遭遇的难题,更是安徽绝大多数地区推广新式教育时所遇到的难以逾越的障碍。

除经费短缺之外,各州县均缺乏系统接受近代教育的人才,主持劝学所的52位总董中仅有一人为留日学生,五人为师范学堂毕业生,六人资格不明,其余均是廪生、贡生、举人、教谕、训导、州同、州判等类出身。⑦ 他们对近代教育缺乏了解,甚至缺乏热情。因此,由他们来推动新式教育在各地的扩展与普及几乎是不可能的。

---

① 安徽通志馆:《安徽通志稿·教育考》卷五,第2页。
② 冯煦主修:《皖政辑要》学科卷五〇《建置》,第473—474页。
③ 《凤阳议设学务公所》,见1905年12月14日《申报》,第17版。
④ 朱有瓛等编:《中国近代教育史资料汇编·教育行政机构及教育团体》,上海教育出版社2007年版,第83—85页。
⑤ 冯煦主修:《皖政辑要》学科卷五〇《建置》,第474—477页。
⑥ 《筹划劝学所教育会经费》,见1910年6月23日《申报》,第1张后幅第4版。
⑦ 朱有瓛等编:《中国近代教育史资料汇编·教育行政机构及教育团体》,第83—84页。

三、省教育会及各地教育会设立

晚清学部在设计近代教育行政体系时,还提出各地均须成立民间教育团体——教育会,以协助教育行政机构,推进新式教育。1906 年 7 月,学部在其请求设立教育会的奏章中称:"教育之道普及为先,中国疆域广远,人民繁庶,仅恃地方官吏董督率以谋教育普及,戛戛乎其难之也! 势必上下相维,官绅相通,藉绅之力,以辅官之不足,地方学务乃能发达。"①学部并在《教育会章程》中阐明教育会宗旨为:"期在补助教育行政,图教育之普及,应于学务公所及劝学所联络一气。"章程又规定:各省于省会设教育会总会,"省视学、各学堂监督堂长及学界素有声誉者,均有发起总会之责";府州县设分会,"学务总董、县视学、劝学员、各学堂监督堂长及学界素有声誉者,均有发起分会之责"。教育会设会长一人、副会长一人、会员、书记和会计及名誉会员。会长、副会长"须品学兼优,声誉素著,或于本地教育有功者",并由会员公举,禀请提学司审察。会员亦"须品行端正,有志教育者",并"呈具入会愿书,由确实之介绍人加保证书,请会长审查允许"。②

根据《教育会章程》规定,教育会的基本职责为:一是成立教育研究会,以求增进学识,选聘讲师定期讲演,会员一律听讲。二是成立师范传习所,选聘讲师,至少以一年为期,传授师范学科,学员毕业时,由提学司派员考核,考核合格者,"凭照得任小学堂副教员"。三是调查境内官立私立各种学堂办学情形。四是作境内教育统计报告。五是参考他处兴学方法,详察本地风土所宜,随时条陈于提学司,并为提学司及地方官提供咨询。六是开办宣讲所,宣传新式教育的宗旨与意义。七是筹设图书馆、教育品陈列馆。③ 由此可见,晚清各地教育会并非是单纯的民间教育团体,与地方教育官员和教育行政机构保持着紧密的联系,其实是刚刚构建的地方近代教育行政机构的补充和附属。

---

① 清学部总务司编:《学部奏咨辑要》,第 95 页。
② 清学部总务司编:《学部奏咨辑要》,第 96—100 页。
③ 清学部总务司编:《学部奏咨辑要》,第 100—104 页。

在学部正式颁布《教育会章程》之前，皖省一些热心新式教育的士绅即开始发起组建民间教育团体，以推进新式教育普及。1905 年11 月，皖绅李经畬等发起，在江苏南京成立安徽学会，推举清末进士合肥人蒯光典为会长。之后，蒯光典呈请安徽巡抚恩铭报部批准。1906 年春，清廷学部成立后，令安徽学会待教育会章程制定后照章执行。7 月，学部正式颁布《教育会章程》，安徽学会遂更名为安徽教育总会，会所仍设于南京，选举怀宁人、翰林洪恩亮为副会长。① 之后因会长蒯光典出任留欧学生监督，洪恩亮接任会长。1908 年初，由洪恩亮等提议，经提学使沈曾植报学部批准，安徽教育总会迁回安庆，南京设立事务所，并选举方守六、李蓴楼为副会长，一驻安庆，一驻南京。② 安徽教育会的这一做法虽违背学部章程，但清末安徽新式教育起步较晚，而南京邻近皖省，已建多所新式学堂，凡冠于"江南"各种官立学校，均设安徽学生名额，因此安徽提学使沈曾植向学部解释称，"江宁为总督驻扎地方，皖生之游学宁省者日多。安庆为总全省机关，江宁为一部分机关，亦属有裨实济"。根据学部章程，安徽教育总会设会长、副会长、书记、会计员。此外，学会还设庶务员、学务干事员、招待员、调查员和评议员，分别负责处理学会各项事务。③

1908 年 4 月 21 日，安徽教育总会在迁回安庆后首次召开全体会员大会，讨论和修改会章，推选方守六、姚永概、吴季白、李蓴楼、李赓虞、胡奎文 6 人为议绅，并报告皖北教育会和皖南教育会成立。④ 10 月 21 日至 22 日，安徽教育总会召开秋季大会，汇报学会调查员考察定远、太湖、合肥等地新式教育开展情形，研究改进学会和推进新式学堂办法。⑤ 会上，会长洪恩亮以"精力衰迈"为由请求辞职，会议选举李荫伯为会长，吴季伯、方守六为副会长。⑥ 1909 年 11 月 3 日，安徽教

---

① 冯煦主修：《皖政辑要》学科卷五〇《建置》，第 480 页。
② 《教育总会迁驻皖省》，见 1908 年 3 月 22 日《申报》，第 2 张第 3 版。
③ 冯煦主修：《皖政辑要》学科卷五〇《建置》，第 480 页。
④ 《安徽教育总会开会纪事》，见 1908 年 4 月 28 日《申报》，第 2 张第 3 版。
⑤ 《教育总会第一日大会纪事》，见 1908 年 10 月 19 日《申报》，第 2 张第 2 版。
⑥ 《教育总会第二日大会纪事》，见 1908 年 10 月 20 日《申报》，第 2 张第 2 版。

育总会举行换届选举大会，推举童揾芳为会长，吴传绮为副会长。① 一年后，童揾芳、吴传绮在1910年度安徽教育总会秋季大会上报告会务后，以无法解决学会经费为由恳请辞职，但被出席会议代表挽留。②

安徽教育总会设立后，其日常活动经费主要依靠向会员征收会费，1908年7月，会长洪恩亮提出，教育会职责广泛，仅靠会费难以维持，恳请官方资助，提学使吴同甲遂决定由学务公所每年拨款龙洋200元。③

安徽教育总会除致力于全省新式教育的推广之外，还积极参与和推动全国教育改革的进程。1911年5月，安徽教育总会派吴传绮、陶镕、胡璧城为代表，与其他10省教育总会代表出席江苏教育总会发起的各省教育总会联合会。会议通过一系列决议，敦促学部废除以进士、举人、贡生等科举时代的名称奖励学堂毕业生；要求在初等教育不再设置读经讲经科，准许初等小学男女同校；要求将各省高等学堂根据地方情形，"酌改农、工、医、矿、法政等各专门学堂"，并与大学堂同一阶级；要求在学校教育中"趋种尚武主义"，对中国近代教育改革的进一步深化起到积极作用。④

在安徽教育总会成立之时，安徽南北亦相继分别成立皖南教育分会和皖北教育分会。安徽地域广阔，以长江为界分为南北，南部多为山区，北方多为平原，因各地新式教育发展不均，多数府州县分会建立迟缓，一些官绅以为仅凭省城总会，难以联络地方和推动教育。1906年春，皖南一些士绅在芜湖发起组织皖南学会，并选举会长及副会长，但因被控"私立学会，妨害学务"⑤，因此未获批准。1908年4月，安庆、徽州、宁国、池州、太湖、广德六属士绅在芜湖发起组织皖南教育会，推举吕祖翼为临时会长。之后，提学使批准立案，并决定"各属州县每年筹解龙洋100元作为常年经费"⑥。1908年10月，皖南教育会

① 《皖省教育总会秋季大会纪略》，见1909年11月9日《申报》，第2张第3版。
② 《安徽教育总会秋季大会纪事》，见1910年10月30日《申报》，第1张后幅第3版。
③ 冯煦主修：《皖政辑要》学科卷五〇《建置》，第481页。
④ 朱有瓛等编：《中国近代教育史资料汇编·教育行政机构及教育团体》，第190—203页。
⑤ 《禀复皖南学会情形》，见1906年8月18日《申报》，第9版。
⑥ 冯煦主修：《皖政辑要》学科卷五〇《建置》，第481—482页。

在芜湖赭山举行首届全体大会,讨论皖南地区发展新式教育所遇问题教会解决办法,并正式选举吕仰南与胡夔文为会长和副会长。①

1907 年 11 月,庐州、凤阳、颍州、滁州、和州、六安和泗州 7 属士绅组成皖北教育会,推举李国棣为会长,将会所设于安庆,拟所属各州县学堂经费每年拨款龙洋 100 元为经费,并决定一旦经费较为充裕,"再于皖北适中之正阳关设立分所"。1906 年 3 月,合肥县教育分会率先成立。② 同年,六安、黟县、巢县、天长 4 县亦成立教育分会;1907 年宿松等 7 县成立教育分会;1908 年歙县等 7 县成立教育分会;1909 年又有当涂等 6 县成立教育分会。至 1909 年底,安徽已有 25 县先后成立教育分会。③ 此后,望江、宁国、蒙城、凤阳、太平等县亦相继成立教育分会。

晚清安徽省教育总会及府、州、县教育分会设立的推动者和主要负责人,均为地位显赫的官员、士绅和社会名流。省教育会和地方分会设立后,经常派员赴地方考察学务,兴办新式学堂,设立教育研究所以总结办学经验和培训师资,并督促地方官发展教育,在晚清新式教育发展中起着积极的推动作用。然而,由于缺乏正常和必要的经费来源和内部派系斗争的激化,极大地限制了其作用的发挥。

第二节 新式普通教育的开创

一、学前教育

晚清教育改革全面启动初期,清政府并未考虑学前教育问题。1902 年 8 月 15 日,清廷颁布《钦定学堂章程》,将近代新式教育分为蒙学堂、小学堂、中学堂、高等学堂和大学堂 5 个阶段,史称"壬寅学

① 《皖南教育会连日开会详记》,见 1908 年 10 月 15 日《申报》,第 2 张第 3 版。
② 冯煦主修:《皖政辑要》学科卷五〇《建置》,第 482 页、483 页。
③ 朱有瓛等编:《中国近代教育史资料汇编·教育行政机构及教育团体》,第 370—371 页。

制"。壬寅学制将蒙学堂作为新式教育的最初阶段，规定入堂学习的儿童年龄为六至七岁，但开办之初，"姑展其学年至十岁"；学制为四年；开设修身、字课、习字、读经、史学、舆地、算学、体操等8门课程。①由此可见，蒙学堂并非近代教育的学前教育，属于初等小学性质。

1904年1月13日，清廷颁布《奏定蒙养院章程及家庭教育法章程》，正式将学前教育列入新式教育之列。章程规定，蒙养院和幼稚园"专为保育教导三岁以上至七岁之儿童"，以游戏、保育、歌谣、谈话和手技来教育儿童。章程提出，由于目前不能多设女学，固不能多设幼稚园，学前教育主要采取蒙养和家教合一的办法，"以蒙养院辅助家庭教育"。章程规定各省、府、厅、州、县以及极大市镇，均应在现有"育婴、敬节（注：养赡节妇的慈善机构）二堂内附设蒙养院"，同时鼓励乡村和民间以公立或私立方式设立，但必须"禀明本省学务处以备查考"。在蒙养院中，由识字的乳媪和节妇，按照官方制定的保育要旨，保育和教导儿童，"发育其身体，渐启其心智"。章程并规定，蒙养院附近幼儿，如父母愿意，亦准许其幼儿入院接受教育。②

《奏定蒙养院章程及家庭教育法章程》颁布后，蒙养院在安徽各地并未获得普遍发展。1903年，安徽出现第一所公立蒙养院，1905年，出现第一所官立蒙养院。至1907年，全省仅设立6所蒙养院，分设旌德、青阳、合肥、寿州、蒙城、含山六县，其中官立和私立各一所，公立4所。所有蒙养院的儿童共计86人。③蒙养院在安徽难以发展，存在主客观两方面的原因。从客观上看，安徽各地官府和民间极少设立育婴堂和敬节堂，堂中的乳媪和节妇又多不识字，根本无法承担教养幼儿的基本职责。从主观上说，清政府对学前教育并不像推动初等教育那样重视和积极，并未对地方官员提出兴办蒙养院的具体和明确要求，因此各地官员对兴办蒙养院多无兴趣，缺乏积极性。

根据《奏定蒙养院章程及家庭教育法章程》，幼稚园是由受过系

---

① 　张百熙：《钦定学堂章程》，"钦定蒙学堂章程"，（台湾）文海出版社（影印本），第1—5页。

② 　璩鑫圭、唐良炎编：《中国近代教育史资料汇编·学制演变》，上海教育出版社2007年版，第300—302页。

③ 　清学部总务司编：《第一次教育统计图表》中册，（台湾）文海出版社1986年版，第516—518页。

统专业培训的女师范生负责保育教导幼儿,而非是育婴堂和敬节堂中的乳媪和节妇,因此其出现必然与女学的兴起相关联。1906 年之后,新式女子学堂相继在省城安庆和商埠芜湖设立,从而直接推动了近代安徽第一批幼稚园的出现。1906 年 5 月,安庆绅士张振埙等集款,创办竞化女学堂,并附设幼稚园一所,规定"凡学生之子姪弟妹,年在八岁以下者,均可携带入园"①。根据现有资料判断,这应是安徽近代的第一所幼稚园。1910 年 11 月,该幼稚园进行全面整顿,淘汰不称职的教员,新聘教员中包括日籍女教习,她们"认真保育,汰除陋习,以养体质,启知识为智育根本"。之后该幼稚园重新开学,举行开学典礼,引起报界和社会广泛关注。② 1906 年,芜湖设立安徽女学堂,次年春,安徽女学堂设幼稚园一所,"先招保姆十人,学习保育诸法,幼稚生则定额四十名,凡四岁以上六岁以下男女皆可入学"。③ 安庆与芜湖幼稚园的出现,标志着近代安徽的学前教育已经开始起步。

二、初等教育

在清政府实行教育改革初期,壬寅学制对初等教育缺乏清晰的认识和合理的政策,将初等教育分为蒙学、寻常小学和高等小学三个阶段:儿童六七岁应入蒙学堂学习,学习四年;之后通过考试,进入寻常小学堂修业三年;寻常小学堂毕业后,再通过考试进入高等小学堂,修习三年后毕业。④

1904 年 1 月 13 日,《奏定学堂章程》颁布,史称"癸卯学制",废除壬寅学制关于初等教育的蒙学堂、寻常小学堂和高等小学堂的三级方案,设立属于学前教育的蒙养院和幼稚园;同时将初等教育分为初等小学和高等小学两阶段,即初等小学学制五年,高等小学学制四年;同时对初等小学堂和高等小学堂有关规则作出多方面调整。癸卯学制的实行,为晚清建立近代初等教育体制的开创制定了

---

① 《各省教育汇志》,见《东方杂志》第 3 卷第 5 期。
② 《省城幼稚园开学志盛》,见 1910 年 11 月 20 日《申报》,第 1 张后第 3 版。
③ 《各省教育汇志》,见《东方杂志》第 4 卷第 4 期,"教育",第 123—124 页。
④ 张百熙:《钦定学堂章程》,"钦定蒙学堂章程",第 2 页、30 页。

基本规范。

《奏定初等小学堂章程》规定，"设初等小学堂，令凡国民七岁以上者入焉，以启人生应有之知识"。然而考虑到新式教育实行初期，难以立即推广，又规定，"兹当创办之初，暂行从宽变通，年至九岁、十岁，亦准入初等小学。但此例系暂时通融，俟学堂开办合法五年后，即不行用，至七岁必须入学"。章程规定初等小学堂学制为五年，比壬寅学制增加两年，并规定初等小学堂为义务教育，强调"国民之智愚贤否，关国家之强弱盛衰。初等小学堂为教成全国人民之所"，但创办之初，难以立即推行，可暂缓实行。章程又强调，为了实行真正的国民教育，初等小学堂本应"随地广设，使邑无不学之户，家无不学之童"，因此"学堂开办伊始，虽未能一律齐设，所有府、厅、州、县之各城镇，应令酌筹官费，速设初等小学堂以为模范。其能多设者固佳，至少小县城内必设初等小学二所，大县城内必设三所，各县著名大镇亦必设初等小学一所……以后再竭力督劝，渐次推广"。除了官办初等小学堂之外，章程鼓励各地绅商以集资和独资捐助方式，兴办公立或私立小学。①

癸卯学制中的高等小学堂虽仍属初等教育，但并非属于强制性的义务教育。《奏定高等小学堂章程》规定："设高等小学，令凡已习初等小学毕业者入焉，以培养国民之善性，扩充国民之知识，强壮国民之气体为宗旨"，并强调"高等小学堂为初等小学堂毕业生升入肄业之阶，但其愿升入与否，应由该学生自审志向执业，应归何途，可听其便"。章程规定高等小学堂学制为四年，比壬寅学制增加一年。与壬寅学制关于寻常小学毕业生如入高等小学堂须经过考验的制度不同，《奏定高等小学堂章程》强调，"凡初等小学毕业后生，如有愿入高等小学堂肄业者，勿庸考验，一概准其入学，以宏教育之途"。章程规定，"城镇乡村均可建设高等小学堂，虽僻小州、县，至少必应由官设立高等小学堂一所作为模范"，同时强调，"官立高等小学堂为地方官当尽之义务，此时事当创办，务须督同地方绅董细考地方情形，妥筹切实办

---

① 璩鑫圭、唐良炎编：《中国近代教育史资料汇编·学制演变》，第300—302页。

法",并规定,地方官如"故意延宕不办,或虽办而敷衍塞责者,应由本省学务处查明,禀请督抚,将该地方官惩处"。章程还要求各省支持和奖励各城、镇、乡、村以公款设立高等小学堂,及私人单独出资创设高等小学堂。①

早在癸卯学制实行之前,安徽已出现官绅创办的近代小学堂,1901年,来安县将建阳书院改为官立高等小学堂,以书院田租、房租为常年经费,招收7名学生。② 同年,舒城县改龙山书院为斌农学堂,以书院田租为常年经费。③ 来安官立高等小学堂和舒城斌农学堂的开办,标志着安徽近代初等教育正式开始。

1902—1903年,又有一些州县也相继建起小学堂。1902年8月,宣城县将崇正书院改为官立高等小学堂,招收学生47名。1903年2月,婺源县将崇报书院改为官立高等小学堂,招收学生28名;3月,芜湖县以中江书院、鸠江书院旧址和文昌宫附近祠堂改设芜关小学,后称皖南两等小学堂(包括高等和初等小学),招收学生68名。同年,建德县将研经书院改为公立高等小学堂,招收学生14名;青阳县一些士绅将义塾书院改为蓉城公立高等小学堂,招收学生21名;寿州绅士孙多森独自捐款兴办阜财私立高等小学堂,招收学生90名;无为州将考棚改为官立两等小学堂,招收学生50名;盱眙县将已裁泗州卫署改设官立高等小学堂,招收学生36名。④

癸卯学制实行之前,安徽初等教育已经起步,共建立10所小学堂,其主要特点:(1)多集中于经济相对发达的皖南及皖中、皖东地区,贫瘠的皖北地区尚未建立。(2)均为高等小学堂或两等小学堂,作为初等教育基础的初等小学堂尚未出现。(3)绝大部分为官立,公立和私立较少。1904年癸卯学制实行的最初两年,至1905年底,全省建立各类小学堂66所,包括官立33所,公立25所,私立8所,其中初

---

① 璩鑫圭、唐良炎编:《中国近代教育史资料汇编·学制演变》,第315—326页。
② 冯煦主修:《皖政辑要》学科卷五二《普通》,第530页。
③ 安徽通志馆:《安徽通志稿·教育考》,第2846页。
④ 《省府直隶州小学堂表》,见冯煦主修《皖政辑要》学科卷五二《普通》,第509—532页。

等小学堂仅 7 所。① 此时安徽初等教育发展缓慢的主要原因，一是《奏定初等小学堂章程》对小学堂的办学条件有较高要求，多数地区经费和师资缺乏。二是此时科举制度仍未废除，民间仍将科举视为正途，对新式教育并不能产生兴趣。对此，袁世凯一针见血地指出："科举一日不停，士人皆有侥幸得第之心，以分其砥砺实修之志。民间更相率观望，私立学堂者绝少，又断非公家财力所学堂……欲推广学校，必自先停科举始。"②

1905 年 9 月，清廷最终决定自次年起废除科举，并命令各省督抚，"严饬府、厅、州、县赶紧于城乡各地遍设蒙小学堂"③。1906 年 1 月，学部为推动初等教育的普及，颁布《咨行各省强迫教育章程》，规定"各省城须设蒙学（即初等小学）一百处，学额以五千名为率。各府州县须设蒙学四十处，学额二千名为率。各村须设蒙学一处，学额以四十名为率，如零星小村各数村一处亦可"④。

在清廷的不断敦促和受废除科举制度的影响下，1906 年至 1907 年，安徽各地初等教育的发展速度有所加快，其具体情况见下表：

表 13 - 1　1904—1907 年安徽各地小学堂发展一览表⑤

时间（年） 学堂数（个）	1903			1904			1905			1906			1907		
	官	公	私	官	公	私	官	公	私	官	公	私	官	公	私
高等小学堂	1	3	1	8	6	1	25	8	1	38	15	1	41	15	1
两等小学堂		2		3	5	1	6	13	2	10	38	7	14	54	9
初等小学堂			1			1	2	4	5	17	34	10	32	67	22
合　计	8			25			66			170			255		

（注：此表根据学部统计，部分数据与《皖政辑要》中统计略有出入）

从上表我们可以发现，担当强迫义务教育责任的初等小学堂，在 1905 年之前并没有发展，全省仅建立一所初等小学堂，在 1905 年增至

① 《安徽省学堂处所历年比较表》，见清学部总务司编《第一次教育统计图表》中，第 516 页。
② 璩鑫圭、唐良炎编：《中国近代教育史资料汇编·学制演变》，第 537 页。
③ 璩鑫圭、唐良炎编：《中国近代教育史资料汇编·学制演变》，第 541 页。
④ 李桂林、戚名琇、钱曼倩编：《中国近代教育史资料·普通教育》，上海教育出版社 2007 年版，第 39 页。
⑤ 《安徽省学堂处所历年比较表》，见清学部总务司编《第一次教育统计图表》中册，第 516 页。

11 所,仍远远少于高等小学堂的数量。直到 1906 年,初等小学堂在初等教育中才被置于突出地位,其增长速度才大大加快。另外,在 1906 年之前,安徽私立小学堂寥寥无几,远远少于官立小学堂和公立小学堂,到 1906 年,其数量迅速超过官立和公立小学堂,1907 年则远远将官立和公立小学堂数量甩在身后。这表明,初等教育在安徽开始得到城乡富有绅商的关注和支持,越来越多的绅商将资金注入名利兼收的初等教育事业中。

在这一时期,安徽各地的初等教育发展并不均衡。1907 年,全省八府中凤阳府已建小学堂最多,为 39 所;其次是宁国府,为 37 所;池州府与太平府建立小学堂最少,分别为 17 所和 14 所。在五直隶州中,滁州和泗州初等教育发展较快,各建 14 所小学堂,而六安州仅建 3 所小学堂,广德州此时尚未有小学堂。在全省 58 州、县中,仅有 3 县建立小学堂在 10 所以上,分别是巢县 18 所,颍上 15 所,宁国县 13 所;怀宁、桐城、滁州均为 9 所,歙县、婺源县、凤阳县、怀远县、宿州均为 8 所,望江等 13 县仅各建有 1 所小学堂。[①]

1907 年之后,安徽初等教育明显加快。1908 年全省高等小学堂增至 63 所,在校学生 2280 人;两等小学堂增至 104 所,在校学生 4177 人;初等小学堂增至 267 所,在校学生 6559 人。各类小学堂总数为 434 所,比 1907 年增长 70%;在校小学生人数合计 13016 人,1907 年仅 2261 人,年增长高达约 476%。1909 年全省高等小学堂增至 75 所,在校学生 3293 人;两等小学堂增至 150 所,在校学生 5981 人;初等小学堂增至 421 所,在校学生 10419 人;全省各类小学堂已达 646 所,在校学生总数达 19693 人。[②]

尽管 1907 年之后安徽初等教育加快了发展速度,仍远远落后于邻近省份,设立的小学堂数量和在校学生总数不仅远远少于经济较发达的江苏、浙江、湖北和山东省,而且也落后于经济发展水平大致相同的江西与河南省,其小学堂数量仅相当于山东省的 1/7,在校小学生人

---

① 《安徽省普通学堂学生统计表》,见清学部总务司编《第一次教育统计图表》中册,第 510—514 页。

② 李桂林、戚名琇、钱曼倩编:《中国近代教育史资料·普通教育》,第 89—91 页。

数仅相当于湖北省的1/4。其详情见下表：

表13-2　1909年安徽及周边各省小学堂统计表①

学堂\省份	高等小学堂		两等小学堂		初等小学堂		各类小学堂总计（个）	在校小学生总计（人）
	堂数（个）	学生数（人）	堂数（个）	学生数（人）	堂数（个）	学生数（人）		
安徽	75	3293	150	5981	421	10419	646	19693
江宁	56	3184	93	4715	732	20498	881	28397
江苏	38	2626	138	8499	829	26309	1005	37434
浙江	116	6034	418	20013	1288	42850	1822	68897
江西	178	6148	191	7838	555	11695	924	25681
山东	138	5151	129	4552	3636	46174	3903	81558
湖北	114	11377	49	4013	2437	72937	2600	88327
河南	166	8847	182	6488	2948	63770	3296	79105

　　在清末推行的初等教育中，不论是小学堂总数还是在校学生总数，在全国24省（包括京师）中，安徽都属于较为落后省份。1909年，安徽已建高等小学堂数位于全国第十三位，在校学生数位于第十三位；已建两等小学堂数位于全国第十位，在校学生数位于第十二位；已建初等小学堂数位于全国第十九位，在校学生数亦位于第十九位。从上述数字，我们可以发现，安徽高等小学堂及两等小学堂的发展情况略微好些，大致处于全国中等偏后水平，而在普及教育中扮演更为重要角色的初等小学方面，则更为落后。如果与初等教育发展的直隶与四川相比，差距更大。根据学部统计，1909年直隶省已建各类小学堂10569所，在校学生总计23113人；四川省已建各类小学堂9737所，在校学生总计328097人。不论是已建小学堂，还是在校学生人数，安徽均不及上述两省1/10。②

　　根据癸卯学制，初等小学堂应设科目有修身、读经讲经、中国文字、算术、历史、地理、格致、体操，共计八科；鉴于贫瘠地区多缺乏师

----

　　①　该表根据宣统元年（1909年）市师小学堂及各省小学堂统计表改制,引自李桂林、戚名琇、钱曼倩编《中国近代教育史资料·普通教育》,第91页。

　　②　李桂林、戚名琇、钱曼倩编:《中国近代教育史资料·普通教育》,第91页。

资,又设简易科,将修身与读经合为一科,历史、地理和格致合为一科,加上中国文字、算学和体操三科,共计五科。① 然而,即使是简易科对于多数地区,尤其是贫瘠的乡村,仍是难以达到其办学条件。1906 年1 月,给事中刘学谦建议清廷,"谕令各州县广筹经费立半日学堂,专收贫寒子弟,不收学费,不拘年龄……无论城乡,每二三百人家即应设一处,庶向学者众,教育可以普及"。1906 年 1 月,学部向各省督抚转发这一奏章,强调"兴学宗旨以教育普及为第一要义,而半日学堂之设,所以为贫寒子弟计者尤备。相应抄粘原奏,通行查照办理可也"②。尽管半日学堂进一步降低办学条件,但是半日学堂并未对推动安徽初等教育起重要作用。1906 年至 1907 年,安徽仅有怀宁县建立一处公立半日学堂,收有学生 19 人;③1908 年,安徽全省已建半日学堂数增至 10 所,收有学生 271 人;1909 年已建半日学堂数为 13 所,收有学生481 人。④

　　1910 年 1 月,因清廷实行宪政迫在眉睫,为加速义务教育制度的普及,学部又决定在各省推行简易识字学塾。简易识字学塾"专为年长失学及贫寒子弟无力就学者而设",课程仅设识字和简易算术,"二书读完,即准作为毕业。其毕业年限,定为三年以下,一年以上。每日教授三小时或两小时"。学生在简易识字学塾学习 3 年毕业,可直接升入初等小学四年级。简易识字学塾,"务先由官设立一二所,以资提倡",同时准许并鼓励"绅富捐助巨款创办"。章程并要求各州县每 3个月将设立学塾情况呈报省提学司查核,各省提学司每半年向学部汇报一次,"以凭稽考"⑤。1911 年 6 月,在清王朝灭亡前夕,学部对各省推广简易识字学塾情形进行调查,发现四川成绩最佳,已设各类学塾10100 处,学生 117016 人;直隶次之,设立学塾 4160 处,学生 69405人;再次河南,设立学塾 2500 多处,学生 5900 多人。安徽各地推广学

---

① 璩鑫圭、唐良炎编:《中国近代教育史资料汇编·学制演变》,第 302—303 页。
② 李桂林、戚名琇、钱曼倩编:《中国近代教育史资料·普通教育》,第 38 页。
③ 《安徽省普通学堂学生统计表(1907 年)》,见清学部总务司编《第一次教育统计图表》中册,第510 页。
④ 李桂林、戚名琇、钱曼倩编:《中国近代教育史资料·普通教育》,第 92—93 页。
⑤ 璩鑫圭、唐良炎编:《中国近代教育史资料汇编·学制演变》,第 580—581 页。

塾依然不力，"设塾不及二百"①，继续处于最为落后省份之列。

清末实行初等教育，设立的各类初等小学堂、高等小学堂，均只招收男童，不招收女童，"将女学归入家庭教育法"。直到1907年3月，学部颁布《奏定女学堂章程》，女子教育才正式启动。根据章程，女子小学堂与男子小学分别设立，不得混合；女子小学堂亦分初等小学堂和高等小学堂，学制均为四年，7—10岁女童入女子初等小学堂，11—14岁入女子高等小学堂。章程规定，各地设立女子小学堂，"须先将办法情形，禀经地方官核准，方许开办"②。

安徽女子初等教育启动较早，早在1905年2月，歙县西乡唐模士绅在敬宗两等小学内，附设端则公立女子小学堂，以许氏祠款和学费为常年经费，招收女童12名。3月，巢县士绅在县城内创办一所私立初等女学堂，以县署贴助和学费为常年经费，招收女童32名。《奏定女学堂章程》颁布后至1909年初，又有宣城县公立立本女学堂、婺源县公立初等女学堂、宣城县公立幼女小学堂、桐城县化俗公立女学堂相继成立。③1909年8月，位于安庆的安徽女子师范学堂又附设一所初等女子学堂，定名为"萃英女子小学堂"，专收"十岁以下，七岁以上之女生"④。

总体来说，安徽近代女子初等教育虽开办较早，但发展并未得到地方官府的重视和支持，至清末所建的7所女子初等小学堂，均为公立或私立，无一所官立女子小学堂。已建各女子小学堂规模较小，各学堂入学女童共计不足200名。因此，几乎与男子初等小学堂同时起步的安徽女子初等教育，在整个安徽近代初等教育中仅占极小份额。

三、中等教育

在清末教育现代化进程中，中学堂为新式教育的重要组成部分，亦为连接普通教育与专门教育的关键环节。1904年1月，清廷颁布

① 《各省调查简易识字学塾之成绩》，见1911年6月5日《申报》，第1张后2版。
② 璩鑫圭、唐良炎编：《中国近代教育史资料汇编·学制演变》，第591—592页。
③ 冯煦主修：《皖政辑要》学科卷五二《普通》，第539页。
④ 《萃英小学组织成立》，见1909年8月28日《申报》，第2版第3张。

《奏定中学堂章程》，规定中学堂办学宗旨为"施较深之普通教育，裨毕业后不仕者能够从事各项实业，进取者升入各高等专门学堂均有根柢"。中学堂学生应是高等小学毕业者，学习年限为五年，学习科目共十二科，分别为修身、读经讲经、中国文学、外国语、历史、地理、算学、博物、物理及化学、法制及理财、图画、体操。上述科目除法制及理财为选修外，其余为必修。章程规定各省，中学堂"各府必设一所，如能州、县皆设一所最善。惟此初办不易，须先就府治或直隶州由官筹费设一中学堂，以为模范，名为官立中学。其余各州、县治可量力酌办"。章程并对中学堂的校舍、学生宿舍、教学设施等都作出明确和具体的规定。[1]

晚清安徽中等教育发轫于 1903 年，第一座中学堂为该年设立的皖江中学堂。芜湖为安徽唯一对外开放口岸，商品经济发达，对外联系较为密切，安徽近代中等教育在这里起步绝非偶然。早在《奏定中学堂章程》颁布之前，1903 年 5 月，在皖南道刘树屏的支持下，皖江中学堂正式成立，随即在芜湖赭山之麓兴工创建校舍。[2] 皖江中学堂为官立全省公共中学堂，计划招收学生 120 名。每年经费约四五千金，其来源原为"旧有书院田租及存庄银息"，建校次年，由皖绅蒯光典等建议，官府又增拨米厘为该校常年经费。[3] 1934 年南京国民政府教育部编制的《第一次中国教育年鉴》称："光绪二十九年，安徽省在芜湖创办皖江中学，是为设立中学之始。"[4]

就在皖江中学堂创立不久，芜湖的另一所中学堂——安徽公学亦宣告设立。与官府创办的皖江中学不同，安徽公学为士绅创办，属于民办学堂。1904 年 3 月，安徽绅士李经迈、李德膏等在湖南开办旅湘公学，招收皖籍子弟。次年该校迁回芜湖，更名"安徽公学"。[5] 1904 年春，该公学在《安徽俗话报》刊登招生广告，称"本公学原名旅湘公

---

① 璩鑫圭、唐良炎编:《中国近代教育史资料汇编·学制演变》,第26—336 页。

② 《鸠江琐纪》,见 1903 年 5 月 30 日《申报》,第 3 版。

③ 冯煦主修:《皖政辑要》学科卷五二《普通》,第 503 页。

④ 李桂林、戚名琇、钱曼倩编:《中国近代教育史资料·普通教育》,第307 页。

⑤ 冯煦主修:《皖政辑要》学科卷五二《普通》,第 503 页。

学,在长沙开办一载,颇著成效,惟本乡人士远道求学,跋涉维艰,兹应本省绅商之劝,改移本省,并禀拨常年巨款益加扩张,广聘海内名家教授伦理、国文、英文、算学、理化、历史、地理、体操、唱歌、图画等科,于理化一门尤所注重,已聘日本理科名家来华教授,学额本省百名,外省二十名"①。然而,办学初期,由于经费短缺,办学场所狭小,入学学生仅52名,招生远未足额。1905年夏,安徽公学酝酿扩张,计划添招一班,额数60名,并又附设一所速成师范学堂,额数80名。租用芜湖城河南李府的房屋作为新校舍。② 安徽公学面向全省招生,其办学经费除一些官绅捐助外,官府并拨"江苏驻芜米厘"为其常年经费。

安庆为安徽省城、全省政治中心,以求是学堂和高等学堂所代表的近代新式教育已开展多年,中等教育亦走在全省前列。1905年3月,在安庆府知府裕厚的支持下,官立安庆府中学堂正式设立,先在安庆城中借原农工学堂校舍开办,同时在道署左侧购买土地兴工建筑新校舍。安庆府以所辖怀宁、桐城、潜山、太湖、宿松、望江六县"官民合捐典息、洲课、房租及高等学堂协济之款"③为其常年经费。据学部调查安徽学务员报告,1908年,该学堂拥有管理员8人,教员9人,开设科目有修身、读经讲经、历史、国文、地理、英文、日文、博物、图画、体操,基本符合部颁章程规定。学堂学生定额六属120名,外客籍15名,实际在堂学生共120名,分甲乙丙三班,甲班23名,乙班49名,丙班48名。甲班入堂二年半,乙班入堂一年半,丙班入学半年。④

1906年5月,江苏旅学在安庆创设,主要招收旅皖苏籍子弟。1908年6月,安徽提学使沈曾植遵照学部规定,将该校更名为第一公学,此后"只分学级,不分省界",招收学生36名,以"江苏驻芜米厘、大通督销局功盐、藩库书吏办公余款及江苏同乡得差缺捐助者为常年经费"。在府属中学中,以庐州府中学堂和安庆府中学堂为代表。⑤

① 《安徽公学广告》,见《安徽俗话报》第17期,附录4页。
② 《公学推广》,见《安徽俗话报》20、21合期,"新闻",第1页。
③ 冯煦主修:《皖政辑要》学科卷五二《普通》,第503页、504页。
④ 《奏派调查安徽学务员报告书》,见《学部官报》第38期。
⑤ 冯煦主修:《皖政辑要》学科卷五二《普通》,第504页。

合肥居皖之中,为安徽全省风气较早开放地区,中等教育发展较早。1904 年 2 月,李鸿章之子李经方在合肥城内三元街原淮南书院(一说庐阳书院)旧址创办庐州中学堂,招收学生 66 人。① 庐州中学堂以原庐阳书院经费及合肥之地方公产为常年经费来源,学生均由高等小学堂毕业生升入,这在当时安徽各中学堂中实属罕见,故被认为其"办理成绩之优,当时为全省之冠"②。

在晚清安徽创办的众多中学堂中,桐城中学堂亦值得一提。1903 年,皖绅吴汝纶在考察日本教育归国后,在安庆借巡抚衙门南院,创办新式学堂——桐城学堂。桐城学堂原名为高等小学堂,1904 年更名为桐城中学堂,迁回桐城县城,开始招生,正取学生 52 名,附取学生 60 名,分两个班上课,其常年经费来自"文庙、培文书院、考棚、田租"。至 1911 年,桐城中学堂先后有三届学生毕业,共 97 人,并选送 20 名学生赴日本留学。③

至 1908 年,安徽全省已建有三所全省公共中学堂,即皖江中学堂、安徽公学、第一公学;所辖八府均设有中学堂,分别为安庆府中学堂、徽州府中学堂、宁国府中学堂、池州府中学堂、太平府中学堂、庐州府中学堂、凤阳府中学堂和颍州府中学堂;所辖五直隶州设有中学堂,分别为广德州中学堂、滁州中学堂、和州中学堂、六安州中学堂和泗州中学堂,而且怀宁县、桐城县、太湖县、舒城县、宿州县和阜阳县也设立中学堂,基本符合学部要求各省应在各府治和直隶州先建一所中学堂,所辖州、县则应"量力酌办"的规定。是年,安徽全省已建立 21 所中学堂。

1909 年,全省中学堂增至 22 所,学生总数增至 1533 名,分别位于全国 24 省中的第八位和第九位,分别占全国总数的 5% 和 4.2%;1910 年,安徽全省中学堂进一步增至 25 所,学生总数增至 1844 名,其学堂数和学生数分别位于全国第六位和第九位,分别占全国的 5.43%

---

① 冯煦主修:《皖政辑要》学科卷五二《普通》,第 504 页。
② 李桂林、戚名琇、钱曼倩编:《中国近代教育史资料·普通教育》,第 308 页。
③ 冯煦主修:《皖政辑要》学科卷五二《普通》,第 504 页;桐城县地方志编纂委员会编《桐城县志》,黄山书社 1995 年版,第 668 页。

第十三章　新式教育和新文化事业的开创

和4.56%。① 由此看来,晚清安徽中等教育的发展,大体属于全国中游水平。

　　然而,由于经济发展水平限制,民众普遍贫困,政府财政拮据,此外全省多数地区风气初开,新式教育刚刚出现,各地中学堂不仅合格师资严重匮乏,而且其学生多未受过高等小学教育。因此,晚清刚刚建立起来的近代安徽中等教育存在诸多问题。

　　首先,已建各中学堂规模偏小。《奏定中学堂章程》规定,"中学堂之学生额数,应以四百人以上三百人以下为合格;其或经费充裕,学舍宏敞,可增至六百人"②。而1908年,安徽全省21所中学堂平均每校仅为47名学生;1909年全省22所中学堂,每校平均不到70名;1910年全省25所中学堂,每校约74人。根据1909年各中学堂在校学生人数统计,学生数最多的为安庆府中学堂,为118人,其次是皖江中学堂,在校学生112人,而广德州中学堂在校学生仅15人。③ 由此可见,安徽中等教育开创初期,各中学堂办学条件较为简陋,规模较小,与学部规定的标准相距甚远。

　　其次,各地中学堂经费严重不足。晚清中学堂根据其经费来源不同,分为官立、公立和私立三类,官立为官府筹集办学经费,公立为地方绅富多人共同捐集款项,私立为一人出资办学。④ 根据1909年统计,皖江中学堂年收入为13 804两,其次为安庆府官立中学堂和桐城县公立中学堂,分别为13384元和10611元,其余均不到8000两,而阜阳县公立成达中学堂年收入仅605两。上述学堂多入不敷出,即使是经费最为充裕的中学堂亦是如此,1909年皖江中学堂出现1745两亏空,安庆府官立中学堂亏空4186元,桐城县公立中学堂亏空也达1033元。亏空最为严重的当属宁国府中学堂,1909年该学堂收入仅为2268元,支出却高达11384元,亏空高达9116元;其次为庐州府官

① 李桂林、戚名琇、钱曼倩编:《中国近代教育史资料·普通教育》,第316页。
② 璩鑫圭、唐良炎编:《中国近代教育史资料汇编·学制演变》,第326页。
③ 冯煦主修:《皖政辑要》学科卷五二《普通》,第503—506页。
④ 璩鑫圭、唐良炎编:《中国近代教育史资料汇编·学制演变》,第326—327页。

立中学堂,收入为 6900 两,支出为 14160 两,亏空也高达 7260 两。① 经费短缺给各中学堂办学带来严重的困难,1908 年学部调查员视察安庆府中学堂后认为,该学堂"一切尚未完备,房屋狭隘,不合学堂之用"②。滁州中学堂创办于 1903 年,办学仅依赖原书院款项和田租收入,难以维系,故官府决定变卖庵庙产业,以充学费,但"忽奉大宪通饬,庙产应一律保护"。增加学堂计划顿告破灭,故《申报》称"该学堂有不可终日之势"③。桐城中学堂由吴汝纶创办,办学条件曾较优越,然而随着高等师范以及各等小学堂的创办,作为该堂经费主要来源的崇文洲课项及田租,被分拨应用新建学堂,以致桐城中学堂经费锐减,办学顿陷困境。④ 由此可见,经费不足成为严重制约清末安徽中等教育发展和教学质量提高的主要障碍,故 1934 年国民政府教育部编制的《第一次中国教育年鉴》在评价晚清安徽中学堂时称其"设备极形简陋"⑤。

缺乏合格的生源,也严重影响晚清安徽中学堂办学水平的提高。由于清末安徽中等教育与初等教育同时兴起,加上安徽大多数地区长期处于闭塞状态,青少年极少能系统接受高等小学教育,各中学堂难以招收足额的合格新生。颍州府中学堂创办于 1906 年初,学生定额 108 人,然而"开办数年,从未招考足额"⑥。1903 年在芜湖创办的皖江中学堂,学生定额 120 人,但学生多未经过高小阶段学习,无法适应中学教育,创办次年,多数学生皆"因功课不佳,纷纷告退,只剩了四五十人"⑦,该校不得不提前刊登广告,招生补充缺额。

四、高等教育

严格地说,清末安徽还没有真正的高等教育。高等教育原本指在

① 冯煦主修:《皖政辑要》学科卷五六《经费》,第 554 页。
② 李桂林、戚名琇、钱曼倩编:《中国近代教育史资料·普通教育》,第 345 页。
③ 《学堂难办》,见 1905 年 6 月 8 日《申报》,第 10 版。
④ 《桐城中学经费支绌情形》,见 1909 年 8 月 7 日《申报》,第 2 张第 3 版。
⑤ 李桂林、戚名琇、钱曼倩编:《中国近代教育史资料·普通教育》,第 308 页。
⑥ 《颍州中学招补缺额》,见 1908 年 5 月 6 日《申报》,第 2 张第 3 版。
⑦ 《芜湖中学堂招考》,见《安徽俗话报》第 3 期。

完成中等教育阶段之后进行的专门教育，然而，清末实行新式教育之初，安徽高等学堂率先设立，本省中学堂尚未设立，无法招收具有中学毕业程度的学生，为此不得不先在高等学堂内设立预科，给学生补习中学阶段知识，计划在他们完成预科学习后，再进入本科学习。

根据《奏定高等学堂章程》，各省均应在省城设置一所高等学堂，"令普通中学堂毕业愿求深造者入焉，以教大学预备科为宗旨，以各学皆有专长为成效"。章程将高等学堂分为三类，"第一类学科为预备入经学科、政治科、文学科、商科等大学治之；第二类学科为预备入格致科大学、工科大学、农科大学者致之；第三类大学为入医科大学者致之"①。

如前所述，安徽新式教育始于1898年的求是学堂。1901年12月，求是学堂更名为安徽大学堂，学制五年。巡抚王之春根据山东办法，请布政使、按察使出任学堂总办，并饬各属选生申送，县各二名，合共百人。另设附课生120名，以原在求是学堂肄业者充之，作为师范生。② 桐城人、著名学者姚永概被聘为教员，后又被聘为总教习。③ 8月，安徽大学堂首批学生37人入学，分甲、乙、丙三班授课。10月，安徽大学堂第二批学生20人入学，分新甲和新乙两班授课。④ 1903年4月，安徽大学堂招考新生，从100余名考生中录取34人，其中安徽学生30人，外省学生4人。另招附科生7名。⑤ 1904年3月，安徽大学堂再次招考新生，近200人报考，通过考试和复试，录取本省学生28人，外省学生6名。⑥

1903年春，中国留日学生发起拒俄运动，风潮波及安庆。5月17日，安徽留日学生陈独秀、潘赞化在安庆藏书楼组织演说会，强烈抗议俄国占据东三省，要求清政府对俄实行抵制。安徽大学堂众多学生参与演说会，引起安徽官府关注，总教习姚永概勒令参与演说会的近十

① 璩鑫圭、唐良炎编：《中国近代教育史资料汇编·学制演变》，第337—338页。
② 冯煦主修：《皖政辑要》学科卷五一《专门》，第488页。
③ 姚永概著，沈寂等编校：《慎宜轩日记》下册，黄山书社2010年版，第829页、841页。
④ 姚永概著，沈寂等编校：《慎宜轩日记》下册，第839—841页。
⑤ 姚永概著，沈寂等编校：《慎宜轩日记》下册，第861页。
⑥ 姚永概著，沈寂等编校：《慎宜轩日记》下册，第895页。

名学生退学。①

1904 年 1 月,癸卯学制在全国实行。遵照《奏定高等学堂章程》,安徽大学堂改称安徽高等学堂,②其课程按一类学科设置,"首以人伦经学大义为根柢,次以中文、地理、中国史、外国史、兵学、法律、理财、体操、理化、英文、法文、东文、测绘、图画、算学十七门课"。学堂聘教务长一人,各科正副教习 17 人。③

根据相关规定,各省高等学堂应设通用讲堂,物理、化学、博物、图书等专用讲堂,各种实验室、图书室、器具室、标本室,职员事务所及其余必须诸室,屋内及屋外二式体操场,学生自习室和寝室,监学室、会食堂、盥所、浴所、养病所、厕所、应接所及监督、监学、教员住宅,④安徽高等学堂原系求是学堂旧址,堂址过于狭窄,与章程规定相距甚远。自 1901 年起,王之春、聂缉椝和诚勋三任安徽巡抚均奏请朝廷,请求扩展,最终获准,遂将敬敷书院停办,在其旧址上"拓地改建",共计房屋 280 余间。⑤ 1905 年 2 月,新堂竣工,安徽高等学堂遂迁入。⑥

1905 年春,安徽高等学堂招收首届新生。《奏定高等学堂章程》规定,"高等学堂之规制,本应容学生五百人以上方为合宜,但此时初办,规模略小亦可,然总期能容二百人以上,以备人才日盛,容纳多人"⑦。1904 年 11 月,安徽高等学堂张贴招生告示,招收本籍学生 200人,另招外籍学生 40 人,但外籍学生须"贴修膳(缮)费漕平银一百两";"招考学生均由各属保送",定于 1905 年 2 月 23 日举行入学考试。⑧

根据有关章程,高等学堂学生应为普通中学毕业生。但鉴于此时全国新式教育刚刚实行,"尚未有此等合格学生",所以章程规定各省

---

① 姚永概著,沈寂等编校:《慎宜轩日记》下册,第 895 页。
② 冯煦主修:《皖政辑要》学科卷五一《专门》,第 488 页。
③ 刘锦藻编:《清朝续文献通考》第 2 册,卷一〇二(学校 9),上海商务印书馆 1936 年版,第 8611页。
④ 璩鑫圭、唐良炎编:《中国近代教育史资料汇编·学制演变》,第 346 页。
⑤ 刘锦藻编:《清朝续文献通考》第 2 册,卷一〇二(学校 9),第 8611 页。
⑥ 安徽通志馆:《安徽通志稿·教育考》卷五,第 5 页。
⑦ 璩鑫圭、唐良炎编:《中国近代教育史资料汇编·学制演变》,第 337 页。
⑧ 《皖垣兴学》,见 1904 年 11 月 6 日《申报》,第 2 版。

可酌量变通，"选品行端谨，中国经史文学确有根柢者，先补习历史、地理、算学、格致、图画、东语、英语、体操各种普通学一年，然后升入正学堂学习"①。安徽高等学堂创办之际，全省尚无中学毕业生，故选留部分前安徽大学堂毕业学生，同时又"考选中国经史文学具有根柢者"入堂学习。因学生多未接受新式教育，程度不一，班次编定和学科选定均多次变化。②

　　高等学堂创办初期，各种管理制度尚未健全，1905年6月发生管理者侮辱学生事件，引起校方与学生之间激烈冲突，酿成全体学生退学，引起官方关注。③ 1905年冬，巡抚诚勋聘著名教育家严复为高等学堂监督兼总教习及学务处参议。1906年4月，严复抵达安庆，对学堂进行了整顿，将多名不称职教员撤换。④ 又将各班学生逐一考试，分为师范、预科两班，年龄较长或在堂较久或程度较深者入师范班，定四学期毕业；其余学生入预科，分为五班，定七年毕业。但这一方案遭到提学使沈曾植的反对，理由是在堂学习时间过久，遂决定将"甲乙班学生改为高等速成班，定于此学期一律毕业。其预备班则改为五年毕业，不复再设师范"⑤。

　　1907年6月，严复辞职，王咏霓接任安徽高等学堂监督。⑥ 同年，学堂"复于预科中挑选习师范一班，并添招预科六班，合前共为十班"。1908年，安徽高等学堂停招预科，拟开本科。但各州县申送中学毕业生程度参差不齐，只得特设补习一班，经皖省学务处决定，"补习三学期及四学期不等"。1909年，安徽高等学堂始招本科一班，计12人。又因在校预科各班人数太少，仅170余人，故又裁去两班，并为四班。⑦ 根据学部1907—1909年的调查，安徽高等学堂1907年在校

　　① 璩鑫圭、唐良炎编：《中国近代教育史资料汇编·学制演变》，第346页。
　　② 冯煦主修：《皖政辑要》学科卷五一《专门》，第488页。
　　③ 《安省高等学堂全体愤散之原因》，见1905年6月29日《申报》，第2版。
　　④ 《皖垣学务》，见1906年3月5日《申报》，第9版。
　　⑤ 《纪皖省高等学堂近事》，见1906年10月11日《申报》，第9版。
　　⑥ 《高等学堂已放暑假》，见1907年6月22日《申报》，第11版。
　　⑦ 冯煦主修：《皖政辑要》学科卷五一《专门》，第488—489页。

各类学生 280 人,1908 年减少为 277 人,1909 年进一步减少为 226 人。①

1906 年,高等学堂师范一班学生 63 人毕业,次年师范二班学生 41 人毕业,合计 104 人。1907 年,预科一班学生毕业,为 26 人;1908 年,预科二班和三班学生毕业,共 60 人;1909 年,预科四班学生毕业,为 35 人。此外,补习班亦先后毕业。② 1911 年 10 月,辛亥革命在湖北武昌爆发,安徽顿时陷入动荡之中,高等学堂遂停办。

根据学部 1907 年的统计,安徽高等学堂每名学生年均费用为 181.634 两白银,在当时设有高等学堂的 13 个省份中位于第六,处于中游水平。③ 学堂常年办学经费约 5 万两,政府拨款约占一半,其余取自州租、典息、房租及学生学费。这笔开支对于清末在财政上捉襟见肘的安徽来说,的确是难以承受的。

在创设高等学堂之后两年,安徽法政学堂建立。1902 年,聂缉椝出任安徽巡抚时,曾设立课吏馆,培训、考核和甄别候补官员。1906 年 1 月,皖省接到学部颁发的设法政学堂咨文,恩铭遂决定在省城设立安徽法政学堂。此时《奏定法政学堂章程》尚未颁布,故课程设置上参照"大学堂法律门及日本法政速成科",给予学员津贴。④ 11 月,房屋改建完工,即将开学。巡抚恩铭令布政使、提学使与按察使共同"总办法政学堂事务",并发布告示,"令省候补正佐各员,刻日报名,定期考试,选取入堂肄业"⑤。12 月 7 日,安徽法政学堂在布政使衙门举行新生入学考试,共录取 60 名学生,分为正、佐两班,各为 30 人。⑥

1908 年清廷预备立宪开始启动,为培养专门人才,7 月,安徽法政学堂决定扩充,将原有各学员一律毕业出堂,同时决定"新班之月选分发到省人员及旧班之考列三、四等者,均入学堂肄业,概不贴费"。随

---

① 潘鼎元、刘海峰编:《中国近代教育史资料汇编·高等教育》,上海教育出版社 1993 年版,第 351 页、353 页、355 页。
② 冯煦主修:《皖政辑要》学科卷五一《专门》,第 489 页。
③ 潘鼎元、刘海峰编:《中国近代教育史资料汇编·高等教育》,第 357 页。
④ 冯煦主修:《皖政辑要》学科卷五一《专门》,第 490 页。
⑤ 《皖抚札委三司总办法政学堂》,见 1906 年 11 月 30 日《申报》,第 9 版。
⑥ 《法政学堂定期考试》,见 1906 年 12 月 6 日《申报》,第 9 版。

后,学堂重定章程,扩充校舍,编设预科、正科、别科及讲习班和简易科。预科学制两年,每月学费3元,学生须具有中学毕业程度,年龄在16岁至25岁,每年经考试录取120名。正科学制三年,学生为预科毕业生,分政治、法律两门,由学生自行选定,每月学费4元。别科学生为本省举、贡、生、监及具有中学毕业程度,年龄在18岁至30岁,经考试录取100名,学制3年。讲习班学制为三学期,学生为"本省实缺候补人员应行就学者",本省士绅在"经各州县保送或本学堂临时考取"后入班学习。简易科为夜校性质,夜间讲授,两学期毕业。简易科学生入学条件更为宽松,包括"凡本省实缺及候补人员,除应行入讲习科学习外,其愿入本学堂听讲者",另外,本籍士绅其"学行纯笃、乡望素孚者",如本人愿意,也可入简易科学习。① 简易科的上述措施系仿效日本明治维新时期办法,目的是尽快在士绅中普及近代法律知识。

除安徽法政学堂外,清末安徽还设立两所法政讲习所。一是1908年6月设在省城安庆皖北教育会内的法政讲习所,初设讲习、简易各一班,方法类似安徽法政学堂讲习与简易二科。不久,又增自治研究一班。三班共计招收学生160名,8个月毕业。② 无定额,以本省实缺候补人员应行就学者充之,"其本省士绅经各州县保送或由本学堂历史考取后,亦得归入讲习科",学制一年半。一是由江苏人刘清远等1908年9月在皖开办的法政讲习所,招收学生38人。

1909年12月,因皖绅四品衔江苏候补通判潘世杰等提出预备立宪迫近,人才匮乏,请求在芜湖筹建皖江法政学堂,获皖抚及学务处批准。设立之初,先设法政讲习科及附设自治科,"以应时需"③。

总体来看,安徽大学堂、高等学堂和安徽法政学堂尽管设立较早,但办学一直停留在较低层次,安徽大学堂总教习姚永概承认"此时学堂办理多不得法……究其极,不过洋文、算学而已"④。安徽高等学堂,其前身为求是学堂和安徽大学堂,已有数年办学经验,但是管理者多

---

① 冯煦主修:《皖政辑要》学科卷五一《专门》,第490—497页。
② 冯煦主修:《皖政辑要》学科卷五一《专门》,第497页。
③ 《皖江法政学校成立》,见1909年12月24日《申报》,第1张后幅第4版。
④ 姚永概著,沈寂等编校:《慎宜轩日记》下册,第842页。

为昏庸无能之辈,学生退学、罢课风潮屡屡发生,无法维持正常教学秩序。由于缺乏高素质的教员和合格学生,无法严格按照《奏定高等学堂章程》的规定授课和培养学生;加上学制和学习科目变化频繁,其教学质量无法得到保障。实际上,安徽高等学堂在其设立期间,毕业学生均为预科学生,"按照中学学科第四、五年程度教授"①。安徽法政学堂也是如此,创办后长期停留在预科教育层次上。由此可见,直至清王朝灭亡,安徽本省真正意义的近代高等教育尚未开始。

第三节　近代师范、实业教育和军事教育

一、师范教育

清末各地实行新式教育后,各级中小学堂均严重缺乏合格师资,这成为制约新式教育发展的主要障碍。学部意识到这一问题,在发展新式教育时,将发展师范教育予以优先考虑。

1904 年 1 月 13 日,学部颁布《奏定初级师范学堂章程》,规定,"初级师范学堂为小学教育普及之基,须限定每州县必设一所";入学学生应具有小学毕业程度,"与中学堂入学学生学力相等",但鉴于新式教育刚刚开办,"各学未齐",故章程规定,可"暂时应就现有之贡、廪、增、附生及文理优长之监生内考取"。章程又规定,初级师范分完全科和简易科。完全科学制五年,学生入学年龄须在 18 岁以上 25 岁以下;简易科学制一年,学生入学年龄应在 25 岁以上 30 岁以下。简易科仅在初级师范创办初期设立,以应急需,"俟完全学科毕业有人,简易科即酌量裁撤"。章程还规定各地在初级师范学堂未设之前,可先设具有培训性质的师范传习所,"凡向乡村市镇以教授蒙馆为生业,而品行端谨、文理平通、年在三十以上五十以下者,无论生童,均可招

---

① 冯煦主修:《皖政辑要》学科卷五一《专门》,第 489 页。

集入学传习"，学制"限定十个月为限"。①

同日，学部又颁布《奏定优级师范学堂章程》，"令初级师范学堂毕业生及普通中学毕业生均入焉，以造就初级师范学堂及中学堂之教员、管理员为宗旨……每日功课六点钟，三年毕业"；同时规定，"优级师范学堂，京师及各省城宜各设一所"。其学科分为四类，"第一类系，以中国文学、外国语为主；第二类系，以地理、历史为主；第三类系，以算学、物理学为主；第四类系，以植物、动物、矿物、生理学为主"。②由此可见，清末优级师范学堂则属于高等教育，负责培养中学师资。

清末安徽的师范教育始于1904年，是年，皖西潜山县设官立师范传习所，桐城中学堂亦附设师范班。1905年，歙县设师范传习所，并在新安中学设师范班。③ 同年6月，方守秉、李德膏在芜湖安徽公学开设师范科，以培养小学师资。④ 一年后，安徽公学附设师范科学生毕业，江宁学务处和安徽学务处均派员出席毕业典礼。⑤ 1906年4月，怀宁中学堂在"堂中开设小学师范一班，限一年毕业，以备小学教员之用"⑥。

1906年之后，安徽师范教育有了初步发展。根据学部统计，1907年安徽已拥有两所初级师范学堂简易科，招收学生323人，另建有4所师范传习所或讲习科，招收学生123人。⑦ 1908年，全省初级师范学堂简易科已增至6所，在堂学生增至452人；师范传习所或讲习科增至10处，在读学生增至340人。⑧ 1909年，全省初级师范学堂简易科进一步增至10所，在堂学生增至825人；师范传习所或讲习科则减为9处，在读学生也减为268人。⑨

---

① 璩鑫圭、唐良炎编：《中国近代教育史资料汇编·学制演变》，第403—415页。

② 璩鑫圭、唐良炎编：《中国近代教育史资料汇编·学制演变》，第419页。

③ 安徽省地方志编纂委员会编：《安徽省志·教育志》，方志出版社1997年版，第375页。

④ 《芜邑拟设速成师范学堂》，见1905年7月3日《申报》，第3版。

⑤ 《师范科毕业盛志》，见1906年6月27日《申报》，第9版。

⑥ 《怀宁师范开学》，见1906年4月16日《申报》，第9版。

⑦ 璩鑫圭、童富勇、张守智编：《中国近代教育史资料汇编·实业教育、师范教育》，上海教育出版社2007年版，第641页。

⑧ 璩鑫圭、童富勇、张守智编：《中国近代教育史资料汇编·实业教育、师范教育》，第645页。

⑨ 璩鑫圭、童富勇、张守智编：《中国近代教育史资料汇编·实业教育、师范教育》，第649页。

据《皖政辑要》统计,至 1909 年,安徽已有师范学堂 6 所,分别为安徽师范学堂、徽州府紫阳师范学堂、凤阳府师范学堂、芜湖县师范学堂、宿州志成师范学堂和颍上县师范学堂;拥有师范传习所 9 所,分别为泗县师范传习所、婺源县师范传习所、绩溪县师范传习所、旌德县师范传习所、南陵县师范传习所、当涂县师范传习所、寿州师范传习所、阜阳县师范传习所和建平县师范传习所。①

安徽师范学堂为皖省唯一一所省属师范学堂,在清末教育中扮演中坚角色。1906 年 5 月,安徽巡抚恩铭上任不久,即致函学务处,要求"现在请以全力注意师范",指出"方今振兴教育,以小学堂为基础,而教员亟须养成,故师范尤要",要求加速成立安徽师范学堂。② 在恩铭的支持下,学务处决定"就安庆府原有试院改建校舍",师范学堂"开办及常年经费由土药(即烟土)项下拨支",每年 42000 两。③

6 月,首任安徽提学使沈曾植通告全省,拟招收安徽师范学堂选科和简易科学生 300 名,命所属 60 州县"均匀考送"。选科学生分"历史、地理为一科;算学、理化为一科;博物、图画为一科;教育、音乐为一科。二年卒业"。简易科学生"遵照奏定章程办理,一年卒业"。此外,学堂附设体操专修科,名额百人,限以 5 个月毕业。④

安徽师范学堂原拟各属所送考生于 9 月 8 日聚集省城,"择期考试",因校舍修建工程浩大,未能及时完工,故学务处又"通饬各州县,改为明正二十五日(即公历 1907 年 3 月 9 日)以前来省,听候考试"⑤。1907 年 3 月底,位于安庆城内龙门口的前安庆府试院内的安徽师范学堂,面向各属申送诸生的入学考试结束,共录取学生 300 人。因学生人数众多,故学堂规定,"凤颍六泗各生十七日(即公历 1907 年 3 月 31 日)缴费,二十日入堂;徽宁池广太各生十八日缴费,二十一日入堂;安庐滁和各生十九日缴费,二十二日入堂"⑥。

---

① 冯煦主修:《皖政辑要》学科卷五二《普通》,第 489 页。
② 《皖抚札饬速办师范》,见 1906 年 5 月 16 日《申报》,第 4 版。
③ 冯煦主修:《皖政辑要》学科卷五二《普通》,第 498 页。
④ 《皖省学务处通饬晓示师范简章》,见 1906 年 6 月 19 日《申报》,第 3 版。
⑤ 《师范更定考期》,见 1906 年 8 月 18 日《申报》,第 9 版。
⑥ 《全省师范生分期入堂》,见 1907 年 4 月 8 日《申报》,第 11 版。

　　安徽师范学堂首任监督为姚永概,聘用教员 14 人,其中文科教员 5 人,包括 1 名日本教员;理科教员 6 人,亦有 1 名日本教员;体操、音乐和图画教员共 3 人。初入学学生分为 6 班,3 班为初级简易科,3 班为优级师范预备简易科(简称"预科")。最初,简易科计划 1 年毕业,预科班 2 年毕业。不久,安徽高等学堂师范班百余人毕业,暂缓皖省新式学堂教员之急需,因此简易科改定两年毕业。1909 年安徽师范学堂首届 6 班学生毕业,"其简易科毕业诸生陆续派往各属充当小学教员,至预科毕业诸生则按其程度与某学科分别升入第二、第三、第四类选科,二年毕业"。1910 年,安徽师范学堂"接办优级完全师范",并按学部颁布《奏定优级师范学堂章程》规定包括文理工在内的四类学科,同时建立两所附属学校,一为尚志中学,一为高级小学,以供学生实习之需。至此,清末安徽师范教育才跨入优级师范教育新阶段。[①]安徽高等学堂同样承担了为全省各级学堂培养师资的职责。

　　清末全国新式教育的迅速开展,遂将女童教育和设立女子师范问题提到清政府议事日程。1907 年 3 月 8 日,学部颁布《奏定女子师范章程》,规定女子师范学堂宗旨为"以养成女子小学堂教习,并讲习保育幼儿方法,期于裨补家计、有意家庭教育";"女子师范学堂,须限定每州、县必设一所;惟此时初办,可暂于省城及府城由官筹设一所;余俟随时酌量地方情形,逐渐添设";女子师范学堂可由官府设立,"亦许民间设立"。女子师范学堂正科学制 4 年,入学女生须"毕业女子高等小学堂第四年级,年十五岁以上";如女生"其毕业女子高等小学堂第二年级、年十三岁以上者"须先入预科补习一年,然后再转入正科学习。章程并要求入学女子,不仅须"身家清白,品行端淑,身体健全",还得有"切实公正绅民及家族为之保证"。[②]

　　安徽近代女子师范教育始于 1905 年。是年,皖绅方元衡等"集股本八千金,创设女子师范学堂"[③]。该学堂分设安庆、芜湖和南京,开设诊所,聘请"医学药品高明女医师与外洋考究医学回国者六人",每日

　　① 冯煦主修:《皖政辑要》学科卷五二《普通》,第 498—499 页。
　　② 璩鑫圭、唐良炎编:《中国近代教育史资料汇编·学制演变》,第 584—589 页。
　　③ 《兴办女子实业学堂》,见 1905 年 11 月 26 日《申报》,第 9 版。

送诊后教授女学生"医学药品算技艺"。由此可见,该学堂应为医学类初等学堂,并非师范学堂。① 1906 年初,又有安庆人张某与何某在城内创办竞化女学堂。② 6 月,芜湖官绅共同发起集资创立安徽公立女学堂,李鸿章之子李经方专为该学堂捐款 3000 大洋。学堂计划学额 80 名,幼稚生 20 名,预定当年 9 月 18 日开学。③

1907 年 5 月,即学部颁布《奏定女子师范学堂章程》两个月之后,位于安庆城内提学使衙门西侧的安徽女子师范学堂获准开办。安徽女子师范学堂由原学务公所改设,"由藩库、学务公所、支应局三处贴助为常年经费",招收正科和预科学生。④ 安徽女子师范学堂创办人为晚清安徽著名士绅吴传绮,并任学堂监督,1908 年 7 月 19 日至 20 日,他主持入学考试,原定录取 140 名女生,但最后实际录取 138 人,分正科、预科两班。8 月 29 日,安徽女子师范学堂举行首届开学典礼。⑤ 尽管安徽女子师范学堂成立时间较晚,但办学认真,学生学习勤奋,不少人学习成绩优异。1911 年春,清政府在南京举办南洋劝业博览会,安徽女子师范学堂将一些学生作业和试卷拿去展览,获得参观者好评,并获得奖状证书。为此,学堂特举办庆祝会,邀请社会各界人士出席。⑥

清末安徽师范教育虽得到官府的积极支持,有了一定发展,其在堂师范学生人数 1909 年已达 1093 人,在全国 23 省中位于第十三位,大致处于中游水平。但是,由于经济发展水平落后,资金严重匮乏和师资短缺的制约,安徽师范教育一直处于初级阶段和较低层次。至 1909 年,全国已有 21 省建立各类优级师范学堂,其中直隶等 7 省各建有 1~2 所完全科优级师范学堂,14 省各建 1 所选科优级师范学堂,7 省各建有专修科优级师范学堂,陕西省虽未拥有优级师范学堂,但拥有选科一班,全国仅有安徽与新疆两省仍未建立优级师范学堂。至

① 《皖绅禀办女学医学》,见 1905 年 11 月 30 日《申报》,第 17 版。
② 《安庆学堂》,见 1906 年 1 月 31 日《申报》,第 9 版。
③ 《安徽公立女学堂成立》,见 1906 年 6 月 26 日《申报》,第 9 版。
④ 冯煦主修:《皖政辑要》学科卷五二《普通》,第 539 页。
⑤ 《女师范学堂开校》,见 1908 年 9 月 1 日《申报》,第 2 张第 3 版。
⑥ 《女师范成绩奖品会之怪现状》,见 1911 年 3 月 26 日《申报》,第 1 张后幅第 3 版。

1909年，全国已经拥有设完全科的初级师范学堂91所，仅有安徽、黑龙江和新疆尚未拥有设完全科初级师范学堂。[1]

尽管迟至1909年，安徽尚未兴办以培养中学师资为宗旨的优级师范学堂，然而，安徽隶属两江总督，故设在南京的两江师范学堂承担起为安徽培养中学师资的职责，与近代安徽的师范教育发生了密切关系。

1903年2月5日，时任两江总督的张之洞即上奏清廷，称："查各国中小学教员，咸取材于师范学堂。是师范学堂为教育造端之地，关系尤为重要。两江总督兼辖江苏、安徽、江西三省。此三省各府州应设中小学堂为数浩繁，需用教员何可胜计。……经督臣同司道详加筹度，惟有专力大举，先办一大师范学堂，以为学务全局之纲领……兹于江宁省城北极阁前勘定地址，创建三江师范学堂一所，凡江苏、安徽、江西士人皆得入堂受学。……现拟江苏省宁属定额250名，苏属定额250名，安徽省定额200名，江西省定额200名，共定额900名。"对于该学堂办学经费，张之洞提出由江苏、安徽、江西三省共同解决，其中安徽和江西两省"各按学生额数，每名年协助龙银100元"[2]。这份奏折奠定了三江师范学堂办学的基本模式。

不久，刘坤一接任两江总督，正式筹办三江师范，"延聘日本教习12人，并拟选派中学教习50人，分门教授"[3]。1904年10月，三江师范学堂正式成立，全堂分设三科，即3年毕业的本科、2年毕业的速成科和1年毕业的最速成科，并设有附属小学堂1所。学生分别由江苏、安徽、江西三省按分配学额选送。课程主要有修身、历史、地理、文学、算学、教育、理化、图画、体操等，另加法制、理财、农业、英文为随意科。光绪三十一年末，三江师范学堂易名两江，并陆续增设第三和第四分类科，数学、理化、农学博物、图画手工、历史舆地等选科和补习科；同时改为优级师范学堂。1907年春，两江师范学堂第二次招考师范生，计划"苏宁两属各录80名，皖赣两省各录70名"。经过考核，录

---

① 璩鑫圭、童富勇、张守智编：《中国近代教育史资料汇编·实业教育、师范教育》，第648—649页。
② 《南大百年实录·中央大学史料选》上册，南京大学出版社2002年版，第5—6页。
③ 璩鑫圭、童富勇、张守智编：《中国近代教育史资料汇编·实业教育、师范教育》，第740—742页。

足安徽、江西学生各 70 名。①

两江师范学堂不仅为安徽近代教育培育大批学生,皖籍教职员亦在学堂中占据重要地位。两江师范学堂先后聘用教职员 85 人,其中皖籍教职员就有 16 人,约占 1/5,仅次于江苏 38 人。皖籍教职工并在该学堂中占据重要职位,桐城人方履中曾任总稽查,宁国人徐乃昌任监督,四位监学检查有三位安徽人。②

台湾学者谢国兴在其研究近代安徽教育后指出,"皖省教育界自民初以后,向有所谓两江派(南京两江师范毕业之皖籍学生)、龙门派(安徽师范学堂学生)、高等派之分"③,但这也同时表明,毕业于安徽师范学堂、安徽高等学堂师范班和两江师范学堂的皖籍毕业生,共同构成了清末民初安徽各级新式学堂教员的基本队伍,奠定了安徽近代新式教育的基础。

二、实业教育

与普通教育不同,清代实业教育出现的时间要早得多。从 19 世纪 60 年代初期开始,清廷开始推行以"自强"和"求富"为宗旨的洋务运动。出于现实需要,至 19 世纪末,洋务派除建立了以京师同文馆、福州船政学堂、天津武备学堂为代表的一批语言和军事学堂之外,还建立了福州电报学堂、天津医学馆、湖北矿务局工程学堂、山海关铁路学堂、南京矿务学堂等数十所科技与实业学堂。然而,上述学堂多为军事学堂,或与军事间接相关,极少涉及工业、农业和商业等经济领域,并未对推动中国经济的进步产生重要影响。

清末新政开始推行之际,清廷意识到"中国农、工、商各业故步自封,则以实业教育不讲故也",计划在各省全面推广农、工、商诸科实业教育。1904 年 1 月 13 日,清廷颁布《奏定实业学堂通则》,将实业学堂分为三等:高等实业学堂、中等实业学堂和初等实业学堂;高等实业学堂程度同等高等学堂,中等实业学堂程度同等中学堂,初等实业学

---

① 《南大百年实录·中央大学史料选》上册,第 25—26 页。
② 《南大百年实录·中央大学史料选》上册,第 27—31 页。
③ 谢国兴:《中国现代化的区域研究——安徽省》,第 561 页。

堂程度同等高等小学堂。通则指出"实业学堂所以振兴农、工、商各项实业,为富国裕民之本",要求各省"酌量地方情形,随时择宜兴办"。①与此同时,清廷还颁布《奏定农工商实业学堂章程》、《奏定中等农工商学堂章程》、《奏定高等农工商学堂章程》、《奏定实业补习普通学堂章程》、《奏定艺徒学堂章程》和《奏定实业讲习所章程》,对各类各级实业教育制定明确规范。

当 20 世纪初近代各级普通教育在安徽开始推广之际,实业教育也同时发展。安徽为农业省份,农业经济在全省占据绝对主导地位,故首先发展起来的是农业学堂。《奏定实业学堂通则》及各级实业学堂章程颁布前后,安徽一些士绅屡屡尝试创办农业学堂,但是由于资金短缺和师资缺乏,办学多遭挫折。1902 年 4 月,皖绅孙绍光经皖抚批准,拟出巨资开垦全省荒地,"每年报效十余万金",在省城安庆创办务农学堂,招考 14—20 岁学生入堂学习。② 然而,该学堂或因资金无从着落未能开办,或因办学不符合规范而中途下马,故在之后的皖省和学部的各类学堂统计表中,均未提及。

1905 年 3 月,一批皖绅提出以安徽高等学堂旧址创办农工实业学堂,计划"议集股本,创设农工公司。农,则购留荒地垦开栽种;工,则取材本地,改良制造。另请筹拨公款四万元,分存公司作为农工学堂股本,即以官股岁入、应得之租息余利,作为学费,不足由公司筹补",并计划于 5 月招生。③ 然而,该公司设立后,并未如期招生,清末有关安徽实业学堂的统计中亦未有该校。

1907 年 2 月,太和县创办中等蚕桑学堂,"常年经费以书麦捐款充之"④。5 月,阜阳县一些士绅集资申请创办蚕桑学堂,经该县呈报学务处批准立案,并在县衙署举行招生考试。⑤ 这两所农业学堂为安徽近代第一批农业学堂,标志着安徽近代实业教育的开始。根据 1907

① 璩鑫圭、唐良炎编:《中国近代教育史资料汇编·学制演变》,第 478—479 页。
② 《皖兴农学》,见 1902 年 4 月 30 日《申报》,第 2 版。
③ 《创设农工学堂》,见 1905 年 4 月 5 日《申报》,第 4 版。
④ 冯煦主修:《皖政辑要》学科卷五三《实业》,第 540 页。
⑤ 《录取蚕桑学堂新生》,见 1907 年 6 月 9 日《申报》,第 11 版。

年学部统计表册,这两所实业学堂职员共计 4 人,教员 5 人,在校学生 59 人,年收入 2368 元,支出 2738 元,资产 3347 元。① 上述数字表明,这两所农业学堂办学规模均过小,资金严重匮乏,虽名为中等农业学堂,其实名不副实,与学部规定中等实业学堂各项标准相距甚远,故 1909 年学部将上述两校均降级为初等农业学堂。在太和、阜阳蚕桑学堂设立后,其他一些州县也试图仿效。1909 年 3 月,休宁县拟在农业公司附设农业学堂和蚕桑速成科,招收学生入学,并"延聘熟谙农务蚕学教员,照章教授各项科学,以期多得通晓农工人才,预备将来推广森林任用"②。6 月,一些毕业于江苏蚕桑学堂的皖籍学生请求在皖设立蚕桑学堂,声称"皖者居长江之中,物产丰富,地土膏腴,条陈抚宪,请开办蚕桑学堂,延聘教员,招生肄习,毕业之后分赴沿江各处,兴办蚕桑,以兴实业"③。11 月,六安州官府拟在该州蚕桑公司内,"附设蚕桑学堂,招生入堂肄业"。并表示,"所有教授一切科学,均遵定章"④。根据学部 1909 年实业学堂统计表,这一年经学部批准开设的安徽农业学堂已增至 5 所,在校学生增至 137 人。⑤ 1910 年,又有徽州茶商捐款创办初等农业学堂。⑥

　　在农业学堂开办数年之后,安徽也开始尝试创设工业学堂。1908 年 10 月,省城安庆开始筹建安徽中等工业学堂。根据最初预算,学堂开办费需银 2325 余两,常年经费 6523 余两。筹建期间,官府拨款 2200 两购置器具,但常年经费尚未有着落。之后,根据布政使沈曾植建议,该学堂常年经费,"仍由牙厘局筹议,在厘金等项下各半分筹,按年解司存储,由该堂领用"⑦。这样,常年经费才算落实。安徽中等工业学堂学生定额 80 名,1908 年秋先招学生 40 名,计划次年春再招 40

---

① 《安徽省学务统计总表》,见清学部总务司编《第一次教育统计图表》中册,第 507 页。
② 《组织农业学堂》,见 1909 年 3 月 31 日《申报》,第 2 张第 3 版。
③ 《禀请开办蚕桑学堂》,见 1909 年 6 月 20 日《申报》,第 2 张第 3 版。
④ 《详请附设蚕桑学堂》,见 1909 年 11 月 9 日《申报》,第 3 版。
⑤ 璩鑫圭、童富勇、张守智编:《中国近代教育史资料汇编·实业教育、师范教育》,第 62 页
⑥ 《皖南北学务之一斑》,见 1910 年 6 月 21 日《申报》,第 2 张后幅第 4 版。
⑦ 《筹拨工业学校经费》,见 1908 年 10 月 18 日《申报》,第 2 张第 4 版。

名，并发文通告各州县选派学生来省城应考。① 鉴于本省工业发展情形，安徽中等工业学堂先设染织科一科，分本科、预科两级，本科要求高等小学毕业，预科并无学历要求，"十五岁以上文理通顺者"均可入学，本科三年毕业，预科两年毕业。"学堂设正、副监督各一员，提调一员，收支兼庶务一员，掌管堂中一切事务"②。在安徽中等工业学堂设立前后，位于皖北的寿州也建立一所初等工业学堂，附设在该州务本初等小学堂内，经费由该堂拨付，在校学生21人。③

清末安徽的一些地区还尝试采取短期速成的教育方式，创办工业习艺所，招集贫寒子弟、社会闲散人员及在押犯人入所学习。1907年，太湖县禀请创办劝公所，"先从纺织入手，开乡愚之风气，杜洋货之灌输"。初仅令在押犯人入所习艺，以后"游惰之民，孤贫之子，悉可收入"④。1908年初，芜湖县计划拨款创设一所速成工艺学堂，招收20名学生，定两学期毕业。⑤ 同年，出国留学归来的候补道姚旭明等在桐城创办创设工艺讲习所，"招集贫寒子弟，授以织布等粗浅工艺"⑥。1910年，省城安庆也创设实业工科传习所，聘请教员，招生传习，以"培养人才，研究工学"⑦。此外，黟县、盱眙、芜湖、颍上、灵璧等县也相继创办工业习艺所或讲习所，培养本地区熟悉近代工业生产工艺和技术的初级人才。

癸卯学制将商业教育也纳入实业教育范畴，设立初等、中等和高等商业学堂，并分别制定规章。近代安徽商业贸易并不发达，仅有芜湖一处为对外通商口岸，对外贸易和区域贸易多集中于此。早在1905年春，安徽商务局就照会学务处，提出"时局艰难，商务关系重要，自应认真讲求"，提议创办商业学堂。⑧ 然而，由于种种条件的制约，商业学

① 《安省工业学堂招生》，见1909年1月1日《申报》，第2张第3版。

② 冯煦主修：《皖政辑要》学科卷五三《实业》，第541页。

③ 璩鑫圭、童富勇、张守智：《中国近代教育史资料汇编·实业教育、师范教育》，第62页。

④ 《太湖县禀准开办劝工所》，见1907年11月11日《申报》，第12版。

⑤ 《创设工艺学堂》，见1908年3月18日《申报》，第2张第4版。

⑥ 《工艺传习所之批示》，见1909年3月3日《申报》，第2张第4版。

⑦ 《皖绅接办实业工业传习所之进步》，见1911年6月27日《申报》，第2张后幅第4版。

⑧ 《皖省筹设商业学堂》，见1905年5月10日《申报》，第4版。

堂在安徽一直未能设立。直到 1911 年夏,《申报》刊登一则消息,宣布芜湖商业学堂即将创办,芜湖商务学堂为初等商业学堂,"暂招本预科学生各一班,教员除聘商业专门一人、国文及普通科二人住堂外,英文、体操均请他校教员兼任。其会计、庶务各席,该堂因系小学,会计、庶务并无多事,均由教员兼理,并不另置,以节经费"①。按照《奏定初等农工商实业学堂》,初等商业学堂程度相当于高等小学堂,招收初等小学毕业生,以教授学生"商业最浅近之知识技能,使毕业后实能从事于简单商业为宗旨",开设课程除修身、中国文理、算术、地理、体操之外,还开设簿记、商品学、商事要项、商业实践等商业课程。②

从 1907 年至 1909 年,安徽实业教育取得一定的发展,各类实业学堂从 2 所增至 7 所,在校学生从 50 人增至 233 人;拥有教员从 5 人增至 33 人,其中包括 3 位外国教员。然而从全国来看,这一年全国各省实业学堂共 254 所,在校学生共 16649 人,实业教员共 1544 人,省均 11 所实业学堂,每学堂平均学生约 66 人,教员约 6 人。由此可见,安徽实业教育的发展落后于全国平均水平。根据 1909 年学部对各省实业教育的统计,安徽已建实业学堂数位于全国 23 省中的第十六位,约占全国实业学堂总数的 2.75%;在校学生数位于第二十一位,约占全国在校学生总数的 1.4%;实业教员人数位于第十七位,约占全国实业教员人数的 2.1%。由此可见,安徽已建各实业学堂普遍存在条件简陋、规模偏小和师资不足的问题。不仅如此,根据 1909 年的统计,安徽的实业学堂全部为初等实业学堂,不仅没有一所高等实业学堂,而且就连中等实业学堂也没有,全部为初等实业学堂。而这一年全国仅有新疆、黑龙江、吉林和安徽四省没有中等实业学堂。③ 安徽商品经济发展滞后、近代工业发展缓慢和财政收入的严重匮乏,是制约安徽近代实业教育发展的重要因素,而近代实业教育难以发展,反过来又制约了近代安徽工业、农业和商品经济的发展。

---

① 《商业学堂开办之先声》,见 1911 年 6 月 20 日《申报》,第 1 张后幅第 4 版。
② 璩鑫圭、唐良炎编:《中国近代教育史资料汇编·学制演变》,第 449—450 页。
③ 璩鑫圭、童富勇、张守智编:《中国近代教育史资料汇编·实业教育、师范教育》,第 62—65 页。

三、军事和警务教育

清末新政时期教育制度的变革,也影响到军事教育领域。甲午战争失败后,如何迅速实现军队的近代化,以维护国家安全和统治稳固的问题更加突出地摆在清王朝统治者面前。清政府逐步意识到,必须迅速建立近代军事学堂,加速推行近代军事教育,才能加快中国军事近代化的进程。19 世纪末,近代军事教育开始在全国各省推行。

1897 年 10 月,张之洞在湖北省率先设武备学堂,聘请德国教习,招考学生 120 名。① 1897 年 1 月,兵部尚书荣禄正式向朝廷建议,各省按西法编练新军,挑选其"材武聪颖者,每省设一武备学堂,挑入学习重学、化学、格致、舆地诸学,分炮队、马队工程队诸科,限以三年,由各省督抚详加考试。凡考列优等者,作为武举人"。这一建议得到清廷的批准,随后各省相继设立武备学堂。②

1899 年,安徽巡抚邓华熙于省城安庆设立安徽武备学堂,常年经费 9000 余两,后增至 18000 两。学堂聘请军事教员 8 名,其中 2 名为日本教员,另有翻译 1 人,首届招收学生 29 名,次年招收学生 20 名,第三年为 35 名,第四年 59 名,第五年为 39 名,学制 3 年。1904 年,安徽武备学堂附设练军一营,兵士 300 人,编成左右两队,其军官由"武备学堂提调、教习、毕业生兼任"③。

1905 年 4 月,练兵处颁布《陆军小学堂章程》,规定在京师和各省设立陆军小学堂,"专教普通课及军事初级学,三年毕业",要求各省迅速照章举办。章程并规定,安徽等省应在省城设立"陆军小学堂一所,各堂学生均定 210 名",由学堂监督对各州县会同高等小学堂监督按格考送的高等小学堂学生进行考选。④

1906 年春,安徽陆军小学堂在省城安庆成立。由于财力支绌,皖省只得"将武备练军停办,腾出饷项作为陆军小学堂之用",以武备练

---

① 中国人民大学清史研究所编:《清史编年》第 12 卷,第 18 页。

② 《光绪朝东华录》第 4 册,总第 4016 页。

③ 冯煦主修:《皖政辑要》卷七九《学堂二》,第 730—731 页。

④ 《陆军小学堂章程》,《东方杂志》第 2 卷第 6 期,"教育",第 109—110 页。

军营房为陆军小学堂校舍,又以武备学堂委员、教员和优秀毕业生兼任陆军小学堂教习。① 安徽陆军小学堂招收 15 岁至 18 岁学生,除开设修身、国文、外文、历史、地理、格致、算学、图画等普通小学课程之外,还开设训诫、兵学、游泳、号音等军事学课程。学堂每年招收学生 124 人,其中正额生 70 人,附额本籍学生 30 人,附额外籍学生 24 人,第三年时在校学生总数 372 人,其中正额学生达 210 人,附额本籍学生达 90 人,附额外籍学生达 72 人。正额生免缴学费、膳食费、书籍费和服装费,附额生则须缴学费和膳食费。陆军小学设总办 1 人,统管学堂各项事务;又设监督、提调各 1 人,协助总办管理学堂;另设有文案、医官、营官、营库、支应、司书等,分别管理各自事务。陆军小学堂第一年教习为 8 人,第二年增至 13 人,第三年进一步增至 20 人。陆军小学常年开支浩大,均由官府提供,其数额远远超出普通小学,开办第一年各项费用支出即达到 24788 银两,第二年增至 29310 银两,第三年更增至 38130 两,几乎相当于安徽高等学堂全年费用。1907 年 6 月,安徽陆军小学堂从正额学生中选送 48 名学生赴保定陆军速成学堂肄业,同时选拔优秀附额学生升入正额。②

随着军事教育的推广,各类专门的军事技术教育也引起清政府的重视。1906 年 4 月,根据练兵处的要求,安徽陆军测绘学堂在省城安庆成立,学制一年,主要开设课目为仪器测量、距离测量、算学、画学、绘图学、地形学、舆地学等测绘专业课程及战术学、步兵斥堠、步兵操典、野外要务等军事专业课程。③ 共录取学生 50 名,多为选送高等学堂学生,绘图教员亦为高等学堂教员兼任。1907 年 10 月,测绘学堂首届学生毕业,省督练公所将成绩位于前列的 30 名毕业生,2 人留在督练公所,其余 28 人分为四组,按 7 人一组,分别派往安庆、庐州、凤阳、颖州四府勘测地形,并绘制地图。按照计划,待上述四府测绘完毕,再

---

① 《安徽巡抚诚奏为所有武备练军停办日期片》,光绪三十二年二月初五、初六、十三、十四日《京报汇录》,见 1906 年 5 月 4 日、6 日、10 日《申报》,第 16 版。
② 冯煦主修:《皖政辑要》学科卷七九《学堂二》第 735—738 页。
③ 冯煦主修:《皖政辑要》学科卷七九《学堂二》,第 731—732 页。

令这些学生续测皖省其余地区。① 毕业班其余各学生则令其一律暂回原籍，"原有测绘学堂暂行关闭，以节经费"②。

20世纪初期，清政府在推行军事变革和发展军事教育的同时，还尝试仿效西方国家，创立近代警察制度，以维护地方治安。1902年5月，袁世凯率先在保定设立警务总局，之后又"添设警务学堂一所，则令巡兵分班学习，并令警务各官弁入堂讲习"③。10月，清廷发布谕旨，要求各省仿效袁世凯在直隶设立的警察制度，迅速推广警政。随后，安徽在芜湖、安庆等中心城镇开始设置巡警，以防范革命和维护地方治安。

1903年夏，安徽通商口岸芜湖率先建立警局，成立警察学堂，招收百余学生，不仅开设警务课程，还"将声光化电格致诸学略为讲解，以开智识，裨不致徒以勇艺见长"④。

次年春，省城安庆亦在按察使衙门东廊，设立警务学堂，"招考学生50余名，先将正取30名留堂学习，月给龙洋3元，期以一年毕业"⑤。对此举的意义，安徽巡抚诚勋在给朝廷的奏章中强调，"警兵由营伍改充，职者较少，于法令条规，尚多未能领会，且幅员辽廓，原设三百名，分布难周，亟应添设警察务学堂，酌加巡兵，责令分班学习，更考选学生，讲习警法，庶可逐渐推广，绥靖闾阎"⑥。由此可以看出，皖省初期建立的警务学堂，其主要职责是对刚刚从改充警察的原兵勇进行警务培训，并使之熟悉法律规章，并非是面向社会和民众的真正意义的学堂。

然而，安庆警察学堂开办后，并未取得实效。学堂教员最初有二三人，至1906年春只有刘姓教员一人，他同时又兼任监学。此人"性

---

① 《札委测绘教习》，见1906年4月6日《申报》，第9版。
② 《测绘学堂停办》，见1907年11月9日《申报》，第12版。
③ 《养寿园奏议辑要》卷一八，《创设保定警务局并添设学堂拟定章程览折》，转引自朱汇森编《中华民国史事纪要·民国纪元前十年（1902年）》（初稿），（台湾）文海出版社（影印本），第165页。
④ 《鸠矶寒递》，见1903年11月13日《申报》，第3版。
⑤ 《龙眠画意》，见1904年6月12日《申报》，第3版。
⑥ 《安徽巡抚诚奏为皖省添设警务学堂并酌加巡兵以资习练而期周密谨将办理情形折》，见1904年9月17日《申报》，第17版。

好冶游,恒不归校",学堂管理极为松懈,"学生二十余人颇极自由"。新任皖抚恩铭认为这所学堂已无可改良,决定另建一所新巡警学堂。① 同年 11 月,恩铭"拨库银一万两,在城北百花厅购定基址,雇工建造"的安徽高等巡警察学堂竣工,并决定年底开始招生。② 新成立的安徽高等巡警学堂,先招本省绅士班一班,共计 87 人;后又招客籍绅士班学生 10 人和候补官班学生 50 人。总办由按察使世善亲自兼任,学堂具体事务由会办掌握,徐锡麟为第二任会办。1907 年 7 月 6 日,巡抚恩铭率部属来到安徽高等巡警学堂,考验毕业学生。徐锡麟将毕业生名册递交恩铭审阅时,突然掏枪向恩铭射击,恩铭中弹,不久伤重而死。徐锡麟并率领部分学生随即发动起义,一度占领军械所,因寡不敌众,起义迅速失败,徐锡麟被俘后牺牲。③ 这一事件极大地震动了清政府,因学堂多名官员、教员和学生参与此次起义,安徽高等巡警学堂随后停办。

随着晚清军事近代化的进展,加快淘汰和改造旧式武装绿营更势在必行。在安徽高等巡警学堂设立不久,安徽接到两江总督端方的来电,要求"变通绿营改办警察",对绿营士兵汰弱留强,建立警察学堂。1907 年 5 月,皖南镇标警察学堂率先在皖南宁国县城设立,学生从"左右徽池广芜六营及巡警军二营"中挑选,共计 51 名。同月,寿春镇标警察学堂在皖北寿县县城成立,在"皖北巡警巡防各营旗内挑选"正额学生 46 人,同时又另招附额生 10 人。9 月,安游潜警察学堂在安庆成立,学生共计 30 名,安庆、游兵和潜山三营各选送 10 名。12 月,抚标左右二营警察学堂亦在安庆设立,学生为 20 名,由抚标二营各挑选 10 名。④ 上述绿营警察学堂学制均为半年,开设课程主要为律例、监狱学、警察法学等与警务相关课程。

从总体上来看,晚清时期安徽根据清廷的命令和安排,在芜湖、安庆等中心城镇建立了一批近代军事学堂和警察学堂,在近代军事教育

---

① 《警察学堂之腐败》,见 1906 年 7 月 17 日《申报》,第 9 版。
② 《皖省巡警学堂告成》,见 1906 年 11 月 26 日《申报》,第 9 版。
③ 朱汇森编:《中华民国史事纪要·民国纪元前五年(1907 年)五月至八月》(初稿),第 319 页。
④ 冯煦主修:《皖政辑要》学科卷八一《学堂四》,第 738—741 页。

和培训新式警察方面取得一定成绩。然而,清政府的根本目的是试图以这些学堂毕业生为新式军队和警察的骨干,巩固和加强自己的武装力量,以此来维护苟延残喘的清王朝统治。然而,这些措施不仅没有帮助清政府巩固统治,反而加速了清王朝的覆灭,1907 年 7 月发生的徐锡麟起义,表明了学生在这些学堂学习新的军事和警务知识的同时,也了解和接触了反清革命思想,他们迅速成为安徽乃至全国进行推翻清王朝统治的反清革命的重要力量。

第四节　留学事业

一、赴日留学

清代留学事业,始于洋务运动时期。1872 年至 1875 年,中国连续派遣四批,共计 120 名幼童赴美留学,之后,清政府又多次派遣学生赴欧洲和日本学习军事和科学技术。然而,由于顽固派的反对和阻拦,留学事业发展一直缓慢,直至 19 世纪末,除江苏、两湖、四川等少数省份外,包括安徽在内的大多数省份的留学事业尚未开展。20 世纪初期,由于清政府推行新政,迫切需要各类新式人才,留学事业才真正得到重视。1901 年 9 月,清廷颁布上谕,称"造就人才,实系当今急务。前据江南、湖北、四川等省选派学生出洋肄业,著各省督抚一律仿照办理,务择心术端正、文理明通之士遣往学习,将一切专门艺学,认真肄业,竭力讲求,学成领有凭照回华"[1]。在清政府一再敦促下,安徽近代留学事业开始启动。

皖籍学生赴日留学,可以追溯到 19 世纪末。早在 1899 年,怀宁人程家柽赴日本留学。同年,安徽黟县人金邦平也抵达日本。除此之外,1899 年 10 月,安徽人邹瑞昌已经在日本最早收容中国留学生的亦

---

①　朱寿朋编:《光绪朝东华录》第 4 册,中华书局 1958 年版,第 4720 页。

乐书院里学习了。① 然而，他们赴日留学，均非本省派遣，程家柽为湖广总督张之洞派遣，金邦平由直隶总督派遣，而邹瑞昌则是中国驻横滨领事之子。

安徽本省派遣学生出国留学始于 20 世纪初期，由于地理邻近、文化相同和费用低廉，与中国大多数省份一样，日本成为近代安徽留学的首选地。1902 年，安徽省派遣按察使李宗棠专程赴日本考察学务，并"带同自己的儿子润官到日本留学"。他归国后除撰写《考察学务日记》之外，又出版《考察日本学校记》。同年，另一名安徽人吴汝纶之子吴启孙也正在日本留学。② 根据相关史料统计，1902 年在日本留学的中国学生共计 272 人，其中安徽学生 15 人，7 人为官费派遣，8 人为自费留学。③ 这表明近代安徽派遣学生赴日留学，应不晚于 1902 年。至少在 1904 年，安徽留日学生已粗具规模，在日本的皖籍学生已有 55 人，其人数位于全国各省第六位。④ 同年，在日本的皖籍留学生组成安徽留日学生同乡会。10 月，安徽留日学生同乡会在《安徽俗话报》上刊登广告，在日本东京设立联络处，以皖籍留日学生罗念坦和方时简为联络员，为之后前往日本留学的安徽学生提供指导和服务。⑤

安徽第一次大规模派遣学生赴日留学为 1905 年。1902 年，安徽学务处为迅速推广新式教育考虑，建议将安徽高等学堂原为 120 名附课生提供的每年共计 2780 两膏火银（折合 4000 龙洋），转为派遣学生赴日学习师范之费。⑥ 这一建议为巡抚诚勋所批准。1904 年 12 月，学务处张贴告示，宣布将选派学生赴日学习师范，以所停高等学堂膏火银选送 12 人，其余由各州县自行筹款选送，并要求各属考生，"务须先期取具地方官印结保送来"，于 12 月 16 日在安徽高等学堂举行选拔考试。⑦ 1905 年春，经考试共录取即将赴日学生 32 人。由于这时

---

① （日）实藤惠秀：《中国人留学日本史》，三联书店 1983 年版，第 28 页。
② （日）实藤惠秀：《中国人留学日本史》，第 30 页、265 页。
③ 陈学恂等编：《中国近代教育史资料汇编·留学教育》，上海教育出版社 1991 年版，第 374 页。
④ 《各省游学汇志》，见《东方杂志》第 1 卷，第 2 期。
⑤ 《安徽同乡会告白》，见《安徽俗话报》第 15 期，1904 年 10 月，第 41 页。
⑥ 冯煦主修：《皖政辑要》学科卷五四《游学》，第 543 页。
⑦ 《招考师范》，见 1904 年 12 月 27 日《申报》，第 3 版。

日本各学校正处于上一学年第二学期,尚未开始招生,同时即将赴日留学的学生未曾学习日语,因此学务处又张贴通告,决定自 5 月 6 日起,将这批学生按照日语程度不同分为两班,聘请日语教员,在省城集中学习日语 4 个月;待 9 月日本学校新学年开始后,再赴日本学习。①1905 年 8 月 17 日,30 多位安徽学生从安庆乘轮船前往上海,从那里乘海轮前往日本。他们中不仅有通过考试选拔的鲍庚等 12 名官费留学生,赴日本学习实业或师范;还有各州县咨送的 24 名留学生,赴日本是学习速成师范;此外还有"自备资斧学生数名",一同赴日留学。②

1905 年夏,当大批安徽留日学生抵达日本时,中国各省赴日留学也进入高潮,其中多为短期速成留学。同年,旨在推翻清王朝统治的资产阶级革命组织中国同盟会在日本东京宣告成立,大批留日学生革命情绪高涨,纷纷加入同盟会。为阻止留学生中革命思想的传播和对国内的影响,1905 年初清政府开始推行限制赴日留学政策。同年 3 月,安徽学务处接到学部通知,要求暂缓派遣学生赴日留学,称"选派游学生,以言语通习,能直接听讲,普通学完备能入专门者为及格"③。7 月,学部再次通电各省学务处,称"查日本学生(即中国留学生)一万二三千人,习速成者最占多数,已足以应急需。嗣后,此项速成学生,无论官费、私费、师范、政法,应既一律停派,不予给咨"④。学部并强调,"出洋学生,非有中等程度,概不咨送"。因此,1906 年 3 月,安徽仅官费派遣葛共一人赴日留学。葛共毕业于上海博爱医院,赴日本后就读千叶医学校,故符合学部规定。此外,安徽省教育会会长蒯光典又从皖籍自费生中遴选余之风等 11 人赴日学习农、工、商等实业学科,并改由官费资助。⑤

1908 年 1 月,学部进一步规范赴日留学,拟定《日本官立高等学校收容中国学生及各省按年分认经费章程》,公布中国驻日使馆与日

---

① 《皖省选派出洋学生之改议》,见 1905 年 4 月 5 日《申报》,第 4 版。
② 《皖省留学生首途东渡》,见 1905 年 8 月 16 日《申报》,第 4 版。
③ 冯煦主修:《皖政辑要》学科卷五四《游学》,第 544 页。
④ 清学部总务司编:《学部奏咨辑要》,第 107 页。
⑤ 冯煦主修:《皖政辑要》学科卷四五《游学》,第 544 页。

本文部省达成的留学协议,宣布从光绪三十四年(1908 年)起,在此后 15 年内,每年东京第一高等学校收容中国学生 65 人,东京高等师范收容中国学生 25 人,东京高等工业学校收容中国学生 40 人,千叶医学专门学校收容中国学生 10 人;规定由中国驻日公使择选"品行端正、汉文通顺、普通学已毕业之人送交各该学校行竞争试验";清政府将对进入上述学校的中国学生每年提供补助费及学费 650 日元;该项经费"应于 22 年内由各省分任"。学部并根据各省在日留学生规模和人数,将各省分为留日学生大省和小省,大省每年分担增添 9 名学生费用,小省每年分担增添 6 名学生费用。安徽等 13 省被列为留日学生大省,第一年应承担费用 5850 日元,第二年增至 11700 元,至第八年增至 32600 日元。章程并规定,各省在缴纳此项费用之后,"应即停派各项官费学生"①。

根据此项规定,安徽在此后 22 年内,共需支付留日学生经费 48 万余元,这对本已捉襟见肘的清末安徽财政无疑是雪上加霜。为此,巡抚冯煦在与布政使沈曾植协商后,决定在此后 4 年里将全省 60 州县分为上缺、中缺和下缺三等,按不同标准分担各年留日经费。怀宁等 18 州县为上缺县,在此后 4 年中,第一年各筹缴 150 日元,第二年筹缴 300 日元,第三年筹缴 450 日元,第四年筹缴 600 日元;潜山等 26 州县为中缺县,第一年各筹缴 100 日元,第二年筹缴 200 日元,第三年筹缴 300 日元,第四年筹缴 400 日元;望江等 16 州县为下缺县,第一年各筹缴 50 日元,第二年筹缴 100 日元,第三年筹缴 150 日元,第四年筹缴 200 日元。"其第四年以后十八年尽可临期体察情形办理"。1908 年春,皖籍留日学生张斑考入日本高等师范学校,周龙光考入东京第一高等学校,余熊本考入东京高等工业学校,成为首批使用安徽筹缴学部留日经费的皖籍留日学生。②

在清末赴日留学浪潮中,相当可观的皖籍学生赴日学习军事。早在 1901 年 8 月,日本陆军少将福岛途经安庆,拜会安徽巡抚王之春,

---

① 清学部总务司编:《学部奏咨辑要》,第 339—345 页。
② 冯煦主修:《皖政辑要》学科卷五四《游学》,第 545—546 页。

邀请安徽派官员赴日本观看日军检阅。10月初,王之春派楚军统领黄呈祥等4人赴日短期考察军事。① 之后,赴日学习和考察军事的安徽学生与日俱增。1905年,安徽武备学堂学生郑秉善等3人获准自费赴日学习陆军。② 1906年11月,安徽武备学堂毕业生项华黻等7人,获准自费前往日本学习军事学。③

值得注意的是,清末安徽还多次派遣官员赴日考察教育和工业。1906年10月,安徽提学使沈曾植率4名随员,专程赴日考察学务。④ 1907年10月,知府张龙光受巡抚冯煦委派"前赴日本考察工艺,以使回国后兴办各项实业"⑤。

清末赴日留学的安徽学生从籍贯来看,多集中于庐州府、安庆府、太平府、徽州府等经济和文化较为发达地区;从学习内容来看,多为学习师范、法政和军事学学科;从学习方式来看,多为一年左右短期速成留学。这批留日的安徽学生,除本省官费派遣之外,还有不少由外省或清政府各部门直接选派,而更多的安徽学生是自费赴日留学。值得注意的是,在这些安徽留日学生中,除有各新式学堂选拔的毕业生之外,还有一些地方官吏。随着科举制度的废除和留学运动的兴起,出国留学和出国考察也成为地方官吏升迁和考核的重要条件,因此一些地方官员对此也趋之若鹜。尽管多数安徽留学生在日本为短期速成留学,在学业上并没有多少收获,但是亦有少量出类拔萃的安徽留学生,在学业上取得突出成绩,其中包括安徽早期留日学生金邦平,他最终毕业于日本著名的早稻田大学法律科,并被授予"头等全科文凭"。1904年回国后,以第一名身份被清政府授予进士身份。⑥ 大批留日学生归国后回到安徽,进入教育、军事和工业、交通、矿业、新式农业等新领域,对近代安徽经济、社会和文化的近代化进程起到积极推动作用。更值得关注的是,以程家柽、吴春阳、陈独秀、万福华等一批安徽留日

---

① 《派员东渡》,见1901年10月9日《申报》,第2版。
② 《各省游学汇志》,见《东方杂志》,第2年第11期,"教育",第294页。
③ 《皖省武备生出洋游学》,见1906年11月13日《申报》,第9版。
④ 《学使出洋》,见1906年10月11日《申报》,第9版。
⑤ 《派员赴日考察工艺》,见1907年10月29日《申报》,第12版。
⑥ 《奏请奖励学生》,见1904年9月25日《申报》,第2版。

学生在日本接触到革命的新思想,从此积极地投身反清革命运动,对中国近代的政治变革产生了重要影响。

二、赴欧美留学

20世纪初,清政府在推行新政之后,为解决各类专门人才严重匮乏的问题,朝廷和各省督抚纷纷派遣学生赴近邻日本留学。然而,中国学生早期赴日留学多为短期速成,且专业选择上多为法政、师范和军事。为推动学生留学欧美,1902年9月清廷发布谕旨,称"前经降旨,饬令各省调派学生出洋游学,以资造就,闻近来游学日本者尚不乏人,泰西各国或以道远费多,资选甚少,亟应广开风气,著各省督抚选择明通端正之学生,筹给经费,派往西洋各国讲求专门学问,务期成就真材,以备任使"①。

1904年9月,清政府制定《游学西洋简明章程》,称"英、美、德、法于武备、制造、农工商诸学,各有专门,一时推重。比利时路矿工艺,素所擅长",要求各省派遣学生前往留学,强调选派所派学生"必通西文乃有门径,否则无从浃洽"。由于安徽等内地省份通晓西文的学生极少,章程故规定这些省务必挑选"实年十四五岁,心地明白,文理晓畅者出洋",并"择一熟谙某文一员,导之出洋,赁延师,居中翻译,名曰帮教习,并监其起居。俟普通毕业,再入专门"。② 1905年9月,清廷再次颁布谕旨,强调各省派遣学生留学,应"讲求实学专科,以期致用,毋得避难就易,徒托空言……现在留学东洋已不乏人,著再多派学生,分赴欧美,俾宏造就"③。在清廷一再督促下,安徽派遣学生赴欧美留学也开始缓慢启动。

安徽学生赴欧美留学,可以追溯至清政府派遣的第一批中国留美幼童。第一批中有徽州府婺源县的詹天佑,第三批中有徽州府休宁县的吴敬荣和黟县的程大业,第四批中有凤阳府怀远县的黄祖莲。④ 19

① 中国人民大学清史研究所编:《清史编年》第12卷,第291页。
② 陈学恂等编:《中国近代教育史资料汇编·留学教育》,第26—27页。
③ 朱寿朋编:《光绪朝东华录》第4册,第5390页。
④ 陈学恂等编:《中国近代教育史资料汇编·留学教育》,第104—109页。

世纪末和 20 世纪初,陆续有一些皖籍学生以自费形式或在外省被派赴欧洲官费留学。例如,1908 年 1 月,安徽巡抚冯煦曾接到中国驻英公使李精方来电,称"留英皖籍学生刁承祖,今秋考入滑脱大学,专习矿务,约需五年毕业,在英学费颇形浩大,请查照学部定章改给官费"①。

1907 年 12 月,学部根据两江总督端方和湖广总督张之洞的建议,决定派遣安徽合肥人蒯光典赴英,任中国留欧学生监督。蒯光典在国内就积极倡导新学,1908 年赴英任职,在其驻地设中国留欧学生总学会,聘请外国人担任视学官,发放中国留欧学生情况调查表。② 蒯光典一直关注家乡近代教育的发展,曾被推为安徽教育会会长,任中国留欧学生监督时期及归国后,都积极支持和推动安徽学生赴欧留学。

1907 年,安徽省举行官派学生赴欧留学选拔考试,结果合格者众多。由于官府经费拮据,只能派送 6 名学生。此时安徽已设立铁路公司和矿务公司,不仅经费较为充裕,而且本身亦需要铁路、矿务专门人才,故安徽教育会曾向提学使沈曾植建议,由本省矿务局与铁路公司分担留学经费,"路矿款下各送十人"。沈曾植在与主持安徽矿务局事务的蒯光典协商之后,又将路矿分担的留欧学生减至 6 人。1908 年 3 月,沈曾植致电蒯光典和主持安徽铁路公司的孙传鼎,提出安徽拟派 12 名学生赴欧留学,"官库与路矿各任其半,岁约万金,款由米捐划垫"。然而,孙传鼎对动用路款送学生赴欧留学并不支持,借口拟与福建、江西在上海筹建铁路学堂,次年亦派学生出洋,无余款拨付,又称蒯光典与沈曾植议定的"路矿各半之议,又无斤纸知照在先,仓猝尤难照遵"。随后,安徽教育总会致电孙传鼎,恳求"请如原议,路矿分任其费",并说,"岁只万金,将来裨益甚大,中丞方伯已经电商,学界均翘盼此举"。尽管如此,孙传鼎在回复教

---

① 《咨请改给留英学生官费》,见 1908 年 1 月 19 日《申报》,第 2 张第 4 版。

② 刘集林:《20 世纪初晚清留欧教育的特点与存在问题探讨》,见李喜所主编《留学生与中外文化》,天津南开大学出版社 2005 年版,第 246 页。

育总会的电报中仍表示，"去年原议，本不预知，路款奇绌，业将为难"①，拒绝如数承担留学费用。1908 年 5 月，即将赴欧任中国留学生监督的蒯光典致函安徽巡抚，称：考录赴欧留学安徽学生，"正取 6 名，副取 6 名。其正取 6 名，已拟由官筹费咨送；副取 6 名，仍由路矿两局各半动拨。惟路局应行分认学费，未经议定照汇，而副取 6 名又已到沪。若按路矿已认学费，先行分送学生 3 名前往，殊未便分别去留，且路矿事同一律，此事办法未便歧异，除俟路局认定学费，再行会同申请咨送外，所有矿局应行分担学费各学生，未能随同官费学生一律放洋"②。最终，因路矿拨付留学款不足，副取的安徽留欧学生只得"减送 3 人"③。

1908 年之后，安徽赴欧留学人数进一步增加。据 1910 年驻英留学生监督高逸的统计，这一年在英国各大学就读的中国官费留学生已达 124 人，其中 81 人习理工科，12 人习商科，9 人习医科，7 人习军事，6 人习法科，5 人习文科，3 人习农科，1 人习教育。在这批学生中，来自安徽的官费留学生为 13 人，人数为第四位，仅次于江苏、山西和浙江。④

20 世纪初期，安徽学生亦开始赴美留学。1903 年春，维新派领袖梁启超曾赴美国，前后游历 9 个月，归国后撰写《新大陆游记》，曾提及收到留美中国学生会会员名单中有皖籍学生 8 人。其中居住在美国遏沙加有 3 人，为桐城人故永其、无为人黄子静和他的夫人；居住在华盛顿的有 5 人，为来自寿州的孙多钰、孙元芳、孙季芳、孙裕芳和孙震芳。⑤ 这表明，至少在 1903 年春，已有多名皖籍学生在美国留学。1908 年，又有来自休宁的周学浩自费在美留学，并考入耶鲁大学。之后他请求转为官费，并获得安徽提学司批准。⑥

① 《商量增加留学额数汇电》，见 1908 年 4 月 7 日《申报》，第 2 张第 3 版。
② 《蒯道光典申皖抚文》，见 1908 年 5 月 9 日《申报》，第 1 张第 4 版。
③ 冯煦主修：《皖政辑要》学科卷五四《游学》，第 544 页。
④ 刘晓琴：《北洋时期留英学生述论》，李喜所主编《留学生与中外文化》，第 261—262 页。
⑤ 梁启超：《新大陆游记及其他》，见钟叔河主编《走向世界丛书》第 10 辑，岳麓书社 1985 年版，第 564—565 页。
⑥ 《留美学生准给官费》，见 1908 年 5 月 30 日《申报》，第 2 张第 3 版。

　　早期安徽赴美留学学生多为官宦子弟，例如皖籍留美学生孙多钰、孙元芳、孙季芳、孙裕芳和孙震芳均为晚清重臣孙家鼐的族人。1908年，美国决定退还部分庚子赔款，用以资助中国学生赴美留学，从而使平民子弟也有机会留学美国。1909年9月，清政府举行第一次庚子赔款赴美留学考试，录取47名，其中有安徽黟县人金邦正。同年10月12日，金邦正和其他46名留学生一起前往美国，后入美国康奈尔大学学习农科。1910年8月，举行第二次庚子赔款赴美留学考试，录取70名，其中包括3名安徽学生，分别为毕业于江南高等学堂的合肥人殷源之、毕业于中国新公学的绩溪人胡适和毕业于安徽高等学堂的合肥人李锡之。殷源之和李锡之赴美学习机械，胡适则学习政治和哲学。1911年8月，举行第三次庚子赔款赴美留学考试，录取63名，其中包括安徽学生黄宗发和梅光迪。之后，黄宗发进入哥伦比亚大学学习财政商业，梅光迪则进入哈佛大学学习文学。[①]

　　皖清安徽学生赴欧美留学，尽管其规模和人数均远不及赴日留学，但是在这批留学生中却涌现了一批在中国近代教育界、科学界和思想文化界产生巨大影响的学者，包括教育家、哲学家胡适和中国近代化学的奠基人丁绪贤。根据1918年国立北京大学教员登记表统计，有20位教员曾在晚清时留学英国，其中就有4名为皖籍教员，他们分别是英国帝国大学工程学院毕业的王星拱、格拉斯哥皇家专门工校毕业的程振钧、伦敦大学化学系毕业的丁绪贤和曼彻斯特维多利亚大学应用化学系毕业的郭世绾。[②] 这表明，安徽留欧、留美学生不仅在本省教育近代化的进程中扮演关键角色，同样也在推动全国教育近代化的进程中起着不可替代的重要作用。

---

　　① 陈学恂等编：《中国近代教育史资料汇编·留学教育》，第197页、201页。

　　② 《民国七年国立北京大学职员履历表》，转引自刘晓侵《中国近代留英教育史》，天津南开大学出版社2005年版，第286—287页。

第五节　近代报刊和图书馆事业的开创

一、近代报刊业的兴起

在《中英烟台条约》签订后，西方资本主义开始侵入安徽内地，商品经济亦开始缓慢发展，安徽开始出现芜湖、安庆、大通、合肥等一批人口相对密集、经济较为繁荣的中心城镇。这些城镇多为通商口岸和航运口岸，或为商品集散地，一些欧美商人来到这里建立航运码头、开设贸易公司，西方传教士更是接踵而至，建立教堂、学校、医院和慈善机构，从而使这些城镇成为全省最为开放、思想最为活跃、接受新事物最为迅速的地区。随着近代邮政业和电报业的兴起，这些城镇亦是联络全国和辐射全省的信息中心。早在 19 世纪七八十年代，安庆、芜湖等城镇就出现所谓专业访事人，定期向《申报》等具有全国影响的大报报道当地或安徽其他地区发生的重大事件或新闻。这一切的发展，都为近代报刊业在当地的崛起创造了条件。

安徽第一批近代报刊的诞生，首先与清末民族危机不断加剧，社会变革思潮持续涌动有着直接的关系。甲午战争失败后不久，中国兴起主张全面学习西方，彻底改造国家的维新变法运动。1896 年 8 月，在维新变法运动的高潮中，维新派在上海创办《时务报》，之后又创办《农学报》《商务报》等一批报刊。这些报刊以宣传维新变法、救亡图存为宗旨，传播近代西方科学知识与生产技术，主张发展资本主义经济，积极引导民间舆论，在中国社会各界产生强烈反响，并为一些地方支持维新变法的知识分子提供了效仿的榜样。

值得注意的是，在维新变法运动初期，这些报刊及其办报方针曾得到一些地方督抚大员的支持。时任两江总督的刘坤一称："《时务报》合数十国之政教，及亿万人之智能汇集成编。"他并下令江宁、安

徽、苏州和江西四省布政司均须订购《时务报》、《农学报》分发士绅。①时任安徽巡抚的邓华熙更是予以积极支持，称："现中国关系时势之人，于上海创立《时务报》、《商务报》，修辞有要，陈义甚高，并从各国报中，译登一切新事，慎选博记，皆关中外机宜，足以濬发灵明，考镜得失。"他命令省支应局订购《时务报》，分发各州县书院。②刘坤一和邓华熙对维新派《时务报》等报刊的支持，也为维新派知识分子在安徽创办报纸扫清了障碍。

1898 年夏，在戊戌变法运动进入高潮的时候，安徽的一些维新人士集资在芜湖创办《皖报》。《皖报》为日报，"日出一张"，创办之初，即从维新运动的发祥地湖南省的《湘报》聘来主笔，③故其办报宗旨和报纸风格多受《湘报》影响。《皖报》在章程中规定其办报宗旨为，"开风气，拓见闻，联官民，达中外"；强调要"详究泰西近政新学，期与补于施行"。该报除传播时事、政治新闻与评论外，还以传播知识为主并提供娱乐和生活服务，其版面包括："前弁论说，次录电旨，次录公牍，次录本省新闻及外埠新闻，次录各国新闻及翻译泰西各报，另纸附等告白"，基本具备近代报纸的各项要素。作为一份安徽地方报纸，《皖报》具有鲜明的地方特色，除刊登本省新闻之外，还登载"本省各衙门告示、批牍、晓谕各局章程"，并招募访事人分布全省各地，"探访中西官场新政、交涉事件，以及商务畅塞、工作良窳、特产优劣情形，随时登报"④。《皖报》的问世，标志着安徽近代报刊业的创立。

然而，《皖报》创刊不久，戊戌维新运动即宣告失败，以慈禧太后为首的保守势力不仅重新控制了这份报纸，而且完全掌控着中国的思想文化界，维新派创办的报刊或被迫停办，或彻底改换办报宗旨，从而失去自己的特色和影响。可能是由于这个缘故，故今天我们除了《皖报馆章程》和《皖报馆招股章程》之外，已很难寻觅《皖报》的其他活动

① 刘坤一：《江督刘檄江宁、安徽、苏州、江西布政司饬属购〈时务报〉、〈农务报〉分给士绅札》，见《时务报》第 42 期。

② 邓华熙：《皖抚邓饬支应局购〈时务报〉分发各州县书院札》，见《时务报》第 37 期。

③ 安徽省地方志编纂委员会编：《安徽省志·新闻志》，方志出版社 1999 年版，第 3 页。

④ 《皖报馆章程》，见《安徽通志采访稿》（安庆图书馆收藏），转引自安徽省地方志编纂委员会编《安徽省志·新闻志》，第 3 页。

踪迹。

在《皖报》问世的数年之后，一份更具影响力和战斗力的报刊在安庆创刊，这就是怀宁人陈独秀与房秩五、吴守一共同创办的《安徽俗话报》。① 这份报刊为半月刊，自 1904 年 3 月创刊，至 1905 年停刊，每逢农历每月初一和十五日出版，32 开本，每期 40 页左右。《安徽俗话报》第 1 期刊登《开办安徽俗话报的缘故》一文，陈述其办报宗旨为"通达学问，明白时事"，确定该报特点有三，"一是门类分得多，各项人看着都有益处；二是做报的人都是安徽人，所说的话，大家可以懂得；三是价钱便宜，穷人可以买得起"；并将所载文章分十三大类：论说、要紧的新闻、本省的新闻、历史、地理、教育、实业、小说、诗词、闲谈、行情、要件和来文。②

《安徽俗话报》的最大特色是宣扬爱国主义和民族主义。《安徽俗话报》创办之际，中国刚刚经历八国联军侵华战争战败，被迫签署《辛丑条约》，又值日本与俄罗斯为争夺中国东北地区，在中国的土地上进行战争，中华民族面临着生死存亡的严重危机。《安徽俗话报》第 1 期论说就是陈独秀撰写的论说《瓜分中国》，他警告国人，中国正面临被列强亡国的危险，"我们中国人，又要做洋人的百姓了"③。之后，《安徽俗话报》还以七期连载陈独秀的论说《亡国篇》，列举道光以来列强不断夺取中国领土、在华强占各自势力范围，包括审判权、国防权、收税权、航路权、设官权、货币权的国家主权早已丧失殆尽，国家名存实亡。④ 第 10 期刊登的诗词《叹十声，仿烟花调》，称"中国事，好不伤心。四万万，大国民，将为奴隶。二万万，膏腴地，不久属他人"⑤。

面临亡国危机，《安徽俗话报》认为当务之急是培养民众的国家意识，培育人民的民族主义和爱国主义精神。陈独秀在《瓜分中国》一文中曾提出"大家赶紧振作起来，有钱的出钱，无钱的出力，或是办

① 王泽华、许祖港：《〈安徽俗话报〉评述》，见《安徽史学》1985 年第 5 期，第 31 页。
② 《开办安徽俗话报的缘故》，见《安徽俗话报》第 1 期，第 3—7 页。
③ 《瓜分中国》，见《安徽俗话报》第 1 期，第 9—12 页。
④ 《亡国篇》，见《安徽俗话报》第 8、9、10、13、15、17 和 19 期"论说"栏。
⑤ 《叹十声，仿烟花调》，见《安徽俗话报》第 10 期，第 27 页。

团练,或是练兵,或是开学堂……我们中国地大人众,大家要肯齐心竭力办起事来,马上就能国富兵强,那能还有怕外洋人欺负的道理呢?"① 第4期发表《论爱国》,强调"国家乃是全国人的大家","人人有应当尽力于大家的义务"。② 第14期刊登论说《说爱国》,也提出"中国这个国是个个都有份的",呼吁民众要"平日晓得爱国的道理,有事便能为国出力"。③《安徽俗话报》创刊不久,美国国会通过新的排华法案,对来美华人进行更严格的限制,招致中国人民的强烈反对,全国各地相继爆发抵制美货运动。《安徽俗话报》随即刊登长篇文章,声称美国制定的排华法案不仅欺负在美华工,并使全体中国人都受害,并详细列举在华销售的各种美国商品的名称,呼吁民众针对上述美货进行抵制。④《安徽俗话报》还密切关注西方势力在安徽的侵略活动。陈独秀在第2期发表论说《论安徽的矿务》,强调安徽的矿山"是关系全省人子子孙孙的事",但正面临着英国的掠夺和侵占,抨击前任巡抚聂缉椝擅自将安徽"矿权送给洋人",鼓动人民立即进行抵制,称现在"第一件要紧的事",就是"不让洋人开采"。⑤

值得注意的是,《安徽俗话报》深受西方近代资产阶级启蒙思想影响,积极宣传民主、共和的革命思想,批判封建专制主义。例如,在最后出版的第21期和22期合刊号上刊登来文《奉劝大家要晓得国民的权利和义务》,宣扬人民是国家的根基,在国家中应有政治参与权,享有"完全应得的权利",并歌颂俄罗斯发生的反对沙皇专制的1905年革命,指出:"俄民都有参与政治的权柄了,单剩得中国还守着专制政治,国民永远不得出头,把全国人的性命财产都交给皇帝长官,听他怎样摆布",隐喻国人也应仿效俄罗斯民众,举行推翻清朝专制统治的革命,才能获得政治参与权。⑥

批判旧习俗和封建道德是《安徽俗话报》又一特色。第3、第4、第

---

① 《瓜分中国》,见《安徽俗话报》第1期,第9—12页。
② 《论爱家》,见《安徽俗话报》第5期,第1—4页。
③ 《说爱国》,见《安徽俗话报》第14期,第1—4页。
④ 《奉劝中国的众同胞不买美国的货物》,见《安徽俗话报》第21、22期合刊,"要件",第1—24页。
⑤ 《论安徽的矿务》,见《安徽俗话报》第2期,第1—6页。
⑥ 《奉劝大家要晓得国民的权利和义务》,见《安徽俗话报》第21—22期,"来文",第1—4页。

6 期论说栏刊登陈独秀撰写的《恶俗篇》，批判称童养媳制度是"最可恨可杀可怜可哭的坏风俗"①，斥责"男人死了，女人便要守寡"则是"更为可恶的很"的坏风俗。② 第 3 期还刊登桐城潘女士的《恨小脚歌》，列举缠脚旧习俗给女子带来的十大苦难，鼓吹应禁止女性缠脚，提倡女子教育，才能强种强国。③ 第 18 和第 19 期，《安徽俗话报》刊登论说《恶俗篇——论风水的迷信》，宣传科学知识，破除风水迷信。

安徽地方色彩亦是《安徽俗话报》一大特色。《安徽俗话报》设有"本省的新闻"专栏，刊登安徽近期发生的重大事件，多为西方国家试图掠夺安徽矿产资源，各地近代工业、矿业、铁路的兴起及新式学堂和留学事业的发展。第 12、第 13、第 16 期和第 17 期，连续刊登长篇文章《安徽地理说略》，系统介绍安徽全省各地的山川地理和物产风俗。第 17 和第 18 期发表安徽调查会提供的《安徽全省物产表》，详尽介绍全省各地的各类农副产品。第 16 和第 17 期，还刊登《近代安徽的学案》，介绍安徽的历史文化。

《安徽俗话报》创刊之际，即以本省民众为主要对象，但初期发行量很少，代卖处仅 11 处，其中安徽 7 处，包括安庆 4 处，桐城、寿州、池州各 1 处。④ 之后其发行量迅速增加，到其最后一期时，已以芜湖长街科学图书社为其总发行代理，其地方代卖处已增至 59 处，其中安徽有 42 处，包括安庆 8 处，屯溪、合肥、六安、桐城、正阳关、寿州各 2 处，潜山、徽州、休宁、婺源、绩溪、宁国府、太平府、青阳、芜湖、庐江、舒城、巢县、无为、凤阳、枞阳、蒙城、五河、滁州、定远、三河镇、贵池、怀远各 1 处，几乎遍及全省各地。⑤ 在创刊半年后，其发行量已从 1000 份增至 3000 份。⑥ 作为一家成立不久的地方性报刊取得这样的成绩是令人惊奇的，要知道，即是当时国内最具影响的中文报刊《申报》，在其创刊时的发行量也不过 600 份，直到 1905 年时，它的发行量也没有达到

① 《恶俗篇》，见《安徽俗话报》第 3 期，第 3 页。
② 《恶俗篇》，见《安徽俗话报》第 6 期，第 4 页。
③ 《恨小脚歌》，见《安徽俗话报》第 3 期，第 25—27 页。
④ 《本报代卖处》，见《安徽俗话报》第 2 期封底。
⑤ 《本报代派处》，见《安徽俗话报》第 21—22 合期封底。
⑥ 《本社广告》，见《安徽俗话报》第 12 期封 3。

1 万份。①

《安徽俗话报》对于开启民智和宣传革命起到了重要作用，在知识分子和青年学生中产生积极影响，具有思想启蒙的意义。然而，由于某种原因，1905 年 9 月，《安徽俗话报》在发行 22 期（第 21 期与 22 期合刊）后停办。

清王朝灭亡前夕出版的《安徽白话报》也是一份宣传革命思想的重要报刊。1908 年 10 月 5 日，《安徽白话报》在上海创刊，对象主要是安徽青年学生和知识界人士，社址在上海马律师路马德里弄，旬刊，32 开，每期约 30 页，主持人有李燮枢、王钟祺、李铎等，其办报宗旨为"开通风气，使人人得有不同普通之知识"②。该报设有演说、要闻、科学、小说、新戏、时评、宫门抄、上谕、十日大事记、词林、杂俎、译录等栏目，并附插图。《安徽白话报》同样具有强烈的反帝反封建色彩，它在《演说》栏目中攻击象征清王朝专制统治的辫子为猪尾巴；刊登《论安徽各州县警察腐败之原因》、《州县官十大快》等文章，斥责地方官吏的腐败和贪婪。③

1908 年，安徽民众要求从英商凯约翰手中收回铜官山矿权的运动进入高潮，《安徽白话报》亦积极参与这一运动。1908 年 10 月，《安徽白话报》发表《安徽人哭安徽人》一文，斥责英国对安徽矿产资源的掠夺，呼吁全省人民奋起抵制英国。随后，英国驻芜湖领事致函安徽巡抚朱家宝，称《安徽白话报》"诋毁英人，耸听排外，应由官府严行禁止……将该主笔提案惩办，严禁再发，以敦睦谊，而固邦交"④。然而，朱家宝一直采取拖延策略，迟迟未对《安徽白话报》采取查封措施。两个月后，即 1909 年 1 月初英国领事再次致函朱家宝，敦促安徽官府迅速查封该报馆。随后朱家宝回复英国领事，称已经委派"巡警道查明该报馆"，但仍表示要查封该报馆。⑤ 其实，《安徽白话报》报馆已于

---

① 刘家林：《中国新闻通史》，武汉大学出版社 1995 年版，第 69—70 页。
② 方汉奇主编：《中国新闻事业编年史》上册，福建人民出版社 1998 年版，第 487 页。
③ 安徽省地方志编纂委员会编：《安徽省志·新闻志》，第 5 页。
④ 方汉奇主编：《中国新闻事业编年史》上册，第 503—504 页。
⑤ 《安徽白话报之交涉》，见 1909 年 1 月 4 日《申报》，第 2 张第 3 版。

1908 年 12 月 5 日遭遇火灾而停刊,直到 1909 年 8 月才复刊。①

辛亥革命时期,革命派在各地相继创办了一些激烈宣传革命、鼓吹推翻清统治的报刊,其中具有代表性的是《安庆日报》。1911 年 10 月 10 日,革命党人发动武昌起义,宣告辛亥革命的开始。10 月 30 日,安徽的革命党人在安庆城发动起义,控制全城。11 月 8 日,巡抚朱家宝被迫宣告安徽独立。当日,革命党人主办的《安庆日报》正式创刊发行。"总经理为李公采(寀),总编辑夏印农,编辑有鲍际唐、焦龙元等。日报对开 8 版,日出连两大张"。与此同时,合肥的革命党人也在合肥创办了自己的报纸《安徽日报》。②

晚清安徽官府也开始注意报纸的舆论引导作用,创办了官方报纸,发布官方消息,并试图控制民众的思想。早在 19 世纪 80 年代初期,安徽官府就在上海的《申报》上刊登《皖垣官报》专栏,主要报道地方官吏任免等官方消息。③ 之后,《申报》这一栏目又更名为《安徽官报》、《皖省官报》等名称。1902 年 6 月,由安徽官府主办的《阁钞汇编》已见出版;1904 年 9 月 10 日,该报改为日刊。该报为第一家在安徽本土编印和发行的报刊,报馆设于安庆藏书楼,由安徽正谊书局刊印。清代有由军机处逐日将谕旨、奏折等文件抄发各衙门之制度。晚清北京出现一些民营报房,将上述文件汇集出售,称之《京报》,发行全国。皖省的《阁钞汇编》主要是汇编《京报》里刊登的内阁发钞的文件,其内容又分宫门钞、上谕、奏折三部分。1905 年 4 月,安徽抚署在安庆创办《安徽官报》,"内容及栏目有:上谕、宫门抄、奏议、政治、外交、杂俎等"④。《申报》报道该报创刊和发行的消息,称"皖省官报系官书局董大令与课吏馆杨道禀办,月出六本,价洋一元,逢一、五日出版,业于三月朔将一号印成发出,已出至第三号,分派各属代销矣。⑤《安徽官报》亦由安庆正谊书局刊印和发行"。⑥ 1907 年《安徽官报》

---

① 方汉奇主编:《中国新闻事业编年史》上册,第 487 页。
② 安徽省地方志编纂委员会编:《安徽省志·新闻志》,第 7 页。
③ 《皖垣官报》,见 1883 年 1 月 8 日《申报》。
④ 安徽省地方志编纂委员会编:《安徽省志·新闻志》,第 3 页,第 5 页。
⑤ 《官报出版》,见 1904 年 4 月 23 日《申报》,第 17 版。
⑥ 《各省报界汇志》,见《东方杂志》第 2 年第 4 期,"教育",第 94 页。

曾因故停刊一段时期。1908年初，经巡抚冯煦批准，《安徽官报》又恢复刊行。① 1911年10月辛亥革命爆发，清王朝灭亡，《安徽官报》遂最终宣告停刊。

随着安徽近代资本主义工商业的发展，安徽还出现一些经济类的报刊。1905年10月出版的《东方杂志》报道，浙江商人吴少斋在芜湖城中的浙江会馆创办《商务日报》，②聘请江苏江都人樊遁园任主笔，江苏丹徒人张舟斧为编辑。出版不到一年停刊。1909年9月23日，《安徽实业报》在安庆创刊，旬刊，每月逢十出版，设有"论说、谕旨、宫门抄、实业新闻、实业专论等栏目"，主要报道本省和全国重要经济新闻，介绍实业知识、实业理论，旨在推动本省工商业经济的发展，为安庆第一家经济类报刊。③

近代安徽报刊也直接影响着人们，尤其是城镇居民的日常文化生活。安徽出现了一些具有休闲文化特色的近代报刊，1906年在芜湖创办的《风月谭》就是这样的报纸。该报由合肥人焦二凤、芜湖人齐月溪和《申报》驻芜湖访事人太平人谭明卿共同集资创办，并由三人姓名取一字为报名。《风月谭》的主要内容就是"评花谈戏，风流韵事"，供市民阶层消闲的，④在城镇中颇受官绅阶层的欢迎。

近代报刊的诞生，对近代安徽社会的发展起到了积极的推动作用。一批安徽的知识分子从这些报刊中获取大量的知识和信息，对外部世界的迅速发展有了初步的了解和认识。他们从报上获悉列强不仅野蛮侵占中国的边疆领土，而且也在本省疯狂掠夺路矿资源，甚至试图通过控制铁路和矿山来掌握安徽的经济命脉；他们还认识到腐败的清政府根本无力维护中国的领土和主权的完整。他们开始产生近代国家和民族的意识，开始意识到只有动员民众起来推翻清王朝统治，彻底改造国家和社会，才能摆脱民族的危机。近代报刊的出现，不仅有助于近代资产阶级革命思想在安徽各地传播，而且还起着传播文

---

① 《各省报界汇志》，见《东方杂志》第5年第1期，"教育"，第44页。
② 《各省报界汇志》，见《东方杂志》第5年第1期，"教育"，第44页。
③ 安徽省地方志编纂委员会编：《安徽省志·新闻志》，第5页。
④ 安徽省地方志编纂委员会编：《安徽省志·新闻志》，第5页。

化、普及科学和改变社会习俗的作用。这一切，都有力地推动了近代安徽社会的政治变革和社会转型。

二、新型文化机构的创立与发展

晚清安徽新式教育的发展和新思想的传播，也推动了新型文化事业和机构的发展。清末，在芜湖、安庆、合肥等中心城镇，开始出现阅报处、印书局、藏书楼、图书馆、公园、体育场等近代新型文化机构。

尽管清末众多民办新式报刊开始出现，阅读报刊日益成为城镇民众阶层文化生活的重要组成部分。然而，对于大多数民众来说，订阅报刊仍然是一种他们难以承受的奢侈消费。以《安徽俗话报》为例，每本零售价为 50 文，全年定价为 1000 文，此外每本还需另加邮费洋 1 分。① 为此，一些知识分子开始在口岸城市和中心城镇集资创设阅报处，以方便普通民众免费阅读报刊。据《东方杂志》报道，1905 年夏，安庆人周皖溪通过集资和捐款的方式，"在东门外崇善堂内设一阅报处，选购日报及各种俚语报，备人取阅，并拟将有关本国重大问题由社员演讲，以开不识字者之智识"②。与此同时，合肥志士也在城中创办了阅报馆，"买了各种丛报日报，放在馆里给大家看，各种报刊却也不少"③。另外，此时巢县城内设有阅报馆，三河镇也有书报社。④ 1909 年，安庆士绅创设私塾改良会，"会中附设阅书报所，所购备关于教育教科之书报，入会塾师，各赠以领阅书报券，听其入内观览，藉资研究"⑤。

各地设立的书报社或阅报社，不仅进一步扩大了近代报刊的影响，开拓了安徽民众的知识和视野，同时还成为积极向民众宣传爱国思想和革命主张的重要场所。1905 年夏设立的安庆阅报社于星期日在社内组织政治演讲，涉及"有关国计重大问题"。当时因美国国会

① 《售报价目表》，见《安徽俗话报》第 1 期封 2。
② 《各省报界汇志》，见《东方杂志》第 2 年第 9 期，"教育"，第 250 页。
③ 《庐州书市的情形》，见《安徽俗话报》第 14 期，第 23 页。
④ 《本报代派处》，见《安徽俗话报》第 21—22 合期封底。
⑤ 《各省教育汇志》，见《东方杂志》第 5 年第 3 期，"教育"，第 89 页。

通过新的排华法案，全国各地先后掀起抵制美货的风潮，因此，安庆阅报社就组织社员就"美禁华工诸事"发表演说，"以振兴民志"。①

新式教育的创设和新文化的推广，也推动了新式图书的出版与发行。1903 年，芜湖的一些士绅集资创办科学图书社，该社以"输入内地文明"和"欲开民智教育为先"为其宗旨，联络在日本的安徽留学生，并派员专驻上海，负责采购"东京上海新出书籍、图书、标本、仪器、报章"，以在本省发行推销。② 1905 年夏，科学图书社对庐州府所辖的合肥、庐江、舒城、巢县、舒城和无为的书市进行调查，发现买书的人"合肥最多，庐州（应为'江'）舒城次之，巢县、无为的人顶少"，在合肥市场销售的图书包括历史、地理、政法、教育、教科、外国文、理财、小说、卫生、哲学、算学和杂书，半个月 944 部，其中销量较大的为教科书440 部、历史书 128 部、杂书 110 部、地理书 67 部。科学图书社的调查员认为，这与科举内容的改变和新式教育的出现有关系，因此，历史、地理和教科书比较畅销。③

新型图书市场的出现和初期繁荣，也推动和刺激了安徽近代出版印刷业的诞生和活跃。20 世纪初，安庆士绅已设正谊书局，承担图书出版与印刷业务，1905 年初，该局并承担"刊印安徽官报"的业务，并禀请抚宪札派各州县分销。④ 由于正谊书局经营"颇具成效"，吸引更多的民间资金投入出版印刷业。1907 年初，一些官绅在安庆又设立时敏印刷公司，与之竞争，但因资金短缺，不久即告破产。⑤ 1907 年夏，安徽商会总理宋德铭，联合安庆一批士绅，筹集资本，创设同文机器印刷局。⑥

清末除了民间资本积极参与出版印刷业，一些官员见其有利可图，也主张创设官方印刷局，以扩大官府财政收入。1909 年春，经安徽布政使沈曾植以"安徽印刷物件向由同文印书局代办，规模狭隘，多

---

① 《皖垣创设阅报社》，见 1905 年 7 月 12 日《申报》，第 9 版。
② 《科学图书社布告》，见《安徽俗话报》第 3 期，封 3。
③ 《庐州书市的情形》，见《安徽俗话报》第 14 期，第 23—26 页。
④ 《各省报界汇志》，见《东方杂志》第 2 年第 4 期，"教育"，第 94 页。
⑤ 《续办机器印书局》，见 1907 年 9 月 16 日《申报》，第 12 版。
⑥ 《禀请开设印书局》，见 1907 年 10 月 24 日《申报》，第 12 版。

称不便"为由,筹措官款,购入印刷机器,创设官纸印刷局,设于布政使衙门附近,接管官方文书及官报印刷业务。①

安徽的新式知识分子也积极编写和自费出版科普图书,以推动实业进步。1907年初,由士绅黄秉钧资助,宣城县求实小学堂刊印王慰时编辑的《蚕桑浅说》一书,发给乡民。该书"言栽桑饲蚕诸法,甚为简明,乡民易晓",故得到两江总督端方赞许,令"安徽提学司转饬该县,论发各乡研究,如法改良,并通饬各属一律仿办,以期实业振兴,教育普及"。② 1908年,蒙城县绅士邓愚山等编辑《普通教科报》,计划"每星期出报一册,每册分高等、初等两门",将教科书内容"一概编成歌诀,下用白话解释",以"开通风气,推广教育"。③

如果说知识分子编辑和出版科普读物及教科书通常可以得到官方的认可或支持的话,印刷和出版政治书籍可能就会冒极大风险。1904年,安庆城中发现公开宣扬革命思想的《革命军中马前卒》和《浙江潮》,立即引起官府的警觉,安徽巡抚诚勋当即"出四百里排单,通饬各属,一体查禁,以除反侧而正人心"④。1907年,两江师范学堂速成科卒业生凤阳人高士鼐,编纂《智兴》一书,批判儒家学说和传统文化,1908年底为巡警道所发现,称书"中有废三纲罪孔等篇,语近荒诞",随即向安徽巡抚冯煦报告。之后,冯煦转饬凤阳府严查此事,一旦查出"原著之书如实有舛谬之处,即行查拿究办"⑤。

20世纪初期,近代图书馆事业在安徽的城镇也开始出现。在壬寅学制实施之前,罗振玉发表《教育私议》一文,提出"谋教育之普及,必自扩国民之闻见始;而扩国民之闻见,则图书馆、博物馆为先务。宜于京师设大图书馆、博物馆各一所,各省会各州、县亦然……搜集中外古今书籍及关教育之物品,令国民得周览而增长知识"⑥。1902年,清政府制定壬寅学制,规定高等学堂应设"藏书楼、博物院",中学堂、小

---

① 《官纸印刷局之开设》,见1909年4月20日《申报》,第2张第4版。
② 《批奖刊印〈蚕桑浅说〉》,见1907年9月24日《申报》,第12版。
③ 《组织普通教科报》,见1908年8月24日《申报》,第2张第4版。
④ 《饬禁逆书》,见1904年6月11日《申报》,第2版。
⑤ 《禁止舛谬之书籍》,见1909年1月8日《申报》,第2张第4版。
⑥ 璩鑫圭、唐良炎编:《中国近代教育史资料汇编·学制演变》,157页。

学堂亦应设立图书室。① 同年，位于安徽高等学堂的藏书楼正式设立。1904 年初，癸卯学制取代壬寅学制，重申各级学堂均须设立图书馆或图书室，安徽各级新式学堂故相继配置图书馆或图书室，学校图书馆事业在安徽逐步普及。

1907 年，安徽巡抚冯煦上《奏采访皖省遗书以存国粹折》，提出采访皖省遗书以存国粹，兼备异日图书馆的建议，称"皖省襟带江淮，苞络潜霍，夙为人文渊薮；国朝右文，皖才尤盛。性理若宣城施闰章，婺源汪绂；考据若婺源江永，休宁戴震，歙金榜、凌廷堪，绩溪胡培翚，黟俞正燮，当涂徐文靖；词章若桐城方苞、姚鼐，泾朱存（左加王字）、包世臣；算术若宣城梅文鼎，暨其孙谷成，歙汪莱。或综贯遗经，或阐明绝学。凡所述作，固已彪炳"。主张"凡有关于政界、学界诸书及金石之已未著录者，先行汇集全编，旁求精搨；其孤行之本，手抄之书。则录其副以上其收藏之。慷慨出所菩捐书至多部，彝器碑版至多种者，则举其名以闻。所得既伙，臣再会藩学臬三司，遴其尤者进呈乙览，以备图书馆之用"②。这一建议对安徽的古籍收集与保护及近代图书馆事业的发展，均起到积极作用。

1909 年学部制定《颁发图书馆章程》，并拟定"行各省一律开办图书馆"计划。③ 在清政府的敦促和策划下，安徽省公共图书馆事业开始启动。

---

① 璩鑫圭、唐良炎编：《中国近代教育史资料汇编·学制演变》，第 267、278、289 页。

② 冯煦：《奏采访皖省遗书以存国粹折》，见 1907 年 12 月 5 日《申报》，第 2 张第 2 版。

③ 谢灼华主编：《中国图书和图书馆史》，武汉大学出版社 2005 年版，第 308 页。

第十四章

立宪运动与革命运动在安徽

19世纪末20世纪初,是中国社会急剧变动的时期。随着新式教育的产生和发展,逐步形成了一个新知识分子群体,经过他们的积极宣传,新思想得到了广泛的传播,安徽的社会结构与人们的思想观念都发生了显著的变化。一方面,部分激进的青年知识分子转变成为革命党人,暗中组织革命团体,发动反清武装起义,尤其是安徽革命党人开创的发动新军起义的革命方式,找到了推翻清王朝的正确途径。另一方面,一些开明的进步绅商为收回列强掠夺的路矿权益而展开斗争,并集结为立宪派,积极参与预备立宪活动,也在客观上推动了安徽社会的进步。

第一节　新知识分子群体的出现与新思想的传播

戊戌维新和清末新政的一项重要内容就是创办新式教育。而新式学校犹如社会变革的摇篮,哺育出一个新的知识分子群体。这些人又通过创办近代报刊广泛传播新社会思潮,特别是反清革命思想,从而为辛亥革命的爆发奠定了思想基础。

一、新知识分子群体的出现

戊戌变法以前,新式教育规模很小,人数极少,且带有明显的实用主义倾向。戊戌维新后,特别是进入 20 世纪以后,近代教育一度快速发展,中国社会很快出现了一个新的知识分子群体。

同样,在安徽也出现了一批新知识分子。1898 年,求是学堂第一批实际招收正课生 67 名、附课生 26 名。学制 3 年,开设中西各种课程。第一届学生毕业,"经巡抚王之春考验,取英文、法文学生十三名奏奖监生及八品翻译官,保升教习、官阶有差"。

1901 年,求是学堂改为安徽大学堂,"委藩、臬两司总办,饬各属选生申送,县各二名",共招收住校正额生 100 名,另以原求是学堂学生 120 名作为师范生,列为附课生名额。清政府厘定学堂章程后,安徽大学堂于 1904 年改为高等学堂,"并就府学东偏老敬敷书院旧址别建校舍,以冀规模完备"。1905 年春安徽高等学堂迁入新校址,学额扩充为 240 名,后又增至 300 名。按照当时的学制,高等学堂学生应由中学毕业生中挑选,但安徽高等学堂开办之初,本省尚无中学毕业生,只好"甄留在大学堂肄业各生及考选中国经史文学具有根底者入堂",学生原有文化程度很不一致,"故班次之编定,学科之教授,数经变更"。1906 年,严复受聘为安徽高等学堂监督,"比照各省高等学堂成案,改为高等预科,择其年龄较长或在堂已久或程度较深者别为一班,补习中学各科,期以一年毕业,又以本省师范学堂尚未开办,各属

需教才甚急,因于补习班添授教育诸学,以应师范之选,其预科学生则编为甲乙丙丁戊五班"。翌年,"复于预科中挑习师范一班,并添招预科六班,合前共为十班"。直至1909年,"始办本科一班,共十二人"。截至是年,除补习班已告结业外,另先后毕业两届师范生共104人、四届预科生共121人。①

随着清末新政时期办学热潮的兴起,各类学校数目成倍增长。其中以1906年成立于安庆的安徽法政学堂规模为最大,学生达500余人。

据统计:1903年安徽仅有学堂13所,1909年即增至723所,截至1912年安徽共有各类学堂1457所,在校学生52010人。② 此外还有教会学堂的学生及一批留学生。

这些留学生人数虽然不是很多,但接受西方思想影响却最深。特别是留日学生,大部分加入了革命团体,并曾积极从事革命活动。

出洋归来的留学生加上各学堂的毕业生、在校生,安徽社会形成了一个新的知识分子群体。这些人头脑灵敏、思想活跃,对中国社会的危机感受最深,最容易产生革命要求,很快成为安徽辛亥革命的核心和主导力量。

二、新思想的传播

发起一场大规模的革命运动,首先必须得到广大群众的真心拥护和支持。安徽的新知识分子群体在宣传、动员群众方面进行了不懈的努力,收到了显著的效果,并一度使安徽成为国内的革命中心之一。

安徽志士的宣传活动首推安庆藏书楼演说会。1902年春,会聚于省城安庆的青年知识分子何春台、陈独秀、潘赞化、葛温仲、张伯寅等,以安庆北门大拐角的藏书楼为阵地,宣传新思想。他们把藏书楼所存有关时政的书报特别是梁启超所办的《时务报》陈列出来,供人阅读,并组织人们开演说会,宣传革新主张,讨论救国方案。随后,何

---

① 冯煦主修:《皖政辑要》学科卷五一《专门》、《高等学堂》,黄山书社2005年版。
② 舒新城:《中国近代教育史资料》上册,人民教育出版社1981年版,第368页。

春台、张伯寅、房秩五、吴汝澄等又组织青年励志学社,每周在张伯寅家聚会,就大家关心的问题展开讨论,并定期进行军事训练,由张伯寅的弟弟张仲寅用英语喊口令。

清朝两江总督闻讯后,电令安徽清军统领韩大武逮捕何春台等。幸好吴汝澄时为韩的文案,事先看到电报,连夜通知房秩五,"嘱社友逃避,并将名籍匿藏大石臼下"。次晨,"侦骑四出,按名索骥,竟无所获"。

安庆藏书楼演说会表达了安徽新知识分子群体建立自己的组织、参与国家大事的愿望。有人认为:"藏书楼演说虽昙花一现,然实为安庆革命第一声。安庆为革命枢纽者,亦基于是也。"①

次年,拒俄运动亦曾在安徽引起极大的反响。沙俄于义和团运动期间乘机出兵中国东北,并企图长期霸占。中国人民掀起了声势浩大的拒俄运动。1903 年 5 月 17 日,陈独秀、潘晋华、潘旋华、王国祯等于安庆藏书楼举行演说会,各学堂学生及民众冒雨前往参加者 300 余人。陈独秀等 20 余人在会上作了慷慨激昂的演说,剖析了亡国灭种的惨景,揭露了沙俄妄图吞并我国东北的阴谋,疾呼:"我政府若允此约,各国必执利益均沾之说瓜分我中国;若不许,则必与俄战。我国与俄战之仇固结不解,我国之人有一人不与俄死战皆非丈夫。"②号召人们"结成永久不散的团体,百折不挠的魄力,兴体育会,振起尚武的精神,编义队,预备与外人打仗"。倡议"即于今日合同人先结一大会,然后分途去办:一、开演说以唤吾皖之梦;二、习体操以强吾人之身体;三、设报馆以通各国之声气。无事可立自治之规模,有事可与外人抵抗"。并"与各省通声气,相连络,以御外侮,以保主权"。随即由陈独秀当场发起,决定成立安徽爱国会组织,"拟与上海爱国学社通成一气,并联络东南各省志士,创一国民同盟会,庶南方可望独立,不受异族之侵凌"。演说时,"杂以革命流血诸说,痛诋官场及教习","词情慷慨,满座欷歔",博得听众赞同。当场签名入会者 126 人,公推陈独

---

① 佚名:《吴樾、徐锡麟、熊成基革命事略》附《安庆藏书楼革命演说会》(抄本)。

② 杨天石、王学庄编:《中华民国史资料丛稿·拒俄运动》,中国社会科学出版社 1979 年版,第 164、166 页。

秀等 7 人起草组织章程,并准备创办《爱国新报》。

安徽青年学生的爱国运动遭到了地方官府的镇压。安庆知府桂英派差役拘捕学生,强行解散安徽爱国会,并亲至藏书楼宣布禁令。安徽巡抚聂缉椝下令缉捕陈独秀。各学堂爱国学生亦受到校方的压迫,为首者或被开除,或被迫退学。

安徽拒俄运动在封建统治阶级镇压下很快夭折,但在传播爱国思想、激发革命热情方面却有显著的收效,从而拉开了安徽辛亥革命的帷幕。演说会后,各学堂学生"勃发忠义,走相告语。或拟公请皖抚电奏,或拟公电上达政府。数日之中,纷纷告假,多有不上课者"。并正式向校方提出"电阻俄约"、开设体操课等要求。安徽大学堂 40 余名学生约定,共同为被开除的同学鸣不平。封建官府的镇压,促使更多的人认识到,要改变中国在国际上的屈辱地位,首先必须推翻腐朽、媚外的清政府,于是纷纷投身于革命运动。

安徽志士宣传新思想的主要方式是创办报刊和兴办学堂。安庆拒俄演说会上议定创办《爱国新报》,陈独秀等草拟的安徽爱国会章程又将其列为"现办之事",终因官府镇压而未能问世,但他们并未放弃办报的努力。1904 年 3 月,陈独秀联络房秩五、吴守一等创办了《安徽俗话报》,该报在上海东大陆印书局印刷,由芜湖科学图书社负责发行。编辑部先设于安庆,随即迁至芜湖。同年春,湖南高等学堂历史教习安徽枞阳人李光炯与该校数学教习安徽无为人卢仲农共同在长沙创办安徽旅湘公学。秋冬间,该校亦迁至芜湖,易名安徽公学。《安徽俗话报》的创办人中,陈独秀曾在安徽公学任教,房秩五曾主持安徽公学师范班,二者具有十分密切的联系,在宣传新思想方面相得益彰,从而使芜湖一度成为"中江革命的策源地"①。

清末安徽近代报刊,最早当推 1898 年资产阶级维新派在芜湖创办的《皖报》及次年桐城人汪熔在芜湖创办的《白话报》。20 世纪初安徽的办报活动以安庆、芜湖为中心迅速兴起。1904—1911 年先后兴办的近代报刊约 13 家,具体情况见下表:

---

① 《李光炯先生事略》,转引自沈寂《辛亥革命时期的岳王会》,见《历史研究》1979 年第 10 期。

表 14 - 1 辛亥革命前安徽近代报刊一览表

报刊名称	报刊类别	创办人	创办时间	所在地
安徽俗话报	半月刊	陈独秀等	1904 年 3 月	安庆、芜湖
安徽官报	五日刊	安徽抚院	1905 年 4 月	安庆
鸠江日报	日报	王鹤天	1905 年	芜湖
商务日报	日报	吴少斋	1905 年	芜湖
风月谭	—	谭明卿等	1906 年	芜湖
安徽通俗公报	—	韩衍	1908 年 11 月	安庆
安徽白话报	旬刊	李燮枢	1908 年	—
安徽学务要志	月刊	安徽学务公所	1908 年 1 月	—
安徽实业报	—	—	1909 年 9 月	安庆
芜湖新报	—	谭明卿等	1909 年	芜湖
皖江日报	日报	陈子范	1910 年 12 月	芜湖
六安白话报	日报	—	1911 年 11 月	六安
安庆日报	日报	李公采	1911 年 11 月	安庆

《安徽俗话报》为半月刊,辟有论说、新闻、历史、地理等 10 多个栏目,其特色是"以口语式的文字,作革命的宣传内容……激发人心。……还揭露帝国主义列强掠夺安徽矿山土地的罪行"①。蔡元培先生曾赞扬它是"表面普及常识,暗中鼓吹革命的工作",其主要原因:

首先,《安徽俗话报》以大量的篇幅进行反帝爱国的宣传。陈独秀用"三爱"为笔名连续发表了《瓜分中国》、《亡国篇》等文章,谴责帝国主义列强在中国划分势力范围、企图瓜分中国,以及大肆掠夺中国路矿权益等强盗行径。指出由于帝国主义步步进逼,中国的主权丧失殆尽,已经名存实亡了,用以激发人们的爱国热情。该报还以《警告!扬子江之危机!! 安徽之致命伤!!!》为触目惊心的标题,较为详细地报道了英国人凯约翰先后设立华伦公司、安裕公司,攫取安徽铜官山等处矿权的过程。指出:"白色人种之灭人国也,表面以兵,里而以

① 《辛亥前安徽文教界的革命活动》,见《辛亥革命回忆录》(四),中华书局 1962 年版,第 380 页。

商"，以警醒国人。声称："湖南昔日之收回洞庭航路，近日之争执粤汉铁道，其事可师，其法可仿，是所望于全皖内外巨公者矣。"①鼓动绅商展开收回安徽矿权的斗争。

其次，《安徽俗话报》在字里行间无情地揭露了清朝统治阶级盗卖民族权益的无耻勾当。一篇题为《全省矿山被卖的细情》的文章，披露了安徽前任巡抚聂缉椝先将绩溪、铜陵、宁国、歙县、广德五处矿权让与英国人凯约翰，又将潜山、太湖、宿松、怀宁、泾县、繁昌六处矿权让给英国人伊德，再将庐江、凤阳、定远、寿州四处矿权让给巴西人锡尼都，在半年之内，将安徽全省矿产的精华全部拱手送给外国人，然后调任一走了之，对安徽人民犯下了不可饶恕的罪行。该报发表的诗歌，痛斥"官府个个黑良心"，"有兵不把国土保，有炮不把外国征，专打本国人"。指责清政府在义和团运动之后，"抽民膏血赔洋款，金银来把江山换"，并派兵残酷镇压抗捐百姓的丑行。这种种事实，必然使读者对腐败的官府痛恨不已，进而萌发反清革命的意识。

第三，《安徽俗话报》还大量刊登文章介绍天文、地理等方面的自然科学知识，用以打破长期禁锢人们思想的封建迷信观念。尽管该报首先着力于破除神佛、鬼怪、魂魄、风水等世俗迷信，但是人们一旦抛弃了这些世俗观念，就必将进一步戳穿"君权神授"一类的谎言，从而摆脱思想上的羁绊，无所畏惧地投身于反清革命的斗争之中。

另外，《安徽俗话报》文字极为浅显，易于为识字不多的社会下层民众所理解；该报的宣传由反帝爱国入手，逐步启发人们的民族意识和革命思想，容易为比较保守的广大民众所接受；该报的内容密切联系安徽现实，与安徽人民的切身利益相关，容易吸引他们的注意力，激起人们爱国爱乡的热情，引起共鸣，因此，它在广大民众中很有市场。

1905年秋，《安徽俗话报》被迫停刊，前后共出版了22期。但该报发行量在短期内由1000份猛增至3000份，说明它深受广大群众欢迎，收到了良好的宣传效果，推动了新思想在安徽的传播，对安徽辛亥

---

① 《安徽俗话报》，第8，9期。

革命产生了启蒙和鼓动的作用。

继《安徽俗话报》之后,安徽又先后出现了《鸠江日报》、《商务日报》、《安徽通俗公报》、《安徽白话报》、《芜湖新报》、《皖江日报》等近代报刊。除少数属于商业性质者外,大部分都与宣传革命有关。

其中,《安徽通俗公报》由韩衍于 1908 年创办于安庆,陈白虚、孙养癯、高超等任编辑。该报因声援铜陵人民驱逐铜官山矿英籍工程师麦奎的斗争,遭劣绅忌恨,被控告到官府,"谓路矿风潮皆由该报所挑动,应请立时将该报封闭,以息风潮"①。韩衍本人亦遭歹徒行刺,受五刀而未死。《皖江日报》1910 年创刊于芜湖,同盟会会员陈子范担任主笔,发表了不少宣传革命的文章。其诗句"可怜牛马无猜惯,槽枥相安二百年"、"已无净土容歌哭,只合浮槎犯斗牛"等在青年知识分子中传诵一时。②

安徽公学属于普通中学性质,后增设速成师范班,首批招生 50 余人,"以培养革命骨干,散播革命种子为教育主旨"。为了办好学校,推动革命事业的发展,李光炯等设法从全国聘请著名革命党人来校任教或讲学。先后在该校执教或任职的革命党人有陶成章、苏曼殊、刘师培、陈独秀、柏文蔚、张通典、谢无量、周震鳞、江彤侯、俞子夷、胡渭清等。"在学校内部,除由教师经常讲说革命道理外,并指导学生传阅革命书籍刊物",这不但加速了革命思想的传播,而且为安徽培养了一大批革命力量。安徽公学的学生刘文典、金维系、刘少熙、孙品骖、朱长城等后来都成为安徽辛亥革命的骨干分子。安徽公学与省内外的一些革命组织也发生过不同程度的关系。"芜湖地当水陆要冲,交通便利","革命党人经由芜湖往来大江南北的络绎不绝,安徽公学无形中成了他们通讯联络的中心"。许多著名革命党人荟萃于芜湖,积极进行革命宣传,使芜湖的革命气氛空前热烈,"成了当时中江流域革命运动的中心,也成了中江流域文化运动的总汇"。

继安徽公学之后,安徽志士纷纷在各地创办学校作为革命的宣传

---

① 1910 年 11 月 24 日,《民立报》。
② 《辛亥革命回忆录》(四),第 381 页。

机构。其中较有影响的如：邓绳侯、冯翰卿等在安庆创办尚志学堂，聘请岳王会负责人常恒芳任训导主任。同盟会会员孙毓筠在寿州（今寿县）创办蒙养学堂。李兰斋主持寿州芍西学堂，同盟会会员吴旸谷曾在该校任教。革命党人潘晋华在桐城创办崇实学堂。胡渭清在合肥开办城东小学堂。吴旸谷在合肥办模范小学和速成师范班，主持城西小学堂，等等。它们大多与安徽公学有密切联系，互相配合，声气相通。

除了创办报刊和学堂外，安徽志士还以其他方式进行革命宣传。例如：柏文蔚在安庆武备练军中大量散发《猛回头》、《革命军》、《警世钟》等进步书籍；韩衍在安庆组织读书会，经常"演讲亡明痛史、太平天国史以及明末清初黄黎洲、王船山、顾亭林诸遗老的学说和事迹，以启发听众的民族意识和革命思想"①，等等。新思想的广泛传播，一度使安徽革命形势蓬勃发展，形成了强大的革命声势。有人认为："当日言革命者，粤湘而外，首推皖省。"②安徽短期内一度成为国内仅次于上海、广东、湖南的革命中心之一。

新式学校和近代报刊犹如社会变革的摇篮，一方面，客观上成为新的知识分子群体宣传新思想的阵地；另一方面，不断地哺育出新人，壮大着新的知识分子群体。这些人头脑灵敏、思想活跃，对中国社会的危机感受最深，最容易产生革命要求，很快成为安徽资产阶级革命的核心和主导力量。

第二节　革命组织的出现及其革命活动

民众发动起来以后，必须建立相应的革命组织，把分散的群众力量集结起来，并引导广大民众围绕着共同的革命目标而奋斗。安徽志士在此方面做了大量工作，不仅建立了地区性的革命组织岳王会，而

---

① 《辛亥前安徽文教界的革命活动》，见《辛亥革命回忆录》（四），第382页。
② 孙传瑗：《安徽革命纪略》，见中国史学会主编《中国近代史资料丛刊·辛亥革命》（七），上海人民出版社1957年版，第182页。

且参与了全国性资产阶级革命政党同盟会的组建工作,在安徽建立了同盟会的分支机构。

一、岳王会

20世纪初年,安徽青年志士很早就认识到了结成团体的重要性。他们筹建革命组织的活动在时间和力度上都居于比较领先的地位,逐步取得了较为显著的成效。

1902年,陈独秀等即秘密组织了青年励志学社,每周在张伯寅家里聚会一次,交流读书心得,互相勉励,并经常进行军事体操训练,准备以身报国。未几,因遭到官府镇压而告解散。

翌年,在安庆拒俄演说会上,他们又发起成立了安徽爱国会,草拟了会章。该会宗旨:"因外患日亟,结合士群为一团体,发爱国之思想,振尚武之精神,使人人能执干戈卫社稷,以为恢复国权基础。"会员义务:"同人入社,当顾定目的,务尽责任。凡一应利国利民之事,皆量力之所及,徐图建设。"规定:"入社之人须由本社社员绍介,经同仁允准,方可书名为定。如有不守社规,于本社名誉有损者,即当众决议除名;宗旨不合自愿出社者亦听。"由会员投票选举"会计干事一人,经理出入账目;书记干事一人,经理通信纪事;体操干事一人,经理体育之事;报务干事一人,经理新闻各事";以上职员"每年改举一次"。正常情况下,每季度召开"寻常会议"一次,若有事事,可以随时召开"特别会议"。① 同时,还制定了相应的"规则"5条和"戒约"5条。可惜,该组织很快被安庆知府桂英强行解散。

1904年春,安庆武备学堂第一届学生毕业,安徽巡抚诚勋下令招募新军300余人,交武备学堂毕业生训练,名曰武备练军。当时规定,所募新军士兵"皆选身材合格,年少识字者充当,且多官绅子弟,如长江水师提督程炳文之子(程恩普)亦在其中"②。柏文蔚因上年参加拒俄运动被安徽大学堂开除,遂加入武备练军。同时加入的青年志士还

---

① 杨天石、王学庄编:《中华民国史资料丛稿·拒俄运动》,第173—174页。
② 《铁侍郎抽阅沿江各省营务、抚台、武备学堂折》,转引自沈寂《辛亥革命时期的岳王会》,《历史研究》1979年第10期。

有杨瑞龙、李孟洲、李幼卿、胡万泰、李乾玉、李士善、田次壎、余申甫、张石泉、孙孟乐、孙叔真、李德瑚、张树侯、刘松甫、王化崇、冷遹、倪映典、熊成基、龚维鑫等。柏文蔚在武备练军中建立同学会组织，"以最普通立名，而内容实研究革命反清之道。是时加入者，多淮上健者"①。该会发展会员并不限于同校同学，亦不问省籍，"藉以联络各方面革命同志"，"以是党徒日众，以黄花亭杨氏试馆为通信办事机关，以南庄岭西端密茂之松林中为集议之所。所有宣传品如《猛回头》、《革命军》、《警世钟》、《扬州十日记》、《嘉定屠城记》、《中国魂》等，每散布皆达万余份。而熊成基读《扬州十日记》时，乃至流泪不止"。后来张之屏联络太和会党首领郭其昌策动武装起义，因时机未成熟而流产，柏文蔚受到牵连，逃往南京，次年至芜湖任教于安徽公学，同学会的活动亦告终止。

上述组织存在的时间极为短暂，活动的范围十分狭小，在安徽辛亥革命的进程中并未发挥显著的作用，也谈不上有什么重要的影响。但它们的连续问世，反映了安徽志士建立革命组织以推动革命深入发展的迫切愿望。

1904 年秋冬间，李光炯与卢仲农等在长沙创办的安徽旅湘公学迁至芜湖并易名安徽公学后，很快成为革命党人汇聚的中心。翌年春夏之交，皖籍革命志士陈独秀、柏文蔚、常恒芳等认识到："排满革命，徒众宜多，主义虽定，宣传宜广"；随着革命形势的发展，必须建立大规模的革命组织，才能更好地发动民众，展开武装斗争，推翻清政府的腐朽统治。于是，他们"集学生之优秀者联络组织成立岳王会"②。"借岳飞的精忠报国抗击金人的精神，宣传革命。第一次在芜湖开会，烧香宣誓，极为秘密。订有反清章则，供会员遵守。"③

后来，亲身参与其事的柏文蔚回忆说：

---

① 柏文蔚：《柏烈武五十年大事记》，见安徽省政协文史资料委员会编《纪念柏文蔚先生》，第 8 页。

② 柏文蔚：《五十年经历》，见《近代史资料》1979 第 3 期，第 7,8 页。

③ 李则刚：《辛亥革命的前前后后》，见安徽省政协文史资料委员会编《安徽文史集萃丛书之一·辛亥风雷》，安徽人民出版社 1987 年，第 3 页。

安徽公学教职员、学生多富有革命思想,遂与陈独秀、常恒芳、宋少侠、杨端甫、盛汰颟等于芜湖又创办岳王会……于是省(指安庆)、芜之间,革命蓬勃之气传于外省,遍及内地矣。①

盖岳武穆抵抗辽、金,至死不变,吾人须继其志,尽力排满。……会员入会用江湖上宣誓方式,绝对秘密。后又在安庆成立分会,吸收对象主要是军人。而会员为了运动军队,投入新军当兵的也不少,后来形成一部分强有力的革命力量。②

常恒芳也回忆说:

柏烈武、陈独秀等发起组织"岳王会",意思是崇拜岳王精忠报国的精神。……当时参加组织的还有武备学堂的部分军人。整个组织大概只有三十多人。所订章则,主要内容不外为反清。我们将章则拟好以后,字句还夹杂许多不相干的话进去,使人家看不出,以防泄漏。第一次开会在芜湖,用烧香宣读誓约的形式,并在芜湖租了两间屋子,作为联络的据点。我们在通信的时候,都用假名字。③

同年,柏文蔚应赵声之邀赴南京任南洋新军第九镇三十三标第二营前队队官,组织了岳王会南京分部;常恒芳受邓绳侯之聘赴安庆任尚志学堂训导主任,建立了岳王会安庆分部。"岳王会总会仍设在芜湖,由陈独秀当会长",另由柏文蔚任南京分部长,常恒芳任安庆分部长。

在芜湖的岳王会总会,因陈独秀经常离开,会务开展不太正常,对

① 《柏烈武先生革命谈话》,陈紫枫笔记,见 1947 年蚌埠市各界追悼柏文蔚筹备会印的《柏委员烈武事略》附件。
② 柏文蔚:《五十年经历》,见《近代史资料》1979 第 3 期,第 8 页。
③ 常恒芳:《记安庆岳王会》,见《辛亥革命回忆录》(四),第 438 页。

安徽革命的推动作用不甚明显。1907年徐锡麟领导巡警学堂起义失败后,芜湖成为清朝官府所关注的重点,革命党人感到难以存身,相继离开,陈独秀也在此时东渡日本留学去了。岳王会总会因无人主持而渐归于无形解散。

1905年冬,吴旸谷从日本回国发展同盟会组织,路过南京时,柏文蔚领导的岳王会南京分部会员全体加入。

岳王会安庆分部成立后,很快即把主要精力用于争取新军。1905年安徽开始筹建新军,武备练军改组为新军六十二标第三营,俗称"老三营"。薛哲、倪映典、熊成基等先后前往南京,分别进入南洋陆师学堂和炮兵速成学堂深造;毕靖波、倪树屏、张汇滔、肖良璞、薛子祥、范传甲、张绳武、石德宽、石德鉴、郭星五、石汉卿等被编入了"老三营"。常恒芳到了安庆之后,经过几次接触,"感到他们革命情绪都很高",于是很快召集当时在安庆的二三十个岳王会会员,建立了岳王会安庆分部。为了广泛联系群众,发展革命力量,并保障岳王会组织的安全,常恒芳、范传甲、倪映典等又先后建立华族会、维新会、励学会、同心会作为岳王会的外围组织。

据邹鲁《范烈士传甲传》记载:

> 光绪三十年,皖省初创新军,乃纠合皖北英才之士,如张汇滔(张孟介)、张劲夫、石德宽等多人,投入其间。……其初次应征到皖之时,即与柏文蔚、常藩侯、袁子金、薛子祥等多人,组织岳王会、华族会,收罗天下英才,惟其名义太深,难以普遍,后立维新会。①

常恒芳也说:

> 我们又成立一个外围组织叫"维新会",其中像老三营的人,大概都在里面。岳王会起了领导的作用。

---

① 邹鲁:《范烈士传甲传》,见《中国国民党史稿》第4篇,中华书局1960年版,第1317页。

1906 年秋,安徽督练公所设立新军弁目训练所,学员按兵种分为步、马、炮、工、辎五个队,为了便于实施对新军的领导,常恒芳加入炮兵弁目训练所当学员。吴旸谷、袁子金也同时参加了弁目训练所。据常恒芳回忆:当时"每个队里都有我们的同志"①。

张树侯《淮上军纪略》称:

> 丙午秋,成立步、马、炮、工、辎五种弁目训练所,即以所招兵士分散五处。官长已先有薛哲、熊成基、倪映典等,其他之学界有徐清泰、常藩侯、徐士文等,共立励学会,潜相邀约,共济时艰。②

佚名的《吴樾、徐锡麟、熊成基革命事略》也谈到熊成基领导安庆马炮营起义之前,范传甲与薛哲等人曾成立同心会。③

岳王会安庆分部在争取新军方面做了大量工作。为了发展革命力量,"凡在新军之中稍有知识血性者,无不收入其间。亲与接纳,推食解衣,均有布衣昆季之欢。每宣布满人之残暴祸国,无不愤激涕零,同呼效死。新军两标余众,无不唯命是听"④。经过岳王会会员坚持不懈的努力,"新军中多数下级官佐和士兵都受到了他们的影响,倾向革命"⑤,从而为安庆马炮营起义奠定了基础。冯自由曾对岳王会安庆分部的工作予以高度赞扬,称为"安庆军界运动革命最先之组织"⑥。

安庆马炮营起义失败,大部分岳王会会员遭到镇压,侥幸逃脱者在白色恐怖之下只得流亡异地,或隐匿乡间,岳王会安庆分部亦告瓦解。

① 常恒芳:《记安庆岳王会》,见《辛亥革命回忆录》(四),第 439 页。
② 张树侯:《淮上军纪略》,抄本。
③ 沈寂:《辛亥革命时期的岳王会》,见《历史研究》1979 年第 10 期。
④ 邹鲁:《范烈士传甲传》,见《中国国民党史稿》第 4 篇,第 1317 页。
⑤ 杨士道:《熊成基安庆起义的回忆》,见安徽省政协文史资料委员会编《安徽文史集萃丛书之一·辛亥风雷》,第 98 页。
⑥ 冯自由:《革命逸史》第 5 集,中华书局 1981 年版,第 163 页。

二、同盟会在安徽的活动

在国外，早在 1900 年皖籍留日学生程家柽、金邦平就参加了励志会。该团体由中国留日学生创建于东京，"以联络情感策励志节为宗旨，对于国家别无政见"，尚不具备革命组织的性质。但该会成员有不少人是主张反清革命的，后渐分为激烈、稳健两派。1902 年冬，激烈派秦毓鎏、叶澜、程家柽等 20 余人发起成立青年会，"明白揭示以民族主义为宗旨，以破坏主义为目的"，是中国留日学生建立最早的革命团体。金邦平、陈独秀和安徽桐城人潘赞化都曾参加青年会。拒俄运动中，程家柽又与秦毓鎏、叶澜等发起成立军国民教育会，以"养成尚武精神，实行民族主义"为宗旨，并曾"决定进行方法三种，一曰鼓吹，二曰起义，三曰暗杀。更推举同志返国分省运动起义，名曰运动员"①。程家柽与黄兴、陈天华、苏曼殊等先后受命回国活动。

同盟会的成立也有安徽志士的一份功劳。1905 年春，留日学生田桐、白逾桓、但焘等"以同志日渐加多，意欲设立会党，以为革命之中坚"。他们征求程家柽的意见时，程提出："近得孙文自美洲来书，不久将游日本，孙文于革命名已大震……盍缓时日，以俟其来，以设会之名奉之孙文。②"孙中山由欧洲至日本，先抵横滨，"由程家柽传告，东京学生往来京滨之间者甚多"③。孙中山到达东京后，曾分批约见各地留日学生，商谈建党事宜，程家柽是双方的主要联系人。7 月 28 日，程家柽曾代孙中山函约宋教仁于当天下午至《二十世纪之支那》杂志社会谈。据田桐《革命闲话》记载，孙中山曾于 7 月 29 日事先邀约八九人在程家柽寓所商讨组织名称及入会誓约等事。7 月 30 日，孙中山在日本人内田良平的住宅内召集建党筹备会，到会者共 70 余人，皖人程家柽、吴旸谷、孙毓筠等参加，正式商定组织名称为中国同盟会，莅会者当场签名并填写了誓约。推举程家柽与黄兴、汪精卫等 8 人为起草

---

① 《革命逸史》初集，中华书局 1981 年版，第 98—99、102、111、112 页。

② 宋教仁：《程家柽革命大事略》，见安徽省政协文史资料委员会编《安徽文史集萃丛书之一·辛亥风雷》，第 159、160 页。

③ 冯自由：《革命逸史》第 6 集，中华书局 1981 年版，第 61 页。

员,负责起草组织章程。8 月 20 日,同盟会召开成立大会,讨论并通过了同盟会章程,推选出总理及各部负责人。程家柽被推为外务部负责人。孙毓筠先担任评议部评议员,后继任庶务部总干事。吴旸谷任安徽省分会长。首先加入同盟会的皖籍留日学生有吴春生、王天培、王善达、孙棨等。截至 1906 年夏,安徽志士加入同盟会者共 59 人,"居全国各省之第五位"①。

由上观之,安徽志士的革命活动与全国的革命形势是密切相关的。一方面,安徽志士积极参加同盟会等组织的创建和发展工作,对于全国革命作出了贡献;另一方面,全国革命形势的发展也使安徽的革命力量日益壮大,加速了安徽辛亥革命的进展。

皖北志士除投身于全省乃至全国范围的革命斗争外,还积极在家乡开展革命活动。

1905 年冬,吴旸谷从日本回国发展同盟会组织,先路过南京,与岳王会会员柏文蔚、倪映典、胡维栋、龚振鹏等联络,常恒芳后来回忆说:"从日本回来的吴旸谷将孙先生的主张、组织章程和书籍带回来啦! 从此以后,就干得更有劲了。"岳王会会员绝大多数接受了同盟会的纲领。未几,柏文蔚领导的岳王会南京分部会员宣布全体加入同盟会。柏文蔚回忆说:

> 是年秋,孙中山先生派吴旸谷来组织长江流域同盟会,余首先领导岳王会全体同志加入。其他如赵声、林之夏、冷遹、伍崇仁、孙麟、韩金声、林述庆、何遂、杨韵珂、倪映典等均以次加入,当即公推赵声为长江盟主,另设机关于鼓楼之东,并选定玄武湖之湖神庙为会议地点。由吴君呈报中山先生批准,特派员赍印信及委任状到宁,并送发会章,公布革命纲领为:"驱逐鞑虏,恢复中华,建立民国,平均地权"。从此以后,我们革命党人在孙中山先生领导下,集中意志,遵照会

---

① 蒋永敬:《最早加入同盟会的安徽先烈先进》,见安徽省政协文史资料委员会编《安徽文史集萃丛书之一·辛亥风雷》,第 152 页。

章,积极向前发展焉。继之则陆师学堂之陈绍濂、吴吉初,警察局之李玉斋、张侠琴,三江师范之汪菊友均相继加盟,而学生兵士闻风加入者千人以上,构成以后革命之良好基础。①

吴旸谷返回安徽后,又创立了同盟会江淮别部,名曰武毅会。随后于原籍合肥建立同盟会的分支机构,并倡议成立合肥学会作为同盟会的外围组织,"外表上虽然用的是'学会'名义,实际上则是组织群众、宣传革命运动的总枢纽"②。革命志士通过这个学会进行公开活动,取得了地方教育方面的重要位置。吴旸谷当上了城西学堂堂长,又办了一个模范小学堂和速成师范班,由殷羲樵担任模范小学堂堂长兼师范讲习所所长。此外,殷季樵任教育会会长,吴阳初任劝学所所长,许世钦任天王寺小学堂堂长,胡渭清任文昌宫小学堂堂长,沈气寒、范章甫等开办了城南小学堂。他们还组织了暑期学术研究所,以"联络各地有志于革命的青年学生",从而推动了合肥地区革命形势的发展。

次年,安徽阜阳人程恩普和寿州人张汇滔相继加入同盟会,"旋奉命返国,有所运动"。程恩普是由孙中山亲自主盟加入同盟会的。回国后在原籍阜阳"建立了由孙中山先生命名的'安仁会',为同盟会的外围组织",孙中山"亲授以图记,并为订规约"③。随后由吕益川设立益智书局,作为安仁会总机关。有志之士相率入会,阜阳地区的革命活动初步展开。

孙毓筠曾在寿州创办蒙养学堂,教员孙养癯、汤葆明等都加入了同盟会。后因倡导学生剪辫子,引起学生家长反对,被迫停办。大部分学生由孙养癯、汤葆明带到安庆,安插在尚志学堂学习,少数由孙毓筠带到南京设法安置。

张汇滔回到寿州后,联络管曙东、张维屏等革命志士建立了信义

① 柏文蔚:《五十年经历》,见《近代史资料》1979 年第 3 期,第 9 页。

② 龚噓云:《辛亥前后合肥的革命活动与军政分府的成立》,见《辛亥革命回忆录》(四),第 412、415 页。

③ 《阜阳县志续编》卷一〇。

会,并"极力扩张会务,以为皖北革命基础"。该会采用同盟会的入会誓词,实际上是同盟会的分支机构。当时,寿州城北四顶山有座古庙,每逢农历三月十五日为香会之期,届时香客云集,城防松懈。1908 年春,张汇滔等计划乘香会之际发动起义。但因事先风声泄露,清朝官员有了防备,不得不放弃这一机会。安庆马炮营起义之前,张汇滔曾至安庆与熊成基、范传甲等约定,届期在皖北举义响应,并"先期赴皖北,集部属,筹饷械,制徽帜。已具矣,而败讯适至,士气沮丧,事又不果"[①],反而暴露了信义会组织,张汇滔被迫至怀远萃华学堂避居了一年。

1909 年冬,张汇滔回到寿州,鉴于信义会已经暴露,遂与袁家声、王庆云等组织寿州农会作为革命机关,以合法组织为掩护,开展革命活动,再度把皖北的革命力量集结起来。

三、光复会在安徽的活动

1903 年冬,浙江籍留日学生陶成章、龚宝铨等人曾两次秘密集议,认为日俄之间可能会因为争夺中国的东北地区而很快爆发战争,这将是在国内发动革命的大好时机;决定立即回国组织革命团体,乘时发动武装起义。[②] 于是,龚宝铨回到上海,设立暗杀团,筹划革命活动的机关;陶成章到浙江各地联络会党。1904 年 10 月,陶成章、龚宝铨等联合江浙一带革命知识分子四五十人,在上海成立光复会,推蔡元培为会长。光复会的誓词是"光复汉族,还我河山,以身许国,功成身退"[③],揭示了反清革命的政治纲领。

光复会筹建期间,陶成章等就与华兴会取得了联系。华兴会决定于 1904 年 11 月在长沙起事,光复会则计划在浙江、安徽等地同时发动起义,加以响应。后华兴会的起义因先期泄密而告流产,光复会的响应计划亦无形中止。但光复会主要成员陶成章、龚宝铨等人都认

① 《张烈士孟介事略》,见安徽省政协文史资料委员会编《安徽文史集萃丛书之一·辛亥风雷》,第227 页。

② 沈瓞民:《记光复会二三事》,见《辛亥革命回忆录》(四),第 131—132 页。

③ 陈魏:《光复会前期的活动片断》,见《辛亥革命回忆录》(四),第 127 页。

为："欲在浙江举义,非先注意南京不可。而安徽又居南京上游,上接两湖,下通江浙,又不可不先有以布置之。"

光复会的骨干分子陶成章、刘师培、徐锡麟等都曾在安徽从事革命活动,安徽一度成为光复会的重要基地之一。

1905年春,李光炯等在长沙创办的安徽旅湘公学迁至芜湖,易名安徽公学。该校先后聘请了一批著名革命党人来校任教或讲学,其中包括光复会成员陶成章、刘师培、俞子夷等。

陶成章(1878—1912),字焕卿,浙江绍兴人。因喜读新书而渐萌反清之志。1902年赴日本留学,未几回国,组织光复会。自1904年起,在浙江各地发动会党参加反清革命,与徐锡麟创办大通学堂以培训会党骨干分子。1906年,与龚宝铨、敖嘉熊等一同来到芜湖,一面在安徽公学任教,一面养病。

刘师培(1884—1920),字申叔,号左盦,江苏仪征人,光绪癸卯科(1903年)举人,当年在上海结识了爱国学社的章炳麟、蔡元培等,受他们影响而赞成革命,遂改名光汉,以示"攘除清廷,光复汉族"之志。"革命风潮起,绝意仕进,置身革命党中,党人咸尊礼之"①。1904年,蔡元培主持的《俄事警闻》改名《警钟日报》,刘师培受聘担任主笔,"尤能针砭时政,阐扬革命"。翌年春,"是报以批评清廷外交失败为德人所忌",遭到官府封禁,刘"旋易名金少甫,主讲皖江中学及安徽公学"②。刘师培学养深厚,精通朴学,素有文声,一时赢得不少青年学生的敬仰。他在安徽公学任教时,在师生中"力倡革命排满,校内学生信从者众"③,从而推动了革命思想的传播。刘师培利用教学之余,积极发展光复会组织。他以安徽公学的学生为主要发展对象,在芜湖地区秘密发展了大批光复会员。仅1905年底,就曾一次向上海光复会总部报送100多名新会员名单。④ 他还曾在安徽公学"组织黄氏学校,

① 陶成章:《浙案纪略》,见中国史学会主编《中国近代史资料丛刊·辛亥革命》(三),上海人民出版社1957年版,第47页。
② 冯自由:《革命逸史》第3集,中华书局1981年版,第187页。
③ 张湘炳、蒋元卿、张子仪编:《辛亥革命安徽资料汇编》,黄山书社1990年,第336页。
④ 沈寂:《芜湖地区的辛亥革命》,见安徽省政协文史资料委员会编《安徽文史集萃丛书之一·辛亥风雷》,第116页。

专门从事暗杀工作",柏文蔚、李光炯等"皆刺血为盟加入团体"。① 这一暗杀团体在暗杀方面并无实绩可言,却促使安徽志士建立了岳王会组织。安徽公学师生公开鼓吹革命,在当时产生了重大影响,很快即声名远播。1906年冬,清朝地方官府对此有所察觉,准备着手查办。革命党人闻讯后,相继抽身远避。刘师培亦于此时离开芜湖,东渡日本。

徐锡麟(1873—1907),字伯荪,浙江绍兴人,清末贡生。1903年赴日本参观大阪博览会,与留日学生来往密切,参与浙江籍留日学生营救章炳麟(因苏报案入狱)的活动。受拒俄运动影响而萌发反清思想。回国后宣传革命排满;加入光复会,联络浙江各地会党,创办大通学堂以培训会党骨干分子;主张实行"中央革命",即打入封建统治阶级内部,谋取兵权,以便于在封建统治的中心城市发动武装起义。他通过捐纳获得道员官衔,于1906年冬被分派到安徽,很快赢得安徽巡抚恩铭的信任,获任巡警学堂会办等职。徐锡麟在安庆积极宣传反清思想,联络革命力量,发展光复会组织。安徽巡警学堂学员、新军各部弁兵及军械处都有人秘密加入光复会。次年,徐锡麟利用其掌控的部分权力,发动了安徽巡警学堂起义。

第三节　三次武装起义

辛亥革命前,安徽境内先后爆发了大通自立军起义、安徽巡警学堂起义和安庆马炮营起义,许多优秀的安徽儿女为之牺牲了年轻的生命,用鲜血唤醒了国人,把革命形势推向高潮。特别是安徽志士发动的安庆马炮营起义,在全国范围内打响了新军起义的第一枪,开创了发动新军推翻清王朝的革命方式,为辛亥革命在此方面取得成功找到了正确的途径。

---

① 柏文蔚:《五十年经历》,见《近代史资料》1979年第3期,第7、8页。

一、大通自立军起义

安徽大通（今属铜陵市）自立军起义爆发于 1900 年 8 月，是唐才常自立军起义的一个分支。

唐才常（1867—1900），字绂丞（后改佛尘），湖南浏阳人。戊戌维新期间在长沙创办《湘学新报》（后改名《湘学报》），撰文抨击封建制度，鼓吹变法。变法失败后，一面联络志士，准备在长江中下游发动武装起义；一面多次向康有为进言，欲促成维新派与革命派之间的联合。康有为拒绝与革命派联合，却赞同唐才常在国内发动武装起义，并欲将其纳入"勤王"轨道，以武力扶持光绪帝复位。1899 年秋，唐才常在横滨拜会了孙中山，告以武装起义计划，孙大力支持，约以两广起义作为援应。11 月唐才常回国之际，孙中山出席了梁启超为之举行的饯行宴会，并将兴中会在汉口的秘密联络点地址和联络人告知随唐才常一同回国的林圭，以便于相互联络。

唐才常回国后，立即着手准备发动起义。他先成立正气会，旋更名为自立会，"刊布会章，号称新造自立之国，其规条有'不认满洲为国家'等语"[①]。入会者发给富有票为凭。为加强政治号召力，唐才常又于 1900 年 7 月在上海张园召开"中国国会"，到会者数百人，推举容闳为会长，严复为副会长，唐才常为总干事，"欲俟起事成功，即以此会为议政之基础"。同时在自立会的基础上组织自立军，"自立军计划组织七军，以林圭领中军，扼武昌以控制各路；秦力山领前军，任大通发难之责；田邦璇领后军，任安庆发难之责；陈犹龙领左军，驻新堤、岳州，与武汉相呼应；沈荩领右军，驻黄柏山，图入长安、定中原；另置总会亲军及先锋军，以公（指唐才常）为诸军督办，以总其成"[②]。8 月初，唐才常亲至汉口，与林圭等议定于 8 月 9 日发难，五路并举，先占武汉，再进幽燕。

① 冯自由：《自立会起事始末》，见杜迈之、刘泱泱、李龙如辑《自立会史料集》，岳麓书社 1983 年版，第 13 页。
② 唐才质：《唐才常烈士年谱》，湖南省哲学社会科学研究所编《唐才常集》，中华书局 1980 年，第 277、278 页。

大通自立军起义的领导人是秦力山。

秦力山(1877—1906),字力三,湖南善化(在今长沙市内)人。戊戌维新期间曾参与变法活动,政变后逃亡日本。1899年冬,"梁启超赴檀香山,延力山分任横滨《清议报》笔政,力山借以抒发政论,文名由是渐显"。翌年义和团运动爆发,"时爱国志士中颇有主张乘时游说拳党首领,使改扶清灭洋标帜为革命排满者,力山亦此议之一人。遂只身至天津,求见拳党大师兄痛陈利害,拳党斥力山为二毛子,命牵之出。力山以拳党顽固无可合作,乃至汉口访林锡圭(应即林圭),参加长江自立军运动"。主动表示"愿独担任池州大通发难之责,由唐才常委充自立军前军统领"。因自立军后军统领田邦璇始终未抵任,秦力山实际上兼任前后两军的发动工作。

1900年6月,秦力山抵安庆,与其好友、时在巡抚衙门卫队任管带的孙道毅商量,决定由掌握大通水师、发动会党入手,集结反清力量。经孙道毅推荐,秦力山被大通水师统领肖汉卿聘为幕僚,遂以此为掩护,往来于安庆、大通之间,发展自立会组织。同时联络哥老会首领符焕章、高彪、唐二保等,让他们"在大通、芜湖、太平(今当涂)、裕溪和悦洲等处散放富有票,招人入会,大通及附近居民附和者充塞于途"[①]。秦力山又托孙道毅以抚院卫队名义购买了一批枪支弹药,准备运往大通用于装备即将起事的自立军。

8月初,各地自立会众相对集中,准备按期起义,不幸消息泄漏。8月8日,"办理安徽铜陵县大通镇厘局知府许鼎霖等电禀"安徽巡抚王之春等:"探明有富有票匪在江北桐城地界啸聚数百人,宰牲祭旗,请速派队剿捕。"王之春当即"饬派定安后营李桂馨督率队伍驶往捕拿"。当夜,自立会"多人窜至裕溪,该参将彭源洽率兵抵御,众寡不敌,军火被劫",更多的会众向大通聚集。封建统治阶级抢先采取行动,8月9日黎明,大通镇"文武官汛及桐城县练董共拿获匪徒八名"。徽宁池太广道吴景祺、办理皖岸督销局道员钱松年、大通厘局知府许鼎霖、大通营参将张华照、裕溪营参将彭源洽等先后致电两江总督刘

---

① 冯自由:《革命逸史》初集,第86页。

坤一、安徽巡抚王之春告急。

秦力山眼见情况有变,立即与孙道毅、哥老会首领符焕章、大通盐局会办狄英杰、水师营管带高雄等商议对策。他们因不知道唐才常以康有为允诺的汇款未到已将起义时间推迟至 8 月 21 日,尽管所购枪支、弹药被清军扣压,仍决定按原订计划于 8 月 9 日发动起义。

秦力山先派人联络长江水师,"外委洪益金奋力抵御,身受枪伤甚重,各弁兵变多受伤,纷纷落水,溺毙兵丁八名,致被抢去师船八号,并劫药局军火多件,砍断电杆多根"①。"水师参将张某闻变,立派炮划四艘率兵渡江防堵,讵所部多与党通,甫至岸即与党人联合一气,张参将竟投江而死,于是水师尽入力山掌握"②。起义军"开放大炮向大通督销局猛击,致将该局常平差轮打沉,并劫厘卡炮船","旋即登岸,直攻盐厘两局","所获匪犯概被劫去"。③ 秦力山与孙道毅率领一哨反正的水师进驻地势高峻的大通盐局,作为起义军的指挥部,并四处张贴安民告示,宣称:

> 中国自立会会长为讨贼勤王事:
>
> 照得戊戌政变以来,权臣秉国,逆后当朝,祸变之生,惨无天日。至己亥十二月念四日下立嗣伪诏,几欲蔑弃祖制,大逞私谋。更有义和团以"扶清灭洋"为名,贼臣载漪、刚毅、荣禄等阴助军械,内图篡弑不得,则公然与中立为难。用敢广集同志,大会江淮,以清君侧,而谢万国。传檄远近,咸使闻知。
>
> 宗旨:
>
> 一、保全中国自立之权。
>
> 二、请光绪帝复辟。

---

① 《光绪二十六年八月十八日两江总督刘坤一安徽巡抚王云春长江水师提督黄少春奏折》,见中国史学会主编《中国近代史资料丛刊·辛亥革命》(一),上海人民出版社 1957 年版,第 260、261 页。

② 冯自由:《革命逸史》初集,第 87 页。

③ 《光绪二十六年八月十八日两江总督刘坤一安徽巡抚王云春长江水师提督黄少春奏折》,见中国史学会主编《中国近代史资料丛刊·辛亥革命》(一),第 261 页。

三、无论何人,凡系有心保全中国者,准其入会。

四、会中人必当祸福相依,患难相救,且当一律以待会外良民。

法律:

一、不准伤害人民生命财产。

二、不准伤害西人生命财产。

三、不准烧毁教堂,杀害教民。

四、不准扰害通商租界。

五、不准奸淫。

六、不准酗酒逞凶。

七、不准用毒械残待仇敌。

八、凡捉获顽固旧党,应照文明公法办理,不得妄行杀戮。

九、保全善良,革除苛政,共进文明,而成一新政府。①

当晚,起义军占领了大通全镇及沿江一带。邻近的青阳、芜湖、南陵等地,会众亦纷起响应。大通居民对起义表示拥护,为维护社会秩序,他们联名贴出通告说:

> 大通于七月十五日(公历8月9日)八点钟有自立义会起事,大通和悦洲沿河两岸居民秋毫无犯。其宗旨系为讨贼勤王,不比寻常土匪滋事,我等甚为感激,为此,特行通知,免致他处居民纷纷逃避。②

清朝地方官员立即调派重兵围剿大通自立军。安徽巡抚王之春"添派统领武卫楚军李定明、营官傅永贵各带营队星夜驰往大通,会合李桂馨分三路追剿,并派营官萧镇江、李维义分赴池州、南陵等处截

---

① 冯自由:《自立会起事始末》,见杜迈之、刘泱泱、李龙如辑《自立会史料集》,第14—15页。
② 《纪乱》,《中国旬报》1900年第21期。

击"；两江总督刘坤一"饬派龙骧、虎威、策电兵轮三号驶赴大通江面堵截，并派统领衡军王世雄酌带一营乘坐开济兵轮赴芜湖驻防，会商徽宁池太广道吴景祺妥为布置，相机剿办"；长江水师提督黄少春"立饬调防江阴之长江提标、裕溪、大通三营舢板，星速驶回原营，湖标舢板三十号亦饬上驶协剿，加派江胜左营步队营官刘达义赴南陵会剿"；并"先将大通营参将张华照撤任，听候参办"。①

秦力山等率起义军在大通与敌激战，一日之内击沉清军炮艇8艘、小火轮1艘。但当各路清军先后云集大通后，起义军很快陷入四面受敌之境地，不得不节节败退，最后全部退至大通盐局，恃险拒守。鉴于敌我力量悬殊，起义军伤亡越来越重，秦力山决定率部突围，向青阳、南陵方向转移。会党首领许大老率800余人先撤至青阳县境洛家潭，以阻击清军，掩护突围而出的起义军撤退，于8月11日遭到武卫楚军李定明、营官傅永贵部猛烈攻击，损失惨重。起义军余部先后在青阳县结岭、木竹潭、六町村，南陵县戴家会村，铜陵县丁家洲、横港头、杨二耆等地英勇抵抗，伤亡殆尽。哥老会首领符焕章等5人也被徽宁池太广道吴景祺"督同营哨拿获"②。秦力山突围后，化装走脱，"孑身走洞庭，匿于芦苇丛中，凡三十三天"。后"潜至南京谋焚毁马鞍山军械局，事亦不成。于是买舟至新加坡"③，辗转逃往日本。

大通自立军起义因部署失调，孤军奋起，外援不至，秦力山等"挥兵搏斗，巷战七昼夜，卒以兵单败绩"④。

二、巡警学堂起义

徐锡麟加入光复会后，一心要打入清政权内部、掌握兵权，以便于发动武装起义。他动员富商"许仲卿出钱5万元，相约5人捐官学军。徐锡麟捐道台，填步兵科；陶成章捐知府，填步兵科；陈志军捐知府，填

---

① 《光绪二十六年八月十八日两江总督刘坤一安徽巡抚王云春长江水师提督黄少春奏折》，见中国史学会主编《中国近代史资料丛刊·辛亥革命》（一），第261页。

② 《光绪二十六年八月十八日两江总督刘坤一安徽巡抚王云春长江水师提督黄少春奏折》，见中国史学会主编《中国近代史资料丛刊·辛亥革命》（一），第262—263页。

③ 冯自由：《革命逸史》初集，第87页。

④ 张难先：《庚子汉口之役》，见杜迈之、刘泱泱、李龙如辑《自立会史料集》，第30页。

炮兵科;陈魏捐同知,填骑兵科;龚宝铨捐同府,填工兵科"①。徐锡麟等人捐得官衔后,来到日本,欲"因外务省通商局长石井菊次郎之绍介,求入联队,不许;欲入振武学校,以短视不及格;居数月归国"。留日学习军事之路走不通,徐锡麟乃直接从运动官场入手。恰值"是岁淮安、徐海大饥,锡麟援例加纳捐资,以道员赴安徽试用"②。动身赴皖前,"徐锡麟在杭州西湖南屏山下白云庵与秋瑾会面,约定分头活动,筹划安徽、浙江两省同时起义。计划以安庆为重点,以绍兴为中枢,金华、处州等地同时发动。占领两省重镇之后,分路攻取南京"。并慷慨激昂地表示:"法国革命八十年战成,其间不知流过多少热血,我国在初创的革命阶段,亦当不惜流血以灌溉革命的花实。我这次到安徽去,就是预备流血的,诸位切不可引以为惨而存退缩的念头才好。"③

1906 年冬,徐锡麟以道员分发安徽候补。当时的安徽巡抚为满人恩铭,由于徐锡麟的表叔前任湖南巡抚俞廉三原先曾为恩铭的上司,徐锡麟专门请俞为自己写了推荐信,通过这层关系,他很快被委以安徽武备学堂副总办、陆军小学堂会办。徐锡麟以为陆军小学生年皆幼稚,不足与谋大事,欲得巡警学堂监督一席,乃再请湘抚俞廉三说情。安徽巡抚恩铭很快又任命他为巡警学堂会办兼巡警处会办。

安徽巡警学堂设立于 1906 年,校址位于安庆城内东北隅的百花亭。该校总办由安徽按察使毓秀兼任,平日从不到校任事,校务实际上由会办主持。徐锡麟工作莅任后,"对于堂内一切,整理规划,井井有条,不数月,而成绩大著",因而深得安徽巡抚恩铭的信任,"自此以后,凡关于警察范围,遇事悉与之谋"。④

局面打开以后,徐锡麟利用职务之便积极从事革命活动。"后天他亲自督课,向学生宣传民主救国思想;夜晚常设酒宴请安庆各兵营

---

① 徐乃常:《徐锡麟烈士生平》,《安徽文史集萃丛书之一·辛亥风雷》,第 71—72 页。

② 张湘炳、蒋元卿、张子仪编:《辛亥革命安徽资料汇编》,第 228 页。

③ 徐乃常:《徐锡麟烈士生平》,见安徽省政协文史资料委员会编《安徽文史集萃丛书之一·辛亥风雷》,第 73 页。

④ 癸巳生:《徐锡麟皖江革命史》,见安徽省政协文史资料委员会编《安徽文史集萃丛书之一·辛亥风雷》,第 80 页。

官兵，从中联络革命力量。同新军中的薛哲（北门外步兵营长）、倪映典（北门外马营营长）、范传甲（工程队正目）、胡维栋（兵备提调）、常恒芳（马营排长）交往很密。"他还利用各种机会大力发展光复会组织。当时巡警学堂"学员分甲、乙两班，每班两百人，每期三个月（后改为半年）。甲班毕业后再训乙班。参加训练的学员，每人都发九响毛瑟枪一支，毕业后大都分配到全省各地充当警官"①。经徐锡麟动员，学员中有不少人加入了光复会，安徽新军各部及军械处也都有人秘密加入光复会。

"时秋瑾在浙运动已告成熟，遂派陈伯平数往来浙、皖之间，约锡麟克日大举。阴历五月初，伯平偕马宗汉同至安庆，寓于锡麟公馆"，他们开始日夜部署起义事宜。当月十二日陈伯平、马宗汉至上海，秋瑾自绍兴来相会，"告伯平以危机已露，并订五月二十六日（7月6日）师期"②。陈伯平一面函告徐锡麟，一面与马宗汉乘轮船赶回安庆。徐锡麟深知既然走漏了消息，起义已如箭在弦上，不得不发了。但他因为准备尚不够充分，打算由浙江方面先行举事，安徽缓几日予以响应。

不料，上海侦探捕获了革命党人叶仰高，押送南京，由两江总督端方派员审问。叶仰高很快叛变，供出了他所知道的光复会员名单，并云已有人打入官场，做了高官。端方当即电告恩铭，让他按名单查拿。"恩铭以锡麟为警察会办，召与商议，即以端方之电文示锡麟"。徐锡麟一见名单上首列的竟是自己的化名"光汉子"，"知事机已迫，稍退一步，前功尽弃"，"乃决计先杀恩铭，以求一逞"。"于是阴约各机关速为准备，订期五月二十八日同举"。

巡警学堂学员学习期满，原定于7月8日（阴历五月二十八日）举行毕业典礼。届期，安徽巡抚恩铭与司道大员将莅校阅操、训话，"徐锡麟即欲于是日尽杀恩铭及诸满员，此外文武各官可以不鞭而驱，不策而驰，事定即溯江直下，袭取南京为根据地"。但是，这一天恰巧是恩铭幕友张次山母亲的八旬寿辰，恩铭要亲往祝寿，要求毕业典礼提

---

① 徐乃常：《徐锡麟烈士生平》，见安徽省政协文史资料委员会编《安徽文史集萃丛书之一·辛亥风雷》，第73—74页。

② 张湘炳、蒋元卿、张子仪编：《辛亥革命安徽资料汇编》，第229页。

前于 7 月 6 日举行。"锡麟力言为期太促",准备不及。因恩铭主意已定,"锡麟虑坚持则谋将泄",只好仍决定于是日起义。"期近,日召诸生演说时事,慷慨激昂,继之涕泣。惟以时日太促,所约他处同志多未至,而皖中同志某某等则以关系尚浅,未敢预约,与密谋者仅伯平、宗汉数人而已。"

7 月 6 日晨,徐锡麟领着陈伯平、马宗汉到巡警学堂召集学员训话,初谓:"我此次来安庆,专为救国,并非为功名富贵到此,诸位也总不要忘救国二字,行止坐卧咸不可忘,如忘救国二字,便不成人格。"反反复复讲了好一会儿,"然众学生咸不察其命意之所在"。徐锡麟又接着说:"余自到校以来,为日未久,与诸君相处,感情可谓和洽,余于救国二字不敢自处于安全之地位,故有特别意见,再有特别办法,拟从今日实行,诸君当谅余心,务祈有以佐余而量力行之,是余所仰望于诸君子也",并于衣袋内取出警笛给大家看,说是若遇紧急情况,即以警笛为号,大家闻声要互相援助。

8 时许,恩铭来到巡警学堂,稍事休息,随后司道府县及印委各员来了 50 余人。9 时,典礼开始,恩铭要先阅外场操演,徐锡麟力请先考察内堂功课,恩铭率各员入礼堂就座。徐锡麟集合完学生,急步上前向恩铭行举手礼并呈学生名单于案上,大声说:"回大帅,今日有革命党起事。"此为起事暗号,恩铭闻言大吃一惊,正询问:"徐会办从何得此信?"陈伯平已向他投去一颗炸弹,却未爆炸。徐锡麟一面答道:"大帅勿惊,这个革命党,职道终当为大帅拿到";一面俯首由靴筒内拔出两支手枪,向恩铭猛射。"锡麟之本意欲以一枪击死恩铭,当即转向左以击藩司,复向右以击臬司,而令伯平、宗汉分击两旁待立之各道府州县官。不料其眼近视,不能识其命中与否,遂向恩铭乱放,伯平、宗汉亦随之而乱放。"须臾间,恩铭身中七弹倒地;文巡捕陆永颐"以身翼之,身受五枪,均中要害";武巡捕车德文"亦受重伤";"道员巢凤仪伤腿,首府龚镇湘伤背"。徐锡麟子弹射尽,入室装弹。护卫乘机将恩铭抬回抚署,文武官员仓皇逃散。回署之初,"恩铭犹能大呼务将锡麟拿获收监",当即下令速闭城门,派缉捕营管带杜春林抓捕徐锡麟。恩铭自知伤重难活,随将事件始末上奏清廷,并电告两江总督端方。

徐锡麟装好子弹出来，礼堂里已不见文武官员踪影，乃集合尚未解散的学员百余人，与陈伯平、马宗汉共同率领，急趋北门大珠子巷，占领了军械所，欲取所中库存枪炮弹药装备起义部队。"军械局提调候补道周家煜投库钥沟中而逃，锡麟入据后，命伯平守前门，宗汉守后门"，但所得枪械均不能用。不多久，缉捕营管带杜春林、抚标中军兼巡防营管带刘利贞、稽查局候补知县劳文琦以及张勋部巡防营，将军械所团团围住。徐锡麟督众死守，激战4个小时，终因寡不敌众，陈伯平中弹身死，徐锡麟、马宗汉与部分学生被擒。"复于巡警学堂锡麟寝室内起出光复军大旗一面，上书四言韵语，寓光复起义之意，子弹四箱，枪械多枝（支），刀三十把，讨虏大元帅印一颗，光复会军政府告示百余张，并党人书信八件；又在锡麟公馆搜获炸弹数枚，书信多件"[1]。

徐锡麟等所拟"光复军告示"内容如下：

为晓谕大众剿灭满夷除暴安民事：

维我民族立国千年，文明首出，维古旧邦。乃自满夷入关，中原涂炭，衣冠扫地，文宪无遗，二百余年偷生姑息虐政之下，种种难堪，数不可罄。近则名为立宪，实乃集权中央，玩我股掌，禁止自由杀虐志士，苛虐无道，暴政横生，天下扰扰，民无所依，强邻日逼，不可终日。推厥种种罪由，何莫非满政府愚黔首、虐汉族所致。以是予等怀抱公愤，共起义师，与我同胞共复旧业，誓扫妖氛，重建新国，图共和之幸福，报往日之深仇。义兵所临，秋毫无犯，各安旧业，我汉族诸父兄子弟各安生业，勿庸惊疑。如本军军士有来侵犯者，可首告军前，本当治以应得之罪，勿稍宽纵。至若有不肖匪徒妄讥义师，结众抗衡，是甘为化外，自取罪戾，当表示天下，与吾汉族诸父兄子弟共诛之。

此谕

共和二千七百五十二年　月　日给

---

①　张湘炳、蒋元卿、张子仪编：《辛亥革命安徽资料汇编》，第231、232—233页。

并附有杀律五条：

一、满人不降者杀

一、反抗本军者杀

一、乘机打掠者杀

一、造谣生事妨害治安者杀

一、仍为汉奸者杀

随后，由布政使冯煦、按察使毓秀、恩铭幕僚张次山等对徐锡麟进行会审。徐锡麟毫无畏惧，侃侃而谈。冯煦质问他："中丞为汝之恩师，汝何无心肝乃而？"徐锡麟答道："彼待我诚厚，然私惠也；我之刺彼，乃天下之公愤也。"冯煦又问："尔平日常谒见抚台，而不击之于私室，乃至今日始击之，何也？"答曰："署中私室，学堂公地，大丈夫做事，须令众目昭彰。"问其同党共有若干，则坚不回答。但慷慨表示："此事仅我与我友宗汉子、光复子所为，其随攻军械所之学生实不知情，当时我以枪迫之，不得已而随行。我之罪，我一人当之，寸磔我身可矣，幸毋累他人。"随自索纸笔，直书排满革命始末，绝无讳饰。

当晚，由宋芳宾、劳文琦监刑，徐锡麟被押至安庆东辕门外斩首，残暴的刽子手"复将心挖出，置碟内供于恩铭尸前，卫队某并取其肝烹而食之"。时安徽官场"幕友皆绍兴人，为锡麟同乡，闻有剖心一说，先将锡麟之阴囊击碎（以减少其痛苦），故割头、剖心之时，锡麟已宾天久矣"[①]。徐锡麟就义时年仅 35 岁。8 月 24 日，马宗汉亦于受尽毒刑后被杀害在安庆监狱门口，年仅 24 岁。

徐锡麟发动的安庆巡警学堂起义，虽因时间仓促、装备不足、孤军无援而迅归失败，但他们却用自己的生命和热血大大张扬了革命的英雄主义精神，有力地推动了安徽地区革命形势的发展。

---

① 张湘炳、蒋元卿、张子仪编：《辛亥革命安徽资料汇编》，第 233、237 页。

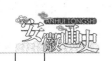

三、马炮营起义

安徽是革命志士从事军队工作最早的省份之一。1904 年春，安徽开始创办新军，部分革命志士鉴于"炮火之日精，武备之日整"，感到当时的革命"断非揭竿草莽之间所能成事，必须亲入行伍，联络志士，借其利器，资其训练，乘时待机，方可一举而覆满清"①。于是，范传甲、张汇滔、张靖夫、石德宽等"皖北英才之士"加入新军，接受军事训练，开展军队工作。同时，柏文蔚、倪映典、冷遹、张之屏等也参加武备练军，并组织同学会，散发进步书籍。当年张之屏联络会党首领郭其昌策动起义，未能成功。曾参加过同盟会筹建工作的湖北革命党人曹亚伯称："安庆为爱国志士产生最多之地，武备练军之学生，如倪映典、马林辈，曾开革命之风气于新军。"②

岳王会安庆分部成立伊始，即以运动军队作为工作重心。经过一段时间的努力，"凡在新军之中稍有知识血性者，无不收入其间"③。革命志士中，倪映典曾任马营管带，冷遹、薛哲任步营管带，熊成基任炮营队官，范传甲、陈元鉴、田淑扬等任正目，从而在安徽新军中积聚了较强的革命力量，为发动新军起义准备了一定的条件。

徐锡麟在安庆策动起义时，事先虽曾与部分新军军官联络感情，但并未与岳王会建立正式的合作关系，以至于临事时未能得到新军的配合。事后，岳王会会员无不为起义失败而扼腕痛惜，无不因徐锡麟惨遭杀害而义愤填膺，并决心完成徐锡麟的未竟之业，为烈士报仇。

是时，恰好倪映典由南京回到了安庆。倪早在 1904 年就参加了安徽武备练军，后来至南京进入南洋陆师学堂学习，毕业后留在南京担任新军炮营队官，这时因安徽刚开始编练新军，缺少骑兵、炮兵等方面的专门人才，乃被调回安庆担任安徽新军马营管带。由于他本来就是大家熟识的革命同志，当时在革命党人中官阶较高，又享有较高的声望，遂被安庆岳王会推为首领，主持筹划起义工作，并很快预定于

---

① 邹鲁：《范烈士传甲传》，见《中国国民党史稿》第 4 篇，第 1317 页。

② 曹亚伯：《武昌革命真史》上册，上海书店 1982 年版，第 24、25、237 页。

③ 邹鲁：《范烈士传甲传》，见《中国国民党史稿》第 4 篇，第 1317 页。

1907年除夕发动起义。不料,范传甲至南京联络当地新军届时响应,走漏了消息,"为江督端方所觉,立命皖吏撤倪职"①,倪映典被迫逃离安庆,起义亦告流产。

次年秋,清政府预定于10月间调集南洋各镇新军在安徽太湖举行会操,令号称懂得军事的满洲贵族荫昌和两江总督端方为阅兵大臣,安徽巡抚朱家宝亦应率领本省编练的新军第三十一混成协前往参加。安庆岳王会决定乘机发动起义,"拟于会操动员后,即在操场发难"。推举安徽新军六十一标三营管带冷遹为指挥,六十二标二营管带薛哲为副指挥。后来听说端方前往太湖阅操时,将中途路过安庆,于安庆东门外英公祠暂驻。大家又修改起义计划,拟于安庆首先发难,以捉拿端方,瓦解清军。结果,端方始终未到安庆;"安徽巡抚朱家宝为防范革党之故,所有知识较新之将弁,概不派赴操场"②;清朝官员还闻风逮捕了冷遹,起义又未能如期举行。

11月14、15日,光绪皇帝与慈禧太后先后死去,岳王会同志认为这是天赐良机,决不可再错过,乃于19日在杨氏试馆举行会议,熊成基、范传甲、张劲夫、薛哲、薛子祥、田激扬、廖盘贞、洪承点、程芝萱、李朝栋等10余人出席了会议。大家议定于当晚10时发动起义,并研究制订了比较详细的起义计划。当时安庆新军中的革命党人以步营管带薛哲官阶最高,理应推为首领。但大家"认为他胆子小,不能够领导"③,于是推炮营队官熊成基为"安庆革命军总司令"。

熊成基(1887—1910),字味根,江苏扬州府甘泉(今江都)县人,祖父熊瑞生曾任安徽繁昌县知县,父亲熊存仁为候补通判。熊成基未及成年,即因父亲早死而家道中落。少年时期"羸瘠多疾病。年十九,落魄于芜湖,乃引镜自照,白案自励曰:大丈夫当立功传后世,岂能以少年无行终哉!遂渡江赴安庆,投安徽武备练军学堂,绝嗜好,勤学习,俨然一苦学生矣"。后因练军学堂停办,前往南京投入新军"为副

① 丘权政、杜春和选编:《辛亥革命史料选辑》上册,湖南人民出版社1981年版,第307页。
② 陈春生:《戊申熊成基安庆起义记》,见中国史学会主编《中国近代史资料丛刊·辛亥革命》(三),第230页。
③ 常恒芳:《记安庆岳王会》,见《辛亥革命回忆录》(四),第441页。

805

目,营将某见其聪颖好学,志趣异寻常,为介绍于炮兵速成学堂肄业,以下士而厕于将校之列,异数也"。毕业后,初任江南新军炮兵排长。安徽编练新军,由南京调回安庆,任炮兵队官。"越数月,新军统领顾忠琛由宁往皖,奇其才,嘉其志","旋欲升为他营管带,成基坚辞不就,以起兵革命,炮队实力较优于他营也"。① 此后,熊与岳王会同志积极策划武装起义,而一再流产。此次被推为"安庆革命军总司令",当即颁布作战密令13条:

（一）与我反对之军队:（甲）水师一营在西门外,（乙）巡防一营在北门附近,（丙）城内外火药库有巡防兵两队,（丁）抚院及各衙门之卫队约两队。

（二）我军决于今日午后十时齐发,先取城内外火药库后,全队进城,各尽任务。于次日午前五时,在五里庙齐合,再俟命令出发。

（三）一标同二标第三营先赴北门外火药库,得有子药后,一标第二第三营进城,助城内各营攻击西门外之水师营。得收抚,即收抚;否则攻溃其兵,收其军械。二标第三营留守火药库。

（四）二标第二营同工程队先赴其营旁之军械局,得有子药后,工程队留守军械局,二标第二营以两队攻破巡防营,以一队先开西门,待马营进城后,再赴北门开城,留守北门,又一队攻击抚院。

（五）炮营先徒手出营,至马号举火,以作全军出发之号令。举火后,至北门外陆军小学堂夺取步枪。得枪后,旋至该小学校取子弹进城,以一队守南门,两队巡街。

（六）马营由西门进城,直赴军械局。得有子弹,以一队守西门,一队开东门后,留守东门。余两队,夺取电报局。

---

① 《安庆革命军总司令熊成基》,见安徽省政协文史资料委员会编《安徽文史集萃丛书之一·辛亥风雷》,第87页。

（七）辎重队直赴军械局。得有子药后，保护教堂及外国人。

（八）讲武堂各生充卫生队之任，随时搜寻城内外死伤兵士，归入该堂调治。

（九）各标营队之出力人员，次日午前，论功行赏。

（十）各标营队之兵士及人民等，如有乘机抢劫情事，由巡卫队临时照军法从事。

（十一）巡警兵如有愿降者，炮营收纳之，编入队内巡街。

（十二）各文武衙门之官员，不准任意残杀。

（十三）无论军民人等，不准出入藩司衙门。①

据熊成基事后回忆，当时岳王会同志都对起义前景充满了信心。熊本人认为：这次起义"因各省军队俱赴太湖秋操，又值国丧，人心惶惶，皖省留防军队仅有数千人，我本意如能攻开省城，据有根本重地，再连夜直赴太湖秋操演习地。荫昌、端方均平庸之辈，卫队都不过千余名，断不济事。至秋操之兵虽有两万，然多系空枪，难以抵御我军。如我得该两镇兵队，直行北上，则必势如破竹。且该两镇兵多系安徽邻省之军队，如一旦为我所有，该邻省亦必在我之掌握中。有此天然一部落之根据地，一面攻取他省，一面宣布独立，又何患目的不达？天下可唾手而得"②。

当晚，爆发了震动全国的安庆马炮营起义。

熊成基首先在炮营发出起义号令，士兵热烈响应，管带陈昌镛反对，当即为弁兵张鸿尧、黄节等击毙，遂焚毁炮营，整队出发。至步标，标统蒋与权跪接于道，弁兵蜂拥而从。马营排长田激扬、周正锋、张烈等劝说管带李玉春投诚，不从，欲击毙之，李负伤而逃，亦焚毁营房而出。随即前往北城菱湖嘴攻取子弹库，守库正目范传甲之胞弟范传国开门迎接。接着进攻安庆北门，焚毁北门外测绘学堂之步兵营。按照

① 陈春生：《戊申熊成基安庆起义记》，见中国史学会主编《中国近代史资料丛刊·辛亥革命》（三），第231—232页。

② 《熊烈士供词》，见中国史学会主编《中国近代史资料丛刊·辛亥革命》（三），第240页。

起义计划,熊成基等率领驻扎城外的马营和炮营发动后,由驻扎城内的六十二标二营负责打开城门,接应城外起义军进城。但是,起义军攻城时,六十二标二营管带"薛哲初率百余人向北门冲突,本欲开城相迎,及见城上有少数巡防营守卫,遂梭巡返营舍,不敢发动",以致错过了战机。是时,安徽巡抚朱家宝已由太湖秋操地返回安庆。炮营刚开始行动,该营队官徐召伯即逃入城内报告,朱家宝一面严令紧闭各城门,加强防守;一面"以重利诱城内将士,勿为义师所动"。而"范传甲在辎重队,张劲夫在讲武堂,均因官长监视綦严,不克发动,因是反正军于仓促中不能入城"。城外起义军"枪弹无多,炮弹又无弹火引头,致无战斗力,围攻一日夜,迄未得手"。停泊在江面上的清军兵舰"初已表示降顺,至是受朱家宝命,由江中发炮击义师,毁营垒,反正军渐不能支"。相持至次日晚 10 时,熊成基攻城无望,"乃率众向集贤关退却,改变战略,欲取庐州为根据地,然后号召凤阳、颍州等处会党,进而驰驱中原"①。起义军取道桐城,直趋合肥,沿途击败尾追的清军提督姜桂题部。快到合肥时,仅剩下八九十人,熊成基获悉有人要谋害他以降清,便只身潜往常恒芳家藏匿数十日后,辗转逃往日本。余部由程芝萱率领,退至合肥东乡时,已不足 40 人,始宣告解散。

安庆马炮营起义是安徽志士长期运作军队的结果。尽管起义很快即告失败,但安徽志士打响了全国新军起义的第一枪,在客观上成为资产阶级革命派发动武装起义的工作重心由会党转向新军的具体标志,对整个辛亥革命的进程具有重大的影响。

安庆马炮营起义失败使安徽的革命力量遭到了极为惨重的损失。起义失败,使安徽志士多年来在新军中积蓄的革命力量毁于一旦。事后,清政府大肆搜捕革命党人,"当时与熊同举事者,范传甲失败后尚留城内,因谋刺清协统余大鸿被获;田激扬、李朝栋、张劲夫、周正锋、郑养源、张星五、张志功、胡文斌等失败后为侦探所捕,均被清吏所杀;洪承点则逃往香江;协统顾忠琛以事前失察,发往新疆效力;薛哲虽临

---

① 《安庆革命军总司令熊成基》,见安徽省政协文史资料委员会编《安徽文史集萃丛书之一·辛亥风雷》,第90—91页。

时退缩,未参加革命作战,然已为朱抚觉察,押赴督练公所门外枭首示众";其余"军士、学生先后株连被害者,不下三百人"。[1] 造成革命党"干部组织涣散",安庆岳王会为之瓦解。"革命党人腐心于此者,非一朝夕。满清政府所以从事防范者,亦愈臻严密"[2]。安徽的武装起义一时已难以为继。但安徽志士并未因此而灰心,他们除在本省坚持革命活动外,还积极参加了全国的军事斗争。

第四节　安徽人民收回利权的斗争

在安徽革命党人积极从事革命活动的同时,正在向资产阶级转化的安徽绅商阶层也发起了延绵不断的收回利权运动,其中以安徽绅商收回铜官山矿权的斗争最具典型意义。这一爱国运动一方面反映了广大民众近代意识的萌发,另一方面也与社会各阶层的反清斗争一同加深了清王朝的统治危机。

一、收回铜官山矿斗争

甲午战争后,列强很快掀起了瓜分中国的高潮,掠夺路矿权益是其中的一项重要内容,帝国主义各国争先恐后地攫取中国各省的矿产开采权。仅安徽一省,20世纪初年与列强签订的矿务合同即有:

义(意大利)商堧希费与潘之伟等订立广德牛头山、平岗山等处开矿合同;德商信义洋行与陈寅订立贵池狮形洞开矿合同;英商琼司与徐安澜订立安庆、池州、贵池等处勘矿合同;日斯巴尼亚(西班牙)商曹福来昔思葛开与徐安澜

---

[1]　陈春生:《戊申熊成基安庆起义记》,见中国史学会主编《中国近代史资料丛刊·辛亥革命》(三),第234页。

[2]　孙传瑗:《安徽革命纪略》,见中国史学会主编《中国近代史资料丛刊·辛亥革命》(七),第182、183页。

订立安庆、池州二属勘矿合同；日斯巴尼亚商佛郎希斯高夏而利来斯曾与徐安澜订立怀宁、宿松、太湖、集贤堡等处勘矿合同；日本商山下治平与杨管清订立东流荫田开矿合同……光绪二十七年八月，宣城煤矿公司与日商土仓鹤松订立合办宣城煤矿合同二十条，附订专条八款；二十八年三月，商务局与英商伊德订立安庆、池州、太平、宁国、徽州五属勘矿合同六条；四月与英男爵凯约翰订立歙县、铜陵、大通、宁国、广德、潜山等处勘矿合同二十三条；五月与义公司订立凤阳、庐州二属勘矿合同七条……二十九年三月，复与英男爵凯约翰订立展限续合同，并将原指之潜山除去，改在绩溪察勘矿苗；三十年四月，凯约翰与外务部另订合同，将原指之歙县、大通、宁国、广德、绩溪五处除去，专办铜陵县之铜官山矿务。①

英国商人凯约翰早在 1901 年即开始谋求开采安徽矿藏，通过皖籍某绅士说动当时的安徽巡抚王之春，于当年 10 月 11 日（农历八月二十九日）与其订立勘矿合同。是月底，王之春出缺，由聂缉椝继任安徽巡抚，初欲拒绝，经凯约翰暗中活动，英国领事拿出原签合同为据，乃令商务局与凯约翰磋商。次年 5 月 12 日（农历四月初五日）凯约翰以伦华公司名义与商务局重新签订勘矿合同 23 条，明确划定勘矿范围为歙县、铜陵、大通、宁国、广德、潜山六县，期限为 8 个月，"当时合同订明，未奉外务部批准、路矿局给照，不得开办"②。

随着收回利权运动在全国的发端，安徽绅商觉得凯约翰包揽太甚，公开函电表示反对，并运动言官弹劾地方官员出卖安徽矿权。而凯约翰则因一时筹集不到资金，连续 4 次要求延期，每次延期 3 个月。1903 年冬，凯约翰于第四次延期满限之前来皖提出，自动放弃歙县、大通、宁国、广德、潜山五县采矿权，改以安裕公司名义仅就铜

---

① 《皖政辑要》交涉科卷四《合同二》、《勘矿、开矿》。
② 《东方杂志》甲辰十月第 10 期，"时评"，第 72 页。

陵县之铜官山一处签订采矿合同。但所划区域约 30 华里见方,总面积达 38.4 万余亩,占铜陵县全境 1/3,"且东、西、南三面均侵入邻县界内,名为铜陵县一处,实并其所除之大通矿地暗包在内"①;所拟开采期限更长达百年。安徽绅商闻讯后,仍强烈表示反对,并请皖籍京官联名函电皖抚,阻止其签约。新任安徽巡抚诚勋一方面迫于民众的压力,另一方面"以其年期太久,占地太多,相持未敢定议。久之,乃将全案咨请外务部办理"②。外务部鉴于双方原有成议,凯约翰已经缴纳过报效银两,觉得不便加以拒绝。经与凯约翰等"面议多次,磋磨逾月",始"将地段纵横各减十里,计见方二十华里";年限减为 60 年。"并于合同内声明,如届期彼此均愿展限则展限,惟展限之期不得逾二十五年之久"③。经奏准后,双方于 1904 年 6 月 5 日(农历四月二十二日)正式在合同上签字画押。该合同共 23 条,同时规定:负责开采铜官山矿安裕公司举凯约翰为总董,资本总额"以不出 700 万两(约合 100 万英镑)为额",所需股本登报招集,华洋兼收,并按股本额的 1% 呈缴报效银;"公司应设华总办一员,英总办一员,互相稽查账目,凡与中国官绅商民交涉,归华表总办管理,凡开矿工程、银钱进出归英总办管理";"其一切工作执事人等,均应多用华人,该公司从优给与工价";所出矿产分别缴纳 5%～25% 的落地税,"其余出口销售,经过洋关,应遵章纳税,不在此列";"其开办限期,自奏准签字之日起,限十二个月,如逾限期不开,即将合同作废,报效银两亦不得索还";合同奏准签字后,"即由外务部知照商部,发给开矿执照",并知照安徽巡抚"派员会同办理一切"。④ 据说:"商部初不欲给照,徒以事经奏准,无可如何,乃于四月某日填一特别之照以给之",并向外务部声明"后勿如此"。⑤

安徽绅商当然就更不满意了,他们对铜官山矿权的丧失痛心疾

① 《东方杂志》甲辰九月第 9 期,"实业",第 140 页。
② 《东方杂志》戊申七月第 7 期,"记载",第 20 页。
③ 《东方杂志》甲辰九月第 9 期,"实业",第 140 页。
④ 张湘炳、蒋元卿、张子仪编:《辛亥革命安徽资料汇编》,第 53—54 页。
⑤ 《东方杂志》甲辰十月第 10 期,"时评",第 72 页。

首，一面通过各种渠道向社会各界公布这一事件，号召人们关心全省矿务，吁请社会各界予以支持；一面召集官、绅、商、学各界开会集议，一致主张自办安徽全省矿务，准备集资先行勘测铜官山矿，并推举皖籍江苏候补道蒯光典等负责。《安徽俗话报》载文揭露"全省矿山被卖的细情"，并以《警告！扬子江之危机！！安徽之致命伤！！！》为题报道了铜官山矿权丧失的过程。① 日本留学生同乡会特地派了两人回国，参与这场运动，以大学士孙家鼐为首的皖籍京官也予以大力支持。

1905年5月（农历四月），凯约翰与外务部所签铜官山矿约已满期12个月，却并未按期购地开办，安徽绅商函联名电请外务部废除该约，皖抚诚勋也致电外务部提出同样要求。外务部照会英国驻华公使萨道义，要他饬令凯约翰遵守前议解除矿约。但凯约翰却说："限期未满以前，已派工师前往开工，均照合同办理，不能作废。"又派英籍矿师麦奎前往矿区，欲雇工兴作，造成铜官山矿已经开办的既成事实。皖抚诚勋当即致函英国领事加以禁止，麦奎硬赖在矿区不走。安徽绅商表示坚决不承认凯约翰的矿约，立即筹集资金，自办该矿，并由安徽全省矿务总局与铜官山业主签订了土地租约。江督、皖抚批准了他们的请求，并代为咨请商部发给执照，安徽绅商公推郑辅东赴北京领取。但外务部通知皖抚、商部，英方不同意废约，发照事因此中止。安徽绅商异常愤慨，一面通电表示坚持矿约要求，一面派郑辅东赴京力争。

1907年春，英国驻华公使朱尔典向清外务部提出，可以"中英合办"方式开采铜官山矿。凯约翰随即函请李经方任安裕公司华总董。安徽商绅电外务部，力争该矿经营权，表示不能承认。李经方"当以合同已废拒之"。是时，清政府任命李经方为驻英公使，"外部令就近商凯撤废合同办法"，安徽绅商亦要求他在伦敦与凯约翰谈判。而凯约翰因安裕公司无足够资金开办铜官山矿，私自于1908年5月和日商三井物产会社订立合同，由三井分担筑路资本并经理业

---

① 张湘炳、蒋元卿、张子仪编：《辛亥革命安徽资料汇编》，第62—64页。

务,英日合办铜官山矿。并分别通过英、日两国驻华公使一再照会清朝外务部,逼迫其就范。外务部始终未敢退让。

安徽绅商召集"路矿公会职员会",到会者"异口同声,佥以铜官山事件,既不能受英、日两国合办之实祸,更不能允四十万镑赔款之要求。今日为挽救计,除坚持废约自办外,无他长策"①。他们函告皖籍京官:原订矿约写明"倘有未尽事宜,合同内未及备载者,亦均遵此项奏定矿务章程办理"。而光绪三十年(1904 年)制定的矿务章程第十四条规定:"原禀领照人,无论开办以前或已办之后,如欲将执照转移他商,应具禀本部,听候准驳。倘私相授受,一经本部觉察,将原禀领照人从严惩罚,矿照撤销,矿工入官","今安裕公司与伦华公司及日本三井洋行相勾结,谓'伦华与三井合筹办矿资本,并代安裕经理一切',此即中国矿章所谓私相授受者也。英、日之私相授受,即有效矿务合同,亦在注销之数,而况其为已经作废之合同耶?"②为了求得"一极有效力之裁决",他们决定"由京内外皖绅合举通英文、谙法律者一二人,径赴伦敦,会同李伯行(即李经方)京卿,迫令凯约翰为正式之谈判。如凯约翰用狡猾手段,避不与议,则惟有将此案先后情节及凯约翰、麦奎种种不法行为,直接向英国裁判所控告"③,并再次推举代表方皋等进京,联络同乡京官,向清政府施加压力。

凯约翰见矿权终难保全,决定乘机进行讹诈,遂向李经方提出:"该矿探实所出之铁,可获利八十万金镑,中国设自行购回,非有四十万镑不可。"④李经方"以其要挟无理",不予理睬。反复申明矿约逾期,应行作废,"并告以未曾奉谕赎回,毋庸议及"。凯约翰感到:李经方"既为公使,又系皖人,公谊私情,于此案必不肯稍示通融",转而提出:英商伦华公司与日商三井物产会社"不允废约,理应由英、日两公

---

① 《东方杂志》戊申七月第 7 期,"记载",第 20、27—28 页。
② 《东方杂志》戊申七月第 7 期,"记载",第 28 页。
③ 《东方杂志》戊申七月第 7 期,"记载",第 28、29 页。
④ 《东方杂志》戊申七月第 7 期,"记载",第 25—26 页。

使在北京会商办理"①。

待凯约翰回到北京后,清外务部派员与其商谈。经反复磋磨,凯约翰将赎回铜官山矿经费减为27.5万镑,英、日两国驻华公使亦多方干预。外务部电商两江总督、安徽巡抚后,于宣统元年(1909年)五月照会英使称:凯约翰经营铜官山矿,"其招雇矿师,安置机器,建造房屋,修治路工,连原缴之报效五万元,所费实属不资,现拟津贴该商五万镑,以补从前费用。一经议定,所有铜官山之房屋机器,均归中国,与英商无涉。原定合同,亦即作废"②。这种办法当然不能令英方满意,"凯约翰因皖省代表全力抗争,不稍退让,且以外部之意见,亦略与皖省代表相同",答允的赎款与其期望的数额相去悬远,乃于7月28日悻悻回国,扬言:"拟邀请铜官山矿英公司之值理人及股东开大会议,运动英廷,以要挟中国政府",并留函英公使:"现留一代理人在北京,意欲索中国赔偿二十六万九千镑,此款不必现银,只须中国出国债票与我,九三算,五厘息,二十年期,便可允许";一旦清外务部同意,"则可嘱留京代理之人代我签字"。③

凯约翰回到伦敦后,"伦敦公司即开会筹议办法,当时决议,重在该矿开工采掘"。随即"电嘱彼处之工程司招工四百名,即速兴工"④。欲造成既成事实,希图耍赖不予赎回,或加大要挟的筹码。

在凯约翰等指使下,麦奎派人暗中从大通搬运采矿机到铜官山,并称已得到地方官允准,被安徽巡抚冯煦阻止。随又从上海购买炸药4箱,要求上海道发给护照,以便装运到矿山,亦被地方官阻止。农历十月间,英国驻芜湖领事傅夏礼致函芜湖海关道:"据安裕公司禀称,铜陵县存有铁料二万吨,请发联单二十张,每张一千吨,由芜装运出口。"芜湖海关道李梅坡"当即驳复,并飞饬铜陵县杨令查复,札派州判崔克顺驰往该处,详细细查禀复。"同时,外务部亦接到英使照会称:"英公司业于七月十三遣工人四百在铜官山开工,接续未停,亦无阻

---

① 《东方杂志》戊申七月第7期,"记载",第26页。
② 《东方杂志》庚戌正月第1期,"记载第一",第13页。
③ 《东方杂志》己酉七月第8期,"记事",第240页。
④ 《东方杂志》己酉八月第9期,"记事",第278页。

碍。一月前有铁矿二万吨,备运装船出口,已请芜湖关道发给子口单,尚未接准回音。"外务部一面复照"切实驳阻",一面致电江督、皖抚、芜湖关道,要求他们迅速查明"究竟该处是否实系加添四百人工作,曾否请发装运矿铁出口准单"。芜湖路矿公会调查员获悉这一情况后,当即向会中报告称:"所云铁料者,必系铜官之矿质无疑,既经请领联单,蒙混出口,将来即可恃为准开之据,不得不早为防范",且"麦奎居心叵测,手段灵敏,他日伎俩必层出而不穷,杜渐防微,万不能稍有忽略也"。芜湖路矿公会立即召集全体会员开会集议,"除据函请关道驳阻外,并电安庆路矿公会云:麦奎私运铜官矿质出口,以铁料蒙请联单未行,除请关道静止,希速呈抚宪核夺,并电部急速宣布废约"①。

麦奎在矿区修路造房,侵占土地,奸占当地居民徐传根、徐财茂之妻,甚至枪伤在铜官山砍柴的农民。这些无耻行径激起了民众的公愤,各地纷纷开会,函电请求政府速废矿约,驱逐麦奎。4月27日,南京皖籍商绅在安徽会馆开特别大会,到会者240余人,选举代表赴安庆开会。4月30日安徽路矿会在安庆开全体大会,到会的商绅学界会员共400余人,南京、上海、芜湖等地路矿会均有代表出席。会上选出方履中、吴传奇、江峰青为代表,赴北京与凯约翰谈判。5月30日,由安徽绅商学界邓艺荪、宋德铭、郭缉熙等人发起,在安庆县学明伦堂开铜官山矿抵制大会,到会者达5000余人,一致同意废约自办,当场认股6000余股。这次抵制大会,震动全省,安徽各地相继成立保矿会数十处。

在民众舆论的支持下,外务部会同安徽代表与凯约翰、英国公使展开激烈争执,"反复辩论两月之久,虽该使于所索之价逐渐减缩,然臣等讫未加添,争到尽头,始增给英金二千镑,该使亦即允从"②。后由外务部于1910年2月5日奏准,以5.2万镑赎回铜官山矿权。4月17日(农历三月初八日),赎款由驻英公使李经方交付英方。安徽巡抚朱家宝派候补知县张兴留前往接收铜官山矿,芜湖关道"加委熟悉情形之试用直州判崔克顺、谙习英文之候选县丞刘楚梁同往襄办"。麦

---

① 《东方杂志》己酉十二月第13期,"记事",第472—473页。
② 《东方杂志》庚戌正月第1期,"记载第一",第13页。

奎被迫于 5 月中旬先后"将山矿、房屋、机件、什物开具清单,一律交出,由县封存,派差看守"。5 月 24 日,芜湖关道又当着英国领事的面与麦奎"互立清单,签字交执"①。该案始告彻底完结。

安徽绅商收回铜官山矿权的斗争,不但维护了民族权益,而且产生了较为广泛深远的影响,启发了广大民众的民族意识和主权观念,在一定程度上锻炼了正在向资产阶级转化的绅商阶层的参政议政能力,为民主共和政权的建立准备了条件。

二、收回路权运动

在甲午战争后帝国主义掀起的瓜分狂潮中,列强分别与中国达成了八项铁路贷款协议,借款总额达 8967 万元,并由此获得了总长度达 19000 余里的铁路投资权和修筑权。②

1898 年 8 月,英国驻华公使窦讷乐向清朝总理各国事务衙门提出在华修筑天津至镇江、山西经河南至长江沿岸、九龙至广州、浦口至信阳、苏州经杭州至宁波等五条铁路的要求。清政府表示,除津镇铁路另议外,其他基本可行。

津镇铁路是贯穿中国南北的主要干线之一,当时列强对该路路权展开了激烈的争夺。由于该路北段必由山东境内穿过,已将山东划为其势力范围的德国志在必得。德国驻华公使海靖态度强硬地向总理衙门表示:"德商请办津镇铁路,出自国家之意。如果不允,中德交谊就此中止。语甚决绝。"清政府不敢得罪德国,遂听任英、德两国自行达成共同承筑该路的协议。清廷任命许景澄为该路督办,张翼为帮办,与德商德华银行、英商汇丰银行订立借款草合同,并于 1899 年 5 月 22 日奏经朝廷批准。合同规定:津镇铁路"分为南、北两段,德商承办天津至山东峄县一段,英商承办峄县至江苏镇江一段"③;共向英、德借款 740 万英镑,年息 5 厘,期限 50 年,"亦可在三十年后用官款或商款提前清还工";"自开办借款日起,约五年内全路造成","在借款未

---

① 《东方杂志》庚戌六月第 6 期,"记载第三",第 158 页。
② 李侃等:《中国近代史》,中华书局 1994 年第 4 版,第 227—228 页。
③ 宓汝成编:《中国近代铁路史资料》第 2 册,中华书局 1963 年版,第 433—434、400、792 页。

清还以前,即委该银行代为经理"。① 英、德勘路毕,清廷于 1902 年 8
月任命袁世凯为该路督办大臣,由袁派令津海唐道唐绍仪、候选知府
梁如浩与英、德商订正式借款合同。直隶(今河北)、山东、江苏三省
官绅商学界群起反对,他们疾呼:"若此路入英、德之手,是直隶、江苏、
山东永为英、德势力范围。平时则妨我主权,事事牵制;有事则南北隔
绝,声势不通。中原全局,关系甚巨",强烈要求废除草约,停签正约,
由三省集资自办该路。1908 年 1 月 13 日,督办铁路大臣张之洞等奏
准:改津镇铁路为津浦铁路,仍与英、德签订合同,共借款 500 万英镑,
年息 5 厘,期限 30 年,"十年后全数清还,每百镑加还二镑半,二十年
后无须加价"。同时奏准:"迨至第十年后,中国国家清还借款之时,
拟恳天恩准令三省绅商自集成本,将此项股票拨与一半,任其收回";
"三省绅商应于此十年中预计其境内路线共长若干,赎路之时应摊收
回股票银若干,早为设法集款"。因津镇改为津浦后,铁路经过安徽境
内,直隶、山东、江苏、安徽四省绅商成立四省预筹津浦铁路商股有限
公司,各省分别推举总、协理(名单见表 14-2),拟定招股章程,分别
由四省"各按地段,认筹股款。此四省内居民,不分满汉,不论有无官
职,一律入股",计划于 10 年内招齐赎路款之半 2050 万两库平银;10
年后铁路赎回,公司改名"官商合办津浦铁路商股有限公司"。并郑
重声明:"此路既经奏明十年后官商合办,应请奏定永远合办,无论何
年不得退还商股,以昭大信而广招徕。"②

表 14-2　四省预筹津浦铁路商股有限公司总理、协理名单

省份	总　理	协　　理
直隶	严修、李士钤	张允言、刘彭年、孟庆荣、李焜瀛、恽毓鼎、史履晋、王毓芝、冯恕
山东	王塸、柯绍忞	王宝田、田智枚、管象颐、杨圣清、徐坊、赵秉璋、李继沅、赵录绩
江苏	黄思永、姚锡光	顾瑗、刘钟琳、周廷弼、祝大椿、单镇、王季烈、胡玉缙、刘显曾
安徽	冯士锜、袁大化	李经畲、李经楚、方履中、马振宪、苏锡第、洪恩亮、陈惟彦、康达、李榘、汪彭年

---

① 宓汝成编:《中国近代铁路史资料》第 2 册,第 404 页。
② 宓汝成编:《中国近代铁路史资料》第 2 册,第 815—816 页。

英国取得浦信铁路借款承筑权后,督办铁路总公司盛宣怀与英商怡和洋行(代表汇丰银行和英国银公司)于 1899 年 1 月 6 日签订浦信铁路草合同,比照沪宁铁路向英国借款 300 万英镑,年息 4.5 厘,期限 50 年。① 因该路必由安徽境内经过,安徽绅商曾指出:"浦口至信阳州(铁路),虽经测量,路线未定。以直线论,江浦县与滁州毗连,必经滁州、凤阳府、颍州府而达信阳州,名为浦信,实占江苏省地只江浦一县,占河南省地只光州一州、汝宁半府,占皖省地则两府一州。以三省自主之权论,皖省所失者,较河南省倍之,较江苏省则十数倍。以地势论,此路在皖北横穿而过,又将皖北划分为二。"鉴于该路对安徽影响较大,他们力图加以阻止,尝公开建言:"尚幸正约未定,应速公呈外、商两部,声明浦信关系皖省铁路大局,将来议正合同时,应公举一代表人会议,力与磋磨,令其绕越,改浦信之路自许州府之京汉干路起,经陈州、归德,以达江苏淮徐之津镇铁路。路线稍长,获利较厚。各国争来造路,重在获利,从卢汉接沪宁与接津镇毫无区别,何必坚执浦信,损人更不利己。以此立论,或可挽回。"②1908 年 6 月 12 日,英国驻华公使朱尔典照会外务部,要求签订浦信铁路正约。外务部先告以"津镇铁路已改建至浦口,今昔情形已迥不相同";"非俟津浦铁路告成以后,万难将此事办理"。后干脆申明:"浦信一线但能通运皖豫两省少数之客货,其势必不足以养路";"如办浦信,国家徒重负利息,将来无利可图,还款愆期,收回必无可望";"按诸地方窒碍情形,舆论尤皆不以为然",严词加以拒绝。3 年后,朱尔典旧事重提,且指责清政府"有意视英商利益为无足轻重"。外务部函告邮传部:"英使既援旧约为据,并允将原线酌改,若一意坚拒,彼必不甘心作罢。为今之计,可否即就改线一层与彼另商通融办法,总期路事有裨于成,约亦不致违背,庶可相机议结。"③双方尚未达成协议,清王朝就被推翻了。

---

① 参见宓汝成编《中国近代铁路史资料》第 2 册,第 452—453、445—447 页。
② 《东方杂志》丙午三月第 3 期,"交通",第 73—74 页。
③ 宓汝成编:《中国近代铁路史资料》第 2 册,第 893、894 页。

第五节　立宪运动在安徽

1900 年 8 月,八国联军占领北京,慈禧太后挟光绪帝逃往西安。经此惨痛教训,以慈禧为首的清朝最高统治集团亦认识到变革的必要性。翌年 4 月,清廷成立督办政务处,自此陆续推出了一系列新政。日俄战争中,主张实行君主立宪制度的日本取得胜利,国内掀起一片立宪的呼声。1905 年 8 月,清廷派五大臣出洋考察宪政。次年 9 月 1 日,正式宣布"预备仿行宪政"。资产阶级立宪派群情振奋,连续发起国会请愿运动,以促使清政府早行宪政。立宪运动波及全国,安徽也成立了相应的机构,并进行了一系列宪政筹备工作。

一、安徽立宪派的形成

清末新政至预备立宪期间,安徽的政权体制、教育制度发生了不同程度的变化,并出现了一些新的社会团体和新闻媒介。新的政权机构、新式学校、新型社会团体和近代报刊的出现,客观地反映了社会组织方面的变化,有利于立宪派的形成。

安徽地方政权体制的变化,起先是根据清朝中央政府改革官制的谕令,增设了学务处、警务公所、劝业公所,并相应增设了劝业道、巡警道,改学政为提学使,同时设立全省矿务总局、商务总局等机构。1908 年以后又按照清政府的统一部署分年筹备宪政,先后设立宪政调查局、地方自治研究所、筹办宪政考核处、宪政筹备处,分别作为宪政筹备、督察、主持机构。1909 年通过选举成立省咨议局,有议员 83 人。翌年,各州县选举成立了地方自治议事会和董事会。此外,司法方面,于 1909 年设立审判厅筹备处和审判研究所。翌年在省城安庆分设高等审判厅、地方审判厅、初级审判厅各一所。在芜湖分设地方审判厅、初级审判厅各一所,"各级检察厅即附于内"。财政方面,先后设立财政统计处与清理财政局,统计财政收支情况,准备编制财政预算。上

述变化中,仅咨议局的成立使封建专制政权打开了一线缝隙,为士绅议政、参政提供了可能。其余的或主要局限于政权的组织形式,不过是增加或改换了部分机构名称;或仅仅用于装潢门面,为了欺骗舆论。这些既不可能改变封建专制的实质,也不可能给人民以民主权利。但是,新政权机构的出现,客观地预示着沿袭了两千多年的封建政权体制已趋于解体。

安徽的新型社会团体主要有三类:一类是商会。1905 年芜湖商务总会最先成立,"由各帮商董公同组织,推举总协理,延请文牍坐办,并捐开办经费五千两"。3 年后各地商务总会、分会增至 12 所,1911 年增至 33 所。一类是教育会。1906 年成立安徽全省教育总会,此后两年相继成立皖北教育分会和皖南教育分会,各州县教育会 1906 年至 1910 年陆续成立了 25 所。一类是路矿会。主要是为维护路矿权益而成立的,大多与收回铜官山矿权有关。1905 年至 1909 年先后建立过安徽全省铁路办事处、全省矿务总公司、安徽铁路公司、全省路矿公会、芜湖路矿公会、安徽矿务保存会、铜官山矿抵制会等。上述社会团体绝大多数掌握在士绅手中,一方面体现了安徽资产阶级力量的薄弱,另一方面也表明士绅阶层已经开始分化,其中的一部分正在向资产阶级转变。这些由民间自发形成的社会团体,反映了人们对近代工矿、交通、教育事业的日益关心,反映了部分士绅对于投资兴办近代企业产生了浓厚的兴趣。遗憾的是,由于资金、原料、市场等客观条件的限制,安徽资本主义并未取得长足的发展。

随着资本主义生产关系的出现、封建政权体制的新的调整和变更,尤其是新式学校兴办后,新知识分子群体的形成和近代报刊的刊行,至辛亥革命前夕,安徽社会在心理层面上也发生了一定的变动,社会各阶层间或多或少地形成了一些新的社会意识。

(一)经商意识

中国封建社会的历代统治者一贯奉行重农抑商政策,封建士大夫竞相以"重义轻利"相标榜,士农工商中商人被列为四民之末。所谓"君子喻以义,小人喻以利",经商牟利历来遭人鄙视。近代以降,西学东渐,人们的价值观相继发生了变化。起先是洋务派打着"求富"旗号兴办官督商办企业,继之是早期维新思想家提出"商战"口号,随后资产阶级中开始有人信奉"实业救国"思想。安徽近代资本主义虽然相对落后于全国,但发轫较早,通过长时间的耳濡目染,人们在潜移默化之中形成了新的社会意识。在皖北比较偏僻落后的涡阳县,"辛亥以前,拥资者醉心商业,视置产为迂图"①。这里的商业,是当时通行的一种广义的说法,实际包括兴办工矿企业、交通事业等实业活动,所谓经商意识,实际指兴办近代实业以营利的愿望。当时,在芜湖、安庆等安徽中心城市掀起的有限的兴办实业热潮,就是这种经商意识的外化。连安徽巡抚也一度视"开辟利源为当务之急"②,积极支持民间开矿筑路,并称"皖绅自办铁路,洵为振兴商业之要举"。一般市民更认为:修筑铁路"实皖省富强之基,莫大之利益也"③。兴办实业以求利,不但被视为致富之途,而且被视作求强之道,一时成为时尚。

(二)国民意识

封建社会历来是"刑不上大夫,礼不下庶人","民可使由之,不可使知之"。广大群众被压在社会最底层,封建统治阶级役之为牛马,视之为愚氓。清世之季,民权说兴,封建统治者有时不得不俯视舆情、顺从民意。一般市民也逐渐意识到自己作为国民一分子所应享有的权利、承担的义务。这在收回铜官山矿权运动中表现得最为明确。安徽市民的中坚——绅商声称路矿权益为"生民命脉之所关",已经突破了"溥天之下,莫非王土"的陈旧观念。他们一再以"铜官山矿务已动全体公忿"、皖人"万众一心,坚持废约"向清政府施加压力,并自派代表进京与英方谈判,表现了一种国民权利所在、理应当仁不让的精神。谈判中,安徽绅商代表宣称:"同人此次奉全体同乡命来争废约",若"议稍通融,则何以对数千万之皖人耶?"④申明了他们以国民代表身份维护国民权益的正义性。安徽绅商筹划集资自办铜官山矿时,"怀

① 黄佩兰等:《涡阳风土记》卷八,第14页。
② 《东方杂志》1卷9期,"实业",第152页。
③ 冯煦主修:《皖政辑要》邮传科卷九三《铁路》。
④ 《民呼日报》,1909年6月4日,6月19日。

宁中学堂由职员、教员、学生以及斋夫共认四千三百六十股,计洋二万零九百元",体现了市民中的一个特殊部分——教育界人士的国民意识。合肥县民众因"生计艰难"求见县令黄某遭到拒绝,遂"蜂拥而入"、"拳足交施",将该县令揍了一顿。① 这是下层市民国民意识的一种曲折反映。

（三）参政意识

庶民议政、干政是封建专制政权的死敌,历代封建帝王无不对"民气嚣张"极度仇视。但是,随着市民国民意识的觉醒,人们势必要以国民权利的得失为标准来评判政府的行政,势必要反对违背国民权利的政策、法令,于是开始萌发参政意识。安徽人民不顾政府的意愿,坚持要求收回铜官山矿权,并直接派代表与英方谈判,实际上就是一种参政行为。待到清政府为收买人心、欺骗舆论而预备立宪时,各省有咨议局之设,州县有地方自治之举,市民阶层以为有了正当的参政途径,于是表现了更为强烈的参政愿望。安徽咨议局成立后,"所议事件咸能以为人民谋幸福六字为宗旨",曾因皖抚不愿提交全省财政预算、决算方案,"全体议员协力与之争执,几至决裂,终达交出之目的"②。这说明他们对省政已有一定的参与权。四川保路运动期间,安徽咨议局致电资政院,称:"川人争路非乱",要求代为奏请"速先释放"被川督赵尔丰逮捕的蒲殿俊、邓孝可等人,③表现了参与国政的愿望。1910年春,南陵县因灾缺粮,"绅、学界主张禁止运米出口,商界不以为然,争持不决",知县程某只好提交自治会讨论,最后遵从绅界和学界的意见,下令"封禁稻米出口"④。表明州县市民阶层也曾在一定限度内参政。

（四）民族意识

中国古代一直存在着民族冲突与融合问题,但主要是国内各民族间的矛盾与冲突,结果往往以先进的中原汉文化吸收、融合落后的边

① 《民呼日报》,1909 年 6 月 28 日,6 月 17 日。

② 1910 年 10 月 26 日《民立报》。

③ 《盛宣怀档案资料选辑之一·辛亥革命前后》,上海人民出版社 1979 年版,第 166 页。

④ 《东方杂志》庚戌三月第 3 期,"记载第一",第 45 页。

疆少数民族文化,即少数民族被汉化而告终。人们对于民族文化的认识始终停留在"夷夏之辨"、"用夏变夷"等观念上,表现了先进民族的优越感。近代西方资本主义侵略中国,民族问题发生了本质的变化,文化上的先进与落后之分也颠倒了位置。大多数顽固守旧的封建士大夫仍然高唱着"严中外之防"、"明华夷之辨"的老调,只有少数人开始理智地思索民族问题,提出"师夷长技以制夷"等主张。戊戌维新时期,鉴于列强掀起瓜分中国的狂潮,维新派提出"救亡图存"、"保国保种保教"的口号,标志着近代民族意识的形成,人们对于帝国主义侵略有了比较科学的认识。拒俄运动中,部分安徽市民中的激进分子——进步青年在安庆藏书楼举行演说会,号召人们"发爱国之思想,振尚武之精神";"宁为国民而死,不为奴隶而生";"与各省通声气,相连络,以御外侮,以保主仅",①就是这种民族意识的体现。后来,"戴生昌轮船公司曾在内河行驶的小轮上悬挂日本国旗,当时许多青年人认为非常有辱国体,纷纷起来反对",终于迫使该公司"从小轮上扯下'太阳旗'"②。人们能够自觉地起来维护民族尊严,说明近代民族意识已经深入人心。

(五)主权意识

近代民族问题内容十分广泛,其核心是主权问题。洋务派最先提出要"挽回利权",维新派号召"保国"也主要是维护国家主权。20世纪初国内普遍兴起收回利权运动,主权问题一时成为社会各阶层所关注的焦点,主权意识亦随之普及于社会。在安徽,连地方官员都认为:皖人筹款自筑铁路,"洵属有裨路权",并奏准设立全省矿务总局,"以保自有之权利,以立开办之基础"③。一般市民更视"路矿为领土利权之所在"④,认为外国人在华开矿筑路是"侵我主权",我国不能收回自办是"自失主权"⑤,因而掀起了轰轰烈烈的收回铜官山矿权运动。收

---

① 杨天石、王学庄:《中华民国史资料丛稿·拒俄运动》,第173、167、172页。
② 安徽省政协文史资料委员会编:《安徽文史集萃丛书之一·辛亥风雷》,第139页。
③ 《东方杂志》1卷9期,"实业",第152页。
④ 冯煦主修:《皖政辑要》邮传科卷九三《铁路》。
⑤ 1909年5月26日《民呼日报》。

回该矿后设立的泾铜矿务公司所订招股章程规定："本公司但收华股，非华股者查出作废"。① 商办安徽全省铁路有限公司章程也规定："本公司拟全招华股，不招洋股，以合自办二字……"②这表明安徽市民已经能够自觉地维护路矿主权了。

（六）群体意识

清朝末年，广大民众特别是城市居民中已有越来越多的人开始关心时政、参与社会事务，并认识到：改变社会现状决非一人一时所能办到，必须经过大多数人长期不懈的努力。于是懂得了团结的重要，普遍萌发了群体意识。安庆藏书楼演说会发起人陈独秀等出于"非集合群力，不足以图存"的认识，倡导人们"除平日为己之私见，当守合群爱国之目的"，"结成永久不散的团体、百折不挠的魄力"。会后发起安徽爱国会组织，以"结合士群为一团体"③。安徽市民普遍认为：开矿筑路必须"预先组定机关，联合团体，广采众论，为群策群力之谋"④，方易于奏效；收回铜官山矿权，更需要"万众一心，坚持废约"⑤，才可能成功。20世纪初安徽大地上如雨后春笋般出现的许多商会、教育会、路矿会及革命组织，就是这种群体意识的真实写照。

新社会意识所体现的民众心理变迁是社会变革的前兆。经商意识使人们对发展资本主义产生了兴趣，随着价值观念的转变，更多的人转化为资产阶级或成为资产阶级利益的代言人；国民意识和参政意识的出现必然导致人们对封建专制制度的厌恶痛恨，使之更容易接受资产阶级的民权学说和民主制度；民族意识和主权意识是与帝国主义抗争的产物，反过来又加剧了这种抗争，促使人们为改变中华民族的屈辱地位而探求改革之路；群体意识有利于民众力量的集结和种类社会组织的发展。

---

① 1910年5月1日《时报》。

② 冯煦主修：《皖政辑要》邮传科卷九三《铁路》。

③ 杨天石、王学庄：《中华民国史资料丛稿·拒俄运动》，第167、169、173页。

④ 冯煦主修：《皖政辑要》邮传科卷九三《铁路》。

⑤ 1909年5月30日《民呼日报》。

总之,20 世纪初年,安徽社会各方面都发生了较为显著的变化,为筹备宪政提供了必要的条件。安徽立宪派正是凭借着这些条件而登上了社会政治舞台。1908 年 7 月 29 日,安徽士民代表曾向清政府"呈递国会请愿书"①。

二、安徽咨议局成立及其活动

清廷派五大臣出洋考察宪政期间,曾设立考察政治馆,负责搜集、整理、编纂有关宪政的资料。清廷宣布"预备仿行宪政"后,于 1907 年 8 月将考察政治馆改为宪政编查馆②,作为宪政的具体筹划机构。10 月,宪政编查馆通知各省相应设立调查局,"局设总办一人,分法制、统计两科,各设科长一人;每科各析分三股,酌设管股员,均由本省督抚选派。并单开办事章程十三条"。安徽巡抚冯煦奏调"曾从五大臣出洋考察,于中外政术洞悉靡遗"的法部参事上行走候选道刘钟琳、"曾在日本学习法政"的度支部额外主事刘泽熙、"曾充法国使臣刘式训随员,于法政亦多研究"的分省补用知府尹彦铄来皖办理调查局事宜,因所在部门扣留不放而未果。次年 4 月 8 日,冯煦"择地设局",任命"器识明通,志趣端谨,于新旧法政均能观其会通"的分发试用道顾赐书为总办,"饬令妥订章程,详细调查,按类分编,以备编查馆之采辑。并照章通饬司道及府厅州县各衙门添设统计处,就该管事项分别列表汇送该局,以收通力合作之效"③。

安徽宪政调查局很快列举分期调查之科目,计划"分为三期,每期以四十日为限"④,逐一完成调查事项。

① 《东方杂志》戊申八月第 8 期,"记载",第 43 页。
② 故宫博物院明清档案部编:《清末筹备立宪档案史料》上册,中华书局 1979 年版,第 45—46 页。
③ 张湘炳、蒋元卿、张子仪编:《辛亥革命安徽资料汇编》,第 180—181、181—182 页。
④ 张湘炳、蒋元卿、张子仪编:《辛亥革命安徽资料汇编》,第 183 页。

表14-3　安徽宪政调查局分期调查计划

	法制科		统计科		
	第一股	第三股	第一股	第二股	第三股
第一期	民情、风俗、绅士办事及诉讼事习惯	外务科、民政科、度支科	赈灾细别表、慈善事业表、庵坛寺观种类表	教育统计表	驿传处所道里及夫役行台表、驿传岁支表、农田表、官办林业表、官办工艺表、官办矿务表、官办矿务细别表、民办矿务细别表
第二期	商事习惯、民商事共同习惯	吏科、学科、司法科	地理统计一览表、区域一览表、自治机关组织及人员配置表	司法统计表	义渡表、桥梁表、民有信局收发信件表、诸车表、茶业表、丝业表、棉业表、食盐表、土药表
第三期	民事习惯	礼科、农工商科、邮传科、军政科	地方公费收支表、工程统计一览表、人口户籍表、人口职业表、外交统计表	——	通常道里表、水道表、商船表、畜牧表、渔业表、民有工艺表、坊业表

　　随后,安徽宪政调查局又制定了调查法制方策,将有关调查项目进一步细化。如:法制科第三股所负责的调查项目"外务科"与"吏科"各包含四项内容,每一项下面又分为诸多细目。

　　外务科:

　　(一)洋务局之组织

　　甲:设立之缘起及局章之修订删改;乙:局员之额数及分科办事大概;丙:经费之约计及自何处支放。

　　(二)外国官吏之地位

　　甲:各国设置领事之先后及驻扎地方、馆员额数;乙:各国领事对于本省官吏相见之礼节及行文之方式。

　　(三)通商之沿革

　　甲:商埠之界址及经营大概;乙:租界之警察权;丙:租界之裁判权;丁:租界之华官管理权限;戊:租界之税关轮埠章

程;己:洋货进出口税则及额数对于历年约章之比较;庚:外人游历护照有无限制及保护之方法如何。

（四）传教之种类

甲:各国宗教之流派;乙:各国传教之主教、牧师、神父及各属教民之多寡;丙:教堂、教会之种类、处所、产业及附设之医院、学堂等事项。

附见类:铜官山矿案之概略（此外如尚有外人干涉利权之事即列入此类调查）;外人受雇于各关、厂、学堂之人数以及类别。

吏科:

（一）各官之额缺

甲:抚、司、道及其署内属官之额;乙:府同通、直隶州之额;丙:州、县之额;丁:佐贰、教职之额缺。

（二）各官之廉俸（公费附此项）

本项分类一如前条

（三）选补委署之轮次

甲:各缺之专归内选者;乙:各缺之专归外补者;丙:各缺之选补相间者;丁:各项班次补缺大小轮次;戊:候补各员轮委、酌委、超委章程。

（四）级纪功过之积算

甲:种类（如词讼命盗及钱粮新政之类）;乙:奖劝（如议叙及记大功数次以上之办法）;丙:抵消（分别准抵不准抵）。

附见类:书吏之规费及其责成;差役之规费及其责成。①

就所列计划而言,应该是相当全面而详细的。至于宪政调查局与各衙门的统计处能否切实按照计划完成调查任务,以及调查的结果与宪政实施的成效有何关系,则又另当别论了。

1908年8月,清廷宣布立宪预备期限为9年,颁布了《钦定宪法

<hr />

① 张湘炳、蒋元卿、张子仪编:《辛亥革命安徽资料汇编》,第185—187页。

大纲》和《议院未开以前逐年筹备事宜清单》。清单罗列宪政预备事宜达 92 条之多，"按其内容实只得十四项：一曰设立咨议局、资政院，二曰调查户口，三曰编纂法典，四曰司法独立，五曰办理巡警，六曰办理地方自治，七曰编订官制、官规，八曰清理财政，九曰编国民课本，十曰变通旗制，十一曰设行政审判院，十二曰设弼德院，十三曰颁布宪法，十四曰颁布议院法及选举法"①。要求各级政府机构按清单逐条办理，"责成内外臣工每届六个月将筹办成绩胪列奏闻，并咨报宪政编查馆查核"。

宪政筹备第一期至光绪三十四年十二月底止，安徽设立了咨议局筹办处，拟定议员选举章程，"将选举理由编就白话告示，广为张贴"，"派员分赴城乡先期演讲，释其疑阻"。同时于省城设立自治研究所，原"拟由各属选送士绅，授以自治法理"；后"因各属选送未齐，即由省垣就近招考，合格者得七十二名，先行入所研究"。第二期至宣统元年 6 月底止，皖省筹办了咨议局议员选举、筹办城镇乡地方自治、调查全省人户总数、调查岁出入总数、筹办省城及商埠各级审判厅、设置各厅州县巡警等事项。其中以咨议局议员选举最为重要。3 月下旬造就选举人名册，"综计全省选举人七万七千九百零二名，以应选议员八十三名，如额分配，于四月初一日举行初选，六月初十日举行复选"②。各府、（直隶）州议员分配名额与当选的议员姓名如表 14 - 4③：

表 14 - 4　安徽省咨议局议员姓名录

府、州	姓　　名	人数（个）
安庆府	方履中、何锡祺、赵继椿、葛天民、姜冕、王宏祖、产绍泗	7
徽州府	黄家驹、洪廷俊、江谦、赵文元、吴翔藻、周懋和	6
宁国府	徐乃光、袁一清、杜树荣、陶琨、郑锡章、江翰、钱光德、舒学谦	8

　　① 沧江：《论政府阻挠国会之非》，见张枬、王忍之编《辛亥革命前十年间时论选集》第 3 卷，三联书店 1978 年版，第 638 页。

　　② 张湘炳、蒋元卿、张子仪编：《辛亥革命安徽资料汇编》，第 191、192、193 页。

　　③ 《东方杂志》己酉九月第 10 期，《附录·各省咨议局议员姓名录》，第 7—8 页。

府、州	姓　名	人数(个)
池州府	周学铭、高炳麟、林之楠	3
太平府	朱曾荫、陶冠禹、鲍文镳、潘祖光、鲁式金	5
庐州府	陶镕、李国筠、丁葆光、李克贤、李国松、王树功、徐敬熙、张树锜、王善达、周行原、高慕尧	11
凤阳府	营元纯、郑灿章、孔广煜、宫元铠、柳汝士、王苃臣、卢彦、范锡恩、张纶、徐甲荣、常球芳、方式谷、王庆云	13
颍州府	刘嘉德、张念典、宁继恭、窦以班、蒉万和、吕擢恩、卢玛璠、倪毓桐、常凝章、罗炳圻、杨孟春、魏咀华、田金声	13
广德州	董献章	1
滁　州	朱钟鼐、黄厚裕、李炳辉、盛元龙	4
和　州	夏华藻、谢家法、严道治	3
六安州	张泽春、陈绍棠、方干、萧文英	4
泗　州	孙锦城、张祖维、秦其增、孟继铭、张仲煊	5
合　计		83

　　8月下旬,皖抚朱家宝奏请在巡抚衙门内设立筹办宪政考核处,"并拟办事简章,别为编制、审核两科,选派文案、委员中谙习法政各员兼司核办。为之解释章程,计算期限,核定功过,编制报告,分饬各州县局处,未办者促其进行,已办者核其成绩。按月将筹办各政列表钩稽,刊入官报,俾众周知"①。

　　宪政筹备第三期至宣统元年十二月底止,安徽咨议局正式成立,除续办上期未及完成各事项外,又举行了资政院议员选举、开办厅州县简易识字学塾。

　　1909年10月14日,根据清政府的统一布置,安徽咨议局正式开会,所讨论的议案,部分是由安徽巡抚"核定交议者",部分是"由该议员等呈请施行者,计陆续呈送各案五十余"②。

　　宪政筹备第四期至宣统元年六月底止,除续办未完事项外,安徽

---

①　张湘炳、蒋元卿、张子仪编:《辛亥革命安徽资料汇编》,第192页。
②　张湘炳、蒋元卿、张子仪编:《辛亥革命安徽资料汇编》,第196页。

又开展了厅州县地方自治、厘定地方税章程、试办预算决算等项筹备工作。

  安徽的宪政筹备工作在很大程度上是奉命行事，完全按照清政府的计划进行的，其成效亦乏善可陈。但尽管如此，宪政筹备工作在客观上仍具有开通社会风气、启发民主意识的作用。

第十五章

辛亥革命及清政权在安徽的终结

辛亥革命是由各省区革命斗争汇聚而成的全国性的大规模的革命运动。不同的省区在不同的时间所发生的革命活动,以其独特的内容、形式和特点构成了这场革命运动的不同组成部分,发挥了不可替代的作用。安徽各地的光复,以皖北地区的淮上军起义最有特色。皖北因而一度成为革命军北伐的前沿阵地,具有十分重要的历史地位。

第一节　人民的抗捐斗争与饥民暴动

晚清政府在财政上早已入不敷出,一次次战争赔款更加剧了财政拮据,为了偿付赔款而举借外债不啻为饮鸩止渴。清朝统治者不但把沉重的赔款和外债本息摊派到各省,最终转嫁到民众头上,而且为了举办新政,又增加了名目繁多的苛捐杂税,从而激起了广大民众的反抗。同时清末严重的水旱灾害进一步把下层民众驱向死亡的深渊,引起了普遍的抢米风潮和饥民暴动。

一、人民的抗捐抗税斗争

20 世纪初年,巨额的战争赔款和外债本息已成为压在中国人民头上的沉重的经济负担。仅就安徽省而言,当时被摊派的还款任务主要有:庚子赔款总数 4.5 亿两,分 39 年还清,本息共 982238150 两,前几年每年偿还本息 18829500 两,安徽省每年摊还 100 万两。① 清政府"光绪二十一年正月初一日借汇丰洋行三百万镑,常年六厘行息,分二十年清还",每年上半年由安徽省拨银 5 万两,下半年由"安徽省裁减经费办公盈余"中拨银 7 万两;"光绪二十一年闰五月初六日借英商克萨款一百万镑,周年六厘行息,分二十年清还",每年上半年由安徽省拨银 5 万两;"光绪二十一年闰五月初九日借俄法商款五万万法郎,周年四厘行息,分三十六年清还",安徽省每年摊还白银 12 万两,另镑亏 120 余万两亦分别由各省分年负担,安徽省又加拨 3 万两;"光绪二十二年二月十九日借英德商款一千六百万镑,常年五厘行息,分三十六年清还",连同镑亏 132 万两,安徽省每年除由"地丁、盐课、盐厘、货厘、杂税等款项下指拨"白银 17 万两、加拨 4.25 万两外,另由"淮南四岸"盐斤加价项下指拨 13 万两,由芜湖海关洋税、洋药税厘项下摊拨

---

① 《光绪朝东华录》卷一六九,第5—6页。

5万两；此外，皖岸盐厘还被划为续借英德洋款的抵押。① 清政府举办各项新政所需款项也要由各省分担，各省实施新政亦动需巨款，往往要加抽捐税。仅编练新军费用，摊派到安徽的就有烟酒加税20万两，另有"酌提州县浮收归公及整顿田房契税"②15万两。当时，安徽境内的捐税种类繁多，大致有货厘、盐厘、茶厘、酒税、烟酒加税、土药（国产鸦片）额税、牙税、田房契税、牛猪税、花布税、商税、船税、牙帖原额税、茶税、鱼税、房租捐、铺捐、米捐、瓷器统捐、丁漕加捐、典捐、牙捐、出口米捐、盐斤加价、茶厘加成等名目。甚至有些州县为了推行新政，也要加抽捐税。如："桐城县办理警察，抽收田捐以充经费，议定官督绅办，合邑田亩计三千二百余顷，按亩抽捐一分五厘，岁可得银四千八百余两，限于上下完忙之际，由各业户投柜征收"③。

这些沉重的捐税负担强加在广大民众身上，本来已属竭泽而渔，但经办官吏还要从中上下其手，借以渔利。皖北涡阳县"每正银一两，共耗银平余计值银二两二钱有奇，而解款正耗仅止一两一钱。漕米正杂，每石解银二两零，折收钱六千五百，共合银五两有奇。官缺之肥，无过斯时"④。皖南绩溪县"刘令以信纵容幕丁书役，浮收钱粮，每银一两较之往年既加收钱二百文，每洋一元又抑作钱八百七十六文，核计民间完纳正银一两，该令取盈至九百余文之多"⑤。

即使年成较好，农民一年农副业所得，收入极为有限，罄其所有，以纳捐税，犹嫌不足，不得不借债以应急，又要忍受高利贷的盘剥。皖西霍山县农民"称贷豪家，又苦乘其窘急，或稻放麦利，麦放稻利，尝倍取而有加；石收五斗，石加六斗，且过期而生息；遂至逋负山积"⑥。皖南南陵县"农民有豆钱、麦钱、稻钱等债，如秋后借银币一元，加息豆二十斤，以腊月为偿期，谓之豆债。至期不能偿，将本移作麦钱，又加息麦二十斤，以端午为偿期，谓之麦债。至期不能偿，移作稻钱，又加息

① 《东方杂志》1906年第5期，"财政·中国国债赔款清单"，第88—92页。
② 张湘炳、蒋元卿、张子仪编：《辛亥革命安徽资料汇编》，黄山书社1990年版，第271页。
③ 《东方杂志》1906年第8期，"内务"，第185页。
④ 黄佩兰等：《涡阳风土记》卷八，民国十三年版，第2页。
⑤ 光绪三十二年八月二十九日《时报》。
⑥ 何国祐等：《霍山县志》卷一三，"艺文"，光绪三十一年版，第22页。

稻二十斤,以中秋为偿期,谓之稻债。每本银一元,以三季合算,应偿息谷六十斤。无豆、麦、稻,以每石估价两元比例之,则子已超过母矣"①。

广大民众在生存权利毫无保障的背景下,相继展开抗捐抗税斗争。1906 年,芜湖地方官府加抽米捐、增收路矿捐,引起商民反对,全市各商号相继罢市。1908 年,滁县境内增设税卡,致使肩挑手提小贩都要纳税,严重影响到民众生活,7 月 10 日全县各乡镇一起罢市,抵制设卡收税。是年冬,宿州东岸盐局再次加抽盐捐,当地盐价随之上涨,引起民众极大愤恨,商民一起捣毁了该盐局。后该地仍一再加抽杂捐,盐又多次涨价,群众曾再次将盐局打毁。

由于清末新政增加了民众的捐税负担,进一步加剧了他们生存的艰难,下层民众大多对新政持抵制态度,安徽一些州县民众反对调查户口的事件,即是这方面的最好例证。

1908 年以后,清政府为了预备仿行宪政,要求各地调查户口,编订门牌。各级地方官吏在实施此项新政过程中,向民众摊派了一些捐税,从而激发了反抗调查户口的事件。

1910 年夏,安徽南陵县开始调查户口,"北乡忽来一游方医生王某,口称伊从江苏泰兴一带而来,目见该处调查户口人名册,一经报送到官,其家即全家死亡。盖此调查册系修造铁路所用,或填枕木,或顶桥梁,尔等速将册取回云云。一时愚民轻信其言,咸至调查员处索回草册"②。东乡调查员何明道家住洲上地方,"该处素称野蛮。某日二更时,忽锣声四起,乡民数百人,蜂拥至何宅,向索草册。何谓册已送交城内总局,乡民不由分说,即将其家拆毁,仓稻百余担抢夺一空。设非全家逃避,大有性命之忧。翌日,何到城哭禀,知县程某签差三名,驰往查办,讵该处乡民竟将来差一并捆起"③。未几,下东乡与宣城接壤之西河镇,"有数百人轰至调查员某家君,索取草册,并将其家围住,

——————————

① 徐乃昌等:《南陵县志》卷四,"舆地",民国十三年版,第 5 页。

② 中国史学会主编:《中国近代史资料丛刊·辛亥革命》(三),上海人民出版社 1957 年版,第 523 页。

③ 《东方杂志》1910 年第 6 期,"中国大事记补遗·安徽南陵县乡民滋事余闻",第 51 页。

声称如不将册交出,定行纵火焚屋。某君专人报县,适知县程荫堂奉委赴宣城,遂便道往该镇解散。闻当场拿获为首两人,交地保看管"。上东乡浦桥地方,"又有客民雷某啸聚愚民数百人,将调查员李开基、研究所教员潘崇基家肆行拆毁。李母年已八旬,闻警奔避,几乎淹死塘内。该客民自恃人众,复哄至地保某甲家,捣毁一空"。隔日,"余怒未息"的当地民众"复将教员秦良楷、叶维桢、叶书有三家拆毁,片瓦无存。又刀伤叶君左臂"。同时,"西乡工山坊某调查员家,亦被乡民围住,幸将草册立刻交出,始免扰害";"东乡清弋江镇又有愚民千余人,一面将警局围住,一面往各调查员家勒令退册。一时人声鼎沸,砖石如雨,警员臧某乘机逸出,未遭危险;而局中器具,业已打毁一空"。① "其后谣言传至南乡鹅岭镇三厘店刘定铺烟灯铺一带,滋事首犯为湖北人桂某,鸣锣集众,拟将调查员宋绍莱、李仲芳、万方策三家拆毁。宋等闻之,惧为所害,黈夜入县报告。当经程知县派差勇多人前往,将桂拿获,枷号该图示众。"西乡同春街毗连之花山地方,"亦有乡民向该处调查员徐君芝林家滋闹,声称非退还名册不可。徐谓此系朝廷新政,各省皆然,即如调查本图,我家首先列名册内,如有勾魂摄魄等事,岂能自害全家。众谓尔系捏造伪名。徐即将名册出示,以别真伪。众人当即将册撕成粉碎"。上北乡八都、九都暨上东乡新都等二三图等处,"亦有乡民闻风而起,幸为首者只将名册索回,并未野蛮行事。而各调查员亦颇见机,一经来索,即以奉还,故得无剧烈风潮",然"各乡调查员对于此次风潮,俱不寒而栗,纷纷至城辞职。总调查长陶绅琨百计挽留,奈各员畏祸,坚不担任"。知县程荫堂只好下令"暂将城乡调查停办,一俟风潮平静,再行接续办理"②。

稍后,和州(今和县)"亦以调查户口陡起风潮"。和州知州魏有声"先期并未晓示,又未派宣讲员临时宣讲,致无知愚民疑系调查生庚八字"。道路传言:"中国极贫,故将百姓生庚八字,卖与洋人,筑造五百里长之铁马路。又云:每五尺长,即用一人以顶桥梁",故当地民众

---

① 中国史学会主编:《中国近代史资料丛刊·辛亥革命》(三),第 523 页。
② 《东方杂志》1910 年第 6 期,"中国大事记补遗·安徽南陵县乡民滋事余闻",第 51—52 页。

群起反对。1910 年 6 月 25 日,和州十都民众将"调查员周德俭、常业元、李哲夫等家捣毁一空,若非避匿到城,几不免遭其毒手"。事件发生后,知州魏有声才派林敬至该处宣讲,然而为时已晚。四都、十都、二十五都民众"均起而响应之"。其中以四都风潮最为激烈,"四都调查员仉肇文,竟被愚民捽置水中,幸得人施救,乃免淹毙。各愚民见仉未死,遂纷纷向仉索还所书名姓。仉不得已还之。愚民意犹未餍,竟欲纠众逼令该员书写保字,保其不死,否则以刀将仉脔割。现仉惧罹斯祸,亦逃避到城,报由议事会转达魏知州设法维持"。反对调查户口的风潮迭起,"各都调查员见此反抗情形,咸以为前车之戒,已纷纷辞退调查之职矣"①。

二、抢米风潮与饥民暴动

清末 10 余年间,安徽连年遭受自然灾害,受灾区域广泛,灾情相当严重,本来就已生存维艰的广大民众进而陷入水深火热之中。

表 15 - 1　1901—1910 年安徽灾情表②

时间(年)	受灾州县数(个)	灾害类别
1901	44	水、旱、风、虫
1902	33	水、旱、风、虫
1903	36	水、旱、风
1904	27	水、旱、风
1905		
1906	40	水、旱、风、虫
1907	32	水、旱、风、虫
1908	31	水、旱、风
1909		
1910	56	水、旱、风

1901 年安徽和州保大圩被水冲破,被救百姓及凫水逃出者"不下

---

① 《东方杂志》1910 年第 6 期,"中国大事记补遗·安徽南陵县乡民滋事余闻",第 52 页。
② 李文治编:《中国近代农业史资料》第 1 辑,三联书店 1958 年版,第 722 页。

数千家",该州知州姚锡光"亲往查抚,见其鹄面鸠形,男啼女哭,老幼僵卧,妇女赤身,即在壮丁,亦半馁饿骨立,目睹心伤,令人泣下"①。1906年报载:"今岁中国饥馑之状,实为从来所未有。以江苏、河南、安徽、山东四省为最著。……据云此次中国灾荒之范围,约八万平方英里,被灾民数有一千五百万之多。"②1910年,"皖南宁国府属之宣城县,入夏以来,阴雨连绵。上季菜麦,收成歉薄……山河蛟水齐发,田庐竟成泽国。破去敬亭墟、嘉庆墟、九墟、十三旱大小墟,约田数十万亩余。其未破者,皆受损不少。迨二十五日蛟水又发,潮水又涨,较前势尤猛烈,连破大墟及四合墟、九室墟、中室墟、自墟、遥墟、杜墟,灾民哭声遍野,惨不可言"③。据传教士罗炳生调查:"皖北百姓,多言今年灾状,为历史上所罕见。以今年夏秋交之暴雨,实为历史记载中所罕见。故秋禾全数,悉被淹没。核其面积,约占七千英方里之广。人民之被灾而无衣食者,约有二百万。近数月来,死亡之惨,日甚一日。"④当年"十月以后,灾民流亡至清江浦者五十余万口,扬州、镇江、江宁三处亦十余万口"⑤。"查此次被灾之区,在皖省者,凤阳府属则宿州、灵璧、怀远为重,凤阳、凤台次之,寿州又次之;颖州府属则蒙城、涡阳为重,亳州次之,霍邱、阜阳、颖上又次之;泗州属则五河为重,泗州次之,盱眙又次之。皖南之宣城、南陵、贵池、宿松、繁昌、芜湖亦有偏灾,较轻于皖北。……凡灾重之区,邨庄庐舍,多荡为墟,流亡者十逾五六。每行数里十数里,罕见人烟,或围敝席于野中,或牵破舟于水次,稚男弱女,蜷伏其间。所餐则荞花芋叶,杂以野菜,和煮为糜,日不再食。甚则夫弃其妇,母弃其子,贩鬻及于非类,孑遗无以自存,惨切情形,目不忍睹。"⑥1911年,"春雨匝月,淮水盛涨,淹没麦苗,冲毙饥民,不可胜数"。"自去秋至今,饥毙人数多时每日至五六千人;自秋徂春至二月底止,江皖二十余州县灾民三百万人,已饿死者约七八十万人,奄奄

---

① 姚锡光:《吏皖存牍》卷下,第9页。
② 光绪三十二年十一月十六日《时报》。
③ 《国风报》第一年第17期,"中国纪事",第7页。
④ 《东方杂志》1910年第11期,"中国时事汇录·安徽灾荒之一班",第351页。
⑤ 张謇:《张季子九录·政闻录》卷一〇,第23页。
⑥ 冯煦:《蒿盦奏稿》卷四,第48页。

待毙者约四五十万人"①。"安徽迤南各州县,亦同被水患。"濒临长江南岸的东流县"四顾东土,淹没殆尽";该县之八都湖新筑堤埝于6月15日夜"被水冲决数丈,全湖田庐,均被淹没";怀宁县石牌镇下六里之许家畈"顷刻之间,竟成泽国";桐城县所属各小圩被水冲破,"遂致一片汪洋,浸禾苗于水底,淹屋庐于泽中,数万生灵,号泣昊天";贵池县属沿江南岸"江水陡涨数尺,洲圩尽成泽国";南陵县东北两乡"圩水弥漫,无从宣泄,淹没田禾,十失其九,现仍一片汪洋"。② 是年,"涡、蒙、灵、宿,被灾至重,往往数十里炊烟断绝。有地未被潦无人耕种者,有地为水没欲耕不得者"③。

在此期间,安徽各地相继发生抢米风潮,有的地方还发生了较大规模的饥民起义。

皖南地区,1901年安徽和州被灾后,知州姚锡光"正在该处办抚,而抢米呼冤日来于前,讯供缘由,皆因穷饿已极,不得不向亲故有米之家计借。而有米者方留以自顾,不与通融,遂至彼此争吵,因而滋事之徒,或十数人或数十人,硬行揹借"④。1906年6月,"安徽屯溪饥民掠食"⑤;"南陵县莠民夺掠过境谷米,并击毁衙署"⑥。9月下旬,"安徽青阳县会匪蠢动,皖抚恩铭檄派马队往剿"⑦。12月下旬,"安徽宣城县饥民滋扰,县令愤杀二十余人,几酿巨祸"⑧。是年,"徽州府各属米价翔贵,积谷者又复任意居奇,致令穷民蠢动,往往纠集成群,硬向米市抢夺"⑨。1907年3月中旬,"安徽太平府贫民劫米";霍山、六安、寿县交界处的隐贤集亦有"贫民劫米";当月下旬,"安徽芜湖一带迭出劫米案";4月上旬,"安徽繁昌县贫民劫米";"当涂县贫民,劫抢过境

① 张廷骧:《不远复斋见闻杂志》卷一〇,第1页。
② 《国风报》第二年第15期,"中国纪事",第7—9页。
③ 冯煦:《蒿盦奏稿》卷四,第59页。
④ 姚锡光:《吏皖存牍》卷下,第9页。
⑤ 《东方杂志》1906年第7期,"杂俎",第35页。
⑥ 《东方杂志》1906年第6期,"杂俎",第33页。
⑦ 《东方杂志》1906年第10期,"杂俎",第43页。
⑧ 《东方杂志》1906年第13期,"杂俎",第53页。
⑨ 光绪三十二年二月十九日《时报》。

赈米,拒捕辱官”。[①]

1910年春,南陵县东北两乡因上年灾情严重,“饥民至掬草根树皮以为食”,县城亦“因米粮踊贵,居民慌惧,绅学界主张禁止运米出口,商界不以为然,争持不决”。知县程荫堂召集绅各界代表至自治会讨论禁河问题,“绅学界到者甚多,乡民来城聚观者,亦不下千人”。因米商代表田紫芬坚持“须俟至四五月间,街市无米可买,始可与言禁河”,“众人大哄,会场秩序为之大乱”。程荫堂见会场秩序无法维持,遂在黑板上用粉笔大书“众人不可喧哗,本县三日后禁河”13字。“众谓再迟三日封禁,南陵稻米,将搬运一空矣。时观者愈聚愈众,喊声亦愈高大,会员目击情形,只得摇铃散会。”当田紫芬走出会场时,愤怒的乡民“齐声喊打”,又“随县令直至大堂”,迫使其宣布当晚禁河。并将某砻坊运至马仁渡的300石米抢劫一空。商界以田某被辱、米粮被抢,以闭市相抵制,“县令与绅学界步行大街,亲劝开市,众均不听”。四乡农民闻讯,“当即鸣锣通告,一时聚有数千人,在十字街一带,喊令商家开市”,适有乡民欲购买“洋油”与店家发生争执,“登时激起公忿,一哄而进,将该店玻璃厨架打毁多件。复哄至商会,将桌椅等件打毁一空”[②]。为防米商偷运出境,“遂合十三图,昼夜派人巡守河干,遇有米船出境,即行投石击沉”[③]。稍后,该县东乡西七连圩“田堤被水刷崩,田被淹没。该处乡民以圩破觅食无方,乃相率奔至戴陈吴刘四乡绅家,将稻米抢夺一空”[④]。

是年夏,“安徽和州去岁荒歉,小民盖藏匮乏,时启抢米之谣”。官绅被迫筹办平粜,每升米价45文,但规定“由购籴小民先期报领执照,开局时持照购米,否则纵给价值,亦无米可购”。实行未及一月,米商刘焯即以“亏耗甚巨”而欲中止,“令小民呈缴米照”。一时民情激愤,“四处匿名揭帖,声称抢劫富绅”,知州魏某置之不理。6月6日,“贫民竟聚集千余人,蜂拥至各富绅家行劫,刘绅家竟被抢劫一空。风

① 《东方杂志》1907年第3期,“杂俎”,第9、10页。
② 《东方杂志》1910年第3期,“记载第一·中国大事记”,第45—46页。
③ 《东方杂志》1910年第5期,“中国大事记补遗·附志各省抢米风潮”,第29页。
④ 《东方杂志》1910年第6期,“中国时事汇录·安徽要闻汇录”,第157页。

潮既作,四乡饥民,亦起而响应之,纷纷进城,强索粜米。又蜂拥至各局所,吵嚷不休,遂将自治公所捣毁。魏知州畏缩不出,饥民之胆愈壮,复哄至州署,围绕数匝,势甚汹汹。后经议事会各议绅竭力劝导,请缓三日出粜,添购米谷,诸人始散"①。

宣城受灾后,"饥民四起,纠集千余人,到处掳粮求食,官兵弹压不住。饥民愈聚愈众,扬言不日图掠本城内外衙署及教堂学堂",致使"城内外居民纷纷徙避"。②7月3日,"距城二十五里之油榨镇,有饥民聚众抢劫";5日,"北乡新河庄(距城五十里),东乡沈村镇(距城四十里),先后报告,均有滋扰情事";6日,"双桥镇(距城八里许)有饥民千余,到镇滋扰"。7日午刻,又有灾民千余乘划船200余只至双桥镇,"先到裕泰砻坊,抢去米二百数十石。继又拥至查姓砻坊,撞门时,巡防营巡逻队哨勇等向阻,并放空枪。该灾民等毫不畏惧,手持刀棍,将哨勇乱打,伤及哨弁沈锦文,暨勇丁多名,抢去洋枪三支。哨勇等乃开放实枪数响,毙一人,伤二人,获二人,余乃解散"③。

皖北地区,1905年8月下旬,"安徽泗州(今泗县)境有匪徒作乱"④。1907年7月上旬,"安徽涡阳县匪乱,号称革命军"⑤。

1910年7月,"亳州马牧集东十余里有匪党啸聚,约四百余人,并有精利枪械。为首者赵广渊、王金妮、张三猫子等,率众抢劫,无日无之"。7月18日,赵广渊、王金妮率部至位于马牧集之南的文集,乘夜围攻驻扎该地的河南归德镇标防军,"抢去枪械数十支,防军不敢抵抗"。25日晨,"匪众行至离亳州二十里之西魏营,在姜家庄(即姜桂题军门住处)劫去骡马数头代为拉车,过两河口集北上。该处驻有防勇二十人,均不敢动手"。亳州知州闻报后,"调河北马步队二百余名往剿,由魏岗集追赶至减种店东北宋集相遇,两面接仗,开枪轰击。匪众占据某土凸险要,极为得势。鏖战移时,官兵败走"。封建统治阶级

① 《东方杂志》1910年第6期,"中国时事汇录·安徽要闻汇录",第156—157页。
② 《国风报》第一年第17期,"中国纪事",第7页。
③ 《东方杂志》1910年第7期,"中国大事记",第89页。
④ 《东方杂志》1905年第10期,"杂俎",第69页。
⑤ 《东方杂志》1907年第6期,"杂俎",第16页。

惊呼:"近来匪势猖獗,愈聚愈多。又加秋禾作幕,易于藏身。明目张胆,抢劫防军枪械。官军往剿失利,将成大患。"①

是年9月5日,"李大志、张学谦等在蒙城、凤台二县交界之双涧集纠众起事,审扰怀远、凤城等县。沿途裹胁饥民约二千余人,抢劫军械马匹无算"。同时,宿州"板桥陈集地方,有帮匪千余审扰",以胡号头、张化鹏为首。据上海《神州日报》报道:"皖北此次肇事,纯由饥荒而起。其始地方官未能早为安抚,临事又复震于匪势,地方绅士亲赴府道告急,称匪至万余人,复怂恿电请督抚派兵。"安徽巡抚朱家宝与两江总督张人骏一面会衔电奏,一面"调派官兵,分途防剿"②。李大志率部进至蒙城县罗家集,"经蒙城於令率各村团练击败,追至枣木桥。该处团练截堵,两面夹攻,匪即走散",李大志等20余人被俘遇害。胡号头、张化鹏等"由宿境陈家集审入蒙境","适亳州防军遇于袁家庙,迎头痛击,当将胡、张两匪首杀毙,余党亦散回宿境"。③ 张学谦等在敌强我弱的形势下,被迫转变斗争方式,"自凤阳至临淮一带,现虽匪踪已清,而抢案则随地皆见"④。"胡号头之余党"则随灾民转移到河南境内,鼓动灾民偷割田间稻谷,抢劫富户。"该匪至夏邑之后,匪类已多,其势已甚,日日抢劫,日日偷割秋禾"。封建统治阶级哀叹:"此次受害最深,当以永城、虞城、夏邑、鹿邑为最甚;其次则商丘、宁陵等处。"⑤

在长江沿岸地区,各农垦公司的佃农展开了不同形式的抗租斗争。1907年9月中旬,"安徽万顷湖屯户因苛租激变,地方戒严"⑥。

1910年秋,芜湖万顷湖垦户又"大起风潮"。先是,善宝公司代表翟凤仪与佃户王开甲围绕缴纳租谷数量问题发生争执,翟凤仪要求王开甲按照定章每亩缴足140斤,而王仅允缴纳120斤。"两下争执不让,翟即面请屯垦厂员派勇六名,随到王佃处催缴,致大起冲突。王佃

---

① 《东方杂志》1910年第8期,"记载第三·中国时事汇录",第219—220页。
② 《东方杂志》1910年第9期,"记载第一·中国大事记",第113—114页。
③ 《东方杂志》1910年第10期,"中国大事记补遗",第83页。
④ 《东方杂志》1910年第9期,"记载第一·中国大事记",第114页。
⑤ 《东方杂志》1910年第10期,"中国大事记补遗",第83、84页。
⑥ 《东方杂志》1907年第9期,"杂俎",第21页。

号召多人,将翟之随丁捆缚,复将翟扭住侮辱,并将厂勇痛殴。次日经邻佃调处,始行释放。该佃户等遂又邀集团体,全湖罢租,并声言必将屯垦厂付之一炬而后已"。接着,布政使余诚格开办的"屡丰公司,在湖内秤稻装载民船,行至杨青地方,有湖佃数百人蜂拥而至,将租稻及银洋衣物抢劫一空,并将装稻四百余石之民船捣毁"。同期,道员陈维彦开办的"恒丰公司,经理人朱甫臣在二横港地方收租,经佃户纠集多人,将朱四肢捆缚,装入麻袋,抬至湖心"。公司派人四处寻找,两天后方才找到。两公司先后禀请该湖督办皖南道李梅坡"严行究办",李道派巡防营兵士 40 名"前往弹压",并饬芜湖县知县何敬敷"驰往查办","何令即饬差锁带湖佃四名回署收押"[1]。

辛亥革命前夕广大民众自发的反抗斗争,是当时天灾人祸下民不聊生的必然产物,客观地反映了社会矛盾的空前激化,预示着一场大规模的革命风暴即将爆发。一方面,动荡不安的社会环境,为革命党人从事革命活动提供了极好的背景条件;另一方面,生存维艰的下层民众不自觉地成为革命的后备军,为辛亥革命奠定了广泛的社会基础。

第二节 安徽的光复

1911 年 10 月 10 日,武昌起义爆发,次日建立湖北军政府,宣告独立。随后,湖南、陕西等省区相继响应,革命形势日益高涨。安徽革命党人也为推翻清王朝展开了积极的斗争,并很快夺取了全省绝大部分府、州、县政权。安徽革命党人的斗争构成了全国性辛亥革命的重要组成部分。

---

① 《东方杂志》1910 年第 10 期,"记载第三·中国时事汇录",第 308 页。

一、安庆之役

武昌起义后,湖北革命党人非常希望立即得到周边省区的响应,以减轻湖北战场上的压力,促成全国性革命高潮的迅速到来。为此,他们曾发布《鄂军政府檄安徽文》:

> 皖省当南北之冲,江、淮战争,常集于此,故多骁骁勇敢之士。前明之亡,义师屡起。洎乎近代,则有徐锡麟、熊成基其人,前仆后继,可见皖人之痛恨异族,食息梦寝,未或忘之。夫昔之举事,少难胜多,每为深恨。今武昌克复,近在接壤,又处上游,当全国之中心,地广兵精,可战可守。倘能念我汉族,同是炎、黄血胤,复仇起义,重为四万万同胞雪此大辱,不忍漠视其患难,相与左提右挈,靖此南陲,挥刀北指,事成之后,共建民主,永享治平。岂惟皖、鄂之幸福,抑亦我四万万人之幸福也。其或不顾,坐失事机,享他人之成功,此为孱弱之民族有之,非所望于全皖之父老兄弟也。呜呼! 阴霾既开,山川易色,倘祖宗有灵,应启导之。贵省同胞,纵不思所以对湖北,独不思所以对己之祖若宗乎? 独不思所以对全皖之大好河山乎? 时不可失,痛言难再,愿我同胞实图利之。[①]

安徽革命党人虽迭遭失败,仍在多方筹划,积极从事反清斗争。1911 年夏,吴旸谷"去肥之沪",参与同盟会中部总会活动,"与范君光启、宋君教仁、陈君其美诸君日谋光复事",决定在长江中下游地区发动武装起义。10 月 7 日,吴旸谷由上海回安庆,武昌起义爆发,"遂密约王天培、胡维栋二君谋举安徽以应"[②]。

安徽巡抚朱家宝一直保持着高度警觉,早早开始了应付革命党人起事的准备。当时,安徽仅有新军第三十一混成协,下辖第六十一、六

---

① 《鄂军政府檄安徽文》,见中国史学会主编《中国近代史资料丛刊·辛亥革命》(七),上海人民出版社 1957 年版,第 195—196 页。
② 《吴烈士旸谷革命史》,见中国史学会主编《中国近代史资料丛刊·辛亥革命》(七),第 190 页。

十二两标,第六十一标驻扎在安庆城东门外的五里庙,第六十二标驻扎在距城 20 里的集贤关。朱家宝不信任新军,"一面电请江督张人骏,迅派张勋所部江防营五营,开拔来皖,藉资镇慑。一面将常备军各标营枪械弹药,一律缴回存库,并分散其力量,调六十二标三营管带桂丹墀,立率所部,开赴英山驻防。城守之责,完全委之巡防营统领刘利贞,以丁未、戊申两役,杀戮党人,刘利贞最为出力也"①。10 月 13 日,他亲赴六十一标营地,召集官兵训话,希望他们忠于朝廷,不为革命党人诱惑。甚至派出大批侦探,四出活动,秘密侦察革命党人的动向。

吴旸谷、王天培等虽积极活动,但是,"皖军于全国中起义最早,一挫再挫,豪健散亡,士气较弱,将校压制,猝不易发"。吴旸谷"愤恨因发病",慨叹"时事至斯,不图吾皖人心尽死,奈何奈何"! 以至于"痛哭失声,后竟日呕血数十口不止"。② 经"吴旸谷和王天培、胡维栋、韩蓍伯、史沛然、李乾瑜(即李乾玉)、陈安仁等多次在奚家花园附近的萍萃旅馆中秘密会商,决定先争取巡防营和巡抚衙门的卫队,巡防营由吴旸谷、王孟棨等接洽;六十一标由胡万泰、陈雷等联络;六十二标由队官史沛然,排长李乾瑜负责;马营由督队官骆靖坤主持;炮营由该营队官陈安仁、排长吴士英负责;工辎两队和陆军小学由史沛然联络;测绘学堂由李乾瑜联络。其他如督练公所、咨议局及高等师范学堂,推韩蓍伯、杨瑨龙伺机策动"③。"时省城除新军外,而巡防营、卫队犹千数百人,虑梗令,且恐乘机劫掠。"吴旸谷"乃罄所携资千金,犒抚署卫队,谕巡防营以事成后当推为首功,膺重赏,无得扰商民。由是新旧军警皆感服,愿反正,悉受命令"④。大家又推举吴旸谷为安徽革命党人的代表,赴武汉谋求支援。吴旸谷"扶病自趋湖北",受到武汉革命党人的热烈欢迎。湖北军政府都督黎元洪"伟其才,欲任以参谋"。吴旸谷慨然进言:"北军已据武胜关,武汉处处受逼,大势一去无可为,

---

① 孙传瑗:《安徽革命纪略》,见中国史学会主编《中国近代史资料丛刊·辛亥革命》(七),第 183 页。

② 《吴烈士旸谷革命史》,见中国史学会主编《中国近代史资料丛刊·辛亥革命》(七),第 190 页。

③ 安文生:《安庆光复经过》,见安徽省政协文史资料委员会编《安徽文史集萃丛书之一·辛亥风雷》,安徽人民出版社 1987 年版,第 107 页。

④ 《吴烈士旸谷革命史》,见中国史学会主编《中国近代史资料丛刊·辛亥革命》(七),第 191 页。

公假我一混成协军火,合之吾皖原有枪械,当率长淮胜兵万人,出颍、亳,分驱周家口、信阳州,捣北军后路。彼后方路线自大河以南,绵亘千里,处处受攻,猝不及备,公击其前,我袭其后,彼将不战自却,然后胜负可得而计也。"黎元洪深肯赞许,任命他为鄂皖两省联络员,"并许皖省独立,即以一协军火相助"①。

10月28日,吴旸谷由武汉回到安庆。皖省革命党人已约定于30日晚10时发动起义,听说湖北方面已答应予以支援,"士气为之一振",很快议定:"以胡万泰为一标司令,李乾瑜为二标司令,王天培为学生军司令,并以胡万泰为总指挥。"届时,"由驻集贤关的六十二标首先发难,由驻五里庙的六十一标和炮营响应"②。不料,胡万泰临阵畏缩,借口"送母"潜离安庆。30日"上午十时许,同志知胡走,仓促改议一切,已觉措手不及。不幸六十二标之代表李乾玉,在城内为候本日之改议,回营太迟,致为该标标统顾琢塘拘禁于别室,所携会议之计划,莫由外达,全标未动"。炮营陈安仁、吴士英等赶走管带,会同六十一标按时发动,却迟迟不见六十二标赶来会合。当时安庆城已由朱家宝新调来的江防营防守,六十一标与炮营在城外等了一夜,未敢贸然攻城。次日黎明,"人心弛懈,朱家宝借江防营之力,解散一标与炮营,并逼缴城内巡防营之机械,而戒备益严"③。31日下午,六十二标革命党人李乾玉、陆国荣等奋力赶走统带顾琢塘,发动起义,并于当晚逼近安庆城。"二更后,忽西门外老马营火起,其光烛天,约一时许,枪炮声隆隆不绝,盖新军大队攻城,江防、巡防等营登城,互相攻击,烧杀之声,震动天地。"由于江防营兵力、装备都占有优势,朱家宝还调来军舰停泊于江面,必要时可以配合江防营守城;而起义新军既无攻城利器,城内又无有力的内应,要攻占安庆几乎是不可能的。"新军既不能入城,登时即有一千五百人结队西去"④。

---

① 《吴烈士旸谷革命史》,见中国史学会主编《中国近代史资料丛刊·辛亥革命》(七),第191页。

② 安文生:《安庆光复经过》,见安徽省政协文史资料委员会编《安徽文史集萃丛书之一·辛亥风雷》,第107页。

③ 邹鲁:《安徽光复》,见中国史学会主编《中国近代史资料丛刊·辛亥革命》(七),第170页。

④ 郭孝成:《安徽光复记》,见中国史学会主编《中国近代史资料丛刊·辛亥革命》(七),第173—174页。

新军起义失败后,朱家宝乘机将新军步队、炮营、马营、工程队、辎重队连同陆军小学、测绘学堂一律解散,同时闭城搜捕革命党人。绅士童挹芳为免无辜者受到牵累,"急诣抚署,诡言城内暗伏革命党数百人,携带炸弹无数,急则暴发与城俱尽,缓之则□挟危险物自去,宜戒门者禁入不禁出,可消害无形"①。朱家宝采纳了他的意见,吴旸谷等才得以乘间潜逃出城。脱离危险后,吴旸谷将安庆方面的事务交由王天培负责,自己再次赴湖北求援。

至11月初,安徽周边的湖北、湖南、江西、江苏、浙江、上海等省区以及皖北的寿州等地俱已宣告独立,急剧发展的革命形势已使安徽独立刻不容缓。11月5日,安徽咨议局向朱家宝质询三大问题,借以向其施加压力。

（一）谓中丞乃吾皖人民之父母,中丞眷已迁往,倘鄂军临此,决一死战而已,但吾皖城父老兄弟生命财产中丞闻问否?（二）谓吾皖筹款数万万编练新军以防外患,防军以防内患。今一旦溃散,试问此款尚在否?请饬藩司拨还,以此款自办新军。又督练公所既办,成绩安在?但今日大局至此,所有遣散兵士,应赶速派人召回,以为民军。（三）谓江防营有勇而无智,现该营兵丁在城市交易,大半强勒手段,应请饬该营赶速撤回,以保治安。②

随后,留在安庆的革命党人即鼓动在籍皖绅童挹芳、洪恩亮、黄书霖与咨议局议长窦以珏等共同"迫朱家宝援苏抚程德全例宣告独立"。朱家宝初犹顽固地表示拒绝道:"家宝食清之禄,死清之事,城存与存,城亡与亡,诸君无复多言。"但童挹芳等仍召集各界人士于咨议局议定于11月8日"由地方自行宣告独立,改悬革命军五色旗帜",同时议决:"（一）速将已解散之新军招回编制。（二）饬江防营撤回,

---

① 《吴烈士旸谷革命史》,见中国史学会主编《中国近代史资料丛刊·辛亥革命》(七),第192页。
② 郭孝成:《安徽光复记》,见中国史学会主编《中国近代史资料丛刊·辛亥革命》(七),第174页。

以保治安。（三）撤销督练公所。（四）警务交咨议局，由地方办理。
（五）财政移交咨议局，由地方自办。各衙门支款，自即日起停止，俟
统筹统支办法定后，再行支给。（六）朱家宝去留，听其自决。"

"朱家宝者，袁世凯之爪牙也。"未几，"袁世凯已由彰德密电朱家
宝，宜顺应时势，静候变化，不可胶执书生成见，贻误大局"①。朱家宝
心领神会，马上换了一副嘴脸，主动向童挹芳等表示："军心如此，民心
亦如此，各省相继而行，令人束手无策，请诸公筹划自保，采夺遵行。"②
"皖人士亦稔知朱家宝隐情，以江防营素无纪律，惧一经反正，恐其糜
烂地方，不如利用朱家宝以羁縻之。"③

1911 年 11 月 8 日，安徽宣告独立。"所有省城一律悬挂白旗，商
界照常开市，军警学绅各界，通缠白布。"④适吴旸谷至湖北求援未得，
空手而回，遂与同仁拟定善后事宜数条："一、通电各省布告独立；二、
通电各州县照常办公，不准假名光复紊乱秩序，但驻兵处及重要地点
不在此例；三、通电各地方免今年租税之半；四、照会各国领事通告独
立，并担任保护之责；五、从速派人调查财政；六、各营即日发饷并加犒
饷银一月。"

王天培等欲推举吴旸谷为安徽军政府都督，吴旸谷声称："东南未
定，战事方殷，不能以一身羁留皖"⑤，坚辞不就。大家遂改推其为全省
总经略。大家推举朱家宝为安徽军政府都督，王天培为副都督，窦以
珏为民政长，其他职务人选待定。并很快贴出安民告示曰："照得武昌
起义，同胞万众一心，各省闻风响应，从未妨害安宁。皖为长江重地，
独立乌可后人。凡我商民人等，切勿无故自惊，其各安守本分，照常贸
易营生。外人生命财产，不可丝毫相侵，倘有乘机骚扰，查出立予重

---

① 孙传瑗：《安徽革命纪略》，见中国史学会主编《中国近代史资料丛刊·辛亥革命》（七），第 184
页。
② 郭孝成：《安徽光复记》，见中国史学会主编《中国近代史资料丛刊·辛亥革命》（七），第 174 页。
③ 孙传瑗：《安徽革命纪略》，见中国史学会主编《中国近代史资料丛刊·辛亥革命》（七），第 184
页。
④ 郭孝成：《安徽光复记》，见中国史学会主编《中国近代史资料丛刊·辛亥革命》（七），第 175 页。
⑤ 《吴烈士旸谷革命史》，见中国史学会主编《中国近代史资料丛刊·辛亥革命》（七），第 192 页。

惩,转瞬民国成立,人人共享太平。"①

于是,安徽在辛亥革命中成为继湖北、湖南、陕西、江西、山西、云南、上海、贵州、浙江、江苏、广西之后第十二个独立的省区。

二、庐州的光复

"庐州(今合肥)地居江淮冲要,自古多豪杰之士"。清末,当地革命党人一直比较活跃,"故安徽全省同盟会员,除寿县外,合肥特多"②。他们不但建立了革命组织,而且有多人先后在教育、地方自治等机构担任职务,取得了较高的社会地位。如:吴旸谷曾任城西学堂堂长,许世钦曾任天王寺小学堂堂长,胡渭清曾任文昌宫小学堂堂长,殷羲樵曾任模范小学堂堂长兼师范讲习所所长,吴阳初曾任劝学所所长,殷季樵曾任教育会会长,王兼之曾任自治研究所坐办兼商会坐办。李诚安为了便于以后策动革命,甚至推荐袁斗枢出任合肥总团练长。从而与社会上层人士发生了较多的联系,有利于把握大局,扩大革命的影响。

辛亥革命前夕,庐州地方势力以李鸿章家族的李国松为最强。李国松系李鸿章三弟李鹤章的孙子,其父李经羲时任云贵总督,自己也有"四品京卿"的官衔,"不仅地方官吏都仰其鼻息,听其差遣,就是当时本省的一些上层官吏,也大都对之言听计从"。清廷驻庐州的武装,仅季雨农部防营有一定的实力。革命党方面,由李诚安任合肥同盟会分会长。为了便于开展工作,革命党人经常向李国松"故意表示亲近和合作",李国松"对于革命党人不但不加怀疑,相反地却把革命党人当作心腹。因之,那些一贯听李摆布的府县官吏,亦以上宾礼节款待革命党人,遇有疑难问题,还经常和王兼之商量解决的办法"③。

武昌起义的消息传来,李国松等感到了潜在的威胁,一时六神无主,寝食不安。李诚安召集人密谋响应,大家觉得清朝官吏平时都围

①　郭孝成:《安徽光复记》,见中国史学会主编《中国近代史资料丛刊·辛亥革命》(七),第175页。
②　张湘炳、蒋元卿、张子仪编《辛亥革命安徽资料汇编》,第338、339页。
③　龚嘘云:《辛亥前后合肥的革命活动与军政分府的成立》,见安徽省政协文史资料委员会编《安徽文史集萃丛书之一·辛亥风雷》,第139页。

着李国松转,若能赶走李国松,敌对势力便会群龙无首。于是便由王兼之出面,假作好意地极力劝李国松赴上海避难。"李一走后,马上人心动摇,谣言四起,府县官吏也惶惶不可终日。"适同盟会中部总会派孙万乘由上海回合肥策动起义。孙万乘、李诚安"和王兼之、胡渭清、殷羲樵、王和甫等秘密进行策划和指挥,并派人到四乡各圩户商借枪支,运动自卫队归顺,号召在南京、芜湖、安庆等地读书的合肥学生赶紧回到合肥"①。

李诚安将合肥的事交孙万乘负责,"复召其弟纯安与袁斗枢速来城"相助,自己于10月26日亲往上海,向其要好的同乡、当时负责在沪为革命军筹措饷械的范鸿仙请求支援。时江浙联军正在进攻南京,"需饷械甚急";柏文蔚部第一军刚刚组建,饷械尽由范鸿仙筹集;本已供不应求,李诚安恰于此时提出要求,范鸿仙推托说:"我为全国筹,不能为一县筹也。"李诚安说:"合肥与南京密迩,义兵若起,东下滁、和,张勋兵心必摇动,诸攻宁亦较易。且合肥为君之故乡,咸、同间曾、左、李皆用乡人成军,克成大功。君能助品骖(孙万乘字品骖)成事,异日亦君之辅翼也。"言辞激切,四座为之动容。范鸿仙当即答应拨给"短枪二百支,子弹万发,炸弹百枚"。"枪弹由葛质夫运回肥,巢湖水涸,舟行濡滞"②,未至而合肥已告光复矣。

李诚安赴沪后,合肥城乡风声四起,纷传革命党已大批进城,携有大量手枪炸弹,即将起事。当地官绅更觉惊恐。11月5日,李纯安与合肥总团练长袁斗枢自肥西率团丁数十人,荷枪实弹,进入城内。孙万乘与李纯安相见后,当即提出,"我欲于最近起义,而季雨农拥防营反抗,我既无枪械,惟有率同党与之肉搏"。李纯安诚之曰:"不可,事难必成徒伤人,若能听我计划,可不劳一兵、不伤一人而成事。"他马上找到袁斗枢,动员袁去劝降季雨农,郑重嘱托道:"武昌此次起义,定可成事,君欲主动,在此时矣。革命党人集合肥者多,旦夕欲动,雨农素与革命党为仇,合肥势将糜烂。君有保卫地方之责,若以大势劝雨农

① 龚嘘云:《辛亥前后合肥的革命活动与军政分府的成立》,见安徽省政协文史资料委员会编《安徽文史集萃丛书之一·辛亥风雷》,第139页。
② 张湘炳、蒋元卿、张子仪编:《辛亥革命安徽资料汇编》,第339—340页。

从，即可免此难，此责惟在君耳。"袁斗枢虽未加入革命组织，但"才识灵敏，豁达大度，平素服李纯安之识力"，且"与季雨农亦有旧"，乃欣然应允。他首先谒见庐州府知府穆特恩、合肥县知事李维源，故意恫吓他们说："革命党已来城，闻将以炸弹起义，职以保卫地方为主，若逮捕党人，又恐激成巨变，奈何？"穆特恩是旗人，本来就没有什么主见，受此惊吓，便连夜逃走了。李维源也不敢与革命党为仇，连忙召见季雨农，告诫他说："我为合肥官，以地方人民生命财产为重。君在本乡，愈不可糜烂地方。现有人报告，革命党将响应武昌，汝不必固执旧见，仇视彼等。"①季雨农系军人出身，粗鲁而无见识，一向倚李国松为后台，按李国松眼色行事，现李国松与知府都逃走了，知县又这样告诫他，当然就不敢轻举妄动了。袁斗枢得知季雨农已接受李维源的劝告，又当面晓以利害，季雨农遂表示愿意归附革命势力。陆华庭又集结了 110 人，组成敢死队，以备不测。

孙万乘、袁斗枢等见时机成熟，决定尽快宣布独立。他们先作了简单的部署：（1）民团维持城内秩序；（2）防营担任城防工作；（3）敢死队集合在天后宫广场，准备专门担负警备责任。随即由王兼之等出面，与李维源谈判，达成三项协议：（1）将县署改为军政分府的民政部，部长一职仍由李维源担任；（2）衙内人事暂不予变更；（3）改悬五色共和旗帜，交出县、府库存枪弹。

1911 年 11 月 9 日，革命党人在大书院召开民众大会，宣布庐州独立，成立庐州军政分府，推举孙万乘为革命党北伐军驻庐总司令，方悖言为副司令。下设五部："民政部由李维源任部长，后李要求离职，改由周履平担任；巡警部设立在博济医院内，由张践初任部长；财政部设立在文昌宫内，由邓鹤仙任部长；参谋部设立在军政分府内，由刘亮章任部长；执法部也设立在军政分府内，由许拙云任部长。此外还设有经理处，由李馨斋任处长；秘书处由徐炎东任处长；顾问处无处长。"②12 日，南京方面送来江浙联军总司令徐绍桢的委任状，"委孙品骖为

① 张湘炳、蒋元卿、张子仪编：《辛亥革命安徽资料汇编》，第 340 页。
② 龚嘘云：《辛亥前后合肥的革命活动与军政分府的成立》，见安徽省政协文史资料委员会编《安徽文史集萃丛书之一·辛亥风雷》，第 140—141，141 页。

庐州军政分府司令,并颁关防一颗"。

庐州军政分府成立后,很快着手扩编军队。孙万乘等集合本地原有枪支,加上刚由上海购来的枪,以及从江浙联军总司令徐绍桢处领来的大炮,共编成两个旅,下辖步兵八营、卫兵一营、炮兵一营、骑兵一连,并对各部军官作了调整:"委袁斗枢为第一旅旅长,刘亮章为第二旅旅长,团长则有季雨农、李孟周、陶印清、李晓岚,营长则是夏叙长、李相三、李海波、叶粹武、季仙九等,参谋长刘亮章兼之。"

庐州事定,又由方悖言率兵光复庐江,李新乔光复无为,李性存光复舒城,张信斋光复含山、巢县。"于是庐州四境数百里内,当国变之际,闾阎安堵,盗贼不兴,人民称颂不已"①。

后南京临时政府要求各省统一政令,孙万乘率先响应,于1912年2月通电取消庐州军政分府:

> 民立报转孙大总统、黎副总统、黄陆军部长、孙大都督暨各省都督、各军政分府、各司令钧鉴:
>
> 万乘去年九月光复庐州,设立军政分府,数月以来,黾勉从事,人民安堵,幸无陨越。今清帝逊位,民国统一,军政分府自应取消,军队亦应归陆军部统辖,庶事权划一,脉络贯通。万乘谨先取销分府名义,所有各营军队,请陆军部另委贤能接带;至地方民政事宜,改归行政厅管辖。万乘十余年奔走国事,惟希驱除鞑满,建立民国,本无丝毫权利之心。今幸天佑,中原民志齐一,数月间竟改专制政体而达共和,此诚古今万国所未有之盛事。万乘目的已达,愿归田求学,遂我初服,想我中原豪杰当亦同具斯情也。
>
> 庐州军政分府孙万乘②

① 张湘炳、蒋元卿、张子仪编:《辛亥革命安徽资料汇编》,第341、342页。
② 张湘炳、蒋元卿、张子仪编:《辛亥革命安徽资料汇编》,第327—328页。

三、淮上军起义和皖北光复

安徽向有皖南、皖北之分,即所谓"皖南北相距甚远,各为风气,积有年月"①。相对而言,皖南民风较为柔弱;"皖北民俗刚毅,有死守善道之风,一旦为革命主义所熏陶,故匹夫慕义,杀身以成仁者,史不绝书"②,是以有"淮上健儿"之称,其中寿州(今寿县)人尤为突出,孙毓筠、柏文蔚、常恒芳、张汇滔、张之屏、范传甲、袁家声、张靖夫、薛哲、管鹏、管曙东、方振武、石德宽等先后成为安徽辛亥革命的领导或骨干分子。据统计,"清末寿州的知识青年,以秀才身份投笔去安庆武备练军当学员兵的就有十三人"③。陈独秀、柏文蔚等组织岳王会领导安徽革命时,曾特意"作皖北之游","以结识江湖侠义之士"④。

"寿县位居淮、颍之冲,是清时皖北重镇慨有'皖北锁钥'之称,蚌埠兴起之前,寿县在战略上是兵家必争之地。"⑤清代安徽无八旗兵驻防,绿营兵官阶最高者为寿春镇总兵,即驻扎于寿州,下辖7个营,兵数达3400余人。⑥ 可见清廷对该地之重视。

1910年春,寿州革命党人张汇滔、郑赞丞等应召赴广州参加黄花岗起义。起义失败后,仍回到寿州从事革命活动。是年秋,中国同盟会中部总会由上海密函通知沿江各地,将于长江中下游地区发动武装起义,张汇滔等"乃昼夜经营,征集淮上同志之意见,咸谓守江必先断淮,乃预定于九月间同在寿州发难"⑦。

为了集结革命力量,"素性爽朗,善于辞令",且"深得安徽巡抚朱家宝的重视"的安徽咨议局议员王庆云向朱家宝建议:"皖北匪势甚炽,人心浮动,似宜组织地方武力,以资镇慑"。朱即拨给他步枪700

---

① 郭孝成:《安徽光复记》,见中国史学会主编《中国近代史资料丛刊·辛亥革命》(七),第179页。
② 孙传瑗:《安徽革命纪略》,见中国史学会主编《中国近代史资料丛刊·辛亥革命》(七),第182页。
③ 沈寂:《辛亥革命时期的岳王会》,见《历史研究》1979年第10期。
④ 柏文蔚:《五十年经历》,见《近代史资料》1979年第3期,第8页。
⑤ 张毅:《辛亥革命时期的淮上起义》,见安徽省政协文史资料委员会编《安徽文史集萃丛书之一·辛亥风雷》,第124页。
⑥ 罗尔纲:《绿营兵制》,中华书局1984年版,第204页。
⑦ 邹鲁:《安徽光复》,见中国史学会主编《中国近代史资料丛刊·辛亥革命》(七),第167页。

支,让他在寿州成立团防局,并指派他为局长。王庆云与张汇滔、袁家声等"一面收集民间枪支,以充实武器装备;一面通过农会组织联庄会,将各庄成年人每十人编为一班,每三班为一小队,每三小队为一大队,大队归团防局领导"①。初步建立起一支反清革命的武装力量,为下一步发动起义做好了准备。

武昌起义的消息传来,寿州一带的革命党人于 1911 年 11 月 2 日在距寿州城不远的涧口集召开秘密会议,研究响应湖北独立的步骤,参加会议的有张汇滔、王庆云、袁家声、张纶、王占一、李诱然、岳相如、毕靖波、廖海粟等 20 余人。会议决定于 11 月 5 日发难,拟双管齐下:"一是运用地方绅士之力量,恐吓清吏,使他们缴械投降;一是积极准备,在不能和平解决问题时,即以军事力量攻下寿县"②,并制订了里应外合发动武装起义的详细计划,具体部署如下:城内方面,"先数日以袁家声、郑养源、张树之率三百人扮作商人,陆续入城,至秘密处集合,预备攻击总兵署;萧良璞、李家锐、李子久、史建本率三百余人,扮作农人,陆续至农会,预备击州署;廖海粟、廖传焀、王绍九率二百名预备攻敌军马营及游击署;张少山率百人预备攻关帝庙防营;李鸿勋、杨延璞、韩广生率三十人分布城中,毁除行军障碍物;农会机关部则郭行健、孙传轩、张汇滔、袁家声等编为总预备队,拟于夜间开南城门,策应各路后援"③。城外方面,"预令岳相如率西北同志任斩北门,快枪不足,补之以板刀片斧"④;由"廖朴纯、王庆云、李诱然、王占一、毕靖波等领乡团等候通知,攻打南门和东门"⑤。同时,让张纶"以咨议局议员资格,出入官署,为革命张虚声"⑥。

先一日,寿州绅士获悉革命党起义的计划,"潜约孙多枚、朱金堂、

———————

① 《淮上军革命实录》,见《辛亥革命回忆录》(四),中华书局 1962 年版,第 418 页。
② 张毅:《辛亥革命时期的淮上起义》,见安徽省政协文史资料委员会编《安徽文史集萃丛书之一·辛亥风雷》,第 125—126 页。
③ 张湘炳、蒋元卿、张子仪编:《辛亥革命安徽资料汇编》,第 294 页。
④ 邹鲁:《安徽光复》,见中国史学会主编《中国近代史资料丛刊·辛亥革命》(七),第 167 页。
⑤ 张毅:《辛亥革命时期的淮上起义》,见安徽省政协文史资料委员会编《安徽文史集萃丛书之一·辛亥风雷》,第 126 页。
⑥ 邹鲁:《安徽光复》,见中国史学会主编《中国近代史资料丛刊·辛亥革命》(七),第 167 页。

鲍兰标等入州署,以时势大局、人心趋向,游说"知州魏业辂,"魏为动容"。他们又通过魏的介绍,前往游说寿春镇总兵李定明,李知大势已去,放弃抵抗,弃城逃遁。革命党兵不血刃,于当夜占领寿州城。

11 月 5 日,寿州宣告独立。革命党人通过当地绅士孙建侯(大学士孙家鼐的族人)劝降了寿县知县魏绍英。绿营兵驻扎于城南门外,张汇滔"亲往缴其械"。又打开监狱,救出与孙毓筠同在南京被捕、解回原籍关押的段云、权道涵两位同志,"并焚去署内苛捐杂税各册籍。乡民自剪其发,愿充义务军人者,不可胜数"①。

次日,张汇滔、王庆云、袁家声、张纶等决定扩编革命武装。整编后的革命军改名为淮上国民军,通称淮上军。大家公推王庆云为总司令,张汇滔、袁家声、张纶为副总司令,张汇滔兼任参谋长。全军共分为 13 个军统,军统下设支队、营等建制单位。四乡农民剪辫从军者达 2 万余人,共编成步兵 18 营、骑兵 1 营、炮兵 2 营。

总司令部下设民政处、审判处、财政处、军械处。民政处由孙建侯负责,审判处由孙仲习负责,财政处由段云负责,军械处由权道涵负责。段云、权道涵率淮上军出征后,财政处改由毕靖波负责,军械处改由管应启负责,"还请了郭舫仙为军师,负责军事、政治策划工作"②。

11 月 8 日起,淮上军兵分数路,分头进取沿淮河下游及皖北、皖西各州县。

第一路淮上军由袁家声、杨穗久、岳相如等率领,沿淮河向东进发,相继占领怀远、凤阳、蚌埠,再分兵夺得五河、泗州、灵璧、盱眙、天长、江苏睢宁等地。

寿州独立后,怀远四乡土匪蜂起,北乡安大眼、姚振统聚集了千余人;西乡孙为凯、赵福田等纠众 3000 余。驻守怀远的清兵只有数百人,见土匪势大,撤往城西。土匪乘隙围攻怀远县城,怀远县知县宋南生逃走不及,遂关闭城门,率绅民坚守,被土匪打伤了右腿。岳相如率所部淮上军于怀远即将陷落时赶到,四乡土匪如鸟兽散,知县宋南生

---

① 邹鲁:《安徽光复》,见中国史学会主编《中国近代史资料丛刊·辛亥革命》(七),第 168 页。
② 张毅:《辛亥革命时期的淮上起义》,见安徽省政协文史资料委员会编《安徽文史集萃丛书之一·辛亥风雷》,第 127 页。

愿以城降,绅民公推巨绅刘蕴山次子刘楚南与韩渭生、刘少举等为代表,出城迎接。岳相如在萃华学堂设立军统部,贴出安民告示,让宋南生办了交代,招降了撤往城西的清兵,建立了新的政权机构,由当地绅民推举刘蕴山任民政长,宋地山为审判厅厅长,宣告怀远独立。

袁家声、杨穗久等率部于 11 月 12 日抵达凤阳府(今凤阳县),凤阳府知府闻风潜逃,驻守凤阳的清军统领杜青远"看到大势已去,不敢与淮上军继续为敌;又因为他住在寿县的家属已被革命军扣留,他接到他儿子的劝降信后,惟恐累及家属,所以率部投降"①。驻凤阳的清朝凤颍六泗兵备道是个旗人,"淮上军入城时,道台出小北门,企图逃跑,隐藏在七里桥下。杨穗久派骑追捕,捉获解回,以铁链锁于府衙门,顿时观者如堵"。后该道台被迫献出其事先派人埋藏的库银以赎罪,淮上军得到了一笔可观的军饷。淮上军入城后,于知府衙门设立军统部,宣告凤阳独立,以"尚称廉善"的原凤阳县知县汤丙炎为民政长。当即分兵顺势占领蚌埠,并于 11 月 15 日,"派兵进驻离凤阳十八里的临淮关,接收那里的厘金、关税"②。

此后,淮上军还分兵由李诱然、倪树屏、张春台等率部"分巡下游,沿途安抚",于 11 月 23 日至五河县,"留旧县令史久绍办民政,以春台为安抚长,兼办百货厘金以资军饷"③。同时,李诱然派王鸿勋率部光复了泗州(今泗县)。

东路淮上军不仅先后光复了淮南地区大部分州、县,而且有力地配合了江浙联军进攻南京的战争。据邹鲁在《中国国民党史稿》中记载:

> 是时清将张勋据南京,与我军相持不下,及闻凤阳为淮上军占领,张乃狼狈北走。时淮上军集中津浦路线左右,忽得车站职员之密报,谓张勋已在浦口登车,某时必至,我军乃

① 张毅:《辛亥革命时期的淮上起义》,见安徽省政协文史资料委员会编《安徽文史集萃丛书之一·辛亥风雷》,第128页。
② 安徽省政协文史资料委员会编:《凤阳光复记》,见《安徽文史资料选辑》第5辑,第128页。
③ 张湘炳、蒋元卿、张子仪编:《辛亥革命安徽资料汇编》,第296页。

急趋蚌山高处,用旧式大炮迎击之,故军不能前进,双方战于铁道旁。旋以敌来愈多,我军众寡悬殊,兼以枪支不利,未敢猛攻。张勋乘隙,换乘特车奔徐州,淮南自是悉平。[①]

当然,淮上军也为之付出了高昂的代价。革命党人田亚豪冒险深入敌阵劝降,被残杀于临淮关;廖朴纯在战斗中身先士卒,阵亡于小南山;淮上军官兵战死者有 160 余人。

为了防备北方的清军南下,同时也是为北伐做准备,袁家声、杨穗久等又派王佐、武士华与管带彭寿衡领兵进占灵璧,派王鸿勋率部驻扎盱眙(1955 年划归江苏)、天长一带,派王冠纶部占领江苏睢宁。

在东路淮上军光复各地的同时,另有"定远方璧自立一军驻滁州,寿州方凤苍自立一军驻全椒,遥与淮上为声援"。

第二路淮上军由王占一、吴民寿等率领,向南进发,经庐州攻占无为、巢县、舒城、含山等地。

王占一、吴民寿等率 600 人于 11 月 8 日由寿州出发,15 日抵达庐州时,庐州已告独立。23 日由安庆溃退的清军两大队来到庐州,主持庐州军政分府的革命党北伐军驻庐总司令孙万乘"自以兵力弱,未敢言招抚,而来者复盘踞东门外,不肯遽去,亦不愿就抚"。王占一等于 25 日下午"率师出东门,直前薄之,斩获甚众",保卫了新生的庐州革命政权。当时无为、巢县皆派代表来庐州,邀请淮上军前往。

11 月 27 日,王占一等率部至巢县,该县绅士本拟自行宣告独立,因驻扎该县的水师营管带吴永修从中作梗而未果,王占一等调查属实,"所有炮船十五只,派陆军马科毕业生李培之代之"。

先是,无为州(今无为县)绅商学界于 11 月 23 日集会,宣布无为独立,"公举州牧陈兆兰为临时行政厅长,筹议善后方法"。28 日夜,"有冒充和含舒庐无巢军政分府朱耀南及司令长方孝虎,捏称奉龚克定札抵州",无为绅商以为是庐州军政分府派来的军队,"欢迎备至"。但朱耀南所率"不及十人,皆属无赖子",盘踞在刘公馆,强

---

① 邹鲁:《安徽光复》,见中国史学会主编《中国近代史资料丛刊·辛亥革命》(七),第169页。

令警务长李世熙等人,胁迫陈兆兰交出印信,又"拘城厢自治所副议长许文藻,逼缴平粜米款,未遂其意",甚至于"绝其饮食"。29 日下午,王占一等率淮上军至,"以高等小学堂为行辕","军律之整齐,官长之威望,皆足令人生敬"①,绅商学各界数十人前来哭诉,王占一派卫队 40 人捕拿朱耀南,朱闻风潜逃。遂由当地绅商召集各界筹议善后事宜,公举卢英司军政,高慕尧司财政,由王占一委任朱秀峰司民政。

在此期间,李性存率部克服了舒城,张信斋率部占领了含山。

第三路淮上军由权道涵、段云、毕靖波、王传禄等率领,向西南进发,先后光复六安、金寨、霍山、英山(1932 年划归湖北省)、霍邱等地。

清季,六安为直隶州,下辖霍山、英山二县。当地志士张仲舒、章子瞻、朱蕴山、关芸农、刘文恒、史普年、朱宏瑞等先后加入同盟会。武昌起义后,六安革命党人通过时在清军中任把总的朱宏瑞分别去做守备梅文彩、参将李轸的工作,使他们倒向革命,从而控制了当地的武装力量。经革命党人策划,李轸、梅文彩等公宴六安州知州田毓璜于钱粮征收处,邀请绅士董复初、赵吉斋、杨伯炎等与同盟会员张仲舒、关芸农等作陪。席间,李轸以武昌起义后各地纷纷响应,清王朝已朝不保夕,六安应该怎么办请示田毓璜,不料田毓璜非常爽快地说:"李大人的话我很佩服,我在此时此地,亦无妥善办法,我服从大家意见,大家怎么办怎么好。"②于是决定派朱宏瑞到寿县邀请淮上军来六安主持光复大计。

11 月中旬,王传禄率先头部队 60 余人赶到六安。"讵六安绅界,忽而翻悔",咸谓不应贸然请兵,欲驱逐王传禄部,自行宣布独立。王传禄让杨道芳邀约各绅至明伦堂开会,"传禄露刃以往,庭叱诸绅者之无状。一时皆唯唯听命,所有民政、财政权各册籍均纳于王"③。三天后,权道涵、段云、毕靖波等率大队人马来到,城门楼插上了五色共和旗帜。经各方协商,成立六安淮上军政分府,由权道

---

① 张湘炳、蒋元卿、张子仪编:《辛亥革命安徽资料汇编》,第 297、298、298、343—344 页。

② 史慕山:《六安州光复记》,见《安徽文史资料选辑》第 5 辑,第 118 页。

③ 张湘炳、蒋元卿、张子仪编:《辛亥革命安徽资料汇编》,第 299 页。

涵任都督,陈炯伯任副都督;毕靖波为参谋长,梅文彩为副参谋长;朱锦堂为安抚长,张仲舒为秘书长,李轸为总参议,田毓璜为民政长;将六安原有的清军暂编为一营,由同盟会员吴歧山任营长,王传禄为副营长。

接着,权道涵等派王传禄率部克复了金寨;派关芸农至霍山,由内应沈子修、郭杞人等配合,宣告霍山光复;派段大文至英山,与内应金鲤门、段业骅等配合,策动英山独立。随后,霍邱亦告光复。

第四路淮上军由张汇滔、孙多荫等率领,向西进发,克颍上,至阜阳,与程恩普分兵攻取蒙城、涡阳、太和等地。

寿州独立后不久,时任淮上军军统的正阳富豪李子久即率部往攻正阳,"光复军浩浩荡荡步行六十里,到达正阳关北郊皮家大桥时,驻守正阳的长淮水师统领往迎归顺"。淮上军顺利地"接收了巡检衙门、三府衙门、淮盐督销局、正阳大关和警察局",宣告正阳光复。"正阳是当年的淮盐和豫东、皖北的杂粮及六安出口的竹、木、茶、麻集散地,也是凤颍六泗兵备道饷源供应地。淮上军光复了正阳,兵饷得到了有力的保证,也为张汇滔北征颍州奠定了基础。"①

11 月 11 日,张汇滔、孙多荫等率步兵七营、炮兵二营、辎重队一营,共 2000 余人开始西征,首攻的目标是颍上县。此前,"李子文已先期率百余人往颍上县,该县令孙谨仁顽梗凶残,阴险已甚,阳为欢迎,诓其入城,杀戮过半。李军不支,以师退,军气不无小挫。加以寒雨绵纤,秋风惨瘁,军人衣鹑衣,食半粟,是以未便前进,乃就正阳抚商民"。大军在正阳一驻数日,15 日才开往颍上。翌日攻城,"令骈锦芳率步队、黄汝波率炮队攻南门,潘玉珊率步队、张树之率炮队攻东门,令蔡颐以大队护辎重,会同司令指挥观战"。颍上城小而坚,不利于民军仰攻,"至日暮未能下,乃收军,退六七里下寨"。当夜 12 时,张汇滔下令:"着唐、骈二人以炮攻南门,余数皆在东门鸣炮助威",他亲自督同"萧良璞由西门梯城而入,拔城门,麾军直扑县署",孙谨仁"由西北方

---

① 《寿州光复记》,见《安徽文史资料选辑》第 5 辑,第 114—115 页。

绾城逃去"①。颍上遂告光复。

克颍上后，张汇滔等挥师直指颍州府（今阜阳市）。颍州府知府长绍命张士元率所部巡防营迎击，淮上军因准备不够充分，一度退回颍上，待援兵赶到，再击败张士元部巡防营，挺进颍州。在此期间，革命党人程恩普、徐小亭等人乘机光复了颍州府。11月17日，程恩普等在城内农学堂集会，宣告颍州独立，并成立淮北革命军，"大会公推程恩普为淮北革命军军统，宁隽元为副军统，吕济川为参谋长，参谋吴殿元、陈子贞，参议刘永祥，统领宁少清，演说团团长程旭亭"②。颍州府知府长绍借丁忧为名，逃之夭夭；阜阳县知县胡汝霖被迫投降。

淮上军于24日抵颍州时，程恩普亲率士绅出城"欢迎于十六里铺"，被淮上军击败的巡防营士兵杀了张士元前来投诚。

12月6日，淮上军派孙多荫等步兵二营攻取蒙城，清朝蒙城县知县与清军守备交印投降。8日，程恩普亲率淮北革命军步兵二营、炮兵一营攻占了涡阳。次日，淮上军副军统宁隽元与淮北革命军参谋陈子贞共同率200人出征太和，旋告光复，宁隽元任太和县知县。

程恩普等占涡阳后，转趋亳州（今亳县）。驻亳州的清军统领李辅勋起初不敢顽抗，遂派出代表接洽归顺事宜，约定李辅勋将亲往亳州城南的溜子集迎接程恩普部入城。恰于此时李辅勋接到了前任清江北提督姜桂题的密电，"谓袁世凯已遣倪嗣冲南犯"③，要他固守亳州予以配合。李辅勋表面不动声色，暗中设下埋伏，仍按原先的约定前往溜子集与程恩普会面，乘其不备发动突然袭击。程恩普部仓促应战，寡不敌众，伤亡惨重，"队官齐栋臣，排长齐元，书记宁文明、丁开有，炮目朱德广，步兵正目李仲三、盛玉怀等均壮烈牺牲；士兵死者五十余人，伤者百余人"④，被迫退守高公庙。旋因倪嗣冲部攻入皖北而

① 张湘炳、蒋元卿、张子仪编：《辛亥革命安徽资料汇编》，第300—301页。
② 梁义三：《颍州光复记》，见《安徽文史资料选辑》第5辑，第123页。
③ 邹鲁：《安徽光复》，见中国史学会主编《中国近代史资料丛刊·辛亥革命》（七），第168页。
④ 张毅：《辛亥革命时期的淮上起义》，见安徽省政协文史资料委员会编《安徽文史集萃丛书之一·辛亥风雷》，第129—130页。

撤离。

阎子固由颍州率部西征，接连攻占安徽、河南交界的艾亭集、顾家岗等地，直逼河南新蔡。后得"萧良璞部之张涛、杨小溪二营"增援，"光复新蔡，收其盐局款、械解颍"。

寿州以北，"自岳冠卿（岳相如，字冠卿，凤台人）移军怀远，复派史建本以一营驻凤台，王士秀亦起兵涡阳应之，灵、宿一带有周禹山，丰、砀一带有尤超凡、张耀廷、郑芝山、李应凯等到为声援"①。

皖北宿州（今宿县）的光复则颇具戏剧性。1911 年 11 月 2 日，原任清朝江北提督的雷振春"挟州官召集绅、商、学各界开会，宣布宿州独立，组织保安军"，雷振春自任总司令，"以驻宿陆军管带王宏钰为保安军左翼统领，驻宿巡防营管带李亨为保安军右翼统领"。另招新兵一营，以杨棣华为管带。原宿州知州李铭楚任保安军执法官。在自治局设立总司令部，"司令部内设总务、军事、财政、交涉等科，择绅商学界中人士分任各科执事"。并于"四门城楼上插旗，表示归向革命"。1912 年 1 月 8 日下午，张勋率部由南京北逃，所乘列车路过宿州，"雷振春往车站会见，相抱大哭"。12 日，雷振春即"乘黑夜悄悄坐上北去的火车"，投奔刚被清廷起用不久的袁世凯去了。山东地方当局随即派方某率陆军一营、李某率泰安巡防营占领了宿州。2 月 3 日，由粤军司令刘逸使、镇军司令郑维城、淮军司令陈干共同率领的北伐军进攻宿州，方部北撤，"泰安巡防想守城，地方不帮助，只得集合缴械，战事迅速了结"②。宿州再告光复。次日，三军司令在商会召集会议，成立新政权，推举前知州李铭楚为民政长。未几，李铭楚因隐瞒枪支被镇军赶走，安徽军政府先后派朱城、方刚任宿州民政长。

经初步统计，清末安徽共约 60 个州、县，其中由淮上军光复的达22 个州、县，加上自行独立的寿州、阜阳二城，以及受其影响的滁州、全椒、宿州等地，已占全省州、县的 45% 以上。淮上军对于安徽地方州

---

① 张湘炳、蒋元卿、张子仪编：《辛亥革命安徽资料汇编》，第 301—302 页。
② 丁洁尘：《宿州光复记》，见《安徽文史资料选辑》第 5 辑，第 124—126 页。

县光复所起的重要作用是应该予以充分肯定的。

四、芜湖的光复

"芜湖为安徽第一大商埠,居长江之中枢。"清末一度成为革命党人在安徽活动的中心之一。1906年以后,安徽革命党人活动的中心转向安庆,原聚集于芜湖的著名革命党人相继离开,革命空气渐趋沉寂。

获悉武昌起义的消息后,驻芜湖的徽宁池太广道兼芜湖海关道赵上达连夜召集当地官吏在其衙门内举行紧急会议,并邀请商会会长汤善福与地方绅士鲍筱琴、王芝圃等参加,决定举办团练,由芜湖县知县朱绣封兼任团防司令,以防止革命党人起事。警务公所总办丁翰年(字幼兰)随即召集各区巡官会议,安排巡警通宵巡逻,并要求水警严格稽查上下水轮船,以极力阻止外地革命党人来芜。

但全国革命形势的日益高涨,必然要影响到芜湖,当地许多商业性的报纸,连篇累牍地报道各地革命的消息,甚至经常出号外。而此时芜湖却没有革命党的组织,只是由潘春山、马春霆、齐月溪、吴白岚、陈慕楠等人发起的民众业余剧团"迪智群"在开展一些革命活动。上海、武汉、合肥等地的革命党人很快派人来芜湖发动起义。由合肥派来的同盟会会员阚岚溪最先抵芜,随即由上海派来的吴振黄,由武汉派来的刘醒吾、宋介眉亦先后至。吴振黄、刘醒吾下榻江边的大方客栈,即以客房为秘密机关,联络"迪智群"的骨干分子,商讨策动芜湖起义的步骤。决定由"迪智群"成员分头行动,吴白岚通过青帮首领王德麟去争取赵三、黄瑾、甘祥、陈森4位县署差役头目;潘春山去策反皖南巡防营管带张筱山。当时驻芜清军以李葆舲部两个营的巡防营实力最强。阚岚溪则避开吴振黄和刘醒吾,托人牵线,直接去做李葆舲的工作,希望由李葆舲出面宣布芜湖独立,以便其掌控军政大权。革命党人明显分为两派。

11月3日,吴振黄等通过赵三与朱绣封秘密谈判,要他出面宣布芜湖独立。朱绣封尚持观望态度,遂推托说:"县署人数太少,宣布独立必先由巡防营、水师营等响应才能成功。芜湖地近南京,张勋的江

清代卷(下)

防营对这里控制甚严,且俟时机成熟再图行动。"①"芜湖商人吴兴周久研新政,知识闳通",吴振黄、刘醒吾请他出面去做朱绣封和李葆龄的工作,亦"无切实答复"②。

待寿州、安庆相继宣布独立后,赵上达、李葆龄等闻讯惊慌万分,丁翰年当即逃走,朱绣封甚至于翌日凌晨主动在县衙门首挂上了白旗。革命党人见形势对自己十分有利,决定采取进一步行动。吴振黄、刘醒吾等率革命青年与青帮数百人占领警务公所;阚岚溪等率8名卫队士兵到芜湖县衙门,收缴了县府大印。但由于李葆龄部巡防营尚未解决,尤其是革命党人内部不统一,无法协调即将成立的新政权的人事问题,吴振黄等一面电请吴旸谷来芜主持,一面选派代表10余人与李葆龄当面谈判,并以芜湖海关监督的职位换得了李葆龄的妥协。阚岚溪见芜湖独立的关键问题已由吴振黄等解决,乃负气回合肥去了。

吴旸谷抵芜,见大局已定,遂于11月9日在大舞台召开商学警军各界大会,宣布芜湖独立,成立芜湖军政分府,推举吴振黄为芜湖革命军司令、刘醒吾为参谋长、齐月溪为军政分府秘书长,下设11个部、厅等直属机构:军务部,部长胡季舫;组织部,部长李辛白;总务部,部长李辛白;财政部,部长汤善福;民政部,部长李绣封;外交部,部长赵仲平;宪兵司令部,司令潘春山;警察厅,厅长杨焕藻;审判厅,厅长刘芳洲;检察厅,厅长陈康侯;芜关海关,监督李葆龄。

11月14日,江浙联军总司令徐绍桢派员送来委任状,"委振黄充芜湖军政分府司令,刘醒吾为参谋(长)兼旅长"③。

芜湖军政分府成立后,首先由裕宁、裕皖两官钱局提取库银25000元,用以维持军需等项开支。旋由芜湖商会筹集款项,购买枪械,并截留芜湖海关税款作为军饷,在原皖南巡防营的基础上扩编成4个团防营,后来由安徽军政府统编为第三旅,孙毓筠赴安徽都督任路过芜湖

---

① 沈寂:《芜湖地区的辛亥革命》,见安徽省政协文史资料委员会编《安徽文史集萃丛书之一·辛亥风雷》,第120页。

② 张湘炳、蒋元卿、张子仪编:《辛亥革命安徽资料汇编》,第337页。

③ 张湘炳、蒋元卿、张子仪编:《辛亥革命安徽资料汇编》,第337页。

时,面委刘醒吾为旅长,下辖两个团,第一团团长郑西平,第二团团长傅家珍。

南京临时政府统一各省军政令后,吴振黄继孙万乘之后宣布取消芜湖军政分府。

五、皖南各地的光复

皖南各府、州、县的光复,情形五花八门,但主要是来自两个方面的推动:一是芜湖独立后,芜湖军政分府派员光复邻近府县;二是黎宗岳部浔军光复大通后,曾派兵深入皖南腹地。至于其时间顺序,据郭孝成《安徽光复记》称:"南皖于九月二十六日(11 月 16 日)由广德州起点,其后徽、宁、池、太各府属,继贵踵相随。"①

芜湖军政分府成立后,委派司令部军事调查科科长韦师洛为驻宁国府(府治在宣城)军政分守,负责光复宣城等地。宣城原驻有巡防营一个营,管带为饶飞鸿部,事先已由芜湖军政分府委任为所部第三营营长。韦师洛仅带武装 10 名,乘坐舢舫一只来到宣城,让饶飞鸿召集地方绅士开会,商讨独立事。宁国府知府陈肇庆初见韦师洛并无大军相随,"还想组织衙门里的三班六房进行顽抗",及见饶飞鸿为之召集会议,便与宣城县知县一起乖乖地交出了印信。"第二天满街就悬挂了白旗。"后由韦师洛委任范源廉为宁国府知府,彭小泉为宣城县知县。

一个星期后,韦师洛又奉命光复当涂。当涂是太平府的治所,当时驻扎在这里的清朝长江水师提督,属下有大小船舰百余艘,官兵千余人。武昌起义后,长江水师提督陈炳文闻风逃遁,"由协台丁鸿宾代理"。因韦师洛与丁鸿宾有表亲关系,故芜湖军政分府"调韦为光复当涂的军代表",率第一团郑西平部前往。"通过韦与丁的亲戚私谊,双方未发生兵事,会商结果,收编水师为长江水师营,仍让李香池(原驻芜,水师营统领)为统领,委朱曾荫为太平府知府,鲁式谷为当涂县

---

① 郭孝成:《安徽光复记》,见中国史学会主编《中国近代史资料丛刊·辛亥革命》(七),第 179 页。

知事,郑西平则统兵进驻采石矶"①。

芜湖军政分府还派李培之、李香池等率兵先后光复了太平、南陵、繁昌等县。

江西九江独立后,参与组建九江军政府的安徽宿松人黎宗岳率浔军东下,占领大通,于11月13日成立了大通军政筹议局,通电宣布大通独立:

> 各省都督鉴:
>
> 　　大通二十三日宣布独立,现已设立军政筹议局,公举浔军政府黎宗岳为首领,宁、徽、池、太四府暨广、和二州所属事宜统归管辖。
>
> 大通军政筹议局叩②

黎宗岳本拟率部东向、参与围攻南京之役,后因被皖人举为都督,即于大通组建军政府,准备以大通为基地,逐步光复皖南各地。

大通独立后,黎宗岳部参谋长胡孝龄率兵两营南下,先光复了池州府属的石埭县(1959年并入太平县,1965年以原石埭县与贵池县部分地区合并为石台县)。11月下旬到达徽州府属屯溪镇(今黄山市),随即宣告屯溪独立,成立了屯溪军政分处。"全镇家家户户插旗"表示庆贺。"屯溪清朝原有的二府、巡检司以及各种税务机关人员都闻风逃跑,一切税收机构统统归军政分处承办了。屯溪的茶厘局,清时是道台衔,每年茶叶征收达四十万元(包括皖南各地在内),这样的一批收入,也归军政分处承办了"③。

在芜湖、大通等地先后光复的影响下,贵池县池州府治所在知县旗籍官员桂岩于11月15日潜逃,"县城的绅商学界公推代理池州知

---

①　沈寂:《芜湖地区的辛亥革命》,见安徽省政协文史资料委员会编《安徽文史集萃丛书之一·辛亥风雷》,第122—123页。

②　张湘炳、蒋元卿、张子仪编:《辛亥革命安徽资料汇编》,第327页。

③　安徽省政协文史资料委员会编:《屯溪光复记》,见《安徽文史资料选辑》第5辑,第115页。

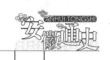
府李永旗代理贵池知县,宣布池州独立"①。后来,黎宗岳亦曾于12月9日带兵到过贵池。

宁国府属的旌德县僻处山区,交通落后,风气闭塞,10月下旬武昌起义的消息才传到这里。听说革命军要来光复旌德,天天有人到北门去迎接。11月12日,原住在宣城的旌德县朱旺村举人朱幼辞坐着小轿回到了旌德县城。次日,原任江苏江宁县巡检的旌德西乡江村人江渠廷也回到了旌德。他们联络当地绅商,提出要把旌德县咨议局改为临时保安会,"引起地方议论纷纷,一时谣言四起,人心惶惶"。11月18日夜半,旌德县知县汤兆玛逃走,第二天旌德县保安会宣告成立,"推定三溪巡检司胡少甫任旌德县知事,江渠廷任保安会正会长,朱幼辞为副会长,谢苌承、姚犀生任保安队正副队长"。11月21日,保安会宣布旌德光复,命令全城悬挂旗帜。"此后旌德全县一切的权力,由保安会执行"②。

广德州的光复更有意味。10月19日③,合肥人万民雨来到广德州属的泗安镇,自称革命军光复使,让生员张景华前往广德州通知商会,说万某"奉上海革命军令,来谕州人及早光复"。商会不明所以,表示可以遵命行事。知州张赞巽获悉这一消息后,考虑到由别人光复广德将于己不利,遂连夜抢先发布光复令,宣告广德独立。"次日民雨至,见知州已光复于先,无所事,乃免税、火档、决囚、释囚而去"。张赞巽"犹以民雨真为革命军使,厚赆其行"。万民雨走后,有人揭发他"实冒充以邀功者",张赞巽才发觉自己受到了愚弄,深以为耻,马上将与其同行的张景华、温敬铬、黄邦贵三人逮捕下狱。至是,张赞巽才考虑到广德州城内没有守兵,而当地青帮颇具势力,"设蠢动,无以制之"。经与绅士张绍辈筹划,以武举刘克昌"有异才,足以镇压青帮",决定招募丁壮40人,成立民团,张赞巽自任团长,以刘克昌为团副。

---

① 余绳甫:《池州的光复》(未刊稿),转引自安徽省政协文史资料委员会、安庆市文史资料委员会合编:《辛亥革命在安徽》,中国文史出版社1991年版,第139页。

② 安徽省政协文史资料委员会编:《旌德光复记》,见《安徽文史资料选辑》第5辑,第129—130页。

③ 此据靠苍山农《兵寇秘录》(安庆市图书馆藏稿本),与上文郭孝成《安徽光复记》所载不同。揆诸情理,广德州光复的时间不应早于芜湖和大通,更不应早于湖南、陕西二省和九江市,应以郭孝成所说11月16日较可信。

巢县无赖李钧"在上海闻万民雨在广德获厚赆,将师其故智以取财",于 12 月 23 日只身一人来到广德城内,"称奉元帅令往某邑有营干,在路乏赀,请赆六十元"。张赞巽事先已得到米商王捷、孙锵二人的密报,早已有了准备,"省其委状印文为伪造,方耻为民雨所欺,遂杀之以立威"①。

　　尽管情形各异,甚至光怪陆离,但皖南的广德州与太平、宁国、池州、徽州四府及其所属的大部分县都曾宣告过独立,而这些府、州、县的光复,又都不同程度地受到了芜湖或大通的影响。

第三节　安徽光复后的政局动荡

　　安徽独立,从根本上说虽然是革命党人长期奋斗、流血牺牲换来的,但就当时情况而言,却是在安庆新军起义失败之后,由咨议局绅士出面向安徽巡抚朱家宝劝降的结果。新成立的革命政权,新旧杂糅,各方势力又未经过很好的协调,存在着不可化解的矛盾。安徽军政府以朱家宝为都督、王天培为副都督,便是一种非常怪异的组合。朱家宝由镇压革命的刽子手摇身一变而成为革命政权的首脑,固然让革命党人在情感上很难接受,事实上也远不能适应革命形势发展的需要;王天培此前并未为安徽革命作出重大贡献,声名未显而骤膺重任,既缺乏广泛的号召力,亦难于服众。这种状况决定了刚刚摆脱清王朝统治的安徽,又进入了多事之秋,各方势力在安徽展开了激烈的争夺。

一、安徽都督五易其手

　　安徽独立之先,革命党人曾"竭力反对"由朱家宝出任都督,并

---

　　①　张湘炳、蒋元卿、张子仪编:《辛亥革命安徽资料汇编》,第 353 页。

"公推王天培为临时都督,管鹏为军务部长,吴旸谷为全省经略"①。朱家宝就任安徽都督后,对革命党人很不放心,为排斥异己,于1911年11月8日当天即向咨议局提出:其他独立各省皆未设副都督,建议改任王天培为军事总监。革命党人当然不能同意,王天培反而强硬地要求朱家宝交出都督印信,且扬言若两小时内未将印信交到,则以铁血相见。朱家宝因手中没有与革命党对抗的实力,只好将都督印交还咨议局。王天培从咨议局索取印信后,乃自称大都督,在原督练公所重组军政府。次日,王天培以都督名义下令:所有官吏限三天之内、军人限半天之内,一律剪掉辫子。当时清帝尚未退位,许多人对剪辫存有顾虑,一时怨言四起。"越一日,旧巡防统领刘利贞摇惑军心,并举出郑某为代表,以反对剪辫为名,鼓动数百流氓,牵率皖绅童茂倩、邓申侯等,闹入都督府,反王（天培）护朱（家宝）。"②一时间,商民罢市,蜂拥至督练公所,要王天培解除职务,交出印信。"无知之辈,遇有西装无辫之人,遂任意殴毁"。王天培避而不见,初犹希图拖延了事,后见事态无法平息,乃被迫交出印信,由窦以珏、洪恩亮等送至巡抚衙门,请朱家宝再任都督。革命党人由此充分体验了掌握军队的重要性,乃有吴旸谷再次赴九江乞师援皖之举。

11月11日,上午在咨议局召开军事会议,下午召开政事会议,议定安徽军政府在都督之下暂设军务、参谋、司令三部,并推举军队与各部负责人:"军司令部总长都督兼任,中央司令长黎宗岳、胡维栋,军务部长唐润甫、管鹏,参谋部长宋邦汉、刘国栋,司令部长胡万太(应为胡万泰)、龚克定。"各部下设科,当时任命的科长主要有:"作战科长张国越,情报科长朱殿魁,军制科长罗心源,宪兵科长欧阳豪,执法科长吴介璘,军械科长金鼎彝,文牍科长黄建禄,军需科长沈多文、娄养源,运送科长台树仁,庶务科长夏尔玛,招募科长顾彦昭"。

九江军政府都督马毓宝"徇吴旸谷之请",派黄焕章率部援皖。"黄之出身,故微贱而又庸劣,一切命令,皆出自兵站长顾英之手。顾

---

① 邹鲁:《安徽光复》,见中国史学会主编《中国近代史资料丛刊·辛亥革命》(七),第171页。
② 邹鲁:《安徽光复》,见中国史学会主编《中国近代史资料丛刊·辛亥革命》(七),第171页。

之为人,惟利是嗜,他无所知也。"①"黄所部约二千人,系临时招集者,多洪江会匪,纪律之劣,尤在江防营下"。识者忧之,建议安徽军政府指定城东门外五里庙为浔军驻扎地。黄焕章拒绝,所部于 11 月 13 日"全数移驻城内师范学堂"②。未几,顾英"怂恿各军士要挟黄焕章,向咨议局索饷万元"③。咨议局因一时难以筹足,答应先付 2500 元。黄焕章不同意,"竟使士兵鸣枪示威"。14、15 日,浔军"围攻都督府,劫夺军械所,焚毁藩库,并及于四牌楼商店,城内殷实富户,悉被搜劫,无一幸免,全城几至糜烂,公私损失三百万"。

因朱家宝于浔军围攻都督府之际"急逾后垣而出,缒城,夤夜逃逸",安徽军政府一时无人主持,"黄焕章乃自称总司令,隐然以皖军都督自居,任命宋邦翰、黄盛鸿为参谋,吴介璘为军务科长,枪毙一二市井流氓,目为放火抢劫之主要犯,以图掩饰"④。韩衍与易白沙、管鹏等将"素受革命教育所熏陶"的陆军小学、测绘学堂、尚志学堂学生编为青年军,分为三大队。"韩衍自任青年军总监",与易白沙、管鹏各领一队,主动维持安庆地方治安,"使觊觎皖政如黄焕章辈,有所忌惮,以故皖省光复,青年军之功为多"。

"管鹏往诘焕章于师范学校,见其士兵纷纷回营,所掠衣物,堆集整齐,知其事出于预定计划",急忙退出,"通令皖军急对浔军备战"⑤。吴旸谷在芜湖闻变,急谋应对之策。芜湖军政分府建议他带兵前往,他拒绝道:"我携众至,焕章必惧而抗我,兵锋一接,是糜烂地方也。我当拼此身以大义责之,事或解,皖之福,否则当与吾被陷之父兄子弟同命。"及至安庆,胡维栋、孙传瑗等先后劝其勿轻入虎穴,吴旸谷慷慨地表示:"焕章假借民军,行同盗贼,践我土地,虐我人民。吾皖素称多志

---

①　郭孝成:《安徽光复记》,见中国史学会主编《中国近代史资料丛刊·辛亥革命》(七),第 175、176 页。

②　孙传瑗:《安徽革命纪略》,见中国史学会主编《中国近代史资料丛刊·辛亥革命》(七),第 185 页。

③　郭孝成:《安徽光复记》,见中国史学会主编《中国近代史资料丛刊·辛亥革命》(七),第 176 页。

④　孙传瑗:《安徽革命纪略》,见中国史学会主编《中国近代史资料丛刊·辛亥革命》(七),第 185 页。

⑤　邹鲁:《安徽光复》,见中国史学会主编《中国近代史资料丛刊·辛亥革命》(七),第 171 页。

士，今事至此，竟无一人仗义执言乎。"遂径入黄焕章司令部，面斥其所为，并当场承诺：若"将所掠军械及商民财产悉还，我当为尔另辞筹军费以遣尔行"，随后外出召集绅商筹款。"适徽人王则曾以伪称黎大都督代表，沿途招摇"，被吴旸谷拘留，这时见有机可乘，便在黄焕章面前挑拨说："吴旸谷来，必讨乱皖者罪，公无望出安庆一步矣。"黄焕章以援皖反祸皖，本来就自觉心虚，"闻王则言，益不自安"，乃密令：俟吴旸谷复至，即拘捕之。皖籍士绅洪恩亮、黄书霖与商、学各界闻讯，"百计营救，弗能脱。又恳某国教士出为担保"，亦未成功。吴旸谷自知难免一死，乃作绝命诗一首曰："来来去去本无因，只觉区区不忍心，拼着头颅酬死友，敢将多难累生灵。""作未毕，黄嗾卫队以手枪逆击。身受七弹而死"①。

吴旸谷之死，激起了安徽人民的极大愤慨。辛亥安庆新军起义时，第六十二标三营因远在英山驻防，未能参加。至是"由管带桂丹墀统率，自英山兼程赶回，与原驻省城之骑兵一营，及胡万泰临时招集已散各标营兵，约一营，暨韩衍所主持之青年军，谋联合解决黄焕章所部"②。皖南绅民推举黎宗岳为都督，黎宗岳正在经营皖南，无暇至安庆主持政务，曾再四力辞③。

江西都督复于 11 月 18 日派浔军参谋长李烈钧率部军乘兵舰至皖，调查处理安庆变乱事。李烈钧"目睹情势，邀其同学胡万泰暨皖绅陶寿民等，从中调停，限焕章于三日以内离皖"④，安徽绅商"公举李公烈钧为全皖大都督"⑤。李烈钧"遂与各界会议，筹划进行方法，委任一切职员"，正进行间，忽发现街头张贴檄文曰：

> 九江驻安庆之一军，在我会场宣言来此攻南京之师也，

① 《吴烈士旸谷革命史》，见中国史学会主编《中国近代史资料丛刊·辛亥革命》（七），第 193—194 页。

② 孙传瑗：《安徽革命纪略》，见中国史学会主编《中国近代史资料丛刊·辛亥革命》（七），第 186 页。

③ 张湘炳、蒋元卿、张子仪编：《辛亥革命安徽资料汇编》，第 363 页。

④ 邹鲁：《安徽光复》，见中国史学会主编《中国近代史资料丛刊·辛亥革命》（七），第 171 页。

⑤ 张湘炳、蒋元卿、张子仪编：《辛亥革命安徽资料汇编》，第 358 页。

杯酒相逢,殷勤握手,而一切东征款项,以皖库之枯穷,已允担任。乃该军自九月二十五日(11 月 15 日)狂突以来,至今凶焰未熄,驱我都督,屠我人民,劫我军械,夺我库储,搜刮商户,更及民家。破宅焚巢,城空市断,一言不合,瞬刻命尽,同胞之绝吭洞腹,日有所闻。咨议局议长窦以珏为吾三千万人之代表,囚之欲杀者至再至三。吴春阳(吴春阳,号旸谷)者,有力于恢复时者也,身被七枪而殒。天昏地黑,人道何存?呜呼!此与满虏赵尔丰之屠成都、冯国璋之屠汉口、张勋之占南京何异。今与浔军约:今日不去,愿以明日,明日不去,愿以三日,三日不去,则是终于浊乱一隅矣。吾皖各界,有周公东山之例在,殄厥渠魁,余者分别诛释,惟明鉴之。①

李烈钧知安徽各界对于都督问题意见并不统一,民情依然愤激不已,遂率浔军离去。

12 月 1 日,各界代表议定于安庆设立"皖省维持统一机关处"②,内设军政、民政、财政三部,军政部由桂丹墀主持,民政部由洪恩亮主持,财政部由黄书霖主持,并由韩衍任秘书长。并宣布:"凡一切内政外交,以及发号施令,胥由此名义执行之。俟皖军都督正式举定,到任之日,此机关即行撤销。"又以咨议局为清政府设立的机构,理应解散,"乃召集临时省参事会,选举正式皖军都督"。稍后,临时省参事会"全场一致票选孙毓筠为皖军都督"③。时上海中国同盟会本部亦选派孙毓筠为安徽都督,独立各省都督也有推举孙毓筠者。12 月 7 日,孙毓筠发表就职通电:

① 郭孝成:《安徽光复记》,见中国史学会主编《中国近代史资料丛刊·辛亥革命》(七),第 176—177 页。
② 或称"全皖筹备军政处"。
③ 孙传瑗:《安徽革命纪略》,见中国史学会主编《中国近代史资料丛刊·辛亥革命》(七),第 186 页。

安徽各府、州、县转各局员悉:

本都督辱各省都督公举,并由本省各代表公推,义不容辞,已于本月十三日由沪莅芜,巡视军民各政,即日到省视事。所有各府、州、县官吏局所,均暂照旧办事,如有更换,由皖南北民政部长遴员详请本都督委任,不得私举,致涉分歧。本年丁漕,除秋成业经勘定停征不计外,余均照常征收报解,不得浮收。此后兵队过境剿匪,如无本都督正式公文,即系假冒民军,概置不理,倘稍有骚扰抵抗情事,准由就近兵队捕拿,一面电禀本都督派兵剿办,以安地方。

除行知军政分府,及皖南北民政部长外,特通电遵照。

十月十七日①

孙毓筠赴任经过大通时,遭到黎宗岳部阻击,乃退回芜湖,改道于12月21日到达安庆,正式就任安徽都督,并立即着手改组军政府。重新组建的安徽军政府于都督之下分设军政、民政、财政、教育四司,分别任命桂丹墀为军政司长,洪恩亮为民政司长,史推思为财政司长,邓绳侯为教育司长。为了严肃军纪,保障民生,孙毓筠于12月27日“特颁布行军赏罚禁令,通饬各军队一律遵守”:

禁令:(一)私取民物者斩。(二)奸淫妇女者斩。(三)泄露军情者斩。(四)造谣惑众者斩。(五)临阵脱逃者斩。(六)黉夜窃出者斩。(七)不遵约束者斩。(八)聚众鼓噪,藉以要挟者斩。(九)探报不实,藉以图功者斩。(十)藉公泄私者斩。(十一)擅动器械私行斗殴者斩。(十二)携军械私逃者斩。(十三)损伤外人生命财产者斩。

罚令:(一)擅离队伍者,分别罚办。(二)故意刁难希图侮辱长官者,分别罚办。(三)搬弄是非致人不和者,分别罚

① 郭孝成:《安徽光复记》,见中国史学会主编《中国近代史资料丛刊·辛亥革命》(七),第177—178页。

办。（四）酗酒滋事者罚办。（五）未经长官许可，强买民物者罚办。

赏令：（一）杀敌致果者赏。（二）夺获敌人军需军械者赏。（三）探获敌情因而致胜者赏。（四）保全外人生命财产者赏。（五）临阵长官遇险，能奋力救护者赏。

数日后又成立了临时省议会。自此，人心大定，社会秩序逐渐恢复，"前此之避乱于外者，归来约十之七，商户亦渐次开市矣"①。

随后，孙毓筠"即著手裁撤各地之军政分府及类似此种机关，以期军、民两政之统一"。经过一段时间后，除以黎宗岳为首的大通军政分府外，"芜湖军政分府，庐州军政分府，淮上军总司令部，以及各地成立之类似机关，先后均一律遵令撤销。所有各地民军，分别编制成师、旅、团、营，全省计编五师，委由各革命将领，分任师、旅、团长，加紧训练，预备北伐"②。至此，围绕着安徽政权的纷争才算是告一段落。

二、大通军政府的对立

孙毓筠就任安徽都督后，于 1912 年 2 月 29 日接奉南京临时政府电令，"本日奉大总统命令开：参议院议决，裁撤军政分府统一军政民财一案，务即遵照办理"③，当即要求省内各军政分府遵命撤销。庐州、芜湖等地的军政分府相继通电解散，唯大通军政分府黎宗岳抗命不遵，直至 4 月初中央政府调动军队、动用武力后，才告解决。

黎宗岳（1875—1916），字堃甫，安徽宿松人，为黎元洪之堂侄。清季以优贡出仕，累任内阁中书、六品警官兼采访局长。积极参与立宪请愿运动，1910 年 1 月，各省咨议局联合组织第一次国会请愿前夕，黎

① 郭孝成：《安徽光复记》，见中国史学会主编《中国近代史资料丛刊·辛亥革命》（七），第178—179 页。

② 孙传瑗：《安徽革命纪略》，见中国史学会主编《中国近代史资料丛刊·辛亥革命》（七），第187页。

③ 张湘炳、蒋元卿、张子仪编：《辛亥革命安徽资料汇编》，第 360 页。

宗岳与程篯、陈佐清、马权公等于京师发起成立国会请愿后援会。后改名"国会速开期成同志会"，一般通称为"国会期成会"。第二次国会请愿期间，各省请愿代表于 6 月 16 日向都察院呈递请愿书后，曾分头走访、游说政府要员，黎宗岳等谒见了军咨大臣毓朗，交谈达一小时之久。第二次国会请愿失败后，黎宗岳与孙洪伊、邓孝可等 10 人被推选为国会请愿代表团驻京干事员。① 黎宗岳还曾于京城创办《国报》馆，开通社会风气，1911 年该报以公布安奉路条约被封。黎宗岳本人也被清廷革职。

武昌起义后，黎宗岳赴汉口，被推为长江军参谋长，率一军沿江东下，于 10 月下旬抵九江，参加了九江军政府的组建工作。时清政府派长江水师提督程允和率部乘军舰增援汉口，路过九江，停泊于城西江面。黎宗岳自告奋勇，带卫兵二人赴敌舰劝降，使两艘敌舰上的清军反正，倒向了革命。

九江独立后，黎宗岳率部继续东下，占领大通后，成立了大通军政筹议局，准备以大通为基地，经营皖南，推动了皖南各地的光复。黄焕章部在安庆制造骚乱时，黎宗岳被皖人举为都督。黎宗岳本有挥师东进、助攻南京的计划，既为绅民推举，即于大通组建军政府，后来通称为大通军政分府。未几，李烈钧来皖，"士民以黎宗岳不在省垣，又举李烈钧为皖省都督"，"李烈钧去皖，黎宗岳仍怀一都督之希望"。② 不料，随后召集的临时省参事会却选举孙毓筠为安徽都督，黎宗岳因此不满，于是当孙毓筠赴任途经大通时，双方发生了冲突。1911 年 12 月 15 日，全皖筹备军政处发表通电斥责黎宗岳曰：

民立报转各报馆鉴：

皖各团体公举孙君少侯（孙毓筠字少侯）为都督，一再敦请视事，黄焕章余孽黎宗岳，系满奴小德张干儿，藉名助攻

① 张玉法：《清季的立宪团体》，（台湾）"中央研究院"近代史研究所 1985 年版，第 406 页。
② 郭孝成：《安徽光复记》，见中国史学会主编《中国近代史资料丛刊·辛亥革命》（七），第 178 页。

金陵,拥兵自称行军都督,搜劫厘税数十万金,盘踞大通,居心巨测。孙君由芜莅皖,过大通,黎胆敢擅称土匪,朦使安丰兵轮及所部兵队击沉小轮二艘,卫队亦被击散。孙君见机退避。似此公行叛逆,破坏治安,实为国民公敌,乞主公论,以解皖厄。

全皖筹备军政处由芜叩①

该电对事件过程并无具体描述,说黎宗岳"系满奴小德张干儿",不免涉嫌人身攻击,所谓"黄焕章余孽黎宗岳"亦无事实可证。随之黎宗岳也发告同胞书,对事件始末另有一番解释:

敬启者:

宗岳不才,遭际时会,于义师略有参赞之功,私心时以安民保商为第一目的。前次挈兵来通,实因省垣甫告独立,皖南一带盗贼时起,于是分布兵队弹压晓谕,竭月余之力,幸而地方敉宁。虽省垣遭廿五日之扰乱,惟时宗岳在通,而通、和两岸以迄池、宁,熙攘如常。猥蒙皖南诸父老鉴其微忱,两次公举,欲以都督相畀。宗岳再四力辞,此有函电可以查证,非矫饰也。盖全皖形势实居水陆之冲,无论此等时势不应存富贵利达之心,此等名目亦决无富贵利达之实。就令视为宝贵利达矣,而皖省今日兵力单弱,财政紊乱,所以保持此富贵利达者,又将何惮? 昔人所谓思之烂熟,宗岳盖类于是。惟以皖南父老肫切相与之意,宗岳患难相保之忱,不忍遽然舍去,乃勉徇众请,允以军政分府自任,诚非得已。

此次公推孙少侯为全省都督,姑勿问其推定方法适合与否,但省垣一日不定,大局一日不安,惟援鄂北伐均成空谈,即内政亦难整理。因至两电,敬表欢迎。忽接少侯电促

①　张湘炳、蒋元卿、张子仪编:《辛亥革命安徽资料汇编》,第359页。

赴芜，云有要事相商。宗岳遵即星驰赴约，不料为风浪阻留两日，甫至池州，少侯已抵大通。宗岳抵通乃知事已决裂。

查孙少侯来通，计带兵约千人，到时即勒令将大通军政分府取消，银元、枪械缴付行辕，如敢不遵，即以诛剿从事。其所出告示、赏格、措词尤为荒谬。业将少侯各电稿暨告示、赏格照片以俟公布。当时，宗岳所派参谋、执事诸人，惮其野蛮，允以万金相付，俟到省后，查实此间用数，再行和平商办，不得误听浮言。而少侯固执不允。维时，宗岳军队仅三百人，愤激万状，死不允缴械。少侯因此大怒，乃率兵先至中华银行抢去二万五千余金，并将该行经理掠去管押。随又至军政分府将所存快枪暨快炮二尊尽数劫去，什物捣毁无数。

宗岳十九日乘船到通，睹此情形，不免痛哭。然犹抚慰兵队，不准妄动。复托商会劝告少侯，须将饷械相还，掠人放归，余事俟到省商办。乃少侯一面磋商，一面出队，突于二十日一句钟开炮十余次轰击，计伤五人、死三人，宗岳不得已开枪还击。彼所调通济兵轮，孙兵亦轰击。该舰还炮数响，冀其止战而不可得。所幸兵队人数虽多而贪财无纪，仅对击两小时，遂各将所掠银元分携而逃。少侯亦仓皇往芜，临去告沿途居民，必将调兵剿杀。宗岳数月安集之而不足，少侯一日破坏之而有余，事后追思，痛不欲生，何不幸残杀同胞之事竟出于吾皖也！

夫吾皖计分四分府，今一切仍旧，而独仇视大通。就云搜刮饷项，亦当俟到省后调查实据，再行提取。今乃并枪械而劫之，并宗岳及办事人而悬赏购缉之，一语不谐，动用炮火从事，此等思想、手段，直百思而不得其解。

宗岳现方待罪大通，谨以当日实在情形敬谨布告，一语虚诬，天日可誓。若其是非曲直，则谨俟之各都督暨吾乡父老切实调查，公平许断。惟有一言不可不事先声明：若少侯再如前以兵力相迫者，宗岳亦绝不以束手待毙。

　　谨此奉闻

　　伏希公鉴

黎宗岳谨布①

　　按照黎宗岳所言意：

　　其一，黎宗岳初未反对孙毓筠出任安徽都督，曾两次致电"敬表欢迎"，并应召赴芜，只是阻于风浪未能及时赶到。

　　其二，大通冲突爆发时，黎宗岳尚在池州，并不知情。

　　其三，事件的起因是孙毓筠勒令取消大通军政分府，上缴银元、枪械，且"所出告示、赏格、措词尤为荒谬"。

　　其四，事件分为两个阶段，第一阶段是孙毓筠部抢劫大通中华银行和军政分府，第二阶段是双方发生战争。

　　其五，黎宗岳于孙部抢劫后赶回大通，曾请商会出面调停，孙毓筠仍贸然发动突然袭击，黎宗岳部是被迫还击的。

　　即大通冲突的责任完全在于孙毓筠。而可能给孙毓筠造成误会的，仅仅是黎宗岳为风浪所阻未能按时赶到芜湖。

　　各执一词，莫衷一是。

　　大通事件发生后，黎元洪出于堂叔之谊，尝致电上海军政府都督陈其美说："大局未定，同室操戈，大非民国前途之福，是非曲直，鄙处无从而知，望尊处速赐调停，释纷解难，以免见轻北敌，腾笑外人。"陈其美当即分别致电孙毓筠和黎宗岳，希望他们"顾全大局，消融意见"，并请刚攻占南京不久的江浙联军部司令徐绍桢"派队前往，妥觅调停"。但大通商会很快于 12 月 24 日发出通电称："孙、黎两公顷已和平解决。黎战时拘去孙之幕僚及兵士，各给川资，抚慰释放"，"愿从此捐弃小嫌，共图大业，永息操戈之祸"。

　　事实上，黎宗岳与孙毓筠之间的矛盾远未解决。也就是说，安徽乱局还未结束。1912 年 3 月 21 日中华民国南京临时政府陆军部指示安徽都督孙毓筠：

---

　　①　张湘炳、蒋元卿、张子仪编：《辛亥革命安徽资料汇编》，第363—365页。

大通抗不遵命,中央政府决计以武力从事,已命柏(文蔚)军长派步队两营、机关枪一队、炮队两队,会同军舰两艘,前往大通相机镇压,唯青阳、池州、铜陵等处,为溃兵逃窜之路,请贵都督相机派得力兵队,分途拦截。

孙毓筠即令芜湖军队开赴铜陵、顺安一带驻扎,另由省城调兵三营,分驻铜陵、青阳等地。柏文蔚受命后,即率部溯江而上,兵锋直指大通。

黎宗岳闻讯,深感形势严峻,自知难与南京临时政府相抗衡,遂于4月6日给陆军部发了一封辞职电报,尔后乘轮船退往九江。大通军政分府取消,安徽遂告统一。

第十六章

旅外皖人的业绩

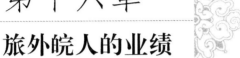

安徽自古人杰地灵,有清一代名人更是层出不穷,其中张廷玉、李鸿章、刘铭传、周馥、孙家鼐、程长庚、吴汝纶等心念乡梓,活跃于省外,在更广阔的舞台上一展皖人风采。他们分别在各自领域取得的骄人业绩,为中国社会、经济、文化发展作出巨大贡献。

第一节　皖人与《明史》、《四库全书》的编纂

一、张廷玉等与《明史》的编纂

《明史》是清代官修的一部反映我国明朝（1368—1644）历史的纪传体通史。全书336卷，其中目录4卷、本纪24卷、志75卷、表13卷、列传220卷，其卷数在二十四史中仅次于《宋史》，但其修纂时间之久、用力之勤却大大超过了此前诸史。修成之后，得到后代史家的好评，认为它超越了宋、辽、金、元诸史。清代史学家赵翼在《廿二史札记》卷三一中说："近代诸史自欧阳公《五代史》外，《辽史》简略，《宋史》繁芜，《元史》草率，惟《金史》行文雅洁，叙事简括，稍为可观，然未有如《明史》之完善。"

康熙十七年起，清廷用了将近50年的时间，直至雍正即位才完成四部《明史》稿本。313卷本和416卷本，即万氏《明史稿》，由民间史学家万斯同审定的两种明史稿本；另外两种是王鸿绪分别于康熙五十三年进呈的205卷本（列传部分）及雍正元年进呈的310卷本，这两种稿本完全是在万氏稿本的基础上删削而成的。至此，《明史》纂修的主要工作已经基本完成了。雍正元年，清廷重开史局，以隆科多、王顼龄为监修，张廷玉为总裁，在王氏《明史稿》（310卷本）的基础上进行了一些增损、考订、修改，于雍正十三年十二月，由大学士张廷玉进呈，乾隆四年正式刊行，《明史》编纂终告完成。

张廷玉（1672—1755），字衡臣，号研斋，安徽桐城人。1700年中进士，历任礼部尚书、户部尚书、保和殿大学士，后入值军机处并充经筵讲官，深得雍正帝倚重。乾隆时期，常留京总理事务，与鄂尔泰二人被乾隆赞为唐之房玄龄、杜如晦。作为《明史》的领衔编修者，被称为"登朝垂五十年，掌词林二十七年，主揆席二十四年"。去世后入祀太庙，成为清朝极少数享此殊荣的汉族大臣。

张廷玉主张"学者治经而外急宜辅之以史"，注重历史，一生主持、参与编纂了相当数量的经学、史学和典制著作。在担任《明史》总裁官期间，张廷玉在《明史稿》的基础上，扬长避短，删繁就简，最后裁定了《明史》。在《上明史表》中，张廷玉说："发凡起例，首尚谨严；据事直书，要归忠厚。曰纪、曰表、曰传、曰考，悉仍前史之体裁；或详，或略，或合，或分，务核当时之心迹。文期共喻，扫艰深鄙秽之言；事必可稽，黜荒诞奇衺之说。十有五年之内，几经同事迁流；三百余卷之书，以次随时告竣。"①

在编纂《明史》的过程中，张廷玉坚持发展的历史观，立足现实，强调社会的变迁发展，主张顺应时势，从实际出发，有所变革。他对《明史》编纂的贡献主要表现在：

1. 表志纪传有因有例

首先在《历志》中附有插图，使得历数算法更加明晰易懂，体现了明代历象、算学的研究情况以及科学技术的发展。二是一改前史当代和前人著述混载的旧貌，从而使体例更加合理；在表中也多有创制，《宰辅年表》，内列丞相与内阁大学士；新创了《七卿年表》即吏户礼兵刑工加上都察院。这不仅反映了明代政权机构的特点，还可借此了解明代政治制度的演变。三是针对《明史稿》立传太滥的现象，《明史》或并或删，而且归并到相应的传记部门，并一一加上传赞。列传中除了旧例外，还新创了"阉党"、"流贼"、"土司"三传，其中《阉党传》揭露明代宦官专权的黑暗情形；《土司传》反映明代中央政权与各少数民族之间的关系。诸如此类，既继承史书成例，又有所变通创新，从而比较准确地把握和反映了明代社会的特点。

2. 编纂得当

《明史》凡数十人共一事者，则仅举一人立传；如果同事诸人多，附立一小传于后；若同事者另有专传，则这一事不再重复叙述，仅仅以"语在某人传中"点明，体现了编纂体例的严谨。编纂中主要从大事着手，对一些细节处则略而不论；对祖父子孙各有大事可以记载的不

---

① 张廷玉：《明史》，中华书局 1974 年版，第 8630—8631 页。

附传。为了忠实于原文,《明史》对于诸臣奏议,凡是有关当时利弊的大多载录原文;对事件和人物的评价基本持公允态度。经过张廷玉的努力,《明史》基本上做到了编排精审、体例严谨、首尾完备、互相照应。

除了张廷玉外,皖籍中的其他人,如梅毂成、施闰章、汪由敦等也参与了《明史》的编纂。

梅毂成(1682—1764),清代数学家,梅文鼎之孙。字玉汝,号循斋。幼承家学,精天文、数学。康熙朝进士,授编修参与修国史,官至左都御史。曾受命在内廷当差,参与修《数理精蕴》、《历象考成》、《明史·天文志》等。编有《梅氏丛书辑要》。

施闰章(1618—1683),既是著名的文学家,又是著名的史学家。除参加《明史》的纂修外,著有《拟明史》5卷,重新编纂《泰山志》、《阁阜山志》,主持重修《袁州府志》、《临江府志》等。

施闰章在治史实践中形成了一套系统的史学理论,其《修史议》集中反映了其重视史、志书的史学思想。在政治上,他认为修志可以"鉴古",有利于吸取历史的经验教训;在学术上,修纂史志对发扬地方的优良传统具有积极意义。对历史上的人和事,施闰章一贯持严谨的态度,定要作出公正评价。他重视志书的取材问题,既要存大略小,又要小中见大;在资料的来源与征集上,注重志书在内的有关文献资料和实地采访;对采集到的资料鉴别真伪,确保真实性。

针对史馆修史的弊病,施闰章指出:"古人修书,出于一人之手,成于一家之学,班、马是也。此后分曹共局,是非抵牾,议论蜂起,腐毫辍翰,相持不小。"提出,要保证官修史书的质量,必须慎重选材,要"择人善任,不得不归贤有司","各因其长而任之","有道而能文,周咨独断,平心折忠其是非"。[①] 只有这样,才能体现信史价值。施闰章坚持史学秉笔直书的传统,表示一定要对修《明史》的八难,即"考据、裁制、核实、定论、门户、牵制、忌讳、程限","绳之以法"。

汪由敦(1692—1758),休宁上溪口人,字师苕(敏),号谨堂,又号松泉居士,雍正二年考中进士,入翰林院为庶吉士。乾隆年间,授内阁学

---

① 《学余堂文集》卷二五,《修明议》。

士，历任工部尚书、吏部尚书、军机大臣、协办大学士等职。他平生持重老成，"恭谨"侍职，深得乾隆皇帝的倚重。汪由敦又以文学见长，才思敏捷，文采出众，熟悉典籍，知识渊博，乾隆帝称他"学问渊醇、文辞雅正"。《明史》中的十二朝本纪及洪武、建文、天启、崇祯诸朝后妃、诸王列传，汪由敦与吴麟二人分定负责。《四库全书》中收录了由汪由敦主持编纂的《日讲礼记解义》、《钦定磐山志》和《松泉文集》。其《史才蠡说》一文，全面阐述了《明史》在取材、体例和书法等各方面的问题。

雍正五年，总裁张廷玉将《明史》成书之任托付给汪由敦负责，汪由敦总结了《宋史》、《元史》等官修史书体例上存在的顾此失彼、未能一贯的弊病，指出，"本纪、志、传，体虽不同，事本一贯，必通彻参详，方可免抵牾复出之患"。关于"纪、传、表、志"等的记述准则和范围问题，汪由敦认为列传应该以记载重要事件作为原则，"列传详略，初无定体，然必其有关国故，而所载之事必与其人之规模相称，乃得提要，非若碑志家状，有美必书也。……至于类传，尤当举其重者以概生平"。汪由敦还主张详细论列志，"历代书志，体各不同，大抵一带典章及累朝因革之故，俱宜备载，俾读者得所考信，后世可以鉴观，故宁详毋略"。他认为表可以起到补充纪传、文省事详的作用，"作史无表则列传不得不多，传愈多，文愈繁，而事迹或反遗漏而不举。庐陵复班、马之旧，其见卓矣。有明宰辅列卿，无咎无誉者甚多，各为列传，颇苦碌碌，表立而传之可省者得十之三，则表宜补作审矣"。① 这些主张对突破纪传体题材起到了一定的推动作用。

在编纂《明史》的过程中，皖人作出了重大贡献，尤其是关于史学编纂的主张，对保证《明史》的修纂质量起到了指导性作用。

二、皖人与《四库全书》的编纂

《四库全书》的编纂是一项大规模的古书辑佚文化工程，开始于清乾隆三十八年（1773 年），终于 1783 年。共收录书籍约 3503 种，编成 79039 卷，装订成 36000 余册，分经、史、子、集四部，故名"四库"。

---

① 《学余堂文集》卷二五，《修明议》。

对于这项巨大的文化工程,当时的安徽在"应征献书"、编纂校勘、著作收录等方面都做出了突出的贡献。

(一)安徽学政首献开馆校书之议

《四库全书》纂修的创意者是安徽学政朱筠。朱筠学识广博,精通经学及其文字训诂。在担任安徽学政期间,结识了江永、戴震等徽州学者,广泛搜集安徽文献。

乾隆曾两次下令采访遗书,确定搜书标准范围、具体的采集方法。然而搜书过程中的种种困难,让不少地方督抚采取了敷衍态度,一度让征书活动陷入困境。时任安徽学政朱筠积极响应征书诏书,搜集到安徽学者著作以及历代遗书百余种,并上了《谨陈管见开馆校书折子》,提出了搜访、校录书籍的四条建议:其一,"旧本抄本,尤当急搜也";其二,"中秘书籍,当标举现有者以补其余也";其三,"著录校雠,当并重也";其四,"金石之刻、图谱之学,在所必录也"。① 这四条建议不仅扩大了搜书范围,由原来仅限于搜集民间藏书,进而扩展到宫廷藏书,而且提出的寻各家所藏旧本、抄本以及著录、校雠并重,受到各方赞誉。最重要的是它满足了乾隆帝在全国范围内大规模搜访书籍的要求,也迎合了他标榜稽古的虚荣心,故而受到乾隆的高度重视。

根据朱筠的建议,乾隆要求汇集天下图籍,抓紧编纂《四库全书》。当时的安徽专门设立了书局,派专人负责多方购访图书。"将年代稍近之宋、元、明三史内所载名臣及《道学》、《儒林》、《文苑》诸贤,凡籍隶安省者,汇订一册,其著有某某等书见于本传者,亦于各名下登明,抄发各府州,令其寻访后裔,并于所属坊肆及藏书最富之家,逐加寻访,按籍征求。"②

在参与全书的纂修过程中,朱筠本人更是身体力行,搜集到100多种安徽学者的著作及历代遗书。对此,乾隆帝十分高兴,认为"朱筠学问尚优,加恩授翰林院编修,在四库全书馆行走。"朱筠由此直

① 转引自黄爱平:《四库全书纂修研究》,中国人民大学出版社2001年版,第18—19页。
② 《纂修四库全书档案史料》,乾隆三十七年十一月二十三日安徽巡抚裴宗锡奏折。

接参与了《四库全书》的纂修活动,主办各省采进遗书。朱筠带头献书 37 种,被著录 12 种,其著录总数在全国私人献书中高居第十三位,存目 4 种。朱筠的门生弟子和安徽的其他官员如巡抚裴宗锡、李质颖、学政刘权之等人受其影响,纷纷参与了《四库全书》的编纂。

（二）安徽公私献书数量居各省之首

在全国范围搜访征集图书,是《四库全书》编纂准备时期和编纂初期一项规模浩大的重要活动。这项工作始于 1772 年,终于 1778 年,以 1773、1774 年间为最高潮。从全国各地征集而来的图书,被称之为“各省采进本”和“私人进献本”。它们占据了全书的全部著录、存目书籍的绝大部分,是《四库全书》的主要来源,而安徽公私献书数量巨大居各省之首,在安徽各地中,徽州献书最多。

徽州素有“文献之邦”之称的美誉,所以从“应征献书”、编纂校勘以及著作收录,徽州人都得到了世人的称道。据统计,在《四库全书》的征书中,安徽官府共进呈了 516 种书籍,其中一半来自徽州。在京献书的徽州籍官员有黄登贤、汪如藻、程晋芳、程景伊、戴震、汪承霈 6 人,黄登贤献书 299 种,居于安徽之首,在全国私家献书中占第七位。汪如藻献书 271 种,居于安徽第二位,全国私家献书第八位。程晋芳献书 183 种,程景伊两种,戴震两种,汪承霈一种。他们自献的书籍连同官府采进的书籍共达千种。而寓外的徽州藏书家献书更达 3000 种之多,其中马裕①、鲍士恭②、汪启淑③位列全国私家献书前三名。马裕

---

① 马裕:字元益,原籍安徽祁门,以在扬州经营盐业所得巨资广泛购求典籍。其父马曰琯、叔父马曰璐,是当时富甲一方的盐商,人称“扬州二马”。马氏兄弟好学博古,酷爱典籍收藏,达十万卷之多。当时江南一些著名藏书家散出之书多归其所有。马氏兄弟在藏书之余,还延请天下学者为其校书,所刻之本多精益求精,在当时书界有“马版”之称。四库开馆后,其父已经去世。马裕择其家藏珍籍 776 种,分三次献出,其中收入全书的有 144 部,另有 225 部被列入存目。

② 鲍士恭:安徽歙县人,其父鲍廷博,在浙江经营盐业。徽商重学的传统,使其投资于书籍收藏,并成为闻名于世的大家。家中藏有 600 余种书籍,又校刊《知不足斋丛书》30 集,每集 8 册,收书 200 余种,在清代丛书中,以精善见称,著有《花永轩泳物诗存》。乾隆年间,鲍廷博响应征书,并嘱咐其子士恭将“家藏善本 600 余种”送交浙江学政进呈朝廷。所献多为宋元善本,质量精好,故为《四库全书》采录了 250 余种,列各家之首。

③ 汪启淑（1728—1899）,字秀峰,安徽歙县人。以经营盐业寓居杭州,后入仕官至兵部职方司郎中。汪氏年轻时即好读书作诗,年长后与杭世俊、厉鹗等著名学者往来唱和。其一生四处搜求奠基,藏书丰盛,其藏书处曰开万楼、飞鸿堂。汪启淑献书达 520 种,列当时各家第四位。

献书 776 种,鲍士恭 626 种,汪启淑 524 种。总体算来,徽州人进献的图书占私家进献总数的 60% 多,占全国采进书籍数量的 1/4,成为《四库全书》的重要书源。

历代徽州人的大量著作,在质和量上都大大充实了《四库全书》,显现了徽州丰厚的文化积累和学术特色。《四库全书》收编历代著作 3461 种,录入存目 6793 种,总目合计著录 10254 种。徽州人的著作共 451 种,其中经部 110 种,史部 70 种,子部 131 种,集部 140 种。最后编入《四库全书》195 种,入存目 256 种,占《四库全书》著录总量的 1/23。

(三)皖籍学者承担了重要的编纂任务

《四库全书》修撰,历时 10 年,不少安徽人参加了修撰工作,充当正副总裁至纂修、分校官等许多要职,成为馆中地位突出、才识优异的群体。程景伊和曹文埴担任正副总裁,负责馆内一切事务,总揽全局。程景伊、汪永锡是总览官,负责审阅所有进馆书籍,提出处理意见。曹城、戴衢亨、张焘以及萧际韶则充当提调官,负责提取翰林院书籍。汪如藻、程晋芳位总目协勘官,协助总纂官编订全书总目。徽州人中有 12 人担任了缮书处的分校官,包括金榜、汪学金、戴心亨、洪梧、程昌期、汪学金、许烺、王照、吴绍浣、汪日昌、潘奕隽、谢登隽等 12 人。校勘《永乐大典》纂修兼分校官有黄轩、戴震、汪如洋。这些皖籍精英当中有破格入馆者、状元以及探花等,其总体学术水平甚高。

《四库全书》编纂的任务是辑佚、校勘、辨伪、鉴别版本,以及编目录,只有汉学家才能胜任这些工作。所以全书的编纂从学术意义上说,是汉学的发扬,以戴震为首的皖派学者正是汉学的中坚力量,他们中的大部分人皆通晓经史,精于训诂、考据,在全书编纂中起到了骨干作用。在编纂全书的过程中,皖人以考证训诂为能事,极力反对宋明理学家空谈心性的弊端,大大促进了汉学和经学的传播,标志着汉学已从边缘走向学术舞台的中心,原先显赫的宋学,则被引退到边缘。梁启超就曾说:"四库馆就是汉学家大本营。"

戴震是皖籍学者中当之无愧的翘楚。戴震 51 岁时应纪昀举荐为

《四库全书》纂修官,后被乾隆御赐进士,授翰林院庶吉士。在四库馆中,经、史、水地、天算、楚辞等类提要多出自他手,其余大部分亦由他商定。馆中有奇文疑义都向他咨访。他从《永乐大典》中检索、考订、辑校的有关古代天文、算法、水地等著作,都是精审而来,受到世人推崇。自乾隆三十八年八月入《四库全书》馆,迄于四十二年五月二十七日逝世,5 年之间,经戴震之手辑录校订的古籍,凡 16 种,计为:《水经注》、《九章算术》、《五经算术》、《海岛算经》、《周髀算经》、《孙子算经》、《张丘建算经》、《夏侯阳算经》、《五曹算经》、《仪礼识误》、《仪礼释宫》、《仪礼集释》、《项氏家说》、《蒙斋中庸讲义》、《大戴礼》、《方言》。由于戴震在四库馆的努力,使得考据之学达到了顶峰,义理之学也逐渐完善,终于构筑了一个有别于程朱理学的学术体系,这是修撰《四库全书》的一个重要衍生成果。

第二节　程长庚、杨月楼等与京剧的形成和初步发展

一、程长庚对京剧的贡献

程长庚(1811—1880),字玉山,安徽潜山人。其祖父程祥贵是道光年间三庆班掌班人,幼年时期即入安徽科班,声誉渐起。1822 年随父北上入京,开始以《文昭关》、《战长沙》的演出崭露头角,誉满京城。道光年间,当时的三庆班老生新秀程长庚从舞台实践中尝试以中州韵调控北京语音,创造了"京皮黄",促进了京剧自徽班脱颖而出,自立门户。程长庚以首创皮黄以成京剧的历史功绩,被尊为"京剧始祖"。

程长庚继承徽班兼收并蓄的传统,融合徽调、汉调、昆曲等多种声腔,在数十年的演唱实践中,加以改进和提高,使得其唱腔、表演形成了整套的程式规范,为衍变形成京剧奠定了艺术基础。特别是京剧表演艺术(唱念做打)的整体审美功能,以及程氏作为京剧始祖的历史地位,均由此得到了极大的增强,程长庚也一跃成为三庆班掌班。后

由于受到咸丰和慈禧的赏识,兼掌四喜、春台两大戏班,担任梨园界行会组织精忠庙(清代北京戏曲艺人的行会性组织)会首。1851年,咸丰帝召三庆班于圆明园演《群英会》,程饰鲁肃,颇受赏识,后被赐予五品顶戴。其京剧代表作是有关伍子胥、关羽、鲁肃的戏,昆戏代表作是《钗钏大审》《回头岸》。程长庚一生为人正直,戏德高尚,技艺精湛,备受同行的推崇。

程长庚在京剧艺术形成中的作用,主要体现在四个方面,其一,声腔的变革。京剧主要由西皮、二黄两大腔系构成,但皮黄合流不代表京剧的形成,因为皮黄用的是湖广音,要进一步发展必须京音化。程长庚的最大功绩就是融昆、弋声于皮黄中,也可以说是皮黄的京音化。弋阳腔在明末清初流传到北京后与当地语言结合,形成"京腔",所以将弋腔融于皮黄,也就是与北京方音的一种间接结合,是皮黄京音化的一种方式。京音与湖广音巧妙结合,京剧语言初步规范化。皮黄与昆曲的结合是京剧形成的主要条件。其二,程长庚将昆曲的表演方式融入皮黄戏里,不仅使皮黄戏的唱念技术得到完善提高,而且改造了乡土气息浓厚的徽、汉地方色彩,在表演方面趋于程式化和规范化。其三,表现在剧目的创新。"老生呼号天下"使得剧目的内容超越了那种以生活小戏为主要内容的领域,改变了北京民间舞台以昆曲单折戏,且以旦角为主的剧目。在程长庚的影响下,以表现忠义贤豪之士为主要内容的剧目,如三国戏、水浒戏等,在京剧形成时期的剧坛上占有重要地位,在群众中深有影响。这样不仅为丰富京剧中的老生剧目提供了思想基础,同时让端庄严肃的正面人物在京剧艺术的表演中,形成了一种新的规范。其四,程长庚为京剧人才培养方面呕心沥血、贡献巨大,"同光十三绝"中多数艺术家出自三庆班,在培养戏曲人才上,毫无保留,对于年轻人,他尽心教导,大力提携,为京剧初始期培养了很多骨干演员,其中陈德霖、钱金福、张淇林、杨月楼、谭鑫培、汪桂芬等人都是程门弟子。这批人后来都成为京剧界挑大梁的人物,奠定了京剧进一步发展的人才基础,杨月楼更成为继程长庚之后京剧第二代领袖。

在京剧的表演艺术上,程长庚有极高造诣。他善于体现人物性

格、身份，注重表现其气质、神采；对人物性格的塑造有着自己独到的见解，擅长表演端庄、凝重的忠臣义士。他以其精湛的演唱表演艺术，塑造了众多的舞台艺术形象，如伍子胥、关云长、鲁肃、岳飞等。由于影响深远，当时的戏曲评论中称道："乱弹巨擘属长庚，字谱昆山鉴别精，引得翩翩佳弟子，不妨授业拜师生。"①程长庚表演艺术非常全面，唱念做打、文武皆能且精，始终表现出胜人一筹的态势。他的表演以"形容得体"、"做派精到"著称，所塑造的关羽形象以其"神威赫赫"而深入民心；十分注意身段做派，其身段的运用，表情的变化，均能从人物出发，因人而异。他的唱调高亢沉雄，字正腔圆，柔中带刚，气度不凡。由于唱功绝伦，表演超群，因而有"伶圣"、"剧神"之美称。

在追寻京剧艺术的道路上，吸收和创新是程长庚艺术道路上的第一块基石。他通过吸收和创新为京剧这一新兴皮黄戏曲的四功五法和表演程式注入了质的规定性，奠定了京剧的基础，使它成为古代戏曲与地方戏曲的集大成者。适应观众审美需求是其艺术道路上的第二块基石。程长庚总是把自己的生命激情、人生感悟注入艺术形象，洋溢着强烈的时代情感。他出演代表人物，无论是伍子胥、关羽还是鲁肃等人物，都具有深沉英壮的奇侠之气。程长庚常借剧中人之口来宣泄他为国分忧、为民做主的朴素民主意识。他的唱腔质朴高亢，抒发了强烈的爱国主义感情，鼓舞了广大观众。高尚的职业道德是其艺术道路上的第三块基石。人们称赞"程长庚是全才，老生之外，花脸、小生、旦角无不精通"。他在治班、育人方面也深孚众望，令人折服。

程长庚是一位开创京剧事业的伟大艺术家，他所进行的融昆、弋、秦、徽、汉诸腔于一炉，改造与创立新的声腔和字音系统，从而形成了京剧这一新的剧种，并为这一新剧培养了一大批人才，为京剧的发展打下很好的人才基础。这样既解除了传统戏曲文化——昆曲、弋腔（京腔）所存在的严重生存危机，又使传统戏曲艺术获得极大发展，适应了观众需求。

---

① 黄季耕：《安徽文化名人世家》，安徽教育出版社2005年版，第216页。

二、杨月楼、杨小楼与京剧的初步发展

杨月楼（1844—1889），名久昌，派名久先，怀宁石牌杨家墩（今皖河乡皖河村）人。清末著名京剧表演艺术家，名列"同光十三绝"。咸丰年间随父到北京天桥卖艺，被徽剧名角张二奎收为弟子。张二奎，擅演帝王贵胄，与潜山人、春台班班主余三胜、程长庚合称"老生三杰"，张、余对京剧形成均有重要贡献。张二奎让杨月楼习武生。因其嗓音宽亮，又会拳术，二奎令习老生，兼习武生。由于他勤学苦练，很快成为二奎门下出类拔萃者，与另一高徒俞菊笙称为"双璧"。同治年间，至上海搭班，隶丹桂园，演《安天会》中的孙悟空，出台时翻筋斗108个，在一定尺寸内不离故步，声誉大噪，有"一般京剧非偏爱，只因贪看杨月楼"之誉。因演《芭蕉扇》、《五花洞》、《蟠桃会》等猴戏，灵活如猴，有出入风云之气概，又得外号"杨猴子"。后至北京，隶春台班。1876年复至上海开鹤鸣园。不久，回北京隶三庆班，为京剧鼻祖程长庚器重，以三庆班事相托。1882年程长庚去世，接掌三庆班，被推为精忠庙会首，成为继程长庚之后，中国京剧第二代擎旗人。曾为慈禧太后演出，在京、沪享有盛名。1888年入升平署，供奉内廷，兼领三庆班。

杨月楼身体魁梧，嗓音洪亮，文武兼备，能戏颇多。文戏擅《打金枝》、《四郎探母》、《取洛阳》、《五雷阵》、《牧羊圈》等，武戏除猴戏外又擅《长坂坡》、《恶虎村》、《连环套》、《贾家楼》等。他在《长坂坡》中饰赵云，英姿飒爽，身在重围，与魏将十战十决，挥戈酣战，游刃有余，观者无不目眩神摇。只是他对此剧十分珍惜，每年只演一次，要到腊月封箱前两三日才演。

杨小楼（1878—1938），字嘉训，杨月楼之子，杨派武生创始人，与梅兰芳、余叔岩并称为"京剧三大代表人物"，是中国京剧第三代擎旗手。幼时入小荣椿社学艺，师从杨隆寿、姚增禄、杨万青学武生。16岁出科，在京、津两地搭班表演。后发愤用功。得义父谭鑫培和王楞仙、王福寿、张淇林、牛松山等的指点，并拜俞菊笙为师，技艺渐进。24岁搭入宝胜和班，以"小杨猴子"之名露演，名声渐起。又与谭鑫培同

在同庆班,经谭氏奖掖,成为挑大梁的武生演员。29 岁时入升平署为外学民籍学生,备受慈禧赏识。他与谭鑫培、陈德霖、王瑶卿、黄润甫、梅兰芳、尚小云、荀慧生、高庆奎、余叔岩、郝寿臣等人合作,先后组建陶咏、桐馨、中兴、崇林、双胜、永胜等戏班,声誉鹊起。

杨小楼在艺术上既继承家学,又师法俞菊笙、杨隆寿等,博采众长,打下武生表演技艺的全面基础,逐渐形成独树一帜的杨派。杨小楼的嗓音清脆洪亮,唱念均遵奎派风范,咬字清楚真切,间有京音,行腔朴实无华。唱念注意准确表达角色的感情,从现存的《霸王别姬》、《夜奔》、《野猪林·结拜》等戏的唱片中,可以领略到他唱念的神韵。

杨小楼武打步法准确灵敏,无空招废式,能准确地表现人物的性格,着力体现意境,追求神似,体现“武戏文唱”的杨派特点。他的长靠戏《长坂坡》、《挑滑车》、《铁笼山》,箭衣戏《状元印》、《八大锤》、《艳阳楼》,短打戏《连环套》、《骆马湖》、《安天会》,昆曲戏《夜奔》、《宁武关》、《麒麟阁》,老生戏《法门寺》、《四郎探母》、《战太平》,无一不精。

杨小楼的杨派艺术充分体现了京剧的艺术精华,是京剧遗产中的重要组成部分。梅兰芳曾把杨小楼与谭鑫培相提并论,“谭鑫培、杨小楼的名字就代表着中国戏曲艺术”。

第三节　包世臣和王茂荫的经济思想

一、包世臣的经济思想

包世臣(1775—1855①),字慎伯,晚号倦翁、小倦游阁外史,安徽泾县人。嘉、道、咸年间著名的学者、经世致用派代表人物、诗人和书法理论家。5 岁随父学习四书五经,34 岁中恩科举人,此后 13 次考进

---

① 一说 1853 年。

士都名落孙山。64 岁时以大挑一等举人就任江西新喻县知县,然仅一年余即被排挤去官。包世臣 22 岁开始负笈出游,先后入湖北、四川、浙江、山东、直隶、江苏、江西等地为人幕僚。晚年寓居金陵(今江苏南京),布衣翛然,卖文自给。1855 年因走避太平天国卒于途中,终年 81 岁。①

包世臣毕生致力于漕运、河工、盐务、农事、刑法、民俗、军事等实务的考察与研究,提出了许多富有建设性的主张与意见。尤其难能可贵的是他还积极利用做幕僚之便,在有限的范围内,为民谋利,解民困厄。由于博学特别是对漕运、河工、盐政、农业等有独到见解,"江省督抚遇大兵、大荒、河、漕、盐诸巨政,无不屈节咨询。世臣亦慷慨言之,虽有用与不用,而其言皆足传于后"②。包世臣名声大噪于东南,尤其扬州一带的"好学子弟皆习世臣"。

包世臣生平著述主要有《中衢一勺》3 卷、附录 4 卷,《艺舟双楫》6 卷、附录 3 卷,《管情三义》8 卷,《齐名四术》12 卷;合编为《安吴四种》共 36 卷,其中《艺舟双楫》下篇为书法理论专著;另著有《小倦游阁文稿》等。

包世臣深受顾炎武影响,28 岁时读其《日知录》茅塞顿开,遂"罢帖括之业"、"求吾儒所当有事者"③,从此走上了"经世致用"的道路。其经世致用的思想体现在河工、漕运和盐务三个方面。

(一)河工问题

河工问题一直是困扰清政府多年的大问题,是"人人以为大,人人以为难"的清朝三大政之首。从清兵入关到 1855 年黄河再次改道前的 210 年间,黄河决口泛滥就多达 230 次之多,不仅严重危害了黄河两岸人民的生命财产安全,而且河水冲毁运河河堤,泥沙淤积于运河,使得漕粮无法北运,直接威胁到清政府的统治。因此包世臣对河工看得最重,研究的也最多。他认为:"漕难于盐,河难于漕,

---

① 章太炎先生在《检论·杂志》中记载,江南人尽言,包世臣和梅曾亮皆为太平天国延揽,梅为三老,包为五更,但"诸为传状铭志者,皆隐之"。此说或不可信。

② 王钟翰点校:《清史列传·包世臣》,中华书局 1987 年版,第 6013 页。

③ 包世臣:《包世臣全集·读亭林遗书》,黄山书社 1992 年版,第 266 页。

事难则言之宜详"，因此"于河言之尤多者也"。①包世臣对自己的治河方略十分自信，先后写了《筹河刍言》、《策河四略》、《下河水利说》、《说坝一》、《说坝二》、《南河杂记上》、《南河杂记中》、《漆室问答》、《启颜漕督》、《记直隶水道》、《上英相国书》、《开河三子》、《江苏水利略说代陈玉生承宣》等一系列文章，详细阐述全方位治理水患的方法和思想。首先他对历朝历代治河理论和治河名臣思想作了认真细致的分析研究，极力反对那种"汛至旁午，霜后宴息，徒知言防，莫知求治"的消极防河思想。他认为治河之要首先要弄清楚河性，指出"河之治乱，以河底之高下为定"。治河之方要体现在设坝和清淤两个方面，要"以坝导溜"、"藉其力猛，以刷旧淤"。②在具体操作上，创造具有多种功效的"对头斜坝"之法。该方法先用于运河，"凡遇水浅滞船，皆恃此以济运"；后推广于黄河，"刷涤积淤，功效甚著"。③包世臣还特别强调不仅要对河本身进行综合治理，而且还要将治河与盐政、漕运、农事、吏治等结合起来，实行全面的大综合治理。这些思想集中体现在他的《策河四略》中，即救弊要略、守成总略、筹款至略和积贮本略。

（二）漕运问题

自秦灭六国，中国历朝历代封建王朝大多定都北方，均要将田赋征收所得粮食及其他物品，从水路运往京城及指定地点，以供官俸、兵饷、宫廷消费和其他开销，是为漕运。因此历朝历代的统治者都特别重视漕运，发展到清代前期，漕运制度已趋于完备，漕运组织也空前严密。但是到了嘉庆年间，随着升平日久、朝政腐败，漕运已呈现出实在难以为继的现象。康有为先生在论及清代漕运时感叹道"中国政治之失固多，而未有若漕运之甚者矣"④。

漕运的败坏直接威胁到清政府政权的稳定和京师官民的生活，从而引发严重的统治危机。嘉庆八年河南衡家楼决口导致漕船不能通

① 包世臣：《包世臣全集·中衢一勺·序言》，第3页。
② 包世臣：《包世臣全集·中衢一勺·卷二》，第68页。
③ 贺长龄：《皇朝经世文编·论治河优劣》卷一〇二——一〇三，《工政八·河防七》。
④ 康有为：《康有为政论集》上册，中华书局1998年版，第354页。

行,嘉庆帝被迫诏大臣商讨海运,包世臣奋笔疾书,写下了他酝酿已久的《海运南漕议》。文中他用大量不可辩驳的实事论证了海运不但没有什么风险,而且较河运更为安全快捷,更能节省大量运输费用和损耗;施行海运还可以整顿漕弊、防止贪污勒索,营造一个良性循环的局面。最有时代特色的是包世臣在文中要求将官运的现状改为商运,且论证了雇商承办的可行性、必要性和种种优越性。道光四年(1824年),黄河再次决口,海运之议又起。次年,忧国忧民的包世臣又写下了《海运十宜》一文,"对海运的往返时间、费用所出、官方与沿海沙船组织的联络方法、对沙船的质量要求、水脚确定、赔偿章程以及公共事业费的筹措等等方面,细致入微、条分缕析地提出了海运的有关细则,使之具有最大限度的可操作性"①。全文贯穿着这样一个主题,即如何既保障国家利益不受损害又能保证船商获利。包世臣独到的见解还体现在船商的赔偿方面,他认为在途中造成的漕粮损失应当由船商赔偿,但其高明之处在于他要求船户们建立公共基金制度,进行公共赔偿,以防止个体船商破产。

如何才能从根本上解决漕运的问题呢? 早在嘉庆六年,包世臣就在《说储》中建议清政府在北方,特别是在京畿附近靠近水源的地方实行屯田,雇民生产以彻底解决漕运中的各种弊端和满足京师的粮食供应。嘉庆十五年,在拜见协办大学士戴衢亨时,包世臣比较系统地提出了自己的屯田思想。他指出直隶一带因为兴修水利曾经开垦了"熟田三百余万亩",现已荒芜。如果"物色知农事而解水利者,于近郊之荒地马厂苇场,相度地势,召江浙老农无业者,划畛开沟",再"拣廿四旗之丁多田少而齿稚者,出之学习。屯成后,农师及营趁助力旗民学习者,皆分别给田为永业",则"约岁入租可百万"。这样一来对于东南一代漕赋极重的地区如苏州、松江,就可以"大减之",如"杭、常、镇各处次重者,稍减之"。② 漕粮并未减少而东南民困则可以有所减轻,官民之间的矛盾也得以缓解。至此,包世臣的屯田罢漕思想开

① 见张岩:《包世臣与近代前夜的"海运南漕"改革》,见《近代史研究》2000 年第 1 期,第 146 页。
② 包世臣:《包世臣全集·海淀问答》,黄山书社 1997 年版,第 89—91 页。

始走向成熟。

嘉庆二十五年(1820年),包世臣著《庚辰杂著三》和《庚辰杂著四》等文,详细论证和具体设计了他的屯田救漕思想。在《庚辰杂著四》中,包世臣从屯田的大小规模、劳力来源、水利灌溉、产品分配等方面具体设计了他的屯田计划。包世臣通过精心考察发现:全国一年的漕粮总数为400万石,大约相当于东南肥田200万亩的产量。如果通过在直隶一带开垦"有田四百万亩,以民间业佃各半计之,则租入可以当全漕矣"。漕粮有了充分的保障,"然后议减江浙赋重之区,如江、广而止。以其减之所剩,量增官俸兵饷营驿马干,使污吏悍卒无所借口以扰我良民"。道光十五年(1835年)面对越来越腐败的漕运和严重的社会危机,他写下了《畿辅开屯以救漕弊议》一文,再次强调屯田罢漕的重要性和迫切性。包世臣在详细设计自己的屯田规划时,提出如何选拔非常之人进行屯田管理的重要性,要求选拔能够顺应民情、集思广益,具有不畏艰难和坚忍不拔精神的官员管理屯田。"一有成效,即可将江浙之赋,或减轻,或酌改为本折兼征,则民气得苏,官困亦解,而大吏得以执法齐名,免长不逊之习。上裕国而下足民,盖有非名言所能尽者。"

包世臣的屯田罢漕思想不仅着眼于解决漕弊这一问题,还包含有杜绝贪污、整顿和澄清吏治,逐步减轻东南地区的农民负担、解决日益严重的流民问题,以缓解日益紧张的社会危机。虽然其中带有一定的理想主义成分,但它在现实操作中亦有很大的合理性和可行性的一面。如果认真执行起来,当然未必能真正做到"举事而不惊众,益上而不剥下"①,但所发挥的现实作用和社会影响势必十分巨大,其意义必然非常深远。

(三)盐政改革

嘉庆时期的盐政积弊丛生,曾经在清代前期行之有效的纲盐制到嘉道年间已经是千疮百孔、难以为继。由于纲盐制采取国家垄断形式的官督商销,实际上便利了甚至纵容了贪官污吏的层层敲诈勒索、中

---

① 包世臣:《包世臣全集·庚辰杂著四》,黄山书社1997年版,第68页。

饱私囊,加之官商勾结虚抬盐价,老百姓不得不去购买私盐,又造成了私盐泛滥,导致盐税的巨大流失。从道光二年到道光十年,仅两淮地区就拖欠盐税共计6300万两。①

早在嘉庆二十五年(1820年),包世臣就清醒地注意到了这个问题。针对这种"上下交病"的局面,他提出了著名的"治盐三策"。首先他尖锐地指出那些"以缉私枭为治盐之要"是一种糊涂认识,因为"私"有11种之多,而其中危害最大的则是"官商夹带之私"和"邻境官商转卖越境之盐"。因此,一味"缉私"不仅难以奏效,而且对于一般私枭而言还会"甚者则酿巨案,否亦徒增官费而无成效",因此这只能是下策。中策有二,一是查明食盐的生产总量,由"场商"(官府指定的商户)全部购买,这样就断绝了走私盐的来源。二是查明运输船只的装载量,由"官先按船编号排甲,量其载之所胜,烙于船而注于册,载不及九分,则不准开行"。虽然加强食盐在生产和运输环节上的管理这两种办法能起到一定效果,但也仅仅是属于技术层面上的操作,无法能够完全遏制私盐的泛滥。因此,从制度入手才是上策,包世臣指出必须废除纲盐制度,取消场商的专卖特权,凡是愿意贩卖食盐者完税后都可以领票贩卖,自运销,即"不立商垣,不分畛域,通核现行盐课,每斤定数若干。……听商贩领本地州县印造赴场官挂号缴课买盐"。这样做不但可以从根本上消除食盐走私,使"枭徒化为小贩,不致失业为盗贼以扰害闾阎",还可以增加官府盐税收入使得"课必数倍于今",同时又能使"民间盐价必减于今十之五六"②。更重要的是可以杜绝盐政管理中的贪污腐败。

道光十年,包世臣应当时被清政府派往两淮考察盐务的钦差大臣、户部尚书王鼎之征询,手书《代议改淮鹾条略》,提出25条整改办法即解散盐禁,实行票盐制;澄清吏治,严禁"浮收";加强管理,缉拿走私;简化程序,"先课后盐"等意见。总之,包世臣的以票盐制取代传统的纲盐制,"显然,从盐业管理机构的调整改革,行盐方式的

---

① 《清史稿·食货志》卷一三三。
② 包世臣:《包世臣全集·中衢一勺·卷三》,黄山书社1997年版,第68—71页。

打破壁垒，征税方式的更加公平、合理，直到对盐税征收的财政监察，包世臣已形成一套完整、成熟的改革方案。在取消盐专卖、改革盐税征收方式等关键性问题上，饱含自己独到的见解，具有相当的超前性"①。

总之，包世臣的成就是多方面的，他还在农政、币制、人口、治学、书法评论、反侵略等方面都有着许多独到的见解。著名清史专家邓之诚先生将他与魏源、龚自珍作比较："世每以包、魏、龚并称。世臣留心事务，尝从田夫野老，究问利病得失，治河为一生精力所萃，刑名实足名家，余多坐言，可以起行，魏、龚非其匹也。三人学术各有门庭，亦以世臣为较质直，盖由多见通人，无惊世骇俗之见。至若宅心和厚，龚不如魏，魏不如包。文亦如此。"②即以为包世臣的道德文章在魏、龚之上。

二、王茂荫的货币思想

王茂荫（1798—1865），字椿年，号字怀，安徽歙县人。道光十二年进士，签分户部，任主事，后任员外郎。咸丰年间，王茂荫在货币、人才、军事等方面提出过不少有见地的思想，尤其在货币改革方面，发表了许多真知灼见。

鸦片战争爆发前，清廷财政已是捉襟见肘。鸦片战争期间花费的军费和战后赔款，差不多等于清政府两年的国库收入。咸丰元年，太平天国起义爆发，清政府镇压起义需要支付庞大的军费，而战争又使清政府的财政收入锐减，由此产生巨大的财政危机。

作为道光后期长期在户部任职的官员，王茂荫对清政府的财政困境十分清楚，也在思考解决之道。咸丰元年九月，担任陕西道监察御史的王茂荫上《条议钞法折》③，建议发行以白银为本位的纸币（钞币），以缓解财政危机。他的方案包含 10 条内容：

---

① 张岩：《包世臣盐法改革思想及其近代性》，见《江海学刊》2000 年，第 4 期。
② 邓之诚：《五石斋小品》，北京出版社 1998 年版，第 271 页。
③ 《王侍郎奏议》卷一。

1. 发行钞币是不得已的救急办法，从历史上看，使用纸币有十大弊端，如政府强令百姓使用，未便民先扰民；为谋利屡更法令，未信民先疑民；发行太多造成物价飞涨，因此，发行纸币一定要除去这些弊端，先求"无累于民"，然后再求有益于国家。

2. 钞币以银两为本位，面值分 10 两、50 两两种，以库平银足色为准，这样既便于地方上交部库，又便于流通。

3. 发行钞币限额为 1000 万两，开始每年先发行 10 万两，其中 10 两面值的 5000 张、50 两面值的 1000 张。试行一二年，俟流通可行，再渐次增加，直至限额为止。国家岁入岁出不过数千万银两，"以数实辅一虚"，可避免壅滞之弊。

4. 精细制作钞币，防止作伪。由户部设立制钞局，选择水平较高的织造工人，精心制作。部颁样式为两等，一为方尺 5 寸（50 两面值），一为方尺 2 寸（10 两面值）。在钞币四周篆织花纹，中间横嵌满文"大清通行宝钞"，直嵌"大清宝钞、天下通行"八个汉字在两旁。钞的背面用汉字书"某年月日，户部奏准，大清宝钞与银钱通行使用，伪造者斩，告捕者赏银若干两，仍给犯人财产，诬告者坐"。

5. 钞币的投放，自京师开始。如户部每年制钞 10 万，先以 1 万颁五城御史，由其酌情颁给各殷实银号，并让微利给银号。银号领钞后，听各处行用，但需于次月将银两上交部库。另外 9 万钞币，酌分给各直省，办法同京师。

6. 钞币允许流通、兑换银两。部库在每月发放款项时，可酌量以钞搭放。外省藩库拨放款项时，可酌量以银与钞各半发给。京城发给银号的钞币，准许捐生作兑项；外省发给银号的钞币，准许以钞办解钱粮。领钞人可在银号兑换银两，如银号不肯兑换，或兑换时从中克扣，即治之以罪。

7. 钞币流通使用过程中要便利百姓，要"听民人等向银号兑换行用，并听为随处上纳钱粮、兑换银钱之用"。

8. 换钞的方法。部库有一人专门办理钞币的出入，收

钞时详细审看正反两面，凡不能再流通的，即送制钞局换新钞。

9. 严格钞币制造、流通、防伪等制度，且不得任意更改制度，以重信用。

10. 行钞用钞能否成功，关键在于各级官吏，官吏必须奉公守法，不得在行钞用钞过程中需索、扣减，否则百姓便不敢用钞，钞法也无法经久。

王茂荫的奏折上呈后，咸丰帝批令大学士会同户部共同议奏，最后却不了了之。咸丰三年（1853 年），王茂荫升任户部右侍郎兼管钱法堂事务，直接参与清政府货币政策的制定和货币改革事务。同年因镇压太平军支出浩繁，加上赋税收入锐减，咸丰帝下令左都御史花沙纳同王茂荫及户部堂官速议钞法章程。花沙纳主张发行不能兑换银两的钞币，并且认为发行量可不受限制，国家"造十万则十万，造百万则百万"，最高可发行到一万万。朝廷最终采纳了花沙纳的方案，当年，清政府先后发行了以银两为单位的户部官票（又称"银票"、"银钞"）和以制钱为单位的大清宝钞（也称"钱钞"）。清朝政府对这两种纸币强制采取搭放发行的办法，虽然可以流通及用于缴纳钱粮，但不允许兑换银钱，发行不久即出现流通阻滞现象。

发行钞币的同时，户部又在咸丰帝的首肯下铸造发行大钱（即以很少的铜料铸造大面值的制钱）即当十、当五十、当百、当五百、当千大钱。由于铜的主要产地云南省到北方的交通线路被战事阻隔，铸钱原料缺乏，这些大钱中铜的含量极少，咸丰四年甚至又用铁、铅铸造制钱。由于无需多少铜料即可铸钱，民间私铸之风顿起，导致市场极度混乱。

朝廷不顾经济规律而滥发纸币和大钱的做法，随即引起物价上涨、货币贬值。王茂荫反对发行大钱，咸丰三年十一月，他上《论行大钱折》[①]，说市场流通的当五十大钱，已经招人议论怀疑了，结果又铸当

---

① 《王侍郎奏议》卷六。

百、当五百、当千三种大钱，"种类过繁，市肆必扰；折当过重，废置尤速"。有人以为"国家定制，当百则百，当千则千，谁敢有违"，但"官能定钱之值，而不能限物之值。钱当千，民不敢以为百；物值百，民不难以为千"。即是说，国家虽然能随意规定币值，但却无法控制物价。王茂荫认为"现行大钱、钞票，皆属权宜之计，全在持之以信、守而不改，庶几可冀数年之利"，因此主张维持原定当十、当五十两种大钱不变，以昭信用。

王茂荫的建议并没有得到咸丰皇帝的重视。咸丰四年正月，王茂荫又上《再论加铸大钱折》①，详细申述当百、当五百、当千三种大钱的弊端，提出如果一定要铸大钱，必须在当百以上大钱上加嵌银点，以示贵重。

面对发行大钱和纸币带来的市场混乱，咸丰四年三月，王茂荫再上《再议钞法折》。② 他在折中说，自上年行钱钞以来，"至今已发百数十万。于是兵丁之领钞者，难于易钱市物；商贾之用钞者，难于易银置货。费力周折，为累颇多"，因此提出四项改革建议：第一，令钱钞可以兑现取钱；第二，令银票可取银；第三，令各种店铺用钞可以易银；第四，令典铺出入均要搭钞。这四项建议的核心仍然是强调应该允许纸币兑现银钱。在王茂荫看来，纸币只有能够兑现，才能建立信用，百姓也才敢于使用纸币。

王茂荫的这份奏折非但没有引起咸丰帝的重视，反而受到斥责。咸丰帝认为王茂荫不识大体，所陈意见专利于商贾而不利于国家，均不可行。咸丰四年三月，王茂荫被调至兵部任右侍郎。马克思从俄国驻北京使节的报告中得知了王茂荫的遭遇，在《资本论》第一卷的注释中写道："清朝户部右侍郎王茂荫向天子上了一个奏折，主张暗将官票宝钞改为可兑现的钞票。在 1854 年 4 月的大臣审议报告中，他受到严厉申斥。"

王茂荫货币思想的出发点是解决清政府的财政危机，强调发行

---

① 《王侍郎奏议》卷六。

② 《王侍郎奏议》卷六。

纸币不能累民，要便民；发行纸币要有限度，要有一定比率的商品货币储备支持纸币流通；要允许纸币兑现，取得持币者信任，使纸币成为信用货币。这些思想是当时中国最先进的货币思想。清廷不愿采纳王茂荫的合理建议，滥发纸币，结果，到咸丰末年，纸币几乎成为废纸。

咸丰八年（1858 年），王茂荫以病奏请开缺，同治元年复出，先后任工部、吏部侍郎。同治二年丁母忧归里，次年病逝。

第四节　以李鸿章为首的淮系集团与中国近代化的开端

一、李鸿章开创的洋务事业

经历了两次鸦片战争以及太平天国运动的打击，清朝统治集团对如何解决一系列的内忧外患产生了分歧，分为洋务派和顽固派。顽固派认为中国没有落后于西方，反对改革；洋务派主张利用西方先进技术，发展近代工商业、富国强兵，摆脱困境，以维护清朝的封建统治。洋务派代表人物包括以恭亲王奕䜣为首的中央集团，地方上则有曾国藩、李鸿章、左宗棠和张之洞等人。他们以"师夷长技以制夷"为口号，从 19 世纪 60 年代至 90 年代，掀起了一场学习西方、谋求富国强兵的改革运动——洋务运动。运动分为两个阶段，前期以自强为目标，具体表现在开办近代军事工业、创建新式军队、购买国外新式武器。后期则以"兴商务，竣饷源，图自强"为目标，建立了一批民用工业。洋务派还积极筹划海防，在 1884 年初步建立起南洋、北洋和福建海军。

洋务运动历经 30 年，其内容相当广泛，涉及军事、政治、经济、文化、外交等各个方面，对推动中国社会的进步，起到了至关重要的作用。作为举办洋务事业时间最长、经营项目最多、花费心血最多的人，李鸿章成为这场运动的最有力推动者。

李鸿章（1823—1901），字渐甫、子黻，号少荃，安徽合肥人。24 岁中进士,后授翰林院编修。1851 年,太平天国运动爆发,李鸿章受咸丰帝之命回乡办理团练武装。1862 年开始编练淮军,并以此建成了庞大的淮系政治集团。参与镇压太平天国、捻军等农民起义,因功先后任江苏巡抚、湖广总督。1870 年担任直隶总督兼北洋通商大臣,成为影响清廷军政、外交等各方面的关键性人物。自 19 世纪 60 年代起,他积极引进西方科技,设立江南制造总局、轮船招商局,建立北洋海军、培养新式人才等,揭开了中国近代化的序幕,一定程度上抵制了外国资本主义的入侵。

李鸿章认为中国面临"数千年未有之变局"和"数千年未有之强局敌",提出了"外须和戎,内须变法"的洋务总纲。"外须和戎"就是基于敌强我弱的现实,在不触动国家根本的前提下,做出妥协,力保和局,为改革创造良好的外部环境。"内须变法"就是学习西方进行改革,达到长治久安的目的。李鸿章的洋务改革涉及的范围十分广泛,包括整顿军备,建立海军;发展各种民用企业;废除科举,改革育才用人制度等。概括起来就是自强、求富和育才三大方面。"自强"就是强化清朝统治的力量,中心是强化军事力量。所以自强的主要内容是购买外国枪炮船只,练兵制器,筹办海防。"求富"就是通过兴办近代民族企业,展拓财源。"育才"即大量培养具有西方先进思想和科学技术的新式人才。

(一)改变兵制,整顿军备,加强国防力量

两次鸦片战争的失败,让李鸿章看到了八旗、绿营军的腐败,尤其是在与西方列强联合"剿杀"太平军起义的过程中,深刻感受到清军在武器装备和军事技术方面远远落后于洋人,因此意识到改革军事、加强国防建设的重要性和迫切性。

1862 年,李鸿章率领淮军来到上海,在和西方侵略者联合镇压太平军的过程中,他对西方的船坚炮利有了切身的感受,认识到"华夷混一局势已成,我辈岂能强分界面"①。并强调"我朝处数千年来未有之

————————

① 《李鸿章全集·朋僚函稿》卷一,海南出版社 1997 年版,第 9 页。

奇局,自应建数千年来未有之奇业"①,要想自强自立,必须讲求洋务。从 1863 年起,李鸿章为淮军各营聘请了外国教练,同时又购置大批西方新式武器,装备淮军。为了解决购器困难的局面,李鸿章还在上海、苏州两地成立洋炮局,选雇洋员,仿制西方新式武器。经过努力,淮军使用的枪炮换成了后膛炮。除了武器装备的西化外,李鸿章还通过聘请外国教官,加强对淮军的训练,让他们改变传统观念,提高自身对训练重要性的认识,从体制上、时间上把训练落到实处;在变革训练的内容上,既要掌握新式枪炮的使用方法,又要熟悉西方军队的各种战术,如梯队战术、散兵战术和兵种协同战术等。仅用了两年时间,当初 6000 多人的淮军很快发展到五六万人,配有洋枪三四万支,炮兵六七个营。1884 年,淮军配备的克虏伯后膛钢炮达到 370 门。通过装备西方的新式武器和采用西法训练,淮军的战斗力得到大大提高,成为国防军的主力。

李鸿章提出了"变易兵制",要求对清军的编制、装备和训练等方面进行全面的改革。1864 年,李鸿章要求对绿营进行切实整顿,主张建立一支能守卫海口的新式水师。1874 年,针对日本对台湾的侵略,再次提出"易兵制"的问题,对陆军训练和装备表示极大关注。

（二）创建北洋海军

海防问题是近代中国面对资本主义列强的挑战而提出的重要课题,它不仅涉及东南沿海安全的局部性问题,而且关系到国家独立地位和民族发展前途的全局问题。在李鸿章所开创的洋务事业中,北洋海军的筹建成为其一生最引以为自豪的事业。

19 世纪 70 年代,日本开始觊觎台湾,李鸿章敏锐地认识到"历代备边,多在西北,其强弱之势、客主之形,皆适相埒,且犹有中外界限。今则东南海疆万余里,各国通商传教,来往自如,麇集京师及各省腹地,阳托和好之名,阴怀吞噬之计,一国生事,诸国构煽,实为数千年来未有之变局"②。未来国家的威胁将主要来自海上,加强海防建设实为

---

① 《李鸿章全集·朋僚函稿》卷二四,第 12 页。
② 《李鸿章全集·奏稿》卷二四,海南出版社 1997 年版,第 1062 页。

当务之急。

作为中国近代化海防事业的创始人之一——李鸿章,为创办北洋水师,耗费了大量精力。他以在清廷的特殊权位,使其所控制的北洋海军得到了良好的近代化装备和扩展。主要表现在:(1)建立和完善海防和海军行政机制。1881 年,李鸿章奏请以提督丁汝昌统领北洋海军。针对海防、海军建设缺乏统一领导和指挥导致诸多弊端,建议效仿西方,添设海军部或海防衙门机构,以专责成。这样的建议既对中国近代海防和海军建设大有益处,也迎合了清政府控制海军大权的意愿。1885 年 10 月,海军衙门成立,标志着中国近代海军已经成为一个独立军种,在中国军队发展史上,有着十分重要的意义。如李鸿章本人所说,变防海而设海部之举是"属于百年不易之常,永远自强之要策"。从此,李鸿章凭借海军衙门这一统一机构,以整顿海防为目的,加快了建设北洋海军的步伐。(2)购买和自造船舰。在"为北洋捍门户,为京师固根本"的思想指导下,向德、英等国购进铁甲、巡洋舰及大小船只;又从闽沪厂调进自造轮船。1875 年,李鸿章通过赫德向英国定购新式炮船即蚊子船,但这种船炮重船小,行驶迟缓,只能在海口及沿岸线处驱逐。若要想制敌,则没有把握。1880 年,李鸿章向德国伏尔铿厂订造了两艘铁甲舰——定远和镇远。之后,又向德国和英国分别订购了巡洋舰,并将上海、福建两地造船厂制造的一些轮船调运到北洋,编入北洋海军。至 1888 年,北洋海军已经拥有了一支可观的大型舰队。共有巨型铁甲舰两艘,高速巡洋舰 7 艘,炮船 6 艘,鱼雷艇 6艘,练船 3 艘,运输船 1 艘,共计大小 25 艘,北洋海军从建制到船舰都粗具规模。(3)建设海军基地。李鸿章重视海军基地的建设,认为基地是舰队进退战守的依托,建设包括炮台、船坞、学堂、军用物资屯储地在内的海军基地是"至要至急之举"。他参照西方国家选择海军基地的条件,根据北洋的地理和拱卫京畿的战略目的,确定了先近后远的设防原则,先后在大沽、旅顺、大连湾、威海卫等地,构筑海防工程,形成堪称远东一流的防御体系,增强了北洋实力。

李鸿章作为洋务运动中军事自强活动的主要组织者和领导者,在很大程度上促进了中国军事的近代化,不仅改善了中国陆海军的装

备,而且由于重视军事人才的培育和选拔,培养了一大批具有近代军事知识和技能的陆海军将官。

（三）建立一批近代企业,奠定中国近代工业基础

起初,李鸿章认为中外强弱的差别在于武器,因而中国要想自强,必须大兴军事工业。早期中国四大军工企业中的金陵制造局、江南制造总局和天津机器总局都由李鸿章主办和接办,其中江南制造总局是当时最大的兵工厂,不仅生产枪炮、弹药和军舰,甚至还炼钢。

随着对西方认识的深化以及军事工业的开办和经营,原料、经费等困难日益严重,李鸿章越来越深刻地认识到,军事工业需要有完整的近代工交体系,需要雄厚的经济基础,因而产生了大力发展工商业的思想。"今日当务之急,莫若借法以富强,强以练兵为先,富以裕商为本","夫欲自强,必先裕饷,欲浚饷源,莫如振兴商务"。[1] 1873 年 1月,轮船招商局在上海成立,主要经营沿海和内河航运,它是洋务运动由军工转向民用、由官办转向官督商办的第一个企业。至 1893 年,轮船招商局已由最初的 3 只轮船发展到 26 只,每年的净利达到了 30 万元左右。它的成立改变了外国商船垄断内河航运的现象,被李鸿章自诩为"招商轮船实为开办洋务四十年来最得手文字"[2]。为了不让外国人控制中国轮船和机器的用煤,1877 年,李鸿章委派唐廷枢负责开采开平煤铁的计划。1881 年,开平煤矿投产,日产煤五六百万吨之多。除此之外,李鸿章还创办了漠河金矿、热河承德府平泉州铜矿,热河土槽子遍山线银铅矿。主持创办了近代中国第一家电报总局——天津电报总局、第一家机器织布局——上海机器织布局、第一条铁路——唐胥铁路、第一家华资银行——中国通商银行、第一家近代民族保险业——仁和保险公司等。

李鸿章所创办的一批民用企业,抵制与制约了外来商品的流入及外商在华的工商活动,保护了中国的民族工业,有利于中国资本主义工商业的发展,顺应了中国近代化的历史潮流。

---

① 《李鸿章全集·奏稿》卷三九,第 32 页。

② 《李鸿章·朋僚函稿》卷一三,第 24 页。

（四）改革教育，重视新式人才的培养

在兴办洋务的过程中，李鸿章认识到新式人才的重要。1864 年就提出：“鸿章窃以为天下事穷则变，变则通……中国欲自强，莫如觅制器之器，师其法而不必尽用其人，欲觅制器之器与制器之人，则或专设一科取士，士终身悬以为富贵功名之鹄，则业可成，艺可精，而才亦可集。”①1874 年再次强调培养新式人才的重要性，“用人最是急务，储才尤为远图。……小楷试帖，太蹈虚饰，甚非作养人才之道，似应于考试功令稍加变通，另开洋务进取一格，以资造就”。② 他认为传统的科举考试已经不能满足洋务事业的发展需求，必须培养新式人才。围绕如何培养适应洋务运动所需要的翻译、技术、军事指挥人才，李鸿章提出了一系列主张和建议，形成了具有首创意义的洋务教育思想。

创办新式学堂，培养科学技术人才。李鸿章对八股取士有着深刻的见解，他认为：“中国士大夫，沉浸于章句小楷之积习，武夫悍卒，又多粗蠢而不加细心，以致所用非所学，所学非所用，无事则嗤外国之利器为奇技淫巧，以为不必学。有事则惊外国之利器为变怪神奇，以为不能学。”针对此种情况，李鸿章提出了两条建议：一是主张将西方科技知识纳入科举考试之中；二是在海防省份设立洋学局，分为“格致、测算、舆图、火轮、机器、兵法、炮法、化学、电气学等数门”，所学如有成效，“与正途出身无异”。李鸿章创办的近代学校有外语学校、军事学校和技术学校三种类型，包括上海广方言馆，天津水师学堂、天津武备学威海鱼雷学堂，天津电报学堂、西医学堂等。在办学实践中，李鸿章对学校教育还提出了一些重要的见解。为了提高学堂的教学质量，李鸿章聘请了大批洋教习教授声、光、电等科技知识；在对学堂的管理、课程的设置以及学生的选拔和评价等方面，李鸿章多亲自过问，制定了详细的规章制度，从而为人才的培养提供了坚实的保障。

这些新式学堂，在培养了大批军事人才的同时，也把西方先进的科学技术知识引入中国，对封建专制文化起到了一定的冲击作用，但

---

① 《筹办夷务始末（同治朝）》卷二五，第 10 页。
② 《李鸿章全集·奏稿》卷二四，第 23 页。

开拓了时人的视野,改变了人们的思维模式,为以后西学在中国的大量传播奠定了良好的基础。

派遣留学生出国学习技艺。1872 年 2 月,李鸿章和曾国藩联衔奏呈《选派幼童及出洋应办事宜》六条,由此开创了近代中国官派留学生的先例。1872 年 8 月 11 日,第一批 30 名留美幼童由上海出发,其后连续三年,每年选派 30 名共 120 名赴美学习。李鸿章还积极筹划留欧事宜,1876 年,针对福州船政学堂及船厂仿照西方制造技艺"皆其初时旧式"的缺陷,李鸿章认为"若不前赴西洋观摩考察,终难探制作之源",奏请利用德国教习李励协回国之便,派令卞长胜等 7 人赴德国武学院学习;1877 年,又会同沈葆桢等奏准闽厂前后学堂制造学生 14 名,艺徒、驾驶学生 16 名,连同随员马建忠、文案陈季同、翻译罗丰禄,总共 33 名赴英法留学;1881 年,奏准续派 10 名学生留法、英、德;1886 年,会同曾国荃、裴荫森等奏准选派闽厂前后堂学生 24 名、北洋水师学堂 10 名,共 34 名赴英法留学。从 1872 年至 1886 年,李鸿章等洋务派先后向欧美派遣了共计 200 多名留学生,目的是探机器船炮制作之源,窥操练、驾驶之秘钥,"期以数年之久,必可操练成才,储备海防之用"。[①] 李鸿章高瞻远瞩,提出派遣学生出国学习,培养精通各国制造、驾驶、水师兵法人才的教育思想,有力地冲击了愚昧、锁国的封建教育。

组织翻译书籍,广泛传播西方科学技术知识。李鸿章提出西洋之学有博大潜奥之理,苦于中西文字不同,欲穷流溯源,"舍翻书读书无善策"。1868 年,李鸿章会同曾国藩、丁日昌,请求在江南制造局设立了翻译馆。该翻译馆网罗了一大批优秀的中外翻译人才如傅兰雅、徐寿、徐建寅、华蘅芳等人,共翻译西学书籍 160 种,比较系统地翻译了许多近代科技书籍,尤其是军事方面的译书,当中包括严复的《天演论》、袁世凯的《新建陆军兵略录存》以及《化学鉴原》等译著。对近代科学技术的传播和人才培养作出了突出贡献。

---

① 《李鸿章全集·奏稿》卷二九,第 20 页。

二、刘铭传与台湾近代化

刘铭传（1836—1896），字省三，号大潜山人，安徽合肥人。1862年率部参加淮军，在镇压太平军、捻军的战争中先后由参将晋升副将、总兵、直隶提督。中法战争之际，刘铭传临危受命督办台湾军务，粉碎了法国侵略军占领台湾的计划。在担任台湾首任巡抚期间，修筑铁路、设电线、购轮船、办工厂、兴学校，引导台湾走上近代化的道路，被誉为"台湾的近代化之父"。

抚台后，刘铭传制订了经济、政治几方面齐头并进的建设台湾的计划，加强台湾的海防军事力量，致力于台湾经济上的自强自富，稳定对高山族的治理，以期共同对付外患。这些措施的实施，对于改变台湾的落后状况、加速开发建设，无疑起到了至关重要的作用。

（一）加强防务

经历过中法战争之后，刘铭传对台湾防务的薄弱有了深刻的认识，因此建设巩固的防御体系成为当务之急。为了规划设防，他通盘考察了台湾沿海的地形地貌和各个港口的现有防务。根据考察结果，对台湾的防务作了全面调整，集中解决海防舰船和岸炮设置等问题。刘铭传深知："海防以船为命，无师船即无海防"[①]，即上奏要求筹办台湾防务，在台湾沿海通商口岸地方与澎湖重点设防，主张在澎湖、基隆、沪尾配备 3 艘军舰，2 艘运输舰。1886 年春，刘铭传开始在基隆、沪尾、旗后、台南、澎湖建筑炮台，至 1887 年 7 月，各海口共筑炮台 10 座，安置 31 门大炮；在基隆和沪尾设立水雷营和水雷局，购买数艘大小鱼雷船，专备台湾各海口巡防之用。在加强海防的同时，刘铭传对驻台部队进行大力整顿，陆续遣散义勇，裁减无用的绿营，仿照湘、淮军制，将全台军队压缩为 35 个营，布防于台南、台北、台中和台东，以适应反侵略战争的需要。刘铭传的设防思想改变了以往重南轻北的战略，把设防的重点放在沪尾、基隆和台北三个地区，符合台湾经济、政治发展重心北移的趋势。

---

① 《刘铭传文集》，黄山书社 1997 年版，第 54 页。

刘铭传重视军工生产,建立军械所、大机器房;设立火药局,制造枪炮、子弹;聘请洋教习,以新式操典训练军队。经过刘铭传的积极努力,台湾的防御能力得到大大提高。

（二）振兴经济

对于台湾的治理和建设,重点之一就是振兴和发展台湾的经济,主要表现为开发台湾的矿藏资源、兴办近代交通运输业、重视发展台湾的农业生产和水利建设、促进台湾的贸易发展。

在台期间,刘铭传积极利用台湾自然资源丰富的优势,大力开发矿产资源。为了抵制外国煤油充斥市场,刘铭传委派林朝栋办理煤油开采业务,整顿遭战争破坏的基隆煤矿。

早在指挥抗法保台期间,刘铭传就意识到了文报延误的严重后果,他说:"窃台湾一岛,孤悬海外,往来文报,屡遭风涛,每至匝月兼旬不通音信。水陆电线实为目前万不可缓之急图。"①1887年9月,台北、沪尾至福州川石的电线铺设成功,实现了福建与台湾的电报联络。刘铭传还奏请改设邮政,创设台北邮政总局,颁布《邮政条目十二条》和《台湾邮政票章程》,规定改旧驿站为邮站,直接隶属于邮政总局,首创了我国独立自主的近代新式邮政。近代电报、邮政事业逐步取代传统驿站系统,奠定了台湾近代邮政通讯体系,开创了我国自主举办邮政的先河,拉近了台湾与大陆乃至世界的距离;公私业务兼办的台湾邮政业不仅加强了海防,也促进了台湾对外贸易的发展,增强了商办能力。

刘铭传还从国防需要和经济建设两方面,阐述了铁路的重要性。1880年,刘铭传上奏请开造铁路:"铁路之利,于漕务、赈务、商务矿以及行旅、厘捐者,不可殚述;而于用兵一道,尤为急不可缓之图。"②担任台湾巡抚之后,刘铭传指出"台疆千里,四面滨海,防不胜防,铁路一成,则骨节灵通,首尾呼应"③。又指出,台湾"分省伊始,极宜讲求生聚,以广招徕。现在贸易未开,内山货物难以运出,非造铁路不足以繁

---

① 《刘铭传文集》,第189页。
② 《刘铭传文集》,第44页。
③ 《刘铭传文集》,第51页。

兴商务,鼓舞新机"①,强调兴筑台湾铁路与"全台商务繁兴"之间不可分割的联系。在筹造铁路的过程中,刘铭传通过吸收华侨资本、聘请外籍工程技术人员,解决了铁路修建过程中资金不足和技术力量不足的诸多问题。通过多方的努力,台湾的铁路建设取得了长足的发展,大大促进了台湾经济的发展。1887 年 4 月,刘铭传向清政府报告台湾铁路建设计划,特别强调台湾铁路对建省、商务、国计民生的重要关系。次年 7 月,全台铁路商务局成立,1891 年台北至基隆段铁路竣工通车。随后刘铭传又修建了从淡水至基隆、基隆至新竹的共长 180 多华里的两段铁路,奠定了台湾纵贯南北铁路的基础,对于繁荣台湾商业、便利南北交通、巩固海防和加快台湾开发,起到了不可低估的作用。

1886 年,设立台湾商务局,统筹招商事宜。为了打通台湾与大陆运输以及东南亚地区的航运,又在新加坡设立招商局,向国外购买轮船。在促进商业发展中,刘铭传还采取解禁硫黄产销、振兴台湾茶业、整顿发展糖业、增收盐课、查田清赋以及健全货币制度等一系列措施,大大加快了台湾的经济近代化。

(三)综合治理

首先对原有的行政区划作了调整。刘铭传根据台湾的地理、经济状况以及人口分布等情况,将台湾全岛分为南、中、北和后山四路,设置三府、一州、十一县、五厅。分治后的官吏任免则废除了闽省官吏三人中调台一人的制度,而是根据分治后的具体情况定夺,按需分配,"以节饷需"。规定学政归巡抚管理。添设藩司一员,按察使由台湾道兼任,新增府、州、厅、县添设各级长官数名。分治添官,基本上建立起覆盖整个台湾地区的政治秩序,奠定了现在台湾行政区划的基础,改变了台湾地区发展极不平衡状态,促进了落后地区人口增加、经济繁荣、社会安定,对有效推行各项政策起到了巨大推动的作用,推进了全台的近代化进程。

其次改善汉族和台湾原住民的关系,解决社会治安问题。汉族移

① 《刘铭传文集》,第 202 页。

民拥有生产技术和文化方面的优势,使一部分和汉族接触较多的原住民改变了生产和生活方式,归附了政府,被称为"熟番"。一部分原住民保持原有的生产生活方式,走进深山,被称为"生番"。清政府对他们实行简单的隔离政策,禁止汉番往来,限制"生番"归附。这样的政策扩大了这部分原住民和汉族在社会经济发展程度方面的差距,引发了一系列的矛盾和冲突。刘铭传到任后,认为建台首先要赢得民心,决定把"抚番"工作的成功看做是台湾建省的必要条件。1885 年底,在《台湾暂难改省折》中认为台湾必须先将"生番"逐渐招抚归化,"清除内患,扩疆招垦,人民日广,方足自成一省",建议"以臣度之,若认真招抚,示以恩威,五年之间,全台生番,计可尽行归化"。① 刘铭传采取的剿抚兼施、以德服番的策略,取得全台生番一律归化的成效。1886 年,下设 8 个抚垦局的全台抚垦总局成立,刘铭传亲任抚垦大臣。他鼓励负责召垦的官吏学原住民语言,尊重当地习俗,为他们排忧解难,严厉惩处那些欺凌原住民的官兵。为了加强原住民和汉人的往来与经济文化交流,刘铭传还投入巨额经费,动用驻军、民团加速原住民区的交通建设,相继开辟了台北至宜兰、马来(今台北贡寮乡)至宜兰以及横穿中央山脉的道路。在推行开山招原住民政策下,共有 800 多番社、20 余万原住民归顺政府,实现了行政统一。刘铭传还在香港、厦门等地设立招垦局,招募大陆工人来台湾开垦。这些措施促进了民族团结,加速山区开发,扩大清政府的有效统治区域,为省建及近代事业的开展赢得相对稳定的社会环境。

刘铭传认识到"当是时,百事俱兴,农工路矿次第举办,而多借才异国"。他仿照外国的学制,在台湾创办新式学校。台湾电报学堂的创设开启了台湾培养专门技术人才的先河。1887 年设立的台北西学堂,培养了一批掌握西方近代科学技术知识的人才。

在台湾建省和开发统一中,刘铭传通过巩固海防、振兴经济、建设交通、发展新式教育等举措,实施他富国强兵的主张,奠定了台湾近代化规模的雏形。著名学者连横曾指出:"台湾三百年间,吏才不少,而

---

① 《刘铭传文集》,第 81 页。

能立长治之策者,厥维两人:曰陈参军永华,曰刘巡抚铭传,是皆有大勋劳于国家者。"并断言刘铭传"足与台湾不朽矣"。①

三、崔国因的政治改革主张

崔国因(1831—1909),字惠人,安徽太平(今黄山市黄山区)甘棠人。曾在李鸿章幕府中担任塾师,凭借其渊博的学识以及苍劲的书法,博得李鸿章的赏识。1871 年考中进士,3 年后任翰林院编修。后在李鸿章的举荐之下,1889 年出使美国、西班牙和秘鲁大臣,着手处理棘手的华工问题。回国后,崔国因弃政从商,寓居芜湖。著有《桌实子存稿》、《出使美日秘日记》。

(一)首倡设立议院

1883 年,中法战争爆发前夕,中国的东南、西北、东北以及西南边疆地区同时出现危机。目睹列强的进逼,崔国因积极上书朝廷,请求变法图强,向清廷上《奏为国体不立后患方深请鉴前车速筹布置恭折》。他首先陈述了边疆危机对中国的威胁,认为列强是"论势而不论理","苟非自强,中国断不能立国"。为了"自强立国",他提出了 12 点建议:储人才,兴国利,练精兵,设武备院,筑炮台,修铁路,精水师,增兵船,精制器,设议院,讲洋务,增兵船。内容包括发展近代经济、加强国防建设、重视培养人才,以及设立议院等,涵盖了经济、军事、外交、教育、政治等方面。他特别明确指出:"设议院者,所以因势利导,而为自强之关键。"②据现有资料,崔国因是第一位明确向清政府提出在中国设立议院、实行政治体制改革的官员,也是第一位明确要求中国建立议院的人。

最早有魏源、徐继畬等对西方议院民主有过介绍。他们的知识从传教士处或书本上得来,所知甚浅。19 世纪 60 年代起,清政府出于外交的需要,陆续派出官员到西方,他们大都负有考察西方政治的使命,同时一些民间人士去过欧美,因此中国人对西方民主的理解更进一

① 连横:《台湾通史》下册,见《刘铭传文集》,第 644 页。
② 《桌实子存稿》,光绪年间刻本,第 22—23 页。

步。他们了解到,西方议会奉行少数服从多数的原则,具有决策和监督政府的职能:"凡有国政会议,其可否悉以众论而决。其极坐之三大臣,有议论不服众者,许公举以罢其职"①,议会还有弹劾罢免大臣乃至首相的权力,并且认识到议会是西方富强的根本,但字里行间,可以看出他们对西方议院的欣赏,但一直没有人明确要求中国建立议院。

在设议院的条陈中,崔国因分别就设立议院的重要性、可行性以及实行的方案进行了详细论述,提出"泰西富强之政,不胜枚举,随时随事行之,但得其利而无弊者,其枢纽全恃议院","设议院而后人才辈出,增饷增兵之制可以次第举行也"。针对设立议院的可行性,崔国因提出了具体构想,"议院之设,分为上下。其上议院由王公大臣议之,所以率作兴事,慎宪省成,知其大者远者也。下议院由各省民间公举之人议之,所以通幽达隐,补弊救偏,兴利除害,知其小者近者也。夫缙绅之族,食禄之家,其分近于君而远于民,患其不知民隐也,则有下议院以通之,草茅新进之氓,其于间阎之利病知之至真,祸乱之倚伏见之最近;其所短者,惟恐其识见拘墟,不适于用也,则恃上议院以裁之。……上下议院之更代,亦定限以三年,使上议院无权重之弊,而下议院之新举自民间者,于民事知之至悉也"②。由此看出,崔国因对议会制度已经有一定了解,但由于缺乏对议会政治的直观感受,更不晓得议会政治的具体运作,往往不加分析本国国情,只是想当然地要把西方议院的形式移植到中国,希望以此改善封建君主专制政体,从而将议会理想化。

1889 年 9 月,崔国因出任驻美国、西班牙、秘鲁三国公使,有机会直接了解和考察西方议院制度,进一步认识到议院在西方政治权力结构中具有极重要的地位,对议院议事的情形、章程都有了深入了解。在总论西方各国议院章程时,崔国因谈到"欧(美)各国均立设议院而章程不同,美之议绅均由民举,不分上下也;英之下议绅由民举,而上议绅则由世爵,然权归于下议院,则政仍民主之也。欧洲除法国、瑞

---

① 张德彝:《航海述奇》,岳麓书社 1985 年版。

② 《桑实子存稿》,第 70 页。

典、瑞士外,政皆君主,而仍视议绅之从违,则民权仍重"①。对于美国议院的情况,崔国因了解更多,如美国议会的议事程序、参众两院议员年俸、美国各省总督(州长)年俸及各州举众议员人数等,可见关注程度之深。他还详细介绍了美国的三权分立、权力制衡的原则,"议院有立例之权,则大事为议院主之,总统不过奉行焉耳。盖议绅、总统皆由民举,而总统仅二人,不及议绅之数百人者,但能公而不能私,为民而不为己。故事之创者,必由议院决之,此美国之创制显庸也"。由此看出,崔国因十分推崇美国最高立法机构的议院,认为议院代表大多数人,办事公正、效率高。通过深入了解,崔国因还看到议院和最高法院对稳定美国政局的作用。"美国向例:总统易,则各部皆易。……而其国不乱者,则以立法之权归议院,守政之权归察院。议院之绅举自民,不由总统。察院必老成硕望,始充是职。受职以后,则终其身于位而不迁徙。故其人皆无所希冀,亦无所阿附。此两院者,实美国之根柢纲维,其长治久安者,此也。"

崔国因的这些关于议院制度的认识和独到见解,对于传播西方民主政体思想,具有直接的启蒙意义,并为维新运动的改变政体奠定了一定的思想基础。但是由于时代和知识结构的局限,崔国因对议院制度的认识仍然失于片面、肤浅,许多基本理论仍无法彻底摆脱根深蒂固的封建观念束缚。他不可能真正理解西方民主政体的本质,也不能正确区分西方的民主和中国的民本观念。但对于西方议院制度的远见卓识,让崔国因成了近代中国民主思想史上不可被忽视的关键人物。

(二)主张利用国际公法处理外交事务

在外交方面,由于受到《万国公法》的影响,他认为公法是中外交往的重要工具。在写给山西抚部院的信中,崔国因说道:"盖闻经国以自强为本,自强以储才为先。方今万国盟聘,事变日多,洋务最为当务之急,海疆诸省,设局讲求,并著成效。查中外交涉事宜以商务为体,

① 崔国因著,刘发清、胡贯中点注:《出使美日秘日记》,黄山书社1988年版,第996—997页,第389页,第554页。

以兵战为用，以条约为章程，以周知各国物产、商情、疆域、政令、学术、兵械、公法、律例为根底，以通晓各国语言为入门。"由此看出他对公法的重视。来到美国之后，他广泛了解华侨状况和美国各方面人士对华侨的态度，认真研究国际公法、美国法律和有关美中条约，通过外交途径，据理力争，为华侨挽回了部分权利。可贵的是，和那些盲目崇拜《万国公法》的人不同，崔国因在美国处理华工问题时，也看到了公法的不足之处，意识到国际关系的最终裁决者是强权而非公法，国与国之间的交涉应以公法为准则，但须有强大的国力为后盾。所以强大的国力才是设立领事馆的坚固后盾，否则，只会适得其反。

（三）重视西学，改革科举

这位科举正途出身的进士，对科举制度提出了自己的看法主张。他认为八股取士不能满足洋务运动发展的需要，国家取士的考试应该考各种有益于国家政治、经济、军事、文教发展的西方资产阶级新学问。当他看到美国飞速发展的科学技术，他更是感到中国不应再拘泥于古法和中西差异，应该大力向西方学习，选拔有真才实学的新式人才。

（四）巩固国防

针对 19 世纪 70 年代晚清的边疆危机，崔国因提出了自己的国防主张。主张修建新式防御工程，建立独立的军工系统，编练新式陆海军。改变世袭的幕兵制度，采取征兵制，通过挑选合格的军人，提高军队的作战能力。崔国因还认识到铁路对国防的重要，自称"因于轮船、铁路二事考究二十年，决为富强之本"[1]。在美国，他尤其感叹火车和轮船给美国带来的翻天覆地的变化，并细心研究了铁路在美国社会经济中所发挥的重要作用。崔国因认为：西方"富强之道，以铁路为第一关键。故地球铁路惟美最多，亦惟美最富也"。在日记中，他还多次记载美国官绅建议中国急修铁路以巩固国防、振兴商务的言论，希望引起国内的注意。

---

① 崔国因著，刘发清、胡贯中点注：《出使美日秘日记》，第 589 页。

（五）发展近代经济

主张改变传统的重农抑商方针，发展采矿业。他曾就美国各州1889年的矿产量和价值作了详尽的记录，对"煤铁惟富强之本"的说法表示赞同，主张中国也应"擅天下至富之权。有创之者，仿美国而开采之，何患财用之不足哉"。在发展经济举措上，崔国因还主张兴办工厂，允许普通商民设立各种公司；改革关税制度，提高洋货入口税，保护民族经济。

四、张树声的改革主张

张树声（1824—1884），字振轩，安徽合肥人。1853年以廪生倡办团练抵抗太平军。次年，率弟张树珊、张树屏跟随李文安、李鸿章父子转战庐州府各州县。1862年，经曾国藩、李鸿章的整顿，张树声兄弟所立的"树"字营，随李鸿章支援上海。张树声官运亨通，历任署理两江总督兼南洋通商大臣、署直隶总督兼北洋大臣、两广总督等要职，成为淮系集团中地位仅次于李鸿章的重要人物。时人评价他"文武兼资，通达中外机要"，"且忠伟诚恳、识量国人，平时治事，纤悉缜密，若拘谨已甚；遇大利害，当机立断，无稍回惑"。①

张树声的近代化思想最早应追溯到镇压上海的太平军起义，来到上海后，他对西方先进的军事技术和武器装备深深叹服，成为洋务运动的推动者之一。

（一）建设海防

1879年任两广总督期间，通过与早期维新派的代表马建忠、郑观应等一批先进知识分子的交往，张树声的思想有了很大进步，逐渐意识到了海防建设的重要，看到了广东得天独厚的自然和人文资源在海防战略中的现实重要性，提出了自己的看法，"中国海防，全局自以天津为首要，江苏次之，闽、粤又次之。然洋务之兴，滥觞自粤，惩前毖后，岭南虽一隅利害之数，系于天下者实大。……粤东山海奥区，民物稠庶，通商日久，其人多便习海洋，晓畅泰西情事，工艺精巧，尤甲寰

———————

① 转引自衡志义主编：《清代直隶总督研究》，中国文联出版社2000年版，第532页。

区,料物之易致,船坞之得地,虽闽沪莫及焉。及是时造就人才,讲求船械,事半功倍,可以建富强之基,可以资南北洋之用"①。主张以广东为中国海军船械制造基地。他还认为"外国各国电报,凡关系国家政务者,由官造,凡商货稠密地方则由商人设立官商相维,所以四通八达经久不废"。主张通过借鉴外国办理电报局的经验,兴办国内的电报事业。

伴随着海防建设的发展,广东的海防教育也被提上了日程。自19世纪70年代后期,就有人提出在广东开设学校,直到80年代初张树声创办广东实学馆才迈出了第一步。张树声曾就东西学的差异表示:"伏惟学以致用为贵术,无中西之殊,欧洲界在海,西地气晚辟,其人秉性坚毅,不空谈道德性命之学,格物致知而制器,由制器而练兵,无事不学,不人不学",而国人学的却"大抵皮毛,袭之枝节,为其知其所当然,不能明其所以然"②。明确指出中学的不足,要求将西学视为"儒者当勉之学",破除对西学"鄙夷不屑之意"。"泰西之学,覃精锐思,独辟户牖,然究其本旨,不过相求以实际,而不相骛于虚文,格物致之,中国出诸匠,西人出诸儒",即认为中西学差异在于中学虚,西学实;中国重虚西人重实。1882年,广东实学馆正式开馆,首届招生50人,学习轮机驾驶,它的开设成为广东海防教育的发端。

（二）改革科举制度

在兴办西学的过程中,张树声对旧的科举制度进行了批判,他大声疾呼:"方今事故日殷,筹边筹海,皆数千年未有之变,其不能专恃数百年不变之法以应之也,明矣!"他建议朝廷改革科举制度,增设新科目即特开殊科。"特开制举分为数科,其有文武兼资,洞达时务,堪任将帅者为一科;其有经学湛深,文章尔雅,堪备著作者为一科;其有志节坚贞,论辩敏达,堪使绝域为一科;其有讲求吏治,居心恺悌,堪膺抚字者为一科;其有操守廉洁,条理精密,堪治财赋者为一科;其有精通图算,深明机器,堪胜营造者为一科"③。即仿效西方分门别类地培养

---

① 《筹办广东海防情形折》、《筹款展接广州至龙州电线折》,分别见《张靖达公奏议》卷四、卷七。
② 《张靖达公奏议》卷五"建造实学馆工竣延派总办酌定章程片"。
③ 《请特开殊科折》,见《张靖达公奏议》卷七。

军事、传统文化学术、外交、政治、经济和科技等不同方面的人才,中西并重,要在务实。

在培养新式人才方面,张树声主张采用荐举的方式推选人才,然后经过层层遴选,最后"集试于京师",做到因材任用。

(三)主张政治改革

随着对西方认知的不断深入,张树声的改革要求由科技领域转向政治领域,特别是在中法战争后,逐渐上升到对专制体制的批判。他颇为忧虑地指出,数十年来,俄罗斯侵秩于北方,日本窥伺于东海,英吉利由印度、缅甸以规滇、藏,法兰西据西贡海防而谋滇、粤,列强环伺,日益难制,"而中国蹈常习故,衣冠而救焚,揖让而拯溺,其何以济耶?"中国不断学习西方,但自强之期遥遥无期,原因何在? 张树声认为其误在未抓住根本,"育才于学堂,论政于议院,君民一体,上下一心,务实而戒虚,谋定而后动,此其体也;轮船大炮,洋枪水雷,铁路电线,此其用也"①。他看到西方富强的根本原因是其"体"健全,即以学校为基础的近代教育制度和以议会制约君主为代表的君主立宪政治制度。中国之失在于"中国遗其体而求其用,无论竭蹶步稳,常不相及,就令铁舰成行,铁路四达,果然足恃",明确提出晚清学习西方也应把政治改革作为根本。作为一名高级官员,敢于如此大胆要求进行政治改革,在当时实属绝无仅有,其爱国之意溢于言表。张树声的政治改革主张反映了一批志士仁人探索中华民族出路的思想历程,推进了中国民主思想的发展进程。

(四)提倡"欲和必战,以战促和"的外交方略

在外交方面,张树声坚持维护国家主权利权、伸张民族正义的外交原则。他认识到,外交绝不是单纯的,而是与国家实力、军事实力以及政治上的态度密切相关的,军事因素在外交方面占据了重要的作用。张树声的外交方针主要体现在对日、对法关系上。1879 年,日本吞并琉球之后,张树声表示并不惧怕与日本一战,极力反对在受日本要挟之下议定条约,因为此例一开,"外国尽争利便,中国无不吃亏,民

---

① 《遗折》,见《张靖达公奏议》卷八。

安得不穷,国安得不困,日日自强而不足,一事自弱而有余,此利害枢机,不可不深长思也"①。他明确指出要使外交处于有利位置,就要态度坚定;必须加强国防与军务,以强大的军事力量为后盾。1882年朝鲜发生壬午兵变,张树声当机立断,派遣吴长庆赶赴朝鲜平定了叛乱。对法国侵占越南、图谋两广的战略意图,张树声也早有察觉和防备,指出:"法人谋占越南全境,虽蓄志已定,而实事未行,方今因应之宜固,不能先事张皇,启疑彼族,亦不能毫无部勒,待变临时。"②实践证明,这种既不轻易挑起战争又加强防范的做法无疑是明智之举。针对法国侵略越南北方引起的中法争端,张树声认为只有以军事行动才能遏制法国的侵略,争取国际舆论的支持。通过全面客观地分析敌我形势,张树声明确了"欲和必战、以战促和"的外交方针,其正确性为后来的事实所证明。由于他的深谋远虑,坚持正确的军事和外交策略,使得两广地区的战备日益完善。

第五节　孙家鼐、吴汝纶对中国近代教育的贡献

一、孙家鼐对中国近代教育的贡献

孙家鼐(1827—1909),字燮臣,安徽寿州(今寿县)人。青年时期以精通经史子集与诗词声韵在乡里著称,1859年考中状元,成为清代康熙年间安徽建省后寿州唯一的状元。之后被授予翰林院修撰(从六品文官),历任山西乡试的正考官、会试同考官和湖北学政(负责教育)。

1878年,孙家鼐荣膺光绪皇帝老师,并由此成为光绪帝最信任和伴随时间最长的帝师,曾有记载说光绪帝"得其(孙家鼐)濡沃,锐意讲求新政"。1901年八国联军攻陷北京时,入值军机处,成为汉大臣

---

① 《遵议球案折》,见《张靖达公奏议》卷五。
② 《密筹越南事宜折》,见《张靖达公奏议》卷五。

的领袖人物。1909 年,孙家鼐病卒,清廷晋赠其为太傅,特谥文正,成为清代历史上最后一位"文正"。于式枚贺孙家鼐寿联"寿州相国寿者相;天子师傅天下师"。

戊戌变法时期,孙家鼐积极支持改革,加入强学会,赞同设立强学书局。1896 年 3 月被派为管理管书局大臣,向光绪帝上《官书局奏定章程疏》七条:"一、设藏书院;二、设刊书处;三、设游艺院;四、设学堂;五、筹经费;六、分职掌;七、刊印信。"6 月,孙家鼐明确表示赞成李端棻关于成立京师大学堂的首倡,在《议复开办京师大学堂折》中,进一步提出了六条具体措施:"一、宗旨宜先定;二、学堂宜造;三、学问宜分科;四、教习宜访求;五、生徒宜慎选;六、出身宜推广。"明确要求以"中学为主,西学为辅;中学为体,西学为用;中学有未备者,以西学补之;中学有失其传者,以西学还之。以中学包罗西学,不能以西学凌驾中学"①为办学宗旨,并强调以后无论是大学堂"分科设教",还是推广各省,都必须遵循这一宗旨。这是孙家鼐在中国近代教育史上,第一次明确提出了"中体西用"的办学指导思想。

1898 年 8 月 9 日,孙家鼐担任京师大学堂首任管学大臣,上《奏筹办大学堂大概情形折》,全面系统地提出八条建议:"一、进士举人出身之京官,拟立仕学院;二、出路宜筹;三、中西学分门宜变通;四、学成出身名器宜慎;六、西学拟设总教习;七、专门西教习,薪水宜从优;八、膏火宜酌量变通。"8 月 30 日,孙家鼐奏派大学堂办事人员李盛铎、李家驹、寿富和杨士燮赴日本考察学务,将日本的"大学、中学、小学一切规制课程并考试之法规逐条详查,汇成日记,缮写成书"。9 月 12 日,戊戌政变之后,慈禧谕旨:"大学堂为培植人才之地",京师大学堂作为戊戌维新变法的唯一成果得以保存。1899 年 1 月,孙家鼐向慈禧上《奏大学堂开办情形折》汇报了有关接收新校舍与招收新生的两项具体问题。在孙家鼐的苦心经营下,光绪二十四年(1898 年)十一月十九日,京师大学堂正式开学。

---

① 孙家鼐:《议复开办京师大学堂折》,见《中国近代史资料丛刊·戊戌变法》(二),神州国光社 1953 年版,第 429 页、426 页。

清
代
卷
（
下
）

　　孙家鼐自强思想的核心是兴办教育、培养人才,特别是培养科技、军事人才。他认为,教育是救亡图存和使国家富强的重要手段,西方国家富强的原因在于"人才辈出","学校遍于国中";中国落后的原因则在于缺乏人才,强调"时局多艰,亡羊补牢,非有人才不能自立",培养人才的途径只有根据当时中国的实际,参考西方国家和日本办学的经验,举办新式学堂,才能培养出有用人才。孙家鼐一生将其主要精力放在京师大学堂的建设上,并在长期的办学实践中,逐渐形成了自己的教育思想。

　　在教学方法上主张因人施教,人尽其才,学以致用;办学形式上采取分科立学,仿照欧美学校设天文、地学、道学、政学、文学、农学、工学、商学、医学以及选修课,力求"总古今,包中外,该体用,贯粗精,理索于虚,事征诸实,立格以待奇杰,分院以度图书"①。

　　孙家鼐也特别重视教师、生源以及教材的选择,认为教师的素质直接影响教学质量,因此对于中西文教习应有不同要求,国内老师要品行端正、学问渊博,通达世界形势发展;外籍教师则要精通西学,熟练掌握中文。生源要由同文、方言各馆调取学过西文的学生和由各衙门咨送的优秀学生组成,年龄控制在 30 岁以下,自行投考,"中西各学均需切实考验,第其优劣,分别去留"。入学者还要参加严格的考试,根据优劣决定取舍,录取者分为三等,精通西学者为上等,月给银八两;中学精通而略通西学者次之,月给银六两;西学通而中学粗通者又次之,月给银四两。

　　针对学生的就业问题,孙家鼐也给予了充分考虑。主张按照学以致用的原则,安排学生出路。第一,咨送学生参加乡试,中试名额酌情放宽;第二,对于乡试落榜的学生,由学堂考核后发给金牌文凭,由总理衙门派往驻外使馆充当翻译随员,或分配到南北洋海军、陆军、船政、制造各局,帮办一切,以资阅历;第三,不能应举为官的学生,发给牌凭充任教习,以保证各省的师资和便于加强京内外各学堂之间的

―――――――――――――

　　① 孙家鼐:《议复开办京师大学堂大概情形折》,见《中国近代史资料丛刊·戊戌变法》(二),第 427 页。

联系。

在教材的选用上,孙家鼐提倡"广采百家",特别强调"编书宜慎",不能以一家的学术观点来束缚学术研究。为了广泛宣传新学问、新思想,开拓国人的视野,孙家鼐主编了《续西学大成》16册,详细介绍了近代以来所有西方先进的科学知识,包括算学、测绘学、天学、地学、史学、政学、兵学、农学、文学、格致学、化学、矿学、重学(力学)、汽学、电学、光学、声学、工程学等学科。为便于国人更加直观地认识,在很多科目的介绍中配有插图和图表。

随着京师大学堂的建立,许多省份都纷纷筹建新式学堂,各地公立、私立学校得到迅速发展。作为京师大学堂的首办者,孙家鼐有关开办大学堂的主要构想与建议,既基本上顺应了当时变法维新的潮流,又反映了当时朝野之士兴建大学堂的共识,其先进的教育主张和实践成为留给后人的宝贵精神文化遗产。尽管他的办学理念和具体的方法还存在一些不足,但不能抹杀他在我国近代教育史上的重大贡献。

二、吴汝纶对中国近代教育的贡献

吴汝纶(1840—1903),字挚甫,安徽桐城人。1865年进士,授内阁中书。由于文采卓越,被罗致到曾国藩的幕下,和薛福成、张裕钊、黎庶昌一起被誉为"曾门四弟子"。1870年入李鸿章幕府,担任天津知府、冀州知州等职。在其任内积极支持地方办学活动,广泛延请名师设教讲学,强化书院的育才功能,使两地的文化气息日益浓厚。在出任保定莲池书院山长期间,重视书院学风建设,关注西学,先后设立东西文两学堂,在教学内容上以西文、西艺和西政为主,教学方法上注重理解和强调实践,聘请外籍教师引导学生学习欧美、日本等国的科学知识,让莲池书院成为北方的文化交流中心。1902年6月,吴汝纶赴日本考察学制,汇成《东游丛录》一书,该书包括《文部所讲》、《摘抄日记》、《学校图表》和《函札笔谈》四个部分,扼要记述了日本明治维新以来推行西学的历史沿革以及学校现状、学校设置、课程安排、学校卫生体育、课堂宿舍建筑以及经费收支等情况,被誉为我国"清末教育改革的指南"。回国

后创办桐城学堂,因积劳成疾,于 1903 年正月病逝。

目睹洋务运动的兴衰,吴汝纶更加专注教育改革。他认为甲午惨败的根源不在于船炮枪械的落后,而在于中国近代教育的落后,提出"中国风气不开,新学不出,与西、东邻国交战,决无能胜之理"。戊戌变法失败后,吴汝纶更加意识到时局的艰危,提出以教育挽救危局"……惟亟派亩捐立县乡学堂,庶冀十年五年,人才渐起乎! 无人才,则无中国矣!"此时的吴汝纶已将人才的培养放在国家发展的战略高度。根据自己的办学实践、中国教育存在的问题及未来教育的走向问题,吴汝纶提出了自己的教育主张。

(一)废除科举制度,兴办新式学校

中国的科举制度长期以来以四书五经为内容,以八股为文体,以小楷试帖为形式,僵化的考试制度严重阻碍了近代新型人才的培养。尤其是甲午战败之后,社会各阶层都在反思,寻找中国积贫积弱、导致战败的根本原因。于是军事救国、实业救国、教育救国等方案纷纷出台。吴汝纶对科举制度的弊端有着清醒的认识,反思和批判传统教育。从 1898 年起就一直要求废止科举制度。"窃谓废去时文,直应废去科举,不复以文字取士,举世大兴西学,专用西人为师,即由学校考取高才,举而用之。"①他指出"人人有学,唯恐民愚"的西方新学是富民教育、智民教育。中国想要富国强兵必须"废去科举",借鉴"外国新学"进行教育改革。

(二)普及教育,整体提高国民素质

吴汝纶认为,洋务派所创办的新式学堂没有改变中国贫穷落后面貌的原因在于忽视教育普及的重要性。普及教育是开民智、解民困、致国富的必由之路,他希望中国也能像日本那样,采取德国的教育方法,"以团结国民为主,谓之国民教育。其法务使人人读书识字,程度不必高,而为教育普遍,即能强国"②。中国要想实现普及教育,"一县

---

① 吴汝纶:《吴汝纶尺牍》,黄山书社 1990 年版,第 110 页,第 193 页,第 132 页。

② 吴汝纶:《吴汝纶尺牍》,第 286 页。

不可止立一学,各乡皆须立学,学堂愈多,愈能收效,不宜化多为少"①。学堂主要教育 10 岁以下幼童,各地在三里五里就开办一所,便于就近上学。在教育对象上要求做到"普国人而尽教之",对那些不愿意接受教育的幼童,必须采取强制性措施。针对中小学的体制问题,吴汝纶设想小学六年,前四年浅,后两年深;普通中学应定为三学年,中学还应该学习一门英语。吴汝纶坚信通过普及教育,国民素质总体肯定会提高。

普及教育,师资是关键问题。吴汝纶特别重视发展师范教育,把培养教师队伍和引进西学教员放在发展教育的首要位置。他主张"先立师范学堂,取成学之士,延外国教习,教之以粗浅图算格致普通之学,盖不过期年旬月,可望速成"。为了尽快在全国府州县设立学堂,吴汝纶还请求将省城畿辅学堂,"暂改为师范学堂,即请日本人为教习。师范学堂皆取成学之士,教以普通之西学,每数月即可教成一起,费用既不甚多,诸生之望可慰"②。做好青少年教育工作,是普及教育的重要方面,为此他提出独特的幼儿教育思想,认为对幼儿要实行限时教育,寓教于乐,因材施教,奖惩分明。

(三)重视西学,倡导实用人才,为国强民富培养实用人才

培养人才的迫切需求与如何造就人才的现实冲突,促使吴汝纶更为广泛和深入地关注西学。吴汝纶如饥似渴地探求西学,研读过上百种西学书籍,认为"今日海陆各军,用器尚新,而将领无西学,此忧方大"③。甲午战败后,吴汝纶疾呼:"观今日时势,必以西学为刻不可容缓之事。"④在主持莲池书院期间,他就时时向学生强调西学的积极意义,指导他们阅读最新的西学书籍。对于如何学习西学,吴汝纶认为要聘请西方教习;课程以西学为主,避免学堂中出现名为西学、实则以中学为重的现象;出国考察;传播进化论,通过宣扬"物竞天择,适者生

---

① 郭立志:《桐城吴先生(汝纶)》,年谱《近代中国史料丛刊》(卷二),(台湾)文海出版社 1966 年版。

② 吴汝纶:《吴汝纶全集》第 3 册,黄山书社 1990 年版,第 375 页、372 页。

③ 吴汝纶:《吴汝纶全集》第 3 册,第 96 页。

④ 吴汝纶:《吴汝纶全集》第 3 册,第 171 页。

存"的思想，达到救亡图存的目的。在教学改革上，吴汝纶主张组织学生兼学外文；购置新译书报供学生阅读；密切联系时局教学，开设政法学科，讲授天演论原理；尽可能学习西学内容。

重视培养实用人才是吴汝纶教育思想的重要特点。在日本考察学制期间，吴汝纶十分留心考察各地的学校教育，并将实用教育、德育以及体育等先进教育思想引进中国。他结合中国自身特点，提出中国开办实业教育可以通过兴办商业学校、开展职业培训以及提倡科教兴农三种途径，并强调今后中国学校教育"须以养成爱国心为主者，教育幼童使其心向国家，自是大好"①，要把爱国主义教育真正融入德育教育之中。吴汝纶重视专业技术教育和大学教育，建议大学分为理、工、文、农、法五科，另设医学堂；专科学校"政治、法律之外，则矿山、铁道、税关、邮政数事为最急，海防军法、炮工、船厂次之"②。

吴汝纶总结洋务派、维新派的教育思想，扬其所长，补其不足，形成自己的教育思想，写下了我国近代教育思想史上新的一页。他坚决要求废除科举制，把日本的师范教育、职业教育以及普及教育介绍到中国，极大地推动了近代教育的发展；缩减学制年限、减少课程；统一语言，简化汉字，普及国民教育；"熔中学与西学为一炉"的课程观以及鼓励留学教育，妥善安置留学归国人才等先进的教育思想，都闪烁着智慧的光芒，是中华民族优秀传统文化的宝贵财富，在中国近代教育思想史上起到承前启后的作用，至今仍有一定的现实意义。

---

① 吴汝纶：《吴汝纶全集》第 3 册，第 448 页。
② 吴汝纶：《吴汝纶尺牍》第 3 册，第 299 页。

第六节　周氏、孙氏家族与中国近代经济

一、周馥家族与中国近代经济

(一)周馥与洋务新政

周馥(1837—1920),字务山,号兰溪,安徽建德(今安徽东至)人,太平天国时期入李鸿章幕,得李鸿章欣赏,是跟随李鸿章时间最长的心腹官僚。历任直隶按察使、署直隶总督兼北洋大臣、山东巡抚、两江总督、两广总督等职。其一生以 1901 年为界分为前后两个时期,1901年前主要协助李鸿章举办洋务运动,是洋务事业的实施者和推动者。1901 年后,积极推行新政措施,包括编练新军,举办巡警;实行经济改革,振兴商务,发展民族资本主义工商业;倡言废除科举,更新学制,创办新式学堂。周馥一生勤于政事,关注国计民生,成为洋务运动及清末新政的积极推行者。

洋务运动中,周馥参与了会办天津机器局、襄办天津电报局、架设电报线路、修筑铁路等活动。并利用职务之便,保证经费按时足额到位。出任山东巡抚期间,周馥除旧布新,革除屯田、盐务、税收诸方面的弊端;筹办农桑工艺实业,发展新型经济,抵制了德国对山东的经济侵略。1902 年,针对德国人在山东境内修路开矿兴商的侵略势头,周馥提出"应内修戎政以备不虞,外固邦交以联情谊",并将济南、周村、潍县辟为通商口岸开展贸易活动,有效遏制了德国人试图通过修筑胶济铁路与津浦铁路相接,既可直达京师,又可掠夺河南、河北、山西、安徽等省土地和矿产资源的侵略图谋。

20 世纪初,随着"振兴实业"思想流布,周馥积极进行农业及工艺各项实业的改革。他认为"今欲厚民生,仍非先由农事入手,无以为正本清源之计",在济南设立农桑总会,聘请日本农学专门人员担任技术指导。周馥还因地制宜,种植各种经济作物,成立农业专门公司。为解决

失业人口问题，周馥依照西方做法设立教养局，"专教贫民无业者，学作粗工"，同时还设有习艺所、玻璃公司和草辫公司等。署理两江总督期间，周馥积极整顿经济秩序，发展江苏经济，奏请清政府"钦派大员督办三省（江苏、安徽、江西）查矿事宜，遇有要事会同督抚商办"。

（二）周学熙父子与近代经济

周馥有六子：周学海、周学铭、周学涵、周学熙、周学渊和周学辉，除了周学涵早年夭折之外，其余 5 人都在光绪年间先后步入仕途。他们凭借其父在北洋水师奠定的事业基础，加上各自的才能和努力，加入创办洋务事业的洪流当中。其四子周学熙尤为突出，被称为"北方的实业巨头"，与南方的状元实业家张謇并称为"南张北周"，周学熙开创了周氏家族的新格局。

周学熙（1866—1947），字缉之，号止庵。29 岁中举，后因会试屡次不第，遂决心放弃科举，走实业救国之路。曾担任开平矿务局总办、北洋银圆局总办、天津官银号督办等职。1903 年，直隶总督袁世凯派周学熙赴日考察，此行让他认识到中国要自强，必须从军事、教育和经济三个方面效法日本，走明治维新的道路。归国后，由于得到袁世凯的提携，先后担任过天津道、长芦盐运使、直隶按察使，民国后两度出任财政总长。他以日本模式在直隶推行新政，大力兴办实业，在主持直隶工艺总局的 5 年（1903—1907）中，他以亦官亦商的身份，在天津、直隶地区掀起一股创办工业企业的高潮，先后主办了劝业铁工厂、劝工陈列所、官造纸厂、教育品制造所、造胰（肥皂）公司等 11 家工厂，8 个织布工厂，其中尤以高阳的土布业发展最为显著，成为华北土布业的中心。

在担任财政总长期间，周学熙厘定了民国最初的财政规模和法规章程，积极鼓励发展新的工商企业，增加税收来源。1913 年 4 月他奉命向英、德、法、日、俄五国银行团进行 2500 万英镑的善后大借款，由于以盐税为担保，遭到非议，于当年辞去职务。1915 年再次出任财政总长期间，周学熙竭力整顿财政，达到收支平衡；试图通过盈余的财政兴办实业，为国家开辟财源。后由于不赞成帝制愤而辞职，从此脱离官场，以私人身份大办实业，先后创办涉及工、商、农、金融、保险等领域近 20 家近代企业，包括启新洋灰公司、滦州矿务公司、华新纺织公司、中国实业银行等。这些企业由小到大、由单一行业发展成多行业的企业集团,获得高额利润,奠定了周学熙北方"实业之父"的地位,被日本人称为"天津实业界巨头"、"中华第一理财家"。周学熙将北方的近代工业带上了一个新台阶,也把整个周氏家族带上了日新月异的实业救国之路,形成了以天津、唐山为中心的庞大的周氏实业集团。

周学熙之后,周明焯①、周叔弢②都是实业界活跃人物。

二、孙氏家族对近代经济的贡献

(一)孙氏家族在经济领域的崛起

孙氏家族是寿县望族,号称"一门三进士,五子四登科"(即家泽、家铎、家怿、家鼐)。家泽官至礼部侍郎,家铎官至户部侍郎,家怿官至工部侍郎,家鼐最为著名,先后任工、礼、吏部尚书、大学士、清朝首任管学大臣、资政院总裁。在孙家鼐的促动下,孙氏家族发起成立经济社团,创办了一批具有全国影响的知名企业,对近代经济作出了重大贡献。

孙家鼐重视发展近代经济,希望通过兴办实业促进国家富强,晚年亲自参与创办安阳广益纱厂。孙氏家族中的孙多鑫、孙多森兄弟对近代经济的发展贡献最大。

孙多鑫、孙多森是孙家鼐的侄孙,其父亲是著名盐商、南京洋务局的总办孙传樾。孙多鑫处事冷静,稳健机敏,深得外祖父李瀚章的赏识。1893 年,在扬州开始投身实业,从此揭开了孙氏家族在中国近代经济舞台上的序幕。孙多鑫之弟孙多森,孙氏家族中办实业的代表人

---

① 周明焯,字志俊,周学熙之子,接办青岛华新纱厂(周家华新纺织公司的五个纱厂之一),担任常务董事。任职期间,为了避免与日本人的正面竞争,在办纱厂的同时,还不断开辟外围市场,如建立合股线厂、织补厂、染色印花厂、轧花厂,终于使华新成为一个包括改良原棉、生产成品的完整的纺、织、染综合生产企业。卢沟桥事变之后,周明焯开始到上海的租界内再创业,先后办起了信和纱厂、信孚印染厂、信义机器厂,并投资上海毛绒厂。随后又成立了久安信托公司上海分公司,并扩大为久安银行,加上久安实业、和丰纱厂、大沪百货,逐渐形成了一个庞大的久安集团,成为周氏家族南下上海的生力军。1940 年,久安集团与永安纱厂、中纺纱厂和英商信昌洋行在香港组建了安华贸易公司,开展运输业务,以此来支援抗战。

② 周叔弢,周学海的第三子,早年在扬州经营家传的盐业,后去天津投奔周学熙,学办实业。他成为继周学熙之后,周氏家族中的新一代领袖人物。周叔弢先后担任过青岛华新纱厂经理、唐山启新洋灰公司、天津华纱厂经理、耀华玻璃厂董事长等职务。20 世纪 20 年代,他创办了一个拥有水泥、煤炭、纺织、玻璃、陶瓷等工业企业和北京自来水公司等公共事业以及保险、银行金融业在内的大型资本集团——周氏企业集团。1944 年,担任启新洋灰股份公司总经理。

物。他在叔祖父孙家鼐的影响下,抱着实业救国的宗旨,致力于发展民族工业。1898年,孙氏兄弟在上海创办阜丰面粉厂,成为近代第一家具有较大规模的机制面粉企业,孙多森担任总理,孙多鑫任协理。1904年,阜丰面粉厂扩建为阜丰面粉公司,孙多森任总经理。凭借有效的管理经营、先进的机器设备以及雄厚的实力,阜丰面粉公司在同行业中取得了骄人的成绩,有力地抵制了美货横行,保护了民族工业。1905年,孙多森当选上海商务总会副会长,成为上海滩工商界的领袖人物。

正当阜丰面粉厂经营得十分红火的时候,直隶总督袁世凯召孙多鑫入幕。由于得到袁世凯的赏识,孙多鑫担任直隶官银号总办,天津造币厂督办,执掌了直隶的金融机构。当时周学熙任直隶官银号督办,周、孙通力合作,盘活天津官银号集聚的资金,大力支持天津工商业的发展。凭借掌握的雄厚的资金和办企业的经验,周、孙决定投资兴办自己的企业。1906年,周学熙收回唐山细棉土(水泥)厂,改名启新洋灰(水泥)公司,出任总理一职,孙多鑫任协理。正当孙多鑫全力兴办北洋实业之时,却因病去世。随后袁世凯又召孙多森北上兴办实业,接任其兄担任天津官银号总办、启新洋灰公司协理。后来孙多森和周学熙还合办滦州矿务公司、京师自来水公司。

1912年,孙多森担任筹办国家银行事务所的会办,开始管理中国银行事宜。1913年,将主要精力放在发展金融事业上,出任中国银行第一任总裁。在此期间,他锐意改革,选派人员出国考察,吸收外国银行的先进经验;创办高等银行学堂,培养了大批专业人才。正是在孙多森的管理之下,中国银行才真正具备国家银行的职能,成为具备现代金融知识的机构。1914年,他担任中国第一家控股投资公司——通惠实业股份公司总裁。该公司营业范围广泛,包括各种实业的计划经营、金融信托业务代理以及各种债票的募集经办。由于孙氏家族掌握人事权,实际成为名副其实的家族企业。1930年5月,通惠公司迁到上海中孚银行大楼办公。

成立后的通惠公司不断投资,开办了精盐厂、面粉厂、森林采伐场以及煤矿等业务,其中河南新乡的通丰面粉有限公司日产量达5000

袋,面粉远销北京、天津、石家庄等地,成为河南省最大的近代机器面粉厂。烟台通益精盐股份有限公司每年生产 30 万~40 万担,远销马来西亚、新加坡等地。

　　1916 年 11 月 7 日,孙多森担任近代中国第一家特许经营外汇的中孚银行总经理。在他的带领下,中孚银行业务发展极其顺利,在全国各地建立大量分支机构,逐渐形成了以中孚银行为资金调度中心的企业集团——通孚丰集团,下辖通惠实业公司、通丰面粉公司、通益精盐公司、中孚银行和阜丰面粉公司。1930 年 8 月成立上海通孚丰联合办事处,标志着通孚丰集团的正式形成。

　　孙多森之后,孙氏家族在经济界最有代表性的人物是其幼弟孙多钰[①]、孙晋方、孙豫方[②]、孙元方[③]、顾翊群[④]。

　　(二)孙氏家族成员参与发起了我国近代诸多经济组织

　　除了兴办实业之外,孙多鑫、孙多森以很强的使命感和责任感,组织各种经济社团,团结、教育广大的工商业者,共同为振兴我国的经济而努力。1902 年,孙多鑫就代表阜丰面粉公司成为上海最早的商会组织——上海商业会议公所。1904 年 5 月,孙多森担任上海商

---

　　①　孙多钰(1882—1951),曾留学美国,获得工程师文凭。回国后,历任吉长铁路工程局的工程师、沪宁、沪杭甬铁路管理局总办。1924 年接替孙多森担任中孚银行经理,后长期担任银行董事长。自 20 年代以来,孙多钰还相继担任启新洋灰公司常务董事、直隶滦州矿务公司副董事长、开滦矿务局总经理等,与周学熙系统的企业关系极为密切,在北方企业界具有重大影响。他对孙氏家族企业后期的发展作出了重大贡献,成为 20 世纪 20—40 年代孙氏家族的核心人物。

　　②　孙晋方和孙豫方是活跃在 20 世纪 30、40 年代经济界的孙氏家族代表,他们是孙多鑫三弟孙多炎之子。孙晋方,字锡三,美国威斯康星大学经济科毕业。他主要在北方工作,曾担任中孚银行北京分行经理、中孚银行总经理、天津仁立公司董事长等职。孙豫方,字仲立,1898 年出生,1919 年毕业于美国康乃尔大学农科。1925 年担任阜丰面粉公司的总经理,1935 年兼任中孚银行总经理,1936 年还参加过在日内瓦举行的第二十届国际劳工大会。

　　③　孙元方(1883—1943),字景西,是孙氏家族中又一位热衷于实业的代表人物,曾留学美国,归国后在中国银行任职。1913 年任阜丰面粉公司总经理,在其任内,大力整顿并扭转了中国银行的困难局面。中孚银行成立后,一直负责中孚银行上海分行。由于留学背景加上金融工作的背景,使得他在上海工商界内占据了一席之地。1920 年 12 月,孙元方作为上海银行公会的代表出席了第一次全国银行公会联合会,后还担任过上海银行公会的副会长。在 1927 年 3 月成立的上海商业联合会中担任经济科委员和外交委员。

　　④　顾翊群,字季高,江苏淮安人,孙多森的外甥。1921 年获得美国工商管理硕士学位,担任中孚银行上海分行副经理。他理论丰富,经常发表一些经济学论文,对金融改革有着自己的独到见解。1936 年,参加陈光甫使团赴美谈判,为签订《中美白银协定》立下汗马功劳。由于在谈判中的出色谈判,回国后,被派到广东任广东省财政厅厅长兼省银行行长,后又代理财政部常务次长、四联总处秘书长。

务总会的议董。同年 9 月，孙多鑫、孙多森联络上海著名绅商 30 人另外成立了一个上海商学公会，组织力量调查研究国内外商情，研求"物产盈虚之故，供求相剂之理"，以期与上海商务总会"互为表里"。①

孙氏家族在经营近代企业中形成了一套行之有效的管理方法和经营策略，如准确及时掌握市场信息，学习引进西方先进生产技术和管理经验；重视培养人才、信誉和质量及重视组建经济社团等，对后世产生深远影响。

第七节　安徽志士在外省的革命活动

一、万福华刺王之春

万福华（1865—1919），安徽合肥人，辛亥革命前后有影响的革命家。青年时代的万福华曾任滦州铁路筹办分局总办，后任汀州盐局负责人。1903 年，沙俄侵占辽东引起全国人民的义愤，国内掀起了反抗沙俄的爱国运动。出于爱国的热忱，万福华毅然弃官来到上海，组织演说，谈论时局。他认为，要挽救国运，维护民族独立，只有联合民众才是唯一的出路。他不辞辛苦，到川、楚、湘等地体察民情，了解群众疾苦，结交革命志士。1904 年，至上海，经密友吴旸谷介绍，认识了黄兴等人，加入了资产阶级革命团体华兴会。万福华深受当时以暗杀手段打击清王朝反动势力思想的影响，认为革命就要有所行动，纸上革命根本无益，于是他变卖家产，投身革命。

1904 年，万福华与吴旸谷等人在南京组织暗杀团，准备暗杀清重臣铁良。正当一切部署完备，只待行动之时，当时两江总督李茂桢得

---

① 《时报》1904 年 9 月 16 日，转引自徐鼎新、钱小明《上海总商会史（1902—1929）》，上海科学院出版社 1991 年版。

知消息后认为不宜在其任地发动暗杀,这既有碍他的前程,也不利于革命党人在南京筹款和活动。经过权衡利弊,万福华暂时放弃暗杀计划。同年12月,刚下台的广西巡抚王之春来到上海发表卖国言论,倡议割让东三省给沙俄。王之春,湖南衡阳人,1899—1901年担任安徽巡抚期间,曾将安徽30多处矿山出卖给帝国主义,深为安徽人民不齿。1902年在广西巡抚任内,又主张以出让广西矿产权利为条件,借助法款和法兵镇压广西人民起义,激起国内拒法运动。此时万福华将王之春定为暗杀对象,得知王之春与吴长庆之子吴葆初是酒肉朋友时,让人模仿吴葆初的笔迹宴请王之春。王之春接赴宴未见吴葆初顿生疑惑,匆匆离开。当时的万福华埋伏在楼梯一侧,看见王之春下楼便匆匆开枪,然枪屡扣而不发,僵持之中英租界巡捕赶来抓住了万福华。经会审被判20年监禁,辛亥革命成功后,孙中山、黄兴等多次向英国领事馆交涉,要求释放万福华。1912年12月,万福华入狱8年后被释放。

二、程家柽与同盟会建立

程家柽(1874—1914),字韵苏,出生于徽州府(今黄山市)休宁县汉口村。受祖上崇尚读书风尚的影响,程家柽有机会阅读西方著作,渐渐萌生进步思想。19岁时入读张之洞设立的两湖书院,这所新式学堂开设的史学、理学、算学、地理等众多新式学科让程家柽大开了眼界,并有机会接触到一些资产阶级的民主学说,这为他以后走上民主革命道路提供了思想基础。

1899年,程家柽留学日本,进入东京帝国大学学习农科。留学日本的经历,让程家柽更加感受到中日两国在科技方面的巨大差异,他认识到没有实力的国家就没有地位。在日期间,他与当时侨居横滨的孙中山见面,在了解到孙中山的三民主义道路、经济建设的方略后,决心要为实现三民主义奋斗终生,并从此成为追随孙中山的坚定革命者。1901年5月,程家柽参与《国民报》编辑工作,坚持“破中国之积弊,振国民之精神”的办刊宗旨,痛击时弊,反对改良,极力宣传西方资产阶级革命思想。1903年还组织了声势浩大的

拒俄运动，声讨沙俄不从东北撤军、试图据东北为势力范围的行径。1905年积极赞助宋教仁筹办《二十世纪之支那》杂志，后被推举为该杂志的总编辑。杂志以"提倡国民精神，输入文明学说"为宗旨，受到留学生和旅日华侨的重视，并联络和团聚了一批进步的留日学生，为同盟会的成立准备了一定条件。1905年参加同盟会的筹备工作，被推荐为起草员，与黄兴、陈天华、汪精卫等起草同盟会章程。

1905年8月13日，在欢迎孙中山的大会上，程家柽慷慨陈词，痛言革命之理，主张"设立革命本部于东京，而设分部于国内通商各口岸，他日在东留学生毕业而归，遍于二十二省，则其支那之设，可以不谋而成"。8月20日，中国同盟会正式成立，程家柽被推举为东京本部外务科负责人，并以其主编的《二十世纪之支那》杂志作为同盟会的机关报。

在辅佐孙中山创建中国同盟会的过程中，程家柽呕心沥血、殚精竭虑，建立了重要的历史功勋。这次会上通过的由程家柽等起草的《军政府宣言》中，在阐述了"驱除鞑虏，恢复中华，建立民国，平均地权"的十六字会纲之后，指出："军政府为国戮力，矢信矢忠，始终不渝号召全体人民休戚与共，患难相救，同心同德，以卫国保种自任，战士不爱其命，闾阎不惜其力，则革命可成，民政可立，愿我四万万人共勉之。"这些义正词严的文告，铿锵有力的语言，传播到国内后，极大地震撼了清廷，鼓舞了人民。国民党元老张继曾说："余常有言：中山提倡革命者，克强实行革命者也，韵苏组织革命者也。"①

1906年2月下旬回国后，程家柽以农学士资格被聘为京师大学堂农科教授后，认为这是深入龙潭虎穴，实现自己抱负的良好时机。他以革命大局为重，不顾个人安危，以大学堂为阵地，开展革命活动。一方面，他以各种巧妙的方法，诚如宋教仁所说的"时于言外及之"的方法，讲述孙中山的三民主义，向学生灌输革命思想；另一方面，他利用在日本留学时曾经为某些访日的清廷高级官吏做翻译、同其比较熟识的便利条件，设法接近握有实权的人物。他以出众的

---

① 张继：《程家柽烈士革命大事略》跋一。

博学多才和高超的应变能力,周旋于清廷上层,获得了一些权贵的信任和重视。

1909 年,程家柽应陆军部的聘请到北京编纂陆军中小学教科书,在此期间,他利用自己的合法身份和新任民政部尚书善耆的关系,多次掩护和营救革命党人,包括当时谋炸摄政王载沣的汪精卫、黄复生等人。1911 年赞助京津革命党人机关报《国风日报》。

宋教仁案让孙中山看清了袁世凯的嘴脸,完全抛弃对他的幻想,组织讨逆军讨伐袁世凯。程家柽先在江西、安徽组织讨袁,后赶往北京,以策动更广泛的反袁行动。程家柽曾说:"我与袁不共生死,即不能屠彼,则为彼屠耳。"①他还在《国风日报》上发表了《袁世凯皇帝梦》,揭露袁世凯称帝的狼子野心,警醒国人。1914 年初,程家柽再次潜入北京与熊世贞等人谋划倒袁,不幸事泄被捕。在审讯时,程家柽视死如归,慷慨陈词,历数袁世凯种种罪行,把法庭变成审讯袁世凯的场所,这使法官惊惶失措,赶忙草草收场,非法宣判了程家柽的死刑。1914 年 9 月 23 日,年仅 40 岁的程家柽在北京英勇就义。

程家柽短暂的人生,清晰地映照出其奔走革命,追求时代进步,把自己和国家的前途命运联系在一起,终至以不惜"抛头颅洒热血",为建立独立富强的资产阶级民主共和国而献身。程家柽不愧是一位可敬的爱国者,是资产阶级民主革命的坚强志士。

三、吴越炸五大臣

吴越(1878—1905,有关文献误作"吴樾"),字孟侠,安徽桐城人。1901 年入保定高等师范学堂,自此广接志士,与陈天华、赵声等相善。为了多方联络志士,扩大革命力量,开办了两江公学,并以此为据点,传播革命知识,激发学生反清救国的思想。利用创办的《直隶白话报》,大量刊载宣传民族民主革命的文章,大造民主革命的舆论,向清政府和改良派发动思想进攻。在革命的形式上,吴越主张采取暴力革

---

① 程家柽:《革命大事略·宋教仁集》下册。

命的手段即暗杀,号召"我四万万同胞,人人实行与贼满政府誓不两立之行为,乃得有生人之权利,不得权利,毋宁速死"。

1904 年,吴越向赵声详谈他的暗杀主张。赵声认为杀掉几个清朝贵族,还会有其他的人来代替,暗杀不能解决革命的根本问题。尽管吴越认为有道理,但在当时的政治氛围中暗杀比革命容易。在杨守仁的协助下,吴越在保定建立了北方暗杀团,其成员包括吴越、金慰农、杨醒余、马鸿亮、金燕生和张啸岑。

1905 年,吴越写成《暗杀时代》一书,近 2 万字,分为《序言》、《暗杀时代》、《暗杀主义》、《复仇主义》、《革命主义》、《揭铁良之罪状》、《杀铁良之原因》、《杀铁良之效果》、《敬告我同志》,《敬告我同胞》、《复妻书》、《与妻书》、《与章太炎书》、《与同志某君书》共 14 节。书中吴越主张以暗杀的手段、突击的方式,暗杀清廷统治阶级的头面人物,用以震撼清廷、唤醒民众。在他看来,革命要付诸行动,不应该流于空谈。"若驱除强胡,不得不革命;欲保存种族,不得不革命……"、"欲言革命者,不得不前以暗杀,后以复仇,此暗杀与复仇,亦互相为力,互相为功也"①。

1905 年 7 月 16 日,清廷决定委派振国公载泽、户部尚书戴鸿慈、兵部侍郎徐世昌、湖南巡抚端方、商部右丞绍英等五大臣前往欧美、日本考察宪政,作出预备实行君主立宪的姿态。这种欺骗的伎俩遭到了广大民众反对,吴越一针见血地指出"这无非是巧立名目,假文明之名,行野蛮之实"②。决定将暗杀对象放在五大臣身上。在绝笔书中,吴越表示他堂堂"中华革命男子,决不甘心拜为异族非驴非马之立宪国民也。故宁牺牲一己之肉体,以剪除此考求宪政之五大臣",希望"因我的一死,能使东亚病夫转为强健"③。

1905 年 10 月 24 日,正值五大臣出国考察的日子,吴越打扮成仆人模样准备踏上五大臣乘坐的高级包厢,未想遭到盘问被卫兵阻挠,情急之下吴越将炸弹掷向车厢,不料列车的发动导致炸弹震落在自己

---

① 张枬、王忍之主编:《辛亥革命前十年间时论选集》(二)下,三联出版社 1960 年版。

② 《一张罕见的历史照片》,见《北京档案》1999 年第 11 期。

③ 转引自胡家柱等主编:《奔赴民主革命的战场》,南京大学出版社 1994 年版。

脚下,吴越壮烈牺牲。

吴越牺牲后全国各地纷纷举行追悼会,对其之死深表哀思。暗杀事件虽然失败,却产生了深远影响,吴越好友马鸿亮写道,这次事件"……振志士之气,声闻全国,名震环球"。孙中山更是表示吴越的牺牲十分可惜,但影响国内外人心者甚大,震醒国内同胞,振奋海外侨胞。《民报》第三号刊登《烈士吴樾君意见书》的按语说:"吴君独能为民族流血而死,呜呼,其壮烈不可及也。吾人以为吴君未死,反对者,虽颂其邪说,亦不能死吴君。"

四、倪映典与广州燕塘起义

倪映典(1885—1910),安徽合肥人,与吴旸谷、范鸿仙齐名,并称为"辛亥合肥三上将"。1904 年考入安庆武备学堂,与具有革命思想的柏文蔚等人接近,加入革命团体岳王会,后入江南陆师学堂炮兵科,兼习马术,毕业后充新军第九镇炮标队官,与赵声、吴旸谷等革命党人秘密进行革命活动。1907 年,任安徽新军骑兵营管带及安徽三十一混成协炮兵管带。因起义失败潜至广州担任新军炮队排长,同黄兴、赵声等密谋发动新军起义。在此期间,倪映典通过演说历史故事的形式向士兵宣传民族革命思想,发展不少同盟会员。1909 年,广东新军已经发展成为一支步、炮、工、辎重齐备的军事力量。10 月,倪映典向同盟会报告了新军的发展情况,要求尽快举行起义。

为了指导此次起义,同盟会发布了《运动军事章程十条》,任命倪映典负责新军起义的准备工作。由于被官方监视,倪映典担心起义计划暴露,匆匆赴香港,与黄兴、赵声等商议,决定将起义由 1910 年 2 月 24 日提前到 2 月 15 日。2 月 12 日,倪映典抵达广州赶到驻地燕塘,然而形势发展超出了他们的预料,当时广州新军和巡警的冲突已经演变成暴动局面。为了鼓舞士气,倪映典高呼:"事急矣……战亦死,不战亦死,誓与李贼(广州水师提督李准)同死!"这一口号得到士兵们响应,纷纷推举他为司令。倪映典乘机率领步、炮、工、辎七营 3000 多人,分三路向广州城进发。

2月12日,清军水师提督李准、统领吴宗禹率领管带及各防军官长,各率领2000余人,由大东门、大北门和小南门三路进攻,下午1时与新军相遇,吴宗禹、童常标劝新军弃械归营,倪映典则要吴军归降。相持不下之后,吴宗禹派帮统童常标、管带李景濂佯称调停要与倪见面。倪映典认为童常标是安徽老乡,李景濂是同盟会会员,便策马上前试图劝说他们共图大业。童、李表面答应,乘倪未有防备之机,突然开枪发炮攻击,倪映典不幸击中坠马被擒,壮烈牺牲。

新军见状勇猛冲锋,终因群龙无首、弹药用尽,溃退至燕塘。2月13日,义军退至白云山、石牌一带,屡遭清军搜剿,起义最终失败。此次起义阵亡者100多人,因伤被俘40多人,溃散1000多人,大部分被收容遣送回原籍,少数逃至香港。

广州燕塘新军起义,又称"庚戌广州新军之役",是同盟会领导下的第九次武装起义。以倪映典为代表的革命党人在枪械不足、子弹匮乏的情况下,临危不舍,知其不可而为之,表现出大无畏的革命英雄气概。孙中山称倪映典为"广州革命的主干人物",1912年被民国政府追赠为陆军上将。燕塘新军起义由于时机不成熟、指挥乏人以及忽略群众配合,造成孤军作战、后援无人,终至失败,然而它让人们认识到清廷赖以挽救危亡的新军可以成为自身的掘墓人,坚定革命必胜的信心。

五、黄花岗安徽三烈士

广州新军起义失败后,同盟会的一些领导人中间出现了悲观失望的情绪。为了鼓舞士气,孙中山与黄兴、赵声决定继续坚持斗争。经过周密计划,1911年4月23日,黄兴赶到广州主持起义的领导工作。由于清军搜捕甚严,黄兴为了防止泄密,在准备尚未就绪、联系未周密的情况下,临时决定于4月27日发动起义。当日黄兴亲率200名革命志士进攻两广总督衙门,焚烧衙门后,即将队伍分为三路,准备接应新军,未料途中遭遇清军截击,双方展开激烈巷战,革命志士多人牺牲,起义遭到惨重失败。事后牺牲的72具革命志士遗骸合葬于广州黄花岗。其中安徽籍志士有宋玉琳、程良和石德宽。

宋玉琳（1880—1911），字建侯，安徽怀远人。12 岁入私塾学习，一目十行，有"神童"的美誉。15 岁应童子试，得府试第一。曾说："大丈夫当马革裹尸，安能随诸磕头虫后学趋跄耶"，誓与旧制度决裂。宋玉琳曾任安庆新军秘书，参加熊成基领导的安庆起义，加入安庆高等巡警分校。在赴黄花岗起义中，与饶辅庭负责置办粮饷，因弹尽被捕。受审时，玉琳慷慨激昂，陈述黄兴主张即时进攻的三大理由："一、前次革命党屡失败，今既以全力来，自应冒险进行，若心存畏葸，实无面目久羁广州。二、此次冒险运送军械，所费不资，若解散择难再运，且此次用费至十余万元，皆由同志募集，若无端解散，人将疑其诳骗，是绝后来筹款之路也。三、军人性质，有进无退，既奉总部司令来粤进攻，若不战而退，为军令何？为邻国讪笑何？"临行前，玉琳曰"安庆之役，吾应死而不死，将有以报吾死友范君也，今日者可以死矣"[1]，遂慷慨就义。

程良（1884—1911），安徽怀远人。少时通达文史，聪颖过人。1902 年，毕业于安庆陆军小学堂，后参加同盟会，充任新军第九镇第三十三标正目。1908 年与熊成基等在安庆发动起义，失败后往返香港、广州间传递机密。在黄花岗起义中，程良表现英勇，冲出重围，击毙数人。无奈由于实力悬殊，革命军遭到重创。宋玉琳见大势已去，对程良说："吾不可为不义屈，又何生为？汝可去也。"程良慨然道："与君同来，不能忍去。"[2]直到弹尽被捕。程良在遭到广东水师提督李准严刑逼供时，大骂曰"吾与满奴无可言者"，遂英勇就义。

石德宽（1885—1911），安徽寿州（今寿县）人。1904 年考入安庆武备练军学堂，后留学日本，先后就读警察学校、日本大学法律科。1906 年加入同盟会立志革命，曾游说新军，与熊成基、范寿山合谋，在集贤关口发动起义。黄花岗起义时石德宽受伤被捕。受审时，他视死如归，历数清廷的腐败，英勇就义，时年 26 岁。曾协助胡汉民等修纂《黄花岗七十二烈士传》的张根仁对石德宽评价最高，他说："吾爱经

---

① 转引自安徽省政协文史资料委员会编：《安徽文史集萃丛书之一·辛亥风雷》，安徽人民出版社1987 年版，第 214—215 页。

② 转引自安徽省政协文史资料委员会编：《安徽文史集萃丛书之一·辛亥风雷》，第 217 页。

武柔情侠骨，文士知兵，接物推诚，喜纾友难，可谓贤矣。继自东京盟誓，潜归图皖，皖事不成，亡之沪渎，奔驰港澳，再接再厉，可谓劳矣。及攻督署失败，贤者死，健者逃，彼犹以七尺血肉躯，抗满清煊赫兵力，身无完肤，犹呼杀贼。非传所谓临难不苟者耶，忠烈义气，宜与坚如、孟侠先后等伦矣。"①

---

① 转引自安徽省政协文史资料委员会编：《安徽文史集萃丛书之一·辛亥风雷》，第214—215页，第216页。

附录　大事编年

顺治元年（明崇祯十七年）（1644年）

正月，李自成在西安称王，国号大顺，年号永昌。

三月十九日，李自成起义军攻破京师，明思宗自缢死。

五月初二日，清摄政王多尔衮率领八旗军兵，在明降将山海关总兵吴三桂的引领下，击败并逼退李自成的农民起义军，进驻北京。

五月十五日，明凤阳总督马士英、南京兵部尚书史可法等在南京拥立福王朱由崧称帝，定翌年为弘光元年，南明弘光政权正式建立。马士英史可法等并兼东阁大学士。

五月十七日，史可法上疏议设江北四镇以御清军。弘光帝允准，并分封各镇主将：东平伯刘泽清驻淮安，辖淮海，经理山东一路招讨事；兴平伯高杰驻泗州，辖徐、泗，经理开、归一路招讨事；广昌伯刘良佐驻临淮，辖凤、寿，经理陈、杞一路招讨事；靖南侯黄得功驻庐州，辖滁、和，经理光、固一路招讨事。史可法以首辅之重督师江北，出镇淮扬。

五月，多尔衮决策分兵两路向南征讨，一路由英亲王阿济格、平西王吴三桂、智顺王尚可喜等率兵，取道山西北部和内蒙古进攻陕北，进而向南推进，摧毁以西安为中心的大顺政权；另一路由豫亲王多铎、恭顺王孔有德、怀顺王耿仲明等引军南下，消灭南明政权。因大顺军向河南怀庆发动进攻，清方遂改变进军计划，令多铎、阿济格两军合击怀庆的大顺军，并于次年正月占领西安。

十月初一日，多尔衮迎清帝福临由盛京（今沈阳）至北京即皇位，

建号大清,改元顺治。至此,清朝在关内的统治正式宣告建立。

顺治二年（1645 年）

二月八日,多尔衮谕令多铎、阿济格平定江南。

三月二十九日,清军攻入颍州（今安徽阜阳）,连取蒙城、太和。

四月,多铎部清军攻陷亳州、泗州（今江苏盱眙县西北）、盱眙、天长等地后,进逼扬州。二十五日扬州城陷,史可法不屈遇害。

同月,镇守武昌的宁南侯左良玉以清君侧为名进军南京,攻陷建德、东流、安庆、池州等地。良玉旋死,子梦庚继之,后为黄得功所败,梦庚率部于五月降清。

五月,清兵渡江,弘光帝朱由崧逃往芜湖黄得功营中。凤阳等府归附清廷,皖北各地纷纷易帜;南明安庆副将、都督同知马逢知降清,奉靖远大将军、和硕英亲王阿济格之命招抚安庆、庐州、池州、太平等府文武官员及所统兵马,安徽沿江各地易帜。

五月十五日,弘光朝廷礼部尚书钱谦益等大臣献南京城降清。

五月二十二日,朱由崧在芜湖被已降清的刘良佐俘获,两天后被挟入南京,次年被杀,弘光政权覆灭。

五月二十九日,清廷宣布江南平定。

六月,多尔衮令礼部传谕各地限时薙发、易服,此举激起广大汉人的极大愤慨,各地遂掀起了抗清运动的高潮。

是月,清兵攻破池州、危及徽州,明在籍御史金声招集士民起兵抗清,以“杀清者昌,降清者亡”为口号,率军相继攻克宁国、旌德等地,数月后起义失败。

是月,流寓泾县的明职方郎中尹民兴,在南京失守后与诸生赵初浣、赵崇雅、越纯仁等据泾县城起兵抗清。泾县抗清失败后,尹民兴逃往福建。

闰六月,清廷改南京为江南省,改应天府为江宁府,建为江南省省会,今皖境隶之。江南省前身为明南直隶,初辖河南、江西、江南三省,顺治六年改辖江西、江南两省。顺治时期,江南省总督之下设有四巡抚负责各地军政,与今安徽相关的有三:凤阳巡抚（设于顺治二年）,驻泰州,辖庐州、凤阳、扬州、淮安四府及滁州、和州、徐州三州,顺治六年裁撤,十七年恢复。安徽巡抚,顺治二年初设时称安庐巡抚,辖安庆、庐州、池州、太平四府,年底,庐州府改隶凤阳巡抚,安庐巡抚辖池州、太平、徽州、宁国、安庆五府和广德州;三年四月改称安徽巡抚,驻安庆。这是安徽作为区域名首次使用;六年,安徽巡抚裁撤,所辖地方由操江巡抚兼管。操江巡抚(设于顺治二年),主管江防,驻池州,顺治七年兼管安徽巡抚事务,后移驻安庆。

七月,流寓宁国的明山东巡抚邱祖德在宁国举兵响应金声起义。

是年,江南粗定,礼科给事中合肥人龚鼎孳等接连上疏吁请清廷在江南开科取士。旨准,当年开始举行乡试,次年三月首开会试、四月殿试。

顺治五年(1648年)

正月,安庆人冯宏图诳言史可法未死,假托史阁部名义,起兵数千,相继攻克无为、巢县,进围庐江城。旋败死。

顺治六年(1649年)

是年,为鼓励垦荒,清政府正式颁布较为具体的垦荒法令。

顺治九年(1652年)

是年,贵池地震,长江江波动荡。

顺治十一年(1654年)

正月,潜山、望江、贵池、铜陵、舒城、庐江地震。

顺治十二年(1655年)

是年,寿州知州李大升重修安丰塘。

顺治十四年(1657年)

是年,编制《赋役全书》,明定以万历年间的钱粮则例为准,此后所增赋税尽行豁免;制定垦荒劝惩办法,规定了更为详细的奖励措施。

是年,科场案起。江南乡试主考方猷、钱开宗等舞弊事被揭发。

是年,开禁书院。全国陆续新建书院四十五所,安徽有四所。

顺治十五年(1658年)

是年,丁酉科场案继续发展,江南主考方猷、钱开宗被正法,妻子、

家产籍没入官；同考官十八人，除已死之卢铸鼎外，全部处绞刑；桐城举人方章钺等八人，各责四十板，家产籍没入官，父母、兄弟、妻子流徙宁古塔。审理此案的刑部尚书、侍郎等也因"谳狱疏忽"，分别受到处分。

顺治十六年（1659 年）

四月，南明永历政权忠平伯郑成功与兵部侍郎张煌言联合发动北征长江之役，五月由吴淞口入长江。七月初五日围南京。

七月初七日，奉郑成功命西上招抚南京上游各地的水军先锋张煌言，率部至芜湖驻守。张部随即兵分四路：一军出兵溧阳进攻广德；一军镇守池州阻截上流；一军攻拔和州固守采石；一军进入宁国以图徽州，并以延平郡王郑成功的名义传檄各地归附。在张煌言的苦心经营下，皖境起而应者太平等四府、和州等三州、当涂等二十州县。

七月下旬，南京之役挫败，郑成功仓皇撤逃，张煌言部顿成孤军，遭清军夹攻。张煌言经巢湖趋英霍山区，复由安庆经建德、祁门山中至休宁，辗转浙闽，返回金门，继续在东南沿海坚持抗清斗争。

顺治十八年（1661 年）

是年，考虑到苏松常镇等府财政事务繁重，将右布政使移驻苏州，专管江宁、苏州、松江、常州、镇江五府；左布政使仍驻江宁，管辖安庆、徽州、宁国、池州、太平、庐州、凤阳、淮安、扬州九府及徐州、滁州、和州、广德四州。

是年，奏销案起，江苏通赋（追征欠赋）大案波及安徽，蒙城、怀远、天长、盱眙亦各逮捕绅民百余人系狱候勘，牵连多达五百余家。

是年，开焚书先例，以"畔道驳注"、"议论偏谬"为借口，下令将民间流传的《四书辨》、《大学辨》等书悉数焚毁。

康熙元年（1662 年）

是年，操江巡抚改为安徽巡抚，驻节安庆，只管理池州、太平、徽州、宁国、安庆五府和广德一州事务，不再管理江防。

康熙二年（1663 年）

是年，庄廷鑨《明史》案结，株连甚广。

康熙三年(1664年)

是年,江南省增设江北按察使一员。江宁、苏州、松江、常州、镇江、徽州、江宁、池、太九府,广德一州,分隶江南按察使司,仍驻江宁府;安庆、庐州、凤阳、淮安、扬州五府,徐、滁、和三州,分隶江北按察使,驻凤阳府之泗州。江南省的司法管理一分为二。

康熙四年(1665年)

五月,吏部题请裁并督抚,凤阳巡抚被裁。

十一月,清廷将原凤阳巡抚辖下的庐州、凤阳二府和滁州、和州划归安徽巡抚管辖,淮安、扬州二府和徐州划归江宁巡抚管辖。安徽巡抚管辖的区域包括安庆、徽州、宁国、太平、池州、庐州、凤阳七府和滁州、和州、广德三州,安徽省的辖区基本划定。

康熙五年(1666年)

是年,因凤阳巡抚被裁,安徽巡抚和江宁巡抚的辖区进行了调整,江南省左、右布政使,南、北按察使的辖区随之调整,左布政使辖下的扬州、淮安二府和徐州划归右布政使管辖;江北按察使改称安徽按察使,移驻安庆,与安徽巡抚同城,辖安庆、徽州、宁国、太平、池州、庐州、凤阳七府及滁州、和州、广德三州,辖区与安徽巡抚相同。至此,安徽巡抚、江南左布政使、安徽按察使的辖区完全一致,安徽事实上完成了建省过程。

康熙六年(1667年)

七月,江南左布政使改名安徽布政使,被视为安徽完成建省的标志。其时,全省共辖七府三直隶州五十三县。

康熙八年(1668年)

是年,"康熙历狱"平反昭雪,革钦天监监正杨光先职,以比利时人南怀仁为钦天监监副。杨光先被赦免还乡,死于途中。著有《不得已》书,称"宁可使中夏无好历法,不可使中夏有西洋人"。

是年,无为州知州颜尧揆筑江坝八百八十丈,人名为颜公坝。

是年,康熙帝玄烨清除了鳌拜势力后下令停止圈地,把当年圈占

的土地退还给原主,并且宣布今后永远不许圈地。从此之后,大规模的圈地运动才算终止。

康熙十年(1671 年)

五月,自然科学家、哲学家桐城人方以智去世。著有《物理小识》。

是年,泗州发生蝗灾,自三月至八月,飞蝗蔽天,麦禾尽,种谷绝。民多流亡,存者啄树皮、掘土粉食之,夫妇子女不相保。入冬,又降大雨雪。

康熙十一年(1672 年)

是年,重修潜山吴塘坡,灌田三万余亩。

康熙十三年(1674 年)

三月,耿精忠叛,夏秋间耿部深入浙东,一度攻陷徽州、祁门。

康熙十四年(1675 年)

是年,安徽增设提督,辖上江营汛,其军事指挥机构为安徽提督衙门。

康熙十六年(1677 年)

是年,任命皖抚靳辅为河道总督,清廷大规模治黄、治淮自此始。

康熙十七年(1678 年)

是年,安徽提督裁撤,仍改归江南提督直辖。

康熙十九年(1680 年)

是年,淮河大水,下游排泄不畅,致使洪泽湖水位猛涨,冲破堤坝,将泗州城淹没。

康熙二十三年(1684 年)

是年,修筑灵璧境内漫决堤工四十余丈,修筑徐州黄河南岸自萧县至灵璧堤工一万六千余丈。

康熙二十四年(1685 年)

是年,安徽全省耕地面积达到三千五百四十多万亩,比建省时的三千三百万亩增加了两百万多亩。

是年,修筑灵璧县黄河南岸堤工两千六百余丈。

康熙三十年(1691 年)

是年,方济会西班牙神父利安定在安庆城建立教堂。

康熙三十五年(1696 年)

是年,五河知县郑萧修南湖坝。

康熙三十八年(1699 年)

是年,前后,耶稣会传教士比利时人卫方济来五河地区传教。

是年,修筑凤阳府虹县堤工五百余丈。

康熙三十九年(1700 年)

是年,以张鹏翮为河道总督。张闭塞减水六坝,加筑高家堰堤岸,使淮水尽出清口。

康熙四十二年(1703 年)

是年,耶稣会传教士在五河建立住院。

康熙四十四年(1705 年)

是年,无为州守孙成筑徐家龙潭至周思沟坝,计七里,亦曰孙公坝。

康熙五十年(1711 年)

是年,普免天下钱粮,三年而遍。

九月二十四日,江南科场案起。歙县贡生吴泌出银八千两赂买副主考赵晋等人,被取为举人。数百人抬财神入学宫,称科场不公。报闻,清廷命严查具奏。

康熙五十一年(1712 年)

是年,定"滋生人丁,永不加赋"之制。即以上年全国人丁数为标准征收丁税。上年各省申报人丁共两千四百六十多万。

康熙五十二年(1713 年)

正月,江南科场案结,考官及受贿者分别处以斩、绞、流放之刑。正考官副御史左必藩因失察过被革职。

是年,《南山集》案定案,杀戴名世;戮方孝标尸,家属充发黑龙江;方苞因作序革职入旗。

康熙五十九年(1720 年)

是年,法国遣使会派传教士来五河,在城外建立教堂,发展教徒。

康熙六十年(1721 年)

是年,天文学家、数学家、宣城人梅文鼎去世。所著《梅氏历算全书》传入日本后,对江户时代日本数学的发展影响很大。梅氏与日本关孝和(1642—1708)、英国牛顿(1642—1727)一起,被誉为 17 世纪世界上的三大数学家。

康熙末年(1722 年)

是年,朝廷推广双季稻种植,也发给安徽一些稻种,此后安徽沿江平原开始广泛种植双季稻;玉米也在此时传入安徽,不过多在山区零星种植。

雍正元年(1723 年)

是年,改江南总督为两江总督,辖江苏、安徽、江西三省。

是年,准直隶巡抚李维钧请,将丁银摊入田亩征收,地丁合一始此。是为"摊丁入亩",仅按土地征税,丁口不再是征税单位,改变了长期以来以土地和人丁双重标准征税的做法。

雍正二年(1724 年)

是年,升凤阳府之颍、亳、泗三州为直隶州,分颍上、霍邱属颍,太和、蒙城属亳,盱眙、天长、五河属泗;升庐州府之六安州为直隶州,以英山、霍山二县隶之。

雍正五年(1727 年)

四月,清世宗颁布谕旨,除徽州府伴当、宁国府世仆之制。

是年,安徽布政使噶尔泰遵旨动用库银两万两,亲赴灵璧县勘察水利,督促凤阳府知府派人疏浚灵璧县沟渠。

是年,明定安徽与江苏自翌年起将丁银摊入田亩征收。

雍正九年(1731 年)

是年,割凤阳府属寿州北境分置凤台县。

雍正十二年（1734 年）

是年,安池太与徽宁兵备道合并为徽宁安池太兵备道。

雍正十三年（1735 年）

是年,升颍州直隶州为颍州府,增置附郭阜阳县,降亳州直隶州为散州,与太和、蒙城同归颍州府管辖。

乾隆元年（1736 年）

是年,清廷在安徽设寿春镇,驻寿春（今寿县）,分领寿县、六安、庐州、颍州、亳州、泗州、龙山等营。

乾隆四年（1739 年）

是年,庐凤兵备道改名为庐凤颍兵备道。

是年,颁行方苞所选制艺,标名《钦定四书文》。

是年,由张廷玉任总裁,梅毂成、施闰章、汪由敦等参与编纂的《明史》正式刊行。

乾隆十七年（1752 年）

是年,疏浚宿州睢河、彭家沟,泗州谢家沟,虹县汴河,修筑宿州符离桥,灵璧新马桥,砂礓河尾之黄疃桥、翟家桥,使河、渠、圩配套,在当时就被视为值得推广的好经验。

乾隆十八年（1753 年）

是年,河决铜山县马路堤工,直趋灵璧、睢宁等地,入洪泽湖,夺淮而下。

乾隆十九年（1754 年）

是年,小说家、全椒人吴敬梓去世,著有《儒林外史》。

乾隆二十年（1755 年）

是年,裁凤阳府属临淮县,并入凤阳县。

乾隆二十五年（1760 年）

六月,因安徽布政使长期寄驻江宁,乾隆帝谕军机大臣提议将安徽布政使迁驻安庆,要求两江总督尹继善、安徽巡抚高晋等就此妥议

具奏。

八月,乾隆帝据尹继善等奏,谕令安徽布政使移驻安庆,专办上江事务。安徽省的三位主要官员巡抚、布政使、按察使自此都驻安庆,同城办公,从此抹去了江南省的残迹。

乾隆三十四年(1769 年)

是年,徽宁安池太兵备道改为徽宁安池太广兵备道。

乾隆三十八年(1773 年)

是年,准安徽学政朱筠奏,派员校核《永乐大典》;开《四库全书》馆,以纪昀为总裁,征戴震等入馆编校。

乾隆四十二年(1777 年)

是年,裁凤阳府属虹县,并入泗州为州治。

是年五月,汉学集大成者、百科全书式学者、休宁人戴震去世。

乾隆四十八年(1783 年)

是年,历时十年的《四库全书》编纂工作完成。其中,安徽学政朱筠首献开馆校书之议,安徽公私献书数量居各省之首,皖籍学者承担了重要的编纂任务。

乾隆五十二年(1787 年)

是年,河决睢州境,从涡、淝诸水入淮。

乾隆五十五年(1790 年)

是年,徽班三庆班进京演出,四喜、春台、和春等相继进京。徽班入京后与其他剧种混合,在嘉庆、道光间形成京剧。

嘉庆元年(1796 年)

是年春,白莲教起义爆发于湖北宜都、枝江。时豫、皖、鄂以搜捕安徽太和人、白莲教总首领刘之协,株连罗织,破家亡命者甚众。

嘉庆五年(1800 年)

是年,白莲教总首领刘之协被捕遇害。

嘉庆八年(1803 年)

是年,经兵部议奏,旨准安徽巡抚加提督衔,节制通省营伍。

嘉庆十四年（1809年）

是年,皖省李念亏空一百八十余万两,已补者不多,新亏又增三十万两;徽州、宁国府世仆身份问题常有争议,规定以现在服役者为断。凡现在服役者,主家放出后三代所生弟子方准捐监应试。

嘉庆十九年（1814年）

十二月,江南道监察御史陶澍在给朝廷上《条陈缉捕皖豫等省红胡匪徒折子》中提到"捻"这种组织形式。

嘉庆二十年（1815年）

是年,苏、皖、鄂、赣等省发现印有九龙木戳之匿名揭帖,后在巢县捕获为首者方荣升。

道光六年（1826年）

是年,江苏徐州、淮安、扬州,山东兖州、沂州、曹州,河南汝州、陈州、光州,安徽颍州、凤阳、泗州,用重刑惩治佩带刀械、挟诈逞凶之人。

道光十年（1830年）

是年,两淮盐务日坏,私贩日众,至本年止,淮南亏历年课银五千七百万两,淮北亏六百万两;裁两淮盐政,改归总督管理。

道光十一年（1831年）

是年,两江总督陶澍在淮北行票盐法,收民贩领票运盐,以轻税抵制私盐,而私贩无利;因畅销溢额,而实收税课大增。

道光十八年（1838年）

是年,鸿胪寺卿黄爵滋疏陈鸦片危害之烈,主张严禁;命林则徐为钦差大臣赴广东查办海口事件,节制全省水师。

道光十九年（1839年）

是年,林则徐至广东,责令英商缴烟,并在虎门公开销毁。

1840年（道光二十年）

6月,鸦片战争爆发,一般以为中国近代史之开端。

1841年（道光二十一年）

10月1日,安徽寿春镇总兵王锡鹏及所部将士数百人在定海保卫

战中壮烈捐躯。

1842 年（道光二十二年）

7 月，英军进犯镇江、江宁，皖抚程矞采闻警率军驻防芜湖。

8 月 29 日，经世学者包世臣写就《歼夷议》，为抵抗英军献计献策。

同日，清政府在战败后被迫签订不平等的《中英南京条约》，中国从此进入半封建半殖民地社会。

1844 年（道光二十四年）

是年，泾县人翟金生以新造泥活字试印《泥版试印初稿》，再现了毕昇的泥活字印刷术，进一步为活字印刷术最早出现于中国提供了印证。

1846 年（道光二十六年）

6 月，意大利天主教神父马日新来到五河。

是年，清廷颁布谕旨，准免查禁天主教，并归还雍正以来被查抄的天主教教产。

是年，姚莹《康輶纪行》成书；郑复光《镜镜泠痴》写成，集当时中西光学知识大成，是中国近代第一部系统的光学著作。

1847 年（道光二十七年）

是年，希腊籍传教士龙保理被任命为负责江南教区西部的传教事务，来到五河，并以探望教徒为由，试图重新恢复天主教在当地的活动。

1851 年（咸丰元年）

4 月 6 日，清廷命两江总督陆建瀛会同护理安徽巡抚蒋文庆于安徽各营内挑选精兵千名驰援广西。寿春镇援兵于 5 月初分四批由宿州、寿州取道亳州、河南，经湖北、湖南入广西。

10 月，王茂荫向咸丰皇帝上《条议钞法折》，建议发行可兑换的纸币，被否决。

是年，安徽人口为三千七百六十五万，耕地面积为三千四百多万亩,人均耕地仅零点九亩,低于全国人均一点七八亩的水平。

1852 年(咸丰二年)

是年,清廷又从安徽抽调两千兵力赴援湖北、江西。

冬,亳州、蒙城、宿州等淮北地区十八铺捻子活动频繁。

1853 年(咸丰三年)

1 月 12 日,太平军攻克武昌。

年初,致仕以后侨居皖北宿州的前任漕运总督周天爵,奉命协同安徽巡抚蒋文庆办理团练防剿事宜。

2 月 21 日,太平军陆路攻占宿松,水师进占望江、东流,合逼省城安庆。

2 月 24 日,太平军攻占安庆,皖抚蒋文庆吞金自杀。

3 月 1 日,清廷命工部侍郎吕贤基前往安徽,会同皖抚蒋文庆、周天爵督办团练事务。3 天后又依吕贤基之奏,命李鸿章与袁甲三随吕赴安徽帮办团练防剿事宜。

3 月 19 日,太平军轰塌南京仪凤门城墙,冲入城内。

3 月 29 日,天王洪秀全入南京,改名天京,建为太平天国首都。

4 月 24 日,从前任皖抚周天爵请,改安徽庐州府为省城。

5 月 15 日,太平天国北伐军自滁州西葛入安徽省境。途经安徽淮北时,捻党纷纷响应,逐步从分散、零星的斗争趋向联合作战。

5 月 18 日,太平天国北伐军占领淮上要津临淮关,夹淮为营。10 天后攻占凤阳府县两城。

6 月 3 日,太平天国西征军胡以晃、赖汉英率部溯江进入皖境。

6 月 10 日,太平天国北伐军占领亳州。两天后,进入河南,继续北伐。

同日,太平天国西征军不战而再克安庆城,胡以晃统少数兵马留守安庆。自此,安庆成为西征军的中转站。这也是太平军在安徽境内驻守之始。

9 月 26 日,石达开率部进驻安庆,设防镇守,建政安民。

9 月,太平军立权关于安庆大星桥,征收关税。

秋,太平天国安徽省开始进行乡官基层政权建设。

10月21日,清廷任命江忠源为安徽巡抚。

11月29日,太平军克舒城,清团练大臣、主持桐舒军务之吕贤基投水自尽。

1854年(咸丰四年)

1月14日,太平军攻克庐州,安徽巡抚江忠源身受重创,投水而死。

1月22日,清廷以漕运总督福济为安徽巡抚,会办安徽军务。

年初,太平天国安徽省开始进行郡、县两级政权建设。

3月,太平天国北伐军援军自蒙城合捻北进,次日占河南永城。

4月,石达开返天京,秦日纲代镇安庆,以梁立泰、张潮爵为副手,协理省务,前者负责军事治安,后者总管安抚民众、登造名粮册、征集粮食等事务。

5月,美国驻华公使麦莲在未经中国政府同意的情况下,率领两艘火轮兵船从上海溯江而上,先后驶赴镇江、江宁、和州、芜湖等处江面查看情形。外国船只首次闯入长江安徽江段。

6月,太平天国安徽省乡试在安庆举行,是为太平天国首次乡试。

是月,举人李元华率东北乡团练助克六安州城。

8月,太平军开始在安徽实行计亩征粮,并渐次推及整个辖区。

1855年(咸丰五年)

1月初,桐城一战,太平军大获全胜,击毙练首臧纡青、张勋等,沉重打击了皖中的团练势力,巩固了安庆的外围。

11月10日,庐州被清军攻陷。

是年,捻军的黄、白、红、蓝、黑五旗及其主要首领已经形成。

是年,清廷在安徽增设皖南镇,归安徽巡抚节制,驻宁国府(今宣城),分领徽州、池州、芜采、广德等营。

1856年(咸丰六年)

年初,安徽、河南两省之亳州、蒙城、宿州、永城、夏邑五州县的捻军首领,聚集于亳州雉河集西头通济桥旁的山西会馆,歃血为盟,公推张乐行为盟主,称号大汉,确立五旗军制,并以盟主张乐行名义,发布《行军条例》和《布告》,以为各旗共同遵守。

6月19日,清军攻陷雉河集,大肆屠杀,制造"杨园子屠杀事件"。

7月中旬,捻军攻克皖豫边界商业重镇三河尖。

8月24日,捻军重占雉河集。

9月,天京事变发生。太平天国主要领导人东王杨秀清、北王韦昌辉在内讧中相继被杀。天京内讧使得太平天国元气大伤,人心散乱,出现严重的信仰危机和人才危机。

11月,清廷依皖抚福济之议,将安庆、庐州、六安、滁州、和州、凤阳、颍州、泗州八府州团练事宜归按察使及庐凤道分统稽查,由皖抚福济居中调度;徽州、宁国、池州、太平、广德五府州团练事宜归徽宁道统理稽查,由现驻徽宁之已革巡抚张带调度;安徽按察使、庐凤道、徽宁道及各府知府、各直隶州知州分别加督办团练、协理团练等衔,各县知县及各府属州知州专管本属团练事宜,卓著功绩、力保地方者加协理团练衔。

11月28日,雉河集再度失守。

1857年(咸丰七年)

2月17日,清廷命胜保以副都统衔署理河北镇总兵,帮办剿捻事宜。

3月,陈玉成、李秀成部太平军与捻军主力在霍邱城南会合,并开始了联合作战。

4月,太平天国在安徽各县首开童子试,以各县监军为试官,录取文、武秀才。是年,太平天国安徽省乡试首开武科。

6月,入朝主政的翼王石达开也因天王洪秀全猜忌和洪氏兄弟的掣肘排挤离京,自皖南铜陵渡江经无为州前往安庆,后走江西另谋发展,再未返回。

12月,捻军六安事变,蓝旗头领刘永敬叔侄被杀,捻军内部分裂。

1858年(咸丰八年)

7月下旬,陈玉成、李秀成等太平军百余将领齐聚枞阳望龙庵,订

约会战,决定先攻庐州,以解京围。并恢复内讧前的五军主将制度。

7月23日,清廷因庐州军务废弛革去皖抚福济头品顶戴及太子少保衔,命其返京候用,以江南大营帮办翁同书为安徽巡抚,督办安徽军务。

8月10日,令新任安徽布政使李孟群在翁同书抵任前护理安徽巡抚。

8月23日,太平军再克庐州。

8月31日,清廷谕旨任命胜保为钦差大臣,督办安徽军务,所有皖境各军均归节制,立即进攻庐州;胜保原任豫皖鲁三省剿匪事宜,由袁甲三接任;命安徽巡抚翁同书帮办军务;命湖广总督官文知照江宁将军都兴阿、巡抚衔浙江布政使李续宾酌分劲旅由桐城、舒城一带赴援庐州,力扼安庆太平军北上之路。

10月底,太平军滁州守将李昭寿率部降清,以滁州、来安、天长三城降于胜保,改名李世忠,所部改称豫胜营。

11月15日,太平军三河大捷,全歼湘军精锐近六千人,湘军悍将李续宾毙命。

1859年(咸丰九年)

1月,李鸿章前往江西建昌入曾国藩幕府。

9月9日,清廷旨命曾国藩缓赴四川,改援安徽,暂驻湖北。月底,曾国藩自武昌抵黄州,晤胡林翼筹商进兵安徽。

10月22日,太平天国右军主将韦志俊以池州降于湘军提督杨载福。

10月30日,胜保丁忧回京,清廷以署漕运总督袁甲三署理钦差大臣,督办皖省军务。

11月11日,曾国藩奏陈四路援皖之计:一由宿松、石牌以取安庆,曾国藩任之;一由太湖、潜山取桐城,多隆阿、鲍超任之;一由英山、霍山取舒城,胡林翼任之;一由商城、固始取庐州,道员李续宜任之。四路之中,前两路为主力,李续宜部为打援军,胡林翼则先驻楚皖之交,调度诸军,并筹转运。

12月6日,曾国藩驻军宿松。稍后,胡林翼亦进军英山。

1860 年（咸丰十年）

1 月 10 日，署理钦差大臣袁甲三部清军攻克临淮。

1 月 26 日，清廷以胜保无功，撤去钦差大臣，命往河南督办剿匪事宜，袁甲三仍署钦差大臣，督办安徽军务。

2 月 10 日，实授袁甲三为钦差大臣。

5 月 6 日，陈玉成、李秀成、李世贤、杨辅清等统率大军，一举摧垮了围困天京长达三年之久的江南大营，二解京围。

5 月 11 日，太平天国诸王齐聚天京，共商进取良策，决定先取苏州、杭州、上海，变清廷粮饷来源之地为天国财富之区；再购置轮船二十艘，沿长江上攻，会同南北两路陆师（一支南进江西，一支北进蕲、黄），合取湖北，控扼长江两岸。后被迫放弃该计划。

6 月 8 日，清廷命曾国藩署理两江总督，让其进援苏杭。

7 月 3 日，曾国藩率万余人由宿松渡江而南，径赴祁门，留道员曾国荃主持安庆军事。

8 月，曾国藩实授两江总督，并以钦差大臣督办江南军务，所有大江南北水陆各军皆归节制。

1861 年（咸丰十一年）

9 月 5 日，安庆被湘军攻陷，战事异常惨烈，太平军守将叶芸来、吴定彩及全军一万六千余人死之。

11 月 18 日，上海官绅代表户部主事钱鼎铭、候补知县厉学潮等，携带苏州名士冯桂芬起草的《公启曾协揆》抵达安庆，谒见曾国藩，乞师援沪。

11 月 20 日，清廷命曾国藩统辖皖、苏、浙、赣四省军务，四省巡抚、提镇及以下官员，均听其节制。

12 月，李鸿章开始通过书信与庐州团首进行联络、招募淮勇。

12 月，曾国藩在安庆城北南庄岭创建安庆内军械所，仿造洋枪、洋炮和轮船，此为中国近代第一家军工企业。

12 月 25 日，曾国藩亲拟片稿，密荐李鸿章为江苏巡抚，领兵东援。

是年冬，建德寒士周馥入李鸿章幕。

1862 年（同治元年）

1 月 2 日，因有人奏庐州于皖南鞭长莫及，且距江较远无从设防，旨命曾国藩等筹议安徽省城是否迁回安庆以及添设江防提督事宜。

1 月 14 日，自淮南北归的张乐行联合江台凌部捻军、马融和部太平军及苗沛霖团练围攻颍州，困署理安徽巡抚贾臻于城内。

2 月 12 日，陈得才、赖文光等奉陈玉成命率太平军远征西北途经颍州，参与围城的马融和部太平军随之而去。

2 月 13 日以后，李鸿章首批招募的树（张树声）、铭（刘铭传）、鼎（潘鼎新）、庆（吴长庆）四营陆续开到安庆集中。

2 月 22 日，李鸿章移营安庆北门外新营盘。是日，曾国藩亲至新营盘道喜，并"为定营伍之法"，淮勇"器械之用，薪粮之数"也完全仿照湘勇章程。

3 月 4 日，曾国藩在李鸿章的陪同下，至安庆校场巡阅这支新组建的军队，淮勇的招募、组建工作告一段落。

4 月 5 日至 5 月 29 日，李鸿章新组建的营伍约九千人共分七次用轮船装赴上海。

4 月 8 日，李鸿章率亲兵营、开字营抵沪。

4 月 25 日，李鸿章署理江苏巡抚。

5 月 13 日，庐州被清军攻陷。

5 月 15 日，陈玉成在寿州被苗沛霖诱捕。

7 月，经过徐寿、徐建寅父子和华蘅芳等人的努力，安庆内军械所诞生了中国工业史上的第一台船用蒸汽机；年底，一艘长二丈八九尺的小轮船在安庆内军械所下水。

8 月 20 日，清廷以钦差大臣僧格林沁统辖山东、河南全省军务，并调度直隶、山西及蒙城、亳州、徐州、宿州防兵；命钦差大臣胜保赴陕西督办军务。

10 月 19 日，僧格林沁部清军开始进攻亳州北部。

12 月 3 日，李鸿章实授江苏巡抚。淮军也成为在苏南同太平军对抗的一支重要军事力量。

1863 年（同治二年）

3 月 23 日,投奔蒙城西阳集蓝旗李家英圩寨的张乐行及其子张喜、义子王宛儿被捕,押送僧格林沁军营,后被杀害。

11 月 20 日,曾国藩受命统辖江苏、安徽、江西三省并浙江全省军务,所有四省巡抚提镇以下各官悉归节制。

1864 年（同治三年）

6 月 1 日,太平天国天王洪秀全逝于天京。

6 月 6 日,李秀成等拥幼主洪天贵福继位。

7 月 19 日,湘军攻陷南京,太平天国运动失败。随后,曾国藩将大本营从安庆迁往南京,安庆内军械所人员和设备亦跟随迁至南京,成为金陵机器制造局的前身。

是年,皖抚巡抚乔松年会同两江总督曾国藩上奏,请求以宿州、蒙城、亳州、阜阳四属相连之地添设涡阳县,属颍州府。

是年,清政府基本控制了安徽全境,随即着手恢复安徽的政治、经济和社会秩序。战争期间安徽人口损失了近两千万,以广德为最,1850 年人口为三十万九千零八人,到 1865 年仅有人口六千三百二十八人,其中一千二百五十人是外来人口,土著仅五千零七十八人。

是年,曾国藩颁发《皖省开垦荒田章程》,要求各县设劝农局,办理垦荒事宜,以图恢复生产。

1865 年（同治四年）

5 月,新任江南教区主教的法国教士郎怀仁,乘法国军舰"唐克雷德"号,前往安庆,要求归还旧时城中教会房产和允许天主教在安庆建堂传教。

7 月 22 日,旨准安徽添设安庐道一员,分巡安庆、庐州二府与滁州、和州两直隶州,是为安庐滁和道;其原设之凤庐颍道改为凤颍六泗道,分巡凤阳、颍州二府与六安、泗州两直隶州,仍兼凤阳关监督;咸丰五年,因皖南军务紧要,曾将徽宁池太广道暂加按察使衔,并添设皖南镇总兵,准其会衔专摺奏事。现在江浙肃清,皖南安谧,除皖南镇业经作为额缺外,徽宁池太广道暂加按察使衔著即撤销,亦不必与皖南镇

会衔奏事；雉河集滨临涡河，地当冲要，准其作为涡阳县治；凤台县与寿州同城，著即将县治移于下蔡镇；宿州之龙山地势极关紧要，准其添设游击一员，仍归寿春镇节制。

是年，议定《清理荒产、逆产章程》八条，要求清理抛荒土地，没收首逆（如张洛行、苗沛霖等）田产，妥为安置降众和难民，以恢复战前的土地财产关系，稳定社会秩序。

1866 年（同治五年）

3 月 7 日，安徽巡抚乔松年上奏章建议朝廷下旨，禁止华人传教。

10 月 21 日，后期捻军于河南中牟正式分为东捻军和西捻军。

是年，安徽设三道：一安徽宁池太广道，驻芜湖；一庐凤颍道兼辖滁、和、六、泗四州，驻凤阳；割皖南之安庆，皖北之庐、滁、和三府州，新设安庐滁和道，驻安庆，均为巡道。

1868 年（同治七年）

1 月 5 日，赖文光在扬州东北瓦窑铺为淮军道员吴毓兰所擒，东捻军败亡。

5 月，《中英天津条约》生效将满十年，英国公使阿礼国向清总理衙门正式提交包括二十九项条款的修约方案，其中包括欲在长江内地东流、安庆、大同（通）、芜湖等处出拣选添设码头，上下货物，也就是增添通商口岸。

8 月 16 日，西捻军于山东荏平南镇冯官屯一役一军尽没，张宗禹突围至徒骇河边，"穿林凫水，不知所终"。西捻军败亡。

1869 年（同治八年）

10 月 23 日，中英双方在北京签署《中英新修条约》十六款、《中英新修条约善后章程》十款及《新修税则》十二条。《中英新修条约》第十三款规定，中国允芜湖江口作为通商口岸。后英国政府拒绝批准该条约，芜湖开埠计划被暂时搁置。

11 月初，参加安庆府试的文武考生与城内民众一起，捣毁了安庆城内的法国天主教传教士和英国内地会教士的住院，史称"安庆教案"。

是年,英国内地会传教士密道生、卫养生来到安庆,开始在那里传教。基督新教从此正式传入安徽。

1875 年(光绪元年)

2 月,马嘉理案发生。

5 月底,英国驻华公使威妥玛提出解决滇案六条办法,其中包括要求清政府在沿海、沿江、沿湖多开口岸,如奉天大孤山、湖南岳州、湖北宜昌、安徽安庆和芜湖、江西南昌、浙江温州、广东水东、广西北海等处。

是年,黟县人余幹臣从福建罢官回原籍经商,先在至德县开设茶庄,仿闽红制作红茶,后又到祁门推广,祁红逐渐见称于时(或说祁门人胡元龙 1876 年间所创)。

1876 年(光绪二年)

7 月,皖南建平民教冲突,焚毁教堂,殴毙教民。宁国、广德地区的法国天主教势力受到沉重打击。

9 月 13 日,李鸿章与威妥玛代表中英双方,正式签署《中英烟台条约》。条约共分三大部分、十六款,其中第十款规定:准在于湖北宜昌、安徽芜湖、浙江温州、广西北海等四处添开通商口岸,作为领事官驻扎处所;英国商船可以在安徽之大通、安庆,江西之湖口,湖广之武穴、陆溪口、沙市等处上下客商货物。

是年,轮船招商局在芜湖设立轮运局。

1877 年(光绪三年)

3 月,英国就选派资深外交官达文波特前来安徽,对拟开放为通商口岸和交通口岸的芜湖、大通和安庆进行全面考察,并为英国驻芜湖领事馆、海关和租界选址。最终决定在芜湖范罗山建造领事馆。

4 月 1 日,芜湖与宜昌、温州、北海同时正式辟为通商口岸。

4 月,安徽煤铁矿务局设局开办池州煤矿,广东买办商人杨德向该矿注资银十万两,成为池州煤矿的最大股东和实际控制者,该矿亦由官办转为官督商办。

1878 年（光绪四年）

3 月，法国传教士金式玉被江南教区任命为宁国府天主教总堂神父。

1879 年（光绪五年）

是年，英国基督教传教士居普章来到芜湖，在城外购置土地，建立耶稣堂，开始传教和发展教徒。

1881 年（光绪七年）

是年，李鸿章委托时驻芜湖的徽宁池太广道兼芜湖海关总督广东人张荫桓前赴镇江，利用同乡关系，劝说广帮客商迁芜。

1882 年（光绪八年）

是年初，池州煤矿决定增资扩股，开办贵池煤铁矿务。

11 月 6 日，由杨德经营的池州煤矿股票首次出现在《申报》的上海平准公司各股票价目表上。

是年，广、潮两帮率先迁芜；接踵而来的是宁、烟帮，共二十多家，各号资本一至四万两银子不等。广、潮、宁、烟四大米帮是支柱，由此芜湖米市兴起。

是年，美国基督教美以美会传教士丁仁德、赫怀仁也来到芜湖，不仅进行传教活动，还在城中弋矶山建立美以美会医院。

1883 年（光绪九年）

是年初，南洋大臣左宗棠决定安徽煤铁矿务局与轮船招商局分别开办池州、贵池矿务。

3 月 16 日，贵池煤铁矿也在上海股票市场上市交易。

是年，芜湖正式设立电报局。

1889 年（光绪十五年）

是年，芜湖鹤儿山天主教大教堂开始动工。

1891 年（光绪十七年）

5 月，在哥老会的组织和策划下，芜湖教案发生。

10 月 20 日，中法双方正式在上海就芜湖教案的赔偿问题达成协议。

是年,美国国际教会联合会在芜湖建立该会在华第一个工作站,以作为该会在华传教的基地和前哨站。

1894 年(光绪二十年)

是年,法国人葛雷森擅自在芜湖开办"芜湖本地邮局",并发行变体邮票。

1895 年(光绪二十一年)

是年,芜湖设立米业公所,专门管理江广米行及各路行商之事。

1896 年(光绪二十二年)

是年,芜湖设立米厘局。

12 月,芜湖新式邮政开办。

1897 年(光绪二十三年)

2 月 12 日,安徽巡抚邓华熙向清廷呈送《添设学堂酌拟切实办法折》,提出一系列改革传统教育和实行新式教育的主张。

2 月,安徽第一座使用西方近代机器加工稻米和小麦的工厂——芜湖益新机器米面公司创立。创办者为曾在无为、宣城任过职的浙江吴兴人章维藩。该公司在创立、申请注册过程中及商标使用上曾借助英商力量。

7 月,安徽巡抚邓华熙在省城安庆筹划建立新式学堂,培养本省西学人才。

1898 年(光绪二十四年)

1 月,日本大阪商轮公司相继派遣"天龙川丸"号和"大井川丸"号两艘轮船,开辟自上海,经镇江、芜湖、九江至汉口之间的长江航线,每月往返六次。公司并以芜湖为寄港地,大通和安庆为停船地。

闰三月,"就敬敷书院屋宇开办"的求是学堂开学,"是为皖省兴学之始"。求是学堂的建立,标志着安徽传统书院教育向近代学校教育转换的开始。

6 月 11 日,光绪皇帝颁布《明定国是诏》,决定设立京师大学堂,

为各省之倡。

7月10日,光绪命令各省督抚,将各省府厅州县现有之大小书院,一律改为兼习中学西学之学校,地方自行捐办之义学、社学,亦令一律中西兼习;以省会之大书院为高等学,郡城之书院为中等学,州县之书院为小学;民间祠庙不在祀典者,由地方官一律改为学堂。

夏,安徽一些维新人士集资在芜湖创办《皖报》(日报),其办报宗旨和报纸风格多受《湘报》影响。

9月,安徽巡抚的邓华熙下令在自己的官署中装设电话,以加强与属僚的联系。

9月21日,慈禧太后发动政变,幽禁光绪皇帝,捕杀和通缉维新派。

是年,安徽巡抚的邓华熙特于省城奏设安徽商务总局,并于芜湖设立分局,即以所收煤铁税厘拨归局用,是为皖省矿政之萌蘖。

1899年(光绪二十五年)

1月7日,涡阳人刘朝栋在曹市集起义,涡阳各地纷纷响应。起义历时17天最终失败。

是年,怀宁人程家柽受湖广总督派遣与由直隶总督派遣的黟县人金邦平赴日本留学。

1900年(光绪二十六年)

8月,安徽大通(今属铜陵市)自立军起义爆发。

8月,八国联军占领北京,慈禧太后挟光绪帝逃往西安。

1901年(光绪二十七年)

1月29日,在义和团运动和八国联军侵华的双重打击下,慈禧太后被迫在西安宣布实行新政。

4月,清廷成立督办政务处,自此陆续推出了一系列"新政"。

10月11日,英国商人凯约翰与安徽巡抚王之春订立勘矿合同。

同月,宣城煤矿公司与日商土仓鹤松订立合办宣城煤矿合同二十条,附订专条八款。

12月,求是学堂改为安徽大学堂,学制五年,大学堂司道(总办)

兼管全省各地学务。

是年,安徽巡抚邓华熙于省城安庆设立安徽武备学堂。

1902 年(光绪二十八年)

是年春,负责督办全国铁路事务的盛宣怀认为皖南宁国一带盛产煤炭,毗连通商口岸芜湖,便于转入长江轮船运输,故提议修建芜湖至宁国铁路,但是这一计划由于多种因素制约,当时并未施行。

4 月,安徽商务总局与英商伊德订立安庆、池州、太平、宁国、徽州五属勘矿合同六条。

5 月 12 日,凯约翰以伦华公司名义与安徽商务总局重新签订勘矿合同二十三条,明确划定勘矿范围为歙县、铜陵、大通、宁国、广德、潜山六县,期限为八个月。

6 月,安徽官府主办的《阁钞汇编》出版,报馆设于安庆藏书楼。

8 月 15 日,清廷颁布《钦定学堂章程》,将近代新式教育分为蒙学堂、小学堂、中学堂、高等学堂和大学堂五个阶段,史称壬寅学制。

10 月初,安徽巡抚派楚军统领黄呈祥等四人赴日短期考察军事。

10 月,清廷发布谕旨,要求各省仿效袁世凯在直隶设立的警察制度,迅速推广警政。随后,安徽在芜湖、安庆等中心城镇开始设置巡警,以防范革命和维护地方治安。

是年,安徽省派遣按察使李宗棠专程赴日本考察学务,归国后撰成《考察学务日记》、《考察日本学校记》。

1903 年(光绪二十九年)

是年春,中国留日学生发起拒俄运动,风潮波及安庆。

5 月 17 日,安徽留日学生陈独秀、潘赞化等在安庆藏书楼组织演说会,强烈抗议俄国占据东三省,要求清政府对俄实行抵制。安徽大学堂众多学生参与演说会,引起安徽官府关注,总教习姚永概勒令参与演说会的近十名学生退学。

5 月,清政府批准两江总督魏光焘的请求,在南京设立两江学务处,分管江苏、安徽和江西教育。

5 月,在《奏定中学堂章程》颁布之前,在皖南道刘树屏支持下,皖

江中学堂正式成立,随即在芜湖赭山之麓兴工创建校舍。

夏,安徽通商口岸芜湖率先建立警局,成立警察学堂。

是年,湖广总督张之洞和两江总督魏光焘曾提议江南制造局从上海迁至芜湖湾沚。由于多种原因,他们最终放弃这一计划,江南制造局仍留在上海。

是年,皖绅吴汝纶在考察日本教育归国后,在安庆借巡抚衙门南院,创办新式学堂——桐城学堂。桐城学堂原名为高等小学堂,1904年更名为桐城中学堂,迁回桐城县城。

是年,芜湖一些士绅集资创办科学图书社,该社以"输入内地文明"和"欲开民智教育为先"为其宗旨。

1904 年(光绪三十年)

1 月 13 日,清政府正式颁布张之洞、张百熙和荣庆修订的各学堂章程,首次构建了中国近代教育的各级各类学校体系,即"癸卯学制",是为中国近代首次施行之正规学制。

1 月 13 日,清廷颁布《奏定蒙养院章程及家庭教育法章程》,正式将学前教育列入新式教育之列。

1 月 14 日,清廷改管学大臣为学务大臣,任命孙家鼐为首任学务大臣。为了推进各省发展新式教育,清政府并规定各省设立学务处,专管本省教育,隶属督抚。

1 月,清廷颁布《奏定中学堂章程》。

1 月,安徽大学堂改称安徽高等学堂。安徽高等学堂原系求是学堂旧址,堂址过于狭窄,是年获准,停办敬敷书院,在其旧址上拓地改建,共计房屋 280 余间。次年 2 月,新堂竣工,安徽高等学堂遂迁入。

2 月,李鸿章之子李经方在合肥城内三元街原淮南书院(一说庐阳书院)旧址创办庐州中学堂。

3 月,陈独秀与房秋五、吴守一等在安庆创办《安徽俗话报》(半月刊)。

春,省城安庆在按察使衙门东廊设立警务学堂。

6 月 5 日,皖省商务总局与英商凯约翰改订合办安徽铜官山矿务合同二十三条,缩减期限地段,限一年内开办。

10月,三江师范学堂正式成立,全堂分设三科,学生分别由江苏、安徽、江西三省按分配学额选送。次年末,易名两江师范学堂。

10月,陶成章、龚宝铨等联合江浙一带革命知识分子在上海成立光复会,推蔡元培为会长。

秋冬间,李光炯与卢仲农等在长沙创办的安徽旅湘公学迁至芜湖,并易名安徽公学。

是年,经安徽巡抚诚勋奏请,清政府同意皖省专设学务处。安徽学务处的设立,标志着安徽省属近代教育管理机构的诞生。

是年,安徽巡抚诚勋奏设安徽全省矿务总局,任命道台袁大化总理局务。

是年,在日本的皖籍留学生组成安徽留日学生同乡会。

1905 年(光绪三十一年)

2月23日,安徽高等学堂举行入学考试,招收首届新生。

3月,在安庆府知府裕厚的支持下,官立安庆府中学堂正式设立。

4月,安徽抚署在安庆创办《安徽官报》。

春夏间,革命志士陈独秀(陈仲甫)、柏文蔚、常恒芳等组织成立岳王会。总会设在芜湖,陈独秀担任会长;岳王会设南京、安庆分部,柏文蔚任南京分部会长,常恒芳任安庆分部会长。

6月,吕佩芬等安徽京官再次聚会,商议筹建安徽全省铁路中的具体问题及方案,并拟定《详议兴筑全皖铁路办法呈》,逐一答复商部所询问的皖省拟建铁路里程与路线、铁路造价和铁路筹款三大问题。

7月,遵照清廷编练新军的规定,安徽设立督练公所。后因所练新军未及一协,不符练兵处章程规定,于次年12月将省督练公所裁撤。

7月14日,根据商部的建议,清廷批准安徽自建铁路,并委派李经方督办安徽全省铁路,负责该路所有招股、勘路、购地、兴工各事。

8月17日,鲍庚等三十多位安徽学生从安庆乘轮船前往上海,赴日留学,这是安徽第一次大规模派遣留日学生。

8月20日,旨在推翻清王朝统治的资产阶级革命组织中国同盟会在日本东京宣告成立,大批留日学生纷纷加入同盟会。

8月26日，祁门瓷土公司正式投产。

9月初，吕佩芬等安徽京官致函安徽巡抚诚勋，建议皖省实行盐斤加价，开办彩票和加抽米捐三项办法，以筹集铁路经费。

9月2日，清政府颁布命令，自明年起废科举，并命学务大臣迅速颁发各种教科书；各省督抚实力通筹，严饬府厅州县于城乡各处，遍设蒙、小学堂，慎择师资，广开民智。

9月11日，清廷下令，各省学政专司考校学堂事务，各该学堂事宜归学务大臣考核。

9月，李经方接受清政府任命，出任安徽铁路总办。随后，他撰写《安徽全省铁路图说》一文，阐述自己对安徽筹建铁路的基本设想和全盘计划。

9月，《安徽俗话报》在发行22期（第21期与22期合刊）后停办。

11月，皖绅李经畲等发起，在江苏南京成立安徽学会，推举清末进士合肥人蒯光典为会长。之后，蒯光典呈请安徽巡抚恩铭报部批准。

11月底，李经方抵达芜湖，主持全省各州县绅士代表会议，会商开办铁路事宜。与会代表一致赞成李经方拟定的铁路路线和招股方案。

12月6日，清政府设立学部，位于礼部之前，并将国子监归并于学部。学部为各省学务总汇之区，荣庆任学部首任尚书。

12月，安徽铁路有限公司成立，李经方拟定公司章程，并开始招收股份。

12月，霍山西乡深沟铺乡民张正金激于义愤，聚众反教抗清，波及鄂豫皖三省，史称"霍山教案"。

是年，根据两江总督周馥的建议，组成三江矿产局，负责江苏、安徽、江西三省矿产调查、勘探和招商试办。不久，三江矿产局改为两江矿政调查局，因袁大化调任徐州道，改由江苏候补道、合肥人蒯光典为安徽调查矿务议员，并总理安徽矿务总局。

是年冬，巡抚诚勋聘著名教育家严复为安徽高等学堂监督兼总教习及学务处参议，次年4月，严复抵达安庆，对学堂进行整顿。

是年底,全省建立各类小学堂六十六所,包括官立三十三所,公立二十五所,私立八所,其中初等小学堂仅七所。

是年,安徽武备学堂学生郑秉善等三人获准自费赴日学习陆军。

1906 年(光绪三十二年)

1 月,皖省接到学部颁发的设法政学堂咨文,恩铭遂决定在省城设立安徽法政学堂。

年初,安徽矿务总局正式设立,拟章程三十二条,于局内附设安徽全省矿务总公司。

春,安徽陆军小学堂在省城安庆成立。

2 月 13 日,挪威工程师薛文、劳克开始测量芜广路线。

3 月,合肥县教育分会率先成立。同年,六安、黟县、巢县、天长四县亦成立教育分会。

4 月,根据练兵处的要求,安徽陆军测绘学堂在省城安庆成立,学制一年。4 月 25 日,清廷下令裁撤各省学政,于各省设提学使司提学使一员,归督抚节制。提学使为正三品,在布政使之后,按察使之前,总理全省学务。

5 月,安庆绅士张振埙等集款,创办竞化女学堂,并附设幼稚园一所,这应是安徽近代的第一所幼稚园。

5 月,安徽巡抚恩铭上任不久,即致函学务处,要求加速成立安徽师范学堂。学务处决定就安庆府原有试院改建校舍,设立安徽师范学堂。

5 月 13 日,学部制定《各省学务详细官制及办事权限章程》,为各省构建地方新式教育行政管理系统提供了规范。

6 月,芜湖官绅共同发起集资创立安徽公立女学堂。

6 月 18 日,芜广铁路正式开工。在李经方离任后,安徽铁路公司长期无人主持、公司管理混乱,省内外围绕南线北线又争论不休,加上资金难以为继,芜广铁路最终半途而废。

7 月,学部正式颁布《教育会章程》,安徽学会遂更名为安徽教育总会,会所仍设于南京,选举怀宁人、翰林洪恩亮为副会长。之后因会长蒯光典出任留欧学生监督,洪恩亮接任会长。

969

9月1日,清廷正式宣布"预备仿行宪政"。

9月,首任安徽提学使沈曾植赴皖就任。沈曾植抵达安徽后,根据学部新章规定,将原学政衙门(学政向与督抚不同城,衙门设在太平府治当涂县)迁至安庆,就安庆营副将衙门修改为提学使司衙门。

10月,芜湖总商会城西门外成立,入会商号数达二百一十七家。

10月,安徽提学使沈曾植率4名随员,专程赴日考察学务。

11月,安徽武备学堂毕业生项华黻等七人,获准自费前往日本学习军事学。

11月,恩铭拨库银一万两,在城北百花厅购定基址、雇工建造的安徽高等巡警察学堂竣工,年底开始招生。

12月7日,安徽法政学堂在布政使衙门举行新生入学考试。

是年,芜湖设立安徽女学堂。

1907年(光绪三十三年)

1月,沈曾植依据学部规定,将原有学务处改为学务公所,在提学使司署之东另建公所办公场所。

春,英国驻华公使朱尔典向清外务部提出以"中英合办"方式开采铜官山矿。

5月,安徽巡抚冯煦决定停办造币厂,改为制造厂,下设煤炭、子壳、修枪、翻砂修理、制药、电灯和电话七家分厂。

5月,位于安庆城内提学使衙门西侧的安徽女子师范学堂获准开办。安徽女子师范学堂由原学务公所改设,著名士绅吴传绮任学堂监督。

夏,安徽商会总理宋德铭,联合安庆一批士绅,筹集资本,创设同文机器印刷局。

7月,徐锡麟领导安庆巡警学堂起义,很快失败。

8月,清廷将考察政治馆改为宪政编查馆,作为宪政的具体筹划机构。

秋,安徽绅士发起收回浦信铁路运动。

10月,清廷宪政编查馆通知各省相应设立调查局,局设总办一人,分法制、统计两科,各设科长一人;每科各析分三股,酌设管股员,均由本省督抚选派。并单开办事章程十三条。

10 月,知府张龙光受巡抚冯煦委派前赴日本考察工艺,以便回国后兴办各项实业。

11 月,庐州、凤阳、颍州、滁州、和州、六安和泗州七属士绅组成皖北教育会,推举李国棣为会长,将会所设于安庆。

11 月,皖省绅商两界同时召开会议,商讨废除浦信路约和援助苏浙办法。

11 月 21 日,安徽师范学堂学生相约罢课,会议争回浦信路线办法。之后他们与安徽高等学堂、安庆中学学生商议,推举代表赴芜湖,拟向新任安徽铁路总理蒯光典请愿,以争回自办浦信铁路之权。

12 月,学部根据两江总督端方和湖广总督张之洞的建议,决定派遣安徽合肥人蒯光典赴英,任中国留欧学生监督。

1908 年（光绪三十四年）

初,提学使沈曾植报学部批准,安徽教育总会迁回安庆,南京设立事务所,并选举方守六、李葂楼为副会长,一驻安庆,一驻南京。

春,安徽教育官练习所建立,颁布练习所章程,规定设所长一人,监学二人,延请外国讲员一人,本国讲员数人,讲授教学原理、教授法、管理法、教育行政、教育史、教育制度等课程。

4 月,安庆、徽州、宁国、池州、太湖、广德六属士绅在芜湖发起组织皖南教育会,推举吕祖翼为临时会长。

4 月 8 日,皖抚冯煦择地设宪政调查局,任命分发试用道顾赐书为总办。

4 月 9 日,清政府正式批准督办津浦铁路大臣吕海寰等人的提议,津浦铁路取道皖北的南段路线,委派安徽巡抚一并会同办理津浦铁路事务,同时规定安徽也应按照三省摊买津浦铁路债票。

4 月 21 日,安徽教育总会在迁回安庆后首次召开全体会员大会,讨论和修改会章,推选方守六、姚永概、吴季白、李葂楼、李赓虞、胡奎文六人为议绅,并报告皖北教育会和皖南教育会成立。

5 月,清廷根据皖抚冯煦奏皖省道缺分别裁改折允准,改徽宁池太广道为皖南道,凤颍六泗道为皖北道,皆加兵备衔;裁撤安庐滁和

道,安庆划归皖南道,庐州、滁州、和州划归皖北道。

6月,安徽提学使沈曾植遵照学部规定,将1906年5月创设于安庆、主要招收旅皖苏籍子弟的江苏旅学,更名为第一公学。

6月,在省城安庆皖北教育会内设法政讲习所,初设讲习、简易各一班,后增自治研究一班。

7月10日,滁县各乡镇一起罢市,抵制设卡收税。

7月29日,安徽士民代表曾向清政府"呈递国会请愿书"。

8月,安徽编练的新军已达一协,恢复省督练公所建制。省督练公所设督办一人(由巡抚兼任),统辖全省军队事宜。内设三处:兵备处分四科、即经理科、粮饷科、军械科、军医科,负责考核章程,功过赏罚,粮饷械弹,医疗卫生等事宜;参谋处分三科,即运筹科、向导科、测绘科,负责调度策划,中外舆图形胜等事宜;教练处分三科,即训练科、教育科、图籍科,负责考查训练兵队及审定学堂课程等事宜。

8月30日,清廷上谕:"著即自丙午科为始,所有乡、会试一律停止,各省岁科亦即停止。"

9月,江苏人刘清远等在皖开办法政讲习所。

秋,清政府预定于十月间调集南洋各镇新军在安徽太湖举行会操,令号称懂得军事的满洲贵族荫昌和两江总督端方为阅兵大臣,安徽巡抚朱家宝亦应率领本省编练的新军第三十一混成协前往参加。

是年秋,津浦铁路南段开始勘探安徽滁州境内路线。

是年秋,正阳关商人李经祺成立利淮公司,借兴淮河航运,以发展皖北经济。10月,皖南教育会在芜湖赭山举行首届全体大会,讨论皖南地区发展新式教育所遇问题教与解决办法,选举昌祖翼与胡虁文为会长和副会长。

10月,省城安庆开始筹建安徽中等工业学堂。

10月5日,《安徽白话报》(旬刊)在上海马律师路马德里弄创刊,对象主要是安徽青年学生和知识界。

10月21日至22日,安徽教育总会在怀宁县明伦堂召开秋季大会,汇报学会调查员考察定远、太湖、合肥等地新式教育开展情形,研究改进学会和在全省推进新式学堂办法。会议选举李荫伯为会长,吴季伯、方守六为副会长。

11 月 14 日,光绪皇帝去世。

11 月 15 日,慈禧太后去世。

11 月 19 日,岳王会同志熊成基、范传甲、张劲夫、薛哲等在安庆杨氏试馆举行会议,定于当晚十时发动起义,是即震动全国的安庆马炮营起义,起义失败。

12 月,津浦铁路南段正式开工。

12 月 23 日,周学铭接任安徽铁路总理。

是年,署安徽提学使吴同甲遵照学部规定,整顿学务公所,裁撤额外委员,添委科员每科三人,副科长每科一人,省视学也增至六人。

是年,安庆设立市内电话。

是年,安徽全省已建立二十一所中学堂,次年增至二十二所,1910年增至二十五所。

1909 年(宣统元年)

是年春,安徽布政使沈曾植筹措官款,购入印刷机器,于布政使衙门附近创设官纸印刷局。

4 月 30 日,安徽路矿会在安庆开全体大会,到会的商绅学界会员共 400 余人,选出方履中等为代表,赴北京与凯约翰谈判。

5 月 30 日,在安庆县学明伦堂召开铜官山矿抵制大会,到会者五千余人,一致同意废约自办,当场认股六千余股。

9 月,清政府举行第一次庚子赔款赴美留学考试,录取四十七名,其中有安徽黟县人金邦正。

9 月 23 日,《安徽实业报》(旬刊)在安庆创刊,为安庆第一家经济类报刊。

11 月 3 日,安徽教育总会举行换届选举大会,推举童挹芳为会长,吴传绮为副会长。

12 月,蚌埠淮河铁路大桥开工建造,工程历时 1 年 8 个月,1911年 8 月 3 日大桥全部竣工。

12 月,因皖绅四品衔江苏候补通判潘世杰等提出预备立宪迫近,人才匮乏,请求在芜湖筹建皖江法政学堂,获皖抚及学务处批准。设

立之初,先设法政讲习科及附设自治科。

是年,通过选举成立安徽省咨议局,有议员83人。

是年,安徽设立审判厅筹备处和审判研究所。

1910年(宣统二年)

是年春,南陵县因灾缺粮,绅、学界主张禁止运米出口,商界不以为然,经自治会讨论,最后下令封禁稻米出口。

1月,因清廷实行宪政迫在眉睫,为加速义务教育制度的普及,学部又决定在各省推行简易识字学塾。

2月5日,外务部奏准,以五万二千镑赎回铜官山矿权。

春,寿州革命党人张汇滔、郑赞丞等应召赴广州参加黄花岗起义。起义失败后,仍回到寿州从事革命活动。

5月24日,芜湖关道当着英国领事的面与英籍矿师麦奎"互立清单,签字交执",铜官山矿权案始告彻底完结。

夏,南陵、和州发生反抗调查户口、殴伤户口调查员的事件。

6月,和州饥民抢粮暴动。

6月,芜湖益新机器米面公司生产的面粉曾作为安徽主要参展商品,在南洋劝业会上荣获优质品奖章。

8月,清政府举行第二次庚子赔款赴美留学考试,录取七十名,其中包括三名安徽学生,分别为合肥人殷源之、绩溪人胡适和合肥人李锡之。

是年,芜湖至屯溪电报线路全线竣工。

是年,安徽各州县选举成立了地方自治议事会和董事会。

是年在省城安庆分设高等审判厅、地方审判厅、初级审判厅各一所。在芜湖分设地方审判厅、初级审判厅各一所。

1911年(宣统三年)

5月,安徽教育总会派吴传绮、陶镕、胡璧城为代表,与其他十省教育总会代表出席江苏教育总会发起的各省教育总会联合会。会议通过一系列决议,对中国近代教育改革的进一步深化起到积极作用。

8月,清政府举行第三次庚子赔款赴美留学考试,录取六十三名,其中包括安徽学生黄宗发和梅光迪。

10月10日,武昌起义爆发,次日建立湖北军政府,宣告独立。

10月31日下午,皖省新军六十二标革命党人李乾玉、陆国荣等发动起义,并于当晚逼近安庆城。后失败。

11月初,安徽咨议局及部分在籍皖绅规劝皖抚朱家宝援苏抚程德全例宣告独立。

11月2日,原任清朝江北提督的雷振春挟州官召集绅、商、学各界开会,宣布宿州独立,组织保安军,雷振春自任总司令。

11月5日,寿州宣告独立。

11月6日,寿州革命党人张汇滔、王庆云、袁家声、张纶等决定扩编革命武装。整编后的革命军改名为淮上国民军,通称淮上军。公推王庆云为总司令,张汇滔、袁家声、张纶为副总司令,张汇滔兼任参谋长。总司令部下设民政处、审判处、财政处、军械处。

11月8日,安徽宣告独立。推举朱家宝为安徽军政府都督,王天培为副都督,窦以珏为民政部长。

11月8日起,淮上军兵分数路,分头进沿淮河下游及皖北、皖西各州县。东路淮上军先后光复了淮南地区的大部分州、县,并有力地配合了江浙联军进攻南京的战争;第二路淮上军经庐州攻占无为、巢县、舒城、含山等地;第三路淮上军向西南进发,先后光复六安、金寨、霍山、英山(1932年划归湖北省)、霍邱等地;第四路淮上军向西进发,克颍上,至阜阳,与程恩普分兵攻取蒙城、涡阳、太和等地。

11月8日,安庆革命党人主办的《安庆日报》正式创刊发行。与此同时,合肥的革命党人也在合肥创办了自己的报纸《安徽日报》。

11月9日,革命党人召开民众大会,宣布庐州独立,成立庐州军政分府,推举孙万乘为革命党北伐军驻庐总司令,方悖言为副司令。

11月9日,芜湖召开商学警军各界大会,宣布独立,成立芜湖军政分府,推举吴振黄为芜湖革命军司令、刘醒吾为参谋长、齐月溪为军政分府秘书长。

11月13日,参与组建九江军政府的安徽宿松人黎宗岳率浔军东下,占领大通,成立大通军政筹议局,通电宣布大通独立。次年4月取

消独立。

11 月 15 日，池州宣布独立。

11 月 15 日，安庆黄焕章部赣军哗变，都督朱家宝被逐。

11 月 18 日，江西都督派浔军参谋长李烈钧率部乘兵舰至皖，调查处理安庆变乱事。

11 月 21 日，由县咨议局改组的保安会宣布旌德光复，命令全城悬挂旗帜。

11 月 28 日，李烈钧率赣军离安庆西去。

11 月下旬，屯溪宣告独立，成立屯溪军政分处。

12 月 1 日，皖省各界代表议定于安庆设立"皖省维持统一机关处"，或称"全皖筹备军政处"，内设军政、民政、财政三部，军政部由桂丹墀主持，民政部由洪恩亮主持，财政部由黄书霖主持，并由韩衍任秘书长。

12 月 7 日，安徽都督孙毓筠发表就职通电。

12 月 15 日，因孙毓筠赴安徽都督任途经大通时，与黎宗岳部发生冲突，全皖筹备军政处发表斥黎通电。

12 月 21 日，孙毓筠到达安庆，正式就任安徽都督，并立即着手改组军政府。重新组建的安徽军政府于都督之下分设军政、民政、财政、教育四司，分别任命桂丹墀为军政司长，洪恩亮为民政司长，史推思为财政司长，邓绳侯为教育司长。

1912 年

2 月 29 日，孙毓筠接奉南京临时政府电令，要求省内各军政分府遵命撤销。庐州、芜湖等地的军政分府相继通电解散，唯大通军政分府黎宗岳抗命不遵。

3 月 21 日，南京临时政府陆军部指示安徽都督孙毓筠：大通抗不遵命，中央政府决计以武力从事。

4 月 6 日，黎宗岳自知难与南京临时政府相抗衡，遂给陆军部发了一封辞职电报，尔后乘轮船退往九江。大通军政分府解散。

5 月 3 日，柏文蔚署安徽都督，未几转为实任，安徽乱局很快告结束。

主要参考书目

一、史料、史料汇编

《明史》

《清史稿》

《东华录》

《清实录》

《大清会典》

《清朝文献通考》

《清朝续文献通考》

中国第一历史档案馆：《咸丰同治两朝上谕档》，广西师范大学出版社 1998 年版。

计六奇：《明季南略》

徐鼒：《小腆纪年》

温睿临：《南疆逸史》

贺长龄、魏源：《皇朝经世文编》

盛康：《皇朝经世文续编》

葛士浚：《皇朝经世文续编》

中国史学会主编：《中国近代史资料丛刊·太平天国》，上海人民出版社 1957 年版。

罗尔纲、王庆成主编：《中国近代史资料丛刊续编·太平天国》，广西师范大学出版社 2004 年版。

静吾、仲丁编：《吴煦档案中的太平天国史料选辑》，三联书店

1958年版。

太平天国历史博物馆编:《太平天国史料丛编简辑》,中华书局1962年版。

太平天国历史博物馆编:《太平天国资料汇编》,中华书局1979年版。

太平天国历史博物馆编:《太平天国文书汇编》,中华书局1979年版。

《清政府镇压太平天国档案史料》,光明日报出版社1990年版。

中国第一历史档案馆编:《清政府镇压太平天国档案史料》,社会科学文献出版社1992年版。

王定安:《湘军记》,岳麓书社1983年版。

中国史学会编:《中国近代史资料丛刊·捻军》,上海人民出版社1957年版。

聂崇岐编:《捻军资料别集》,上海人民出版社1958年版。

中国史学会编:《中国近代史资料丛刊·戊戌变法》,神州国光社1953年版。

国家档案局明清档案馆编:《戊戌变法档案史料》,中华书局1959年版。

杨天石、王学庄编:《中华民国史资料丛稿·拒俄运动》,中国社会科学出版社1979年版。

中国人民大学历史系等编:《清代农民战争史资料选编》,中国人民大学出版社1984年版。

故宫博物院明清档案部编:《清末筹备立宪档案史料》上册,中华书局1979年版。

杜迈之、刘泱泱、李龙如辑:《自立会史料集》,岳麓书社1983年版。

中国史学会编:《中国近代史资料丛刊·辛亥革命》,上海人民出版社1957年版。

中华书局编写组编:《辛亥革命回忆录》(四),中华书局1962年版。

张枬、王忍之编:《辛亥革命前十年间时论选集》,三联书店1978年版。

盛宣怀档案资料选辑之一《辛亥革命前后》,上海人民出版社1979年版。

丘权政、杜春和选编:《辛亥革命史料选辑》上册,湖南人民出版社1981年版。

冯自由:《革命逸史》,中华书局1981年版。

张湘炳、蒋元卿、张子仪编:《辛亥革命安徽资料汇编》,黄山书社1990年版。

安徽省政协文史资料委员会、安庆市文史资料委员会合编:《辛亥革命在安徽》,中国文史出版社1991年版。

(台湾)"中央研究院"近代史所编:《教务教案档》,(台湾)"中央研究院"近代史所1976年版。

王明伦编选:《反洋教书文揭帖选》,齐鲁书社1984年版。

中国第一历史档案馆、福建师范大学历史系合编:《中国近代史资料续编·清末教案》,中华书局1996年版。

王彦威、王亮辑:《清季外交史料》,(台湾)文海出版社(影印本)。

王铁崖编:《中外旧约章汇编》,三联书店1957年版。

梁方仲:《中国历代户口、田地、田赋统计》,上海人民出版社1980年版。

章有义编:《中国近代农业史资料》,三联书店1957年版。

孙毓棠编:《中国近代工业史资料》第1辑,科学出版社1957年版。

汪敬虞编:《中国近代工业史资料》第2辑,科学出版社1957年版。

李文治编:《中国近代农业史资料》,三联书店1958年版。

姚贤镐:《中国近代对外贸易史资料》,中华书局1962年版。

聂宝璋编:《中国近代航运史资料》,上海人民出版社1983年版。

陈振汉等编:《清实录经济史资料(顺治—嘉庆朝)·农业编》,北京大学出版社1989年版。

聂宝璋、朱荫贵编:《中国近代航运史资料》,中国社会科学出版社2002年版。

宓汝成编:《近代中国铁路史资料》,(台湾)文海出版社。

冯煦主修:《皖政辑要》,黄山书社 2005 年版。

张海鹏、王廷元主编:《明清徽商资料选编》,黄山书社 1985 年版。

林熙春、孙晓村:《芜湖米市调查》,社会经济调查所 1935 年版。

中国第二历史档案馆、中国社会科学院近代史研究所合编:《赫德、金登干函电汇编——中国海关密档》(1889—1893),中华书局 1994 年版。

清学部总务司编:《学部奏咨辑要》,(台湾)文海出版社(影印本)。

舒新城编:《中国近代教育史资料》上册,人民教育出版社 1981 年版。

赵所生等编:《中国历代书院志》,江苏教育出版社 1995 年版。

陈元晖等主编:《中国近代教育史资料汇编》,上海教育出版社 2007 年版。

《江苏省明清以来碑刻资料选集》,三联书店 1959 年版。

安徽省政协文史资料委员会编:《安徽文史集萃丛书》,安徽人民出版社 1987 年版。

水利水电科学研究院编:《清代淮河流域洪涝档案史料》,中华书局 1988 年版。

安徽省地方志办公室:《安徽水灾备忘录》,黄山书社 1992 年版。

许承尧:《歙事闲谭》,黄山书社 2001 年版。

《清代碑传全集》,上海古籍出版社 1987 年版。

李元度:《国朝先正事略》

江藩:《国朝汉学师承记》,三联书店 1998 年版。

王钟翰点校:《清史列传》,中华书局 1987 年版。

支伟成:《清代朴学大师列传》,岳麓书社 1998 年版。

马其昶:《桐城耆旧传》,黄山书社 1990 年版。

二、地方志

康熙《江南通志》

乾隆《江南通志》

道光《安徽通志》

光绪《重修安徽通志》

民国《安徽通志稿》

顺治《歙县志》

康熙《安庆府志》

康熙《徽州府志》

康熙《休宁县志》

康熙《泗州志》

乾隆《太平府志》

乾隆《灵璧志略》

乾隆《无为州志》

乾隆《寿州志》

嘉庆《宁国府志》

嘉庆《泾县志》

嘉庆《旌德县志》

嘉庆《太平县志》

嘉庆《黟县志》

道光《休宁县志》

道光《桐城县志》

道光《续修桐城县志》

道光《旌德县续志》

道光《泾县续志》

同治《祁门县志》

同治《黟县三志》

同治《霍邱县志》

同治《六安州志》

同治《颍上县志》

光绪《续修庐州府志》

光绪《凤阳府志》

光绪《直隶和州志》

光绪《凤台县志》

光绪《庐江县志》

光绪《霍山县志》

光绪《寿州志》

光绪《宣城县志》

光绪《广德州志》

光绪《婺源县志》

光绪《凤阳县志》

光绪《五河县志》

光绪《宿州志》

光绪《亳州志》

宣统《建德县志》

民国《涡阳县志》

民国《太和县志》

民国《灵璧县志》

民国《歙县志》

民国《芜湖县志》

民国《宁国县志》

民国《太平县志稿》

民国《南陵县志》

民国《怀宁县志》

民国《潜山县志》

民国《太湖县志》

民国《石埭备志汇编》

民国《蒙城县政书》

民国《阜阳县志续稿》

民国《重修蒙城县志》

三、文集

梅文鼎：《绩学堂诗文钞》

梅文鼎：《梅氏历算全书》

姚鼐：《惜抱轩全集》

刘大櫆：《刘大櫆集》，上海古籍出版社 1990 年版。

程瑶田：《通艺录》

戴震：《戴震全书》，黄山书社 1995 年版。

方宗诚：《柏堂集次编》、《柏堂集续编》

凌廷堪：《校礼堂文集》

焦循：《雕菰集》

萧穆：《敬孚类稿》

沈垚：《落帆楼集》

吴定：《紫石泉山房集》

汪绂：《双池文集》

方东树：《汉学商兑》

朱琦：《小万卷斋文稿》

阮元：《研经室集》，中华书局 1994 年版。

曾国藩：《曾文正公全集》

李鸿章：《李文忠公全集》

张之洞：《张文襄公奏稿》

胡林翼：《胡文忠公全集》

江忠源：《江忠烈公遗集》

曾国荃：《曾忠襄公奏议》

沈葆桢：《沈文肃公政书》

刘坤一：《刘坤一全集》

陶澍：《陶文毅公全集》

周馥：《秋浦周尚书（玉山）全集》

刘铭传：《刘铭传文集》，黄山书社 1997 年版。

姚锡光：《吏皖存牍》

冯煦：《蒿盦奏稿》

崔国因：《枭实子存稿》

崔国因：《出使美日秘日记》

包世臣：《包世臣全集》，黄山书社1992年版。

王茂荫：《王侍郎奏议》，黄山书社1991年版。

夏炘：《景紫堂文集》

吴汝纶：《吴汝纶全集》，黄山书社1990年版。

梁启超著、朱维铮校注：《梁启超论清学术史二种》，复旦大学出版社1985年版。

章太炎：《章太炎全集》，上海人民出版社1984年版。

《中国现代学术经典·黄侃刘师培卷》，河北教育出版社1996年版。

四、报刊

《交通官报》

《商务官报》

《强学报》

《时务报》

《安徽俗话报》

《民立报》

《中国旬报》

《民呼日报》

《民立报》

《时报》

《国风报》

《中外日报》

《申报》

《东方杂志》

五、研究论著

李文海主编：《清史编年》，中国人民大学出版社2000年版。

李文海等：《近代中国灾荒纪年》，湖南教育出版社1990年版。

丁致聘：《中国近七十年来教育纪事》，商务印书馆1933年版。

谢彬:《中国铁路史》,中华书局 1929 年版。

胡荣铨:《中国煤矿》,商务印书馆 1935 年版。

楼祖诒:《中国邮驿发达史》,中华书局 1940 年版。

侯外庐:《中国思想通史》,人民出版社 1956 年版。

[美]莱特:《中国关税沿革史》,三联书店 1958 年版。

[英]伯尔考维茨:《中国通与英国外交部》,商务印书馆 1959 年版。

邹鲁:《中国国民党史稿》,中华书局 1960 年版。

柏文蔚:《五十年经历》,《近代史资料》1979 年第 3 期。

江地:《捻军史论丛》,人民出版社 1981 年版。

[法]史式徽:《江南传教史》,上海译文出版社 1983 年版。

[日]实藤惠秀:《中国人留学日本史》,三联书店 1983 年版。

叶显恩:《明清徽州农村社会与佃仆制》,安徽人民出版社 1983 年版。

马宗霍:《中国经学史》,上海书店 1984 年版。

邮电史编辑室编:《中国近代邮电史》,北京人民邮电出版社 1984 年版。

张玉法:《清季的立宪团体》,(台湾)"中央研究院"近代史研究所,1985 年版。

郑亦芳:《清代团练的组织与功能——湖南、两江、两广地区之比较研究》,(台湾)商务印书馆 1986 年版。

朱维铮:《走出中世纪》,上海人民出版社 1987 年版。

王尔敏:《淮军志》,中华书局 1987 年版。

郦纯:《太平天国制度初探》,中华书局 1989 年第 2 版。

翁飞等:《安徽近代史》,安徽人民出版社 1990 年版。

谢国兴:《中国现代化的区域研究——安徽省》,(台湾)"中央研究院"近代史所专刊。

水利部治淮委员会《淮河水利简史》编写组:《淮河水利简史》,水利电力出版社 1990 年版。

龙盛运:《湘军史稿》,四川人民出版社 1990 年版。

王鹤鸣、施立业:《安徽近代经济轨迹》,安徽人民出版社 1991 年版。

徐川一：《太平天国安徽史稿》，安徽人民出版社 1991 年版。

吴孟复：《桐城文派述论》，安徽教育出版社 1992 年版。

马昌华：《捻军调查与研究》，安徽人民出版社 1992 年版。

姜涛：《中国近代人口史》，浙江人民出版社 1993 年版。

张珊：《捻军史研究》，文化艺术出版社 1994 年版。

熊月之：《西学东渐与晚清社会》，上海人民出版社 1994 年版。

王鹤鸣：《芜湖海关》，黄山书社 1994 年版。

艾尔曼：《从理学到朴学——中华帝国晚期思想与社会变化面面观》，江苏人民出版社 1995 年版。

张南等：《简明安徽通史》，安徽人民出版社 1994 年版。

张海鹏等：《徽商研究》，安徽人民出版社 1995 年版。

［法］荣振华：《在华耶稣会士列传及书目补编》，中华书局 1995 年版。

钱穆：《中国近三百年学术史》，商务印书馆 1997 年版。

李宽淑：《中国基督教史略》，社会科学文献出版社 1998 年版。

张宁等：《阜阳通史》，黄山书社 1998 年版。

周中明：《桐城派研究》，辽宁大学出版社 1999 年版。

高翔：《近代的初曙——18 世纪中国观念变迁与社会发展》，社会科学文献出版社 2000 年版。

［美］马士：《中华帝国对外关系史》，上海书店出版社 2000 年版。

［美］何炳棣著、葛剑雄译：《明初以降人口及其相关问题》，三联书店 2000 年版。

张寿安：《以礼代理——凌廷堪与清中叶儒学思想之转变》，河北教育出版社 2001 年版。

郭豫明：《捻军史》，上海人民出版社 2001 年版。

苏萍：《谣言与近代教案》，上海远东出版社 2001 年版。

王鑫义等：《淮河流域经济开发史》，黄山书社 2001 年版。

王笛：《跨出封闭的世界：长江上游区域社会研究（1644—1911）》，中华书局 2001 年版。

葛庆华：《近代苏浙皖交界地区人口迁移研究（1853—1911）》，上海社会科学院出版社 2002 年版。

李琳琦:《徽商与明清徽州教育》,湖北教育出版社 2003 年版。

孙尚扬、钟鸣旦:《1840 年前的中国基督教》,学苑出版社 2004 年版。

顾长声:《传教士与近代中国》,上海人民出版社 2004 年版。

葛剑雄主编、曹树基著:《中国人口史》第 5 卷《清时期》,复旦大学出版社 2005 年版。

[法]杜赫德:《耶稣会士中国书简集——中国回忆录》,大象出版社 2005 年版。

王治心:《中国基督教史纲》,上海古籍出版社 2005 年版。

李喜所主编:《留学生与中外文化》,南开大学出版社 2005 年版。

刘晓琴:《中国近代留英教育史》,南开大学出版社 2005 年版。

洪湛侯:《徽派朴学》,安徽人民出版社 2005 年版。

张崇旺:《明清时期江淮地区的自然灾害与社会经济》,福建人民出版社 2006 年版。

赵崔莉:《清代皖江圩区社会经济透视》,安徽人民出版社 2006 年版。

崔维孝:《明清之际西班牙方济各会在华传教研究》,中华书局 2006 年版。

黄一农:《两头蛇——明末清初的第一代天主教徒》,上海古籍出版社 2006 年版。

陈萍萍:《十七、十八世纪天主教在江南的传播》,社会科学文献出版社 2007 年版。

苏云峰:《中国新教育的萌芽与成长》,北京大学出版社 2007 年版。

赵佳楹:《中国近代外交史》,世界知识出版社 2008 年版。

夏东元:《洋务运动史》(修订本),华东师范大学出版社 2010 年版。

【清代卷】（下）

后　　记

　　历经数年，《安徽通史·清代卷》终于付梓。

　　本卷的特点是：(1)本卷上下册近百万字，向广大读者呈献了内容更为丰富的安徽清代史；(2)大量使用了很多前人在研究安徽清代史时，未用或用得较少的资料，如《清实录》、《申报》等，丰富的资料是我们编撰的基础；(3)无论是宏观布局，还是具体表述都力求创新，在文化和近代的改革方面比前人论著有较多突破。

　　作为通史性质的著作，我们毫不犹豫地吸取了学术界已有的成果；在编写过程中，还得到省内外专家的帮助。因此，可以说，本书不仅是我们这批编写者的成果，也是学术界共同的成果。本书的部分插图选自安徽省文物局编《安徽馆藏珍宝》。在此，我们诚恳地向学术界有关先辈和朋友以及安徽省文物局表示感谢。

　　人贵有自知之明，本书多有不足之处，热切希望各界朋友给予批评指正。

　　本书编撰者主要来自安徽省社科院、安徽师范大学和安徽大学，他们是(按姓名笔画排序)：方英、汤奇学、孙华莹、张朝胜、张燕华、陆发春、欧阳跃峰、周晓光、周乾、俞晓红、施立业、董家魁、詹绪左。

　　参加编写的人员还有(按姓名笔画排序)：帅艳华、朱昌荣、李崇德、肖琼、陈维兵、孟兰兰、郝梅梅、柯志强、唐丽丽、章永俊、魏鹏飞。

《安徽通史·清代卷》编写组

2011 年 6 月